주석 형법

[총칙 1]

(제3판)

§ 1 ~ § 24

편집대표

박 상 옥 / 김 대 휘

韓國司法行政學會

머리말(제 3 판)

한국사법행정학회 편 주석 형법 총칙 제 2 판이 2011 년도에 간행된 후 벌써 오랜 기간이 지났다. 그 동안 형법과 형사특별법이 여러 차례 개정되었고, 새로운 학설·판례도 많이 축적되었다. 국내 유일의 형법 주석서인 본 서가 현행 형사법에 대한 연구의 길잡이 내지 형사실무의 지침서로서의 역할을 제대로 담당할 수 있게 하기 위하여 그 내용의 쇄신과 보완이 필요한 시점이 되었다. 이번의 새로운 주석 형법 총칙은 종래 이론 위주에서 판례와 실무를 중심으로 개편하려 하였고, 따라서 그 집필에 법관 등 법실무가와 실무 경험이 있는 교수들이 대거 참여해 주셨다. 다만 방대한 주석서의 특성상 여러분들이 나누어 집필한 관계로 그 내용의 일관성과 통일성을 기하기는 어려운 점이 있었지만, 편집위원회에서 형식을 통일하고 가능한 한 내용의 조정에도 노력하였다.

이번 총칙 편의 주석서 역시 국내의 판례·학설을 정확하게 소개하고 분석함으로써 우리 형사법학계와 형사실무의 현 상황을 명확하게 파악할 수 있게 하도록 노력하였고, 필요한 경우 외국의 주요한 학설, 판례도 소개하였다. 본 주석서가 형사법의 연구자와 실무가에게 큰 도움을 줄 수 있고, 우리 형사사법의 수준을 높이는 데 기여할 수 있기를 기대한다. 본 서의 편집자들은 향후에도 수정과 보완을 계속해 나갈 것을 약속드린다.

집필에 수고하여 주신 집필자 여러분들과 기획 및 편집에 수고하여 주신 편집위원들 및 본 주석서를 출판하여 주신 한국사법행정학회 이종균 회장님과 이형한 부장 및 직원들에게 깊이 감사를 드린다.

2020 년 1 월

편집대표 대법관 박상옥
변호사 김대휘

머리말(제 2 판)

한국사법행정학회 편 주석형법 총칙 제1판이 간행된 후 벌써 오랜 기간이 지났다. 그동안 형법이 일부 개정되고 형사특별법이 많이 제정되었으며, 새로운 학설·판례가 많이 축적되었다. 우리나라 유일의 형법 주석서인 주석형법이 현행 형사법에 대한 연구의 길잡이요 형사실무의 지침서로서의 역할을 바르게 담당할 수 있기 위하여, 내용의 진정한 쇄신과 보완이 필요한 단계가 되었다. 이번의 새로운 주석형법의 집필에 있어서도 전과 마찬가지로 명망 있는 국내의 학자와 실무가들이 대거 참여하여 주셨다. 다만 여러분들이 분야를 나누어 집필한 관계로 그 형식이나 내용의 일관성을 기하기 어려운 점이 있었으나, 편집위원회에서 가능한 한 그 조정과 통일에 힘을 쏟았다. 또한 각칙 편에 비하여 상당히 늦게 총칙 편의 주석서가 간행된 점에 대하여 이유를 불문하고 깊이 사과를 드린다.

현재 형법의 개정 작업이 진행 중이지만, 형사법의 기본이론에 관한 부분인 총칙은 부분적 수정이나 용어의 정비 이외에 크게 변함은 없을 것이므로, 그에 따라 향후 개정과 보완을 하여 갈 예정이다. 각칙 편과 마찬가지로 총칙 편의 주석 역시 국내외의 주요한 판례·학설을 정확하게 소개하여 분석함으로써 우리 형사법의 현 상황을 명확하게 파악할 수 있게 하도록 노력하였으나, 아직 부족한 점이 없지 않다. 향후 수정과 보완을 계속해 나갈 것이지만, 본서가 형사법의 연구자와 실무가에게 큰 도움을 줄 수 있고, 우리 형사법문화의 수준을 높이는 데 기여할 수 있기를 기대한다.

집필에 수고하여 주신 필자들과 기획 및 편집에 수고하여 주신 편집위원들 및 본 주석서를 출판하여 주신 한국사법행정학회의 회장님과 직원들에게 깊이 감사를 드린다.

2011년 10월

편집대표 변호사 박재윤

머리말(제 1 판)

우리가 刑法을 이해함에 있어서 教科書的인 敍述은 理論體系的인 把握에 도움을 주지만, 實務的인 面에서는 註釋書的인 敍述이 꼭 필요하다. 註釋書는 學說과判例가 個個의 條文을 中心으로 하여 정리되어 있으므로, 實定法規의 理解에 직접으로 도움을 준다. 實務에 있어서는 결국 條文의 올바른 適用이 必要 · 不可缺한데, 이는 條文의 理論的 背景과 條文適用의 先例에 대한 깊고도 정확한 智識을 前提로 삼는 것이다.

이러한 意味에서 「刑法各則」에 이어서 「刑法總則」에 관한 자세한 註釋書가 크게 요망되던 차에, 現行刑法이 시행된지 35 년 만에야 이 所望을 풀게 되었다. 「刑法總則」에 관한 註釋書의 出刊計劃이 세워진지는 오래되지만, 구체적으로 執筆分擔이 확정된 것은 1984 년 3 월 이었으므로, 벌써 4 년이 지났다. 그동안 學界에서는 훌륭한 業績이 많이 나왔고 또 判例도 많이 나왔을 뿐 아니라 整理가 되고 있는 줄로 안다. 그럼에도 불구하고 이렇게 出刊이 늦어진 데에는, 刑法總論의 理論的 整理가 그렇게 쉽지 않다는 데에도 하나의 理由를 찾을 수 있으리라고 생각한다. 理論과 判例의 相補的인 發展은 刑法의 分野에 있어서도 꼭 필요한데, 이 註釋書가 하나의 좋은 길잡이가 되리라고 생각한다.

刑法典의 全面的인 改正作業은 1985 년 6 월에 法務部에 「刑事法改正特別審議委員會」가 발족됨으로써 시작되었는데, 「刑法改正의 基本方向」의 設定에 이어서 「改正刑法의 要綱」의 確定을 눈앞에 두고 있다. 앞으로 「準備草案」의 作成, 「公廳期間」에 이어서 「確定草案」의 作成이 남아 있는데, 우리의 刑法改正作業에 이 刑法註釋書가 큰 도움을 주리라고 믿는다.

「刑法總則」의 上卷에 이어서 下卷도 곧 出刊되리라고 생각한다. 그 동안 바쁘신 가운데 열심히 執筆하여 주신 筆陣 여러분과 함께, 이 책을 出版해 주신 韓國司法行政學會 李鍾均 會長께 감사드리는 바이다. 끝으로 執筆分擔의 確定 얼마 後 인 1984 년 4 월에 故人이 된 서울 大學校의 姜求眞教授, 가장 먼저 脫稿해 주셨는데 이 책의 出刊을 보기 前인 1987 년 8 월에 故人이 되신 忠南大學校의 權文澤教授께 이 자리를 빌어 삼가 冥福을 비는 바입니다.

1988 년 6 월

編輯代表 金 鍾 源

주석 형법 [총칙] 집필자

권오석　서울중앙지방법원 부장판사

김대휘　변호사

김문성　의정부지방법원 부장판사

김태업　서울남부지방법원 수석부장판사

김희수　대법원 재판연구관

마용주　대법원 수석재판연구관

송병훈　대법원 재판연구관

심　담　수원고등법원 부장판사

유성욱　대법원 재판연구관

이동식　수원지방법원 부장판사

이상원　서울대학교 법학전문대학원 교수

이상주　서울중앙지방법원 부장판사

이주원　고려대학교 법학전문대학원 교수

전승수　법무연수원 교수

정문경　서울고등법원 판사

조병구　서울서부지방법원 부장판사

조의연　서울북부지방법원 부장판사

최형표　서울중앙지방법원 부장판사

하태한　서울고등법원 판사

(2020. 2. 24. 현재)

[범 례]

Ⅰ. 서술방식

1. 원고는 횡서체로 하고 한글 전용을 원칙으로 한다. 다만 법령명이나 의미 전달에 혼란이 있는 경우 한자를 괄호안에 병기하였다.

2. 타이틀은 다음과 같이 구분하였다.

Ⅰ.
1.
가.
1)
가)
(1)
(가)
①
㉮

3. 조문은 집필당시의 개정법률을 근거로 하며 그 내용은 종합법률정보(http://glaw.scourt.go.kr)에 수록된 법령에 준하였다.

4. 조문 하단에는 집필하려는 조문과 관련된 관련조문이나 비교조문을 나열하였고, 해당 조문의 목차를 두었다.

5. 각 조문별로 주석을 서술하였고 별면으로 처리하였다. 각주의 일련번호는 각 편, 장, 절, 관, 조문별로 새롭게 번호를 부여하였다.

Ⅱ. 법령 표기

1. 법령의 인용시에는 원칙적으로 약어를 사용하지 않았다.

2. 본문속에 법령을 표기할 때에는 본문의 법령인용은 원문 그대로 사용하며 제○조 제○항 제○호 등으로 기재하였다.

※ 예) ① 본문의 경우

민사소송법 제476조 제1항, 민법 제289조의2 제1항

② ( )안의 경우

(민사소송법 제479조 제2항 제1호, 민법 제280조 제1항 제1호)

Ⅲ. 판례 표기

1. 판례의 표기는 다음과 같은 방법에 따른다.

▷ 대법원 1996. 4. 26. 선고 96다1078 판결.

▷ 대법원 1992. 5. 26. 선고 92다84 판결, 대법원 1993. 10. 26. 선고 93다6409 판결, 대법원 1996. 6. 14. 선고 96다46374 판결.

▷ 대법원 1996. 11. 16.자 95마252 결정.

▷ 대법원 1995. 11. 16. 선고 94다56852, 56853 전원합의체 판결.

☞ 사건번호는 병합, 반소, 참가 사건 구분 없이 '94다56852, 56853'과 같이 나열하였다.

▷ 부산지방법원 동부지원 2000. 1. 18. 선고 2000가합10574 판결.

▷ 헌법재판소 1994. 7. 29. 선고 92헌바49, 52 결정.

2. 외국 판결은 그 나라의 표준적인 표시방법에 따라 표시할 수 있다. 다만, 일본판결의 경우에 선고일자는 서기연도로 기재하며, 일본연호는 사용하지 않았다.

▷ 일본대심원 대정 9년 12월 20일 판결

☞ 日大判 1920. 12. 20.

▷ 일본최고재판소 소화 34년 6월 19일 판결

☞ 日最判 1959. 6. 19.

3. 판례 출처는 검색이 가능한 판례의 경우는 출처를 밝히지 않았다. 하지만 그 외의 경우는 출처를 밝히기 위한 약어는 다음과 같다. 약어로 표기된 출처는 괄호(공1988, 623)안에 넣어 표기한다.

▷ 법원공보 1988년 4월 15일 제822호 623면 → 공1988, 623

▷ 법원공보 1993년 7월 15일 제948호 1697면 → 공1993하, 1697

☞ 법원공보가 상, 하로 분리된 1993년부터는 상, 하를 구분하여 표시하였다.

▷ 판례공보 1996년 2월 1일 제3호 461면 → 공1996상, 461

▷ 대법원판례집 제43권 2집 민사편 230면 → 집43-2, 230

☞ 다만, 대법원판례집 제31권 6집까지는 편별로 면수가 독립되어 있으므로 '집31-6, 민149'와 같이 편별 표시를 하였다.

▷ 대법원판결요지집 민사·상사편 Ⅰ-2집 680-2면 65번 판결 → 요민Ⅰ-2, 680- 2(65)

☞ 형사 · 군사편은 '요형', 특별편은 '요특'으로 표시하였다.

▷ 각급법원(제1,2심) 판결공보 2005년 2월 10일 제18호 215면 → 각공18, 215

▷ 고등법원판례집 1970년 형사·특별편 20면 → 고집1970, 형특20

▷ 하급심판결집 1984년 제2권 229면 → 하집1984-2, 229

▷ 헌법재판소판례집 제3권 569면 → 헌집3, 569

▷ 헌법재판소공보 제3호 255면 → 헌공3, 255

▷ 사법논집 제25집 311면 → 사법논집(25), 311

▷ 사법연구자료 제21집 153면 → 사법연구(21), 153

▷ 재판자료 제61집 364면 → 재판자료(61), 364

▷ 대법원판례해설 1995 하반기(통권 제24호) 151면 → 판례해설(24), 151

Ⅳ. 기타 인용 표기

1. 판결, 문헌 인용시 약어는 사용하지 않으며 해당 페이지에 대한 "면", "쪽" 등의 글자 표시는 생략하였다.

2. 참고문헌의 표기는 다음과 같이 하였다.

▷ 이시윤, 민사소송법(신정보판), 박영사(1995), 232.

▷ 주석 민법, 물권편(2)(제4판), 한국사법행정학회(2011), 98(박삼봉)

▷ 민법주해 Ⅷ, 채권(1), 박영사(1995), 159(송덕수)

3. 저자가 2명 이상인 경우 '/ '를 사용하여 2명의 이름을 모두 밝히되, 3명 이상인 경우에는 '○○○ 외 2인' 등으로 표기하였다.

4. 논문이나 단행본, 월간지, 기타 논문집의 인용은 다음과 같이 하였다.

▷ 김기정, "집합건물의 집행을 둘러싼 몇 가지 법률문제에 대한 고찰", 사법논집(27), 5.

▷ 윤진수, "토지 임차인의 매수청구권 행사와 법원의 석명의무", 인권과 정의 236호(1996. 4.), 133-139.

5. 외국 문헌은 그 나라의 인용례에 따르는 것을 원칙으로 하되, 책 이름에 이탤릭체나 밑줄 등을 사용하지 아니하고 논문 제목에 "　　" 표시를 하였다.

▷ Walter E. May, "International Equipment Leasing: The UNIDROIT Draft Convention," 105 Harv. L. Rev. 80(1991).

▷ 植田勝博, "ユーザーからみた リース契約の 問題點", 金融法務事情 1101號(1985. 10.), 24.

▷ 南部二三雄, リースの 實務, 東京: 東洋經濟新報社(1973), 178.

6. 인터넷 자료는 다음과 같이 표기하였다.

▷ 저자명, 자료제목(2009. 9. 1. 방문), <http://www.scourt.go.kr/seminar/ d-3.htm>

[목 차]

제1편 총칙

제1편 총칙

[총설]

[참고문헌] 강용현, "자동차를 이용한 폭행과 위험한 물건의 휴대", 형사판례연구 7호, 박영사(1999), 238-255; 김영환, "한국에서의 법학방법론의 문제점", 법학방법론, 세창출판사(2017), 566; 신동운, "제정 형법의 성립경위", 형사법연구 20호(2003. 겨울), 13 이하; 이상돈 외, "법률해석의 한계", 법문사(2000), 4; 조은래, "소급적용에 관하여 경과규정이 없는 경우, 공소시효 배제조항을 소급하여 적용할 수 있는지 여부", 이상훈 대법관 재임기념문집, 사법발전재단(2017), 785; 양형실무, 법원행정처(1999); 형법개정의 기본방향과 문제점-형사법개정기본자료 Ⅳ, 법무부(1985); 大塚 仁 外, 大コンメンタール, 第1卷, 青林書院, 第3版(2013); Basler Kommentar Strafrecht Ⅰ, M.A. Niggli, H. Wipraechtiger(hrsg.), Helbing Lichtenhahn Verlag, 2 Aufl.(2007); Claus Roxin, Allgemeiner Teil, Bd. Ⅰ, C. H. Beck, 3 Aufl.(1997); Wessels/Beulke, Strafrecht, Allgemeiner Teil, C. F. Müller, 38. Aufl.(2008); Günther Jakobs, Strafrecht Allgemeiner Teil, 2 Aufl.(1991); Münchener Kommentar zum Stafgesetzbuch, Wolfgang Joecks, Klaus Miebach(hrsg.), Verlag C. H. Beck München 2 Aufl.(2003), Bd. 1; Strafgesetzbuch, Leipziger Kommentar, Bd. 2, De Gruyter Verlag, 2006(11 Aufl.); Schönke/Schröder/Stree, Strafgesetzbuch Kommentar, 2019(30 Aufl.), Bd. 1; Markus D. Dubber & Mark G. Kelman, American Criminal Law, 2006, Foundation Press; Jeremy Bentham, An Introduction to the Morals and Legislation, in The Great Legal Philosophers: selected Readings in Jurisprudence, Clarence Morris, 1959.

Ⅰ. 형법 일반론

1. 형법의 의의와 법원(法源)

가. 형법의 의의

형법이란 범죄와 형벌에 관한 법이다. 국가는 국가와 사회 공동생활의 질서에 현저히 위반하는 행위를 범죄로 규정하고, 그러한 행위가 행하여졌을 때 그 행위자에 대한 제재로서 형벌을 과한다. 이 경우에 있어서 처벌될 행위, 즉 범죄와 이에 대한 형벌을 정하는 법이 바로 형법이다. 예를 들면 형법 제250조는 "사람을 살해한 자는 사형, 무기 또는 5년 이상의 징역에 처한다." 라는 형식으로 규정하여 법률요건으로서의 범죄와 법적 효과로서의 형벌을 연결시키고 있으며, 그 정해진 형벌의 종류와 범위를 법정형(法定刑)이라고 한다.

그런데 오늘날에는 범죄에 대한 법적 효과로서 형벌 이외에 보안처분을 두는 나라가 많다. 우리나라도 치료감호법에 치료감호를 두고 있으며,[1] 형법뿐만 아니라 소년법과 가정폭력범죄의처벌등에관한특례법 상 보호관찰 등 각종 보호처분 제도를 규정하고 있는데, 이러한 보호처분도 보안처분이다. 그래서 정확히 말하면 형법이란 범죄와 이에 대한 법적 효과로서의 형벌과 보안처분에 관한 법이라고 말할 수 있다. 오늘날 형벌과 보안처분 이외에 원상회복명령이나 전자감독명령 등과 같은 제3의 조치들이 제재수단으로 도입되고 있다.

형법의 명칭에 관하여, 영미나 러시아에서는 범죄법(Criminal law)이라고 하고, 독일(Strafrecht)·스위스·오스트리아·이태리·스페인 등 여러 유럽국가와 일본·중국·우리나라에서는 형법(刑法)이라고 하며, 프랑스에서는 형법(droit penal) 또는 범죄법(droit criminel)을 병용하고 있다.

나. 형식적 의의의 형법과 실질적 의의의 형법

범죄와 형벌(또는 보안처분)에 관한 법, 형법의 법원(法源, Rechtsquellen, Source of law)은 법률이다. 이는 죄형법정주의 원칙상 당연하고, 법률의 하위법령은 법률의 위임에 있거나 그 내용을 보충하는 경우에만 법원이 될 수 있다. 형법의 법원 중에서 주요한 것은 '형법전'에 규정되어 있는데, 이것을 '형식적 의의에 있어서의 형법'이라고 한다. 그리고 형법전 뿐 아니라 경범죄처벌법, 폭력행위등처벌에관한법률, 국가보안법, 특정범죄가중처벌등에관한법률, 군형법 등의 무수한 특별형사입법은 물론이고 민법, 상법, 노동법, 소송법 혹은 일반의 행정법규 등에 규정되어 있는 것이라도, 그것이 범죄와 형벌(또는 보안처분)과의 관계를 규율하는 것인 한, 모두 '실질적 의의에 있어서의 형법'이다. 실질적 의의에 있어서의 형법은 통칭하여 형사법(刑事法)이라고 불리고 있으며, 따라서 형사법의 법원은 실질적 의의의 형법이다.

'실질적 의의의 형법'인지 여부는 어떤 행위에 대한 제재가 형법 제41조에 규

1 구 사회보호법에는 보호처분으로서 보호감호와 치료감호를 두고 있었다가 위헌소지가 있다는 이유로 2005. 8. 4. 사회보호법이 폐지되면서 보호감호가 폐지되었고, 같은 날 치료감호법이 제정되면서 치료감호만이 남게 되었다.

정된 9종의 '형벌', 즉 사형, 징역, 금고, 자격상실, 자격정지, 벌금, 구류, 과료, 몰수 또는 사법처분으로서의 '보안처분'인지 여부에 따라 결정된다. 그리고 국가적 제재에는 이들 이외에 징계·과태료 등이 있다. 한편 '형식적 의의의 형법' 중에도 친고죄의 규정과 같이 실질적 의의의 형사소송법 규정도 들어 있다.

2. 형법전의 구조 및 현행법의 제정과 개정

가. 총칙과 각칙

오늘날 각국의 형법전은 일반적으로 총칙과 각칙으로 대별되어 있고, 우리 형법전도 역시 '제1편 총칙', '제2편 각칙'의 2편으로 나누어져 있다. '각칙'의 주요한 내용을 이루는 것은 범죄가 될 행위를 개별적으로 유형화하여 표시함과 동시에 그 각각에 대하여 과하여질 형벌의 종류 및 정도를 한정하는 규정, 즉 형벌규정이다. 이에 대하여 '총칙'에서는 이들의 범죄 및 형벌에 공통적으로 적용되는 규정을 두고 있다. 총칙의 규정은 타 법령에 특별한 규정이 없는 한(예: 관세법 제278조 등), 형법 및 타 법령이 정한 죄, 즉 형사법의 모든 범죄에 적용된다(제8조).

나. 형법전의 제정

해방 후 형법전의 입법화작업은 군정시대에 발족한 '법제편찬위원회'의 형법분과위원회로부터 시작되었는데, 총칙의 기초는 양원일 위원이, 각칙의 기초는 엄상섭 위원이 맡았고, 먼저 '요강'을 작성하여 이것을 형법분과위원회와 총회에서 순차로 의결하도록 되었다.[2]

그 후 대한민국이 수립되었으므로 1948. 9. 15.에 대통령령 제4호로 '법전편찬위원회 직제'가 공시되어 입법화 작업은 법전편찬위원회로 계승되었다. 총·각칙의 기초는 역시 두 분 위원이 분담하게 되었고, 다시 '요강'을 법전편찬위원회에 제출하여 4회에 걸쳐 재검토한 후 1948. 12. 11.에 전부 통과시켰다. 양원일 위원의 서거로 총칙은 김병로 위원장이 자담했는데, 총·각칙의 기초가 완성되어서 가안이 김병로 위원장, 이인·권승열 부위원장, 최병주·김갑수·엄상섭·정윤환 4분의 위원으로 구성된 법률안심의위원회에 제출되어 1949. 6. 20.부터 9. 12.까지 13회에 걸쳐서 심의된 후 제2가안이 완성되었다. 그 동안에도 심의가 먼저 완료된 총칙부

2 김성돈, 형법의 역사에 관하여, 형법총론(제5판), 성균관대학교출판부(2017), 37 이하; 오영근, 형법총론(제4판), 박영사(2018), 12 이하; 임웅, 형법총론(제10정판), 법문사(2018), 12 이하 참조.

터 법전편찬위원회 총회에 제출되었는데, 제2가안은 1949. 8. 6.부터 11. 12.까지 11회에 걸쳐 토의된 끝에 법전편찬위원회 형법 초안이 결정되었다.

이 형법 초안은 정부제출 법안으로 국회에 제출되어 국회 법제사법위원회에서 1년여에 걸쳐 신중히 검토되었고, 1953년에 본회의에 상정되어 4. 16. 형법 초안에 대한 설명(법전편찬위원회의 대표로서의 김병로 대법원장)과 법제사법위원회 수정안의 설명[법사위원장 윤길중 위원과 엄상섭 위원(법사위에서 심의시의 주심)]이 있었으며, 국회 본회의 심의과정에서 상당히 광범위에 걸쳤던 법사위 수정안의 거의 전부가 채택·통과되었다. 그리하여 새 형법전은 1953. 9. 18. 법률 제293호로 공포되어 10. 3.부터 시행되었다.[3]

다. 형법전의 개정과정

현행 형법전이 시행된 이래 최초로 개정된 것은 각칙 제2장 외환의 죄 중에 제104조의2(국가모독 등)가 신설된 것이었는데, 1975. 3. 19. 변칙적으로 국회의 법제사법위원회와 본회의에서 가결되었으나, 위 조항은 표현의 자유를 제한하는 독소조항이어서 1988. 12. 31. 삭제되었다.

그 후 형법 제정 이래 정치·경제·사회 등 모든 영역의 발전과 윤리의식의 변화로 발생한 법규범과 현실과의 괴리를 해소하고, 우리 사회의 산업화·정보화와 과학기술의 발전에 발맞추어 컴퓨터범죄 등 신종범죄에 효율적으로 대처하여 국민생활의 안정을 도모함과 아울러 현행 규정의 시행에서 나타난 일부 미비점을 개선·보완하기 위하여 법무부가 1985. 6. 21. 형법전의 전문개정을 위한 '형사법개정특별심의위원회'와 '소위원회'를 구성하여 1992년에 정부의 개정초안까지 작성, 제출한 바 있었으나,[4] 전면 개정을 하지는 못하였고, 1995. 12. 29. 법률 제5057호 대폭 개정에 일부 반영되었다. 종전에 벌금 등 임시조치법으로 벌금의 단위를 원화로 하던 것을 형법에 반영하였고, 법정형을 현실화하는 한편, 보호관찰과 사회봉사, 수강명령 제도를 도입하였으며, 공전자기록과 사전자기록의 위작, 변작죄 등의 죄를 신설한 것이다.

1997. 12. 13. 기관 또는 단체의 명칭변경에 따른 형법개정 이후에 2001. 12. 29.에는 형법 제347조의2의 '컴퓨터등 사용사기'죄의 구성요건을 신설하는 개정이

3 신동운, 제정형법의 성립경위, 형사법연구 20호(2003. 겨울), 13 이하 참조.
4 당시 형법개정의 기본방향에 관하여, 형법개정의 기본방향과 문제점-형사법개정기본자료 IV, 법무부(1985), 12 참조.

이루어졌고, 2004. 1. 20.과 2005. 7. 29. 경합범에 관한 형법 제37조와 제39조가 일부 개정되었으며, 집행유예의 금지요건에 관한 제62조 제1항 단서와 집행유예의 실효에 관한 제63조가 일부 개정되었다. 그 후 유기징역의 상한을 15년에서 30년으로 상향조정하고 유기징역 또는 유기금고에 대하여 형을 가중하는 때에는 50년까지로 하는 개정(제42조, 2010. 10. 16. 개정), 일정 액수 이상의 벌금형을 선고할 경우 노역장 유치의 최소기간을 직접 법률에 규정하여 고액 벌금형이 단기의 노역장 유치로 무력화 되지 못하도록 하는 개정(제70조 제2항, 2014. 5. 14. 개정)과 벌금형의 집행유예를 도입하였고(제62조 제1항, 2016. 1. 6. 개정, 2018. 1. 7. 시행), 벌금형의 집행시효가 3년에서 5년으로 연장되었으며(제78조 제5호 및 제6호, 2017. 12. 12. 개정), 심신미약자에 대한 필요적 감경규정을 임의적 감경규정으로 하는 개정(제10조 제2항, 2018. 12. 18. 개정)이 있었다. 한편 다양화된 성범죄에 대처하기 위하여 유사강간죄를 신설하고, 성범죄의 객체를 "부녀"에서 "사람"으로 확대하며, 친고죄 및 혼인빙자간음죄를 폐지(제242조 등, 2013. 6. 19. 개정), 가해자가 사회적 지위를 이용해 지속적으로 성폭력 범죄를 저질러 피해자에게 육체적·정신적 고통을 주는 조직 내 권력형 성폭력 사건을 근절하기 위하여 업무상위력 등에 의한 간음죄의 형량을 상향(제303조 제1항 및 제2항, 2018. 10. 16. 개정), 본인이 직접 재물이나 재산상의 이익을 취득하는 행위뿐만 아니라 제3자로 하여금 재물이나 재산상 이익을 취득하게 하는 행위도 처벌할 수 있도록 배임수재죄의 구성요건 정비(제357조, 2016. 5. 29. 개정)를 하였다. 그밖에 헌법재판소의 헌법불합치 또는 위헌 결정에 따른 개정도 이루어졌다.[5]

라. 전망

법무부는 2007년부터 소위원회를 구성하고 형법 및 형사특별법 전반에 대한 개정작업을 진행하여 특히 제정 이후 이래 개정이 거의 없었던 총칙 부분을 그 동안 축적된 판례, 발전된 형법이론 등을 반영하여 개정함으로써 사회 변화에 따른 국민의 법의식과 현행법 간의 괴리를 해소하고 국민의 인권을 충실히 보장하며 인류공통의 보호법익을 침해하는 국제적인 범죄에 효율적으로 대처할 수 있도

5 판결선고 전 구금일수가 형기에 전부 산입됨을 명백히 하고(제57조 제1항, 2014. 12. 30. 개정), 수형자 및 집행유예 중인 자에 대하여도 선거권을 부여하였으며(제43조 제2항 단서, 2016. 1. 6. 개정), 외국에서 집행된 형의 전부 또는 일부를 우리나라에서 선고하는 형에 반드시 산입하도록 하고(제7조, 2016. 12. 20. 개정), 간통죄를 삭제하였다(제241조, 2016. 1. 6.).

록 하는 등을 골자로 하는 형법 개정안을 마련하여 2011. 3. 25. 국회에 정부안으로 제출하였으나, 회기 만료로 폐기되었다.[6]

그동안의 형법은 부분개정이 수시로 이루어졌는데, 이는 그때그때 필요나 여론에 따른 것이었다. 형사미성년자의 기준 연령을 14세 미만보다 하향하자는 개정안과 이른바 '미투운동'의 확산에 따라 성폭력 범죄의 엄정한 대응의 일환으로 성폭력범죄의 구성요건 변경에 관한 개정안 및 인터넷 사이트를 통한 혐오 표현을 처벌하는 내용의 법안이 발의된 것도 그 예라고 볼 수 있다. 향후 형법 개정의 장기적 과제로는, 형사특별법 분야에서는 특정범죄 가중처벌 등에 관한 법률, 특정강력범죄의 처벌에 관한 특례법, 특정경제범죄 가중처벌 등에 관한 법률, 폭력행위 등 처벌에 관한 법률, 성폭력범죄의 처벌 등에 관한 특례법 등 형사특별법 규정 중 형법 규정의 가중요건에 불과한 경우 형법으로 흡수, 통합하는 것이 필요하고,[7] 향후 형법의 국제화에 대비하는 것도 중요하다고 생각된다.

3. 형법규범의 특성

형법은 기본적으로 공법이고 실체법이며, 형법규범은 일반적인 법규범 중에서 강제규범으로서의 성격이 가장 뚜렷하다.

가. 재판규범

형법, 특히 그 중에서 각칙의 규정형식은 추상적·가언적으로 정해진 형벌법규의 법률요건에 법률효과를 부여하는 것이고, 그 요건을 구체적으로 충족하는 사태가 발생한 경우, 즉 어느 행위자에 의해 법률요건에 해당된다고 보이는 범죄행위가 일어난 경우에 형사재판절차에 의하여 그 범죄가 확인되면 법정형 범위 내에서 그 행위자에게 적합한 형벌이 과해지는 것이다. 따라서 형법은 기본적으로 형사재판의 지표로 기능하는 법관에 대한 지시로서의 재판규범(Entscheidungsnorm)이고, 그와 동시에 재판의 결과로서 피고인에게 형벌을 부과하고 그것을 강행한다는

6 개정안 중 가장 특징적인 것은, 죄형법정주의를 명시하고, 세계주의 규정을 도입하며, 상습범에 관한 규정 및 누범에 관한 규정을 삭제하는 대신 방화, 살인 등의 죄로 징역 1년 이상의 실형을 3회 이상 선고받고 그 형기의 합계가 5년 이상인 자가 최종형의 전부 또는 일부의 집행을 받거나 그 집행이 면제된 후 5년 안에 방화, 살인 등의 죄를 고의로 범하여 1년 이상의 징역을 선고하는 경우 또는 일정한 죄에 관하여 상습성이 인정되는 경우에는 2년 이상 7년 이하의 기간 동안 보호수용을 선고하도록 하는 것과 치료감호를 치료수용으로 대체하는 것이다.

7 이러한 문제는 크게 논의되지 않고 있으며, 단지 성폭력 관련법이 여러 법률에 내용이 흩어져 있는 데다가 규정체계도 매우 복잡하여 통합 및 정비의 필요성이 있어 성폭력에 관한 각종 특별법을 통합 정비하는 것이 법무부의 국정과제로 추진되고 있다고 한다.

점에서 실정법 중에서 가장 강한 강제규범으로서의 성격을 가짐은 물론이다.

나. 행위규범

가언판단으로서의 형법규범에는 행위자에게 일정한 행위의 금지 또는 명령을 내용으로 하는 행위규범(Verhaltensnorm)이 전제가 되어 있다. 살인죄의 규정(제250조)으로부터 '사람을 살해하지 말라'라는 금지의 행위규범이 도출된다. 반면에 부작위범의 경우에는 작위의무를 내용으로 하는 명령으로서의 행위규범이 전제되고 있다.

행위규범으로서의 형법은 법규범이고 강제규범으로서 도덕률이나 사회윤리규범과 일응 구분되는 것이지만, 내용상 상호 밀접한 관계에 있으며, 그 사회 내에 학습되고 전승되는 윤리규범에 부합하는 형법규범이 그 준수와 강제를 정당화시킬 수 있다. 형법상 범죄로 정해진 것의 대부분은 사회윤리적 관점으로부터도 허용되지 않는 것이 일반적이고, 그 사회에서 정상적으로 교육받은 사람들이 대체로 받아들일 수 있는 윤리규범이나 도덕율에 근거하고 있는 것이 보통이다. 따라서 형법상 범죄는 이른바 자연범·형사범이고, 윤리규범에 정초하고 유지되는 것으로서 사회윤리의 변화에 좌우되기도 한다. 따라서 형법은 도덕과 밀접한 관계에 있고, 윤리규범 중에서 제재에 의하여 지켜야 할 최소한을 규정하고 있는 것이다 - 법은 도덕의 최소한이다! 이에 비하여 이른바 법정범·행정범은 국가 행정상의 정책적 필요성 등으로부터 실정법에 의하여 비로소 일정한 행위가 범죄로 규정된 것인데, 환경범죄의 경우처럼 국민의 법의식에 의하여 지지되면서 점차 사회의 윤리규범으로 받아들여지는 경우도 있다.

다. 평가규범 내지 결정규범

독일의 형법학자 메츠거(Metzger)에 의하면, 평가규범은 어느 행위가 형법적 관점에 있어서 무가치한지 아닌지를 객관적으로 판단하는 규범이고, 결정규범은 개인인 행위자를 향해 적법한 행위를 행해야 한다는 의사결정을 명하는 규범이며, 전자는 위법성을, 후자는 책임을 기초로 한다고 설명된다. 그러한 관점에서 형법의 규범을 '평가규범'(Bewertungsnorm)과 '의사결정규범'(Bestimmungsnorm)으로 구별하는 견해도 제시되고 있다.[8] 그러나 형법규범이 결정규범이기에 앞서 논리

8 정성근/박광민, 형법총론(제2판), 성균관대학교출판부(2015), 30; 배종대, 형법총론(제13판), 홍문사(2017), 34; 임웅, 형법총론(제10정판), 법문사(2018), 6.

적으로 명령·금지를 포함한 의미로서의 행위규범 내지 명령규범이 선행하는 것이고, 명령규범에 위반한 의사결정에 따른 행위에 대하여 평가규범이 실행되어 행위 반가치(反價値) 내지 무가치라는 평가를 이끌어내는 것이라고 볼 것이므로, 특별한 구분으로서 의의는 없다고 본다.

4. 형법의 기능

형법은 형벌이라는 침익적 수단에 의하여 국민의 기본권인 자유나 재산권 등을 제약하는 것으로서, 헌법 제37조 제2항에 의한 기본권 제한의 근거가 되는 국가안전보장, 질서유지, 공공복리 등의 목적에 기여하는 것이고, 이를 포괄하여 형법은 기본적으로 국가와 사회질서의 존속과 유지의 기능을 하는 것이다.

가. 보호적 기능

국가와 사회의 질서를 유지하고자 하는 형법의 기능은 먼저 법익 보호의 기능으로 나타난다. 형법의 적용과 집행, 즉 범인에 대하여 현실에서 형벌을 부과하는 것에 의하여 일정한 법익을 보호하는 것이고, 이를 보호적 기능(Schutzfunktion)이라고 부를 수 있다.[9] 법익(法益)이란 법적으로 보호되어야 할 국가, 사회, 개인의 이익을 말하고, 법익 보호를 통하여 그 기초를 이루는 사회윤리적 가치를 보호한다고 말할 수 있다.[10] 법익의 보호는 다른 법역에서도 여러 방식에 의해서 이루어지지만, 형법에 의한 보호는 국가적 제재 중에서 제일 중한 형벌과 보안처분을 수단으로 하는 점에서 가장 강력한 것이다.

나. 규제적 기능

형법이 국가 사회의 질서를 유지하는 기능은 이른바 규제적 기능(regulative Funktion)에 의하는 것이고, 규제적 기능이란 범죄행위에 대한 규제적 평가를 분명하도록 하는 기능이다.[11] 그 내용으로는, 일정한 행위를 범죄로 정하고 그것에 일정한 형벌을 부과함으로써 그 행위가 법적으로 반가치적임을 명시하는 기능과 아울러 행위자에 대해서는 그와 같은 범죄행위를 일으키지 않도록 하게끔 내심적으

9 이재상 외 2인, 형법총론(제9판), 박영사(2017), 6; 김일수/서보학, 새로쓴 형법총론(제13판), 박영사(2018), 15; 정성근/박광민, 형법총론(제2판), 성균관대학교출판부(2015), 32; 배종대, 형법총론(제13판), 홍문사(2017), 37; 임 웅, 형법총론(제10정판), 법문사(2018), 9; 박상기, 형법총론(제9판), 박영사(2012), 7 이하는 법익 개념과 그 보호의 기능을 중시한다.

10 손동권/김재윤, 새로운 형법총론(초판), 율곡출판사(2011), 10.

11 박상기, 형법총론(제9판), 박영사(2012), 12는 사회보호 임무라고 한다.

로 의사결정을 할 것을 명령하는 기능을 포함한다. 전자를 평가적 기능, 후자를 명령적 기능 내지 결정적 기능이라고 할 수 있다. 이것들은 위에서 서술한 형법의 규범으로서의 평가규범 및 명령규범(결정규범)에 각각 대응하는 것이다.[12]

형법의 규제적 기능은 일정한 행위를 범죄로 정하고 그것에 대하여 일정한 형벌을 부과함을 성문의 법률에 의해 규정한다는 죄형법정주의의 원리에 근거한다. 형법의 규제적 기능을 통하여 기본적인 질서유지와 사회방위의 기능을 하는 것이고, 또한 형법은 그 규제수단인 형벌을 통하여 일반예방적 기능 및 특별예방적 기능을 수행한다(후술).[13]

다. 보장적 기능

형법은 일정한 행위를 범죄로 정하고 이것에 대하여 일정한 형벌을 부과하는 것을 명확하게 정하는 것에 의해 국가적 형벌권의 발동을 일정한 범위 내로 제약하고, 선량한 일반 국민의 자유와 함께 범인 자신의 자유 또한 부당하게 침해되지 않도록 보장하는 것이 되어야 한다.[14] 이는 형법의 '마그나 카르타'적 기능이라고도 불리우고, 죄형법정주의의 소극적 기능이기도 하다 - 범죄가 아닌 것은 자유이다!

그런데 헌법상 기본권에 속하는 자유권의 보장을 통하여 형법이 헌법상 질서유지의 기능에 기여하는 것이지만, 형법의 규제를 통하여 개인의 자유가 제약된다는 면에서 질서유지와 자유보장의 기능은 서로 상반되고 모순되는 점이 있는 것은 피할 수 없다. 양자를 구체적으로 어떻게 조화시킬 것인가 하는 점이 형법의 이론과 실천의 핵심이 된다고 말할 수 있다.

라. 형법기능의 한계

형법이 실현하는 기능은 현실적으로는 결코 완벽할 수 없고, 그 한계가 있는 것이다. 형법은 범죄에 대처하는 중요하고도 유력한 하나의 수단일 수 있지만 반드시 결정적인 수단이라고는 말할 수 없는 것이다. 범죄를 억제하고 줄이기 위해서는 범죄를 적발하고 처벌하는 절차가 중요하지만, 근원적으로는 그 사회적 원인 자체를 제거하는 것이 강구되어야 한다 - 최선의 형사정책은 사회정책이다!

12 大塚 外, 大コンメンタール, 第1巻, 青林書院, 第3版(2013), 8; 오영근, 형법총론(제4판), 박영사(2018), 11은 결정적 기능을 '규범적 목적'이라고 부른다.

13 김일수/서보학, 새로쓴 형법총론(제13판), 박영사(2018), 13 이하는 별도로 (적극적, 소극적) 예방적 기능을 들고 있다.

14 이재상 외 2인, 형법총론(제9판), 박영사(2017), 8 등 통설.

한편 앞에서 본 형법의 제 기능과 형벌의 본질이 해악이라는 점을 고려해볼 때, 형법의 적용과 형벌의 부과는 신중하게 이루어져야 할 필요가 있다. 형법은 사소한 위법행위 등도 대상으로 할 것은 아니고, 형벌은 필요한 최소한의 범위 내에서만 개입되어야 한다. 이러한 것은 형법의 해석, 적용상으로 뿐만 아니라 입법적으로도 고려되어야 할 원리이다.[15] 형사입법을 통하여 형벌이 개입할 범위도 사회생활 상 불가결한 중요한 법익 보호를 위하여 다른 법적 수단으로 보호가 불충분한 경우에 최후수단(ultima ratio)으로 한정되어야 할 것이다. 이를 '보충성의 원칙'이라고 부른다.[16] 특히 행정범이나 질서범 등에 관하여 국가가 형벌권의 행사로 행정목적이나 질서유지의 목적을 달성하는 것이 적절한지, 과태료 등의 행정상 제재로 가능한지(비범죄화: Entkriminalisierung) 입법과정에서 충분히 검토되어야 할 것이다.

나아가 형벌법규에 명시된 범죄와 형벌 간에는 사회의 윤리의식에 비추어 균형을 유지하는 것이어야 한다. 형법이 정하는 형벌은 범죄의 경중, 즉 당해 범죄가 사회에 미치는 해악의 크기에 따라 정해져야 하고, 그 논리적 결과, 역으로 형법에 정해진 법정형의 경중으로부터 범죄의 경중이 인식되기도 한다. 범죄와 형벌 사이의 균형이 상실되어 법정형이 지나치게 과중한 경우에는 형법의 규제적 기능의 한계를 벗어나게 된다(헌법상 과잉금지의 원칙). 실제로 형벌을 부과함에 있어서도 원칙적으로 '형벌 최소화의 원칙'이 적용되어야 한다.[17] 다만 형을 양정함에 있어서 형벌최소화의 원칙은 이른바 '온정주의'와 구별되어야 한다. 어디까지나 범죄와 형벌의 균형이라는 책임원칙(Schuldprinzip)과 비례원칙(Verhältnismässigkeit)의 제한 내에서 필요한 최소한의 형벌을 가해야 한다는 점이 유념되어야 할 것이다.

5. 형법이론

가. 전통적 형법이론

형법이론이란 범죄 및 형벌에 관한 형법의 기초적 일반이론을 말하는데, 우

15 大塚 外, 大コンメソタール, 第1巻, 青林書院, 第3版(2013), 9에 의하면, 이를 '겸억(謙抑)주의'라고 한다.

16 이재상 외 2인, 형법총론(제9판), 박영사(2017), 7; 박상기, 형법총론(제9판), 박영사(2012), 10; 김성돈, 형법총론(제5판), 성균관대학교출판부(2017), 43; 오영근, 형법총론(제4판), 박영사(2018), 8; 손동권/김재윤, 새로운 형법총론(초판), 율곡출판사(2011), 11은 보충성원칙과 탈윤리화를 형법의 보호적 기능에 넣고 있다; 정영일, 형법강의(총론)(제3판), 학림(2017), 6도 근대 민주주의 형법의 기본적 성격은 종교적, 윤리적 분화라고 한다(단 이슬람법계는 종교적 분화는 없다).

17 양형실무, 법원행정처(1999), 25.

리 학계는 독일 형법학의 이론에 영향을 받고 있다. 근대 독일 형법학의 고전학파(혹은 구파)는 범죄이론으로 객관주의(행위주의), 현실주의, 형벌이론으로 응보형주의, 절대주의, 일반예방주의를 지지하는데 비하여, 근대학파(혹은 신파)에서는 주관주의(행위자주의), 징표주의, 목적형주의(교육형주의), 상대주의, 특별예방주의가 주장되어 왔다.

1) 범죄이론

가) 객관주의·행위주의와 주관주의·행위자주의

형벌의 대상으로서의 범죄의 의미에 관하여, 객관주의는 형사책임의 기초를 오로지 외부적으로 표출된 범인의 행위에서 구하는 입장이고, 주관주의는 범인의 반사회적 성격, 즉 범죄행위를 반복하는 범인의 사회적 위험성을 찾아내고자 하는 입장을 말한다. 그렇기 때문에 우리 형법학에서 말하는 객관주의, 주관주의는 행위주의, 행위자주의라고 부르기도 하는데, 그 대립은 19세기 중엽부터 20세기 초기에 걸친 독일 형법학파 논쟁의 중심에 서 있었다. 고전학파의 행위주의에 대하여, 근대학파인 리스트(Liszt)는 '벌 받아 마땅한 대상은 행위가 아닌 행위자이다.'라고 한다.

나) 현실주의와 징표주의

고전학파의 행위주의는 범인의 현실적 행위를 과형의 기초로 보는 현실주의에 도달한다. 범인의 사회적 위험성의 정도 여하에 관계없이 그 행위가 현실의 외부에 표현되지 않는 한 처벌할 수 없다는 것이다. 한편 행위자주의의 입장에 따르면 범인의 성격, 즉 내면적인 위험성이 과형의 대상이 된다. 그러나 범인의 내면의 위험성은 외부에 표출된 행위에 의하여 인식될 수밖에 없다. 그래서 행위자의 행위를 그 내면적 위험성이 나타난 것으로 보는 타협적 이론이 생겨났다. 이것이 징표주의(범죄징표설)이다. 현실주의가 외부적으로 표현된 범죄행위 자체에 고유의 의의가 있다고 보는 것과는 상반되게, 징표주의는 범죄행위를 행위자의 위험성을 인식하는 징표로 보는 것이다.

2) 형벌이론

가) 응보형주의·속죄형주의와 목적형주의·교육형주의

응보형주의란 범인에 대해 형벌을 부과하는 것을 응보의 원리에 근거를 두는 입장이다. 범죄라는 해악에 대한 반동으로서 국가에 의해 부과되어진 해악이 형벌이라는 것이고, 고전학파에서 널리 채용되었지만, 그 내용은 여러 갈래로 나뉘어져 있다. 예를 들면 대표적인 견해로, 칸트의 정의론 내지 탈리오적 대응관과 헤겔의 변증법적 응보주의 내지 등가적 응보관이 있었다.[18] 이전에는 형벌권 신수설을 전제로 한 신의(神意) 응보주의, 사회공동생활 상의 강제도덕인 법에 위반되는 행위에 부과되는 것이 형벌이라는 도덕적 응보주의 등도 나타났지만, 그 후 법 자체 내에서 이것에 위반하는 범죄에 대한 응보를 가하는 것이라는 법적 응보주의가 일반적으로 되었다(독일의 K. Binding). 응보형주의 중, 특히 과거의 범죄에 대한 속죄를 중시하는 것을 속죄형주의라고 한다.

이에 비하여 목적형주의란 서구 근대학파에 의해 채용된 입장이며, 영미에서는 벤담(J. Bentham)의 공리주의적 접근방식이라고 본다.[19] 이에 따르면, 형벌은 그 자체로 의미가 있는 것이 아니라, 일정한 다른 목적, 즉 사회의 보호와 방위에 봉사하는 점에 그 의의가 인정되는 것으로 보며, 보호형주의 또는 사회방위론이라고도 불린다. 형벌에 의한 사회방위의 목적은 사회 일반에 대한 것에서 더 나아가 범인을 교육하고 선량한 사회인으로서 사회에 복귀시키는 것을 목적으로 삼게 되고,[20] 이로부터 형벌의 목적은 범인의 교육, 개선(再社會化; Resozialisierung)에 있다고 하는 교육형주의 또는 개선형주의의 입장까지 나오게 된다.

나) 절대주의, 상대주의, 병합주의 및 분배주의

응보형주의를 전제로 하고 응보로서의 형벌 자체에 그에 따른 개개의 목적, 예를 들어 위협이라든가 개선과 같은 것을 초월한 절대적 의의를 인정하는 입장을 절대주의라 하며, 이에 반하여 형벌에는 그 개개의 현실적 목적, 특히 장래에 대한 범죄의 예방의 수단으로서 이외에 특별한 의의를 인정하지 않는 입장을 상대주의라고 한다. 전자가 형벌권의 법적 근거를 오로지 정의의 요구 또는 도덕적 필요성에서 구하며 '범죄가 있기 때문에 처벌 한다'고 하는 고전학파의 주장이고, 후자는 이것을 유용성 내지 합목적성에 있다고 해석하고, '범죄를 저지르지 않게

18 응보형은 독일 관념론에서 칸트의 정언명령이나 "정의가 무너지면 인간이 지구상에 살 가치가 없다"는 명제와 범죄는 법의 부정이므로 '형벌은 부정의 부정'이라는 헤겔의 변증법에서 나타나고 있다; Münchener Kommentar zum Stafgesetzbuch, Wolfgang Joecks, Klaus Miebach(hrsg.), Verlag C. H. Beck München, 2 Aufl. Bd 1, Einl/ Rn. 49-52.

19 Markus D. Dubber & Mark G. Kelman, American Criminal Law, 2006, Foundation Press, p. 9 참조.

20 독일의 Franz von Liszt가 1882년 발간한 '형법에 있어서 목적사고(Der Zweckgedanke im Strafrecht'에서 비롯된 특별예방론이 시초이다.

하기 위하여 처벌한다'고 주장하는 근대학파의 전형이라고 할 수 있다.

병합주의란 이와 같은 절대주의 및 상대주의의 주장을 병합하여 형벌의 법적 근거를 정의 및 합목적성에 있다고 하는 입장이며, 범죄가 있기 때문에, 그리고 범죄를 발생시키지 않게 하기 위하여 처벌한다고 말한다. 오늘날 이러한 병합주의 내지 절충주의가 형법학계의 대세라고 함은 후술한다.

한편 분배주의는 20세기 독일의 형법학자 마이어(M. E. Mayer)가 형벌을 입법과 사법, 집행의 단계로 구별하여 형벌의 법정 단계에서는 응보, 형의 양정 단계에서는 법의 확증(적극적 일반예방), 형벌의 집행 단계에서는 목적형으로 구분하는 이론이다.[21]

다) 일반예방주의와 특별예방주의

상대주의 안에서의 이념적 대립으로, 일반예방주의란 범인에게 형벌을 부과하는 것에 의하여 일반사회인을 위협하고 경계시켜서 그 장래에 있어서 범죄를 예방하고자 하는 입장이며, 형벌의 예고에 의한 일반예방주의와 형벌의 집행에 의한 일반예방주의가 있다. 전자는 독일의 Feuerbach의 심리강제설에서, 후자는 이탈리아의 Filangieri (1752~1788)의 형벌집행에 의한 위협주의에서 찾아볼 수 있다.

이러한 '위하예방(危嚇豫防)' 내지 소극적 일반예방의 관점에 따르면, 형벌은 일반인들에게 범죄의사가 발생하지 못하도록 작용하여야 하고, 이미 범죄의사가 발생한 경우에도 범죄를 그만 두도록 동기를 부여하여야 한다는 것이다. 즉, 행위자에게 부과된 형벌의 해악과 이에 결합된 사회의 부정적 평가가 잠재적 범죄 행위자들에게 범죄에 뒤따를 형벌의 두려움을 일깨우고, 이를 통하여 잠재적 행위자의 범행을 저지해야 한다는 것이다. 이러한 측면을 '소극적 일반예방'이라 한다. 그러나 잔혹한 형벌을 규정하고 집행하여 일반시민을 협박하는 것은 현대 문명에 적합하지 않다.

오늘날 주목받고 있는 '통합예방(統合豫防)' 내지 '적극적 일반예방' (positive Generalpraevention)의 관점에 따르면, 형벌은 법질서의 불가침성을 확증함으로써

21 일본에서는 분배주의에 시사(示唆)되어 발전적 계기에 착안하여 형벌의 본질을 찾으려고 하면서 각 발전단계의 상호 간에 관련성을 인정하는 것에 의하여 분배주의를 비판하는 입장이 유력하다. 즉 병합주의의 입장에서는 형벌의 각 발전단계를 통해 형벌목적은 일관되게 존재하는 것이고, 단지 그 발현의 양상을 달리하는 것에 지나지 않는다고 해석한다; 大塚 外, 大コンメンタール, 第1卷, 青林書院, 第3版(2013), 23 참조.

사회 내에서 일반인의 규범의식 내지 법충실성(法充實性, Rechtstreue)을 유지·강화시켜야 한다는 것이다. 따라서 행위자의 처벌은 바로 범죄를 저지르지 않은 모든 시민들에게 규범의 효력을 확인시키기 위한 것이고, 이와 같이 침해된 규범의 효력을 회복시키고 이를 확증시킴으로써 적극적인 사회통합에 기여한다는 것이다.[22]

한편, 특별예방주의란 형벌을 부과하는 것을 통하여 그 범인 자신이 장래 범죄에 빠지게 되는 것을 예방하고자 하는 입장이다. 19세기 초, 독일의 그롤만(Grolman)에 의해 일반예방주의에 대항하여 주장되었고, 이탈리아의 실증주의 학파에서 발생된 범죄학이나 범죄심리학의 연구와 관련이 있다. 그 후 독일의 리스트(Liszt)가 주창한 목적형주의나 리프만(Liepmann)의 교육형주의 등 근대학파의 학자들에 의하여 특별예방의 측면이 강조되어 왔다.

한편 오늘날 일반적으로 승인되고 있는 이른바 '병합주의'에 있어서는 형벌의 목적으로서 이와 같은 일반예방과 특별예방을 함께 생각하는 것이 일반적이며, 독일에서 제기되고 있는 '분배주의'에 의하면, 형벌의 법정의 단계에 있어서는 일반예방주의, 그 집행의 단계에 있어서는 특별예방주의가 인정되고 있다고 한다.[23]

나. 형법이론의 현대적 의의

1) 범죄이론 - 형법에서의 인간관

종래의 객관주의, 행위주의와 주관주의, 행위자주의는 이념형(Idealtypus)적인 것이고 일면적이다. 객관주의·행위주의, 현실주의를 채용한 고전학파의 입장과 주관주의·행위자주의, 징표주의를 표방한 근대학파의 입장은 각각 입각하고 있는 인간관에 차이가 있다. 본래 고전학파가 상정하고 있는 범죄인은, 예컨대 칸트의 철학이나 포이에르바하의 심리강제설이 대상으로 본 인간처럼 스스로의 이성에 따라 그 행동을 완전히 규율할 수 있는 추상적, 일반적인 존재로서의 자유인이었다. 다른 한편, 근대학파에 있어서 범죄인은, 예컨대 이탈리아의 범죄학자인 롬브로조나 페리의 주장에서 분명히 드러나는 것처럼 소질과 환경의 지배를 근거로 필연적으로 범죄에 빠질 수밖에 없는 숙명적, 결정적인 존재로서의 인간이었다.

그러나 인간에게 자유의지가 있는지, 인간이 결정론적 존재인지는 오늘날 심

22 Günther Jakobs, Strafrecht Allgemeiner Teil, 2 Aufl.(1991), 1/10-11; 우리나라의 다수설도 적극적 일반예방의 관점을 지지한다; 임 웅, 형법총론(제10정판), 법문사(2018), 61 등.

23 Claus Roxin, Allgemeiner Teil, Bd. Ⅰ, C. H. Beck, 3 Aufl.(1997), S. 23.

리학과 뇌과학의 발전으로도 완전히 규명되지 못하고 있는 형이상학적 문제이다. 우리의 경험상 인간은 타고난 기질과 환경에 제약을 받는 것은 분명하지만, 일정한 범위에서는 스스로의 노력과 자유의지로 이를 극복할 수 있는 가능성을 가지는 존재라고 할 수 있다.[24] 이러한 관점에서 현실의 범죄인이 상대적 자유의 주체로서의 구체적 인간인 것으로 상정될 수 있고, 자유의지의 범죄인관과 결정론적 범죄인관은 지양 내지 종합될 수 있다.[25] 그렇기 때문에 행위자로부터 떨어져서 행위만을 논할 수 없음과 동시에 행위의 의미를 도외시하고 행위자의 주관적인 범죄성만을 문제 삼는 것도 옳지 않다. 여기서 객관주의·행위주의와 주관주의·행위자주의와의 대립이 조화될 수 있다고 보는 것이 오늘날 일반적 견해이다.[26]

2) 형벌이론

형벌은 형법규범의 실효성을 유지하기 위한 수단으로서 국가적 제재 중에서 가장 강력한 것이다. 형법의 규범목적을 실현하는 형벌에 관한 이론은 곧바로 형법의 존재의의와 기능에 관한 이론이 되고, 나아가 종국적으로는 형사절차의 종국에서 형벌을 정하는 양형의 기준이 되는 것이다. 그러한 의미에서 오늘날 형벌이론은 범죄이론보다 중시되고 있다. 즉, 형법의 작동은 어떠한 질문에 대한 대답과 같이 사회적 경과이고, 형법의 과제는 사회적 의미를 가지는 범죄에 대하여 의미 있는 반작용으로서의 제재를 가하여 파괴된 규범의 회복과 안정화를 시키는 것이다. 그러한 의미에서 형법에서 범죄인의 자유의지를 전제하고 개인의 윤리적 책임을 묻는 행위론과 책임이론에 기초한 범죄론은 더 이상 설 자리가 없어졌다는 견해도 제기되고 있다.[27]

오늘날의 형벌이론상으로도 먼저 응보적 정의(retributive justice)의 원리를 부정하는 것은 불가하다. 행하여진 범죄를 원인으로 행위자인 범인에게 형벌을 부과한다는 응보적 사고의 관념은 형벌제도의 역사상 변하지 않았던 것이고, 지금

24 결정론과 비결정론(자유의지론)의 대립은 오래되었다. 토마스 홉스가 양립가능론(compatibilism)을 제시하고, 자유의지의 문제를 단순하게 이분법적으로 결정론과 자유론으로 나누어 생각하지 않게 되었고, 근대 철학자인 칸트 역시 결정론이 물리적 현상 세계에 적용되기 때문에 인과성이 순수이성의 사유에 영향을 미친다고 생각하는 한편, 물자체를 상정함으로써 '신', '자유', '영혼의 불멸'과 같은 개념들이 실천이성 안에서도 작동한다고 보는 등 양립 가능론적인 입장을 취하였다.

25 상대적 자유의사론 내지 연성결정론(soft determinism); 임웅, 형법총론(제10정판), 법문사(2018), 64 등 통설적 견해.

26 大塚 外, 大コンメンタール, 第1巻, 青林書院, 第3版(2013), 21; 이재상 외 2인, 형법총론(제9판), 박영사(2017), 68은 이러한 입장을 '신고전주의'로 부르고 지지한다.

27 Günther Jakobs, Strafrecht Allgemeiner Teil, Walter de Gruyter 2 Aufl.(1991), Vorwort 참조.

도 사회심리학적 근거 하에 의미가 있다. 즉, 과거에 행해진 범죄에 의한 침해에 대한 반작용 내지 보복을 도외시하고 단지 범인의 장래적인 개선만을 목표로 함은 우리의 법감정과 잘 맞지 않는다. 형벌은 범죄에 의해 침해된 국법질서를 회복하기 위하여 국가에 의해 범인에게 가해지는 법적 반동이고 범죄라는 악에 대항하는 것으로서 그 성질은 어디까지나 해악이며 고통을 내용으로 하는 것일 수밖에 없다.[28] 그러한 점에서 형벌의 목적은 결국 일반예방으로 귀착된다. 형벌은 범죄에 대한 것으로서 먼저 추상적으로 법정되고, 또한 현실의 범죄에 구체적으로 적용, 집행되는 것에 의하여, 소극적으로 위하의 방법으로 일반 시민이 범죄행위를 하고자 하는 의사나 충동을 억제하는 것뿐만 아니라(소극적 일반예방), 더 나아가 일반인에게 법집행이 되고 있다는 확증(確證)을 통하여 법의 효력에 대한 신뢰를 부여하고 법규범의 행위기준을 학습하도록 하는 기회를 제공하는 적극적 기능을 수행하는 것이다.[29] 즉, 법의 집행을 통하여 일반 시민들이 해서는 안 될 행위와 그것을 행하는 것의 기준을 학습하도록 하고, 그 위반에 따른 불이익을 인식시키며, 궁극적으로 법은 준수되어야 한다는 사회윤리적 감각을 유지시키는 것이다(적극적 일반예방).

한편 형벌이 특정 수형자에 대하여 그 개선, 교육에 의해 장래 범행의 방지를 기해야 한다는 특별예방적 기능도 무시할 수 없다. 형벌이 수형자를 과거의 범죄에 대한 반성으로 인도하여 다시는 같은 범죄에 빠지지 않도록 하는 더 나은 인격으로의 성숙을 지향시켜야 하는 기능을 할 필요가 있지만, 이러한 인격의 성숙이 이루어내는 것은 결국 수형자 자신이고, 국가가 지도 교육하는 것에도 한계가 있어서 현실적으로 실현되기 어려운 것임은 부인할 수 없다. 그런 의미에서 특별예방주의는 개선되지 아니하는 행위자의 위험성과 사회방위에 주목하여 보안처분을 더 중시하게 되는 위험성도 있다.

무엇보다도 형벌은 또한 현실의 재판을 통해 선고되고 또 집행되는 것에 의하여 구체적인 범죄에 대한 사회 일반인의 공분을 잠재우는 것과 그 범죄에 의하여

28 Jeremy Bentham, An Introduction to the Morals and Legislation, in The Great Legal Philosophers: selected Readings in Jurisprudence, Clarence Morris, 1959, p. 262, 270.

29 범죄자가 빠짐없이 처벌되어야만 적극적 일반예방의 목적이 달성될 수 있다는 비판이 있으나[이재상 외 2인, 형법총론(제9판), 박영사(2017), 57.], 법경제학적으로 빠짐없는 처벌에는 인적, 물적 자원의 한계가 있고, 어떠한 경위에서든 포착된 범죄자가 반드시 처벌을 받는다는 것으로도 법효력에 대한 신뢰는 상당히 유지될 수 있고, 법도 대체로 실효적이 될 수 있다.

피해자가 입은 심리적 고통을 위로하는 기능을 가진다. 물론 순수한 공형벌인 오늘날의 형벌에서 이와 같은 기능을 전면에 내세우는 것은 곤란하지만, 원래 형벌이 복수에 기원을 두었다는 점에서 시대와 의식이 변화되고 문명화된 현대에 있어서도 이런 면이 무시되어질 수는 없는 것이다. 그런데 형법의 이러한 기능은 단순히 응보라는 전통적 관념뿐만 아니라, 이를 넘어서서 법의 효력에 대한 확증과 신뢰를 부여한다는 적극적 일반예방의 목적과 관련되어 있다고 생각된다. 특히 범죄에 의하여 침해된 법질서를 회복하여 유지·존속시킨다는 의미로 오늘날 '법질서의 방위 내지 수호'라는 공익적인 관념이 통용되고 있으며, 이것은 오늘날 전적으로 '일반예방'과 동일시되거나 적극적 측면과 부합하는 것으로 이해되고 있는바, 이러한 형법의 적극적 일반예방은 가장 중요하고 필요한 형벌목적으로 주목받고 있다.

결국 형벌에는 절대주의적 계기와 함께 상대주의적 계기가 포함되어 상대주의적 계기로서는 일반예방-특히 적극적 일반예방-의 기능과 함께 특별예방적 기능이 병합되어 인정된다. 형벌의 본질을 이러한 병합주의의 관점에서 이해하는 것이 오늘날의 경향이다.[30] 이러한 병합주의 내지 통일이론(Vereinigungstheorie)은 결코 단순한 절충주의에 그치는 것이 아니라, 그 상대주의적 계기는 절대주의적 계기와 긴밀하게 결합되지만 상반되고, 형벌의 예방적 목적도 응보적 정의의 틀 안에서, 즉, 범죄와 형벌의 균형, 즉 범죄에 가치적으로 상응하는 형벌의 범위 내에 있어서만 그 의의를 찾고 기능을 발휘할 수 있다는 것이다.[31]

Ⅱ. 죄형법정주의

1. 의의

죄형법정주의란 "일정한 행위를 범죄로 하고 이에 대하여 일정한 형벌을 부

30 이른바 '결합설' 내지 '합일설'이 우리나라의 지배설이다. 이재상 외 2인, 형법총론(제9판), 박영사(2017), 62; 배종대, 형법총론(제13판), 홍문사(2017), 25 이하; 임 웅, 형법총론(제10정판), 법문사(2018), 65; 정성근/박광민, 형법총론(제2판), 성균관대학교출판부(2015), 66; 손동권/김재윤, 새로운 형법총론(초판), 율곡출판사(2011), 19; 정영일, 형법강의(총론)(제3판), 학림(2017), 18; 박상기, 형법총론(제9판), 박영사(2012), 20 이하는 그 중점에 따라 응보적결합설과 예방적결합설로 나누고 예방적결합설을 지지한다.

31 독일(Münchener Kommentar zum Stafgesetzbuch, Wolfgang Joecks, Klaus Miebach(hrsg.), Verlag C. H. Beck München, 2 Aufl. Bd 1, Einl/ Rn. 70 ff. ; Roxin, 3/55; Maurach/Zipf, 73. 등), 일본[(大塚 外, 大コンメソタール, 第1巻, 青林書院), 第3版(2013), 23 참조]의 다수설이다. 응보주의는 범죄행위의 기원으로서 자유의지를 가진 이성적 인간을 전제하고 있으나, 통합이론은 전술한 범죄이론에서 본 바와 같이 상대적 자유를 가진 인간을 상정하는 신고전주의의 입장을 따르는 것이다.

과하기 위하여는 반드시 행위시 이전에 명확히 제정·공포된 성문의 법률을 필요로 한다는 원칙"을 말한다. 죄형법정주의는 범죄와 형벌 양자에 대한 법정주의를 포괄하고, "법률 없으면 범죄 없고 형벌 없다"(Nullum crimen sine lege, nulla poena sine lege)라는 명제로 표시된다.[32] 국왕이나 행정권력 또는 법관의 자의적인 국가형벌권 행사가 통용되었던 죄형전단주의에 대한 저항으로 서구의 계몽시대부터 정립되기 시작한 죄형법정주의는 인류의 법문화의 귀중한 자산이다. 그 정신은 입법기관의 의결을 거친 형식적 의의의 법률에 의해서만 행위의 가벌성을 근거지우고 국가 형벌권의 발동이 정당화될 수 있으며, 사회적으로 유해하고 윤리적 비난가능성이 있는 행위라도 법률이 이를 범죄로 명시하고 있지 않는 한 처벌할 수 없고, 또 법률이 정하고 있는 법률효과인 형벌 이외의 제재를 부과할 수 없다는 것이다. 죄형법정주의는 이로써 역설적으로 국민의 자유를 보장하는 기능을 하는 것이고, 이러한 형법의 자유보장적 기능은 오늘날 규제적 기능이나 법익보호적 기능보다도 더 중요시되는 것이다. 오늘날 죄형법정주의는 형사입법과 형법해석을 지도·제약하는 최고의 법원리(principle of criminal law)가 되었다.

우리 헌법 제12조 제1항과 제13조 제1항은 죄형법정주의를 선언하고 있으며, 따라서 죄형법정주의는 형사입법과 형법해석에 있어서 '헌법의 규제적 원리'가 되고 있다. 또 헌법 제37조 제2항도 국민의 기본권은 국가안전보장·질서유지 또는 공공복리를 위하여 필요한 경우에 한하여 법률로써 제한할 수 있도록 되어 있지만, 형법규범은 기본권과 관계되고 형벌은 그 본질적인 내용을 침해하는 것이므로, 재산권만을 침해하는 조세법률주의에 비하여 더욱 형법의 '법률주의'가 강조된다. 나아가 형법 제1조 제1항도 "범죄의 성립과 처벌은 행위시의 법률에 의한다."라고 하여 죄형법정주의 중 행위시법주의를 규정하고 있으며, 형사소송법 제323조 제1항은 "형의 선고를 하는 때에는 판결이유에 범죄될 사실, 증거의 요지와 법령의 적용을 명시하여야 한다."고 함으로써 죄형법정주의를 뒷받침하고 있다.

2. 연혁과 입법례

죄형법정주의의 사상적 배경으로는 일반적으로 계몽주의 시대에 프랑스의 몽테스키외(Montesquieu)와 이탈리아의 베까리아(Beccaria)의 삼권분립론과 독일의

32 라틴어로 된 이 표어는 독일의 형법학자 포이에르바하(A. Feuerbach)가 1801년 출간된 그의 형법교과서에서 처음 사용한 것이라고 한다.

포이에르바하(Anselm von Feuerbach)의 심리강제설을 들고 있는데, 위 이론들은 사상적 배경일 뿐 더 이상 중요한 의미가 없다. 죄형법정주의의 입법적 기원은 1215년 영국의 존 왕이 공포한 대헌장(Magna Charta) 제39조에서 찾아 볼 수 있고,[33] 1628년의 권리청원과 1689년의 권리장전이 대헌장의 정신을 계승하였다. 그 후 1776년 미국 버지니아주의 권리선언 제8조 "누구든지 국법 또는 재판에 의하지 아니하고는 자유를 박탈당하지 아니한다.", 1787년 미국 연방 헌법 제1조 제9항 "어떠한 형사 사후법도 제정되어서는 아니된다.", 1789년 프랑스혁명에서 채택한 인권선언 제8조 "누구든지 범죄 이전에 제정·공포되고 적법하게 적용되는 법률에 의하지 아니하고는 처벌되지 아니한다.", 1791년 미국 연방 헌법 수정 제5조 "법의 적정절차",[34] 1810년 나폴레옹 형법 제4조 "위경죄, 경죄, 중죄를 불문하고 범죄 이전에 법률로서 규정되지 아니한 형벌을 가지고 벌할 수 없다." 등의 명시를 통하여 죄형법정주의와 그 중요한 내용인 형사사후입법금지의 원칙이 확립되었고, 세계 각국의 형법에 기본원칙으로 명문으로 또는 불문으로 수용되었으며,[35] 유엔 인권협약 제7조 제1항에도 채택되고 있다.

그러나 죄형법정주의가 근대국가에 전면 수용된 것은 아니었다. 1926년 구소련 형법 제16조에 "어떠한 사회적 위험행위에 대하여 본 법전에 직접 규정한 것이 없을 때에는 본 법전 중 가장 유사한 범죄를 규정한 조항에 의하여 그 책임의 근거와 범위를 정한다."라거나 1935년 나치시대의 독일 형법 제2조에 "형벌법규상 처벌을 명시한 행위 또는 법규의 근본사상과 건전한 국민감정에 비추어 처벌할 필요가 있다고 인정되는 행위는 처벌한다. 행위에 대하여 직접 적용할 법규가 없을 때에는 그 행위에 가장 적합한 기본사상을 갖는 법규에 의하여 처벌한다."라고 되어 있어 죄형법정주의를 명시적으로 부정하였다. 그러나 이러한 규정들은 2차대전 후 모두 폐지되었고, 중국 형법도 죄형법정주의를 규정하고 있으며,

33 "어떠한 자유인도 동등한 신분에 있는 자의 적법한 재판이나 국법에 의하지 아니하고는 체포, 감금, 재산박탈, 법적 보호의 박탈, 추방을 당하지 아니하고 폭력이 가해지거나 투옥되지 아니한다."고 되어 있으나, 국민들 중 극히 일부 자유인에게만 적용되었다고 한다. 이 규정이 죄형법정주의의 기원이 아니라 절차적 보장에 불과하다는 견해로는 이재상 외 2인, 형법총론(제9판), 박영사(2017), 12; 김일수/서보학, 새로쓴 형법총론(제13판), 박영사(2018). 59; 배종대, 형법총론(제13판), 홍문사(2017), 76.

34 "어느 누구도 법의 적정한 절차(due process of law)에 의하지 아니하고는 생명, 자유 또는 재산을 박탈당하지 아니한다." 라고 되어 있다.

35 독일 형법 제1조와 스위스 형법 제1조는 죄형법정주의를 명문으로 규정하고 있으며, 2011년 법무부의 형법 개정초안 제1조에 '죄형법정주의'라는 제 하에 "누구든지 법률에 따르지 아니하고는 형벌 또는 보안처분을 받지 아니한다."는 규정이 포함되었다.

오늘날 세계 각국은 거의 예외 없이 죄형법정주의를 채택하고 있다. 북한도 이러한 국제적 변화에 따라 2004년 6차 형법개정을 통해 유추 허용을 삭제하고 구성요건의 명확화, 행위시법주의를 명문에 규정함으로써 죄형법정주의 원칙을 선언하였다. 그러나 북한의 개정형법도 입법상의 한계와 구성요건의 추상화, 다원적 의미의 내포, 정치사상적 법해석 등의 문제를 고스란히 안고 있어 법치국가적인 죄형법정주의는 불충분하다고 평가되고 있다.

3. 현대적 의의

죄형법정주의가 채택된 것은 서구의 근대 계몽시대에 이르러서이다. 죄형법정주의는 '국가형벌권의 자의적 행사와 남용으로부터 국민이 부당하게 처벌되지 않도록 개인의 자유와 권리를 보장하고자 하는 법치주의의 사상적·정치적 의의'가 그 핵심이다. 오늘날 형식적 법치주의로부터 실질적 법치주의에로의 시대적 이행에 발맞추어 죄형법정주의는 고전적 의미에서 단지 법률에 근거한 처벌이라는 형식적인 차원을 넘어서서 현대적인 의미에서 실질적으로 파악되고 있다. 오늘날 죄형법정주의는 헌법의 차원에서 형사입법의 제약원리로 명확성 등뿐만 아니라 그 내용상의 적정성 및 죄형의 균형성까지 요구되고 있으며, 규범통제나 형사사법의 분야에서 헌법에 따른 해석의 원칙이 되고 있다. 그리하여 죄형법정주의의 전통적 파생원칙 이외에 '적정성의 원칙'이 죄형법정주의의 실질적 원리로 주목을 받고 있다.[36]

4. 죄형법정주의의 파생원칙

죄형법정주의의 원리는 기본적으로 법률주의(lex scripta)이고, 그 파생원리로 소급효금지의 원칙(lex praevia), 유추금지의 원칙(lex stricta), 명확성의 원칙(lex certa)이 논해지고 있으며, 죄형법정주의의 실질적 의미에 맞추어 적정성의 원칙이 논의되고 있다.

가. 법률주의 - 관습형법 금지의 원칙

죄형법정주의는 그 문언상 범죄와 형벌은 '법률'로 정해지지 않으면 안 된다는 것이고, 여기서 법률이란 국회에서 제정한 '형식적 의의'의 법률이다. 헌법 제

36 통설; 이재상 외 2인, 형법총론(제9판), 박영사(2017), 16, 34; 오영근, 형법총론(제4판), 박영사(2018), 40; 임웅, 형법총론(제10정판), 법문사(2018), 40; 정성근/박광민, 형법총론(제2판), 성균관대학교출판부(2015), 48; 손동권/김재윤, 새로운 형법총론(초판), 율곡출판사(2011), 27; 배종대, 형법총론(제13판), 홍문사(2017), 51, 70(법률의 내용이 실질적 정의에 부합해야 한다); 박상기, 형법총론(제9판), 박영사(2012), 20 이하(죄형법정주의의 실질적 내용) 등. 반면에 김성돈, 형법총론(제5판), 성균관대학교출판부(2017), 49, 74는 적정성의 원칙을 형법의 형식적 제한인 죄형법정주의의 하위원칙으로 격하시켜서는 안 되고, 별도의 형법의 내용적 제한으로 분류하고 있다.

12조 제1항 후문 후단은 "누구든지...법률과 적법한 절차에 의하지 아니하고는 처벌·보안처분 또는 강제노역을 받지 아니한다"라고 규정하여 법률주의를 선언하고 있다. 형법의 법원(法源; Rechtsquelle, source of law)은 원칙적으로 법률에 국한하기 때문에 관습법에 의하여 법률에 규정되지 아니한 범죄나 형벌을 인정하거나 형벌을 가중할 수 없다는 '관습형법 금지의 원칙'이 법률주의의 원칙으로 인정된다. 관습법은 그 존재와 내용이 불명확하고 법원의 심사를 거쳐야 하며, 사전에 이를 확정하거나 공포되는 것이 아니므로 그 법원성을 인정하는 경우에 형법의 자유보장적 기능이 위태롭게 될 우려가 크기 때문이다. 다만 관습법은 새로운 구성요건을 설정한다거나 형벌을 가중하는 사유가 될 수 없다는 의미에서 '직접적' 법원성이 부정되는 것이지, 관습법이 행위자에게 유리한 결과를 가져오는 경우, 예컨대 관습법이 사회상규가 되어 형법 제20조 정당행위의 위법성조각사유로 범죄의 성립을 조각한다거나 형벌의 감경사유가 되는 경우에는 죄형법정주의의 취지에 반하지 않으므로 허용된다. 또 예컨대 형법 제18조 부작위범에 있어서의 보증인적 지위, 제184조 수리방해죄에 있어서의 수리권 등을 해석하는 경우에 사회 일반의 관습법이 형법해석의 보충적 기능을 가질 수는 있으므로, '간접적' 법원성은 인정될 수 있다.[37]

또한 법률 이하의 하위법규인 명령·규칙·조례 등은 법률의 명시적 위임이 없는 한 형벌법규에 관하여는 직접적 법원성(法源性)은 부정된다. 위임입법에 관한 헌법 제75조는 형벌법규에도 적용되는 것이고, 대통령뿐만 아니라 하위법규에도 마찬가지로 적용되는 것이므로, 처벌법규의 위임은 헌법이 기본권 보장을 위한 죄형법정주의와 적법절차에 따라 위임의 요건과 범위가 보다 더 엄격하게 제한적으로 적용되어야 한다. 따라서 형벌법규의 위임은 긴급한 필요가 있거나 미리 법률로 자세히 정할 수 없는 부득이한 사정이 있는 경우에 한정되어야 하고, 그러한 경우도 법률에서 범죄의 구성요건은 처벌대상인 행위가 어떠한 것이라고 예측할 수 있을 정도로 구체적으로 정하고 형벌의 종류 및 그 상한과 폭을 명백히 규정하여야 한다(헌법재판소 1991. 7. 8. 선고 91헌가4 결정).

이른바 '백지형법', 즉 어떠한 법률이 처벌근거만을 규정하고 범죄구성요건

37 통설: 오영근, 형법총론(제4판), 박영사(2018), 29; 이재상 외 2인, 형법총론(제9판), 박영사(2017), 18; 임웅, 형법총론(제10정판), 법문사(2018), 21; 정성근/박광민, 형법총론(제2판), 성균관대학교출판부(2015), 39; 손동권/김재윤, 새로운 형법총론(초판), 율곡출판사(2011), 27; 정영일, 형법강의(총론)(제3판), 학림(2017), 25는 보충적 관습법이라고 부른다. 그러나 배종대, 형법총론(제13판), 홍문사(2017), 53 이하는 관습법은 법관법이고, 피고인에게 유리한 관습법 적용을 허용하는 것은 범죄로부터 보호받을 수 있는 일반인의 권리를 침해하는 불법에 속한다고 한다.

또는 형벌에 관한 세부사항을 명령·규칙·조례 등 하위법규에 일반적·포괄적으로 위임하는 것은 허용되지 않고, 구체적·개별적으로 위임하는 것이 원칙이다. 다만 처벌법규를 하위법규에 백지위임하는 것은 입법기술상 또는 기타의 이유로 불가피한 경우에만 허용될 수 있다. ①위임할 내용을 미리 법률로써 명확히 규정할 수 없는 입법기술상의 부득이한 사정이나 긴급한 필요가 존재하고, ②백지형법 자체만으로도 처벌대상인 행위의 대강을 일반인이 예측할 수 있어야 하며, ③형벌을 위임함에 있어서는 형벌의 종류 및 그 상한과 범위를 명확히 정하여 위임하여야 한다.[38] 판례에 의하면, 법률의 시행령은 모법인 법률의 위임 없이 법률이 규정한 개인의 권리·의무에 관한 내용을 변경·보충하거나 법률에서 규정하지 아니한 새로운 내용을 규정할 수 없고, 특히 법률의 시행령이 형사처벌에 관한 사항을 규정하면서 법률의 명시적인 위임 범위를 벗어나 처벌의 대상을 확장하는 것은 죄형법정주의의 원칙에도 어긋나는 것이므로, 그러한 시행령은 위임입법의 한계를 벗어난 것으로서 무효라고 한다(대법원 2017. 2. 16. 선고 2015도16014 전원합의체 판결,[39] 대법원 1999. 2. 11. 선고 98도2816 전원합의체 판결[40]).

헌법재판소도 조세범처벌법(1994. 12. 22. 법률 제4812호로 개정된 것) 제13조(명령사항위반 등)에서 법에 의한 정부의 명령사항에 위반한 자는 50만 원 이하의 벌금 또는 과료에 처한다(제1호)는 규정에 대하여, 조세범처벌법 제13조 제1호는 범죄의 구성요건이 추상적이고 모호할 뿐 아니라, 그 적용범위가 너무 광범위하고 포괄적이어서 통상의 판단능력을 가진 국민이 무엇이 법률에 의하여 금지되는지를 예

38 위임입법의 한계를 벗어난 규정으로 판단을 받은 것으로는 헌법재판소 2007. 7. 26. 선고 2006헌가4 결정, 헌법재판소 1991. 7. 8.자 91헌가4 결정, 헌법재판소 2000. 7. 20.자 99헌가15 결정. 위임입법의 한계를 벗어나지 않은 규정으로 판단을 받은 것으로는 헌법재판소 2008. 7. 31.자 2005헌마667, 674 결정, 헌법재판소 2006. 11. 30.자 2004헌바86, 2005헌바77 결정, 헌법재판소 2000. 6. 29.자 99헌가16 결정, 헌법재판소 1995. 5. 25.자 91헌바20 결정 등.

39 별개의견과 반대의견 있음. 다수의견은 의료법(2016. 12. 20. 법률 제14438호로 개정되기 전의 것) 제41조는 각종 병원에 응급환자와 입원환자의 진료 등에 필요한 당직의료인을 두어야 한다고만 규정하고 있을 뿐, 각종 병원에 두어야 하는 당직의료인의 수와 자격에 아무런 제한을 두고 있지 않고 이를 하위 법령에 위임하고 있지도 않음에도 불구하고 의료법 시행령 제18조 제1항에서 당직의료인의 수와 자격 등 배치기준을 구체적으로 규정하고 이를 위반하면 의료법 제90조에 의한 처벌의 대상이 되도록 함으로써 형사처벌의 대상을 신설 또는 확장하였다고 하여 시행령 조항은 위임입법의 한계를 벗어난 것으로서 무효라고 판단하였다.

40 총포·도검·화약류 등 단속법 제2조 제1항은 총포에 관하여 규정하면서 총에 대하여는 일정 종류의 총을 총포에 해당하는 것으로 규정하면서 그 외의 장약총이나 공기총도 금속성 탄알이나 가스 등을 쏠 수 있는 성능이 있는 것은 총포에 해당한다고 규정하고 있는데, 시행령이 모법의 위임 범위를 벗어나 총의 부품까지 총포에 속하는 것으로 규정함으로써 형사처벌의 대상을 확장하고 있으므로, 이는 결국 위임입법의 한계를 벗어나고 죄형법정주의 원칙에 위배된 것으로 무효라고 하지 않을 수 없다고 판단하였다.

견하기 어렵다고 할 것이므로 죄형법정주의의 명확성의 원칙에 위반된다고 하였다(헌법재판소 2007. 5. 31. 선고 2006헌가10 결정).[41] 또 헌법재판소는 구 중소기업협동조합법(2015. 2. 3. 법률 제13159호로 개정되기 전의 것) 제53조 제5항에 누구든지 '정관으로 정하는 … 외의 행위'를 한 경우에 이를 형사처벌하도록 하는 선거운동제한조항에 대하여, 형벌조항의 범죄 구성요건의 가장 중요한 부분인 금지되고 허용되는 선거운동이 무엇인지, 즉 금지의 실질을 법률에서 직접 규정하지 아니하고 중앙회의 정관으로 정하도록 위임하고 있어 범죄와 형벌에 관하여는 입법부가 제정한 형식적 의미의 법률로써 정하여야 한다는 죄형법정주의에 위배된다고 하였다(헌법재판소 2016. 11. 24. 선고 2015헌가29 결정).[42]

그러나 구 소득세법(1996. 12. 30. 법률 제5191호로 개정되고, 2004. 12. 31. 법률 제7319호로 개정되기 전의 것) 제43조 제3항 중 "거주자 1인과 그와 대통령령이 정하는 특수관계에 있는 자가 사업소득이 발생하는 사업을 공동으로 경영하는 사업자 중에 포함되어 있는 경우에는 당해 특수관계자의 소득금액은 그 지분 또는 손익분배의 비율이 큰 공동사업자의 소득금액으로 본다."고 규정한 부분은 포괄위임입법금지원칙에 위반되지 않는다고 하였다(헌법재판소 2006. 4. 27. 선고 2004헌가19 결정; 반대의견 있음).

한편 판례·조리·학설 등은 대륙법계에서는 단지 법인식원(法認識源)일 뿐이고 법규성이 부정되므로, 형벌법규의 내용을 이들에 위임하여서는 아니된다. 다만 입법기술상 세부항목을 규율하는 것이 부적절하거나 가변적인 시대상황을 반영할 필요가 있는 경우에 입법자가 부득이 법률에 추상적이거나 불확정 개념을 사용하여 해석을 통한 구체화를 사법부 내지 판례에 사실상 위임하는 경우가 있다.

나. 소급효금지의 원칙

소급효금지의 원칙(형법불소급의 원칙, 형사사후법금지의 원칙)이란 "행위시에 적법하였던 행위를 행위 후의 입법(遡及立法)에 의하여 범죄로 하거나 행위시의 처벌규정을 사후에 가중적으로 변경하여 소급 적용하는 것을 금지하는 원칙"을 말

41 반대의견에 의하면, "조세범처벌법 제13조 제1호의 '법에 의한 정부의 명령사항'은 '세법의 규정에 따라 과세관청이 명령하도록 규정되어 있는 사항'을 의미하는 것으로 해석되고, 입법목적과 개별 세법규정과의 유기적·체계적 연관성을 고려하면 명령사항에 관한 합리적인 해석기준을 충분히 도출할 수 있으며 이에 해당하는 행위의 범위를 확정할 수 있으므로 명확성의 원칙에 위반된다고 할 수 없다"고 한다.

42 또한 위 선거운동제한조항은 법을 해석·집행하는 기관에게 합리적인 해석기준을 제시하지 못하여 자의적인 법해석이나 법집행 가능성을 초래할 우려가 있으며, 건전한 상식과 통상적인 법감정을 가진 일반인이 이 사건 선거운동제한조항에 의해 금지되는 행위가 무엇인지를 예측하기 어려우므로, 죄형법정주의의 명확성원칙에도 위배된다고 하였다. 헌법재판소 2010. 7. 29. 선고 2008헌바106 결정도 같은 취지.

한다. "모든 국민은 행위시의 법률에 의하여 범죄를 구성하지 아니하는 행위로 소추되지 아니...한다"라고 규정한 헌법 제13조 제1항 전단과 "범죄의 성립과 처벌은 행위시의 법률에 의한다"라고 규정한 형법 제1조 제1항은 형법의 적용에 있어서 재판시법주의가 아니라 '행위시법주의'를 명백히 선언하고 있으며, 이는 소급효금지원칙의 법적 근거가 된다. 이 원칙은 입법자에게는 소급 '입법'의 금지를 명하는 것이고, 법관 등 법집행자에게는 소급 '적용'의 금지를 의미한다.

소급효금지의 원칙은 원칙적으로 형사 '실체법'상 가벌성의 요건과 형의 가중에 적용되는 것은 명백하고, 형법 각칙의 각 구성요건뿐만 아니라 총칙 규정에 대하여도 적용된다. 이 원칙의 적용범위에 관하여, ①보안처분 등 형사제재, ②공소시효 및 친고죄의 비친고죄화 등 절차법적 규정, ③판례 변경에의 적용 여부가 문제가 된다(☞ 이에 관하여 상세한 것은 행위시법주의에 관한 주석 형법 총칙 제1조 Ⅱ. 3. 참조).

형법불소급의 원칙은 행위자에 대한 부당한 처벌을 방지하기 위한 것이므로 피고인에게 '유리한' 방향으로 작용하는 경우에까지 적용될 이유는 없다. 이러한 취지에서 형법 제1조 제2항은 "범죄 후 법률의 변경에 의하여 그 행위가 범죄를 구성하지 아니하거나 형이 구법보다 경한 때에는 신법에 의한다."라 하고, 제3항은 "재판확정 후 법률의 변경에 의하여 그 행위가 범죄를 구성하지 아니하는 때에는 형의 집행을 면제한다."라고 규정하여 범죄의 성립 및 형벌의 종류와 정도에 있어서 피고인에게 유리한 사후법의 소급효를 예외적으로 허용하고 있다.

다. 유추금지의 원칙

유추금지의 원칙은 형법의 '해석'과 관련된 원칙이고, 법집행자 내지 해석자, 특히 형사사법(刑事司法)에 대한 지시이다. 유추(類推, Analogie)라 함은 "일정한 사항을 직접 규정하고 있는 법규가 없는 경우에 그 사항과 가장 유사한 사항을 규정하고 있는 법규를 그 사항에 적용하는 것"을 말한다. 이는 "같은 것은 같게, 다른 것은 다르게" 취급하라는 정의의 원리에서 도출되고, 사법(私法)의 해석에서는 널리 인정된다.

해석(Auslegung)은 법개념 또는 법규범의 의미·내용을 구체화하는 것이므로 '문언의 가능한 의미'라는 한계(문언해석 내지 문리해석)를 벗어나서는 안 되지만, 유추는 법문(法文)에 의하여 확정된 법규의 직접적 적용범위를 벗어나는 점에 본질적 차이가 있다. 해석은 법문의 의미를 명확히 하고 경우에 따라 현재의 변화된 요청과 관념에 법률을 적응시키는 것도 목적으로 한다. 따라서 '문언의 통상적 의미'는 넘어서지만 '문언의 가능한 의미' 범위 내에 목적론적 해석의 결과가 있는 경우에 확장해석은 허용된다.[43] 이에 반해 유추의 목적은 법문의 외연을 확장하고 법문언의 범위 밖에서 새로운 전개를 통하여 법의 흠결을 보충하는 데 있다. 따라서 유추는 법해석의 한 방법이라기보다는 법관에 의한 법형성(Rechtsfortbildung)에 속한다. 형법상 유추금지의 원칙은 형벌법규에 처벌의 대상으로서 명시되지 않은 사항에 대하여 그 사항과 가장 유사한 사항을 규정한 형벌법규를 적용해서는 안 된다는 원칙이며, 형법 해석은 기본적으로 '엄격해석'에 입각해야 한다는 취지를 담고 있다. 형법 적용에 있어서 유추를 허용한다면 법률에 명시되지 아니한 행위가 법관의 자의로 처벌될 수 있어서 개인의 자유와 권리의 보장이 위태롭게 되기 때문이고, 이는 형법의 보장적 기능과 관련된다.

대법원에 의하면, "형벌법규의 해석은 엄격하여야 하고 명문규정의 의미를 피고인에게 불리한 방향으로 지나치게 확장해석하거나 유추해석하는 것은 죄형법정주의의 원칙에 어긋나는 것으로서 허용되지 않는다고 할 것"(대법원 1993. 2. 23. 선고 92도3126 판결[44])이고, "법률을 해석할 때 입법 취지와 목적, 제·개정 연혁, 법

43 통설; 이재상 외 2인, 형법총론(제9판), 박영사(2017), 32; 정성근/박광민, 형법총론(제2판), 성균관대학교출판부(2015), 52; 김성돈, 형법총론(제5판), 성균관대학교출판부(2017), 59; 정영일, 형법강의(총론)(제3판), 학림(2017), 28 등.

44 "특정범죄 가중처벌 등에 관한 법률 제5조의3의 도주차량 가중처벌규정의 적용 대상인 구 도로교통법(1992. 12. 8. 법률 제4518호로 개정되기 전의 것) 제2조 제14호 소정의 자동차는 자동차관리법 제2조 제1호 소정의 자동차로서 같은 법 제3조 소정의 각종 자동차에 해당하는 것에 한한다고 해석하여야 할 것이고, 덤프트럭이 적재용량 16톤으로 자동차관리법에 의한 자동차로 등록되지 아니하고 중기관리법에 의한 중기로 등록된 것이라면 이것은 자동차관리법 제2조 제1호 소정의 자동차에 해당하지 아니하므로 구 도로교통법 제2조 제14호 소정의 자동차에 해당하지 아니한다."; 그밖에 "군형법 제74조 소정의 군용물분실죄라 함은 동조 소정의 군용에 공하는 물건을 보관할 책임이 있는 자가 선량한 보관자로서의 주의의무를 게을리 하여 그의 '의사에 의하지 아니하고 물건의 소지를 상실'하는 소위 과실범을 말한다고 할 것이므로(대법원 1985. 4. 9. 선고 85도92 판결, 1984. 3. 27. 선고 84도249 판결 등 참조), 군용물분실죄에서의 분실은 행위자의 의사에 의하지 아니하고 물건의 소지를 상실한 것을 의미한다고 할 것이며, 이 점에서 하자가 있기는 하지만 행위자의 의사에 기해 재산적 처분행위를 하여 재물의 점유를 상실함으로써 편취당한 것과는 구별된다고 할 것이고, 분실의 개념을 군용물의 소지 상실시 행위자의 의사가 개입되었는지의 여부에 관계없이 군용물의 보관책임이 있는 자가 결과적으로 군용물의 소지를 상실하는 모든 경우로 확장해석하거나 유추해석할 수는 없다."(대법원 1999. 7. 9. 선고 98도1719 판결); "성폭력범죄처벌 및 피해자보호등에 관한 법률(1997 8. 22 법률 제5343호로 개정되기 전의 것) 제6조 제1항은 '흉기 기타 위험한 물건을 휴대하거나 2인 이상이 합동하여 형법 제297조(강간)의 죄를 범한 자는 무기 또는 5년 이상의 징역에 처한다.'고 규정하고 있고 같은 법 제9조 제1항은 '제6조의 죄를 범한 자가 사람을 상해하거나 상해에 이르게 한 때에는 무기 또는 7년 이상의 징역에 처한다.'고 규정하고 있는 바, 형벌법규는 그 규정 내용이 명확하여야 할뿐만 아니라 그 해석도 엄격함을 요하고 유추해석은 허용되지 않으므로, 같은 법 제9조 제1항의 죄의 주체는 '제6조의 죄를 범한 자'로 한정되고 같은 법 제6조 제1항의 미수범(같은 법 제12조)까지 포함되는 것으로 해석할 수는 없다"(대법원 1998. 9. 18. 선고 98도2171 판결); "재화 또는 용역을 할인하여 매입하는 거래를 통해 금전을 교부하는 경우, 해당 사안에서 문제되는 금전 교부에 관한 구체적 거래 관계와 경위, 당사자의 의사, 그밖에 이와 관련된 구체적·개별적 제반 사정을 종합하여 합리적으로 평가할 때, 금전의 교부에 관해 위와 같은 대부의 개념요소를 인정하기 어려운 경우까지 이를 대부업법상 금전의 대부로 보는 것은, 대부업법 제2조 제1호 등 조항의 문언의 가능한 의미를 벗어나 피고인에게 불리한 방향으로 지나치게 확장해석하거나 유추해석하는 것이 되어 죄형법정주의의 원칙에 위반된다."(대법원 2019. 9. 26. 선고 2018도7682 판결)라고 한 것이 있다.

질서 전체와의 조화, 다른 법령과의 관계 등을 고려하는 체계적·논리적 해석 방법을 사용할 수 있으나, 문언 자체가 비교적 명확한 개념으로 구성되어 있다면 원칙적으로 이러한 해석 방법은 활용할 필요가 없거나 제한될 수밖에 없다(대법원 2017. 12. 21. 선고 2015도8335 전원합의체 판결)."[45] 죄형법정주의 원칙이 적용되는 형벌법규의 해석에서 법규정 문언의 가능한 의미가 해석의 한계이고 이를 벗어나는 유추해석은 금지된다.[46]

우선 문언이 분명한 경우에는 입법취지 상 동등한 처벌의 필요가 있다고 하더라도 그 문언을 뛰어넘어 가벌성을 확장할 수 없다(이른바 '염소판결' – 염소는 양이 아니다! 대법원 1977. 9. 28. 선고 77도405 판결). 형법 제347조의2는 컴퓨터 등 사용사기죄의 객체를 재물이 아닌 재산상의 이익으로만 한정하여 규정하고 있는 경우, 대법원은 절취한 타인의 신용카드로 현금자동지급기에서 현금을 인출하는 행위가 재물에 관한 범죄임이 분명한 이상, 이를 위 컴퓨터 등 사용사기죄로 처벌할 수는 없다고 한다(대법원 2003. 5. 13. 선고 2003도1178 판결 등).

그러나 '허용되는 확장해석'과 '금지되는 유추' 사이의 경계는 유동적이다. 판례는 강간치상죄에서 상해는 피해자의 건강상태가 불량하게 변경되고 생리적 기능이나 생활기능에 장애가 초래되는 것을 말하는 것으로 구체적 상태에 따라서 육체적 기능뿐만 아니라 정신적 기능에 장애가 생기는 경우도 포함된다고 하여 수면제의 사용도 폭행 및 상해로 인정하고 있지만(대법원 2017. 7. 11. 선고 2015도3939 판결),[47] 이는 유추와 확장해석의 경계선에 있다고 보인다. 또 대법원은 자동차를 사용하여 사람의 생명 또는 신체에 위해를 가하거나 다른 사람의 재물을 손괴한 경우에 자동차가 폭력행위 등 처벌에 관한 법률 제3조 제1항에서 정한 '위험한 물건'에 해당된다고 하는데(대법원 2010. 11. 11. 선고 2010도10256 판결),[48] 이와 연

45 항공보안법 제42조는 "위계 또는 위력으로써 운항 중인 항공기의 항로를 변경하게 하여 정상 운항을 방해한 자를 처벌하고 있는데, 본 판결의 다수의견은, 처벌의 필요성만으로 죄형법정주의 원칙을 후퇴시켜서는 안 된다고 하여, 지상의 항공기가 이동할 때 '운항 중'이 된다는 이유만으로 그때 다니는 지상의 길까지 '항로'로 해석하는 것은 문언의 가능한 의미를 벗어난다고 한다. 이에 대하여, 반대의견은 승객이 탑승한 후 항공기의 모든 문이 닫힌 때부터 내리기 위하여 문을 열 때까지 항공기가 지상에서 이동하는 경로는 항공보안법 제42조의 '항로'에 포함된다고 해석한다.

46 유추(Analogie)는 좁은 의미에서의 해석(Auslegung; Rechtsfindung; 확장해석 포함)이 아니고 흠결보충인 법형성이라는 점에서 대법원이 '유추해석'이라는 용어를 사용하는데 대하여 비판이 있으나[김영환, "한국에서의 법학방법론의 문제점", 법학방법론, 세창출판사(2017), 566 이하], 넓은 의미에서의 해석은 유추나 목적론적 축소(teleologische Reduktion) 등을 포함한 법관의 권한에 속하는 법획득(Rechtsgewinnung)이라고 할 수 있다.

47 대법원 2003. 9. 26. 선고 2003도4606 판결, 대법원 2011. 12. 8. 선고 2011도7928 판결 등 참조.

48 자동차를 이용하여 다른 자동차를 충격한 사안에서, 충격 당시 차량의 크기, 속도, 손괴 정도 등 제반 사정에 비추어 위 자동차가 폭력행위 등 처벌에 관한 법률 제3조 제1항에 정한 '위험한 물건'에 해당하지 않는다고 한 사례도 있다(대법원 2009. 3. 26. 선고 2007도3520 판결).

결되는 '휴대'의 개념과 관련하여 확장해석을 넘어선다는 비판이 있다.[49]

대법원은 '실화죄'의 해석에 관하여, 형법 제170조 제2항에서 말하는 '자기의 소유에 속하는 제166조 또는 제167조에 기재한 물건'이라 함은 '자기의 소유에 속하는 제166조에 기재한 물건 또는 자기의 소유에 속하든, 타인의 소유에 속하든 불문하고 제167조에 기재한 물건'을 의미하는 것이라고 해석하여야 하며, 제170조 제1항과 제2항의 관계로 보아서도 제166조에 기재한 물건(일반건조물 등) 중 타인의 소유에 속하는 것에 관하여는 제1항에서 규정하고 있기 때문에 제2항에서는 그중 자기의 소유에 속하는 것에 관하여 규정하고, 제167조에 기재한 물건에 관하여는 소유의 귀속을 불문하고 그 대상으로 삼아 규정하고 있는 것이라고 봄이 관련조문을 전체적, 종합적으로 해석하는 방법일 것이고, 이렇게 해석한다고 하더라도 그것이 법규정의 가능한 의미를 벗어나 법형성이나 법창조행위에 이른 것이라고는 할 수 없어 죄형법정주의의 원칙상 금지되는 유추해석이나 확장해석에 해당한다고 볼 수 없다고 한다(대법원 1994. 12. 20. 자 94모32 전원합의체 결정).[50] 그리고 정부투자기관 관리기본법 제18조의 공무원 의제조항만으로 정부투자기관의 임·직원이 변호사법 제111조에서 규정하고 있는 '법령에 의하여 공무원으로 보는 자'에 해당한다고 볼 수 있는지에 관하여, 대법원의 다수의견은 한국수자원공사 사장은 '법령에 의하여 공무원으로 보는 자'에 해당한다고 볼 수 없다고 하였으나, 반대의견은 '문언의 가능한 의미 범위 내'이고, 이러한 해석이 죄형법정주의에 따른 형벌법규의 명확성의 원칙에 어긋나는 것이라고 볼 수도 없다고 한다(대법원 2006. 11. 16. 선고 2006도4549 전원합의체 판결).[51] 이러한 견해 대립은 허용되는 해석과 금지

49 강용현, "자동차를 이용한 폭행과 위험한 물건의 휴대", 형사판례연구 7호, 박영사(1999), 238-255.

50 체계적 해석을 통하여 규율공백을 메우려고 하는 다수의견에 대하여, "과실로 인하여 타인의 소유에 속하는 일반물건을 소훼하여 공공의 위험을 발생하게 한 경우 그 처벌의 필요성이 있다는 점에는 의견을 같이 할 수 있으나, 그 처벌의 필요성은 법의 개정을 통하여 이를 충족시켜야 할 것이고 법의 개정에 의하지 아니한 채 형법의 처벌규정을 우리말의 보통의 표현방법으로는 도저히 해석할 수 없는 다른 의미로 해석하는 것에 의하여 그 목적을 달성하려고 한다면 그것은 죄형법정주의의 정신을 훼손할 염려가 크다고 아니할 수 없다."는 반대의견이 있으며, 학계에서도 논란이 있다; 이상돈 외, 법률해석의 한계, 법문사(2000).

51 보충의견은 다수의견의 해석이 보다 헌법합치적 해석에 가까운 것이라고 하면서, "형벌법규의 해석에서도 그 법률의 입법취지와 목적, 입법연혁 등을 고려한 목적론적 해석이 배제되는 것은 아니다." "입법취지는 존중되어야 하지만, 법률문언의 통상적인 의미를 벗어나면서까지 그 해석을 갈음할 수는 없다. 입법취지는 문언의 통상적인 의미는 어느 정도 확인되는 것을 전제로 하여 그에 대하여 보다 구체적이고 합리적인 해석을 하기 위한 한 가지 고려요소일 뿐"이라고 하지만, 문언의 가능한 범위까지 확장해석은 가능하다.

되는 유추의 한계 설정이 매우 어렵다는 예를 보여준다.

한편 "유추해석금지의 원칙은 모든 형벌법규의 구성요건과 가벌성에 관한 규정에 준용되는데, 위법성 및 책임의 조각사유나 소추조건, 또는 처벌조각사유인 형면제 사유에 관하여 그 범위를 제한적으로 유추적용하게 되면 행위자의 가벌성의 범위는 확대되어 행위자에게 불리하게 되는바, 이는 가능한 문언의 의미를 넘어 범죄구성요건을 유추적용 하는 것과 같은 결과가 초래되므로 죄형법정주의의 파생원칙인 유추해석금지의 원칙에 위반하여 허용될 수 없다."고 한다(대법원 1997. 3. 20. 선고 96도1167 판결).[52] 여기서 '제한적 유추'란 피고인에게 '유리한' 형법규정을 문언의 가능한 의미범위를 벗어나서 '축소'하는 방향으로 적용하는 경우로서 허용될 수 없다. 제한적 유추는 방법론상 '목적론적 축소'(Teleologische Reduktion)를 의미하는데, 통상 법과 처벌의 '과잉'이 있어 예외규정의 흠결이 있는 경우에 시도될 수 있다. 죄형법정주의의 정신에 비추어 볼 때 피고인에게 불리한 형벌규정, 범죄의 성립을 확장하거나 형벌을 가중하는 사유에 관하여는, 문언의 가능한 의미 범위 내에서의 제한해석뿐만 아니라 경우에 따라 제한적 유추, 즉 목적론적 축소는 엄격한 요건 하에서 허용된다. 반면에 피고인에게 유리한 형법규정, 범죄의 성립을 조각하거나 형벌을 감경 또는 면제하는 사유 등에 관하여는, 제한해석도 신중히 해야 할 것이지만, 그 문언의 가능한 의미를 벗어나서 제한적 유추, 즉 목적론적 축소가 이루어지면 입법자가 의도하지 아니한 처벌범위의 확대가 된다.

또한 법률의 명문에 반하는 법률수정이나 편집오류의 수정은 원칙적으로 허용될 수 없다. 다만 형법 제55조 제1항 제6호의 벌금을 감경할 때 '다액'의 2분의 1이라는 문구는 '금액'의 2분의 1이라고 해석하여 그 상한과 함께 하한도 2분의 1로 내려가는 것으로 수정한 이른바 "금액판결"(대법원 1978. 4. 25. 선고 78도246 전원합의체 판결; 반대의견 있음)은 법률규정의 변화에 따라 피고인에게 유리하게 법률수정을 한 예외적인 경우라고 할 수 있다.

52 "형법 제52조나 국가보안법 제16조 제1호의 '자수'에는 범행이 발각되고 지명수배된 후의 자진출두도 포함되는 것으로 판례가 해석하고 있으므로, 이것이 '자수'라는 단어의 관용적 용례라고 할 것인바, 공직선거법 제262조의 '자수'를 '범행발각 전에 자수한 경우'로 한정하는 풀이는 '자수'라는 단어가 통상 관용적으로 사용되는 용례에서 갖는 개념 외에 '범행발각 전'이라는 또 다른 개념을 추가하는 것으로서 결국은 '언어의 가능한 의미'를 넘어 공직선거법 제262조의 '자수'의 범위를 그 문언보다 제한함으로써 공직선거법 제230조 제1항 등의 처벌범위를 실정법 이상으로 확대한 것이 되고, 따라서 이는 단순한 목적론적 축소해석에 그치는 것이 아니라, 형면제 사유에 대한 '제한적 유추'를 통하여 처벌범위를 실정법 이상으로 확대한 것으로서 죄형법정주의의 파생원칙인 유추해석금지의 원칙에 위반된다."

라. 명확성의 원칙

죄형법정주의의 파생원칙으로서 명확성의 원칙은 범죄와 형벌의 내용이 성문법률에 '명확하게' 규정되어 있어야 한다는 것이다. 이 원칙은 기본적으로 입법기관 내지 입법자(立法者)에 대한 지시이고, 헌법재판 등의 규범통제(規範統制)에서 문제가 된다. 범죄와 형사제재의 내용이 미리 명확하게 규정되어 있지 않으면 일반인이나 범죄자가 어떤 행위가 금지되는지, 범죄자가 어떠한 형사제재를 받게 되는지 불명확하게 된다. 이 경우, 법관의 자의적 해석이 쉽게 개입할 수 있고, 예측가능성과 법적 안정성이 침해되어 형법의 규범적 기능과 보장적 기능을 제대로 수행할 수 없게 된다.[53]

따라서 가벌적 행위는 원칙적으로 법률상 명확하게 정형적(定型的)으로 규정되어야 하고, 추상적 개념보다는 구체적 개념, 확정적 개념이 사용되어야 한다.[54]

53 예를 들면, "불량만화를 '미성년자에게 음란성 또는 잔인성을 조장할 우려가 있거나 기타 미성년자로 하여금 범죄의 충동을 일으킬 수 있게 하는 만화'로 정의한 구 미성년자보호법 제2조의2 [불량만화 등의 판매금지등]는 모호하고 막연한 개념을 사용함으로써 적용범위를 법 집행기관의 자의적 판단에 맡기고 있어 죄형법정주의의 명확성원칙에 위배된다(헌법재판소 2002. 2. 28. 선고 99헌가8 결정)." 또 "청소년보호법 제26조의2 제8호는 누구든지 '청소년에 대하여 이성혼숙을 하게 하는 등 풍기를 문란하게 하는 영업행위를 하거나 그를 목적으로 장소를 제공하는 행위'를 하여서는 아니된다고 규정하고 있는바...'풍기를 문란하게 하는 영업행위를 하거나 그를 목적으로 장소를 제공하는 행위'의 의미는 청소년보호법의 입법취지, 입법연혁, 규정형식에 비추어 볼 때 청소년이 건전한 인격체로 성장하는 것을 침해하는 영업행위 또는 그를 목적으로 장소를 제공하는 행위'를 의미하는 것으로 보아야 할 것이고, 그 구체적인 예가 바로 위 규정에 열거된 '청소년에 대하여 이성혼숙을 하게 하거나 그를 목적으로 장소를 제공하는 행위' 등이라고 보이는바, 이는 건전한 상식과 통상적인 법감정을 통하여 판단할 수 있고, 구체적인 사건에서는 법관의 보충적인 해석을 통하여 그 규범내용이 확정될 수 있는 개념이라 할 것이다. 이와 같은 취지에서, 원심이 청소년보호법 제26조의2 제8호가 명확성의 원칙에 반하지 아니하여 실질적 죄형법정주의에도 반하지 아니한다고 판단한 것은 정당하다."(대법원 2003. 12. 26. 선고 2003도5980 판결). 또 유해화학물질관리법 제35조 제1항의 '섭취 또는 흡입'의 개념도 같다(대법원 2000. 10. 27. 선고 2000도4187 판결).

54 명확성의 원칙과 위임입법의 한계를 벗어난 것을 이유로 대법원이 무효판결을 내린 예로는, 대법원 1998. 6. 18. 선고 97도2231 전원합의체 판결이 있다. 대법원은 "외국환관리규정(재정경제원고시) 제6-15조의4 제2호 (나)목 소정의 '도박 기타 범죄 등 선량한 풍속 및 사회질서에 반하는 행위'라는 요건은, 이를 한정할 합리적인 기준이 없다면, 형벌법규의 구성요건 요소로서는 지나치게 광범위하고 불명확하다고 할 것인데 외국환관리에 관한 법령의 입법목적이나 그 전체적인 내용, 구조 등을 살펴보아도 사물의 변별능력을 제대로 갖춘 일반인의 이해와 판단으로서도 그 구성요건 요소에 해당하는 행위유형을 정형화하거나 한정할 합리적인 해석기준을 찾기 어려우므로, 죄형법정주의가 요구하는 형벌법규의 명확성의 원칙에 반한다. 그리고 그와 같이 지나치게 광범위하고 불명확한 사유인 '범죄, 도박 등 선량한 풍속 및 사회질서에 반하는 행위와 관련한 지급 등'을 허가사유로 규정한 것은 모법인 외국환관리법 제17조 제1항에서 규정한 지급 등의 규제요건 및 위 법률조항의 위임에 따라 외국환관리법시행령 제26조 제1항에서 규정한 허가규제기준을 넘어서는 것으로서, 모법의 위임 범위를 벗어난 것이라고 보지 않을 수 없으므로, 외국환관리규정 제6-15조의4 제2호 (나)목의 규정은 죄형법정주의에 위배된 것일 뿐만 아니라 위임입법의 한계도 벗어난 것으로서 무효이다."라 하고 있다.

미국에서는 법의 일반원칙으로서 '불명확하기 때문에 무효'(void for vagueness)라는 이론이 판례에 의하여 형성되어 있다. 그러나 명확성의 원칙의 적용에도 우리의 언어관용이나 입법기술상 한계가 있다. 형사입법에서 필연적으로 '개괄조항'이나 '가치개념' 내지 '규범적 구성요건 요소'가 사용될 수밖에 없고, 이 경우, 법관에 의한 구체화가 필요하다.[55] 그러나 불명확한 일상언어나 '음란', '부당', '임무위배', '정당한 사유'[56]등과 같은 모호한 평가적 개념은 법적 불안정성 때문에 입법자로서는 최대한 사용을 회피해야 하지만, 명확성의 원칙에는 불가피하게 일정한 한계가 있다. 과거에 입법된 법률이 그 후 사태의 변동에 즉응할 수 있도록 탄력적 개념을 사용할 필요도 있으며, 입법자가 의도적으로 법관에게 해석을 통한 구체화를 위임하는 경우도 있다. 여기에는 사전의 입법기술과 사후의 규범통제가 중요하고, 법률을 명확하게 규정할 수 없는 경우라도 법률적용의 일관성과 평등성이 보장될 수 있는가도 문제가 된다. 입법자에게는 법의 흠결이 발생하지 않도

55 가치 보충 내지 충전이 필요한 개념의 예 중에서 대표적인 것이 형법상 '음란' 및 '추행'의 개념이다. 대법원은 음란개념이 명확성의 원칙에 위배되지 않는다고 한다. "일반적으로 법규는 그 규정의 문언에 표현력의 한계가 있을 뿐만 아니라 그 성질상 어느 정도의 추상성을 가지는 것은 불가피하고, 형법 제243조, 제244조에서 규정하는 '음란'은 평가적, 정서적 판단을 요하는 규범적 구성요건 요소이고, '음란'이란 개념이 일반 보통인의 성욕을 자극하여 성적흥분을 유발하고 정상적인 성적 수치심을 해하여 성적 도의관념에 반하는 것이라고 풀이되고 있음은 앞서 본 바와 같으므로 이를 불명확하다고 볼 수는 없다. 따라서 형법 제243조와 제244조의 규정 자체가 죄형법정주의에 반하는 것이라고 할 수 없을 뿐만 아니라"(대법원 1995. 6. 16. 선고 94도2413 판결). 한편 군형법 제92조의 '추행' 개념에 관하여 다음과 같은 헌법재판소 2002. 6. 27. 선고 2001헌바70 전원재판부 결정이 있다. "[다수의견] '추행'이란 일반적으로 정상적인 성적만족행위에 대비되는 다양한 행위태양을 총칭하는 것이고, 그 구체적인 적용범위도 사회적 변화에 따라 변동되는 동태적 성격을 가지고 있기 때문에, 입법자가 이러한 변태성 성적만족행위의 모든 형태를 미리 예상한 다음, '추행'에 해당하는 행위를 일일이 구체적, 서술적으로 열거하는 방식으로 명확성의 원칙을 관철하는 것은 입법기술상 불가능하거나 현저히 곤란하다. 따라서 이 사건 법률조항이 명확성의 원칙에 위배되는지 여부를 판단하기 위해서는 그 입법목적과 다른 법률조항과의 연관성 등을 고려하여 '추행'이라는 일반조항에 대한 합리적인 해석이 가능한지 여부를 우선적으로 검토해야 한다. 이 사건 법률조항의 범죄구성요건사실인 '추행'은 '군이라는 공동사회의 건전한 생활과 군기'라는 보호법익을 침해하는 동시에 일반인의 입장에서 추행행위로 평가될 수 있는 행위이고, 건전한 상식과 통상적인 법감정을 가진 군형법 피적용자는 어떠한 행위가 이 사건 법률조항의 구성요건에 해당되는지 여부를 어느 정도 쉽게 파악할 수 있으며, 법률적용자가 이 사건 법률조항 중 '기타 추행' 부분을 자의적으로 확대하여 해석할 염려가 없기 때문에, 형벌법규의 명확성의 원칙에 위배되지 아니한다. [반대의견] 다수의견과 같이 '추행'의 의미에 대해서는 통상의 판단능력을 가진 군형법 피적용자가 이를 이해할 수 있어 명확성 여부는 문제되지 않는다. 다만, 이 사건 법률조항의 경우, 추행의 강제성을 요구하는지에 대해 그 구성요건이 불명확할 뿐만 아니라, 행위의 주체나 그 상대방 등에 대하여 명백하게 규정하지 않고 있기 때문에, 본죄에 해당하는 행위의 범위를 확정하기가 어려워 죄형법정주의의 내용인 형벌법규의 명확성원칙에 위배된다."

56 이른바 '양심적 병역거부'와 관련하여, 진정한 양심에 따른 입영거부 행위가 구 병역법 제88조 제1항에서 정한 추상적 개념인 '정당한 사유'에 해당할 여지가 있다는 것으로 판례가 변경되었다(대법원 2018. 11. 1. 선고 2016도10912 전원합의체 판결).

록 하는 남김없이 규율하고, 또 법문의 추상성을 피하며 가급적 구체적으로 규정하도록 하는 입법기술적인 노력이 필요하다. 불확정개념과 평가적 언어가 불가피하게 사용되는 경우라고 하더라도 일반인이 형벌규정의 적용범위를 충분히 인식할 수 있을 정도, 즉 형법이 의사결정규범·행위규범으로서 기능할 수 있도록 어떠한 행위가 금지되어 있는가를 국민에게 확실히 해줄 수 있을 정도로 법문이 구체화되어야 할 것이다. 일단 입법이 이루어진 후에는 헌법재판소의 규범통제가 중요하고, 법관에게는 법해석 시에 입법자의 우위를 지키고 법문을 엄격하고 정확하게 해석하여야 하는 협조의무가 있다고 할 수 있다.

명확성의 원칙은 무엇보다도 그 정도가 문제인데,[57] 그 법률이 제정된 목적, 각 구성요건의 특수성과 그러한 법적규제의 원인이 된 여건이나 처벌의 정도, 다른 법률조항과의 연관성을 고려하여 합리적인 해석이 가능한지 여부에 따라 결정할 수밖에 없다(헌법재판소 1997. 3. 27. 선고 95헌가17 결정, 대법원 2000. 10. 26. 선고 98도3665 판결). 예를 들면, 구 전기통신사업법 제53조 제1항의 '공공의 안녕질서 또는 미풍양속을 해하는'이라는 개념(헌법재판소 2002. 6. 27. 선고 99헌마480 결정)이나 구 전기통신법 제47조 제1항의 '공익을 해할 목적'이라는 개념(헌법재판소 2010. 12. 28. 선고 2008헌바157, 2009헌바88 결정)은 너무 추상적이어서 죄형법정주의의 명확성원칙에 반한다.

명확성의 원칙에 관하여 명확성의 정도를 지켰는가 하는 판단의 권한은 우선적으로 헌법재판소에 있지만, 그 기준은 사회 일반인의 시점이 되어야 한다. 이 판단기준과 관련하여 헌법재판소는 '통상의 판단능력을 가진 사람이 그 의미를 이해할 수 있었는가'라는 기준을 제시하고 있다. 헌재는 처벌법규의 입법목적이나 전체적 내용·구조 등을 살펴보아 '사물의 변별능력을 제대로 갖춘 일반인의 이해와 판단'으로서 행위유형을 정형화하거나 한정할 합리적 해석기준을 찾기 어렵다면 명확성의 원칙에 반한다고 한다(헌법재판소 1992. 9. 25. 선고 89헌가104 결정,[58] 헌법재판소 2008. 10. 30. 선고 2005헌바32 결정). 그러나 형법 제349조 제1항(부당이득

57 오영근, 형법총론(제4판), 박영사(2018), 30.

58 위 결정에 의하면, "구 군사기밀보호법 제6조 소정의 '군사상의 기밀을 부당한 방법으로 탐지·수집한 자'라는 구성요건은 위에 적시한 관계법령이 정하고 있는 적법한 절차에 의하지 아니하고 군사기밀을 탐지·수집한 자를 의미하는 것임이 분명하며, 이러한 내용은 통상의 판단능력을 가진 사람이라면 누구나 충분히 그 의미를 이해할 수 있다고 사료되므로, '부당한 방법으로'라는 용어를 썼다는 이유만으로 구성요건의 구체성 내지 명확성을 결여하였다고 속단할 수는 없는 것"이라고 한다.

죄)의 '궁박한 상태를 이용하여 현저하게 부당한 이익을 취득'하였는지 여부에 관하여 존재하는 약간의 불명확성은 법관의 통상적인 해석에 의하여 충분히 보완될 수 있고 건전한 상식과 통상적인 법감정을 가진 일반인이라면 금지되는 행위가 무엇인지를 예측할 수 있으므로 이 사건 법률조항은 죄형법정주의에서 요구되는 명확성의 원칙에 위배되지 않는다(헌법재판소 2006. 7. 27. 선고 2005헌바19 결정).

한편 명확성의 원칙은 구성요건에서 뿐만 아니라 '형사제재'에 있어서도 지켜져야 한다(형사제재의 명확화). 형벌의 종류와 범위가 정해지지 않은 이른바 '부정기형'은 죄형법정주의에 위배된다. 부정기형은 형의 종류 또는 형의 상한과 하한이 전혀 특정되어 있지 아니한 절대적 부정기형과 형의 종류 및 형의 상한·하한이 특정되어 있는 상대적 부정기형으로 나누어진다. 벌금형의 경우, 절대적 부정액형은 허용되지 아니한다. 부정기형은 법률이 부정기형을 규정하고 있는 부정기의 법정형의 경우와 형의 선고 시에 부정기형을 부과하는 경우인 부정기의 선고형으로 구분해 볼 수 있다. 이때 절대적으로 부정기인 법정형과 선고형을 금지하는 죄형법정주의의 한 내용을 '절대적 부정기형금지의 원칙'이라고 한다. '상대적' 부정기형은 오늘날 목적형사상에 입각하여 필요한 제도의 하나로서 부분적으로 채택되고 있다(예: 소년법 제60조). 이러한 절대적 부정기형 금지라고 하는 죄형법정주의 정신은 '보안처분'에도 적용된다(보안처분의 명확화),[59] 보안처분 중 부정기형이 문제가 되는 치료감호의 경우, 치료감호시설에의 수용기간은 15년을 상한으로 하고, 약물중독자는 2년을 초과할 수 없도록 규정하고 있다(치료감호법 제16조 제2항).

5. 실질적 죄형법정주의 – 적정성의 원칙

위에 언급한 네 가지 파생원칙이 지켜진다고 하더라도 만일 형법의 내용이 정당하지 못하면 죄형법정주의는 아무런 쓸모가 없게 된다. 죄형법정주의란 행위시에 어떠한 내용의 형법이라도 존재하기만 하면 된다고 하는 원칙이 아니라, 내용상 실질적인 '적정성'이 요구되고, 이러한 형벌법규의 내용상 적정성의 원칙은 실질적 법치주의가 형법에 구현된 것이라고 볼 수 있다. 실질적 죄형법정주의의 요청은 헌법의 가치체계, 특히 제10조 '인간의 존엄과 가치'에 근거하고 제37조 제

59 다수설. 반대견해로는 이재상 외 2인, 형법총론(제9판), 박영사(2017), 29; 손동권/김재윤, 새로운 형법총론(초판), 율곡출판사(2011), 32.

2항 기본권 제한의 한계를 준수해야 한다.[60] 형벌과 보안처분과 같은 형사제재는 개인의 자유와 권리에 대한 가장 강력한 침해를 가져오는 해악이므로, 사회의 존속과 유지를 위하여 꼭 필요한 경우에 한하여 최후수단으로서 필요한 만큼 부과하여야 한다(필요성의 원칙, 최후수단성의 원칙). 그리고 인간 존엄이라는 헌법적 가치에 기초하여 잔혹하고 비인도적인 형벌은 배척되어야 한다(인도주의 원칙). 또한 행위자에게 책임이 있는 경우에 한해서 책임의 정도를 초과하지 않는 범위 내에서 형벌이 부과되어야 한다(책임원칙; Schuldprinzip). 범죄행위의 당벌성을 넘어서 과도하게 부과된 형벌은 정당화되지 못한다(과잉금지의 원칙). 또한 범죄와 형벌 사이에는 적정한 균형이 유지되어야 하고(죄형균형의 원칙), 보안처분도 행위자의 범죄적 위험성에 대하여 적정한 비례가 지켜져야 한다(비례의 원칙). 비례의 원칙은 국민의 기본권을 제한하는 법률은 목적의 정당성, 방법의 적절성, 법익의 균형성, 제한의 최소성 등을 준수해야 한다는 것이고, 과잉금지의 원칙과 궤를 같이 한다. 과잉금지 원칙과 비례의 원칙은 헌법 제37조 제2항과 법치주의에 근거를 두고 있다고 설명된다. 형법을 비롯한 형벌법규가 헌법에 합치하여야 한다는 점에서 이러한 원칙은 우선 입법자에 대한 헌법적 지시라 할 것이고, 따라서 규범통제를 하는 헌법재판소의 판단기준이 되고 있다.

나아가 이 원칙은 형법을 해석, 적용하는 형사사법에 대하여도 적정한 형벌권 행사를 위한 기준이 된다.[61] 우선 최고법인 헌법 하에서 법원이 어떠한 법률조항을 해석·적용함에 있어서도 하나의 해석방법에 의하면 위헌적인 결과에 이르고, 다른 해석방법으로 헌법에 합치하는 결과가 나올 수 있을 때에는 헌법에 합치하는 해석방법을 택하여야 한다는 헌법합치적 해석(Verfassungskonforme Auslegung)의 원칙이 중요하다. 그리고 죄형법정주의는 국가형벌권의 자의적인 행사로부터 개인의 자유와 권리를 보장하기 위하여 범죄와 형벌을 법률로 정할 것을 요구하므로(법률주의), 형벌법규 해석의 차원에서도 실질적으로 엄격해석의 원칙이 지켜져야 하되, 다만 법률문언의 통상적인 의미를 벗어나지 않는 한, 그 법률의 입법취지와 목적, 입법연혁 등을 고려한 목적론적 해석이 배제되지 않는다(대법원 2003. 1. 10. 선고 2002도2363 판결). 목적론적 해석은 적정성의 원칙 하에서 가능하

60 임웅, 형법총론(제10정판), 법문사(2018), 40면 이하; 정성근/박광민, 형법총론(제2판), 성균관대학교출판부(2015), 49.

61 박상기, 형법총론(제9판), 박영사(2012), 40은 과잉금지원칙의 입법적 측면과 법적용의 측면을 지적한다.

다고 본다. 판례는 "2016. 1. 6. 형법 개정으로 특수상해죄가 형법 제258조의2로 신설됨으로써 문언상으로 형법 제262조의 '제257조 내지 제259조의 예에 의한다.'는 규정에 형법 제258조의2가 포함되어 특수폭행치상의 경우 특수상해인 형법 제258조의2 제1항의 예에 의하여 처벌하여야 하는 것으로 해석될 여지가 생기게 되었지만, 이러한 해석을 따를 경우 특수폭행치상죄의 법정형이 형법 제258조의2 제1항이 정한 '1년 이상 10년 이하의 징역'이 되어 종래와 같이 형법 제257조 제1항의 예에 의하는 것보다 상향되는 결과가 발생하게 되므로, 형벌규정 해석에 관한 법리와 폭력행위 등 처벌에 관한 법률의 개정 경과 및 형법 제258조의2의 신설 경위와 내용, 그 목적, 형법 제262조의 연혁, 문언과 체계 등을 고려할 때, 특수폭행치상의 경우 형법 제258조의2의 신설에도 불구하고 종전과 같이 형법 제257조 제1항의 예에 의하여 처벌하는 것으로 해석함이 타당하다.(대법원 2018. 7. 24. 선고 2018도3443 판결)고 하여 형벌 적정성의 관점에서 목적론적 해석을 허용하였다.

같은 맥락에서 판례는, 형벌법규의 해석에서 문언의 가능한 의미 안에서 입법 취지와 목적 등을 고려한 법률 규정의 체계적 연관성에 따라 문언의 논리적 의미를 분명히 밝히는 체계적·논리적 해석방법은 규정의 본질적 내용에 가장 접근한 해석을 위한 것으로서 죄형법정주의의 원칙에 부합한다."라고 한다, 물론 해당 법률에 정의규정이 있다면 그에 따를 것이나, 그렇지 않은 경우라도 문언의 통상적인 의미를 살피는 외에 그것이 해당 법률에서 어떠한 의미로 어떻게 사용되고 있는지 체계적, 논리적으로 파악하여야 한다(대법원 2016. 8. 24. 선고 2013도841 판결, 2018. 6. 15. 선고 2018도2615 판결). 그러한 전제 하에서 대법원은, 구 의료법 제19조, 제88조가 의사 등에 대하여 다른 사람의 비밀 누설을 금지하고 이를 처벌하도록 되어 있는데, 의료법의 취지와 헌법 제10조 인간의 존엄과 가치 및 헌법 제17조 사생활의 비밀과 자유 보장 등 체계적·논리적 해석에 의거하여 환자가 사망했다고 해서 보호 범위에서 제외된다고 볼 수 없고, 따라서 '다른 사람'에는 생존하는 개인 이외에 이미 사망한 사람도 포함된다고 보았다(대법원 2018. 5. 11. 선고 2018도2844 판결).

또한 대법원은, 구 공직선거법상 선거운동의 의미와 금지되는 선거운동의 범위를 판단하는 기준에 관하여, 죄형법정주의에서 파생되는 형벌법규의 엄격해석의 원칙 등에 비추어 선거운동의 범위를 목적론적 관점에서 제한해석을 하고, 선거운동에 해당하는지는 행위를 하는 주체 내부의 의사가 아니라 외부에 표시된 행위를 대상으로 객관적으로 판단하여야 한다는 기준을 제시하고 있다(대법원 2016. 8. 26. 선고 2015도11812 전원합의체 판결).[62]

62 반면에 소수의견은, 다수의견이 선거운동 자유의 측면만을 강조하여 선거운동의 의미를 법률의 취지와 달리 지나치게 좁게 해석한다면, 정치활동과 선거운동 자유의 확대를 명분으로 공정성 확보를 위한 중요한 장치를 무력화시킴으로써 자칫 그 균형을 무너뜨리는 결과가 될 수 있다고 비판하고, 목적은 객관적 기준이 아니라 행위자인 피고인을 기준으로 판단할 것이라고 한다.

제1장 형법의 적용범위

[총설]

[참고문헌] 하태영, '국제형법; 세계주의의 도입 여부', 형사철학과 형사정책, 50; 하태영, "피고인에게 불리한 판례변경과 소급효의 문제", 형사철학과 형사정책, 311 이하; 大塚 外, 大コンメンタール, 第1巻, 青林書院, 第3版(2013).

Ⅰ. 형법의 시간적 적용범위

1. 문제의 의의

형법의 시간적 적용범위(zeitlicher Geltungsbereich)라 함은 형법이 어느 시기를 표준으로 하여 적용되는가, 즉 어떠한 시기에 발생한 사실(범죄)에 대해서 형법이 적용되는가의 문제를 다루는 것이다.

이는 이른바 시제형법(時祭刑法 : intertemporales Strafrecht)의 문제로서, 행위시의 법률이 판결시까지-사정에 따라서는 여러 번, 행위자에게 불리하게 또는 유리하게 - 변경될 수 있다는 점과 관련되어 있다. 이러한 경우, 적용될 규범을 명확히 하는 것이 필요하다. 행위시에 존재하지 않는 규범이 소급적용되는가, 또는 재판시에 더 이상 존재하지 않는 규범이 추급적용되는가의 문제가 해결되어야 한다. 이러한 형법의 시간적 적용범위는 형법이 행위규범인가, 재판규범인가 하는 규범본질론의 문제와도 관련되면서 규범의 존재와 효력에 관한 규범논리의 문제가 된다.

형법의 시간적 적용범위와 관련하여 문제되는 것은, ①형법규범의 존재, 즉 제정 또는 개정된 법령의 시행시와 폐지시는 언제인가, ②행위시와 재판시의 법규범이 다른 경우에 어느 법규가 효력있는 규범으로 적용되는가, ③행위시에 형벌법규가 폐지된 경우 폐지된 법률이 폐지전의 행위에 대하여 적용되는가 등이다.

2. 형법규범의 시행시·폐지시

형법, 실질적 의미의 형법규범은 일반적으로 시행시부터 폐지시까지 효력을 갖는다. 즉, 형법규범은 그 시행시에 존재하여 효력을 발생하고, 폐지시에 소멸된다.

가. 형법규범의 시행시기

형법의 시행시기는 법령에 따라 다르다. 형식적 의미의 형법(법률 제293호)의 시행일은 1953년 10월 3일이며, 개정시에는 부칙에 시행일-및 효력에 관한 경과규정-이 정해지는 것이 보통이다. 다른 특별형사법규도 부칙에 그 효력발생일이 정해지고 있다. 예컨대 국가보안법은 공포한 날이 시행일이고, 경범죄처벌법은 공포후 30일이 경과한 날이 시행일이다. 폭력행위 등 처벌에 관한 법률의 시행일은 공포일이고, 특정범죄가중처벌 등에 관한 법률의 시행일은 공포 후 30일이 경과한 날이다.

법령등공포에관한법률 제11조 제1항에 의하면, 헌법개정·법률·조약·대통령령·총리령 및 부령의 공포와 헌법개정안·예산 및 예산 외 국고부담계약의 공고는 관보에 게재함으로써 한다. 다만 '국회법' 제98조 제3항 전단에 따라 하는 국회의장의 법률 공포는 서울특별시에서 발행되는 둘 이상의 일간신문에 게재함으로써 한다(제2항). 관보는 종이로 발행되는 관보(종이관보)와 전자적인 형태로 발행되는 관보(전자관보)로 운영하고, 관보의 내용 해석 및 적용 시기 등에 대하여 종이관보와 전자관보는 동일한 효력을 가진다. 같은 법률 제12조에 의하면, 법령 등의 공포일 또는 공고일은 해당 법령 등을 게재한 관보 또는 신문이 발행된 날로 하는데, 관보 발행 내지 게재일의 의미에 관해서는 관보일자설, 인쇄완료시설, 발송절차완료시설, 최초구독가능시설, 지방분포시설 등 학설이 대립되고 있으나, 대법원은 최초구독가능시설의 태도를 취하고 있다(대법원 1970. 7. 21. 선고 70누76 판결).[1]

한편 부칙에 형벌법규의 시행시기에 관한 규정이 없는 경우에는 형벌법규가 국민의 권리 제한과 의무 부과와 직접 관련되는 법률이라는 점에서 공포일로부터 30일이 경과한 날 시행된 것으로 해석함이 상당하다(법령 등 공포에 관한 법률 제13조의2 참조).

나. 형법규범의 폐지시기

형법규범의 폐지시기는 신법이나 개정법의 부칙에서 규정하는 것이 통례이다. 예컨대 구 형법은 형법 부칙 제10조에 의하여 1953년 10월 3일에 폐지되었으며,[2] 반공법은 국가보안법의 부칙 제2조에 의하여 1980년 12월 31일 폐지되었고,

1 일본 판례도 같다. 日最判 1958. 10. 15.(集 12卷14号 3313)

2 구 형법은 일본의 구 형법으로서 일제 하의 조선형사령에 의하여 1912. 4. 1.부터 우리나라에 적용되었다.

특정범죄처벌법에관한임시특례법은 특정범죄가중처벌등에관한법률의 부칙 제2조에 의하여 1966년 3월 23일 폐지되었다. 부칙에 명시적인 폐지규정이 없는 경우, 예컨대 형벌법규가 전면 개정되면서 종전의 규정이 삭제된 경우에는 그 개정법의 시행일을 폐지시기로 봄이 상당하다. 그리고 형식적으로 법령의 개폐가 행하여져도 그와 동시에 신법에 실질적으로 동일한 구성요건이 정해진 경우에는 그 규정이 폐지된 것이 아니다.[3]

일반적으로 위헌으로 결정된 법률 또는 법률의 조항은 그 결정이 있는 날부터 효력을 상실하지만, 형벌법규가 헌법재판소의 위헌결정에 의하여 폐지되는 경우에는 원칙적으로 소급하여 효력을 상실한다. 다만, 해당 법률 또는 법률의 조항에 대하여 종전에 합헌으로 결정한 사건이 있는 경우에는 그 결정이 있는 날의 다음 날로 소급하여 효력을 상실한다(헌법재판소법 제47조 제2항; 2014. 5. 20. 단서 신설[4]). 위헌으로 결정된 형벌법규에 근거한 유죄의 확정판결에 대하여 재심을 청구할 수 있다(헌법재판소법 제47조 제2항, 제3항).

그런데 헌법과 헌법재판소법이 규정하고 있지 않은 변형된 형태인 헌법재판소의 헌법불합치결정은 법률조항에 대한 위헌결정에 해당한다는 것이 대법원 다수의견의 견해이고,[5] 따라서 위헌결정으로 형벌에 관한 법률조항이 소급하여 효력을 상실한 경우에 당해 조항을 적용하여 공소가 제기된 피고사건은 범죄로 되지 아니한 때에 해당하고, 법원은 이에 대하여 형사소송법 제325조 전단에 따라 무죄를 선고하여야 한다(대법원 2011. 6. 23. 선고 2008도7562 전원합의체 판결).[6]

3 日最判 1956. 12. 25.(集 7卷7号 1562)

4 단 헌법재판소의 결정례가 종전의 합헌결정에서 위헌결정으로 변경된 경우에는(예: 혼인빙자간음죄에 관한 헌법재판소 2009. 11. 26. 선고 2008헌바58 결정) 헌법의 변천이고 당해 법규는 원천적인 위헌법률이 아니므로, 합헌결정 이후 또는 적절한 범위 내에서 소급효를 제한하자는 주장이 제기되었고, 헌법재판소법 일부개정으로 제47조 제2항 단서가 신설되었다.

5 그러나 형벌법규에 대한 헌법불합치결정은 위헌결정이 아니고 당해 규정은 일단 유효하게 존재하는 것이므로, 형벌법규가 즉시 무효가 됨을 전제로 무죄판결을 하는 것은 규범논리상 문제가 있다. 야간옥외집회에 관한 헌재의 불합치결정(헌법재판소 2009. 9. 24. 선고 2008헌가25 결정) 이후의 처리에 관하여 그러한 실무례가 있고, 아래 대법원의 반대의견도 같은 취지이다.

6 반대의견이 있음. "헌법불합치결정은 개선입법이 이루어지지 않은 경우 처음부터 단순위헌결정이 있었던 것과 동일한 상태로 돌아가는 것이 아니라 개선입법의 시한이 만료된 다음날부터 이 사건 법률조항의 효력이 상실되도록 한 취지이고, 형벌의 근거가 되는 위 법률조항이 개정시한 만료 다음날부터 효력이 상실됨에 따라 '범죄 후 법령 개폐로 형이 폐지되었을 때'에 해당한다고 볼 수 있으므로, 형사소송법 제326조 제4호에 따라 면소를 선고하여야 한다."고 하였으며, 반대의견이 규범논리상 타당하다. 대법원의 다수의견에 따르면 헌법불합치결정이 위헌결정인 이상, 소급효로 인하여 이미 유죄판결이 확정된 사건에 대하여 재심을 허용할 것이지만, 이는 헌법재판소의 결정취지에도 반한다.

다. 형법규범의 충돌과 폐지

하나의 법률 내에서 또는 별개의 법률에서 형벌법규가 상호 모순 저촉되는 경우에 규범의 존재와 효력을 확정하는 것은 규범논리에 따른 해석의 문제로 귀착된다. 매우 어려운 문제이지만 규범충돌의 해석원리로는, '상위법 우선의 원칙', '특별법 우선의 원칙', '신법 우선의 원칙'이 적용된다. 이 경우, 예컨대 신법에 해당하는 충돌규범의 우선적 효력에 의하여 무효화되는 구법의 폐지시기는 신법의 효력발생시가 될 것이다.

3. 형법규범의 변경

가. 행위시법주의·재판시법주의

행위시에 효력있는 형벌법규가 행위후에 변경된 경우 그 행위에 대하여 어느 법을 적용할 것인가에 관해서는 행위시법주의와 재판시법주의가 대립하고 있다.

행위시법주의는 형법규범이 원칙적으로 행위규범이라는 전제 하에서 행위 후에 형벌법규가 변경된 경우에도 행위시법에 의해서 재판을 하여야 한다는 주의를 말하며 구법주의라고도 한다. 재판시법주의는 형법규범이 우선적으로 재판규범이라 전제 하에서 행위후 형벌법규가 변경된 경우에는 재판시법을 적용하여 재판을 하여야 한다는 주의로서 신법주의라고도 한다.

행위시법주의에 의하면 구법(행위시법)의 추급효(Nachwirkung)를 인정하는 결과가 되며, 재판시법주의에 의하면 신법(재판시법)의 소급효(Rückwirkung)를 인정하는 것이 된다. 형법의 추급효라 함은 폐지 또는 실효된 법률을 폐지 또는 실효전의 위반행위에 대해서 적용할 수 있는가의 문제이며, 형법의 소급효라 함은 신법을 그 시행 전의 행위에 대해서 소급적용할 수 있는가의 문제이다. 행위시법주의는 형법불소급의 원칙에 의한 당연한 요청으로서 국민생활의 법적 안정성을 보호한다는 점에서 장점이 있으나, 범죄 후 형벌법규의 개정으로 형이 폐지되거나 경하게 변경된 경우에도 이를 고려할 수 없다는 점이 문제가 된다.

이에 대하여 재판시법주의는 형법불소급의 원칙에 반한다는 문제점이 있으나 범죄 후 형벌법규가 행위자(피의자·피고인)에게 유리하게 변경된 경우에 행위자에게 유리한 법의 적용이 가능하게 된다는 것에 장점이 있다.

나. 현행법의 태도

형법불소급의 원칙은 우리 헌법상의 원칙이므로(헌법 제13조) 형법의 시간적 적용범위에 관해서는 행위시법주의를 원칙으로 삼아야 한다(행위시법주의의 원칙). 다만 범죄후 형벌법규가 행위자에게 유리하게 변경된 경우에는 행위자의 이익을 위하여 신법인 재판시법을 적용하도록 하는 것이 일반적인 형법의 입법태도이고, 우리 형법도 다르지 아니하다.

따라서 현행 형법은 형법의 시간적 적용범위에 관하여 행위시법주의를 원칙으로 하고(제1조 제1항) 예외적·보충적으로 재판시법주의를 채택하고 있다(제1조 제2항). 즉, 범죄의 성립과 처벌은 행위시법에 의함을 원칙으로 하나(제1조 제1항), 범죄후 법률의 변경에 의하여 형이 폐지되거나 경하게 변경된 때에는 신법(재판시법)을 적용한다(제1조 제2항).[7]

4. 한시법의 추급효

행위시에 형벌법규가 폐지된 경우 폐지된 법률이 폐지전의 행위에 대해서 적용되는가의 문제는 이른바 '한시법'(Zeitgesetz)의 문제로도 논의되고 있는데, 이에 관해서는 형법 제1조 제2항의 주석에서 상론하고자 한다.

Ⅱ. 형법의 인적·장소적 적용범위

1. 문제의 의의

형법의 장소적 적용범위(räumlicher Geltungsbereich)라 함은 형법이 어떠한 장소에서 행하여진 범죄에 대해서 적용되는가의 문제를 말한다. 즉, 형법이 국내에서 행하여진 범죄, 즉 국내범에 대해서만 적용되느냐 국외에서 행하여진 범죄, 즉 국외범에 대해서도 적용되느냐의 문제가 형법의 장소적 적용범위에 관한 문제이다.

형법의 인적 적용범위(persönlicher Geltungsbereich)라 함은 형법의 적용대상, 즉 형법규범이 어떠한 사람에 대해서 적용되느냐의 문제를 의미한다. 즉, 형법이 내국인에 대해서만 적용되느냐, 외국인에 대해서도 적용되느냐의 문제가 형법의 인적 적용범위에 관한 문제이다. 형법이 대통령 또는 국회의원, 외교관에 대해서 적용되는가도 형법의 인적 적용범위에 관한 문제에 해당한다.

7 질서벌인 과태료에 해당하는 질서위반행위에 대하여 형법과 같은 원칙이 적용되고, 나아가 과태료처분이나 재판이 확정된 이후에 폐지가 된 경우에도 변경법률에 특별한 규정이 없는 한 과태료의 징수 또는 집행을 면제하도록 되어 있다(질서위반행위규제법 제3조).

우리 형법이 국외에서 죄를 범한 내국인 또는 외국인에게 적용된다는 형법 제3조 내지 제6조는 한국 형법의 장소적 적용범위에 관한 문제인 동시에 인적 적용범위에 관한 문제로서, 이른바 국제형법 내지 섭외형법(internationales Strafrecht)의 문제가 된다. 그러나 한국 형법이 내국인에게만 적용되느냐, 외국인에게도 적용되느냐 또는 국내범에 한하는가, 국외범에게도 적용되는가의 문제는 절차법적 측면에서 한국의 재판권을 행사할 수 있는가의 문제와는 별개이다.

2. 입법주의

형법의 장소적 적용범위를 어떻게 정할 것인가는 기본적으로 입법정책의 문제이다. 장소적 적용범위에 관한 입법주의는 이를 속지주의, 속인주의, 보호주의, 세계주의로 분류하는 것이 일반적이다.

가. 속지주의

속지주의(Territorialitätsprinzip)라 함은 자국의 영역 내에서 발생한 모든 범죄에 대해서 범죄인의 국적을 불문하고 자국의 형법을 적용한다는 원칙을 말한다. 속지주의에 의하면 외국인이 자국의 영역 내에서 외국인에 대하여 죄를 범한 경우에도 자국의 형법이 적용된다. 형법의 적용범위에 관한 속지주의는 영토고권에 의한 요청이다. 자국의 영토 내에서 죄를 범한 외국인에 대하여 형법의 적용이 배제된다는 것은 영토주권의 배제를 의미하기 때문이다.

그러나 형법의 적용범위에 관하여 속지주의만을 채택하게 되면 내국인의 국외범 또는 외국인이 국외에서 대한민국 또는 대한민국 국민의 법익을 침해하는 범죄를 처벌할 수 없다는 불합리한 결과를 초래한다.

속지주의에 의하면 외국으로 도망한 범죄인을 소추할 수 없다는 결함이 있다고 설명하는 견해가 있으나, 자국 내에서 죄를 범한 범죄인(내국인·외국인)에 대해서 자국의 형법이 적용되느냐의 문제와 그 범죄인이 외국으로 도망한 경우 그 범죄인에 대한 소추가 가능한가의 문제는 이를 구별하여야 한다. 전자는 형법의 적용범위에 관한 문제임에 대하여, 후자는 소추의 가능 여부 내지 범죄인 인도의 문제이다.

속인주의 또는 보호주의를 채택하는 경우에도 범죄인이 외국으로 도망하면 그 범죄인을 인도받지 않는 한 그 범인에 대한 소추·처벌이 불가능하며 속지주의를 채택하는 경우에도 자국 내에서 죄를 범하고 외국으로 도망한 범인을 인도받으면 소추·처벌이 가능하다.

나. 속인주의

속인주의(Personalitätsprinzip)라 함은 자국민의 범죄에 대해서는 범죄지의 여하를 불문하고 자국형법을 적용한다는 원칙을 말한다. 속인주의에 의하면 내국인의 국외범에 대해서도 자국형법이 적용된다. 속인주의는 범인의 국적을 기준으로 자국형법의 적용 여부를 결정하므로 국적주의(Nationalitätsprinzip)라고도 한다.

속인주의의 이론적 근거는 국가주권, 특히 영민고권(Personalhoheit)이라고 본다. 즉, 자국의 주권은 국외에 있는 자국민에 대해서도 미치므로 형법도 국외에 있는 자국민에게 적용된다. 국가는 자국민의 소재지 여하를 묻지 않고 직접·간접으로 보호하고 있으므로 자국인은 자국법에 복종하고 자국법에 의한 보호를 받는다는 점에서 속인주의의 근거를 찾아야 한다는 견해도 대체로 같은 입장이다.

형법의 적용범위에 관하여 속인주의만을 채택하는 경우에는 외국인의 국내범 또는 외국인이 국외에서 자국민의 법익을 침해하는 범죄를 처벌하지 못하는 불합리한 결과를 가져온다.

다. 보호주의

보호주의(Schutzprinzip)라 함은 자국 또는 자국민의 법익을 침해하는 범죄에 대하여는 범인의 국적과 범죄지를 불문하고 자국형법을 적용한다는 원칙을 말한다. 보호주의에 의하면 외국인이 외국에서 행한 범죄라 할지라도 그 범죄가 자국 또는 자국민의 법익을 침해하는 경우에는 그 외국인의 국외범에 대해서 자국형법이 적용된다.

형법의 적용범위에 관한 보호주의는 자국 또는 자국민의 이익을 보호하려는 데 그 목적이 있다. 보호주의에 의해서 속지주의 또는 속인주의의 결함이 보충된다. 보호주의에 의해서 외국인의 국외범에 대한 처벌이 가능해지기 때문이다.

보호주의에는 국가보호주의와 국민보호주의가 있다. 전자는 자국의 법익을 침해하는 범죄(예컨대 내란의 죄, 외환의 죄, 통화에 관한 죄)에 대해서 범인의 국적과 범죄지 여하를 불문하고 자국형법이 적용된다는 원칙을 말하며, 후자는 자국민의 법익을 침해하는 범죄(예컨대 살인죄, 강간죄, 상해죄)에 대해서 범인의 국적과 범죄지 여하를 불문하고 자국형법이 적용된다는 원칙을 말한다.

보호주의에 의해서 처벌하는 범죄의 종류와 범위는 국가에 따라 다르다. 또 보호주의에 의하여 외국인의 국외범을 처벌함에 있어서 그 외국법에 의해서도 범죄가 성립함을 요하는가에 관해서는 입법례가 일치하지 아니하나 이론적으로는 이를 적극적으로 해석하는 것이 타당하다고 본다.

보호주의에 의해서 외국인의 국외범에 대하여 형법이 적용된다고 할지라도 그 범인(외국인)을 자국에서 인도받지 못하면 그 범인에 대한 처벌은 사실상 불가능할 것이다. 따라서 보호주의에 관한 형법의 규정은 범죄인인도에 의해서 그 실효를 거둘 수 있을 것이다.

라. 세계주의

세계주의(Universalprinzip)라 함은 범죄지, 범인의 국적, 피해자의 국적을 불문하고 인류공동의 기본적 법익을 침해하는 국제적·반인도적 범죄에 대하여는 자국 형법이 적용된다는 원칙을 말한다.[8]

세계주의에 해당하는 범죄의 정의는 학자에 따라 약간씩 다르다. 즉, '반인도적인 행위', '인류공통의 보호법익 또는 세계공동의 이익을 침해하는 범죄', '일체의 반인류적 범죄'라고 하거나, '평화로운 국제사회의 공존질서를 침해하는 범죄, 다수국가의 공동이익에 반하는 범죄 또는 인간의 존엄을 직접 침해하는 반인도적 범죄'[9]라고 하거나 '문명국가에서 인정되는 공통된 법익을 침해하는 범죄'[10]라는 견해 등이 있다.

세계주의는 반인도적·반인류적 범죄에 대한 사회방위의 국제적 연대성이란 점에 이론적 근거가 있다. 세계주의는 자국의 이익을 보호하려는데 목적이 있는 것이 아니고 반인류적·국제적 범죄를 처벌하려는데 그 목적이 있다는 점에서 보호주의와 다르다.

세계주의에 의해서 처벌의 대상으로 되는 범죄는 반인도적·반인류적 범죄, 문명국가의 공통된 법익을 침해하는 범죄이다. 이와 같은 범죄에 대해서는 형법의 장소적 적용범위의 측면으로부터 몇 명이 어떻게 어느 지역에서 범죄를 저질렀는가를 묻지 않고, 자국의 처벌규정을 적용하도록 하는 것이 세계주의이다. 이와 같은 범죄의 전통적인 예로서는 해적행위가 있지만, 최근에는 항공기납치나 민간 항공기에 대해 위험을 일으키는 행위, 외국에서 체재(滯在)하는 국가원수나

8 하태영, "국제형법; 세계주의의 도입 여부", 형사철학과 형사정책, 50.
9 김일수/서보학, 새로쓴 형법총론(제13판), 박영사(2018), 53.
10 이재상 외 2인, 형법총론(제9판), 박영사(2017), 48; 정성근/박광민, 형법총론(제2판), 성균관대학교출판부(2015), 56.

외교관 등에 대한 테러행위, 특정 핵물질에 대한 강취, 절취행위 등 다수의 것이 있으며, 대략 여러 나라간의 조약에 의해 체결국이 자국에 있어서 재판권의 설정, 즉 처벌가능하게 하는 조치를 취하는 것을 의무로 정하고 있다. 다만 이러한 행위가 범죄를 구성하는가 여부는 자국 형법의 적용에 관한 문제에 속한다.

근래에는 범죄의 처벌에 관한 조약이 형법의 적용을 범죄인의 불인도와 관련지우는 경우가 적지 않다. 소위 '인도하지 않을 때는, 스스로 재판하라.'의 이념이다.[11] 이와 같은 규정은 항공기의 불법적인 탈취의 방지에 관한 조약, 인질행위의 방지 및 처벌에 관한 조약 등, 국제사회 전체가 중대한 범죄행위로서 처벌하려는 행위에 관한 조약에서 종종 정해지고 있다. 이들 규정은, 먼저 일정한 나라에 제1차적으로 재판권 설정의무를 과하고 그 이외의 나라에 범인의 인도를 하지 않는 때에는 제2차적으로 재판권을 설정하는 의무를 과하는 구조로 되어 있고, 이는 재판권의 측면에서 규정되어 있는 것이지만, 형법의 적용의 측면에서 본다면 세계주의의 입장에 서 있는 것이라고 볼 수 있다.

3. 현행 형법의 태도

현행 형법은 형법의 인적·장소적 적용범위에 관하여 속지주의와 속인주의를 기본원칙으로 채택하고 보충적으로 보호주의를 채택하고 있다.[12]

현행 형법은 속지주의를 원칙으로 하고 속인주의와 보호주의를 가미하고 있다고 해석하는 견해가 통설이나, 속인주의는 형법의 적용범위에 관한 기본원칙이지 그 예외가 아니라고 해석하여야 한다. 내국인의 국외범에 대해서 한국 형법이 적용되는 것은 예외적이 아니라 원칙적이기 때문이다.

가. 속지주의의 원칙

형법 제2조는 '국내범'이라는 제목으로 '본법은 대한민국 영역 내에서 죄를 범한 내국인과 외국인에게 적용한다'고 규정하여 속지주의를 형법의 인적·장소적 적용범위에 관한 기본원칙으로 채택하고 있으며, 동법 제4조는 '본법은 대한민국 영역 외에 있는 대한민국의 선박 또는 항공기 내에서 죄를 범한 외국인에게 적용한다'고 규정하여 기국주의(Flaggenstaatsprinzip)를 형법의 적용범위에 관한 원칙으로 채택하고 있다. 기국주의는 속지주의의 특별한 경우에 해당한다.

11 大塚 仁 外, 大コン, 第1巻, 青林書院, 第3版(2013), 70.
12 질서위반행위에 대하여는 속지주의와 속인주의를 채택하고 있다(질서위반행위규제법 제4조 참조).

나. 속인주의의 원칙

형법 제3조는 '내국인의 국외범'이라는 제목으로 '본법은 대한민국 영역 외에서 죄를 범한 내국인에게 적용한다'고 규정하여 속인주의를 형법의 인적·장소적 적용범위에 관한 기본원칙으로 채택하고 있다.

다. 보호주의의 가미

형법 제5조와 제6조는 속지주의와 속인주의의 결함을 보완하기 위하여 보충적으로 보호주의를 채택하고 있으며 제6조 단서는 보호주의에 관하여 상호주의적 제한을 가하고 있다.

다만 형법 각칙 중에는 외국에서 통용되는 외국의 통화, 유가증권, 우표, 인지 등의 위조, 변조 행위를 범죄로 규정하고 있는 형법 제207조, 제214조, 제218조의 규정이 있는데, 형법 제207조 등의 범죄는 내국인 또는 외국인이 대한민국 영역 내에서 외국통화를 위조 또는 변조하는 경우에 주로 성립하는 범죄라는 점에서 보호주의에 의하는 것으로 보아야 한다는 지적이 있다.[13] 그러나 형법 제5조가 통화 등에 관한 죄를 외국인의 국외범에 포함시키고 있고, 이 경우는 반드시 대한민국의 이익을 보호하려는데 그 목적이 있는 것이 아니다. 따라서 위 규정들을 직접적인 세계주의적 규정으로 보기는 어렵지만, 그 한도 내에서 세계주의의 정신을 반영하고 있다고 볼 것이다.[14] 대법원은 조약이 국내법과 동일한 효력을 가진다는 헌법 제6조 제1항에 근거하여 각종 조약을 매개로 해석을 통하여 세계주의의 요청에 대응하고 있다.[15]

라. 외국에서 받은 형의 산입

외국에서 받은 형이 있는 경우 개정 전 형법 제7조는 "범죄에 의하여 외국에서 형의 전부 또는 일부 집행을 받은 자에 대하여는 형을 감경 또는 면제할 수 있다."고 하여 이를 임의적 감면사유로 규정하였었다. 헌법재판소는 이 규정이 이중처벌금지원칙에 위배되지는 아니하나, 외국에서 받은 형을 전혀 반영하지 않을

13 이재상 외 2인, 형법총론(제9판), 박영사(2017), 49; 정성근/박광민, 형법총론(제2판), 성균관대학교출판부(2015), 59; 오영근, 형법총론(제4판), 박영사(2018), 90.

14 하태영, '국제형법; 세계주의의 도입 여부', 형사철학과 형사정책, 51 등; 2011년 법무부 형법 개정 초안 제7조에 '세계주의'라는 제 하에 대한민국 영역 밖에서 폭발물 사용, 통화 위조, 위조통화의 취득 등의 죄를 범한 외국인에게도 이 법을 적용하도록 하는 규정을 신설하여 국제적 범죄의 증가에 대처할 수 있도록 하였다.

15 대법원 1984. 5. 22. 선고 84도39 판결(중국민항기사건) 참조.

수 있어 과잉금지원칙을 위배하였다는 이유로 헌법불합치 결정을 하였다(헌법재판소 2015. 5. 28. 선고 2013헌바129 결정). 이에 2016. 12. 20. 동조는 “죄를 지어 외국에서 형의 전부 또는 일부가 집행된 사람에 대해서는 그 집행된 형의 전부 또는 일부를 선고라는 형에 산입한다.”고 개정되어 필요적 산입으로 변경되었다.

제1조 [범죄의 성립과 처벌]

① 범죄의 성립과 처벌은 행위 시의 법률에 의한다.
② 범죄후 법률의 변경에 의하여 그 행위가 범죄를 구성하지 아니하거나 형이 구법보다 경한 때에는 신법에 의한다.
③ 재판확정후 법률의 변경에 의하여 그 행위가 범죄를 구성하지 아니하는 때에는 형의 집행을 면제한다.

[관련조문] 헌법 제13조, 형사소송법 제326조, 제361조의5 제2호, 제364조 제6항, 제383조 제2호, 제396조, 제397조.

[참고문헌] 大塚 外, 大コンメソタ一ル, 第1巻, 青林書院, 第3版(2013); Basler Kommentar Strafrecht I, M.A. Niggli, H. Wipraechtiger(hrsg.), Helbing Lichtenhahn Verlag, 2 Aufl.(2007); Günther Jakobs, Strafrecht Allgemeiner Teil, 2 Aufl.(1991); Münchener Kommentar zum Stafgesetzbuch, Wolfgang Joecks, Klaus Miebach(hrsg.), Verlag C. H. Beck München 3 Aufl.(2016), Bd. 1; Schönke/Schröder/Stree, Strafgesetzbuch Kommentar, 2019(30 Aufl.), Bd. 1.; Tröndle/Fischer, Strafgesetzbuch und Nebengesetze, Verlag C. H. Beck, 66 Aufl.(2019); Hans Welzel, Das Deutsche Strafrecht, 11. Aufl., Walter de Gruyter & Co(1996); Claus Roxin, Allgemeiner Teil, Bd. I, C. H. Beck, 3 Aufl.,(1997); Wessels/Beulke, Strafrecht, Allgemeiner Teil, C. F. Müller, 38. Aufl.(2008).

Ⅰ. 본조의 취지

본조는 형법의 시간적 적용범위에 관한 규정으로서 제1항은 행위시법주의의 원칙을, 제2항은 재판시법주의를 규정하고 있으며 제3항은 형의 집행에 관한 특칙을 규정하고 있다.

Ⅱ. 행위시법주의의 원칙(제1항)

1. 형법불소급의 원칙

형법불소급의 원칙은 헌법상의 원칙이므로(헌법 제13조 제1항 전문) 형법 제1조

제1항은 형법의 시간적 적용범위에 관하여 불소급의 원칙을 명문으로 규정하고 있다. 형법불소급의 원칙은 죄형법정주의의 핵심적 내용이므로 형법 제1조 제1항은 죄형법정주의의 실정법적 근거에 해당한다.

형법불소급의 원칙은 사후법률(lex posteria)에 의한 범죄의 성립과 처벌을 금지하는 것이다. 이는 국민의 법적 안정성과 예측가능성을 도모하려는 법치국가원칙이나 인간존엄 및 책임주의의 원칙에서 도출되는 것일 뿐만 아니라, 형사정책적이고 적극적 일반예방의 기능을 가진다.[1] 형법규범은 기본적으로 행위규범으로서 개인의 행위를 결정함에 있어서는 미리 정립된 규범에 의거되어야 하기 때문이다.

2. 행위시법주의(Tatzeitprinzip)의 의의

형법불소급의 원칙은 소급입법금지의 원칙과 구별하여야 한다. 후자는 입법에 관한 원칙으로서 입법자를 구속하는 것임에 대하여 전자는 법률의 적용에 관한 원칙이다. 이미 절차적으로 완료된 행위를 사후에 다시 평가한다는 의미(이른바 진정소급)가 아니라 행위는 이미 실행되었으나 아직 확정판결에 이르지 아니한 경우(부진정소급)가 문제되는 것이다. 형법불소급의 원칙은 형법의 시적 적용범위에 관한 행위시법주의의 원칙과 같은 것을 다르게 표현한 것이다.

행위시법주의는 범죄의 성립과 처벌에 관한 원칙이다. 따라서 행위시법주의는 다음과 같은 두 가지 내용을 포함하고 있다.

첫째로 행위시의 법률에 의해서 범죄가 성립하지 않는 한 행위후에 변경된 법률에 의해서 그 행위가 범죄를 구성하는 경우에도 그 행위는 범죄가 성립하지 아니한다. 여기서 범죄가 성립하지 아니한다 함은 원칙적으로 범죄의 구성요건에 해당하지 아니한다는 의미이다. 사후법률에 의하여 범죄를 구성하는 경우는 새로운 구성요건이 설정되는 경우뿐만 아니라 처벌범위가 확장되는 경우도 포함하는 것이다. 나아가 각칙의 구성요건의 개정뿐만 아니라 총칙규정의 개정을 통하여-미수나 공범규정의 확장, 조각사유의 폐지 등- 그 처벌범위가 확장되는 경우도 달리 해석할 것이 아니다.[2] 그러나 범죄 이후에 설정된 대법원의 양형기준은 법률이 아니므로, 그 양형기준은 소급적으로 적용하여 형을 양정할 수 있다.[3]

둘째로 범죄후 법률의 개정에 의해서 형이 중하게 변경되거나 부가형이나 조

1 Schönke/Schröder/Stree, Strafgesetzbuch Kommentar, 2019(30 Aufl.), Bd. 1, §2 Rn. 1.
2 Tröndle/Fischer, Strafgesetzbuch und Nebengesetze, Verlag C. H. Beck, 66 Aufl.(2019), §1. Rn. 15.
3 정영일, 형법강의(총론)(제3판), 학림(2017), 31.

건이 추가되는 경우에도 형이 경한 행위시법 내지 구법(lex praevia)에 의해서 처벌된다. 예컨대 범죄행위 이후에 법률 개정에 의해서 벌금액이 증액된 경우에는 그 처벌에 관하여 행위시법이 적용된다. 법률 개정시 일반적 적용례로서 부칙에 종전의 규정을 적용한다는 경과규정을 둔 경우가 많은데, 이 원칙을 확인하는 것일 뿐이다. 그러나 입법자가 경과규정으로 형이 중한 재판시법을 적용하는 규정을 두어 행위시법주의를 배제할 수는 없다고 볼 것이다. 노역장 유치는 대체형이므로, 헌법재판소는 1억 원 이상의 벌금형을 선고하는 경우 노역장 유치기간의 하한을 정한 형법 제70조 제2항을 시행일 이후 최초로 공소 제기되는 경우부터 적용하도록 한 형법 부칙 제2조 제1항이 헌법상 형벌불소급원칙에 위반되어 위헌이라고 판단하였다(헌법재판소 2017. 10. 26. 선고 2015헌바239, 2016헌바177 전원재판부 결정).

한편 행위시부터 판결시까지 여러 번 개정되어 형이 변경된 경우에는 그 중에서 가장 유리한 법률이 적용되는 것으로 해석된다(후술).

3. 행위시법주의의 적용범위

형법불소급의 원칙은 범죄의 성립과 처벌에 관하여 적용된다(본조 제1항). 행위시법주의 내지 소급효금지의 원칙의 적용범위와 관련하여 문제되는 것은 다음과 같다.

가. 보안처분

보안처분은 형벌이 아니므로 보안처분에 대하여 불소급의 원칙이 적용되는가 여부가 문제가 된다.

소극설은 보안처분은 형벌이 아니라는 점, 보안처분은 과거의 불법에 대한 제재처분이 아니라 장래의 위험성에 대한 사회방위처분이라는 점 등을 논거로 내세우고 있다. 독일 형법 제2조 제6항은 보안처분은 예방적인 위험방지를 위한 것으로서 처분 당시 가장 합목적적인 조치가 가능해야 한다는 점에서 재판시법주의를 명문으로 인정하고 있다.[4]

그러나 보안처분도 범죄에 대한 제재처분에 해당하는 점, 자유의 제한을 가하는 것으로서 보안처분과 형벌은 실질적으로 동일하다는 점, 보안처분에 관하여 법률의 소급적 적용을 허용하면 형벌불소급의 원칙은 실질적 의미를 상실한다는

4 독일의 학자들 중에는 위 조항에 대하여 법치국가적 관점에서 헌법적 의문을 제기하는 견해도 있다; Schönke/Schröder/Stree, Strafgesetzbuch Kommentar, 2019(30 Aufl.), Bd. 1, §2 Rn. 42; Günther Jakobs, Strafrecht Allgemeiner Teil, 2 Aufl.(1991). 4/55 참조.

점 등을 고려할 때 보안처분에 관하여도 소급효금지의 원칙이 적용된다는 적극설이 통설이다.[5] 이에 대하여 범죄행위에 대하여 부과되는 형벌에 상응하는 강도의 모든 형사제재에 대하여 적용되어야 하므로, 보안처분의 강도에 따라 정해져야 한다는 견해가 있고,[6] 판례도 같은 취지이다.

헌법재판소는 보안처분은 형벌과 달리 행위자의 장래 위험성에 근거하는 것으로 행위시가 아닌 재판시의 재범 위험성 여부에 대한 판단에 따라 결정되므로, 원칙적으로 재판 당시 현행법을 소급적용할 수 있다. 그러나 보안처분이라 하더라도 형벌적 성격이 강하여 신체의 자유를 박탈하거나 박탈에 준하는 정도로 신체의 자유를 제한하는 경우에는 소급처벌금지원칙이 적용된다고 한다(헌법재판소 2012. 12. 27. 선고 2010헌가82 결정). 그러한 취지에서 전자장치 부착의 소급효를 인정하는 구 '특정범죄자에 대한 전자장치 부착 등에 관한 법률' 부칙 제2조 제1항에 대하여, 전자장치 부착은 전통적 의미의 형벌이 아닐 뿐 아니라, 이를 통하여 피부착자의 행동 자체를 통제하는 것도 아니라는 점에서 비형벌적 보안처분에 해당되므로, 이를 소급적으로 적용할 수 있도록 한 부칙 경과조항은 소급처벌금지 원칙에 위반되지 않는다고 하였다(헌법재판소 2015. 9. 24. 선고 2015헌바35 결정). 대법원도 자유의 박탈에까지 이르지 아니하고 선고유예나 집행유예의 조건이 되는 보호관찰에 대하여, 형법개정 전의 행위에 대하여 보호관찰을 명하는 것은 소급효금지의 원칙이 적용되지 않는다고 하며(대법원 1997. 6. 13. 선고 97도703 판결), 개별법에 보안처분의 소급효를 인정하는 부칙 규정을 둔 경우에 위헌이 아니라고 한다(대법원 2011. 3. 24. 선고 2010도14393 판결 등; 공개명령의 경우). 그러나 사회보호법상의 보호감호에 관하여 사회보호법 시행 이후에 저지른 범죄에 대하여만 보호감호 청구의 대상이 된다고 하며(대법원 1982. 2. 9. 선고 81도2897 판결 등), 부칙규정이 없는 경우, 가정폭력처벌에 관한 특례법이 정한 보호처분 중의 하나인 사회봉사명령은 실질적으로 신체적 자유를 제한하게 되므로, 원칙적으로 형벌불소급의 원칙에 따라 행위시법을 적용하였다(대법원 2008. 7. 24.자 2008어4 결정). 또 대법원은

5 이재상 외 2인, 형법총론(제9판), 박영사(2017), 20; 김일수/서보학, 새로쓴 형법총론(제13판), 박영사(2018). 63; 정성근/박광민, 형법총론(제2판), 성균관대학교출판부(2015), 18; 임 웅, 형법총론(제10정판), 법문사(2018), 24; 배종대, 형법총론(제13판), 홍문사(2017), 60; 오영근, 형법총론(제4판), 박영사(2018), 33; 박상기, 형법총론(제9판), 박영사(2012), 34; 정영일, 형법강의(총론)(제3판), 학림(2017), 32. 반대설로는, 신동운, 형법총론(제3판), 법문사(2008), 40.

6 손동권/김재윤, 새로운 형법총론(초판), 율곡출판사(2011), 40 참조.

부착명령의 하한 가중규정에 대한 경과규정이 없는 경우, 가중규정을 소급적용할 수 없다고 한다(대법원 2013. 7. 25. 선고 2013도6181 판결 등).

일본 판례도 형의 집행유예의 조건에 관한 규정의 변경은 형의 집행방법에 관한 규정의 변경이고, 형 자체의 내용의 변경이 아닌 것을 이유로 형의 변경에 해당하지 않는다고 하며,[7] 같은 취지에서 보호관찰의 규정의 신설도 형의 변경에 해당하지 않는다는 하급심 판례가 있다.

나. 절차법의 개정

소급효금지 원칙이 실체법이 아닌 절차법에 적용될 수 있는지도 문제가 된다. 행위 후에 친고죄가 비친고죄로 바뀌거나 공소시효가 폐지 또는 연장되어 행위자에게 불리한 새로운 소송법규정이 재판시에 적용되는 경우에 문제가 된다.

형사법의 법률불소급의 원칙은 법률적용의 기본원칙이므로 행위자에게 불리한 개정된 절차법의 소급적 적용이 원칙적으로 허용되지 아니한다고 해석할 것이다. 다만 순수한 절차적 규정이나 증거법규 등의 불리한 개정은 불소급원칙의 대상으로 볼 수는 없을 것이다. 학설로는, 절차법의 불리한 개정의 소급효를 전면긍정하는 견해가 있고(전면적 긍정설),[8] 원칙적으로 소급효를 부정하되, 다만 소급

7 日最判 1948. 6. 22.(集 2卷7号 694頁) : 위 판례는, "형의 집행유예의 조건에 관한 규정의 변경은 특정 범죄를 처벌하는 형의 종류 또는 양을 변경하는 것이 아니기 때문에, 형법 제6조의 형의 변경에 해당하지 않는다. 즉, 형의 집행의 방법에 관한 것이고, 형 그 자체의 내용이 아니다."라고 한다. 이 판결에는 소수의견이 붙어있고, 학설상으로도 반대가 많다. 반대설의 이유는, 집행유예제도가 양형의 문제로서 처리되고 형의 경중의 문제로 인식되는 실태가 있다는 것이다; 大塚 外, 大コンメンタール, 第1卷, 青林書院, 第3版(2013), 106.

8 임웅, 형법총론(제10정판), 법문사(2018), 25. 독일의 판례와 종래의 다수설은 불소급원칙이 적용되지 않는다고 한다; Tröndle/Fischer, Strafgesetzbuch und Nebengesetze, Verlag C. H. Beck, 66 Aufl.(2019), §1. Rn 16; Claus Roxin, Allgemeiner Teil, Bd. Ⅰ, 3. Aufl., C. H. Beck(1997), S. 120; Wessels/Beulke, Strafrecht, Allgemeiner Teil, 38. Aufl., C. F. Müller(2008), S. 13 등. 그러나 친고죄의 배제나 공소시효의 연장도 처벌조건의 확장이고 신뢰보호와 예측가능성이라는 법치국가적인 관점에서 불소급원칙이 적용되어야 한다는 유력설이 득세하고 있다(Günther Jakobs, Strafrecht, Allgemeiner Teil, 2. Aufl., Walter de Gruyter & Co(1991), S. 67f; Hans Welzel, Das Deutsche Strafrecht, 11. Aufl., Walter de Gruyter & Co(1996), S. 24f.). 최근 독일의 판례는, 살인죄의 공소시효의 사후연장이나 정지에 관하여 범인의 보호할 만한 신뢰가 없다는 이유로 소급효를 인정하였으나(BVerfGE 00, 1554; 사후에 공소시효의 정지를 인정한 경우), 친고죄의 경우에는 형사소추가 피해자의 고소에 의존한다는 신뢰를 바로 배제할 수는 없다고 한다(BGH 40, 326 f.); Schönke/Schröder/Stree, Strafgesetzbuch Kommentar, 2019(30 Aufl.), Bd. 1, §2 Rn. 6 : 일본의 통설, 판례는 형의 시효(통설), 소송조건(통설), 정황에 관한 규정의 변경(日判最 1942. 2. 27.; 判例體系 30卷 109頁), 교통범칙금통고제도에 있어서의 한도액(하급심 판례)의 변경도 형의 변경에 해당되지 않는다고 한다. 다만 형의 변경이 있는 경우의 공소시효에 대하여, 일본 판례는 제6조에 의하여 정해진 적용법규의 형에 따른 시효기간을 표준으로 삼아야 한다고 하며(日最決 1969. 5. 19.; 集 21卷4号 494頁), 학설도 지지한다; 大塚 外, 大コンメンタール, 第1卷, 青林書院, 第3版(2013), 106.

효를 인정하지 않는다면 참을 수 없는 정도로 정의가 훼손되어 이를 회복하지 않으면 안될 정도의 중대한 공익상의 사유가 있는 경우에 한하여 소급효를 허용할 것이라는 견해도 있다(소급효 부정설).[9] 이에 대하여 친고죄를 비친고죄로 개정하거나 공소시효를 연장한 때에는 소급효금지 원칙에 반하지 않으나, 신법 시행 이전에 이미 고소기간이 지났거나 공소시효가 완성된 경우에는 소급적용할 수 없다는 견해가 다수설이다(진정소급효 부정설; 부진정소급효 긍정설).[10]

대법원도 법률개정으로 피해자의 의사와 상관없이 처벌할 수 있었던 범죄가 반의사불벌죄로 개정된 경우, 위와 같은 개정이 단순한 절차규정에 불과하다는 이유에서 신법이 적용되는 것이 아니라 피고인에게 더 유리하게 형이 변경된 경우에 해당한다고 판시하였다(대법원 2005. 10. 28. 선고 2005도4462 판결 등). 또 판례는 범죄후 법률의 개정에 의하여 형이 가벼워진 경우 제1조 제2항에 의하여 당해 범죄사실에 적용될 가벼운 법정형(신법의 법정형)이 공소시효 기간의 기준이 된다고 하여(대법원 2008. 12. 11. 선고 2008도4376 판결 등) 그 반대추론으로는 불소급원칙을 인정하고 있는 것으로 보인다.

특히 공소시효에 관하여, '헌정질서파괴범죄의공소시효등에관한법률' 제2조는 헌정질서파괴범죄에 대하여 형사소송법상 공소시효의 적용배제를 규정하고, '5·18민주화운동등에관한특별법' 제2조는 헌정질서파괴범죄에 대하여 공소시효의 진행정지를 규정함으로써 공소시효의 배제나 정지가 문제되었다. 헌법재판소는 후자의 법률 제2조에 대하여 합헌결정을 하였다(헌법재판소 1996. 2. 16. 선고 96헌가2, 96헌바7, 13 결정[11]).

9 오영근, 형법총론(제4판), 박영사(2018), 34.

10 박상기, 형법총론(제9판), 박영사(2012), 34; 김일수/서보학, 새로쓴 형법총론(제13판), 박영사(2018), 61; 이재상 외 2인, 형법총론(제9판), 박영사(2017), 21; 정영일, 형법강의(총론)(제3판), 학림(2017); 배종대, 형법총론(제13판), 홍문사(2017), 95; 정성근/박광민, 형법총론(제2판), 성균관대학교출판부(2015), 43; 손동권/김재윤, 새로운 형법총론(초판), 율곡출판사(2011), 42; 김성돈, 형법총론(제5판), 성균관대학교출판부(2017), 66; 정영일, 형법강의(총론)(제3판), 학림(2017), 33; 신동운, 형법총론(제3판), 법문사(2008), 41.

11 헌법재판소는, "우리 헌법이 규정한 형벌불소급의 원칙은 형사소추가 '언제부터 어떠한 조건하에서' 가능한가의 문제에 관한 것이고, '얼마 동안' 가능한가의 문제에 관한 것은 아니다. 헌법의 규정은 '행위의 가벌성'에 관한 것이기 때문에 소추가능성에만 연관될 뿐, 가벌성에는 영향을 미치지 않는 공소시효에 관한 규정은 원칙적으로 그 효력범위에 포함되지 않는다. 행위의 가벌성은 행위에 대한 소추가능성의 전제조건이지만 소추가능성은 가벌성의 조건이 아니므로 공소시효의 정지규정을 과거에 이미 행한 범죄에 대하여 적용하도록 하는 법률이라 하더라도 그 사유만으로 헌법 제12조 제1항 및 제13조 제1항에 규정한 죄형법정주의의 파생원칙인 형벌불소급의 원칙에 언제나 위배되는 것으로 단정할 수는 없다"고 한다. 다만 대법원 1997. 4. 17. 선고 96도3376 전원합의체 판결의 반대의견은 헌법재판소의 합헌결정에도 불구하고 합헌해석을 시도하였다.

그런데 공소시효를 정지·연장·배제하는 내용의 특례조항을 신설하면서 소급적용에 관한 명시적인 경과규정을 두지 아니한 경우에 그 조항을 소급하여 적용할 수 있는지 문제가 된 사안에서,[12] 대법원은 이를 해결할 보편타당한 일반원칙이 존재할 수 없는 터이므로 적법절차원칙과 소급금지원칙을 천명한 헌법 제12조 제1항과 제13조 제1항의 정신을 바탕으로 하여 법적 안정성과 신뢰보호원칙을 포함한 법치주의 이념을 훼손하지 아니하도록 헌법합치적 해석을 할 것이라고 한다. 이러한 관점에서 대법원은 개정 형사소송법 제253조 제3항에 규정된 공소시효 정지규정의 소급효 인정 여부와 관련하여 일관되게 개정 형사소송법 시행일(1997. 1. 1.) 이전에 범한 범행에 대하여도 위 공소시효 정지규정을 소급하여 적용할 수 있다고 판단해 왔다(대법원 2011. 7. 14. 선고 2011도6032 판결, 대법원 2003. 11. 27. 선고 2003도4327 판결 등). 또 대법원은 아동학대처벌법의 입법목적 및 같은 법 제34조의 취지에 비추어보면, 비록 아동학대처벌법이 제34조 제1항 소급적용 등에 관하여 명시적인 경과규정을 두고 있지는 아니하나, 위 규정은 완성되지 아니한 공소시효의 진행을 일정한 요건 아래 장래를 향하여 정지시키는 것으로서, 그 시행일 전에 범한 범행으로서 2014. 9. 29. 기준으로 아직 공소시효가 완성되지 아니한 아동학대범죄에 대하여도 적용된다고 해석함이 타당하다고 판단하였다(대법원 2016. 9. 28. 선고 2016도7273 판결; 부진정소급효).

그러나 장애인 준강간에 대한 개정 전의 '성폭력범죄의 처벌 및 피해자보호 등에 관한 법률' 상 법정형(3년 이상의 유기징역)에 의한 공소시효는 7년이었는데, 2011. 11. 17. 법률 제11088호로 개정된 위 특례법 제20조 제3항에 13세 미만의 여자 및 신체적인 또는 정신적인 장애가 있는 여자에 대하여 형법상 강간과 준강간의 죄를 범한 경우에는 제1항과 제2항에도 불구하고 공소시효를 적용하지 아니하는 공소시효 배제조항을 신설하면서도 경과규정을 두지 아니한 경우, 공소시효가 피고인에게 불리하게 변경되는 경우에는 피고인에게 유리한 종전 규정을 적용하여야 하고, 개정 법률에는 소급적용에 관한 명시적인 경과규정이 없어 소급적용

12 2007. 12. 21. 법률 제8730호 형사소송법 개정으로 공소시효를 연장하면서 소급효를 배제하는 부칙규정을 두었고, 2010. 4. 15. 법률 제10258호로 제정·공포된 성폭력범죄의 처벌 등에 관한 특례법에서 미성년자에 대한 성폭력범죄와 관련한 공소시효 정지·연장조항을 신설하면서(제20조 제1항, 제2항) 그 부칙 제3조에서 "이 법 시행 전 행하여진 성폭력범죄로 아직 공소시효가 완성되지 아니한 것에 대하여도 제20조를 적용한다."고 규정하여 경과규정을 두어 부진정소급효를 인정함으로써 입법적으로 해결하였다.

할 수 없다고 판단하였다(대법원 2015. 5. 28. 선고 2015도1362, 2015전도19 판결).[13]

다. 판례의 변경

판례의 변경에 의해서 비로소 가벌적 행위로 되거나 가중적 구성요건에 해당되는 것으로 해석이 변경되는 경우에 소급효금지의 원칙이 적용되는가, 즉, '피고인에게 불리한 판례변경'의 소급효가 인정될 것인가에 관하여 논의가 있다. 행위 당시의 판례에 의하면 처벌받지 않는 행위였으나 행위 후에 판례가 처벌하는 방향으로 변경된 경우에 문제가 된다.[14]

학설로는, ①소급효금지의 원칙은 의한 '법률'의 변경에 적용되는 것이고, 사법부의 법해석에까지 적용될 것은 아니라는 견해(소급효 긍정설),[15] ②판례 변경이 법원의 법적 견해의 변경에 기인한 법창조활동인 경우에는 소급효가 금지되고, 객관적 법상황의 변경에 기인한 법해석활동인 경우에는 판례의 소급효가 인정된다는 견해(구분설),[16] ③판례에 대하여도 일반국민의 규범적 신뢰가 존재하고 국민의 예측가능성과 법적 안정성을 보호할 필요가 있으므로 변경된 판례가 피고인에게 불리한 방향으로 소급되어서는 안 된다는 견해(소급효 부정설)가[17] 대립한다. 소급효 긍정설의 입장에서도 행위자가 변경 전의, 즉 행위 당시의 판례를 신뢰한 경우에는 자신의 행위가 법적으로 허용하는 것으로 오인하게 되고 따라서 행위자에게 '위법성의 착오'(금지의 착오)가 발생하게 되어, 결국 형법 제16조로 해결이 가능

13 이를 지지하는 평석으로는 정영일, 공소시효 배제조항의 소급적용에 관한 유추해석, 형법판례150선, 박영사(2016), 9 : 조은래, 소급적용에 관하여 경과규정이 없는 경우, 공소시효 배제조항을 소급하여 적용할 수 있는지 여부, 이상훈 대법관 재임기념문집, 사법발전재단(2017), 785 이하.

14 처벌하는 방향으로 대법원 판례가 전원합의체 판결로 변경된 경우로는, 대법원 2001. 4. 19. 선고 2000도1985 전원합의체 판결(제3자로부터 신분확인을 위하여 신분증명서의 제시를 요구받고 다른 사람의 운전면허증을 제시한 행위는 그 사용목적에 따른 행사로서 공문서부정행사죄에 해당한다고 판례 변경), 그 밖에도 대법원 1999. 7. 15. 선고 95도2870 전원합의체 판결, 대법원 1989. 9. 12. 선고 87도506 판결, 대법원 1984. 10. 10. 선고 82도2595 전원합의체 판결, 대법원 1983. 12. 13. 선고 83도2330 판결 등 참조.

15 박상기, 형법총론(제9판), 박영사(2012), 35; 김일수/서보학, 새로쓴 형법총론(제13판), 박영사(2018), 65; 이재상 외 2인, 형법총론(제9판), 박영사(2017), 23; 정영일, 형법강의(총론)(제3판), 학림(2017), 34; 손동권/김재윤, 새로운 형법총론(초판), 율곡출판사(2011), 39; 김성돈, 형법총론(제5판), 성균관대학교출판부(2017), 75; 임 웅, 형법총론(제10정판), 법문사(2018), 28; 오영근, 형법총론(제4판), 박영사(2018), 35.

16 배종대, 형법총론(제13판), 홍문사(2017), 98.

17 정영일, 형법강의(총론)(제3판), 학림(2017), 51; 배종대, 형법총론(제13판), 홍문사(2017), 94; 정성근/박광민, 형법총론(제2판), 성균관대학교출판부(2015), 46; 김성돈, 형법총론(제5판), 성균관대학교출판부(2017), 71; 신동운, 형법총론(제3판), 법문사(2008), 48; 오영근, 형법총론(제4판), 박영사(2018), 61; 정성근/박광민, 형법총론(제2판), 성균관대학교출판부(2015), 18 등 : 일본에는 소급효부정론이 다수설로 보인다; 大塚 外, 大コンメソタール, 第1卷, 青林書院, 第3版(2013), 37.

한 문제로 본다.[18] 이 때 변경 전의 판례에 대한 행위자의 신뢰는 제16조에 있어서 '오인에 정당한 이유'가 될 수 있다는 것이다.

대법원은 건축법위반사건에 대한 전원합의체 판결에서 다수의견과 소수의견이 나뉘었다(대법원 1999. 7. 15. 선고 95도2870 전원합의체 판결).[19] 다수의견은 형사처벌의 근거는 법률이지 판례가 아니라는 관점에서 판례의 변경은 법률조항의 내용을 확인하는 것에 지나지 아니하여 이로써 법률조항 자체가 변경된 것이 아니므로, 행위 당시의 판례에 의하면 처벌대상이 되지 아니하는 것으로 해석되었던 행위를 판례의 변경에 따라 확인된 내용의 형법조항에 근거하여 처벌한다고 하여, 그것이 헌법상 평등의 원칙과 형벌불소급의 원칙에 반한다고 할 수는 없다"고 한다(대법원 1999. 7. 15. 선고 95도2870 전원합의체 판결[20]). 학설은 소급효 부정설이 다수설이지만, 법이론적으로는 판례의 다수의견인 소급효 긍정설이 타당하다. 따라서 행위 당시의 판례에 의하면 범죄로 되지 않던 행위가 판례의 변경에 의하여 가벌적 행위로 되는 경우에는 그 행위에 관해서는 변경된 판례가 적용된다. 다만 경우에 따라서 위법성의 착오로 책임이 부정되는 경우가 있을 것이라는 점을 지적하고 있다. 이 문제에 관하여 형법 제1조와 형사소송법 제396조의 개정을 통하여 대법원 전원합의체에 의한 판례 변경의 경우에도 형법 제1조의 적용을 확장하고 장래효를 갖는 판례 변경을 방론으로 부기하는 제도를 두자고 하는 입법론도 제기되고 있다.[21]

4. 행위시법주의의 위반

행위시의 법률에 의하면 범죄가 구성되지 아니한 행위를 행위후의 법률에 의해서 처벌하는 경우 또는 행위시의 법률에 비해서 형이 중한 재판시법을 적용한

18 박상기, 형법총론(제9판), 박영사(2012), 35; 김일수/서보학, 새로쓴 형법총론(제13판), 박영사(2018), 65; 이재상 외 2인, 형법총론(제9판), 박영사(2017), 23; 손동권/김재윤, 새로운 형법총론(초판), 율곡출판사(2011), 39; 김성돈, 형법총론(제5판), 성균관대학교출판부(2017), 75; 임웅, 형법총론(제10정판), 법문사(2018), 28. 독일과 스위스의 다수설도 같다: Münchener Kommentar zum Stafgesetzbuch, Wolfgang Joecks, Klaus Miebach(hrsg.), Verlag C. H. Beck München 3 Aufl.(2016), Bd. 1, §1 Rn 13; Schönke/Schröder/Stree, Strafgesetzbuch Kommentar, 2019(30 Aufl.), Bd. 1, §1 Rn. 8; Tröndle/Fischer, Strafgesetzbuch und Nebengesetze, Verlag C. H. Beck, 66 Aufl.(2019), §1 Rn 17; Günther Jakobs, Strafrecht Allgemeiner Teil, 2 Aufl.(1991), 4/80ff. 및 Basler Kommentar Strafrecht I, M.A. Niggli, H. Wipraechtiger(hrsg.), Helbing Lichtenhahn Verlag, 2 Aufl.(2007), S. 173.

19 일본의 판례도 소급효 긍정설을 취한다; 日最判 1996. 11. 18.(集 50巻10号 754頁)

20 소수의견은 성문법주의 하에서 최고법원의 판례가 법원이 되는 것은 아니지만 사실상의 구속력이 있고, 국민의 법적 안정성과 예측가능성을 보장하기 위하여 소급효는 부정되어야 한다는 것이다; 대법원 1999. 9. 17. 선고 97도3349 판결도 같은 취지.

21 하태영, "피고인에게 불리한 판례변경과 소급효의 문제", 형사철학과 형사정책, 311 이하 참조.

경우에는 행위시법주의의 위반이 된다.

이 경우에 법률의 적용이 본조 제1항을 위반하였고(법률적용의 착오) 그 위법이 재판의 결과에 영향을 미친 경우이므로 항소이유(형사소송법 제361조의5 제1호) 또는 상고이유(형사소송법 제383조 제1호)에 해당한다. 원심판결에 법률적용의 착오가 있는 때에는 항소법원 또는 상고법원은 직권으로 원심판결을 파기하여야 한다(형사소송법 제364조 제2항, 제384조).

Ⅲ. 재판시법주의(제2항)

1. 재판시법 적용의 요건

범죄 후에 행위자에게 유리하게 변경된 경우에는 신법, 즉 재판시법을 적용한다(본조 제2항). 이러한 적용을 재판시법주의(Entsheidungszeitprinzip)라고 부르고 있지만, 행위시와 재판시 사이에 여러 번 개정된 경우에는 가장 유리한 법을 적용한다는 점에서 오히려 '가장 유리한 법적용의 원칙'(Meistbegünstigungsprinzip)이라고 부르는 것이 타당할 것이다.

통상 법률의 개정시 일반적 적용례로서 부칙에 형이 경한 신법의 규정을 적용한다는 경과규정을 둔 경우가 많은데, 이 원칙을 확인하는 것일 뿐이다. 그런데 입법자가 경과규정으로 형이 중한 행위시법을 적용하는 규정을 두어 재판시법의 적용을 배제할 수 있는가의 문제가 있으나, 행위시법주의가 원칙이라는 점에서 가능하고, 판례도 같은 취지이다(대법원 2004. 7. 22. 선고 2003도8153 판결). 다만 뒤에서 보는 형의 폐지의 경우와 마찬가지로 법률이념의 변경에 따른 반성적 고려에 의하여 법정형이 경하게 변경된 경우에는 이러한 경과규정의 유효성이 문제가 될 여지가 있다.

가. 범죄후 법률의 변경

1) 범죄후

범죄후라 함은 범죄의 실행행위를 종료한 후를 의미하며 결과의 발생은 포함하지 아니한다.[22] 따라서 범죄의 실행행위를 종료한 후 그 결과의 발생 전에 법률이 개정된 경우는 범죄 후에 법률이 변경된 경우에 해당한다. 범죄의 실행행위가 신·구법의 시행시기에 걸쳐서 행하여진 때에는 범죄 중에 법률의 변경이 있는 경

22 통설 : 이재상 외 2인, 형법총론(제9판), 박영사(2017), 38 등.

우이므로 그 범죄에 관해서는 당연히 행위시법인 신법이 적용된다. 또한 계속범이나 포괄적 일죄가 신·구법에 걸쳐서 행하여진 때에는 범죄 후에 법률의 변경이 있는 때에 해당하지 아니하므로 본조 제2항이 적용되지 아니한다고 해석된다. 다만 포괄적 일죄가 신·구법에 걸쳐서 행하여진 때에는 구법시의 행위와 신법시의 행위를 분리하여 구법시의 행위에 대해서는 본조 제2항의 규정에 의하여 신·구법 중 경한 것을 취하고 신법시의 행위에 대해서는 신법을 적용한 다음에 경합범에 관한 규정으로 처리하여야 한다는 견해가 있었으나,[23] 형법 부칙 제4조 제1항은 연속범 또는 견련범이 형법전(법률 제293호)의 시행 전후에 걸쳐서 행하여졌을 때 한하여 적용된다고 해석하여야 한다는 점, 포괄적 일죄를 경합범으로 취급한다는 것은 부당하다는 점 등을 고려할 때 그 이론적 합리성을 인정하기 어렵다.

포괄적 일죄에 관계에 있는 수회의 무면허의료행위가 '보건범죄단속에 관한 특별조치법'의 시행 전후에 걸쳐서 행하여진 경우에는 그 포괄적 일죄 전부에 대해서 신법을 적용하여야 하고, 특정범죄 가중처벌 등에 관한 법률 시행 전후에 걸쳐 행해진 상습사기죄에 대하여 신법인 특정범죄 가중처벌 등에 관한 법률을 적용하여야 한다는 것이 우리 대법원 판례이다(대법원 1986. 7. 22. 선고 86도1012 전원합의체 판결).[24]

공범(교사범·종범)의 경우에는 정범의 실행행위 종료 후가 범죄후에 해당한다. 이는 공범종속성설의 입장이다. 따라서 방조행위 후 정범의 실행행위가 종료되기 전에 법률이 변경된 경우에는 당연히 신법이 적용된다.[25] 그러나 공동정범의 경

23 황산덕, 형법총론(제7정판), 방문사(1982), 31. 일본의 경우, 상습범 규정이 신설된 경우에 신구 양법에 걸쳐있는 행위에 대한 법률의 적용에 관하여 일본의 하급심은 그 전체에 대하여 신법이 적용된다고 하였으나, 최고재판소는 '신구양법에 걸쳐있는 행위가 불가분의 관계에 있고 일죄로 인정되지 않는 한 이것을 앞뒤에 의해 구분하고, 각각 행위시법에 따라 처단해야 한다.'고 판시하고 있다(日最判 1956. 12. 26.; 集 10巻12号 1746頁).

24 대법원 1970. 8. 31. 선고 70도1393 판결도 같다. 종래의 판례 중에는 포괄적 일죄에 해당하는 수회의 금품수수행위가 '특정경제범죄 가중처벌 등에 관한 법률'(1984. 1. 1. 시행)의 시행 전후에 걸쳐서 행하여진 때에는 형법 부칙 제4조 제1항에 의해서 동법 시행 전에 범한 것으로 간주되므로 그 포괄적 일죄에 대해서는 구법이 적용되어야 한다는 것이 있었으나[대법원 1985. 7. 9. 선고 85도740 판결(공 759, 1147)], 위 전원합의체 판결로 폐기되었다(다만 형법 부칙의 규정이 특별법의 규정에도 적용된다는 소수의견이 있다).

25 신동운, 형법총론(제3판), 법문사(2008), 50 : 일본 판례는 방조범에 대하여 정범의 실행행위시를 표준으로서 적용법을 정하고 있다(日大判 1911. 6. 23.; 録 17輯 1252頁). 그러나 이에 대하여는 공범종속성설의 극단적인 적용례라고 보는 비판도 있고, 전후의 하급심판례는 이와 같은 경우 구법이 적용돼야 한다는 것이다(교사나 방조범의 경우, 하급심판례가 있다). 일본의 다수설은, 공범종속성설의 취지는 본래 공범의 실행행위가 없는 경우까지 처벌 범위를 확대하는 것은 부당하다고 하는 이유에 근거한 것이며, 처벌범위의 제약원리인 것이기에 공범의 범죄행위 자체는 구법 하에서 완료해있는 것이고, 정범의 실행행위는 공범으로부터 본다면 그 결과라고 말해져야 하기 때문에, 죄형법정주의 측면으로부터 보아도 문제가 있고, 공범에 대하여는 구법에 의할 것이라고 한다; 大塚 外, 大コンメンタール, 第1巻, 青林書院, 第3版(2013), 105.

우, 정범인 한 사람의 최후의 실행행위가 종료한 때가 표준이 되는 것이라고 해석된다.

2) 법률의 변경

본조 제2항의 법률에는 협의의 법률, 즉 형식적 의미의 법률뿐 아니라 형법의 구성요건을 이루는 법률의 내용을 보충하는 명령, 조례 등이 포함된다. 법률의 변경은 형법의 변경만을 의미하는 것이 아니라 법률의 내용에 관한 한 체계로서의 법령 전체를 포괄한다.[26] 또한 형의 변경이 일반적인 것인가 개개의 죄에 관한 개별적인 것인가를 묻지 않는다. 예컨대 친족의 범위에 관한 민법 규정의 개정은 법률의 변경에 해당한다.[27] 백지형법의 보충규범을 변경하는 경우[28] 또는 별도 법령에 의하여 벌금액이 변경된 경우도 법률의 변경에 해당한다.[29]

경제통제법령에 근거하여 반포된 고시의 변경이 본조 제2항의 '법률의 변경'에 해당하느냐에 관하여, 고시는 법률이 아니고 행정처분에 불과하다는 점을 논거로 부정설이 있었으나,[30] 경제통제법령의 벌칙은 고시와 합일함으로써 비로소 형벌규범으로서의 기능을 다한다는 점에서 긍정설이 통설이다.[31] 상위법규의 위임

26 통설 : 이재상 외 2인, 형법총론(제9판), 박영사(2017), 39 등. 일본 판례도 협의의 법률에 한하지 않고, 정령(政令), 그 외에 명령을 포함한다고 한다(日最判 1949. 9. 1.; 裁判集[刑事] 13号 355頁).

27 일본 최고재판소는 민법의 개정에 의하여 계친자제도가 폐지된 경우에 있어서, 폐지 전 행위에 대한 존속살(殺) 규정의 적용에 대하여 '자기 또는 배우자의 직계존속인가 아닌가는 형법 제200조의 죄로 되어야 할 사실에 속한 것이기 때문에 그 범죄 성립 당시에 있어서의 민사법규 등에 의해 판정되어야 할 것이라고 한다. 따라서 동조의 범죄 성립 후 형벌법령 이외의 민사법규가 개정되어 종래의 민사법규에 의하면 직계존속이었던 자가 만약 그 개정에 의해 신분을 잃는다 하더라도 이미 성립한 존속살의 성립을 조각하지 않을 뿐만 아니라, 범죄 후의 법률에 의해 그 형의 변경이 있는 때도 그러하다.'라고 하여 존속살규정의 적용을 인정했다(日最判 1952. 12. 25.; 集 6巻12号 1442頁). 이 판례는 형의 폐지에 관한 일본의 통설적 견해(동기설)와도 일치하는 것이지만, 근래에 들어 점점 비판적 견해가 유력해지고 있는 것은 후술한다; 大塚 外, 大コンメンタール, 第1巻, 青林書院, 第3版(2013), 108.

28 백지형법(白紙刑法), 즉 구성요건의 전부 또는 일부의 규정을 다른 법률이나 하위의 명령, 고시 등에 위임하여 보충규범이 필요한 형벌법규의 경우, 보충규범의 개폐를 법률의 변경으로 볼 수 있다는 것이 우리나라와 일본의 통설이다. 이재상 외 2인, 형법총론(제9판), 박영사(2017), 45 등; 大塚 外, 大コンメンタール, 第1巻, 青林書院, 第3版(2013), 109 참조. 독일의 통설, 판례도 실체법의 영역에서 전체 법률상태(Der gesamte Rechtszustand)를 파악하여야 하고, 따라서 이른바 백지형법(Blankettgesetzen)의 경우에 법률보충적 규범들도 고려되어야 한다고 한다; Tröndle/Fischer, Strafgesetzbuch und Nebengesetze, Verlag C. H. Beck, 66 Aufl.(2019), §2. Rn 8 ff.; BGH 20, 177. 스위스의 학설, 판례도 같다; Basler Kommentar Strafrecht I, M.A. Niggli, H. Wipraechtiger(hrsg.), Helbing Lichtenhahn Verlag, 2 Aufl.(2007), S. 173.

29 법률에 의한 형의 변경은 직접적인가 간접적인가를 묻지 않기 때문에, 벌금액을 산정하는 기초로 되는 세액을 정하는 법규도 포함된다(日大判 1932. 4. 1.; 集 11巻 318頁 参照).

30 황산덕, 형법총론(제7정판), 방문사(1982), 35.

31 이재상 외 2인, 형법총론(제9판), 박영사(2017), 45 등.

에 따른 고시의 실질적 기능을 고려할 때 긍정설이 타당하고, 따라서 고시가 변경된 경우에 원칙적으로 본조 제2항이 적용된다.[32]

대법원도 고시의 변경에 관하여, 서울특별시가 고시 제171호로서 도로교통법 제48조 제9호에 의한 운전자준수사항 고시를 개정고시하면서 운전자의 부당요금 징수를 운전자준수사항의 예에서 삭제하고 구고시를 폐지한 사안에 관하여, 운전자의 부당요금 징수행위는 범죄후 법령의 개폐로 인하여 처벌대상에서 제외되었음이 뚜렷하다고 판시하고 있으며(대법원 1987. 3. 10. 선고 86도42 판결), 종래 사용금지되었던 식품첨가물이 식품위생법에 의하여 고시된 '건강기능식품의 기준 및 규격'의 변경에 의하여 그 제한적 사용이 가능하도록 된 경우도 법률의 변경으로 보고 있다(대법원 2005. 12. 23. 선고 2005도747 판결).

나. 형의 변경·폐지

1) 형의 변경

형이 경하게 변경된 경우에 한해서 신법(판결시법)이 적용된다. 주형에는 변경이 없으나 몰수 등 부가형이 변경된 경우도 형의 변경이 있는 때에 해당한다. 몰수의 범위의 확대는 물론, 재량적 몰수에서 필요적 몰수로 변경된 때도 법정형이 변경되는 것이기 때문에, 형의 변경에 해당하고, 추징, 노역장 유치도 포함한다.[33] 형의 가중·감경에 관한 형법총칙의 개정에 의해서 형법 각칙에 규정된 형에 영향을 미치는 경우도 형이 변경된 경우에 해당한다.[34]

형명에는 변경이 있어도 내용에 실질적인 변경이 없는 때는 형의 변경에 해당하지 않는다. 법률 중에서의 조문의 이동이나 법률명의 변경이 있어도 형의 경중에는 변경이 없기 때문에 본조의 적용은 없다. 구성요건의 표현에 변경이 있어도 규정하는 내용이 실질적으로 변경되지 않은 때도 같다. 신구 양법에 형의 경중이 없는 경우, 신구법 중 어느 법률을 적용할 것인가라는 문제가 있으나, 행위시법주의의

32 이재상 외 2인, 형법총론(제9판), 박영사(2017), 46; 다만 한시법의 개념을 광의로 이해하는 이상, 일시적 사정에 대처하기 위하여 만들어져서 사실상 유효기간이 정해져 있는 보충규범이 개폐된 경우에는 한시법으로서 추급효를 인정해야 한다.

33 노역장유치에 대하여, 日大判 1941. 7. 17.(集 20巻 425頁)

34 日最判 1948. 6. 22.(集 2巻7号 694頁) 동 판례는, "형의 변경은, 형벌법령의 각 본조에서 정하고 있는 형이 개정된 때에 생기는 것이 전형적인 경우이지만, 형법의 총칙 등에서 규정하는 형의 가중감경에 관한 규정이 개정된 결과, 형벌법령의 각 본조에서 정하는 형이 영향을 받는 경우에도 생길 것이다. 어느 쪽이더라도 특정범죄를 처벌하는 형 그 자체에 변경이 생기는 것이 아니면 안 된다"고 한다.

원칙에 의할 것이다.[35] 법률이 개정되어도 신법 시행 전의 행위에 대해서는 종전의 예에 의하는 등의 경과조치가 되어 있는 경우에는, 구법이 적용되는 것은 당연하고 신법을 적용할 여지가 없다는 점에서, 형의 변경이 있는 경우가 아님은 물론이다.[36]

소송법의 개정에 의해서 공소시효의 기간이 단축되거나 비친고죄가 친고죄로 되는 경우는 형이 경하게 변경된 경우는 아니지만, 본조 제2항을 유추적용하여 신법이 적용된다고 해석하여야 한다.

형의 경중은 형법 제50조에 의해서 결정된다. 즉, 징역은 벌금보다 중하며 구류는 벌금보다 경하고 과료보다 중하다(형법 제41조). 무기금고는 유기징역보다 중하며 유기징역과 유기금고는 장기를 기준으로 형의 경중을 결정한다(형법 제50조 제1항). 동종의 형은 장기의 긴 것과 다액의 많은 것을 중한 것으로 하고 장기 또는 다액이 동일한 때에는 그 단기의 긴 것과 소액의 많은 것을 중한 것으로 한다(형법 제50조 제2항). 법정형에 병과형 또는 선택형이 있는 경우도 마찬가지이다. 예컨대 행위시법의 법정형이 3년 이하의 징역이고 재판시법의 법정형이 5년 이하의 징역 또는 1천만 원 이하의 벌금인 경우에는 구법(행위시법)의 형이 경하다. 동일한 형종, 형기인 경우에도 신법에 경한 선택형이 있는 때에는 신법이 경하다고 인정된다(대법원 1954. 10. 16. 선고 4287형상43 판결).[37]

형의 경중을 비교함에 있어 기준으로 되는 형은 법정형이지 처단형이 아니다.[38] 형의 경중을 비교함에 있어서는 1차적으로는 주형을 표준으로 하되, 주형뿐 아니라 몰수 등 부가형도 고려하여야 한다. 따라서 주형에서는 변경이 없으나 부가형이 변경된 경우에는 형이 변경된 경우에 해당한다.[39] 추징이나 폐기도 실질적으로 부가형의 성질을 지니고 있기 때문에 형의 경중을 판단하는 기준으로 된다.[40]

주형이 동일한 몰수형 등 부가형까지도 비교하여 형의 경중을 판단하여야 한

35 일본 판례도 행위시법을 적용하고 있으며(日大判 1876. 1. 31.; 集 13卷 28頁), 독일의 통설도 같다; Tröndle/Fischer, Strafgesetzbuch und Nebengesetze, Verlag C. H. Beck, 66 Aufl.(2019), §2. Rn 11.

36 중한 구법의 추급을 인정하는 경과규정이 있는 경우의 관세법위반에 대하여, 대법원 1995. 1. 24. 선고 94도2787 판결 : 소득세법위반에 대하여, 日最判 1995. 7. 7.(稅務訴訟資料 211号 2605頁).

37 日大判 1930. 12. 8.(集 9卷 858頁)도 같다.

38 형식적 기준설; 다만 현행 형법(법률 제293호)의 시행 전에 범한 죄에 관하여 신·구형법의 형의 경중을 비교하는 경우에는 구형법과 현행 형법에 의하여 형의 (필요적) 가중 또는 감경을 한 뒤에 형의 비교를 한다(부칙 제2조 제4항). 형법 부칙 제2조 제4항은 현행 형법의 시행 전에 범한 죄에 관하여 형의 경중을 비교하는 경우에 한하여 적용되고, 현재는 별 의미가 없다.

39 이재상 외 2인, 형법총론(제9판), 박영사(2017), 39 등 다수설; 日大判 1901. 4. 12.(錄 7輯4卷 43頁).

40 독일 형법 제2조 제5항은 몰수, 추징, 폐기에 관하여도 시간적 적용범위에 관한 전항들의 규정이 준용된다고 명시적으로 규정하고 있다.

다는 논거로 형법 부칙 제3조를 내세우는 견해가 있었으나,[41] 부가형의 경중은 형의 경중에 관한 문제이고 부칙 제3조는 형의 경중에 관한 것이 아닌 사건에 한해서 적용되는 규정이라는 점, 형의 경중을 판단함에 있어 부가형을 고려하여야 함은 이론상 당연하므로 부칙 제3조를 실정법적 근거로 볼 수 없다. 따라서 주형이 동일하나 부가형이 경하게 변경된 경우에는 본조 제2항에 의하여 신법이 적용된다.

또한 범죄행위시와 판결시 사이에 수차례 법령이 개정되어 형의 변경이 있는 경우에는 그 전부의 법령을 비교하여 그 중 형이 가장 경한 법령을 적용하여야 한다. 이는 '가장 유리한 법적용의 원칙'상 당연하고, 통설, 판례이다.[42] 따라서 행위시법과 재판시법 사이에 중간시법(Zwischengesetz)이 있고 중간시법의 형이 가장 경한 경우에는 중간시법을 적용하여야 한다.

2) 형의 폐지

형의 폐지라 함은 범죄후 법률의 변경에 의하여 그 행위가 범죄를 구성하지 아니한 경우를 말한다(본조 제2항). 통상 입법자가 형의 폐지를 정하면서 부칙에 형의 적용에 관한 경과규정을 두는 것이 보통이지만, 그러한 경과규정이 없는 경우에 문제가 되는 것이다. 헌법재판소가 범죄후 형벌법규에 대하여 위헌무효의 결정을 한 경우도 형이 폐지된 것으로 보아야 한다.

여기서 그 행위가 범죄를 구성하지 아니한 때라 함은 그 행위가 형벌법규상 범죄구성요건에 해당하지 아니한 경우를 말한다.[43] 처벌법규가 폐지된 경우에 한하지 않고 그 행위가 법률상 불가벌적 행위로 되는 경우를 포함한다. 예컨대 범죄후에 미제깡통맥주가 특정외래품판매금지법 단속 대상품목에서 제외된 경우에는 범죄 후 법령의 개폐로 형이 폐지된 경우에 해당하고(대법원 1974. 9. 24. 선고 74도2318 판결), 무허가목탄반출의 범죄행위를 한 후에 '임산물단속에 관한 법률 시행규칙'의 개정에 의해서 목탄반출에 관한 허가가 필요 없게 된 경우에는 범죄후 법

41 황산덕, 형법총론(제7정판), 방문사(1982), 32.

42 이재상 외 2인, 형법총론(제9판), 박영사(2017), 39 등; 대법원 1968. 12. 17. 선고 68도1324 판결 등; 독일과 스위스의 판례, 통설; Tröndle/Fischer, Strafgesetzbuch und Nebengesetze, Verlag C. H. Beck, 66 Aufl.(2019), §2. Rn 6; Basler Kommentar Strafrecht I, M.A. Niggli, H. Wipraechtiger(hrsg.), Helbing Lichtenhahn Verlag, 2 Aufl.(2007), S. 173.

43 법률개정에 의하여 신법의 구성요건이 축소되어 당해 사안이 범죄로 되지 아니하는 때에도 당연히 범죄후 형이 폐지된 경우로 해석할 것이다. 예컨대 양벌규정이 개정되어 영업주나 법인에게 주의나 감독 태만이 있는 경우에만 처벌하는 것으로 된 경우에 영업주에게 과실이 없다면 신법에 의하여 죄가 되지 아니하고, 따라서 행위자에게 유리한 신법이 적용되어 면소판결이 선고되어야 한다(이견 있음; 법률신문 2010. 1. 11.자 연구논단 참조).

령의 개폐로 인하여 형이 폐지된 경우에 해당하며(대법원 1976. 2. 24. 선고 75도3868 판결), 축산물가공처리법위반행위로 항소심에서 유죄판결이 선고된 후에 동법 시행규칙의 개정에 의해서 당해 위반행위의 대상품목이 동법의 단속대상에서 제외된 경우에는 형사소송법 제383조 제2호의 '판결후 형의 폐지가 있는 때'에 해당하므로(대법원 1979. 2. 27. 선고 78도1690 판결), 이 경우 모두 면소판결이 선고되어야 한다. 이에 대하여 비상계엄령이 해제된 경우는 '법령의 개폐로 인해서 형이 폐지된 경우'(형사소송법 제326조 제4호)에 해당하지 아니하므로 비상계엄령이 해지된 후에도 계엄실시 중의 계엄포고령 위반행위에 대한 처벌이 가능하다는 것이 판례이다(대법원 1983. 6. 14. 선고 83도547 판결). 대법원은 계엄령 하에서 범해진 계엄포고령 위반행위의 가벌성이 계엄의 해지에 의해서 소멸하지 아니한다는 점을 논거로 내세우고 있다.

그런데 이와 같은 맥락에서 대법원은 형의 폐지에 관한 본조 제2항의 적용범위를 제한하는 견해를 취하고 있다. 즉, 본조 제2항은 형벌법령의 제정이유가 된 법률이념의 변천에 따라 종래 범죄로 인정하여 처벌한 그 자체가 부당하였다거나 과형이 적절치 않았다는 반성적 고려에서 법령을 개폐하여 형을 폐지한 경우에 한해서 적용되며, 그때그때의 특수한 필요에 대처하기 위하여 법령을 개폐하여 형을 폐지한 경우는 적용되지 아니한다는 것이 대법원 판례의 확립된 견해이다(대법원 1984. 12. 11. 선고 84도413 판결 등). 즉, 대법원 판례에 의하면, 범죄후 법령의 개폐로 인하여 형이 폐지된 경우에도 그 법령개폐의 이유가 법령이념의 변천에 따른 반성적 고려가 아닌 경우에는 행위시법에 의하여 범죄로 처벌된다.

대법원은 의료법이 약효에 관한 광고를 허용하고 부칙에 그 시행 전의 광고행위에 대한 벌칙의 적용에 관하여 아무런 경과규정을 두지 않은 것은 종전의 조치가 부당하다는 반성적 고려에 의한 것이므로, 구법을 적용한 원심을 파기하였다(대법원 2009. 2. 26. 선고 2006도9311 판결). 또 자동차관리법 시행규칙의 개정으로 폐차시 원동기를 압축, 파쇄 또는 절단하도록 하고 재사용을 금지하였다가 그 부품이나 장치를 일정 조건 아래 재사용하도록 허용한 것은 종전의 조치가 부당하다는 반성적 고려에서 나온 것으로서 형이 폐지된 것으로 보아야 한다고 판시하고 있다(대법원 2003. 10. 10. 선고 2003도2770 판결).

반면에 대법원은 각령에 의하여 '물가조절에 관한 임시조치법' 제4조의2 제1항이 규정한 물자로 지정되었다가 범행 후 각령에 의해서 그 물자가 지정에서 삭제된 경우는 법률이념의 변경에 의한 것이 아니고 경제사정의 변천에 따라 그때그때의 특수한 필요에 대처하기 위하여 법령을 개폐한 것에 불과하며 구 법령 시행 당시의 경제실정 아래 행하여진 위반행위에 대한 가벌성을 축소하거나 소멸시킬 아무런 이유가 없는 것이므로, 후일 그 법령이 개폐되었다 하더라도 행위 당시의 형벌법령에 비추어서 그 위반행위를 처벌하여야 할 것이라고 하며(대법원 1962. 1. 31. 선고 62도257 판결), 최근 판례도 식품첨가물의 사용에 관한 고시의 변경에 따른 형의 폐지의 경우(대법원 2005. 12. 23. 선고 2005도747 판결)나 외국통화수표의 수입방법에 관한 외국환거래규정의 변경에 따른 형의 폐지의 경우에는 가벌성이 소멸되지 않는다고 판시하고 있다(대법원 2005. 1. 14. 선고 2004도5890 판결).

이와 같이 형의 폐지가 문제되는 경우는 통상 구성요건의 일부나 보충규정이 하위법령이나 고시(告示)에 맡겨져 있는 경우이고, 이때에는 경과조치를 하는 것이 곤란 또는 불가능하기 때문에 문제가 되는 것이다. 일본의 경우, 종래 대심원은 고시의 개폐가 있는 경우는 형의 폐지로 보지 아니하는 태도를 취하여 왔으며,[44] 이러한 판례의 태도는 전후 최고재판소로 된 후에도 지속되고 있다.[45] 최고

44 물품판매가격단속규제에 기초해 고시가 있는 경우, 고시의 개폐가 있고, 범죄 후의 경제사정의 변동에 의한 지정가격에 변동이 있다고 할지라도, 형은 폐지되지 않도록 하고[日大判 1940. 6. 27.(評論 29卷 諸法 534頁)], 면소(免訴)의 주장을 배척하는 것으로 시작해서, 이후 고시의 개폐는 형의 폐지에 해당되지 않다는 입장을 일관되게 취해 왔다 (日大判 1940. 7. 1.; 集 19卷 401頁, 日大判 1941. 5. 20.; 集 20卷 305頁 등).

45 최초의 판례는 물가통제령에 관한 것으로, 대장성고시(大藏省告示)에 의해 지정된 통제가격에 위반해 사과를 판매한 후에, 동 고시가 폐지된 사안에 대하여 형벌법규가 직접 폐지된 것이 아니라고 함과 동시에 한시법적 성격을 강조하고, 개폐 전의 행위를 처벌하지 않으면 단속목적을 이룸이 불가능하다고 하고, 형의 폐지를 인정하지 않았다(日最判 1989. 10.; 集 4卷10号 1972頁). 이후, 고시의 개폐에 관해서는 같은 요지의 판례가 계속되었다. 또, 성령의 개폐가 있는 때에 같은 이유에 의해 형의 폐지를 인정하지 않은 것으로서, 日最判 1951. 3. 22.(集 5卷3号 613頁) 日最判 1954. 5. 14.(集 8卷5号 686頁)이 있다. 그 후 최고재는, 대장성령(大藏省令)에 의해 외국이라고 간주한 엄미대도(奄美大島)에 화물을 밀유입하였고, 그 후에 엄미대도(奄美大島)가 동 성령의 개정에 의해 외국이 아닌 것으로 간주되어진 사안에 대하여, 성령 개정의 결과, 범죄를 구성하지 않게 되었다고 할지라도 이것에 의해 본행위의 가벌성이 없어지게 된다고 보아서는 안 된다고 하는 원심을 파기하고, 형의 폐지로 보아 면소판결을 하였다(日最判 1957. 10. 9.; 集 11卷10号 2497頁). 이 판결에 대해서는 田中 재판관 등 3명의 통설적 견해에 선 반대의견이 있다. 최고재는 재차 昭和 37년에 이르러 공안위원회규칙에 의해 금지되어져 있던 자전거 2인승에 대하여 이것을 금지하는 공안위원회규칙의 규정이 폐지된 경우에, '공안위원회는 앞서 쓴 법률, 법령의 범위 내에 있어서 그때마다 실제 상황에 응하여, 혹은 제한을 강화하여, 혹은 이것을 완화하여, 필요하고도 적절한 도로교통의 제한을 실시하는 것을 위임시키는 것이고, 시행령 제41조는 공안위원회가 정하는 제한이 그때마다의 필요에 의해 적당한 변경이 있어야 함을 당연히 예상하며, 동 제72조는 행위 당시의 제한을 위반한 행위를 (그 위반행위의 후에 있어서 위 공안위원회가 정한 제한의 구체적 내용이 그때마다의 필요에 의해 변경되고 안 되고와는 상관없이) 가벌성이 있는 것으로 보고, 도로교통단속법 제1조의 목적을 달성하고자 하는 것으로 해석함이 상당하다'고 판시하였다(日最判 1962. 4. 4.; 集 16卷4号 345頁).

재판소의 일련의 판례는 구성요건의 일부를 이루는 고시의 경우, 기본적으로 변동이 심한 사항에 속하는 고시, 성령(省令)의 개폐에 대하여 실질적으로 한시법적 성격을 중시하여 형의 폐지로 보지 아니하고, 다만 어느 정도 구성요건의 기본적인 틀을 정하는 부령이나 구성요건을 보충하는 다른 법령의 개폐에 대해서는 형의 폐지로 보려는 경향에 있다고 설명된다.[46]

다. 한시법 - 추급효가 인정되는 형의 폐지의 경우

이른바 '한시법'의 취급에 관하여 독일의 경우와 같이 명문의 규정이 없는 현행 형법 하에서는 법률의 폐지 전의 행위에 대해서 폐지 후에 이것을 처벌하는 것이 가능한지에 대해서는 죄형법정주의의 관점으로부터 나온 소극설이 유력하다.[47] 이에 대하여 법률의 실효성 확보나 가벌성 존속의 관점으로부터 명문의 규정이 없어도 형의 폐지가 그 행위의 가벌성에 관한 법률이념의 변경에 의한 것은 불가벌이지만 단순히 사실관계의 변경에 의한 것은 가벌성을 잃지 않게 된다고 하는 견해가 제시되고 있다.[48] 이것이 대법원 판례의 태도이고, 이른바 '동기설'이라고 불리는데, 뒤에서 보는 바와 같이 광의의 한시법의 개념을 인정하고 그 처벌을 확대하는 것과 같은 견해이다. 확실히 법률이념의 변경에 따른 반성적 고려가 아니라 사정의 변경에 따른 정책적 필요에 대처하기 위한 형의 폐지된 경우에는 그 범죄행위의 가벌성이 소멸하지 아니한다는 점, 형벌법규의 적용에 관하여는 행위시법주의가 원칙이라는 점을 고려할 때 대법원 판례의 태도는 일응 수긍이 간다.

46 大塚 外, 大コンメンタール, 第1巻, 青林書院, 第3版(2013), 109 참조. 토지개량구의 업무에 대해서 발행되는 증서에 관계되는 인지세 탈세의 죄에 대하여, 토지개량구가 인지세법의 개정에 의해 비과세단체로 된 후에는 형의 폐지가 있었던 것으로 보는 日最判 1961. 7. 14.(集 15券7号 1085頁)도 이와 같은 관점으로부터 이해된다.

47 우리나라의 다수설; 박상기, 형법총론(제9판), 박영사(2012), 44; 김일수/서보학, 새로쓴 형법총론(제13판), 박영사(2018), 47; 정성근/박광민, 형법총론(제2판), 성균관대학교출판부(2015), 49; 오영근, 형법총론(제4판), 박영사(2018), 80 등. 일본의 경우, 団藤·注釋(団藤)36頁; 內田, 總論, 72, 73頁; 大谷, 總論, 74, 76頁 등 참조.

48 이재상 외 2인, 형법총론(제9판), 박영사(2017); 42. 일본에서도 법령의 개폐가 행위 자체에 대한 일반적인 가벌성의 법적평가가 변경된 경우와 어느 시점 이후의 사정의 변경에 의한 경우로 나누어, 전자는 일반적으로 가벌성을 잃어버리게 하지만, 후자는 개폐 후에도 가벌성을 잃지 않도록 하는 견해가 있으며(動機說), 일본 최고재의 판례는 약간의 동요가 있지만, 가벌성의 소멸을 따진다는 점에서 대체로 동기설에 입각하고 있는 것으로 보인다. 그러나 형벌법규 그 자체의 개폐인가 아닌가 혹은 개폐의 이유가 어떤 것인가를 묻지 않고, 법령의 개폐에 의해 불가벌로 된 때는 전부 형의 폐지로 보는 설도 유력해지고 있다고 한다(大谷, 總論, 74頁; 內田, 總論, 72頁 등); 大塚 外, 大コンメンタール, 第1巻, 青林書院, 第3版(2013), 109 참조.

독일의 경우, 한시법(Zeitgesetz)에 관한 형법 제2조 제4항[49]의 해석상 '한시법'의 개념을 광의로 확장하고, 그에 대하여 추급효를 인정하는 것이 판례와 다수설로 보인다.[50] 즉, 애초에 또는 추후에 그 효력시기나 기간이 정하여진 형벌규정을 좁은 의미에서의 한시법이라 하고, 그 효력기간이 정하여져 있지 않지만 법률의 내용과 목적에 비추어 그 규정이 단지 일정한 시기적 관계상 효력을 가지고 그 폐지나 개정으로 효력이 상실되는 법규정을 넓은 의미에서의 한시법이라고 하는데, 이러한 광의의 한시법에도 추급효(Nachwirkung)를 인정하는 것이다. 이렇게 시간적으로 제한된 효력은 그 내용상 시간적으로 제약된 특수한 관계가 사라지면 그 자체 의미를 상실하게 되거나 예외적 상태가 종료되면 해소가 되는 법률에 대하여만 부여될 수 있다고 설명된다. 물론 한시법은 그 법률의 기초가 된 법적 관념(Rechtsauffassung)이 변경된 것이 아니라, 단지 예정된 효력기간이 경과하거나(좁은 의미의 경우) 법률의 배경이 된 사회적 사정이 상실되거나 변경됨으로써(넓은 의미의 경우) 그 효력을 상실한 경우에만 추급효가 인정될 수 있다는 것이 다수의 견해이다.[51] 그러나 다수설은 그 근거로 독일의 형법시행법(EGStGB)을 들고 있으며, 이러한 개념상의 확장에 대하여 비판적인 견해도 많이 제기되고 있다.[52]

독일의 판례와 학설에 의하여 추급효가 인정되는 광의의 한시법의 개념요소로 나오는 '법적 관념'이나 '사회적 사정'이라는 것을 우리 판례가 받아들여 이른바 '동기설'을 채용하고 있는 것으로 생각된다. 즉, 우리 판례가 제시하는 '반성적 고려'나 '법률의 이념', '사정의 변경'과 같은 것이 위 개념들과 유사하고, 그것이 개정의 이유나 동기에 관련된 문제라는 점에서 일본과 우리나라에서 '동기설'로 이름 붙여진 것으로 보인다. 그러나 본래 의미의 한시법은 좁은 의미로 그 효력의 시한이 정해져 있는 법률을 말하는데, 시한이 정해져 있지 아니하고 법률이 사후에 변경된 경우에 그 폐지나 개정의 동기에 따라 인정되는 광의의 한시법과는 근

49 한시법의 개념과 추급효에 관한 독일 형법에 제2조 제4항에 의하면, "일정한 기간 동안에만 유효한 법률은 그 법률이 실효된 후에도 그 유효기간 중에 범해진 행위에 대해서 적용된다. 다만 법률이 다른 규정을 둔 때에는 그러하지 아니하다." 한편 스위스 형법에는 한시법을 인정하는 명문의 규정이 없는데도 연방법원이 우리 형법 제1조와 같은 스위스 형법 제2조를 축소 해석함으로써 동기설과 같은 견해를 취하고 있는 것은 우리의 경우와 같다; Basler Kommentar Strafrecht I, M.A. Niggli, H. Wipraechtiger(hrsg.), Helbing Lichtenhahn Verlag, 2 Aufl.(2007), S. 176.

50 BGH NJW 52, 72; Schönke/Schröder/Stree, Strafgesetzbuch Kommentar, 2019(30 Aufl.), Bd. 1, §2, Rn. 37.

51 Schönke/Schröder/Stree, Strafgesetzbuch Kommentar, 2019(30 Aufl.), Bd. 1, §2, Rn. 39.

52 Günther Jakobs, Strafrecht Allgemeiner Teil, 2 Aufl.(1991), 4/64 ff.

본적인 차이가 있다. 특히 우리 형법은 독일의 경우와 같이 한시법의 추급효에 관한 특별규정이 없으므로 한시법의 개념을 인정하기 어렵고, 더욱이 이를 확장하여 광의의 한시법에도 추급효를 인정하는 독일의 해석론을 따르는 것도 무리가 있다. 즉, 우리 형법에는 단지 제1조의 시적 적용범위에 관한 일반적인 규정이 있을 뿐인데, 문언에 반하는 축소해석을 통하여 그 처벌범위를 넓히는 것은 죄형법정주의에 위배되고, 또 형벌규정 폐지나 개정의 동기가 반성적 고려에 기한 것인지, 정책적 필요에 의한 것인지 구분이 어려운 경우가 있어 그 적용범위가 모호하게 된다는 비판이 있다.[53] 그래서 이른바 동기설이라는 것에 의하여 추급효가 인정되는 광의의 한시법 개념을 인정하는 것은 문제가 있고, 궁극적으로는 입법적으로 해결하는 것이 타당하다고 생각된다.

나아가 좁은 의미의 한시법의 경우에 법률의 유효기간이 경과한 후에는 형벌법규가 폐지되는 것인데, 그 유효기간 중의 범죄행위에 대한 처벌이 허용되는지에 관해서도 학설이 대립되고 있는데, 아래 한시법의 항목에서 논하고자 한다.

2. 재판시법 적용의 효과

가. 형이 폐지된 경우

범죄 후 제1심 판결 전에 법령의 개폐로 인하여 형이 폐지된 경우에는 형사소송법 제326조 제4호에 의하여 면소판결을 선고하여야 한다. 제1심에서 유죄판결이 선고된 후 사건이 항소심에 계속 중 형이 폐지된 경우에는 제1심 판결을 파기하고 사건에 대해서 면소판결을 선고하여야 하며(형사소송법 제361조의5 제2호, 제364조 제6항), 항소심에서 유죄판결이 선고된 후 형이 폐지된 경우에는 상고법원은 원심판결을 파기하고 자판으로 면소판결을 하거나 사건을 원심법원으로 환송하여야 한다(형사소송법 제383조 제2호, 제396조, 제397조).

범죄 후 수사단계에서 형이 폐지된 경우에는 검사는 '공소권없음'을 이유로 불기소처분을 하여야 한다. 한편 범죄후 헌법재판소가 당해 형벌법규에 대하여 위헌결정을 한 경우에는 면소가 아니라 무죄판결을 하는 것이 확립된 실무이다(단 면소판결을 할 것이라는 반대설 있음).

나. 형이 변경된 경우

범죄후 제1심 판결 전에 법률의 개정에 의하여 형이 경하게 변경된 경우에는

53 일본에서도 동기의 파악이나 가벌성의 소멸 여부에 관한 판단이 지극히 상대적, 유동적이고 애매하다는 비판이 있다; 大塚 外, 大コンメンタール, 第1巻, 青林書院, 第3版(2013), 109 참조.

본조 제2항에 의하여 신법인 재판시법을 적용하여야 한다. 가벼운 것을 적용하는 것은 가벼운 형이 정해놓은 법률을 적용한다는 취지이고, 죄명도 적용되는 법률에 의한다.[54] 사건이 항소심 또는 상고심에 계속중 법률의 개정에 의하여 형이 경하게 변경된 경우에는 항소법원 또는 상고법원은 원심판결을 파기하여야 한다. 신구법에 의한 형의 변경이 있어 법원의 사물관할이 달라지게 된 경우에는 적용되는 법규에 정한 형에 의해 사물관할을 정하면 될 것이다.[55]

IV. 한시법

1. 한시법의 의의

앞에서 협의와 광의의 한시법의 구별 문제를 논한 바 있으나(☞ 본조 Ⅲ. 1. 다. 참조), 여기서 다시 그 구별이 가능하고 필요한 것인지, 추급효가 인정되는 것인지 살펴본다.

가. 협의의 한시법

협의의 한시법(Zeitgesetz)이라 함은 일정한 유효기간이 명시되어 일정기간 동안에 한하여 효력이 발생되는 형벌법규를 말한다. 예컨대 '이 법은 2009년 12월 말일까지 효력을 가진다'고 규정하고 있는 법은 한시법에 해당한다. 형벌법규의 제정시에 유효기간이 규정된 경우뿐만 아니라, 그 형벌법규의 폐지 전에 유효기간이 규정된 경우나 일정한 사건의 발생에 의하여 효력 소멸이 예정되어 있는 경우도 협의의 한시법에 해당한다.[56] 협의의 한시법은 물가폭등의 억제, 매점매석 행위의 단속 등 일시적 사정의 필요에 정책적으로 대처하기 위하여 제정되는 것이 통례이고, 주로 행정벌칙에서 인정되어지는 것이다. 입법자가 이러한 벌칙규정을 개폐할 때에는 통상 경과규정을 두는 것이 보통이고, 이러한 경과조치가 이루어진 경우에는 벌칙 적용에 문제가 없다.

이러한 경과조치가 없는 경우에 한시법이 효력을 가지는 기간 동안 이루어진 위반 범죄에 대하여 법률이 효력을 잃은 후에 그 처벌이 가능한지가 문제가 된다. 한시법은 어느 특정한 목적의 실현을 위하여 일정한 기간, 일정한 질서를 정하고

54 日大判 1908. 12. 21.(錄 14輯 1150頁)
55 日最判 1964. 2. 26.(集 18卷2号 48頁)
56 Tröndle/Fischer, Strafgesetzbuch und Nebengesetze, Verlag C. H. Beck, 66 Aufl.(2019), §2. Rn 13.

그 동안 그 질서를 지키고자 하는 것이기 때문에, 법의 효력이 상실된 이후에 그 유효기간 중에 행해졌던 위반행위는 처벌할 수 없는 것으로 하면, 질서유지에 곤란함이 생기고 처벌의 공평성에도 반하는 결과가 나온다.

나. 광의의 한시법

광의의 한시법에는 협의의 한시법 이외에 형벌법규의 내용과 목적이 일시적 사정에 대처하기 위하여 제정된 법이 포함된다. 즉, 당초부터 효력이 있는 기간이 명문으로 정해져 있는 협의의 한시법과 달리 법률의 목적이나 내용으로부터 한시법이라고 해석되는 법률을 말한다. 전자를 형식적 한시법이라 부르고, 후자를 실질적 한시법이라고 부르기도 하는데,[57] 실질적 한시법을 넓은 의미에서의 한시법으로 볼 수 있는지, 한시법으로 볼 수 있다면 그에 대하여 추급효를 인정할 수 있는지 문제가 된다.

앞에서 본바와 같이 광의의 한시법을 한시법으로 인정할 것이냐에 관하여는 적극설과 소극설이 대립되고 있다. 적극설은 한시법의 개념을 광의로 이해하는 견해로서 사실상 유효기간을 제한하고 있는 법령이므로 실질적으로 한시법에 해당한다는 점, 한시법의 추급효를 인정하는 것은 유효기간이 지난 후에도 처벌하겠다는 입법자의 의사 때문이 아니라 행위에 대한 사회윤리적 평가가 변경되지 않고 일시적 사정의 변경 때문에 법령이 개폐되었다는데 그 이유가 있다는 점 등을 논거로 들고 있다.[58] 독일에서는 한시법의 개념을 광의로 이해하는 것이 다수설이라는 점도 전술하였다.

소극설은 한시법의 개념을 협의로만 이해하는 견해로서 일시적 사정이라는 애매하고 불확실한 기준에 의하여 한시법의 개념을 넓게 인정하는 것은 법적 안정성을 해할 염려가 있고 유효기간을 명시하고 있는 법령과 그렇지 아니한 법령을 동일시하는 것은 부당하다는 점 등을 논거로 들고 있다. 한시법을 협의로 이해하는 견해가 우리나라의 다수설이다.[59]

57 大塚 外, 大コンメソタール, 第1巻, 青林書院, 第3版(2013), 110 : 실질적 한시법으로 볼 수 있는 예들은 Ⅲ. 1. 나. 2) 참조. 계엄령 하의 포고령을 협의의 한시법으로 볼 수 있는지 다툼이 있으나, 유효기간이 정해진 것은 아니지만 내용상 계엄기간 동안으로 한정된다는 점에서 실질적 한시법으로 볼 여지가 있다; 이재상 외 2인, 형법총론(제9판), 박영사(2017), 37 참조.

58 이재상 외 2인, 형법총론(제9판), 박영사(2017), 41.

59 우리나라의 다수설; 박상기, 형법총론(제9판), 박영사(2012), 44; 김일수/서보학, 새로쓴 형법총론(제13판), 박영사(2018), 47; 정성근/박광민, 형법총론(제2판), 성균관대학교출판부(2015), 49; 오영근, 형법총론(제4판), 박영사(2018), 80.

생각건대, 유효기간이 명시되지 아니한 법령을 한시법에 해당시켜야 할 실질적 이유가 없고, 한시법에 관한 명문의 규정도 없는 우리 법의 해석상 광의의 한시법 개념을 인정할 필요가 없으므로, 한시법의 개념은 이를 협의로 이해하는 것이 타당하다. 혹 광의의 한시법 개념을 인정한다고 하더라도 그것은 추급효가 인정되는 형의 폐지의 경우에 해당되는 것이고, 그 효력에 관하여는 형의 폐지에 관하여 전항에서 논의한 내용이 그대로 타당하다.

판례 중에 범죄 후 미제깡통맥주가 특정외래품판매금지법 단속 대상품목에서 제외된 경우에는 한시법의 문제가 아니고 범죄 후 법령의 개폐로 형이 폐지된 경우에 해당한다(대법원 1974. 9. 24. 선고 74도2318 판결)는 것도 있는데, 이는 광의의 한시법의 개념을 별도로 인정하지 않는 것이다.

2. 협의의 한시법의 추급효

한시법의 유효기간이 경과한 후에 그 유효기간 중의 위반행위에 대해서 한시법의 적용을 인정할 것인가의 문제가 한시법의 추급효에 관한 문제이다. 즉, 협의의 한시법인 경우, 유효기간이 지난 후에도 그 기간 경과 전에 이루어진 범죄에 대하여 처벌이 가능한지, 즉 추급효가 인정될 것인지에 관해서는 적극설(추급효 인정설), 소극설(추급효 부정설), 절충설(동기설)이 대립되고 있다.

적극설(추급효 인정설)은 한시법의 유효기간이 경과된 후에도 그 기간 중의 위법행위를 처벌할 수 있다는 견해로서, 한시법은 원래 일정한 기간 동안 국민에게 준수를 요구하는 법이므로 그 기간이 경과하더라도 경과 전에 있어서의 행위는 비난할 가치가 있다는 점, 한시법의 추급효를 인정하지 않는다면 그 유효기간의 종료가 가까워짐에 따라 속출하는 위반행위를 처벌할 수 없게 되어 그 법의 실효성을 유지할 수 없게 된다는 점, 행위시법주의는 형법 적용의 기본원칙이라는 점, 한시법의 유효기간이 경과한 경우에는 범죄 후 법률의 변경에 의해서 그 행위가 범죄를 구성하지 아니한 경우가 아니므로 한시법의 유효기간이 경과한 경우에 관해서는 본조 제2항이 적용되지 아니한다는 점 등을 논거로 내세우고 있다.[60]

소극설(추급효 부정설)은 한시법의 유효기간이 경과한 후에는 추급효를 인정하는 명문규정이 없는 한 유효기간 중의 위반행위를 처벌할 수 없다는 견해로서 현행 형법에는 한시법의 추급효를 인정하는 명문규정이 없다는 점, 한시법의 유효

60 유기천, 개정형법학(총론강의), 일조각(1980), 37.

기간이 경과한 경우는 범죄후 법률이 실효된 경우이므로 본조 제2항이 적용된다는 점, 추급효를 인정하는 특별규정이 없음에도 불구하고 한시법의 추급효를 인정한다는 것은 실질적으로 죄형법정주의에 위배된다는 점 등을 논거로 내세우고 있다.[61]

협의의 한시법의 경우에도 앞에서 본 형의 폐지의 경우에 판례상 인정되고 있는 동기설을 적용하려는 견해도 있다.[62] 형벌법규 폐지의 동기가 법적 견해의 변경에 기인한 경우는 추급효를 인정할 수 없으나, 사실관계의 변화에 기인한 경우에는 가벌성이 소멸되지 아니하였으므로 추급효를 인정하여야 한다는 것이다. 그리고 대부분의 형법학자들은 한시법의 추급효에 관하여 대법원 판례가 동기설의 태도를 취하고 있다고 설명하지만, 협의의 한시법의 추급효를 직접 다룬 판례는 없으며, 학자들이 거시하는 판례는 모두 추급효가 인정되는 형의 폐지의 경우(또는 광의의 한시법)에 관한 것이므로, 대법원이 (협의의) 한시법의 추급효에 관하여 동기설을 취하고 있다고 보기 어렵다.

물론 협의의 한시법의 추급효를 부정한다면 그 효력의 종료시점이 가까워지면 법률의 억지적, 예방적 기능은 무력화되고 재판절차도 지연될 수 있는 등의 부작용이 생길 수 있다.[63] 그러나 현행법에는 독일과 같이 (협의의) 한시법의 효력을 명시하는 규정이 없고 당해 법률 자체에 경과규정도 없는 경우, 이미 실효된 법률을 적용하여 처벌하는 것은 죄형법정주의 원칙상 허용될 수 없으므로, 적극설은 지지받기 어렵다. 그리고 동기설에 의하더라도 한시법의 유효기간이 경과한 경우는 법률 자체가 변경된 것은 아니라는 점, 일반적으로 한시법의 유효기간이 경과한 경우는 법적 이념의 변경에 의해서 법률이 변경된 것이 아니므로 동기설에 의하면 한시법의 추급효를 인정하는 경우가 대부분이라는 점, 행위의 가벌성이 소멸하였는가 여부와 실효된 법률에 의한 처벌이 허용되는가 여부는 차원이 다른 문제라는 점 등을 고려할 때, 이른바 동기설도 그 근거가 박약하다.

그렇다면 현행법의 해석상, 협의의 한시법의 경우에도 그 유효기간이 경과한 때에는 그 한시법의 추급효를 인정하는 특별규정이 없는 한, 법원은 그 유효기간

61 다수설 : 박상기, 형법총론(제9판), 박영사(2012), 44 등.
62 이재상 외 2인, 형법총론(제9판), 박영사(2017), 43.
63 같은 취지에서 스위스의 다수설은 협의의 한시법의 경우에만 추급효를 인정하고 있다; Basler Kommentar Strafrecht I, M.A. Niggli, H. Wipraechtiger(hrsg.), Helbing Lichtenhahn Verlag, 2 Aufl.(2007), S. 177.

중의 범죄행위(위반행위)에 대해서 면소판결을 함이 죄형법정주의의 원칙에 부합한다. 실제로 현재 한시법은 거의 없고, 만일 입법자가 긴급한 필요에 의하여 한시법을 두는 경우에는 추급효를 인정하는 부칙 규정을 두는 것이 보통일 것이다.

3. 입법론

이와 같은 해석상의 혼란을 막기 위하여는, 협의이든 광의이든 한시법의 개념과 추급효의 문제에 관하여 독일의 경우와 같이 명문의 규정을 두는 방식으로 입법적 해결이 이루어져야 한다고 생각된다.

V. 형의 집행에 관한 특칙(제3항)

1. 본 항의 입법취지

형 선고의 판결이 확정되면 실체적 확정력이 발생하므로 재심 또는 비상상고에 의해서 확정판결의 내용이 변경되지 않는 한 확정판결의 내용대로 형이 집행되어야 한다.

그러나 재판확정 후 법률의 변경에 의해서 그 행위가 범죄를 구성하지 아니한 경우에는 그 법률의 변경이 수형자에게 유리하게 작용하여야 한다. 여기에 본조 제3항의 입법취지가 있다. 본조 제3항은 형법의 적용범위에 관한 특칙이 아니라 형의 집행에 관한 특칙이다. 따라서 본조 제3항은 실체법적 규정이 아니라 절차법적 규정이다. 즉, 본조 제3항은 실질적 의미의 형사소송법 규정에 해당한다.

2. 본 항의 내용

가. 재판의 확정

재판의 확정이라 함은 재판이 항소, 상고 등 통상의 불복신청의 방법으로 다툴 수 없게 되고 그 재판의 내용을 변경할 수 없게 된 상태에 이른 것을 말한다. 형선고의 판결은 상소기간의 경과, 상소의 포기·취하, 상소기각재판의 확정에 의해서 확정된다.

본 항의 재판은 형의 집행을 요하는 재판만을 의미한다. 따라서 형 면제의 판결, 선고유예의 판결은 물론 집행유예의 판결도 본 항의 판결에 해당하지 아니한다.

형의 집행을 요하는 재판인 이상, 재판의 형식을 불문한다. 따라서 약식명령,

즉결심판이 확정된 경우에도 본 항이 적용된다. 형의 종류는 이를 불문하므로 사형, 징역형, 금고형, 구류형 등 생명형, 자유형을 선고한 재판이 확정된 경우는 물론 벌금, 과료 등 재산형을 선고한 재판이 확정된 경우에도 본 항이 적용된다.

나. 법률의 변경

법률의 변경에 관해서는 본조 제2항의 주석에서 상세히 설명하였으므로 해설의 중복을 피하기로 한다.

다. 형의 폐지

법률의 변경에 의해서 그 행위가 범죄를 구성하지 아니한 때에 한해서 본항이 적용된다. 법률의 변경에 의해서 그 행위가 범죄를 구성하지 아니한 때라 함은 법률의 변경에 의해서 형의 폐지된 경우를 말한다.

형의 폐지에 관하여도 전항의 주석을 참조하면 될 것이다.

라. 형 집행의 면제

본 항의 경우에는 법률상 당연히 형의 집행이 면제된다. 따라서 검사는 형집행 면제의 결정을 할 필요가 없다. 다만, 검사는 형 집행의 면제를 확인하여야 한다. 예컨대 자유형의 수형자인 경우에는 석방지휘를 하며 이 경우 교도관리는 그 서류도달 후 12시간 이내에 수형자를 석방하여야 한다(행형법 제54조 제1항).

형 집행 면제의 요건이 갖추어졌는지 다툼이 있는 경우, 예컨대 검사가 집행면제를 불인정하고 석방하지 않는 경우에 수형자는 형사소송법 제489조에 의하여 재판집행에 관한 이의를 법원에 신청하여 판단 받을 수 있다.

그 효과로는 단지 형의 집행이 면제될 뿐이고, 형을 선고한 재판이 실효가 되는 것이 아니다. 따라서 형의 집행이 면제된 전과는 누범가중의 사유(형법 제35조)가 된다.

제 2 조 [국내범]

본법은 대한민국영역내에서 죄를 범한 내국인과 외국인에게 적용한다.

[관련조문] 헌법 제3조(영토), 형법 제3조(내국인의 국외범), 제5조(외국인의 국외범), 제6조(대한민국과 대한민국국민에 대한 국외범), 국적법 제11조의2(복수국적자의 법적 지위 등), 국제형사재판소 관할 범죄의 처벌 등에 관한 법률 제3조(적용범위).

[참고문헌] 김성돈, 형법총론(제5판), 성균관대학교출판부(2017); 김일수/서보학, 새로쓴 형법총론(제13판), 박영사(2018); 박상기, 형법총론(제9판), 박영사(2012); 배종대, 형법총론(제13판), 홍문사(2017); 법원실무제요 형사[I], 법원행정처(2014); 오영근, 형법총론(제4판), 박영사(2018); 정영일, 형법강의(총론)(제3판), 학림(2017); 주석 형법 총칙(1)(제2판), 한국사법행정학회(2011).

Ⅰ. 본조의 의의

1. 형사재판권의 범위와 한계

사법부는 구체적 사건에 관하여 사법적 판단을 내릴 수 있는 국가권능인 재판권을 갖고 있다. 법원이 재판 절차를 통해 어떠한 범죄에 대하여 형법을 적용함으로써 국가형벌권이 실현된다. 이와 같이 법원이 형사사건에 대하여 심판권을 행사할 수 있는 일반적·추상적 권한을 형사재판권이라고 부른다.[1]

이와 같이 형벌권을 실현하는 사법판단의 권한인 형사재판권은 형법이 적용되는 범위에 의하여 행사 범위와 한계가 정해지게 된다. 따라서 우리 형법이 어느 지역에서 발생한 어떤 사람의 범죄에 대하여 적용되는가(또는 효력을 미치는가) 하는 문제는 대한민국 주권의 일부분인 형사재판권이 어느 범위에서 행사되는지의 문제와 직결된다.

형법 제1조가 형법의 시간적 적용범위에 관한 조문이라면 본조부터 제7조까

1 법원실무제요 형사[I], 법원행정처(2014), 45.

지의 규정은 주권 개념에서 출발한 형법의 장소적·인적 적용범위[2]에 관한 조문이다. 근대 민족국가의 3대 구성요소는 국민, 영토, 주권인데, 이 중 영토와 관련된 형법의 적용범위를 규정한 것이 본조와 제4조이고, 국민과 관련된 형법의 적용범위를 규정한 것이 제3조라고 분류하기도 한다.[3]

주권 개념상 외국의 재판권은 대한민국의 영토 내에서 인정될 수 없다. 다만 국제조약에 따라 우리나라의 사법고권이 제한되는 경우가 있다. 주한미군지위협정[4]이 이에 해당하는 대표적인 예인데, 형법의 인적 적용범위와 관련하여 상세하게 설명한다.

같은 원리에서 외국의 형사판결은 우리나라 안에서 집행력이 없다. 형사사법에 관한 국제적 협력을 위하여 범죄인 인도라든지 형사사법 공조를 위한 조약이 체결되고 법률이 제정되어 있지만, 이는 국제사회의 형사사법 협력을 위한 것이지 외국의 재판권을 우리나라에서 실현시키기 위한 것이 아니다.

2. 형법의 장소적 적용범위

가. 일반론

형법의 장소적 적용범위란 형법의 효력이 미치는 공간적·지역적 범위,[5] 즉 형법이 어떠한 장소에서 행해진 범죄에 대하여 적용되는가의 문제를 말한다.[6] 형법의 효력은 기본적으로 대한민국 영역 안에서 일어난 범죄에 미치고, 예외적으로 대한민국 영역 밖에서 일어난 범죄에 대하여도 미칠 수 있다.

형법의 적용 여부가 문제될 수 있는 범죄유형은 범행 주체와 장소에 따라 내국인의 국내범, 내국인의 국외범, 외국인의 국내범, 외국인의 국외범 등 네 가지로

2 종래 장소적 적용범위라는 개념이 보편적으로 사용되어 왔는데, '장소'보다 훨씬 넓은 최소한 국가를 단위로 하는 형법의 효력범위에 대해 '장소적'이라는 개념을 쓰는 것은 맞지 않다는 견해[배종대, 형법총론(제13판), 홍문사(2017), 88]와 '장소적'이라는 표현보다 '지역적'이라는 표현이 더 정확하다는 견해[박상기, 형법총론(제9판), 박영사(2012), 47]가 있다. 충분히 타당한 지적이기는 하나, 형법이 적용되는 사상(事象)인 범죄사실은 행위의 주체, 객체와 함께 시간과 장소가 주된 요소이므로 본서에서는 '시간적 적용범위'와 명확히 대비될 수 있도록 '장소적 적용범위'라는 표현을 계속 사용하기로 한다. 다만 문맥에 따라서는 '지역'이라는 용어도 함께 쓴다.

3 배종대, 형법총론(제13판), 홍문사(2017), 88.

4 정확한 명칭은 '대한민국과 아메리카합중국 간의 상호방위조약 제4조에 의한 시설과 구역 및 대한민국에서의 합중국 군대의 지위에 관한 협정'이다. '한미주둔군지위협정', '한미행정협정' 등 다양한 약칭이 사용되고, 영어로는 'Status of Forces Agreement'(SOFA)라고 줄여 부른다.

5 김성돈, 형법총론(제5판), 성균관대학교출판부(2017), 91.

6 정영일, 형법강의(총론)(제3판), 학림(2017), 46.

나누어 볼 수 있다. 이를 규율하는 원리가 국제형법인데, 항을 바꾸어 설명한다.

나. 국제형법

위와 같은 형법의 장소적 적용범위를 정하는 기준으로 국제형법의 원리가 동원된다. '국제형법'은 일종의 강학상 개념으로, 이를 사용하는 맥락과 범위에 따라 다양한 의미를 지닌다. 국제형법이라는 개념을 넓게 사용하면 범죄의 국제화 현상에 효과적으로 대처하고 국가간의 긴밀한 협력체계를 구축하기 위해 마련된 일체의 법규를 의미한다. 이에 따르면 국제형법의 영역에는 형사재판관할권, 외국형사판결의 효력, 국제형사사법공조 뿐 아니라 반인도적 범죄 등 특정 범죄에 대처하기 위한 국제적인 법질서가 모두 포함된다.[7]

국제사회에서 공통의 규범으로 인정된 형벌법규가 제정되거나 승인되어 있지 않지만, 다자간 조약을 통해 인류의 보편적 가치를 해치는 범죄에 대한 국제적인 연대가 강화되고 있다. '국제형사재판소에 관한 로마규정'에 따라 2002. 7. 1. 설립된 국제형사재판소(ICC)는 집단학살, 반인도적 범죄, 전쟁범죄 등에 대한 재판관할권을 행사하는 최초의 국제적인 '상설' 형사재판소이다. 로마규정은 현재 국제형법의 역할을 수행한다고 할 수 있는데, 국제형사재판소는 국내법에 의한 처벌이 없을 때 보충적으로 기능한다는 한계를 지니고 있다. 우리나라도 로마규정에 가입하여 그 이행입법으로 2007. 12. 21. '국제형사재판소 관할 범죄의 처벌 등에 관한 법률'을 제정하였다.

위와 같은 개념의 국제형법이 실체법규와 절차법규를 아우르는 실질법이라고 할 수 있음에 반해 국제형법이라는 개념을 좁게 사용하면 외국 또는 외국인과 일정한 관련성을 갖는 범죄에 대한 자국 형법의 적용범위[8]를 정하는 규범을 뜻한다. 이는 지역적·인적으로 외국적 요소가 있는 형사사건에 어느 국가의 실질법을 적용할 것인가를 정하는, 형사법 영역에서의 저촉법이라고 할 수 있다. 형법은 제2조부터 제7조까지 6개의 조문을 두어 이를 규율하고 있는데, 이를 형벌적용법 혹은 협의의 국제형법이라고 부르기도 한다.[9] 본서에서는 국제형법을 협의의 개념으로만 사용하기로 한다.

7 김성돈, 형법총론(제5판), 성균관대학교출판부(2017), 91 참조.

8 정영일, 형법강의(총론)(제3판), 학림(2017), 46.

9 위 조문들은 외국 형법의 적용을 규정한 것이 아니라 어떤 행위에 우리 형법을 적용할 것인가를 규정하고 있기 때문에 어디까지나 국내법이며, 따라서 국제형법이라는 지칭은 적절치 않다는 견해가 있다[김일수/서보학, 새로쓴 형법총론(제13판), 박영사(2018), 32].

3. 형법의 인적 적용범위의 문제

가. 개설

국가형벌권을 실현하는 사법판단의 권한인 형사재판권은 주권의 한 표현 형식이므로 우리나라의 영토 안에 있는 모든 사람에게 똑같이 미치는 것이 원칙이다. 그런데 국내법 및 국제법상 일정한 신분을 가진 사람에 대하여 형사상 소추가 제한되거나 처벌이 조각되는 특례가 있다. 대통령의 불소추특권, 국회의원의 면책특권, 외교사절의 면책특권 등이 그것이다.

이를 형법의 인적 적용범위의 문제로 파악하기도 하지만 엄밀히 말하면 형법의 적용이 면제되는 것이 아니라 처벌조각사유에 해당하거나 형사소추권 혹은 재판권이 제한 내지 배제되는 경우에 불과하다. 특정한 신분을 지닌 사람에 대하여 우리나라의 형벌권을 실현하는 데에 어느 정도의 절제를 가할 것인가의 문제이기 때문이다.[10]

나. 국내법상의 특례

대통령은 내란 또는 외환의 죄를 범한 경우를 제외하고는 재직 중 형사상의 소추를 받지 아니한다(헌법 제84조). 즉, 대통령은 내란·외환의 죄를 범한 경우는 재직 중에도 형사소추가 가능하고 그 외의 죄를 범한 경우는 재직 중에 형사소추만 불가능하므로 형법의 적용범위로 다룰 것은 아니다.

또 국회의원은 국회에서 직무상 행한 발언과 표결에 관하여 국회 외에서 책임을 지지 아니한다(헌법 제45조). 이러한 국회의원의 면책특권에 속하는 행위에 대하여는 공소를 제기할 수 없고, 이에 반하여 공소가 제기된 경우 형사소송법 제327조 제2호에 따라 공소를 기각하여야 한다(대법원 1992. 9. 22. 선고 91도3317 판결).

다. 국제법상의 특례

1) 외교관 등의 재판권면제

우리나라가 가입한 1961년 '외교관계에 관한 비엔나협약'에 의하여 공관장이나 공관의 외교직원과 같은 외교관은 우리나라의 형사재판으로부터 면제된다(위 협약 제31조). 우리나라 국민이 아닌 외교관의 가족들과 우리나라 국민이 아닌 공

10 주석 형법 총칙(1)(제2판), 한국사법행정학회(2011), 105(신동운) 참조.

관의 행정·기능직원(공관의 행정 및 기능업무에 고용된 공관직원) 및 그 가족들에 대하여는 형사재판권이 미치지 않는다. 우리나라 국민이 아닌 공관의 노무직원(공관의 관내역무에 종사하는 공관직원)은 그들의 직무 중에 행한 행위에 한하여 형사재판권이 면제된다(위 협약 제37조).

우리나라가 가입한 1963년 '영사관계에 관한 비엔나협약'에 의하면, 영사관원과 사무직원(영사기관의 행정 또는 기술업무에 종사하는 자)에 대해서는 원칙적으로 형사재판권이 면제되지 않으나, 영사 직무의 수행 중에 행한 행위에 대하여는 면제된다(위 협약 제43조).[11]

2) 주한미군지위협정에 의한 경우

위에서 언급한 바와 같이 주한미군지위협정에 의하여 우리나라에 주둔하는 미국 군대의 구성원과 군속 및 이들의 가족이 대한민국 영역 내에서 범한 범죄에 대하여 우리나라의 형사재판권이 배제되는 경우가 있다. 위 협정 제22조는 우리나라와 미군 당국이 각각 전속적으로 재판권을 행사할 수 있는 경우 및 양국의 재판권이 경합하는 경우에 관하여 규정하고 있다.[12]

가) 파견국인 미국의 안전에 관한 범죄를 포함하여 미국 법령에 의해서만 처벌될 수 있는 범죄에 대하여는 미군 당국이 전속적 재판권을 행사하게 되므로 우리나라의 재판권이 배제된다[위 협정 제22조 제2항 (가)목].

나) 우리나라의 안전에 대한 범죄를 포함하여 우리나라 법률에 의해서만 처벌될 수 있는 범죄에 대해서는 우리나라가 전속적 재판권을 행사한다[위 협정 제22조 제2항 (나)목].

다) 재판권을 행사할 권리가 경합하는 경우에 관하여, 위 협정은 원칙적으로 우리나라가 1차적 재판권을 보유하고 예외적으로 미군 당국이 1차적 재판권을 보유하는 형식으로 규정하고 있다.

라) 한편, 미국 군대의 군속 중 통상적으로 우리나라에 거주하고 있는 자는 주한미군지위협정이 적용되는 군속의 개념에서 배제되므로, 그에 대하여는 위 협정에서 정한 미합중국 군대의 군속에 관한 형사재판권 관련 조항이 적용될 여지가 없다. 또한 한반도의 평시상태에서 미군 당국은 미국 군대의 군속에 대하여 형

11 이상의 설명은 법원실무제요 형사[I], 법원행정처(2014), 44 이하 참조.
12 이에 관한 상세한 설명은 법원실무제요 형사[I], 법원행정처(2014), 45 이하 참조.

사재판권을 가지지 않으므로 미국 군대의 군속이 범한 범죄에 대하여 우리나라의 형사재판권과 미군 당국의 형사재판권이 경합하는 문제는 발생할 여지가 없고, 우리나라는 주한미군지위협정에 따라 미군의 군속이 우리나라 영역 안에서 저지른 범죄로서 우리나라 법령에 의하여 처벌할 수 있는 범죄에 대한 형사재판권을 바로 행사할 수 있다(대법원 2006. 5. 11. 선고 2005도798 판결).

라. 절차법적 효과

기소된 사건에 관하여 재판권이 없는 것으로 인정된 때에는 공소기각의 판결을 하여야 한다(형사소송법 제327조 제1호). 다만 불소추특권이나 면책특권이 있다고 하여 그 사람이 우리 형법의 적용대상에서 배제되는 것은 아님은 앞서 설명한 바와 같다.

Ⅱ. 입법취지 및 입법례

1. 형법의 장소적 적용범위의 결정기준

국제형법은 외국 또는 외국인과 일정한 관련성을 갖는 범죄[13]에 대하여 어느 나라 형법을 적용할 것인가 하는 문제를 다루는 원리이다. 민사법의 영역에서 외국과의 관계가 문제되는 경우 제정법인 '국제사법'이 재판관할권과 준거법의 해결 준칙을 제시하고 있다. 그러나 형사법의 영역에서는 준거법은 재판관할권과 분리되어 독자적인 의미를 지니기 어렵고, 재판관할권의 문제는 형법의 적용범위를 통해 해결할 뿐이다.

내국인의 국내범, 내국인의 국외범, 외국인의 국내범, 외국인의 국외범 등 4가지 범죄 유형에 대하여 형법의 적용 여부를 정하는 기준 내지 입법 원칙으로 속지주의, 속인주의, 보호주의, 세계주의가 있다. 형법은 제2조 내지 제7조에서 속지주의를 원칙으로 하면서 속인주의와 보호주의를 가미하고 있다. 아직 형법에 세계주의에 관한 일반 규정을 두지 않았지만 몇몇 개별 법률에는 외국인에 대한 별도의 적용범위 규정을 두어 세계주의를 일부 채용하고 있다. 대표적으로 '국제형사재판소 관할 범죄의 처벌 등에 관한 법률'은 적용범위에 관하여 속지주의, 속인주의, 보호주의와 함께 세계주의 원칙을 명시하는 등 보다 완결적인 국제형법의 실질을 갖추고 있다(형법 제3조).

13 정영일, 형법강의(총론)(제3판), 학림(2017), 46.

2. 입법 일반원칙

가. 속지주의

자국의 영역 내에서 발생한 범죄에 대하여 범인의 국적을 불문하고 자국의 형법을 적용하는 원칙이다. 국가의 형벌권은 자국의 주권이 미치는 영역에서 행사되어야 하고, 모든 나라의 주권은 평등하다는 전제에서 대부분의 나라가 국제형법의 기본 원리로 채택하고 있다.[14] 다만 국외범죄에 대한 형벌권 행사를 위해 아래에서 보는 바와 같이 다른 원칙을 가미하고 있다.

우리 형법도 제2조에서 속지주의를 형법의 장소적 적용범위를 정하는 1차적인 원칙으로 삼고 있다. 속지주의 원칙은 '기국주의'를 규정한 형법 제4조를 통해 선박과 항공기에 대하여 확장되고 있다.

나. 속인주의

자국민이 행한 범죄에 대하여 범죄지가 어디인지를 불문하고 자국 형법을 적용한다는 원칙이다. 이 원칙은 국가시민으로서 부담하는 고국과 법질서에 대한 성실의무를 기초로 한다고 설명된다.[15] 우리 형법도 제3조에서 속인주의를 속지주의를 보충하는 국제형법의 원리로 채택하고 있다.[16]

범죄자의 국적을 기준으로 자국 형법의 적용 여부를 결정하는 원칙인 속인주의는 자국민이 외국에서 범한 범죄에 대하여 자국 형법을 적용하는 적극적 속인주의와 외국에서 자국민의 법익을 침해하는 범죄에 자국 형법을 적용하는 소극적 속인주의로 나뉜다. 후자는 아래에서 보는 보호주의의 일 내용을 이루는 것이므로 속인주의란 본래 적극적 속인주의를 뜻하는 것이다.[17]

다. 보호주의

자국 또는 자국민의 법익을 침해하는 범죄에 대하여 범인의 국적과 범죄지를 불문하고 자국 형법의 적용을 인정하는 원칙이다. 전자의 법익 보호를 국가보호주의, 후자의 법익 보호를 국민보호주의(소극적 속인주의)라고 부른다. 국가보호주의는 아래에서 보는 바와 같이 형법 제5조와 제6조의 일부('대한민국에 대하여' 부

14 정영일, 형법강의(총론)(제3판), 학림(2017), 92.
15 김일수/서보학, 새로쓴 형법총론(제13판), 박영사(2018), 32 참조.
16 김성돈, 형법총론(제5판), 성균관대학교출판부(2017), 96.
17 김일수/서보학, 새로쓴 형법총론(제13판), 박영사(2018), 33.

분)에 규정되어 있고, 국민보호주의는 제6조 중 '대한민국국민에 대하여' 부분에 규정되어 있다.

보호주의 원칙은 국가 자체의 법익이든 그 국가구성원의 법익이든 내국적 법익은 자국 형법에 의해 보호되어야 한다는 이념에 기초하고 있다.[18] 대한민국이나 대한민국 국민에 대하여 죄를 범하는 상황은 대한민국 영역 내에서 일어날 수도 있고, 대한민국 국민이 그러한 상황을 발생시키는 경우도 있다. 이러한 경우 전자는 속지주의에 의하여, 후자는 속인주의에 의하여 각각 우리 형법이 적용되게 되므로 보호주의는 대한민국 영역 외에서 대한민국 국민이 아닌 자가 대한민국 또는 대한민국 국민에 대하여 죄를 범하는 경우에 형법을 적용하는 근거가 된다.

라. 세계주의

1) 의의와 기능

인류 공통의 이익을 해하는 범죄에 대하여 범인의 국적과 범죄지 여하를 묻지 아니하고 자국의 형법을 적용한다는 원칙이다. 국제사회의 공존질서를 침해하는 범죄(전쟁도발, 해적, 항공기 납치, 국제 테러 등)나 다수 국가의 공동이익에 반하는 범죄(통화위조, 마약밀매 등) 또는 인간의 존엄을 심각하게 침해하는 반인도적 범죄(인종학살, 인신매매 등)에 대하여 자국 형법을 적용할 수 있도록 함으로써 국제범죄의 규제에 관한 세계(법)적 관할권을 각국에 인정하는 것이다.[19]

즉, 세계주의는 국제협약을 토대로, 범인의 신병을 자국의 영역 내에 확보하고 있는 국가가 국제사회에 공통되는 법익을 보호하기 위해 형사재판관할권을 행사할 수 있도록 하는 국제형법의 원리이다.[20]

만약 위와 같은 범죄가 대한민국 국민에 의해 행해졌다면 속인주의에 의하여, 대한민국이나 대한민국 국민에 대하여 행해졌다면 보호주의에 의하여 각각 우리 형법이 적용될 것이다. 이렇게 본다면 세계주의가 적용되는 경우는 외국인이 국외에서 대한민국 외의 국가 또는 대한민국 국민 이외의 사람에 대하여 행한 범죄에 한정되게 된다.[21]

18 김일수/서보학, 새로쓴 형법총론(제13판), 박영사(2018), 33.

19 김성돈, 형법총론(제5판), 성균관대학교출판부(2017), 99; 김일수/서보학, 새로쓴 형법총론(제13판), 박영사(2018), 33 참조.

20 김성돈, 형법총론(제5판), 성균관대학교출판부(2017), 99.

21 주석 형법 총칙(1)(제2판), 한국사법행정학회(2011), 107(신동운).

2) 국내법에의 수용

우리 형법은 총칙에서 세계주의에 관한 명시적인 규정을 두고 있지 않다. 최근 국제협약의 이행입법으로 제정된 법률을 중심으로 세계주의를 채택한 입법이 증가하고 있다. 국제형사재판소 관할 범죄의 처벌 등에 관한 법률 제3조 제5항, 선박 및 해상구조물에 대한 위해행위의 처벌 등에 관한 법률 제3조 제3호, 국민보호와 공공안전을 위한 테러방지법 제19조 등이 그것이다. 또한 형법 각칙에는 우리나라가 2000년 서명한 '인신매매방지의정서'의 이행입법으로 2013. 4. 5. 약취, 유인 및 인신매매의 죄에 세계주의 규정(제296조의2)이 신설되었다.

이와 별도로 헌법에 의하여 체결·공포된 조약과 일반적으로 승인된 국제법규는 국내법과 같은 효력을 가지므로(헌법 제6조 제1항), 조약에 의해 형법의 장소적 적용범위가 확장될 여지가 있다. 항공기납치 방지를 위한 국제협약인 '항공기 내에서 범한 범죄 및 기타 행위에 관한 협약'을 매개로 외국인의 국외범에 대하여 우리 항공기운항안전법(현행 항공보안법)의 적용을 긍정한 사례[22]가 이에 해당한다.

Ⅲ. 요건

1. 대한민국의 영역

가. 대한민국 영역의 범위

범죄가 대한민국 영역 내에서 발생하면 본조에 따라 우리 형법이 적용된다. 이러한 속지주의 원칙은 주권 개념 중 영토고권에 근거를 두고 있다.

대한민국의 영역은 대한민국의 영토, 영해, 영공을 말한다. 대한민국의 영토는 한반도와 그 부속도서이다(헌법 제3조). 영해는 현재 영해 및 접속수역법 제1조에 따라 기선으로부터 측정하여 그 외측 12해리의 선까지에 이르는 수역으로 되

22 대법원은 중공 민항기 납치 사건에서, 항공기운항안전법 제3조, 항공기 내에서 범한 범죄 및 기타 행위에 관한 협약(도쿄협약) 제1조, 제3조, 제4조 항공기의 불법납치억제를 위한 협약(헤이그협약) 제1조, 제3조, 제4조, 제7조의 각 규정들을 종합하여 보면 민간항공기 납치 사건에 대하여는 항공기 등록지국에 원칙적인 재판관할권이 있는 외에 항공기착륙국인 우리나라에도 경합적으로 재판관할권이 생겨 우리나라 항공기운항안전법은 외국인의 국외범까지도 적용대상이 된다고 판시하였다(대법원 1984. 5. 22. 선고 84도39 판결). 항공보안법 제3조는 민간항공의 보안을 위하여 이 법에서 규정하는 사항 외에는 국제협약에 따르도록 규정하고 있어, 국제협약을 매개로 세계주의를 채택한 셈이 된다.

어 있다.[23] 영공의 범위에 관하여는 실정법상 제한은 없으나 우주개발의 국제적인 조정을 위하여 앞으로 법적인 제약이 가해질 수 있을 것으로 예상된다.[24]

외국의 선박, 항공기라도 우리나라 항구, 공항에 정박 또는 착륙 중인 경우는 본조가 적용될 수 있다. 판례는 독일 베를린 주재 북한이익대표부는 물론(대법원 2008. 4. 17. 선고 2004도4899 전원합의체 판결), 중국 북경시에 소재한 대한민국 영사관 내부는 대한민국 영역의 일부가 아니라고 본다(대법원 2006. 9. 22. 선고 2006도5010 판결).

나. 북한 지역의 성격

형법의 적용범위와 관련하여 북한을 어떻게 볼 것인지 문제된다. 헌법 제3조에 따르면 북한 지역이 대한민국의 영토에 속함은 분명하지만 “대한민국은 통일을 지향하며, 자유민주적 기본질서에 입각한 평화적 통일 정책을 수립하고 이를 추진한다.”라고 규정한 헌법 제4조의 취지상 북한의 정치적 실체를 인정하지 않을 수 없기 때문이다.

대법원과 헌법재판소는, 북한은 조국의 평화적 통일을 위한 대화와 협력의 동반자임과 동시에 자유민주주의 체제를 위협하는 반국가단체의 성격도 아울러 갖는 이른바 ‘이중적 지위’에 있다고 보고 있다.[25] 이러한 판례의 태도는 영토 조항의 규범력을 긍정하는 것에 입각한 것이다.[26]

대법원은 구 반공법 내지 국가보안법 사건에서, 북한은 대한민국의 통치권이 실지로 행사되는 지역이 아닌 반국가단체의 지배하에 있는 지역이라는 전제 아래(대법원 1967. 11. 28. 선고 67도1140 판결, 대법원 1976. 5. 11. 선고 76도720 판결 등), “외국인이 일본에서 소련을 거쳐 반국가단체의 지배하에 있는 지역으로 들어가고 일본 기타 제3국에서 반국가단체의 구성원과 통신 기타 연락을 하거나 반국가단체를 이롭게 한 행위는 외국인의 국외범에 해당하여 반공법을 적용하여 처벌할 근거가 없다”고 판시한 바 있다(대법원 1976. 5. 11. 선고 76도720 판결).[27]

23 영해 밖의 대륙붕에 관하여는 형법 제4조와 제6조 부분에서 설명한다.
24 주석 형법 총칙(1) (제2판), 한국사법행정학회(2011), 108(신동운).
25 대법원 2003. 5. 13. 선고 2003도604 판결, 헌법재판소 2003. 7. 29. 선고 92헌바48 전원재판부 결정 등 다수.
26 대법원은 출입국관리 사건에서, 북한 지역 역시 대한민국의 영토에 속하는 한반도의 일부를 이루는 것이어서 대한민국의 주권이 미칠 뿐이고, 대한민국의 주권과 부딪치는 어떠한 국가단체나 주권을 법리상 인정할 수 없다고 판시하였다(대법원 1996. 11. 12. 선고 96누1221 판결).
27 외국인의 국외범을 인정한 이전의 판례로, 대법원 1974. 8. 30. 선고 74도1668 판결.

이후 대법원은 “헌법 제3조는 대한민국의 영토는 한반도와 그 부속도서로 한다고 규정하고 있어 북한도 대한민국의 영토에 속하는 것이 분명하다”고 선언하면서, “캐나다 국적을 가진 피고인이 북한의 지령을 받기 위하여 캐나다 토론토를 출발하여 일본과 중국을 순차 경유하여 북한 평양에 들어간 행위는 제3국과 대한민국 영역 내에 걸쳐서 이루어진 것”이라는 입장을 취하였다(대법원 1997. 11. 20. 선고 97도2021 전원합의체 판결).

그러나 대법원은 태도를 다시 변경하여, 독일 국적을 취득하여 대한민국 국적을 상실한 재독교포가 독일에 거주하다가 독일에서 출발하여 북한을 방문한 사안에서 “대한민국 국민이 아닌 사람이 외국에 거주하다가 그곳을 떠나 반국가단체의 지배하에 있는 지역으로 들어가는 행위는, 대한민국의 영역에 대한 통치권이 실지로 미치는 지역을 떠나는 행위 또는 대한민국의 국민에 대한 통치권으로부터 벗어나는 행위 어디에도 해당하지 않으므로, 이는 국가보안법 제6조 제1항, 제2항의 탈출 개념에 포함되지 않는다”고 판시하였다(대법원 2008. 4. 17. 선고 2004도4899 전원합의체 판결).

북한 지역에 대한민국 형법이 적용되느냐 하는 문제는 북한의 법적 지위와 남북한 관계에 대한 법적인 평가[28]에서 출발하여 헌법합치적인 해석을 통해 해법을 도출해야 한다. 헌법 제3조의 영토 조항과 제4조의 평화통일 조항의 규범조화적인 해석을 추구하면서 “대한민국의 통치권이 실지로 미치는 영역”을 기준으로 형법의 적용범위를 결정하는 것이 타당하다고 생각된다. 이러한 해석은 영토고권에 대한 제한을 수반하지 않으면서 단지 형법의 장소적 적용범위만을 축소한다는 장점을 가진다.[29]

한편 법원은 개성공업지구 내에서 남한주민이 저지른 범죄에 대하여 당연히 재판관할권이 있다는 전제 아래 유죄판결을 선고하고 있다.[30] 이들 사건은 모두 남한주민이 피해자인 경우인데, 만약 북한과의 관계에서 국제형법을 유추적용한다는 입장을 취한다면 남한주민이 북한주민을 피해자로 하는 범죄를 저지른 경우 및 반대로 북한주민이 남한주민을 피해자로 하는 범죄를 저지른 경우에는 재판관할권 등을 둘러싸고 보다 복잡한 문제가 생길 수도 있다. 북한 형법도 속인주의,

28 대법원은 일관하여, 남한과 북한의 관계는 ‘나라와 나라 사이의 관계가 아닌 통일을 지향하는 과정에서 잠정적으로 형성되는 특수관계’라고 하고 있다(대법원 1999. 7. 23. 선고 98두14525 판결 등).

29 주석 형법 총칙(1)(제2판), 한국사법행정학회(2011), 109(신동운).

30 의정부지방법원 고양지원 2008고합1 성폭력범죄의처벌및피해자보호등에관한법률위반 사건, 부산지방법원 2004고단5406 폭력행위등처벌에관한법률위반 사건.

속지주의, 보호주의를 모두 규정하고 있어[31] 재판관할권의 충돌이 생길 여지가 있기 때문이다. 참고로 '개성공업지구와 금강산관광지구 출입 및 체류에 관한 합의서'는 남한주민이 지구에 적용되는 법질서를 위반하였을 경우 남측 지역으로 추방할 수 있도록 규정함으로써 이른바 속지주의의 예외로 남한이 재판관할권을 행사하도록 하고 있다.

다. 외교공간의 성격

국내에 있는 외국 군대의 병영, 외국 공관 등이 대한민국 영토에 속한다고 볼 것인가가 문제된다. 한때는 '치외법권'이라는 개념이 통용되기도 하였으나 오늘날 국제법이론에서는 '관할권 면제'(immunities)라는 개념이 사용될 뿐이다. 따라서 위와 같은 외교공간은 모두 대한민국의 영토일 뿐이고, 단지 재판관할권이 제한될 뿐이다.

앞서 설명한 바와 같이 주한미군지위협정이 재판권의 경합 및 배타적 행사에 관한 사항을 정하고 있지만, 형법의 장소적 적용범위를 제한하는 것으로 볼 것은 아니다.

외국의 문화관 역시 대한민국 영토에 속한다. 대법원은 "설사 논지가 주장하는 바와 같이 국제협정이나 관행에 의하여 서울에 있는 미국문화원이 치외법권 지역이고 그곳을 미국영토의 연장으로 본다 하더라도 그곳에서 죄를 범한 피고인들에 대하여 우리 법원에 먼저 공소가 제기되고 미국이 자국의 재판권을 지금까지 주장하지 않고 있는 바에야 속인주의를 함께 채택하고 있는 우리나라의 재판권은 피고인들에게도 당연히 미친다."고 판시한 바 있다(대법원 1986. 6. 24. 선고 86도403 판결).

위 판례의 전반부 설시가 마치 형법의 장소적 적용범위를 제한하는 듯한 인상을 주고 있으나,[32] 이는 변호인의 주장을 단순 반박한 것으로서 실질적인 법리

31 조선민주주의인민공화국 형법 제8조(형법의 대인적 및 공간적 효력원칙) 이 법은 범죄를 저지른 공화국 공민에게 적용한다. 공화국 공민이 공화국 영역 밖에서 범죄를 저지른 경우에도 이 법을 적용한다. 공화국 영역 안에서 범죄를 저지른 다른 나라 사람에게도 이 법을 적용한다. 그러나 외교특권을 가진 다른 나라 사람에 대하여서는 그때마다 외교적 절차에 따라 해결한다. 공화국 영역 밖에서 공화국을 반대하였거나 공화국 공민을 침해한 다른 나라 사람에게도 이 법을 적용한다.[2012. 5. 14. 수정보충]

32 속지주의가 아닌 속인주의에 따라 우리나라의 재판권을 인정한 판결이라고 소개되기도 하나[오영근, 형법총론(제4판), 박영사(2018), 50], 외국인이 중국 북경시에 소재한 대한민국 영사관 내에서 외국인 명의의 사문서를 위조한 경우 우리 형법이 적용되지 않는다는 판례(대법원 2006. 9. 22. 선고 2006도5010 판결)에 비추어 보더라도 대한민국 내에 있는 외국 문화원에서 발생한 범죄에 대하여 속지주의에 따른 형법의 적용을 부정하는 것은 타당하지 않다.

설시가 아니고, 설령 속지주의 원칙을 적용하지 않는다 하더라도 피고인들이 내국인인 이상 속인주의에 의하여 우리 형법으로 처벌할 수 있음을 명백히 한 것이다.[33]

2. 죄를 범한 내국인과 외국인

가. 내국인과 외국인

국제형법의 관점에서 내국인은 대한민국 국적 보유자 외에 복수국적자를 포함한다. '국적법' 상 복수국적자는 출생이나 그 밖에 위 법률에 따라 대한민국 국적과 외국 국적을 함께 가지게 된 사람으로서 대통령령으로 정하는 사람이다(국적법 제11조의2 제1항).[34]

외국인은 내국인이 아닌 사람, 즉 대한민국의 국적을 가지지 않은 사람을 말한다. 단독의 외국 국적 보유자 뿐 아니라 무국적자도 포함한다.

나. 범죄지의 결정기준

국내범과 국외범을 구별하기 위하여 범죄지의 개념을 규명할 필요가 있다. 우리 형법은 범죄지의 결정 기준에 관하여 명시적인 규정을 두고 있지 않다.

이에 관하여, 범죄 실현을 위한 행위를 한 장소를 범죄지로 보는 견해와 범죄구성요건에 해당하는 결과가 발생한 장소를 범죄지로 보는 견해[35] 및 범죄 실현을 위한 행위가 이루어진 장소와 위 행위로 인한 결과가 발생한 장소를 모두 범죄지로 보는 견해가 제시되어 왔다.

일반적으로 범죄실현 과정에서 행위와 결과가 대등한 의미를 가진다는 점과 형법의 적용범위에 공백이 생겨서는 안 된다는 점에서 행위지와 결과발생지 모두가 범죄지가 된다고 보는 데에 별다른 이론(異論)이 없는 것으로 보인다.

따라서 범죄의 실행행위와 결과 발생의 전부 또는 일부가 대한민국 영역 내에서 이루어지면 속지주의에 따라 우리 형법이 적용된다. 판례도, 외국인이 대한민국 공무원에게 알선한다는 명목으로 금품을 수수하는 행위가 대한민국 영역 내

33 주석 형법 총칙(1)(제2판), 한국사법행정학회(2011), 110(신동운).

34 종래 '이중국적자'로 일컬었으나, 이는 셋 이상의 국적을 가진 사람을 포섭하지 못할 뿐 아니라 부정적인 이미지를 내포하고 있어 2010. 5. 4. 국적법 개정을 통해 복수국적자로 용어를 변경하였다. 한편 위 국적법 개정으로 복수국적자는 대한민국의 법령 적용에서 대한민국 국민으로만 처우한다고 규정하여(국적법 제11조의2 제1항) 그 법적 지위를 명확히 하였다.

35 행위지와 결과발생지가 다른 범죄인 이격범(離隔犯)에서 의미를 갖게 된다.

에서 이루어진 이상, 비록 금품수수의 명목이 된 알선행위를 하는 장소가 대한민국 영역 외라 하더라도 대한민국 영역 내에서 죄를 범한 것이므로 형법 제2조에 의하여 대한민국의 형벌법규가 적용되어야 한다고 보고 있다(대법원 2000. 4. 21. 선고 99도3403 판결).[36]

부작위범의 경우는 기대되는 행위를 하였어야 할 장소, 즉 작위의무가 이행되었어야 할 장소가 범죄지가 되고, 미수범의 경우에는 실행행위가 있었던 장소뿐 아니라 행위자의 범행계획에 비추어 볼 때 범죄 결과가 발생할 것으로 예정되었던 장소도 범죄지로 파악된다.

공범의 경우는 정범 뿐 아니라 공범의 행위 장소도 범죄지가 된다. 공동정범은 실행행위를 분담한 곳이 범죄지가 되는 것이 당연한데, 공모공동정범의 경우는 공모가 이루어진 곳도 범죄지에 해당한다.[37]

교사범이나 방조범은 정범의 실행행위 장소 외에 교사나 방조 행위가 행해진 곳도 범죄지에 포함된다(이 경우 정범의 실행행위지는 일종의 결과발생지라고 볼 수 있다). 간접정범의 경우는 피이용자의 실행행위지 외에 이용자의 이용행위지도 범죄지가 된다.

36 하급심으로는, 강도 범행에서 피해자에 대하여 폭행·협박 행위를 한 장소가 외국으로서 대한민국 영역 밖이라 하더라도 강취금의 수령행위가 국내에서 이루어진 이상 대한민국 영역 내에서 죄를 범한 것이 된다고 판단한 사례가 있다[서울고등법원 2013. 12. 6. 선고 2013노1936 판결(상고기각으로 확정)].

37 미국 시민권자인 재미교포 갑과 한국인 을이 홍콩에서 히로뽕을 구입하여 미국령 괌에서 판매하기로 국내에서 공모하고, 을이 홍콩에서 히로뽕을 구입한 후 경유지인 김포공항에서 환적을 위해 항공사측에 의하여 일시적으로 지상반출된 사안에서, 갑은 공모만 있고 실행행위의 분담이 없으므로 '외국인의 국내범'에 해당하지 않는다고 주장하였으나 대법원은 형법 제2조를 적용함에 있어서 공모공동정범의 경우 공모지도 범죄지로 보아야 하므로 갑의 행위가 '국내범'에 해당한다고 판단하였다(대법원 1998. 11. 27. 선고 98도2734 판결).

제 3 조 [내국인의 국외범]

본법은 대한민국영역외에서 죄를 범한 내국인에게 적용한다.

[관련조문] 헌법 제3조(영토), 형법 제2조(국내범), 국적법 제2조, 제3조, 제4조, 아동·청소년의 성보호에 관한 법률 제33조(내국인의 국외범 처벌).

[참고문헌] 김성돈, 형법총론(제5판), 성균관대학교출판부(2017); 박상기, 형법총론(제9판), 박영사(2012); 주석 형법 총칙(1)(제2판), 한국사법행정학회(2011).

Ⅰ. 본조의 의의

본조는 자국의 국적을 가진 자에 대하여는 범죄지를 불문하고 자국의 형법을 적용하는 속인주의 원칙을 선언한 규정이다. 속인주의는 범죄지를 불문하고 사람의 국적을 기준으로 자국 형법의 적용범위를 결정하는 원칙으로서 속지주의를 보충하는 기능을 한다.

본조는 범인을 기준으로 형법의 적용범위를 결정하고 있으므로 적극적 속인주의를 규정한 조문이다. 이에 반해 대한민국 국민이 범죄의 대상이 되는 경우에 형법의 적용범위를 정하고 있는 형법 제6조는 소극적 속인주의를 규정한 조문이다. 앞서 설명한 바와 같이 소극적 속인주의는 보호주의의 다른 표현일 뿐이므로 속인주의라고 하면 적극적 속인주의를 의미하게 된다.

Ⅱ. 입법취지 및 입법례

1. 속인주의의 규정 취지

만약 적극적 속인주의를 인정하지 않는다면 외국에서 죄를 범한 내국인이 외국 행위지법상 범죄가 되지 않을 경우 국내법에 따라 처벌할 수 없게 된다. 행위자는 행위지법에 의해 처벌되지 않을 뿐 아니라 범죄지가 외국이기 때문에 내국법상의 속지주의도 적용할 수 없기 때문이다.

이러한 경우 속인주의를 속지주의와 대등한 원칙으로 설정하면 행위지에서의 처벌 가능 여부와 상관없이 언제나 내국 형법을 적용할 수 있게 된다. 이러한 의미의 속인주의를 '절대적 적극적 속인주의'라고 부른다.[1] 본조가 이러한 절대적 적극적 속인주의를 선언한 것으로 이해하는 것이 통설적 견해이다.

2. 속인주의의 제한 여부

속인주의는 이른바 종족주의에서 유래한다고 설명되는 국제형법 원리이다.[2] 속인주의를 채택하는 경우에도 그 효력범위를 어디까지로 할 것인가 하는 문제는 각국의 입법자가 결단할 사항이다.

독일 형법은 '기타의 국외범에 대한 적용범위'로서 행위지에서 범죄로 되지 않는 경우에는 불가벌로 하고 있고(독일 형법 제7조 제2항), 일본 형법은 '내국인의 국외범'으로 처벌대상이 되는 범죄의 종류를 열거하고 있다(일본 형법 제3조).

이에 반해 우리 입법자는 이러한 제한을 가하고 있지 않다. 따라서 내국인이 외국에서 범한 죄의 종류를 가리지 않고, 또 범죄의 피해자가 내국인인지 외국인인지를 묻지 않고 우리 형법이 적용된다. 외국에서 범죄로 되는 행위인지도 따지지 않는다.

이에 대하여 행위지법에 의해서도 가벌성이 인정될 것을 전제로 하여 내국인의 국외범에 대해 내국 형법을 적용하는 것이 타당하다는 주장이 있다. 이를 제한적 적극적 속인주의라고 부른다. 본조에 쌍방 가벌성의 원칙을 도입하거나 인간의 근본가치를 침해하는 행위에 대하여만 적극적 속인주의의 태도를 유지하는 제한적 해석이 필요하다는 입장이다.[3]

3. 국적의 사후취득과 속인주의

독일 형법은 행위자가 범죄행위 이후에 독일인이 된 경우에도 속인주의를 적용하고 있다(독일 형법 제7조 제2항 제1호). 우리 형법은 이 경우에 관해 아무런 규정을 두고 있지 않다. 아래에서 보는 바와 같이 행위 시점을 기준으로 내국인 여부를 결정해야 한다고 보는 것이 통설적 견해이다. 형법의 적용은 범죄행위시를 기준으로 해야 한다는 것이 그 이유라고 할 수 있다.

그러나 우리 형법의 해석상으로도 행위 후에 대한민국 국적을 취득하여 재판

1 김성돈, 형법총론(제5판), 성균관대학교출판부(2017), 96.
2 박상기, 형법총론(제9판), 박영사(2012), 43.
3 김성돈, 형법총론(제5판), 성균관대학교출판부(2017), 97.

시점에 내국인인 경우에는 본조를 적용하여야 한다는 견해가 있다. 행위시에 대한민국 법률의 수범자가 아니었다는 점에서 사후 국적취득자를 내국인으로 취급하는 것이 죄형법정주의와 관련하여 문제를 야기할 여지가 있지만 대한민국 형법을 적용하지 않게 될 경우 재판 시점에 외국에 자국민을 인도해야 하는 상황이 생길 수 있다는 점을 근거로 한다. 이러한 자국민보호상의 문제점 외에도 행위자가 대한민국 국적을 취득했다는 이유만으로 처벌을 면하는 부당함도 발생하므로 행위 후 대한민국 국적을 취득한 경우에는 일종의 대리주의적 관점에서 행위자가 행위 당시에 대한민국 국적을 가지고 있었던 것으로 취급하여 형법의 적용 문제를 해결하는 것이 타당하다는 것이다.[4]

Ⅲ. 요건

1. 대한민국 영역 외

본조에서 국외범의 범죄지인 '대한민국 영역 외'란 대한민국의 영토, 영해, 영공 이외의 지역을 말한다. '외국의 영역 내'보다 더 넓은 개념이다. 예컨대 공해(公海)상에서 범죄가 발생한 경우가 여기에 해당한다. 북한을 대한민국 영역으로 볼 것인가는 속지주의에서 설명한 바와 같다.

2. 내국인

가. 개념

제2조에서 설명한 바와 같이 '내국인'이라 함은 대한민국 국적을 가진 사람으로 복수국적자를 포함한다. 대한민국 국적의 보유 여부는 '국적법'에 따라 정해진다. '국적법'은 과거 부계혈통주의를 채택하고 있었으나 1997년 양성평등의 관점에서 개정되어 현재는 부모양계(兩系)혈통주의를 취하고 있다(국적법 제2조).

형사재판에서 피고인에게 대한민국 형법을 적용하기 위한 전제로서 대한민국 국적의 보유 여부가 문제 되는 경우 그 보유에 관한 증명책임은 검사에게 있다.[5]

나. 국적의 취득·보유 시점

본조의 적용과 관련하여 내국인이냐 외국인이냐 여부는 범행 당시를 기준으

4 주석 형법 총칙(1)(제2판), 한국사법행정학회(2011), 114(신동운).
5 서울고등법원 2013. 12. 6. 선고 2013노1936 판결(상고기각으로 확정).

로 결정해야 한다는 것이 통설이다. 따라서 대한민국 국민이 범행 후 외국의 국적을 취득한 경우에도 내국인에 해당한다.

이와 관련하여 북한주민을 내국인으로 볼 수 있는지 문제될 수 있다. 이는 주로 북한이탈주민이 탈북하기 전 북한에서 저지른 범죄를 대한민국 형법에 의하여 처벌할 수 있느냐의 문제로 다루어질 것으로 예상된다. 만약 국적을 사후적으로 취득한 경우에도 속인주의가 적용된다는 입장에 선다면 위와 같은 범죄(자)에 대한 재판관할권을 더욱 용이하게 인정할 수 있을 것이다. 형법의 적용범위에 관한 별도의 설시 없이 북한이탈주민이 북한에 있을 때 저지른 범죄에 대하여 우리 형법을 적용해 처벌한 사례[6]가 있다.

3. 국외범

본조의 적용 대상인 '죄'(국외범)는 내국인이 외국에서 저지른, 국내법으로 처벌 가능한 모든 범죄를 말한다. 따라서 도박이 합법화되어 있는 국가(지역)에서 내국인이 도박을 한 경우 우리 형법이 적용되어 도박죄로 처벌된다는 것이 일관된 판례의 태도이다.[7] 이러한 대법원의 입장은 절대적 적극적 속인주의에 입각하여 행위지에서 범죄로 처벌되는지 여부를 위법성조각사유로도 고려하지 않는 것으로 이해된다. 다만 최근 대법원은 대한민국 국적의 피고인이 일본에서 안마사 자격인정을 받지 아니한 종업원들을 고용하여 안마업을 한 사안에서 종업원들의 안마행위가 의료법 제88조 제3호, 제82조 제1항의 구성요건에 해당한다고 볼 수 없어 이들을 고용한 피고인도 양벌규정에 따라 처벌할 수 없다고 판시한 바 있다(대법원 2018. 2. 8. 선고 2014도10051 판결). 이 판례는 이른바 '행정형법'[8]의 역외적용에 관한 사안으로 형법 제8조에 따른 형법총칙의 적용범위와 함께 형법 제3조의 속인주의와도 관련된다는 점에서 의미가 있다.

한편 속인주의는 별도의 입법 조치에 의해 그 실효성이 강화되기도 한다. "국가는 국민이 대한민국 영역 외에서 아동·청소년대상 성범죄를 범하여 형법 제3조에 따라 형사처벌하여야 할 경우에는 외국으로부터 범죄정보를 신속히 입수하여

6 수원지방법원 2014. 5. 16. 선고 2013고합846 판결(항소 및 상고 기각으로 확정).

7 대법원 2001. 9. 25. 선고 99도3337 판결(필리핀에서의 카지노 도박), 대법원 2004. 4. 23. 선고 2002도2518 판결(미국 네바다주에서 카지노 도박), 대법원 2017. 4. 13. 선고 2017도953 판결(필리핀에서의 카지노 도박).

8 일반적으로 행정상의 의무이행 확보를 위한 형벌법규라는 의미로 사용되는 용어이다. (☞ 이와 대비되는 '특별형법'의 의미와 용례는 형법 제8조에 관한 설명 참조)

처벌하도록 노력하여야 한다."고 규정한 아동·청소년의 성보호에 관한 법률 제33조(내국인의 국외범 처벌)가 그 예이다.

제 4 조 [국외에 있는 내국선박 등에서 외국인이 범한 죄]

본법은 대한민국영역외에 있는 대한민국의 선박 또는 항공기내에서 죄를 범한 외국인에게 적용한다.

[관련조문] 헌법 제3조(영토), 형법 제2조(국외범), 선박법 제2조, 항공안전법 제8조, 선박 및 해상구조물에 대한 위해행위의 처벌 등에 관한 법률 제3조.

[참고문헌] 박상기, 형법총론(제9판), 박영사(2012), 주석 형법 총칙(1)(제2판), 한국사법행정학회(2011).

Ⅰ. 본조의 의의

본조는 형법 제2조가 규정하고 있는 속지주의 원칙을 선박과 항공기로 확장한 것이다. 대한민국 영역 외에 있는 대한민국의 선박이나 항공기 내에서 발생한 범죄는 대한민국 영역 내에서 발생한 범죄와 마찬가지로 우리 형법이 적용된다.

이 경우 형법의 적용대상은 국적과 상관없이 우리나라 선박이나 항공기에 있는 모든 사람이 된다. 그런데 내국인에 대하여는 어차피 형법 제3조의 속인주의가 적용되므로 특히 의미가 있는 것은 외국인에 대해서이다. 이 점에 착안하여 본조는 그 대상을 외국인으로 한정하여 규정하고 있다.

Ⅱ. 입법취지 및 입법례

선박이나 항공기는 국적을 가진 국가의 국기를 게양하도록 하고, 그 기국법(旗國法)에 따라 관할권을 결정하는 원칙을 기국주의라고 부른다. 이는 형법의 적용범위에 관하여 속지주의를 연장한 것으로서 대부분의 국가가 채택하고 있다.

이 원칙은 주권국가의 영토고권과 독립성, 평등성에 기초하면서, 동시에 증거조사는 범행 현장에서 하는 것이 소송경제를 도모하고 개별 사건의 실체적 진실을 밝히는 데에 가장 적합하다는 점에 근거를 두고 있다.[1]

Ⅲ. 요건

본조에서 '대한민국 영역 외'란 외국의 영역 내는 물론이고 어느 나라의 영역

1 박상기, 형법총론(제9판), 박영사(2012), 43.

에도 속하지 않는 공해와 공공(公空)을 모두 포함한다.

대한민국의 선박이란 선박법 제2조에 규정된 대한민국 선박을 말한다. 과거에는 선적(船籍)을 기준으로 하는 견해도 있었으나, 무동력선 등에 대하여는 선박의 등록이 없는 경우도 있을 수 있으므로 소유권자를 기준으로 설정하고 있는 선박법 제2조에 따라 대한민국의 선박 여부를 결정하는 것이 타당하다고 본다.

대한민국의 항공기란 항공안전법에 따라 등록되어 대한민국 국적을 취득한 항공기를 말한다(항공안전법 제8조). 항공안전법에 따른 등록을 거치지 않고 대한민국 국민이 소유하고 있는 항공기도 이론상으로는 생각할 수 있으나, 선박과 달리 이러한 경우는 실제상 거의 일어나지 않을 것이다. 항공기의 범위는 항공안전법이 정하는 바에 따른다(항공안전법 제2조 제1호).

본조가 적용되려면 대한민국의 선박 또는 항공기 내에서 범죄 실행행위의 전부 또는 일부가 행해지거나 결과의 전부 또는 일부가 발생하여야 한다. 공해상에서 대한민국 선박에 있는 사람을 살해한 경우, 대한민국 선박에 다른 선박을 충돌시켜 침몰하게 한 경우 등이 여기에 해당하는 예이다.[2]

한편 '선박 및 해상구조물에 대한 위해행위의 처벌 등에 관한 법률'은 대한민국 영역 밖의 대한민국 대륙붕에 있는 해상구조물에서 위 법 제5조부터 제13조까지의 죄를 범한 외국인에 대하여 위 법을 적용하도록 규정하고 있다(제3조 제호 후단). 이는 대륙붕에 있는 해상구조물을 선박처럼 취급하여 속지주의 원칙을 적용한 것으로 이해된다.

2 이상의 설명은 주석 형법 총칙(1)(제2판), 한국사법행정학회(2011), 115(신동운) 이하 참조.

제 5 조 [외국인의 국외범]

본법은 대한민국영역외에서 다음에 기재한 죄를 범한 외국인에게 적용한다.

1. 내란의 죄
2. 외환의 죄
3. 국기에 관한 죄
4. 통화에 관한 죄
5. 유가증권, 우표와 인지에 관한 죄
6. 문서에 관한 죄중 제225조 내지 제230조
7. 인장에 관한 죄중 제238조

[관련조문] 헌법 제3조(영토), 형법 제6조(대한민국과 대한민국국민에 대한 국외범).

[참고문헌] 김일수/서보학, 새로쓴 형법총론(제13판), 박영사(2018); 주석 형법 총칙(1)(제2판), 한국사법행정학회(2011).

Ⅰ. 본조의 의의

본조는 형법 제6조와 함께 형법의 장소적 적용범위에 관하여 보호주의를 선언한 규정이다. 외국인이 대한민국 바깥에서 대한민국에 중대한 위험을 초래하는 죄를 범한 경우에는 대한민국의 이익을 보호하기 위해 그 범죄자를 처벌할 필요가 있다.

형법은 국가적 입장에서 중요한 몇 가지 범죄를 선택하여 대한민국 영역 외에서 외국인이 범한 죄에 대하여 우리 형법을 적용하도록 규정하고 있다.

Ⅱ. 입법취지 및 입법례

보호주의는 자국 또는 자국민의 법익을 침해하는 범죄에 대하여 누구에 의해 어느 곳에서 행하였는가를 불문하고 자국 형법을 적용하는 원칙이다. 이는 내국적 법익은 자국 형법에 의해 보호되어야 한다는 이념에 기초한다.[1] 보호주의 역시

[1] 김일수/서보학, 새로쓴 형법총론(제13판), 박영사(2018), 33.

속지주의와 속인주의를 보완하는 기능을 한다.

본조는 국외에서 대한민국의 중요한 국가적·사회적 법익을 침해하는 특정 범죄를 저지른 외국인에 대하여 대한민국의 재판관할권을 인정하는 것으로서 이를 국가보호주의라고 부르기도 한다. 그런데 보호주의가 적용되는 대상과 범위에 관한 각국의 입법이나 정책이 다를 수밖에 없어 형사재판권의 행사를 둘러싸고 국제적인 마찰을 빚을 수도 있다. 그 예방과 해결책으로 범죄인 인도나 호혜평등의 원칙 등이 제시되고 있다.[2]

Ⅲ. 요건

1. 외국인의 국외범

본조에서 외국인은 대한민국의 국적을 가지지 아니한 사람을 말한다. 즉, 외국 단독국적을 가지고 있거나 무국적자인 사람이다. 대한민국의 국민으로서 자진하여 외국 국적을 취득한 자는 그 외국 국적을 취득한 때에 대한민국 국적을 상실한다(국적법 제15조 제1항). 대한민국의 국민이 미국, 캐나다, 호주, 뉴질랜드 등과 같이 그 나라의 국민이 되는 자격으로서 국적제도를 두지 아니하고 시민권제도를 두고 있는 국가의 시민권을 취득하면 국적법 제15조 제1항에 정한 '자진하여 외국 국적을 취득한 자'에 해당하여 우리나라의 국적을 상실하게 되는 것이지 대한민국과 위 국가의 '복수국적자'가 되어 국적법 제14조 제1항의 규정에 따라 법무부장관에게 대한민국의 국적을 이탈한다는 뜻을 신고하여야 비로소 대한민국의 국적을 상실하게 되는 것은 아니라는 것이 판례의 태도이다[대법원 1999. 12. 24. 선고 99도3354 판결(미국 시민권자), 대법원 1999. 12. 24. 선고 99도3354 판결(뉴질랜드 시민권자) 등].

국외범은 대한민국 영역 외에서 발생한 범죄를 말한다. 형법 제2조, 제3조에서 설명한 바와 같이 범죄의 실행행위 또는 결과 발생이 대한민국의 영역 외에서 이루어지면 이에 해당한다.

2. 적용 대상 범죄

본조는 외국인의 국외범이 처벌되는 경우로 일곱 가지 군(群)의 범죄를 들고 있다. 본조의 열거는 예시적 열거가 아니라 제한적 열거이다.

2 김일수/서보학, 새로쓴 형법총론(제13판), 박영사(2018), 33.

가. 내란의 죄

대한민국의 존립을 위태롭게 하는 범죄이므로 외국인의 국외범을 처벌한다.

나. 외환의 죄

우리나라에 적성(敵性)을 가진 외국인이 내국인과 내통하거나 공모를 하는 경우에 외국인의 국외범을 처벌한다. 그러나 국가보안법위반죄는 여기에 명시되어 있지 않으므로 본조의 적용대상이 되지 아니한다.[3]

다. 국기에 관한 죄

대한민국의 상징이라고 볼 수 있는 국기를 보호하기 위하여 외국인의 국외범을 처벌하기로 한 것이다. 신생 대한민국이 출범할 당시 대한민국의 권위를 강조하기 위하여 이 조문을 둘 필요가 있었으나 외국인의 국외범을 처벌하는 것은 외교적으로 불필요한 마찰을 야기할 필요가 있으므로 입법론상 재고의 여지가 있다는 견해가 있다.[4]

라. 통화에 관한 죄

대한민국 경제에서 통화나 화폐가 차지하는 중요성을 감안하여 외국인의 국외범을 처벌하기로 한 것이다. 또한 위조통화의 유통을 방지하기 위한 국제적 협력을 나타내는 의미도 있어서 세계주의의 성격도 함께 가지고 있다.

마. 유가증권, 우표와 인지에 관한 죄

통화는 아니지만 경제활동 등에 많은 영향을 미치는 것이어서 외국인의 국외범을 처벌하기로 한 것이다.

바. 문서에 관한 죄

문서에 관한 죄 가운데 거래사회에서 특히 중요한 기능을 수행하는 공문서 관련 범죄에 대하여 외국인의 국외범을 처벌한다.

사. 인장에 관한 죄

인장에 관한 죄 가운데 공인(公印) 위조 등 범죄에 대하여 외국인의 국외범을

3 독일인이 독일 내에서 북한의 지령을 받아 베를린 주재 북한이익대표부를 방문하고 그곳에서 북한 공작원을 만났다면 위 각 구성요건상 범죄지는 모두 독일이므로 이는 외국인의 국외범에 해당하여, 형법 제5조와 제6조에서 정한 요건에 해당하지 않는 이상 위 각 조항을 적용하여 처벌할 수 없다(대법원 2008. 4. 17. 선고 2004도4899 전원합의체 판결).

4 주석 형법 총칙(1)(제2판), 한국사법행정학회(2011), 117(신동운).

처벌한다. 판례는 사인위조죄는 본조의 적용대상이 되지 않는다고 하여 본조의 열거는 제한적 열거임을 분명히 하고 있다.[5]

5 형법 제239조 제1항의 사인위조죄는 형법 제6조의 대한민국 또는 대한민국국민에 대하여 범한 죄에 해당하지 아니하므로 중국 국적자가 중국에서 대한민국 국적 주식회사의 인장을 위조한 경우에는 외국인의 국외범으로서 그에 대하여 재판권이 없다(대법원 2002. 11. 26. 선고 2002도4929 판결).

제 6 조 [대한민국과 대한민국국민에 대한 국외범]

본법은 대한민국영역외에서 대한민국 또는 대한민국국민에 대하여 전조에 기재한 이외의 죄를 범한 외국인에게 적용한다. 단 행위지의 법률에 의하여 범죄를 구성하지 아니하거나 소추 또는 형의 집행을 면제할 경우에는 예외로 한다.

[관련조문] 헌법 제3조(영토), 형법 제5조(외국인의 국외범), 선박 및 해상구조물에 대한 위해행위의 처벌 등에 관한 법률 제3조.

Ⅰ. 본조의 의의

본조는 형법 제5조와 함께 보호주의에 입각한 규정이다. 즉 제5조에 기재된 죄 이외의 대한민국 또는 대한민국 국민에 대한 외국인의 국외범은 본조에 의하여 우리 형법이 적용되게 된다.

본조의 적용 대상 중 '대한민국'에 대한 죄 부분은 국가보호주의로서 형법 제5조를 보충하는 성격을 지니고 있다. '대한민국 국민에 대한 죄' 부분은 앞서 설명한 소극적 속인주의로서 국민보호주의를 채택한 것이다.

다만 본조는 단서에서 쌍방 가벌성의 원칙을 채택하고 있다는 점에서 형법 제5조에 비해 보호의 정도가 완화되어 있다.

Ⅱ. 입법취지 및 입법례

본조에서 특히 의미가 있는 부분은 외국인이 국외에서 '대한민국 국민'에 대하여 범죄를 저지른 경우이다. 자국민보호의 필요성에도 불구하고 속지주의나 속인주의로는 우리 형법을 적용하여 처벌할 수 없기 때문이다.

개별 입법에서 보호주의의 적용 대상을 명시적으로 확장한 경우도 있다. '선박 및 해상구조물에 대한 위해행위의 처벌 등에 관한 법률'은 대한민국 영역 밖에서 대한민국의 대륙붕에 있는 해상구조물에 대하여 위 법 제5조부터 제13조까지의 죄를 범한 외국인에 대하여 위 법을 적용하도록 규정하고 있다(제3조 제2호 전단).

Ⅲ. 요건

1. 국외범의 범위

본조 역시 형법 제5조와 마찬가지로 외국인의 국외범을 대상으로 하고 있다. 외국인과 내국인의 구별기준, 국내범과 국외범의 구별기준은 형법 제2조, 제3조에서와 다르지 않다.

본조에서 '대한민국 또는 대한민국 국민에 대하여 죄를 범한 때'란 대한민국 또는 대한민국 국민의 법익이 직접적으로 침해되는 결과를 야기하는 죄를 범한 경우를 의미한다(대법원 2011. 8. 25. 선고 2011도6507 판결). 즉 외국인이 국외에서 형법 제5조에 열거된 죄 이외에 대한민국 혹은 대한민국 국민의 법익을 직접적으로 침해하는 범죄를 저지른 경우에 대한민국이 재판권을 갖게 된다.

판례에 따르면, 외국인이 국외에서 범한 형법 제234조의 위조사문서행사죄는 형법 제6조의 대한민국 또는 대한민국 국민의 법익을 직접적으로 침해하는 행위라고 볼 수 없고(대법원 2011. 8. 25. 선고 2011도6507 판결), 형법 제239조 제1항의 사인위조죄는 형법 제6조의 대한민국 또는 대한민국국민에 대하여 범한 죄에 해당하지 아니한다(대법원 2002. 11. 26. 선고 2002도4929 판결).

이에 반해, 내국 법인의 대표자인 외국인이 내국 법인이 외국에 설립한 특수목적법인에 위탁해 둔 자금을 정해진 목적과 용도 외에 임의로 사용한 데 따른 횡령죄의 피해자는 당해 금전을 위탁한 내국 법인이므로 그 행위가 외국에서 이루어진 경우에도 행위지의 법률에 의하여 범죄를 구성하지 아니하거나 소추 또는 형의 집행을 면제할 경우가 아니라면 그 외국인에 대해서도 우리 형법이 적용되어 우리 법원에 재판권이 있다고 보고 있다(대법원 2017. 3. 22. 선고 2016도17465 판결).

외국인이 북한 지역으로 들어간 행위가 국가보안법상 잠입·탈출죄에 해당하는지와 관련하여, 판례는 두 차례의 입장 변경을 거쳐 외국인의 국외범으로 파악하고 있음은 앞서 설명한 바와 같다.

2. 형법의 적용 배제

대한민국과 대한민국 국민에 대한 외국인의 국외범이 행위지의 법률에 의하여 범죄를 구성하지 아니하거나 소추 또는 형의 집행이 면제되는 경우에는 우리 형법이 적용되지 아니한다(본조 단서). 이는 쌍방 가벌성의 원칙을 채택한 것으로서 외국인의 국외범에 대하여 지나치게 재판권이 확장됨으로써 빚어지는 외교적 마찰을 피하기 위한 것으로 이해된다.

여기에서 '행위지의 법률'이란 구성요건적 행위가 이루어진 장소의 법률을 말한다. 범죄가 공해상에서 발생했다면 '행위지의 법률' 자체가 존재하지 아니하여 본조 단서는 적용될 여지가 없다.[1]

행위지의 법률에 의하여 범죄를 구성하는지 여부는 엄격한 증명에 의하여 검사가 이를 입증하여야 한다(대법원 1973. 5. 1. 선고 73도289 판결, 대법원 2008. 7. 24. 선고 2008도4085 판결, 대법원 2011. 8. 25. 선고 2011도6507 판결, 대법원 2017. 3. 22. 선고 2016도17465 판결). 외국법에 의한 소추면제나 형집행면제는 친고죄의 고소 등 소추조건이나 친족상도례 규정 등을 염두에 둔 것으로 보이는데[서울고등법원 2013. 12. 6. 선고 2013노1936 판결(상고기각으로 확정)], 이 역시 검사가 증명하여야 할 것이다.

본조 단서 규정에 의하여 우리나라에 재판권이 없는 경우에는 형사소송법 제327조 제1호에 따라 공소기각의 판결을 선고하여야 한다.

1 아덴만 소말리아 해적 사건인 부산지방법원 2011. 5. 27. 선고 2011고합93 판결 참조.

제 7 조 [외국에서 집행된 형의 산입]

죄를 지어 외국에서 형의 전부 또는 일부가 집행된 사람에 대해서는 그 집행된 형의 전부 또는 일부를 선고하는 형에 산입한다.

[전문개정 2016. 12. 20.]

[2016. 12. 20. 법률 제14415호에 의하여 2015. 5. 28. 헌법재판소에서 헌법불합치 결정된 이 조를 개정함.]

[참고문헌] 주석 형법 총칙(1)(제2판), 한국사법행정학회(2011).

Ⅰ. 본조의 의의

본조는 국가간 재판관할권의 경합으로 인해 외국에서 이미 형의 집행을 받은 사람에 대하여 다시 우리 형법을 적용해 형을 선고하는 경우 외국에서 집행된 형의 전부 또는 일부를 산입하도록 하는 규정이다. 형사판결은 국가주권의 일부분인 형벌권 행사에 기초한 것이므로 외국에서 이미 형의 집행을 받은 사람에 대하여 다시 우리 형법을 적용하여 처벌하는 것이 가능하다(대법원 1979. 4. 10. 선고 78도831 판결). 헌법은 동일한 범죄에 대하여 거듭 처벌받지 아니한다고 규정하고 있으나(제13조 제1항 후문), 외국의 형사판결은 우리나라 법원을 기속할 수 없고 우리나라에서는 기판력도 없어 일사부재리의 원칙이 적용되지 않기 때문이다(대법원 2017. 8. 24. 선고 2017도5977 전원합의체 판결).[1]

그러나 피고인의 입장에서 보면 실질적으로 두 번 처벌받는 결과가 될 수 있다. 이러한 불이익을 완화하기 위하여 종래 형법은 외국에서 형의 집행을 받은 경우를 형의 임의적 감경 또는 면제 사유로 규정하고 있었다.

이에 대하여 국제적인 차원에서도 이중처벌금지의 원칙을 인정해야 한다는 비판이 제기되어 왔다. 헌법재판소는 이러한 개정 전 본조[2]에 대하여, 우리 형법

1 다만 국제형사재판소 관할 범죄의 처벌 등에 관한 법률은, 집단살해죄등의 피고사건에 관하여 이미 국제형사재판소에서 유죄 또는 무죄의 확정판결이 있은 경우에는 판결로써 면소를 선고하도록 규정하고 있다(제7조).

2 2016. 12. 20. 개정 전 형법 제7조(외국에서 받은 형의 집행) 범죄에 의하여 외국에서 형의 전부 또는 일부의 집행을 받은 자에 대하여는 형을 감경 또는 면제할 수 있다.

에 의한 처벌시 외국에서 받은 형의 집행을 전혀 반영하지 아니할 수도 있도록 한 것은 과잉금지원칙에 위배되어 신체의 자유를 침해한다는 이유로 헌법불합치 결정을 하였다(헌법재판소 2015. 5. 28. 선고 2013헌바129 전원재판부 결정).

이에 따라 2016. 12. 20. 형법이 개정되어, 외국에서 형의 전부 또는 일부가 집행된 사람에 대하여 국내에서 형을 선고할 경우 외국에서 집행된 형의 전부 또는 일부를 반드시 산입하도록 하였다.

Ⅱ. 입법취지 및 입법례

본조의 취지는, 외국에서 형사처벌을 과하는 확정판결을 받은 피고인이 동일한 행위에 관하여 우리나라 형벌법규에 따라 다시 처벌받는 경우에 생길 수 있는 실질적인 불이익을 완화하려는 것이다(대법원 2017. 8. 24. 선고 2017도5977 전원합의체 판결).

일본 형법은 외국판결의 법적 효과에 관하여 "형의 집행을 감경 또는 면제한다"고 규정하고 있다(일본 형법 제5조 참조). 이에 반해 개정 전 본조는 외국판결의 집행을 '형집행'이 아니라 '형' 자체의 감경 또는 면제사유로 하면서 그 적용도 임의적인 것으로 규정하여 헌법불합치 결정을 받은 것이다.

Ⅲ. 요건

1. 외국에서의 형의 집행

본조가 적용되려면 피고인이 외국에서 형의 전부 또는 일부를 집행받은 사람이어야 한다. 여기서 '외국에서 형의 전부 또는 일부가 집행된 사람'이란 '외국 법원의 유죄판결에 의하여 자유형이나 벌금형 등 형의 전부 또는 일부가 실제로 집행된 사람'을 말한다(대법원 2017. 8. 24. 선고 2017도5977 전원합의체 판결).

본조가 적용되려면 외국에서 형이 실제로 집행되었어야 한다. 유죄판결을 선고받은 경우라 하더라도 집행유예, 선고유예, 형집행면제 등에 의하여 형의 집행이 이루어지지 아니한 경우에는 본조가 적용되지 않는다.[3]

형사사건으로 외국 법원에 기소되었다가 무죄판결을 받은 사람은, 설령 그가 무죄판결을 받기까지 상당 기간 미결구금되었더라도 이를 유죄판결에 의하여 형

3 주석 형법 총칙(1)(제2판), 한국사법행정학회(2011), 122(신동운).

이 실제로 집행된 것으로 볼 수는 없으므로, '외국에서 형의 전부 또는 일부가 집행된 사람'에 해당한다고 볼 수 없고, 그 미결구금 기간은 형법 제7조에 의한 산입의 대상이 될 수 없다(대법원 2017. 8. 24. 선고 2017도5977 전원합의체 판결).

2. 형의 필요적 산입

본조는 형의 임의적 감면주의에서 필요적 산입주의로 변경한 것이다. 따라서 외국에서 집행된 형의 전부 또는 일부를 대한민국에서 선고하는 형에 반드시 산입하여야 한다. 산입되는 범위는 외국에서 집행받은 형의 종류와 집행 정도 등을 종합적으로 고려하여 법원의 재량으로 적정하게 결정할 수 있을 것이다.

외국에서 형의 집행을 받은 사실은 실체법적 사실이 아니라 소송법적 사실에 해당하므로 이를 입증함에는 엄격한 증명을 요하지 않고 자유로운 증명으로 족하다고 생각된다.[4]

4 주석 형법 총칙(1)(제2판), 한국사법행정학회(2011), 122(신동운).

제 8 조 [총칙의 적용]

본법 총칙은 타법령에 정한 죄에 적용한다. 단, 그 법령에 특별한 규정이 있는 때에는 예외로 한다.

[참고문헌] 김성돈, 형법총론(제5판), 성균관대학교출판부(2017); 김일수/서보학, 새로쓴 형법총론(제13판), 박영사(2018); 박상기, 형법총론(제9판), 박영사(2012); 박상기/전지연, 형법학(총론·각론 강의)(제4판), 집현재(2018); 배종대, 형법총론(제13판), 홍문사(2017); 손동권/김재윤, 새로운 형법총론(초판), 율곡출판사(2011); 신동운, 형법총론(제8판), 법문사(2014); 이재상 외 2인, 형법총론(제9판), 박영사(2017); 정성근/박광민, 형법총론(제2판), 성균관대학교출판부(2015); 정영일, 형법강의(총론)(제3판), 학림(2017); 주석 형법 총칙(1)(제2판), 한국사법행정학회(2011).

Ⅰ. 본조의 의의

1. 본문과 단서의 입법취지

형법 제1편 총칙은 기본적으로는 형법 제2편 각칙의 죄에 관하여 일반원칙을 규정해 놓은 것이다. 그런데 "본법 총칙은 타법령에 정한 죄에 적용한다"고 규정한 본조 본문에 의하여 형법총칙의 규정은 형법전 이외의 형벌법규에 규정된 범죄에 대하여도 일반원칙으로 적용된다. 그 결과 형법총칙의 규정은 우리나라의 전체 형벌법규 체계에서 일반원칙의 지위를 가지게 된다.

그렇지만 "단, 그 법령에 특별한 규정이 있는 때에는 예외로 한다"고 규정한 본조 단서에 의하여, 개개의 형벌법규에 특별한 규정이 있는 때에는 그 규정에 따르게 된다. 그 결과 위 한도 내에서는 본조가 형법총칙의 적용을 배제하는 기능도 수행한다. 이러한 예외규정이 필요한 이유는 형법전이 기본적으로 자연범을 대상으로 하는 것에 반해 형법 이외의 형벌법규는 해당 법률의 목적을 달성하기 위하여 벌칙을 둔 것이기 때문이다. 이러한 사정은 특히 행정 목적을 달성하기 위한 행정형벌법규에서 뚜렷이 나타난다. 본조 단서는 일정한 행정 목적을 달성함에 있어 자연범 위주의 형법총칙 규정을 적용하는 것이 합목적적이지 않은 경우에 대비한 것이라고 할 수 있다.[1]

2. 타법령에 정한 죄

형법총칙은 원칙적으로 타법령에 정한 죄에 적용한다(본조 본문). 여기에서 '타법령에 정한 죄'란 형법전 이외의 법령 위반행위에 대하여 형법 제41조가 규정한 형벌을 부과하도록 규정해 놓은 경우를 말한다. 벌칙에 형법 제41조에 열거된 형벌이 규정되어 있기만 하면 족하고, 그 타법령의 규정 형식은 묻지 않는다.

형법전 이외에 범죄와 형벌을 규정하고 있는 법령을 광의의 특별형벌법규라고 부른다면 여기에는 특별형법과 행정형법이 있다고 할 수 있다. 위 두 형벌법규 부류는 강학상 개념이고, 그 구분이 명확하지 않다는 한계가 있지만 대체로 전자의 형벌법규는 기존 형벌법규의 법정형으로는 어떤 범죄행위를 예방하고 척결하기에 미흡하다는 입법정책적 고려에 따라 이를 가중처벌하거나 절차상의 특별규정을 마련해 둔 법규를 말하고, 후자의 형벌법규는 어떠한 행정 목적의 실현을 담보하기 위해 그 위반행위에 대하여 형벌을 부과하는 법규를 말한다.

우리나라는 행정형벌법규는 물론 형법의 특별규정이라 할 수 있는 특별형벌법규가 매우 많이 제정되어 있는데, 특히 후자, 즉 특별형법의 성격을 지닌 법률로는, 경범죄처벌법, 국가보안법, 폭력행위 등 처벌에 관한 법률, 특정범죄 가중처벌 등에 관한 법률, 특정경제범죄 가중처벌 등에 관한 법률, 부정수표단속법, 교통사고처리특례법, 도로교통법, 성폭력범죄의 처벌 등에 관한 특례법, 아동·청소년의 성보호에 관한 법률, 마약류관리에 관한 법률, 군형법 등을 들 수 있다.

이하의 형법 제8조에 관한 설명에서는 본조 본문의 '타법령'(단서의 '그 법령'도 같다)을 가리켜 광의의 개념인 '특별형벌법규'라는 용어를 사용하되, 개별 법규의 성격에 따라 특별형법이나 행정형법(행정형벌법규) 등의 용어도 병용하기로 한다.

3. 총칙규정의 범위

가. 일반론

특별형벌법규에서 형법총칙 규정의 적용을 배제한다는 특별한 규정을 두지

1 주석 형법 총칙(1)(제2판), 한국사법행정학회(2011), 123(신동운) 참조.

않는 한 형법의 총칙규정은 원칙적으로 그 법규에서 규정한 범죄에 그대로 적용된다. 따라서 자유형의 장기와 단기, 재산형의 최고액과 최저액, 몰수, 추징, 노역장유치 등 형에 관한 규정은 물론이고 고의, 과실, 미수범처벌, 위법성조각사유, 책임조각사유, 공범규정 등이 모두 적용된다.[2]

나. 고의, 공범 규정

먼저 고의에 관하여 보면, 형법 제13조 단서에서 말하는 '특별한 규정이 있는 때'라 함은 다른 형벌법규에 의하여 처벌하는 죄의 성립에 고의를 요하지 아니한다는 명문의 규정이 있거나 그 법률규정상으로 그러한 취지를 명백하게 알 수 있는 경우를 의미하므로, 이와 같은 특별한 규정이 있는 경우에 해당하는 것으로 인정되지 아니하는 특별형벌법규의 경우에는 일반형벌의 원칙에 따라 고의를 필요로 한다는 것이 일관된 판례의 입장이다.[3]

공범에 관하여는 각종 특별형벌법규에 많이 규정되어 있는 대향범적 성격의 범죄에서 대향자 상호간에 형법총칙의 공범 규정을 적용할 수 있는지가 문제된다. 대향범은 행위자들의 의무위반 내지 범죄실현 행위가 상호 반대되는 방향으로 결합하여 범죄구성요건이 충족되는 필요적 공범의 한 유형이다. 이 중 대향자의 일방에 대하여만 처벌 규정이 있는, 이른바 편면적 대향범의 경우에 상대방 대향자가 범행을 공모, 교사, 방조하였다 하여 공범으로 처벌할 수 있는지의 문제이다. 판례는, 구 관세법상 관세감면물품의 용도외 사용 범죄에서 위 물품을 양도한 자,[4] 구 종합금융회사에 관한 법률상의 동일인 한도 초과 신용공여 및 구 상호신용금고법상의 동일인에 대한 대출한도 위반 범죄에서 한도 초과 대출을 받은 자,[5] 구 증권거래법상의 미공개정보 이용 범죄에서 제1차 정보수령자로부터 미공개 내부정보를 전달받아 이용한 제2차 정보수령자,[6] 변호사법상 비변호사와의 동업 범죄에서 변호사 아닌 자에게 고용된 변호사,[7] 세무사법상 세무사의 사무직원으로부터 그 직무상 지득한 비밀을 누설받은 자[8]에 대하여 형법총칙상의 공범규정을

2 주석 형법 총칙(1)(제2판), 한국사법행정학회(2011), 124(신동운).
3 대법원 1965. 6. 29. 선고 65오1 판결(집13-1, 형46). 대법원 1994. 5. 27. 선고 93도3377 판결, 대법원 1996. 12. 10. 선고 95도830 판결.
4 대법원 1988. 4. 25. 선고 87도2451 판결.
5 대법원 2002. 7. 22. 선고 2002도1696 판결.
6 대법원 2002. 1. 25. 선고 2000도90 판결.
7 대법원 2004. 10. 28. 선고 2004도3994 판결.
8 대법원 2007. 10. 25. 선고 2007도6712 판결.

적용할 수 없다고 본다. 이러한 범죄에 관여하는 행위는 위 범죄가 성립하는 데 당연히 예상될 뿐 아니라 범죄의 성립에 없어서는 아니 되는 것인데도 이를 처벌하는 규정이 없는 이상 그 입법취지에 비추어 가벌적 대향자의 공범으로서 처벌할 수는 없다는 것이다. 이러한 판례의 태도는, 2인 이상의 서로 대향된 행위의 존재를 필요로 하는 범죄에 있어서는 공범에 관한 형법총칙 규정의 적용이 있을 수 없고 따라서 상대방의 범행에 대하여 공범관계도 성립되지 아니한다는 종래의 판례[9]와 궤를 같이하는 것이다.

Ⅱ. 총칙규정의 적용 배제

1. '타법령의 특별한 규정'의 형식

본조 단서는 입법에 의한 형법총칙 적용 배제의 가능성을 열어놓고 있다. 본조 본문의 '타법령'과 단서의 '그 법령'은 형법전이 아닌 것으로서 동일한 법령을 가리킨다.[10]

여기서 '타법령'의 형식에 관하여 본조 단서는 특별히 규정하고 있지 않다. 이와 관련하여 명문의 규정이 없더라도 법령의 취지에 비추어 총칙의 적용을 배제할 수 있다고 보는 견해가 있다. 행정법학계에서 이러한 견해를 취하는 학자들이 많다. 그러나 성문법률인 형법전의 총칙규정의 적용을 배제하는 근거라는 점과 규율대상이 형벌에 관한 사항이라는 점 등을 고려할 때 여기서의 타법령은 성문의 법률 형식이어야 한다고 본다.[11]

2. 행정형벌에서의 과실범 적용 여부

본조 단서의 '특별한 규정'과 관련하여 많이 논의되는 문제는, 각종 행정법규의 벌칙규정을 적용할 때 '과실' 또는 '과실로 인하여'라는 구성요건 표지가 명시되어 있지 않아도 규제대상 행위를 과실범으로 처벌할 수 있는가 하는 점이다.[12]

부정수표단속법이 과실범까지 처벌하는가가 문제된 사안에서, 대법원은 "(과실범처벌이) 법규의 명문으로서 규정되었다거나 그 명문이 없다 하여도 법규의 규정 중 위와 같은 취지를 명백히 확인할 수 있는 경우"라는 판단기준을 제시하면

9 대법원 1985. 3. 12. 선고 84도2747 판결, 대법원 1988. 4. 25. 선고 87도2451 판결 등.
10 주석 형법 총칙(2)(제2판), 한국사법행정학회(2011), 125(신동운).
11 주석 형법 총칙(1)(제2판), 한국사법행정학회(2011), 125(신동운).
12 주석 형법 총칙(1)(제2판), 한국사법행정학회(2011), 124(신동운).

서 이 기준에 해당하지 않는다는 이유로 과실범 처벌을 부정하였다.[13] 이러한 취지는 소방법 위반 사건에서 확인되었다.[14]

이어 대법원은 전기통신법 위반 사건에서, "죄의 구성요건으로서의 책임조건인 과실은 정상인의 통상적인 주의를 태만함으로 인하여 죄의 성립요소인 사실을 인식하지 못하는 것을 말하고 이와 같은 과실범은 법률에 특별한 규정이 있는 경우에 한하여 처벌하며 형벌법규의 성질상 특별한 규정은 그 명문에 의하여 명백, 명료하여야 한다"고 판시하여 엄격한 기준을 제시하였다.[15]

그러나 대기환경보전법 위반 사건에서는 "위 법의 입법목적이나 제반 관계규정의 취지 등을 고려하면, (중략) [처벌규정은] 고의범 즉, 자동차의 운행자가 그 자동차에서 배출되는 배출가스가 소정의 운행 자동차 배출허용기준을 초과한다는 점을 실제로 인식하면서 운행한 경우는 물론이고, 과실범 즉, 운행자의 과실로 인하여 그러한 내용을 인식하지 못한 경우도 함께 처벌하는 규정이라고 해석함이 상당하다 할 것"이라고 판시하였다.[16]

대법원은 이후 공중위생법 위반 사건에서, "행정상의 단속을 주안으로 하는 법규라 하더라도 명문규정이 있거나 해석상 과실범도 벌할 뜻이 명확한 경우를 제외하고는 형법의 원칙에 따라 고의가 있어야 벌할 수 있다"는 기준을 제시하여[17] 위 65도1 및 85도108 판례에서의 기준을 재확인하였다.

위와 같이 각종 행정법규의 벌칙규정과 과실범 처벌의 관계에 관하여 판례는 일관된 태도를 보이고 있지 않다. "법률에 특별한 규정이 있는 경우에 한하여" 과실범을 처벌하도록 한 형법 제14조에 비추어 볼 때 위 83도2467 판례의 기준으로 판단기준을 통일하는 것이 죄형법정주의를 충실하게 구현하는 길이라고 생각된다.[18]

3. 특별한 규정의 종류

가. 범죄의 주체

형법총칙은 범죄의 주체에 관하여 특별한 규정을 두고 있지 않다. 자연인이

13 대법원 1965. 6. 29. 선고 65도1 판결(집13-1, 형46).
14 대법원 1986. 7. 22. 선고 85도108 판결.
15 대법원 1983. 12. 13. 83도2467 판결.
16 대법원 1993. 9. 10. 92도1136 판결.
17 대법원 2010. 2. 11. 선고 2009도9807 판결.
18 이상의 설명은 주석 형법 총칙(1)(제2판), 한국사법행정학회(2011), 125(신동운) 이하 참조.

범죄의 주체임을 전제로 하였기 때문이라고 생각된다. 따라서 자연인 이외의 자를 처벌하는 것은 형법총칙에 대한 예외가 된다. 행정법규의 벌칙조항 가운데 법인 처벌을 규정한 조문, 특히 양벌규정은 위 '특별한 규정'의 대표적인 예이다.

한편 각종 특별형벌법규에서 범죄의 주체를 공무원으로 의제하는 경우가 있다. 특정범죄 가중처벌 등에 관한 법률 제4조, 공공기관의 운영에 관한 법률 제53조,[19] [20] 도시 및 주거환경정비법 제134조[21] 등은 일정한 범위의 자를 뇌물죄의 적용과 관련하여 공무원으로 보도록 규정하고 있다. 위 법률 규정으로 공무원으로 의제되어 적용대상이 확대되는 범죄는 형법 제129조 내지 제132조이므로 본조 단서가 적용되는 예는 아니다. 다만 신분을 확장하는 특별규정이라는 점에서 실질적으로 기능은 같다고 할 수 있다.[22]

나. 위법성조각사유, 책임조각사유 등

타법령에서 형법상의 위법성조각사유나 책임조각사유를 확대하는 경우가 있다. 위법성조각사유를 확장하는 경우로 예컨대 정당방위와 과잉방위를 규정한 폭력행위 등 처벌에 관한 법률 제8조를 들 수 있다.

한편 노동조합 및 노동관계조정법 제4조는 정당행위 조항을 두고 있고, 부정청탁 및 금품등 수수의 금지에 관한 법률 제5조 제2항 제7호, 제8조 제3항 제8호는 부정청탁이나 수수금지 금품에 해당하지 않는 경우로서 사회상규에 위배되지 않거나 사회상규에 따라 허용되는 경우를 명시하고 있다. 이러한 입법은 형법총칙상 위법성조각사유에 대한 특별규정을 둔 것으로 이해할 수 있다.

조세범 처벌법 제20조 및 관세법 제278조는 형법 제38조 제1항이 규정한 동시적 경합범의 처리기준 가운데 제2호 중 벌금경합에 관한 제한가중규정을 적용하지 않도록 규정하고 있다.

담배사업법 제31조는 형법상 형사책임무능력자(제9조), 심신미약(제10조 제2항),

19 '공공기관의 운영에 관한 법률' 제53조(벌칙 적용에서의 공무원 의제) 공공기관의 임직원, 운영위원회의 위원과 임원추천위원회의 위원으로서 공무원이 아닌 사람은 형법 제129조(수뢰, 사전수뢰) 내지 제132조(알선수뢰)의 적용에 있어서는 이를 공무원으로 본다.

20 구 '공공기관의 운영에 관한 법률'(2007. 1. 19. 법률 제8258호로 제정되고, 2016. 3. 22. 법률 제14076호로 개정되기 전의 것) 제53조 중 '공기업의 직원'에 관한 부분이 과잉금지원칙에 위배되지 않는다고 판단하였다(헌법재판소 2016. 12. 29. 선고 2015헌바225 전원재판부 결정).

21 '도시 및 주거환경정비법' 제134조(벌칙 적용에서 공무원 의제) 추진위원장·조합임원·청산인·전문조합관리인 및 정비사업전문관리업자의 대표자(법인인 경우에는 임원을 말한다)·직원 및 위탁지원자는 '형법' 제129조부터 제132조까지의 규정을 적용할 때에는 공무원으로 본다.

22 주석 형법 총칙(1)(제2판), 한국사법행정학회(2011), 127(신동운).

농아자(제11조), 법률의 착오(제16조), 방조범 감경(제32조 제2항), 벌금 경합에 관한 제한가중(제38조 제1항 제2호), 작량감경(제53조)의 적용을 배제하는 광범위한 특별규정을 두고 있어 특히 주목된다.[23]

다. 미수범 등

각종 특별형벌법규에서 미수, 예비 등에 관한 규정을 둔 경우가 있다. 밀수출입죄와 관세포탈죄 등에 따른 행위에 대한 교사·방조, 위 죄 등의 미수범과 예비에 대한 특별규정인 관세법 제271조가 그 예이다.

라. 몰수·추징

형법의 임의적 몰수·추징(제48조)에 대한 특별규정으로 필요적 몰수·추징을 규정한 법률이 많다. 국가보안법 제15조, 관세법 제282조, 마약류 관리에 관한 법률 제67조, 특정범죄 가중처벌 등에 관한 법률 제13조 등이다. 또한 물건이 아닌 재산 자체에 대한 몰수를 규정한 특별규정으로 공무원범죄에 관한 몰수특례법 제3조, 마약류 불법거래 방지에 관한 특례법 제13조, 불법정치자금 등의 몰수에 관한 특례법 제3조, 범죄수익 은닉의 규제 및 처벌 등에 관한 법률 제8조[24] 등이 있다.[25]

마. 경과규정

형벌법규의 개정 또는 폐지에 의하여 형이 가볍게 되거나 또는 폐지되었으나 경과규정에 의하여 종전의 행위를 그대로 처벌하도록 하는 경우가 있다. 이 경우의 처벌가능성에 관하여 판례는 "형법 제1조 제2항 및 제8조에 의하면 범죄 후 법률의 변경에 의하여 형이 구법보다 경한 때에는 신법에 의한다고 규정하고 있으나 신법에 경과규정을 두어[26] 이러한 신법의 적용을 배제하는 것도 허용"된다는 입장을 취하고 있다(대법원 1999. 12. 24. 선고 99도3003 판결). 이 때 신법의 경과규정은 형법 제8조 단서의 '특별한 규정'에 해당한다.[27]

23 주석 형법 총칙(1)(제2판), 한국사법행정학회(2011), 127(신동운).

24 범죄수익이 된 암호화폐(비트코인)도 몰수할 수 있는지 문제된 사안에서 대법원은, 범죄수익 은닉의 규제 및 처벌 등에 관한 법률에 정한 중대범죄에 해당하는 범죄행위에 의하여 취득한 것으로 재산적 가치가 인정되는 무형재산도 몰수할 수 있으므로 음란물유포, 도박범죄로 취득한 비트코인이 특정되어 있는 이상 이를 몰수할 수 있다는 취지로 판시하였다(대법원 2018. 5. 30. 선고 2018도3619 판결).

25 주석 형법 총칙(1)(제2판), 한국사법행정학회(2011), 128(신동운).

26 보통 개정법의 부칙에, "동법 시행 전에 행한 구법 위반행위에 대한 벌칙의 적용은 종전의 규정에 의한다"는 조문을 두는 입법형식을 취한다.

27 주석 형법 총칙(1)(제2판), 한국사법행정학회(2011), 128(신동운).

Ⅲ. 양벌규정

1. 양벌규정의 의의

가. 양벌규정의 개념과 역할

여러 분야의 행정 법규에서는 조직화된 실체를 갖추고 영업 내지 업무[28] 활동을 하는 자를 규율 대상으로 하면서 의무위반행위에 대한 제재로 형벌을 부과하는 경우가 많다. 이러한 행정형벌법규들은 대부분 양벌규정이라는 입법형식을 취하고 있다. 양벌규정이란 해당 법률에 따른 의무를 직접 위반한 사람을 벌하는 외에 위 행위자와 일정한 관계를 맺고 있는 다른 주체도 함께 처벌하는 조문을 말한다. 이는 종업원[29] 등의 실제 위반행위자 외에 사업주[30]와 같은 위반행위로 인한 이익의 귀속주체를 처벌함으로써 벌칙규정의 실효성을 높이고, 행정상의 의무이행을 확보하기 위함이다.

양벌규정은 행정형벌법규의 일반적인 입법형식으로 자리잡았으나 형법총칙에는 직접 행위자 외에 사업주를 처벌할 수 있는 근거규정이 없다. 따라서 양벌규정은 본조 단서의 '특별한 규정'에 해당하여 사실상 행정형법에 관한 총칙의 역할을 수행한다고 할 수 있다.[31]

나. 양벌규정의 유형

양벌규정은 보통 "법인의 대표자 또는 법인이나 개인의 대리인, 사용인 기타 종업원이 그 법인 또는 개인의 업무에 관하여 …의 위반행위를 한 때에는 행위자를 벌하는 외에 그 법인 또는 개인에 대하여도 …의 형을 과한다"는 조문형식을 취하고 있다.

위반행위로 인한 이익의 귀속주체로 법인과 함께 개인도 규정하고 있어 법인 사업주 뿐 아니라 개인 사업주도 양벌규정의 수범자가 된다. 위반행위자는 법인

28 각 법률에 따라 '영업', '업무', '사업' 등의 용어가 혼용되고 있으나, 본서에서는 이를 통틀어 '사업'이라고 부르기로 한다.

29 양벌규정의 법문에서는 '대리인, 사용인 기타 종업원'이라는 표현을 쓰고 있다. 본서에서는 사업주와의 고용관계를 강조하는 의미에서 '종업원'이라고 통칭하기로 한다.

30 사업주를 영업주, 업무주, 사용자 등으로 지칭하기도 한다. 본서에서는 '사업주'라는 표현을 사용하기로 한다.

31 신동운, 형법총론(제8판), 법문사(2014), 111; 이재상 외 2인, 형법총론(제9판), 박영사(2017), 101은 이를 '소형법총칙적 기능'이라고 표현한다.

의 경우 대표자 및 대리인, 사용인, 기타 종업원이고, 개인의 경우 대리인, 사용인, 기타 종업원이다. 전자는 법인기업에 대한 양벌규정, 후자는 개인기업에 대한 양벌규정이 된다.

종업원의 위반행위에 따른 사업주의 처벌 요건을 기준으로 양벌규정은 대체로 다음과 같은 세 가지 유형으로 분류되어 왔다. 첫째, 사업주가 사전 또는 사후에 종업원의 위반행위를 알고도 이를 방치·방관하거나 교사한 경우에 처벌하는 경우, 둘째, 사업주가 종업원의 업무집행에 대한 선임·감독을 태만하지 않았음을 증명한 경우에 사업주의 책임을 면제하는 경우, 셋째, 사업주의 처벌에 아무런 조건이나 면책사유를 규정하지 않은 경우가 그것이다.[32] 첫째 유형은 공범책임을, 둘째 유형은 과실책임을 각각 처벌 근거로 하는 것이다.

법인의 대표자가 위반행위를 한 경우는 아래에서 보는 바와 같이 곧바로 법인 자신의 행위가 되어 법인이 자신의 행위에 대한 책임을 부담하는 것이므로 위반행위자가 종업원인 경우와 처벌 근거에 본질적인 차이가 있다.

양벌규정에 따른 사업주의 처벌 근거 등에 관하여는 항을 바꾸어 상술한다.

2. 양벌규정에 따른 처벌 근거

가. 사업주의 처벌 근거

1) 개설

양벌규정에서 양벌(兩罰)이라 함은 하나의 위반행위 내지 범죄행위에 대하여 실제 행위자인 종업원과 함께 그 배후의 사업주를 처벌한다는 의미이다. 여기서 실제 행위자를 고용하여 사업을 영위하는 주체(사업주)를 처벌하는 근거가 무엇인지 규명할 필요가 있다. 사업주가 자연인(개인)인 경우는 형법 제30조 이하의 공범 규정에 의하여 문제를 해결할 수 있지만[33] 법인인 경우는 그 처벌의 근거를 어디에서 찾아야 하는지가 종래 법인의 범죄능력과 관련하여 논의되어 왔다.

그런데 사업주에 대한 독자적인 처벌근거를 두고 있지 않았던 종래의 양벌규정(위 분류에서 세 번째 유형)에 대하여 2007년 헌법재판소가 위헌결정을 내리면서 입법은 물론 학설과 판례의 태도에도 상당한 변화를 가져왔다.

32 이재상 외 2인, 형법총론(제9판), 박영사(2017), 103 참조.
33 신동운, 형법총론(제8판), 법문사(2014), 110.

2) 종래의 논의

가) 학설의 태도

법인의 처벌 근거에 관하여 종래의 학설은 법인의 범죄능력을 긍정하는지 여부에 따라 무과실책임설, 과실책임설, 과실추정설로 나뉘어 있었다.

먼저 무과실책임설은 사업주의 과실 여하를 묻지 않고 사업자 규제라는 정책적 관점에서 사업주를 처벌하는 것이라고 본다. 이 견해에 따르면, 검사가 사업주의 종업원에 대한 선임·감독상의 과실을 입증할 필요가 없다. 무과실책임설은 양벌규정이 정책적 관점에서 단속 목적을 달성하기 위하여 마련된 것으로서 종업원의 위법행위에 대한 책임을 사업주에게 전가하는 규정이라고 본다. 법인의 범죄능력을 부정하는 입장의 논리적 귀결이다.

과실책임설은 사업주가 종업원의 선임·감독을 태만히 한 점에서 사업주 처벌의 근거를 구하는 견해이다. 양벌규정을 단순히 사업주에게 책임을 전가하는 규정이 아닌, 사업주 고유의 책임을 묻기 위한 규정으로 보는 것이다. 과실책임설에 의하면, 검사가 종업원의 선임·감독에 관한 사업주의 과실을 입증하여야 한다. 사업주에게 위반행위에 대한 고의가 있을 때에는 당연히 책임이 인정된다.

과실책임설과 무과실책임설의 중간에 위치하는 것으로 과실추정설이 있다. 과실추정설은 종업원의 위반행위가 있을 때 사업주에 대하여 선임·감독상의 과실을 추정하되 사업주가 과실 없음을 증명하면 처벌을 면할 수 있다고 보는 견해이다. 이는 양벌규정이 단속 목적을 달성하기 위해 정책적으로 마련된 규정이라는 점에 주목하면서, 과실책임을 고집할 때 처벌의 공백이 생기는 것을 피해야 한다고 주장한다.

나) 판례

종래 대법원은 개별적인 양벌규정의 특성에 따라 무과실책임설,[34] 과실책임설,[35]

34 대법원 1982. 9. 14. 선고 82도1439 판결 : 도로교통법 제81조의 양벌규정은 도로에서 발생하는 모든 교통상의 위해를 방지 제거하여 교통의 안전과 원활을 도모하기 위하여 도로교통법에 위반하는 행위자 외에 그 행위자와 위 법 소정의 관계에 있는 고용자 등을 아울러 처벌하는 이른바 질서벌의 성질을 갖는 규정이다.

35 대법원 1977. 5. 24. 선고 77도412 판결 : 식품위생법 제47조의 양벌규정은 식품영업주의 그 종업원에 대한 감독 태만을 처벌하려는 규정으로서 종업원이 영업주의 업무를 수행함에 있어서 동조 소정의 위반행위가 있을 때는 설사 그 위반행위의 동기가 직접으로는 종업원 자신의 이익을 위한 것에 불과하고 그 영업에는 이로운 행위가 아니라 하여도 영업주는 그 감독 해태에 대한 책임을 면할 수 없다.

과실추정설[36] 등을 취하고 있었다. 이와 같이 대법원의 입장이 일관되지 못했던 것은 양벌규정의 형식과 내용이 다양했기 때문으로 보인다.

이와 달리 헌법재판소는 2007년 이전에도 종업원의 선임·감독상 과실이 없는 사업주를 양벌규정으로 처벌하는 것은 형법상 책임주의에 반한다고 하여 과실책임설을 취하고 있었다.[37]

3) 양벌규정에 대한 책임주의의 적용

가) 헌법재판소 결정 및 입법적 정비

위와 같은 상황에서 헌법재판소는, 종업원의 업무 관련 무면허의료행위가 있으면 이에 대해 영업주가 비난받을 만한 행위가 있었는지 여부와는 관계없이 자동적으로 개인인 영업주도 처벌하도록 규정한 보건범죄 단속에 관한 특별조치법상의 양벌규정은 형사법상 책임원칙에 반하여 위헌이라고 선언하였다(헌법재판소 2007. 11. 29. 선고 2005헌가10 전원재판부 결정).

이 결정에서는 종업원의 범죄행위에 대하여 영업주가 비난받을 만한 행위의 유형으로, ①종업원의 범죄행위에 실질적으로 가담하였거나 지시 또는 도움을 준 경우, ②영업주의 업무와 관련한 종업원의 행위를 지도하고 감독하는 노력을 게을리한 경우를 제시하고 있다.

이어 헌법재판소는 사업주가 자연인이 아닌 법인인 경우에도 책임주의가 관철되어야 한다는 입장을 분명히 하였다(헌법재판소 2010. 7. 29. 선고 2009헌가25,29,36, 2010헌가6,25 전원재판부 결정).

위 결정에서 헌법재판소는 "법인의 대표자, 법인이나 개인의 대리인·사용인 기타의 종업원이 그 법인 또는 개인의 업무에 관하여 제35조 또는 제36조의 위반행위를 한 때에는 행위자를 벌하는 외에 그 법인 또는 개인에 대하여도 각 해당 조의 벌금형을 과한다."고 규정한 구 농산물품질관리법 제37조 중 위반행위자가 종업원(대리인, 사용인 포함)인 부분은 종업원의 범죄행위에 관하여 비난할 근거가 되는 법인의 의사결정 및 행위구조, 즉 종업원 등이 저지른 행위의 결과에 대한

36 대법원 1982. 6. 22. 선고 82도777 판결 : 보건범죄단속에 관한 특별조치법 제6조와 같은 양벌규정에 있어서 사업주가 개인인 때에는, 그 개인의 대리인, 사용인 기타 종업원의 위반행위가 있는 경우에 그 사업주에게 그 행위자의 선임, 감독 기타 위반행위를 방지하기 위하여 필요한 주의를 다하지 아니한 과실이 있다고 추정하고 이를 처벌하는 것이므로 그 사업주는 이러한 주의를 다하였음을 증명하지 아니하는 한 그 형사책임을 면할 수 없다.

37 헌법재판소 2000. 6. 1. 선고 99헌바73 결정.

법인의 독자적인 책임에 관하여 전혀 규정하지 않은 채, 단순히 법인이 고용한 종업원 등이 업무에 관하여 범죄행위를 하였다는 이유만으로 법인에 대하여 형사처벌을 과하고 있는 것이어서 책임주의 원칙에 반한다고 선언한 것, 위 법률조항에서 위반행위자가 '대표자'인 부분은 대표자의 책임을 요건으로 하여 법인을 처벌하므로 책임주의 원칙에 반하지 않는다고 보았다.[38]

이후 잇따른 양벌규정에 대한 위헌 결정에 따라 기존 양벌규정에 책임주의를 구현하기 위한 법률 개정작업이 대대적으로 이루어졌다. 주로 "다만, 법인 또는 개인이 그 위반행위를 방지하기 위하여 해당 업무에 관하여 상당한 주의와 감독을 게을리하지 아니한 때에는 그러하지 아니하다."라는 면책조항을 신설하는 방식이다.

나) 사업주 처벌의 근거에 관한 논의

위와 같이 '상당한 주의와 감독을 게을리하지 아니한 때'라는 면책조항이 마련된 상태에서 법인 처벌의 근거를 어디서 구할 것인가를 놓고 여전히 과실추정설, 과실책임설 등의 견해가 대립되고 있다. 그러나 무과실책임설은 더 이상 타당하지 않게 되었다.

대법원은 위 헌법재판소 결정 취지와 마찬가지로, 법인 대표자의 법규위반행위에 대한 법인의 책임은 법인 자신의 법규위반행위로 평가될 수 있는 행위에 대한 법인의 직접책임이라고 보고 있다(대법원 2010. 9. 30. 선고 2009도3876 판결 등).[39] 이 경우는 법인에 대한 별도의 처벌 근거가 필요하지 않다는 결론이 된다.

위와 같은 면책조항을 두지 않은 양벌규정에 관하여도 대법원은, "형벌의 자기책임 원칙에 비추어 보면, 위반행위가 발생한 그 업무와 관련하여 법인이 상당한 주의 또는 관리감독 의무를 게을리한 때에 한하여 [중략] 양벌규정이 적용된다고 보아야 하며, 구체적인 사안에서 법인이 상당한 주의 또는 관리감독 의무를 게을리하

38 헌법재판소는 위 결정에서, 법인은 기관을 통하여 행위하므로 법인이 대표자를 선임한 이상 그의 행위로 인한 법률효과는 법인에게 귀속되어야 하고, 법인 대표자의 범죄행위에 대하여는 법인 자신이 자신의 행위에 대한 책임을 부담하여야 하는바, 법인 대표자의 법규위반행위에 대한 법인의 책임은 법인 자신의 법규위반행위로 평가될 수 있는 행위에 대한 법인의 직접책임으로서, 대표자의 고의에 의한 위반행위에 대하여는 법인 자신의 고의에 의한 책임을, 대표자의 과실에 의한 위반행위에 대하여는 법인 자신의 과실에 의한 책임을 부담하는 것이기 때문이라고 설시하고 있다.

39 1인회사의 경우에도 회사와 주주는 별개의 인격체로서, 1인회사의 재산이 곧바로 1인주주의 소유라고 할 수 없기 때문에, 양벌규정에 따른 책임에 관하여 달리 볼 수 없다(대법원 2018. 4. 12. 선고 2013도6962 판결).

였는지 여부는 당해 위반행위와 관련된 모든 사정 즉, 당해 법률의 입법 취지, 처벌 조항 위반으로 예상되는 법익 침해의 정도, 그 위반행위에 관하여 양벌규정을 마련한 취지 등은 물론 위반행위의 구체적인 모습과 그로 인하여 실제 야기된 피해 또는 결과의 정도, 법인의 영업 규모 및 행위자에 대한 감독가능성 또는 구체적인 지휘감독 관계, 법인이 위반행위 방지를 위하여 실제 행한 조치 등을 전체적으로 종합하여 판단하여야 한다."고 판시하고 있다(대법원 2010. 9. 9. 선고 2008도7834 판결). 여기서는 '상당한 주의 또는 관리감독 의무 위반'이 법인 처벌의 근거가 되고 있다.

나. 적용대상자의 확장

양벌규정의 전제가 되는 법규위반행위에 대한 벌칙규정은 자연인을 행위주체로 하는데, 대부분 주체에 관한 특별한 제한이 없다. 그러나 벌칙규정 자체에서 행위주체가 일정한 신분자로 한정된 경우가 있다. 이 경우, 그러한 신분이 없으면서 해당 업무를 실제로 집행하는 자를 양벌규정을 근거로 처벌할 수 있는지가 문제되어 왔다.

대법원은 적용대상자를 건축주, 공사시공자 등 일정한 업무주로 한정한 '건축법'상 벌칙규정과 관련하여, "양벌규정은 업무주가 아니면서 당해 업무를 실제로 집행하는 자가 있는 때에 위 벌칙규정의 실효성을 확보하기 위하여 그 적용대상자를 당해 업무를 실제로 집행하는 자에게까지 확장함으로써 그러한 자가 당해 업무집행과 관련하여 위 벌칙규정의 위반행위를 한 경우 위 양벌규정에 의하여 처벌할 수 있도록 한 행위자의 처벌규정임과 동시에 그 위반 행위의 이익귀속주체인 업무주에 대한 처벌규정"이라고 판시하여 종래 엇갈리던 입장을 정리하였다(대법원 1999. 7. 15. 선고 95도2870 전원합의체 판결).[40] 이러한 판례의 태도는 양벌규정을 매개로 벌칙규정의 적용대상자인 행위자의 범위를 확장한 것이다.

여기서 '당해 업무를 실제로 집행하는 자'란 그 법인 또는 개인의 업무에 관하여 자신의 독자적인 권한이 없이 오로지 상급자의 지시에 의하여 단순히 노무제공을 하는 것에 그치는 것이 아니라, 적어도 일정한 범위 내에서는 자신의 독자적인 판단이나 권한에 의하여 그 업무를 수행할 수 있는 자를 의미한다(대법원 2007. 12. 28. 선고 2007도8401 판결).

40 벌칙규정의 행위주체가 건축주, 공사감리자, 공사시공자 등으로 한정되어 있는 상황에서 이러한 신분이 없는 현장사무소장을 건축법상의 양벌규정을 매개로 처벌한 사례이다. 같은 취지로, 대법원 2005. 12. 22. 선고 2003도3984 판결, 대법원 2017. 12. 5. 선고 2017도11564 판결 등.

3. 양벌규정의 적용 요건

가. 사업주

1) 사업주의 개념 및 요건

양벌규정은 직접 위반행위를 한 자와 이익이 귀속되는 자라는 두 행위주체를 대상으로 한다. 양벌규정에 의해 사업주를 처벌하기 위해서는 사업주의 종업원에 대한 선임·감독상의 주의의무 위반과 같은 책임의 근거가 요구되므로 사업주는 업무의 주체로서 사업체를 통괄하는 위치에 있어야 한다. 따라서 사업주란 단지 형식상의 명의자를 의미하는 것이 아니라 자기의 계산으로 사업을 경영하는 실질적 경영귀속주체를 말한다.[41]

따라서 단지 소유 등의 명의만을 빌려준 사람은 행정 단속의 대상이 될 뿐 사업주로 보기는 어려울 것이다. 다만 행정법규에는 인·허가를 받은 자가 의무주체로 되는 경우가 많다. 이러한 경우 인·허가를 받지 않은 자는 처음부터 위반행위의 주체가 될 수 없게 되어 양벌규정도 적용할 수 없을 것이다. 물론 무허가영업과 같은 별도의 위반행위를 처벌하는 것은 전혀 다른 문제이다.

사업주는 위반행위자인 종업원의 처벌에 종속하는 것이 아니라 독립하여 그 자신의 종업원에 대한 선임·감독상의 과실로 인하여 처벌되는 것이므로 사업주의 위 과실책임을 묻는 경우 금지위반행위자인 종업원에게 구성요건상의 자격이 없다고 하더라도 사업주의 범죄성립에는 아무런 지장이 없다(대법원 1987. 11. 10. 선고 87도1213 판결).[42]

2) 법인

사업주는 법인 또는 개인이다. 국가는 형벌권의 주체이므로 양벌규정의 대상인 사업주에 포함되지 않는다. 이에 반해 지방자치단체는 경우에 따라 사업주가 될 수 있다.[43]

41 대법원 1992. 11. 10. 선고 92도2034 판결, 대법원 2006. 9. 8. 선고 2006도2755 판결, 대법원 2007. 8. 23. 선고 2007도3787 판결 등 참조.

42 법인에 대한 형사책임을 인정하는 양벌규정의 태도가 종속모델인지 독립모델인지에 관한 논의는 김성돈, 형법총론(제5판), 성균관대학교출판부(2017), 161 이하 참조.

43 대법원 2005. 11. 10. 선고 2004도2657 판결 : 지방자치단체가 그 고유의 자치사무를 처리하는 경우에는 지방자치단체는 국가기관의 일부가 아니라 국가기관과는 별도의 독립한 공법인이므로, 지방자치단체 소속 공무원이 지방자치단체 고유의 자치사무를 수행하던 중 도로법 제81조 내지 제85조의 규정에 의한 위반행위를 한 경우에는 지방자치단체는 도로법 제86조의 양벌규정에 따라 처벌대상이 되는 법인에 해당한다.

법인이 소멸하면 더 이상 양벌규정으로 처벌할 수 없다. 그러나 법인이 해산한 경우 청산절차가 완료될 때까지 청산의 목적 범위 내에서 청산법인으로 존속하므로 양벌규정의 적용대상이 된다. 청산법인의 경우 사법관계의 정리가 끝나면 법인이 소멸하지만, 그 전에 이미 소추가 개시된 경우에는 형사재판이 종료하지 않는 한 계속 존속하는 것으로 보아야 할 것이다(대법원 1982. 3. 23. 선고 81도1450 판결 참조).

설립준비 중의 회사는 법인격이 없으므로 '법인'으로서 양벌규정의 적용대상이 될 수 없음은 명백하다. 판례 역시, 설립준비 중의 위반행위에 대하여는 설립 후의 회사가 책임을 지지 않는다고 보고 있다. 즉, 법인이 설립되기 이전에 어떤 자연인이 한 행위의 효과가 설립 후의 법인에게 당연히 귀속된다고 보기 어려울 뿐 아니라, 양벌규정에 의하여 사용자인 법인을 처벌하는 것은 형벌의 자기책임 원칙에 비추어 위반행위가 발생한 그 업무와 관련하여 사용자인 법인이 상당한 주의 또는 관리감독 의무를 게을리한 선임·감독상의 과실을 이유로 하는 것인데, 법인이 설립되기 이전의 행위에 대하여는 법인에게 어떠한 선임·감독상의 과실이 있다고 할 수 없으므로, 특별한 근거규정이 없는 한 법인이 설립되기 이전에 자연인이 한 행위에 대하여 양벌규정을 적용하여 법인을 처벌할 수는 없다(대법원 2018. 8. 1. 선고 2015도10388 판결).

합병으로 인하여 소멸한 법인이 그 종업원 등의 위법행위에 대해 양벌규정에 따라 부담하던 형사책임은 그 성질상 이전을 허용하지 않는 것으로서, 합병으로 인하여 존속하는 법인에 승계되지 않는다(대법원 2007. 8. 23. 선고 2005도4471 판결).

3) 법인격 없는 사단 등

양벌규정의 수범자에 관한 규정 형식은 매우 다양한데, '법인'과 함께 '단체'를 명기한 법률이 많다. 예를 들면, '법인·단체'라고 하여 병렬적으로 규정하는 형식(노동조합 및 노동관계조정법 제94조), 법인 외에 "법인이 아닌 사단 또는 재단으로서 대표자 또는 관리인이 있는 것을 포함한다"라고 하여 명시적으로 법인격 없는 사단·재단을 수범자로 삼는 형식(보험업법 제208조 제1항), 정당·회사를 예시하면서 '그 밖의 법인·단체'라고 규정하는 형식(공직선거법 제260조), 아무런 예시 없이 '법인이나 그 밖의 단체'라고 규정하는 형식(부정수표단속법 제3조 제1항), '법인(단체를 포함한다)'라고 표현하는 방식 등이다.[44]

44 김성돈, 형법총론(제5판), 성균관대학교출판부(2017), 166 참조.

법인격 없는 단체는 벌칙규정의 행위 주체로 특별히 명시되지 않는 한 양벌규정의 적용은 없다고 보는 것이 판례의 입장이다. 즉, 대법원은 자동차운수사업법상 양벌규정의 적용이 문제된 사안에서, 법인격 없는 사단에 대하여 양벌규정을 적용할 것인가에 관해 아무런 명문의 규정을 두고 있지 아니한 이상 법인격 없는 사단에 대하여 양벌규정에 의해 처벌할 수 없다고 하면서 "나아가 법인격 없는 사단에 고용된 사람이 유상운송행위를 하였다 하여 법인격 없는 사단의 구성원 개개인이 위 법 제74조 소정의 '개인'의 지위에 있다 하여 처벌할 수도 없다"고 판시하였다(대법원 1995. 7. 28. 선고 94도3325 판결).[45]

이에 반해 민법상 조합의 경우에는 양벌규정의 적용을 긍정하고 있다. 대법원은, 건축법상 양벌규정의 적용 대상인 '법인 또는 개인'에서 '개인'에는 민법상 조합의 구성원인 조합원들도 포함되는 것이므로 민법상 조합의 대표자로서 조합의 업무와 관련하여 실제 위반행위를 한 자는 위 양벌규정에 의한 죄책을 면할 수 없다고 보았다(대법원 2005. 12. 22. 선고 2003도3984 판결).

위와 같은 법인격 없는 사단에 관한 판례와 민법상 조합에 관한 판례를 비교해 보면, 단체성이 보다 강한 비법인사단의 경우는 양벌규정이 적용되지 않는 반면 단체성이 약한 조합의 경우는 양벌규정이 적용되고 있다. 그러나 양벌규정은 업무주가 아니면서 당해 업무를 실제로 집행하는 자가 있는 경우 그 적용대상자를 당해 업무를 실제로 집행하는 자에게까지 확장하는 것임을 상기할 때[46] 법인격 없는 사단에도 양벌규정을 적용하는 것이 마땅하다는 견해가 있다.[47]

나. 종업원

1) 종업원의 개념 및 요건

양벌규정에서 종업원이란 사업주의 통제·감독을 받아 직접·간접으로 사업에 종사하는 사람을 말한다(대법원 1987. 11. 10. 선고 87도1213 판결). 사업주와 정식의 고용계약이 체결되어 근무하는 자 뿐만 아니라 그 사업주의 대리인, 사용인 등이 자

45 같은 취지로 대법원 2017. 12. 28. 선고 2017도13982 판결(건축법위반 사건).

46 양벌규정은 업무주가 아니면서 당해 업무를 실제로 집행하는 자가 있는 때에 벌칙조항의 실효성을 확보하기 위하여 그 적용대상자를 당해 업무를 실제로 집행하는 자에게까지 확장함으로써 그러한 자가 당해 업무집행과 관련하여 벌칙조항의 위반행위를 한 경우 양벌규정에 의하여 처벌할 수 있도록 한 행위자의 처벌규정임과 동시에 그 위반행위의 이익귀속주체인 업무주에 대한 처벌조항이다(대법원 2005. 12. 22. 선고 2003도3984 판결, 대법원 2009. 5. 28. 선고 2009도988 판결 등 참조).

47 주석 형법 총칙(1)(제2판), 한국사법행정학회(2011), 136(신동운).

기의 보조자로서 사용하고 있으면서 직접 또는 간접으로 사업주의 통제·감독 하에 있는 자도 종업원에 포함된다(대법원 1993. 5. 14. 선고 93도344 판결).[48] 사업주 스스로 고용한 사람이 아니고 타인의 고용인으로서 타인으로부터 보수를 받고 있다 하더라도 객관적 외관상으로 사업주의 업무를 처리하고 사업주의 종업원을 통하여 간접적으로 감독 통제를 받는 자라면 종업원에 포함된다(대법원 1987. 11. 10. 선고 87도1213 판결).[49]

실제로 위반행위를 하였다면 종업원에 해당하며 그 지위의 고하를 묻지 않는다(대법원 1991. 2. 26. 선고 90도2597 판결).[50] 그러나 토지의 소유자가 토지를 임차하여 사용하는 사람에 대하여 소유자로서의 권리를 행사할 수 있다는 이유만으로 토지의 임차인을 그 토지 소유자의 종업원에 해당한다고 볼 수는 없다는 판례가 있다(대법원 2003. 6. 10. 선고 2001도2573 판결).[51]

2) 업무관련성

사업주가 양벌규정으로 처벌되는 것은 종업원의 위반행위가 사업주의 업무와 관련하여 행하여진 경우에 한한다. 여기에서 말하는 '업무'는 사회생활상의 지위에서 계속적·반복적으로 행해지는 사무를 말한다. 영리 목적의 유무는 묻지 않는다. 법인의 경우 정관에서 정해진 범위를 넘는 행위일지라도 사실상 법인의 행위가 업무성을 갖추고 있다면 법인의 업무에 해당한다. 무허가 영업 등이 여기에 해당하는 예이다.

양벌규정의 적용요건으로서 업무관련성이 인정되려면 객관적으로 사업주의 업무를 위하여 하는 것으로 인정할 수 있는 행위가 있어야 하고, 주관적으로는 종업원이 사업주의 업무를 위하여 한다는 의사를 가지고 행위함을 요한다(대법원

48 갑 회사의 P지점 업무가 폭주하자 P지점의 대리 을이 P지점에 상시 출입하던 고객 병으로 하여금 P지점의 업무인 투자상담, 주식 매도·매수주문 수령, 전화받기와 그 밖의 심부름 등을 하게 한 사안에서 갑 회사는 증권거래법상의 양벌규정에 의하여 유죄로 인정되었다.

49 극장 경영자인 갑과 영화 배급업자인 을 사이에 수익금 분배약정에 따라 갑의 종업원인 A가 극장 관람객 수를 확인하던 중 A가 잠시 자리를 비우게 되자 갑의 종업원인 극장 지배인 B의 지시로 을의 직원인 C가 A의 업무를 대행하던 중에 미성년자를 입장시킨 사안에서, 갑은 미성년자보호법상의 양벌규정에 의하여 유죄로 인정되었다.

50 사업주인 갑 대학교병원의 대표자 을을 보좌하여 병원 경영 및 시설 운영 등 관리사무를 총괄하는 관리부원장 병이 폐수 무단방류 행위로 인한 환경보전법상의 양벌규정에 의하여 유죄로 인정된 사안.

51 토지 임차인이 무허가로 토지형질변경을 하였다 하여 토지 소유자가 도시계획법상의 양벌규정에 의하여 기소된 사안.

1997. 2. 14. 선고 96도2699 판결, 대법원 2006. 6. 15. 선고 2004도1639 판결 등).

업무관련성을 판단함에 있어서는 사업주의 적법한 업무의 범위, 종업원의 직책이나 직위, 종업원의 위법행위와 사업주의 적법한 업무 사이의 관련성, 종업원이 행한 위법행위의 동기와 사후처리, 종업원의 위법행위에 대한 사업자의 인식 여부 또는 관여 정도, 종업원이 범법행위에 사용한 자금의 출처와 그로 인한 손익의 귀속 여하 등 여러 사정을 심리하여 결정하여야 한다(대법원 1997. 2. 14. 선고 96도2699 판결).

업무관련성의 외형이 구비되면 종업원의 내심의 의사가 사적인 이익을 추구하는 경우라고 하여도 업무관련성을 인정할 수 있다(대법원 1987. 11. 10. 선고 87도1213 판결). 그러나 종업원의 행위가 업무와 관계없이 개인적으로 행해진 경우 양벌규정을 적용할 수 없다(대법원 1997. 2. 14. 선고 96도2699 판결, 대법원 2009. 5. 28. 선고 2009도988 판결 참조).

3) 종업원의 처벌을 요하는지 여부

양벌규정에 의해 사업주를 처벌하려면 먼저 종업원에 의한 위반행위가 증명되어야 한다. 그러나 사업주 처벌을 위해 반드시 종업원에게 범죄가 성립하여야 하는 것은 아니다. 예를 들면, 종업원이 형사미성년자이거나 책임조각사유가 인정되어 종업원이 처벌되지 않더라도 사업주를 처벌할 수 있다.

다만 종업원의 행위에 위법성은 인정되어야 한다. 위법하지 않은 행위에 대하여 선임·감독상의 과실을 문제삼을 수는 없기 때문이다.

4. 양벌규정의 기타 문제

양벌규정을 둘러싸고 재판절차에서 여러 문제 상황이 발생할 수 있다.

먼저 관할에 관하여 보면, 사업주에 대한 벌금형을 기준으로 관할을 정해야 한다는 견해도 생각할 수 있으나 사업주와 종업원의 처벌에 일률성을 기해야 한다는 측면에서 종업원에 대한 법정형을 기준으로 하는 것이 타당하다. 사업주가 종업원과 함께 기소되는 때에는 형사소송법 제11조의 관련사건이 되어 관할이 인정된다. 토지관할의 근거는 사업주의 본점 소재지 외에 종업원의 위반행위지도 포함된다.[52]

공소시효 및 고소기간에 관하여, 사업주에 대한 벌금형을 기준으로 사업주에

52 주석 형법 총칙(1)(제2판), 한국사법행정학회(2011), 139(신동운).

대한 공소시효나 고소기간을 판단해야 한다는 견해를 생각할 수 있으나 위와 마찬가지의 측면에서 사업주에 대한 공소시효나 고소기간은 종업원에 대한 벌칙규정의 법정형을 기준으로 결정하는 것이 타당하다.[53] 판례는 친고죄의 고소와 관련하여 종업원에 대한 고소가 있으면 사업주에 대해 별도의 고소를 요하지 않는다고 보고 있다(대법원 1996. 3. 12. 선고 94도2423 판결).

공범의 성립과 양벌규정의 관계가 문제될 수 있다. 벌칙규정에 종업원의 위반행위가 정범 형식으로 규정되어 있기는 하지만 종업원이 교사범·방조범으로 처벌되는 경우에도 양벌규정이 적용될 수 있다. 사업주가 자연인인 경우에는 종업원과 사업주 사이에 형법총칙상의 공범관계가 성립할 수 있음은 전술한 바와 같다. 이 경우는 종업원에 대한 선임·감독상의 과실이 문제되지 않으므로 양벌규정이 아니라 공범 규정에 따라 사업주가 처벌되게 된다(대법원 2007. 1. 25. 선고 2006도6912 판결).

양벌규정에 따른 죄수는 종업원의 위반행위를 기준으로 결정되어야 한다. 종업원의 행위를 전제로 사업주를 처벌하는 것이기 때문이다.[54]

양형에 있어서는 사업주와 종업원은 별개로서 서로 영향을 미치지 아니한다. 사업주인 법인에게 자수감경 규정을 적용하기 위하여는 법인의 이사, 기타 대표자가 자수한 경우에 한하고(대법원 1995. 7. 25. 선고 95도391 판결), 회사 대표자에 대하여 벌금형의 선고유예를 하였다 하여 반드시 회사에 대하여 같은 조치를 취하여야 하는 것은 아니다(대법원 1995. 12. 12. 선고 95도1893 판결).

Ⅳ. 법인 처벌의 문제

1. 문제의 소재

양벌규정은 거의 예외 없이 사업주로서 법인을 처벌대상으로 삼고 있다. 그런데 형법은 법인의 처벌에 관한 총칙 규정을 두고 있지 않다. 특별형벌법규 조문 가운데에는 구성요건상 행위주체를 예컨대 '사업자' 또는 '기업'이라고 표현하는 경우가 있다. 이러한 조문에서는 자연인뿐 아니라 법인도 행위주체가 된다고 해석할 여지가 있다. 그러나 판례는 관세법상 양벌규정에서 사업주로 규정된 '특허

53 주석 형법 총칙(1)(제2판), 한국사법행정학회(2011), 139(신동운).
54 주석 형법 총칙(1)(제2판), 한국사법행정학회(2011), 140(신동운).

보세구역의 설영인'에 법인은 포함되지 않는다고 보았다(대법원 1997. 2. 14. 선고 96도2699 판결, 대법원 1997. 9. 30. 선고 96도2159 판결).

이러한 상황에서 자연인을 전제로 규정된 형벌법규를 양벌규정을 매개하지 아니하고 곧바로 법인에게 적용할 수는 없겠는가 하는 물음이 제기된다. 법인의 범죄능력이 본격적으로 논란되는 영역은 양벌규정이 없는 바로 이 부분이라고 할 수 있다.[55]

2. 법인의 범죄능력

가. 학설의 대립

법인에게 형벌법규를 바로 적용하여 처벌할 수 있겠는가 하는 논의가 법인의 범죄능력 문제이다. 이에 대하여는 범죄능력을 긍정하는 견해와 부정하는 견해가 오랫동안 대립되어 왔다.

먼저 범죄능력 부정설은 법인은 범죄구성요건의 행위주체가 될 수 없다는 견해이다. ①법인은 의사활동을 할 수 있는 정신과 육체가 없기 때문에 행위능력을 인정할 수 없고, ②법인을 처벌하면 범죄와 관계없는 구성원까지 처벌하는 것이 되어 개인책임·자기책임의 원칙에 반하는 결과가 되며, ③법인은 의사의 자유를 전제로 한 책임능력이 없어 비난가능성을 전제로 하는 형벌의 본질에 반한다는 점 등을 근거로 한다.[56] 종래 형법학계의 전통적인 입장이라고 할 수 있다.[57]

이에 반해 범죄능력 긍정설은, 법인의 본질에 관한 법인실재설을 취할 때 이론상 얼마든지 범죄능력을 인정할 수 있고, 자연인과 마찬가지로 사회생활에서 각종 권리와 의무의 주체가 되어 권익을 향유하므로 자연인인 기관과 별개의 독자적인 범죄주체가 될 수 있다고 한다. 이 견해는, ①법인은 기관을 통해 고유의 의사를 형성하고 행동할 수 있기 때문에 의사능력과 행위능력이 있고, ②책임을 형벌적응능력이라고 해석하면 책임능력도 긍정할 수 있으며, ③형벌 가운데 재산형과 자격형은 법인에게도 유효한 형벌이 될 수 있고 생명형과 자유형에 상응하

55 신동운, 형법총론(제8판), 법문사(2014), 115.

56 김성돈, 형법총론(제5판), 성균관대학교출판부(2017), 149 참조.

57 박상기, 형법총론(제9판), 박영사(2012), 77; 박상기/전지연, 형법학(총론·각론 강의)(제4판), 집현재(2018), 46; 배종대, 형법총론(제13판), 홍문사(2017), 139; 손동권/김재윤, 새로운 형법총론(초판), 율곡출판사(2011), 108; 이재상 외 2인, 형법총론(제9판), 박영사(2017), 100; 정영일, 형법강의(총론)(제3판), 학림(2017), 61.

는 형벌로 법인의 해산과 영업정지를 생각해 볼 수 있다는 점 등을 논거로 한다. 법인의 반사회적 활동에 대한 형사정책적 대응도 함께 고려하는 입장이다.[58]

그밖에 부분적 긍정설로서 ①형사범·행정범의 구별을 전제로, 전자에 관하여는 부정하되 후자에 관하여는 긍정하는 견해와 ②형법전의 범죄와 관련해서는 법인의 범죄능력이 부정되지만 자연인과 법인을 함께 처벌하는 양벌규정이라는 '특별한 규정'을 매개로 법인도 범죄능력을 가진다고 보는 견해 등이 있다. 부정설과 긍정설의 약점을 보완하고 양벌규정에 따른 법인 처벌의 근거를 합리적으로 설명하기 위한 다양한 관점에서 제시되고 있다.[59]

나. 판례의 태도

대법원은 법인은 범죄능력이 없고 행위자인 자연인이 형사책임을 진다고 하면서 다만 입법목적의 실현을 위하여 법인을 처벌하는 경우가 있을 따름이라고 보아 범죄능력 부정설에 서 있다(대법원 1984. 10. 10. 선고 82도2595 전원합의체 판결 참조). 이러한 판례의 태도는, 일반 형벌규정의 적용에 있어 법인의 의무위반행위가 문제된 경우에도 자연인인 대표기관이 범죄의 주체가 될 뿐 법인은 주체가 될 수 없다는 것이다.

양벌규정이 있는 경우에도 행위자인 자연인(대표이사 포함)이 범죄의 주체이고 법인 등 업무주는 그 법률효과가 귀속된다는 이유로 형벌을 부과할 뿐 범죄의 주체가 아니라는 것이 판례의 취지이다(대법원 1992. 8. 14. 선고 92도299 판결, 대법원 1994. 2. 8. 선고 93도1483 판결, 대법원 2001. 9. 7. 선고 2001도2966 판결 등 참조).[60] 이에 따르면 법인은 양벌규정이 적용되는 경우 수형능력만 있을 뿐 범죄능력은 가지지 않는다는 결론이 된다.

58 김일수/서보학, 새로쓴 형법총론(제13판), 박영사(2018), 88; 정성근/박광민, 형법총론(제2판), 성균관대학교출판부(2015), 111.

59 김성돈, 형법총론(제5판), 성균관대학교출판부(2017), 151; 신동운, 형법총론(제8판), 법문사(2014), 117, 임웅, 형법총론(제10정판), 법문사(2018), 98.

60 법인의 범죄능력을 긍정한 듯한 판례도 보이지만(대법원 1997. 1. 24. 선고 96도524 판결, 대법원 2004. 12. 10. 선고 2004도5652 판결 등). 양벌규정의 경우 적극적으로 범죄능력이 인정된다는 취지라기보다 범죄능력을 부정하는 일반론을 설시하면서 예외적 처벌의 경우를 염두에 둔 표현이라고 이해된다.

제 2 장 죄

[총설]

총칙 제2장의 표제인 '죄'는 형사처벌의 대상인 '범죄'를 말한다. 범죄성립의 3가지 요건은 구성요건해당성, 위법성, 책임이다. 구성요건해당성과 위법성이 행위의 불법에 대한 객관적 평가라고 한다면 책임은 행위자에 대한 주관적 비난을 의미하는 범죄의 성립요건이다. 구성요건에 해당하는 행위는 위법하고 책임 있는 행위로 추정되기 때문에 형법에서는 위법성과 책임에 관하여 이를 조각하는 사유를 정하는 방식의 소극적 규정체계를 마련하고 있다.

총칙 제2장은 5개의 절로 구성되어 있다. 제1절은 죄의 성립과 형의 감면에 관하여 제9조 내지 제24조에서 책임, 범의와 과실, 인과관계, 부작위범, 독립행위의 경합 및 위법성조각사유를 규정하고 있다. 제2절은 미수범에 관하여 제25조 내지 제29조에서 미수, 불능범, 음모 및 예비를 규정하고 있다. 제3절은 공범에 관하여 제30조 내지 제34조에서 공동정범, 교사범, 방조범, 공범과 신분 및 간접정범 등을 규정하고 있다. 제4절은 누범에 관하여 제35조, 제36조의 규정을 두고 있고, 제5절은 경합범 등에 관하여 제37조 내지 제40조의 규정을 마련하고 있다. 이와 같은 총칙상 죄의 성립과 형의 감면에 관한 규정은 형법 이외 각종 개별법상 형사처벌 조항에도 별도의 특별규정이 없는 이상[1] 일반적으로 적용되는 기준이다.

1 담배사업법 제31조와 같이 형법 제9조(형사미성년자), 제10조 제2항(심신미약), 제11조(농아자), 제16조(금지의 착오), 제32조(방조범 감경), 제38조 제1항 제2호(벌금 경합 제한가중) 등의 적용을 배제하는 특별규정이 있는 경우가 있다.

제1절 죄의 성립과 형의 감면

[총설]

[참고문헌] 김성돈, "뇌과학과 형사책임의 새로운 지평", 형사법연구(22권 4호); 김동현, "인지과학적 관점에서 바라본 자유의지와 형사책임론의 문제", 서울대 법학(51권 4호); 박예지, "뇌과학과 형사법의 만남 - 뇌영상 증거와 책임능력, 양형판단을 중심으로", 법관연수 어드밴스 과정 연구논문집(특정주제연수, 2016); 이인영, "미국 형사법 실무에서의 뇌과학 증거 활용에 관한 고찰", 홍익법학(18권 1호); 조병구, "피고인의 책임능력에 대한 판단", 법관의 의사결정-이론과 실무; 노용우, "형사책임능력에 관한 연구: 형법과 정신의학", 서울대학교 박사학위논문(1989); 한정환, "형사책임", 사법행정(480호); 최병문, "기대가능성 한일판례평석", 판례월보(358호); 이정원, "기대가능성과 책임조각사유", 형사법연구(26호); 김용욱, "초법규적 면책사유에 관한 연구", 연세대 법학연구(14권 4호); 이진국, "상관의 위법한 명령에 따른 행위", 형사법연구(26권 2호); 하태훈, "초법규적 면책사유로서의 의무의 충돌", 현대형사법론(1996).

Ⅰ. 서설

"책임 없으면 형벌 없다(keine Strafe ohne Schuld)"라는 책임주의는 근대형법의 대원칙으로 자리 잡고 있으며 법치국가의 기본원리로서 헌법적 지위를 갖는 원칙이다.[1] [2]

범죄란 구성요건에 해당하고 위법하며 책임 있는 행위를 말하는데, 범죄성립요건의 세 번째인 책임은 행위자가 법에 따라 행위를 할 수 있었음에도 불구하고 범죄충동을 억제하지 않고 위법하게 행위를 하였다는 데 대한 규범적 평가로서의 비난가능성에 그 본질이 있다. 그런데 형법은 적극적 책임설정규정을 두지 아니하고 제9조 내지 제12조, 제16조 등 소극적 책임조각규정만을 두고 있다. 이는 구성요건에 해당하고 위법한 행위는 행위의 객관적 불법 자체로 제재의 필요성과

1 헌법재판소 2001. 11. 29. 선고 2001헌가16 결정, 헌법재판소 2019. 4. 11. 선고 2017헌가30 결정 등.

2 독일연방헌법법원(BVerfG)은 책임주의 원칙을 기본법(Grunsgesetz) 제103조 제2항에 근거한 것으로 볼 뿐만 아니라, 이는 법치국가의 원칙임과 동시에 기본법 제1조 제1항(인간의 존엄성)에 그 기초를 두고 있다고 한다(BVerfG 16. 6. 1994. - 2 BvR 1157/94 등).

행위자에게 비난을 가할 수 있다는 전제를 충족하기 때문이고, 이 때 행위자의 주관적 특수상황에 기하여 책임이 조각되는 예외적인 사유가 존재하는지 여부만이 문제되기 때문이다. 이러한 형사책임의 의미를 "행위자가 구성요건에 해당하는 위법한 행위를 결의(Willensbildung)함에 있어서 이를 회피할 수 있었음에도 불구하고 그러한 결의를 한 것에 대한 비난가능성(Vorwerfbarkeit)"[3]이라고 새기는 것이 일반적이다.

이러한 책임이 존재하지 아니한다면 행위자에 대하여 형벌을 가할 수 없다. 책임주의는 책임이 존재하여야지만 형벌을 가할 수 있다는 형벌의 근거이기도 하고, 책임이 인정되는 범위에서만 비례원칙, 평등원칙에 따라 형벌을 가할 수 있다는 측면에서 형벌의 양을 제한하는 형벌의 한계로서의 의미도 겸유한다.[4]

Ⅱ. 책임의 근거와 개념

종래 형사책임을 인정하는 근거와 본질에 관하여는 책임론이라는 주제 하에 다양한 논의들이 전개되어 왔다. 인간에게 그의 행동에 대하여 책임을 부과하는 본질적인 근거 즉, 인간에게 스스로 의사를 결정하여 행동하고 그에 따라 책임을 지는 주체성을 인정할 것인지와 관련해서는 인간에게 자유의지가 있는지를 두고 도의적 책임론, 사회적 책임론, 인격적 책임론 등의 논의가 행해져왔다. 또한 범죄성립요건으로 행위자에 대하여 비난을 가하는 데에 있어서 그 대상이 되는 책임의 개념 혹은 책임의 본질이 무엇인지에 관해서는 종래 심리적 책임개념, 규범적 책임개념, 예방적 책임개념 등이 제시된 바 있다.[5]

1. 책임의 근거

인간에게 자신의 행동과 결정을 스스로 통제하고 조절할 수 있는 능력인 자

3 BGH 18. 3. 1952. - GSSt. 2/51.
4 헌법재판소 1996. 11. 28. 선고 96헌가13 결정, 헌법재판소 2019. 2. 28. 선고 2016헌가13 결정 등.
5 책임의 근거와 본질 등에 관한 우리 학계의 논의는 종래 독일의 학설대립(이 또한 여러 사회과학적 논의들이 형법상 책임논쟁에 유입된 것이다)을 받아들인 것이 대부분이고, 그 용어나 체계상 분류도 통일되어 있지 않는 등 수사와 재판실무에서의 실질적 형사책임 판단과는 다소 이격된 논의들이 많다. 우리 사회의 '법감정'이나 심지어 입법단계에서도 과연 책임주의를 형사법의 대원칙으로 수용하고 있는지 의문스러운 경우가 많지만 이에 대해서 위와 같은 학계의 이론적 논의가 별다른 해답을 제시하지 못하고 있는 것으로 보인다. 다만, 근래에 뇌과학, 생명과학 등이 발달하면서 인간의 자유의지에 대한 새로운 질문이 던져지고, 인공지능의 형사책임이 논의되는 것에서 더 나아가 실제로 정신장애 항변을 함에 있어 뇌영상 등 법정신의학적 근거들이 법정에 제시되고 있기도 하므로 이를 어떻게 바라볼 것인지에 대한 시사점 측면에서라도 종래 논의를 일별할 필요는 있다.

유의지(free will, Willensfreiheit)[6]가 있는지의 문제는 결정론과 비결정론의 대립으로 이미 오랫동안 신학적, 철학적으로 치열한 논의가 이루어져 왔고, 다른 학문 영역으로도 확장되어 왔으며, 여전히 현재 진행형이기도 하다.[7] 법학영역에서도 근대 형법체계가 갖추어지고 책임론이 정립되면서 다양한 논의가 전개되었으며, 도의적 책임론, 사회적 책임론, 인격적 책임론 등이 제시된 바 있다.

가. 도의적 책임론

도의적 책임론은 비결정론(Indeterminismus)의 관점에서 인간에게 자유의지가 있음을 전제로 행위자가 적법행위로 나아갈 수 있었음에도 위법행위를 한 데 대하여 도덕적, 윤리적 비난을 가하는 것이 책임의 근거라는 입장이다. 인간의 의사는 외부적이거나 내부적인 원인이나 결정인자들에 의해서 필연적으로 정해지는 것이 아니고 인과적 원인을 필요로 하지도 아니하며 인간은 순전히 자율적으로 어떠한 행동 혹은 그 반대행동을 결정할 수 있는 능력을 가지고 있다는 시각에 기초하고 있다.[8] 도의적 책임론에서는 형사책임에 관해서 행위자에 대한 응보측면에서의 형벌을 중시한다.

나. 사회적 책임론

사회적 책임론은 결정론(Determinismus)의 관점에서 인간에게 자유의지가 존재하지 않음을 전제로 하며, 범죄행위는 행위자 본인의 자율적 선택에 의한 것이 아니라 타율적으로 정해지는 소질과 환경에 의해 비롯된 것으로 본다. 형사책임에 관해서는 자유의지에 따라 범죄를 선택하고 행동한 행위자에 대한 도의적 비난이 아니라 사회에 위험한 행위를 저질렀다는 사실에 기초하여 사회방위조치로서의 제재인 형벌이나 보안처분을 받는 것으로 본다.

다. 인격적 책임론

결정론과 비결정론의 대립 가운데 절충론인 연성 결정론 혹은 상대적 비결정

6 형법학계에서는 Willensfreiheit(free will)를 '의사자유(意思自由)'라고 표현하는 경우가 다수인데, 여타 학문에서 통례적으로 사용하는 '자유의지(自由意志)'와 동일한 의미로 볼 수 있다.

7 자유의지의 문제는 심리학, 인류학 등 인문과학뿐만 아니라 뇌신경과학, 양자물리학 등에까지 확대되어 인간의 선택을 다루는 학문 영역에서 지속적인 화두로 등장하고 있다. 상세는 김성돈, "뇌과학과 형사책임의 새로운 지평", 형사법연구(22권 4호), 125-150; 김동현, "인지과학적 관점에서 바라본 자유의지와 형사책임론의 문제", 서울대 법학(51권 4호), 269-314 참조.

8 독일연방법원(BGH)도 도의적 책임론에 기초하여 "책임비난의 내적 근거는 인간이 자유롭고, 책임있으며, 윤리적인 자기결정(freie, verantwortliche, sittliche Selbstbestimmung)을 하도록 만들어져 있고, 그렇기 때문에 인간은 법을 따르고 불법을 거역하는 능력이 있다는 데에 있다"고 판시한 바 있다(BGH 18. 3. 1952. - GSSt. 2/51).

론 등이 도출되고, 이는 형사책임론에도 영향을 미치게 되었다. 이에 따라 규범적 관점에서 소질과 환경의 영향을 받지만 어느 정도의 상대적 자유의사를 가진 인간상을 전제로 하는 인격적 책임론이 대두된다. 인격적 책임론은 행위자가 오랜 기간을 거쳐 생활을 영위해 오면서 범죄행위에 이르는 인격을 형성해 온 데 대해 책임비난을 가할 수 있다는 견해이다.

라. 뇌과학적 견해의 대두

현대에 이르러 첨단의료기술과 과학의 발달, 특히 기능적 자기공명영상(fMRI)이나 양전자단층영상촬영(PET) 등에 의한 뇌의 구조와 기능, 작용기제가 밝혀지게 되면서 관념적, 이론적 차원에 머물렀던 인간의 자유의지 문제를 과학적으로 증명할 수 있다는 입장이 대두되었다. 실무적으로도 뇌의 기질적·기능적 손상 등이 행위자의 의사결정이나 행동에 영향을 미칠 뿐 아니라, 행위자의 책임능력 판단에도 근거가 될 수 있다는 실질적 연구와 논의가 활발해지게 되었고 실제 법정에 뇌영상 등 증거가 제출되는 예도 있다.[9] 다만 아직 이와 같은 논의가 형사책임원칙을 대체할 정도에 이르렀다고 볼 수 없으며, 환경과 소질에 의하여 영향을 받지만 자유의지를 가지고 있고 옳고 그름을 선택할 수 있는 인간을 전제로 하여 형사책임을 논하는 규범적인 시각은 견지되고 있다.[10]

2. 책임개념

형사책임 판단의 대상이 되는 책임의 의미를 무엇이라고 할 것인지와 관련해서 책임개념을 두고 논의가 이어져왔다.

가. 심리적 책임개념

고전적 범죄체계에 기초한 심리적 책임개념에서는 행위 당시 행위자가 가지고 있었던 고의와 과실과 같은 심리상태가 비난을 받아야 할 대상인 책임이라고 한다. 따라서 행위자의 내심의 심리상태에 대하여 사실인정을 하는 것이 중요하게 된다. 하지만 이에 따르면 인식 없는 과실의 유책성 및 고의·과실이 있음에도 책

9 박예지, "뇌과학과 형사법의 만남 - 뇌영상 증거와 책임능력, 양형판단을 중심으로", 법관연수 어드밴스 과정 연구논문집(특정주제연수, 2016), 473-481; 이인영, "미국 형사법 실무에서의 뇌과학 증거 활용에 관한 고찰", 홍익법학(18권 1호), 1-28.

10 김성돈, "뇌과학과 형사책임의 새로운 지평", 형사법연구(22권 4호), 147-148; 김동현, "인지과학적 관점에서 바라본 자유의지와 형사책임론의 문제", 서울대 법학(51권 4호), 281-295; 조병구, "피고인의 책임능력에 대한 판단", 법관의 의사결정-이론과 실무, 808-819.

임이 조각되는 강요된 행위, 기대가능성 부존재 면책 등을 설명하기 어렵게 된다.

나. 규범적 책임개념

규범적 책임개념에서는 구성요건에 해당하고 위법한 행위를 한 행위자에 대한 규범적 평가로서, 타행위가능성이 있음에도 범행으로 나아간 데 대한 비난가능성을 책임이라고 한다. 책임을 사실판단이 아니라 규범적 판단으로 보는 것이다. 규범적 책임개념은 책임에 심리적 요소를 포함하는 복합적 책임개념, 목적적 범죄체계론에 기초하여 고의와 위법성 인식을 분리하여 후자를 독자적 책임표지로 보는 순수한 규범적 책임개념, 고의와 과실에 대하여 구성요건요소성과 책임요소성을 이중적으로 인정하는 신복합적 책임개념 등이 제시되고 있다.

다. 기능적 책임개념[11]

기능적 책임개념은 예방적 책임개념이라고도 하는데, 책임을 행위자에 대한 비난가능성으로만 볼 것이 아니라 일반예방이나 특별예방과 같은 형벌의 목적도 아울러 고려해야 한다는 견해이다. 책임개념이 어떤 기능을 수행해야 하는지에 초점을 맞춘 입장이라 할 수 있다. 기능적 책임개념을 택하는 입장 중에는 오로지 예방목적만을 책임평가의 척도로 내세우는 견해, 타행위가능성이라는 고전적 책임의 근거를 반영하는 절충적인 견해 등이 대립되고 있다. 다만 범죄성립요건으로서의 책임을 논하면서 형사정책적 필요성을 도입하려는 시각은 자칫 죄형법정주의의 유연화, 책임의 체계적 지위에 대한 혼동과 더불어 심신장애 판단의 위축과 처벌의 필요성만 강조하는 결과로 이어질 우려가 있다.

Ⅲ. 책임의 구성요소

어떤 요소들이 책임의 구성요소 혹은 책임의 표지에 해당하는지에 관해서는 그 분류에 있어 여러 견해가 존재하나 통상 책임능력, 책임요소로서의 고의·과실, 위법성인식, 기대가능성 및 책임조각사유 등이 논의되고 있다.

11 기능적 책임개념은 책임의 규범개념성을 전제로 한 것이므로, 심리적 책임개념 및 규범적 책임개념의 구분과 나란히 위치시켜 논하여서는 아니된다는 견해로 김성돈, 형법총론(제5판), 성균관대학교출판부(2017), 360.

1. 책임능력

가. 의의

책임능력이란 행위자에 대해서 책임비난을 가하는 전제로서 행위자가 생물학적 및 심리적으로 구비하고 있어야 하는 기본적인 능력을 의미한다. 이는 사물의 시비를 변별해서 이 변별에 따라 행위를 제어할 능력이라고 정의할 수 있는데, 형법 제10조 제1항에서는 "사물을 변별할 능력", "의사를 결정할 능력"으로 표현하고 있다. 도의적 책임론에서는 책임능력을 행위능력 내지 유책행위능력으로 보고, 사회적 책임론에서는 책임능력을 형벌적응능력이라고 본다.[12] [13]

나. 판단의 방법과 기준

책임능력 존재 여부의 판단방법과 관련해서는 생물학적 방법론, 규범적 방법론, 혼합적 방법론이 제시되고 있다. 생물학적 방법론에서는 일정한 생물학적 결함상태에 있는 자를 모두 책임능력이 없거나 부족한 것으로 본다.[14] 형법 제9조의 형사미성년자에 관한 규정은 이에 기반한 것이라 할 수 있다. 심리학적 방법론은 행위자의 정신상태에 착안하여 행위 당시 자유로운 의사결정능력이 있었는지 여부를 규범적으로 평가하여야 한다는 입장이다. 혼합적 방법론은 양자를 종합하여 생물학적 비정상상태를 기초로 사물을 변별하고 행위를 제어할 능력을 갖추었는지 판단하는 것이다. 생물학적 방법에만 의할 경우 피고인에게 범행당시 정신질환이 있었다는 감정결과가 도출될 경우 책임능력을 부정하게 되고, 심리학적 방법에만 의할 경우 정신질환의 존재여부와 상관없이 범행당시에 사물변별 및 제어능력이 존재하였는지 여부만을 사후적·규범적으로만 판단하게 된다. 현재는 혼합적 방법에 의하여 책임능력을 판단하는 기준이 널리 받아들여지고 있다. 한편 혼합적 방법을 채택할 때에도 정신질환이라는 생물학적 요소를 전제로 하여 심리학

12 상세는 노용우, "형사책임능력에 관한 연구: 형법과 정신의학", 서울대학교 박사학위논문(1989), 36-48.

13 형사책임능력과 구별되는 개념으로 유효하게 소송행위를 할 수 있는 능력인 형사소송능력과 형의 집행을 받을 수 있는 능력인 수형능력이 있다. 상세는 조병구, "피고인의 책임능력에 대한 판단", 법관의 의사결정-이론과 실무, 820-825.

14 피고인의 위법한 행위가 정신질환 혹은 정신적 결함의 소산(the product of mental disease or mental defect)인 경우에는 형사책임이 없다고 한 Durham Rule[Durham v. United States, 214 F.2d 862(D.C. Cir. 1954)]이 생물학적 방법론의 대표적 예이다.

적 요소로서 변별능력만을 병용하는 방법,[15] 제어능력만을 병용하는 방법,[16] 양자를 모두 병용하는 방법으로 나뉘어지는데, 오늘날은 생물학적 요소에 심리학적 요소로서 변별능력 및 제어능력 구비여부를 모두 판단하는 방법이 일반적이며 미국의 모범형법전과 각 대륙법계 국가들의 성문 형법전 및 우리 형법에서도 이 방법이 채택되어 있다.[17]

다. 판단의 순서

책임능력과 다른 범죄성립요소 사이의 판단순서[18]와 관련하여, 판례는 교통사고 직후 뇌전증으로 인한 발작이 일어나 행위를 제어하지 못한 채 운전해 간 데 대해 사고 후 도주로 기소된 사안에서, 뇌전증이라는 정신장애 상황을 책임능력 존부 단계에서 판단하지 아니하고 고의 단계에서 판단함으로써 아예 도주의 범의가 없는 경우로 보고 있다.[19] 더불어 판례는 뇌전증이나 생리 증후군으로 인해 절도에 이른 사안에서 이러한 정신장애는 책임능력 단계에서 판단할 것이 아니라 상습성의 발현으로 볼 것인지 여부 단계에서 먼저 살펴보아야 한다고 한다.[20] 즉, 정신장애로 인해 애초에 구성요건적 고의나 상습성이 부정될 때에는 책임능력단계 심리까지 갈 필요 없이 무죄판단이 이루어질 수 있는 것이다.[21]

15 자신의 행위나 사물의 본질과 성질(nature and quality), 正邪(right or wrong)를 인식하고 구별할 수 있는지 여부의 능력을 보는 것이다. 대표적으로 19세기에 도입된 M'Naghten Rule[M'Naghten's Case 1843 10 C & F 200]이 있는데, 이는 행위 당시에 정신질환으로 인해 이성이 결여되어 사물의 본성을 알지 못했거나 알았더라도 자신의 행동이 그르다는 것을 알지 못한 것이 명백히 증명되면 정신이상 항변을 받아들일 수 있다는 기준이다. 지적 요소를 강조하는 입장이다.

16 피고인이 정신질환으로 인하여 행위를 조절할 수 있는 능력이 없을 경우 형사책임이 없다고 보는 것으로서 의지적 요소를 강조하는 입장이다. 20세기 초까지 미국에서 받아들여져 왔던 Irresistible Impulse Test(저항불능 충동검사)가 여기에 해당한다. 다만, 이는 M'Naghten Rule에 추가하여 판단 기준으로 채용되었다.

17 독일 형법 제20조, 제21조, 프랑스 형법 제122-1조, 오스트리아 형법 제11조, 스위스 형법 제10조, 제11조, 미국 모범 형법전 제4.01조 등. 다만, 일본 형법 제39조처럼 책임능력 판단기준을 제시하지 아니하고 심신상실자의 행위는 벌하지 아니한다고 규정하는 입법례도 있다.

18 상세는 노용우, "형사책임능력에 관한 연구: 형법과 정신의학", 서울대학교 박사학위논문(1989), 46-47.

19 대법원 2002. 6. 11. 선고 2001도3124 판결.

20 대법원 2009. 2. 12. 선고 2008도11550 판결(뇌전증), 대법원 2002. 5. 24. 선고 2002도1541 판결(생리 증후군).

21 연장선상에서, 심한 우울증으로 복무이탈에 이르게 된 것이 심신미약으로 인한 것이라며 원심에서 형을 감경한 병역법 위반 사안에서, 대법원은 이를 아예 복무이탈의 '정당한 사유'에 해당한다고 보아야 한다며 무죄 취지로 파기한 바 있다(대법원 2014. 6. 26. 선고 2014도5132 판결).

2. 책임요소로서의 고의 과실[22]

고의와 과실에 대하여는 구성요건요소이자 책임요소라는 이중적 지위를 인정하는 것이 다수설의 입장이다. 이에 따르면 고의·과실은 구성요건단계에서는 구성요건 실현의 상황을 인식하고 행위하는 것을 의미하고, 책임단계에서는 법질서의 요구에 반하는 의사형성을 하였다는 심정반가치를 의미한다. 특히 구성요건 단계에서의 고의·과실과 달리 책임단계에서의 고의·과실은 책임의 양, 즉 비난가능성의 양을 구분하는 지표로 기능을 할 수 있기 때문에 책임형식으로서 의미가 있다고 한다.[23] 이에 대하여는 고의·과실뿐 아니라 모든 불법요소는 비난가능성의 정도 즉, 책임의 양을 판단하는 데에 고려할 대상이 되므로 고의·과실을 고유한 의미에서 책임비난의 독자적 요소나 표지로 볼 수 없다는 반론도 있다.[24]

3. 위법성의 인식[25]

위법성의 인식이란 행위자가 자신의 행위가 법질서에 반하고 법규범의 금지에 위반된다는 것을 인식하는 것을 의미한다. 위법성 인식의 체계적 지위에 관해서는 견해가 나뉘고 있다. 위법성의 인식을 고의와 분리된 독립된 책임요소로 보는 책임설에 따르면 위법성의 인식이 결여되면 고의가 조각되는 것이 아니라 책임이 조각된다고 본다. 이에 비해 고의설에서는 고의의 판단에 위법성의 인식이 포함된다고 보기 때문에 위법성의 인식이 없으면 고의가 조각되고 이를 회피할 수 있었다면 과실범이 된다고 본다.

판례는 위법성의 인식을 고의의 요소로 본 경우[26]도 있으나, 다수의 판례는 고의와 위법성의 인식을 구별하고 있다.[27] 또한 판례는 위법성의 인식을 법률의 부지와 준별하면서 행위자가 자신의 지적 능력을 다하여 회피하기 위한 진지한 노력을 했다면 위법성을 인식할 수 있었을 가능성만 있더라도 이를 다하지 아니한 이상 위법성의 인식이 존재한다고 보아 형법 제16조를 적용하지 아니한다고 판시하고 있고, 이러한 위법 가능성의 인식에 필요한 노력의 정도는 구체적 행위

22 ☞ 상세한 것은 아래 형법 제13조에 관한 설명 부분 참조.
23 이재상 외 2인, 형법총론(제9판), 박영사(2017), 310.
24 한정환, "형사책임", 사법행정(480호), 22-25.
25 ☞ 상세한 것은 아래 형법 제16조에 관한 설명 부분 참조.
26 대법원 1956. 2. 7. 선고 4288형상291 판결.
27 대법원 2010. 3. 11. 선고 2009도14822 판결, 대법원 2014. 5. 29. 선고 2013도16369 판결, 대법원 2015. 6. 11. 선고 2013도14254 판결 등.

정황과 행위자 개인의 인식능력 및 행위자가 속한 사회집단에 따라 달리 평가되어야 한다고 한다.[28]

4. 기대가능성 및 책임조각사유

가. 책임요소로서 기대가능성의 의의

행위자에게 적법행위를 기대할 수 있는 가능성이 존재하는 경우에는 책임을 인정할 수 있고 그러한 기대를 할 수 없는 상황이라면 책임이 조각된다. 책임비난의 근거가 타행위가능성(Anders-Handeln-Können)에 있기 때문에 그 이면에서 적법한 타행위에 대한 기대가능성은 당연히 도출된다고도 할 수 있다. 기대가능성의 체계적 지위에 대해서는 이를 책임의 적극적 요소로 보는 견해[29]와 소극적 요소로 보는 견해[30]가 나뉘는데, 불법이 존재하는 이상 책임의 존재는 추정되므로 기대가능성은 책임조각사유로서 기능을 하게 되어 범죄성립요소 인정의 단계적 구조 하에서 결과적으로는 차이가 없다.

기대가능성의 성격을 초법규적 책임조각사유로 볼 것인지에 대해서도 견해의 대립이 있다. 기대가능성은 추상적인 표지이므로 초법규적 책임조각사유로 삼을 수 없고 법관이 구체적 개별 사안에서 제반 정황을 고려하여 불법과 책임을 한계 짓는 제한원리 내지 보정원리로 작동할 뿐이라는 견해,[31] 과실범과 부작위범에 있어서만 초법규적 책임조각사유로 인정할 수 있다는 견해,[32] 실정법으로 모든 기대가능성 결여 상황을 입법화할 수 없으므로 초법규적 책임조각사유로 이해하는 것이 타당하다는 견해[33]로 나뉜다.

판례는 형법 제12조의 강요된 행위나 제16조의 법률의 착오 이외에도 기대가능성을 별도의 독립된 책임조각사유로 인정하고 있어 초법규적 책임조각사유에

28 대법원 2006. 3. 24. 선고 2005도3717 판결, 대법원 2018. 9. 28. 선고 2018도9828 판결 등.

29 손동권/김재윤, 새로운 형법총론(초판), 율곡출판사(2011), 330; 오영근, 형법총론(제4판), 박영사(2018), 275; 임웅, 형법총론(제10정판), 법문사(2018), 357.

30 김성돈, 형법총론(제5판), 성균관대학교출판부(2017), 405; 박상기, 형법총론(제9판), 박영사(2012), 275; 이재상 외 2인, 형법총론(제9판), 박영사(2017), 360.

31 박상기, 형법총론(제9판), 박영사(2012), 273-274; 배종대, 형법총론(제13판), 홍문사(2017), 332; 신동운, 형법총론(제10판), 법문사(2017), 446; 이정원, "기대가능성과 책임조각사유", 형사법연구(26호), 38-41.

32 김일수/서보학, 새로쓴 형법총론(제13판), 박영사(2018), 290-292.

33 김성돈, 형법총론(제5판), 성균관대학교출판부(2017), 405; 손동권/김재윤, 새로운 형법총론(초판), 율곡출판사(2011), 333; 이재상 외 2인, 형법총론(제9판), 박영사(2017), 361; 임웅, 형법총론(제10정판), 법문사(2018), 360-361; 정성근/박광민, 형법총론(제2판), 성균관대학교출판부(2015), 365-366; 정영일, 형법강의[총론](제3판), 학림(2017), 220.

해당할 수 있음을 전제로 하는 듯한 입장이나 실제로는 구체적 사안에서 제반 정황을 고려하여 불법과 책임을 한계 지우는 기능이나 법해석논리로 사용하고 있는 것으로 보인다.

나. 기대가능성 판단의 기준과 사례

1) 적법행위의 기대가능성을 판단하는 기준으로는 적법행위를 기대하고 있는 국가의 법질서와 이념에 따라 기대가능성을 판단하여야 한다는 국가 표준설, 구체적 행위자가 아닌 사회적 평균인을 표준으로 기대가능성을 판단하여야 한다는 평균인 표준설,[34] 행위 당시 행위자의 구체적 상황을 표준으로 하여야 한다는 행위자 표준설[35]의 대립이 있다. 판례는 피고인에게 적법행위를 기대할 가능성이 있는지 여부를 판단하기 위하여는 행위 당시의 구체적인 상황 하에 행위자 대신에 사회적 평균인을 두고 이 평균인의 관점에서 그 기대가능성 유무를 판단하여야 한다고 판시하고 있다.[36]

2) 판례는 행정처분을 다투며 쟁송 중[37]이라거나, 입법이나 업무 시스템의 미비 등이 있다고 주장되는 상황[38]이더라도 법령상 규제를 위반하는 행정범죄에 대해 기대가능성이 없는 행위로 보지 아니한다. 또한 위법한 관행이 존재한다는 이유만으로 적법행위 기대가능성이 없다고 할 수 없고,[39] 군대 기타 직장의 상사가 범법행위를 저지르는데 가담한 부하가 직무상 지휘·복종관계에 있다 하여 그 범법행위에 가담하지 않을 기대가능성이 없다고 할 수도 없다.[40]

34 김성돈, 형법총론(제5판), 성균관대학교출판부(2017), 409-410; 김일수/서보학, 새로쓴 형법총론(제13판), 박영사(2018), 293; 오영근, 형법총론(제4판), 박영사(2018), 277; 이재상 외 2인, 형법총론(제9판), 박영사(2017), 363; 임웅, 형법총론(제10정판), 법문사(2018), 359; 정성근/박광민, 형법총론(제2판), 성균관대학교출판부(2015), 368; 정영일, 형법강의[총론](제3판), 학림(2017), 200.

35 박상기, 형법총론(제9판), 박영사(2012), 276; 배종대, 형법총론(제13판), 홍문사(2017), 340; 이정원, "기대가능성과 책임조각사유", 형사법연구(26호), 30-33.

36 대법원 2008. 10. 23. 선고 2005도10101 판결, 대법원 2011. 12. 22. 선고 2011도13804 판결 등.

37 대법원 2007. 9. 7. 선고 2007도5257 판결, 대법원 2010. 11. 11. 선고 2007도8645 판결.

38 대법원 1980. 2. 12. 선고 79도285 판결, 대법원 1992. 8. 14. 선고 92도1246 판결, 대법원 2003. 5. 30. 선고 2003도981 판결, 대법원 2007. 5. 10. 선고 2006도6178 판결, 대법원 2013. 3. 28. 선고 2012도16383 판결, 대법원 2018. 9. 28. 선고 2018도9828 판결.

39 대법원 1999. 10. 12. 선고 99도2309 판결, 대법원 2000. 2. 25. 선고 99도4330 판결, 대법원 2008. 2. 29. 선고 2006도5945 판결.

40 대법원 1986. 5. 27. 선고 86도614 판결, 대법원 1997. 4. 17. 선고 96도3376 전원합의체 판결, 대법원 1999. 7. 23. 선고 99도1911 판결, 대법원 2003. 6. 27. 선고 2003도1841 판결, 대법원 2004. 12. 10. 선고 2003도5124 판결, 대법원 2005. 7. 29. 선고 2004도5685 판결, 대법원 2008. 6. 19. 선고 2006도4876 전원합의체 판결, 대법원 2009. 4. 23. 선고 2008도11921 판결.

나아가 구체적으로 적법행위 기대가능성이 있었다고 본 사례로서, 유죄판결이 확정된 피고인은 공범의 형사사건에서 위증하지 아니하고 사실대로 자신의 범행을 시인하는 증언을 할 것이라는 기대가능성이 존재한다고 한 사례,[41] 선박사고로 인하여 당황한 상태에 있었다고 하더라도 조난선박의 선장 및 승무원에게 수난구호법에 정해진 구호조치 등을 취할 적법행위 기대가능성이 있다고 한 사례,[42] 기자가 취재원과 하던 전화통화를 끊지 않던 중 전화기 너머로 들리는 다른 대화를 녹음한 경우에 불법녹음을 하지 아니할 기대가능성이 존재한다고 한 사례,[43] 유출된 시험문제를 부정한 방법으로 입수하여 미리 알고 면접평가에 응시하여 그에 대하여 답을 한 것은 적법한 행위에 대한 기대가능성이 없는 경우라고 볼 수 없다고 한 사례,[44] 토지거래 사실을 계약당사자가 공동으로 신고 하게 되어있는 지역에서, 매수인이 토지를 미등기 전매하는 경우라고 하여 매도인에게 당초 거래에 대한 신고의 기대가능성이 없지 않다고 한 사례,[45] 병원 중환자실에 입원해 있던 부친이 피고인을 찾아서 급히 가야한다는 사유만으로 음주·무면허 운전을 하지 않을 기대가능성이 부존재한다고 볼 수 없다고 한 사례,[46] 외국예금을 인출한 후 국내로 회수하지 아니한 외국환거래법 위반의 사안에서, 피고인이 구속 상태에 있었다고 하더라도 채권회수의무를 이행할 수 있었다는 등의 이유로 피고인에게 채권 국내회수의 기대가능성이 있다고 한 사례,[47] 화주들이 과적을 요구하는 경우가 많고 덤프트럭 운전자들이 그 요구를 거절하기 어려운 사정이 있더라도 과적행위를 하지 않을 기대가능성이 있다고 한 사례,[48] 교량붕괴사고와 관련하여 시공 공법상 중요 부재 중 하나가 끊어지면 바로 붕괴로 이어지는 특성이 있는 교량에 대한 유지·관리상 과실이 존재하고 담당 공무원들에게 사고발생 방지조치에 대한 기대가능성이 있다고 본 사례,[49] 재일교포라는 이유로 국가보안법상 잠입 및 탈출 범행을 기대가능성이 없는 행위라 볼 수 없다고 한 사례,[50] 자유를 찾

41 대법원 2008. 10. 23. 선고 2005도10101 판결.
42 대법원 2015. 11. 12. 선고 2015도6809 전원합의체 판결.
43 대법원 2016. 5. 12. 선고 2013도15616 판결.
44 대법원 2017. 10. 26. 선고 2015도10283 판결.
45 대법원 1990. 10. 30. 선고 90도1798 판결.
46 대법원 2008. 2. 28. 선고 2008도470 판결.
47 대법원 2006. 5. 25. 선고 2005도5624 판결.
48 대법원 2006. 5. 11. 선고 2006도2049 판결.
49 대법원 1997. 11. 28. 선고 97도1741 판결.
50 대법원 1987. 9. 8. 선고 87도1341 판결.

아 중공치하에서 탈출하기 위해 민간항공기를 납치한 행위가 기대가능성이 없는 행위라고 볼 수 없다고 한 사례[51] 등이 있다.

한편, 판례가 기대가능성이 없음을 인정한 사례를 보면, 강제 납북된 어부가 북한 정권을 찬양하는 행위를 했더라도 살기 위한 부득이한 행위로서 기대가능성이 없는 상황이었다고 본 사례,[52] 입학시험 응시자가 우연한 기회에 출제될 시험문제를 알게 되어 그에 대한 해답을 암기한 후 그 암기에 따라 입학시험답안을 작성 제출한 행위는 기대가능성이 없어 업무방해로 볼 수 없다고 한 사례,[53] 지방자치단체가 개최한 축제의 콘서트장에 다수의 관객이 한꺼번에 입장하려다가 연쇄적으로 넘어져 사상자가 발생한 사안에서, 행사대행업체 운영자는 경비경찰인력지원을 담당하는 공무원들에게 당초 지원받기로 예정된 경비경찰인력이 제대로 지원되지 못하는 사정을 보고하고 그에 대한 조치를 취해줄 것을 요청하는 방법 이외에 달리 다른 조치를 취할 기대가능성이 없다고 한 사례,[54] 운행 중인 차량의 조수석 문을 피해자가 열었고 운전자가 이를 인식할 수 없었던 경우 운전자에게 운전 중 피해자가 떨어지지 아니하도록 하기 위하여 문을 정확히 여닫는 등 필요한 조치를 취할 기대가능성이 없다고 본 사례,[55] 지도교수의 인솔 하에 수학여행을 온 대학교 3학년생 34명 중 일부만의 학생증을 제시받아 성년임을 확인한 후 나이트클럽에 단체로 입장시켰으나 그들 중 1인이 미성년자였던 사안에서, 학생들 중에 미성년자가 섞여 있을지도 모른다는 것을 예상하여 그들의 증명서를 일일이 확인할 것을 요구하는 것은 사회통념상 기대가능성이 없다고 한 사례,[56] 무장공비의 검거과정에서 만 4일 6시간동안 불과 3시간 또는 5시간의 수면을 취한 상태에서 2시간씩 교대로 수면을 취한 행위는 특단의 사정이 없는 한 비난가능성이 있다고 단정할 수는 없고 기대가능성도 없어 전투준비 태만죄에 해당한다고 볼 수 없다고 한 사례[57] 등이 있다.

다. 책임조각사유

앞서 살펴본 책임의 요소들 이외에 책임조각사유로 논의되는 경우로 총칙에

51 대법원 1984. 5. 22. 선고 84도39 판결.

52 대법원 1967. 10. 4. 선고 67도1115 판결. 기대가능성이 문제된 반공법 및 국가보안법 사례 등에 대해 상세는 최병문, "기대가능성 한일판례평석", 판례월보(358호), 30-35.

53 대법원 1966. 3. 22. 선고 65도1164 판결.

54 대법원 2006. 10. 26. 선고 2006도5388 판결.

55 대법원 2005. 8. 19. 선고 2005도3541 판결.

56 대법원 1987. 1. 20. 선고 86도874 판결.

57 대법원 1980. 3. 11. 선고 80도141 판결.

는 과잉방위(제21조 제2항, 제3항), 과잉긴급피난(제22조 제3항), 과잉자구행위(제23조 제2항)가 있다. 각칙에도 친족간 범인은닉(제151조 제2항), 친족간 증거인멸(제155조 제4항) 등 책임비난의 대상으로 삼기 어려운 일부 범죄에 대해서는 이를 처벌대상에서 배제하는 개별규정이 마련되어 있다.

이 외에 명문의 규정이 없더라도 기대가능성이 없으면 초법규적 책임조각사유를 인정할 수 있다는 입장에서는, 면책적 긴급피난,[58] 구속력 있는 상관의 위법한 직무명령에 의한 행위,[59] 의무의 충돌,[60] 생명·신체 이외의 법익에 대한 강제상태에서의 강요된 행위가 이에 해당할 수 있다며 논의되고 있다.

58 상세는 김용욱, "초법규적 면책사유에 관한 연구", 연세대 법학연구(14권 4호), 84-92 참조.
59 상세는 이진국, "상관의 위법한 명령에 따른 행위", 형사법연구(26권 2호), 377-394 참조.
60 상세는 하태훈, "초법규적 면책사유로서의 의무의 충돌", 현대형사법론(1996), 695-699 참조.

제 9 조 [형사미성년자]

14세되지 아니한 자의 행위는 벌하지 아니한다.

[관련조문] 형법 제10조, 제11조, 소년법 제59조, 제60조, 특정강력범죄의 처벌에 관한 특례법 제4조, 담배사업법 제31조, 형사소송법 제26조.

[참고문헌] 주호로, "소년의 형사책임에 관한 연구 - 형사책임능력을 중심으로-", 법조(651호); 조지만/김대홍, "조선시대 형사책임능력에 관한 연구", 법조(715호); 이승현/박성훈, "소년강력범죄에 대한 외국의 대응동향 및 정책 시사점 연구", 한국형사정책연구원 연구총서(17-AB-07); 문희태·류병관, "소년의 연령과 형사책임능력에 관한 고찰 - 최근 일본의 논의과정을 중심으로", 소년보호연구(30권 4호); 강동욱, "책임능력에 관한 고찰", 한양법학(제4·5집).

Ⅰ. 서설

1. 본조의 의의

가. 의의

본조는 만 14세를 일률적인 형사책임 기준연령으로 설정하여 그 연령에 이르지 아니한 자에 대해서는 형사책임을 묻지 않는다. 정신적·신체적 발육 정도와 사물변별능력 및 의사결정능력의 정도는 개개인마다 천차만별이지만 형법은 14세를 기준으로 하여 그 연령에 이르지 못한 자를 절대적 형사책임 무능력자로 의제하는 것이다. 이와 같이 생물학적 기준인 일정한 연령을 정하여 일률적으로 형사책임의 존부를 결정하는 것은, 어린이의 발육과 성장 과정에서의 정신적 미성숙은 당연한 것으로서 개개인의 정신장애와는 달리 보아야 하고 실질적으로는 개인차가 심하여 정신적 성숙성을 각 개인별로 판단하는 것도 곤란하며 부적절하기 때문이다. 또한 어린이들의 경우 감수성이 강하고 상처받기 쉬운 정신 상태에 있고 반사회성도 고정화되어 있지 않으므로 상당한 정도로 책임이 있는 경우에도 교육적 조치에 의한 개선가능성이 있다는 점에 비추어 볼 때 형벌 이외의 수단에 의존하는 것이 적정하다는 형사정책적 고려도 가미된 것이다.[1]

1 헌법재판소 2003. 9. 25. 선고 2002헌마533 전원재판부 결정.

나. 주요 입법례

형사미성년제도는 성숙자와 미성숙자를 구분한 로마법에 시원을 두고 있다.[2] 형사책임연령과 관련하여 현재 독일은 14세(독일 형법 제19조), 프랑스는 13세(프랑스 형법 제122-8조), 일본은 14세(일본 형법 제41조)로 정하고 있다. 영미법계의 형사책임연령(age of criminal responsibility) 적용체계는 대륙법계와는 다소 차이가 있는데, 영국(잉글랜드와 웨일즈)[3]은 형사책임연령을 10세로 하고 있고, 미국은 다수의 주에서 형사책임연령에 관한 규정을 두지 않거나 연령에 관한 규정이 있는 주는 소년법원 관할권을 적용할 수 있는 연령기준을 6세에서 10세 사이로 두고 있다.[4] 캐나다는 12세 미만인 자에 대해서 형사책임능력을 인정하지 않는다(캐나다 형법 제13조).

2. 소년법과의 관계

가. 적용연령

소년법은 만 19세 미만인 자를 소년으로 규정하고 있다. 소년법 제4조는 죄를 범한 범죄소년,[5] 형벌 법령에 저촉되는 행위를 한 10세 이상 14세 미만의 촉법소년, 형벌 법령에 저촉되는 행위를 할 우려가 있는 10세 이상의 우범소년에 대해서 소년보호사건으로 심리한다고 규정하고 있다. 따라서 14세 미만이어서 형법상 형사책임연령에 이르지 아니하였더라도 10세 이상인 소년은 소년법의 적용을 받아 보호처분의 대상이 될 수 있다. 10세 미만의 자는 범죄행위를 하더라도 어떠한 형사적인 처분이나 소년법상 제재로부터도 면책된다.[6]

2 주호로, "소년의 형사책임에 관한 연구 - 형사책임능력을 중심으로-", 법조(651호), 49-51; 한편 역사적으로 조선시대에는 유소자뿐 아니라 연로자, 장애인에 대한 책임감면이 이루어졌다. 상세는 조지만/김대홍, "조선시대 형사책임능력에 관한 연구", 법조(715호), 91-124.

3 이에 비해 스코틀랜드는 8세이다.

4 이승현/박성훈, "소년강력범죄에 대한 외국의 대응동향 및 정책 시사점 연구", 한국형사정책연구원 연구총서(17-AB-07), 51-58.

5 14세 이상을 의미한다.

6 이와 관련하여 범죄행위자가 10세 미만인 경우에는 피해자가 국가로부터 어떠한 보호도 받지 못하는 결과가 초래될 수 있다는 지적이 있고, 소년강력범죄가 증가하면서 사회방위의 필요성이 늘어나므로 소년법 등 관련제도가 개선되어야 한다는 지적이 있다(위 2002헌마533 결정의 보충의견 및 이승현/박성훈, "소년강력범죄에 대한 외국의 대응동향 및 정책 시사점 연구", 한국형사정책연구원 연구총서(17-AB-07) 참조). 이에 대해 일본에서의 논의를 제시하며 소년법 적용연령 조정에 신중히 접근하여야 한다는 입장으로는 문희태·류병관, "소년의 연령과 형사책임능력에 관한 고찰 - 최근 일본의 논의과정을 중심으로", 소년보호연구(30권 4호), 73-103.

나. 심판 조건으로서의 소년

형사책임능력이 범행 당시에 구비되어 있어야 하는 것과 달리 소년법의 적용 대상이 되는 19세 미만인 자라는 것은 심판의 조건이므로 범행시뿐만 아니라 심판시까지 계속되어야 한다는 것이 판례의 확립된 입장이다. 따라서 범행당시에는 소년이었으나 사실심 판결 선고시에 만 19세 이상이 되었다면 소년법 제60조에서 정하는 형사처분에 관한 특별규정을 적용하여서는 아니 된다.[7]

한편 소년법 제59조는 행위시를 기준으로 죄를 범할 당시 18세 미만의 소년에 대하여는 사형 또는 무기형을 선택하더라도 15년의 유기징역에 처하도록 하여 선고형을 완화하는 규정을 마련하고 있다.[8] 이는 심판의 조건이 아닌 형사책임에 관한 규정으로 볼 것이어서, 범행 당시 18세 미만이었다면 그 이후 18세가 넘었더라도 선고형의 완화가 가능하다는 것이 판례의 입장이다.[9]

Ⅱ. 규정의 적용

1. 형사미성년의 판단

책임능력은 행위시에 존재하여야 한다. 따라서 범행 당시에 아직 형사책임연령인 14세가 되지 아니한 형사미성년자인 경우 처벌할 수 없다. 피고인이 저지른 범죄 중 일부가 형사미성년인 상황에서 행해진 경우에도 그 부분의 범행은 책임능력이 없는 상황에서 저지른 것이므로 처벌할 수 없다. 이는 포괄일죄 중 일부이든 경합범 중 일부이든 동일하다.[10] 만 14세에 이르렀는지 여부에 대한 판단은 사실인정의 문제이다. 주민등록이나 가족관계등록이 절대적인 근거가 될 수는 없고 이러한 공적 장부만으로 연령을 확인하기 어렵다면 증언이나 감정 등을 통하여 실제 연령을 확정해야 할 수도 있다.[11] 한편, 행정관련 처벌규정에는 담배사업법 제31조와 같이 형법 제9조의 적용을 배제하는 경우가 있다.

7 대법원 1991. 12. 10. 선고 91도2393 판결, 대법원 2009. 5. 28. 선고 2009도2682, 2009전도7 판결, 대법원 2016. 7. 27. 선고 2016도7112 판결 등.

8 특정강력범죄를 범한 경우에는 사형 또는 무기형을 선택하더라도 20년의 유기징역으로 선고형을 완화한다(특정강력범죄의 처벌에 관한 특례법 제4조).

9 대법원 1997. 2. 14. 선고 96도1241 판결, 대법원 2017. 1. 25. 선고 2016도15526 판결.

10 대법원 1991. 12. 10. 선고 91도2478 판결.

11 강동욱, "책임능력에 관한 고찰", 한양법학(제4·5집), 147.

2. 형사미성년과 형사소송능력

가. 형사미성년자의 형사소송능력

형사소송능력이라고 함은 소송당사자가 유효하게 소송행위를 할 수 있는 능력, 즉 피고인 또는 피의자가 자기의 소송상의 지위와 이해관계를 인식하고 이에 따라 방어행위를 할 수 있는 의사능력을 의미한다. 이는 형사책임능력과 반드시 일치하지는 아니하므로 의사능력이 있다면 형사미성년자라 하더라도 유효한 소송행위를 할 수 있다.

형사소송법 제26조는 피고인이나 피의자에게 의사능력이 없는 경우에는 형법 제9조 내지 제11조의 규정의 적용을 받지 아니하는 범죄사건에 한하여 예외적으로 그 법정대리인이 소송행위를 대리할 수 있다고 규정하고 있다. 따라서 책임능력이 없는 형사미성년자 또는 의사능력이 있는 14세 이상의 미성년자에 대해서는 법정대리인이 소송행위를 대리할 수 없다. 나아가 의식불명 상태에 있어 의사능력이 없는 14세 이상의 미성년자라 하더라도 음주운전 수사를 위한 혈액채취와 같은 경우 법정대리인이 대리하여 동의할 수 없다.[12]

나. 미성년인 피해자의 형사소송능력

피해자의 소송능력과 관련해서도 판례는 형사소송능력에 관한 일반원칙에 따라 판단하고 있다. 따라서 의사능력이 있는 미성년의 피해자가 단독으로 처벌희망 의사표시의 철회를 할 수 있고, 거기에 법정대리인의 동의가 있어야 한다거나 법정대리인에 의해 대리되어야만 한다고 볼 것은 아니다.[13] [14]

12 대법원 2014. 11. 13. 선고 2013도1228 판결.

13 대법원 2009. 11. 19. 선고 2009도6058 전원합의체 판결(법정대리인의 동의가 없는 상황에서 14세 10개월인 피해자가 법정에 나와 처벌불원의 의사표시를 한 것에 대해 유효성을 인정한 사례).

14 대법원 2010. 10. 14. 선고 2010도5610, 2010전도31 판결(피해자인 청소년의 의사능력은 그 나이, 지능, 지적 수준, 발달성숙도 및 사회적응력 등에 비추어 그 범죄의 의미, 피해를 당한 정황, 처벌을 희망하지 않는다는 의사표시 또는 처벌희망 의사표시의 철회가 가지는 의미·내용·효과를 이해하고 알아차릴 수 있는 능력을 말하고, 그 의사표시는 흠이 없는 진실한 것이어야 하므로, 법원으로서는 이러한 의미에서 피해자인 청소년에게 의사능력이 있는지 여부 및 그러한 의사표시가 진실한 것인지 여부를 세밀하고 신중하게 조사·판단하여야 한다. 특히, 이른바 '원조교제'나 '조건만남' 과 같은 성매매에 동원되는 등으로 성폭력범죄의 피해자가 된 청소년의 경우 자신이 피해를 입은 사실을 아무에게도 알리지 않기를 희망하거나 특히 부모나 가족에게 알려지길 희망하지 않는 경우가 있다. 이러한 경우 가해자측의 충분한 배상과 진정한 사과 등을 전제로 처벌불원의 의사를 표시하는 것인지 등과 관련하여 피해자의 사정을 고려한 세심한 확인이 필요하다).

제 10 조 [심신장애인]

① 심신장애로 인하여 사물을 변별할 능력이 없거나 의사를 결정할 능력이 없는 자의 행위는 벌하지 아니한다.

② 심신장애로 인하여 전항의 능력이 미약한 자의 행위는 형을 감경할 수 있다.
<개정 2018.12.18.>

③ 위험의 발생을 예견하고 자의로 심신장애를 야기한 자의 행위에는 전2항의 규정을 적용하지 아니한다.

[제목개정 2014.12.30.]

[관련조문] 형사소송법 제323조 제2항, 성폭력범죄의 처벌 등에 관한 특례법 제20조, 아동·청소년의 성보호에 관한 법률 제19조, 치료감호 등에 관한 법률 제2조, 제2조의3, 제4조, 제12조.

[참고문헌] 조병구, "피고인의 책임능력에 대한 판단", 법관의 의사결정-이론과 실무; 노용우, 책임능력판단에 있어서 심신장애의 의미, 형사법연구(15호); 김진환, 정신장애 범죄자의 책임과 처우에 관한 연구, 한양대학교 박사학위논문(2003); 성경숙, "형사책임능력의 판단기준에 관한 고찰 - 미국의 정신이상항변을 중심으로-", 성균관 법학(22권 3호); 이혜랑, "정신장애가 문제되는 피고인의 책임능력에 대한 판단", 법관연수 어드밴스 과정 연구논문집(특정주제연수, 2016); 한상훈, "명정상태 범죄자의 형사책임과 개선방안", 한국형사정책연구원 연구총서(09-18); 최형표, "주취로 인한 심신미약 주장의 실무상 취급 및 주취범죄의 양형 실무와 개선 방향", 음주와 양형(양형연구회·한국형사정책연구원 공동학술대회 자료집); 유진, "법정에 선 정신장애 : 형사책임능력에 대한 의료지식과 법적 결정", 형사정책연구(29권 3호); 프란쯔쉬트랭, "책임능력의 판정에서의 심리학자와 형사법률가 - 의사소통의 차원과 권한갈등", 한양대 법학논총(11집); 김성돈, "범죄체계론적 관점에서 본 원인에 있어서 자유로운 행위", 저스티스(75호); 김재현, "원인에 있어서 자유로운 행위에 관한 몇 가지 문제점", 서울대 법학(53권 2호); 윤용규, "과실의 원인이 자유로운 행위", 형사법연구(11호); 조상제, "과실의 원인에 있어서 자유로운 행위", 형사판례연구(4권).

Ⅰ. 본조의 의의

1. 의의 및 연혁

본조는 심신장애인이라는 표제 하에 제1항에서는 심신장애로 인하여 사물을 변별할 능력이 없거나 의사를 결정할 능력이 없는 자는 벌하지 아니한다고 하고, 제2항에서는 그 능력이 미약한 자는 형을 감경할 수 있다고 하며, 제3항에서는 원인에 있어서 자유로운 행위에 대해서 앞의 2항을 적용하지 아니한다고 규정하고 있다. 본조는 제정형법 이후 2014. 12. 30. 형법개정으로 표제를 '심신장애자'에서 '심신장애인'으로 변경한 이외에는 조문의 내용은 변함없이 유지되어 왔다.

그러다가 2018. 12. 18. 형법개정으로 본조 제2항의 심신미약의 법적 효과를 형의 필요적 감경에서 임의적 감경으로 개정하는 변화가 있었다.[1] 개정규정은 공포일인 2018. 12. 18.부터 시행되므로 그 때부터 저지른 범행에 대해서는 개정된 심신미약 규정이 적용된다.

2. 주요 입법례

독일 형법 제20조 및 제21조에서는 행위자가 불법을 통찰하거나 그 통찰에 따라 행동할 능력이 없는 결함상태에 있다면 그 행위자에게 책임을 물을 수 없고, 그 능력이 현저히 감소된 경우에는 형을 감경할 수 있다고 규정하고 있다. 독일 형법은 그 특정한 결함상태를 병적인 정신장애(krankhafte seelische Störung), 심한 의식장애(tiefgreifende Bewußtseinsstörung), 정신미약(Schwachsinn), 기타 중한 정신적 비정상 상태(schwere andere seelische Abartigkeit)라는 4가지로 구체적으로 유형화하여 나열하고 있는 특징이 있다. 프랑스 형법 제122-1은 행위시에 정신장애나 신경정신장애로 사리분별 또는 행위의 통제능력을 상실한 자는 형사책임이 없고, 그 능력이 미약한 자는 처벌하되 법원은 형벌과 그 집행을 결정함에 그 사정을 고려하여야 한다고 규정하고 있으며, 법원이 이 때 고려하여야 할 기준을 함께 정하고 있다. 미국 모범형법전 제4.01조에는 행위시에 정신질환이나 결함으로 인해 자기행위가 죄가 됨을 인식하거나 법에서 요구하는 행위를 준수할 실질적 능력이 결여된 때에는 그 범죄행위에 대해서 책임지지 않는다고 규정하고 있다.[2] 일본 형

1 위 법률 개정이유는 '최근 서울 강서구 PC방 살인 사건을 계기로 심신미약 감경에 반대하는 국민적 비판여론이 거세지고 있는 실정이고, 일부 범죄자들이 심신미약을 감형의 수단으로 악용하려 하면서 국민적 공분이 일어나고 있음. 이에 심신미약자에 대한 필요적 감경규정을 임의적 감경규정으로 개정하여 형법 상 책임원칙을 부정하지 않으면서, 감형 여부는 법관의 재량과 사건의 경중 등에 따라 유연하게 적용할 수 있도록 하려는 것임'이다. 사건 발생 후 약 2개월만에 우리 형법이 제정 이후 유지해 온 심신미약 감경의 효과에 관한 기준을 신속히 변경할 정도로 형사정책적 필요성이 높다고 국회에서 판단한 것으로 보인다. 독일, 프랑스 등 임의적 감경규정을 채택하고 있는 입법례도 다수 존재한다.

2 미국에서는 정신이상의 항변을 어느 범위에서 허용할 것인지와 관련하여 각 주마다 그 항변의 형식과 절차 및 증명의 정도가 상이하다. 크게 보면 '정신이상을 이유로 한 무죄(NGRI : Not Guilty by Reason of Insanity)'와 '유죄이나 정신질환 있음(GBMI : Guilty But Mentally Ill)'이라는 두가지 결론이 도출되고 있다고 할 수 있다. 상세는 성경숙, "형사책임능력의 판단기준에 관한 고찰 - 미국의 정신이상항변을 중심으로-", 성균관 법학(22권 3호), 209-216; 조병구, "피고인의 책임능력에 대한 판단", 법관의 의사결정-이론과 실무, 832-838.

법 제39조는 심신상실자의 행위는 벌하지 아니하고, 심신미약자의 행위는 감경한다고 간결하게 규정하고 있다.

Ⅱ. 심신장애

1. 규정의 구조

가. 규범적 판단 구조

본조에서 '심신장애'[3]라는 용어는 책임능력판단의 생물학적 요소로서 정신장애를 의미한다는 것이 통설[4]이다. 본조의 문언만 보면 심신장애로 인하여 변별능력이나 의사결정능력이 없는 경우에 책임능력이 부정된다고 하고 있어 심신장애라는 용어가 생물학적 정신장애를 의미하고 변별능력과 의사결정능력은 심리학적 요소인 것과 같은 구조로 규정되어 있다. 그런데 판례는 심신장애라는 용어를 생물학적 정신장애로 해석하지 아니하고, 책임능력을 판단하기 위한 법적 의미에서의 정신이상이라는 의미, 즉 규범적 개념으로 보고 있다.[5] 그에 따라 생물학적 측면에서는 정신적 장애를, 심리학적 측면에서는 그로 인하여 변별능력 혹은 제어능력이 결여나 감소되었는지 여부를 판단하고, 더하여 제반 규범적 요소들을 참작하여 심신장애 여부를 판단해야 한다는 것으로 해석하고 있다.[6]

3 심신장애라는 용어에서 심신(心神)은 심리(心理)와 정신(精神)을 합친 말인데 통상적으로 사용하는 일반용어인 심신(心身)과는 용례가 달라 오해의 소지가 있다. 형법개정시 논의된 바 있으나 표제가 유지되었다.

4 김성돈, 형법총론(제5판), 성균관대학교출판부(2017), 366; 김일수/서보학, 새로쓴 형법총론(제13판), 박영사(2018), 265; 박상기, 형법총론(제9판), 박영사(2012), 241; 손동권/김재윤, 새로운 형법총론(초판), 율곡출판사(2011), 293; 오영근, 형법총론(제4판), 박영사(2018), 260; 이재상 외 2인, 형법총론(제9판), 박영사(2017), 317; 임웅, 형법총론(제10정판), 법문사(2018), 312.

5 대법원 1992. 8. 18. 선고 92도1425 판결, 대법원 2013. 1. 24. 선고 2012도12689 판결 등 일관된 판례의 입장이다.

6 학설은 아래와 같은 도식으로 책임능력 판단구조를 보고 있다.

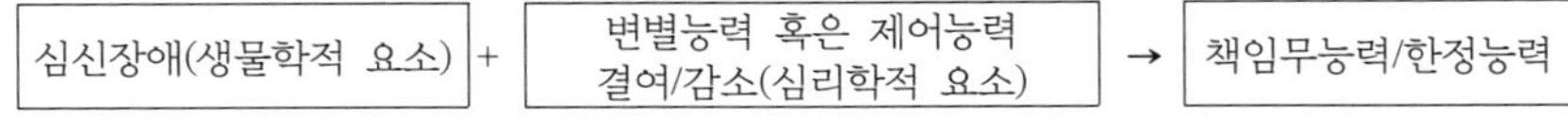

이에 비해 판례는 아래와 같은 도식으로 판단을 하고 있다.

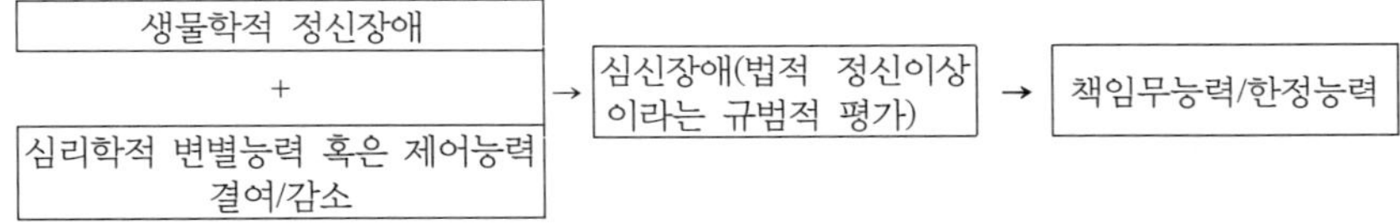

이는 책임능력 판단에 규범적 고찰의 단계인 심신장애를 중첩적으로 설정한 것으로 볼 수 있다. 이에 따라 판례는 의학적으로 정신적 장애라고 인정되더라도 곧바로 심신장애에 해당하지 않는다고 하며,[7] 심리학적 요소 및 이에서 더 나아가 제반 규범적 요소로서 범행의 동기 및 원인, 범행의 경위 및 수단과 태양, 범행 전후의 피고인의 행동, 증거인멸 공작의 유무, 범행 및 그 전후의 상황에 관한 기억의 유무 및 정도, 반성의 빛 유무, 수사 및 공판정에서의 방어 및 변소의 방법과 태도, 정신병 발병전의 피고인의 성격과 그 범죄와의 관련성 유무 및 정도 등을 종합하여 법원이 독자적으로 판단할 수 있다고 보고 있다.[8]

나. 변별능력과 제어능력

본조에서 '사물을 변별할 능력'이란 판별능력으로서 책임능력판단의 심리학적 요소 중 지적요소에 해당한다. '의사를 결정할 능력'이란 결의·결심의 능력이 아니라 의지적 행위통제능력 즉, 제어능력, 행위조종능력으로 해석하는 것에 이견이 없다. 변별능력과 제어능력이 모두 결여·감소되는 경우에만 책임능력의 결함을 인정하는 것은 아니고 변별능력이나 제어능력 중 한가지의 결여나 감소만이 인정된 경우에라도 심신장애에 해당할 수 있다. 정신장애가 존재한다고 하여 변별능력과 제어능력의 결여와 감소가 당연히 추정된다고 할 수는 없고 개별 사안에서 구체적 행위 당시를 기준으로 정신장애가 변별능력과 제어능력에 미친 영향의 존부 및 정도를 판단하여야 한다.

다. 행위와 책임의 동시성

행위와 책임의 동시존재 원칙에 따라 책임능력 존부의 판단시점은 범행 당시이어야 한다. 판례도 일관하여 형법 제10조에 규정된 심신장애는 정신병 또는 비정상적 정신상태와 같은 정신적 장애가 있는 외에 이와 같은 정신적 장애로 말미암아[9] 사물에 대한 변별능력이나 그에 따른 행위통제능력이 결여 또는 감소되었음을 요하므로, 정신적 장애가 있는 자라고 하여도 범행 당시 정상적인 사물변별

7 예컨대, 충동조절장애, 정신성적 장애, 인격장애 등이 의학적 정신장애에 해당하는 경우라도 법적인 심신장애에는 해당되지 않을 수 있는 것이다(대법원 1995. 2. 24. 선고 94도3163 판결, 대법원 2013. 1. 24. 선고 2012도12689 판결, 대법원 1984. 3. 13. 선고 84도76 판결 등).

8 대법원 1994. 5. 13. 선고 94도581 판결, 대법원 2007. 2. 8. 선고 2006도7900 판결, 대법원 2013. 1. 24. 선고 2012도12689 판결 등 다수.

9 행위와 책임의 동시존재 원칙으로부터 행위 당시 정신장애로 '인하여' 변별능력이나 제어능력에 결함이 생겼다는 인과관계도 충족되어야 한다.

능력과 행위통제능력이 있었다면 심신장애로 볼 수 없다고 한다.[10]

2. 정신장애의 판단

가. 판단의 기준

책임능력 판단의 생물학적 요소인 정신장애의 판단은 의학적 기준에 의한다. 정신장애의 정의를 의학상의 개념에 의하여만 확정하는 것은 곤란하며 규범적으로 파악하여야 한다는 견해나 정신장애의 개념의 외연은 법률적으로 한계를 정하고 내포는 정신의학적 기준에 따라 정하자는 견해[11]도 있으나 정신장애에 해당하는지 여부의 개념정의 자체는 생물학적, 의학적 차원에서 정립되어야 할 것[12]이고 규범적 기준을 이 단계에 대입하여 정신장애 여부를 판단하는 것은 타당하지 않다. 법관은 정신의학의 전문가가 아니기 때문이다.

의학적 정신장애 판단의 기준은 국제질병사인분류(ICD),[13] 한국표준질병사인분류(KCD)[14]와 정신질환진단 및 통계편람(DSM)[15] 등에 구체적 기준이 마련되어 있고, 정신장애 감정시 이러한 기준에 따른 정신장애 판단이 이루어져서 감정의견이 제출되고 있다.

나. 정신장애의 유형화

1) 의학적으로 정신장애라고 판정되는 질환 전부를 형사책임능력 판단에 있어 고려할 필요는 없을 것이고, 책임능력판단에 유의미한 정신장애인지 여부는 별도의 유형화[16]를 통해 살펴보는 것이 유용하다.[17] 우리 판례는 심신장애 판단에

10 대법원 2007. 2. 8. 선고 2006도7900 판결, 대법원 2018. 9. 13. 선고 2018도7658 판결 등.

11 노용우, 책임능력판단에 있어서 심신장애의 의미, 형사법연구(15호), 59; 김진환, 정신장애 범죄자의 책임과 처우에 관한 연구, 한양대학교 박사학위논문(2003), 87 이하.

12 성경숙, "형사책임능력의 판단기준에 관한 고찰 - 미국의 정신이상항변을 중심으로-", 성균관 법학(22권 3호), 202.

13 ICD의 정식명칭은 International Statistical Classification of Diseases and Related Health Problems 이며, WHO에서 발간하고 있고 현재 제11판까지 나와 있다.

14 WHO에서 발간하는 ICD에 기초하여 우리나라의 상황에 맞게 수정되어 제공되는 기준이다. 통계청에서 관리하고 있으며 현재 제7판까지 나와 있다.

15 DSM은 Diagnostic and Statistic Manual of Mental Disorders의 약자로서, 미국정신의학회에서 출판하는 서적으로 정신질환 분류의 기준을 제시한다. 현재 제5판까지 나와 있다.

16 독일 형법처럼 법률에 이를 유형화하여 제시하는 입법례도 있으나, 우리 형법 등 다수의 형법에서는 포괄적 개념으로 규정하고 있어 유형화가 유용하다.

17 아래에서는 유형화에 따른 주요 판례들을 중심으로 해당 각주에 인용하였다. 상세한 것은 이혜랑, "정신장애가 문제되는 피고인의 책임능력에 대한 판단", 법관연수 어드밴스 과정 연구논문집(특정주제연수, 2016), 623-658; 조병구, "피고인의 책임능력에 대한 판단", 법관의 의사결정-이론과 실무, 848-907.

있어 정신장애의 생물학적 유형을 정신병, 정신박약, 비정상적 정신상태로 나누고 있고, 부가적으로 알코올 등 물질습벽도 제시하고 있다.[18]

2) 이와 같은 유형화에 따라 정신병으로는 외인성 뇌손상 등 뇌기능장애,[19] 정신분열병,[20] 망상장애,[21] 편집증,[22] 우울증·양극성 정동장애,[23] 신경증·해리장애,[24] 뇌전증[25] 등이, 정신박약으로는 정신지체와 지능박약증[26]이, 비정상적 정신상태로는 충동조절장애,[27] 인격장애,[28] 정신성적 장애[29] 등이 판단되어져 온 바 있다.

18 구 정신보건법(2017. 5. 30. 전부개정되기 전의 것) 제3조 제1호에서는 "정신질환자라 함은 정신병[기질적(器質的) 정신병(精神病)을 포함한다]·인격장애·알코올 및 약물중독 기타 비정신병적 정신장애를 가진 자를 말한다"라고 규정을 두었던 바 있다.

19 대법원 2005. 12. 9. 선고 2005도7342 판결(두부외상에 의한 인격변화로 심신미약 상태의 범행임이 인정된 사례).

20 대법원 1970. 7. 28. 선고 70도1358 판결(만성정신분열증으로 인해 미국인 신부를 살해하려다 미수에 그친 사안에서 심신상실을 인정하여 무죄로 판단한 사례), 대법원 1984. 2. 28. 선고 83도3007 판결(연속된 방화가 정신분열과 방화에 대한 억제하기 어려운 충동이었다며 심신미약이 인정된 사례), 대법원 1992. 8. 18. 선고 92도1425 판결(망상형 정신분열증에 음주가 결합하여 상승효과에 의해 상해치사에 이른 사안에서 심신미약이 인정된 사례).

21 대법원 2004. 11. 12. 선고 2004도5785 판결(망상장애로 계속 정신병 치료를 받던 피고인이 형을 송곳으로 찌르고 법정에서도 정상인이 상식적으로는 쉽게 납득하기 어려운 주장만 반복한 사안에서 심신미약이 인정된 사례).

22 대법원 2003. 5. 16. 선고 2003도601 등 판결(망상형 편집증으로 인하여 무고를 반복한 피고인에게 심신미약이 인정된 사례).

23 대법원 2002. 5. 28. 선고 2002도1595 판결(우울증, 대인공포증, 인격장애를 앓던 피고인이 극심한 좌절감과 자신감 결여 상태에서 현실 판단력이 저하되어 여중생을 살해한 사건에서 심신미약이 인정된 사례).

24 대법원 1999. 2. 9. 선고 98도4128 판결(해리성 둔주장애가 심신미약 사유로 인정된 사례), 대법원 1985. 5. 28. 선고 85도361 판결(피고인이 범행을 기억하지 못하고 있다는 이유로 심신장애라 할 수 없고, 그간 정신과 치료를 받은 적도 없는데 해리신경증이라는 감정결과 등만으로 심신장애를 인정할 수 없다며 심신미약을 인정한 원심을 파기한 사례).

25 대법원 2009. 2. 12. 선고 2008도11550 판결(뇌전증에 의해 영향을 받은 범행이어서 상습성을 부정한 사례).

26 대법원 2002. 10. 8. 선고 2002도417 판결(중등도 지적 장애인의 절도범행에 대해 심신미약을 인정한 사례).

27 대법원 2006. 10. 13. 선고 2006도5360 판결(정신병력 등을 참작하여 병적 충동조절장애를 인정한 사례), 대법원 1995. 2. 24. 선고 94도3163 판결(도서관에서만 도벽이 발동하는 경우에 심신장애로 인정하지 아니한 사례).

28 대법원 2004. 11. 12. 선고 2004도5565 판결(정서불안전성 인격장애로 어린 자녀 2명을 강물에 던져 살해한 사안에서 심신미약을 인정한 사례), 대법원 1984. 3. 13. 선고 84도76 판결(우울성 인격장애로 살해행위를 한 사안에서 심신미약을 인정하지 아니한 사례).

29 대법원 2007. 2. 8. 선고 2006도7900 판결(소아기호증이 있다는 사정만으로는 그 증상이 정신장애라는 것 외에 범행 당시 변별능력이나 제어능력 저하가 있었는지 불명확하다며 원심을 파기한 사례), 대법원 2013. 1. 24. 선고 2012도12689 판결(특정 물건에서 성적 흥분이 고취되는 성주물성애증이라는 정신질환이 있다는 사정만으로 절도범행 당시 심신장애였다고 볼 수 없다며 원심을 파기한 사례).

3) 이 중 정신질환의 존재 자체로 변별능력이나 제어능력의 결여나 저하가 통상적으로 예상되는 여타 정신장애들과 달리, 비정상적 정신상태는 성격적, 심리적인 결함 정도에 불과하여 심신장애에 해당하지 않는 경우가 많다. 판례는 충동조절장애, 인격장애, 소아기호증, 성주물성애증 등 비정상적 정신상태에 대해 이를 병적인 것과 성격적인 결함으로 나누어 보고 있고, 병적인 것으로서 변별능력과 제어능력이 결여, 감소된 경우에는 심신장애에 해당하나 그렇지 아니한 경우에는 심신상실이나 나아가 심신미약에도 해당하지 않는다고 보고 있다.[30]

자신의 충동을 억제하지 못하여 범죄를 저지르게 되는 현상은 정상인에게서도 얼마든지 찾아볼 수 있는 일로서, 이러한 성격적 결함을 가진 자에 대하여 자신의 충동을 억제하고 법을 준수하도록 요구하는 것이 기대할 수 없는 행위를 요구하는 것이라고는 할 수 없으므로, 원칙적으로 충동조절장애와 같은 성격적 결함은 형의 감면사유인 심신장애에 해당하지 아니하되, 다만 충동조절장애와 같은 성격적 결함이라 할지라도 그것이 매우 심각하여 원래의 의미의 정신병을 가진 사람과 동등하다고 평가할 수 있는 경우에는 그로 인한 범행은 심신장애로 인한 범행으로 보아야 한다는 것이 판례의 일관된 입장이다.[31] 한편, 반사회적 인격장애에 기초하여 연쇄살인 등을 범하는 이른바 사이코패스[32] 범죄 사건들에서 판례는 이를 심신장애로 인정하지 아니한다. 이러한 반사회적 인격장애는 도덕적 판단능력의 결여이지 사물을 변별할 능력이나 행위를 제어할 능력에 하자가 있는 것은 아니기 때문이다.[33]

30 대법원 1995. 2. 24. 선고 94도3163 판결, 대법원 1999. 4. 27. 선고 99도693, 99감도17 판결, 대법원 2007. 2. 8. 선고 2006도7900 판결, 대법원 2013. 1. 24. 선고 2012도12689 판결 등.

31 대법원 2002. 5. 24. 선고 2002도1541 판결, 대법원 2009. 2. 26. 선고 2008도9867 판결, 대법원 2011. 2. 10. 선고 2010도14512 판결 등.

32 일반적으로 타인의 고통에 대한 공감능력이 결여되어 죄책감이나 후회를 못 느끼며, 대인관계에 있어 냉담, 거만, 교활한 특징을 보이고, 충동적 또는 계획적으로 범죄를 저지르는 성향을 지녀 잠재적으로 범죄 위험성을 지닌 자들을 말하며, 특유의 이상인격 내지 기질적 특성으로 인하여 자신의 행위가 위법하고 부정하다는 것을 알면서도 이를 억제하여 준법적 행동으로 나아갈 수 있는 자기통제력을 상실한 고도의 재범위험군에 속하는 자라고 정의할 수 있다[안성조, 사이코패스의 형사책임능력, 형사법연구(20권 4호), 170].

33 조병구, "피고인의 책임능력에 대한 판단", 법관의 의사결정-이론과 실무, 897-900; 이에 대해 사이코패시로 인해 사실인식의 왜곡이 초래된 경우는 심신장애에 해당하며 이 경우 사이코패스 범죄자에 대해서 책임무능력 및 한정책임능력을 인정할 수 있다는 견해로 안성조, "사이코패스의 형사책임능력", 형사법연구(20권 4호), 187-194.

다. 물질습벽 - 명정행위

1) 물질습벽은 알코올과 약물 등에 대한 의존성을 의미하는데 주로 알코올 다량 섭취로 인한 명정상태에서의 범행에 심신장애를 인정할지 여부, 특히 심신미약을 인정할지 여부가 문제된다.[34] 판례는 피고인의 평소 주량 및 마신 술의 종류와 양, 술에 취하여 피고인이 보인 행태, 범행에 이르게 된 경위, 범행의 동기나 수법, 범행 전후의 태도, 피고인의 지능정도와 인성, 혈중알코올농도 측정치, 피고인이 알코올 중독 등 병력이 있는지, 정신감정서의 기재내용 등을 종합적으로 보아 피고인이 음주로 인한 심신미약 상태에 있었는지 여부를 판단하고 있다.[35]

음주로 심신장애가 생겼다고 하기 위해서는 음주로 인해 적어도 의식에 현저한 장애가 있거나 환각, 망상 등 이상증상의 발현이 되었어야 할 것이고, 범행 당시 또는 그 뒤에 자신의 범죄 행위에 대하여 거의 확실히 기억하거나 생각해 낼 수 있고, 의식의 현저한 장애나 환각, 망상 등의 이상 증상이 나타나지 않으며 체질에 병적 현상도 생기지 않는 한 심신미약이라고 할 수는 없다.[36]

2) 한편, 원인에 있어서 자유로운 행위가 아닌 이상 만취로 인하여 의식을 잃어 행동조절이 불가능한 경우에는 그로 인해 과실범 등의 결과가 발생하더라도 어떠한 행위가 있다고 볼 수 없거나 심신상실 상태라 할 것이어서 처벌하기 어려울 것이다. 하지만 사후적으로 본인의 행동을 전혀 기억하지 못하는 이른바 블랙아웃(black-out) 현상이 발생한 경우이지만 행위시를 기준으로 변별능력이나 제어능력이 결여·감소되었다고 보기 어려운 사정이 있다면 범행당시를 피고인이 기억하지 못한다는 이유만을 들어 심신장애라 할 수는 없다.[37]

34 주취를 심신장애로 인정하여 형을 감경하는 입법례와 이를 인정하지 아니하는 입법례가 나뉘고, 명정범죄를 별도로 처벌하는 입법례도 있다[한상훈, "명정상태 범죄자의 형사책임과 개선방안", 한국형사정책연구원 연구총서(09-18), 65-91 참조].

35 대법원 2001. 10. 12. 선고 2001도3836 판결, 대법원 2002. 11. 8. 선고 2002도5109 판결 등.

36 대법원 1998. 3. 10. 선고 97도3452 판결; 현재 우리 재판 실무에서는 인사불성이 될 정도로 급성알코올 중독에 이르거나 알코올 의존증이 심한 경우 등에 제한적으로 심신미약이 인정되는 일부의 사례를 제외하고는, 술에 만취한 상태였다는 사정만으로 심신미약이 인정되지는 아니하는 것으로 보인다[최형표, "주취로 인한 심신미약 주장의 실무상 취급 및 주취범죄의 양형 실무와 개선 방향", 음주와 양형(양형연구회·한국형사정책연구원 공동학술대회 자료집, 27-37) 참조].

37 대법원 1985. 5. 28. 선고 85도361 판결; 다만, 블랙아웃에 이를 정도로 다량의 알코올을 섭취하여 다른 뇌기능 역시 정상적이지 아니하여 행위시에도 변별능력이나 제어능력이 결여·감소되었다고 볼만한 사정이 있다면 심신장애에 해당할 수 있을 것이다[최형표, "주취로 인한 심신미약 주장의 실무상 취급 및 주취범죄의 양형 실무와 개선 방향", 음주와 양형(양형연구회·한국형사정책연구원 공동학술대회 자료집), 26].

3. 심신장애의 판단

가. 심신상실과 심신미약의 구별

1) 심신상실은 정신장애로 인해 변별능력과 제어능력이 부존재하는 것을 의미하고, 심신미약은 그 능력이 감소되어 미약한 것을 의미한다. 그런데 정신장애 등이 존재하여 변별능력 및 제어능력이 결여된 행동을 하는 경우에 이를 정상적인 행동이나 유의미한 범죄 '행위'로 볼 수 있는지, 심신상실에 해당하는지, 심신미약에 해당하는지 여부의 경계가 명확히 구분되는 것은 아니다. 이는 정신장애로 인한 변별능력이나 제어능력의 결여의 정도에 따라 결정되어야 한다.[38]

2) 판례는 심신상실과 심신미약의 구별을 엄격히 할 것을 요구하고 있다. 범행 당시 그 심신장애의 정도가 심신미약 상태인지 심신상실 상태인지 불분명하다면 감정을 실시하는 등 면밀히 판단하여야 한다는 것이 판례의 입장이고,[39] 나아가 심신미약 감경이 이루어진 사안에서 피고인의 심신상실 주장이 없었다고 하더라도 사건의 내용이나 제반 정황을 볼 때 심신상실로 볼 여지가 많다면 직권으로라도 재감정을 하여 심신상실 여부를 가려야 한다고 판단하고 있기도 하다.[40]

나. 심신장애 판단의 규범성

1) 판례는 심신장애를 규범적 판단 대상으로 보면서 법원은 정신장애 감정을 반드시 명할 필요가 없고, 감정결과에도 구속되지 않는다고 한다. 즉, 심신장애 유무는 법원이 형벌제도의 목적 등에 비추어 판단하여야 할 법률문제로서 그 판단에 전문감정인의 정신감정결과가 중요한 참고자료가 되기는 하나, 법원이 반드시 그 의견에 구속되는 것은 아니고, 그러한 감정결과뿐만 아니라 범행의 경위, 수단, 범행 전후의 피고인의 행동 등 기록에 나타난 여러 자료 등을 종합하여 독자적으로 심신장애의 유무를 판단하여야 한다는 것이 확립된 판례의 입장이다.[41]

38 이와 관련하여 대법원 2009. 7. 9. 선고 2009도3816 판결의 사안은 중증 알코올 중독에 빠져 미성년인 피해자에게 유형력을 행사한 것을 약취 '행위'로 볼 수 있는지, 심신미약으로 볼 것인지, 심신상실로 볼 것인지를 두고 각 심급별 결론이 나뉘었던 사안이다(1심은 유죄이고 심신미약 인정, 2심은 유의미한 약취행위로 볼 수 없다며 무죄, 3심은 약취의 실행행위로 볼 수 있고 심신상실은 아니라며 파기하였다).

39 대법원 1998. 4. 10. 선고 98도549 판결.

40 대법원 1999. 1. 26. 선고 98도3812 판결.

41 대법원 1987. 10. 13. 선고 87도1240 판결, 대법원 1994. 5. 13. 선고 94도581 판결, 대법원 2000. 4. 25. 선고 2000도1152 판결, 대법원 2018. 9. 13. 선고 2018도7658 판결 등.

2) 판례가 정신장애 감정의 실시 여부와 그 결과를 수용할 것인지 여부에 법원의 재량을 인정하고 있긴 하지만, 사안에 따라 정신장애의 의심이 가는 사정이 있음에도 전문가에게 정신감정을 명하는 등으로 심신장애 심리를 제대로 하지 아니한 경우에는 법리오해나 심리미진의 위법이 있다고 판단하고 있기도 하다.[42]

더불어 판례는 일반적인 피검사 및 소변검사, 심전도 검사, 흉부방사선 검사를 하였을 뿐 정작 중요한 뇌파검사는 물론 심리검사와 정신과적 면담도 행하지 않는 등의 사정이 있는 경우 이는 제대로 된 정신감정이 이루어졌다고 보기 어렵다거나,[43] 일반혈액검사, 간 기능검사, 심전도검사, 뇌파검사 등을 하지 못하고 피고인의 비협조 속에 정신의학적 면담검사와 심리검사, 행동관찰검사만을 하는 등의 사정이 있다면 객관적 정신감정기관을 통하여 피고인에 대한 자세한 정신감정을 다시 실시하여야 한다고 판시하는 등 불완전한 조사에 기초한 감정서를 그대로 믿어서는 아니 되고 재감정을 명해야 한다[44]고 판단하고 있기도 하다.[45]

3) 심신장애의 증명책임은 범죄성립요소를 모두 증명해야 하는 검사가 원칙적으로 부담한다. 다만 구성요건에 해당하고 위법한 행위가 있으면 책임의 존재는 추정되고, 심신장애는 무죄 또는 양형에 있어서의 법률상 감경 요소가 되므로 이를 이익으로 제시하는 피고인 측에서 주장하게 된다. 이러한 주장은 형사소송법 제323조 제2항의 범죄의 성립을 조각하거나 형의 감면의 이유가 되는 사실의 진술에 해당하므로 법원은 이에 대한 판단을 명시하여야 한다.

4. 효과

가. 책임무능력과 한정책임능력

1) 정신장애로 인하여 행위 당시 변별능력과 제어능력이 없었던 심신상실자

42 대법원 2002. 5. 24. 선고 2002도1541 판결, 대법원 2002. 11. 8. 선고 2002도5109 판결, 대법원 2010. 6. 10. 선고 2010도4682 판결, 대법원 2011. 6. 24. 선고 2011도4398 판결 등.

43 대법원 2000. 4. 25. 선고 2000도1152 판결.

44 대법원 2006. 10. 13. 선고 2006도5360 판결.

45 정신감정과 법원의 심신장애 판단의 관계에 대하여 실증분석을 한 결과를 보더라도 양자는 상당히 불일치하는 것으로 보인다. 상세는 유진, "법정에 선 정신장애 : 형사책임능력에 대한 의료지식과 법적 결정", 형사정책연구(29권 3호), 231-270; 더불어 김선화, "형사재판에서의 심신장애 판단과 정신감정 - 정신감정 제도의 보완을 중심으로-", 법관연수 어드밴스 과정 연구논문집(특정주제연수, 2016), 663-702에서는 재판실무에서 느끼는 정신감정의 문제점을 지적하고 있는데 이는 비단 우리나라만의 문제는 아닌 듯하다. 프란쯔쉬트랭, "책임능력의 판정에서의 심리학자와 형사법률가 - 의사소통의 차원과 권한갈등", 한양대 법학논총(11집), 381-394 참조.

는 책임무능력자이므로 범죄성립요건 중 하나인 책임이 조각되어 그 행위를 벌하지 아니한다. 그러한 능력이 미약한 심신미약자는 한정책임능력자로서 형을 감경할 수 있다. 다만, 성폭력범죄의 처벌 등에 관한 특례법 제20조, 아동·청소년의 성보호에 관한 법률 제19조 등에서는 음주 또는 약물로 인한 심신장애 상태에서 성폭력범죄를 범한 때에는 형법 제10조 제1항, 제2항 등을 적용하지 아니할 수 있다고 하여 예외를 마련하고 있다.

2) 심신상실자에 대해서는 무죄를 선고하여야 한다. 심신미약자에 대해서는 형을 감경할 수 있다. 종래에는 심신미약자에 대하여 필요적으로 형을 감경하여야 했으나 2018. 12. 18.부터 시행된 개정 형법 하에서는 임의적 감경으로 변경되었다. 심신미약으로 인한 감경은 법률상 감경이므로, 그와 별도로 거듭하여 작량감경을 할 수 있다. 양형기준에서는 심신미약을 특별양형인자 혹은 일반양형인자로서 감경요소로 규정하고 있다.[46] 제1심에서 심신미약을 인정하지 아니하였으나 항소심에서 이를 인정하여 법률상 감경을 거치더라도 반드시 제1심에서 정한 선고형보다 형을 더 가볍게 선고하여야 하는 것은 아니다.[47]

나. 치료감호 및 치료명령

1) 심신상실로 벌할 수 없거나,[48] 심신미약으로 형이 감경되는 자로서 금고 이상의 형에 해당하는 죄를 지은 경우에 치료의 필요성과 재범의 위험성이 있어 치료감호 등에 관한 법률 제2조 제1항 제1호에 해당하는 때에는 치료감호에 처해질 수 있다.[49] 또한 치료감호 등에 관한 법률 제2조의3에서는 심신미약으로 형이 감경되는 심신장애인 등에 대하여 형의 선고나 집행이 유예되는 경우에 치료기간을 정하여 치료를 받을 것을 명할 수 있도록 치료명령제도를 도입하고 있다.

2) 치료감호는 검사가 공소제기와 함께 청구하거나 독립청구 하여야만 법

46 증권범죄, 일부 선거범죄 등 심신미약을 양형인자로 삼지 않는 경우가 있고, 심신미약 상태의 발생에 본인책임이 있는 경우와 없는 경우로 나누어 일반양형인자, 특별양형인자로 구분하기도 한다.

47 대법원 2003. 10. 23. 선고 2003도4773 판결, 대법원 2017. 12. 22. 선고 2017도17088 판결 등.

48 심신상실 외의 사유로 무죄를 선고하거나 사형을 선고할 때에는 치료감호 청구를 기각하여야 한다(치료감호 등에 관한 법률 제12조 제1항).

49 그 외 마약알코올 등 중독자(제2호) 및 정신성적 장애를 가진 성폭력범(제3호)으로 금고 이상의 형에 해당하는 죄를 지은 경우에는 본조에 따른 심신장애에 해당하지 아니하더라도 치료감호에 처해질 수 있다.

원이 명할 수 있다. 법원은 공소제기된 사건의 심리 결과 치료감호를 할 필요가 있다고 인정할 때에는 치료감호 등에 관한 법률 제4조 제7항에 따라 검사에게 치료감호청구를 요구할 수 있으나, 청구를 강제하거나 직권으로 치료감호를 명할 수는 없다. 또한 법원의 치료감호 요구가 의무라 할 수도 없다는 것이 판례의 입장이다.[50] 치료명령은 별도의 청구나 구형이 없더라도 선고유예나 집행유예의 준수사항으로 법원이 명할 수 있으며 이 때 보호관찰을 병과하여야 한다.

Ⅲ. 원인에 있어서 자유로운 행위

1. 의의

가. 개념과 취지

원인에 있어서 자유로운 행위(actio libera in causa)는 책임능력 있는 자가 자의로 자신을 심신장애 상태에 빠뜨리는 원인행위를 한 다음 이러한 상태에서 범죄를 저지르는 실행행위를 한 것을 의미한다. 이에 대하여 본조항에서는 심신상실이나 심신미약 규정을 적용하지 아니한다고 하여 온전한 책임능력이 있는 경우와 동일하게 처벌하도록 정하고 있다. 행위와 책임의 동시존재 원칙에 의하면 범행 당시 심신장애 상태였으면 행위자의 책임이 결여·감소되었다고 보아야 할 것이나 스스로 초래한 심신장애 상태인 점을 고려하여 책임을 감면하지 않고 처벌하는 것이다.

나. 처벌의 근거

원인에 있어서 자유로운 행위를 처벌하는 근거에 대해서는 종래 독일을 중심으로 견해의 대립이 있다.[51] [52] 크게 나누어 보자면, 원인행위인 명정야기행위를 구성요건 실현행위의 개시로 보는 구성요건모델과 심신장애 하에서의 실행행위를 구성요건 실현행위로 보되 행위와 책임 동시존재원칙에 대한 예외라고 하는 예외

50 대법원 2006. 9. 14. 선고 2006도4211 판결, 대법원 2010. 6. 10. 선고 2010도4214 판결.

51 독일 형법은 원인에 있어서 자유로운 행위에 관한 명문의 규정을 두고 있지 아니하여 다양한 학설이 제시된 바 있다. 입법례 및 학설에 관한 상세는 한상훈, "명정상태 범죄자의 형사책임과 개선방안", 한국형사정책연구원 연구총서(09-18), 65-101.

52 주에 따라 상이하긴 하나 미국은 자의적 명정(voluntary intoxication)과 비자의적 명정(involuntary intoxication)을 구분하여 범의의 흠결 항변, 정신이상 항변 등의 판단을 하는 체제이고, 모범 형법전 제2.08조에서는 자초명정이 아니거나 병적인 경우에만 적극적 항변을 허용한다.

모델의 대립이다. 우리 학계에서는 구성요건모델에 기초하여 간접정범과 유사한 형태로 보는 견해[53]와, 선행행위와 후행행위 사이에 밀접한 불가분적 관련성이 있어 예외적으로 행위와 책임의 동시존재 원칙을 벗어나 가벌성을 인정하는 것이라고 보는 견해[54]가 나뉘는데 후자가 다수설이다. 우리 형법은 본조항을 마련함으로써 가벌성의 근거를 명문의 규정으로 두게 되었다.

2. 요건

가. 유형론

원인에 있어서 자유로운 행위에 대해서는 원인행위를 고의로 야기했는지, 과실로 야기했는지와 실행행위가 고의행위인지 과실행위인지를 구분한 후 조합을 만들어 범행의 결과를 고의범으로 볼지 과실범으로 볼지 도출하는 이른바 4유형론[55]이 통설의 입장이었다. 이에 의하면 원인행위와 실행행위가 모두 고의인 경우에만 고의범으로 처벌하고, 그 외에 원인행위가 과실인 경우나 원인행위가 고의이더라도 실행행위가 과실행위인 경우는 모두 과실범으로 처벌한다고 본다. 근래에는 원인행위 당시 실행행위에 대한 결의나 예견이 있었는지 혹은 불법과 책임을 구별하여 원인행위와 실행행위에서 각 고의, 과실이 있었는지 등에 따라 세분한 8유형론[56] 혹은 12유형론[57]도 제시되고 있다. 이와 같은 유형론에 대해서는 우리 형법 규정의 구조에 부합하지 않는 논의라는 비판도 강력히 제기되고 있다.[58] 판례는 학계에서 논의되는 유형론과 같이 원인행위, 실행행위를 고의와 과실로 나누어 도식화하는 결론을 내고 있지는 아니하고 법문대로 위험발생을 예견하면서 자의로 심신장애 상황을 야기했는지 여부를 중점적으로 보아 본조항의 적용여부를 판단하고 있는 것으로 보인다.

53 김일수/서보학, 새로쓴 형법총론(제13판), 박영사(2018), 271.

54 박상기/전지연, 형법학(2018), 161; 배종대, 형법총론(제13판), 홍문사(2017), 308; 손동권/김재윤, 새로운 형법총론(초판), 율곡출판사(2011), 300; 이재상 외 2인, 형법총론(제9판), 박영사(2017), 328; 임웅, 형법총론(제10정판), 법문사(2018), 320; 정성근/박광민, 형법총론(제2판), 성균관대학교출판부(2015), 330; 정영일, 형법강의[총론](제3판), 학림(2017), 200.

55 김일수/서보학, 새로쓴 형법총론(제13판), 박영사(2018), 271-272; 394; 신동운, 형법총론(제10판), 법문사(2017), 393-394; 정성근/박광민, 형법총론(제2판), 성균관대학교출판부(2015), 331-333.

56 임웅, 형법총론(제10정판), 법문사(2018), 324; 한상훈, "명정상태 범죄자의 형사책임과 개선방안", 한국형사정책연구원 연구총서(09-18), 101-114.

57 오영근, 형법총론(제4판), 박영사(2018), 270.

58 김성돈, "범죄체계론적 관점에서 본 원인에 있어서 자유로운 행위", 저스티스(75호), 101-123; 김재현, "원인에 있어서 자유로운 행위에 관한 몇 가지 문제점", 서울대 법학(53권 2호), 326-336.

나. 적용요건

1) 위험발생에 대한 예견

본조항의 '위험발생'이라는 요건에 있어 위험이란 구성요건적 결과가 실현될 가능성 즉, 심신장애 상태에서의 행위로 고의범이나 과실범의 특정한 구성요건이 실현될 위험이라고 보는 특정구성요건 실현설이 다수설의 입장이다.[59] 이에 대해 본조항의 위험발생은 원인행위에 전형적으로 수반되는 법익침해의 가능성을 의미하는 것으로 보아야 한다는 전형적 위험성설이 유력하게 제시되고 있다.[60] 위험발생을 '예견'하였다는 의미에 대해서는 예견의 의미에 '예견가능성'을 포함할 것인지 여부에 관하여, 예견의 의미를 고의로만 보는 견해,[61] 고의 또는 과실로 보는 견해,[62] 고의·과실과는 무관한 개념으로 보는 견해[63] 등이 대립한다.

판례는 피고인이 음주운전을 할 의사를 가지고 음주만취한 후 운전을 결행하여 교통사고를 일으킨 사안에서, 음주시에 교통사고를 일으킬 위험성을 예견하였는데도 자의로 심신장애를 야기한 경우에 해당하므로, 음주운전이나 무면허운전은 물론이고 교통사고처리특례법 위반, 위험운전치상, 나아가 사고 후 도주한 죄책까지 인정하면서 원인에 있어서 자유로운 행위에 해당한다고 보고 있다.[64] 이와 같은 판례는 특정 구성요건 실현의 위험은 물론이고 반드시 특정 구성요건이 아니더라도 원인행위와 밀접한 관련이 있는 전형적 위험이 실현되어 구성요건적 결과가 발생한 경우는 원인에 있어서 자유로운 행위에 해당하고, 더불어 위험발생을 인식하고 의욕한 경우뿐만 아니라 예견할 수 있었던 경우에도 원인에 있어

59 김일수/서보학, 새로쓴 형법총론(제13판), 박영사(2018), 231-274; 박상기, 형법총론(제9판), 박영사(2012), 248; 배종대, 형법총론(제13판), 홍문사(2017), 309; 이재상 외 2인, 형법총론(제9판), 박영사(2017), 332; 임웅, 형법총론(제10정판), 법문사(2018), 317; 정성근/박광민, 형법총론(제2판), 성균관대학교출판부(2015), 333-334; 정영일, 형법강의[총론](제3판), 학림(2017), 201.

60 김성돈, 형법총론(제5판), 성균관대학교출판부(2017), 373-374; 신동운, 형법총론(제10판), 법문사(2017), 399-400.

61 윤용규, "과실의 원인이 자유로운 행위", 형사법연구(11호), 41-43; 조상제, "과실의 원인에 있어서 자유로운 행위", 형사판례연구(4권), 64.

62 김일수/서보학, 새로쓴 형법총론(제13판), 박영사(2018), 274; 손동권/김재윤, 새로운 형법총론(초판), 율곡출판사(2011), 305-307.

63 신동운, 형법총론(제10판), 법문사(2017), 397-400.

64 대법원 1992. 7. 28. 선고 92도999 판결, 대법원 2007. 7. 27. 선고 2007도4484 판결, 대법원 2010. 1. 28. 선고 2009도13069 판결.

서 자유로운 행위에 해당한다는 입장으로 보여진다.[65] [66]

2) 원인행위의 자의성

책임능력 있는 자가 자신을 심신장애 상태에 빠뜨리는 원인행위는 자의로 행하여야 한다. 이 때 자의의 의미에 대해서는 고의에 한정하여야 한다는 견해[67]와 과실까지 포함하여야 한다는 견해[68]의 대립이 있고, 문언 그대로 자의, 즉 본인 스스로 자유롭게 원인행위를 한 것으로만 인정되면 본조항의 요건은 충족한다는 견해[69]도 있다. 판례는 본조항은 고의에 의한 원인에 있어서의 자유로운 행위만이 아니라 과실에 의한 원인에 있어서의 자유로운 행위까지도 포함한다고 판시[70]한 바 있고, 자신의 승용차를 술집으로 운전해 간 후 스스로 술을 마시거나,[71] 상습적으로 대마초를 흡연해 오다가 범행 시에도 스스로 대마초를 흡연[72]하는 경우 등에서 원인행위로서의 자의성 요건이 충족되었다고 보고 있다.

3) 범죄의 실행행위

스스로 초래한 심신장애 하에서 행한 실행행위는 구성요건에 해당하고 위법한 행위여야 한다. 고의범이든 과실범이든 묻지 않는다. 실행행위는 행위 당시 심

65 위험발생의 예견가능성을 포함하는 판례의 입장에 대해서는 피고인에 대한 불리한 유추라는 학계 비판이 많으나, 위험이라는 개념 자체를 구성요건 실현의 가능성이나 전형적 법익침해의 가능성이라고 풀이하고, 예견이라는 개념 또한 확정적 '인식'과 달리 불확실한 '추측'의 성격임을 전제로 하는 이상 가능성의 예견과 예견의 가능성 사이의 구별이 명확하다고 볼 수 있는지는 다소 의문이다. 같은 취지로 김재현, "원인에 있어서 자유로운 행위에 관한 몇 가지 문제점", 서울대 법학(53권 2호), 340.

66 위험발생을 예견할 수 있었는지 여부는 피고인이 평소에 음주나 약물로 인하여 폭력행위 등 특정범죄 성향을 나타내어 왔는지 등 피고인의 주관적 사정 또한 함께 고려하여야 할 것이다. 예컨대, 양극성 정동장애를 앓던 피고인이 약물 복용을 중단하는 경우 정신질환 증세가 악화되고 그 상태에서 술을 마시면 더욱 병세가 악화되는 것을 알고 있었음에도 일정 기간 약물을 복용하지 않은 상태에서 평소 주량을 훨씬 넘긴 많은 양의 술을 마셔 자의로 만취상태를 야기하고 폭력범죄를 저지른 사안에서 대법원은 원인에 있어서 자유로운 행위에 해당할 수 있다는 원심 판단을 수긍하였다(대법원 2015. 7. 23. 선고 2015도7582 판결).

67 배종대, 형법총론(제13판), 홍문사(2017), 310; 오영근, 형법총론(제4판), 박영사(2018), 268; 이재상 외 2인, 형법총론(제9판), 박영사(2017), 332.

68 김일수/서보학, 새로쓴 형법총론(제13판), 박영사(2018), 274; 손동권/김재윤, 새로운 형법총론(초판), 율곡출판사(2011), 306; 신동운, 형법총론(제10판), 법문사(2017), 396; 임웅, 형법총론(제10정판), 법문사(2018), 317.

69 김성돈, 형법총론(제5판), 성균관대학교출판부(2017), 376-377; 박상기, 형법총론(제9판), 박영사(2012), 251-252; 김재현, "원인에 있어서 자유로운 행위에 관한 몇 가지 문제점", 서울대 법학(53권 2호), 341.

70 대법원 1992. 7. 28. 선고 92도999 판결.

71 대법원 1991. 6. 13. 선고 95도826 판결.

72 대법원 1996. 6. 11. 선고 96도857 판결.

신상실이나 심신미약 등 심신장애를 수반한 범죄행위여야 하고, 그와 같은 심신장애는 원인행위로 말미암은 것이어야 한다. 다만 예컨대, 망상형 정신분열병자가 음주를 한 후 정신질환과 음주 상호간의 상승효과로 제어능력 결함이 발생하여 상해치사 범행을 저지른 경우에, 음주로 인한 충동조절능력 저하보다 본래 정신질환의 영향력이 지대한 경우라면 원인행위인 음주로 말미암은 심신장애라고 볼 수 없어서 원인에 있어서 자유로운 행위에 해당하지 않을 수 있다.[73]

실행행위의 착수시기와 관련해서는 구성요건모델의 경우는 원인행위시로, 예외모델의 경우는 실행행위시로 보는 것이 이론적 정합성이 있긴 하나, 전자로 해석하는 우리 학계의 견해는 찾아보기 어렵다.

3. 효과

가. 책임감면 불가

원인에 있어서 자유로운 행위여서 형법 제10조 제3항의 적용을 받게 되면 행위 당시 행위자가 심신상실이나 심신미약 상태에 있었다고 판단되더라도 책임능력의 부존재나 감소를 이유로 무죄 판단이나 형의 감경을 할 수 없다. 양형기준이 적용되는 다수의 범죄에서는 본인에게 책임이 있는 심신미약 행위에 대하여 일반양형인자로서 감경사유에 해당한다고 규정하고 있다. 다만 성범죄에 대한 양형기준은 자초명정을 감경인자로 반영하지 않거나 오히려 가중인자로 삼고 있다.

심신상실이나 심신미약 판단을 받지 못하는 이상 치료감호 등에 관한 법률 제2조 제1항 제1호에 따른 치료감호처분을 받지는 못하나, 알코올이나 약물 등 물질습벽에 해당하는 경우 제2호에 따른 치료감호처분 혹은 제2조의3 제2호, 제3호에 따른 치료명령을 받을 수는 있다.

나. 위험의 예견과 범행결과의 불합치

원인행위 시 예견했던 위험과 실행행위로 발생한 결과 사이에 불합치가 있는 경우 축소범위 내에서 범행을 인정하여야 한다거나 고의가 탈락되고 과실이 인정될 여지가 있을 뿐이라는 논의가 있으나, 자의로 심신장애를 초래한 원인행위시 예견하였거나 예견할 수 있었던 위험이 아니라면 본조항은 적용되지 않는다고 할 것이다. 다만 판례는 앞서 본 바와 같이 음주운전을 하려는 의도 하에 음주를 한

73 대법원 1992. 8. 18. 선고 92도1425 판결; 오영근, 형법총론(제4판), 박영사(2018), 272; 조병구, "피고인의 책임능력에 대한 판단", 법관의 의사결정-이론과 실무, 860.

원인행위에 있어서 교통사고나 사고 후 도주까지도 예견가능한 위험으로 포섭하여 본조항의 적용을 긍정하고 있다.[74]

74 하급심 중에는 음주만취의 원인행위와 관련하여 음주운전을 할 가능성은 있지만 특수공무집행방해치사죄를 범할 가능성이 충분히 있었다고 보기 어려워 본조항을 적용할 수 없다고 판단한 예가 있다 (서울고등법원 1999. 5. 12. 선고 99노337 판결-확정).

제 11 조 [농아자]

농아자의 행위는 형을 감경한다.

[관련조문] 형법 제10조, 형사소송법 제33조, 제181조, 형사소송규칙 제73조, 성폭력범죄의 처벌 등에 관한 특례법 제20조, 아동·청소년의 성보호에 관한 법률 제19조.

[참고문헌] 한정환, "심신장애와 책임능력", 형사법연구(제15호); 조지만/김대홍, "조선시대 형사책임능력에 관한 연구", 법조(715호); 조현욱, "형법 제11조 농아자에 대한 필요적 감경규정의 문제점과 개선방안", 법제(684호).

Ⅰ. 본조의 의의

1. 의의

본조는 청각 및 언어기능을 구비하지 못한 사람에 대해서 형사책임을 감경하도록 하고 있다. 농아자에 대하여 형을 필요적으로 감면하는 이유는 청각 및 언어기능에 장애를 가진 사람이 신체적 결함으로 인하여 시비변별능력과 행동결정의 기준에 관한 사회적 학습이 용이하지 아니하였음을 입법자가 고려한 것이라 할 수 있다.[1] 제정 형법 당시부터 농아자의 행위는 형을 필요적으로 감경한다는 규정을 두어 현행 형법에 이르고 있다.

2. 입법론적 논의

본조에 관하여는, 신체적으로 장애가 있다고 해서 정신능력이 신체가 정상인 사람에 비해 뒤떨어지는 것이 아니고 농아자에 대한 교육의 발달로 사물변별능력이나 의사결정능력이 통상인과 별반 차이도 없는데 농아자를 별도로 한정책임능력사유로 규정한 형법의 태도는 문제가 있다며 입법론적으로 이 규정을 폐지하는 것이 바람직하다는 입장이 통설이다. 일본은 1995년 형법 개정으로 농아자 감경규정을 삭제하였고, 달리 외국 입법례에서 유사조문을 찾아보기도 어렵다. 본조가 폐지되더라도 청각기능과 언어기능의 장애로 책임능력에 영향을 줄 정도의 심신장애가 초래된다면 형법 제10조의 적용이 가능할 것이다.

1 신동운, 형법총론(제10판), 법문사(2017), 373-374.

이에 대해서는 우리 입법자는 농아자의 신체적 장애와 정신적 장애와의 연계성을 인정하였고, 특별예방적 관점에서 처벌의 필요가 적다고 인정한 것으로 해석할 수 있는데, 농아자의 책임을 필요적 감경사유로 정한 것이 범죄예방적·재사회화의 관점에서 어떤 효과를 보여왔는지에 관한 실증적 분석 또는 이 제도의 장단점에 관한 전문적 비교·연구가 없이 폐지를 주장하는 것이 법정책적으로 더 나은지 의문이라는 반론이 있다.[2] 또한 우리의 법전통[3]이나 법문화 등을 고려하여 삭제보다는 임의적 감경으로 개정하는 것이 타당하다는 견해도 있다.[4]

Ⅱ. 규정의 적용

1. 농아자의 요건

본조의 적용에 있어서 농아자라 함은 청각기능 및 언어기능을 동시에 구비하지 못한 사람(deaf and dumb)을 의미한다. 청각 및 언어장애가 선천적인가 후천적인가는 불문한다. 하지만 청각장애만 있고 발음기능의 장애까지 있지 않은 경우에는 본조의 적용대상이 아니고,[5] 약간의 청각장애가 있고 지능이 평균인에 비해서 다소 떨어진다고 하여 본조를 적용할 수도 없다.[6] 또한 범행 당시 뇌졸중의 후유증으로 언어장애가 발생해 있었던 정도 사정만으로도 본조의 농아자라고 할 수 없다.[7]

2. 효과

농아자는 형을 필요적으로 감경한다.[8] 또한 양형기준에도 농아자의 경우를 행위자와 관련한 특별양형인자로서 감경요소로 규정하고 있다. 농아자에 대해서는 형사소송절차상 수화나 문자로 통역을 할 수 있도록 하고 있고(형사소송법 제181조, 형사소송규칙 제73조), 국선변호인을 필요적으로 선정하도록 하고 있다(형사소송법 제33조).

2 한정환, "심신장애와 책임능력", 형사법연구(제15호), 91-92.
3 조지만/김대홍, "조선시대 형사책임능력에 관한 연구", 법조(715호), 104-107 참조.
4 조현욱, "형법 제11조 농아자에 대한 필요적 감경규정의 문제점과 개선방안", 법제(684호), 151-172.
5 대법원 2009. 12. 10. 선고 2009도10176 판결, 대법원 2015. 1. 29. 선고 2014도13647 판결.
6 대법원 1999. 8. 20. 선고 99도2418 판결.
7 대법원 1994. 12. 23. 선고 94도2541 판결.
8 한편, 성폭력범죄의 처벌 등에 관한 특례법 제20조 및 아동·청소년의 성보호에 관한 법률 제19조 등은 음주 또는 약물로 인한 심신장애상태에서 성폭력범죄를 범한 때에는 농아자 감경을 하지 않을 수 있다고 규정하고 있다.

제 12 조 [강요된 행위]

저항할 수 없는 폭력이나 자기 또는 친족의 생명, 신체에 대한 위해를 방어할 방법이 없는 협박에 의하여 강요된 행위는 벌하지 아니한다.

[관련조문] 형법 제22조, 제324조, 민법 제777조.

[참고문헌] 성낙현, "강요된 행위의 법적 성격과 체계적 지위", 저스티스(127호); 이정원, "기대가능성과 책임조각사유", 형사법연구(26호).

Ⅰ. 본조의 의의

본조는 책임의 요소 중 적법행위에 대한 기대가능성이 없는 경우를 구체화한 규정에 해당하며, 강요된 행위는 책임이 조각된다. 본조는 통상 긴급피난과 대비되는데, 긴급피난은 자기 또는 타인의 법익에 대한 현재의 위난이 있으면 되고 이에 대해 이익형량의 원칙 등을 통해 상당한 이유가 있는지 여부에 관해 판단이 이루어지지만, 본조의 강요된 행위는 저항할 수 없는 중대한 폭력이나 협박에 의해 방어할 방법이 없는 강제상태가 발생한 것을 요건으로 하여 기대가능성이 결여되는 경우에 적용된다.

강요된 행위는 독일 구 형법 제52조에서 규정되었던 것으로서 이는 독일 구 형법 제54조에서 규정한 면책적 긴급피난의 한 예로 이해되었다. 그런데 우리 형법은 독일 구 형법 제52조에 규정한 강요된 행위를 도입하면서 면책적 긴급피난은 규정화하지 아니하였다. 한편 독일은 1975년 형법 개정으로 강요된 행위 규정을 삭제하였다.[1]

Ⅱ. 규정의 적용

1. 적용의 요건과 효과

가. 강제상태

1) 본조에서 말하는 강요의 상황 즉, 강제상태는 저항할 수 없는 폭력에 의한

[1] 입법연혁 및 강요된 행위의 구조 등에 관한 독일의 논의에 대한 상세는 성낙현, "강요된 행위의 법적 성격과 체계적 지위", 저스티스(127호), 326-330.

것이거나 막을 방법이 없는 협박에 의한 것이어야 한다. 저항할 수 없는 폭력은 심리적 폭력을 의미한다. 손을 붙잡아 손괴행위를 하게 하는 것처럼 절대적 폭력을 행사하여 의사 없는 도구로 이용한 경우는 본조의 적용여부를 논하기 전에 피강요자의 행위를 아예 형법상 행위로 볼 수도 없다는 것이 통설이다.

판례는 강요의 수단으로서 저항할 수 없는 폭력이란 심리적인 의미에 있어서 육체적으로 어떤 행위를 절대적으로 하지 아니할 수 없게 하는 경우와 윤리적 의미에 있어서 강압된 경우를 말하고, 협박은 자기 또는 친족의 생명, 신체에 대한 위해를 달리 막을 방법이 없는 협박을 말한다고 풀이한다.[2] 이러한 폭력과 협박은 그 수단과 방법에 제한이 없으며,[3] 그 강도는 폭력이나 협박 자체의 정도와 성질뿐만 아니라 강요자와 피강요자의 관계 및 강요 당시의 상황 등 구체적 사정을 종합적으로 고려하여 판단하여야 한다.

2) 강제상태가 야기될 것이 예견 가능함에도 불구하고 스스로의 귀책사유에 의하여 강제상태를 자초한 경우에는 강요된 행위라 할 수 없다고 본 판례가 있고[4] 다수설의 입장도 그러하다.[5] 다만, 유책하게 초래되지 아니한 강제상태이거나 유책성이 경미한 경우에는 자초강제라는 이유만으로 항상 본조의 적용을 배제하는 것은 타당하지 않다는 반론이 있다.[6]

3) 본조의 협박의 대상이 되는 친족의 범위는 민법 제777조에 의하여 정하여지며, 통설은 민법상의 친족보다는 넓게 해석하여 사실혼 배우자 등도 포함시키고 있다.[7] 친족의 범위를 넘는 경우 강요된 행위로서 본조의 적용요건은 충족하지 않는다고 할 것이고 기대가능성이 없는 경우에 해당할 수 있을 뿐이다.

2 대법원 1983. 12. 13. 선고 83도2276 판결, 대법원 2004. 12. 10. 선고 2003도5124 판결, 대법원 2007. 6. 29. 선고 2007도3306 판결, 대법원 2012. 5. 10. 선고 2011도17001 판결 등.

3 대법원 1969. 3. 25. 선고 69도94 판결.

4 대법원 1971. 2. 23. 선고 70도2629 판결, 대법원 1973. 9. 12. 선고 73도1684 판결 등(스스로 경계를 넘어가서 조업을 하다가 납북된 어부들에 대해 강요된 행위를 인정하지 아니한 사례들).

5 김성돈, 형법총론(제5판), 성균관대학교출판부(2017), 412; 배종대, 형법총론(제13판), 홍문사(2017), 343; 손동권/김재윤, 새로운 형법총론(초판), 율곡출판사(2011), 339; 신동운, 형법총론(제10판), 법문사(2017), 451; 오영근, 형법총론(제4판), 박영사(2018), 280; 이재상 외 2인, 형법총론(제9판), 박영사(2017), 368.

6 이정원, "기대가능성과 책임조각사유", 형사법연구(26호), 34-35.

7 김성돈, 형법총론(제5판), 성균관대학교출판부(2017), 412; 김일수/서보학, 새로쓴 형법총론(제13판), 박영사(2018), 303; 박상기, 형법총론(제9판), 박영사(2012), 278; 배종대, 형법총론(제13판), 홍문사(2017), 342; 이재상 외 2인, 형법총론(제9판), 박영사(2017), 367; 임웅, 형법총론(제10정판), 법문사(2018), 368.

나. 강요에 따른 행위

1) 본조가 적용되려면 피강요자가 강요에 따라 행한 행위가 있어야 한다. 강요라 함은 피강요자가 자유스런 의사결정을 하지 못하게 하면서 특정한 행위를 하게 하는 것을 말한다. 이 때 피강요자가 행한 특정한 행위는 구성요건에 해당하고 위법한 행위여야 한다.

강요의 수단인 폭력 또는 협박과 피강요자의 행위 사이에는 인과관계가 존재하여야 하고, 인과관계가 존재하지 않는다면 강요자와 피강요자는 공범이 될 수 있다. 판례는 상사가 횡령, 배임 등의 범법행위를 하는 데 가담한 부하의 경우 직무상 지휘·복종관계에 있다 하여 범법행위에 가담하지 않을 기대가능성이 없다고 할 수 없고 강요된 행위라는 주장도 받아들이지 아니하면서 공범으로서의 죄책을 인정하고 있다.[8]

2) 상관의 위법한 명령이 있는 경우와 관련하여서도, 공무원이 그 직무를 수행함에 있어 상관은 하관에 대하여 범죄행위 등 위법한 행위를 하도록 명령할 직권이 없는 것이며, 또한 하관은 소속 상관의 적법한 명령에 복종할 의무는 있으나 명백히 위법 내지 불법인 명령인 때에는 이는 벌써 직무상의 지시명령이라 할 수 없으므로 이에 따라야 할 의무가 없다. 그러므로 이러한 경우 강요된 행위라서 적법행위에 대한 기대가능성이 없다고 할 수도 없다.[9] 이는 군대 내라도 마찬가지이다.[10]

다. 책임의 조각과 강요자의 죄책

강요된 행위에 해당될 경우 본조에 의해 책임이 조각되어 처벌하지 아니한다. 이 경우 강요자는 피강요자를 도구로 이용한 것이므로 간접정범에 해당하게 된다. 나아가 피강요자에 대한 강요에 관해서 강요자에게 형법 제324조의 강요죄가 성립될 수도 있다.

2. 사례

판례가 강요된 행위에 해당함을 인정한 경우로는, 6.25 이후 북한 치하에서

8 대법원 1999. 7. 23. 선고 99도1911 판결, 대법원 2004. 12. 10. 선고 2003도5124 판결, 대법원 2005. 7. 29. 선고 2004도5685 판결, 대법원 2007. 5. 11. 선고 2007도1373 판결.

9 대법원 1999. 4. 23. 선고 99도636 판결, 대법원 2013. 11. 28. 선고 2011도5329 판결, 대법원 2015. 10. 29. 선고 2015도9010 판결.

10 대법원 1967. 1. 31. 선고 66도1581 판결.

거주하며 민주청년동맹에 가입하거나 부역에 동원되었다가 월남한 피고인에 대해서 국가보안법위반 행위를 강요된 행위에 의한 것으로 인정한 사례,[11] 납북된 어부들이 연금상태에서 북한을 찬양·고무한 국가보안법위반 등 행위에 대하여 그에 불응하면 대한민국에의 귀환이 불확실하여 생명·신체에 대한 예측할 수 없는 위해가 가하여질 상태 하에서 이루어진 강요된 행위라고 인정한 사례[12] 등이 있다.

판례가 강요된 행위에 해당하지 않는다고 본 경우로는, 상명하복 관계가 비교적 엄격한 국정원의 조직특성을 고려하더라도 허위의 공문서를 작성하라는 지시는 위법한 명령에 해당할 뿐만 아니라, 이러한 위법한 명령을 피고인이 거부할 수 없는 특별한 상황에 있었다고 보기 어려우므로, 허위의 확인서 등 작성 범행이 강요된 행위 등으로서 적법행위에 대한 기대가능성이 없는 경우에 해당한다고 볼 수 없다고 한 사례,[13] 공직윤리지원관실의 불법 내사와 관련된 증거자료를 인멸하라고 지시한 것은 직무상의 지시명령이라고 할 수 없으므로 피고인이 이에 따라야 할 의무가 없음에도 증거인멸 및 공용물손상 행위에 적극적으로 가담한 사실을 알 수 있고 여기에 피고인의 지위 및 경력 등에 비추어 보면, 범행이 강요된 행위로서 적법행위에 대한 기대가능성이 없다고 볼 수 없다고 한 사례,[14] 전·현직의 기초자치단체장, 광역의회·기초의회 의원으로서 차기 지방선거에 입후보할 의사가 있는 피고인들이 지역신문사 대표 및 편집국장의 요구에 의하여 여론조사비용 명목의 돈을 교부한 사안에서, 이러한 공직선거법 위반행위는 공갈 또는 강요된 행위에 의한 금전제공에 해당하지 않는다고 한 사례,[15] 화주들이 덤프트럭 운전자들에 대하여 과적을 요구하는 경우가 많고, 덤프트럭 운전자들로서는 우월적 지위에 있는 화주들의 요구를 거절하기 어려운 사정이 엿보이기는 하나, 그러한 사정만으로 덤프트럭 운전자들에게 도로법 위반행위를 하지 않을 기대가능성이 없다거나 과적운행이 강요된 행위라고 볼 수 없다고 한 사례[16] 등이 있다.[17]

11 대법원 1956. 3. 6. 선고 4288형상392 판결.
12 대법원 1968. 12. 6. 선고 68도1329 판결, 대법원 1969. 2. 18. 선고 68도1809 판결, 대법원 1971. 12. 14. 선고 71도1657 판결, 대법원 1976. 9. 14. 선고 75도414 판결 등.
13 대법원 2015. 10. 29. 선고 2015도9010 판결.
14 대법원 2013. 11. 28. 선고 2011도5329 판결.
15 대법원 2010. 12. 9. 선고 2010도10451 판결.
16 대법원 2006. 5. 11. 선고 2006도2049 판결.
17 판례는 본조에 의한 강요된 행위를 적법행위에 대한 기대가능성이 없는 경우의 하나로 보면서 '강요된 행위가 아니고 기대가능성이 없다고 볼 수도 없다'면서 중첩적으로 판단하는 경우가 많다.

[전론 1: 구성요건론]

Ⅰ. 구성요건의 의의

국가 형벌권의 대상이 되는 범죄는 구성요건에 해당하고 위법하며 책임이 인정되는 행위이다. 즉 행위자의 행위가 구성요건해당성, 위법성, 책임성을 모두 갖춘 경우 범죄가 성립한다.

그 중 구성요건(Tatbestand)은 형벌 부과의 대상이 되는 가벌적 행위를 추상적으로 정형화하여 법률로 기술한 것이다. 형법과 특별형법은 사회공동체가 보호해야 하는 법익에 대한 일정한 행위 태양에 의한 침해를 금지하는 규범 체계이고, 그와 같이 금지되는 행위를 추상적으로 유형화하여 규정한 것이 구성요건이다. 예컨대 '사람을 살해한 자'(형법 제250조 제1항), '타인의 재물을 절취한 자'(형법 제329조)가 사람의 생명을 보호하는 살인죄와 개인의 재산권(재물)을 보호하는 절도죄 각각의 구성요건이다. 결국 구성요건은 형법적으로 의미 있는 행위와 그렇지 않은 행위를 구별하는 기능을 수행한다.

이러한 구성요건은 구성요건해당성(Tatbestandsmäßigkeit)과는 구별된다. 후자는 행위자의 구체적 행위(범죄구성사실)가 구성요건에 부합하는 성질을 의미한다. 유무죄 판단의 제1단계 심사는 구성요건 규정과 이에 대한 해석론을 대전제로 삼고 행위자의 범죄구성사실을 소전제로 하여 결론인 '구성요건해당성' 판단을 이끌어내는 삼단논법에 의해 행해진다. 구성요건해당성을 통과한 경우에만 위법성과 책임 단계의 심사가 진행된다.

구성요건해당성과 위법성 역시 구별된다. 구성요건해당성이 행위자의 구체적 행위가 형벌법규가 정한 가벌적 요건에 부합한다는 점을 의미하는 것인 반면 위법성은 구성요건해당성을 갖춘 행위가 전체 법질서에 위배한다는 규범적 평가이다. 입법자는 법익 보호를 위해 금지되어야 하는 행위를 구성요건으로 유형화한 것이므로, 위법성은 구성요건해당성에 의해 징표된다고 할 수 있다. 구성요건해당성을 갖춘 행위자의 행위는 원칙적으로 위법성을 갖는 것이다. 다만 구성요건해당성을 통해 징표된 위법성은 위법성 조각사유(형법 제20조 내지 제24조)에 의해 제거될 수 있다. 결국 구성요건해당성 판단을 거친 유무죄 판단의 제2단계 심사인 위법성 심사는 위법성 조각사유의 존부 심사로 진행된다.

Ⅱ. 구성요건이론의 발전

구성요건의 본질에 관한 논의인 구성요건이론의 발전은 이론 형법학의 역사에서 매우 흥미로운 것이나, 실무적으로는 현재 큰 의미를 부여하기는 어려워 보인다. 현재 형법학계에서 구성요건 요소로 받아들여지는 규범적 구성요건요소와 주관적 구성요건요소와 관련되는 핵심적인 흐름만 조망한다.[1]

1. 벨링(Beling)의 구성요건이론

현대 구성요건이론의 창시자라고 할 수 있는 벨링(Beling)은 위법성이나 책임과는 명확하게 구분되는 독자적인 의미를 구성요건 개념에 부여하였다. 벨링은 구성요건을 객관적이며 가치중립적인 것으로 보았다. 이는 구성요건의 개념에서 주관적인 것과 규범적인 것은 배제된다는 것이다. 이를 통해 구성요건해당성은 순수한 객관적 사실판단의 문제에 불과하고, 구성요건해당성이 당해 행위를 위법한 것으로 평가하는 의미를 가지는 것은 아니라고 보았다. 구성요건해당성과 구분되는 위법성은 객관적 가치판단, 책임은 주관적 가치판단으로 자리매김하였다.

2. 규범적 구성요건요소의 발견

이후 마이어(M. E. Mayer)에 의한 규범적 구성요건요소의 발견을 통해 구성요건해당성도 규범적 성격을 가지고 있음이 밝혀졌다. 구성요건해당성은 위법성이 인정될 수 있는 중요한 인식근거가 된다고 이해되었고, 구성요건해당성에 대한 판단은 위법성과 무관하지 않은 평가적 판단이 되었다.

1 좀 더 자세한 내용은, 김성돈, 형법총론(제5판), 성균관대학교출판부(2017), 173-174; 이재상 외 2인, 형법총론(제9판), 박영사(2017), 107-110; 정성근·박광민, 형법총론(제2판), 성균관대학교출판부(2015), 142-146; 주석 형법, 총칙편(1)(제2판), 한국사법행정학회(2011), 205-217(정영일) 참조.

3. 주관적 구성요건요소의 발견

게다가 자우어(Sauer)와 메츠거(Mezger)를 거치면서 구성요건은 객관적 구성요건요소만으로 이루어진 것이 아니라 절도죄 등에서의 불법영득의사나 목적범에서의 목적과 같은 주관적 구성요건요소가 함께 존재하는 것으로 이해하게 된다. 이후 벨첼(Welzel)은 종래 책임요소로 인정되었던 고의를 구성요건요소로 인정하는 이론 구성을 체계화하였다. 모든 범죄에서 주관적 구성요건요소인 고의 또는 과실이 존재한다고 주장되었고, 이로써 외부적·객관적 요소는 불법요소로, 내부적·주관적 요소는 책임요소로 이해하는 기존의 견해는 극복되었다. 이러한 주장은 현재의 통설의 이해와 일치한다.

Ⅲ. 구성요건의 요소

구성요건이론의 발전 과정을 통해 알 수 있듯이 오늘날 형법학계에서 규범적 구성요건요소와 주관적 구성요건요소는 일반적으로 받아들여지고 있다. 이에 따라 구성요건의 요소는 기술적(記述的) 구성요건요소와 규범적 구성요건요소, 객관적 구성요건요소와 주관적 구성요건요소로 구분할 수 있다.

1. 기술적 구성요건요소(=서술적 구성요건요소)와 규범적 구성요건요소

기술적 구성요건요소란 규범적 가치판단을 거치지 않고 단순한 사실 확인에 의하여 그 의미를 인식할 수 있는 구성요건요소이다. 예컨대, 살인죄와 상해죄에서 객체로서의 '사람', 살인죄의 행위태양으로서 '살해', 절도죄에서의 '재물' 등이 이에 속한다.

규범적 구성요건요소는 규범적 가치판단을 통해서만 그 의미를 확정할 수 있는 구성요건요소를 말한다. 예컨대 절도죄에서의 '재물의 타인성', 공문서위조죄에서의 '공문서', 음화반포죄에서의 '음란성', 상습절도죄에서의 '상습성' 등이 이에 속한다.

하지만 양자의 구별이 언제나 명확한 것은 아니고, 기술적 구성요건요소에 대한 의미 확인 과정에서도 일정한 규범적 가치판단이 필요한 경우를 손쉽게 확인할 수 있다. 예를 들어 기술적 구성요건요소로 언급되고 있는 '사람'의 경우에도 그 시기와 종기가 문제되는 한계 사례(분만 중인 영아가 사람인가, 뇌사 상태에 있는 자는 사람인가)에서는 규범적 가치 평가를 통해서만 의미를 확정할 수 있다. 이런 점에서 보면 기술적 구성요건요소와 규범적 구성요건요소의 구별은 학문적으로 실익이 크지 않고, 실무적으로도 큰 의미를 가지지 않는다.

2. 객관적 구성요건요소와 주관적 구성요건요소

객관적 구성요건요소는 형법에 규정된 범죄유형인 구성요건의 외부적 표지이다. 행위주체, 객체, 행위, 결과 등을 말한다.[2] 고의범에서 객관적 구성요건요소는 고의의 대상이 된다.

주관적 구성요건요소는 행위자의 내면에 속하는 심리적·정신적 실재가 구성요건의 내용으로 되는 것을 말한다. 일반적인 주관적 구성요건요소로는 고의와 과실이 있으며, 그 밖에 특수한 주관적 구성요건요소로는 목적범의 '목적', 절도죄나 횡령죄에서의 '불법영득의사'나 사기죄의 '불법이득의사' 등을 들 수가 있다.

2 대법원 2019. 3. 28. 선고 2018도16002 전원합의체 판결 중 반대의견.

제13조 [범의]

죄의 성립요소인 사실을 인식하지 못한 행위는 벌하지 아니한다. 단, 법률에 특별한 규정이 있는 경우에는 예외로 한다.

[참고문헌] 류부곤, "고의의 본질에 관한 소고", 형사법연구 제24권 제3호, 한국형사법학회(2012); 이상문, "미필적 고의에 의한 살인죄 인정의 문제", 형사법의 신동향 통권 제44호(2014. 9.); 박상기, "고의의 본질과 대법원 판례의 입장", 형사판례연구 10권, 박영사(2002); 성낙현, "살인죄에 있어서의 대법원의 고의개념", 비교형사법연구 제4권 제1호, 한국비교형사법학회(2002); 손기식, "행정범에 있어서 고의", 형사판례연구 5권, 박영사(1987); 손해목, "부작위범의 제문제- 특히 부진정부작위범의 고의와 관련하여-", 현대민법의 과제와 전망 : 남송 한송희 박사 화갑기념논문집(1994); 윤종행, 부진정부작위범의 구성요건에 관한 연구, 연세대학교(2002); 이용식, "부실감사와 미필적 고의-헌법상 책임원칙의 형법에의 구체적 적용례", 국가와 헌법 Ⅱ. 기본권론, 성낙인 총장 퇴임기념논문집(2018); 이종상, "살인죄에 있어서 미필적 고의 - 삼풍백화점 붕괴사건과 관련하여", 형사판례연구 5권, 박영사(1997); 장영민, "미필적 고의에 관한 약간의 고찰", 형사판례연구 23권, 박영사(2015); 조현욱, "살인죄에 있어서 미필적 고의 - 대법원 판례를 중심으로", 법학연구 14집, 한국법학회(2004); 주용기, "미필적 고의와 명확성원칙에 대한 고찰 - 대법원 2006. 4. 14. 선고 2006도734 판결-", 한양법학, 제25권 제3집(2014); 하태영, "형법상 부작위범이 인정되기 위한 요건", 비교형사법연구 제5권 제1호, 한국비교형사법학회(2003).

Ⅰ. 고의에 관한 형법상 규율 내용

형법 제13조는 죄의 성립요소인 사실을 인식한 고의범만이 원칙적으로 처벌되고, 이러한 인식이 없는 과실범은 법률에 특별한 규정이 있는 경우에만 처벌됨을 명시하고 있다. 게다가 형법 및 특별형법상 과실범에 대한 처벌 규정에서 정한 법정형은 고의범에 비하여 현저히 낮다. 그 결과 형법 해석학 및 형사소송 실무에서 고의와 과실을 구분하는 것은 매우 중요한 작업이다.

한편 형법 제13조는 '범의'라는 제목에도 불구하고 사실에 대한 인식만을 고의의 요소로 언급하고 있다. 고의를 객관적 구성요건 실현에 대한 인식과 의사로 일반적으로 이해하고 있는 학계에서는 형법 제13조의 이러한 규율 태도와 관련하여, ①해석을 통한 보충의 대상이라는 견해, ②인식이 없으면 고의가 성립하지 않는다는 소극적 규정에 불과하므로 고의의 본질의 해명은 학설과 판례에 맡겨져야 한다는 견해, ③인식만을 규정하고 있지만 사실상 의지적 요소도 내포하고 있는 것으로 보아야 한다는 견해, ④형법 제13조는 결과적으로 타당하지 못한 입법이라는 견해가 주장되고 있다.[1]

여기에서 '죄의 성립요소인 사실'이라 함은 형법에 규정된 범죄유형인 구성요건에서 외부적 표지인 객관적 구성요건요소, 즉 행위주체·객체·행위·결과 등을 말한다.[2]

Ⅱ. 고의의 본질과 체계적 지위

1. 고의의 본질

고의의 본질과 관련하여 학설사적으로 인식설(認識說, Vorstellungstheorie)과 의사설(意思說, Willenstheorie)의 대립이 있어 왔다. 전자가 고의를 인정하기 위해서는 행위자의 구성요건 실현과 법익침해에 대한 '인식'만 있으면 족하다는 입장이라면, 후자는 행위자의 인식적 요소뿐만 아니라 의욕적 요소까지 있어야 한다는 입장이다. 고의의 본질과 관련한 이러한 논란은 '인식 있는 과실'과 '미필적 고의'를 어떻게 구별할 것인지와 관련한 의미 있는 대립이었다. 이와 관련된 논의는 아래 미필적 고의 부분에서 좀 더 상술하기로 한다. 현재 우리 형법학계에서는 고의의 본질을 지적 요소와 의지적 요소의 결합체로 파악하고, 구성요건 실현의 인식과 의사를 고의로 정의하는데 큰 이견은 없어 보인다.[3] 판례도 기본적으로 같은 취지로

1 류부곤, "고의의 본질에 관한 소고", 형사법연구 제24권 제3호, 한국형사법학회(2012), 101.

2 대법원 2019. 3. 28. 선고 2018도16002 전원합의체 판결 중 반대의견.

3 김일수·서보학, 새로쓴 형법총론(제13판), 박영사(2018), 126-127; 이용식, "부실감사와 미필적 고의-헌법상 책임원칙의 형법에의 구체적 적용례", 국가와 헌법 Ⅱ. 기본권론, 성낙인 총장 퇴임기념논문집(2018), 311; 배종대, 형법총론(제13판), 홍문사(2017), 160; 이재상 외 2인, 형법총론(제9판), 박영사(2017), 165-166 등.

이해할 수 있다. 예를 들어, 준강간의 고의를 피해자가 심신상실 또는 항거불능의 상태에 있다는 것과 그러한 상태를 이용하여 간음한다는 구성요건적 결과 발생의 가능성을 인식하고 그러한 위험을 용인하는 내심의 의사를 말한다고 판시한 바 있다.[4]

2. 고의의 체계적 지위

우리 형법학계에서는 주관적 구성요건요소가 존재하고, 고의가 이러한 주관적 구성요건요소에 해당한다는 점에 대해서는 이론이 없어 보인다. 대법원도 고의를 범죄구성요건의 주관적 요소라고 판시하고 있다.[5] 다만 고의의 체계적 지위에 관해서는 형법학계에서는 아래와 같은 논의가 진행되어 왔고, 이중적 지위설이 현재 통설이다.[6]

가. 책임요소설

종래의 인과적 행위론은 고의범의 구성요건을 객관적 요소에 국한하면서 구성요건해당성을 객관적 사실판단으로 이해하였다. 그 결과 주관적 구성요건이 존재할 여지는 없었고, 모든 주관적 요소들은 책임판단의 대상이 되었다. 즉 고의는 구성요건요소가 아닌 책임요소의 지위에 머물렀다.

나. 구성요건요소설

행위자의 내심의 의사를 기초로 행위의 의미를 파악하는 목적적 행위론이 등장한 이후 고의는 주관적 구성요건요소의 지위를 가지게 된다. 행위자의 고의에 따른 행위를 통해 객관적 구성요건이 실현되는 과정을 거치므로 고의는 행위불법의 핵심이다. 그 결과 고의는 단순한 책임요소라고 할 수 없고, 주관적 구성요건요소로 자리매김하였다.

다. 이중적 지위설

이러한 논의를 거쳐 근래 고의는 구성요건요소와 책임요소라는 이중적 지위를 가지고 있다고 평가된다. 즉 객관적 구성요건에 해당하는 사실에 대한 인식·의욕으로서 구성요건적 고의와 법적대적 태도 내지 심정으로서 책임고의라는 이

4 대법원 2019. 3. 28. 선고 2018도16002 전원합의체 판결.
5 대법원 2006. 2. 23. 선고 2005도8645 판결 등.
6 김일수·서보학, 새로쓴 형법총론(제13판), 박영사(2018), 126; 박상기, 형법총론(제9판), 박영사(2012), 117; 배종대, 형법총론(제13판), 홍문사(2017), 160-161; 오영근, 형법총론(제4판), 박영사(2018), 122; 이재상 외 2인, 형법총론(제9판), 박영사(2017), 165; 임웅, 형법총론(제10전정판), 법문사(2018), 161 등.

중의 기능을 가진다고 설명된다.

Ⅲ. 고의의 종류

1. 확정적 고의(確定的 故意)

구성요건 실현과 법익침해에 대해 행위자가 인식하거나 확실히 예견한 경우에 확정적 고의가 인정된다. 이러한 고의는 성질상 구성요건적 결과 발생에 대한 의욕을 동반한다. 미필적 고의와 구분되는 개념으로 일반적으로 사용되고 있으나, 실무적으로는 큰 의의를 부여하기 어렵다.

한편 고의를 확정적 고의와 불확정적 고의로 분류하지 않고, 인식 요소와 의지적 요소의 결합에 따라 의도적 고의(결과 발생을 적극적으로 의도한 형태의 고의), 지정고의(知情故意, 결과 발생을 확실하게 인식한 형태의 고의), 미필적 고의(결과 발생에 대한 낮은 정도의 의욕과 인식 상태의 고의)로 구분하는 견해도 존재한다.[7] 이에 대해서는 실정 형법이 고의를 그와 같이 구별하고 있는 오스트리아 등에서는 타당하지만 우리 형법의 해석론으로 받아들일 수 없다는 비판이 있다.[8]

2. 불확정적 고의(不確定的 故意)

구성요건 실현과 법익침해에 대한 행위자의 인식 또는 예견이 불확실한 경우를 말하며, 일반적으로 미필적 고의, 택일적 고의, 개괄적 고의로 구분한다.

가. 미필적 고의

앞서 언급한 것처럼, 고의범과 과실범은 처벌 여부와 법정형에서 큰 차이가 있으므로, 구성요건 실현과 법익침해 가능성에 대한 인식이 공통적으로 존재하는 미필적 고의와 인식 있는 과실을 어떻게 구별할지가 중요하게 논의되어 왔다.

1) 학계의 논의

가) 고의의 본질과 관련한 인식설에 기초하여 고의 인정에 필요한 인식의 최소 정도에 따라 가능성설과 개연성설이 주장된다.

(1) 가능성설(可能性說, Möglichkeitstheorie)

구성요건이 실현될 가능성을 인식하기만 하면 미필적 고의를 인정할 수 있다

7 배종대, 형법총론(제13판), 홍문사(2017), 165.
8 임웅, 형법총론(제10전정판), 법문사(2018), 173.

는 견해이다.[9]

(2) 개연성설(蓋然性說, Wahrscheinlichkeitstheorie)

행위자가 구성요건적 결과 발생의 개연성을 인식한 때에는 미필적 고의가 인정되나 단순한 가능성만을 인식한 때에는 인식 있는 과실로 보는 견해이다.

나) 반면 고의의 본질과 관련한 의사설에 기초하여 용인설, 감수설 등이 주장된다.

(1) 용인설 또는 인용설(容認說, 認容說, Einwilligungstheorie, Billigungstheorie)

행위자가 구성요건적 결과발생이 가능하다고 생각하고 이를 승인 또는 내적으로 용인하거나 양해한 때에 미필적 고의를 인정할 수 있음에 반하여, 법익침해를 내적으로 거부하거나 결과의 불발생을 희망한 때에는 인식 있는 과실이라고 하는 견해이다.[10]

(2) 감수설(甘受說, Abfindungstheorie) 또는 묵인설(默認說, Hinnahmetheorie)

결과발생의 가능성을 인식하면서 구성요건 실현의 위험을 감수한 때에는 미필적 고의를 인정할 수 있고, 결과가 발생하지 않는다고 신뢰할 때에는 인식 있는 과실이 된다는 견해이다.[11]

(3) 기타

그 밖에도 행위자가 결과에 대하여 적어도 무관심한 태도를 취하여야 미필적 고의를 인정하는 무관심설, 결과발생의 가능성을 인식하면서도 회피를 위한 조종의사가 없을 때 미필적 고의를 인정하는 회피설 등이 학계에서 소개되고 있다.

다) 각 견해에 대한 비판

인식설은 형법 제13조의 법문언에 충실한 해석이라는 장점이 있으나, 구성요건의 실현에 대한 지적 측면만을 강조한 나머지 인식과 의욕으로 구성되는 고의의 본질적 구조에 반하고, 인식 있는 과실을 구별하기 어렵거나 인정할 여지가 없게 된다는 비판이 가능하다. 반면 의사설에 대해서는 인식설의 단점을 보완할 수

9 류부곤, "고의의 본질에 관한 소고", 형사법연구 제24권 제3호, 한국형사법학회(2012), 115-116.

10 배종대, 형법총론(제13판), 홍문사(2017), 171; 임웅, 형법총론(제10전정판), 법문사(2018), 167-170; 정성근·박광민, 형법총론(제2판), 성균관대학교출판부(2015), 189(다만 인용의 의미는 감수의사와 차이가 없다고 한다); 정영일, 형법강의(총론)(제3판), 학림(2017), 104(다만 인용설과 묵인설의 차이는 거의 없다고 보아 무방하다는 입장이다).

11 김일수·서보학, 새로쓴 형법총론(제13판), 박영사(2018), 131-132(다만 현재 논의되고 있는 감수설과 용인설은 같은 내용을 다른 용어로 표현한 것에 불과하고 실질은 차이가 없다는 입장이다); 박상기, 형법총론(제9판), 박영사(2012), 128-129; 손동권·김재윤, 새로운 형법총론(초판), 율곡출판사(2011), 158; 이재상 외 2인, 형법총론(제9판), 박영사(2017), 176.

있으나, 의욕적 요소인 '용인', '양해', '감수' 등을 어떤 기준에 의하여 확정해야 하는지 명확치 아니하고, 그 입증이 곤란하다는 비판이 있다.[12]

나아가 구체적으로 감수설은 용인설에 대해 구성요건적 결과 발생에 대한 '용인'은 감정적·정서적 요소로서 구성요건적 고의에서 고려될 것이 아니라 책임요소로서 의미를 가지는 것이므로, 고의 인정에서는 행위자의 행위 결의시 결과발생을 묵인 또는 감수하는 것으로 족하다고 비판한다.[13] 반면 우리나라의 용인설 중 '용인'이 있기 위해서 정서적·심정적 요소가 필요하다고 하는 주장은 찾아 볼 수 없으므로, 감수설의 용인설에 대한 이러한 비판은 용인설을 오해한 것이라고 반박하면서 우리나라에서 양 견해는 실질적으로 같은 입장이라는 견해가 있다.[14] 한편 이와 유사하게, 감수설에서의 '감수'란 행위자에게 구성요건의 실현을 어쩔 수 없는 것이라고 받아들이는 소극적인 태도인 반면에, 용인설에서의 '용인'이란 어쩔 수 없는 것이라고 받아들이는 소극적인 태도를 넘어서 구성요건이 실현되어야 좋다는 보다 적극적인 태도라고 구분할 수도 있겠으나, '감수'와 '용인' 양자 모두 위험 실현 여부를 고려하고는 있지만 이에 대해 개의치 않거나 결과발생의 여부를 우연에 맡겨버리는 심리상태로서, 자신의 행위로 인해 발생가능하다고 인식한 결과를 자신의 행위의 결과로 승인하거나 받아들이는 내심의 상태라는 점에서 본질적인 차이를 인정하기 어렵다는 견해도 있다.[15]

2) 판례의 태도

애초 대법원은 미필적 고의의 개념 내지 본질과 관련하여 "범죄성립에 필요한 고의는 죄가 될 사실의 인식 또는 예견이 있으면 족하고 그 사실 발생을 희망한다거나 결과 발생을 의욕하면서 그 행위를 할 것을 요하지 아니함은 물론이다."라고 판시하여 인식설을 취한 사례(대법원 1965. 6. 29. 선고 65오1 판결, 부정수표법위반죄)와 "자기에게 대하여 나오는 현역병증서를 현실적으로 자기에게 전달할 수 없게 하므로 인하여 자기가 소정기일에 입영할 수 없게 될 가능성이 있음을 충분

12 이상문, "미필적 고의에 의한 살인죄 인정의 문제", 형사법의 신동향 통권 제44호(2014. 9.), 245
13 이재상 외 2인, 형법총론(제9판), 박영사(2017), 176.
14 주석 형법, 총칙편(1)(제2판), 한국사법행정학회(2011), 236-237(오영근); 김일수·서보학, 새로쓴 형법총론(제13판), 박영사(2018), 132, 정성근·박광민, 형법총론(제2판), 성균관대학교출판부(2015), 189도 같은 취지이다.
15 주용기, "미필적 고의와 명확성원칙에 대한 고찰 - 대법원 2006. 4. 14. 선고 2006도734 판결-", 한양법학, 제25권 제3집(2014), 345.

히 인식하면서도 그것을 인용하여 미필적 고의가 있었다고 할 수밖에 없으므로" 라고 판시하여 용인설을 취한 사례(대법원 1965. 10. 21. 선고 65도564 전원합의체 판결, 병역법위반죄)가 혼재되어 왔다.

이후 대법원 1985. 6. 25. 선고 85도660 판결(관세법위반죄)을 통해 "미필적 고의라 함은 결과의 발생이 불확실한 경우 즉 행위자에 있어서 그 결과발생에 대한 확실한 예견은 없으나 그 가능성은 인정하는 것으로 미필적 고의가 있었다고 하려면 결과발생에 대한 인식이 있음은 물론 나아가 이러한 결과발생을 용인하는 내심의 의사가 있음을 요한다."라고 판시한 이래, 대법원 1987. 1. 20. 선고 85도221 판결(재물손괴죄), 대법원 2003. 2. 14. 선고 2002도6697 판결(사기죄), 대법원 2004. 5. 14. 선고 2004도74 판결(증거인멸죄), 대법원 2007. 9. 20. 선고 2006도5789 판결[폭력행위등처벌에관한법률위반(집단·흉기등상해)죄], 대법원 2010. 7. 15. 선고 2010도559 판결(공중위생관리법위반죄) 등에서도 위 판시 법리를 그대로 수용하여, 주로 용인설의 입장을 취하고 있다.

다만 업무방해죄와 부정수표단속법위반죄에 대하여는 예외적으로 일관하여 인식설에 가까운 입장을 취해 온 것으로 보인다. 살인죄에 대하여는 주로 인식설에 가까운 판시를 하여 왔으나 용인설을 취한 듯한 사례도 확인된다. 이와 관련하여서는 후술한다.

한편, 이러한 용인설의 입장에서 행위자가 범죄사실이 발생할 가능성을 용인하고 있었는지 여부는 행위자의 진술에 의존하지 않고 외부에 나타난 행위의 형태와 행위의 상황 등 구체적인 사정을 기초로 일반인이라면 해당 범죄사실이 발생할 가능성을 어떻게 평가할 것인지를 고려하면서 행위자의 입장에서 그 심리상태를 추인하여야 한다.[16]

3) 미필적 고의를 인정한 구체적 판례 사안들[17]

살인죄와 관련하여 보면, 산부인과 의사가 약물에 의한 유도분만의 방법으로 낙태시술을 하였으나 태아가 살아서 미숙아 상태로 출생하자 그 미숙아에게 염화칼륨을 주입하여 사망하게 한 경우,[18] 인공호흡기를 부착한 상태로 계속 합병증 및 후유증에 대한 치료를 받고 있었는데 그로부터 불과 하루 남짓이 경과한 상태

16 대법원 2004. 5. 14. 선고 2004도74 판결, 대법원 2019. 3. 28. 선고 2018도16002 전원합의체 판결 등.
17 주석 형법, 총칙편(1)(제2판), 한국사법행정학회(2011), 238-242(오영근) 참조.
18 대법원 2005. 4. 15. 선고 2003도2780 판결.

에서 피해자에게서 인공호흡기를 제거하는 등 치료를 중단하는 경우,[19] 강도가 베개로 피해자의 머리부분을 약 3분간 누르던 중 피해자가 저항을 멈추고 사지가 늘어졌음에도 계속하여 누른 경우,[20] 과도로 피해자의 목부위를 찌른 경우,[21] 건장한 체격의 군인이 왜소한 체격의 피해자를 폭행하고 특히 급소인 목을 설골이 부러질 정도로 세게 졸라 사망케 한 경우,[22] 인체의 급소를 잘 알고 있는 무술교관 출신의 피고인이 무술의 방법으로 피해자의 울대(聲帶)를 가격하여 사망케 한 경우,[23] 가로 15㎝, 세로 16㎝, 길이 153㎝, 무게 7㎏의 각이 진 목재로 길바닥에 누워 있던 피해자의 머리를 때려 피해자가 외상성뇌지주막하출혈로 사망한 경우,[24] 살인범행의 도구로 사용된 엽총은 통상 사냥하기 직전에 총알을 장전하는 것인데도 사냥과는 전혀 관계없는 범행 당시 이미 총알이 장전되어 있었고, 실탄의 장전 유무는 탄창에 나타나는 표시에 의해서 쉽게 확인될 수 있어 총기에 실탄이 장전된 것인지 몰랐다고 하기 어려울 뿐 아니라, 안전장치를 하지 않은 상태에서 방아쇠를 잡고 있었던 경우,[25] 9세의 여자 어린이에 불과하여 항거를 쉽게 제압할 수 있는 피해자의 목을 감아서 졸라 실신시킨 후 그곳을 떠나버린(결과적으로 사망한) 경우,[26] 피해자들의 머리나 가슴 등 치명적인 부위를 낫이나 칼로 찌르지는 않았다고 하더라도, 쇠파이프와 각목으로 피해자들의 머리와 몸을 마구 때리고 낫으로 팔과 다리를 난자한 경우,[27] 예리한 칼로 피해자의 왼쪽 가슴부분에 길이 6cm, 깊이 17cm의 상처 등이 나도록 찔러 곧바로 좌측심낭까지 절단된 경우,[28] 자신의 허리띠를 잡으며 욕설하는 피해자를 과도를 오른손에 들고 찔러서 피해자가 좌 흉부에서 심장을 관통하는 자창에 의한 실혈로 사망한 경우,[29] 술이 취한 채 탈취한 버스를 운전하여 시속 50킬로미터의 속력으로 피해자에게 돌진하자 차도에서 인도쪽으로 피하는 피해자들을 따라 일부러 핸들을 우측으로 틀면서 돌진하여 위 버스 전면차체부위로 피해자들을 들이받아 쓰러뜨려 사망케 한

19 대법원 2004. 6. 24. 선고 2002도995 판결.
20 대법원 2002. 2. 8. 선고 2001도6425 판결.
21 대법원 2001. 9. 28. 선고 2001도3997 판결.
22 대법원 2001. 3. 9. 선고 2000도5590 판결.
23 대법원 2000. 8. 18. 선고 2000도2231 판결.
24 대법원 1998. 6. 9. 선고 98도980 판결.
25 대법원 1997. 2. 25. 선고 96도3364 판결.
26 대법원 1994. 12. 22. 선고 94도2511 판결.
27 대법원 1994. 3. 22. 선고 93도3612 판결.
28 대법원 1991. 10. 22. 선고 91도2174 판결.
29 대법원 1989. 12. 26. 선고 89도2087 판결.

경우,[30] 길이 20센티미터인 과도로 피해자의 가슴을 찔러 같은 날 피해자로 하여금 간자창을 동반한 심자창으로 인한 쇼크사로 사망케 한 경우,[31] 피해자의 욕설에 크게 격분하여 흉기인 과도를 들고 피해자에게 달려가서 막바로 피해자의 목(경부)을 위 흉기로 치명상을 입도록 힘껏 내리 찔러 그 자리에서 바로 사망케 한 경우,[32] 싸움을 하다가 길이 32센티미터, 날 길이 20.5센티미터의 식칼을 들고 나와 피해자의 좌측 옆구리를 찌르고 계속하여 배를 힘껏 1회 찔러서 현장에서 복강내 대정맥파열에 의한 출혈로 사망케 한 경우,[33] 비록 순간적이나마 피해자를 살해할 것을 결심하고 피해자를 밀어서 땅에 넘어뜨리고 손으로 그 목을 졸라 실신시킨 다음 약 5내지 6보 도망가다가 피해자가 신음소리를 내며 그 옆에 있는 군사용 개인호 안으로 굴러 떨어지자 되돌아와서 피해자가 가지고 있던 핸드백 끈을 두 겹으로 하여 그 목에 1회 감아 양손으로 힘껏 졸라 즉시 그곳에서 질식케 하여 사망케 한 경우,[34] 과도를 들고 약 2킬로미터나 떨어진 곳까지 가서 그곳에 있던 피해자의 좌측 옆구리를 1회 찌름으로서 피해자로 하여금 병원으로 가던 중 사망에 이르게 한 경우,[35] 식칼로 피해자의 복부를 1회 찌르고 도망가는 피해자를 추격하여 오른쪽 옆구리를 다시 1회 찔러 사망케 한 경우,[36] 피해자와 언쟁 직후 과도를 숨기고 범행현장에서 피해자를 기다리고 있다가 복부를 찔러 복대동맥좌창으로 인한 실혈로 사망케 한 경우,[37] 피고인이 길이 99센티미터, 두께 8센티미터나 되는 각목으로 피해자의 머리를 세 번 가량 강타하고, 피해자가 비틀거리며 쓰러졌음에도 계속하여 더 세게 머리를 두 번 때려 피해자가 두개골 골절로 인한 뇌출혈 등으로 사망한 경우,[38] 식도로 피해자의 하복부를 2회 좌측 대퇴부를 1회 힘껏 찔러 자궁벽 파열로 인한 실혈로 피해자를 그 자리에서 사망케 한 경우,[39] 범행현장에 있던 생선회용 식칼로 피해자의 왼쪽 겨드랑이 부분을 가슴쪽으로 향하여 깊이 찔러 한 시간 내에 사망케 한 경우,[40] 과도를 부엌에서 가져

30 대법원 1988. 6. 14. 선고 88도692 판결.
31 대법원 1988. 2. 9. 선고 87도2564 판결.
32 대법원 1987. 7. 21. 선고 87도1091 판결.
33 대법원 1986. 9. 9. 선고 86도1313 판결.
34 대법원 1986. 7. 22. 선고 86도1070 판결.
35 대법원 1986. 7. 8. 선고 86도1046 판결.
36 대법원 1986. 5. 27. 선고 86도367 판결.
37 대법원 1986. 5. 27. 선고 86도420 판결.
38 대법원 1985. 5. 14. 선고 85도256 판결.
39 대법원 1983. 11. 22. 선고 83도2481 판결.
40 대법원 1983. 9. 13. 선고 83도1594 판결.

와 흉벽과 복부자상 및 장천공이 생길 정도로 피해자의 가슴과 배를 힘껏 찌른 경우,[41] 예리한 식도로 피해자의 하복부를 찔러 직경 5센티미터, 길이 15센티미터 이상의 자상을 입힌 결과 사망한 경우,[42] 피해자의 양 손목과 발목을 노끈으로 묶고 입에 반창고를 두 겹으로 붙인 다음 양 손목을 묶은 노끈은 창틀에 박힌 시멘트 못에, 양 발목을 묶은 노끈은 방문손잡이에 각각 잡아매고 얼굴에 모포를 씌워 감금한 후 수차 아파트를 출입하다가 마지막 들어갔을 때 피해자가 이미 탈진 상태에 이르러 박카스를 마시지 못하고 그냥 흘려버릴 정도였고 피해자를 그대로 두면 죽을 것 같다는 생각이 들었으나 피해자의 얼굴에 모포를 덮어씌워 놓고 그냥 나온 경우,[43] 길이가 17센티미터나 되는 예리한 칼로 신체의 중요부분인 피해자의 복부(간근처)를 찌른 경우,[44] 피해자에게 가해할 것을 사전에 합의하여 식칼과 각목을 휴대하여 가해를 하여 사망한 경우,[45] 피고인이 여자고등학교 3학년생인 피해자의 남자관계가 복잡하다는 급우의 말을 듣고 피해자를 만나 백화양조공장 2층 시험사입실까지 데리고 가서 위 공장에 침입하여 피해자에게 이성과의 성관계 유무를 따지자 피해자가 모욕감과 수치감이 지나쳐 흥분한 나머지 옷을 벗어 자기의 결백함을 나타내 보이겠다면서 알몸을 보이기까지 하였는데도 계속 피해자의 결백을 의심하는 투의 피고인의 말에 피해자가 충격을 받고 그대로 졸도해 쓰러지자 피해자의 어깨를 몇번 흔들어 보았으나 별 반응이 없어 동녀의 심장, 호흡, 맥박 등으로 생사 여부를 확인해 보지도 않은 채 자기의 행위로 인하여 발생한 위 상황을 은폐하기 위해 피해자를 술이 담겨있는 술통에 집어넣어 질식사망케 한 경우,[46] 불법어로를 저지한다는 이유로 T.N.T 를 폭발시켜 전마선이 폭파되고 그에 타고 있는 사람이 바다에 빠져 익사한 경우,[47] 싸움 중에 피해자가 쥐고 있던 칼을 빼앗아 동인을 찌르고 다른 피해자들이 달려들자 그들에 대하여도 그 칼을 휘두르며 공격하여 피해자들 살상한 경우,[48] 칼을 휘둘러 타인의 목을 찌른 경우[49] 적어도 미필적 고의를 인정한다.

41 대법원 1983. 6. 28. 선고 83도1269 판결.
42 대법원 1982. 12. 28. 선고 82도2525 판결.
43 대법원 1982. 11. 23. 선고 82도2024 판결.
44 대법원 1981. 2. 24. 선고 81도73 판결.
45 대법원 1979. 9. 25. 선고 79도1698 판결.
46 대법원 1979. 5. 22. 선고 79도547 판결.
47 대법원 1969. 7. 22. 선고 69도746 판결.
48 대법원 1968. 11. 12. 선고 68도912 판결.
49 대법원 1966. 3. 15. 선고 65도966 판결.

나. 택일적 고의(擇一的 故意)

구성요건적 결과 발생에 대한 인식과 용인이 있으나, 그 객체가 확실하게 정하여지지 않은 고의를 택일적 고의라고 한다. 고의의 객체가 둘인 경우만을 의미한다는 견해[50]가 있으나, 다수설은 객체가 둘보다 많은 경우도 포함되는 것으로 이해하고 있다.[51] 한편 택일적 고의는 둘 이상의 객체에 대해 미필적 고의가 선택적으로 존재하는 현상형태를 가리키는 것에 불과하므로 별도의 고의 종류가 아니라는 견해가 유력하다.[52]

판례는 상품의 허위광고를 통한 사기죄에 있어서는 불특정인이라 하더라도 기망행위의 상대방이 될 수 있다고 한다.[53] 이러한 사안에서 피고인의 실행 착수 단계에서 고의를 택일적 고의로 이해할 여지도 있다. 하지만 개념적으로 보면, 행위 당시 객체가 불특정된 것일 뿐 예상되는 모든 결과 발생을 용인하고 있는 상태이어서 객체가 택일적·선택적이라고 할 수 없으므로 이는 택일적 고의의 문제와 다르다고 볼 수 있다.

택일적 고의의 처벌과 관련하여서 실무상 문제된 사례가 확인되지는 않는다. 객관적으로 실현된 범죄의 기수범으로 처벌한다는 것에 대해서는 이론이 없다. 다만 결과가 발생하지 않은 객체에 대해 고의를 인정할 것인지에 대해 견해는 대립한다. 다수설은 고의를 인정하되 결과가 발생하지 않은 경우이므로 미수범의 성립을 긍정하고, 기수범과 미수범의 상상적 경합관계라고 본다.[54] 이와 달리 소수설은 결과가 발생하지 않은 범죄가 중한 범죄일 때에만 두 죄의 상상적 경합을 인정할 필요가 있다는 입장이다.[55] 예를 들어, 길을 가는 2명을 보고 2명 중 아무나 맞아도 좋다고 총을 발사하여 실제로 그 중 1명이 사망한 경우라면, 소수설에

50 이재상 외 2인, 형법총론(제9판), 박영사(2017), 177; 임웅, 형법총론(제10전정판), 법문사(2018), 174; 정성근·박광민, 형법총론(제2판), 성균관대학교출판부(2015), 184-185; 정영일, 형법강의(총론)(제3판), 학림(2017), 102(이러한 견해들은 다자 택일의 문제는 개괄적 고의로 이해한다).

51 김일수·서보학, 새로쓴 형법총론(제13판), 박영사(2018), 135; 박상기, 형법총론(제9판), 박영사(2012), 129; 배종대, 형법총론(제13판), 홍문사(2017), 173; 손동권·김재윤, 새로운 형법총론(초판), 율곡출판사(2011), 158; 오영근, 형법총론(제4판), 박영사(2018), 120.

52 김성돈, 형법총론(제5판), 성균관대학교출판부(2017), 210; 김일수·서보학, 새로쓴 형법총론(제13판), 박영사(2018), 134; 배종대, 형법총론(제13판), 홍문사(2017), 173.

53 대법원 2011. 11. 24. 선고 2011도9911 판결.

54 김일수·서보학, 새로쓴 형법총론(제13판), 박영사(2018), 135; 박상기, 형법총론(제9판), 박영사(2012), 129; 배종대, 형법총론(제13판), 홍문사(2017), 173; 정성근·박광민, 형법총론(제2판), 성균관대학교출판부(2015), 184.

55 이재상 외 2인, 형법총론(제9판), 박영사(2017), 177.

의할 경우 사망의 결과가 발생한 피해자에 대한 살인죄만 성립하나, 다수설에 의할 경우 살인죄와 살인미수죄의 상상적 경합관계가 성립하게 된다. 이러한 견해대립은, 다수설이 택일적 고의 사례를 객체 모두에 대해 미필적 고의를 긍정할 수 있는 상황이라는 점에 초점을 맞춘 반면, 소수설은 택일적 고의는 객체가 택일적이어서 하나의 결과만 일어날 수 있는 상황임에 초점을 맞춘 결과로 이해할 수 있어 보인다.

한편 사례를 변형하여 2명을 향해 폭탄을 던진 경우와 같이 그 행위 태양에 비추어 피고인에게 2명 모두를 살해하겠다는 미필적 고의가 확인되는 경우라면, 살인죄와 살인미수죄의 상상적 경합을 인정하는데 무리가 없을 것이다.

다. 개괄적 고의(概括的 故意)

택일적 고의와 비교하여 구성요건적 결과 발생이 양자택일이면 택일적 고의, 다자택일이면 개괄적 고의라고 이해하는 견해[56]가 있다. 하지만 다수설은 개괄적 고의 사례에서 일련의 행위를 구성하는 수개의 부분적 행위를 지배하는 고의의 의미로 사용하고 있다.[57] 후자는, 예를 들어 피고인이 피해자를 살해할 의사로 구타하여 피해자가 쓰러졌고, 피고인으로서는 피해자가 사망한 것으로 오인한 채 증거를 인멸한다는 의사로 피해자를 매장하였으나, 실제로는 피해자가 구타에 의해서가 아니라 질식하여 사망한 사안에서, 피고인에게 살인의 고의기수 책임을 묻기 위해 고안된 고의 개념이다. 이러한 경우 피고인에게는 살인미수죄와 과실치사죄의 경합범이 성립하겠지만, 개괄적 고의 개념을 통해 피고인에게 고의의 살인죄를 인정할 수 있다는 것이다. 판례 중에는 "전과정을 개괄적으로 보면 피해자의 살해는 처음에 예견된 사실이 결국은 실현된 것으로서 피고인들이 살인죄의 죄책을 면할 수 없다"라고 보아 같은 취지의 원심이 정당하다고 본 사례가 있다.[58] 이러한 판례에 대해서는, 피고인들의 행위를 하나로 파악하는 입장일 수도 있고, 행위는 여러 개인지만 여러 개의 행위를 포괄하는 개괄적 고의 이론을 받아

56 이재상 외 2인, 형법총론(제9판), 박영사(2017), 177; 임웅, 형법총론(제10전정판), 법문사(2018), 174; 정성근·박광민, 형법총론(제2판), 성균관대학교출판부(2015), 184-185(다만, 이러한 견해들은 개괄적 고의를 다수설의 의미로도 사용하고 있다. 즉 2가지 용례가 있다고 한다); 정영일, 형법강의(총론)(제3판), 학림(2017), 102.

57 김일수·서보학, 새로쓴 형법총론(제13판), 박영사(2018), 135; 박상기, 형법총론(제9판), 박영사(2012), 129; 배종대, 형법총론(제13판), 홍문사(2017), 174; 손동권·김재윤, 새로운 형법총론(초판), 율곡출판사(2011), 159; 오영근, 형법총론(제4판), 박영사(2018), 120-121.

58 대법원 1988. 6. 28. 선고 88도650 판결.

들인 것이라고 할 수도 있다는 평가가 있다.[59] 이러한 사안은 인과과정의 착오 문제로 접근이 필요해 보인다.[60]

3. 사전고의와 사후고의

형법 제13조 문언상 죄의 성립요소인 사실에 대한 인식과 의욕인 고의는 '행위 당시' 존재하여야 한다. 행위 당시에는 존재하지 않았으나 그 이전에 존재했던 고의(사전고의), 행위 당시에는 존재하지 않았으나 행위 이후에 생긴 고의(사후고의)는 고의의 일종이라고 할 수 없다. 즉 구성요건적 고의는 구성요건을 실행할 당시 존재하여야 하는 것이므로, 사전고의나 사후고의는 당연히 고의범 성립을 위한 고의가 될 수 없다.

Ⅳ. 고의의 성립 요건 또는 요소

1. 지적 요소(인식 요소)와 의지적 요소(의욕 요소)의 구별

구성요건 실현에 대한 인식과 의사인 고의는 지적 요소와 의지적 요소로 구분된다. 용인설을 따를 경우 구성요건 실현에 대한 의사는 결과 발생을 용인하는 의사로도 충분하다. 이하에서는 고의의 지적 요소에 대해서만 부연 한다.

2. 지적 요소

가. 일반론

판례는, 형법 제13조가 고의범이 성립하려면 행위자에게 객관적 구성요건요소인 행위주체·객체·행위·결과 등에 관한 인식이 있어야 함을 규정한 것이라고 이해한다.[61] 즉 고의의 지적 요소는 객관적 구성요건요소를 대상으로 하고, 이는 행위주체, 객체, 행위, 결과 등에 대한 인식을 의미한다. 객관적 구성요건요소라고 할 수 없는 책임능력, 기대가능성, 처벌조건, 소추조건 등에 대한 인식은 고의의 대상이 되지 않고, 그 결과 고의범 성립에 이러한 사정에 대한 인식이 필요하지 않다.

59 주석 형법, 총칙편(1)(제2판), 한국사법행정학회(2011), 243(오영근).

60 김일수·서보학, 새로쓴 형법총론(제13판), 박영사(2018), 139(엄밀히는, 객관적 귀속의 문제로 접근한다); 박상기, 형법총론(제9판), 박영사(2012), 129; 배종대, 형법총론(제13판), 홍문사(2017), 174; 손동권·김재윤, 새로운 형법총론(초판), 율곡출판사(2011), 159; 이재상 외 2인, 형법총론(제9판), 박영사(2017), 177; 임웅, 형법총론(제10전정판), 법문사(2018), 174; 정성근·박광민, 형법총론(제2판), 성균관대학교출판부(2015), 185.

61 대법원 2019. 3. 28. 선고 2018도16002 전원합의체 판결 중 반대의견.

한편 객관적·구성요건은 기술적 구성요건과 규범적 구성요건으로 구분되고, 고의 인정을 위해서는 이러한 규범적 구성요건에 대한 인식도 당연히 요청된다. 그리고 기술적 구성요건과 규범적 구성요건 양자의 구별이 명확하지 않은 반면, 기술적 구성요건에 대해서도 해석을 통한 의미 내용을 밝히는 것이 필요한 한계 사례가 다수 존재한다.[62] 결국 고의의 지적 요소는 구성요건적 사실에 대한 인식으로 족하지 아니하고, 그 의미 내용에 대한 인식도 필요하다. 물론 고의 인정을 위한 의미의 인식은 정확한 법적 평가를 요구하는 것이 아니라 문외한에 의하여 판단된 법적·사회적 의미 내용, 즉 문외한으로서의 소박한 가치 평가면 충분하다.[63] 그렇지 않은 경우 법률전문가에게만 고의범의 고의가 인정될 수 있다는 불합리한 결과가 도출될 수 있기 때문이다.

나. 행위주체

신분범에서는 행위자 자신에게 신분이 있다는 인식이 해당 범죄의 고의 성립을 위해 필수적이다. 형법 제7장 공무원의 직무에 관한 죄에서의 행위주체로서의 '공무원'이라는 인식, 위증죄에서 '법률에 의해 선서한 증인'이라는 인식(제152조 제1항), 영아살해죄에서 '영아의 직계존속'이라는 인식(제251조) 등이 필요하다.

진정신분범에서 신분에 대한 인식이 없는 경우에는 과실범이 될 것이고(예를 들어 수뢰죄에서 공무원이라는 인식이 없는 경우), 가중적 부진정신분범의 경우에는 기본 범죄의 기수가 성립할 수 있다(예를 들어 존속살해죄에서 직계비속이라는 인식이 없는 경우, 살인죄 기수).

다. 객체

공무집행방해죄에서의 공무원(형법 제136조), 존속살해죄에서의 자기 또는 배우자의 직계존속(제250조 제2항), 상해죄에서의 사람의 신체(제257조 제1항), 절도죄에서의 타인의 재물(제329조), 강도죄, 사기죄 등에서의 재물 또는 재산상의 이익(제333조, 제347조 제1항) 등에 대한 인식이 필요하다. 객체에 대한 인식이 없는 경우에는 마찬가지로 과실범만이 문제될 수 있다.

라. 행위 태양(방법)

형법은 일정한 행위를 금지하는 규범 체계로서, 구성요건은 금지되는 행위를

62 ☞ [전론: 구성요건론] Ⅲ. 1. 참조. 같은 취지로, 배종대, 형법총론(제13판), 홍문사(2017), 163; 이재상 외 2인, 형법총론(제9판), 박영사(2017), 114 등.

63 배종대, 형법총론(제13판), 홍문사(2017), 164; 이재상 외 2인, 형법총론(제9판), 박영사(2017), 169 등.

명시하고 있다. 살인죄에서의 살해, 상해죄에서의 상해, 절도죄에서의 절취, 강도죄에서의 강취 등이 그것이다. 형법 제258조의2 특수상해죄에서 위험한 물건을 휴대하여 상해를 가한 때를 상해죄보다 중하게 처벌하는 것과 같이 특수한 행위 태양을 가중적 구성요건으로 규정하고 있는 경우도 있다. 행위자에게 이러한 가중적 구성요건에 대한 인식이 없는 경우라면 기본적 구성요건상 범죄의 고의만이 인정될 것이다.

마. 결과

일정한 결과나 위험발생을 요구하는 범죄의 경우에는 이러한 결과나 위험발생에 대한 인식 역시 필요하다. 예컨대 살인죄에서는 사망이라는 결과 발생, 일반물건방화죄에서는 공공의 위험발생(형법 제167조 제1항)에 대한 인식이 요구된다.

다만 진정 결과적 가중범에서 중한 결과에 대한 인식(고의)은 필요하지 않고, 예견가능성만 있으면 된다(형법 제15조 제2항). 판례는 상해치사죄에서 치사에 대한 고의는 필요하지 않다고 하고 있고,[64] 이른바 결과적 가중범인 폭행치사죄 성립과 관련하여 사망의 결과에 대한 예견가능성 즉 과실이 있으면 되나, 다만 이러한 예견가능성의 유무는 폭행의 정도와 피해자의 대응상태 등 구체적 상황을 살펴서 엄격하게 가려야 하며, 만연히 예견가능성의 범위를 확대해석하여서는 아니 된다고 한다.[65]

바. 인과관계 또는 인과과정

형법학계의 다수설은 인과관계도 객관적 구성요건요소에 해당하고, 따라서 고의가 성립하기 위해서는 인과관계에 대한 인식도 필요하다는 입장이다.[66] 다만 이러한 행위와 결과 사이의 모든 인과과정을 상세하게 인식하는 것은 불가능하고, 규범적으로 그러한 인식이 필요하다고 할 수도 없다. 대체적으로 그 본질적인 점을 인식하면 족하다고 할 것이다.[67] 따라서 행위자가 행위 당시 인과과정의 본

64 대법원 1961. 9. 21. 선고 4294형상447 판결.

65 대법원 1990. 9. 25. 선고 90도 1596 판결 등 참조.

66 배종대, 형법총론(제13판), 홍문사(2017), 164; 손동권·김재윤, 새로운 형법총론(초판), 율곡출판사(2011), 140; 오영근, 형법총론(제4판), 박영사(2018), 123; 이재상 외 2인, 형법총론(제9판), 박영사(2017), 168-169; 임웅, 형법총론(제10전정판), 법문사(2018), 171; 정성근·박광민, 형법총론(제2판), 성균관대학교출판부(2015), 180 등.

67 이재상 외 2인, 형법총론(제9판), 박영사(2017), 169; 임웅, 형법총론(제10전정판), 법문사(2018), 171; 정성근·박광민, 형법총론(제2판), 성균관대학교출판부(2015), 180; 유사한 취지로, 배종대, 형법총론(제13판), 홍문사(2017), 164은 중요 부분만 인식하면 족하다고 하고, 오영근, 형법총론(제4판), 박영사(2018), 123은 일반인 수준의 인식이면 족하다는 입장이다.

질적인 부분을 인식한 이상 실제 인과과정과 다소 차이가 있더라도 고의를 부정할 것은 아니다. 다만 실제 인과과정의 본질적인 부분을 인식하지 못한 경우라면, 인과관계의 착오가 문제된다.

사. 위법성

고의의 지적 요소로서 구성요건요소에 대한 인식 외에 자신의 행위가 법질서에 반하여 위법하다는 인식, 즉 위법성의 인식이 필요한지와 관련하여 고의설과 책임설이 대립해 왔다. 형법학계에서 위법성의 인식이 구성요건적 고의의 요소라는 고의설은 더 이상 주장되지 않는 것으로 보인다.[68] 구성요건적 고의와는 무관한 책임요소로 보아야 한다.

V. 고의의 증명과 판단 방법

형사소송 실무상 피고인이 공소사실과 관련하여 고의를 다투는 경우가 흔하고, 법원이 피고인의 이러한 변소에도 불구하고 미필적 고의를 인정하여 고의범의 죄책을 묻는 경우가 적지 않다.

피고인이 범죄구성요건의 주관적 요소인 고의를 부인하는 경우, 그 범의 자체를 객관적으로 증명할 수는 없으므로 사물의 성질상 범의와 관련성이 있는 간접사실 또는 정황사실을 증명하는 방법으로 이를 증명할 수밖에 없다. 이때 무엇이 관련성이 있는 간접사실 또는 정황사실에 해당하는지를 판단할 때에는 정상적인 경험칙에 바탕을 두고 치밀한 관찰력이나 분석력으로 사실의 연결상태를 합리적으로 판단하는 방법으로 하여야 한다.[69] 한편 고의의 일종인 미필적 고의 인정과 관련하여 행위자가 범죄사실이 발생할 가능성을 용인하고 있었는지 여부는 행위자의 진술에 의존하지 않고 외부에 나타난 행위의 형태와 행위의 상황 등 구체적인 사정을 기초로 일반인이라면 해당 범죄사실이 발생할 가능성을 어떻게 평가할 것인지를 고려하면서 행위자의 입장에서 그 심리상태를 추인하여야 한다.[70] 부진정 부작위범에서 작위의무자에게 이러한 고의가 있었는지는 작위의무자의 진술에만 의존할 것이 아니라, 작위의무의 발생근거, 법익침해의 태양과 위험성, 작위의무자의 법익침해에 대한 사태지배의 정도, 요구되는 작위의무의 내용과 이행

68 배종대, 형법총론(제13판), 홍문사(2017), 163.
69 대법원 2006. 2. 23. 선고 2005도8645 판결 등.
70 대법원 2004. 5. 14. 선고 2004도74 판결, 대법원 2017. 1. 12. 선고 2016도15470 판결 등.

의 용이성, 부작위에 이르게 된 동기와 경위, 부작위의 형태와 결과발생 사이의 상관관계 등을 종합적으로 고려하여 작위의무자의 심리상태를 추인하여야 한다.[71]

범죄 유형별로 구체적으로 보면, 피고인이 범행 당시 살인의 범의는 없었고 단지 상해 또는 폭행의 범의만 있었을 뿐이라고 다투는 경우에 피고인에게 범행 당시 살인의 범의가 있었는지 여부는 피고인이 범행에 이르게 된 경위, 범행의 동기, 준비된 흉기의 유무·종류·용법, 공격의 부위와 반복성, 사망의 결과발생가능성 정도 등 범행 전후의 객관적 사정을 종합하여 판단하여야 한다.[72] 그리고 사기죄의 주관적 구성요건인 편취의 범의는 피고인이 자백하지 않는 이상 범행 전후의 피고인 등의 재력, 환경, 범행의 경위와 내용, 거래의 이행과정 등과 같은 객관적인 사정 등을 종합하여 판단할 수밖에 없다.[73] 공직선거법 제250조 제2항 소정의 허위사실공표죄는 공표된 사실이 허위라는 것을 구성요건으로 하기 때문에 행위자가 그 사항이 허위라는 것을 인식하여야 하고, 이러한 주관적 인식의 유무는 성질상 외부에서 이를 알거나 증명하기 어려우므로, 공표된 사실의 내용과 구체성, 소명자료의 존재 및 내용, 피고인이 밝히는 사실의 출처 및 인지 경위 등을 토대로 피고인의 학력, 경력, 사회적 지위, 공표 경위, 시점 및 그로 말미암아 예상되는 파급효과 등의 여러 객관적 사정을 종합하여 판단하여야 한다.[74]

Ⅵ. 범죄유형별 고의 관련 판례의 태도

1. 공무집행방해죄

공무집행방해죄에 있어서의 범의는 상대방이 직무를 집행하는 공무원이라는 사실, 그리고 이에 대하여 폭행 또는 협박을 한다는 사실을 인식하는 것을 그 내용으로 하고, 그 인식은 불확정적인 것이라도 소위 미필적 고의가 있다고 보아야 하며, 그 직무집행을 방해할 의사를 필요로 하지 않는다.[75]

2. 범인도피죄

범인도피죄는 직접 범인을 도피시키는 행위 또는 도피를 직접적으로 용이하

71 대법원 2015. 11. 12. 선고 2015도6809 전원합의체 판결.
72 대법원 2006. 4. 14. 선고 2006도734 판결 등.
73 대법원 2009. 9. 10. 선고 2009도5075 판결 등.
74 대법원 2005. 7. 22. 선고 2005도2627 판결 등.
75 대법원 1995. 1. 24. 선고 94도1949 판결, 대법원 2006. 3. 24. 선고 2005도9200 판결 등.

게 하는 행위에 한정되는 것이다. 어떤 행위가 직접 범인을 도피시키는 행위 또는 도피를 직접적으로 용이하게 하는 행위에 해당하는가를 판단하기 위하여는, 범인도피죄의 구성요건적 행위가 정형화되어 있지 아니한 점을 고려한다면, 피고인이 범인의 처지나 의도에 대하여 인식하고 있었는지, 그에게 범인을 은닉 내지 도피시키려는 의사가 있었는지를 함께 고려하여 살펴보아야 할 것이고, 단순히 피고인이 한 행위의 밖으로 드러난 태양만 살펴보는 것만으로는 부족하다.[76]

3. 위증죄

위증죄에서 증인의 증언이 기억에 반하는 허위의 진술인지 여부를 가릴 때에는 그 증언의 단편적인 구절에 구애될 것이 아니라 당해 신문절차에서 한 증언 전체를 일체로 파악하여야 하고, 그 결과 증인이 무엇인가 착오에 빠져 기억에 반한다는 인식 없이 증언하였음이 밝혀진 경우에는 위증의 범의를 인정할 수 없다.[77]

4. 무고죄

무고죄는 타인으로 하여금 형사처분이나 징계처분을 받게 할 목적으로 신고한 사실이 객관적 진실에 반하는 허위사실인 경우에 성립되는 범죄인데 여기에서 허위사실의 신고라 함은 신고사실이 객관적 사실에 반한다는 것을 확정적이거나 미필적으로 인식하고 신고하는 것을 말하는 것이니, 가사 고소사실이 객관적 사실에 반하는 허위의 것이라 할지라도 그 허위성에 대한 인식이 없을 때에는 무고에 대한 고의가 없다.[78] 반드시 확정적 고의임을 요하지 아니하고 미필적 고의로서도 족하므로 무고죄는 신고자가 진실하다는 확신 없는 사실을 신고함으로써 성립하고 그 신고사실이 허위라는 것을 확신함을 필요로 하지 않는다.[79]

5. 사문서위조죄

사문서위조가 되기 위하여는 행사할 목적 외에 타인명의를 도용하거나 자격을 모용한다는 인식 즉 사문서위조의 범의가 있어야 한다.[80]

76 대법원 2004. 3. 26. 선고 2003도8226 판결 등.

77 대법원 1988. 12. 6. 선고 88도835 판결, 대법원 1991. 5. 10. 선고 89도1748 판결 등.

78 대법원 1983. 11. 8. 선고 83도2354 판결, 대법원 1995. 12. 5. 선고 95도231 판결, 대법원 1998. 9. 8. 선고 98도1949 판결, 대법원 2000. 11. 24. 선고 99도822 판결, 대법원 2003. 1. 24. 선고 2002도5939 판결, 대법원 2014. 7. 10. 선고 2012도13117 판결 등.

79 대법원 1996. 5. 10. 선고 96도324 판결 등.

80 대법원 1987. 6. 9. 선고 87도325 판결 등.

6. 살인죄

가. 작위에 의한 살인죄에서의 고의

1) 판례의 흐름

대법원은 살인죄에서 미필적 고의에 관하여는 종래 구체적인 법리를 설시하지 않은 채 용인설에 가까운 태도를 취한 경우도 없지 않으나,[81] 관련 법리를 명시적으로 설시한 이후부터는 다른 대부분의 범죄에 대한 판시와 조금 다르게 인식설에 가까운 입장을 취하여 왔다.

예를 들어, ①대법원 1981. 2. 24. 선고 81도73 판결[길이 17cm의 칼로 복부(간 근처)를 찔러 살해한 사안]에서 "살인죄의 범의는 자기의 행위로 인하여 타인의 사망의 결과를 발생시킬 만한 가능 또는 위험이 있음을 인식 또는 예견하면 족한 것이고, 사망의 결과발생을 목적 또는 희망할 것은 필요치 않을 뿐 아니라, 그 인식 또는 예견은 확정적인 것만 필요로 하는 것이 아니고 불확정적인 것이라도 소위 미필적 고의가 있었다고 할 것이다."라고 판시한 이후, ②대법원 1987. 7. 21. 선고 87도1091 판결[길이 27cm의 과도로 피해자의 목(경부)을 찔러 즉사시킨 사안]에서 같은 취지로, "살인죄에 있어서의 범의는 반드시 살해의 목적이나 계획적인 살해의 의도가 있어야 하는 것은 아니고 살해에 대한 인식이 있으면 족한 것이고 그 인식도 확정적인 것은 물론이고 미필적인 것도 이에 포함되는 것이다."라고 하였고, ③대법원 1988. 2. 9. 선고 87도2564 판결(길이 20cm의 과도로 가슴을 찔러 심자창으로 인한 쇼크사로 사망케 한 사안)에서 위 두 판시 내용을 합쳐서, "살인죄에 있어서의 범의는 반드시 살해의 목적이나 계획적인 살해의 의도가 있어야 하는 것은 아니고 자기의 행위로 인하여 타인의 사망의 결과를 발생시킬 만한 가능 또는 위험이 있음을 인식하거나 예견하면 족한 것이고 그 인식 또는 예견은 확정적인 것은 물론 불확정적인 것이라도 소위 미필적 고의로 인정된다."라고 한 이래, 위 ③항과 동일한 판시가 이어지고 있다.[82]

81 대법원 1954. 6. 21. 선고 4287형상176 판결(··· 총탄발사 당시의 피고인의 심리상태는 확정적은 아닐지언정 불확정적이나마 총탄을 발사하면 혹은 승객에게 명중하여 살상의 결과를 발생할런지도 모르겠다는 의아심을 가졌음에도 불구하고 발사를 억제함이 없이 이를 용인하고 발사한 것으로서 적어도 불확정적인 소위 미필적 고의 정도는 후현 제1심 공판조서 중의 피고인의 공술 등에 의거하여 능히 시인할 수 있다고 봄이 타당하다 할 것이다).

82 대법원 2013. 6. 14. 선고 2013도1267 판결, 대법원 2010. 11. 11. 선고 2010도9869 판결, 대법원 2006. 4. 14. 선고 2006도734 판결, 대법원 2002. 10. 25. 선고 2002도4089 판결, 대법원 2002. 2. 8. 선고 2001도6425 판결, 대법원 2001. 9. 28. 선고 2001도3997 판결, 대법원 2001. 3. 9. 선고 2000도5590 판결, 대법원 2000. 8. 18. 선고 2000도2231 판결, 대법원 1998. 6. 9. 선고 98도980 판결, 대법원 1994. 12. 22. 선고 94도2511 판결, 대법원 1994. 3. 22. 선고 93도3612 판결 등.

이와 같이 유독 살인죄의 경우 대법원이 명시적으로 여타 범죄와는 다른 판시를 하고 있는 것과 관련하여, 판례가 인식설 혹은 가능성설을 취하고 있다고 설명하는 견해가 다수 존재한다.[83]

다만 대법원이 살인죄의 경우에도 미필적 고의의 인정이 첨예하게 다투어지는 경우에는 용인의사의 존재를 요구하고 있어 여전히 용인설을 취하고 있다고 보는 견해가 있으며,[84] 실제 용인설에 가까운 것으로 이해할 수 있는 판결들도 선고되어 왔다.[85] 다만 대법원 2011. 12. 22. 선고 2011도12927 판결에서 "살인죄의 고의는 반드시 살해의 목적이나 계획적인 살해의 의도가 있어야 하는 것은 아니고 자기의 행위로 인하여 타인의 사망의 결과를 발생시킬 만한 위험이 있음을 예견·용인하면 족하며 그 주관적 예견 등은 확정적인 것은 물론 불확정적인 것이더라도 미필적 고의로서 살인의 범의는 인정될 수 있다."라고 법리를 선언한 경우 외에는 모두 해당 사안에 대한 구체적 포섭과정에서 '용인'이라는 용어를 사용하였을 뿐 법리 판시 자체는 앞서 본 인식설에 가까운 입장에 서 있다.

2) 판례의 흐름에 대한 이해

판례가 인식설에 가까운 판시를 통해 살인죄를 인정한 사례는, 주로 칼이나 망치, 각목, 쇠파이프 등 둔기로 생명을 해칠 만한 신체부위를 공격하거나 이와 동일시 할 수 있을 만큼 폭행정도가 극심하거나 손으로 목을 조르는 경우와 같이 범행 수단 자체가 특별한 사정이 없는 한 살인을 수반할 수밖에 없는 정도의 위

83 박상기, "고의의 본질과 대법원 판례의 입장", 형사판례연구 10권, 박영사(2002), 55; 성낙현, "살인죄에 있어서의 대법원의 고의 개념", 비교형사법연구 제4권 제1호, 한국비교형사법학회(2002), 414-415; 조현욱, "살인죄에 있어서 미필적 고의 - 대법원 판례를 중심으로", 법학연구 14집, 한국법학회(2004), 419; 한편 대법원 87도2564 판결에 대해 인식설로의 전환을 가져온 판결이라고 해석하는 것은 적절하지 않다는 견해에 대해서는, 장영민, "미필적 고의에 관한 약간의 고찰", 형사판례연구 23권(2015), 82-83 참조.

84 이종상, "살인죄에 있어서 미필적 고의 - 삼풍백화점 붕괴사건과 관련하여", 형사판례연구 5권, 박영사(1997), 33.

85 대법원 1996. 7. 30. 선고 96도1377 판결(피고인으로서는 위 피해자가 그로 인하여 사망할지도 모른다는 생각을 할 수 있었음에도 불구하고 그러한 결과를 용인하고 피해자를 찌른 것이니 피고인에게 위 피해자의 살해에 대한 범의가 없다고 할 수 없다고 판단하였는바, …원심의 위 판단은 옳다고 수긍이 되고), 대법원 2001. 12. 27. 선고 2001도5519 판결(사망에 이를 수도 있다는 사실을 인식하면서 그러한 결과가 발생하더라도 이를 용인할 수밖에 없다는 내심의 의사 즉 살인의 미필적 고의가 있었다고 할 것이어서), 대법원 2002. 10. 11. 선고 2002도4159 판결(적어도 피고인이 피해자의 목을 2회에 걸쳐 힘껏 짓밟을 당시에는 피고인에게 피해자의 사망을 용인하는 의사가 있었다고 봄이 상당하고), 대법원 2002. 11. 8. 선고 2002도4969 판결(적어도 피고인이 피해자들의 배 부위를 힘껏 찌를 당시에 피고인에게는 피해자들의 사망을 용인하는 의사가 있었다고 봄이 상당하고).

험성을 내포하고 있는 경우들이다. 이와 같이 범행수단 자체의 위험성이 높은 경우에는 용인설을 취하더라도 살인죄 고의가 부정되기 어려운 경우가 대부분이므로, 양자 중 어떤 견해를 취할 것인지가 고의범 성립을 좌우하는 기준이 되기 어렵다.

그리고 앞서 언급한 바와 같이 대법원은 인식설에 가까운 판시를 하면서 상해죄와 살인죄의 고의의 구별기준을 상세하고 제시하고 있는데, 이는 용인설에 따른 내심의 용인 의사의 판단기준과 본질적으로 큰 차이가 없어 보인다. 이러한 측면에서도 특별한 사정이 없는 한 양 견해는 같은 결론에 도달할 수 있을 것으로 보인다.

한편 살인죄에서 보호법익으로 삼고 있는 사람의 생명이란 무엇과도 바꿀 수 없는 인간에게 가장 소중한 가치로서 여타의 범죄에서 보호법익으로 삼고 있는 신체나 재산 등과 비교할 수 없을 정도로 중대하므로 이를 절대적으로 보호할 필요가 있다는 점에서 살인죄와 여타의 다른 범죄는 본질적 차이가 존재한다. 이러한 점을 고려하면, 대법원의 인식설에 가까운 판시는, 사망의 결과에 대한 위험성을 인식 또는 예견하면서도 이를 초래할 수 있는 행위로 나아갔다면 특별한 사정이 없는 이상 그 결과 발생까지 용인한 것으로 보아야 한다는 관념이 그 바탕에 깔려 있는 것이라고 해석할 수도 있어 보인다.

나. 부작위에 의한 살인죄에서의 고의

1) 작위범과의 구별

고의는 지적 요소와 의지적 요소의 결합체이다. 이러한 고의의 요소는 작위범과 부작위범을 구별하지 않는 것이 일반적 견해로 보인다. 부작위범도 작위범과 같이 행위자가 구성요건적 결과를 자신의 행위 목표로 삼고 추구하는 것이 가능할 뿐만 아니라, 부작위범은 규범적으로 작위범의 구성요건을 충족하는 것으로 평가되어야 하는 것이어서 고의의 실체를 다르게 파악할 수 없으므로, 결국 부작위범의 고의 내용에 의지적 요소가 요구된다는 견해가 타당하다.[86]

그런데 작위범에서는 고의의 지적 요소인 인식 이외에 용인이라는 의지적 요소가 적극적인 동작으로 나타나지만, 부작위범에서는 오로지 내심의 세계에 머물

86 손해목, "부작위범의 제문제- 특히 부진정부작위범의 고의와 관련하여-", 현대민법의 과제와 전망 : 남송 한송희 박사 화갑기념논문집(1994), 1479.

러 있으므로, 고의의 내용이 작위범과 다소 차이를 보일 수밖에 없다. 부진정 부작위범에 있어서는 보증인지위, 구성요건적 상황의 존재, 요구된 행위의 부작위와 개별적인 작위가능성, 부작위와 결과의 연관성, 작위와의 동가치성도 고의 인식의 대상이 된다.[87]

2) 판례의 태도

부진정 부작위범의 고의에 관하여, 대법원 1978. 9. 26. 선고 78도1996 판결("화차안 모든 화약류가 한꺼번에 폭발하리라는 정을 예견하면서도 화차 밖으로 도주하였음은 부작위에 의한 폭발물파열죄가 성립한다.")과 같이 종래 인식설 입장에서 단순히 '예견'한 경우에도 고의가 인정된다는 취지의 판례도 있다. 그러나 다수의 판결례는 용인설의 입장을 취하고 있다.[88] 특히 대법원 1992. 2. 11. 선고 91도2951 판결(이른바 조카 살인사건)에서는 "작위의무를 이행함으로써 결과발생을 쉽게 방지할 수 있었음에도 불구하고 그 결과의 발생을 용인하고 이를 방관한 채 그 의무를 이행하지 아니한 경우에 … 부작위범으로 처벌할 수 있다."라고 판시함으로써 부작위범 자체의 법리에 고의 관련 용인설이 내포되어 있는 것으로 이해할 수 있는 판시 형식을 취하고 있다.

최근 대법원 전원합의체 판결(이른바 세월호 사건)을 통해 "부진정 부작위범의 고의는 반드시 구성요건적 결과발생에 대한 목적이나 계획적인 범행 의도가 있어야 하는 것은 아니고 법익침해의 결과발생을 방지할 법적 작위의무를 가지고 있는 사람이 의무를 이행함으로써 결과발생을 쉽게 방지할 수 있었음을 예견하고도 결과발생을 용인하고 이를 방관한 채 의무를 이행하지 아니한다는 인식을 하면 족하며, 이러한 작위의무자의 예견 또는 인식 등은 확정적인 경우는 물론 불확정적인 경우이더라도 미필적 고의로 인정될 수 있다."라고 판시하였다.[89]

이와 같이 대법원은 부작위에 의한 살인죄 성립이 문제된 사안에서는 대체로 용인설에 가까운 입장을 취하여 온 것으로 보이고, 이는 부작위범의 경우는 작위범과 달리 행위의 정형성이 없고 결과방지의무를 불이행한 것에 불과하므로, 작

87 윤종행, 부진정부작위범의 구성요건에 관한 연구, 연세대학교(2002), 193-194; 하태영, "형법상 부작위범이 인정되기 위한 요건", 비교형사법연구 제5권 제1호, 한국비교형사법학회(2003), 555.

88 대법원 1982. 11. 23. 선고 82도2024 판결, 대법원 1992. 2. 11. 선고 91도2951 판결, 대법원 2003. 12. 26. 선고 2003도5529 판결, 대법원 2003. 12. 26. 선고 2003도5529 판결, 대법원 2015. 11. 12. 선고 2015도6809 전원합의체 판결 등.

89 대법원 2015. 11. 12. 선고 2015도6809 전원합의체 판결.

위범의 경우보다 다소 엄격하게 살인의 고의를 인정하려는 태도로 이해할 수도 있어 보인다.

7. 협박죄

협박죄에서 협박이라 함은 일반적으로 보아 사람으로 하여금 공포심을 일으킬 수 있는 정도의 해악을 고지하는 것을 의미한다. 그 주관적 구성요건으로서의 고의는 행위자가 그러한 정도의 해악을 고지한다는 것을 인식·인용하는 것을 그 내용으로 한다.[90] 행위자에게 고지한 해악을 실제로 실현할 의도나 욕구는 필요로 하지 아니하고, 다만 행위자의 언동이 단순한 감정적인 욕설 내지 일시적 분노의 표시에 불과하여 주위 사정에 비추어 가해의 의사가 없음이 객관적으로 명백한 때에는 협박행위 내지 협박의 의사를 인정할 수 없으나 위와 같은 의미의 협박행위 내지 협박의사가 있었는지의 여부는 행위의 외형뿐만 아니라 그러한 행위에 이르게 된 경위, 피해자와의 관계 등 주위상황을 종합적으로 고려하여 판단해야 한다.[91]

8. 준강간죄

형법은 폭행 또는 협박의 방법이 아닌 심신상실 또는 항거불능의 상태를 이용하여 간음한 행위를 강간죄에 준하여 처벌하고 있다. 준강간의 고의는 피해자가 심신상실 또는 항거불능의 상태에 있다는 것과 그러한 상태를 이용하여 간음한다는 구성요건적 결과 발생의 가능성을 인식하고 그러한 위험을 용인하는 내심의 의사를 말한다.[92]

9. 명예훼손죄

명예훼손죄의 구성요건인 공연성은 불특정 또는 다수인이 인식할 수 있는 상태를 말하고, 비록 개별적으로 한 사람에 대하여 사실을 적시하더라도 그로부터 불특정 또는 다수인에게 전파될 가능성이 있다면 공연성의 요건을 충족하며,[93] 이와 같이 전파가능성을 이유로 명예훼손죄의 공연성을 인정하는 경우에는 적어도 범죄구성요건의 주관적 요소로서 미필적 고의가 필요하므로 전파가능성에 대

90 대법원 1991. 5. 10. 선고 90도2102 판결, 대법원 2006. 6. 15. 선고 2006도2311 판결, 대법원 2007. 9. 28. 선고 2007도606 전원합의체 판결 등.

91 대법원 1991. 5. 10. 선고 90도2102 판결.

92 대법원 2019. 3. 28. 선고 2018도16002 전원합의체 판결.

93 대법원 2000. 5. 16. 선고 99도5622 판결 등.

한 인식이 있음은 물론 나아가 그 위험을 용인하는 내심의 의사가 있어야 한다. 그 행위자가 전파가능성을 용인하고 있었는지의 여부는 외부에 나타난 행위의 형태와 행위의 상황 등 구체적인 사정을 기초로 하여 일반인이라면 그 전파가능성을 어떻게 평가할 것인가를 고려하면서 행위자의 입장에서 그 심리상태를 추인하여야 한다.[94]

10. 업무방해죄

업무방해죄에서 업무방해의 범의는 반드시 업무방해의 목적이나 계획적인 업무방해의 의도가 있어야 인정되는 것은 아니다. 자기의 행위로 인하여 타인의 업무가 방해될 것이라는 결과를 발생시킬 만한 가능성 또는 위험이 있음을 인식하거나 예견하면 족한 것이며, 그 인식이나 예견은 확정적인 것은 물론 불확정적인 것이라도 이른바 미필적 고의로 인정되는 것이다.[95]

11. 주거침입죄

주거침입죄는 사실상의 주거의 평온을 보호법익으로 하는 것이므로, 반드시 행위자의 신체의 전부가 범행의 목적인 타인의 주거 안으로 들어가야만 성립하는 것이 아니라 신체의 일부만 타인의 주거 안으로 들어갔다고 하더라도 거주자가 누리는 사실상의 주거의 평온을 해할 수 있는 정도에 이르렀다면 범죄구성요건을 충족하는 것이라고 보아야 한다. 따라서 주거침입죄의 범의는 반드시 신체의 전부가 타인의 주거 안으로 들어간다는 인식이 있어야만 하는 것이 아니라 신체의 일부라도 타인의 주거 안으로 들어간다는 인식이 있으면 족하다.[96]

12. 절도죄

절도의 범의는 타인의 점유하에 있는 타인소유물을 그 의사에 반하여 자기 또는 제3자의 점유하에 이전하는 데에 대한 인식을 말하므로, 타인이 그 소유권을 포기하고 버린 물건으로 오인하여 이를 취득하였다면 이와 같이 오인하는 데에 정당한 이유가 인정되는 한 절도의 범의를 인정하기 어렵다고 할 것이다.[97]

94 대법원 2004. 4. 9. 선고 2004도340 판결 등.
95 대법원 2009. 1. 15. 선고 2008도9410 판결, 대법원 2012. 5. 24. 선고 2009도4141 판결, 대법원 2013. 1. 31. 선고 2012도3475 판결, 대법원 2013. 5. 24. 선고 2011도7943 판결 등.
96 대법원 1995. 9. 15. 선고 94도2561 판결.
97 대법원 1989. 1. 17. 선고 88도971 판결, 대법원 1999. 5. 28. 선고 98도3451 판결 등.

13. 강도살인죄

강도살인죄에 있어서의 살인의 범의는 반드시 살해의 목적이나 계획적인 살해의 의도가 있어야 인정되는 것은 아니고, 자기의 행위로 인하여 타인의 사망의 결과를 발생시킬 만한 가능 또는 위험이 있음을 인식하거나 예견하면 족한 것이고 그 인식이나 예견은 확정적인 것은 물론 불확정적인 것이라도 이른바 미필적 고의로 인정되는 것이다.[98]

14. 사기죄

사기죄가 성립하는지는 행위 당시를 기준으로 판단하여야 하므로, 소비대차 거래에서 차주가 돈을 빌릴 당시에는 변제할 의사와 능력을 가지고 있었다면 비록 그 후에 변제하지 않고 있더라도 이는 민사상 채무불이행에 불과하며 형사상 사기죄가 성립하지는 아니한다. 따라서 소비대차 거래에서, 대주와 차주 사이의 친척·친지와 같은 인적 관계 및 계속적인 거래 관계 등에 의하여 대주가 차주의 신용 상태를 인식하고 있어 장래의 변제 지체 또는 변제불능에 대한 위험을 예상하고 있었거나 충분히 예상할 수 있는 경우에는, 차주가 차용 당시 구체적인 변제 의사, 변제능력, 차용 조건 등과 관련하여 소비대차 여부를 결정지을 수 있는 중요한 사항에 관하여 허위 사실을 말하였다는 등의 다른 사정이 없다면, 차주가 그 후 제대로 변제하지 못하였다는 사실만을 가지고 변제능력에 관하여 대주를 기망하였다거나 차주에게 편취의 범의가 있었다고 단정할 수 없다.[99]

15. 배임죄

형법은 타인의 사무를 처리하는 자가 그 임무에 위배하는 행위를 할 것과 그러한 행위로 인해 행위자나 제3자가 재산상 이익을 취득하여 본인에게 손해를 가할 것을 배임죄의 객관적 구성요건으로 정하고 있으므로, 배임의 범의가 인정되기 위해서는 임무에 위배하는 행위를 한다는 점과 이로 인하여 자기 또는 제3자가 이익을 취득하여 본인에게 손해를 가한다는 점에 대한 인식이나 의사를 가지고 있어야 한다.[100] 이러한 의사 내지 인식은 미필적인 것으로도 충분하다.[101] 피

[98] 대법원 2005. 9. 28. 선고 2005도3654 판결.
[99] 대법원 2016. 4. 28. 선고 2012도14516 판결.
[100] 대법원 2017. 7. 20. 선고 2014도1104 전원합의체 판결.
[101] 대법원 2008. 10. 23. 선고 2008도6816 판결.

고인이 피해자 본인의 이익을 위한다는 의사도 가지고 있었다 하더라도 이는 부수적일 뿐이고 이득 또는 가해의 의사가 주된 것임이 판명되면 배임죄의 고의가 있었다고 보아야 한다.[102]

한편 경영상의 판단을 이유로 배임죄의 고의를 인정할 수 있는지는 문제된 경영상의 판단에 이르게 된 경위와 동기, 판단대상인 사업의 내용, 기업이 처한 경제적 상황, 손실발생의 개연성과 이익획득의 개연성 등 제반 사정에 비추어 자기 또는 제3자가 재산상 이익을 취득한다는 인식과 본인에게 손해를 가한다는 인식하의 의도적 행위임이 인정되는 경우인지에 따라 개별적으로 판단하여야 한다.[103]

16. 장물취득죄

장물취득죄에 있어서 장물의 인식은 확정적 인식임을 요하지 않으며 장물일지도 모른다는 의심을 가지는 정도의 미필적 인식으로서도 충분하다. 또한 장물인 정을 알고 있었느냐의 여부는 장물 소지자의 신분, 재물의 성질, 거래의 대가 기타 상황을 참작하여 이를 인정하여야 한다.[104]

17. 특별형법상 범죄

행정형벌과 형사벌이 본질에 있어서 다르지 않고, 죄형법정주의 원칙이 마찬가지로 적용된다고 할 것이므로, 행정범(Verwaltungsdelikt)의 성립에도 명문의 규정이 없는 이상 고의가 필요하다. 판례 역시 대법원 1965. 6. 29. 선고 65오1 판결을 통해 "특별형벌법규에 의하여 처벌되는 범죄에는 고의를 요하지 아니한다는 취지가 그 법규의 명문으로서 규정되었다거나 그 명문이 없다 하여도 법규의 규정 중 위와 같은 취지를 명백히 확인할 수 있는 경우가 아니고서는 특별형벌법규 위반에 의한 범죄구성에 있어서도 일반형법의 원칙에 따라 고의를 필요로 한다 할 것이요(미필적 고의를 포함함은 물론이다)"라고 판시한 이래 아래에서 보는 바와 같이 소방법위반죄 등 다양한 사안에서 고의가 필요하다는 견해를 취하고 있다.

그리고 행정범의 행정목적이라는 점을 중시하여 고의에 있어서도 사실의 외형적 인식만으로 족하다고 생각하기 쉬우나, 행정범도 형사범과 마찬가지로 그

102 대법원 2008. 10. 23. 선고 2008도6816 판결.
103 대법원 2004. 7. 22. 선고 2002도4229 판결, 대법원 2010. 10. 28. 선고 2009도1149 판결, 대법원 2017. 11. 9. 선고 2015도12633 판결 등.
104 대법원 2004. 12. 9. 선고 2004도5904 판결.

법적 효과가 형벌이라는 점과 행정범의 정책성·기술성과 행정범죄처벌법규의 빈번한 개폐로 말미암아 일반국민의 입장에서 보면 외형적 사실인식과 그 의미·내용의 인식이 불일치하는 경우가 허다하므로, 형사범의 경우와 동일하게 고의의 요소로서 사실의 의미·내용 인식도 필요하다.[105]

가. 부정수표단속법위반죄

부정수표단속법 제2조 제2항 위반죄는 예금부족 등으로 인하여 지급제시일에 지급되지 아니할 것이라는 결과 발생을 인식하거나 예견가능성이 있음에도 발행인이 수표를 발행하는 경우에 성립한다. 그러한 인식이나 예견은 미필적 고의로도 충분하고, 수표금액에 상당한 예금이나 수표금 지급을 위한 당좌예금의 확보책도 없이 수표를 발행하여 지급제시일에 지급되지 아니한 결과를 발생케 하였다면 수표발행인에게는 그러한 결과 발생에 대하여 미필적 고의가 있었다고 할 것이다.[106]

나. 도로교통법위반(무면허운전)죄

도로교통법상 무면허운전죄는 유효한 운전면허가 없음을 알면서도 자동차를 운전하는 경우에만 성립하는 고의범이다. 기존의 운전면허가 취소된 상태에서 자동차를 운전하였더라도 운전자가 면허취소사실을 인식하지 못한 이상 도로교통법위반(무면허운전)죄에 해당한다고 볼 수 없다.

따라서 관할 경찰당국이 운전면허취소처분의 통지에 갈음하는 적법한 공고를 거쳤다 하더라도, 그것만으로 운전자가 면허가 취소된 사실을 알게 되었다고 단정할 수는 없으며, 이 경우 운전자가 그러한 사정을 알았는지는 각각의 사안에서 면허취소의 사유와 취소사유가 된 위법행위의 경중, 같은 사유로 면허취소를 당한 전력의 유무, 면허취소처분 통지를 받지 못한 이유, 면허취소 후 문제된 운전행위까지의 기간의 장단, 운전자가 면허를 보유하는 동안 관련 법령이나 제도가 어떻게 변동하였는지 등을 두루 참작하여 구체적·개별적으로 판단하여야 한다.[107] 다만 운전자가 운전면허취소처분 통지를 받았다면 그 후 그 운전면허취소처분이

105 손기식, "행정범에 있어서 고의", 형사판례연구 5권, 박영사(1987), 345-346.
106 대법원 1992. 9. 22. 선고 92도1207 판결, 대법원 2000. 3. 14. 선고 99도4923 판결, 대법원 2005. 4. 15. 선고 2005도973 판결, 대법원 2009. 5. 14. 선고 2008도10151 판결, 대법원 2010. 9. 30. 선고 2010도6490 판결 등.
107 대법원 2004. 12. 10. 선고 2004도6480 판결.

취소되거나 철회되었다는 등의 특별한 사정이 없는 한 운전면허취소 사실을 인식하였다고 볼 수 있다.[108]

다. 소방법위반죄, 건축법위반죄, 공중위생관리법위반죄

행정상의 단속을 주안으로 하는 법규라 하더라도 '명문규정이 있거나 해석상 과실범도 벌할 뜻이 명확한 경우'를 제외하고는 형법의 원칙에 따라 '고의'가 있어야 벌할 수 있다.[109]

라. 근로기준법위반죄, 근로자퇴직급여보장법위반죄

임금 지급의무의 존부 및 범위에 관하여 다툴 만한 근거가 있는 것이라면 피고인이 임금을 지급하지 아니한 데에 상당한 이유가 있다고 보아야 할 것이어서 그 고의를 인정하기 어렵다.[110]

마찬가지로 퇴직금 지급의무의 존부 및 범위에 관하여 다툴 만한 근거가 있는 것이라면 사용자가 그 퇴직금을 지급하지 아니한 데에는 상당한 이유가 있다고 보아야 할 것이어서 사용자에게 근로자퇴직급여 보장법 제44조 제1호, 제9조 위반죄의 고의가 있었다고 인정하기 어렵다. 퇴직금 등 지급의무의 존부 및 범위에 관하여 다툴 만한 근거가 있는지 여부는 사용자의 지급거절이유 및 그 지급의무의 근거, 그리고 사용자가 운영하는 회사의 조직과 규모, 사업 목적 등 여러 사항, 기타 퇴직금 등 지급의무의 존부 및 범위에 관한 다툼 당시의 여러 정황에 비추어 판단하여야 한다. 사후적으로 사용자의 민사상 지급책임이 인정된다고 하여 곧바로 사용자에 대한 같은 법 제44조 제1호, 제9조 위반죄의 고의가 인정된다고 단정해서는 안 된다.[111] [112]

마. 마약류관리에관한법률위반(향정)죄

마약류 관리에 관한 법률 위반죄의 고의를 일반 범죄의 고의와 달리 볼 근거는 없다. 미필적 고의에 관한 논의를 포함한 고의에 관한 일반론이 마약류 관리에 관한 법률 위반죄에도 동일하게 적용될 것이다. 대법원이 마약류 관리에 관한 법률 위반죄의 고의에 대해 구체적으로 법리 설시를 한 경우는 확인하기 어렵다. 하

108 대법원 2017. 12. 13. 선고 2017도14160 판결.
109 대법원 1986. 7. 22. 선고 85도108 판결, 대법원 2010. 2. 11. 선고 2009도9807 판결, 대법원 2010. 7. 15. 선고 2010도559 판결 등.
110 대법원 2004. 12. 24. 선고 2004도6969 판결, 대법원 2005. 6. 9. 선고 2005도1089 판결 등.
111 대법원 2007. 6. 28. 선고 2007도1539 판결, 대법원 2011. 10. 13. 선고 2009도8248 판결 등.
112 같은 취지의 최저임금법위반죄 사안으로는, 대법원 2019. 5. 10. 선고 2015도676 판결 참조.

급심 판결을 수긍한 다음과 같은 사례가 있다. 이러한 사례에서 대법원은, 미필적 고의를 인정 내지 부정한 원심 판단에 대해 이를 다투는 상고이유는 실질적으로는 원심의 판단에 이른 사실인정을 다투는 취지로서 사실심 법원의 자유판단에 속하는 원심의 증거 선택 및 증명력에 관한 판단을 탓하는 것에 불과하여 원칙적으로 부적법하다는 입장에 서 있다.

①피고인이 향정신성의약품이 포함된 복방감초편, 지서양편을 수입, 판매, 소지, 보관한 것에 대하여 향정신성의약품이 포함된 것을 몰랐다는 이유로 무죄를 선고한 원심을 수긍한 사례,[113] ②피고인이 전달받은 가방에 마약이 들어 있다는 것은 알았으나 구체적인 마약의 종류와 양에 관하여 전혀 알지 못했다고 주장한 것에 대하여 미필적으로나마 마약류의 가액이 5,000만 원을 초과하는 것임을 인식하고 있었다고 인정하여 특가법위반(향정)을 유죄로 인정한 원심에 대한 상고를 기각한 사례,[114] ③피고인이 다이어트약과 수면제를 복용할 당시 미필적으로나마 향정신성의약품을 복용한다는 사실에 관하여 고의가 인정된다고 판단한 원심에 대한 상고를 기각한 사례,[115] ④판시 약품이 향정신성의약품 또는 임시마약류에 해당함을 적어도 미필적으로 인식하고 있었다는 사실을 인정한 후 마약류 관리에 관한 법률 제2조 제3호 가목에 해당하는 엑스엘알-11 소지를 유죄로 인정한 원심에 대한 상고를 기각한 사례,[116] ⑤허브담배에 법률에 의해 금지되는 물질이 포함되어 있음을 미필적으로나마 인식하였다고 사실을 인정한 후 같은 법률 제2조 제3호 가목에 해당하는 알파-피브이티(α-PVT)가 포함된 허브담배 매수, 흡연을 유죄로 인정한 원심을 수긍한 사례,[117] ⑥인터넷 사이트에서 향정신성의약품으로 지정된 GHB 성분의 강력최음제를 주문하여 택배로 수령하였으나, 최음제가 향정신성의약품인 사실을 몰랐다는 이유로 무죄를 선고한 원심에 대한 상고를 기각한 사례,[118] ⑦피고인이 엑스터시(MDMA, 같은 법률 제2조 제3호 나목)로 인식하고 취급한 약품이 실제로는 같은 호 가목의 약품인 사안에서, 같은 법률 제2조 제3호 가목 향정신성의약품에 대한 미필적 고의를 부정한 원심을 수긍하여 상고를 기각한

113 대법원 2010. 9. 9. 선고 2010도4793 판결.
114 대법원 2013. 9. 12. 선고 2013도8483 판결.
115 대법원 2014. 9. 4. 선고 2014도7776 판결.
116 대법원 2014. 7. 24. 선고 2014도5180 판결.
117 대법원 2015. 4. 23. 선고 2015도2209 판결.
118 대법원 2016. 11. 10. 선고 2016도12214 판결.

사례[119]가 있다.

바. 청소년보호법위반죄

청소년고용 금지의무 위반행위는 일반적으로 고용이 노무의 제공이라는 계속적 상태를 요구한다는 점에서 계속범의 실질을 가지는 것으로서 청소년에 대한 고용을 중단하지 않는 한 가벌적 위법상태가 지속되므로, 그 위반죄의 성립 여부 및 범의는 청소년 고용이 지속된 기간을 전체적으로 고려하여 판단하여야 한다.[120]

18. 방조의 고의

형법상 방조행위는 정범이 범행을 한다는 정을 알면서 그 실행행위를 용이하게 하는 직접·간접의 행위를 말하므로, 방조범은 정범의 실행을 방조한다는 이른바 방조의 고의와 정범의 행위가 구성요건에 해당하는 행위인 점에 대한 정범의 고의가 있어야 한다. 방조범에 있어서 정범의 행위가 구성요건에 해당한다는 점에 대한 정범의 고의는 정범에 의하여 실현되는 범죄의 구체적 내용을 인식하여야만 하는 것은 아니고 미필적 인식 또는 예견이 있으면 충분하다.[121]

119 대법원 2017. 1. 25. 선고 2016도17214 판결.
120 대법원 2011. 1. 13. 선고 2010도10029 판결.
121 대법원 2005. 4. 29. 선고 2003도6056 판결, 대법원 2008. 10. 23. 선고 2008도6816 판결 등.

제 14 조 [과실]

정상의 주의를 태만함으로 인하여 죄의 성립요소인 사실을 인식하지 못한 행위는 법률에 특별한 규정이 있는 경우에 한하여 처벌한다.

[관련조문] 형법 제171조, 제173조의2 제2항, 제189조, 제268조, 제364조.

[참고문헌] 김성규, "과실범에 있어서의 피해자의 승낙", 외법논집(37권 2호), 한국외국어대학교 법학연구소, 2013; 김영환, "의료행위의 형법해석학적 문제점", 형사판례연구(2), 박영사, 1996; 김일수, "상당인과관계와 객관적 귀속", 법률신문(1936호), 1990; 김종구, "사실상 인과관계 및 법적 인과관계와 객관적 귀속", 형사판례연구(24), 박영사(2016); 김종덕, "형법상 감독책임에 관한 고찰", 계명법학(7), 2003; 김태천, "형법상 감독과실책임과 그 한계", 재판과 판례 16집(2007. 12), 대구판례연구회; 박이규, "선행 교통사고와 후행 교통사고 중 어느 쪽이 원인이 되어 피해자가 사망하였는지가 분명하지 않은 경우, 후행 교통사고와 피해자의 사망 사이에 인과관계를 인정하기 위한 요건", 대법원판례해설 74호 (2008.07), 법원도서관; 서보학, 과실범의 주의의무위반과 객관설·주관설의 논쟁, 한국형법학의 새로운 지평 : 심온 김일수 교수 화갑기념논문집, 박영사, 2006; 신양균, "과실범에 있어서 의무위반과 결과의 관련", 형사판례연구(1), 박영사, 1993; 신현호, 의료소송총론, 육법사, 1997; 양화식, "과실범에 있어서 피해자의 승낙과 위험인수", 현대의 형사법학(90.09), 1990; 이건호, "과실범에서 객관적 예견가능성의 체계적 지위와 의미에 대한 고찰", 한림법학 FORUM(13), 한림대학교 법학연구소, 2003; 이상돈, "결과의 객관적 귀속", 고시연구(1998. 9), 고시연구사; 이호중, "과실범의 객관적 예견가능성", 형사법연구 제11호(1999), 한국형사법학회; 정영일, "과실범에 있어서의 인적 불법론에 관한 연구", 석우황산덕박사추모논문집, 1989; ______ , "분업적 의료행위에 있어서 형법상 과실책임", 형사판례연구(6), 박영사, 1988; ______ , "의료과실의 형사책임에 관한 일고찰", 한일형사법의 과제와 전망, 2000; 정현미, "인과과정에 개입된 타인의 행위와 객관적 귀속", 형사판례연구(9), 2001; 조병선, "기업형사책임에 대한 비교법적 연구 - 특히 감독책임에 관한 독일과 일본의 판례에 대한 비교연구 -", 청대학술논집(4), 청주대학교, 2004; 조상제, "교통사고에서 신뢰의 원칙의 적용제한사례 해석", 비교형사법연구 4권 1호(2002. 7); ______ , "신뢰의 원칙과 그 적용상 한계", 고시계(47권 12호), 국가고시학회; ______ , "형법상 과실의 체계적 정서", 고시계(1998. 9.); 천진호, "분업적 의료영역에 있어 신뢰의 원칙의 적용", 법학논총(35집 2호, 2015. 08), 전남대학교 법학연구소; 최호진, "분업적 의료행위에 따른 형사책임의 분배", 형사법연구(19권 1호, 통권 30호), 2007.

Ⅰ. 서론

1. 과실의 의의

가. 과실의 개념

형법 제14조는 과실이란 "정상의 주의를 태만함으로 인하여 죄의 성립요소인 사실을 인식하지 못하는 행위"라고 규정하고 있다. 형법학계에서는 형법 제14조의 "주의태만"을 "주의의무위반"으로 부르고 있다. 행위에는 고의행위와 과실행위가 포함되는데, 고의를 구성요건의 객관적 요소에 대한 인식 또는 의사를 의미한다고 한다면, 과실이란 행위자가 사회생활에서 요구되는 주의의무를 위반함으로써 인식 없이 또는 의사 없이 구성요건을 실현하는 것이라고 할 수 있다.[1]

학자에 따라서는 과실의 개념을, 행위자가 구체적인 행위상황에서 구성요건의 발생을 회피하기 위하여 사회생활상 요구되는 주의의무를 위반하는 것,[2] 구성요건결과발생을 예견하고 그에 따라서 결과발생을 회피할 수 있었으나 그렇게 하지 않았다는 법적 평가가 주의의무위반인데, 필요한 주의의무를 다하지 않음으로써 범죄가 되는 사실을 알지 못하는 것,[3] 구성요건이 실현되지 않도록 주의해야할 의무를 위반하는 것,[4] 인간이 다른 사람에게 피해를 주지 않도록 노력해야 할 의무가 있는데 이것이 주의의무이고, 이를 위반하여 타인의 법익을 침해하는 결과를 발생시키는 행위를 한 자의 내심의 상태,[5] 사회생활상 요구되는 주의의무에 위반하여 구성요건의 객관적 요소에 해당하는 사실을 인식하지 못하였거나 구성요건적 결과의 발생을 회피하지 못하는 경우[6]라고도 설명한다.

과실범이란 사회생활에서 요구되는 주의의무를 위반함으로써 구성요건적 결과가 발생하는 경우에 형벌이 과하여지는 범죄이다.[7] 과실을 범죄성립의 요소로

1 이재상 외 2인, 형법총론(제9판), 박영사(2017), 191; 헌법재판소 2013. 9. 26. 선고 2012헌바262, 374(병합) 전원재판부 결정.
2 김일수/서보학, 새로쓴 형법총론(제13판), 박영사(2018), 314; 손동권·김재윤, 새로운 형법총론(초판), 율곡출판사(2011), 347.
3 배종대, 형법총론(제13판), 홍문사(2017), 481.
4 신동운, 형법총론(제10판), 법문사(2017), 229.
5 오영근, 형법총론(제4판), 박영사(2018), 125.
6 임웅, 형법총론(제10정판), 법문사(2018), 533.
7 이재상 외 2인, 형법총론(제9판), 박영사(2017), 191; 배종대, 형법총론(제13판), 홍문사(2017), 481; 손동권·김재윤, 새로운 형법총론(초판), 율곡출판사(2011), 347; 헌법재판소 2013. 9. 26. 선고 2012헌바262, 374(병합) 전원재판부 결정.

하는 범죄유형이라고도 할 수 있다.[8]

형법 등의 법률에서 과실범의 처벌을 규정하면서 "과실로 인하여" 또는 "과실로" 라는 식의 기술을 하고 있는데 이 때 과실의 개념이 무엇인가를 정의한 규정이 본조이다.

과실은 고의의 약한 형식에 불과하거나 고의의 감경된 형태가 아니라 고의와는 전혀 성질을 달리하는 독자적인 것이다.[9] 고의는 구성요건적 결과의 실현을 행위자가 인식·의욕함에 비해, 과실은 부주의로 구성요건적 결과를 야기하는 것이므로 과실범의 불법과 책임은 고의범에 비하여 가볍다.[10] 그러므로 과실은 고의와 달리 언제나 처벌되는 것이 아니라 법률에 특별한 규정이 있는 경우에 한하여 처벌한다. 판례는 과실범은 법률에 특별한 규정이 있는 경우에 한하여 처벌되며 형벌법규의 성질상 과실범을 처벌하는 특별규정은 그 명문에 의하여 명백, 명료하여야 한다면서, 전기통신법 제110조 제1항은 고의범에 관한 규정이고 동 조항의 "기타의 방법으로 공중통신설비의 기능에 장해를 주어"라는 기재부분을 들어 과실로 인하여 통신설비를 손괴하는 행위 유형을 포함하는 것이라고 풀이 할 수 없다고 판시하였다.[11] 또한 판례는 행정상의 단속을 주안으로 하는 법규라 하더라도 명문규정이 있거나 해석상 과실범도 벌할 뜻이 명확한 경우를 제외하고는 형법의 원칙에 따라 고의가 있어야 벌할 수 있다고 판시하였다.[12]

나. 형법이 규정하고 있는 과실범

형법은 실화(제170조, 제171조), 과실폭발성물건파열등(제173조의2), 과실일수(제181조), 과실교통방해(제189조 제1항), 과실치사상(제266조, 제267조, 제268조), 업무상과실·중과실장물취득(제364조)의 죄를 처벌하고 있다. 그 법정형은 고의범에 비하여 낮게 규정되어 있다.

형법에는 과실의 미수범에 대한 처벌규정은 없다. 예를 들어 의사가 수술 전에 당연히 수행하였어야 할 사전검사를 게을리 하고 수술을 하는 업무상 과실을 저질렀다 하더라도 환자에게 사전검사 누락으로 인한 피해가 없었다면 업무상과

8 신동운, 형법총론(제10판), 법문사(2017), 229.
9 이재상 외 2인, 형법총론(제9판), 박영사(2017), 191; 임웅, 형법총론(제10정판), 법문사(2018), 533.
10 김일수/서보학, 새로쓴 형법총론(제13판), 박영사(2018), 314; 이재상 외 2인, 형법총론(제9판), 박영사(2017), 191.
11 대법원 1986. 7. 22. 선고 85도108 판결, 대법원 1983. 12. 13. 선고 83도2467 판결.
12 대법원 2010. 2. 11. 선고 2009도9807 판결.

실치상의 미수범으로 처벌받지는 않는다.

다. 입법례

독일과 일본 형법에는 우리 형법과 같은 과실의 정의규정이 없다. 오스트리아 형법 제6조 제1항, 제2항은 과실범과 인식 있는 과실의 개념에 대한 정의규정을 두고 있다.[13] 한편 독일 형법 제15조는 '고의 및 과실의 행위'라는 표제 아래 '법률이 명문으로 과실행위에 형을 규정하고 있지 아니한 때에는 고의의 행위만을 처벌한다.'라는 규정을 두고 있다.[14]

2. 과실의 종류

가. 인식 없는 과실과 인식 있는 과실

인식 없는 과실이란 행위자가 주의의무의 위반으로 인하여 구성요건이 실현될 가능성을 인식하지 못한 것을 말한다.[15] 본조에서 규정한 "죄의 성립요소인 사실을 인식하지 못한 행위"란 바로 인식 없는 과실을 가리키는 말이다.

인식 있는 과실이란 행위자가 구성요건이 실현될 가능성이 있음을 인식했지만 주의의무의 위반으로 인하여 그것이 실현되지 않을 것으로 신뢰한 경우를 말한다.[16]

판례는 인식 있는 과실이란 결과발생의 가능성에 대한 인식이 있는 것이고, 인식 없는 과실이란 이에 대한 인식자체도 없는 경우라고 판시하였다.[17]

인식 없는 과실과 인식 있는 과실은 형법상 차등이 없이 동일하게 평가되며 그 불법이나 책임의 경중에서 차이가 분명히 나는 것은 아니다.[18] 그러므로 인식 있는 과실이 인식 없는 과실보다 불법이나 책임이 중하다고 일률적으로 볼 수는 없고 상황에 따라 달라진다.

인식 없는 과실과 인식 있는 과실을 구별하는 실익은 이러한 구별을 통하여

13 정영일, 신형법총론(초판), 학림(2018), 163.
14 신동운, 형법총론(제10판), 법문사(2017), 228.
15 김일수/서보학, 새로쓴 형법총론(제13판), 박영사(2018), 317; 이재상 외 2인, 형법총론(제9판), 박영사(2017), 192.
16 김일수/서보학, 새로쓴 형법총론(제13판), 박영사(2018), 318; 이재상 외 2인, 형법총론(제9판), 박영사(2017), 192.
17 대법원 1984. 2. 28. 선고 83도3007 판결.
18 김일수/서보학, 새로쓴 형법총론(제13판), 박영사(2018), 318; 손동권·김재윤, 새로운 형법총론(초판), 율곡출판사(2011), 348; 신동운, 형법총론(제10판), 법문사(2017), 232; 이재상 외 2인, 형법총론(제9판), 박영사(2017), 192.

미필적 고의와의 한계를 명백하게 할 수 있다는 데 있다.[19] 인식 있는 과실과 미필적 고의의 구별기준으로는 구성요건적 결과발생을 용인하거나 감수하였다면 미필적 고의가 인정된다는 것(용인설 또는 감수설)이 통설이고 판례[20]도 용인설을 취하고 있다.

본조가 인식 없는 과실만을 규정하면서 인식 있는 과실을 포함하지 않는 것처럼 규정한 것은 입법론상 재고를 요한다는 견해가 있다.[21]

나. 보통의 과실과 업무상 과실 및 중과실

업무상과실과 중과실은 법률의 과실범 처벌규정에 따른 분류로서, 보통의 과실에 비하여 무겁게 처벌된다.

1) 업무상과실

업무상과실은 업무로 인하여 요구되는 주의의무를 위반함으로써 인식 또는 의사 없이 구성요건을 실현하는 것이다. 여기에서 업무란 '사람이 사회생활에서 가지는 지위로서 계속적으로 종사하는 사무'를 의미한다는 것이 판례이다.[22] 반드시 직업이나 영업일 필요가 없고, 보수의 유무를 묻지 않으며 주된 사무가 아닌 부수적 사무이어도 된다.[23]

업무상과실이 보통의 과실에 비하여 무겁게 처벌되는 이유에 대하여는 견해가 나뉜다. 첫째는 행위자가 업무종사자이므로 구성요건 단계에서 일반인보다 고도의 주의의무가 부과된다는 견해이다.[24] 둘째는 업무상과실은 보통의 과실에 대하여 구성요건 단계에서 주의의무가 가중되는 것이 아니라 주의의무는 동일하지만 업무가 계속적·반복적인 수행을 요건으로 하고 있어서 일반인보다 예견의무 또는 예견가능성이 크기 때문에 책임이 가중되어 형법이 이를 가중하여 벌한다는 견해이다.[25] 셋째는 업무상과실과 보통의 과실의 주의의무는 동일하지만 업무종

19 김일수·서보학, 새로쓴 형법총론(제13판), 박영사(2018), 318; 이재상 외 2인, 형법총론(제9판), 박영사(2017) 192.

20 대법원 2015. 11. 12. 선고 2015도6809 전원합의체 판결, 대법원 2004. 2. 27. 선고 2003도7507 판결 등.

21 이재상 외 2인, 형법총론(제9판), 박영사(2017), 192.

22 대법원 2009. 5. 28. 선고 2009도1040 판결.

23 정성근·박광민, 형법총론(제2판), 성균관대학교출판부(2015), 430; 주석 형법, 각칙편(3)(제5판), 한국사법행정학회(2017), 401-408(손기식).

24 김일수/서보학, 새로쓴 형법총론(제13판), 박영사(2018), 318; 신동운, 형법총론(제10판), 법문사(2017), 234; 임웅, 형법총론(제10정판), 법문사(2018), 539.

25 박상기·전지연, 형법학(총론·각론 강의)(제4판), 집현재(2018), 185; 이재상 외 2인, 형법총론(제9판), 박영사(2017), 192; 정성근·박광민, 형법총론(제2판), 성균관대학교출판부(2015), 430.

사자는 일반인보다 높은 주의능력이 있기 때문이라는 견해이다.[26]

형법상으로는 업무상실화(제171조), 업무상과실폭발성물건파열(제173조의2 제2항), 업무상과실교통방해(제189조), 업무상과실치사상(제268조), 업무상과실장물취득(제364조) 등의 죄를 규정하고 있다. 한편 독일 형법은 업무상과실이라는 표지를 사용하고 있지 않고 있다. 따라서 보통의 과실과 업무상과실을 구별하지 않고 있어 우리 형법과 다른 특색을 보이고 있다.[27]

2) 중과실

가) 의의

중과실이란 행위자가 극히 근소한 주의만 하였더라면 결과발생을 예견할 수 있었음에도 불구하고 부주의로 이를 예견하지 못하는 경우를 말한다는 것이 통설[28]·판례[29]의 태도이다. 이와 달리, 민법상의 중과실에 상응하는 것이 바로 형법상의 중과실이라는 통설·판례에 반대하면서 형법상의 중과실은 가중된 불법 및 책임내용을 지닌 과실의 특수형태로 이해하여야 한다는 견해,[30] 보통의 주의의무 위반이라도 그로부터 중대하거나 다수의 피해가 생길 가능성이 있었던 경우에는 중과실이라는 견해[31]도 있다.

형법상으로는 중실화(제171조), 중과실폭발성물건파열(제173조의2 제2항), 중과실교통방해(제189조), 중과실치사상(제268조), 중과실장물(제364조) 등의 죄를 규정하고 있다. 독일 형법에서는 경솔(Leichtfertigkeit, 동법 제97조 제2항)이 우리 형법의 중과실에 상응하는 개념이라고 볼 수 있다.[32]

나) 판례의 사안

판례는 중과실은 행위자가 극히 근소한 주의를 함으로써 결과발생을 예견할

26 배종대, 형법총론(제13판), 홍문사(2017), 485; 손동권·김재윤, 새로운 형법총론(초판), 율곡출판사(2011), 348.

27 신동운, 형법총론(제10판), 법문사(2017), 237; 임웅, 형법총론(제10정판), 법문사(2018), 540.

28 박상기·전지연, 형법학(총론·각론 강의)(제4판), 집현재(2018), 185; 배종대, 형법총론(제13판), 홍문사(2017), 485; 손동권·김재윤, 새로운 형법총론(초판), 율곡출판사(2011), 348; 신동운, 형법총론(제10판), 법문사(2017), 233; 오영근, 형법총론(제4판), 박영사(2018), 126; 임웅, 형법총론(제10정판), 법문사(2018), 540; 정영일, 신형법총론(초판), 학림(2018), 174.

29 대법원 1960. 3. 9. 선고 4292형상761 판결, 대법원 1980. 10. 14. 선고 79도305 판결.

30 김일수/서보학, 새로쓴 형법총론(제13판), 박영사(2018), 319.

31 정성근·박광민, 형법총론(제2판), 성균관대학교출판부(2015), 431.

32 임웅, 형법총론(제10정판), 법문사(2018), 175.

수 있었음에도 불구하고 부주의로 이를 예견하지 못하는 경우를 말하는 것으로서 중과실과 경과실의 구별은 구체적인 경우에 사회통념을 고려하여 결정될 문제라고 보고 있다.[33]

(1) 중과실을 부정한 사례

(가) 피고인이 사용한 양초는 신품으로서 약 3시간 지속할 수 있는 것이고 창고 내는 휘발유등 인화력이 강한 물건이 존재하지 아니하였으며 다만 쓰레기 등이 촛불 부근에 있었으며 창고 내는 양곡이 입고되어 있고 양초는 상자 위에 녹여서 붙여 놓았으며 약 30분 후에는 고사를 끝내고 고사에 사용한 쌀가마니를 창고에 입고할 예정으로 촛불을 끄지 아니하고 그대로 세워놓고 창고 문을 닫고 나온 경우에 피고인이 촛불을 들고 나오던가 이를 소화하고 나오지 아니한 과실은 있다 할 것이나 이것은 경과실에 불과한 것이고 중과실이라고 할 수 없다.[34]

(나) 피고인이 자신의 점포에 형광등과 안정기를 설치하면서 스위치 선을 안정기에 인입되는 1차선에 연결하지 않고 안정기에서 형광등으로 연결되는 2차선에 부착함으로써, 전기를 계속 사용하자 안정기 내에 열이 올라 화재가 발생한 경우에 전기에 대한 전문지식이 없는 피고인으로써 극히 적은 주의만으로 화재의 결과발생을 예견할 수 있었다고는 보이지 않으므로 사회통념상 피고인의 중대한 과실로 인하여 화재가 발생된 것이라고는 볼 수 없다.[35]

(다) 임차인이 사용하던 방문에 약간의 틈이 있다거나 연통 등 가스배출시설에 결함이 있는 정도의 하자는 임대차 목적물인 위 방을 사용할 수 없을 정도의 파손상태라고 볼 수 없고 이는 임차인의 통상의 수선 및 관리의무에 속하는 것이므로 임차인이 그 방에서 연탄가스에 중독되어 사망하였더라도 위 사고는 임차인이 그 의무를 게을리 함으로써 발생한 것으로서 임대인에게 중과실치사의 죄책을 물을 수 없다.[36]

(라) 연탄아궁이로부터 80센티미터 떨어진 곳에 쌓아둔 스폰지요, 솜 등이 연탄아궁이 쪽으로 넘어지면서 화재현장에 의한 화재가 발생한 경우라고 하더라도 그 스폰지요, 솜 등을 쌓아두는 방법이나 상태 등에 관하여 아주 작은 주의만 기울였더라면 스폰지요나 솜 등이 넘어지고 또 그로 인하여 화재가 발생할 것을 예

33 대법원 1980. 10. 14. 선고 79도305 판결.
34 대법원 1960. 3. 9. 선고 4292형상761 판결.
35 대법원 1980. 10. 14. 선고 79도305 판결.
36 대법원 1986. 6. 24. 선고 85도2070 판결.

견하여 회피할 수 있었음에도 불구하고 부주의로 이를 예견하지 못하고 스폰지와 솜 등을 쉽게 넘어질 수 있는 상태로 쌓아둔 채 방치하였기 때문에 화재가 발생한 것으로 판단되어야만, "중대한 과실"로 인하여 화재가 발생한 것으로 볼 수 있다. 그런데 기록에 의하면 피고인은 평상시에도 화재가 발생한 날의 경우와 마찬가지로 연탄아궁이에 불을 피워 놓은 채 스폰지요, 솜들을 쌓아두고 귀가한 것으로 보이는 바, 이와 같은 점포의 관리상황과 피고인이 점포를 떠난 지 4시간 이상이 지난 뒤에 화재가 발생한 점 등에 비추어 보면, 화재의 발생에 관하여 피고인에게 과실이 있었다고 하더라도 이를 중대한 과실로 평가하기는 어렵다.[37]

(마) 호텔오락실의 경영자가 그 오락실 천정에 형광등을 설치하는 공사를 하면서 그 호텔의 전기보안담당자에게 아무런 통고를 하지 아니한 채 무자격전기기술자로 하여금 전기공사를 하게 하였더라도, 전기에 관한 전문지식이 없는 오락실경영자로서는, 시공자가 조인터박스를 설치하지 아니하고 형광등을 천정에 바짝 붙여 부착시키는 등 부실하게 공사를 하였거나 또는 전기보안담당자가 전기공사사실을 통고받지 못하여 전기설비에 이상이 있는지 여부를 점검하지 못함으로써 위와 같은 부실공사가 그대로 방치되고 그로 인하여 전선의 합선에 의한 방화가 발생할 것 등을 쉽게 예견할 수 있었다고 보기는 어려우므로 위 오락실경영자에게 위와 같은 과실이 있었더라도 사회통념상 이를 화재발생에 관한 중대한 과실이라고 평가하기는 어렵다.[38]

(2) 중과실을 인정한 사례

(가) 농약을 평소에 신문지에 포장하여 판매하여 온 "중조(베이킹소다)"와 같은 모양으로 포장하여 점포선반에 방치하고 가족에게 알리지 아니하여 사고가 발생하였다면 중과실치사의 죄책을 면할 수 없다.[39]

(나) 피고인이 약 2.5평 넓이의 주방에 설치된 간이온돌용 새마을보일러에 연탄을 갈아 넣음에 있어서 연탄의 연소로 보일러가 가열됨으로써 그 열이 전도, 복사되어 그 주변의 가열접촉물에 인화될 것을 쉽게 예견할 수 있었음에도 불구하고 그 주의의무를 게을리 하여 위 보일러로부터 5 내지 10센티미터쯤의 거리에 판시 가연물질을 그대로 두고 신문지를 구겨서 보일러의 공기조절구를 살짝 막아

37 대법원 1989. 1. 17. 선고 88도643 판결.
38 대법원 1989. 10. 13. 선고 89도204 판결.
39 대법원 1961. 11. 16. 선고 4294형상312 판결.

놓은 채 그 자리를 떠나버렸기 때문에 화재가 발생한 경우에 피고인의 행위는 중실화죄에 해당한다.[40]

(다) 피고인이 성냥불로 담배를 붙인 다음 그 성냥불이 꺼진 것을 확인하지 아니한 채 휴지가 들어 있는 플라스틱 휴지통에 던진 것을 중대한 과실이 있는 경우에 해당한다.[41]

(라) 피고인이 인화하기 쉬운 침대 옆에 놓아 둔 휴지통과 침대시트커버와 솜이불 및 매트리스 등이 있는 4평도 안 되는 좁은 여관방 안에서 술을 마시고 담배를 피우다가 술에 취하여 담뱃불을 제대로 끄지 않고 침대에 누워 잠이 든 것을 중대한 과실이 있는 경우에 해당한다.[42]

(마) 피고인이 84세 여자 노인과 11세의 여자 아이를 상대로 안수기도를 함에 있어서 그들을 바닥에 반드시 눕혀 놓고 기도를 한 후 "마귀야 물러가라", "왜 안 나가느냐"는 등 큰 소리를 치면서 한 손 또는 두 손으로 그들의 배와 가슴 부분을 세게 때리고 누르는 등의 행위를 여자 노인에게는 약 20분간, 여자아이에게는 약 30분간 반복하여 그들을 사망케 한 사안에서, 고령의 여자 노인이나 나이 어린 연약한 여자아이들은 약간의 물리력을 가하더라도 골절이나 타박상을 당하기 쉽고, 더욱이 배나 가슴 등에 그와 같은 상처가 생기면 치명적 결과가 올 수 있다는 것은 피고인 정도의 연령이나 경험 지식을 가진 사람으로서는 약간의 주의만 하더라도 쉽게 예견할 수 있음에도 그러한 결과에 대하여 주의를 다하지 않아 사람을 죽음으로까지 이르게 한 행위는 중대한 과실이라고 보아 중과실치사죄에 해당한다.[43]

3) 업무상과실과 중과실의 관계

형법은 업무상과실의 처벌규정을 둔 경우에 항상 중과실을 처벌하는 규정을 함께 두고 있다(제171조, 제173조의2 제2항, 제189조, 제268조, 제364조). 동일한 행위에서 업무상과실과 중과실이 경합하는 경우에는 업무상과실이 인정되는데 그친다는 견해[44]와 양자가 택일관계에 있다는 견해[45]가 대립한다.

40 대법원 1988. 8. 23. 선고 88도855 판결.
41 대법원 1993. 7. 27. 선고 93도135 판결.
42 대법원 1997. 2. 28. 선고 96도3410 판결.
43 대법원 1997. 4. 22. 선고 97도538 판결.
44 정영일, 신형법총론(초판), 학림(2018), 174.
45 임웅, 형법총론(제10정판), 법문사(2018), 540.

3. 과실의 체계적 지위

과실을 과실범의 범죄체계 중에 어느 부분에 둘 것인지에 대한 논의이다. 즉 과실이 과실범의 구성요건요소인지 위법성의 요소인지, 책임요소인지에 대한 논의이다.

가. 책임요소설

인과적 행위론에 기초한 고전적인 견해로서 과실범에 있어서의 과실, 즉 주의의무위반이 과실범의 책임요소라고 본다. 인과적 행위론에서 과실은 고의와 함께 구성요건요소가 아니라 책임요소에 해당한다고 보기 때문이다. 그렇지만 그 결과 과실의 기준은 규범적이 아니라 주관적으로 결정되지 않을 수 없었고, 행위자는 개인적으로 가능한 것만을 해야 할 의무를 부담하게 된다는 문제를 안게 되었으며,[46] 고의범과 과실범의 불법을 동일하게 간주하는 오류를 범하였다고 한다.[47]

나. 신과실이론(위법성요소설)

과실범의 과실은 책임요소가 아니라 위법성의 요소라고 본다. 이 견해는 허용된 위험의 이론에서 영향을 받은 것이다. 이에 의하면 객관적 주의의무를 다하였다면 그 행위는 책임이 없는 것이 아니라 적법한 것이 된다. 그러므로 과실은 과실범에 있어서 주관적 위법성의 요소가 된다. 그러나 과실, 즉 주의의무위반을 과실범의 본질적인 불법요소로 이해한다면 그것은 위법성의 요소에 그치는 것이 아니라 구성요건요소로 파악해야 한다는 비판을 받는다.[48]

다. 구성요건요소설

목적적 행위론에 기초한 견해로서 과실 즉 주의의무위반을 과실범의 구성요건요소라고 본다. 과실을 과실범에 있어서 책임요소나 위법성의 요소에 그치는 것이 아니라 구성요건의 단계에서 검토해야 할 요소로 보는 것이다. 과실범의 구성요건은 결과발생만으로 성립하는 것이 아니라, 결과발생이 주의의무위반이라는 행위반가치에 의하여 실현되었다는 점에 있다는 것이다.[49] 그러나 주의의무위반을 오직 구성요건단계에서만 고려한다면 행위자의 주관적 주의의무위반을 고려하지 못하는

46 이재상 외 2인, 형법총론(제9판), 박영사(2017), 193.
47 배종대, 형법총론(제13판), 홍문사(2017), 483.
48 이재상 외 2인, 형법총론(제9판), 박영사(2017), 194.
49 배종대, 형법총론(제13판), 홍문사(2017), 483; 이재상 외 2인, 형법총론(제9판), 박영사(2017), 194.

불충분한 점이 생긴다는 비판이 아래 이중적 기능설에 의하여 제기된다.[50]

라. 이중기능설

우리 학계의 다수설이 취하는 입장으로,[51] 이중적 지위설이라고도 한다. 과실은 구성요건요소이면서도 동시에 책임요소로서의 의미도 가지고 있다는 견해이다. 과실이 구성요건요소와 책임요소로서의 이중기능을 가지지만 판단기준은 달리한다. 구성요건요소로서의 과실에서는 객관적 주의의무위반(객관적으로 일반인에게 요구되는 주의의 태만)이 문제됨에 반하여, 책임요소로서는 주관적 주의의무위반(행위자의 개인적 지식과 능력에 따라 그가 객관적 주의의무를 다할 수 있었느냐)을 문제삼는다.[52]

Ⅱ. 과실범의 구성요건

형법의 구성요건해당성은 법익의 침해라는 결과반가치와 규범의 침해라는 행위반가치가 모두 갖추어져야 성립한다. 그러므로 과실범의 구성요건해당성, 즉 불법도 고의범과 마찬가지로 행위반가치와 결과반가치에 의하여 결정된다.[53] 고의범의 행위반가치가 법익의 침해 또는 그 위험에 대한 인식과 의사이고 결과반가치는 결과의 발생 및 행위의 결과에 대한 인과관계라고 할 수 있듯이, 과실범의 행위반가치는 주의의무위반에 있고, 결과반가치는 구성요건적 결과의 발생 및 주의의무위반행위의 결과에 대한 인과관계라고 할 수 있다.[54] 따라서 과실범의 구성요건에 해당하려면 주의의무위반, 결과발생 및 주의의무위반행위의 결과에 대한 인과관계가 있어야 한다.[55]

50 손동권·김재윤, 새로운 형법총론(초판), 율곡출판사(2011), 350.

51 김일수/서보학, 새로쓴 형법총론(제13판), 박영사(2018), 317; 배종대, 형법총론(제13판), 홍문사(2017), 483; 손동권·김재윤, 새로운 형법총론(초판), 율곡출판사(2011), 350; 오영근, 형법총론(제4판), 박영사(2018), 128; 이재상 외 2인, 형법총론(제9판), 박영사(2017), 194; 임웅, 형법총론(제10정판), 법문사(2018), 536; 정성근·박광민, 형법총론(제2판), 성균관대학교출판부(2015), 429; 정영일, 신형법총론(초판), 학림(2018), 165.

52 김성돈, 형법총론(제5판), 성균관대학교출판부(2017), 477; 이재상 외 2인, 형법총론(제9판), 박영사(2017), 195. 이중적 기능설과 구성요건요소설의 차이점에 대하여는 김성돈, 형법총론(제5판), 성균관대학교출판부(2017) 478을 참조.

53 이재상 외 2인, 형법총론(제9판), 박영사(2017), 195.

54 이재상 외 2인, 형법총론(제9판), 박영사(2017), 195; 임웅, 형법총론(제10정판), 법문사(2018), 540.

55 김일수/서보학, 새로쓴 형법총론(제13판), 박영사(2018), 320; 이재상 외 2인, 형법총론(제9판), 박영사(2017), 195; 임웅, 형법총론(제10정판), 법문사(2018), 540; 정성근·박광민, 형법총론(제2판), 성균관대학교출판부(2015), 432.

1. 주의의무위반

가. 주의의무의 내용

주의의무의 내용은 결과예견의무와 결과회피의무이다.[56] 구체적인 행위로부터 발생할 수 있는 결과(법익침해에 대한 위험)를 예견(인식)하고 구성요건적 결과발생을 회피하기 위하여 방어조치를 취하는 것이다.

판례는 의료과오사건에서 의사의 과실을 인정하려면 결과 발생을 예견할 수 있고 또 회피할 수 있었음에도 이를 하지 못한 점을 인정할 수 있어야 한다고 판시하였다.[57] 판례는 또, 경찰관인 피고인들은 동료 경찰관인 갑 및 피해자 을과 함께 술을 많이 마셔 취하여 있던 중 갑자기 갑이 총을 꺼내 을과 같이 총을 번갈아 자기의 머리에 대고 쏘는 소위 "러시안 룰렛" 게임을 하다가 을이 자신이 쏜 총에 맞아 사망한 경우 피고인들은 갑과 을이 "러시안 룰렛"게임을 함에 있어 갑과 어떠한 의사의 연락이 있었다거나 어떠한 원인행위를 공동으로 한 바가 없고, 다만 위 게임을 제지하지 못하였을 뿐인데 보통사람의 상식으로서는 함께 수차에 걸쳐서 흥겹게 술을 마시고 놀았던 일행이 갑자기 자살행위와 다름없는 위 게임을 하리라고는 쉽게 예상할 수 없는 것이고, 게다가 이 사건 사고는 피고인들이 "장난치지 말라"며 말로 갑을 만류하던 중에 순식간에 일어난 사고여서 음주만취하여 주의능력이 상당히 저하된 상태에 있던 피고인들로서는 미처 물리력으로 이를 제지할 여유도 없었던 것이므로, 경찰관이라는 신분상의 조건을 고려하더라도 위와 같은 상황에서 피고인들이 이 사건 "러시안 룰렛"게임을 즉시 물리력으로 제지하지 못하였다 한들 그것만으로는 갑의 과실과 더불어 중과실치사죄의 형사상 책임을 지울 만한 위법한 주의의무위반이 있었다고 평가할 수 없다고 판시한 바 있다. 이것은 주의의무의 내용을 결과예견의무와 결과회피의무로 파악한 것으로 볼 수 있다.[58]

주의의무의 내용을 결과예견의무와 결과회피의무 양자라고 보는 일반적인 입장과는 달리 학자에 따라서는 주의의무의 핵심을 결과예견의무라는 견해[59]라고

56 김일수/서보학, 새로쓴 형법총론(제13판), 박영사(2018), 320; 배종대, 형법총론(제13판), 홍문사(2017), 486; 손동권·김재윤, 새로운 형법총론(초판), 율곡출판사(2011), 351; 신동운, 형법총론(제10판), 법문사(2017), 237; 오영근, 형법총론(제4판), 박영사(2018), 129; 이재상 외 2인, 형법총론(제9판), 박영사(2017) 195; 임웅, 형법총론(제10정판), 법문사(2018), 541.

57 대법원 2006. 10. 26. 선고 2004도486 판결.

58 대법원 1992. 3. 10. 선고 91도3172 판결.

59 정영일, 신형법총론(초판), 학림(2018), 167.

하거나 결과회피의무라고 하는 견해[60]도 있다.

나. 주의의무의 표준

주의의무를 판단하는 표준 내지 기준을 무엇으로 삼을 것이냐에 대한 문제이다. 객관적·일반적 표준에 의해야 한다는 객관설과 행위자의 개인적 능력에 의하여야 한다는 주관설이 대립한다.

1) 객관설

구성요건요소로서의 주의의무위반을 객관적으로 결정해야 한다는 견해이다. 통설[61]과 판례[62]의 입장이다. 형법 제14조의 "정상(正常)의 주의(注意)"란 사회생활상 요구되는 객관적 주의의무를 뜻하는 것으로 본다.[63] 따라서 구체적인 행위자의 개인적인 능력이 아니라 그 행위자가 속한 사회집단의 주의 깊고 신중하며 사려 깊은 사람의 판단이 기준이 된다. 예컨대 신중한 운전자, 사려 깊은 의사 또는 건축사라면 법익침해의 결과를 예견할 수 있었느냐가 기준이 되는 것이다.[64] 행위자의 주관적인 예견가능성의 문제 즉 개인적인 능력은 책임단계에서 고려될 수 있을 뿐이라고 본다.

객관설이 주의의무의 기준을 객관적·일반적인 것으로 설정하는 이유는 법규범은 누구에게나 구속력을 갖는 일반적 원칙이어야 하고 개인적 규범이어서는 아니 된다는 데에 있다.[65]

객관적 주의의무의 내용을 설정함에 있어서는, 형법규범은 물론 도로교통법

60 정성근·박광민, 형법총론(제2판), 성균관대학교출판부(2015), 433.

61 김성돈, 형법총론(제5판), 성균관대학교출판부(2017), 480; 김일수/서보학, 새로쓴 형법총론(제13판), 박영사(2018), 320; 박상기, 형법총론(제9판), 박영사(2012), 296; 박상기·전지연, 형법학(총론·각론 강의)(제4판), 집현재(2018), 187; 배종대, 형법총론(제13판), 홍문사(2017), 487; 손동권·김재윤, 새로운 형법총론(초판), 율곡출판사(2011), 353; 오영근, 형법총론(제4판), 박영사(2018), 133; 이재상 외 2인, 형법총론(제9판), 박영사(2017), 196; 임웅, 형법총론(제10정판), 법문사(2018), 548; 정성근·박광민, 형법총론(제2판), 성균관대학교출판부(2015), 435; 정영일, 신형법총론(초판), 학림(2018), 168.

62 대법원 1971. 5. 24. 선고 71도623 판결, 대법원 1996. 11. 8. 선고 95도2710 판결 등.

63 김일수/서보학, 새로쓴 형법총론(제13판), 박영사(2018), 320; 정영일, "과실범에 있어서의 인적 불법론에 관한 연구", 석우황산덕박사추모논문집, 1989, 18. 이재상 외 2인, 형법총론(제9판), 박영사(2017), 197은 형법 제14조가 "정상(正常)의 주의(注意)를 태만히 함으로 인하여"라고 규정하고 있는 것도 객관설과 일치된다고 보고 있다.

64 이재상 외 2인, 형법총론(제9판), 박영사(2017), 196.

65 김일수/서보학, 새로쓴 형법총론(제13판), 박영사(2018), 321. 이재상 외 2인, 형법총론(제9판), 박영사(2017), 197은 "형법은 불법의 수준에서는 행위자의 특수성을 고려하지 않고 보편적 요구를 발할 수 있다. 이에 비하여 책임의 수준에서는 행위자의 특수성을 고려하여 가능성의 범위 내에서만 규범적 요구를 발한다."라고 설명한다.

(신호준수의무, 제한속도준수의무, 안전거리확보의무 등을 규정하고 있다)과 같은 특별법령이나 의술의 일반원칙 또는 일반적으로 인정된 기술, 과학상의 규정 또는 경험칙, 거래관행, 판례 등에 의하여 판단될 수 있다고 본다.[66]

객관설에서도 행위자가 평균인의 능력을 넘어서는 특수한 지식이나 경험은 객관적 주의의무위반의 판단에 고려하고 있다.[67] 예컨대 어느 교차로가 특히 위험하다거나 어떤 건물에서 일시에 많은 어린이가 뛰어나온다는 것을 운전자가 알고 있었던 때가 여기에 해당한다. 그러나 이러한 예외는 행위자의 특수지식·경험에 한정되고 행위자의 특수능력에 대하여는 적용되지 않는다. 따라서 숙련된 운전자가 결과방지를 위하여 그가 할 수 있는 모든 조치를 다한 것은 아니지만 평균적인 운전자가 할 수 있는 조치를 다하였는데도 결과가 발생한 때에는 객관설에 의하면 주의의무에 위반하였다고 할 수 없다.[68]

2) 주관설

책임단계가 아니라 구성요건 단계에서부터 행위자 개인에게 가능한 주의의무에 국한되어야 한다는 견해이다. 개별적 주의의무위반설이라고도 한다. 그 행위자가 속한 사회집단의 주의 깊고 신중하며 사려 깊은 사람이 아니라 행위자의 개인적인 능력을 기준으로 그 주의의무를 다하였는지를 판단하여야 한다는 것이다. 행위자가 평균인 이상의 능력을 가졌으면 그가 할 수 있는 모든 조치를 취할 의무가 있다고 해야 하며, 그렇게 한다고 하여 능력 있는 사람에게 부당하게 과중한 부담을 주는 것이 되지 않는다고 본다. 그리고 객관적 주의의무의 기준이라는 것은 이를 분명하게 설정하기가 어렵다고 본다.

객관적 주의의무위반은 과실의 구성요소가 아니라 단지 과실범에 있어서 객

66 김성돈, 형법총론(제5판), 성균관대학교출판부(2017), 473; 김일수/서보학, 새로쓴 형법총론(제13판), 박영사(2018), 322; 이재상 외 2인, 형법총론(제9판), 박영사(2017), 197; 임웅, 형법총론(제10정판), 법문사(2018), 549; 정성근·박광민, 형법총론(제2판), 성균관대학교출판부(2015), 434.

67 손동권·김재윤, 새로운 형법총론(초판), 율곡출판사(2011), 354; 신동운, 형법총론(제10판), 법문사(2017), 236; 이재상 외 2인, 형법총론(제9판), 박영사(2017), 196; 임웅, 형법총론(제10정판), 법문사(2018), 547; 정성근·박광민, 형법총론(제2판), 성균관대학교출판부(2015), 436. 한편, 임웅, 형법총론(제10정판), 법문사(2018), 547.은 과실의 작위범에서와 달리 과실의 부작위범에 있어서는 객관설에 의하더라도 행위자의 개인적인 능력이 주의의무의 표준이 된다. 이는 부작위범의 특수성에 기인하는 것으로, 예컨대 난청인 아버지가 물에 빠진 아들의 구조요청소리를 듣지 못하여 부작위에 의한 익사사고가 발생한 경우에 난청이라는 개인적인 능력을 구성요건 단계에서 고려함으로써 구성요건 해당성이 부정되는 결과가 된다고 설명한다.

68 이재상 외 2인, 형법총론(제9판), 박영사(2017), 196.

관적 귀속의 척도이므로 주관적 주의의무위반만이 과실범의 구성요건요소가 된다는 견해도 이러한 입장이다.[69] 이에 대하여는 객관적 주의의무위반은 고의범의 경우와는 달리 과실범에 있어서 단순한 귀속의 척도에 그치는 것이 아니라 행위불법의 핵심이 되며, 주관적 주의의무위반이 과실범의 주관적 구성요건요소가 될 수 없고, 과실범의 특질을 무시하면서 과실범을 고의범의 체계와 일치시키는 것도 타당하지 않다는 비난이 있다.[70]

다. 판례에 나타난 객관적 주의의무의 내용

☞ 실화 또는 업무상실화 관련자의 주의의무에 대하여는 주석 형법 제5판 각칙 2 형법 제170조(실화), 제171조(업무상실화, 중실화) 234~236, 240 이하를 참조.

☞ 과실폭발성물건파열 관련자의 업무상주의의무에 대하여는 주석 형법(제5판) 각칙2 형법 제173조의2(과실폭발성물건파열등) 256 이하를 참조.

☞ 과실일수 관련자의 주의의무에 대하여는 주석 형법(제5판) 각칙2 형법 제181조(과실일수) 282 참조.

☞ 교량붕괴 등 과실에 의한 교통방해 관련자의 주의의무에 대하여는 주석 형법(제5판) 각칙2 형법 제189조(과실, 업무상·중과실에 의한 교통방해) 315~317 참조.

☞ 자동차 운전자, 기차·전동차의 승무원, 선박 운항자, 의료행위와 약품 관련 종사자, 식품위생 담당자, 위험작업 관련자의 업무상 주의의무에 대하여는 주석 형법(제5판) 각칙3 형법 제268조(업무상과실·중과실치사상) 399 이하를 참조.

☞ 전당포, 고물상, 금은방, 전자제품대리점, 시계점의 운영자가 부담하는 업무상 주의의무에 대하여는 주석 형법(제5판) 각칙6 형법 제364조(업무상과실·중과실장물취득) 684 이하를 참조.

라. 객관적 주의의무의 제한원리

1) 허용된 위험

가) 의의

위험의 금지는 일반적으로 예견가능성과 회피가능성에 기초를 두고 있다. 그

69 상세한 것은 서보학, 과실범의 주의의무위반과 객관설·주관설의 논쟁, 한국형법학의 새로운 지평 : 심온 김일수 교수 화갑기념논문집, 박영사, 2006; 이호중, "과실범의 객관적 예견가능성", 형사법연구 제11호(1999), 한국형사법학회; 조상제, "형법상 과실의 체계적 정서", 고시계(1998. 9.) 등을 참조.

70 이재상 외 2인, 형법총론(제9판), 박영사(2017), 197.

러나 예견가능하고 회피가능한 위험을 모두 금지하는 주의의무를 요구하는 것은 현대 기술사회에서 사회적 상당성을 인정하기 어렵다. 현대 사회에서 자동차와 항공기 운행이나 공장운영, 광물채굴, 건축, 발전소운영과 같은 활동 등은 예견가능하고 회피가능한 여러 가지 위험을 안고 있음에도 사회적 유용성 때문에 이를 전적으로 금지할 수는 없으며 사회적 유용성과 필요성의 관점에서 일정 정도의 법익위태화를 사회가 감수하여야 한다. 이러한 위험을 허용된 위험이라고 한다.[71]

나) 법적 성격

허용된 위험의 법적 성격에 대하여, 사회적으로 상당하여 허용되는 위험은 사회에서 요구되는 주의의무의 기준을 제시하는 것이므로 구성요건해당성 자체를 조각한다고 보는 것이 일반적이며, 이러한 의미에서 허용된 위험의 이론은 객관적 주의의무의 제한원리가 된다.[72] 이와 달리 위법성조각사유에 해당한다는 견해,[73] 그리고 책임조각사유에 해당된다는 견해, 독자적 기능을 부인하는 견해[74]도 있다. 한편 허용된 위험의 성격을 구성요건해당성 조각사유라고 보면서도 허용된 위험이 아니라 애당초 위험한 행위로 금지되어 있지만 이익교량의 관점에서 예외적으로 허용되는 경우로 보아야 할 경우에는 형법 제20조 정당행위 중 '기타 사회상규에 위배되지 아니하는 행위'에 속하는 위법성 조각사유라고 해야 한다는 견해가 있다.[75]

다) 기준

무엇이 허용된 위험인지 그 한계를 정하는 기준은 앞에서 본 객관적 주의의무의 내용을 설정하는 기준과 동일하게 볼 수 있다.[76] 따라서 형법규범은 물론 도로교통법(신호준수의무, 제한속도준수의무, 안전거리확보의무 등을 규정하고 있다)과 같은 특별법령이나 의술의 일반원칙 또는 보편적으로 인정된 기술, 경험칙, 거래관

71 김일수/서보학, 새로쓴 형법총론(제13판), 325; 박상기, 형법총론(제9판), 박영사(2012), 300; 이재상 외 2인, 형법총론(제9판), 박영사(2017), 198.

72 김성돈, 형법총론(제5판), 성균관대학교출판부(2017), 484; 김일수/서보학, 새로쓴 형법총론(제13판), 325; 이재상 외 2인, 형법총론(제9판), 박영사(2017), 198; 오영근, 형법총론(제4판), 박영사(2018), 130; 임웅, 형법총론(제10정판), 법문사(2018), 549; 정성근·박광민, 형법총론(제2판), 성균관대학교출판부(2015), 442.

73 주석 형법, 각칙편(3)(제5판), 한국사법행정학회(2017), 409(손기식).

74 박상기, 형법총론(제9판), 박영사(2012), 304; 박상기·전지연, 형법학(총론·각론 강의)(제4판), 집현재(2018), 188; 배종대, 형법총론(제13판), 홍문사(2017), 490.

75 김일수/서보학, 새로쓴 형법총론(제13판), 325.

76 김일수/서보학, 새로쓴 형법총론(제13판), 325. 김성돈, 형법총론(제5판), 성균관대학교출판부(2017), 485도 같은 취지로 볼 수 있다.

행, 판례 등에 의하여 판단될 수 있다고 본다.

2) 신뢰의 원칙

가) 의의

허용된 위험의 이론이 독일의 판례와 학설에 의하여 교통사고라는 특정 분야에 적용되어 발전된 것이 신뢰의 원칙이다. 이는 스스로 교통규칙을 준수한 운전자는 다른 교통관여자가 교통규칙을 준수할 것이라고 신뢰하면 족하고, 교통규칙에 위반하여 비이성적으로 행동할 것까지 예견하고 이에 대한 방어조치를 취할 주의의무는 없다는 의미이다.[77]

신뢰의 원칙이 확립되던 초기에는 교통환경의 불비와 교통질서의 미숙을 이유로 이를 거부하는 견해도 있었으나[78] 자동차교통의 양적 증가와 교통수단의 중요성을 고려하여 교통위반에 대한 대응과 교통범죄자에 대한 관용이 필요하다는 이유로 1935년 독일의 판례가 채택한 이래 독일의 연방최고재판소의 판례에 의해 계속 발전하였고, 스위스, 오스트리아는 물론 일본에서도 도로교통에 있어서 과실책임의 한정원리로 적용되고 있다. 일본에서는 1966년 최고재판소의 판례[79]로 확립되었으며,[80] 우리나라에서는 대법원이 1957년 피해자인 기관조수 견습생이 진행 중인 열차에 올라타다가 실족하여 사망한 사고에 대해 진행 중인 열차에 피해자가 탑승할지 여부의 판단은 업무내용 및 당시 실정에 비추어 피해자가 스스로 안전하게 탑승할지 여부를 결정하여야 하는 것이므로 피고인인 기관사에게 신뢰의 원칙을 적용하여 정차 또는 서행하지 아니한 업무상 과실의 성립을 부인하여 무죄로 판시한 것이 처음이고,[81] 이후 대법원이 1971년 고속도로의 주행선상에 아무런 위험표시 없이 노면보수를 위한 모래무더기가 있으리라는 것은 일반적으로 예견할 수 있는 사정이 아니므로, 고속도로에서 자동차를 운행함에 있어서는 일반적으로 감속서행 등의 주의의무가 없다고 판시하여[82] 신뢰의 원칙을 확립하였

77 김일수/서보학, 새로쓴 형법총론(제13판), 326; 박상기, 형법총론(제9판), 박영사(2012), 305; 이재상 외 2인, 형법총론(제9판), 박영사(2017), 199.

78 정성근·박광민, 형법총론(제2판), 성균관대학교출판부(2015), 444.

79 日最判 1966. 12. 20.(刑集 20, 10, 1212.)

80 김일수/서보학, 새로쓴 형법총론(제13판), 326; 박상기, 형법총론(제9판), 박영사(2012), 305; 박상기·전지연, 형법학(총론·각론 강의)(제4판), 집현재(2018), 189; 이재상 외 2인, 형법총론(제9판), 박영사(2017), 199.

81 대법원 1957. 2. 22. 선고 4289형상330 판결.

82 대법원 1971. 5. 24. 선고 71도623 판결.

다.

그런데 교통사고와 관련하여 탄생한 신뢰의 원칙은 오늘날 그 적용범위가 늘어나면서 다수인이 관여하는 의료행위나 기업활동(예를 들어 각종 토목건축공사, 기계·전기 등 중공업, 철도운송, 식품공업 등)과 같이 다수인의 분업적 활동이 요구되는 위험업무의 경우에 주의의무의 한계를 확정하는 원칙으로 발전하게 되었다.[83] 여기서 신뢰의 원칙은 과실범에 있어서 스스로 적법하게 행위하는 자는 다른 관여자의 적절한 행위를 신뢰하면 족하고 타인이 신뢰에 반하는 부적절한 행위를 할 것까지 예견하여 회피할 주의의무는 없다는 원칙으로 정의된다.[84] 이 때 신뢰의 원칙을 공동작업에 의한 위험한 업무에 확대함에 있어서는 신뢰를 근거지울 수 있는 분업관계가 확립되어 있을 것이 전제되어야 한다.[85]

신뢰의 원칙이 객관적 주의의무의 제한원리라고 할 때 주의의무의 어떤 내용을 제한하는가에 대하여는 견해가 나뉜다. 주의의무의 내용 중에서 예견의무를 판단하는 기준이 될 뿐이라는 견해[86]와 결과회피의무를 제한할 뿐이라는 견해,[87] 그리고 예견의무와 결과회피의무를 모두 제한하는 기능을 가졌다는 견해[88]가 있다.

나) 신뢰의 원칙의 적용분야

(1) 도로교통

신뢰의 원칙은 연혁적으로 도로교통에 대한 주의의무의 제한원리로서 발전한 것으로 지금도 신뢰의 원칙이 적용되는 가장 대표적인 경우가 교통사고 분야이다. 이 분야에서 신뢰의 원칙이 적용되려면 원활한 자동차교통의 필요성과 교통환경의 정비, 교통교육과 질서의식의 보급이 전제되어야 한다.[89] 그럴 때에만 그

83 김일수/서보학, 새로쓴 형법총론(제13판), 326; 이재상 외 2인, 형법총론(제9판), 박영사(2017), 199; 정영일, "분업적 의료행위에 있어서 형법상 과실책임", 형사판례연구(6), 박영사, 1988, 45; 정영일, 신형법총론(초판), 학림(2018), 177은 이는 인간의 유한한 주의능력에 비추어 볼 때 불가피한 것이라고 설명한다.

84 배종대, 형법총론(제13판), 홍문사(2017), 490; 이재상 외 2인, 형법총론(제9판), 박영사(2017), 199; 정성근·박광민, 형법총론(제2판), 성균관대학교출판부(2015), 444.

85 이재상 외 2인, 형법총론(제9판), 박영사(2017), 201.

86 平野龍一, 刑法總論(Ⅱ), 有斐閣, 1979, 193.

87 김성돈, 형법총론(제5판), 성균관대학교출판부(2017), 486; 정성근·박광민, 형법총론(제2판), 성균관대학교출판부(2015), 446.

88 이재상 외 2인, 형법총론(제9판), 박영사(2017), 199; 정영일, "분업적 의료행위에 있어서 형법상 과실책임", 형사판례연구(6), 1999, 47.

89 이재상 외 2인, 형법총론(제9판), 박영사(2017), 200.

신뢰가 사회적으로 상당한 것이기 때문이다.

판례는 자동차 상호간 또는 자동차와 자전거 사이의 교통사고와 자동차와 보행자 사이의 교통사고 사이에 신뢰의 원칙을 적용하는 범위에 있어서 차이를 두고 있다. 판례를 살펴본다.

(가) 자동차와 자동차 사이의 교통사고

① 교차로에서 우선통행권이 있는 운전자의 주의의무

일반적으로 넓은 도로를 운행하여 통행의 우선순위를 가진 차량의 운전사는 교차로에서는 좁은 도로의 차량들이 교통법규에 따라 적절한 행동을 취할 것을 신뢰하여 운전한다고 할 것이므로 좁은 도로에서 진행하는 차량이 일단정지를 하지 아니하고 계속 진행하여 큰 도로로 진입할 것을 사전에 예견하고 이에 대한 정지조치를 강구할 것을 기대할 수 없다.[90]

교차로 앞 정지선에서 일단 정지하였다가 교행차량이 없음을 확인한 후 진입하여 교차로 중앙부분을 진행하는 차량운전자로서는, 통행우선순위를 무시하고 교차로 왼쪽(피고인의 진행방향에서 보아 왼쪽)에서 과속으로 교행하여 오는 차량이 있을 것을 예상하여 이에 대한 조치를 취할 주의의무가 없다.[91]

이 사건 사고지점은 피고인이 진행하고 있던 폭이 좁은 도로인 진입로로부터 소외인이 진행하고 있던 폭이 넓은 도로인 국도에 연결되는 것으로서 도로교통법상의 우선통행권은 일응 소외인에게 있다고 할 것이나, 피고인이 국도에 좌회전하여 진입하기 전에 일단 정지하며 좌측을 살피고 진행하여 오는 차량이 시계에 나타나지 않음을 확인한 연후에 좌회전하면서 국도에 진입하고 있는 상태에서는 이미 도로교통법상의 우선통행권은 오히려 피고인에게 있다 할 것인즉 피고인이 이에 따라 위 국도에 좌회전하여 진입한 이상, 피고인에게 소외인의 차량과 충돌사고 발생에 있어서 더 이상의 주의의무를 요구할 수 없다.[92]

교통정리가 행하여지지 않는 십자 교차로를 피고인(트럭운전사)이 먼저 진입하여 교차로의 중앙부분을 상당부분 넘어섰다면, 피고인은 그보다 늦게 오른쪽 도로로부터 교차로에 진입, 교행하여 오는 택시보다 도로교통법 제21조 제3항에 의거하여 우선통행권이 인정된다 할 것이고 이 같은 우선권은 트럭이 통행하는

90 대법원 1977. 3. 8. 선고 77도409 판결.
91 대법원 1983. 2. 8. 선고 82도3070 판결.
92 대법원 1983. 8. 23. 선고 83도1288 판결.

도로의 노폭이 택시가 통행한 도로의 노폭보다 다소 좁았다 하더라도 위와 같이 서행하며 먼저 진입한 트럭의 우선권에는 변동이 없다 할 것이므로 위 택시가 통행의 우선순위를 무시하고 과속으로 교차로에 진입 교행하여 올 것을 예상하여 사고발생을 미리 막을 주의의무가 있다 할 수 없으니 그 같은 상황 하에서 일어난 차량충돌의 경우에 있어서 피고인에게 운전사로서의 주의의무를 다하지 못한 과실이 있다 할 수 없다.[93]

교통정리가 행하여지고 있지 아니하는 교차로에 들어가려는 모든 차는 그 차가 통행하고 있는 도로의 폭보다 교차하는 도로의 폭이 넓은 경우에는 폭이 넓은 도로로부터 그 교차로에 들어가려고 하는 다른 차가 있는 때에는 그 차에게 진로를 양보하여야 하고, 시간적으로 교차로에 먼저 도착하여 교차로에 먼저 진입할 수 있다고 하더라도 폭이 넓은 도로에서 교차로에 들어가려고 하는 차보다 우선하여 통행할 수는 없다.[94]

자동차는 통행의 우선순위와는 관계없이 교통정리가 행하여지고 있지 아니하며 좌우를 확인할 수 없는 교차로에 있어서는 서행하여야 하고, 교통정리가 행하여지고 있지 아니하는 교통이 빈번한 교차로에서는 일시 정지하여(도로교통법 제26조), 전방과 좌우를 잘 살펴 안전하게 교차로를 진입하고 통과하여야 할 주의의무가 있다고 할 것이지만, 교차로에 진입함에 있어 일단 전방 좌우를 살펴 안전하다는 판단 하에 먼저 교차로에 진입한 이상 통행의 후순위 차량의 통행법규위반 가능성까지 예상하여 운전하여야 할 주의의무까지는 없다.[95]

② 대향방향 주행 차량에 대한 운전자의 주의의무

중앙선 표시가 있는 직선도로에 있어서 특별한 사정이 없는 한 그 대향차선상의 차량은 그 차선을 유지운행하고 도로중앙선을 넘어 반대차선에 진입하지 않으리라고 믿는 것이 우리의 경험칙에 합당하다고 할 것이므로 대향차선상을 달려오는 차량을 발견하였다 하여 자기가 운전하는 차를 정지 또는 서행하거나 일일이 그 차량의 동태를 예의주시할 의무가 있다고 할 수 없다.[96]

중앙선이 표시되어 있지 아니한 비포장도로라고 하더라도 승용차가 넉넉히 서로 마주보고 진행할 수 있는 정도의 너비가 되는 도로를 정상적으로 진행하고 있

93 대법원 1984. 4. 24. 선고 84도185 판결.
94 대법원 1994. 12. 13. 선고 94도1442 판결.
95 대법원 1992. 8. 18. 선고 92도934 판결.
96 대법원 1984. 2. 14. 선고 83도3086 판결.

는 자동차의 운전자로서는, 특별한 사정이 없는 한 마주 오는 차도 교통법규(도로교통법 제13조 제3항 등)를 지켜 도로의 중앙으로부터 우측부분을 통행할 것으로 신뢰하는 것이 보통이므로, 마주 오는 차가 도로의 중앙이나 좌측부분으로 진행하여 올 것까지 예상하여 특별한 조치를 강구하여야 할 업무상 주의의무는 없는 것이 원칙이고, 다만 마주 오는 차가 이미 비정상적으로 도로의 중앙이나 좌측부분으로 진행하여 오고 있는 것을 목격한 경우에는, 그 차가 그대로 도로의 중앙이나 좌측부분으로 진행하여 옴으로써 진로를 방해할 것에 대비하여 그 차의 동태에 충분한 주의를 기울여 경음기를 울리고 속도를 줄이면서 도로의 우측 가장자리로 진행하거나 일단 정지하여 마주 오는 차가 통과한 다음에 진행하는 등, 자기의 차와 마주 오는 차와의 접촉충돌에 의한 위험의 발생을 미연에 방지할 수 있는 적절한 조치를 취하여야 할 업무상 주의의무가 있다고 할 것이지만, 그와 같은 경우에도 자동차의 운전자가 업무상 요구되는 적절한 조치를 취하였음에도 불구하고 마주 오는 차의 운전자의 중대한 과실로 인하여 충돌사고의 발생을 방지할 수 없었던 것으로 인정되는 때에는 자동차의 운전자에게 과실이 있다고 할 수 없다.[97]

두 줄의 황색중앙선 표시가 있는 직선도로상을 운행하는 차량의 운전자로서는 특별한 사정이 없는 한 상대방향에서 운행하여 오는 차량이 도로중앙선을 넘어 자기가 진행하는 차선에 진입하지 않으리라고 믿는 것이 우리의 경험법칙에 합당하고, 또 반대차선에 연결된 소로에서 주도로로 진입하는 차량이 있다고 하더라도 그 차량이 법률상 금지된 중앙선을 침범하여 자기가 진행하는 차선에 진입하는 범법행위까지를 예상하여 자기가 운전하는 차량을 서행하거나 일일이 그 차량의 동태를 예의주시할 의무가 있다고 할 수 없다.[98]

③ 교차로에서 진행신호에 따라 진행한 운전자의 주의의무

교차로에 이르러 신호대기선에서 대기하다가 진행신호에 따라 이미 교차로의 상당 부분(신호대기선에서 이 사건 사고지점까지의 거리는 45미터이고 이의 3/4정도 되는 지점에서 피해차량이 진입)을 직진하여 통과한 운전자에게 뒤늦게 교통신호를 무시하고 좌측에서 교차로에 진입, 좌회전하여 진행할 차량이 있을 것을 예상하여 사고발생을 미연에 방지할 주의의무가 있다고 할 수는 없다.[99]

97 대법원 1992. 7. 28. 선고 92도1137 판결.
98 대법원 1995. 7. 11. 선고 95도382 판결.
99 대법원 1983. 2. 22. 선고 82도3071 판결.

신호등에 의하여 교통정리가 행하여지고 있는 사거리 교차로를 녹색등화에 따라 직진하는 차량의 운전자는 특별한 사정이 없는 한 다른 차량들도 교통법규를 준수하고 충돌을 피하기 위하여 적절한 조치를 취할 것으로 믿고 운전하면 족하고, 다른 차량이 신호를 위반하고 직진하는 차량의 앞을 가로질러 직진할 경우까지 예상하여 그에 따른 사고발생을 미연에 방지할 특별한 조치까지 강구할 업무상의 주의의무는 없다고 할 것이므로, 피고인이 녹색등화에 따라 사거리 교차로를 통과할 무렵 제한속도를 초과하였더라도, 신호를 무시한 채 왼쪽도로에서 사거리 교차로로 가로 질러 진행한 피해자에 대한 업무상 과실치사의 책임이 없다.[100]

녹색등화에 따라 왕복 8차선의 간선도로를 직진하는 차량의 운전자는 특별한 사정이 없는 한 왕복 2차선의 접속도로에서 진행하여 오는 다른 차량들도 교통법규를 준수하여 함부로 금지된 좌회전을 시도하지는 아니할 것으로 믿고 운전하면 족하고, 접속도로에서 진행하여 오던 차량이 아예 허용되지 아니하는 좌회전을 감행하여 직진하는 자기 차량의 앞을 가로질러 진행하여 올 경우까지 예상하여 그에 따른 사고발생을 미리 방지하기 위하여 특별한 조치까지 강구할 주의의무는 없다 할 것이고, 또한 운전자가 제한속도를 지키며 진행하였더라면 피해자가 좌회전하여 진입하는 것을 발견한 후에 충돌을 피할 수 있었다는 등의 사정이 없는 한 운전자가 제한속도를 초과하여 과속으로 진행한 잘못이 있다 하더라도 그러한 잘못과 교통사고의 발생 사이에 상당인과관계가 있다고 볼 수는 없다.[101]

④ 추월시도차량에 대한 선행운전자의 주의의무

피고인 갑이 봉고트럭을 운전하고 도로 2차선상으로, 피고인 을이 버스를 운전하고 도로 3차선상으로 거의 병행운행하고 있을 즈음 도로 3차선에서 피고인 을의 버스 뒤를 따라 운행하여 오던 병 운전의 오토바이가 버스를 앞지르기 위해 도로 2차선으로 진입하여 무모하게 위 트럭과 버스 사이에 끼어들어 이 사이를 빠져 나가려 하다가 위 트럭의 적재함과 오토바이의 공구함 부분이 부딪혀 병이 위 버스의 뒷바퀴에 치어 사망한 경우에 있어서는 선행차량 운전자들인 갑과 을이 속도를 낮추어, 앞지르려는 병의 오토바이를 선행하도록 하여 줄 업무상 주의의무가 있다고 할 수 없다.[102]

100 대법원 1990. 2. 9. 선고 89도1774 판결.
101 대법원 1998. 9. 22. 선고 98도1854 판결.
102 대법원 1984. 5. 29. 선고 84도483 판결.

(나) 자동차와 자전거 사이의 교통사고

① 자동차 전용도로에 자전거를 탄 사람이 나타날 것까지 운전자가 예견할 의무의 부정

서울시 소재 잠수교 노상은 자전거의 출입이 금지된 곳이므로 자동차의 운전수로서는 거기에 자전거를 탄 피해자가 갑자기 차도 상에 나타나리라고는 예견할 수 없다.[103]

② 자전거를 탄 사람이 갑자기 도로를 횡단하다가 넘어질 것까지 운전자가 예상하여야 할 의무의 부정

이 사건 사고지점의 도로는 노폭이 14미터로서 중앙선표시가 없고 이중 포장부분의 폭은 8미터이며 제한시속은 30킬로미터인데 피고인은 제한시속으로 도로 우측 포장부분을 진행하다가 맞은편에서 도로포장 좌측 변을 따라 자전거를 타고 오던 피해자가 피고인의 차량과 불과 5, 6미터 정도로 근접하는 순간 갑자기 도로를 횡단하려고 자전거의 핸들을 꺾다가 눈이 내린 노면 중앙부분에서 넘어진 것을 발견하고 급정거조치를 취하였으나 차량이 미끄러지면서 충돌하였는바, 위와 같은 사실관계 아래서는, 피고인에게 자전거를 탄 피해자가 5, 6미터 정도의 근접한 거리에서 갑자기 도로를 횡단하여 피고인 차량이 진행하던 도로 좌측부분으로 진입할 것을 예상하고 더욱 감속하거나 일단 정지를 하는 등 사고발생을 미연에 방지할 주의의무가 있다고 보기 어렵다.[104]

③ 자전거를 탄 사람이 대향차선에서 달려오다 근접한 거리에서 중앙선을 침범할 것을 운전자가 예상하여야 할 의무의 부정

피고인이 오토바이를 운전하고 자기차선을 진행하다가 근접한 거리에서 대향차선상에서 자전거를 타고 비탈길을 내려오는 피해자를 발견하였는데(피해자의 진행방향 앞에서 버스 1대가 먼저 통과한 때문에 근접한 거리에서 발견된 것임) 피해자가 방향조작을 잘못하여 피고인의 차선으로 침범하여 들어왔다면 그러한 상황 하에서는 피고인에게 자전거가 피고인의 운행차선 전방으로 진입해 들어올 것까지를 예견해서 감속하는 등 충돌을 방지할 주의의무를 위반하였다고 탓할 수 없다.[105]

④ 야간에 무등화인 자전거가 차도를 무단횡단하는 경우까지 운전자가 예상

103 대법원 1980. 8. 12. 선고 80도1446 판결.
104 대법원 1983. 2. 8. 선고 82도2617 판결.
105 대법원 1984. 4. 24. 선고 84도240 판결.

하여야 할 의무의 부정

운전자에게 야간에 무등화인 자전거를 타고 차도를 무단횡단하는 경우까지를 예상하여 제한속력을 감속하고 잘 보이지 않는 반대차선상의 동태까지 살피면서 서행운행할 주의의무가 있다고 할 수 없다.[106]

(다) 자동차와 보행자 사이의 교통사고

판례는 자동차와 보행자 사이의 교통사고에 대하여 신뢰의 원칙을 전면적으로 적용하지는 않으며 신중하게 적용하는 면이 있다.

① 고속도로, 자동차전용도로에서 무단횡단하는 보행자가 있을 것까지 예측할 의무의 부정

고속도로를 운행하는 자동차의 운전자로서는 일반적인 경우에 고속도로를 횡단하는 보행자가 있을 것까지 예견하여 보행자와의 충돌사고를 예방하기 위하여 급정차 등의 조치를 취할 수 있도록 대비하면서 운전할 주의의무가 없고, 다만 고속도로를 무단횡단하는 보행자를 충격하여 사고를 발생시킨 경우라도 운전자가 상당한 거리에서 보행자의 무단횡단을 미리 예상할 수 있는 사정이 있었고, 그에 따라 즉시 감속하거나 급제동하는 등의 조치를 취하였다면 보행자와의 충돌을 피할 수 있었다는 등의 특별한 사정이 인정되는 경우에만 자동차 운전자의 과실이 인정될 수 있다.[107]

도로교통법상 자동차 전용도로는 자동차만이 다닐 수 있도록 설치된 도로로서 보행자 또는 자동차 외의 차마는 자동차 전용도로로 통행하거나 횡단 할 수 없도록 되어 있으므로 자동차 전용도로를 운행하는 자동차의 운전자로서는 특별한 사정이 없는 한 무단횡단하는 보행자가 나타날 경우를 미리 예상하여 급정차할 수 있도록 운전해야 할 주의의무는 없다.[108]

② 횡단보도 신호가 적색일 때 무단횡단하는 보행자가 있을 것까지 예측할 의무의 부정

교통이 빈번한 간선도로에서 횡단보도의 보행자 신호등이 적색으로 표시된 경우, 자동차운전자에게 보행자가 동 적색신호를 무시하고 갑자기 뛰어나오리라는 것까지 미리 예견하여 운전하여야 할 업무상의 주의의무까지는 없다.[109]

106 대법원 1984. 9. 25. 선고 84도1695 판결.
107 대법원 2000. 9. 5. 선고 2000도2671 판결.
108 대법원 1989. 3. 28. 선고 88도1484 판결.
109 대법원 1985. 11. 12. 선고 85도1893 판결.

직진 및 좌회전신호에 의하여 좌회전하는 2대의 차량 뒤를 따라 직진하는 차량의 운전사로서는 횡단보도의 신호가 적색인 상태에서 반대차선상에 정지하여 있는 차량의 뒤로 보행자가 횡단보도를 건너오지 않을 것이라고 신뢰하는 것이 당연하고 그렇지 아니할 사태까지 예상하여 그에 대한 주의의무를 다하여야 한다고는 할 수 없으며, 또 운전사가 무면허인 상태에서 제한속도를 초과하여 진행한 잘못이 있다 하더라도 그러한 잘못이 사고의 원인이 되었다고는 볼 수 없다.[110]

차량의 운전자로서는 횡단보도의 신호가 적색인 상태에서 반대차선상에 정지하여 있는 차량의 뒤로 보행자가 건너오지 않을 것이라고 신뢰하는 것이 당연하고 그렇지 아니할 사태까지 예상하여 그에 대한 주의의무를 다하여야 한다고는 할 수 없다.[111]

③ 육교 아래 차도로 뛰어드는 보행자를 예상할 의무의 부정

각종 차량의 내왕이 번잡하고 보행자의 횡단이 금지되어 있는 육교 밑 차도를 주행하는 자동차운전자가 전방 보도위에 서 있는 피해자를 발견했다 하더라도 육교를 눈앞에 둔 동인이 특히 차도로 뛰어들 거동이나 기색을 보이지 않는 한 일반적으로 동인이 차도로 뛰어 들어오리라고 예견하기 어려운 것이므로 이러한 경우 운전자로서는 일반보행자들이 교통관계법규를 지켜 차도를 횡단하지 아니하고 육교를 이용하여 횡단할 것을 신뢰하여 운행하면 족하다 할 것이고 불의에 뛰어드는 보행자를 예상하여 이를 사전에 방지해야 할 조치를 취할 업무상 주의의무는 없다.[112]

④ 무단횡단하는 보행자에 대하여 예측할 의무의 인정

사고당시의 시간이 통행금지시간이 임박한 23:45경이라면 일반적으로 차량의 통행이 적어 통금에 쫓긴 통행인들이 도로를 횡단하는 것이 예사이고, 이 사건 사고 당시와 같이 사고지점의 3차선 상에 버스들이 정차하고 있었다면 버스에서 내려 버스 사이로 뛰어나와 도로를 횡단하려고 하는 사람이 있으리라는 것은 우리의 경험상 능히 예측할 수 있는 일이다.[113]

⑤ 중앙선 부근에 서 있던 보행자의 진퇴에 대하여 예측할 의무의 존부는 상황마다 다름

운전자가 택시를 운전하고 제한속도가 시속 40km인 왕복 6차선 도로의 1차

110 대법원 1987. 9. 8. 선고 87도1332 판결.
111 대법원 1993. 2. 23. 선고 92도2077 판결.
112 대법원 1985. 9. 10. 선고 84도1572 판결.
113 대법원 1980. 5. 27. 선고 80도842 판결.

선을 따라 시속 약 50km로 진행하던 중, 무단횡단하던 보행자가 중앙선 부근에 서 있다가 마주 오던 차에 충격당하여 택시 앞으로 쓰러지는 것을 피하지 못하고 역과시킨 경우, 원심이 운전자가 통상적으로 요구되는 주의의무를 다하였는지 여부를 심리하지 아니한 채 업무상 과실이 없다고 판단한 것은 법리오해, 심리미진의 위법이 있다(무단횡단 하던 보행자가 중앙선 부근에 서 있던 사안).[114]

갑이 택시를 운전하여 시속 40km 속도로 편도 3차선 도로의 1차선을 따라 운행하던 중 차도를 무단횡단하기 위하여 중앙선상에 서 있던 피해자가 뒷걸음질을 치다가 반대방향에서 달려오는 을 운전의 차량에 충격되면서 중앙선을 넘어 갑이 운전하던 위 차량의 전면 바로 앞에 떨어지는 바람에 이를 피하지 못하고 위 피해자를 충격하여 사고가 발생한 경우라면 갑에게 위 피해자가 자기 운행차선으로 튕겨져 나오는 것까지 예상하면서 이에 대비하여야 할 주의의무가 있다고는 할 수 없다(무단횡단 하던 보행자가 중앙선 부근에 서 있다가 다시 뒷걸음질 치던 사안).[115]

피해자가 도로를 횡단하는 것을 사고지점 10미터 전방에서 발견하고 시속 10km로 감속서행 중 반대방향에서 운행하던 차가 앞서가는 차를 추월하다가 피해자를 충격하여 피해자가 중앙선을 넘어 피고인이 서행하는 차의 앞에 넘어지는 것을 보고 급정차하였으나 비가 내리는 노면이 미끄러워 피해자를 충격하였다 하더라도 피고인에게는 과실이 없다(무단횡단 하던 보행자를 발견하고 시속 10km로 감속 서행하던 사안).[116]

(2) 분업적 의료행위

(가) 의의

의학이 진보하고 전문화됨에 따라 다수의 의료진이 공동으로 관여하는 의료행위가 늘게 되었다. 이러한 공동의료행위는 다수인의 업무분담이 요구되는 대표적인 위험한 업무에 해당한다. 통설은 분업적 의료행위에 신뢰의 원칙을 적용하여야 한다고 보고 있다.[117] 다만 분업적 의료영역에서 신뢰의 원칙이 적용되려면

114 대법원 1995. 12. 26. 선고 95도715 판결.

115 대법원 1987. 9. 22. 선고 87도516 판결.

116 대법원 1971. 8. 31. 선고 71도1114 판결.

117 김성돈, 형법총론(제5판), 성균관대학교출판부(2017), 487; 김일수/서보학, 새로쓴 형법총론(제13판), 326; 박상기·전지연, 형법학(총론·각론 강의)(제4판), 집현재(2018), 190; 배종대, 형법총론(제13판), 홍문사(2017), 492; 손동권·김재윤, 새로운 형법총론(초판), 율곡출판사(2011), 364; 신동운, 형법총론(제10판), 법문사(2017), 244; 이재상 외 2인, 형법총론(제9판), 박영사(2017), 201; 정성근·박광민, 형법총론(제2판), 성균관대학교출판부(2015), 448; 정영일, 신형법총론(초판), 학림(2018), 177.

의료인들 간에 신뢰를 근거지울 수 있는 분업관계가 확립되어 있을 것을 전제로 한다.[118] 판례는 분업적 의료행위에서 발생한 의료사고에 대한 주의의무의 한계를 확정하는 원칙으로 신뢰의 원칙을 신중하지만 일부 적용하고 있다. 의료행위에 있어서 의사 상호간이나 의사와 보조자 사의의 분업적 협동은 외과수술 등 의료행위의 적절한 수행을 불가피한데,[119] 이러한 분업적 의료행위의 실패에 대한 형사책임을 판단하는데 있어 사회적 상당성과 위험분배의 이론에 따라 신뢰의 원칙을 일정 정도 고려해야 한다. 이것은 신뢰의 원칙이 교통사고 분야만이 아니라 다른 형태의 과실범으로 그 적용범위가 넓어지고 있는 것을 보여준다.

(나) 유형별 분류

분업적 의료행위에 있어서 그에 따른 위험의 분배는 관여자들 상호간의 관계에 따라 각기 다르다. 종합병원의 임상에서는 전문 의료인들이 팀을 이루어 각자 자신의 전문영역에 속하는 의료활동을 하므로 분업에 의한 의료행위가 어느 정도 정착되었다고 할 수 있다. 예를 들어 분만수술에 함께 참여하는 마취과 전문의와 산부인과 전문의의 관계와 같은 수평적 분업과 전문의와 수련의 또는 의사와 조수, 간호사 등에서와 같은 수직적 분업의 두 가지 유형이 있는데, 전자에서는 관여자들이 동등한 진료상 주의의무를 부담하는 반면에 후자에서는 업무의 위임은 원칙적으로 금지되고 지시와 복종의 관계에 토대하여 상위의 의료인에게는 위험원의 관리의무가 그리고 하위의 의료인에게는 환자경과관찰의무가 부과된다.[120]

우리 사회에서는 환자들이 1, 2차 의료기관에서 진료 받아야 할 질병의 경우에도 바로 3차 의료기관에서 진료를 받으려고 하는 경향이 크기 때문에 3차 의료기관의 의사들의 업무가 과중하여 의사의 업무 중 상당 부분이 간호사에게로 이양됨으로써 수직적 분업이 많이 행해지고 있는 실정이다.[121]

① 의사와 보조자간의 관계

㉮ 숙련된 보조자

간호사나 임상병리사와 같은 숙련보조자의 경우에는 의사는 자격을 갖춘 보조자를 채용하고 또 치료 시에는 의사 자신의 의견과 의료관례를 주지시키고, 특히 위험한 업무를 위임할 경우에는 의사 자신의 지시내용이 정확히 준수되어야

118 이재상 외 2인, 형법총론(제9판), 박영사(2017), 201.
119 정영일, "분업적 의료행위에 있어서 형법상 과실책임", 형사판례연구(6), 박영사, 1988, 49.
120 정영일, "분업적 의료행위에 있어서 형법상 과실책임", 형사판례연구(6), 박영사, 1988, 52.
121 정영일, "분업적 의료행위에 있어서 형법상 과실책임", 형사판례연구(6), 박영사, 1988, 53.

함을 주지시킬 의무를 부담한다고 할 수 있다.[122] 의사와 간호사, 조수 등의 보조자 사이의 수직적 분업에서는 기본적으로 신뢰의 원칙이 적용되지 않는다고 보아야 한다.

학계에서 신뢰의 원칙이 적용된다고 들고 있는 대표적 사례로는, 수술을 하는 의사는 간호사가 제공하는 수술도구가 정상적으로 소독되었다고 신뢰할 수 있다는 것이 있다.[123] 이것은 의사가 수술준비에 있어서 일상의 보조와 처리를 맡은 간호사와 보조원이 거기 맞게끔 양성·채용되었고, 적절한 범위 내에서 일반적인 감독이 되었으면 간호사와 보조원들을 신뢰해도 좋다는 독일의 판례에서 유래한 내용이다.[124]

[의사와 간호사의 분업 과정에서 업무상 과실에 관한 판례]

㉠ 의사가 환자에게 직접 주사하지 아니하고 조수에게 주사할 위치 및 방법에 관하여 특별한 지시를 함이 없이 그로 하여금 주사케 한 결과 그의 의술부족으로 인한 과실로 정상적 위치인 둔부의 외상부에 하지 아니하고 좌골신경이 있는 우측 둔부 중앙부에 주사하여 좌골신경에 손상을 일으켜 환자의 우하퇴 및 우족을 마비케 하였다면 의사인 피고인에게도 업무상 과실책임이 있다.[125]

㉡ 정맥에 주사하다가 근육에 새면 조직괴사 등의 부작용을 일으킬 수 있는 마취제 에폰톨을 주사함에 있어서 의사로서는 스스로 주사를 놓든가 부득이 간호사나 간호조무사에게 주사케 하는 경우에도 주사할 위치와 방법 등에 관한 적절하고 상세한 지시를 함과 함께 스스로 그 장소에 입회하여 주사시행과정에서의 환자의 징후 등을 계속 주시하면서 주사가 잘못 없이 끝나도록 조치하여야 할 주의의무가 있고, 또는 위와 같은 마취제의 정맥주사방법으로서는 수액세트에 주사침을 연결하여 정맥 내에 위치하게 하고 수액을 공급하면서 주사제를 기존의 수액세트를 통하여 주사하는 이른바 사이드 인젝션(Side Injection)방법이 직

122 정영일, "분업적 의료행위에 있어서 형법상 과실책임", 형사판례연구(6), 박영사, 1988, 54. 수직적 분업관계에서 감독자(의사)의 피감독자(간호사)에 대한 관리의무의 내용에 대하여는, 간호사가 분업의 자질을 갖추고 있는가를 심사해야 하는 자질심사, 분업의 구체적인 내용이 피감독자가 수행가능한 내용인가라는 숙고해야 할 위임적합성심사, 피감독자가 지시된 분업의 내용을 제대로 이해하고 있는지에 대한 지시내용 이해여부에 대한 심사, 피감독자의 지시된 분업의 내용을 제대로 이행하고 있는지에 대한 감독으로 세분하는 견해도 있다. 최호진, "분업적 의료행위에 따른 형사책임의 분배", 형사법연구(19권 1호, 통권 30호), 2007, 13.

123 이재상 외 2인, 형법총론(제9판), 박영사(2017), 201.

124 천진호, "분업적 의료영역에 있어 신뢰의 원칙의 적용", 법학논총(35집 2호, 2015. 08), 전남대학교 법학연구소, 98.

125 대법원 1961. 4. 26. 선고 4293형상960 판결.

접 주사방법 보다 안전하고 일반적인 것이라 할 것인 바, 산부인과 의사인 피고인이 피해자에 대한 임신중절수술을 시행하기 위하여 마취주사를 시주함에 있어 피고인이 직접 주사하지 아니하고, 만연히 간호조무사로 하여금 직접방법에 의하여 에폰톨 500밀리그램이 함유된 마취주사를 피해자의 우측 팔에 놓게 하여 피해자에게 상해를 입혔다면 이에는 의사로서의 주의의무를 다하지 아니한 과실이 있다.[126]

㉢ 갑상선아전절제술 및 전경부임파절청소술을 받은 환자가 기도부종으로 인한 호흡장애로 뇌기능 부분손상 상태(식물인간 상태)에 이르게 된 경우, 환자의 호흡 곤란을 알고도 00:30경부터 09:00경까지 환자의 상태를 확인하지 아니한 주치의 겸 당직의사와 그의 활력체크지시를 제대로 이행하지 아니하고 의사를 불러달라는 환자 보호자의 요청을 듣지 아니한 담당간호사 2인에게는 모두 업무상과실치상죄가 인정된다.[127]

㉣ 수혈은 종종 그 과정에서 부작용을 수반하는 의료행위이므로, 수혈을 담당하는 의사는 혈액형의 일치 여부는 물론 수혈의 완성 여부를 확인하고, 수혈 도중에도 세심하게 환자의 반응을 주시하여 부작용이 있을 경우 필요한 조치를 취할 준비를 갖추는 등의 주의의무가 있다. 그리고 의사는 전문적 지식과 기능을 가지고 환자의 전적인 신뢰 하에서 환자의 생명과 건강을 보호하는 것을 업으로 하는 자로서, 그 의료행위를 시술하는 기회에 환자에게 위해가 미치는 것을 방지하기 위하여 최선의 조치를 취할 의무를 지고 있고, 간호사로 하여금 의료행위에 관여하게 하는 경우에도 그 의료행위는 의사의 책임 하에 이루어지는 것이고 간호사는 그 보조자에 불과하므로, 의사는 당해 의료행위가 환자에게 위해가 미칠 위험이 있는 이상 간호사가 과오를 범하지 않도록 충분히 지도·감독을 하여 사고의 발생을 미연에 방지하여야 할 주의의무가 있고, 이를 소홀히 한 채 만연히 간호사를 신뢰하여 간호사에게 당해 의료행위를 일임함으로써 간호사의 과오로 환자에게 위해가 발생하였다면 의사는 그에 대한 과실책임을 면할 수 없다. 또한 피고인이 근무하는 병원에서는 인턴의 수가 부족하여 수혈의 경우 두 번째 이후의 혈액봉지는 인턴 대신 간호사가 교체하는 관행이 있었다고 하더라도, 위와 같이 혈액봉지가 바뀔 위험이 있는 상황에서 피고인이 그에 대한 아무런 조치도 취함이 없이 간호사에게 혈액봉지의 교체를 일임한 것이 관행에 따른 것이라는 이유만으로 정당화될 수는 없다.[128]

126 대법원 1990. 5. 22. 선고 90도579 판결.
127 대법원 1994. 12. 22. 선고 93도3030 판결.
128 대법원 1998. 2. 27. 선고 97도2812 판결.

ⓜ 야간 당직간호사가 담당 환자의 심근경색 증상을 당직의사에게 제대로 보고하지 않음으로써 당직의사가 필요한 조치를 취하지 못한 채 환자가 사망한 경우, 병원의 야간당직 운영체계상 당직간호사에게 환자의 사망을 예견하거나 회피하지 못한 업무상 과실이 있고, 당직의사에게는 업무상 과실을 인정하기 어렵다.[129]

[종합병원 간호사의 업무상과실에 관한 판례]

㉠ 피고인이 경력이 오래된 간호사라 하더라도 단지 잘 모르는 약제가 처방되었다는 등의 사유만으로 그 처방의 적정성을 의심하여 의사에게 이를 확인하여야 할 주의의무까지 있다고 보기는 어렵다 할 것이지만, 환자에 대한 투약 과정 및 그 이후의 경과를 관찰·보고하고 환자의 요양에 필요한 간호를 수행함을 그 직무로 하고 있는 종합병원의 간호사로서는 그 직무 수행을 위하여 처방 약제의 투약 전에 미리 그 기본적인 약효나 부작용 및 주사 투약에 따르는 주의사항 등을 확인·숙지하여야 할 의무가 있는바, 이 사건 처방의 경위와 위 베큐로니움의 특수한 용도 및 그 오용의 치명적 결과 등을 감안할 때, 만일 베큐로니움이라는 약제가 수술 후 회복과정에 있는 환자에게는 사용할 수 없는 성질이며 특히 인공호흡의 준비 없이 투여되어서는 아니 된다는 등의 약효와 주의사항 및 그 오용의 치명적 결과를 미리 확인하였다면 위 처방이 너무나 엉뚱한 약제를 투약하라는 내용이어서 필시 착오 또는 실수에 기인한 것이라고 의심할 만한 사정이 있음을 쉽게 인식할 수 있었다 할 것이고, 그러한 사정이 있다면 간호사에게는 그 처방을 기계적으로 실행하기에 앞서 당해 처방의 경위와 내용을 관련자에게 재확인함으로써 그 실행으로 인한 위험을 방지할 주의의무가 있음에도 이를 그대로 주사하여 환자가 의식불명 상태에 이르게 된 사안에서, 간호사에게 업무상과실치상의 책임이 있다.[130]

㉡ 담당 의사가 췌장 종양 제거수술 직후의 환자에 대하여 1시간 간격으로 4회 활력징후를 측정하라고 지시를 하였는데, 일반병실에 근무하는 간호사 갑이 중환자실이 아닌 일반병실에서는 그러할 필요가 없다고 생각하여 2회만 측정한 채 3회차 이후 활력징후를 측정하지 않았고, 갑과 근무교대한 간호사 을 역시 자신의 근무시간 내 4회차 측정시각까지 활력징후를 측정하지 아니하였으며, 위 환자는 그 시각으로부터 약 10분 후 심폐정지상태에 빠졌다가 이후 약 3시간이 지나 과다출혈로 사망한 사안에서, 1시간 간격으로 활력징후를 측정하였더라면

129 대법원 2007. 9. 20. 선고 2006도294 판결.
130 대법원 2009. 12. 24. 선고 2005도8980 판결.

출혈을 조기에 발견하여 수혈, 수술 등 치료를 받고 환자가 사망하지 않았을 가능성이 충분하다고 보일 뿐 아니라, 갑과 을은 의사의 위 지시를 수행할 의무가 있음에도 3회차 측정시각 이후 4회차 측정시각까지 활력징후를 측정하지 아니한 업무상과실이 있다고 보아야 함에도, 갑, 을에게 업무상과실이 있거나 위 활력징후 측정 미이행 행위와 환자의 사망 사이에 인과관계가 있다고 단정하기 어렵다고 본 원심판단에 법리오해의 위법이 있다.[131]

㉢ 피해자(마취에서 회복 중인 환자)를 감시하도록 업무를 인계받지 않은 간호사가 자기 환자의 회복처치에 전념하고 있었다면 회복실에 다른 간호사가 남아있지 않은 경우에도 다른 환자의 이상증세가 인식될 수 있는 상황에서라야 이에 대한 조치를 할 의무가 있다고 보일 뿐 회복실 내의 모든 환자에 대하여 적극적, 계속적으로 주시, 점검을 할 의무가 있다고 할 수 없다(마취환자의 마취회복업무를 담당한 의사로서는 마취환자가 수술 도중 특별한 이상이 있었는지를 확인하여 특별한 이상이 있었던 경우에는 보통 환자보다 더욱 감시를 철저히 하고, 또한 마취환자가 의식이 회복되기 전에는 호흡이 정지될 가능성이 적지 않으므로 피해자의 의식이 완전히 회복될 때까지 주위에서 관찰하거나 적어도 환자를 떠날 때는 피해자를 담당하는 간호사를 특정하여 그로 하여금 환자의 상태를 계속 주시하도록 하여 만일 이상이 발생한 경우에는 즉시 응급조치가 가능하도록 할 의무가 있다고 판시함으로써 의사의 업무상과실을 인정하였으나 감시업무를 인계받지 아니한 간호사의 업무상 과실은 부정한 사례).[132]

㋑ 미숙련 보조자

환자의 가족이나 의사의 부인과 같은 미숙련보조자와 의사의 관계에 있어서는 의사가 이들 보조자를 선발·지휘·감독하는 데 있어서는 그들의 무지와 무경험 등을 고려하여야 하며, 그에 따라 의사의 주의의무의 폭도 결정될 것이다.[133]

㋒ 약사

약사와 의사의 관계에 있어선 상호간의 위임과 신뢰를 바탕으로 하지만, 기본적으로 양자는 독립된 별개의 분야이며, 각자는 고유한 책임 영역을 갖는다고 보아야 한다.[134]

판례는 약사가 약품을 조제·판매함에 있어 해당 약품을 생산한 약품회사에

131 대법원 2010. 10. 28. 선고 2008도8606 판결.
132 대법원 1994. 4. 26. 선고 92도3283 판결.
133 정영일, "분업적 의료행위에 있어서 형법상 과실책임", 형사판례연구(6), 박영사, 1988, 54.
134 정영일, "분업적 의료행위에 있어서 형법상 과실책임", 형사판례연구(6), 박영사, 1988, 54.

대한 관계에서 신뢰의 원칙을 적용하고 있다. 즉 약사는 의약품을 판매하거나 조제함에 있어서 그 의약품이 그 표시 포장 상에 있어서 약사법 소정의 검인 합격품이고 또한 부패 변질 변색되지 아니하고 유효기간이 경과되지 아니함을 확인하고 조제판매한 경우에는 특별한 사정이 없는 한 관능시험 및 기기시험까지 할 주의의무가 없으므로 그 약의 표시를 신뢰하고 이를 사용한 경우에는 과실이 없다고 판시하였다(원심은 약국개설자가 의약품을 조제함에는 관능시험과 기기시험을 할 업무상의 주의의무가 있고 이 의무는 그 의약품이 제약회사나 국가관계기관의 검인이 찍혀 있고 소분포장이 되어 있는 경우에도 해당된다고 설시한 후 본건 탄산바륨과 침강탄산칼슘은 그 성상, 촉감, 무게, 색깔 등에 있어 서로 상위함을 인정할 수 있는바 그렇다면 피고인이 이 사건 감기약을 조제함에 있어서 위의 관능, 기기시험을 세밀히 하였다면 이 사건 약품이 탄산바륨인 사실까지는 감별해 내지는 못하였을망정 침강탄산칼슘이 아닌 점을 감별할 수 있었을 것임에도 불구하고 피고인은 이 사건 약품이 친화약품상사에서 소분하여 포장한 것이고 더욱이 국가기관의 검인까지 되어 있어 이 약품이 그 포장에 쓰여 있는 약품명과 동일한 것이라고 가볍게 믿는 나머지 그 직무상 하여야 할 업무상의 주의의무인 관능시험과 기기시험을 하지 아니한 잘못으로 인하여 이건 약품이 침강탄산칼슘이 아닌 점을 감별해 내지 못한 과실이 있었다고 판단하였으나 이를 파기한 사안).[135]

㉣ 환자 본인

환자가 보조자의 지위를 갖는 경우를 본다면, 의사 자신이 모든 치료를 도맡아 하기가 어려운 경우에 필요한 보조자를 구할 수 없는 상황에서는 환자 측의 보조를 요구하게 되는데, 특히 당뇨병이나 신장병과 같이 동일한 치료행위가 장기간 반복되는 만성적 질환의 경우에 일정한 징후의 관찰이나 정기적인 약물복용 등과 같은 단순한 반복적 치료행위는 환자에게 위임되고 또 그로 인해 발생된 결과에 대해서는 예외적으로 제한된 범위 내에서 의사의 책임을 면제함도 가능하겠지만,[136] 원칙적으로 의사와 환자 사이에서는 신뢰의 원칙의 적용을 부인하여야 한다.[137]

[판례]

㉠ 의사인 피고인이 환자에게 종합병원에 가서 진단과 치료를 받을 것을 권고하였으나 환자가 경제적 사정을 호소하면서 피고인의 치료를 요구하여 피고인이 피

135 대법원 1976. 2. 10. 선고 74도2046 판결.
136 정영일, “분업적 의료행위에 있어서 형법상 과실책임”, 1998, 53.
137 신현호, 의료소송총론, 육법사, 1997, 503; 정영일, “분업적 의료행위에 있어서 형법상 과실책임”, 1998, 53.

해자의 병상에 비추어 봉과직염으로 진단하고 우측슬하부 절개수술을 하였으나 밤톨만한 응고된 혈괴만이 검출되어 혈관질환에 의한 증상으로 판단하고 세균감염에 대비한 조치를 취하고 아울러 즉시 혈관촬영이 가능하고 수술시설이 갖추어진 종합병원으로 갈 것을 강력히 제시하고 괴사의 위험성이 있음을 경고하였으나 피해자는 이에 불응하고 민간요법으로 치료를 계속하다가 타병원에서 괴사로 진행되고 있는 우측하지를 절단받기에 이른 경우라면 피고인에 있어서 치료시술상 요구되는 주의의무를 해태하였다고 볼 수 없다.[138]

㉡ 일반적으로 의료행위에는 통상 진단과 치료 외에 환자에 대한 요양지도도 포함되고, 이러한 요양지도는 환자의 질병, 연령, 성별, 성격, 교양의 정도 등에 응하여 진료의 각 단계에서 적절한 시기에 환자의 상황에 따라 구체적으로 이루어져야 할 것인바, 통상 입원환자들은 환자 자신을 위해서나 다른 환자들의 보호를 위해서도 금연이 요구되고, 특히 수술환자에 있어서는 그 필요가 더욱 크다고 할 수 있으므로, 입원환자나 수술환자들의 금연에 대한 지시 혹은 지도는 의료종사자들의 요양지도의 한 구체적 내용을 이룬다고 할 것이나, 의료종사자들에게 이처럼 금연에 대한 지시 혹은 지도의무가 인정된다고 하더라도 흡연 자체가 환자에게 금기시되는 것은 굳이 의학적 지식이라고 할 것까지 없이 상식적인 사항에 해당하므로, 환자의 질병과 나이 또는 상황 등에 비추어 달리 특별한 사정이 있다고 인정되지 않는 한, 이러한 금연에 대한 지시 혹은 지도는 금연의 필요성에 대한 의학적 설명 내지 강조와 구두에 의한 금연의 수시 확인 정도로도 충분하고 나아가 환자의 동태 등을 살펴 금연 여부를 상시 확인·감독할 의무까지 있는 것은 아니다.[139]

② 의사들 사이의 관계

환자 한 사람에 대한 치료에 여러 의사가 관여하는 경우는 그들이 대등한 입장에서 치료에 임하는 수평적 관계와 병원의 전문과목이나 의료진·진료시설의 수준·규모 또는 의사 상호간의 위계나 치료의 순서에 따른 수직적 관계로 구별할 필요가 있다.

㉮ 동일 병원 의사들 사이의 관계

a. 수평적 분업(협업)관계

종합병원에서 공동으로 외과수술을 행하는 의사들 사이나 동일 병원에서의

138 대법원 1983. 5. 24. 선고 82도289 판결.
139 대법원 1999. 3. 26. 선고 98다45379, 45386 판결.

독립된 각 과 사이에는 지휘·감독관계가 존재한다고 보기 어려운 수평적 협업관계이므로 상호 간에 신뢰의 원칙이 적용될 수 있다. 외과 의사와 마취과 의사의 관계에 대하여는, 종전에는 마취의는 외과의에 종속하며 수술과 관련된 모든 문제는 외과의의 관할에 속한다고 보아왔으나 지금은 상호간 대등한 위치에 있다고 보는 것이 일반적인 견해이다. 그러나 다른 과 의사의 과오가 명백하여 그 점을 지적·시정하도록 할 수 있었음에도 불구하고 하지 아니한 의사에게는 책임이 인정된다고 해야 한다.[140]

[판례]

㉠ 내과의사가 신경과 전문의에 대한 협의진료 결과 피해자의 증세와 관련하여 신경과 영역에서 이상이 없다는 회신을 받았고, 그 회신 전후의 진료 경과에 비추어 그 회신 내용에 의문을 품을 만한 사정이 있다고 보이지 않자 그 회신을 신뢰하여 뇌혈관계통 질환의 가능성을 염두에 두지 않고 내과 영역의 진료 행위를 계속하다가 피해자의 증세가 호전되기에 이르자 퇴원하도록 조치한 경우, 피해자의 지주막하출혈을 발견하지 못한 데 대하여 내과의사의 업무상과실을 부정하였다.[141]

㉡ 산부인과전문의인 피고인이 담당의사의 초빙을 받고 그가 처리중인 임산부에게 감자분만수술을 마치고 약 3시간 동안 수술결과를 세심히 감시하다가 수술후의 다른 증세가 없으므로 혹시 분만수술시에 자궁구의 파열에서 오는 출혈에 대비 조치할 것을 담당의사에게 지시하고 임산부를 인계한 이상 그 후의 환자에 대한 관리와 조치의 책임은 그 담당의사에게 있는 것이고 일단 그 자리를 물러난 산부인과 전문의에게는 위 담당의사의 과실로 환자에게 발생한 결과에 대한 과실책임이 없다.[142]

㉢ (민사사건)수술지원을 요청받은 의사 갑이 다른 의사들과 협력하여 수술(결석을 제거하고 난 요관의 협착부위를 절단하여 방광측부에 이식하는 내용)을 마치고 수술실 밖으로 나온 다음, 그 뒤 나머지 봉합 등을 시행하던 과정에서 다른 의사의 착오로 이형수혈을 하여 환자가 사망한 사안에서 위 지원요청에 따라 수술을 담당하였던 의사의 과실에 의한 손해배상책임이 없다.[143]

140 정영일, "분업적 의료행위에 있어서 형법상 과실책임", 형사판례연구(6), 박영사, 1988, 54.
141 대법원 2003. 1. 10. 선고 2001도3292 판결.
142 대법원 1970. 2. 10. 선고 69도2190 판결.
143 대법원 1970. 1. 27. 선고 67다2829 판결.

b. 수직적 분업(지휘·감독)관계

의사들의 관계가 수직적 지휘·감독관계에 해당하는 경우에는 일반적으로 지휘감독자에게는 신뢰의 원칙이 적용되기 어려울 것이다. 반대로 지휘감독자의 지시내용을 신뢰한 피지휘감독자에게는 이를 적용할 여지가 있다.

a) 진료과장과 소속 의사들의 관계

규모가 큰 병원의 경우는 전문 진료과목마다 책임자(과장)가 지정되어 있고, 그 밑에 의료진이 소속하여 진료업무를 행하고 있는 경우가 많다. 원칙적으로 진료과목의 책임자는 진료과목 내에서 이루어지는 전반적인 진료행위에 관하여 지휘, 감독할 의무가 부과되어 있다. 따라서 전문 진료과목의 책임자와 그 소속 의사들과의 관계에서는 신뢰의 원칙이 적용되지 않는다고 보아야 할 것이다. 그러나 해당진료과목의 책임자가 실제 진료행위에는 관여치 아니하고 진료과목내의 일반적인 행정업무만을 총괄하거나 진료에 개입하더라도 그 진료가 일반적인 지시나 감독의 범위를 벗어나는 것이 아닌 경우에는 그 책임자에게 의료과실의 책임을 부담케 할 수는 없을 것이다. 진료행위에 가담치 아니하거나 담당의사의 진료행위에 대하여 일반적인 감독업무를 수행하는 것에 불과한 사람에게 특정 환자에 대한 담당의사의 구체적인 진료의 잘못에 대하여서까지 주의의무를 요구할 수는 없기 때문이다.[144]

판례도 같은 입장으로, 일반적으로 대학병원의 진료체계상 과장은 병원행정상의 직급으로서 다른 교수나 전문의가 진료하고 있는 환자의 진료까지 책임지는 것은 아니고, 소속 교수 등이 진료시간을 요일별 또는 오전, 오후 등 시간별로 구분하여 각자 외래 및 입원 환자를 관리하고 진료에 대한 책임을 맡게 된다. 그러한 사정을 감안하면, 피고인에게 피해자를 담당한 의사가 아니어서 그 치료에 관한 것이 아님에도 불구하고 구강악안면외과 과장이라는 이유만으로 외래담당의사 및 담당 수련의들의 처치와 치료결과를 주시하고 적절한 수술방법을 지시하거나 담당의사 대신 직접 수술을 하고, 농배양을 지시·감독할 주의의무가 있다고 단정할 수 없다고 판시하였다.[145]

이에 대하여는, 종합병원의 과장은 많은 경우에 있어서 진료를 담당하는 복

144 김용빈, "의료행위의 과실과 신뢰의 원칙", 2004, 217; 최호진, "분업적 의료행위에 따른 형사책임의 분배", 형사법연구(19권 1호, 통권 30호), 2007, 15.

145 대법원 1996. 11. 8. 선고 95도2710 판결.

합적 조직체를 대표하여 그 신인도의 유지를 책임지고 있으므로 의료진의 구성이나 의료행위의 수준을 점검하고 그에 따른 제반 문제에 대한 보완조치를 취할 의무를 부담하고 있다고 보아야 하므로 과장에게도 일정한 범위 내에서는 과실책임을 인정함이 타당하다는 견해가 있다.[146]

b) 주치의와 야간당직의의 관계

판례는 주치의사와 야간당직의사의 관계에 관하여, 정신과질환인 조증으로 입원한 환자의 주치의사는 환자의 건강상태를 사전에 면밀히 살펴서 그 상태에 맞도록 조증치료제인 클로르포르마진을 가감하면서 투여하여야 하고, 클로르포르마진의 과다투여로 인하여 환자에게 기립성저혈압이 발생하게 되었고 당시 환자의 건강상태가 갑자기 나빠지기 시작하였다면 좀 더 정확한 진찰과 치료를 위하여 내과전문병원 등으로 전원조치를 하여야 할 것이고, 그러지 못하고 환자의 혈압상승을 위하여 포도당액을 주사하게 되었으면 그 과정에서 환자의 전해질이상 유무를 확인하고 투여하여야 함에도 의사에게 요구되는 이러한 일련의 조치를 취하지 아니한 과실이 있다면, 그러한 과실로 환자가 전해질이상·빈혈·저알부민증 등으로 인한 쇼크로 사망하였음을 인정할 수 있고, 그 치료 과정에서 주치의인 피고인으로부터 처방전과 간호일지 등을 인계받은 야간당직의사의 과실이 일부 개입하였다고 하더라도 그의 주치의사 및 환자와의 관계에 비추어 볼 때 환자의 주치의사는 업무상과실치사죄의 책임을 면할 수는 없다고 판시하였다.[147]

c) 전문의와 전공의[148]의 관계

전문의는 전공의에 대한 지휘, 감독책임이 부과되어 기본적으로 신뢰의 원칙이 적용되지 않는다.[149] 판례는 민사사건에서, 담당의사가 양수과다증 및 태반유착 증세가 있는 환자의 분만수술 후 그 상태로 보아 합병증인 산후출혈 등을 예견할 수 있었음에도 불구하고 그에 대비한 관찰과 검사를 태만히 한 채 수련의 등에게 합병증에 대비하라는 말만 하고서 구체적인 지시 없이 바로 퇴근한 경우,

146 정영일, "의료과실의 형사책임에 관한 일고찰", 한일형사법의 과제와 전망, 2000, 105.

147 대법원 1994. 12. 9. 선고 93도2524 판결.

148 전문의의 수련 및 자격 인정 등에 관한 규정 제2조에 의하면 전공의란 수련병원이나 수련기관에서 전문의의 자격을 취득하기 위하여 수련을 받는 인턴 및 레지던트를 말하고, 인턴이란 의사 면허를 받은 사람으로서 일정한 수련병원에 전속되어 임상 각 과목의 실기를 수련하는 사람을 말하며, 레지던트란 인턴과정을 이수한 사람으로서 일정한 수련병원 또는 수련기관에 전속되어 전문과목 중 1과목을 전공으로 수련하는 사람을 말한다.

149 최호진, "분업적 의료행위에 따른 형사책임의 분배", 형사법연구(19권 1호, 통권 30호), 2007, 15.

담당의사에게는 환자가 신속하고 적절한 조치를 받지 못함으로써 사망에 이르게 한 과실이 인정된다고 하였다.[150]

d) 전공의와 수련의의 관계

전공의는 수련의에 대한 지휘, 감독책임이 부과되어 기본적으로 신뢰의 원칙이 적용되지 않는다. 판례는 의사는 전문적 지식과 기능을 가지고 환자의 전적인 신뢰 하에서 환자의 생명과 건강을 보호하는 것을 업으로 하는 자로서 그 의료행위를 시술하는 기회에 환자에게 위해가 미치는 것을 방지하기 위하여 최선의 조치를 취할 의무를 지고 있으므로, 의사가 다른 의사와 의료행위를 분담하는 경우에도 자신이 환자에 대하여 주된 의사의 지위에 있거나 다른 의사를 사실상 지휘감독하는 지위에 있다면, 그 의료행위의 영역이 자신의 전공과목이 아니라 다른 의사의 전공과목에 전적으로 속하거나 다른 의사에게 전적으로 위임된 것이 아닌 이상, 의사는 자신이 주로 담당하는 환자에 대하여 다른 의사가 하는 의료행위의 내용이 적절한 것인지의 여부를 확인하고 감독하여야 할 업무상 주의의무가 있고, 만약 의사가 이와 같은 업무상 주의의무를 소홀히 하여 환자에게 위해가 발생하였다면, 의사는 그에 대한 과실 책임을 면할 수 없고, 따라서 환자의 주치의 겸 정형외과 전공의가 같은 과 수련의의 처방에 대한 감독의무를 소홀히 한 나머지, 환자가 수련의의 잘못된 처방으로 인하여 상해를 입게 된 경우에는 전공의에 대한 업무상과실치상죄가 인정된다고 판시하였다.[151]

e) 수련의가 전문의의 지시를 신뢰한 경우

하지만 지휘감독을 받는 수련의가 지휘감독자인 전문의의 처치와 처방을 신뢰하였을 경우에는 신뢰의 원칙이 적용될 수 있다. 판례는 병원 인턴인 피고인이, 응급실로 이송되어 온 익수(溺水)환자 갑을 담당의사 을의 지시에 따라 구급차에 태워 다른 병원으로 이송하던 중 산소통의 산소잔량을 체크하지 않은 과실로 산소 공급이 중단된 결과 갑을 폐부종 등으로 사망에 이르게 하였다는 내용으로 기소된 사안에서, 을에게서 이송 도중 갑에 대한 앰부 배깅(ambu bagging)과 진정제 투여 업무만을 지시받은 피고인에게 일반적으로 구급차 탑승 전 또는 이송 도중 구급차에 비치되어 있는 산소통의 산소잔량을 확인할 주의의무가 있다고 보기는 어렵고, 다만 피고인이 갑에 대한 앰부 배깅 도중 산소 공급 이상을 발견하고도

150 대법원 1997. 8. 22. 선고 96다43164 판결.
151 대법원 2007. 2. 22. 선고 2005도9229 판결.

구급차에 동승한 의료인에게 기대되는 적절한 조치를 취하지 아니하였다면 업무상 과실이 있다고 할 것이나, 피고인이 산소부족 상태를 안 후 취한 조치에 어떠한 업무상 주의의무 위반이 있었다고 볼 수 없는데도, 피고인에게 산소잔량을 확인할 주의의무가 있음을 전제로 업무상과실치사죄를 인정한 원심판단에 응급의료행위에서 인턴의 주의의무 범위에 관한 법리오해 또는 심리미진의 위법이 있다고 판시하였다.[152]

c. 다른 병원 의사들 사이의 관계

다른 병원 의사들 사이에서 진료가 행해지는 이른바 전원(轉院)의 경우에는 신뢰의 원칙이 적용되기가 쉽지 않다. 원칙적으로 먼저 진료를 한 의사로부터 진료관계기록을 넘겨받거나 문의하여 이상증세라든가 병력·기왕증 등을 확인할 의무가 나중에 진료한 의사에게 있다. 그리고 전문과목이 다른 병원이나 의사들 사이인 경우는 이른바 수평적 관계로서 신뢰의 원칙이 적용되어 과실책임이 부정될 경우도 있을지도 모르나, 같은 과목의 일반의·전문의 사이인 경우에는 전문의는 책임을 면하기 어렵다고 볼 수 있고 또 그들 병원의 의료진이나 진료시설의 규모·수준 등에 따라 이른바 수직적 관계에 해당시켜 나중의 큰 병원의 책임을 인정해야 할 경우도 있을 수 있다.[153](예를 들어 환자를 이송한 1차 진료병원과 비교하여 이송 받은 병원의 의료시설과 의료진의 의료수준 등이 현격하게 우위에 있는 경우에 1차 진료병원 의료진의 소견이나 그 소견의 기초가 되는 MRI나 CT 자료 등에 대해 이송 받은 병원의 의료진에게는 신뢰의 원칙을 적용할 수 없는 경우가 있을 수 있다[154])

판례는 다른 병원에서 진단이 내려진 경우라도 환자를 치료하는 의사는 다른 병원의 진단을 만연히 신뢰하고 환자를 진료하여서는 아니 된다는 취지로 판시한 바 있다. 즉 피고인이 조선대학교 의과대학 산부인과 전문의 수련과정 2년차의 의사로서 광주적십자병원에 파견근무중 환자인 갑의 복부에서 만져지는 혹을 제거하기 위한 개복수술을 하기로 하였으면 진료경험이나 산부인과적 전문지식이 비교적 부족한 상태이므로 산부인과 전문의 지도를 받는다든지 자문을 구하고,

152 대법원 2011. 9. 8. 선고 2009도13959 판결.

153 김성돈, 형법총론(제5판), 성균관대학교출판부(2017), 488; 정영일, "분업적 의료행위에 있어서 형법상 과실책임", 형사판례연구(6), 1998, 55.

154 천진호, "분업적 의료영역에 있어 신뢰의 원칙의 적용", 법학논총(35집 2호, 2015. 08), 전남대학교 법학연구소, 101.

위 환자의 진료를 필요한 모든 검사를 면밀히 실시하여 병명을 확인하고 수술에 착수하여야 하고 개복 후에도 개복 전의 진단병명은 정확하며 혹시 다른 질환은 아닌지를 세밀히 검토하여 필요한 범위 내에서 수술을 시행하여야 할 업무상 주의의무가 있음에도 불구하고 당초 위 환자를 진찰한 결과 복부에 혹이 만져지고 하혈을 하고 있어 자궁외 임신일 가능성도 생각하였으나 피해자가 10년간 임신경험이 없고 경유병원에서의 진단소견이 자궁근종 또는 자궁체부암으로 되어 있자 자궁외 임신인지를 판별하기 위한 수술 전 검사법인 특수호르몬검사, 초음파검사, 복강경검사, 소변임신반응검사 등을 전혀 실시하지 않고 자궁근종을 확인하는 의미에서의 촉진 및 시진을 통하여 자궁외 임신환자인 갑의 병명을 자궁근종으로 오진하였고 수술단계에서도 냉동절편에 의한 조직검사 등을 거치지 아니한 상태에서 자궁근종으로 속단하고 일반외과 전문의인 공소외 을과 함께 병명조차 정확히 확인하지 못한 채 자궁적출술을 시행하여 현대의학상 자궁적출술을 반드시 필요로 하는 환자가 아닌 갑의 자궁을 적출함으로써 동인을 상해에 이르게 한 사실을 인정하기에 넉넉하므로 원심이 피고인을 업무상과실치상죄로 처벌한다고 판시하였다.[155]

또한 판례는 피해자가 다른 병원으로 전원할 당시 이미 후복막에 농양이 광범위하게 형성되어 있었고 췌장이나 십이지장과 같은 후복막 내 장기 등 조직의 괴사가 진행되어 이미 회복하기 어려운 상태에 빠져 있었다면, 피해자가 다른 병원으로 전원하여 진료를 받던 중 사망하였다는 사실 때문에 피고인의 진료상의 과실과 피해자의 사망과의 사이의 인과관계가 단절된다고 볼 수는 없다고 판시하였다.[156]

다) 신뢰의 원칙의 적용 한계

도로교통 분야에서 신뢰의 원칙을 적용함에 있어서는 모든 관여자가 교통규칙을 준수할 것을 신뢰할 수 있는 상태를 전제로 하는 것이다. 이러한 정상적인 신뢰관계를 기대할 수 없는 사정이 있을 때에는 신뢰의 원칙을 적용할 수 없게 되는데 학계에서는 이를 아래와 같이 유형화하고 있으므로 살펴본다.

(1) 상대방의 교통규칙위반을 이미 인식한 경우

교통관여자가 상대방의 교통규칙 위반을 이미 알고 있었거나 예견할 수 있었

155 대법원 1993. 7. 27. 선고 92도2345 판결.
156 대법원 1996. 9. 24. 선고 95도245 판결.

던 때에는 신뢰의 원칙을 적용할 수 없다.[157] 예를 들어 다른 운전자가 음주운전하는 것을 알고 있었거나, 무모한 보행자임이 분명한 경우에는 상대방이 적법행위만 하리라고 신뢰하여서는 아니 되고 적절한 주의의무를 다하여야 한다.[158] 판례도 과실범에 관한 이른바 신뢰의 원칙은 상대방이 이미 비정상적인 행태를 보이고 있는 경우에는 적용될 여지가 없는 것이고, 이는 행위자가 경계의무를 게을리 하는 바람에 상대방의 비정상적인 행태를 미리 인식하지 못한 경우에도 마찬가지라고 판시하였다.[159]

구체적으로 어느 경우가 상대방의 규칙 위반을 이미 알고 있었거나 예견할 수 있었던 때에 해당하는지는 상황에 따라 판단하여야 한다. 판례는, 침범금지의 황색중앙선이 설치된 도로에서 자기차선을 따라 운행하는 자동차운전수는 반대방향에서 오는 차량도 그쪽 차선에 따라 운행하리라고 신뢰하는 것이 보통이고 중앙선을 침범하여 이쪽 차선에 돌입할 경우까지 예견하여 운전할 주의의무는 없으나, 다만 반대방향에서 오는 차량이 이미 중앙선을 침범하여 비정상적인 운행을 하고 있음을 목격한 경우에는 자기의 진행전방에 돌입할 가능성을 예견하여 그 차량의 동태를 주의 깊게 살피면서 속도를 줄여 피행하는 등 적절한 조치를 취함으로써 사고발생을 미연에 방지할 업무상 주의의무가 있다고 판시하였다.[160] 또한 판례는, 피고인이 봉고트럭을 운전하여 황색중앙선이 표시된 편도 1차선을 주행하던 중 반대차선으로 오던 피해자 운전의 오토바이가 약 15미터 앞에서 갑자기 중앙선을 넘어오는 바람에 미처 피하지 못하여 사고가 발생하였다면 피고인에게 위 오토바이가 갑자기 중앙선을 넘어 들어 올 것을 예상하여 어떤 조치를 취할 것을 기대할 수는 없다 할 것이므로 업무상 과실책임을 물을 수 없다고 한 것,[161] 자동차전용도로를 운행 중인 자동차운전사들에게 반대차선에서 진행차량 사이를 뚫고 횡단하는 보행자들이 있을 것까지 예상하여 전방주시를 할 의무가 있다고 보기는

157 김일수/서보학, 새로쓴 형법총론(제13판), 327; 박상기, 형법총론(제9판), 박영사(2012), 306; 박상기·전지연, 형법학(총론·각론 강의)(제4판), 집현재(2018), 190; 배종대, 형법총론(제13판), 홍문사(2017), 493; 손동권·김재윤, 새로운 형법총론(초판), 율곡출판사(2011), 364; 신동운, 형법총론(제10판), 법문사(2017), 243; 오영근, 형법총론(제4판), 박영사(2018), 132; 임웅, 형법총론(제10정판), 법문사(2018), 553; 이재상 외 2인, 형법총론(제9판), 박영사(2017), 202; 정성근·박광민, 형법총론(제2판), 성균관대학교 출판부(2015), 447; 정영일, 신형법총론(초판), 학림(2018), 178.

158 이재상 외 2인, 형법총론(제9판), 박영사(2017), 202.

159 대법원 2009. 4. 23. 선고 2008도11921 판결.

160 대법원 1986. 2. 25. 선고 85도2651 판결.

161 대법원 1990. 4. 24. 선고 89도2547 판결.

어려운 것이므로, 피해자들이 반대차선을 횡단해온 거리가 14.9미터가 된다는 것만으로 피고인의 과실을 인정할 수는 없다고 판시한 것이 있다.[162]

(2) 상대방의 교통규칙준수를 신뢰할 수 없는 경우

상대방이 교통규칙에 합당한 행위를 하지 못할 개연성이 높은 경우에도 신뢰의 원칙이 적용될 수 없다.[163] 예를 들어 성인의 보호를 받고 있지 아니한 유아나 어린이의 경우에는 교통규칙에 맞는 행위를 하리라고 신뢰할 수는 없다. 노인,[164] 신체장애자, 술에 취한 사람 또는 축제참가자와 같이 군중이 몰려 있는 경우처럼 경험상 교통규칙에 맞는 행위를 하리라고 기대하는 것이 불확실한 경우에도 신뢰의 원칙은 적용되지 아니한다.[165]

교통규칙 위반이 빈번히 일어나는 장소에서도 신뢰의 원칙은 적용되지 않는다. 예를 들어 버스정류장 또는 초등학교나 유치원 앞과 같은 특수한 장소를 지날 때에는 운전자는 서행하여야 한다.[166] 교통사고가 빈발하는 지역임을 표시하는 표지를 보았을 때 이를 고려하여 운행하지 아니하면 신뢰의 원칙을 적용받기 곤란하며, 어떤 특수한 사정이 도로교통의 위험을 가중시키고 있거나 전방주시가 어려운 도로건널목에서도 신뢰의 원칙은 적용하기가 어렵다.[167]

신뢰의 원칙을 배제하기 위해서는 운전자가 이를 예상해야 할 특수한 사정(예를 들어 사고다발지역이라는 교통표지가 있거나 평소 보행자가 많아 서행하여야 하는 장소)이 있을 것을 요하는 것이며 단순히 사고다발지역이었다는 통계가 있다는 것만으로는 충분하지 않을 것이다.[168]

162 대법원 1990. 1. 23. 선고 89도1395 판결.

163 김일수/서보학, 새로쓴 형법총론(제13판), 328; 박상기, 형법총론(제9판), 박영사(2012), 306; 박상기·전지연, 형법학(총론·각론 강의)(제4판), 집현재(2018), 190; 배종대, 형법총론(제13판), 홍문사(2017), 493; 손동권·김재윤, 새로운 형법총론(초판), 율곡출판사(2011), 364; 신동운, 형법총론(제10판), 법문사(2017), 244; 오영근, 형법총론(제4판), 박영사(2018), 132; 임웅, 형법총론(제10정판), 법문사(2018), 554; 이재상 외 2인, 형법총론(제9판), 박영사(2017), 202; 정성근·박광민, 형법총론(제2판), 성균관대학교 출판부(2015), 448; 정영일, 신형법총론(초판), 학림(2018), 179.

164 독일의 판례(BGH VRS 17, 204)는 모든 나이가 많은 보행자가 아니라 단지 아주 연로하거나 허약한 사람임을 외견상 인지할 수 있을 때에만 그 보행자의 부주의한 행위가능성을 염두에 넣어야 한다고 판시하였다. 조상제, "교통사고에서 신뢰의 원칙의 적용제한사례 해석", 비교형사법연구 4권 1호(2002. 7), 445에서 재인용.

165 김일수/서보학, 새로쓴 형법총론(제13판), 328; 이재상 외 2인, 형법총론(제9판), 박영사(2017), 202.

166 이재상 외 2인, 형법총론(제9판), 박영사(2017), 202.

167 김일수/서보학, 새로쓴 형법총론(제13판), 328.

168 이재상 외 2인, 형법총론(제9판), 박영사(2017), 202.

[판례]

㉠ 40미터 전방우측노변에서 어린아이가 같은 방향으로 걸어가고 있음을 목격하였으면 버스운전사로서는 그 아이가 버스 앞으로 느닷없이 튀어 나오는 수가 있음을 예견하고 이로 인한 사고를 방지하기 위해서 속력을 줄이고 그 통태를 주시해야하는 등의 주의의무가 있다.[169]

㉡ 도로의 한쪽에 있어 수 명의 어린이 중 한 아이가 도로를 횡단하고 다른 아이는 차량의 접근을 감지하고 그냥 서 있는 경우라 할지라도 이러한 아이의 곁을 통과하는 운전자로서는 아이가 돌연 진로전면에 뛰어나오는 경우를 예상하여 그 아이의 곁을 통과할 때에는 즉시 정차할 수 있는 속도로 감속하거나 일단 정차하여 아이에게 피해 있게 하거나 도로를 횡단하도록 지시하는 등의 주의의무가 있다.[170]

㉢ 노인인 횡단자를 발견하였을 때에는 언제든지 급정지가 가능할 정도로 서행하여야 하고 노인에게 접근한 경우에 급정지를 하지 아니하고 그 배후로 우회하려고 하였다가 당황하여 후퇴하는 노인을 충격한 경우 과실책임을 면할 수 없다.[171]

㉣ 도로상에 주차중인 반대쪽에 술에 취한 사람이 웅크리고 있는 것을 인식하고 그 사이를 통과하려고 할 때에는 서행함에 그치지 않고 차의 측방·후방을 충분히 주시하면서 통과하거나 경음기에 의하여 또는 스스로 하차하여 피하도록 촉구함으로써 안전하게 통과를 하여야 한다.[172]

㉤ 군중이 몰려 있는 도로를 통행할 때에는 동승한 사람 또는 경찰관의 유도를 받아 군중의 정리를 시도하는 등 차체의 전방은 물론 좌우 양측에 대해서도 주의를 하여 각 방면에 위험이 없는 것을 확인하지 않고는 진행을 계속하거나 개시하여서는 아니 된다.[173]

㉥ 학교의 정문 앞, 극장, 흥행장소 부근은 사람이나 자전거의 출입이 빈번하여 갑자기 도로를 횡단하려는 자가 있을 개연성이 크므로 이러한 곳을 통과하려 할 때에는 미리 경음기를 울려 경고함은 물론 전방 및 좌우를 경계하여 출입자의 유에 주의하고, 그 출입자와 충돌의 염려가 있을 때에는 언제든지 정차할 수 있을 정도로 감속하여 사고발생을 방지할 주의의무가 있다.[174]

169 대법원 1970. 8. 18. 선고, 70도1336 판결.
170 日高松高判 1955. 7. 29.
171 日大判 1926. 2. 4.
172 日東京高判 1961. 4. 8.
173 日大判 1933. 7. 3.
174 日大阪高判 1956. 2. 28.

(3) 운전자가 스스로 교통규칙을 위반한 경우

스스로 교통규칙을 위반한 운전자에 대하여는 신뢰의 원칙이 적용되지 않는다.[175] 이 경우에 신뢰의 원칙이 적용되지 않는 이유는 주의의무에 위반하여 자기 스스로 야기한 위험의 실현을 타인이 방지해 주리라고 어느 누구도 신뢰하여서는 아니 되기 때문이다.[176] 규칙에 위반하는 행위를 통하여 다른 교통관여자의 위반행위를 야기하게 된 이상 신뢰의 원칙이 적용될 기초가 상실되었기 때문이라고 설명하기도 한다.[177]

판례는 피고인이 도로교통법의 규정을 위반하여 경사도의 정상부근에서 앞차를 앞질러 일차선상으로 진행한 사실이 있다 하더라도 반대방향에서 시속 약 80킬로미터의 과속으로 오던 사고택시가 정차하고 있는 차량을 피하기 위하여 급좌회전함으로써 피고인 운전의 차량과 충돌하여 이 사건 사고가 발생한 이상, 피고인의 위 도로교통법규 위반행위가 위 사고의 발생원인이 되었다고 볼 수 없으므로 이것들 간에는 상당인과관계가 없다고 판시한 바 있는데,[178] 이는 과속으로 운전한 사고택시 운전자에게 신뢰의 원칙을 적용할 수 없다는 것으로 이해할 수 있다.

한편, 운전자에게 규칙위반이 있다고 하여 언제나 신뢰의 원칙이 적용되지 않는 것이 아니라, 규칙위반이 사고발생에 영향을 미친 경우에 한하여 이 원칙에 대한 적용이 배제를 인정할 수 있다.[179]

마. 감독과실

감독과실이란 기업이나 조직체에 의한 과실사고 예를 들어 화재·가스폭발사고, 공장재해, 식품·의약품사고 등이 발생한 경우에 감독자의 안전체제확립의무에 주목하여, 직접 사고발생에 관여한 사람 이외에 그 상급감독자의 과실책임에 대

175 김일수/서보학, 새로쓴 형법총론(제13판), 329; 박상기, 형법총론(제9판), 박영사(2012), 306; 박상기·전지연, 형법학(총론·각론 강의)(제4판), 집현재(2018), 190; 배종대, 형법총론(제13판), 홍문사(2017), 493; 손동권·김재윤, 새로운 형법총론(초판), 율곡출판사(2011), 364; 신동운, 형법총론(제10판), 법문사(2017), 243; 오영근, 형법총론(제4판), 박영사(2018), 132; 임웅, 형법총론(제10정판), 법문사(2018), 554; 이재상 외 2인, 형법총론(제9판), 박영사(2017), 202; 정성근·박광민, 형법총론(제2판), 성균관대학교 출판부(2015), 448; 정영일, 신형법총론(초판), 학림(2018), 179.

176 김일수/서보학, 새로쓴 형법총론(제13판), 329.

177 이재상 외 2인, 형법총론(제9판), 박영사(2017), 203.

178 대법원 1973. 1. 16. 선고 72도2655 판결.

179 이재상 외 2인, 형법총론(제9판), 박영사(2017), 203.

한 문제이다.[180] 독일과 일본에서 학계와 판례로 그 형사상 과실책임을 인정하는 논의가 발전되었다.[181] 독일은 부작위범(보증인지위)의 문제로, 일본에서는 과실범(주의의무위반)의 문제로 접근하고 있고, 우리 학계에도 같은 내용의 의견대립이 있다.[182] 감독과실과 관리과실로 분류하여, 사람에 대한 부적절한 지휘·감독 등의 과실로 인하여 결과가 발생한 경우(간접방지형 과실)와 사고발생을 예방하기 위한 물적 설비와 인적 체제를 정비하여야 할 경우(직접개입형 과실)로 나누기도 한다.[183] 우리 판례는 각종 공사사고, 화재·가스폭발사고, 식품·의약품사고 등에서 감독과실을 인정한 사례가 있다.[184]

2. 구성요건결과의 발생

과실범의 구성요건은 구성요건적 결과의 발생을 필요로 한다. 형법을 비롯하여 우리 법률에서 과실범에는 미수범의 처벌규정이 없기 때문이다. 여기에서 구성요건적 결과의 발생이란 법익의 침해 또는 위태화이다.[185] 법익의 위태화는 과실위험범으로, 예를 들면 형법 제170조(실화) 제2항, 제171조(업무상실화, 중실화), 제181조(과실일수)에서 각각 공공의 위험을 발생하게 한 경우를 들 수 있다.[186]

3. 인과관계, 객관적 귀속, 예견가능성

가. 인과관계

고의범과 마찬가지로 과실범에 있어서도 주의의무위반의 행위와 구성요건적 결과 사이에는 인과관계가 있어야 한다. 행위와 결과 사이에 합법칙적 조건관계가 성립되는 때에는 결과에 대하여 인과관계가 인정된다는 것이 통설이다.[187]

180 박상기·전지연, 형법학(총론·각론 강의)(제4판), 집현재(2018), 190; 임웅, 형법총론(제10정판), 법문사(2018), 543.

181 김종덕, "형법상 감독책임에 관한 고찰", 계명법학(7), 2003; 조병선, "기업형사책임에 대한 비교법적 연구 - 특히 감독책임에 관한 독일과 일본의 판례에 대한 비교연구 -", 청대학술논집(4), 청주대학교, 2004.

182 김종덕, "형법상 감독책임에 관한 고찰", 계명법학(7), 2003, 198-201. 김태천, "형법상 감독과실책임과 그 한계", 재판과 판례 16집(2007. 12), 대구판례연구회, 724-728; 조병선, "기업형사책임에 대한 비교법적 연구 - 특히 감독책임에 관한 독일과 일본의 판례에 대한 비교연구 -", 청대학술논집(4), 청주대학교, 2004, 54-56, 65-66.

183 박상기·전지연, 형법학(총론·각론 강의)(제4판), 집현재(2018), 190.

184 우리 판례의 내용들에 대하여는 우선 김태천, "형법상 감독과실책임과 그 한계", 재판과 판례 16집(2007. 12), 대구판례연구회, 732 이하를 참조.

185 배종대, 형법총론(제13판), 홍문사(2017), 494; 이재상 외 2인, 형법총론(제9판), 박영사(2017), 203.

186 김일수/서보학, 새로쓴 형법총론(제13판), 323.

187 김일수/서보학, 새로쓴 형법총론(제13판), 324; 이재상 외 2인, 형법총론(제9판), 박영사(2017), 203; 임웅, 형법총론(제10정판), 법문사(2018), 555; 정성근·박광민, 형법총론(제2판), 성균관대학교출판부(2015), 438.

나. 객관적 귀속

과실범의 결과귀속을 위해서는 인과관계의 성립만으로는 족하지 아니하고 규범적 관점에서 결과를 행위자에게 객관적으로 귀속시킬 수 있어야 한다는 것이 학계의 일반적인 입장이다.[188] 그리고 그 객관적 귀속을 위해서는 주의의무위반 관련성과 규범의 보호목적 관련성이 요구된다고 본다.[189]

이에 반하여 인과관계의 판단은 객관적 상당인과관계설에 의하면 족하고 평가적 결과귀속은 상당인과관계의 판단에 포함되기 때문에 객관적 귀속을 별도로 논의할 필요가 없다는 견해가 있다.[190] 또한 학계에서 말하는 인과관계와 객관적 귀속이라는 표현은 결국 사실상 인과관계와 법적 인과관계라고 표현하는 것이 바람직하다는 견해도 있다.[191] 판례는 상당인과관계설에 의하여 인과관계 유무만을 판단하고 있을 뿐 객관적 귀속이라는 개념을 언급하지는 않고 있다.[192] 이를 두고 판례가 객관적 귀속의 문제를 상당인과관계설의 상당성의 개념으로 판단한다고 보기도 한다.[193]

1) 주의의무위반 관련성

가) 의의

이 개념은 행위자가 주의의무를 위반하였고 구성요건적 결과가 발생되었다고 하더라도 주의의무를 준수한 때에도 같은 결과가 발생했으리라고 인정되는 경우에는 객관적 귀속이 부정된다는 것을 의미한다.[194] 적법한 대체행위이론(주의의무를 위반한 행위를 대신하여 적법한 대체행위 즉 주의의무를 준수한 행위가 있었더라도 동일한 결과가 발생하였음이 인정되는 경우에 객관적 귀속이 부정될 수 있다는 이론)이라고

188 김일수/서보학, 새로쓴 형법총론(제13판), 323; 신동운, 형법총론(제10판), 법문사(2017), 246; 이재상 외 2인, 형법총론(제9판), 박영사(2017), 203; 정성근·박광민, 형법총론(제2판), 성균관대학교출판부(2015), 438.

189 김일수/서보학, 새로쓴 형법총론(제13판), 323; 신동운, 형법총론(제10판), 법문사(2017), 246; 이재상 외 2인, 형법총론(제9판), 박영사(2017), 203; 정성근·박광민, 형법총론(제2판), 성균관대학교출판부(2015), 438.

190 배종대, 형법총론(제13판), 홍문사(2017), 494.

191 김종구, "사실상 인과관계 및 법적 인과관계와 객관적 귀속", 형사판례연구(24), 박영사(2016), 115.

192 대법원 1989. 10. 13. 선고 89도556 판결 등.

193 김종구, "사실상 인과관계 및 법적 인과관계와 객관적 귀속", 형사판례연구(24), 박영사(2016), 114.

194 김성돈, 형법총론(제5판), 성균관대학교출판부(2017), 493; 김일수/서보학, 새로쓴 형법총론(제13판), 323; 손동권·김재윤, 새로운 형법총론(초판), 율곡출판사(2011), 356; 이재상 외 2인, 형법총론(제9판), 박영사(2017), 204; 임웅, 형법총론(제10정판), 법문사(2018), 555.

설명하기도 한다.[195] 이것은 과실범의 인과관계가 지나치게 확장되는 것을 방지하기 위한 노력이라고 할 수 있다.[196]

학계에서 예를 드는 사례로는 부주의한 운전을 하던 운전자가 갑자기 차도에 뛰어든 보행자를 치어 다치게 하였지만 주의를 다하여 운전하였더라도 같은 결과를 피할 수 없었을 경우에는 발생한 결과의 주의의무 관련성이 부정된다는 것이 있다.[197]

나) 관련성의 정도

주의의무를 준수하였더라면 결과발생이 회피될 가능성의 정도에 대하여는 무죄추정설과 위험증대설로 견해가 나뉜다.[198]

무죄추정설은 단순한 가능성 정도로는 부족하고 확실성에 가까운 개연성의 정도로 인정되어야 한다고 본다. 주의의무를 준수하였더라도 결과가 발생하였을지 명백하지 아니할 때에는 '의심스러울 때는 피고인의 이익으로'라는 형사법의 원칙에 따라 피고인의 이익으로 판단하여 무죄로 추정하여야 한다는 견해로서 다수설이다.[199] 판례는 주의의무 관련성이라는 개념을 언급하고 있지는 않으나 대체로 무죄추정설의 입장에 선 것으로 보인다.[200]

이와 달리 위험증대설은 행위자가 법적으로 허용될 수 없는 위험을 야기하거나 증가시켜 결과가 발생한 때에는 금지된 위험이 실현되었다는 이유로 객관적 귀속을 인정한다. 즉 어느 행위가 주의의무에 위반하였는가는 행위가 허용된 위험의 범주를 초과한 것인가의 여부에 좌우된다. 이를 초과하여 구성요건적 결과

195 김성돈, 형법총론(제5판), 성균관대학교출판부(2017), 495; 박상기, 형법총론(제9판), 박영사(2012), 296; 손동권·김재윤, 새로운 형법총론(초판), 율곡출판사(2011), 347; 신동운, 형법총론(제10판), 법문사(2017), 246; 정영일, 신형법총론(초판), 학림(2018), 171.

196 신동운, 형법총론(제10판), 법문사(2017), 246.

197 이재상 외 2인, 형법총론(제9판), 박영사(2017), 204; 임웅, 형법총론(제10정판), 법문사(2018) 556.

198 무죄추정설과 위험증대설의 상세한 내용과 독일의 판례 등은 박이규, "선행 교통사고와 후행 교통사고 중 어느 쪽이 원인이 되어 피해자가 사망하였는지가 분명하지 않은 경우, 후행 교통사고와 피해자의 사망 사이에 인과관계를 인정하기 위한 요건", 대법원판례해설 74호 (2008.07), 법원도서관을 참조.

199 김성돈, 형법총론(제5판), 성균관대학교출판부(2017), 496; 이재상 외 2인, 형법총론(제9판), 박영사(2017), 204; 임웅, 형법총론(제10정판), 법문사(2018), 556; 정영일, 신형법총론(초판), 학림(2018), 173.

200 대법원 1990. 12. 11. 선고 90도694 판결, 대법원 1996. 11. 8. 선고 95도2710 판결이 그러하다. 김성돈, 형법총론(제5판), 성균관대학교출판부(2017), 495; 박이규, "선행 교통사고와 후행 교통사고 중 어느 쪽이 원인이 되어 피해자가 사망하였는지가 분명하지 않은 경우, 후행 교통사고와 피해자의 사망 사이에 인과관계를 인정하기 위한 요건", 대법원판례해설 74호 (2008.07), 법원도서관 2008, 359; 신동운, 형법총론(제10판), 법문사(2017), 247도 판례의 입장이 무죄추정설이라고 보고 있다.

가 발생할 가능성이 생겼으면(위험실현) 구성요건을 충족시키는 의무위반행위가 인정된다고 본다(결과귀속의 인정). 반대로 허용된 위험을 초과하는 위험증대가 인정되지 않으면 행위자에 대한 결과귀속은 인정하지 않는다.[201] 주의의무위반이 주의의무를 준수한 경우의 통상적 위험에 비하여 현저한 위험증대를 가져왔다면 결과의 객관적 귀속이 긍정되어야 한다는 견해라고 설명하기도 한다.[202]

무죄추정설에 대한 비판으로는 대부분의 과실범에서 결과귀속을 부정해야 한다는 난점이 있다거나,[203] 현실적으로 행위자의 주의의무위반과 이로 인한 결과발생에 대한 원인제공이 있었음에도 불구하고 가정적 상황추정과 이에 기초한 위험비교를 통하여 객관적 귀속대상에서 제외시키는 것은 부당하다는 지적이 있다.[204]

위험증대설에 대하여는 '의심스러울 때는 피고인의 이익으로'라는 형사법의 원칙을 제대로 적용하지 않고 있고, 주의의무에 위반한 경우에는 항상 위험이 증가하여 귀속기준으로서의 주의의무 관련성을 부정하는 결과가 되므로 특히 의료행위는 언제나 건강이나 생명침해의 위험성을 증대하기 때문에 실패로 끝난 의료행위는 과실의 경중을 불문하고 의사의 형사책임으로 귀속될 수 있으며, 위험이 현실화된 사태(발생한 결과)를 기초로 하여 결과발생 여부를 사전판단하는 것은 논리적 모순이고, 이에 의하면 과실결과범이 위험범화되는 불합리를 초래한다는 비판이 있다.[205]

다) 판례

판례는 주의의무위반 관련성이라는 개념을 언급하고 있지는 않으나 이와 연관이 있는 것을 살펴본다.

① 피고인이 트럭을 도로의 중앙선 위에 왼쪽 바깥 바퀴가 걸친 상태로 운행하던 중 피해자가 승용차를 운전하여 피고인이 진행하던 차선으로 달려오다가 급히 자기 차선으로 들어가면서 피고인이 운전하던 트럭과 교행할 무렵 다시 피고인의 차선으로 들어와 그 차량의 왼쪽 앞부분으로 트럭의 왼쪽 뒷바퀴 부분을 스

201 박상기, 형법총론(제9판), 박영사(2012), 299; 손동권·김재윤, 새로운 형법총론(초판), 율곡출판사(2011), 358; 신양균, "과실범에 있어서 의무위반과 결과의 관련", 형사판례연구(1), 박영사, 1993, 82.
202 이재상 외 2인, 형법총론(제9판), 박영사(2017), 204; 임웅, 형법총론(제10정판), 법문사(2018), 556.
203 이재상 외 2인, 형법총론(제9판), 박영사(2017), 204.
204 박상기, 형법총론(제9판), 박영사(2012), 298.
205 박상기, 형법총론(제9판), 박영사(2012), 299; 이재상 외 2인, 형법총론(제9판), 박영사(2017), 204.

치듯이 충돌하고 이어서 트럭을 바짝 뒤따라가던 차량을 들이받았다면, 설사 피고인이 중앙선 위를 달리지 아니하고 정상 차선으로 달렸다 하더라도 사고는 피할 수 없다 할 것이므로 피고인 트럭의 왼쪽 바퀴를 중앙선 위에 올려놓은 상태에서 운전한 것만으로는 위 사고의 직접적인 원인이 되었다고 할 수 없다.[206]

② 응급환자가 아닌 난소종양환자에 대하여 수술주관의사 또는 마취담당의사가 할로테인을 사용한 전신마취에 의하여 난소종양절제수술을 함에 앞서 혈청의 생화학적 반응에 의한 간기능검사로 환자의 간 상태를 정확히 파악하여 피해자가 간손상 상태에 있는지 여부를 확인한 후에 마취 및 수술을 시행하는 것이 보편적인 것이었음에도 정확성이 떨어지는 소변에 의한 간검사결과만을 믿고 할로테인에 의한 전신마취를 실시하고 개복수술을 한 결과 환자가 수술 후 22일만에 급성전격성간염으로 인하여 사망하였으므로 피고인들에게 업무상 과실이 있다. 그러나 이 경우에 혈청에 의한 간기능검사를 시행하지 않거나 이를 확인하지 않은 피고인들의 과실과 피해자의 사망 간에 인과관계가 있다고 하려면 피고인들이 수술 전에 피해자에 대한 혈청에 의한 간기능검사를 하였더라면 피해자가 사망하지 않았을 것임이 입증되어야 할 것인데도(수술 전에 피해자에 대하여 혈청에 의한 간기능검사를 하였더라면 피해자의 간기능에 이상이 있었다는 검사결과가 나왔으리라는 점이 증명되어야 할 것이다) 원심은 피해자가 수술 당시에 이미 간손상이 있었다는 사실을 증거 없이 인정함으로써 채증법칙위반 및 인과관계에 관한 법리오해의 위법을 저질렀다.[207]

③ 환자인 피해자의 턱에서 생긴 염증이 전신으로 퍼져 패혈증 등으로 사망한 사안에서, 원심은 원인균 확인을 게을리 한 이상 당시 투약한 항생제가 결과적으로 밝혀진 원인균에 적절한 것으로 판명되었다 하여도 진료상의 적절성이 인정될 수는 없으므로 과실과 피해자의 사망 사이에 인과관계가 인정된다고 판시하였으나, 대법원은 의사인 피고인이 피해자의 농배양을 하지 않은 것이 과실이라고 할 수는 있겠으나, 그것이 피해자의 사망에 기여한 인과관계 있는 과실이 된다고 하려면 원심으로서는 농배양을 하였더라면 피고인이 투약해 온 항생제와 다른 어떤 항생제를 사용하게 되었을 것이라거나 어떤 다른 조치를 취할 수 있었을 것이고, 따라서 피해자가 사망하지 않았을 것이라는 점을 심리·판단하였어야 하는데,

206 대법원 1991. 2. 26. 선고 90도2856 판결.
207 대법원 1990. 12. 11. 선고 90도694 판결.

기록상 그러한 점을 밝힐 수 있는 자료는 없고, 오히려 피고인이 투약해 온 항생제는 원인균에 적절한 것으로 판명되었다는 것이므로 피고인의 과실이 피해자의 사망과 인과관계가 있다고 보기는 어렵다.[208]

④ 피고인이 운행하는 차량의 좌측 조명등 부분에 충격되어 지면에 전도된 피해자가 뒤따라오던 다른 차량에 역과되어 사망한 경우 피해자가 사망한 직접적인 증거가 없다 하여도 주의의무에 반한 피고인의 행위가 없었다면 사후에 있어서 다른 차량의 역과행위도 없었을 것이며, 위 사고지점은 교통이 극히 번잡한 곳이어서 전도되어 있는 피해자를 뒤따라오던 타 차량이 역과할 수 있는 것은 당연히 예상할 수 있는 것이니, 피고인의 위 업무상 과실행위는 위 피해자의 사망에 대한 직접원인을 이루는 것이므로 피고인은 업무상 과실치사죄의 책임을 면할 수 없다.[209]

2) 규범의 보호목적 관련성

이 개념은 과실범의 결과귀속을 인정하려면 구성요건적 결과는 규범의 보호범위 안에서 발생하여야 한다는 의미이다. 즉 침해된 규범이 발생한 결과를 방지하기 위한 것이어야 한다.[210] 침해된 규범의 보호범위 밖에서 결과가 발생한 때에는 구성요건적 결과가 그 규범의 침해로 인한 것이라고 할 수 없고, 객관적 귀속을 인정하지 않게 된다.[211]

학계에서 예를 드는 사례로는 운전자가 과속으로 진행하여 일찍 교차로에 도착하였지만, 그 지점에서는 주의의무를 다하였으나 사고가 일어난 경우가 있다. 제한속도를 지켰다면 운전자는 사고시간에 그 교차로에 도착할 수 없었으므로 사고를 피할 수 있었다고 할 수 있다. 그러나 속도제한은 운전자가 일정한 장소에 도착하는 것을 지연시키기 위한 규범이 아니므로 발생한 결과는 침해된 규범의 보호범위에서 일어난 것이 아니며, 따라서 그 결과를 운전자에게 귀속시킬 수 없다는 것이다.

208 대법원 1996. 11. 8. 선고 95도2710 판결.
209 대법원 1972. 4. 25. 선고 72도433 판결.
210 이재상 외 2인, 형법총론(제9판), 박영사(2017), 205.
211 김성돈, 형법총론(제5판), 성균관대학교출판부(2017), 496; 박상기, 형법총론(제9판), 박영사(2012), 300; 이재상 외 2인, 형법총론(제9판), 박영사(2017), 205. 이와 달리 박상기·전지연, 형법학(총론·각론 강의)(제4판), 집현재(2018), 194는 규범의 보호목적 관련성이라는 기준을 굳이 적용하지 않더라도 행위와 결과 간의 주의의무위반 관련성 여부를 통해서도 형사책임 유무를 판단할 수 있다고 본다.

학계에서 예를 드는 또다른 사례는 독일의 판례이다. 치과의사(피고인)가 환자(피해자)의 어금니를 발치하려는데, 환자가 원인 모를 심장질환을 앓고 있었고, 자신의 심장이상을 호소하였다. 이런 경우 치과의사는 내과의사의 심장기능검사를 거쳐야 함에도 이를 거치지 않고 전신마취를 한 끝에 환자가 심장마비로 사망하였지만 그 검사를 하였더라도 심장질환을 발견하지 못했을 것이고 내과의사가 그대로 발치를 해도 좋다고 했을 것이라는 사정이 나중에 확인된 경우이다. 그렇지만 환자는 내과의사의 검사를 받느라고 적어도 실제로 사망한 시점보다는 후에 사망했을 것이라는 것은 인정되는 사안이었다. 독일판례는 이런 경우에 내과의사의 검사는 위험한 수술을 사전에 방지하려는 데 목적이 있는 것이지 위험한 수술(발치 수술)을 지연시킴으로써 환자의 생명을 연장하는 데 목적이 있는 것이 아니라는 이유로 환자의 사망의 결과는 침해된 규범의 보호범위 밖에 있는 것이고 결국 그 결과는 치과의사에게 귀속될 수 없다고 하였다.[212]

판례는 피고인 운전의 차가 이미 정차하였음에도 뒤쫓아 오던 차의 충돌로 인하여 앞차를 충격하여 사고가 발생한 경우, 설사 피고인에게 앞 차와의 안전거리를 준수치 않은 위법이 있었다 할지라도 그것이 이 사건 피해결과에 대하여 인과관계가 있다고 단정할 수 없다고 판시하였는데,[213] 이는 규범의 보호목적 관련성이 없다고 보는 사례라고 할 수 있다.

한편 판례는 자동차의 운전자가 그 운전상의 주의의무를 게을리 하여 열차건널목을 그대로 건너는 바람에 그 자동차가 열차좌측 모서리와 충돌하여 20여 미터쯤 열차 진행방향으로 끌려가면서 튕겨나갔고 피해자는 타고 가던 자전거에서 내려 위 자동차 왼쪽에서 열차가 지나가기를 기다리고 있다가 위 충돌사고로 놀라 넘어져 상처를 입었다면 비록 위 자동차와 피해자가 직접 충돌하지는 아니하였더라도 자동차운전자의 위 과실과 피해자가 입은 상처 사이에는 상당한 인과관계가 있다고 판시하였다.[214] 그러나 이 판례에 반대하여, 교통사고를 보고 놀라 넘어져 상해를 입은 것이 열차와의 충돌방지라는 도로관련법규의 보호목적에 해당한다고 볼 수 없으므로 규범의 보호목적 관련성이 없어서 객관적 귀속을 부정

212 신양균, "과실범에 있어서 의무위반과 결과의 관련", 형사판례연구(1), 박영사, 1993, 75; 이재상 외 2인, 형법총론(제9판), 박영사(2017), 205.

213 대법원 1984. 6. 12. 선고 82도3199 판결, 대법원 1983. 8. 23. 선고 82도3222 판결.

214 대법원 1989. 9. 12. 선고 89도866 판결.

하여야 한다는 견해가 있다.[215]

다. 예견가능성

구성요건적 결과 발생과 인과관계의 본질적 요소('인과과정의 본질적 윤곽'이라고 표현하기도 한다[216])는 예견가능하여야 한다.[217] 상해의 결과를 예견할 수 있었지만 사망의 결과를 예견할 수 없었을 때에는 사망의 결과가 발생하였어도 과실치사죄가 성립하지 않는다.[218] 과실범의 행위반가치는 주의의무위반에 있고 결과반가치는 고의범의 경우와 같이 결과의 발생 및 행위의 결과에 대한 인과관계라고 할 수 있으므로,[219] 결과 및 인과관계의 예견가능성은 주의의무위반에 의한 결과발생과 더불어 과실범의 행위불법과 결과불법을 연결하는 두 개의 요소이다.[220]

구성요건적 결과에 대한 예견가능성 유무를 판단함에는 객관적 표준에 의하여 결정하여야 한다.[221] 결과에 대한 객관적 예견가능성은 과실범의 구성요건에 해당하고, 행위자가 구체적 상황에서 결과를 예견할 수 있었느냐의 주관적 예견가능성은 책임의 문제에 속한다.[222] 학자에 따라서는, 객관적 예견가능성은 객관적 주의의무위반 여부를 판단하기 위한 하나의 척도로써 기능할 뿐만 아니라 또한 그러한 주의의무위반으로 인한 행위가 구성요건에 해당하는 결과로서 실현되었다고 볼 것인가(객관적 귀속)에 대해서 판단할 때도 하나의 척도로서 기능한다고 본다.[223] 또는 인과관계론에서 상당인과관계설에 따른다면 행위자의 지위 및 상황에 처해 있는 이성적인 사람의 사후예측의 방법으로 판단되는데, 이는 행위결과의 객관적 예견가능성이라는 척도와 일치하고, 인과관계론에서 합법칙적 조건

215 김일수, "상당인과관계와 객관적 귀속", 법률신문(1936호), 1990, 15; 김종구, "사실상 인과관계 및 법적 인과관계와 객관적 귀속", 형사판례연구(24), 박영사(2016), 115; 손동권·김재윤, 새로운 형법총론(초판), 율곡출판사(2011), 361; 이상돈, "결과의 객관적 귀속", 고시연구(1998. 9), 고시연구사, 111; 정현미, "인과과정에 개입된 타인의 행위와 객관적 귀속", 형사판례연구(9), 2001, 151; 조상제, "신뢰의 원칙과 그 적용상 한계", 고시계(47권 12호), 국가고시학회, 2002, 25.

216 임웅, 형법총론(제10정판), 법문사(2018), 541.

217 이재상 외 2인, 형법총론(제9판), 박영사(2017), 205.

218 이재상 외 2인, 형법총론(제9판), 박영사(2017), 205.

219 이재상 외 2인, 형법총론(제9판), 박영사(2017), 195.

220 이재상 외 2인, 형법총론(제9판), 박영사(2017), 205.

221 이재상 외 2인, 형법총론(제9판), 박영사(2017), 205.

222 이재상 외 2인, 형법총론(제9판), 박영사(2017), 206.

223 이건호, "과실범에서 객관적 예견가능성의 체계적 지위와 의미에 대한 고찰", 한림법학 FORUM(13), 한림대학교 법학연구소(2003), 220; 김성돈, 형법총론(제5판), 성균관대학교출판부(2017), 492.

설을 취한다면, 객관적 예견가능성의 척도는 인과관계의 판단척도가 아니라 인과관계론과는 범죄체계적으로 독립된 객관적 귀속론의 판단척도가 된다고 하면서, 어떤 인과관계론을 취하든 상관없이 객관적 예견가능성이 없는 결과는 과실범의 결과반가치를 이루는 요소가 될 수 없다고 설명하기도 한다.[224]

[예견가능성과 관련된 판례]

㉠ 의료사고에 있어서 의료종사원의 과실을 인정하기 위하여서는 의료종사원이 결과 발생을 예견할 수 있음에도 불구하고 그 결과 발생을 예견하지 못하였고 그 결과 발생을 회피할 수 있었음에도 불구하고 그 결과 발생을 회피하지 못한 과실이 검토되어야 하고, 그 과실의 유무를 판단함에는 추상적인 일반인이 아니라 같은 업무와 직무에 종사하는 일반적 보통인의 주의정도를 표준으로 하여야 하며, 이에는 사고 당시의 일반적인 의학의 수준과 의료환경 및 조건, 의료행위의 특수성 등이 고려되어야 하므로 그 의료수준은 규범적으로 요구되는 수준으로 파악되어야 하고 당해 의사나 의료기관의 구체적 상황에 따라 고려되어서는 안 된다.[225]

㉡ (민사사건) 망인이 의사인 피고의 처방에 따라 아미노피린 주사를 맞다가 사망하였고 그 밖에 망인의 사망에 다른 원인이 개입되었다고 볼만한 자료를 기록상 찾아볼 수 없으므로 위 주사와 사망 사이에는 인과관계가 있다고 보인다. 그러나 비록 의사의 진료행위와 환자의 사망 사이에 인과관계가 성립된다 하더라도 한밤중인 01 : 10경에 수련의로서 홀로 당직근무를 하다가 극심한 호흡곤란을 호소하는 환자를 진료함에 있어서 그가 가지고 있는 의학지식에 의하여 그 치료방법으로 우선 호흡곤란을 완화시키기 위한 대증요법을 쓰기로 하고 그 대증요법에 일반적으로 쓰이는 주사 약제를 선택한 다음 간호원에게 지시하여 적절한 방법에 따라 주사를 하였다면 그 진료방법이나 약제의 선택 및 사후의 처치과정에서 명백히 합리성을 결한 것이 아닌 한 그것은 의사의 재량에 속한다 할 것이므로 그 치료 중에 환자가 사망하였다 하여 의사에게 막바로 의료과오상의 책임을 물을 수는 없다. (중략) 원심이 피고가 이 사건 진료를 함에 있어서 그 진료의 방법이나 약제의 선택 및 사후처치과정에서 의사로서의 합리적인 재량의 범위를 넘었고 또 그와 같은 사정을 일반적으로 예견할 수 있었다는데 대하여 더 심리하지 아니한 채 피고에게 과실책임을 인정한 것은 잘못이다.[226]

224 주석 형법, 총칙편(1)(제2판), 한국사법행정학회(2011), 295(문채규).

225 대법원 1984. 6. 12. 선고 82도3199 판결, 대법원 1987. 1. 20. 선고 86다카1469 판결, 대법원 1996. 11. 8. 선고 95도2710 판결, 대법원 1997. 2. 11. 선고 96다5933 판결.

226 대법원 1986. 10. 28. 선고 84다카1881 판결.

㉢ 피고인이 운행하는 차량의 좌측 조명등 부분에 충격되어 지면에 전도된 피해자가 뒤따라오던 다른 차량에 역과되어 사망한 경우 피해자가 사망한 직접적인 증거가 없다 하여도 주의의무에 반한 피고인의 행위가 없었다면 사후에 있어서 다른 차량의 역과행위도 없었을 것이며, 위 사고지점은 교통이 극히 번잡한 곳이어서 전도되어 있는 피해자를 뒤따라오던 타 차량이 역과 할 수 있는 것은 당연히 예상할 수 있는 것이니, 피고인의 위 업무상 과실행위는 위 피해자의 사망에 대한 직접원인을 이루는 것이므로 피고인은 업무상 과실치사죄의 책임을 면할 수 없다.[227]

㉣ 황색실선의 중앙선을 침범하였다가 급히 자기 차선으로 복귀 중이던 원심공동피고인 운전의 버스와 반대차선을 운전면허 없는 피고인이 운전하던 봉고차가 충돌한 교통사고에 관하여 충돌 당시 위 각 차량의 중앙선침범 여부와 피고인이 위 버스를 미리 발견할 수 있었던 거리에서 피행운행이 가능하였는지의 여부를 심리하여 피고인의 과실유무를 가려봄이 없이 진로전방 상당거리까지 접근해 온 위 버스를 발견하고서도 운전기술의 미숙으로 제동조치를 하지 아니한 피고인의 과실이 경합되어 위 사고가 발생하였다고 원심이 판단한 것은 이유불비와 심리미진의 위법을 저질렀다.[228]

㉤ 피고인이 야간에 차량통행이 한산한 시골 국도상을 택시를 운전하던 중 맞은편에서 전조등을 켜고 오는 차량과 교행 직후 도로상에 누워 있는 피해자를 치어 피해자가 사망한 경우, 원심이 피고인이 맞은편에서 오는 차량과 교행시에 전조등을 하향조정하여 진로를 주시하였더라면 진행전방에 누워있던 피해자를 상당한 거리에서 미리 발견할 수 있었는지 여부 등을 심리함이 없이 피고인에게 과실이 없다고 판단함으로써 심리미진, 채증법칙위반의 위법을 저질렀다.[229]

Ⅲ. 과실범의 위법성

1. 위법성의 징표

과실범에 있어서도 고의범과 마찬가지로 구성요건이 실현됨으로 인하여 위법성이 징표된다.[230] 즉 위법성은 원칙적으로 인정되고, 예외적으로 위법성조각사유

227 대법원 1972. 4. 25. 선고 72도433 판결.
228 대법원 1991. 4. 9. 선고 91도415 판결.
229 대법원 1991. 5. 28. 선고 91도840 판결.
230 김일수/서보학, 새로쓴 형법총론(제13판), 330; 이재상 외 2인, 형법총론(제9판), 박영사(2017), 206.

가 있는 경우에 조각될 수 있다.[231]

2. 과실범의 위법성조각사유

과실범의 위법성조각사유로는 정당방위, 긴급피난 그리고 피해자의 승낙이 자주 거론되고 있다. 학계에서 예를 드는 사안을 보면, 과실범의 정당방위는 경찰관이 강도를 발견하고 경고사격을 하였는데 탄환이 범인에게 맞아 상처를 입힌 때에 성립하여 위법성을 조각하고,[232] 긴급피난은 보호자가 환자를 태우고 그 생명을 구하기 위하여 과속으로 자동차를 운전하다가 교통사고를 낸 때에 성립하여 위법성을 조각하며,[233] 피해자의 승낙은 운동경기를 하다가 상대방 선수에게 과실로 상해를 입힌 경우에 성립하여 위법성을 조각한다.[234]

과실범에 있어서 피해자의 승낙의 대상에 관하여, 승낙은 과실행위에 대해서 승낙하면 족한가 아니면 그에 따른 법익침해 결과에 대해서까지 승낙하는 것이어야 하는가에 대하여 견해가 대립한다. 독일의 다수설과 판례는 과실범에 있어서 승낙의 대상은 행위자의 위험한 행위에 대한 것으로 족하다고 본다.[235] 피해자가 위험을 인식하면서 행위자의 행위에 동의한 때에는 그 위험한 행위로부터 발생할지도 모를 침해적 결과도 감수·용인하였고 이로써 침해에 승낙하였다고 보는 것이다. 다만 피해자가 행위자의 행위의 위험성을 인식하고 그로부터 예견되는 경과 및 결과에 대한 적절한 인식이 있어야만 한다는 점이 전제되어야 한다. 다시 말하면 피해자가 위험을 올바르게 평가하였어야 한다는 점이다. 위험의 올바른 평가는 피해자가 그의 법익포기의 의의 및 사정범위에 관한 충분한 인식을 가진 것을 의미한다. 이에 반대하여 소수설은 승낙이 유효하기 위해서는 과실범에 있어서도 그것이 행위와 결과에 대한 것이어야 한다는 본다. 예컨대 위험한 수술을 승낙한 환자는 이로 인하여 발생할지도 모를 불행한 결과를 승낙한 것은 아니라는 것이다. 다시 말하면 위험한 행위에 대한 승낙으로부터 그 행위에 결합되어 있을지도 모를 침해에 관한 미필적 동의가 있음을 추론하는 것을 거부한 것이다. 소수설에 따를 경우 피해자의 승낙은 과실범에 있

231 김일수/서보학, 새로쓴 형법총론(제13판), 330; 이재상 외 2인, 형법총론(제9판), 박영사(2017), 206.
232 김일수/서보학, 새로쓴 형법총론(제13판), 332; 이재상 외 2인, 형법총론(제9판), 박영사(2017), 206.
233 김일수/서보학, 새로쓴 형법총론(제13판), 332; 박상기, 형법총론(제9판), 박영사(2012), 307; 이재상 외 2인, 형법총론(제9판), 박영사(2017), 206.
234 박상기, 형법총론(제9판), 박영사(2012), 308; 이재상 외 2인, 형법총론(제9판), 박영사(2017), 206.
235 양화식, "과실범에 있어서 피해자의 승낙과 위험인수", 현대의 형사법학(90.09), 1990, 203.

어서는 거의 인정하기 어려울 것이다.[236] 한편, 위에서 본 어떠한 견해에 따르든지 간에, 피해자의 승낙에 의하여 위법성이 조각되려면 피해자에게 그 법익에 대한 처분권이 인정되고 법률에 그 처벌에 관한 특별한 규정이 없는 경우이어야 한다(형법 제24조).[237]

3. 주관적 정당화요소

과실범의 위법성조각사유에 있어서 주관적 정당화요소가 필요한가? 즉 과실범의 경우에도 정당화사유를 인정하기 위해서는 주관적 정당화요소가 필요한가의 문제이다. 이 문제는 객관적으로는 위법성이 조각되는 상황이지만 주관적 정당화사유가 없는 경우에 대한 논의이다. 예를 들어 권총을 부주의하게 다루다가 오발로 옆 사람을 맞추었는데 사실은 맞은 사람은 그를 살해하려고 했던 경우이다.[238] 이에 대하여는 견해가 나뉜다.

필요설[239]은 위와 같은 경우에서 행위자가 정당방위상황을 인식하고 이를 근거로 행위해야 한다는 이유로 주관적 정당화요소(위와 같은 상황에서는 '방위의사'가 주관적 정당화요소이다)가 필요하다고 본다. 이에 따르면 위법성이 조각되지 않으나 결과불법이 인정되지 아니하므로 과실범의 미수가 성립한다. 형법은 과실범의 미수를 처벌하지 않으므로 처벌받지 않는다는 결론은 불필요설과 같다.

불필요설[240]은 주관적 정당화요소는 행위불법을 조각하는 기능을 가지는 것인데, 과실범에 있어서는 행위자가 객관적인 정당한 상황 아래에서 행위하면 그것으로 행위불법은 조각되며, 주관적 정당화요소에 의하여 배제될 행위불법이 인정되지 않으므로 주관적 정당화요소가 필요하지 않다고 본다. 이에 따르면 위법성이 조각되어 처벌받지 않게 된다.

236 양화식, "과실범에 있어서 피해자의 승낙과 위험인수", 현대의 형사법학(90.09), 1990, 204.
237 김성규, "과실범에 있어서의 피해자의 승낙", 외법논집(37권 2호), 한국외국어대학교 법학연구소, 2013, 228; 김일수/서보학, 새로쓴 형법총론(제13판), 330.
238 김일수/서보학, 새로쓴 형법총론(제13판), 331; 박상기, 형법총론(제9판), 박영사(2012), 308.
239 김성돈, 형법총론(제5판), 성균관대학교출판부(2017), 500; 김일수/서보학, 새로쓴 형법총론(제13판), 331; 임웅, 형법총론(제10정판), 법문사(2018), 559.
240 박상기, 형법총론(제9판), 박영사(2012), 308; 박상기·전지연, 형법학(총론·각론 강의)(제4판), 집현재(2018), 195; 배종대, 형법총론(제13판), 홍문사(2017), 496; 손동권·김재윤, 새로운 형법총론(초판), 율곡출판사(2011), 367; 이재상 외 2인, 형법총론(제9판), 박영사(2017), 206.

IV. 과실범의 책임

1. 책임능력, 위법성 인식, 기대가능성

과실범의 책임도 고의범과 마찬가지로, 구성요건에 해당하는 위법한 행위에 대한 비난가능성이다.[241] 그러므로 과실범의 책임을 인정하려면 책임능력과 위법성의 인식이 요구된다. 그리고 적법행위의 기대가능성이 없으면 책임이 조각된다.[242]

2. 주관적 주의의무위반

주관적 주의의무위반을 과실범의 책임요소로 보는 것이 다수설이다.[243] 즉 과실범에서 책임이 성립하려면 주관적 주의의무위반이 필요하다는 것이다. 이에 따르면 과실범의 책임비난은 행위자의 개인적인 능력, 경험과 지식에 따른 주관적 기준에 의하여 결정되므로,[244] 행위자는 자신의 개인적인 능력에 따라 객관적 주의의무를 인식하고 이에 따라 주의의무를 다할 수 있었다고 인정될 때 책임비난이 가능하다.

과실결과범에 있어서는 책임요소로서 구성요건적 결과와 인과관계를 주관적으로 예견할 수 있었을 것(주관적 예견가능성)을 필요로 한다.[245] 이 때 결과에 대한 예견가능성의 주관적 기준은 주의의무의 인식가능성과 일치한다.[246] 즉 행위자 개인의 능력(개인적인 지식, 경험, 신체조건, 지능, 연령 등)에 비추어 구성요건적 결과발생의 인식과 예견이 가능했음에도 불구하고 그것을 회피하지 아니한 것을 의미한다.[247]

과실의 체계적 지위와 관련하여서 다수설이[248] 이중적 지위설을 취하고 있음

241 김일수/서보학, 새로쓴 형법총론(제13판), 333; 이재상 외 2인, 형법총론(제9판), 박영사(2017), 206.
242 김일수/서보학, 새로쓴 형법총론(제13판), 333; 박상기, 형법총론(제9판), 박영사(2012), 308; 이재상 외 2인, 형법총론(제9판), 박영사(2017), 206.
243 김일수/서보학, 새로쓴 형법총론(제13판), 334; 박상기, 형법총론(제9판), 박영사(2012), 308; 박상기·전지연, 형법학(총론·각론 강의)(제4판), 집현재(2018), 195; 배종대, 형법총론(제13판), 홍문사(2017), 497; 손동권·김재윤, 새로운 형법총론(초판), 율곡출판사(2011), 368; 이재상 외 2인, 형법총론(제9판), 박영사(2017), 206; 임웅, 형법총론(제10정판), 법문사(2018), 560; 정성근·박광민, 형법총론(제2판), 성균관대학교출판부(2015), 440.
244 이재상 외 2인, 형법총론(제9판), 박영사(2017), 206.
245 배종대, 형법총론(제13판), 홍문사(2017), 498; 이재상 외 2인, 형법총론(제9판), 박영사(2017), 206.
246 이재상 외 2인, 형법총론(제9판), 박영사(2017), 203.
247 김일수/서보학, 새로쓴 형법총론(제13판), 335.
248 김일수/서보학, 새로쓴 형법총론(제13판), 317; 배종대, 형법총론(제13판), 홍문사(2017), 483; 손동권·김재윤, 새로운 형법총론(초판), 율곡출판사(2011), 350; 오영근, 형법총론(제4판), 박영사(2018), 128; 이재상 외 2인, 형법총론(제9판), 박영사(2017), 194; 임웅, 형법총론(제10정판), 법문사(2018), 536; 정영일, 신형법총론(초판), 학림(2018), 165; 정성근·박광민, 형법총론(제2판), 성균관대학교출판부(2015), 429.

은 앞서 본 바인데, 이에 따르면 과실은 구성요건요소이면서도 동시에 책임요소로서의 의미도 가지고 있다. 과실이 구성요건요소와 책임요소로서의 이중기능을 가지지만 판단기준은 달리하는데 구성요건요소로서의 과실에서는 객관적 주의의무위반(객관적으로 일반인에게 요구되는 주의의 태만)이 문제됨에 반하여, 책임요소로서는 주관적 주의의무위반(행위자의 개인적 지식과 능력에 따라 그가 객관적 주의의무를 다할 수 있었느냐)을 문제 삼는 것이다.[249]

행위자의 주관적 주의의무위반과 관련하여 인수책임(引受責任)이 거론된다. 이는 행위자가 자신의 개인적인 능력에 벅찬 일을 인수하였다가 그 일을 제대로 수행하지 못하여 법익침해의 결과를 야기하였다면 비록 행위 시에는 그 결과를 회피할 개인적인 능력이 없었던 경우라 하더라도 그에 앞서 그 일의 인수 시에는 이를 회피할 수 있었다면 주의의무위반이 인정된다는 것이다.[250] 인수과실이라고도 부른다. 선행행위에 책임비난을 연결한다는 점에서 원인에 있어서 자유로운 행위와 유사하다.[251] 판례는, 피고인이 조선대학교 의과대학 산부인과 전문의 수련과정 2년차의 의사로서 광주적십자병원에 파견근무중 환자인 피해자의 복부에서 만져지는 혹을 제거하기 위한 개복수술을 하기로 하였으면 진료경험이나 산부인과적 전문지식이 비교적 부족한 상태이므로 산부인과 전문의 지도를 받는다든지 자문을 구하고, 위 환자의 진료에 필요한 모든 검사를 면밀히 실시하여 병명을 확인하고 수술에 착수하여야 하고 개복 후에도 개복 전의 진단병명은 정확하며 혹시 다른 질환은 아닌지를 세밀히 검토하여 필요한 범위 내에서 수술을 시행하여야 할 업무상 주의의무가 있음에도 불구하고 당초 위 환자를 진찰한 결과 복부에 혹이 만져지고 하혈을 하고 있어 자궁외 임신일 가능성도 생각하였으나 피해자가 10년간 임신경험이 없고 경유병원에서의 진단소견이 자궁근종 또는 자궁체부암으로 되어 있자 자궁외 임신인지를 판별하기 위한 수술 전 검사법인 특수호르몬검사, 초음파검사, 복강경검사, 소변임신반응검사 등을 전혀 실시하지 않고 자궁근종을 확인하는 의미에서의 촉진 및 시진을 통하여 자궁외 임신환자인 피해

249 김성돈, 형법총론(제5판), 성균관대학교출판부(2017), 477; 이재상 외 2인, 형법총론(제9판), 박영사(2017), 195.

250 주석 형법, 총칙편(1)(제2판), 한국사법행정학회(2011), 306(문채규); 김성돈, 형법총론(제5판), 성균관대학교출판부(2017), 499; 김일수/서보학, 새로쓴 형법총론(제13판), 335; 배종대, 형법총론(제13판), 홍문사(2017), 497; 손동권·김재윤, 새로운 형법총론(초판), 율곡출판사(2011), 352; 임웅, 형법총론(제10정판), 법문사(2018), 560; 정성근·박광민, 형법총론(제2판), 성균관대학교출판부(2015), 436.

251 김일수/서보학, 새로쓴 형법총론(제13판), 335.

자의 병명을 자궁근종으로 오진하였고 수술단계에서도 냉동절편에 의한 조직검사 등을 거치지 아니한 상태에서 자궁근종으로 속단하고 일반외과 전문의인 공소외인과 함께 병명조차 정확히 확인하지 못한 채 자궁적출술을 시행하여 현대의학상 자궁적출술을 반드시 필요로 하는 환자가 아닌 위 피해자의 자궁을 적출함으로써 동인을 상해에 이르게 한 사실을 인정하기에 넉넉하므로 원심이 피고인을 업무상 과실치상죄로 처벌한다고 판시하였는데,[252] 이는 인수과실에 의한 주관적 주의의 무위반에 대한 판시로 볼 여지가 있는 내용이다.[253]

252 대법원 1993. 7. 27. 선고 92도2345 판결.
253 김영환, "의료행위의 형법해석학적 문제점", 형사판례연구(2), 박영사, 1996, 49.

제 15 조 [사실의 착오]

① 특별히 중한 죄가 되는 사실을 인식하지 못한 행위는 중한 죄로 벌하지 아니한다.

[관련조문] 형법 제13조, 제14조, 제15조 제2항, 제16조, 제25조, 제27조.

[참고문헌] 김성돈, 형법총론(제5판), 성균관대학교출판부(2017); 신동운, 형법총론(제10판), 법문사(2017); 임웅, 형법총론(제10정판), 법문사(2018); 배종대, 형법총론(제13판), 홍문사(2017); 김일수/서보학, 새로쓴 형법총론(제13판), 박영사(2018); 박상기, 형법총론(제9판), 박영사(2012); 정성근/박광민, 형법총론(제2판), 성균관대학교출판부(2015); 정영일, 형법강의(총론)(제3판), 학림(2017); 오영근, 형법총론(제4판), 박영사(2018); 이재상 외 2인, 형법총론(제9판), 박영사(2017); 윤용규, 구성요건착오에 관한 소고 - 그 논의의 복잡성에 관한 반성-, 저스티스 제147호(2015. 4.); 한상훈, 구성요건적 고의의 구체성과 법정적 부합설의 '고의 전용'이론 비판, 법조(56권 1호, 2007. 1.); 이경렬, 형법 제15조 사실의 착오와 그 해결이론의 한계 - 유기천형법학 착오이론의 재평가-, 다시 유기천을 생각한다(2016).

Ⅰ. 개론

1. 형법상의 착오

가. 착오 개설

일반적으로 착오라 함은 행위자가 인식·의욕한 내용과 객관적으로 발생한 내용이 일치하지 않는 경우를 총칭한다. 즉 착오란 행위의 주관적 측면과 객관적 측면의 불일치라고 할 수 있다.

이런 의미의 착오는 형법의 영역에서 많이 볼 수 있다. 예를 들어 환각범, 불능범 등은 자신의 행위가 구성요건해당성이 있다고 하는 행위자의 주관적 측면과 실제로는 구성요건해당성이 없다는 객관적 측면의 불일치라고 할 수 있다. 과실범은 범죄가 되지 않는다고 생각한 행위자의 주관적 측면과 범죄결과가 발생하였다고 하는 객관적 측면의 불일치라고 할 수 있다. 미수범은 기수에 이르려고 했던 행위자의 주관적 측면과 기수에 이르지 못한 객관적 측면의 불일치라고 할 수 있다. 결과적 가중범은 기본범죄만 범하려고 한 행위자의 주관적 측면과 중한 결과까지 발생하였다고 하는 객관적 측면의 불일치라고 할 수 있다.

이와 같이 형법상 착오가 문제되는 경우가 많지만, 대체로 독자적인 문제영역을 지니고 있고, 형법총칙에서 착오라는 명칭을 가진 규정은 사실의 착오(제15조)와 법률의 착오(제16조)이다.

나. 사실의 착오와 법률의 착오

사실의 착오는 A 범죄를 실현하고자 하였으나 실제로는 B 범죄가 실현된 경우, 즉 A 범죄의 실현이라는 주관적 측면과 B 범죄의 실현이라는 객관적 측면의 불일치라고 할 수 있다. 법률의 착오는 자신의 행위에 대한 평가를 잘못하여 자신의 행위가 위법함에도 불구하고 위법하지 않다고 잘못 판단한 경우, 즉 자신의 행위가 위법하지 않다는 주관적 측면과 실제로는 위법하다는 객관적 측면의 불일치이다.

사실의 착오는 법률의 착오에 비해 가벌성을 조각·감경하는 효과가 더 크다. 즉, 원칙적으로 사실의 착오는 구성요건적 고의를 조각한다. 반면 통설에 의할 경우 법률의 착오는 구성요건해당성과 위법성은 인정되고 다만 정당한 이유가 있는 경우에 한하여 책임이 조각될 수 있을 뿐이다.

다. 사실의 착오와 구성요건적 착오

사실의 착오에서 말하는 사실은 구성요건적 사실을 의미한다. 형법 제15조는 표제어로 '사실의 착오'라는 용어를 사용하고 있으므로 종래는 이를 주로 사용하였다. 그러나 1980년대에 들어오면서 사실의 착오는 구성요건적 착오 가운데 규범적 구성요건요소는 제외한 채 객관적으로 존재하는 사실만을 대상으로 하는 것으로 오인되거나, 위법성조각사유의 전제사실 또는 책임요건인 사실에 대한 착오를 포함하는 것으로 오인되는 등 부정확한 용어이기 때문에 구성요건적 착오라는 용어를 사용해야 한다는 견해도 강하다.[1]

2. 사실의 착오의 범위

가. 사실의 착오는 A 라는 범죄를 발생시키려고 하였으나 B 라는 범죄결과가

1 김성돈, 형법총론(제5판), 성균관대학교출판부(2017), 219; 신동운, 형법총론(제10판), 법문사(2017), 208; 임웅, 형법총론(제10정판), 법문사(2018), 177.

발생한 경우와 같이 행위자가 인식·의욕한 범죄사실과 실제 발생한 범죄사실이 서로 다른 경우를 말한다. 이러한 최협의의 사실의 착오만을 구성요건적 착오로 보는 견해도 있다.[2] 제15조 제1항은 "특별히 중한 죄가 되는 사실을 인식하지 못한 행위"라고 하여 최협의의 사실의 착오 중 발생한 사실이 인식한 사실보다 무거운 경우를 규정하고 있다. 최협의의 사실의 착오에는 이 뿐만 아니라 인식사실이 발생사실보다 무거운 경우 및 인식사실과 발생사실의 종류가 다른 경우 등도 있을 수 있다. 최협의의 사실의 착오와 과실범의 차이는, 전자에서는 인식사실과 발생사실 모두 범죄가 되는 데에 비해, 후자에서는 인식사실은 범죄가 되지 않고 발생사실만이 범죄가 된다는 점에 있다.

형법 제15조는 발생한 사실이 인식한 사실보다 무거운 경우를 규정하고 있다. 이에는 발생한 범죄사실이 인식한 범죄사실보다 단순히 무거운 범죄인 경우가 있고(제1항) 중한 결과가 발생하는 경우 특별히 형벌을 가중하는 범죄로서 결과적 가중범인 경우가 있다(제2항). 이 점에 착안하여 최협의의 사실의 착오에 결과적 가중범을 더한 협의의 사실의 착오라는 범주를 인정할 수 있다. 형법의 착오 관련 규정 중에서 형법 제13조가 일반규정이고 제15조 제1항과 제2항이 특별규정이라는 견해[3]는 이러한 협의의 사실의 착오를 구성요건적 착오로 보는 견해라 할 수 있다.

사실의 착오의 범주를 넓혀서 법률의 착오와 대비되는 개념으로서, 구성요건적 사실에 대한 착오가 있는 모든 경우를 말한다면, 과실범, 미수범 등까지 포함될 수 있다.[4] 이와 관련하여 구성요건적 착오와 구성요건적 착오론은 구별되어야 하고, 넓은 의미의 구성요건적 착오는 고의뿐 아니라 과실범이나 미수범과 관련되어 있으나 구성요건적 착오론은 구성요건적 착오가 있는 경우 결과에 대하여 고의기수를 인정할 것인가의 문제이므로, 과실범이나 미수범과는 그 맥을 달리한다는 견해도 있다.[5]

나. 사실의 착오는 인식된 범행을 실행하기 위한 행위가 있고 이 행위에 의

2 배종대, 형법총론(제13판), 홍문사(2017), 176; 임웅, 형법총론(제10정판), 법문사(2018), 177.

3 윤용규, 구성요건착오에 관한 소고 - 그 논의의 복잡성에 관한 반성-, 저스티스 제147호(2015. 4.), 140.

4 김성돈, 형법총론(제5판), 성균관대학교출판부(2017), 218.

5 한상훈, 구성요건적 고의의 구체성과 법정적 부합설의 '고의 전용'이론 비판, 법조(56권 1호, 2007. 1.), 181.

하여 인식하지 못한 범행이 실현된 경우에만 가능하다.

그리하여 인식된 범행을 실행하기 위한 행위가 아니라 별개의 다른 행위로 처음에 인식하지 못한 범행이 실현된 경우라면 사실의 착오의 문제가 생기지 않는다. 예컨대 피고인이 A를 살해하려고 칼을 겨누고 있을 때 뒤에서 이를 발견한 B가 이 칼을 빼앗으려고 하자 빼앗기지 않으려고 뿌리치는 순간 B가 찔려 사망한 사안이라면, B가 사망하게 된 것은 A를 살해하려고 칼을 겨눈 행위가 아니라, 우연히 같은 시간과 장소에서 발생하였을 뿐 다른 행위인, 칼을 빼앗기기 않으려고 뿌리치는 행위에 의하여 B가 사망하게 된 것이므로, 사실의 착오 문제는 생길 여지가 없다. 따라서 사실의 착오 이론에 의하여 A에 대한 살인의 범의를 가지고 B에 대한 사망에 대하여 살인죄로 다스리기 위한 나머지 요건에 관하여는 더 나아가 살펴볼 필요도 없다(B에 대한 살인미수, A에 대한 과실치사 내지 상해치사 등 별도의 죄를 구성함은 별개의 문제이다).[6]

또한 실현된 범행이 미필적으로라도 인식된 경우라면 역시 사실의 착오 문제라고 할 수 없다. 대법원은, 피고인이 A와 그의 처인 B를 살해하기 위하여 농약을 투입한 숭늉그릇을 A의 가족들이 식사를 하려고 준비하였던 밥상 위에 놓음으로써 그 정을 알지 못한 A의 장녀 C가 이를 마시게 되어 사망하게 하였고 A와 B는 이를 보고 숭늉을 마시지 아니하여 이들에 대한 살인은 미수에 그쳤다는 원심의 인정에 위법이 없다고 하면서, 피고인이 사람을 살해할 의사로서 위와 같은 행위를 하였고 그와 같은 행위에 의하여 살해라는 결과가 발생한 이상 피고인의 행위와 살해라는 결과와의 사이에는 인과관계가 있다고 아니할 수 없으므로, C를 살해할 의사는 없었다며 살인기수 사실을 부인하는 피고인의 주장을 배척하였다(대법원 1968. 8. 23. 선고 68도884 판결). 위 사례는 피고인이 농약을 투입한 숭늉그릇을 A의 가족들이 식사를 하려고 준비하였던 밥상 위에 놓음으로써 애초의 A와 B에 대한 살인의 확정적 고의 외에도 그 가족인 C에 대한 살인의 미필적 고의도 인정할 수 있는 경우이므로, A와 B에 대한 살인미수 외에 C에 대한 살인기수를 인정하는 데에 어떤 사실의 착오 문제가 생기지 않는다고 할 수 있다.

6 서울고등법원 1972. 10. 17. 선고 72노874 판결.

Ⅱ. 사실의 착오[7]의 유형화

1. 사실의 착오의 대상

가. 사실의 착오에서 착오의 대상이 되는 '사실'이란 구성요건적 사실, 즉 행위의 주체, 행위의 객체, 행위의 태양(혹은 방법) 및 인과관계 등을 말한다. 사실의 착오란 행위자가 인식·의욕했던 구성요건적 사실과 객관적으로 존재하는 구성요건적 사실이 일치하지 않는 경우로서, 이에는 주체의 착오, 객체의 착오, 행위의 태양(혹은 방법)의 착오, 인과관계의 착오 등이 있을 수 있다.

이 중 주체의 착오는 불능범이나 과실범의 문제가 된다. 예를 들어 공무원이 아닌 사람이 자신이 공무원이라 생각하고 뇌물을 수수하였을 경우 불능범이 문제되고, 공무원이 자신이 공무원이란 사실을 모르고 뇌물을 수수하였을 경우 과실범이 문제된다. A직무를 수행하는 공무원이 B직무를 수행하는 공무원이라고 착오한 경우에도 불능범이나 과실범이 문제된다. 인과관계의 착오 역시 불능범(혹은 불능미수)이나 과실범의 문제가 될 것이다. 예를 들어 물총을 쏘면 사람이 죽을 수 있다고 생각하고 사람을 향해 물총을 쏜 사람은 물총을 쏘는 것과 사망 사이에 인과관계가 있다고 착오한 것이지만 이는 불능범의 문제가 된다. 청산가리를 1그램을 먹여도 사람이 죽지 않을 것이라고 생각하고 사람에게 청산가리를 먹인 사람은 청산가리와 사망 사이의 인과관계를 착오한 것이지만 이는 과실범의 문제가 된다. 인과관계는 발생된 결과가 행위와 연결되는가에 대한 판단으로서 사후의 상황인 실제 발생된 결과를 판단의 한 축으로 전제하기 때문에, 행위시 상황에 대한 인식을 문제 삼는 착오의 개념에는 포섭될 수 없다는 견해도 있다.[8] 이러한 인과관계의 착오는 범죄행위도 있었고 범죄결과도 발생하였지만 행위자가 인식·예견한 과정과는 다른 과정을 거쳐서 범죄결과가 발생한 것을 말하는 인과과정의 착오와 구별된다(☞ 후술하는 인과과정의 착오 참조).

그리하여 사실의 착오는 객체의 착오, 방법의 착오, 인과과정의 착오로 유형화된다.

나. 한편 기본적 구성요건요소 또는 가중적 구성요건요소와 달리, 행위자가

7 이하에서의 사실의 착오는 A범죄를 발생시키려고 하다가 B범죄를 발생시킨 경우와 같은 최협의의 사실의 착오를 말한다.

8 윤용규, 구성요건착오에 관한 소고 -그 논의의 복잡성에 대한 반성-, 저스티스 제147호(2015. 4.), 128.

피해자의 촉탁·승낙이 없음에도 있는 줄로 오인하고 살해한 경우나 반대로 보통살인의 의사로 살해했으나 피해자의 촉탁·승낙의 사정이 존재한 경우와 같이 감경적 구성요건요소와 관련한 착오의 경우에는 논란이 있다. 행위자가 피해자의 촉탁·승낙이 없음에도 있는 줄로 오인하고 살해한 경우 형법 제15조 제1항의 취지에 비추어 행위자에게 적어도 경한 범죄의 범위 내에서 고의 기수가 성립된다는 의미에서 촉탁·승낙살인죄로 처벌된다고 본다.[9] 반면 보통살인의 의사로 살해했으나 피해자의 촉탁·승낙의 사정이 존재한 경우 보통살인죄의 불능미수로 취급하여야 한다는 견해[10]와 보통살인죄의 미수와 촉탁·승낙살인죄의 기수의 상상적 경합이 된다는 견해[11]가 갈리고 있다.

다. 구성요건적 착오는 객관적으로는 존재하는 구성요건적 사실의 전부 또는 일부를 행위자가 인식하지 못한 경우로서 구성요건적 사실에 대한 '소극적 착오'를 일으킨 경우를 말한다. 반면 객관적으로 존재하지 않는 구성요건적 사실을 행위자가 적극적으로 존재한다고 생각한 '적극적 착오'는 이를 제외하여 '반전된 구성요건적 착오'라고 부르기도 한다.[12]

2. 사실의 착오의 종류

가. 객체의 착오 / 방법의 착오 / 인과과정의 착오

1) 객체의 착오란 행위 객체의 동일성에 대해 착오를 일으킴으로써 인식·의욕한 결과와 다른 결과를 발생시킨 경우이다. 예를 들어 甲이 동굴의 어둠 속에서 웅크리고 있는 것이 A라고 생각하고 총을 쏘았으나 그것이 A가 아니고 B인 경우, 甲은 자신이 총을 쏘는 객체 혹은 대상의 동일성에 대해 착오를 일으켜 B를 A로 착오한 것이다. 이와 같이 객체의 착오는 객체의 동일성에 대한 착오로서 행위자가 인식한 성질의 객체에서 결과가 발생하지 않았다는 의미에서 소극적 착오라 할 수 있는 반면, 불능미수에서 말하는 대상의 착오는 대상의 부적격성을 의미하는 것으로 그러한 불능의 객체를 행위자가 가능한 것으로 잘못 생각하였다는

9 김일수/서보학, 새로쓴 형법총론(제13판), 박영사(2018), 147; 박상기, 형법총론(제9판), 박영사(2012), 135.

10 박상기, 형법총론(제9판), 박영사(2012), 135.

11 김성돈, 형법총론(제5판), 성균관대학교출판부(2017), 237; 김일수/서보학, 새로쓴 형법총론(제13판), 박영사(2018), 147.

12 김성돈, 형법총론(제5판), 성균관대학교출판부(2017), 218; 배종대, 형법총론(제13판), 홍문사(2017), 178.

의미에서 적극적 착오라 할 수 있고, 이 점에서 구별된다.

방법의 착오란 행위자가 행위 객체의 동일성에 대해서는 정확하게 파악하였지만 범죄행위 방법, 즉 행위 객체에 대한 타격을 잘못함으로써 행위자가 인식·의욕하였던 결과와 다른 결과를 발생시킨 경우이다. 예를 들어 甲은 평소 유감이 있던 A가 그의 친구 B와 같이 걸어가는 것을 보았고, A를 향해 총을 쏘았으나 빗나가 B에게 명중한 경우, 甲은 누가 A이고 누가 B인지를 정확하게 알았다. 즉 객체의 동일성에 대해서는 착오가 없었다. 甲이 A가 아니라 B를 맞춘 것은 B를 A로 잘못 알았기 때문이 아니고, A를 맞추려고 쏘았는데 잘못 쏘아 B가 맞은 것이다. 방법의 착오를 타격의 착오라고도 한다. 이와 같이 방법의 착오는 행위자가 인식한 것과는 다른 객체에 결과가 발행한 경우인 반면, 불능미수에서 말하는 수단의 착오는 이와 달리 수단의 불가능성, 즉 행위자가 의도한 행위방법으로는 결과의 발생이 애초부터 불가능한 경우로서 수단 그 자체에 착오가 있는 경우라는 점에서 구별된다.

2) 객체의 착오는 일단 행위자가 인식한 객체 자체에 대하여 현실적으로 결과가 발생하고 있다는 점에서 방법의 착오와 구별된다. 이 점에 의미를 두어 객체의 착오는 객체의 "혼동"일뿐 착오가 아니고, 따라서 사실의 착오 논의에서 제외하여야 한다는 견해도 있다.[13]

객체의 착오와 방법의 착오를 구분하는 실익은 후술하는 것과 같이 구체적 부합설의 경우 구체적 사실의 착오 중 객체의 착오와 방법의 착오의 형법적 효과를 달리 보아, 객체의 착오는 고의를 인정하는 반면, 방법의 착오는 고의를 인정하지 않는 데 있다.

3) 한편, 인과과정의 착오는 행위자가 인식·예견하였던 과정과 다른 과정을 거쳐서 결과가 발생한 경우, 즉 행위자가 인식·예견하였던 범죄행위에서부터 결과 발생까지의 과정과 실제의 과정이 불일치하는 것을 말한다. 이 경우는 평가에 관한 착오가 아니라 사실관계에 관한 착오이므로 사실의 착오의 한 형태라고 할 수 있다. 방법의 착오는 구성요건의 특정성과 관련하여 인식한 범죄와 발생한 범죄가 불일치하는 경우의 그 규범적 귀속에 대한 논의인 반면, 인과과정의 착오는 대상의 불일치가 아니라 인과과정의 불일치와 그에 대한 착오의 문제이므로 논의

13 윤용규, 구성요건착오에 관한 소고 -그 논의의 복잡성에 대한 반성-, 저스티스 제147호(2015. 4.), 133.

의 대상과 기준을 달리한다.[14] 이와 달리 인과과정의 착오로 언급되는 사안은 비전형적 인과과정 사안으로 인과관계 사안임에 반하여 진정한 인과과정 착오의 모습은 실은 방법의 착오의 한 형태에 해당한다는 견해도 있다.[15]

나. 구체적 사실의 착오 / 추상적 사실의 착오

1) 구체적 사실의 착오는 행위자가 인식한 사실과 실제 발생한 사실이 동일한 구성요건에 해당하는 경우를 말한다(이는 아래에서 보는 구성요건부합설에 따른 설명이고, 죄질부합설에 따른다면 '동일한 구성요건 또는 동종의 구성요건에 해당하는 경우를 말한다'라고 하여야 한다). 예를 들어 甲이 A를 살해하려고 총을 쏘았는데 총알이 빗나가 B를 명중하여 사망하게 한 경우, A를 살해하려는 것은 살인죄의 구성요건에 속하고, B를 살해한 것 역시 살인죄의 구성요건에 속하므로 이는 구체적 사실의 착오이다.

이에 대해 추상적 사실의 착오는 행위자가 인식한 사실과 실제 발생한 사실이 서로 다른 구성요건에 해당하는 경우를 말한다. 예를 들어 甲이 침대에서 자고 있는 대상이 A라 생각하고 총을 쏘았는데 실제로는 A의 개가 침대에서 자고 있어서 개가 죽었을 경우 甲이 인식·의욕한 범죄는 살인죄이지만 실제 발생한 결과는 손괴죄의 구성요건에 해당하여 인식·의욕한 사실과 발생한 사실이 서로 다른 구성요건에 속하므로 이는 추상적 사실의 착오이다.

2) 위와 같은 경우는 비교적 간단하지만, 예를 들어 甲이 자신의 아버지의 친구를 살해하려고 총을 쏘았으나 총알이 빗나가 자신의 아버지를 명중하여 사망케 한 경우 甲이 인식한 결과는 형법 제250조 제1항 보통살인죄의 구성요건에 속하고, 실제 발생한 결과는 제250조 제2항의 존속살해죄의 구성요건에 속한다. 이 경우를 구체적 사실의 착오라고 할 수도 있고 추상적 사실의 착오라고 할 수도 있을 것이다. 구성요건을 오로지 형법에 규정된 대로 엄격하게 해석하는 견해인 구성요건부합설에 의하면, 이 경우는 보통살인죄와 존속살해죄의 구성요건이 각각 형법 제250조 제1항과 제2항으로서 서로 다르므로 추상적 사실의 착오가 된다. 구성요건을 동종의 구성요건까지 포함하는 개념으로 넓게 해석하는 견해인 죄질부합설에 의하면, 보통살인죄와 존속살해죄는 같은 죄질의 범죄이기 때문에 이

14 한상훈, 구성요건적 고의의 구체성과 법정적 부합설의 '고의 전용'이론 비판, 법조(56권 1호, 2007. 1.), 191.
15 윤용규, 구성요건착오에 관한 소고 -그 논의의 복잡성에 대한 반성-, 저스티스 제147호(2015. 4.), 131.

경우는 구체적 사실의 착오가 된다.

3) 구체적 사실의 착오와 추상적 사실의 착오를 구분하는 주된 실익은 후술하는 법정적 부합설의 경우 구체적 사실의 착오와 추상적 사실의 착오의 형법적 효과를 달리 보아, 구체적 사실의 착오는 고의를 인정하는 반면, 추상적 사실의 착오는 고의를 인정하지 않는 데 있다. 또한 구체적 부합설의 경우에서도 구체적 사실의 착오 중 객체의 착오에 대해서는 다른 유형의 사실의 착오와는 다른 형법적 효과를 인정하는데 이런 점에서도 구체적 사실의 착오와 추상적 사실의 착오를 구분하는 실익이 있다.

라. 유형

객체의 착오와 방법의 착오, 구체적 사실의 착오와 추상적 사실의 착오를 조합하면 구체적 사실의 착오 중에 객체의 착오와 방법의 착오가 있고, 추상적 사실의 착오에도 객체의 착오와 방법의 착오가 있다. 따라서 사실의 착오의 유형은 총 4가지로 나눌 수 있다.

구체적 사실의 착오	객체의 착오	A인줄 알고 살해하였으나 실제로는 B를 살해한 경우
	방법의 착오	A와 B 중 A를 살해하려고 총을 쏘았으나 빗나가 B가 맞은 경우
추상적 사실의 착오	객체의 착오	A인줄 알고 살해하였으나 A의 개를 죽인 경우
	방법의 착오	A와 그의 개 중 A를 살해하려고 총을 쏘았으나 빗나가 A의 개를 죽인 경우

Ⅲ. 사실의 착오의 효과

1. 형법 제15조 제1항의 의미

가. 규정의 내용

1) 형법 제15조는 사실의 착오라는 제목 아래 제1항에서 "특별히 중한 죄가 되는 사실을 인식하지 못한 행위는 중한 죄로 벌하지 아니한다"라고 규정하고 있다. 형법 제13조 본문(죄의 성립요소인 사실을 인식하지 못한 행위는 벌하지 않는다)과

해석상 다른 점을 찾을 수 없어 존재의의가 없다는 견해도 있으나, 형법 제15조 제1항에 의하여 비로소 '인식한 경한 범죄의 고의기수로 처벌한다'는 해석의 길이 열리게 되므로 구성요건적 착오의 해석 기준이 되는 독립된 의의가 있다.[16] 죄의 성립요소인 사실을 인식하지 못한 '불인식'에 해당하는 고의·과실의 문제영역(제13조, 제14조)과, 범죄사실을 인식하였으나 발생사실과 '불일치'하는 착오의 문제영역(제15조)은 구분된다.[17]

규정 대상은 형의 가중·감경사유에 관한 착오뿐만 아니라, 구성요건을 달리하는 착오의 경우(추상적 사실의 착오)도 포함한다.[18] 이와 달리 형의 가중·감경사유에 관한 착오의 경우만 규정한 것으로 보는 견해도 있다.[19] 여기서 형의 가중사유는 원래의 구성요건을 기본적 구성요건, 가중처벌을 규정한 구성요건을 가중적 구성요건이라고 분류할 때 가중적 구성요건을 말한다. 가중적 구성요건은 기본적 구성요건의 객관적 요소들 이외에 형을 가중하기 위하여 추가적으로 설정된 객관적 표지들을 담고 있다.[20] 형법 제250조 제2항의 존속살해죄를 예로 들어 보면, 제250조 제1항의 보통살인죄를 가중처벌하기 위하여 마련된 규정으로서, 자기 또는 배우자의 직계존속이 추가적 표지이다.

2) 형법 제15조 제1항은, 동일한 구성요건 내에서의 착오에 대해서는 규정하고 있지 않다. 또한 다른 구성요건 사이의 착오에 대하여도 행위자가 가벼운 구성요건상의 사실을 인식하고 이것보다 중한 결과를 발생시킨 경우만을 규정하고 있을 뿐이고, 행위자가 중한 구성요건사실을 인식하고 가벼운 구성요건사실을 발생시킨 경우는 규정하고 있지 않다.

甲이 아버지의 친구를 살해하려다 아버지를 살해한 경우에는 인식사실은 보통살인죄에 해당하고, 발생한 결과는 존속살해죄에 해당한다. 이 경우는 제15조 제1항이 "특별히 중한 죄가 되는 사실을 인식하지 못한 행위는 중한 죄로 벌하지 아니한다"라고 규정하고 있으므로 甲을 "중한 죄"인 존속살해죄로 벌할 수 없다는

16 윤용규, 구성요건착오에 관한 소고 -그 논의의 복잡성에 관한 반성-, 저스티스 제147호(2015. 4.), 143.
17 이경렬, 형법 제15조 사실의 착오와 그 해결이론의 한계 -유기천형법학 착오이론의 재평가-, 다시 유기천을 생각한다(2016), 292.
18 박상기, 형법총론(제9판), 박영사(2012), 131; 배종대, 형법총론(제13판), 홍문사(2017), 183; 정성근/박광민, 형법총론(제2판), 성균관대학교출판부(2015), 195; 임웅, 형법총론(제10정판), 법문사(2018), 194.
19 김성돈, 형법총론(제5판), 성균관대학교출판부(2017), 235; 정영일, 형법강의(총론)(제3판), 학림(2017), 108.
20 신동운, 형법총론(제10판), 법문사(2017), 204.

결론이 나온다.

그러나 甲이 아버지의 친구 A를 살해하려다 아버지의 친구 B를 살해한 경우 또는 아버지를 살해하려다 어머니를 살해한 경우(각각 보통살인죄 또는 존속살해죄의 동일한 구성요건 내에서의 착오), 아버지를 살해하려다 아버지의 친구를 살해한 경우(중한 구성요건사실을 인식하고 가벼운 구성요건사실을 발생시킨 경우) 등에 대해서 제15조 제1항에 의해 해결할 수 없다. 따라서 이러한 유형의 사실의 착오의 효과에 대해서는 해석에 위임되어 있다고 할 수 있다.

나. 해석론의 대두

1) 행위자가 인식·의욕한 대로 결과가 발생한 경우 행위자는 발생한 결과에 대한 고의기수범의 죄책을 진다. 그런데 사실의 착오에서는 행위자가 인식·의욕한대로 결과가 발생하지 않았기 때문에 기수범의 죄책을 인정하기 어렵다. 또 객관적으로 발생한 결과는 행위자가 인식·의욕한 것이 아니기 때문에 발생한 결과에 대한 고의범을 인정하기 어렵다.

사실의 착오를 가장 간단하게 해결하는 방법으로서는 인식·의욕한 사실의 미수범과 발생한 결과에 대한 과실범의 상상적 경합을 인정하는 것이다. 행위자가 인식·의욕한 결과가 발생하지 않았다는 점에서 인식·의욕한 범죄는 미수에 그친 것이고, 행위자가 인식·의욕하지 않은 결과가 발생하였다는 점에서 과실로 결과를 발생시킨 것이기 때문이다.

그러나 행위자가 인식·의욕한 결과와 실제 발생한 결과가 일치하는지의 여부는 그리 간단하게 결정할 수 있는 문제가 아니다. 예를 들어 甲이 A의 심장을 찔러 살해하려고 하였으나 피하던 A가 복부를 찔려 사망한 경우 엄밀하게 보면 甲의 의도한 결과와 실제 발생한 결과가 일치하지 않지만 甲은 살인미수와 과실치사의 상상적 경합범이 아닌 고의살인기수의 죄책을 진다고 해야 한다. 이와 같이 행위자의 인식·의욕과 실제 발생한 결과 사이에 존재하는 일정 정도를 넘지 않는 사소한 불일치는 범죄성립에 영향을 미치지 못하지만, 일정 정도를 넘어가는 중요한 혹은 심각한 불일치가 있는 경우에는 범죄성립에 영향을 미치게 된다.

2) 행위자가 인식·의욕한 사실과 발생한 사실이 어느 부분에서 어느 정도까지 일치(부합)하여야 나머지 불일치가 사소한 불일치로 평가되어 범죄성립에 영향을 미치지 못한다고 볼 것인가. 다시 말해 일정 범위의 일치가 있는 경우에는 발

생사실에 대한 고의기수범의 죄책을 인정하지만, 그 범위를 넘어서는 불일치가 있는 경우에는 발생사실에 대한 고의기수범을 인정할 수 없고 인식·의욕한 사실의 미수범과 발생한 사실의 과실범의 상상적 경합의 죄책을 인정하는데, 그 경계선이 어디인가. 학설상 많은 대립되는 견해가 있다.

이러한 견해에 따라 일치의 정도를 엄격하게 보면 사소한 불일치도 고의를 조각하게 되어 형벌법규가 실효성을 잃기 쉽고, 반면 완화하여 보면 쉽게 고의를 인정하게 되어 책임주의의 원칙에 반할 위험이 있다. 이 점에서 학설상 이론적 논란 외에도, 착오의 주장을 적절한 범위 내로 한정하여 수용해야 하는 현실적인 필요성이 있다거나,[21] 정교한 이론구성 자체보다는 그 이론을 적용한 결과가 해당 국가에 있어서 일반인의 법감정이나 형법학자들의 법감정에 얼마나 와 닿는가가 중요하다[22]는 지적도 있다.

2. 구체적 부합설

가. 구체적 부합설의 내용

구체적 부합설이란 행위자가 인식·의욕한 사실과 발생한 사실이 구체적인 부분까지 일치(부합)할 때에만 발생한 사실에 대하여 고의기수범의 죄책을 인정하자는 입장이다. 따라서 양자가 구체적으로 일치하지 않는 경우에는 인식·의욕한 사실의 미수범과 발생한 사실의 과실범의 상상적 경합을 인정하게 된다.

사실의 착오의 모든 유형에서 행위자의 인식사실과 발생사실이 구체적으로 완전하게 일치하지는 않는다. 구체적 부합설을 엄격하게 적용하면 구성요건적 착오의 범위를 지나치게 넓게 인정할 수밖에 없고, 따라서 구체적 부합설에서는 원칙적으로 모든 사실의 착오의 유형에 대해 인식사실의 미수범과 발생사실의 과실범을 인정해야 한다. 그러나 구체적 부합설에서도 구성요건적 착오의 범위가 지나치게 넓어지는 것을 막기 위하여 구체적 사실의 착오 중 객체의 착오에 대해서는 발생사실의 고의기수범을 인정한다. 예를 들어 A와 B가 걸어가고 있는데 A를 살해하려고 총을 쏘았으나 빗나가 B를 맞춘 경우와 같이 구체적 사실의 착오 중 방법의 착오에서는 발생사실인 B의 사망에 대한 고의를 인정할 수 없지만, 침대에 자고 있는 사람이 A인 줄 알고 살해하였으나 실은 B가 자고 있어서 B가

21 신동운, 형법총론(제10판), 법문사(2017), 209.
22 임웅, 형법총론(제10정판), 법문사(2018), 187.

사망한 경우와 같이 구체적 사실의 착오 중 객체의 착오에서는 발생사실인 B의 사망에 대한 고의를 인정할 수 있고 따라서 B에 대한 살인기수범을 인정할 수 있다고 한다. 이는 발생한 결과에 대한 행위자의 인식·의욕은 고의범이 성립하기 위해 필요한 정도의 인식·의욕에 도달하였기 때문이라는 것이다. 다시 말해, 구체적 사실의 착오 중 객체의 착오에 존재하는 것과 같은 불일치는 사소한 불일치로서 범죄성립에 영향을 미치지 못한다는 것이다.

현재의 다수설이다.[23] 기본적으로 구체적 부합설을 지지하면서, 사실의 착오에 관한 이론들은 미리 자신들의 개념을 설정하여 놓고 그 개념에 사례를 억지로 끼워 맞추려고 하는 점에서 부당하므로, 사실의 착오는 발생사실에 대한 고의를 인정할 수 있는지 여부의 문제로 해결하면 족하다는 견해도 있다.[24] 예를 들어 A를 살해하려다 총알이 빗나가 옆에 있던 B가 사망한 경우, 이 착오가 구체적 사실의 착오 중 방법의 착오이니 그 형법적 효과가 무엇이다라고 할 필요가 없고, 고의의 일반원칙에 따라 행위자에게 B의 사망에 대한 고의를 인정할 수 있는지 없는지(미필적 고의의 범주에 들어가는지)를 따져 B의 사망에 대한 고의를 인정할 수 없다면 당연히 B에 대한 과실치사죄와 A에 대한 살인미수죄의 성립여부를, B의 사망에 대한 고의를 인정할 수 있다면 B에 대한 살인기수죄와 A에 대한 살인미수죄의 성립여부를 논하면 충분하다는 것이다.

나. 구체적 부합설에 대한 비판

구체적 부합설에 대해서는 주로 구체적 사실의 착오 중 방법의 착오를 중심으로 다음과 같은 비판이 제기된다.

첫째, 구체적 사실의 착오 중 객체의 착오에서는 인식사실과 발생사실이 구체적으로 부합한다고 하면서 방법의 착오에서는 구체적으로 부합하지 않는다고 하는데, 그 기준이 모호하다.

둘째, 구체적 사실의 착오 중 방법의 착오의 경우 인식사실의 미수와 발생사실의 과실범을 인정하는 것은 구성요건에 규정된 내용만 본다면 부당한 면이 있다. 예를 들어 형법 제250조 제1항 살인죄의 구성요건은 '사람'을 살해한 자라고

23 김성돈, 형법총론(제5판), 성균관대학교출판부(2017), 226-229; 김일수/서보학, 새로쓴 형법총론(제13판), 박영사(2018), 153; 박상기, 형법총론(제9판), 박영사(2012), 145; 배종대, 형법총론(제13판), 홍문사(2017), 182; 정영일, 형법강의(총론)(제3판), 학림(2017), 110.

24 오영근, 형법총론(제4판), 박영사(2018), 155.

규정하였지 구체적인 'A 혹은 B'를 살해한 자라고 규정하고 있지 않다. 따라서 '사람'을 살해할 고의로 '사람'을 살해한 결과를 발생시킨 경우에는 제250조 제1항의 구성요건을 충족하였다고 해야 하고 A를 살해할 고의로 B를 살해하였다고 하여 살인죄의 구성요건이 충족되지 않았다고 하는 것은 부당하다.

셋째, 구체적 사실의 착오 중 방법의 착오에 대해 인식사실의 미수와 발생사실의 과실을 인정하게 되면 미수범이나 과실범의 처벌규정이 없는 범죄에서는 처벌할 수가 없게 된다. 예를 들어 아들 A를 유기하려고 그가 탄 유모차를 풀어놓는다는 것을 잘못하여 옆에 있던 딸 B가 타고 있던 유모차를 풀어놓은 경우 행위자는 A의 유기미수죄와 과실에 의한 B의 유기죄의 상상적 경합범의 죄책을 지는데, 유기미수죄와 과실유기죄를 벌하는 규정이 없으므로 행위자를 처벌할 수 없게 된다.

3. 법정적 부합설

가. 법정적 부합설의 내용

법정적 부합설은 행위자가 인식·의욕한 사실과 발생한 사실이 법률에 규정되어 있는 만큼(법정적) 일치(부합)하는 경우에는 발생사실의 고의기수죄를 인정할 수 있다고 한다. 여기서 법률에 규정되어 있는 만큼, 즉 법정적이란 의미는 입법자가 정해 놓은 행위정형, 즉 구성요건을 기준으로 한다는 의미로서, 결국 실현된 구성요건과 인식한 구성요건을 대비시켜 양자의 일치 여부를 결정한다.[25] 이에 의하면 구체적 사실의 착오는 인식사실과 발생사실이 법률에 규정되어 있는 만큼 즉 법정적으로 부합하는 경우이기 때문에 객체의 착오이든 방법의 착오이든 발생사실의 고의기수죄를 인정할 수 있다고 한다.

예를 들어 살인죄 규정은 사람을 살해한 자라고 규정하고 있으므로 A인 줄 알고 B를 살해하든(객체의 착오), A를 살해하려다 B를 살해하든(방법의 착오) 모두 살인죄의 구성요건이 규정한 대로 사람을 살해하려는 의사로 사람을 살해한 것이므로 발생사실의 고의기수죄를 인정할 수 있다는 것이다. 그러나 추상적 사실의 착오에서는 인식사실과 발생사실이 법률에 규정되어 있는 만큼(법정적) 일치(부합)하지 않기 때문에 인식사실의 미수죄와 발생사실의 과실범의 상상적 경합을 인정한다.

25 신동운, 형법총론(제10판), 법문사(2017), 215.

법정적 부합설은 구체적 부합설과 달리, 객체의 착오와 방법의 착오를 달리 취급하지 않는다.

이러한 법정적 부합설은 종래는 다수설이었으나 현재는 소수설이다.[26] 판례도 같은 결론을 취한다(후술). 이에 대하여 판례의 태도를 법정적 부합설로 보지 아니하고, 고의기수를 인정한 많지 않은 착오 관련 사안의 대부분이 실은 미필적 고의의 사안이기 때문에 그러한 판결로 갔다는 견해도 있다.[27]

나. 구성요건부합설과 죄질부합설

그런데 인식사실과 발생사실이 가중적 혹은 감경적 구성요건 내지는 동일한 성격의 다른 구성요건에 속하는 경우 이를 구체적 사실의 착오로 볼 것인가 추상적 사실의 착오로 볼 것인가가 문제된다. 구성요건부합설은 행위자가 인식한 사실과 발생한 사실이 같은 구성요건에 속하는 경우에만 발생한 사실에 대한 고의를 인정한다.[28] 반면 죄질부합설은 양자 사이에 구성요건이 같은 경우는 물론이고 죄질이 동일한 경우에도 고의의 성립을 인정하고 있다.[29] 기본적 구성요건과 가중적 구성요건 사이 또는 절도죄와 점유이탈물횡령죄와 같이 동일한 성격의 다른 구성요건 사이에서 사실의 착오가 있는 경우, 구성요건부합설에 의하면 구성요건 자체가 다르므로 추상적 사실의 착오로 보고, 죄질부합설에서는 구성요건은 다르나 죄질이 같으므로 구체적 사실의 착오로 본다.

甲이 자신의 아버지 A를 살해하려고 총을 쏘았으나 아버지 친구 B를 맞추어 사망케 한 경우 구성요건부합설에 의하면 추상적 사실의 착오이므로 A에 대한 존속살해미수죄와 B에 대한 과실치사죄의 상상적 경합이 된다. 죄질부합설에 의하면 구체적 사실의 착오이므로 발생사실인 B에 대한 살인기수죄가 된다. 甲이 타인이 점유하는 것으로 생각하고 재물을 절취하여 왔으나 사실은 점유이탈물인 경우 구성요건부합설에 의하면 절도미수죄와 과실점유이탈물횡령죄의 상상적 경합이 되어 절도미수죄로 처벌되지만(점유이탈물횡령죄는 과실범을 처벌하지 않는다),

26 신동운, 형법총론(제10판), 법문사(2017), 216; 임웅, 형법총론(제10정판), 법문사(2018), 184; 이재상 외 2인, 형법총론(제9판), 박영사(2017), 186; 정성근/박광민, 형법총론(제2판), 성균관대학교출판부(2015), 201.

27 윤용규, 구성요건착오에 관한 소고 - 그 논의의 복잡성에 관한 반성-, 저스티스 제147호(2015. 4.), 145.

28 신동운, 형법총론(제10판), 법문사(2017), 216.

29 임웅, 형법총론(제10정판), 법문사(2018), 184; 이재상 외 2인, 형법총론(제9판), 박영사(2017), 186; 정성근/박광민, 형법총론(제2판), 성균관대학교출판부(2015), 201.

죄질부합설에 의하면 발생사실인 점유이탈물횡령기수죄가 된다.

구성요건부합설에 대해서는 비슷한 성격의 행위를 너무 다르게 취급하여 구체적 타당성 있는 해결을 하지 못한다는 비판을 제기할 수 있다. 그러나 죄질부합설에 대해서도 동종의 죄질이라는 개념이 모호하다는 비판을 제기할 수 있다. 예를 들어 타인이 점유하는 타인소유의 재물이라고 생각하고 절취하였는데 사실은 자기가 보관하는 타인의 재물인 경우 이를 같은 죄질의 범죄로 보아 구체적 사실의 착오라고 볼 것인지 다른 죄질의 범죄로 보아 추상적 사실의 착오라고 볼 것인지 문제가 된다. 만약 구체적 사실의 착오라고 보면 횡령죄가 성립하지만, 추상적 사실의 착오라고 보면 절도죄의 불능미수(혹은 불능범)과 과실횡령이 되어 절도죄의 불능미수(혹은 불능범)가 문제된다(횡령죄는 과실범을 처벌하지 않는다). 절도죄와 횡령죄는 자기의 점유하에 있는가 또는 타인의 점유하에 있는가의 차이만 있고, 타인의 재물을 영득하는 것은 같다고 본다면 같은 죄질이라고 볼 수도 있다. 그러나 절도죄와 횡령죄가 형법의 별개의 장(章)에서 규정되고 있고, 횡령죄는 위탁관계를 필요로 한다는 점에서 보면 서로 다른 죄질로 볼 수도 있다. 이와 같이 죄질이 같은가 다른가 하는 죄질부합설의 관심사는 결국 어느 정도의 형량을 확보하면 타당한가 하는 문제로 귀착되고, 따라서 추상적 부합설과 매우 비슷해지므로, 추상적 부합설에 대하여 가해지는 비판이 그대로 적용될 수 있다.[30]

다. 법정적 부합설에 대한 비판

법정적 부합설이 구체적 사실의 착오 중 방법의 착오에 대하여 발생사실에 대한 고의기수를 인정하는 부분에 대해서는 다음과 같은 비판이 제기된다.

첫째, 행위자에게 발생사실에 대한 고의를 인정하기 어렵다. A를 맞추려다 총알이 빗나가 B를 맞춘 행위자에게 A를 살해할 고의는 인정할 수 있지만, B를 살해할 고의를 인정하기는 어렵다. 그럼에도 B에 대한 살인죄라고 하는 것은 고의의 범위를 지나치게 확장한 것이다.

둘째, 법정적 부합설에 의하면 인식사실에 대해서는 아무런 범죄가 성립하지 않는다. 따라서 위의 예에서 A는 총을 맞을 위험에 처했었음에도 불구하고 甲을 살인미수로 고소하거나 甲의 살인사건 재판에서 헌법상 보장된 피해자 진술권 등 피해자에게 주어진 권리를 행사할 수 없을 수도 있다.

30 신동운, 형법총론(제10판), 법문사(2017), 218.

셋째, 발생사실에 대한 예견가능성이 전혀 없는 경우에도 고의를 인정하는 것은 부당하다. A가 B와 함께 지나가는데 A를 쏘려다가 B를 맞춘 경우 B에 대한 살인죄를 인정하는 것은 수긍할 수 있을지도 모른다. 그러나 인적이 전혀 없는 곳에서 A를 살해하려고 총을 쏘았으나 빗나가고 마침 그 뒤쪽을 지나던 B가 맞아서 사망한 경우에도 B에 대한 살인죄를 인정한다면 부당하다.

넷째, A를 향해 총을 쏘아 A와 B 모두 명중시킨 경우 A에 대한 살인죄를 인정할 수 있지만 B에 대해서는 살인죄와 과실치사죄 중 어떤 죄책을 인정해야 할지 불분명하다. A를 살해하고 B에게는 상처만을 입힌 경우 A에 대한 살인죄를 인정할 수 있지만 B에 대해서는 살인미수죄와 과실치상죄 중 어느 죄책을 인정해야 할지 불분명하다. A에게는 상처만 입히고 B를 사망케 한 경우 어떤 죄책을 인정해야 할지 불분명하다.

4. 추상적 부합설

가. 추상적 부합설의 내용

추상적 부합설은 범죄의사로써 범죄의 결과를 발생시킨 사람에게는 인식사실과 발생사실이 모두 범죄라는 점에서 일치(추상적으로 부합)하므로 어떤 형태이든 고의기수죄를 인정하겠다는 입장이다. 따라서 구체적 사실의 착오에서는 발생사실의 고의기수죄를 인정하고, 추상적 사실의 착오에서도 고의기수죄를 인정하려고 한다. 추상적 부합설은 주관주의에 따른 것이라 할 수 있고, 현재 이를 주장하는 학자는 찾기 어렵다.

그런데 경(輕)한 범죄를 범할 의사로써 중(重)한 범죄를 발생시킨 경우에는 형법 제15조 제1항에 의해 중한 범죄의 고의기수죄를 인정할 수 없다. 이 경우 추상적 부합설에서는 소위 '대(大)는 소(小)를 겸한다'는 원칙에 따라 중한 결과를 발생시킨 것에는 경한 범죄를 발생시킨 것이 포함될 수 있으므로 경한 범죄가 발생하지 않았더라도 경한 범죄의 고의기수죄와 중한 결과에 대한 과실범의 상상적 경합을 인정한다. 예를 들어 甲의 개를 죽이려다 甲을 살해한 경우 甲의 사망이라는 큰 결과에는 개의 죽음이라는 작은 결과도 포함되는 것이므로 개의 죽음이라는 결과가 발생하지 않았어도 손괴죄와 과실치사죄의 상상적 경합을 인정한다.

한편 중한 범죄를 저지를 의사로써 경한 범죄의 결과를 발생시킨 경우 어떤 형태이든 고의기수죄를 인정하려고 하는데, 그렇다고 하여 중한 결과가 발생하지 않았는데 중한 범죄의 고의기수죄를 인정할 수는 없다. 그리하여 중한 범죄에 대한 미수죄는 인정하되 중한 범죄에 대한 고의는 경한 범죄에 대한 고의를 포함한다는 이유로 경한 범죄에 대한 과실범이 아니라 경한 범죄에 대한 고의기수죄를 인정한다. 예를 들어 甲을 살해하려다가 甲의 개를 죽인 경우 살인미수죄를 인정하는 외에, 과실손괴죄가 아닌 손괴죄를 인정한다.

나. 추상적 부합설에 대한 비판

추상적 부합설은 '대는 소를 겸한다'는 의제를 통해 사실관계를 왜곡하여 행위자의 죄책을 지나치게 확장하는 문제점이 있다.

5. 사례별 비교

가. 구체적 사실의 착오 중 객체의 착오

법정적 부합설은 물론 구체적 부합설도 구체적 사실의 착오 중 객체의 착오에 대하여는 발생사실의 고의기수죄를 인정한다. 고의가 성립하기 위해 필요한 구성요건 사실에 대한 인식은 '일반상식적 수준의 인식' 혹은 '일반인 내지 보통사람들 수준에서의 인식'이면 족한데, 구체적 사실의 착오 중 객체의 착오에서는 행위자가 실제 공격하는 객체에 대해 이러한 정도의 인식이 있다고 할 수 있다. 이와 관련하여 객체의 착오는 객체의 "혼동"일뿐 착오가 아니고, 따라서 사실의 착오 논의에서 제외하여야 한다는 견해도 있음은 앞서 보았다.

예를 들어 평소 유감이 있던 A를 약취한 후 이틀 동안 감금하고 고문한 후 살해하였는데, A는 쌍둥이였고 실제 사망한 사람은 A의 쌍둥이 형제 B였다고 할 경우에도 행위자에게 B의 약취, 감금, 고문, 살인의 고의를 인정할 수 있을 것이다. 마찬가지로 침대에서 누워 자고 있는 사람이 A인줄 알고 살해하였으나 B인 경우에도 객체의 착오가 있었지만 B에 대한 살인고의를 인정할 수 있을 것이다.

나. 구체적 사실의 착오 중 방법의 착오

법정적 부합설에 의하면 자기가 의도했던 대상이 아닌 다른 대상에 결과가 발생한 경우 발생사실에 대한 고의를 인정하게 된다. 반면 구체적 부합설에 의하면 행위자가 발생사실을 의욕하거나 인용한 일은 없으므로 발생사실에 대한 고의를 인정하기는 어렵다.

예를 들어 아버지를 살해하려고 총을 쏘았으나 친구에게 명중한 경우 법정적 부합설 중 죄질부합설에 의하면 보통살인죄가 된다. 그러나 구체적 부합설에 의하면 존속살해미수죄와 과실치사죄의 상상적 경합이 된다. 타인의 재물이라고 생각하고 절취하였으나 점유이탈물인 경우에도 죄질부합설에 의하면 점유이탈물횡령죄가 성립한다. 그러나 구체적 부합설에 의하면 절도죄의 불능미수 및 과실점유이탈물횡령이 되어 결국 절도죄의 불능미수로 처벌된다.

다. 정범의 객체의 착오

1) 간접정범 구조에서 피이용자가 실행행위를 하면서 객체의 착오를 일으킨 경우 이용자에게 발생사실에 대한 고의를 인정할 수 있는가. 예컨대 의사 甲이 A를 살해하기 위하여 간호사 乙에게 독극물이 들어있는 주사기를 주었는데 이를 모르고 건네받은 乙이 착오로 A가 아닌 B에게 주사를 놓아 B가 사망한 경우 甲에게 B에 대한 살인죄의 기수를 인정할 수 있는가.

구체적 부합설에 의하면, 이러한 간접정범의 객체의 착오를 이용자에 대한 관계에서 객체의 착오로 보느냐, 아니면 방법의 착오로 보느냐에 따라 결론이 달라진다. 방법의 착오로 보는 견해에 따르면(자세한 내용은 간접정범 부분 참조) 이용자는 실현된 범행의 고의범이 아니라 과실범으로, 그리고 의도한 범행에 대한 미수범으로 처벌된다. 따라서 乙은 고의 없는 도구이므로 무죄가 되고, 甲은 A에 대한 살인미수, B에 대한 과실치사의 죄책을 부담한다. 이에 대하여 법정적 부합설에 의하면, 방법의 착오를 객체의 착오와 달리 취급하지 않으므로 어떻게 보든 甲에게 고의기수가 인정된다. 따라서 甲은 B에 대한 살인죄가 성립한다.

2) 이러한 논의는 교사범 내지 방조범의 구조에서 정범이 실행행위를 하면서 객체의 착오를 일으킨 경우에도 마찬가지로 적용된다. 구체적 부합설 중 방법의 착오로 보는 견해에 따르면 발생사실에 대한 고의범의 교사 내지 방조의 책임을 물을 수 없다. 이에 대하여 법정적 부합설에 의하면, 방법의 착오를 객체의 착오와 달리 취급하지 않으므로 어떻게 보든 발생사실에 대한 고의범의 교사 내지 방조의 책임을 물을 수 있다.

6. 판례의 태도

판례는 기본적으로 법정적 부합설의 입장과 결론을 같이 한다. 다만 사실의 착오에 관한 법리를 선언한 판례는 법률의 착오의 경우와는 달리 극히 드물고 최근에는 발견되지도 않는다. 이와 관련하여 객체의 착오는 '객체의 혼동'에 불과하여 착오의 범주에 포함되지 않고 타격의 착오는 착오가 아닌 고의(즉, 미필적 고의)의 성립 여부에 관한 사안일 수 있다고 보면서, 문제가 되는 사안들은 사실의 착오에 관한 법리(착오론)가 아니더라도 미필적 고의 사례로 해결할 수 있고, 실제로 법원은 그런 태도를 취하였다고 보는 견해도 있다.[31]

[판례] 추상적 사실의 착오 중 객체의 착오(대법원 2013. 7. 11. 선고 2013도5355 판결) (피고인이 피해자의 주거에 침입할 당시 피해자는 이미 사망한 상태였고 피고인이 피해자가 이미 사망한 상태에 있었다는 사실을 알지 못한 상태에서 추행행위를 하였음. 원심은 사체에 대하여 모욕적인 행위를 한다는 인식이 없었으니 형법 제159조의 사체오욕의 고의가 있었다고 보기 어려워 무죄로 보고, 이와 상상적 경합관계에 있는 주거침입 후 준강제추행의 불능미수죄를 유죄로 인정하였음. 이에 대하여 검사는 상고이유로서, 피고인이 피해자가 사망하였다는 점을 몰랐더라도 준강제추행의 고의에는 사체오욕의 고의도 포함되어 있으므로 주거침입 후 준강제추행의 불능미수죄와 사체오욕죄가 모두 성립한다고 주장하였음) 피해자의 사망 사실을 인식하지 못한 피고인이 사체오욕의 고의를 가질 수 없음은 명백하므로, 원심이 같은 이유에서 사체오욕죄는 성립할 수 없다고 하여 무죄라고 판단한 것도 정당하다.

[판례] 구체적 사실의 착오 중 객체의 착오(대법원 1987. 10. 26. 선고 87도1745 판결) 성명불상자 3명과 싸우다가 힘이 달리자 옆 포장마차로 달려가 길이 30센티미터의 식칼을 가지고 나와 이들 3명을 상대로 휘두르다가 이를 말리면서 식칼을 뺏으려던 피해자의 귀를 찔러 상해를 입힌 피고인에게 상해의 범의가 인정되며 상해를 입은 사람이 목적한 사람이 아닌 다른 사람이라 하여 과실상해죄에 해당한다고 할 수 없다.

[판례] 구체적 사실의 착오 중 방법의 착오(대법원 1984. 1. 24. 선고 83도2813 판결) 피고인이 먼저 피해자 1을 향하여 살의를 갖고 소나무 몽둥이(증 제1호, 길이 85센티미터 직경 9센티미터)를 양손에 집어들고 힘껏 후려친 가격으로 피를 흘리며 마당에 고꾸라진 동녀와 동녀의 등에 업힌 피해자 2의 머리부분을 위 몽둥이로 내리쳐 피해자 2를 현장에서 두개골절 및 뇌좌상으로 사망케 한 소위를 살인죄로 의율한 원심조처는 정당하게 긍인되며 소위 타격의 착오가 있는 경우라 할지라도 행위자의 살인의 범의성립에 방해가 되지 아니한다.
사람을 살해할 목적으로 총을 발사한 이상 그것이 목적하지 아니한 다른 사람에게

31 윤용규, 구성요건착오에 관한 소고 - 그 논의의 복잡성에 관한 반성-, 저스티스 제147호(2015. 4.), 119.

명중되어 사망의 결과가 발생하였다 하더라도 살의를 저각하지 않는 것이라 할 것이니 원심인정과 같이 피고인이 하사 공소외 1을 살해할 목적으로 발사한 총탄이 이를 제지하려고 피고인 앞으로 뛰어들던 병장 공소외 2에게 명중되어 공소외 2가 사망한 본건의 경우에 있어서의 공소외 2에 대한 살인죄가 성립한다 할 것이므로 공소외 2에 대한 피고인의 살의를 부정하는 논지도 이유 없다(대법원 1975. 4. 22. 선고 75도727 판결).

[판례] 방조범의 착오(대법원 1985. 2. 26. 선고 84도2987 판결)

(피고인은 공소외 인의 부탁에 의하여 이 사건 관세포탈행위에 가담한 사실을 인정할 수 있으나 피고인은 그 내용물이 무엇인지 그 물품의 가액이 얼마인지를 인식하거나 예견하지도 못한 채 다만 밀수입품일 것이라는 막연한 인식만을 가지고 이 사건 범행에 가담한 사실을 인정할 수 있을 뿐이고 달리 피고인이 이 사건 물품이 특정범죄가중처벌등에관한법률 제6조 제2항에 해당된다는 범의를 가지고 방조하였다고 인정할 아무런 증거가 없음) 방조자의 인식과 피방조자의 실행간에 착오가 있고 양자의 구성요건을 달리한 경우에는 원칙적으로 방조자의 고의는 저각되는 것이나 그러나 그 구성요건이 중첩되는 부분이 있는 경우에는 그 중복되는 한도내에서만 방조자의 죄책을 인정하여야 할 것이므로 위 사실인정과 같이 피고인이 정범인 공소외인 등이 특정범죄가중처벌등에관한법률 제6조 제2항에 해당하는 범죄행위를 한 것을 전연 인식하지 못하고 오로지 관세법 제180조에 해당하는 범죄를 방조하는 것으로만 인식하였다면 특정범죄가중처벌등에관한법률 제6조 제2항의 방조범으로서 처벌할 수는 없고 동 죄와 구성요건이 중복되는 관세법 제180조의 종범으로서만 처벌하여야 할 것인바 (후략)

Ⅳ. 인과과정의 착오

1. 인과과정의 착오의 개념

가. 인과과정과 고의

인과과정이란 '범죄의 원인행위부터 결과발생에까지의 과정'을 말한다. 예를 들어 甲이 A를 살해하기 위해 칼로 찔렀고 중상을 입고 쓰러진 A를 지나가던 행인이 병원에 옮겼으나 A가 이틀 동안의 치료에도 불구하고 사망한 경우, 甲이 A를 칼로 찌르는 행위부터 A가 병원에서 사망하기까지의 전 과정을 인과과정이라고 한다.

인과과정을 정확하게 안다는 것은 일반인은 물론 전문가에게도 그리 쉬운 일이 아니다. 예를 들어 대부분의 사람들은 사람의 심장을 칼로 찌르면 그 사람이 죽을 것이라는 것은 알지만 구체적으로 어떤 과정을 거쳐서 그 사람이 죽는지를 아는 사람은 별로 없다. 따라서 인과과정의 세세한 부분까지 인식해야 고의가 성립할 수 있다고 하면 고의가 인정될 수 있는 경우가 거의 없을 것이다. 더구나 행위자의 행위 시점에서 결과 발생 시점까지는 상당한 시간적 경과를 요하는 경우가 많기 때문에 행위 시점 당시 행위자의 인식은 향후 사건의 진행과정에 대한 예측의 양상을 띠게 되고, 실제 결과는 애초 예측대로 진행되지 않는 경우가 있을 수 있다.

나. 인과과정의 착오의 개념과 유형

인과과정의 착오란 범죄행위도 있었고 범죄결과도 발생하였지만 행위자가 인식·예견한 과정과는 다른 과정을 거쳐서 범죄결과가 발생한 것을 말한다. 인과과정의 착오는 행위자가 인식한 대로 결과가 진행되지 않은 점에서는 방법의 착오와 동일하지만 행위자가 애초에 의도한 그 대상에 대해 결과가 발생한 점에서 결과가 일어난 대상 자체가 달라진 방법의 착오와 다르다.[32] 이러한 인과과정의 착오는 인과관계의 착오와도 구별된다. 예를 들어 설탕으로 사람을 살해할 것이라고 생각한 사람은 설탕이 사망의 원인이 될 수 있다고 생각한 것으로서 인과관계를 착오한 것이다. 과실로 어떤 결과를 발생시킨 사람은 자신의 행위가 결과발생의 원인이 될 수 있음에도 불구하고 없다고 착오한 것이라고 할 수 있다. 인과관계의 착오란 불능미수나 불능범 혹은 과실범의 문제가 될 수 있을 것이다.

이와 같은 인과과정의 착오가 있는 경우, 인식내용과 실제 진행 과정이 어느 정도로 일치하면 고의를 인정할 수 있을 것인가? 인과과정의 본질적 부분 혹은 중요부분을 인식하면 고의가 성립한다고 보는 견해, 객관적 귀속으로 해결하고자 하는 견해 등이 있다.[33] 반면 행위의 결과가 행위자에의 객관적 귀속은 가능하나 주관적으로 행위자의 인과과정에 관한 고의에 포함될 수 없을 정도로 변형된 인과과정에 의해 결과가 발생한 경우만이 인과과정의 착오에 해당하는 문제이므로 인과과정의 착오의 문제는 객관적 귀속론의 문제와 구별된다는 견해도 있다.[34] 여기서 인과과정의 본질적 부분 혹은 중요부분을 인식해야 고의가 성립한다는 말

32 김성돈, 형법총론(제5판), 성균관대학교출판부(2017), 229.
33 자세한 내용은 김성돈, 형법총론(제5판), 성균관대학교출판부(2017), 230 이하 참조.
34 박상기, 형법총론(제9판), 박영사(2012), 147.

은 인과과정의 본질적 부분 혹은 중요부분에 착오를 일으킨 경우에는 발생사실에 대한 고의를 인정할 수 없다는 의미이다.

인과과정의 본질적 부분 혹은 중요부분이란 위의 예에서 '사람의 심장을 찌르면 그 사람이 죽는다'는 정도의 인식을 말한다.

예를 들어 甲이 A의 심장을 찌르면 A가 현장에서 즉사할 것이라고 생각하고 칼로 찔렀지만 A가 즉사하지 않고 병원에서 치료도중 사망한 경우, 甲에게 인과과정의 착오가 있었지만 본질적 혹은 중요부분의 착오가 아니기 때문에 甲은 A의 사망에 대해 고의기수책임을 진다.

그러나 A가 응급차로 병원으로 실려가다 도중에 교통사고로 사망한 경우에는 甲이 생각한 인과과정과 실제 발생한 인과과정에 중요한 차이가 있다. 이 경우 인과과정의 본질적 혹은 중요부분에 착오가 있는 것이기 때문에 甲은 A의 사망에 대해 책임을 지지 않아 살인기수가 아닌 살인미수의 죄책만을 진다.

이와 같이 인과과정의 착오가 행위자의 고의기수책임의 인정여부에 영향을 미치는 유형으로 보통 교각살해 사례, 지연결과발생 사례, 조기결과발생 사례 등이 제시된다.

2. 교각살해 사례

교각살해 사례는 범죄행위가 있었고 그 행위에 의해 결과가 발생하였지만 행위자가 인식·예견한 것과 다른 과정을 거쳐 결과가 발생한 경우를 말한다. 전형적인 예로 甲이 A를 강물에 빠뜨려 살해하기 위해 다리 밑으로 밀었는데 A는 강물에서 익사한 것이 아니라 추락 도중 교각(다리의 다리)에 머리를 부딪쳐 사망한 경우와 같은 것이다.

다음에서 보는 지연결과발생 사례나 조기결과발생 사례가 2개의 행위로 이루어진 데에 비해 이 사례는 하나의 행위로 이루어진 경우의 인과과정의 착오이므로 좀더 전형적인 인과과정의 착오라고 할 수 있다.

이 사례에서 살인미수죄와 과실치사죄의 경합범을 주장하는 견해는 없고, 학설은 일치하여 살인기수죄를 인정한다. 이 경우 인과과정의 착오가 인과과정의 본질적 혹은 중요부분의 착오라고 할 수 없기 때문이다. 만약 A가 추락 도중 벼락을 맞아 사망하였다면 이 경우의 인과과정의 착오는 본질적 혹은 중요부분의 착오라고 할 수 있고 甲은 살인미수의 죄책만을 진다고 해야 할 것이다.

3. 지연결과발생 사례

가. 사례의 구체적 내용

지연결과발생 사례라 함은 행위자가 구성요건적 결과를 발생시키기까지 두 개의 행위를 하였고, 행위자는 두 개의 행위 중 제1 행위를 통해 구성요건적 결과를 발생시키려고 하였으나, 실제로는 제1 행위가 아닌 제2 행위에 의해 구성요건적 결과가 발생한 경우이다. 예를 들면, 甲이 A를 살해하기 위해 돌멩이로 A의 가슴과 머리를 내려쳐서(제1 행위) A가 정신을 잃고 축 늘어지자 그가 사망한 것으로 오인하고 그 사체를 몰래 파묻어 증거를 인멸할 목적으로 웅덩이를 파고 A를 매장하였는데(제2 행위), 실제로는 A가 제1 행위로 인해 충격으로 죽은 것이 아니라 제2 행위로 인해 웅덩이에서 질식사한 경우이다.

이 사례에서 甲에게 살인기수죄를 인정할 수도 있을 것이고, 살인미수죄와 과실치사죄의 실체적 경합범을 인정할 수도 있을 것이다.

나. 형법적 효과에 관한 학설

1) 고의기수설

가) 개괄적 고의로 해결하는 입장

이 사례를 개별적으로 분석하여 보면 살인미수죄와 과실치사죄의 경합범으로 보아야 하지만, 제1 행위시에 존재하던 살인의 고의를 개괄적으로 보면 사망의 결과를 발생시킨 제2 행위에까지 미칠 수 있고, 이렇게 되면 살인고의를 가진 제2 행위에 의해 사망의 결과가 발생하였으므로 甲에게 살인죄의 고의기수책임을 인정할 수 있다는 것이다. 이렇게 해석하는 경우 이 사례에서 존재하는 고의가 원래 의미의 개괄적 고의이다. 원래 개괄적 고의는 이러한 사례에서 甲에게 A의 사망에 대한 고의기수죄를 인정하기 위해 고안된 개념이다. 그리하여 위와 같은 사례를 지칭하는 용어로 개괄적 고의가 사용되고 있다.

그러나 이러한 의미의 개괄적 고의를 인정하는 것은 부당하다는 견해가 지배적이다. 판례는 이를 따른 것으로 보이는 경우가 있다.

나) 인과과정의 착오의 문제로 해결하는 입장

이에 의하면 행위자는 제1 행위에 의해 피해자가 사망할 것이라고 인식하였으나 실제로는 제2 행위에 의해 피해자가 사망하여서 행위자가 인식·예견했던 인과과정과 실제 발생한 인과과정에 차이가 있지만, 이 차이는 본질적이거나 중요하지 않기 때문에 행위자에게 살인기수죄를 인정할 수 있다고 한다.

행위자가 인식한 인과과정과 실제 발생한 인과과정 사이의 차이가 일반적 생활경험법칙상 예견가능하고 기타의 정당화 사정이 없는 경우에는 이러한 착오는 중요하지 않고 따라서 고의를 조각할 수 없다는 것이다.

우리나라의 다수설이다.[35]

그러나 이 견해에 대해서는 인과과정의 착오 중 어떤 착오가 중요하고 어떤 착오가 중요하지 않은지에 대한 명백한 기준을 제시하지 않고, 행위자를 무겁게 벌하려는 의도를 '생활경험법칙상 예견가능하다'는 모호한 용어로 희석시키고 있다는 비판을 제기할 수 있다. 또한 교각살해 사례와 같이 1개의 행위의 경우에는 이러한 논리가 쉽게 긍정될 수 있지만, 이 사례에서는 피고인의 제1 행위에 의한 인과과정의 진행 중에 피고인의 제2 행위가 개입되었으므로 이를 어떻게 평가해야 할 것인가도 문제된다. 예를 들어 타인이 제2 행위를 하였다고 할 경우에는 피고인에게 살인미수죄를 인정해야 하는 것이 분명한데, 피고인 자신이 제2 행위를 한 경우에는 왜 살인기수죄가 되는가도 분명하지 않다.

다) 객관적 귀속으로 해결하려는 입장

이 견해는 이 사례를 고의의 문제로 접근할 것이 아니라 객관적 귀속의 문제로 접근한다.[36] 그리하여 보통의 지연결과발생 사례에서는 원칙적으로 고의기수가 성립하는데, 이 경우 제2 행위는 제1 행위와 최종결과 사이의 인과적 연쇄과정에서 하나의 중간고리에 불과하기 때문이라고 한다.

그러나 이에 대해서는 제2 행위는 제1 행위와 결과 사이의 중간고리에 불과한 것이 아니라 독자적인 행위이므로 사망의 결과는 제1 행위가 아닌 제2 행위에 객관적으로 귀속되어야 하고, 설사 객관적 귀속이 인정되는 결과라고 하여 모두 고의책임을 인정할 수는 없다는 비판이 제기된다. 즉, 피해자의 사망을 제1 행위에 귀속시킬 수 있다고 하여도 과연 그 결과에 대해 고의를 인정할 수 있는가는 별개의 문제이기 때문이다.

35 박상기, 형법총론(제9판), 박영사(2012), 150; 배종대, 형법총론(제13판), 홍문사(2017), 191; 신동운, 형법총론(제10판), 법문사(2017), 225; 임웅, 형법총론(제10정판), 법문사(2018), 192; 이재상 외 2인, 형법총론(제9판), 박영사(2017), 190; 정성근/박광민, 형법총론(제2판), 성균관대학교출판부(2015), 204.

36 김일수/서보학, 새로쓴 형법총론(제13판), 박영사(2018), 157.

라) 계획실현설

이 견해는 행위자가 자신의 계획을 실현하였는가의 여부가 중요하며, 계획실현 여부에서 중요한 것은 행위자가 제1 행위시 결과실현의 목적을 가졌느냐의 여부라고 한다. 결과실현의 목적을 가진 자는 제1 행위 후에 피해자가 생존해 있다는 것을 알았더라도 그에 상관없이 살해의 결과를 초래한 제2 행위를 수행하였을 것이지만, 결과실현에 대한 미필적 고의만을 가진 자는 자기의 계획과 맞지 않기 때문에 제2 행위를 수행하지 않았을 것이기 때문이라는 것이다.

이러한 사례에서 가장 중요한 것은 살인죄의 실행행위를 제1 행위까지로 볼 것인가 아니면 제2 행위까지도 살인죄의 실행행위로 볼 수 있는가이다. 통설인 실행의 착수에 관한 주관적 객관설에 의하면 '행위자의 범행계획을 고려하여 법익침해의 직접적 행위가 개시된 시점'에서 실행의 착수를 인정할 수 있다. 그렇다면 실행의 종료시점도 '행위자의 범행계획을 고려하여 법익침해의 직접적 행위가 종료된 시점'이라고 해야 할 것이다. 이에 의하면 행위자가 처음부터 피해자를 살해한 후 사체를 은닉할 계획을 세웠는지 아니면 처음에는 살해할 계획만 세웠고 살해 후 비로소 사체은닉의 고의를 가졌는지가 실행의 종료시점을 결정하게 된다. 이는 마치 처음부터 피해자에게 접근하여 재물을 절취할 계획을 세웠는지 아니면 피해자와 가까이 있게 되자 비로소 절도의 고의가 생겨났는지에 따라 절도죄의 실행의 착수시점이 달라질 수 있는 것과 마찬가지이다.

만약 행위자가 처음부터 사체를 은닉할 계획을 가졌다면 살인행위의 종료시점은 제2 행위까지로 늦춰질 수 있고 이렇게 되면 행위자의 살인의 고의가 제2 행위시에도 있는 것으로 볼 수 있고 따라서 행위자에게 살인기수의 죄책을 인정할 수 있을 것이다. 이 때의 인과과정의 착오는 본질적 부분이나 중요부분의 착오라고 할 수 없기 때문이다.

그러나 제2 행위시에 비로소 사체은닉의 고의가 생겨났다면 실행의 종료에 관한 주관적 개관설에 의하면 제1 행위시에 살해행위는 종료했다고 할 수 있으므로 행위자는 살인미수와 과실치사의 경합범의 죄책을 진다고 해야 할 것이다.[37]

이와 같이 행위자의 범행계획 여하에 따라 실행의 종료시점이 달라질 수 있지만, 전형적 지연결과발생 사례에서는 일반적으로 제1 행위시에 살인행위가 종료

37 오영근, 형법총론(제4판), 박영사(2018), 159.

했다고 해야 할 것이다. 따라서 행위자에게 살인미수죄와 과실치사죄(사체은닉의 불능미수 혹은 불능범도 문제될 수 있다)의 경합범이 성립한다고 해야 할 것이다.

이 견해에 대해서는 결과귀속이 행위자가 설정한 목적에 좌우된다는 비판이 제기된다. 또한 이 견해에 의하면 제3자가 결과수행을 하도록 한 행위자도 스스로의 행위를 통해 그의 목적을 실현한 것이 되어 결과를 그 행위자에게 귀속시킬 수 있게 되는데, 제3자의 행위에 의한 결과발생은 아무리 넓게 해석하여도 행위자의 제1 행위에 의해 설정된 위험이 실현된 것이라고 할 수는 없다는 비판도 제기된다.

2) 미수범과 과실범의 경합범설

이 견해는 고의기수설에 대하여 살인의 고의를 가지고 행위하였고 살인의 결과까지 발생시킨 행위자를 미수범으로 처벌할 수 없다는 감정적 요소 때문에 형법의 기본원칙을 무시한 것이라고 비판한다. 따라서 행위시에 고의가 존재해야 한다는 원칙에 따라 결과를 발생시킨 제2 행위시에는 사체은닉의 고의만 있었고 살인의 고의는 없었으므로 살인기수를 인정할 수 없고, 제1 행위에 의한 살인미수죄와 제2 행위에 의한 과실치사죄의 경합범의 죄책을 인정하자고 한다.[38]

다. 판례의 태도

판례는 개괄적 고의 내지 과실 개념을 인정하고 있는 것으로 보인다. 다음의 첫 번째 판례에서 피고인은 피해자를 가격한 후 정신을 잃은 피해자를 150m 떨어진 곳으로 옮기고 상당한 시간 동안 모래웅덩이를 파서 피해자를 매장하였다. 이러한 행위는 자연적으로 관찰하면 물론이고, 사회통념상으로 보아도 도저히 하나의 행위라고 보기는 어렵다. 두 번째 판례는 역시 제1 행위는 밤 1시50분경에 이루어졌고, 제2 행위는 밤 3시10분경에 이루어진 것을 고려한다면 이 역시 도저히 하나의 행위라고 보기는 어렵다. 따라서 이들 판례는 행위 자체는 두 개이되, 제1 행위시에 존재했던 살해의 고의가 개괄적으로 보면 제2 행위에도 미치기 때문에 피고인에게 살인죄를 인정할 수 있다거나, 제1 행위시에 요구되는 과실과 제2 행위시의 과실을 개괄적으로 볼 수 있기 때문에 피고인에게 상해치사죄를 인정할 수 있다는 입장으로 해석할 수 있다.

38 김성돈, 형법총론(제5판), 성균관대학교출판부(2017), 234.

[판례] 대법원 1988. 6. 28. 선고 88 도 650 판결
피해자가 피고인들이 살해의 의도로 행한 구타 행위에 의하여 직접 사망한 것이 아니라 죄적을 인멸할 목적으로 행한 매장행위에 의하여 사망하게 되었다 하더라도 전과정을 개괄적으로 보면 피해자의 살해라는 처음에 예견된 사실이 결국은 실현된 것으로서 피고인들은 살인죄의 죄책을 면할 수 없다.

[판례] 대법원 1994. 11. 4. 선고 94 도 2361 판결
피해자에게 우측 흉골골절 및 우측 제2, 3, 4, 5, 6번 늑골골절상과 이로 인한 우측 심장벽좌상과 심낭내출혈 등의 상해를 가함으로써, 피해자가 바닥에 쓰러진 채 정신을 잃고 빈사상태에 빠지자, 피해자가 사망한 것으로 오인하고 피고인의 위와 같은 행위를 은폐하고 피해자가 자살한 것처럼 가장하기 위하여, 같은 날 03:10경 피해자를 베란다로 옮긴 후 베란다 밑 약 13미터 아래의 바닥으로 떨어뜨려 피해자로 하여금 현장에서 좌측 측두부 분쇄함몰골절에 의한 뇌손상 및 뇌출혈 등으로 사망에 이르게 하였다면, 피고인의 판시 소위는 포괄하여 단일의 상해치사죄에 해당한다.

4. 조기결과발생 사례

가. 사례의 구체적 내용

조기결과발생 사례란 행위자가 제2 행위에 의해 결과를 발생시킬 것을 의도하고 제2 행위까지 하였으나 사실은 제1 행위에 의해 결과가 발생한 경우를 말한다. 예를 들어 甲이 A를 폭행하여 실신시킨 뒤 달려오는 기차에 A를 던져 살해하려는 의도로 A를 폭행하여 실신시킨 뒤 기차에 던졌으나 A는 이미 甲의 폭행에 의해 사망한 경우를 말한다.

이 사례에서 甲에게 살인기수의 죄책을 인정할 수도 있고, 폭행(상해)치사죄와 살인죄의 불능미수의 경합범을 인정할 수도 있을 것이다.

나. 형법적 효과에 관한 학설

살인기수를 인정하는 견해는 그 논거로 제1 행위 때에 이미 살해행위가 시작되었다고 할 수 있고 이 때 살인의 고의도 인정할 수 있고 이 행위에 의해 결과도 발생하였으므로 단순히 인과과정의 착오만이 문제되는데 이 경우의 착오는 일반적 생활경험법칙상 예견가능한 범위에 속하기 때문이라는 것을 든다.[39]

39 박상기, 형법총론(제9판), 박영사(2012), 151; 임웅, 형법총론(제10정판), 법문사(2018), 192.

폭행(상해)치사죄와 살인죄의 불능미수의 경합범을 인정하는 견해는 제1 행위시에는 폭행(상해)의 고의만이 있었으나 이 행위에 의해 A가 사망하였기 때문에 폭행(상해)치사죄가 성립하고 살인고의가 있던 제2 행위시에는 A가 이미 사망하였으므로 살인기수가 성립할 수 없고 살인죄의 불능미수만이 성립할 수 있다고 한다.

계획실현설에 의하면 이 문제 역시 살인죄의 실행의 착수시점을 제1 행위시로 볼 것인가 제2 행위시로 볼 것인가에 의해 해결해야 한다. 즉, 행위자가 처음부터 실신시킨 뒤 기차에 던져 살해할 것을 계획한 경우 주관적 객관설에 의하면 살인죄의 실행의 착수시기는 제1 행위시까지 앞당겨질 수 있고, 이렇게 되면 살인의 실행행위, 살인의 고의, 사망이라는 결과발생이 모두 한 행위에 의해 이루어졌다고 할 수 있다. 또한 행위자가 예견하였던 대로 인과과정이 진행되지 않은 인과과정의 착오는 본질적 혹은 중요부분에 대한 것이라고 할 수 없으므로 행위자는 살인죄의 죄책을 진다. 그러나 행위자가 피해자를 실신시킨 뒤 피해자가 사망한 것을 모르고 비로소 살해할 계획을 세운 경우 주관적 객관설에 의하면 제2 행위시에 비로소 살인행위가 시작되었다고 할 수 있다. 또한 이 경우의 인과과정의 착오는 중요부분 혹은 본질적 부분에 대한 것이라고 할 수 있으므로 행위자는 폭행(상해)치사죄와 살인죄의 불능미수(혹은 불능범)의 경합범의 죄책을 지게 될 것이다.[40]

40 김성돈, 형법총론(제5판), 성균관대학교출판부(2017), 235; 오영근, 형법총론(제4판), 박영사(2018), 160.

제 15 조 [사실의 착오]

② 결과로 인하여 형이 중할 죄에 있어서 그 결과의 발생을 예견할 수 없었을 때에는 중한 죄로 벌하지 아니한다.

[관련조문] 형법 제14조, 제144조 제2항, 제164조 제2항, 제168조, 제177조 제2항, 제172조 제2항, 제172조의2 제2항, 제173조 제3항, 제177조 제2항, 제188조, 제194조, 제258조, 제259조, 제262조, 제269조 제3항, 제270조 제3항, 제271조 제3항, 제4항, 제275조, 제281조, 제290조 제2항, 제291조 제2항, 제301조, 제301조의2, 제324조의3, 4, 제337조, 제338조, 제340조 제2항, 제3항, 제368조 제2항, 도로교통법 제44조 제1항, 제4항, 제150조 제1호, 특정범죄가중처벌 등에 관한 법률 제5조의10, 제5조의11.

[참고문헌] 임웅, 형법총론(제10정판), 법문사(2018); 김일수/서보학, 새로쓴 형법총론(제13판), 박영사(2018); 정성근/박광민, 형법총론(제2판), 성균관대학교출판부(2015); 이재상 외 2인, 형법총론(제9판), 박영사(2017); 김성돈, 형법총론(제5판), 성균관대학교출판부(2017); 손동권/김재윤, 새로운 형법총론(초판), 율곡출판사(2011); 신동운, 형법총론(제10판), 법문사(2017); 박상기, 형법총론(제9판), 박영사(2012); 오영근, 형법총론(제4판), 박영사(2018); 정영일, 형법강의(총론)(제3판), 학림(2017); 이용식, 결과적 가중범에 관한 연구 -전형적 위험의 실현과 미수의 인정 여부에 관한 하나의 문제 제기-, 서울대학교 법학 제46권 제1호(2005. 3.); 김용욱, 결과적 가중범의 개정방향, 연세법학연구 제6권 1집(1999); 변종필, 결과적 가중범 규정의 정비, 형사법연구 제22권 특집호(2004); 허일태, 결과적 가중범과 책임주의, 김종원교수화갑기념논문집(1991.); 조상제, 결과적 가중범의 객관적 가중표지와 주관적 귀속형식, 안암법학 제2집(1994.); 임석원, 결합범의 본질과 부진정 결과적 가중범, 비교형사법연구 8권 1호(2006. 7.); 박광민, 결과적 가중범의 본질과 직접성의 원칙, 저스티스 94호(2006. 10.); 안경옥, 결과적 가중범의 직접성의 원칙, 형사법연구 제12호(1999.); 안경옥, 결과적 가중범의 직접성의 원칙, 형사법연구 제12호(1999.); 류부곤, 결과적 가중범에 대한 교사, 서울대학교 법학 제50권 제3호(2009. 9.).

Ⅰ. 서론

1. 의의

가. 형법은 원칙적으로 고의범만을 처벌하고 과실범은 법률에 특별한 규정이 있는 경우에 한하여 처벌하도록 규정하고 있다(제14조). 그러나 형법각칙에는 고의범과 과실범 이외에 특정한 고의범과 과실범이 결합하여 독립한 범죄로 되는 경우를 정하고 있다.

특수공무방해치사상죄(제144조 제2항), 현주건조물방화치사상죄(제164조 제2항), 연소죄(제168조), 현주건조물일수치사상죄(제177조 제2항), 폭발성물건파열치사상죄(제172조 제2항), 가스·전기등방류치사상죄(제172조의2 제2항), 가스·전기등공급방해치사상죄(제173조 제3항), 현주건조물등일수치사상죄(제177조 제2항), 교통방해치사상죄(제188조), 음용수혼독치사상죄(제194조), 중상해죄(제258조), 상해치사죄(제259조), 폭행치사상죄(제262조), 낙태치사상죄(제269조 제3항, 제270조 제3항), 중유기죄(제271조 제3항, 제4항), 유기등치사상죄(제275조), 체포감금등치사상죄(제281조), 약취·유인·매매·이송등치사상죄(제290조 제2항, 제291조 제2항), 강간치사상죄(제301조, 제301조의2), 인질치사상죄(제324조의3, 4), 강도치사상죄(제337조, 제338조), 해상강도치사상죄(제340조 제2항, 제3항), 재물손괴·공익건조물파괴치사상죄(제368조 제2항) 등이 있다. 여기서 중한 결과는 대부분 생명 또는 신체를 침해하는 것을 내용으로 하고, 기본범죄는 그러한 중한 결과가 발생할 위험을 내포하고 있는 고의범으로 이루어져 있다. 다만 중상해죄, 중유기죄는 생명의 위험을 발생시키는 결과를, 연소죄는 연소의 결과를 내용으로 하고 있다.

나. 이와 같이 고의-과실 결합형식의 구성요건을 통하여 고의로 일정한 범죄를 실현했으나 이와는 별개의 결과가 야기된 경우에 법률이 특히 중한 형을 정하고 있는 범죄를 결과적 가중범이라고 부른다. 일정한 범죄행위가 행위자의 인식·인용범위를 초과하여 보다 더 중한 결과를 발생시킨 경우에, 그 중한 결과로 인하여 형벌이 가중되는 범죄라고도 할 수 있다.[1] 결과적 가중범은 고의범과 과실범의 상상적 경합 중의 한 형태를 지칭하는 것이며, 법정형을 비교해 보면 대부분의 경우 결과적 가중범이 기본범죄와 과실범의 상상적 경합보다는 훨씬 중하게 규정되

1 임웅, 형법총론(제10정판), 법문사(2018), 563.

어 있다. 성립된 범죄를 상상적 경합으로 처벌하는 것만으로는 그 평가로서 충분하지 않다고 생각되는 예외적인 경우에 결과적 가중범의 규정을 둔 것으로서 상상적 경합의 예외적인 경우라고 할 수 있다.[2]

예컨대 甲이 피해자에게 폭행을 가하였으나 폭행하는 과정에서 피해자가 사망한 경우, 폭행의 고의를 넘어 발생한 사망이라는 중한 결과에 대해 甲에게 과실이 인정된다면 형법 제262조에 따라 폭행치사죄로 처벌될 수 있다. 원래 이 경우에 甲의 행위는 폭행죄(2년 이하의 징역, 500만원 이하의 벌금, 구류 또는 과료)와 과실치사죄(2년 이하의 금고 또는 700만원 이하의 벌금)의 상상적 경합에 해당하므로 중한 형인 폭행죄의 형으로 처벌되어야 하나(형법 제40조 참조), 형법상 폭행치사죄의 법정형은 3년 이상의 유기징역으로서 상상적 경합에 의한 경우보다 훨씬 중한 형이 정해져 있다. 결과적 가중범에서 과실로 인한 중한 결과에 대해 단순한 과실범보다 무겁게 처벌하는 까닭은 중한 결과가 고의적인 기본범죄에 전형적으로 내포된 잠재적인 위험의 실현이라는 점에서 단순한 과실범의 결과 야기보다 행위반가치가 크다는 점에 있다.[3]

다. 여기서 결과적 가중범의 기초가 되는 가벌적인 고의에 의해 실현된 일정한 범죄를 기본범죄 또는 기본구성요건이라고 부르고(특별법의 영역에서는 기본범죄가 과실에 의한 경우도 있음은 후술한다) 그로 인해 야기된 중한 결과를 결과구성요건이라고 부르기도 한다. 이러한 결과적 가중범은 두 개의 범죄가 결합된 범죄이지만 그것은 고의범과 과실범의 단순한 가중적 구성요건이 아니라 독립된 불법내용을 가진 독자적 단일범죄이다.[4]

따라서 형법 제15조 제2항이 "결과로 인하여 형이 중할 죄"라고 한 것은 이러한 결과적 가중범을 의미하고, 위 조항은 앞서 본 형법각칙상 결과적 가중범 규정들과 뒤에서 보는 특별법상 결과적 가중범 규정들에 대한 총칙 규정이라고 할 수 있다.

2. 정당성 근거

가. 일반적으로 하나의 행위가 수개의 범죄적 결과를 야기한 경우에는 상상적 경합에 따라 그 가운데 가장 중한 죄에 정한 형으로 처벌하는 것이 현행 형법

2 이용식, 결과적 가중범에 관한 연구 -전형적 위험의 실현과 미수의 인정 여부에 관한 하나의 문제제기-, 서울대학교 법학 제46권 제1호(2005. 3.), 156.

3 김일수/서보학, 새로쓴 형법총론(제13판), 박영사(2018), 337.

4 정성근/박광민, 형법총론(제2판), 성균관대학교출판부(2015), 450.

의 원칙이다(제40조). 따라서 제15조 제2항은 이러한 원칙에서 벗어나 기본범죄와 중한 결과에 대해 정해진 법정형들 중 가장 중한 형보다 더 무거운 형을 과한다는 의미라고 할 수 있다.

그런데 책임주의에 따르면 상상적 경합에 해당하여 그 가운데 중한 형으로 처벌하는 경우라도 각각의 죄에 대하여 고의나 과실이 존재해야 하므로, 결과적 가중범의 경우에도 당연히 기본범죄에 대한 고의와 함께 중한 결과에 대한 책임과 관련하여 고의 또는 과실이 존재해야만 한다. 그러나 제15조 제2항이 "…그 결과의 발생을 예견할 수 없었을 때에는 중한 죄로 벌하지 아니한다"고 규정한 것은 상상적 경합에 따라 중한 죄에 정한 형으로 처벌하는 것을 정당화하기 위한 필요조건이기도 하므로, 결과적 가중범의 중한 형으로 처벌하기 위한 충분조건이 되는 것은 아니다. 그렇다면 결과적 가중범의 경우에 이러한 중한 처벌을 정당화하는 근거가 무엇인지를 밝힐 필요가 있다. 바꾸어 말하면 결과적 가중범을 중하게 처벌하는 것은 기본범죄와 중한 결과에 일반적인 고의-과실 결합형식과는 달리 어떤 특별한 관련이 존재하기 때문인가 하는 점이 규명될 필요가 있다.

나. 우리 형법은 1953년 제정 당시부터 결과적 가중범에 대한 총칙규정을 통하여 책임주의 위반의 문제를 어느 정도 해소하였다. 다만 형법 제15조 제2항은 결과적 가중범의 성립요건을 적극적으로 규정하지 않고 '예견가능성이 없으면 (결과로 인하여 형이) 중한 죄로 벌하지 아니한다'고 소극적으로 규정하고 있을 뿐이다. 이는 역사적으로 중한 결과와 관련된 순수한 결과책임을 결과적 가중범의 영역에서 추방하려는 노력의 일환으로서 중한 결과에 대한 책임관련을 요구한 것이라고 볼 수 있다.

한편 1995년 개정형법에서는 결과적 가중범 일반에 대한 법정형이 너무 가혹하다는 지적을 고려하여 현주건조물방화치사죄, 해상강도치사죄 등 일부를 제외하고 대부분의 결과적 가중범에 대해 사형을 삭제하였다. 그리고 결과적 가중범의 경우 중한 결과가 사망인 경우와 상해인 경우를 분리하여 법정형에 차등을 두었다.[5] 일부에 대해서는 중한 결과가 과실에 의한 경우와 함께 고의에 의한 경우

5 특수공무집행방해치사상(제144조 제2항), 현주건조물등에의 방화치사상(제164조 제2항), 폭발성물건파열죄(제172조 제2항), 가스·전기등 방류치사상(제177조의2 제2항), 가스·전기등 공급방해치사상죄(제173조 제3항), 현주건조물등에의 일수치사상죄(제177조 제2항), 교통방해치사상(제188조), 음용수혼독치사상(제194조), 낙태치사상(제269조 제3항), 의사등의 낙태치사상·부동의낙태치사상(제270조 제3항), 유기등 치사상(제275조), 체포·감금등의 치사상(제281조), 강간등 치사상(제301조) 등의 결과적 가중범에 대하여 치상죄와 치사죄를 구분하고 법정형에 차등을 두었다.

를 명시함으로써 부진정 결과적 가중범의 문제도 부분적으로 해결하였다. 그러나 결과적 가중범의 법정형이 지나치게 중하고 결과적 가중범과 고의-고의 결합형식에 대해 동일한 법정형을 정한 점 등 입법을 통해 보완해야 할 점들이 여전히 남아 있는 상태이다.[6]

[판례] 결과적 가중범의 합헌성(헌법재판소 2018. 7. 26. 선고 2018헌바5 결정)
일반적으로 하나의 행위가 수 개의 범죄적 결과를 야기한 경우에는 그 중 가장 중한 죄에 정한 형으로 처벌하는 것이 현행 형법의 원칙이다(형법 제40조, 상상적 경합). 따라서 특수폭행의 의사로 피해자에게 폭행을 가하였으나 그 과정에서 피해자가 상해에 이르게 된 경우, 특수폭행죄(형법 제261조)와 과실치상죄(형법 제266조 제1항)의 상상적 경합에 해당하므로, 형법 제40조에 따라 중한 형인 특수폭행죄의 형으로 처벌함이 원칙이다. 그러나 형법에서는 심판대상조항과 같이 특수폭행치상죄라는 결과적 가중범을 별도로 규정하여 상상적 경합에 의한 경우보다 중한 형으로 처벌하도록 하고 있는데, 이는 단순히 중한 결과가 발생하였기 때문이 아니라 기본범죄와 중한 결과가 특별한 내적 관련이 있기 때문이다. 결과적 가중범은 일정한 범죄로부터 일정한 중한 결과가 발생할 빈도가 높은 경우를 추출하여 하나의 독립된 범죄유형을 규정한 것으로서, 결과적 가중범에서의 중한 결과는 '기본범죄에 내재하는 전형적 위험성의 현실화'라고 할 수 있다. 따라서 결과적 가중범을 무겁게 벌하는 이유는 단순히 중한 결과가 발생하였기 때문이 아니라, 행위자가 고의의 기본범죄에 의하여 그 범죄에 전형적으로 결합되어 있는 위험을 주의의무에 위반하여 발생시켰기 때문이다. 특히 폭행행위는 특성상 상해의 결과에 이르게 할 위험성이 상당히 높고 행위자도 그러한 결과를 쉽사리 예견할 수 있다. 이와 같이 특수폭행치상에서 상해의 결과는 폭행 과정에서 우연히 발생한 결과가 아니라 폭행행위에 내재되어 있는 전형적인 위험성이 실현된 것이므로, 비록 상해 자체에 대한 고의는 없다 하더라도 이를 상해의 고의가 있는 경우에 준하여 무겁게 처벌할 필요가 있다.

3. 주된 쟁점

결과적 가중범의 본질과 관련하여 결과적 가중범과 책임주의를 어떻게 조화시키는가 하는 문제가 있다. 그 외에도 결과적 가중범은 크게 기본범죄와 중한 결과라는 두 부분으로 나누어지는데, 각 부분에 대해 법률 자체에는 별도의 언급이

6 김용욱, 결과적 가중범의 개정방향, 연세법학연구 제6권 1집(1999), 1-28; 변종필, 결과적 가중범 규정의 정비, 형사법연구 제22권 특집호(2004), 317-332.

없어 결과적 가중범으로서 기본범죄나 중한 결과의 성격에 대해서는 학설에 위임하고 있다고 보아야 한다. 따라서 기본범죄와 관련하여 ①기본범죄가 고의범인 경우뿐만 아니라 과실범인 경우도 포함되는지, ②기본범죄 자체가 기수인 경우 외에 미수에 그친 경우도 포함되는지가 문제된다. 다른 한편으로는 중한 결과와 관련하여 ①중한 결과가 과실에 의한 경우 외에 고의에 의하여 야기된 경우도 포함되는지, ②중한 결과가 기수에 이를 것을 요하는지가 문제된다.

Ⅱ. 결과적 가중범의 본질

1. 결과적 가중범과 책임주의

가. 결과적 가중범은 처음부터 결과책임의 사상과 밀접한 관련을 가지고 출발한 것이기 때문에 책임주의가 확립된 이후 결과적 가중범과 책임주의를 어떻게 조화시키는가 하는 문제가 지속적으로 제기되어 왔다.

나. 결과적 가중범이 기본범죄가 고의로 야기되었다는 이유로 그로 인해 야기된 중한 결과에 대해 가중처벌을 하는 것은 명백히 결과책임을 인정한 것으로 책임주의에 반한다는 지적이 일찍부터 있었다. 즉 독일의 경우 1953년 개정형법 이전까지는 결과적 가중범의 성립요건으로서 중한 결과의 발생에 대해 인과관계 이외에 아무런 책임관련을 요구하지 않았기 때문에 고의나 과실 없이 나타난 결과만으로 형벌을 가중하는 것은 책임주의에 반한다는 비판이 제기되어 왔다. 이 점에 대해서는 독일 형법이 1953년 제3차 개정을 통해 제56조에서 중한 결과에 대해 과실을 요구함으로써 일응 해소되었으며, 이 점은 형법 제15조 제2항에서 중한 결과에 대한 예견가능성을 요구하고 있는 우리나라의 경우에도 마찬가지라고 할 수 있다. 이런 이유에서 현행 형법이 중한 결과발생에 대한 예견가능성, 즉 과실을 요구함으로써 이제 법률상 결과책임사상은 배척되고 책임주의가 관철되었다고 보기도 한다.[7]

다. 독일 형법이 1953년 형법개정으로 중한 결과에 대하여 적어도 과실을 요구한 이후에도 결과적 가중범의 법정형이 지나치게 높아 책임의 정도를 넘어서는 형벌을 과하는 것이라는 지적이 계속되었다. 다시 말해서 결과적 가중범에 대해 형법각칙이 정하고 있는 형벌의 범위가 대개 기본범죄의 형과 중한 결과에 대한

7 임웅, 형법총론(제10정판), 법문사(2018), 565.

과실범의 형을 합한 것보다 훨씬 높게 정해져 있기 때문에 그 정당성이 의문시되었다. 이 문제에 대해서는 크게 세 가지 방향에서 대응이 모색되어 왔다.

첫째로 결과적 가중범의 특수한 불법구조를 해명하는 방식이다. 1971년 독일 연방대법원은 이른바 Rötzel 사건[8]에 대한 판결에서 결과적 가중범의 경우에 기본범죄와 중한 결과는 별개로 존재하는 것만으로는 부족하고 기본범죄의 구성요건에 내재한 특수한 위험이 중한 결과에서 실현되었어야 하며, 이를 위해 양자 사이에 특별한 관련이 존재해야 한다고 판시하였다. 즉 제3자가 개입하거나 피해자 자신의 행동을 통해 비로소 야기된 결과는 그러한 위험이 실현된 것이라고 할 수 없기 때문에 결과적 가중범으로 처벌할 수 없다고 하였다. 그 이후의 판례는 이러한 관련은 일반적인 기준에 따라 획일적으로 정해질 수 없고, 문제되는 개별 구성요건이 가지는 의미와 목적에 따라 각기 다른 가치평가 속에서 도출된 기준에 의해서 해명되어야 한다고 판시하고 있다.[9] 독일 학자들은 이를 직접성의 원칙이라고 불렀고 이러한 관련이야말로 결과적 가중범의 독자적 불법구조를 드러내는 것이라고 보았다.

둘째로 중한 결과에 대한 책임관련을 강화하는 방식이다. 후술하는 것처럼 결과적 가중범의 경우에 기본범죄에 이미 중한 결과에 대한 전형적 위험이 내포되어 있다면 기본범죄가 실현됨으로써 이미 중한 결과에 대한 예견가능성(과실)이 긍정되는 경우가 대부분이기 때문에 실질적으로는 기본범죄와 중한 결과의 야기만으로 중한 형으로 처벌하는 결과로 되므로 오히려 책임관련을 강화해야 한다는 것이다. 입법론으로서 중한 결과에 대해 인식 있는 과실 내지 중과실을 요한다는 견해[10]와 '중한 법익에 대한 냉담 내지 맹목성'을 요한다는 견해[11] 등이 있다.

마지막으로 결과적 가중범에 대한 지나치게 무거운 형벌을 조정할 필요가 있다는 의견이 있다.[12] 결과적 가중범이 지나치게 높은 형으로 인해 체계적 정당성을 결하고 있고 그 자체가 가지는 일반예방효과도 증명된 바 없고, 중한 결과발생

8 이 사건은 피해자인 부녀가 코뼈가 골절되고 상박부에 중상을 입는 등 심한 폭행을 당하고 더 이상의 폭행을 면하기 위해 2층 창문을 통해 발코니로 도망치다가 추락사한 사안이다. 이 사건에 대해 연방대법원은 피고인에 대해 상해치사죄를 부정하고 상해죄와 과실치사죄의 경합범을 인정하였다. BGH NJW 1971, 152.

9 BGH NJW 1998, 3361, 3362.

10 허일태, 결과적 가중범과 책임주의, 김종원교수화갑기념논문집(1991.), 237-238.

11 조상제, 결과적 가중범의 객관적 가중표지와 주관적 귀속형식, 안암법학 제2집(1994.), 369.

12 이재상 외 2인, 형법총론(제9판), 박영사(2017), 209.

의 위험을 내포하고 있는 기본범죄에 대해서 입법자가 이미 높은 법정형을 정하고 있으므로 별도의 중한 형을 과하는 것은 정당성이 없다는 것이다.

2. 결과적 가중범의 유형 – 부진정 결과적 가중범의 인정 여부

결과적 가중범은 본래 고의로 기본범죄를 실현하였으나 과실로 중한 결과가 발생한 경우를 말하며, 이를 '진정 결과적 가중범'이라고 부르기도 한다. 그러나 일정한 범죄유형의 경우에는 중한 결과에 대하여 과실이 있는 경우뿐만 아니라 고의가 있는 경우에도 가중처벌이 필요한 경우가 있는데, 이를 '부진정 결과적 가중범'이라고 부른다. 바꾸어 말하면 진정 결과적 가중범이 '고의-과실 결합형태'라면 부진정 결과적 가중범은 '고의-과실 또는 고의 결합형태'라고 할 수 있다. 예컨대 형법 제164조 제2항은 현주건조물방화치사죄를 규정하면서 현주건조물등에의 방화죄를 범하여 사람을 사망에 이르게 한 때에는 사형, 무기 또는 7년 이상의 징역에 처한다고 규정하고 있다. 그 법정형은 살인죄의 그것보다 높다. 이때 사람이 사는 건물에 불을 질러 그 결과 사람이 사망한 경우(고의-과실 결합형태)뿐만 아니라 처음부터 사람을 살해하려고 사람이 사는 건물에 불을 질러 그 결과 사람이 사망한 경우(고의-고의 결합형태)에도 현주건조물방화치사죄를 적용할 수 있는가 하는 문제이다.

가. 긍정설

1) 형법 제15조 제2항은 '그 결과발생을 예견할 수 없었을 때에' 한하여 결과적 가중범으로 처벌할 수 없도록 규정하고 있을 뿐이므로, 결과에 대한 예견가능성이 있는 경우는 물론이고 결과를 예견한 경우 내지 결과를 의욕한 경우에도 결과적 가중범이 성립한다는 견해로서 우리나라의 지배적인 학설이다. 예컨대 현주건조물방화치사죄를 진정 결과적 가중범으로 이해하게 되면 현주건조물에 불을 놓은 자가 사람을 살해할 의도를 가졌던 경우에 사망이라는 중한 결과가 발생하더라도 현주건조물방화치사죄에 관한 법조를 적용할 수 없고 현주건조물방화죄와 살인죄의 상상적 경합으로 규율하게 되어 중한 죄인 살인죄로 처벌할 수밖에 없다. 그러나 이렇게 되면 과실로 사망을 야기한 경우에 현주건조물방화치사죄가 적용되어 살인죄보다 중한 형으로 처벌되는 것과 비교하면 고의에 의한 살인이 과실에 의한 살인보다 처벌이 가볍게 되어 결과적으로 형의 불균형 내지 모순이 생긴다. 이러한 문제를 해소하기 위해 고의로 사람을 살해하기 위해 현주건조물

에 불을 놓은 경우에도 현주건조물방화치사죄에 관한 규정을 적용할 수 있다고 볼 필요가 있다. 이 견해에 따르면, 기본범죄뿐만 아니라 중한 결과도 고의로 야기된 경우에도 결과적 가중범이 성립하게 된다.

이러한 견해에 따르면 부진정 결과적 가중범으로는 특수공무방해치상죄(형법 제144조 제2항), 현주건조물방화치사상죄(제164조 제2항), 현주건조물일수치사상죄(제177조 제2항), 교통방해치상죄(제188조), 중상해죄(제258조) 등을 들 수 있다. 다만 현주건조물일수치사죄의 경우, 법정형이 무기 또는 7년 이상의 징역으로, 살인죄의 법정형인 사형, 무기 또는 5년 이상의 징역과 비교하여 중한 형이 낮으므로 부진정 결과적 가중범으로 볼 수 없다는 견해[13]와 자유형에 관한 한 더 높으므로 부진정 결과적 가중범으로 볼 수 있다는 견해[14]의 대립이 있다.

2) 이러한 부진정 결과적 가중범 중 고의-고의 결합형태는 진정한 고의-고의 결합범과 준별된다고 보는 것이 일반적이다. 예컨대 강도살인죄는 고의-고의의 결합형태인 부진정 결과적 가중범이 아니라 고의-고의 결합범에 해당한다. 이와 달리 부진정 결과적 가중범도 중한 결과에 대하여 고의를 가지고 실행의 착수에 나아갔다면 각각 개별적으로 처벌이 가능한 기본범죄와 중한 결과라는 복수의 범죄에 대하여 단일의 구성요건에 해당하는 부진정 결과적 가중범이라는 하나의 범죄의 결과를 도출해냈다는 데에 특징이 있는 점에서 결합범과 거의 유사하다고 보는 견해도 있다.[15]

3) 이러한 부진정 결과적 가중범에 대하여는 중한 결과에 대해 별도의 고의범이 성립하는가에 대해서 학설의 대립이 있다. 다수설은 부진정 결과적 가중범은 본질적으로 독자적 범죄이므로 중한 범죄에 대한 고의범의 불법내용이 당연히 포함될 수 없다는 이유로 결과적 가중범과 중한 범죄에 대한 고의범의 상상적 경합이 된다고 한다.[16] 반면 소수설은 부진정 결과적 가중범이 중한 결과에 대한 고의범을 포함하는 개념이므로 이중평가를 막기 위해서는 결과적 가중범만 성립하

13 김성돈, 형법총론(제5판), 성균관대학교출판부(2017), 507; 정성근/박광민, 형법총론(제2판), 성균관대학교출판부(2015), 454.

14 손동권/김재윤, 새로운 형법총론(초판), 율곡출판사(2011), 372.

15 임석원, 결합범의 본질과 부진정 결과적 가중범, 비교형사법연구 8권 1호(2006. 7.), 176.

16 김성돈, 형법총론(제5판), 성균관대학교출판부(2017), 509; 손동권/김재윤, 새로운 형법총론(초판), 율곡출판사(2011), 372; 신동운, 형법총론(제10판), 법문사(2017), 259; 이재상 외 2인, 형법총론(제9판), 박영사(2017), 210; 정성근/박광민, 형법총론(제2판), 성균관대학교출판부(2015), 456.

는 것으로 보아야 한다고 한다.[17]

나. 부정설

형법규정과 관계없이 결과적 가중범은 본질적으로 중한 결과에 대해 과실이 있는 경우에만 인정해야 한다는 견해이다. 결과적 가중범이 기본범죄에 내재한 위험이 과실로 인하여 중한 결과에서 실현되었다는 점에 본질이 있다면, 고의-고의 결합형식의 경우에는 중한 결과가 기본범죄의 위험과 반드시 연결되어 실현된 것이 아니라는 점에서 양자는 성격을 달리하기 때문이라는 것이다. 또한 고의에 의한 살인과 과실에 의한 살인은 그 불법내용을 달리하며 비난가능성도 차이가 있으므로 과실에 의한 살인을 예정하고 가중처벌을 인정한 범죄유형에 고의에 의한 살인을 포함시키는 것도 이론적으로 타당하지 않다고 한다. 처벌의 불균형을 시정하기 위해 본질적으로 결과적 가중범과 다른 범죄유형을 부진정 결과적 가중범으로 포함시켜 가중처벌하는 것도 타당하지 않다고 한다. 개정 형법이 동일한 범죄유형 가운데 중한 결과가 고의로 야기된 경우와 과실로 야기된 경우(결과적 가중범)를 구별하여 별도로 규정하고 있는 취지에 비추어 보면(예컨대 강도살인과 강도치사, 강간상해와 강간치상, 강간살인과 강간치사 등) 이와 같이 고의-고의 결합형식을 별도로 규정하고 있지 않은 범죄유형에 대해서까지 부진정 결과적 가중범이라는 형식으로 가중처벌을 인정하는 것은 타당하지 않다고 한다.

다. 판례의 태도

대법원도 지배적인 학설과 마찬가지로 중한 결과에 대해 고의가 있는 경우를 결과적 가중범의 일종으로 보면서 부진정 결과적 가중범을 인정하고 있다. 그리고 부진정 결과적 가중범의 죄수 문제와 관련하여서는 결과적 가중범이 고의범에 대하여 특별관계에 있다고 해석되므로 결과적 가중범만 성립하고 이와 법조경합의 관계에 있는 고의범에 대하여는 별도로 죄를 구성한다고 볼 수 없다고 하면서, 다만 고의로 중한 결과를 발생하게 한 행위에 대하여 더 무겁게 처벌하는 규정이 있는 경우에는 그 고의범과 결과적 가중범이 상상적 경합관계에 있다고 본다.

> [판례] 대법원 2008. 11. 27. 선고 2008도7311 판결
> 기본범죄를 통하여 고의로 중한 결과를 발생하게 한 경우에 가중 처벌하는 부진정 결과적 가중범에 있어서, (중략) 고의범에 대하여 더 무겁게 처벌하는 규정이 없는

17 박상기, 형법총론(제9판), 박영사(2012), 311; 오영근, 형법총론(제4판), 박영사(2018), 146.

경우에는 결과적 가중범이 고의범에 대하여 특별관계에 있다고 해석되므로 결과적 가중범만 성립하고 이와 법조경합의 관계에 있는 고의범에 대하여는 별도로 죄를 구성한다고 볼 수 없다. 따라서 직무를 집행하는 공무원에 대하여 위험한 물건을 휴대하여 고의로 상해를 가한 경우에는 특수공무집행방해치상죄만 성립할 뿐, 이와는 별도로 폭력행위 등 처벌에 관한 법률 위반(집단·흉기 등 상해)죄를 구성한다고 볼 수 없다.

[판례] 대법원 1990. 5. 8. 선고 90도670 판결, 대법원 1995. 1. 20. 선고 94도2842 판결

특수공무집행방해치상죄는 원래 결과적 가중범이기는 하지만, 이는 중한 결과에 대하여 예견가능성이 있었음에 불구하고 예견하지 못한 경우에 벌하는 진정 결과적 가중범이 아니라 그 결과에 대한 예견가능성이 있었음에도 불구하고 예견하지 못한 경우뿐만 아니라 고의가 있는 경우까지도 포함하는 부진정 결과적 가중범이다(대법원 1990. 6. 26. 선고 90도765 판결 참조). 그러나 결과적 가중범에 이와 같이 고의로 중한 결과를 발생케 하는 경우가 포함된다고 하여서 고의범에 대하여 더 무겁게 처벌하는 규정이 있는 경우까지 고의범에 정한 형으로 처벌할 수 없다고 볼 것은 아니다. 결과적 가중범은 행위자가 중한 결과를 예견하지 못한 경우에도 그 형이 가중되는 범죄인데, 고의로 중한 결과를 발생케 한 경우까지 이를 결과적 가중범이라 하여 무겁게 벌하는 고의범에 정한 형으로 처벌할 수 없다고 하면, 결과적 가중범으로 의율한 나머지 더 가볍게 처벌되는 결과를 가져오기 때문이다. 따라서 고의로 중한 결과를 발생케 한 경우에 무겁게 벌하는 구성요건이 따로 마련되어 있는 경우에는 당연히 무겁게 벌하는 구성요건에서 정하는 형으로 처벌하여야 할 것이고, 결과적 가중범의 형이 더 무거운 경우에는 결과적 가중범에 정한 형으로 처벌할 수 있도록 하여야 할 것이다. 그러므로 기본범죄를 통하여 고의로 중한 결과를 발생케 한 부진정 결과적 가중범의 경우에 그 중한 결과가 별도의 구성요건에 해당한다면 이는 결과적 가중범과 중한 결과에 대한 고의범의 상상적 경합관계에 있다고 보아야 할 것이다.

[판례] 대법원 1996. 4. 26. 선고 96도485 판결

형법 제164조 후단이 규정하는 현주건조물방화치사상죄는 그 전단이 규정하는 죄에 대한 일종의 가중처벌 규정으로서 과실이 있는 경우뿐만 아니라, 고의가 있는 경우에도 포함된다고 볼 것이므로 사람을 살해할 목적으로 현주건조물에 방화하여 사망에 이르게 한 경우에는 현주건조물방화치사죄로 의율하여야 하고 이와 더불어 살인죄와의 상상적 경합범으로 의율할 것은 아니라고 할 것이고(대법원 1983. 1. 18. 선고 82도2341 판결 참조), 다만 존속살인죄와 현주건조물방화치사죄는 상상적 경합

범 관계에 있으므로, 법정형이 중한 존속살인죄로 의율함이 타당하다고 할 것이다.

96도485판결 당시 존속살해죄는 사형 또는 무기징역, 현주건조물방화치사죄는 사형, 무기 또는 7년 이상의 징역으로 존속살해죄의 법정형이 중하였다. 그러나 1995. 12. 29. 형법개정으로 현재 존속살해죄는 사형, 무기 또는 7년 이상의 징역으로 현주건조물방화치사죄와 동일하게 되었고 따라서 법정형이 중하다고 할 수 없게 되었다. 그러나 현주건조물방화치사죄의 객체는 '사람'인 반면, 존속살해죄의 객체는 '자기 또는 배우자의 직계존속'이므로 자기 또는 배우자의 직계존속이 아닌 사람을 대상으로 한 경우와 같이 현주건조물방화치사죄의 구성요건을 충족하더라도 존속살해죄의 구성요건을 충족하지 못하는 영역이 생길 수 있는 등 법조경합이라고 할 수 없다. 그렇다면 법정형이 중하다고 할 수 없는 현재에도 상상적 경합으로 보는 데는 변함이 없다고 보아야 한다. 하급심이 존속살해죄와 현주건조물방화치사죄 상호간을 상상적 경합으로 처리하면서, (법정형은 같으나) 죄질이 더 무거운 존속살해죄에 정한 형으로 처벌한 사안에서, 현주건조물방화치사죄와 상상적 경합범에 관한 법리를 오해한 잘못이 있다는 상고이유의 주장에 대하여 피고인이 이를 항소이유로 삼거나 원심이 직권으로 심판대상으로 삼지 않은 것을 상고심에 이르러 비로소 주장하는 것으로서 적법한 상고이유가 되지 못한다는 이유로 배척한 사례가 있다(대법원 2017. 12. 5. 선고 2017도15612 판결).

Ⅲ. 구성요건해당성

1. 기본범죄행위

가. 결과적 가중범이 성립하기 위해서는 먼저 기본범죄행위가 있어야 한다. 이와 달리 일정한 범죄유형의 경우 중한 결과가 형을 가중하는 것이 아니라 처음부터 중한 결과 때문에 가벌성이 인정되는 경우가 있다. 예컨대 보일러, 고압가스 기타 폭발성 있는 물건을 파열시켜 사람의 생명, 신체 또는 재산에 대해 위험을 발생시킨 경우 폭발성 있는 물건의 파열 자체는 처벌대상이 아니므로 사람의 생명 등에 대한 위험이 과실로 야기된 경우에 형법 제173조의2 소정의 과실폭발성물건파열죄에 해당하게 되는데, 이것은 결과적 가중범이 아니라 본래의 기본 구성요건이 고의-과실 결합형식일 뿐이므로 형법 제15조 제2항이 적용되지 아니한다.

[판례] 대법원 2008. 11. 13. 선고 2008 도 7143 판결, 대법원 2018. 1. 25. 선고 2017 도 15519 판결

음주로 인한 특정범죄 가중처벌 등에 관한 법률 위반(위험운전치사상)죄[18]는 도로교통법 위반(음주운전)죄의 경우와는 달리 형식적으로 혈중알코올농도의 법정 최저기준치를 초과하였는지 여부와는 상관없이 운전자가 '음주의 영향으로 실제 정상적인 운전이 곤란한 상태'에 있어야만 하고, 그러한 상태에서 자동차를 운전하다가 사람을 상해 또는 사망에 이르게 한 행위를 처벌대상으로 하고 있는바, 이는 음주로 인한 특정범죄 가중처벌 등에 관한 법률 위반(위험운전치사상)죄는 업무상과실치사상죄의 일종으로 구성요건적 행위와 그 결과 발생 사이에 인과관계가 요구되기 때문이다.

[판례] 대법원 2008. 12. 11. 선고 2008 도 9182 판결

음주로 인한 특정범죄가중처벌 등에 관한 법률 위반(위험운전치사상)죄는 그 입법취지와 문언에 비추어 볼 때, 주취상태에서의 자동차 운전으로 인한 교통사고가 빈발하고 그로 인한 피해자의 생명·신체에 대한 피해가 중대할 뿐만 아니라 사고발생 전 상태로의 회복이 불가능하거나 쉽지 않은 점 등의 사정을 고려하여, 형법 제268조에서 규정하고 있는 업무상과실치사상죄의 특례를 규정하여 가중처벌함으로써 피해자의 생명·신체의 안전이라는 개인적 법익을 보호하기 위한 것이므로(대법원 2008. 11. 13. 선고 2008도7143 판결 참조), 그 죄가 성립되는 때에는 차의 운전자가 형법 제268조의 죄를 범한 것을 내용으로 하는 위 교통사고처리특례법 위반죄는 그 죄에 흡수되어 별죄를 구성하지 아니한다고 볼 것이다.

[판례] 대법원 2008. 11. 13. 선고 2008 도 7143 판결

음주로 인한 특정범죄가중처벌 등에 관한 법률 위반(위험운전치사상)죄와 도로교통법 위반(음주운전)죄는 입법 취지와 보호법익 및 적용 영역을 달리하는 별개의 범죄로서 양 죄가 모두 성립하는 경우 두 죄는 실체적 경합관계에 있는 것으로 보아야 할 것이다. 이와 달리 음주로 인한 특정범죄가중처벌 등에 관한 법률 위반(위험운전치사상)죄는 도로교통법 위반(음주운전)죄를 기본범죄로 하는 결과적 가중범으로 그 행위유형과 보호법익을 모두 포함하고 있다는 이유로 특정범죄가중처벌 등에 관한 법률 위반(위험운전치사상)죄가 성립하면 도로교통법 위반(음주운전)죄는

18 특정범죄 가중처벌 등에 관한 법률 제5조의11(위험운전치사상) 음주 또는 약물의 영향으로 정상적인 운전이 곤란한 상태에서 자동차(원동기장치자전거를 포함한다)를 운전하여 사람을 상해에 이르게 한 사람은 1년 이상 15년 이하의 징역 또는 1천만원 이상 3천만원 이하의 벌금에 처하고, 사망에 이르게 한 사람은 무기 또는 3년 이상의 징역에 처한다.

이에 흡수된다고 판단한 원심판결에는 위 두 죄의 죄수관계에 관한 법리를 오해하여 판결에 영향을 미친 위법이 있다.

나. 우리 입법자는 폭행행위, 상해행위, 유기행위, 낙태행위, 감금행위, 방화행위, 폭발물사용행위 등과 같이 기본적으로 생명이나 신체에 대해 중한 결과를 야기할 수 있는 위험성이 짙은 행위들만 가려내어 이를 중한 결과와 결합시켜 결과적 가중범이라는 독자적 범죄구성요건을 만들었다. 반면에 협박행위, 사기행위, 절도행위 등은 결과적 가중범의 기본범죄로 선별되어 있지 않다.[19] 예컨대 앞의 폭행치사 사례와 비교하여 보면, 甲이 피해자에게 협박을 가하였는데 협박하는 과정에서 피해자가 충격 등으로 사망한 경우, 협박의 고의를 넘어 발생한 사망이라는 중한 결과에 대해 甲에게 과실이 인정된다면 甲의 행위는 협박죄(3년 이하의 징역, 500만원 이하의 벌금, 구류 또는 과료)와 과실치사죄(2년 이하의 금고 또는 700만원 이하의 벌금)의 상상적 경합에 해당하므로 중한 형인 협박죄의 형으로 처벌된다(형법 제40조 참조). 甲의 행위가 폭행이라면 형법 제262조에 따라 폭행치사죄로 처벌될 수 있으나, 협박인 경우는 형법각칙상 '협박치상죄' 자체가 규정되어 있지 않기 때문이다.

다. 일반적으로 기본범죄는 고의에 의해 실현되고, 현행 형법도 결과적 가중범의 기본범죄가 고의에 의한 경우만을 규정하고 있다.[20] 그러나 특별법의 영역에서는 기본범죄가 과실에 의한 경우도 인정하고 있다. 예컨대 환경범죄의 단속 및 가중처벌에 관한 법률 제3조 제2항은 오염물질을 불법으로 배출하여 사람을 사상에 이르게 한 경우를 처벌하면서, 제5조 제2항에서 업무상 과실 또는 중대한 과실로 위 죄를 범한 경우를 처벌하는데, 여기서 기본범죄에 해당하는 불법배출은 고의에 의한 경우는 물론이고 업무상 과실과 중대한 과실에 의한 경우도 포함한다고 본다.[21] 특정범죄 가중처벌 등에 관한 법률 제5조의3(도주차량운전자의 가중처벌)의 경우도 같다.

[판례] 대법원 2006. 9. 28. 선고 2006 도 4140 판결
원심이, 이 사건 교통사고는 그 판시와 같은 피고인의 과실로 인하여 발생한 것이

19 김성돈, 형법총론(제5판), 성균관대학교출판부(2017), 509.
20 정영일, 형법강의(총론)(제3판), 학림(2017), 127.
21 박상기, 형법총론(제9판), 박영사(2012), 312.

고, 피고인이 이 사건 교통사고로 피해자를 도로에 넘어지게 하고도 피해자를 구호하는 등 필요한 조치를 취하지 않고 도주함으로써 피해자가 후행 차량에 충격되어 사망에 이를 수 있음을 예견할 수 있었다고 보아, 이를 전제로 이 사건 특정범죄 가중처벌 등에 관한 법률 위반(도주차량)의 공소사실을 유죄로 판단한 것은 정당한 사실인정과 판단으로 수긍할 수 있다. 원심판결에는 상고이유로 주장하는 바와 같은 심리미진이나 특정범죄 가중처벌 등에 관한 법률 제5조의3 제1항 제1호, 결과적 가중범에 관한 법리오해 등의 위법이 없다.

라. 기본범죄와 관련하여 행위의 주체, 객체, 수단, 장소, 시간 등에 대하여 구성요건에 특별한 규정이 있을 때에는 그러한 표지를 갖춘 경우라야 한다. 예컨대 유기치사상죄의 경우 기본범죄인 유기행위는 법률상 또는 계약상 보호의무 있는 주체만이 이를 실현할 수 있다.[22]

마. 기본범죄행위가 미수에 그친 경우 다른 성립요건을 갖추면 결과적 가중범이 성립할 수 있는가? 이는 다음에서 보는, 결과적 가중범의 미수범을 인정할 수 있는가와는 다른 문제이다.

먼저 형법이 결과적 가중범의 기본범죄로서 기수는 물론이고 미수도 명시한 경우에는 결과적 가중범이 성립한다고 보는 데 별다른 이론의 여지가 없다. 강간등치상죄(제301조) 또는 강간등치사죄(제301조의2)의 경우에 기본범죄는 제297조 내지 제300조의 죄를 범한 자로 규정되어 있는데 제300조가 미수범 처벌규정이다. 특수공무방해치사상죄(제144조 제1항, 제2항, 제143조), 체포감금치사상죄(제281조 제1항, 제280조) 등도 이러한 유형에 해당한다. 성폭력범죄의 처벌 등에 관한 특례법상 강간등치상(제8조), 강간등치사(제9조)의 경우 기본범죄로서 미수를 명시하고 있어 같은 형식이다.[23]

다음으로 형법이 결과적 가중범의 기본범죄에 미수범이 포함되는 것으로 명시하지 않은 경우에는 해석의 문제일 수 있으나, 기본범죄가 '-의 죄를 범한' 이라고 규정하고 기본범죄의 미수범에 대한 처벌규정이 있다면 결과적 가중범이 성립하고, 반대로 미수범에 대한 처벌규정이 없다면 '죄를 범한'에 해당하지

22 김일수/서보학, 새로쓴 형법총론(제13판), 박영사(2018), 339.

23 미수를 명시하고 있지 않을 당시, 형벌법규는 그 규정내용이 명확하여야 할 뿐만 아니라 그 해석에 있어서도 엄격함을 요하고 유추해석은 허용되지 않는 것이므로 죄의 주체는 기수범으로 한정되고 미수범까지 여기에 포함되는 것으로 풀이할 수는 없다는 대법원 1995. 4. 7. 선고 95도94 판결이 있었다. 이후 현재와 같이 죄의 주체로 미수범을 명시하였다.

아니하므로 결과적 가중범이 될 수 없다고 해야 한다.[24] 예컨대 낙태치사상죄(제269조 제3항)의 경우 기본범죄인 촉탁 또는 승낙에 의한 낙태죄(제269조 제2항)에 대한 미수범 처벌규정이 없으므로 낙태가 미수에 그친 이상 사상의 결과가 발생하였다고 하더라도, 과실치사상죄가 성립할 여지가 있을지언정 낙태치사상죄가 성립될 수는 없다. 기본적으로 같은 견해를 취하면서 다만 현주건조물일수치사상죄(제177조 제2항)와 같이 형법이 기본범죄를 외관상 기수범으로 한정하면서 동시에 결과적 가중범의 미수범처벌규정을 두고 있는 경우에는 기본범죄가 미수인 것에 대해서는 동죄의 미수범으로만 처벌하는 것이 입법자의 의사와 상응하다는 견해도 있다.[25] 이와 달리 '-의 죄를 범한 자'란 기수범만을 의미하고 미수범은 포함되지 않는다고 보는 견해,[26] '-의 죄를 범한 자'란 기수범만을 의미하고 미수범은 포함되지 않는다는 기본적 입장을 취하면서 다만 결과적 가중범의 미수범처벌규정을 두고 있는 경우에는 기본범죄가 미수에 그친 경우에 대해서도 처벌근거를 제공하는 규정으로 보아야 한다는 견해[27] 등이 있다.

2. 중한 결과의 발생

결과적 가중범이 성립하기 위해서는 고의로 야기된 기본범죄 이외에 사람의 사망이나 상해와 같은 중한 결과가 발생하여야 한다. 이러한 중한 결과는 기본범죄에 내재한 고유한 위험이 실현된 것이므로 결과적 가중범의 불법내용을 구성하는 것이며, 단순히 객관적 처벌조건에 그치는 것이 아니다.[28]

중한 결과는 사람의 사망이나 상해와 같은 침해결과의 형태로 규정되어 있는 것이 일반적이다. 다만 중상해죄(제258조 제1항), 중유기죄(제271조 제3항, 제4항), 중권리행사방해죄(제326조) 그리고 중손괴죄(제368조 제1항)의 경우에는 '생명 또는 신체에 대한 위험발생'을 가중처벌의 근거로 삼고 있는데, 이러한 위태화 결과도 상해나 사망과 같은 침해결과와 마찬가지로 중한 결과에 해당한

24 김성돈, 형법총론(제5판), 성균관대학교출판부(2017), 510; 정성근/박광민, 형법총론(제2판), 성균관대학교출판부(2015), 458; 신동운, 형법총론(제10판), 법문사(2017), 548; 정영일, 형법강의(총론)(제3판), 학림(2017), 130.

25 손동권/김재윤, 새로운 형법총론(초판), 율곡출판사(2011), 377.

26 오영근, 형법총론(제4판), 박영사(2018), 137.

27 변종필, 결과적 가중범에서 기본범죄가 미수인 경우의 법해석, 형법해석과 논증(26-46, 2012), 36.

28 김일수/서보학, 새로쓴 형법총론(제13판), 박영사(2018), 339; 임웅, 형법총론(제10정판), 법문사(2018), 568; 정성근/박광민, 형법총론(제2판), 성균관대학교출판부(2015), 458.

다.[29]

결과 이외의 요소들, 예컨대 행위자적 요소(예컨대 신분이나 상습성 등)나 객관적 행위특성(예컨대 위험한 물건의 휴대 등)으로 인해 가중처벌되는 경우는 결과적 가중범에 해당하지 않는다.

[판례] 대법원 1995. 1. 12. 선고 94도2781 판결, 대법원 2008. 2. 29. 선고 2007도10120 판결
강간 등에 의한 치사상죄에 있어서 사상의 결과는 간음행위 그 자체로부터 발생한 경우나 강간의 수단으로 사용한 폭행으로부터 발생한 경우는 물론 강간에 수반하는 행위에서 발생한 경우도 포함한다.

[판례] 대법원 2015. 3. 26. 선고 2014도13345 판결
특정범죄 가중처벌 등에 관한 법률(이하 '특정범죄가중법'이라 한다) 제5조의10 제1항은 "운행 중인 자동차의 운전자를 폭행하거나 협박한 사람은 5년 이하의 징역 또는 2천만 원 이하의 벌금에 처한다."고 규정하고, 제2항은 "제1항의 죄를 범하여 사람을 상해에 이르게 한 경우에는 3년 이상의 유기징역에 처하고, 사망에 이르게 한 경우에는 무기 또는 5년 이상의 징역에 처한다."고 규정하고 있다. (중략) 특정범죄가중법 제5조의10의 죄는 제1항, 제2항 모두 운행 중인 자동차의 운전자를 대상으로 하는 범행이 교통질서와 시민의 안전 등 공공의 안전에 대한 위험을 초래할 수 있다고 보아 이를 가중처벌하는 이른바 추상적 위험범에 해당하고, 그중 제2항은 제1항의 죄를 범하여 사람을 상해나 사망이라는 중한 결과에 이르게 한 경우 제1항에 정한 형보다 중한 형으로 처벌하는 결과적 가중범 규정으로 해석할 수 있다. 따라서 운행 중인 자동차의 운전자를 폭행하거나 협박하여 운전자나 승객 또는 보행자 등을 상해나 사망에 이르게 하였다면 이로써 특정범죄가중법 제5조의10 제2항의 구성요건을 충족한다고 봄이 타당하다. (중략) 그럼에도 원심은 그 판시와 같은 이유로 특정범죄가중법 제5조의10 제2항은 운전자에 대한 폭행·협박으로 인하여 교통사고의 발생 등과 같은 구체적 위험을 초래하는 중간 매개원인이 유발되고 그 결과로써 불특정 다중에게 상해나 사망의 결과를 발생시킨 경우에만 적용될 수 있을 뿐, 교통사고 등의 발생 없이 직접적으로 운전자에 대한 상해의 결과만을 발생시킨 경우에는 적용되지 아니한다고 보아, 이 사건 주위적 공소사실이 범죄로

29 다만 독일의 경우에는 이러한 범죄유형을 결과적 가중범으로 보게 되면 위험에 대한 인식(고의)이 없더라도 그러한 위험의 예견가능성만으로 가중처벌할 수 있는 결과로 되므로 결과적 가중범으로 보는 데 반대하는 견해가 지배적이다. 이 입장에 따르면 위험에 대한 인식이 없으면 중상해죄 등으로 처벌할 수 없게 된다. Vgl. Roxin, a.a.O., §10/119.

되지 아니하는 때에 해당한다고 판단하였으니, 원심판결에는 특정범죄가중법 제5조의10 제2항의 적용범위에 관한 법리를 오해하여 판결 결과에 영향을 미친 위법이 있다.

3. 인과관계와 객관적 귀속 및 직접성의 원칙

가. 인과관계와 객관적 귀속

우리 형법은 결과적 가중범에 대해 예견가능성만을 요건으로 명시하고 있다. 그러나 결과적 가중범의 본질상 기본범죄와 중한 결과 사이에 일정한 관련이 존재해야 한다.

이러한 일정한 관련과 관련하여 기본범죄와 중한 결과 사이에 인과관계가 필요한가를 가장 먼저 검토하게 된다(고의로 인한 기본범죄가 결과범인 경우에 그 내부에 기본범죄의 행위와 기본범죄의 결과 사이에 인과관계가 존재해야 함은 물론이다). 현행법이 결과적 가중범의 성립요건으로서 예견가능성만을 명시하고 있다는 점을 근거로 기본범죄와 중한 결과 사이에 별도로 인과관계가 존재함을 요하지 않는다는 견해도 있었으나, 후술하는 것처럼 예견가능성이 과실을 의미하는 것으로 보게 되면, 인과관계는 과실 유무와는 별개로 확정되어야 한다는 점에서 고의로 인한 기본범죄와 중한 결과 사이에도 인과관계가 존재해야 한다고 보는 것이 일반적이다.

나아가 책임주의의 실현을 위해 인과관계의 판단에서 상당성을 요구하는 견해, 인과관계의 판단 외에 객관적 귀속을 요구하는 견해 등이 대립한다.

1) 상당인과관계설

상당인과관계설은 일반인의 사회생활상의 '경험'에 비추어 통상 그 행위로부터 그 결과가 발생하는 것이 상당하다고 인정되는 경우에 형법상의 인과관계를 인정하는 학설이다. 인과관계란 상당성 판단을 의미하고, 여기서 상당성이란 바로 객관적 예견가능성을 의미한다고 보아야 할 것이다.[30] 이 학설은 결과발생의 개연성이 인과관계 존부의 판단기준이 된다. 따라서 상당인과관계설의 기본 사고는 행위자가 지배할 수 없는 이상한 사정에 의해 결과가 발생한 경우 그 결과를 행위자의 행위에 귀속시킬 수 없다는 것이다. 즉 그 행위로부터 그 결과가 발생하는 것이 경험상 일반적일 때 형법상의 인과관계를 긍정하고, 제3자의 중대한 과실이

30 배종대, 형법총론(제13판), 홍문사(2017), 507.

개입되고 그 때문에 중한 결과가 발생한 경우에는 인과관계의 상당성을 부정한다. 판례의 태도이다. 이런 입장에 따르면 후술하는 객관적 귀속판단을 별도로 할 필요가 없게 된다. 상당성에 대한 판단은 자연적 인과관계(조건관계)의 확정과 평가적 결과의 귀속을 포괄하는 일원적 인과관계의 확정을 의미하기 때문이다.

2) 합법칙적 조건설과 객관적 귀속

가) 합법칙적 조건설은 행위와 결과 사이에 자연법칙적인 관련성이 존재하느냐에 따라 인과관계 유무를 결정하는 이론이다. 물리, 의학, 행동과학 등의 법칙으로부터 행위와 결과와의 사이에 인과적 연결이 인정되는 것이 결과 귀속의 출발점이다. 합법칙적 조건설은 사실적·자연적 인과관계를 확정하는 이론이므로 조건설의 논리적 조건도 아니고 상당인과관계설의 생활 경험도 아니며 당대에 지식수준에서 알려져 있는 법칙적 관계이다. 합법칙적 조건설은 인과관계의 확정에 관한 이론이므로 인과관계가 인정된 경우에도 그 결과를 행위자에게 귀속시켜 책임을 물을 수 있는지의 여부는 별도의 법적·규범적 판단기준인 객관적 귀속론에 따른다. 즉 조건관계는 가정적 제거절차나 합법칙적 조건공식에 따라 확정할 수 있고, 후자에 따르면 기본범죄와 중한 결과가 시간적 선후관계에 있고, 양자 사이에 경험법칙적 관련이 긍정되는 경우에 조건관계가 인정된다는 것이다. 상당인과관계설에 대하여는 결과적 가중범에 대한 형의 가중을 인과관계에 의해 제한하는 것은 결과적 가중범을 책임주의의 예외로 인정하는 것이고, 인과관계가 객관적 귀속판단을 위한 전제로서 사실확정의 문제라는 입장과 일치하지 않으며, 상당성 판단의 핵심인 예견가능성은 행위와 결과 사이의 조건관계를 전제로 하는 것이고, 양자 사이의 관련을 확정하는 기준으로서는 미흡하므로 인과관계를 예견가능성의 문제로 환원하는 태도는 바람직하지 않다고 비판한다.[31]

나) 인과관계란 객관적 귀속판단을 위한 전제로서 기본범죄로 인해 중한 결과가 야기되었다고 할 수 있는가를 확정하는 것, 즉 기본범죄와 중한 결과 사이에 조건관계가 긍정되어야 한다는 의미로 이해하는 것이 타당하고, 여기서 나아가 객관적 귀속판단이 필요하다고 한다. 즉 인과관계의 문제와 귀속의 문제를 구별하여 인과관계의 문제는 합법칙적 조건설에 의하여 판단하고, 이어서 객관적 귀속판단을 통하여 행위자의 행위가 행위의 객체에 위험을 창출하고 그 위험이 구

31 이재상 외 2인, 형법총론(제9판), 박영사(2017), 211.

체적인 결과에 실현한 경우에만 야기된 결과는 행위에 귀속된다는 것이다. 결과적 가중범의 경우에도 기본범죄와 중한 결과 사이에 조건관계가 존재한다 하더라도, 형법 제17조(인과관계)가 '죄의 요소되는 위험발생에 연결되'어야 한다고 규정하고 있으므로, 기본범죄와 중한 결과 사이에 규범적 관련이 존재해야 한다고 한다. 이러한 규범적 관련은 객관적 귀속의 일반원칙에 따라 위험창출과 위험실현을 통해 확정된다. 즉 기본범죄가 중한 결과에 대한 허용되지 않은 위험을 창출했어야 하고, 그 위험이 중한 결과에서 실현되었어야 한다.

먼저 기본범죄가 허용되지 않은 위험을 창출했는가를 판단할 때 중요한 것은 사회생활상 객관적으로 요구되는 주의의무에 위반하였는지 여부이다. 이러한 의무에 위반하였는지 여부는 의무의 근거가 법률 등에 명시되어 있다면 이에 따라, 그렇지 않다면 객관적 예견가능성을 기준으로 판단하게 될 것이다. 따라서 결과적 가중범의 귀속판단에 있어서는 먼저 기본범죄로 인해 중한 결과가 나타날 것이라는 점에 대한 객관적 예견가능성이 존재하는가를 검토해야 한다.[32] 물론 이러한 의미에서의 객관적 예견가능성은 추상적인 구성요건적 결과에 대한 예견가능성을 의미하므로 지배가능성이 결여된 경우처럼 극히 이례적인 경우가 아니면 긍정된다.

다음으로 위험실현과 관련하여, 먼저 중한 결과가 기본범죄로 인해 창출된 위험의 상당한 실현이라고 할 수 있는가, 즉 구체적으로 나타난 결과에 대한 객관적 예견가능성이 인정되는가를 검토해야 한다. 이어서 중한 결과로 나아가는 인과과정을 차단하는 것이 개별 결과적 가중범의 구성요건(규범)이 예정하고 있는 바인가, 즉 규범의 보호목적에 포함되는가 여부를 검토해야 한다. 즉 발생된 결과가 당해규범이 보호하려는 범위 밖에 있는 것이라면 비록 그 결과가 행위자의 행위로 인하여 발생하였다 하더라도 그 행위의 탓으로 돌리지 않는다는 것이다.[33]

나. 직접성의 원칙

1) 결과적 가중범의 가중처벌의 근거는 결과적 가중범의 기본범죄에 내재하는 중한 결과 발생의 전형적인 위험이 현실화되었다는 데 있다. 이러한 규범의 보호목적은 특히 기본범죄와 중한 결과 사이에 다른 조건이 개입한 경우에 부정되

32 박광민, 결과적 가중범의 본질과 직접성의 원칙, 저스티스 94호(2006. 10.), 135.
33 박광민, 결과적 가중범의 본질과 직접성의 원칙, 저스티스 94호(2006. 10.), 136.

므로, 결국 기본범죄와 중한 결과 사이에 직접적 관련이 존재해야 한다고 할 수도 있으며 이것이 바로 직접성의 요청이다.

상당인과관계설을 따르는 견해는 원칙적으로 직접성을 별도로 요하지 않는다고 본다. 즉 직접성이란 일반인의 생활경험을 판단기준으로 하는 상당성을 구체화한 것으로 보아 직접성이 독자적인 의미를 가지지 않는다고 한다.[34]

반면 결과적 가중범이 동일한 결과를 야기한 과실범보다 무겁게 처벌되는 이유는 중한 결과가 다른 중간원인의 개입 없이 기본범죄로부터 직접 초래되었기 때문이라고 하면서, 결과적 가중범을 독자적 범죄형태로 인정하는 한, 중한 결과를 행위자에게 귀속시키기 위해서는 행위자에 의해 야기된 기본범죄로 인해 창출된 위험이 중한 결과에서 실현되어야 한다는 견해가 일반적이다.[35] 즉 결과적 가중범의 성립에 직접성을 요구하면서, 이러한 직접성은 바로 기본범죄에 내재한 전형적인 위험이 결과에서 실현된 경우에 긍정된다는 것이다. 직접성을 결과적 가중범에 특별한 객관적 귀속의 척도로 보면서 기본범죄에 내재된 위험은 모든 결과적 가중범에서 동일하지 않기 때문에 각각의 결과적 가중범에서 직접성의 원칙을 구체화하는 것이 타당하다는 의견도 있다.[36]

그런데 결과적 가중범의 경우에 이러한 위험실현을 긍정하기 위해서는 무엇보다 중한 결과가 기본범죄로 인해 침해된 규범의 보호목적 내에 있어야 한다. 여기서 규범의 보호목적이라 함은 기본범죄에 의해 침해된 규범(예컨대 폭행, 상해, 강간, 강도 등) 자체가 일반적으로 중한 결과의 방지를 목적으로 하고 있는가를 묻는 것이 아니라, 구체적인 행위태양이나 행위 후에 나타난 사정 등을 고려할 때 행위자가 야기한 기본범죄에 내재한 위험이 특정한 중한 결과(예컨대 사망이나 상해)를 야기할 수 있는가를 묻는 것을 말한다. 바로 이 점이 긍정되는 경우에 '중한 결과에서 기본범죄에 내재한 위험이 실현되었다'고 할 수 있는 것이다. 따라서 중한 결과가 기본범죄를 야기한 행위자의 행위와는 별개로 피해자 스스로 초래한 것이거나 제3자의 고의나 중대한 과실에 의한 행위가 개입한 때에는(행위자 자신

34 배종대, 형법총론(제13판), 홍문사(2017), 507; 신동운, 형법총론(제10판), 법문사(2017), 251.

35 김성돈, 형법총론(제5판), 성균관대학교출판부(2017), 515; 김일수/서보학, 새로쓴 형법총론(제13판), 박영사(2018), 340; 박상기, 형법총론(제9판), 박영사(2012), 312; 손동권/김재윤, 새로운 형법총론(초판), 율곡출판사(2011), 379; 임웅, 형법총론(제10정판), 법문사(2018), 569; 이재상 외 2인, 형법총론(제9판), 박영사(2017), 212; 정성근/박광민, 형법총론(제2판), 성균관대학교출판부(2015), 459; 정영일, 형법강의(총론)(제3판), 학림(2017), 128.

36 안경옥, 결과적 가중범의 직접성의 원칙, 형사법연구 제12호(1999.), 140.

의 행위가 개입된 경우는 후술하는 지연결과발생 사례 참조) 직접성을 부정해야 할 것이다. 예컨대 행위자의 상해행위 후 의사의 치료행위 과정에서 사망하였고 그 치료행위에 잘못이 있었다 하더라도, 이러한 제3자의 중간개입행위는 행위자의 고의의 기본범죄 행위에 내재된 전형적인 위험이며, 이 위험이 중한 결과에 실현된 경우라면 직접성을 부정할 수 없다. 다만 경상을 입은 피해자가 의사의 미숙한 치료로 사망하는 경우와 같이 의사의 중대한 과실이 인정된다면 직접성을 부정해야 한다.[37]

여기서 기본범죄에 내포된 위험이 기본범죄의 행위로 인한 것이어야 하는지(행위기준설) 아니면 기본범죄로 인해 야기된 결과로 인한 것이어야 하는지(결과기준설)가 논란이 되기도 하나, 결과적 가중범의 고유한 위험은 기본범죄의 결과에만 수반되는 것이 아니라 기본범죄의 결과를 위한 행위에서도 발생한다는 절충적인 견해가 일반적이다. 즉 행위와 결과 양자 모두 직접성의 표지로 보아 기본행위의 위험성이 그 결과에서 실현되어 중한 결과발생으로 연결되었을 때 직접성이 인정될 수 있으므로, 중한 결과는 기본범죄로부터 직접 발생한 것이면 족하고 반드시 기본범죄의 결과에 의하여 발생한 것임을 요하지 않는다.[38]

판례는 상당인과관계설의 입장에서 예견가능성 이외에 별도로 직접성을 요구하지 않는다. 이에 대하여 아래 판례들이 직접성 요건을 요구하고 있지 않다고 단언할 수 없다는 견해도 있다.[39] 그러나 판례는 기본범죄와 중한 결과 사이에 상당인과관계를 요구하고 있으므로, 아래 판례들의 태도는 직접성을 요구한 것이라기보다 실질적으로 상당성 판단의 내용으로서 객관적 예견가능성을 부정한 것으로 보아야 한다.[40] 판례는 직접성의 요구를 상당인과관계의 판단에 포함시켜 검토하고 있다는 견해[41] 역시 같은 취지이다.

[판례] 대법원 1982. 11. 23. 선고 82 도 1446 판결

강간을 당함으로 인하여 생긴 수치심과 장래에 대한 절망감 등에 있었다 하더라도,

37 안경옥, 결과적 가중범의 직접성의 원칙, 형사법연구 제12호(1999.), 147.
38 이재상 외 2인, 형법총론(제9판), 박영사(2017), 213; 정성근/박광민, 형법총론(제2판), 성균관대학교출판부(2015), 459.
39 김성돈, 형법총론(제5판), 성균관대학교출판부(2017), 514.
40 오영근, 형법총론(제4판), 박영사(2018), 139.
41 김일수/서보학, 새로쓴 형법총론(제13판), 박영사(2018), 341; 박상기, 형법총론(제9판), 박영사(2012), 312.

그 자살행위가 바로 피고인들의 강간행위로 인하여 생긴 당연의 결과라고 볼 수는 없어 피고인들의 강간행위와 피해자의 자살행위 사이에 인과관계를 인정할 수는 없다.

[판례] 대법원 1978. 11. 28. 선고 78 도 1961 판결
고등학교 교사가 제자의 잘못을 징계코자 왼쪽뺨을 때려 뒤로 넘어지면서 사망에 이르게 한 경우 위 피해자는 두께 0.5미리밖에 안되는 비정상적인 얇은 두개골이 었고 또 뇌수종을 가진 심신허약자로서 좌측뺨을 때리자 급성뇌성압상승으로 넘어 지게 된 것이라면 위 소위와 피해자의 사망간에는 이른바 인과관계가 없는 경우에 해당한다.

2) 사실의 착오 중 지연결과발생 사례에 대하여 직접성과 관련한 논란이 있다.

대법원은, 피고인이 피해자에게 우측 흉골골절 및 늑골골절상과 이로 인한 우측 심장벽좌상과 심낭내출혈 등의 상해를 가함으로써, 피해자가 바닥에 쓰러진 채 정신을 잃고 빈사상태에 빠지자, 피해자가 사망한 것으로 오인하고, 피고인의 행위를 은폐하고 피해자가 자살한 것처럼 가장하기 위하여 피해자를 베란다로 옮긴 후 베란다 밑 약 13m 아래의 바닥으로 떨어뜨려 피해자로 하여금 현장에서 좌측 측두부 분쇄함몰골절에 의한 뇌손상 및 뇌출혈 등으로 사망에 이르게 한 사례에 대해 상해치사죄를 인정한 바 있다.[42] 이러한 사례를 사실의 착오 중 지연결과 발생 사례에서 살펴 본 바 있다. 행위 자체는 두 개이되, 제1 행위시에 요구되는 과실과 제2 행위시의 과실을 개괄적으로 볼 수 있기 때문에 피고인에게 상해치사죄를 인정할 수 있다는 입장으로 해석할 수 있다.

그런데 이 경우에도 피해자의 사망이 비록 행위자의 제2 행위로 인해 야기된 것이긴 하지만 제1 행위에 의한 기본범죄가 창출한 위험의 실현이라고 할 수 있는지 여부가 문제된다는 점에서 직접성의 관점에서 논란이 있다.

직접성을 인정하지 않는 견해가 다수이다.[43] 즉 직접성을 인정하기 위해서는 기본행위가 창출한 위험이 제어불가능하게 중한 위험으로 발전하여 창출된 위험

42 대법원 1994. 11. 4. 선고 94도2361 판결.
43 안경옥, 결과적 가중범의 직접성의 원칙, 형사법연구 제12호(1999.), 149; 장영민, 개괄적 과실(culpa generalis)? -결과적 가중범에서의 결과귀속의 문제-, 형사판례연구 6권(1998), 83; 조상제, 개괄적 과실(culpa generalis) 사례의 결과귀속, 형사판례연구 10권(2002), 79.

과 동일한 위험이 결과에서 실현된 경우에 직접성의 요건을 충족했다고 볼 수 있는데, 대법원 판례가 제시한 사례에서는 행위자의 제1 행위 및 그에 의한 상해로 창출된 위험과 동일한 위험이 가중결과(사망)에 실현된 경우라고 볼 수 없고 오히려 가중결과(사망)가 행위자의 제2 행위가 창출한 새로운 위험으로 실현된 것이라는 점에서 기본범죄에 내재한 전형적 위험이 결과에서 실현된 것이라고 할 수 없기 때문에 직접성이 부정된다고 한다. 따라서 상해치사죄가 아니라, 상해죄와 과실치사죄의 경합범을 인정하는 것이 타당하다고 한다.

이에 대하여 행위자의 제1 행위 및 그에 의한 상해와 가중결과(사망) 사이에 직접성이 있다는 이유로 결과적 가중범인 상해치사죄의 성립을 인정하는 견해도 있다.[44] 기본범죄가 창출한 위험성이 직접원인이 되어서 가중결과가 발생하였다고 평가될 수 없는 경우에는 당연히 객관적 귀속이 부정되어야 할 것이나, 판례가 제시한 사례에서 행위자의 제1 행위의 결과는 피해자가 정신을 잃을 정도의 중상해이고 이러한 상태에서 제2 행위가 개입하여 실제로 사망의 결과가 발생하였으므로 행위자의 제1 행위 및 그에 의한 상해와 가중결과(사망) 사이에 직접성이 있는 것으로 해석하여도 무방하다는 것이다. 특히 단순히 방치하여도 사망할 것으로 인정되는 피해자를 죽은 것으로 착각하고 제2 행위를 함으로써 피해자의 사망 시기를 앞당긴 경우에는 반드시 상해치사죄의 결과적 가중범이 긍정되어야 한다고 한다.

다. 판례의 태도

대법원 판례는 기본적으로 기본범죄와 중한 결과 사이에 상당인과관계를 요한다는 입장에 서 있다. 실제 사례를 개별적으로 살펴보면 피고인의 폭행 등 기본범죄에 제3자의 행위가 개입된 경우에도 상당인과관계를 폭넓게 인정하고 있고, 기본범죄에 피해자의 행위가 개입하거나 또는 피해자의 특이체질로 인하여 사망에 이르게 된 경우에도 폭행 또는 상해가 사망에 대하여 직접적이고 유력한 원인이 되었다고 보는 한 그 상당인과관계를 폭넓게 인정하고 있다. 그리하여 실질적으로는 조건설의 범주를 크게 벗어나지 못하고 있는 것으로 보인다.

[판례] 대법원 1994. 3. 22. 선고 93 도 3612 판결, 대법원 2014. 7. 24. 선고 2014 도 6206 판결, 대법원 2015. 11. 12. 선고 2015 도 6809 전원합의체 판결

44 손동권/김재윤, 새로운 형법총론(초판), 율곡출판사(2011), 380.

교통방해 행위가 피해자의 사상이라는 결과를 발생하게 한 유일하거나 직접적인 원인이 된 경우만이 아니라, 그 행위와 결과 사이에 피해자나 제3자의 과실 등 다른 사실이 개재된 때에도 그와 같은 사실이 통상 예견될 수 있는 것이라면 상당인과관계를 인정할 수 있다.

[판례] 대법원 1982. 12. 28. 선고 82 도 2525 판결, 대법원 2012. 3. 15. 선고 2011 도 17648 판결
피고인의 행위가 피해자를 사망하게 한 직접적 원인은 아니었다 하더라도 이로부터 발생된 다른 간접적 원인이 결합되어 사망의 결과를 발생하게 한 경우 그 행위와 사망 사이에는 인과관계가 있다고 할 것이다.

1) 기본범죄와 중한 결과 사이에 상당인과관계를 긍정한 사례들

⊙ 제3자 또는 피해자의 행위 개입

[판례] 대법원 2014. 7. 24. 선고 2014 도 6206 판결
당시 피고인은 1·2차로에 차량들이 정상 속도로 꾸준히 진행하고 있었는데도 2차로를 따라 시속 110~120km 정도로 진행하여 1차로의 피해자 1 차량 앞에 급하게 끼어든 후 곧바로 제동하여 약 6초 만에 정차하였고, 피해자 1의 차량 및 이를 뒤따르던 차량 두 대가 연이어 급제동하여 정차하기는 하였으나, 그 뒤를 따라오던 피해자 2가 운전하던 차량은 미처 추돌을 피하지 못하였고 그 추돌 시각은 피고인 차량 정차로부터 겨우 5~6초 후라는 것이다. 그렇다면 스스로 편도 2차로의 고속도로 추월차로인 1차로 한가운데에 정차한 피고인으로서는 현장의 교통상황이나 일반인의 운전 습관·행태 등에 비추어 고속도로를 주행하는 다른 차량 운전자들이 제한속도 준수나 안전거리 확보 등의 주의의무를 완전하게 다하지 않을 수도 있다는 점을 알았거나 충분히 알 수 있었다고 할 것이므로, 설령 이 사건에서 피해자들의 사상의 결과 발생에 피해자 2의 과실이 어느 정도 개재되었다 하더라도, 피고인의 정차 행위와 그와 같은 결과 발생 사이에 상당인과관계가 없다고 할 수 없다. 비록 피고인 차량 정차 후 세 대의 차량이 급정차하여 겨우 추돌을 피하기는 하였으나, 그것만으로 통상의 운전자라면 피해자 2가 처했던 상황에서 추돌을 피할 수 있었다는 개연성을 인정할 만한 특별한 사정이 있다고 보기는 어렵고, 달리 그럴 만한 자료를 찾을 수도 없다.

[판례] 대법원 2005. 3. 25. 선고 2005 도 186 판결
피고인은 2004. 6. 7. 21:15경 노상에서 피해자(남, 58세)와 시비가 되자 시멘트 벽돌

조각을 집어 들어 자리를 피하려는 피해자에게 집어던지고, 계속하여 오른 주먹으로 뒤돌아서는 피해자의 왼쪽 얼굴을 피해자가 넘어질 정도의 상당한 힘으로 세게 갑자기 때려, 그로 인하여 피해자로 하여금 1차 넘어지면서 그 곳 시멘트 바닥에 머리를 부딪히게 한 사실, 그 직후 인근에 있던 박○○가 피고인과의 싸움을 제지하기 위하여 엎어져 있던 피해자를 일으켜 세운 다음 피해자의 허리를 잡고 부축하여 약 37m 떨어진 구 한전 후문 주차장까지 피해자를 옮겨 놓은 사실, 피해자는 그 부근에서 담장을 짚고 서 있다가 엉덩방아를 찧고 주저앉으면서 다시 2차 넘어져 바닥에 뒷머리를 부딪히게 되었으며, 이는 위 1차 충격 후 불과 5분 정도만에 일어난 사실, 결국 피해자는 같은 날 22:05경 뇌진탕으로 인한 외인성 급사로 사망에 이르게 되었고, 뇌진탕에 의한 외인성 급사는 피해자가 넘어지면서 지면에 부딪혀서 생긴 것이며, 피해자에 대한 부검 결과 위와 같이 피해자가 피고인으로부터 폭행당하고 그로 인하여 넘어지면서 그 과정에서 입게 된 상해 이외에는 달리 사망에 이를 만한 다른 손상 및 사인이 발견되지 아니한 사실을 알 수 있는바, 사정이 위와 같다면 폭행의 방법, 부위나 정도 및 경위 등에 비추어 볼 때, 피고인의 폭행과 피해자의 사망과 사이에 상당인과관계가 있었다고 볼 수 있을 뿐만 아니라, 피고인이 피해자의 사망이라는 결과의 발생을 예견할 수 있었다고도 보인다.

[판례] 강도치상(대법원 2003. 11. 13. 선고 2003도5283 판결)

강도범인이 재물강취의 수단으로 상대방을 향해 칼을 들이댈 경우 그 상대방이 이에 저항을 하거나 또는 이를 목격한 제3자(특히 그 상대방에 대하여 법률적 보호의무를 가진 자)가 그 상대방을 보호하려고 강도범인의 칼을 빼앗거나 막기 위하여 그 칼을 붙잡는 등의 제지행위를 하는 것과 그러한 제지행위를 하다가 그 칼에 의하여 상처를 입는 것은 능히 예견할 수 있고, 피해자가 입은 상해는 강취수단인 폭행이나 협박의 직접 상대방이 아니라 하더라도 피고인의 강도범행의 기회에 그 범행장소에서 그 범행도구인 과도에 의하여 발생된 것이어서 피고인의 폭행이나 협박행위로부터 연장된 결과라고 할 것인즉 피고인이 상대방의 가슴부위에 과도를 들이댄 행위와 피해자가 입은 상해의 결과 사이에는 결과적 가중범의 상당인과관계가 인정된다고 본 원심을 수긍한 사례.

◉ 피해자의 특이체질 등

[판례] 폭행 등 치사(대법원 2012. 3. 15. 선고 2011도17648 판결)

피해자와 같은 두부 손상을 입은 환자는 개두술 및 혈종제거술 또는 출혈의 자연적인 흡수 등으로 인하여 출혈 자체가 호전된다 하더라도, 두부 손상에 따른 의식저하로 인하여 기도의 방어기전 및 기관지섬모의 객담배출기능이 저하되고 기도흡인의 가능성이 증가되어 폐렴, 흡인성 폐렴 등의 합병증이 발생할 가능성이 높고, 두부 손상의 후유증으로 기질적 인격장애나 난폭하고 공격적인 성향이 나타날 경우 투여하는 신경안정제 등의 진정효과로 인하여 기침이나 객담배출기능이 저하되어 폐렴, 흡인성 폐렴 등의 합병증이 발생할 가능성도 높은데, 피해자는 이 사건 두개골 골절, 외상성 지주막하 출혈, 외상성 경막하 출혈 등의 상해를 입은 후 병원에서 입원치료를 받다가 합병증인 폐렴으로 인한 패혈증 등으로 사망에 이르게 되었다는 것이므로, 앞서 본 법리에 비추어 볼 때 피고인의 이 사건 범행이 피해자를 사망하게 한 직접적인 원인이 된 것은 아니지만 그 범행으로 인하여 피해자에게 두개골 골절, 외상성 지주막하 출혈, 외상성 경막하 출혈 등의 상해가 발생하였고, 이를 치료하는 과정에서 피해자의 직접사인이 된 합병증인 폐렴, 패혈증이 유발된 이상, 비록 그 직접사인의 유발에 피해자의 기왕의 간경화 등 질환이 영향을 미쳤다고 하더라도, 피고인의 이 사건 범행과 피해자의 사망과의 사이에 인과관계의 존재를 부정할 수는 없다.

[판례] 대법원 1967. 2. 28. 선고 67 도 45 판결
피해자가 피고인에게 폭행을 당하고 지면에 전도되자 숨도 못쉬고 의식을 잃었고, 폭행당하던 다음날 의사의 진료를 받을 때에 혈압이 매우 높았고, 피해자가 몹시 머리가 아프다고 호소했으며 그 후 병세가 계속 악화하여 결국 우발성 뇌출혈로 사망하였다는 사실을 인정할 수 있을 뿐 아니라 고혈압증, 심근비대 등을 결과하는 순환장애가 있을 경우에는 적은 자극에 의하여도 쉽게 치사할 수 있는 혈관손상을 초래하는 경우도 있으므로 피고인의 폭행에 의하여 피해자가 그 두부에 외적인 타박상을 받지 아니하였다 하더라도 피해자가 피고인의 폭행행위로 지면에 전도할 때에 평소부터 고혈압 증세에 있는 피해자가 전도시의 자극에 의하여 뇌출혈을 일으켜서 사망하였을 때에는 폭행과 치사사이에 상당인과관계가 있다.

◉ 피해자의 도피[45]

[판례] 대법원 1978. 7. 11. 선고 78 도 1331 판결
피고인과 공소외 1이 피해자(17세 여자)를 간음하려고 피임약인 '산루푸' 한개를 강제로 먹인 다음 제1심 판결 적시 옥상까지 끌고 가서 그 판시와 같은 협박을 하여 이에 겁을 먹은 피해자가 그 옥상 끝까지 도망을 하고 이를 추격하는 피고인과 공소외 1을 피하여 강간을 모면하려고 다급해진 나머지 그 옥상에서 뛰어내림으로써 상해를

45 피해자의 도피행위를 중심으로 사례를 구체적으로 분석한 내용은, 이경재, 상당인과관계설의 상당성 판단기준을 위한 상당성의 구체화 작업시도 -피해자의 도피행위를 중심으로-, 형사판례연구 21호(2013. 6.) 참조.

입게 한 소위에 대하여 원심이 피고인을 강간치상죄로 다스렸음은 정당하다.

[판례] 대법원 1990. 10. 16. 선고 90 도 1786 판결
피고인들이 공동하여 피해자를 폭행하여 당구장 3층에 있는 화장실에 숨어 있던 피해자를 다시 폭행하려고 피고인 갑은 화장실을 지키고, 피고인 을은 당구치는 기구로 문을 내려쳐 부수자 위협을 느낀 피해자가 화장실 창문 밖으로 숨으려다가 실족하여 떨어짐으로써 사망한 경우에는 피고인들의 위 폭행행위와 피해자의 사망 사이에는 인과관계가 있다.

[판례] 대법원 1995. 5. 12. 선고 95 도 425 판결
피해자가 극도의 흥분을 느끼고 몹시 당황한 상태에서 자신이 끌려들어간 위 객실이 고층에 위치하고 있다거나 밖에 베란다가 없다는 사실 등을 순간적으로 의식하지 못한 채 미리 밖을 내다보지도 않고서 그대로 위 창문을 통하여 탈출하다가 지상으로 추락하여 사망에 이른 것으로 보이는 점 등의 여러 사정을 종합하여 보면, 위와 같은 상황 하에서라면 일반경험칙상 위 피해자가 강간을 모면하기 위하여 창문을 통하여서라도 탈출하려다가 지상에 추락하여 사망에 이르게 될 수도 있음을 충분히 예견할 수 있었다고 볼 것이므로 피고인의 이 사건 강간미수행위와 위 피해자의 사망과의 사이에는 상당인과관계가 있다.

[판례] 대법원 1996. 7. 12. 선고 96 도 1142 판결
(피해자는 방 창문을 통하여 베란다까지 피신한 다음 극도의 공포심을 느껴 베란다의 열려진 창문을 통하여 약 8m 가량의 위 주택 아래로 뛰어 내려 땅바닥에 쓰러져 약 5개월 17일간의 치료를 요하는 제1, 3, 4 요추방출성 골절 등의 상해를 입었고) 피고인이 피해자와 함께 도박을 하다가 돈 3,200만 원을 잃자 도박을 할 때부터 같이 있었던 일행 2명 외에 후배 3명을 동원한 데다가 피고인은 식칼까지 들고 위 피해자로부터 돈을 빼앗으려고 한 점, 위 피해자는 이를 피하려고 도박을 하고 있었던 위 집 안방 출입문을 잠그면서 출입문이 열리지 않도록 완강히 버티고 있었던 점, 이에 피고인이 위 피해자에게 “이 새끼 죽여 버리겠다.”고 위협하면서 위 출입문 틈 사이로 위 식칼을 집어 넣어 잠금장치를 풀려고 하고 발로 위 출입문을 수회 차서 결국 그 문을 열고 위 안방 안으로 들어 왔으며, 칼을 든 피고인 외에도 그 문 밖에 피고인의 일행 5명이 있어 그 문을 통해서는 밖으로 탈출하기가 불가능하였던 점 등을 종합하여 보면 피고인의 위 폭행·협박행위와 위 피해자의 상해 사이에는 상당인과관계가 있다.

[판례] 대법원 1996. 5. 10. 선고 96 도 529 판결
피고인이 이 사건 범행일시경 계속 교제하기를 원하는 자신의 제의를 피해자가 거

절한다는 이유로 얼굴을 주먹으로 수회 때리자 피해자는 이에 대항하여 피고인의 손가락을 깨물고 목을 할퀴게 되었고, 이에 격분한 피고인이 다시 피해자의 얼굴을 수회 때리고 발로 배를 수회 차는 등 폭행을 하므로 피해자는 이를 모면하기 위하여 도로 건너편의 추어탕 집으로 도망가 도움을 요청하였으나, 피고인은 이를 뒤따라 도로를 건너간 다음 피해자의 머리카락을 잡아 흔들고 얼굴 등을 주먹으로 때리는 등 폭행을 가하였고, 이에 견디지 못한 피해자가 다시 도로를 건너 도망하자 피고인은 계속하여 쫓아가 주먹으로 피해자의 얼굴 등을 구타하는 등 폭행을 가하여 전치 10일간의 흉부피하출혈상 등을 가하였고, 피해자가 위와 같이 계속되는 피고인의 폭행을 피하려고 다시 도로를 건너 도주하다가 차량에 치여 사망한 사안에서 피고인의 위 상해행위와 피해자의 사망 사이에 상당인과관계가 있다고 하여 피고인을 상해치사죄로 처단한 원심을 수긍한 사례.

[판례] 대법원 2000. 2. 11. 선고 99 도 5286 판결
승용차로 피해자를 가로막아 승차하게 한 후 피해자의 하차 요구를 무시한 채 당초 목적지가 아닌 다른 장소를 향하여 시속 약 60km 내지 70km의 속도로 진행하여 피해자를 차량에서 내리지 못하게 한 행위는 감금죄에 해당하고, 피해자가 그와 같은 감금상태를 벗어날 목적으로 차량을 빠져 나오려다가 길바닥에 떨어져 상해를 입고 그 결과 사망에 이르렀다면 감금행위와 피해자의 사망 사이에는 상당인과관계가 있다고 할 것이므로 감금치사죄에 해당한다.

2) 기본범죄와 중한 결과 사이에 상당인과관계를 부정한 사례들

◉ 제3자 또는 피해자의 행위 개입

[판례] 대법원 1985. 9. 10. 선고 85 도 1462 판결
트럭의 좌측 백미러 부분으로 위 피해자가 들고 있던 길이 약 116센치미터 가량의 나무막대기를 충격하여 위 피해자를 도로에 넘어뜨리고 피고인의 트럭을 뒤따라오던 원심공동피고인의 4.5톤 트럭으로 하여금 위 피해자를 역과하게 하여 두개골 파열상등으로 현장에서 사망에 이르게 하였음에도 불구하고 위 피해자를 구호하는 등 필요한 조치를 취하지 아니하고 도주하였다는 사실을 인정하고 여기에 특정범죄 가중처벌 등에 관한 법률 제5조의3 제1항 제1호, 형법 제268조, 도로교통법 제50조 제1항을 적용처단하였다. (중략) 피해자의 사망은 피고인 운행차의 후속차에 충돌되어 사망하였음이 분명하며 기록상 피고인이 그 치사에 대한 인식이 있었다거나 인식할 수 있었다고 볼 자료가 없을 뿐 아니라 피해자의 두개골 파열상으로 인한 치사와 피고인의 운전과실과의 사이에 인과관계가 있다고도 할 수 없다.

[판례] 대법원 1982. 11. 23. 선고 82 도 1446 판결
피고인들에 의하여 강간을 당한 피해자가 집에 돌아가 음독자살하기에 이른 원인이 소론과 같이 강간을 당함으로 인하여 생긴 수치심과 장래에 대한 절망감 등에 있었다 하더라도, 그 자살행위가 바로 피고인들의 강간행위로 인하여 생긴 당연의 결과라고 볼 수는 없어 피고인들의 강간행위와 피해자의 자살행위 사이에 인과관계를 인정할 수는 없다.

◉ 피해자의 특이체질 등

[판례] 대법원 1978. 11. 28. 선고 78 도 1961 판결
고등학교 교사가 제자의 잘못을 징계코자 왼쪽뺨을 때려 뒤로 넘어지면서 사망에 이르게 한 경우 위 피해자는 두께 0.5미리밖에 안되는 비정상적인 얇은 두개골이었고 또 뇌수종을 가진 심신허약자로서 좌측뺨을 때리자 급성뇌성압상승으로 넘어지게 된 것이라면 위 소위와 피해자의 사망간에는 이른바 인과관계가 없는 경우에 해당한다.

4. 예견가능성

가. 일반적 의미

1) 형법 제15조 제2항은 "… 결과의 발생을 예견할 수 없었을 때에는 중한 죄로 벌하지 아니한다."고 규정함으로써 예견가능성을 결과적 가중범의 성립요건으로 명시하고 있다. 기본범죄에 대한 고의가 있더라도 중한 결과를 예견할 수 없었으면 기본범죄로만 처벌되며, 반대로 중한 결과를 예견할 수 있었다 하더라도 기본범죄에 대한 고의가 없으면 전체로서 과실범의 성부만이 문제로 된다는 것이 책임주의의 요청이다.

여기서 예견가능성이란 과실을 의미한다고 보는 것이 일반적이다. 판례도 마찬가지다.

[판례] 대법원 1990. 9. 25. 선고 90 도 1596 판결, 대법원 2010. 5. 27. 선고 2010 도 2680 판결 등 참조
폭행치사죄는 결과적 가중범으로서 폭행과 사망의 결과 사이에 인과관계가 있는 외에 사망의 결과에 대한 예견가능성 즉 과실이 있어야 하고, 이러한 예견가능성의 유무는 폭행의 정도와 피해자의 대응상태 등 구체적 상황을 살펴서 엄격하게 가려야 한다.

그러나 중한 결과에 대해 과실을 요구한다는 것은 책임주의의 요청에 부합하기 위한 의미를 가질 뿐이고, 중요한 것은 여기서 과실이 무엇을 의미하는가이다. 이런 이유에서 통설에 대해서 "내용적으로는 과실이 아니라 다시 예견가능성으로 돌아오기 때문에 예견가능성을 과실의 의미로 이해하는 실익이 없다"고 지적하기도 한다.[46] 과실이란 과실범에서 말하는 것과 같은 의미로서 "정상의 주의를 태만함", 즉 주의의무위반을 의미하지만, 결과적 가중범의 경우에는 기본범죄의 실현으로 인해 이미 결과회피의무 내지 결과방지의무는 침해되었다고 할 수 있으므로 주의의무위반에 대한 심사는 필요하지 않고 중한 결과에 대한 예견가능성만이 독자적인 의미를 가지게 된다.[47]

2) 그런데 여기서 구체적으로 예견가능성의 내용과 체계적 지위에 대해서는, 예견가능성을 평균적 일반인을 기준으로 중한 결과의 발생을 예견할 수 있었음을 말하는 객관적 예견가능성과, 구체적인 행위자가 중한 결과의 발생을 예견할 수 있었음을 말하는 주관적 예견가능성으로 나누고, 객관적 예견가능성은 구성요건요소, 주관적 예견가능성은 책임요소로 각각 보는 견해가 다수설이다.[48] 이에 따르면 중한 결과에 대한 예견가능성은 구성요건과 책임의 단계에서 각각 검토를 필요로 하게 된다. 이에 대하여 객관적 예견가능성은 인과관계의 예견가능성으로 보고 중한 결과에 대한 예견가능성은 주관적 예견가능성만을 의미한다고 보는 견해,[49] 객관적 예견가능성은 기본범죄행위와 중한 결과 사이의 객관적 귀속을 위한 척도이고 주관적 예견가능성만이 결과적 가중범의 주관적 구성요건요소라고 보는 견해,[50] 예견가능성이란 객관적으로 판단해야 하고 행위자의 주관적인 주의능력은 책임단계나 양형단계에서 고려하면 족하다는 견해[51] 등이 있다.

46 박상기, 형법총론(제9판), 박영사(2012), 314.
47 배종대, 형법총론(제13판), 홍문사(2017), 508; 신동운, 형법총론(제10판), 법문사(2017), 252.
48 김일수/서보학, 새로쓴 형법총론(제13판), 박영사(2018), 342; 손동권/김재윤, 새로운 형법총론(초판), 율곡출판사(2011), 381; 신동운, 형법총론(제10판), 법문사(2017), 253; 임웅, 형법총론(제10정판), 법문사(2018), 570; 이재상 외 2인, 형법총론(제9판), 박영사(2017), 213; 정성근/박광민, 형법총론(제2판), 성균관대학교출판부(2015), 460.
49 배종대, 형법총론(제13판), 홍문사(2017), 508.
50 김성돈, 형법총론(제5판), 성균관대학교출판부(2017), 516.
51 오영근, 형법총론(제4판), 박영사(2018), 139.

나. 예견가능성의 판단 기준 및 시점

객관적 예견가능성의 유무는 일반적 생활경험을 토대로 판단해야 한다. 즉 기본범죄를 행한 시점에서 당시에 존재하고 있었던 모든 사정 및 행위 후에 나타난 사정을 토대로 하여 주의 깊은 일반인이 판단할 때, 실제 나타난 인과과정을 통하여 중한 결과가 나타날 것이라는 사실을 예견할 수 있었던 경우에 예견가능성이 긍정된다. 예컨대 피해자를 칼로 찔렀지만 피해자를 병원으로 태우고 가던 응급차가 다른 자동차와 충돌하여 그 자리에서 피해자가 사망했다던가, 피해자의 특이체질로 인해 예상치 못한 실혈로 피해자가 사망한 경우에도 그러한 사정을 고려할 때 일반적 생활경험에 따르면 사망의 결과가 발생할 가능성이 있으므로 예견가능성은 긍정된다. 이러한 예에서 드러나듯이 객관적 예견가능성은 매우 폭넓게 인정된다.[52] 같은 취지에서 결과적 가중범에서 중한 결과발생이라는 고의의 기본범죄에 상존하는 잠재적 위험성의 현실화이므로 항상 예견이 가능하다고 주장될 수 있다.[53]

예견가능성의 판단시점은 기본범죄를 실행한 때로서, 기본범죄를 하고 난 뒤에 새로운 과실행위에 의하여 중한 결과가 발생한 경우에는 기본범죄와 중한 결과에 대한 과실범의 경합범이 되는 것이지 결과적 가중범이 되지는 않는다.[54] 기본범죄 후에 행위자에게 귀속시킬 수 없는 제3자나 피해자의 개입으로 인하여 중한 결과가 발생하였거나, 기본범죄 행위자의 별개의 고의행위가 개입되어 중한 결과가 발생한 경우도 마찬가지다.[55]

> [판례] 대법원 2014. 7. 24. 선고 2014 도 6206 판결
> 예견가능성은 일반인을 기준으로 객관적으로 판단되어야 하는 것인데, 피고인이 한 것과 같은 행위로 뒤따르는 차량들에 의하여 추돌 등의 사고가 야기되어 사상자가 발생할 수 있을 것이라는 점은 누구나 쉽게 예상할 수 있다고 할 것이다. 설령 피고인이 정차 당시 사상의 결과 발생을 구체적으로 예견하지는 못하였다고 하더라도, 그와 같은 교통방해 행위로 인하여 실제 그 결과가 발생한 이상 교통방해

52 김성돈, 형법총론(제5판), 성균관대학교출판부(2017), 512.
53 박상기, 형법총론(제9판), 박영사(2012), 314.
54 김일수/서보학, 새로쓴 형법총론(제13판), 박영사(2018), 342; 배종대, 형법총론(제13판), 홍문사(2017), 508; 손동권/김재윤, 새로운 형법총론(초판), 율곡출판사(2011), 381; 임웅, 형법총론(제10정판), 법문사(2018), 570; 이재상 외 2인, 형법총론(제9판), 박영사(2017), 214.
55 정영일, 형법강의(총론)(제3판), 학림(2017), 127.

치사상죄의 성립에는 아무런 지장이 없다.

다. 판례의 태도

판례는 결과적 가중범이 성립하려면 기본행위와 중한 결과 사이에 상당인과관계가 있는 외에, 행위 시에 결과의 발생을 예견할 수 있어야 한다고 한다(대법원 1994. 3. 22. 선고 93도3612 판결, 대법원 2014. 7. 24. 선고 2014도6206 판결, 대법원 2015. 11. 12. 선고 2015도6809 전원합의체 판결). 판례 중 일부는 형법 제15조 제2항의 예견가능성에 대한 판단 없이 기본 행위와 중한 결과 사이의 인과관계만을 판단하여 결과적 가중범의 성립 여부를 판단한 사례가 있으나,[56] 예견가능성을 도외시하였다기보다는 상고이유에 대하여 판단하는 대법원 상고심의 심리구조에 기인하는 면이 있다.

결과적 가중범은 일정한 범죄유형(기본범)의 경우에는 그 자체로 특수한 결과발생의 위험을 내포하고 있으므로, 그러한 중한 결과발생의 방지를 위하여 일정한 유형의 기본범죄가 있고 그 기본범에 내재되어 있는 위험이 현실화된 경우에는 그 중한 결과에 대한 책임을 물어야 한다는 점에 그 연혁적 또는 이론적인 근거가 있다. 인과관계만으로 결과적 가중범의 성립을 인정한다면 자칫 행위자에게 결과 책임을 물을 수가 있다. 결과 책임은 책임주의 원칙, 즉 비난 가능성이 인정될 때 그 비난가능성의 정도에 따른 형벌을 부과하여야 한다는 원칙에 어긋난다. 책임주의를 실현하기 위해서라도 인과관계와 형법 제15조 제2항의 예견가능성을 모두 판단한 다음 결과적 가중범의 성립 여부를 결정하여야 할 것이다. 판례는 결과적 가중범에 대한 위와 같은 이론적 근거에 입각하여 결과적 가중범 인정의 요건인 예견가능성의 존재 의미를 파악해 나가고 있다.

> [판례] 대법원 1990. 9. 25. 선고 90 도 1596 판결, 대법원 2010. 5. 27. 선고 2010 도 2680 판결
>
> 폭행치사죄는 결과적 가중범으로서 폭행과 사망의 결과 사이에 인과관계가 있는 외에 사망의 결과에 대한 예견가능성 즉 과실이 있어야 하고, 이러한 예견가능성의 유무는 폭행의 정도와 피해자의 대응상태 등 구체적 상황을 살펴서 엄격하게 가려야 한다.

56 대법원 1996. 5. 10. 선고 96도529 판결, 대법원 1990. 10. 16. 선고 90도1786 판결, 대법원 2000. 2. 11. 선고 99도5286 판결 등.

[판례] 대법원 1990. 9. 25. 선고 90 도 1596 판결, 대법원 2005. 2. 25. 선고 2004 도 7257 판결
만연히 예견가능성의 범위를 확대해석함으로써 형법 제15조 제2항이 결과적 가중범에 책임주의의 원칙을 조화시킨 취지를 몰각하여 과실책임의 한계를 벗어나 형사처벌을 확대하는 일은 피하여야 할 것이다.

1) 행위자의 예견가능성을 인정한 사례들

◉ 폭행 등 치사

폭행의 방법, 상해의 부위와 정도 등을 고려하여 그 중한 결과발생에 대한 예견가능성 여부를 판단하되 그 구체적인 경우를 보면, 안면부나 가슴과 복부 등 급소에 대한 가격 또는 그 정도가 심한 폭력의 행사 등과 같은 경우에는 일반적으로 사망의 결과 발생에 대한 예견가능성을 인정하고 있는 것으로 판단된다.

[판례] 대법원 2012. 3. 15. 선고 2011 도 17648 판결
사람을 아스팔트 도로 바닥에 넘어뜨려 머리를 강하게 부딪치게 하는 경우 두개골 골절, 뇌출혈 등으로 인하여 사망에 이르게 할 수 있는데, 피고인이 피해자의 뺨을 1회 때리고 오른손으로 피해자의 목을 쳐 피해자로 하여금 그대로 뒤로 넘어지면서 머리를 땅바닥에 부딪치게 하여 피해자에게 두개골 골절, 외상성 지주막하 출혈, 외상성 경막하 출혈 등의 상해를 가하였다면 사망의 결과에 대한 예견가능성이 있었다고 볼 여지가 충분하다.

[판례] 대법원 2011. 1. 13. 선고 2010 도 14961 판결
피고인이 피해자를 폭행하였고 피해자가 그로 인한 허혈성 심장질환상태에서 병원에 후송되었으나 이를 호전시키기 위한 기관내 삽관마저 실패하여 결국 저산소증으로 사망하였다면, 결과적 가중범에 있어 행위자가 그 결과를 의도할 필요는 없고 그 결과의 발생을 예견할 수 있으면 충분하므로, 원심이 그 인정과 같은 여러 사정을 들어서 피고인의 폭행으로 인한 치사의 결과발생에 관하여도 그 예견가능성을 부인하기 어렵다고 본 것은 이를 수긍할 수가 있다.

[판례] 대법원 1999. 7. 13. 선고 99 도 1964 판결
피해자는 1998. 8. 26. 18:00경 피고인으로부터 뺨을 맞고 지면에 넘어지면서 머리를 부딪혀 많은 피를 흘렸고, 집에 돌아온 후 두통을 호소하여 피고인이 진통제를 사다 주었으며, 피고인이 외출하였다가 같은 날 10:40경 귀가해 보니 피해자가 이

미 사망해 있었던 사실, 피해자의 사인은 급성 경막하출혈로 인한 뇌탈출 등인 사실을 인정할 수 있고, 그와 같은 인정사실에 나타난 사인, 피고인이 피해자를 폭행한 때로부터 사망시까지의 시간적 간격, 피해자가 폭행을 당한 상황 등에 비추어 보면 비록 피해자가 피고인의 주장과 같이 이미 제3자로부터 구타를 당하여 머리를 다친 상태에 있었다 하더라도 피해자를 직접 사망에 이르게 한 것은 피고인의 폭행인 사실을 인정할 수 있다고 판단하여 이 사건 피고인의 폭행과 피해자의 사망 사이의 인과관계를 인정하고, 위와 같은 전제에서 피고인의 폭행 당시 그 뒤에 따를 수도 있는 위와 같은 사망의 결과에 대하여 예견가능성이 있었다고 본 원심을 수긍한 사례.

[판례] 대법원 2002. 10. 11. 선고 2002 도 4315 판결
4일 가량 물조차 제대로 마시지 못하고 잠도 자지 아니하여 거의 탈진 상태에 이른 피해자의 손과 발을 17시간 이상 묶어 두고 좁은 차량 속에서 움직이지 못하게 감금한 행위와 묶인 부위의 혈액 순환에 장애가 발생하여 혈전이 형성되고 그 혈전이 폐동맥을 막아 사망에 이르게 된 결과 사이에는 상당인과관계가 있다 할 것이고, 그 경우 피고인에게 사망의 결과에 대한 예견가능성이 없었다고 할 수도 없다.

◉ 폭행 등 치상

[판례] 대법원 2005. 2. 17. 선고 2004 도 6319 판결
피고인은 위험한 물건인 파손된 정문 파편 쇠조각(길이 70㎝ 가량)을 휴대하고 다중의 위력을 보이면서 청사 경비에 관한 직무를 집행하는 의무경찰에 대하여 폭행하였다고 할 것이고, 피고인이 다른 철도노조원들과 함께 의무경찰이 들고 있던 방패를 힘껏 잡아당기는 과정에서 위 의무경찰이 상해를 입게 되는 결과의 발생을 충분히 예견할 수 있었다고 판단하여, 위 피고인의 특수공무집행방해치상의 점을 유죄로 처단한 원심을 유지한 사례.

[판례] 대법원 2003. 12. 26. 선고 2003 도 2796 판결
피고인은 피해자와 함께 술을 마시면서 화투놀이를 하다가 다툼이 생겨 서로 멱살을 잡고 밀치는 과정에서 두 사람이 멱살을 잡은 채 함께 바닥으로 넘어지게 되었고, 그 과정에서 피해자가 위와 같은 분쇄골절상을 입게 된 것임이 명백하므로 피고인의 폭행과 상해의 결과 사이에 인과관계가 인정된다 할 것이고, 분쇄골절이라 함은 2개 이상의 골절선이 만나 골절편이 3개 이상이 되는 경우를 말하므로 분쇄골절이라고 하더라도 그 골절의 정도가 크게 심하지 아니한 경우가 있고, 이 사건 피해자의 상해정도가 일반적으로 멱살이 잡힌 채 아무런 방비자세를 취하지 못하

고 미는 힘에 의하여 넘어지는 충격에 의하여도 충분히 생길 수 있는 정도의 것으로 보이며, 달리 피해자가 아주 가벼운 충격에도 불구하고 골절상을 입을 수 있는 특이체질로 인하여 그와 같은 상해를 입게 되었다고 볼 만한 사정도 없는 이 사건에 있어서, 피고인으로서는 피해자의 멱살을 잡아 무방비 상태에서 바닥으로 밀어 넘어뜨릴 경우 무릎이 직접 바닥에 충격되거나 다리가 꼬인 채 그 위로 체중이 실리는 등의 원인으로 인하여 위와 같은 상해를 입을 수 있다는 것을 충분히 예견할 수 있었다고 봄이 상당하다.

◉ 피해자의 도피

[판례] 대법원 2001. 10. 30. 선고 2001도3867 판결
원심 판시와 같은 사정 하에서라면, 경험칙상 피고인으로서는 피해자가 강제추행을 모면하기 위하여 차문을 열고 도망하다가 언덕에서 굴러 상해를 입을 수도 있음을 충분히 예견할 수 있었다고 볼 것이다.

◉ 공범의 행위

[판례] 대법원 2013. 4. 26. 선고 2013도1222 판결
피고인이 냄비뚜껑을 피해자의 이마에 던지고 소주병이 깨질 때까지 피해자의 머리 부위를 수차례 가격한 점, 계속하여 흉기인 과도와 식칼을 이용하여 피해자의 머리 부위를 반복하여 때리거나 피해자를 협박한 점, 원심 공동피고인이 식칼로 피해자의 발등 동맥을 절단하는 것을 보고서도 이를 제지하지 아니한 점, 당시 피해자가 입은 상해의 부위가 전신에 걸쳐 광범위했고 상해 정도 또한 심히 중했던 점 등을 근거로 원심 공동피고인이 피해자에게 식칼로 상해를 가하는 과정에서 잘못하면 피해자를 사망에 이르게 할 수도 있다는 것을 피고인도 충분히 예견할 수 있었다고 본 것은 정당하다.

[판례] 대법원 2008. 2. 29. 선고 2007도10120 판결
피고인들이 의도적으로 피해자를 술에 취하도록 유도하고 피고인들로부터 수차례 강간당하였기 때문에 피해자가 의식불명 상태에 빠진 것으로서, 피해자가 의식을 찾지 못하여 저체온증으로 사망한 것이 피고인들의 강간 및 그 수반행위와 인과관계가 없다고 할 수 없고, 피해자의 사망에 대한 피고인 1, 2, 4의 예견가능성 또한 넉넉히 인정되며, 또한 당시의 기온 등을 감안하여 보면 이미 피고인들의 강간 및 그에 수반한 행위로 인하여 피해자가 의식불명 상태에 빠진 이상, 비록 피고인 1이 비닐창고에서 피해자를 재차 강간하고 하의를 벗겨 놓은 채 그대로 귀가하였다고 하더라도 피고인 2, 4가 저체온증으로 인한 피해자의 사망에 대한 책임을 면한다

고 볼 수 없다고 하여 피고인 1, 2, 4에 대한 판시 강간치사죄를 유죄로 인정한 조치는 정당하다고 한 사례.

[판례] 대법원 2000. 5. 12. 선고 2000 도 745 판결
공소외인과 피고인이 위험한 물건인 부엌칼과 각목을 휴대하고 피해자에 대하여 폭력을 행사한 이 사건에 있어서 피고인으로서는 능히 피해자가 부엌칼 등으로 상해를 입고 사망에 이를 수도 있다는 사정을 예견할 수 있었다.

[판례] 대법원 1997. 10. 10. 선고 97 도 1720 판결
이 사건 종합관 옥상 사수대가 경찰 진입시 투척을 위하여 옥상에 쇠파이프, 보도블록, 벽돌 등을 미리 준비하고 있었던 사실을 잘 알고 있었던 피고인들로서는 6층 옥상에 위치한 사수대원들이 종합관으로 진입하는 경찰관들에게 준비된 보도블록, 벽돌 등을 던지리라는 점과 그로 인하여 종합관으로 진입하려는 경찰관이 맞아 사망에 이를 수도 있으리라는 점을 충분히 예견할 수 있었다 할 것이므로, 피고인들은 모두 다른 공범자의 한 사람인 성명불상의 사수대원이 보도블록을 던짐으로써 의경이 그에 맞아 사망에 이른 이 사건 특수공무방해치사의 죄책을 면할 수 없다고 판단한 원심을 수긍한 사례.

2) 행위자의 예견가능성을 부정한 사례들

◉ 이례적 경과, 진행

[판례] 대법원 2014. 6. 12. 선고 2014 도 3880 판결
피고인이 피해자의 비뇨기과 수술 사실과 거동이 불편한 사실을 알고 있었다고 하더라도, 피고인이 피해자를 손으로 밀어 바닥에 넘어뜨리고 좌측 허벅지를 발로 2회 밟아 좌측대퇴부 좌상, 좌측 둔부 좌상, 경부 타박상 등의 상해를 가한 것만으로 그로부터 40일 뒤에 심근경색으로 인한 심부전으로 사망의 결과가 발생할 수 있다는 점을 예견할 수 있었다고 보기 어렵다.

[판례] 대법원 2001. 3. 23. 선고 2001 도 324 판결
일반 경험칙상 피고인이 피해자와 서로 멱살을 맞잡고 밀고 당기는 정도의 폭행만으로 피해자가 급성심근경색이 발병하여 심장마비가 일어나는 결과가 발생할 것이라고 예견할 수는 없다고 할 것이다. (중략) 피고인이 피해자가 건강상태가 좋지 아니하였고 몇 년 전 수술을 하여 술을 잘 마시지 못한다는 점을 알고 있었다는 사정만으로는 피고인이 위와 같은 상황에서 위와 같은 정도의 폭행만으로 위와 같은 상해의 결과가 발생할 수 있다는 점을 예견할 수 있었다고 보기 어렵다.

[판례] 대법원 2012. 9. 13. 선고 2012도5512 판결

피고인이 피해자의 멱살을 잡고 다투었다는 것만으로는 피해자가 계단에서 굴러 떨어져 바닥에 머리를 부딪쳐 사망할 것을 예견할 수 없었다고 보아 이 사건 공소사실 중 폭행치사의 점에 대하여는 그 범죄의 증명이 없다고 판단한 원심을 수긍한 사례.

[판례] 대법원 1990. 9. 25. 선고 90도1596 판결

피고인이 피해자에게 상당한 힘을 가하여 넘어뜨린 것이 아니라 단지 동료 사이에 말다툼을 하던중 피고인이 삿대질하는 것을 피하고자 피해자 자신이 두어걸음 뒷걸음치다가 장애물에 걸려 넘어진 정도라면, 당시 피해자가 서있던 바닥에 원심판시와 같은 장애물이 있어서 뒷걸음치면 장애물에 걸려 넘어질 수 있다는 것까지는 예견할 수 있었다고 하더라도, 그 정도로 넘어지면서 머리를 바닥에 부딪쳐 두개골절로 사망한다는 것은 이례적인 일이어서 통상적으로 일반인이 예견하기 어려운 결과라고 하지 않을 수 없다.

⊙ 피해자의 특이체질 등

[판례] 대법원 2005. 2. 25. 선고 2004도7257 판결

피해자가 평소 중등도의 관상동맥경화의 심장질환을 가지고 있었으나 이를 알 수 없었던 피고인으로서는 피해자를 폭행함에 있어서 그 폭행의 경위나 정도 등에 비추어 그로 인하여 피해자가 사망하리라고 예견할 수 있었다고 단정할 수 없다는 이유로 이 사건 공소사실 중 폭행치사의 점을 무죄로 판단한 원심을 수긍한 사례.

[판례] 대법원 2004. 5. 28. 선고 2004도1658 판결

피해자가 심비대 및 심관상동맥경화 등 심장의 병변이 있는 상태에서 신체에 가해진 외력 등이 중요한 유인으로 작용하여 허혈성 심장질환으로 사망한 것으로 보이는 점, 피해자는 외관상 특이한 점이 없었고, 피해자의 처도 피해자가 병원에 다닌 적이 없을 정도로 건강한 상태였던 것으로 알고 있었으며, 실제 피해자는 이 사건 2년 전부터 이 사건이 있기까지 사이에 심장질환으로 치료받은 사실이 전혀 없었고, 이 사건 당시 피해자를 목격한 2인도 피해자가 보통사람과 같이 건강해 보였다고 하는 점, 피고인은 이 사건 당시 피해자를 처음 보았고, 피해자가 위와 같은 심장질환을 가지고 있다는 사실은 전혀 알지 못하였던 점 등에 비추어 피고인으로서는 피해자를 폭행함에 있어 그 폭행의 경위나 정도 등에 비추어 그로 인하여 피해자가 사망하리라는 것을 예견할 수 있었다고 단정할 수 없다는 원심을 수긍한 사례.

[판례] 대법원 2003. 1. 10. 선고 2002도6135 판결
피해자가 사망 당시 고도의 심장 비대 및 심근의 비후를 초래할 정도의 심한 고혈압 상태에 있었고 그 고혈압으로 인하여 대동맥 혈관벽의 박리가 상당히 진행되어 있었는데 피해자가 피고인과의 시비로 흥분한 나머지 갑자기 혈압이 급격히 상승하여 이미 극도로 손상되어 있던 대동맥이 파열된 것일 뿐, 피해자가 피고인으로부터 받은 물리적인 폭행(즉, 피고인이 피해자의 머리채를 잡아당긴 행위, 그나마 이는 피해자의 폭행에서 벗어나기 위한 소극적 방어행위로 보인다)에 의하여 사망한 것은 아니라고 할 것이고, 그렇다면, 피고인이 피해자의 머리채를 잡고 실랑이를 하는 등 비교적 가벼운 정도의 몸싸움을 한 것만으로 피해자가 사망할 수도 있다는 사정을 알았거나 알 수 있었다고 볼 수도 없으므로, 이 사건 폭행 당시 피고인에게 그 사망의 결과에 대한 예견가능성이 있었다고 보기 어렵고, 피고인이 피해자가 평소에도 혈압, 천식 등을 앓고 있어 허약한 체질인 것을 알고 있었기는 하나 이 사건 전후의 제반 사정에 비추어 보면 그 사정만으로 자신의 폭행으로 피해자가 사망할 수도 있을 것으로 예견할 수 있었다고 보기는 어렵다는 이유로, 피고인에 대한 이 사건 폭행치사죄의 공소사실은 범죄의 증명이 없는 경우에 해당한다고 판단한 원심을 수긍한 사례.

[판례] 대법원 1982. 1. 12. 선고 81도1811 판결
피고인은 자전거를 타고 가다가 피해자가 길가에 쌓아둔 모래더미에 걸려 넘어지자 화가 난 나머지 피해자에게 교통을 방해한다고 소리를 질러 상호 욕설을 하며 시비를 하던 끝에 법으로 해결하자고 하면서 피해자의 왼쪽 어깨쭉지를 잡고 약7미터 정도 걸어가다가 피해자를 놓아주는 등 폭행을 하자 피해자가 그곳에 있는 평상에 앉아 있다가 쓰러져 약 2주일간의 안정가료를 요하는 뇌실질내 혈종의 상해를 입었는데 피해자는 60세의 노인으로서 외견상 건강해 보이지만 평소 고혈압증세가 있어 약 5년전부터 술도 조심하여 마시는 등 외부로부터의 정신적, 물리적 충격에 쉽게 흥분되어 급성 뇌출혈에 이르기 쉬운 체질이었다는 것이다. 그렇다면 가사 피해자가 위에서 본 바와 같은 피고인의 욕설과 폭행으로 충격을 받은 나머지 위와 같은 상해를 입게 된 것이라 하더라도 일반 경험칙상 위와 같이 욕설을 하고 피해자의 어깨쭉지를 잡고 조금 걸어가다가 놓아준 데 불과한 정도의 폭행으로 인하여 피해자가 위와 같은 상해를 입을 것이라고 예견할 수는 없다고 할 것이고, 또 기록을 살펴보아도 피해자가 평소 위와 같이 고혈압증세로 뇌출혈에 이르기 쉬운 체질이어서 위에서 본 바와 같은 정도의 욕설과 폭행으로 그와 같은 상해의 결과가 발생한 것임을 피고인이 이 사건 당시 실제로 예견하였거나 또는 예견할 수 있었다고 볼 만한 자료는 없으니 피고인에게 상해의 결과에 대한 책임을 물어

폭행치상죄로 처벌할 수는 없다고 할 것이다.

[판례] 대법원 1985. 4. 3. 선고 85도303 판결
피고인의 폭행정도가 서로 시비하다가 피해자를 떠밀어 땅에 엉덩방아를 찧고 주저앉게 한 정도에 지나지 않은 것이었고 또 피해자는 외관상 건강하여 전혀 병약한 흔적이 없던 자인데 사실은 관상동맥경화 및 협착증세를 가진 특수체질자이었기 때문에 위와 같은 정도의 폭행에 의한 충격에도 심장마비를 일으켜 사망하게 된 것이라면, 피고인에게 사망의 결과에 대한 예견가능성이 있었다고는 보기 어려울 것이다.

◉ 피해자의 도피

[판례] 대법원 2003. 11. 14. 선고 2003도4068 판결
이 사건 당시 피고인은 46세의 남자이고 피해자는 신체 건강한 32세의 남자였으며, 피고인이 피해자가 이 사건 빌딩 404호 사무실에서 나가지 못하도록 하기 위하여 피해자와 심한 몸싸움을 하고 출입문 앞에 지키고 서 있기는 하였으나, 피해자를 구타하는 등의 유형력을 행사하지는 않은 사실, 피해자는 피고인이 사무실에서 나가지 못하도록 하자 2회에 걸쳐서 사무실에서 나가려고 시도하였고, 피고인에게 크게 소리치면서 대항하였으며, 피해자 자신의 핸드폰으로 외부와의 연락을 시도하기도 한 사실, 피고인 역시 성○○에게 연락하여 이 사건 사무실로 오라고 하였으나, 피해자의 추락 당시에는 성○○가 아직 도착하지 않은 사실, 피해자의 추락 당시 피고인은 사무실의 출입문 쪽에 앉아 있었고, 피해자는 그 반대편의 창가에 앉아 있었으며, 이 사건 사무실에 있었던 사람들 중 2인은 피고인 및 피해자 모두와 친분이 있었고, 또 다른 2인은 위 두 사람 모두와 아무런 친분이 없었던 사실, 이 사건 사무실의 창문 옆에는 손을 뻗으면 잡을 수 있을 만한 거리에 간판을 설치하기 위한 봉 2개가 건물의 외벽을 따라 옥상에서부터 1층의 간판 높이까지 세로로 설치되어 있으며, 2개의 봉 사이에는 발판으로 사용할 수 있을 것으로 보이는 철제막대가 설치되어 있는 사실을 인정한 다음, 위와 같은 상황에서는 피해자가 피고인으로부터 입게 될 어떠한 위해를 피하기 위하여 4층 건물의 유리창 밖으로 탈출을 시도하고 그로 인하여 사망에 이르게 될 것을 피고인이 예견할 수 있었다고 할 수 없다고 한 원심을 수긍한 사례.

[판례] 대법원 1993. 4. 27. 선고 92도3229 판결
피해자가 피고인과 만나 함께 놀다가 큰 저항 없이 여관방에 함께 들어갔으며, 피고인이 강간을 시도하면서 한 폭행 또는 협박의 정도가 강간의 수단으로는 비교적 경미하였고, 피해자가 여관방 창문을 통하여 아래로 뛰어내릴 당시에는 피고인이

소변을 보기 위하여 화장실에 가 있는 때이어서 피해자가 일단 급박한 위해상태에서 벗어나 있었을 뿐 아니라, 무엇보다도 4층에 위치한 위 방에서 밖으로 뛰어내리는 경우에는 크게 다치거나 심지어는 생명을 잃는 수도 있는 것인 점을 아울러 본다면, 이러한 상황 아래에서 피해자가 강간을 모면하기 위하여 4층에서 창문을 넘어 뛰어내리거나 또는 이로 인하여 상해를 입기까지 되리라고는 예견할 수 없다고 봄이 경험칙에 부합한다.

[판례] 대법원 1988. 4. 12. 선고 88 도 178 판결
피고인이 친구 5명과 같이 술집에서 그집 작부로 있는 피해자 등 6명과 더불어 밤늦도록 술을 마시고 모두 각자의 상대방과 성교까지 하였는데 술값이 부족하여 친구집에 가서 돈을 빌리려고 위 일행중 피고인과 공소외 1, 2가 함께 봉고차를 타고 갈때 공소외 1과 성교를 한 피해자도 그 차에 편승하게 된 사실과 피고인과 피해자가 그 차에 마주앉아 가다가 피고인이 장난삼아 피해자의 유방을 만지고 피해자가 이를 뿌리치자 발을 앞으로 뻗어 치마를 위로 걷어올리고 구두발로 그녀의 허벅지를 문지르는 등 그녀를 강제로 추행하자 그녀가 욕설을 하면서 갑자기 차의 문을 열고 뛰어 내림으로써 부상을 입고 사망한 사실을 확정한 다음 이와 같은 상황에서는 피고인이 그때 피해자가 피고인의 추행행위를 피하기 위하여 달리는 차에서 뛰어내려 사망에 이르게 될 것이라고 예견할 수 없었다고 판단한 원심을 수긍한 사례.

[판례] 대법원 1985. 10. 8. 선고 85 도 1537 판결
피고인과 피해자가 원심판시와 같은 경위로 그 판시 여관방에 투숙하여 별다른 저항이나 마찰 없이 성행위를 한 후 그 판시와 같은 경위로 피고인이 방밖으로 나간 사이에 피해자가 방문을 안에서 잠그고 구내전화를 통하여 여관종업원에게 구조요청까지 한 후라면 (여관종업원 김○○가 전화통화 후 즉시 위 방문 앞까지 온 사실은 기록상 명백하다) 일반경험칙상 이러한 상황아래에서 피해자가 피고인의 방문 흔드는 소리에 겁을 먹고 강간을 모면하기 위하여 3층에서 창문을 넘어 탈출하다가 상해를 입을 것이라고 예견할 수는 없다.

IV. 결과적 가중범의 위법성과 책임

1. 위법성

가. 기본범죄뿐만 아니라 중한 결과가 결과적 가중범의 구성요건에 해당하면 일응 위법한 것으로 볼 수 있다.

그러나 기본범죄와 관련하여 위법성조각사유가 존재하면 결과적 가중범은 성립하지 않고 다만 중한 결과에 대한 과실이 인정되는 경우 중한 결과에 대한 과실범의 성부만이 문제된다. 예컨대 방위상황에서 방위의사로 상대방에게 상해를 가했으나 실수로 상대방을 사망에 이르게 한 경우에는 과잉방위에 해당하지 않는 한 상해치사죄는 성립하지 않고 과실치사죄의 성부만이 문제로 된다.

[판례] 대법원 1987. 10. 26. 선고 87 도 464 판결
피고인이 피고인의 앞가슴을 잡고 있는 피해자의 손을 떼어내기 위하여 피해자의 손을 뿌리친 것에 불과하다면 그와 같은 행위는 피해자의 불법적인 공격으로부터 벗어나기 위한 본능적인 소극적 방어행위에 지나지 아니하여 사회통념상 허용될 상당성이 있는 위법성이 결여된 행위라고 볼 여지가 있다 할 것이고 위 행위가 사회상규에 위배되지 않는 행위로서 위법성이 결여된 행위로 인정된다면 그 행위의 결과로 피해자가 사망하게 되었다 하더라도 피고인을 폭행치사죄로 처벌할 수는 없다.

나. 중한 결과부분은 기본범죄와 상상적 경합관계의 형식을 띠고 있으므로 기본범죄가 성립한 이상 중한 결과 발생 부분을 독립적으로 평가하여 위법성을 조각시킬 수 없으므로, 중한 결과와 관련해서는 위법성조각사유가 적용될 수 없다.[57] 이에 대하여 드물기는 하지만 기본범죄에 내재된 전형적인 위험의 실현과 연관된 과실에 대해 위법성조각사유가 존재할 수 있고, 그런 경우에는 전체로서 결과적 가중범은 성립되지 않고 기본범죄만 성립한다는 견해가 있다.[58]

2. 책임

결과적 가중범의 경우에도 그 행위가 유책해야 함은 물론이다. 따라서 행위자에게 책임능력과 위법성에 대한 인식이 존재해야 한다. 그리고 기대가능성을 비롯한 책임조각사유가 존재하는 경우에는 책임이 탈락된다.

한편 기본범죄와 관련한 고의책임과 중한 결과와 관련한 과실책임이 인정되어야 한다. 특히 행위자는 중한 결과와 관련하여 주관적으로 과실로 행동했어야 한다. 중한 결과에 대해 행위자에게 주관적 비난가능성이 결여되어 있으면 결과적 가중범이 성립할 수 없고 중한 결과로 인한 형의 가중이 허용되지 않는다. 즉

57 김성돈, 형법총론(제5판), 성균관대학교출판부(2017), 518.
58 김일수/서보학, 새로쓴 형법총론(제13판), 박영사(2018), 342.

일반인의 생활경험에 비추어 볼 때 예견할 수 있었던 경우라 하더라도, 즉 객관적 예견가능성이 있었던 경우라 하더라도 행위자 개인의 정신적·신체적 능력과 인식을 기초로 할 때 그 결과를 예견할 수 없었던 경우라면 주관적 예견가능성이 부정되고 따라서 결과적 가중범이 성립하지 않는다. 반면 예견가능성 분야에서 본 바와 같이 중한 결과에 대한 예견가능성은 주관적 예견가능성만을 의미한다고 보는 견해에 의하면 예견가능성이 구성요건단계에서 검토된 이상 책임단계에서 다시 거론할 필요가 없다고 한다.[59]

V. 결과적 가중범의 미수

1. 논의의 대상

미수란 "범죄의 실행에 착수하여 행위를 종료하지 못하였거나 결과가 발생하지 아니한" 경우를 말한다(형법 제25조 제1항). 이 개념을 전제로 한다면 결과적 가중범의 경우에도 이론적으로 미수가 가능하다. 일반적으로 결과적 가중범의 미수는 기본범죄가 미수에 그쳤으나 예상치 못하게 중한 결과가 발생한 경우와, 기본범죄는 기수에 이르렀으나 예상했던 중한 결과가 발생하지 않은 경우로 구분할 수 있다.

2. 기본범죄가 미수에 그친 경우

가. 학설

1) 기수설

현행 형법이 고의범에 한하여 미수범을 처벌하고 있고, 결과적 가중범의 경우에 기본범죄가 미수에 그쳤더라도 중한 결과가 발생한 이상 결과불법이 인정되므로 결과적 가중범도 기수가 되었다고 보는 견해이다.[60] 바꾸어 말하면 결과적 가중범이 성립하는 데에는 기본범죄가 미수이든 기수이든 불문한다는 것이다. 특히 입법자가 결과적 가중범을 미수범처벌규정의 적용대상에서 의도적으로 배제하고 있는 것은 결과적 가중범의 경우에 중한 결과가 이미 발생하고 있어서 미수범으로의 처벌을 상정하는 것이 의미가 없다고 우리 입법자가 판단한 결과라고 생

59 배종대, 형법총론(제13판), 홍문사(2017), 510.

60 김성돈, 형법총론(제5판), 성균관대학교출판부(2017), 520; 김일수/서보학, 새로쓴 형법총론(제13판), 박영사(2018), 345; 박상기, 형법총론(제9판), 박영사(2012), 321; 배종대, 형법총론(제13판), 홍문사(2017), 514; 신동운, 형법총론(제10판), 법문사(2017), 546; 오영근, 형법총론(제4판), 박영사(2018), 140; 정성근/박광민, 형법총론(제2판), 성균관대학교출판부(2015), 462.

각된다는 이유로, 중한 결과가 발생한 이상 기본범죄의 미수·기수와 관계없이 결과적 가중범으로 처벌된다고 한다.[61]

현주건조물방화죄에 대한 입법의 변화는 결과적 가중범의 미수에 대한 입법자의 태도를 보여주고 있다. 즉 구형법 제174조의 미수범 처벌규정이 제164조에 대하여 적용되었는데, 제164조는 1문에서 현주건조물방화죄를, 2문에서 현주건조물방화치사상죄를 규정하고 있어 현주건조물방화치사상죄의 미수범을 처벌하는 듯한 태도를 보였으나, 1995년 개정형법은 같은 미수범 처벌규정인 제174조가 그 적용대상을 제164조 제1항에 한정하고 현주건조물방화치사상죄를 규정한 제2항을 적용대상에서 제외시키고 있다. 적어도 현주건조물방화치사상죄의 경우에는 구법과는 달리 미수범 처벌규정을 삭제한 것이다.

또한 가스등의공작물손괴죄에 대한 결과적 가중범을 규정한 제173조 제3항에 대해 미수범 처벌규정인 제174조를 적용하지 않았던 입법태도를 확장하여, 폭발성물건파열죄(형법 제172조), 신설된 가스·전기등방류죄(형법 제172조의2)에 대한 결과적 가중범에 대해서도 제174조의 미수범 처벌대상에서 제외하고 있다.

1995년 개정형법은 제342조의 미수범 규정을 "제329조 내지 제334조, 제336조, 제337조 전단, 제338조 전단, 제339조, 제340조와 전조의 미수범은 처벌한다. 단, 제340조 중 사람을 사상에 이르게 한 죄는 예외로 한다."에서 "제329조 내지 제341조의 미수범은 처벌한다."로 변경하였는데, 결과적 가중범을 미수범 규정에서 의도적으로 제외하던 조치를 삭제한 것이다. 이에 대하여 법무부가 만든 '형법개정법률안 제안이유서'(1992년)는 "결과적 가중범인 강도치상죄와 강도치사죄의 미수범이 있을 수 없음은 이론상 당연하므로 별도의 규정을 두지 않았다"고 명시함으로써 삭제 이유가 결과적 가중범의 미수를 인정하기 위해서가 아니라는 점을 분명히 밝히고 있다.

1995년 개정형법을 계기로 인질치사상죄, 강도치사상죄 그리고 해상강도치사상죄 및 현주건조물 일수치사상죄 등에 대해 미수범을 처벌하는 것처럼 보이는 규정들에 대하여는 입법상의 실수로 본다.[62]

2) 미수설

기본범죄의 기수와 미수를 구별하지 않고 중한 결과만을 기준으로 처벌하는

61 신동운, 형법총론(제10판), 법문사(2017), 546.
62 김일수/서보학, 새로쓴 형법총론(제13판), 박영사(2018), 346.

것은 중한 결과에 대해 원칙적으로 고의를 요하지 않는 점에 비추어 볼 때 결과책임을 인정하는 결과로 되고, 결과적 가중범이 중한 결과만을 근거로 지나치게 중한 형을 과하는 것에 대한 비판을 고려하면 형감경사유인 미수를 인정하는 것이 필요하다는 견해이다.[63] 입법자는 결과적 가중범의 경우와는 달리 미수범의 경우에 독일의 경우처럼 중죄 일반에 대한 미수를 긍정하지 않고 개별 규정을 통해 미수범의 처벌범위를 한정하려는 태도를 취하고 있으므로, 결과적 가중범의 경우에 기본범죄의 미수와 기수를 동일시하는 것은 미수범에 대한 입법자의 태도와는 차이가 있다. 미수와 기수는 개별 범죄유형에 있어서 불법의 차이를 의미하는 것이므로, 입법자가 명시적으로 미수와 기수를 동일하게 처벌하도록 정하지 않은 이상, 결과적 가중범의 경우 중한 처벌의 출발점이 되는 기본범죄의 기수와 미수를 구별하지 않고 단순히 양형의 문제로 환원하는 것은 적절치 않다는 것이다. 이론적으로는 기수설과 뜻을 같이 하지만 1995년 개정형법을 계기로 인질치사상죄, 강도치사상죄 그리고 해상강도치사상죄 및 현주건조물일수치사상죄 등에 대해 미수범을 처벌하는 규정들이 도입되었고 이러한 명시적인 법규정을 뛰어넘는 해석을 할 수 없다는 이유를 들어 이 경우는 결과적 가중범의 미수로 처벌하여야 한다는 견해도 있다.[64]

이러한 견해는 1995년 개정형법을 계기로 미수범을 처벌하는 규정이 있는 인질치사상죄, 강도치사상죄 그리고 해상강도치사상죄 및 현주건조물일수치사상죄 등에 대해서는 적어도 기본범죄가 미수에 그친 때 결과적 가중범도 미수범으로 처벌된다고 보면서, 이와 달리 미수범 처벌규정이 없는 경우에 대해서는 기수와 같이 처벌된다는 견해, 기본범죄의 미수범과 중한 결과의 과실범의 상상적 경합을 인정하는 견해 등으로 나뉜다.

나. 판례의 태도

판례는 기수설과 같은 입장이다.

[판례] 대법원 2003. 5. 30. 선고 2003 도 1256 판결
강간이 미수에 그친 경우라도 그로 인하여 피해자가 상해를 입었으면, 강간치상죄

63 손동권/김재윤, 새로운 형법총론(초판), 율곡출판사(2011), 383; 임웅, 형법총론(제10정판), 법문사(2018), 571; 정영일, 형법강의(총론)(제3판), 학림(2017), 129.
64 박상기, 형법총론(제9판), 박영사(2012), 323.

가 성립하는 것이다.

[판례] 대법원 1985. 10. 22. 선고 85도2001 판결
강도강간, 강도치상등의 죄는 강도의 계제에 강간 또는 치상의 결과가 발생하면 되는 것이지 강도의 기수나 미수를 가리지 않는다.

[판례] 대법원 1988. 6. 28. 선고 88도820 판결
강도가 재물강취의 뜻을 재물의 부재로 이루지 못한 채 미수에 그쳤으나 그 자리에서 항거불능상태에 빠진 피해자를 간음할 것을 결의하고 실행에 착수했으나 역시 미수에 그쳤더라도 반항을 억압하기 위한 폭행으로 피해자에게 상해를 입힌 경우에는 강도강간미수죄와 강도치상죄가 성립되고 이는 일개의 행위가 2개의 죄명에 해당되어 상상적 경합관계가 성립된다고 보아야 한다.

[판례] 대법원 2008. 4. 24. 선고 2007도10058 판결, 대법원 2013. 8. 22. 선고 2013도7138 판결
구 '성폭력범죄의 처벌 등에 관한 특례법'(2012. 12. 18. 법률 제11556호로 전부 개정되기 전의 것. 이하 '구 성폭력특례법'이라고 한다) 제8조 제1항에 의하면 같은 법 제4조 제1항에서 정한 특수강간의 죄를 범한 자뿐만 아니라 특수강간이 미수에 그쳤다고 하더라도 그로 인하여 피해자가 상해를 입었으면 특수강간치상죄가 성립하는 것이고, 같은 법 제14조에서 정한 위 제8조 제1항에 대한 미수범 처벌규정은 제8조 제1항에서 특수강간치상죄와 함께 규정된 특수강간상해죄의 미수에 그친 경우, 즉 특수강간의 죄를 범하거나 미수에 그친 자가 피해자에 대하여 상해의 고의를 가지고 피해자에게 상해를 입히려다가 미수에 그친 경우 등에 적용될 뿐, 위 제8조 제1항에서 정한 특수강간치상죄에는 적용되지 아니한다.

다. 중한 결과에 대해 고의가 있었던 경우

기본범죄가 미수에 그쳤으나 중한 결과가 발생한 경우 처음부터 행위자가 중한 결과를 의도 내지 예견했다면 어떻게 보아야 하는가. 중한 결과에 대해 고의를 가진 경우라도 결과적 가중범이 성립할 수 있는가, 즉 부진정 결과적 가중범을 인정할 수 있는가와도 관련되어 있다.

본래 부진정 결과적 가중범이란 고의로 중한 결과가 야기된 경우에 결과적 가중범에 대한 규정을 적용하지 않게 되면 기본범죄와 중한 결과에 대한 고의범의 상상적 경합이 인정되어 중한 결과가 과실로 야기된 경우보다 형이 낮아지는 폐단을 막기 위해 제안된 것이다. 따라서 중한 결과가 고의에 의해 야기된 경우라

도 예컨대 강도살인의 경우처럼 별도로 처벌규정이 있거나 기본범죄와 중한 결과에 대한 고의범의 상상적 경합의 경우보다 본래의 결과적 가중범의 형이 높지 않은 경우에는 양형상의 불합리함이 생기지 않으므로 굳이 결과적 가중범이라는 범주를 인정할 필요가 없다. 따라서 여기서도 부진정 결과적 가중범에 한해서만 고의에 의한 중한 결과의 발생이 문제된다.

먼저 기수설, 즉 기본범죄의 기수·미수를 불문하고 결과적 가중범의 기수를 인정하는 견해에 따르면 부진정결과적 가중범의 기수를 인정하는 데 큰 문제가 없다. 그러나 미수설, 그 중 기본범죄가 미수에 그친 경우 결과적 가중범의 미수범 처벌규정이 없기 때문에 기본범죄의 미수와 중한 결과의 과실범의 상상적 경합을 인정하는 견해에 따르면, 부진정 결과적 가중범의 경우 기본범죄가 미수에 그쳤다면 기본범죄의 미수와 고의범의 상상적 경합을 인정하게 되는데, 이러한 결론은 부진정 결과적 가중범이라는 개념을 상정하지 않더라도 마찬가지라고 할 수 있다. 따라서 기본범죄가 미수에 그친 경우에는 굳이 부진정 결과적 가중범이라는 개념을 상정할 필요가 없게 된다.

3. 중한 결과가 발생하지 않은 경우

가. 논의의 대상

진정 결과적 가중범의 경우에 중한 결과가 나타나지 않은 때에는 결과적 가중범이 성립하지 않는다. 미수범의 일반적 형태에 비추어 볼 때 결과적 가중범에서 중한 결과가 발생하지 않은 것은 전형적인 미수에 해당하는 것처럼 보이지만, 미수범은 범행결의를 전제로 하므로 과실에 기한 중한 결과를 개념요소로 하는 진정 결과적 가중범의 경우에는 미수범이 성립할 여지가 없다고 보아야 할 것이다. 이러한 결론은 부진정 결과적 가중범 중 고의-과실의 결합형태에도 마찬가지다.

그러나 현주건조물방화치사상죄, 교통방해치상죄, 중상해죄, 중권리행사방해죄 등 부진정 결과적 가중범 중 고의-고의의 결합형태에 중한 결과가 나타나지 않은 때에는 논란이 있다. 즉, 행위자가 중한 결과의 발생을 미리 예견했지만 그 결과가 발생하지 않은 경우, 예컨대 사람을 살해하기 위해 현주건조물에 방화하였으나 피해자가 도주하여 건조물에 방화한 데 그친 경우에는 부진정 결과적 가중범의 미수를 인정할 수 있는지 논란이 되고 있다. 이러한 부진정 결과적 가중범

중 고의-고의 결합형태의 미수 논란은 결합범에서는 제기되지 않는다. 예컨대 강도살인죄는 고의-고의의 결합형태인 부진정 결과적 가중범이 아니라 고의-고의 결합범으로서, 강도가 재물을 탈취하고 사람을 살해하려고 했으나 피해자가 도주하여 재물을 탈취한 데 그친 경우에는 강도살인죄의 미수에 해당한다.

나. 학설의 개관

다수설은 부진정 결과적 가중범에서 예견했던 중한 결과가 발생하지 않았던 경우 이론상으로는 중한 결과에 대하여 고의가 있으므로 미수범이 성립할 수 있다고 전제하고 다만 부진정 결과적 가중범의 미수에 대한 처벌규정이 없으므로 결과적 가중범의 미수가 인정되지 않는다고 한다.[65] 이에 따르면 기본범죄의 기수와 중한 결과의 미수의 상상적 경합으로 처리하게 된다. 현행법상 부진정 결과적 가중범인 현주건조물일수치사상죄에 대해 미수범 처벌규정이 있는 것처럼 규정된 것은 입법상 실수로 보고 있다. 한편 결론을 같이하면서 논거를 달리하는 견해로는, 결과적 가중범의 본질적인 개념요소는 "중한 결과의 발생"이므로 고의가 있더라도 중한 결과가 발생하지 않았다면 그것은 처음부터 결과적 가중범의 논의 범주에 들어올 여지가 없다는 견해[66]나 부진정 결과적 가중범은 양형의 불합리를 극복하기 위하여 예외적으로 인정된 범죄유형이므로 중한 형을 확보하기 위하여 이례적으로 인정된 부진정 결과적 가중범에 대하여 미수범을 이유로 형의 임의적 감경을 인정한다는 것은 앞뒤가 맞지 않는다는 견해[67]가 있다.

한편 소수설은 현행법상으로도 부진정 결과적 가중범인 현주건조물일수치사상죄에 대해서는 미수범 처벌규정이 있으므로 결과적 가중범의 미수를 인정할 수 있다고 한다.[68]

다. 기본범죄도 미수에 그친 경우

부진정 결과적 가중범에서 중한 결과가 미수인 경우에 기본범죄가 기수이어야 하는지 아니면 단지 미수라도 좋은지가 문제될 수 있다. 현주건조물일수치사

65 김성돈, 형법총론(제5판), 성균관대학교출판부(2017), 521; 김일수/서보학, 새로쓴 형법총론(제13판), 박영사(2018), 345; 박상기, 형법총론(제9판), 박영사(2012), 323; 정성근/박광민, 형법총론(제2판), 성균관대학교출판부(2015), 463.

66 배종대, 형법총론(제13판), 홍문사(2017), 515.

67 신동운, 형법총론(제10판), 법문사(2017), 547.

68 손동권/김재윤, 새로운 형법총론(초판), 율곡출판사(2011), 384; 오영근, 형법총론(제4판), 박영사(2018), 145; 임웅, 형법총론(제10정판), 법문사(2018), 572; 정영일, 형법강의(총론)(제3판), 학림(2017), 130.

상죄를 부진정 결과적 가중범에 대한 미수범 처벌규정이 있는 경우로 보는 견해에 의하면, 고의에 의한 기본범죄도 중한 (사망의) 결과와 마찬가지로 미수에 그칠 수 있으므로, 두 가지 미수의 결합이 고의-고의 결합이라는 형태의 결과적 가중범에서 나타날 수 있는 미수의 형태라고 할 수 있다.[69]

4. 중지미수의 문제

가. 기본범죄가 미수에 그친 경우

중한 결과가 발생한 이상 기본범죄의 기수·미수를 불문하고 결과적 가중범으로 처벌된다는 견해에 따르면 기본범죄의 실현을 자의로 중지한 경우라 하더라도 양형 단계에서 고려하는 것은 별론으로 하고 중지에 따른 특례는 적용되지 않는다.

[판례] 대법원 1988. 11. 8. 선고 88도1628 판결
강간죄에 있어서의 폭행 또는 협박은 피해자의 반항을 현저히 곤란하게 할 정도의 것이어야 함은 물론이고, 그 미수에 그친 경우라도 강간의 수단이 된 폭행에 의하여 피해자가 상해를 입었으면 강간치상죄가 성립하는 것이며, 또한 그 미수에 그치게 된 것이 피고인이 자의로 실행에 착수한 행위를 중지한 경우이든 실행에 착수하여 행위를 종료하지 못한 경우이든 가릴 바 못된다.

나. 중한 결과의 중지미수

중한 결과의 발생을 자의로 방지한 경우에 부진정 결과적 가중범의 중지미수가 가능하다. 부진정 결과적 가중범의 미수규정이 있는 경우에는 중지의 특례가 적용되기 위해서 중한 결과의 발생을 방지한 것만으로 족한가, 아니면 기본범죄도 자의로 중지해야 하는지에 대한 문제가 있으나 기본범죄를 실현한 것만으로는 아직 결과적 가중범의 불법을 모두 실현했다고 할 수 없으므로 여전히 중지의 특례는 적용될 수 있다고 보아야 할 것이다.

현행법과 같이 미수범에 대한 처벌규정이 없는 경우의 처리에 대해서는 기본범죄가 미수에 그쳤는가, 아니면 기수로 되었는가에 따라 나누어 살펴볼 필요가 있다.

먼저 기본범죄가 미수인 경우, 예컨대 현주건조물에 방화한 후 소훼되기 전

69 임웅, 형법총론(제10정판), 법문사(2018), 572.

에 불을 끄고 그 결과 처음에 의도했던 살인의 결과가 방지된 경우, 기본범죄뿐만 아니라 중한 결과도 자의로 중지한 것이므로 전형적인 중지미수에 해당한다고 할 수 있다. 그러나 이 경우도 미수범 처벌규정이 없는 이상 현주건조물방화죄와 살인죄에 대해 각각 중지미수의 특례를 적용한 다음 양자의 상상적 경합을 인정할 수밖에 없다.

한편 기본범죄가 기수로 된 후 중한 결과만 발생하지 않은 경우에는 중한 결과의 발생을 방지하기 위한 진지한 노력이 있어야 함은 물론이다. 그리고 이러한 자의에 의한 중지가 인정된 경우라 하더라도 중지의 특례는 중한 결과 부분에만 인정되므로, 현주건조물방화죄와 살인죄의 중지미수의 상상적 경합이 인정될 것이다.

Ⅵ. 결과적 가중범에 대한 범행참가

1. 공동정범의 경우

가. 논점

결과적 가중범의 전제가 되는 기본범죄를 공동으로 실행하기로 한 후 정범 가운데 1인이 중한 결과를 야기한 경우에 다른 공범자에 대해서도 결과적 가중범 전체에 대해 공동정범의 성립을 인정할 것인가 여부가 문제된다. 여기서 범행참가자에게도 중한 결과에 대한 예견가능성이 있어야 함은 물론이다. 기본범죄를 공동으로 했다는 이유만으로 중한 결과에 대한 과실 없이 공동정범을 긍정한다면 책임주의에 정면으로 반하기 때문이다.

고의-고의 결합형식인 부진정 결과적 가중범의 경우에는 범행참가자에게 기본범죄 및 중한 결과에 대한 고의가 존재하고 나아가서 공동의 범행결의가 존재하면 공동정범의 성립을 인정하는 데 아무런 문제가 없다. 그러나 결과적 가중범이 고의-과실의 결합형태로서 중한 결과가 원칙적으로 과실에 의한 것이라는 점을 고려하면 결국 결과적 가중범의 공동정범을 인정할 것인가 하는 문제는 과실의 공동정범을 인정할 것인가 하는 문제와 밀접한 관련을 가진다고 할 수 있다.

나. 학설

1) 긍정설

과실의 공동정범을 긍정하는 입장에서는 대개 공동정범 가운데 중한 결과의 야기에 가담하지 않은 자라도 중한 결과에 대해 예견가능성만 있으면 결과적 가중범의 공동정범이 성립한다고 한다.[70] 또한 과실의 공동정범의 인정 여부와 별개로 각 참가자가 결과적 가중범으로서의 성립요건을 갖추고 있는 이상 결과적 가중범의 공동정범을 인정할 수 있다는 견해도 있다.[71] 결과적 가중범의 공동정범 성립을 인정하는 것이 불가능한 것이 아니나, 기본범죄의 참여자에게 중한 결과의 발생에 대한 과실이 있었는지를 개별적으로 확인하여 과실이 있는 각 사람을 결과적 가중범의 정범으로 처벌하면 족하기 때문에 행위 참여자 상호간에 반드시 공동정범관계를 인정해야 할 특별한 이론적·실무적 필요성이 존재하는 것은 아니다는 견해도 있다.[72]

2) 부정설

전통적인 학설은 대개 과실의 공동정범을 부정하며 이러한 입장에 따르게 되면 중한 결과에 대한 과실을 요하는 결과적 가중범의 경우에도 공동정범의 성립을 부정하고 있다. 다만 중한 결과가 정범 상호간의 의사연락 없이 각자의 실행행위를 통하여 야기된 경우에는 각자에게 과실이 인정되는 때에 한하여 결과적 가중범의 동시범이 성립할 뿐이라고 한다.[73]

다. 판례의 태도

판례는 긍정설의 입장이다.

◉ 공범에게 중한 결과에 대하여 고의가 없는 경우

[판례] 대법원 2000. 5. 12. 선고 2000 도 745 판결, 대법원 2013. 4. 26. 선고 2013 도 1222 판결

결과적 가중범인 상해치사죄의 공동정범은 폭행 기타의 신체침해 행위를 공동으로 할 의사가 있으면 성립되고 결과를 공동으로 할 의사는 필요 없으며, 여러 사람이 상해의 범의로 범행 중 한 사람이 중한 상해를 가하여 피해자가 사망에 이르게 된 경우 나머지 사람들은 사망의 결과를 예견할 수 없는 때가 아닌 한 상해치사의 죄

70 이재상 외 2인, 형법총론(제9판), 박영사(2017), 214; 정성근/박광민, 형법총론(제2판), 성균관대학교출판부(2015), 463.

71 손동권/김재윤, 새로운 형법총론(초판), 율곡출판사(2011), 388.

72 김일수/서보학, 새로쓴 형법총론(제13판), 박영사(2018), 343.

73 박상기, 형법총론(제9판), 박영사(2012), 315; 배종대, 형법총론(제13판), 홍문사(2017), 510; 오영근, 형법총론(제4판), 박영사(2018), 142; 임웅, 형법총론(제10정판), 법문사(2018), 572; 신동운, 형법총론(제10판), 법문사(2017), 608.

책을 면할 수 없다.

[판례] 대법원 2002. 4. 12. 선고 2000 도 3485 판결, 대법원 2008. 6. 26. 선고 2007 도 6188 판결, 대법원 2012. 5. 24. 선고 2010 도 11381 판결
결과적 가중범의 공동정범은 기본행위를 공동으로 할 의사가 있으면 성립하고 결과를 공동으로 할 의사는 필요 없는바, 특수공무집행방해치상죄는 단체 또는 다중의 위력을 보이거나 위험한 물건을 휴대하고 직무를 집행하는 공무원에 대하여 폭행·협박을 하여 공무원을 사상에 이르게 한 경우에 성립하는 결과적 가중범으로서 행위자가 그 결과를 의도할 필요는 없고 그 결과의 발생을 예견할 수 있으면 족하다.

[판례] 대법원 2009. 7. 23. 선고 2008 도 11407 판결
피고인들이 전투경찰대원들에 대한 상해 등 일부 범죄사실에 대하여 구체적으로 모의하거나 이를 직접 분담하여 실행한 바가 없었다 하더라도 특수공무집행방해치상죄에 대한 암묵적 공모와 본질적 기여를 통한 기능적 행위지배를 인정할 수 있고, 상해의 결과발생도 예견할 수 있었다고 할 것이므로, 피고인들 모두에 대하여 특수공무집행방해치상죄에 대한 공모공동정범의 책임을 인정한 원심의 판단을 수긍한 사례.

⊙ 공범에게 중한 결과에 대하여 고의가 있는 경우

[판례] 대법원 1996. 5. 14. 선고 96 도 213 판결
형법(1995. 12. 개정되기 전의 것) 제164조 후단이 규정하는 현존건조물방화치사상죄와 같은 이른바 부진정 결과적 가중범은 예견가능한 결과를 예견하지 못한 경우뿐만 아니라 그 결과를 예견하거나 고의가 있는 경우까지도 포함하는 것이므로 이 사건에서와 같이 사람이 현존하는 건조물을 방화하는 집단행위의 과정에서 일부 집단원이 고의행위로 살상을 가한 경우에도 다른 집단원에게 그 사상의 결과가 예견가능한 것이었다면 다른 집단원도 그 결과에 대하여 현존건조물방화치사상의 책임을 면할 수 없다.

[판례] 대법원 1991. 11. 12. 선고 91 도 2156 판결
강도살인죄는 고의범이고 강도치사죄는 이른바 결과적 가중범으로서 살인의 고의까지 요하는 것이 아니므로, 수인이 합동하여 강도를 한 경우 그 중 1인이 사람을 살해하는 행위를 하였다면 그 범인은 강도살인죄의 기수 또는 미수의 죄책을 지는 것이고 다른 공범자도 살해행위에 관한 고의의 공동이 있었으면 그 또한 강도살인죄의 기수 또는 미수의 죄책을 지는 것이 당연하다 하겠으나, 고의의 공동이 없었으면 피해자가 사망한 경우에는 강도치사의, 강도살인이 미수에 그치고 피해자가

상해만 입은 경우에는 강도상해 또는 치상의, 피해자가 아무런 상해를 입지 아니한 경우에는 강도의 죄책만 진다고 보아야 할 것이다.

[판례] 대법원 1990. 6. 26. 선고 90 도 765 판결
특수공무집행방해치사상과 같은 부진정 결과적 가중범은 예견가능한 결과를 예견하지 못한 경우뿐만 아니라 그 결과를 예견하거나 고의가 있는 경우까지도 포함하는 것이므로, 공무집행을 방해하는 집단행위의 과정에서 일부 집단원이 고의로 방화행위를 하여 사상의 결과를 초래한 경우에 다른 집단원이 그 방화행위로 인한 사상의 결과를 예견할 수 있는 상황이었다면 특수공무집행방해치사상의 죄책을 면할 수 없으나 그 방화행위자체에 공모가담한 바 없는 이상 방화치사상죄로 의율할 수는 없다.

2. 교사 및 방조의 경우

가. 논점

처음부터 결과적 가중범 자체에 대해 교사 또는 방조를 하는 것은 불가능하다. 그러나 기본범죄에 대해 교사나 방조를 한 결과 중한 결과가 야기된 경우에 결과적 가중범 전체에 대해 교사나 방조의 책임을 물을 수 있는가가 문제된다. 예컨대 甲이 乙에게 강도를 교사하였으나 乙이 강도를 실행하면서 실수로 피해자에게 중상을 입힌 경우라든가, 강도를 결의한 乙을 돕기 위해 자동차로 범행장소까지 태워주었으나 乙이 재물을 탈취하고 피해자에게 중상을 입힌 경우에 甲에게 강도치상죄의 교사 내지 방조의 책임을 물을 수 있는가 하는 것이다. 공범의 경우에는 정범의 경우와는 달리 직접 실행을 분담하거나 공동실행의 의사를 가지고 있지 않으므로, 공동정범의 경우와 다른 차원에서 검토할 필요가 있다.

나. 학설

1) 긍정설

기본범죄를 교사 또는 방조하였으나 정범에 의해 중한 결과가 야기된 경우 교사 또는 방조한 자가 결과발생을 예견할 수 있었던 때에는 전체로서 결과적 가중범에 대한 교사 또는 방조의 책임을 진다고 한다.[74] 이 경우 정범이 중한 결과

74 김일수/서보학, 새로쓴 형법총론(제13판), 박영사(2018), 344; 박상기, 형법총론(제9판), 박영사(2012), 324; 배종대, 형법총론(제13판), 홍문사(2017), 512; 손동권/김재윤, 새로운 형법총론(초판), 율곡출판사(2011), 389; 임웅, 형법총론(제10정판), 법문사(2018), 573; 이재상 외 2인, 형법총론(제9판), 박영사(2017), 215; 정성근/박광민, 형법총론(제2판), 성균관대학교출판부(2015), 464.

에 대하여 고의 또는 과실이 있었는가 여부는 문제되지 않는다고 한다.

2) 부정설

과실범의 경우에는 공범이 성립할 수 없으므로 중한 결과에 대해 과실을 요하는 결과적 가중범에 대해서도 교사나 방조를 인정할 수 없고, 또한 결과적 가중범에 관한 총칙규정은 정범에 관한 규정이므로 이를 공범인 교사범에게 적용하게 되면 피고인에게 불리한 유추적용이 되기 때문에 교사범의 경우에는 결과적 가중범의 성립을 부정해야 한다고 한다는 견해가 있다.[75] 직접성의 원칙상 교사범에게는 중한 결과에 대한 위험실현의 직접성이 결여되어 결과적 가중범으로서의 객관적 귀속이 부정된다는 견해도 있다.[76] 이들 견해에 따르면 교사자는 원칙적으로 기본범죄에 대해서만 책임을 지고, 중한 결과에 대해 예견가능성이 있는 때에는 중한 결과에 대한 과실범과 상상적 경합을 인정하면 족하다고 한다.

다. 판례의 태도

판례는 긍정설의 입장이다.

[판례] 대법원 1993. 10. 8. 선고 93도1873 판결, 대법원 1997. 6. 24. 선고 97도1075 판결

교사자가 피교사자에 대하여 상해 또는 중상해를 교사하였는데 피교사자가 이를 넘어 살인을 실행한 경우에, 일반적으로 교사자는 상해죄 또는 중상해죄의 죄책을 지게 되는 것이지만 이 경우에 교사자에게 피해자의 사망이라는 결과에 대하여 과실 내지 예견가능성이 있는 때에는 상해치사죄의 교사범으로서의 죄책을 지울 수 있는 것이다.

[판례] 대법원 2002. 10. 25. 선고 2002도4089 판결

피고인 1이 다른 피고인들에게 피고인 1과 사업관계로 다툼이 있었던 피해자를 혼내 주되, 평생 후회하면서 살도록 허리 아래 부분을 찌르고, 특히 허벅지나 종아리를 찔러 병신을 만들라는 취지로 이야기 하면서 차량과 칼 구입비 명목으로 경비 90만 원 정도를 주어 범행에 이르게 한 사실, 피고인 2는 위와 같이 피고인 1이 다른 피고인들에게 범행을 지시할 때 그들에게 연락하여 모이도록 하였으며, "피고인 1을 좀 도와 주어라" 등의 말을 하였고, 그 결과 상피고인들이 공소사실 기재와 같이 피해자의 종아리 부위 등을 20여 회나 칼로 찔러 살해한 사실을 인정한 다음,

75 오영근, 형법총론(제4판), 박영사(2018), 142.
76 류부곤, 결과적 가중범에 대한 교사, 서울대학교 법학 제50권 제3호(2009. 9.), 397.

그 당시 상황으로 보아 피고인 2 역시 공모관계에 있고, 피고인 1와 2는 피해자가 죽을 수도 있다는 점을 예견할 가능성이 있었다고 판단하여, 상해치사죄로 의율한 조치는 정당하다고 한 사례.

[판례] 대법원 1998. 9. 4. 선고 98도2061 판결
피고인은 처음에 다른 피고인 1이 피해자를 폭행하려는 것을 제지하였고, 피고인 1이 취중에 남의 자동차를 손괴하고도 상급자에게 무례한 행동을 하는 피해자를 교육시킨다는 정도로 가볍게 생각하고, 각목을 피고인 1에게 건네주었던 것이고, 그 후에도 양인 사이에서 폭행을 제지하려고 애쓴 사실을 인정한 다음, 피고인으로서는 피해자가 피고인 1의 폭행으로 사망할 것으로 예견할 수 있었다고 볼 수 없다는 이유로 피고인에 대하여 특수폭행치사방조의 점은 무죄로 판단하고, 특수폭행의 방조로 인정한 원심의 조치는 정당하다고 한 사례.

제 16 조 [법률의 착오]

자기의 행위가 법령에 의하여 죄가 되지 아니하는 것으로 오인한 행위는 그 오인에 정당한 이유가 있는 때에 한하여 벌하지 아니한다.

[관련조문] 형사소송법 제323조 제2항, 담배사업법 제31조.

[참고문헌] 구모영, "형법개정과 금지착오", 동아법학 제2호(1986); 김성돈, 형법총론(제5판), 성균관대학교출판부(2017); 김영환, "고의와 법률의 부지의 구별", 형사판례연구 24호(2016), 박영사; 김일수/서보학, 새로쓴 형법총론(제13판); 박상기, 형법총론(제9판), 박영사(2012); 배종대, 형법총론(제13판), 홍문사(2017); 오영근, 형법총론(제4판), 박영사(2018); 우인성, "불심검문과 착오에 관한 사례", 고영한 대법관 재임기념 논문집, 사법발전재단(2018); 이재상·장영민·강동범, 형법총론(제9판), 박영사(2012); 임웅, 형법총론(제10정판), 법문사(2018); 정성근/박광민, 형법총론(제2판), 성균관대학교출판부(2015); 조해근, "형법상의 기대가능성론에 관한 연구", 서울대 박사학위논문(1996); 주석 형법, 총칙편(1)(제2판), 한국사법행정학회(2011); 차용석, "위법성의 인식·위법성의 착오(상)", 고시연구(93.8.); 허일태, 법률의 부지, 지송 이재상교수 화갑기념논문집, 박영사(2004), 450; 이용식, "위법성조각사유의 전제사실의 착오에 대한 대법원판례의 이해구조 -오상을 이유로 하는 위법성조각과 정당방위상황의 인정- -판례의 시각에 대한 학계의 이해부족-", 형사판례연구 24호, 박영사(2016); 이용식, "과실범의 위법성조각사유의 전제사실에 관한 착오 -과실범에서의 오상방위 오상피난- -더블과실인가 하프과실인가- -주관적(책임)과실조각 혹은 면책가능한(허용된)위험-", 교정연구 81호, 한국교정학회(2018).

Ⅰ. 입법취지 및 입법례

1. 입법취지[1]

형법 제16조는 정당한 이유에 근거하여 법률의 착오에 빠지게 된 행위자에 대하여는 벌하지 아니한다고 함으로써 법률의 착오 문제를 책임형법의 차원에서

1 주석 형법, 총칙편(1)(제2판), 한국사법행정학회(2011), 386(허일태) 이하 참조.

해결하고 있다. 법이라는 것은 사회평화의 달성과 유지를 위해서 인간이 반드시 지켜야 될 금지규범을 정상적인 사람이라면 사전에 인식하거나 인식할 수 있도록 하여야 하고, 일반인이 정상적 주의의무를 이행했어도 그 규범의 존재를 알 수 없어서 지킬 수 없었다면, 그를 비난할 수 없기 때문이다. 또한 규범으로서 지킬 수 없는 것을 국가나 국민의 이름으로 금지해서는 안 된다는 점에서 국민이 지킬 수 없는 것을 요구하거나 금지한다는 것은 법의 본성을 넘어선 것이고, 그런 법에 대해서 책임을 묻는다는 것은 책임형법의 한계를 일탈한 것이다. 그런 점에서 형법 제16조는 책임형법의 틀 위에서 구축된 것이다.

2. 입법례

법률의 착오는 20세기 중반까지만 해도 거의 모든 국가의 형사실체법에서 형법의 기본원리로서 자격을 인정받지 못하였다고 한다. "법률의 부지는 용서받지 못한다."라는 고대 로마법은 물론이고 근대형법의 모범이었던 1813년의 바이에른 형법을 비롯하여 현대형법의 모범인 1871년 독일 제국형법도 법률의 착오에 대해 불가벌의 효력을 인정하지 않았다.[2]

우리 형법 제16조는 스위스 형법 제20조를 계수했다는 견해(유기천)도 있다. 위 형법 제20조는 "행위자가 충분한 이유에 의거해서 그 행위를 할 권한이 있다고 오인했다면, 법관은 이에 대한 형벌을 자유재량으로 경감하거나 혹은 처벌을 면할 수 있다."고 규정하고 있다.[3] 1941년의 일본 개정형법가안의 착오조항(제11조 제2항 "법률을 모르는 경우에 자기 행위가 법률상 허용된 것으로 믿는 일에 대하여 상당한 이유가 있을 때에는 그 형을 면제한다.")의 영향을 적지 않게 받았다는 견해도 있다.[4]

독일은 제국법원 시절 사실의 착오와 법률의 착오를 구별하였다. 독일 구 형법 제59조의 적용은 사실의 착오에 국한되었고, 법률의 착오는 원칙적으로 인정될 수 없다고 하였다. 법률의 착오는 근본적으로 죄의 성립에 영향이 없다고 하여 가벌성을 인정하였고, 단지 공정성을 근거로 형벌법규 이외의 법률의 착오, 즉 비형벌법규에 대한 법률의 착오에 한하여 독일 구 형법 제59조를 유추적용하여 고의를 조각하는 예외를 인정하였다. 그러다가 1951년의 BGHSt 2, 194 판결에서 불

2 주석 형법, 총칙편(1)(제2판), 한국사법행정학회(2011), 388(허일태).
3 김영환, "고의와 법률의 부지의 구별", 형사판례연구 24호(2016), 박영사 140.
4 주석 형법, 총칙편(1)(제2판), 한국사법행정학회(2011), 389(허일태).

법인식을 독립된 책임요소로 인정하고, 착오분야에서 구성요건적 착오와 금지착오를 구별하였으며, 모든 법률의 착오에 대해 그 착오의 회피가능성 여부를 의존시키고 착오의 회피가 불가능하면 처벌될 수 없다고 판시하였다.[5]

독일 형법 제17조는 위 판결의 취지를 받아들여 금지착오를 망라해서 "범행을 함에 있어서 불법을 범한다는 의식이 없는 경우, 행위자가 그 착오를 회피할 수 없었던 때에는 책임 없이 행위한 것이다. 행위자가 그 착오를 회피할 수 있었던 때에는 형법 제49조 제1항에 따라 그 형을 감경할 수 있다."라고 규정하고 있다. 우리 형법 제16조는 이와 달리 규정하여 문언상으로는 위법성에 대한 착오의 일부만을 규율한다고 해석할 수 있는 여지가 있어 대법원이 법률의 부지의 문제를 형법 제16조와 다른 종류의 착오로서 해석할 수 있는 가능성을 열어두고 있다고 한다.[6]

Ⅱ. 법령에 의하여 죄가 되지 아니하는 것으로 오인한 행위

1. 위법성의 인식

가. 개념

본조에서 정한 '법령에 의하여 죄가 되지 아니하는 것으로 오인한 행위'는 위법성의 인식이 없는 행위를 말하는 것으로 설명되고 있다. 위법성의 인식이란 자신의 행위가 실질적으로 위법하다는 행위자의 의식을 말한다.[7] 자신의 행위가 금지된 행위라는 것을 인식하는 것을 의미한다. 금지 여부가 아니라 객관적 구성요건인 사실을 인식의 대상으로 하는 고의와 구별된다.

나. 범위

어떤 행위가 도덕적으로 비난의 대상이 된다거나 사회적으로 비난받을 만하다고 인식하는 것만으로 그 행위의 위법성을 인식하였다고 볼 수 없다는 데 대하여는 이론이 없다. 그러나 이러한 정도를 넘어서서 어느 정도까지 인식하여야 위법성의 인식이 있었다고 인정할 수 있는지에 관하여는 다음과 같은 견해가 있다.

5 허일태, 법률의 부지, 지송 이재상교수 화갑기념논문집, 박영사(2004), 450; 주석 형법, 총칙편(1)(제2판), 한국사법행정학회(2011), 389(허일태).

6 허일태, 법률의 부지, 지송 이재상교수 화갑기념논문집, 박영사(2004), 451.

7 김성돈, 형법총론(제5판), 성균관대학교출판부(2017), 382.

1) 사회정의와 조리에 어긋난다는 것을 인식하면 족하다는 견해

대법원은 범죄의 성립에 있어서 위법의 인식은 그 범죄사실이 사회정의와 조리에 어긋난다는 것을 인식하는 것으로서 족하고 구체적인 해당 법조문까지 인식할 것을 요하는 것은 아니므로 설사 피고인이 형법상의 허위공문서작성죄에 해당되는 줄 몰랐다고 가정하더라도 그와 같은 사유만으로는 피고인에게 위법성의 인식이 없었다고 할 수 없다고 판시하였다.[8]

2) 형벌법규에 위반된다는 인식이 있어야 한다는 견해

자기의 행위가 형벌이라는 제재를 받게 된다는 것을 인식할 것을 요한다고 한다. 형법 제16조에서 정한 법령을 형벌법규로 해석한다. 형벌로서 제재를 받는 행위자에게 그 행위가 형벌법규에 위반되고 동시에 형벌을 받게 된다는 것을 인식함을 요하는 것은 개인책임의 원리에 기반한다. 행위자에게 형벌을 가하는 행위에 대하여 반대동기, 즉 위법억제동기(가벌성의 인식)가 부여되었을 때 비로소 그것을 처벌하게 되므로 이것은 책임원리에 따라 정당시되고 또한 이 경우에 한하여 형벌의 범죄억지기능을 다할 수 있다는데 근거를 두고 있다.[9]

3) 위 두 견해의 중간 영역을 위법성의 인식범위로 설정해야 한다는 견해

사회정의나 조리에 반한다는 인식을 한 경우까지 위법성의 인식을 긍정하게 되면 행위자의 책임범위가 너무 넓어지게 되고, 적극적으로 범죄성립을 근거지우는 요소로 기능하게 되면 죄형법정주의가 위태롭게 될 우려가 있다고 한다. 그렇다고 해서 행위자가 자신이 위반한 규범에 대한 구체적인 지식까지 갖추거나 그 위반한 규범이 형법에 해당한다는 점이나 구체적인 해당 법조문까지 인식할 필요는 없다는 견해이다. 형법이론적으로 위법성이라는 개념이 전체로서의 법질서의 관점에서 내려지는 반가치판단을 의미하는 것이라고 한다면 위법성의 인식도 전체 법질서의 관점에서 자신의 행위가 허용되지 않는다는 점을 인식하면 족하다고 한다.[10]

다. 위법성 인식의 정도

위법성의 인식은 자기행위의 규범위반성을 현실적으로 인식하는 경우뿐 아니

8 대법원 1987. 3. 24. 선고 86도2673 판결.
9 차용석, "위법성의 인식·위법성의 착오(상)", 고시연구(93.8.), 29.
10 김성돈, 형법총론(제5판), 성균관대학교출판부(2017), 383.

라, 부수적 정황으로 보아 위법성의 인식이 수반의식으로 내재해 있는 경우에도 인정된다. 뿐만 아니라 자기행위가 위법할지도 모른다는 것을 충분히 생각하였으나 그 생각을 용인하고 행위로 나아간 경우, 즉 위법가능성에 대한 인식(미필적 인식)이 있는 경우에도 인정된다.[11]

위법성의 인식은 '잠재적 위법성의 인식'으로도 충분하다고 하는 것이 지배적인 견해이다. 그러나 엄격하게 말해 잠재적 위법성의 인식은 위법성의 인식가능성에 불과한 것으로서 현실적으로 행위자에게 위법성의 인식이 없는 경우이다. 따라서 형법 제16조의 취지에 맞게 보다 정확하게 표현하자면 위법성의 인식은 없지만 그 불인식에 정당한 이유가 없는 경우에는 책임이 조각되지 않는 것이라고 말해야 한다.[12]

라. 위법성에 대한 인식과 실제의 불일치

행위자가 실행하는 행위가 실제로는 위법한 행위인데도 스스로 위법하지 않다고 인식하는 경우가 있을 수 있고, 반대로 실제로는 위법하지 않은 행위인데도 스스로 위법하다고 인식하는 경우가 있을 수 있다.

일반적으로 전자는 위법성의 착오로 설명되고 있고, 후자는 반전된 위법성의 착오 또는 환각범으로 설명되고 있다. 전자를 소극적 착오로, 후자를 적극적 착오로 부르기도 한다. 환각범은 구성요건해당성 자체가 없기 때문에 불가벌이다.

객관적 법질서에 반하는 어떤 행위를 윤리적·종교적 또는 정치적 확신에서 옳다고 여기고 행위하는 확신범, 양심에 비추어 불가피하다고 판단되어 행위하는 양심범의 경우에도 위법성의 인식은 있다고 보아야 한다. 자신의 행위가 위법함에도 불구하고 위와 같은 동기에서 그 규범의 정당성이나 구속력을 부정하고 신념에 따라 행위를 하는 것이므로 위법성에 대한 인식과 실제가 불일치하는 경우라 보기는 어렵다.

2. 위법성의 착오

가. 개념

행위자가 착오로 자기행위가 위법하다는 것을 인식하지 못한 경우를 말한다. 행위자가 구성요건적 사실에 대한 인식은 있지만 그 행위가 위법하다는 것을 인

11 김성돈, 형법총론(제5판), 성균관대학교출판부(2017), 384.
12 김성돈, 형법총론(제5판), 성균관대학교출판부(2017), 384.

식하지 못한 경우이다. 자기행위가 금지명령규범에 위반한다는 것을 인식하지 못한 경우, 즉 금지에 대한 인식이 없는 경우라고 설명되기도 하여 금지착오라고도 한다.

나. 종류

1) 직접적 위법성의 착오

행위자가 직접 자기행위의 위법성을 인식하지 못한 경우이다.

가) 금지규범의 존재에 대한 착오

행위자가 금지규범이 존재한다는 것을 모른 경우이다. 즉 법률의 부지에 해당한다. 학설은 법률의 부지를 법률의 착오의 일종으로 보아 형법 제16조가 적용된다고 한다. 그러나 대법원은 법률의 부지는 형법 제16조의 법률의 착오에 해당하지 않는다고 본다.

[판례] 대법원 2018. 9. 28. 선고 2018 도 9828 판결
형법 제16조는, 자기의 행위가 법령에 의하여 죄가 되지 아니한 것으로 오인한 행위는 그 오인에 정당한 이유가 있는 때에 한하여 벌하지 아니한다고 규정하고 있다. 이는 단순히 법률의 부지를 말하는 것이 아니고, 일반적으로 범죄가 되는 경우이지만 자기의 특수한 경우에는 법령에 의하여 허용된 행위로서 죄가 되지 아니한다고 그릇 인식하고, 그와 같이 그릇 인식함에 정당한 이유가 있는 경우에는 벌하지 않는다는 취지이다.

[판례] 대법원 2011. 2. 10. 선고 2010 도 16686 판결
피고인이 이 사건 행위가 새마을금고법에 위반되는지를 알지 못했다는 사정은 단순한 법률의 부지에 불과하고 이를 법률의 착오에 기인한 행위라고 할 수 없다.

[판례] 대법원 2006. 11. 24. 선고 2006 도 6985 판결
대부업자 또는 여신금융기관 외에는 대부업에 관한 광고를 하지 못하도록 한 대부업의 등록 및 금융이용자보호에 관한 법률 제9조의2 및 제19조 제1항 제3호가 2005. 5. 31. 신설된 것은 사실이나, 피고인이 이를 모르고 대출광고 메일을 발송하였다 하더라도 이는 단순히 법률을 알지 못한 것에 불과할 뿐 자신의 행위가 죄가 되지 아니한 것으로 오인함에 정당한 이유가 있는 것으로 볼 수 없다.

[판례] 대법원 2006. 2. 10. 선고 2005 도 3490 판결
원심이, 동해시청 앞 잔디광장은 '천장이 없거나 사방이 폐쇄되지 않은 장소'로서 옥외장소에 해당하고, 피고인 1이 동해시청 앞 잔디광장이 옥외장소에 해당함을 몰

랐다는 것은 단순한 법률의 부지를 주장하는 것에 불과하여 범죄의 성립에 방해가 되지 않는다고 판단한 것에 법률의 착오에 관하여 법리오해 등의 위법이 없다.

[판례] 대법원 2001. 6. 29. 선고 99도5026 판결
피고인이 학교교육도 제대로 받지 못한 가정주부로서 보험회사의 지점장인 A나 영업소장인 B가 규정에 어긋난 행동을 할 줄은 꿈에도 몰랐다든가, 특정경제범죄가중처벌등에관한법률 제9조 제1항이 헌법재판소에서 비록 합헌결정이 났으나 5인의 헌법재판관이 위헌의견을 내었다는 등 상고이유로 내세우는 사유만으로는 피고인이 자신의 행위가 특히 법령에 의하여 허용된 행위로서 죄가 되지 않는다고 그릇 인식한 경우라고 할 수 없고, 단순한 법률의 부지에 해당하는 경우라고 할 것이다.

[판례] 대법원 1991. 10. 11. 선고 91도1566 판결
피고인이 이 사건 행위가 건축법상의 허가대상인 줄을 몰랐다는 사정은 단순한 법률의 부지에 불과하고 특히 법령에 의하여 허용된 행위로써 죄가 되지 않는다고 적극적으로 그릇 인식한 경우가 아니어서 이를 법률의 착오에 기인한 행위라고 할 수도 없다.

[판례] 대법원 1986. 6. 24. 선고 86도810 판결
상고이유 요지는 피고인이 벌채한 임목은 공소외 A가 당국의 허가를 얻어 벌채하고 남아있던 잔존목으로서 이러한 잔존임목은 당국의 허가없이 벌채하여도 위법인 줄 모르고 벌채한 것이니 피고인의 행위는 형법 제16조의 규정에 의하여 벌할 수 없는 것이라는 취지이다. 피고인이 위와 같은 이유로 당국의 허가없이 임목을 벌채한 것이었다 해도 단순한 법률의 부지에 불과하며, 형법 제16조에 해당하는 경우라고 볼 수 없다.

[판례] 대법원 1980. 2. 12. 선고 79도285 판결
피고인이 암모니아수가 극물인 점을 몰랐다는 것은 단순한 법률의 부지에 해당한다 할 것이고 그 밖에 피고인이 자기 회사는 법령에 의하여 등록없이 제조판매할 수 있다고 그릇 인정하였거나 그와 같이 그릇 인정함에 있어 정당한 이유가 있었다고 볼 만한 자료가 없다.

[판례] 대법원 1970. 9. 22. 선고 70도1206 판결
민사소송법 기타 공법의 해석을 잘못하여 피고인이 가압류의 효력이 없는 것이라하여 가압류가 없는 것으로 착오하였거나 또는 봉인 등을 손상 또는 효력을 해할 권리가 있다고 오신한 경우에는 민사법령 기타 공법의 부지에 인한 것으로서 이러

한 법령의 부지는 형벌법규의 부지와 구별되어 범의를 조각한다고 해석할 것이다.

법률의 부지를 법률의 착오로 보지 않는 판례의 태도는 일본의 판례와 학설에 영향을 받은 것이라고 한다. 일본 형법 제38조 제3항은 "법률을 알지 못함으로써 죄를 범할 뜻이 없다고 할 수 없다. 단 정상에 의하여 그 형을 감경할 수 있다."라고 규정하고 있고, 일본대심원 판례도 법률의 부지는 죄의 성립여부에 영향이 없다는 일관된 태도를 견지하고 있다고 한다.[13]

이러한 대법원의 태도에 대하여 다음과 같은 비판이 있다.[14] 단순한 법률의 부지도 자기행위의 위법성을 알지 못하는 경우이기 때문에 그 위법성을 알지 못하게 된 근거가 적극적인 오인에 의한 것이든 아니면 소극적인 부지에 의한 것이든 간에 이 둘을 서로 구별할 실익이 없다. 법률의 부지란 법률의 착오와 무관한 법현상이라기보다는 오히려 법률의 착오에 이르게 된 동기 중의 하나라고 할 수 있으므로 법률의 부지는 '법률의 부지에서 유래된 법률의 착오'라고 말할 수 있다는 것이다.

그러나 앞에서 본 것처럼 판례의 위와 같은 태도는 형법 제16조의 문언에서 비롯된 것으로 보인다. "자기의 행위가 법령에 의하여 죄가 되지 아니하는 것으로 오인한 행위"여야 하므로, 문언에 충실하게 해석하면 여기서의 법령은 위법성조각사유에 관한 법령으로 해석될 여지가 분명히 있기 때문이다. 이러한 이유에서 법률의 부지를 포함하여 위법성의 착오사례를 모두 형법 제16조의 적용대상이 될 수 있도록 문언을 수정해야 한다는 주장도 있다.[15]

나) 금지규범의 적용 범위와 효력에 관한 착오

금지규범의 효력이 미치는 사안의 범위, 즉 포섭에 관하여 착오를 일으킨 경우가 있다. 자신의 행위는 금지규범에서 금지하고 있는 행위에 해당하지 않는다고 오인한 경우이다.

또한 금지규범이 효력이 없다고 오인한 경우도 있다. 자신의 행위를 금지하는 형벌규정이 있지만 위헌이어서 효력이 없다고 오인한 경우 등이다.

[판례] 대법원 2006. 6. 16. 선고 2005도2716 판결

피고인이 뇌물죄의 적용에 있어서 공무원으로 의제되는 줄 몰랐다고 하더라도 이

13 허일태, 법률의 부지, 지송 이재상교수 화갑기념논문집, 박영사(2004), 450.
14 김영환, "고의와 법률의 부지의 구별", 형사판례연구 24호(2016), 박영사, 143.
15 김성돈, 형법총론(제5판), 성균관대학교출판부(2017), 388.

는 법률의 부지에 불과하다.

[판례] 대법원 2006. 11. 23. 선고 2005도5511 판결
피고인이 이 사건 보상금이 공소외 사회복지법인의 기본재산인 점에 대하여 인식하지 못하였다는 사정은 자신의 행위가 특별히 법령에 의하여 허용된 행위로서 죄가 되지 아니하는 것으로 그릇 인식한 경우라고 할 수 없으므로 피고인의 행위가 형법 제16조에서 규정하고 있는 법률의 착오에 해당함을 전제로 하는 상고이유의 주장도 받아들일 수 없다.

[판례] 대법원 2007. 5. 11. 선고 2006도1993 판결
피고인이 일본 영주권을 가진 재일교포로서 영리를 목적으로 이 사건 관세물품을 구입한 것이 아니라거나 국내 입국시 관세신고를 하지 않아도 되는 것으로 착오하였다는 등의 사정만으로는 위에서 말한 형법 제16조의 법률의 착오에 해당한다고 할 수 없다.

[판례] 대법원 2008. 5. 29. 선고 2008도2159 판결
원심이 들고 있는 사정들은 모두 피고인이 단순히 법률의 부지로 인하여 전당포영업이 대부업법에 정해진 등록대상 대부업에 해당함을 알지 못하였다는 것에 불과하므로, 그와 같은 사정만으로는 피고인에게 범의가 없었다고 할 수 없을 뿐 아니라, 설령 피고인이 전당포영업을 함에 있어서 대부업법에 따른 대부업 등록을 할 필요가 없다고 적극적으로 오인하였다고 하더라도 그와 같이 오인한 데에 정당한 이유가 있다고 보기도 어렵다.

[판례] 대법원 2010. 11. 25. 선고 2010도11984 판결
피고인은 피고인 운영의 유흥주점보다 뒤늦게 설치·운영되고 있는 학교시설을 이유로 개인의 재산권을 침해하는 것은 위법하다는 인식하에 단란주점을 계속 운영하였다는 것인바, 이와 같은 사유만으로 피고인의 범행이 형법 제16조에서 말하는 '그 오인에 정당한 이유가 있는 때'에 해당한다고 할 수 없다.

[판례] 대법원 1983. 9. 13. 선고 83도1927 판결
피고인들이 피고인 4가 ○○약품 간부로 근무한다면서 마약이 없어 약을 제조하지 못하니 구해 달라는 거짓부탁을 믿고 제약회사에 쓰는 마약은 구해주어도 죄가 되지 아니하는 것으로 알고 이 사건 생아편을 구해주었다 하더라도 피고인들이 마약취급의 면허가 없는 이상 위와 같이 믿었다 하여 이러한 행위가 법령에 의하여 죄가 되지 아니하는 것으로 오인하였거나, 그 오인에 정당한 이유가 있는 경우라고는 볼 수 없다.

2) 간접적 위법성의 착오

행위자가 자기행위가 위법성조각사유에 해당하기 때문에 위법하지 않다고 인식한 경우이다.

이에 해당하는 것으로 첫째, 위법성 조각사유의 존재 자체에 대하여 착오를 하는 경우가 있다. 법질서에 의해 인정되지 않는 것임에도 어떠한 위법성조각사유가 존재한다고 오인하는 것, 즉 허용규범의 착오이다. 둘째, 위법성조각사유의 법적 요건이나 의미, 내용 또는 한계 등을 잘못 알아 법적으로 인정되는 위법성조각사유에 해당하지 않음에도 거기에 해당한다고 오인하는 경우가 있다. 위법성조각사유의 객관적 전제사실에 대한 착오도 엄격책임설에 따르면 간접적 위법성의 착오에 해당하게 된다.

[판례] 대법원 2005. 4. 29. 선고 2005도381 판결

근저당권설정계약서 제6조 제3항의 채권자가 근저당물건을 점유, 관리할 수 있다는 규정의 의미가 정당한 법집행에 의하지 아니한 무단점유, 관리까지 의미하는 것이라고는 볼 수 없어 피고인의 침입 및 손괴행위는 그 수단이나 방법이 상당하다고 보이지 아니할 뿐만 아니라 법익균형성 및 보충성의 요건도 결여되어 있으므로, (원심이 정당행위에 해당하지 않는다고 판단한) 거기에 정당행위에 관한 법리오해의 위법이 없다.

피고인이 채권관리를 위하여 판시 각 행위를 할 수 있다고 판단하였다 하더라도, 이는 피고인이 자신의 행위의 동기나 목적이 정당하므로 그 수단이나 방법까지 정당한 것으로 해석하였다고 보일 뿐 그 판단에 정당한 이유가 있다고 볼 수 없어 법률의 착오로 벌하지 아니하는 경우에 해당하지 아니한다.

[판례] 대법원 2000. 4. 21. 선고 99도5563 판결

공무원이 그 직무에 관하여 실시한 봉인 등의 표시를 손상 또는 은닉 기타의 방법으로 그 효용을 해함에 있어서 그 봉인 등의 표시가 법률상 효력이 없다고 믿은 것은 법규의 해석을 잘못하여 행위의 위법성을 인식하지 못한 것이라고 할 것이므로 그와 같이 믿은 데에 정당한 이유가 없는 이상, 그와 같이 믿었다는 사정만으로는 공무상표시무효죄의 죄책을 면할 수 없다.

Ⅲ. 오인에 정당한 이유가 있는 때

1. 정당한 이유의 개념

형법 제16조에 따르면 행위자가 자신이 하는 행위가 위법하다는 것을 인식하지 못한 경우 그와 같이 인식하지 못한 데 정당한 이유가 있는 경우에만 벌하지 않는다.

학설 중 상당수가 독일 형법에서 사용되고 있는 '회피가능성'이라는 척도를 사용하여 책임이 조각되는 위법성의 착오는 그 불인식을 회피할 수 없었던 경우로 국한시켜야 한다고 한다(회피불가능한 위법성의 착오). 정당한 이유라는 용어보다 회피가능성이라는 용어를 채택하는 것이 타당하다는 견해도 있다.[16]

이에 대하여 회피가능성이라는 용어를 사용할 필요 없이 우리 형법 제16조에 규정된 정당한 이유라는 용어를 그대로 사용하면서 정당한 이유의 구체적인 내용을 찾는 것이 바람직하다는 견해가 있다.[17] 즉 독일 형법에는 '착오가 회피불가능한 때' 혹은 '착오가 회피가능한 때'라는 명문규정(제17조)이 있으므로, 독일에서 법률의 착오를 회피가능성을 중심으로 다루는 것은 당연하다. 그러나 우리 형법 제16조는 '정당한 이유'라는 문언을 사용하고 있고, 우리 형법상의 정당한 이유라는 척도는 회피가능성이라는 척도보다 행위자에 대한 비난을 탈락시킬 수 있는 가능성을 더 폭넓게 인정할 수 있는 여지를 처음부터 내포하고 있다고 한다. 따라서 정당한 사유를 곧바로 과실 유무로 판단하는 것은 문제가 있다고 한다. 독일에서조차 우회를 거쳐 해석론상 그 범위가 제한되어야 했던 회피가능성 개념을 우리 형법에 대체해 넣을 이론적·실제적 이유도 없고 회피가능성이 정당한 이유에 비하여 더 구체화된 기준으로 보기도 어렵다는 것이다.

독일의 판례는 행위자가 그에게 기대가능한 양심의 긴장(Gewissen-sanspannung)을 했음에도 불구하고 자신의 행위의 불법을 얻지 못했다면 그러한 법률의 착오는 회피불가능한 것이라고 하며(BGHSt 2, 201.), 이런 전제에서 행위자의 '심사숙고(Nachdenken)'와 '조회(Erkundigung)'라는 의무를 통해 '기대가능한 양심의 긴장'개념을 확대한다. 이를 위해 행위자에게 많은 인식능력이 요구되고, 과실책임보다

16 구모영, "형법개정과 금지착오", 동아법학 제2호(1986), 251.
17 김성돈, 형법총론(제5판), 성균관대학교출판부(2017), 392; 오영근, 형법총론(제4판), 박영사(2018), 295.

높은 정도의 긴장이 요구된다(독일의 경우 과실보다 높은 주의의무가 요구된다고 보는 견해는 Maurach/Zipf, Strafrecht, AT, Teilb. 1, 8. Aufl., 1992, 547. 이에 반해 과실과 같은 정도의 의무위반이면 족하다는 견해는 Jescheck/Weigend, Lehrbuch des Strafrechts, S. 458; Roxin, Strafrecht, AT, Bd. I, 4. Aufl., 2006, S. 947; Rudolphi, SK Bd. 1, AT, 3. Aufl., 1983, §17, Rn 30a 참조). 그러나 행위자가 자신의 행위의 위법성을 부단히 검토해야 할 의무가 있다고 한다면 회피가능한 금지착오는 거의 생각할 수 없을 것이므로 이러한 요구는 지나치다는 평가가 있다. 실무에서 취하고 있는 이러한 의무개념의 난점을 피하기 위해 독일의 학설은 직접적인 불법의 인식가능성에 착안하여 회피가능성의 기준을 모색한다. 그 결과 회피가능성 판단의 전제는 다음과 같다. 첫째, 행위자는 자기 행위가 형법적으로 금지된 것이 아닌가에 대해 심사숙고하거나 조회할 수 있는 계기가 있어야 한다는 것이다. 그러나 회피가능성을 순전히 심리적으로 해석하게 되면 지나치게 그 범위가 좁혀지기 때문에 규범적 계기이론들은 불법인식의 계기를 세분화한다[다음과 같이 나누어진다. 1) 행위자가 스스로 또는 다른 사람의 말에 따라 심사숙고하거나 혹은 관련 전문적인 책을 통해 의심을 갖게 되는 경우이고, 2) 행위자가 의심은 하지 않으나 특별한 규정이 규율하는 영역에서 행위하고 있다는 점을 알고 있는 경우이고, 3) 행위자가 자신의 행위가 개개인이나 일반인들에게 손해를 가한다는 점을 알고 있는 경우가 불법인식의 계기라고 한다. Roxin, Strafrecht, AT, S. 951 f.]. 둘째, 위에서 언급한 계기가 있게 되면, 법적으로 문외한인 일반인들은 권한 있는 기관이나 법률전문가에게 조회, 문의하거나 대법원 판결 등을 확인해야 할 의무가 있다. 물론 그 때 불법인식을 갖기에 필요한 노력의 정도는 행위정황이 어떠한가, 행위자 개인이 어떤 인식능력을 갖고 있는가 그리고 행위자가 어떤 사회집단에 속해 있는가에 따라 달리 평가되어야 한다(예컨대 의사, 약사, 건축업 종사자들은 자신의 직업과 관련된 분야에서 일반인보다 강한 주의의무가 요구된다. Roxin, Strafrecht, AT, S. 951 f.). 셋째, 행위자가 자기행위의 불법인식을 하려는 노력이 불충분하다고 해서 그것으로부터 곧바로 그의 법률의 착오는 피할 수 있는 것이라는 결론이 도출되지 않는다. 다시 말해 불법인식을 하려는 노력에 의해 자기 행위의 위법성을 인식해야 한다. 물론 행위자가 심사숙고의무나 조회의무를 위반했다는 것은 자신의 행위가 불법이라는 것을 현실적으로 아는 것과는 다르다. 그러므로 이러한 의무위반을 했다고 해서 행위자를 처벌하는 것은 현실적인 불법인식을 책임의 구성요소로 보는 책임원칙에 비추어 보면 문제가 적지 않다. 그러나 형법은 규범의 안정화를 목표로 하므로 결국 결정적인 문제는 국가나 사회가 행위자가 모른다는 것을 얼마만큼 감수할 수 있는가이다. 여기서 만약 자신의 행위가 법적으로 잘못되었다는 것을 모르는 행위자를 처벌하지 않는다면 국가질서는 큰 타격을 받게 된다. 따라서 행위자가 가졌던 생각보다 법이 무엇을 원하는가를 보다 중요하게 여기는 형사정책적인 입장은 책임원칙에 반하지 않는다. 다시 말해 책임원칙을 공정한 귀속원칙으로 이해한다면, 행위자가 법적인 상황을 알 수 있었는데도 불구하고 자신이 법을 어겼다는 것을 몰랐기 때문에 처벌받을 수 없다고 주장할 수는 없다는 것이다.[18]

2. 정당한 이유의 판단기준

가. 학설의 태도

1) 지적인 인식능력을 평가기준으로 하는 견해[19]

행위자가 지적 인식능력을 다하여 위법성을 인식하는 수단은 숙고(熟考)와 조회(照會)라고 한다. 즉 위법성인식의 계기가 존재하는 경우에 행위자는 숙고와 조회에 의하여 위법성을 인식해야 하며, 이에 의하여도 위법성을 인식하지 못한 때에 비로소 법률의 착오는 정당한 이유가 있다고 할 수 있다. 자신의 숙고에 의한 법률의 착오의 회피가능성은 입법적 결단의 전제가 된 가치판단과 합목적성을 긍정하고 법률을 정확하게 해석하고 침해된 법규범의 정당성을 타당하게 판단하는 행위자의 능력을 전제로 한다.

2) 평가기준을 과실에 맞추고 있는 견해

정당한 이유가 있는 때란 행위자가 위법성을 인식하지 못한데 대해서 상당한 이유가 있는 때를 말하고 상당한 이유는 착오를 회피할 수 없는 때라는 의미로서 회피가능성은 과실에 있어서의 주의의무(예견가능성과 결과회피의무)의 판단기준과 같다는 견해가 있다.[20] 그 착오의 내용이 직업상 특별영역에 속하거나 행위의 정당화 여부에 의심이 있으면 법률전문가나 관계기관에 문의하고 조사해야 할 의무가 있으며, 이러한 의무는 과실범의 주의의무 정도로 족하다고 한다. 만일 성실한 문의·조사까지 요구하면 위법성의 착오에 빠질 자가 거의 없고 대부분 고의범으

18 이 부분 독일의 논의는 김영환, "고의와 법률의 부지의 구별", 형사판례연구 24호(2016), 박영사, 146 이하를 인용함.

19 이재상·장영민·강동범, 형법총론(제9판), 박영사(2012), 353; 배종대, 형법총론(제13판), 홍문사(2017), 321.

20 정성근/박광민, 형법총론(제2판), 성균관대학교출판부(2015), 349.

로 처벌되기 때문이라고 한다.[21]

나. 구체적인 판단기준

위에서 본 국내의 여러 견해들도 세부적으로 기준에 대한 평가는 위와 같이 나뉘지만 구체적인 기준은 대체로 다음과 같이 설명하고 있다.[22]

1) 숙고에 의한 판단

숙고에 의한 착오의 회피가능성은 스스로의 법률해석에 의한 경우와 법원의 판례를 신뢰한 경우로 나누어 볼 수 있다.

가) 법률해석에 의한 법률의 착오

행위자가 자기행위의 사회적 의미내용에 대한 평가를 한 결과 그 행위가 금지되어 있을지도 모른다는 사실에 대해 깊이 생각해보아야 할 '계기'가 존재함에도 불구하고 법무관심적 태도를 보인 경우에는 책임(비난가능성)을 탈락시킬 수 없기 때문에 정당한 이유가 부정된다. 예컨대 일반상식으로 되어 있는 도덕질서 수준의 내용을 몰랐을 경우에는 행위자의 어떠한 항변도 정당한 이유로 인정되기 어렵다.[23]

나) 법원판결의 신뢰

행위자의 행위가 행위시의 일관된 판례에 의하여 위법하지 않다고 판시된 때에는 이를 신뢰한 행위자의 행위는 법률의 착오에 정당한 이유가 있는 때에 해당한다. 국민이 판례의 실질적 정당성까지 심사할 수는 없기 때문이다.[24]

2) 법률정보의 상담과 조회

자신의 숙고에 의하여 행위의 위법성을 판단할 수 없거나 이에 대한 의문이 제기되는 때에는 법률전문가나 관할관청에 조회하여 정보를 얻은 결과 행위의 적법성을 확인한 때에만 정당한 이유가 인정될 수 있다. 단순히 관련 직역의 이익을 대변하는 직능단체 등에 대하여 조회하는 것으로는 정당한 이유가 되기 어렵다.

가) 법률전문가에 대한 상담과 조회

법률의 문외한인 행위자가 자신의 법률의 착오가 회피할 수 없다고 하기 위

21 정성근/박광민, 형법총론(제2판), 성균관대학교출판부(2015), 349.

22 이재상·장영민·강동범, 형법총론(제9판), 박영사(2012), 349; 정성근/박광민, 형법총론(제2판), 성균관대학교출판부(2015), 349; 김성돈, 형법총론(제5판), 성균관대학교출판부(2017), 394.

23 김성돈, 형법총론(제5판), 성균관대학교출판부(2017), 394.

24 이재상·장영민·강동범, 형법총론(제9판), 박영사(2012), 354.

해서는 법률전문가에게 조회하여 처벌받지 않는다는 법률정보를 얻지 않으면 안 된다.

나) 관할관청 또는 담당공무원에의 조회

관할관청 또는 담당공무원에게 조회하여 허용된다는 의견을 받아 행위한 경우에도 법률의 착오가 정당한 이유 있는 때에 해당한다. 행정청의 허가가 있어야 함에도 불구하고 담당공무원에게 문의하여 허가를 요하지 않는다는 말을 듣고 허가를 받지 않은 경우 등이다.

다. 판례의 기준

대법원이 정당한 이유의 판단기준에 관하여 명시적으로 밝힌 최초의 판결은 2005도3717 판결이다. 당시 학설로는 독일에서와 같이 회피가능성이 있었는지 여부로 판단하는 것이 통설이었으므로 그 영향을 받은 것으로 보인다. 2005도3717 판결의 피고인은 변호사 자격이 있는 국회의원으로서 법률전문가라 할 수 있다. 법률전문가는 스스로의 행위에 대하여 위법의 의심이 있는 경우에는 쉽사리 다른 전문가의 판단을 신뢰하여서는 안 되고 스스로 해당되는 판결이나 관련 문헌을 조사하여야 하며, 이러한 판결이나 관련 문헌 등에 동일한 사안에 대하여 서로 다른 견해를 취하는 입장이 존재하는 경우에 이를 자기에게 유리하게 일방적으로 해석하여 결과적으로 위법한 행위를 한 경우에는 정당한 이유가 있다고 볼 수 없을 것이다.

[판례] 대법원 2006. 3. 24. 선고 2005도3717 판결

형법 제16조에서 자기가 행한 행위가 법령에 의하여 죄가 되지 아니한 것으로 오인한 행위는 그 오인에 정당한 이유가 있는 때에 한하여 벌하지 아니한다고 규정하고 있는 것은 일반적으로 범죄가 되는 경우이지만 자기의 특수한 경우에는 법령에 의하여 허용된 행위로서 죄가 되지 아니한다고 그릇 인식하고 그와 같이 그릇 인식함에 정당한 이유가 있는 경우에는 벌하지 아니한다는 취지이고, 이러한 정당한 이유가 있는지 여부는 행위자에게 자기 행위의 위법의 가능성에 대해 심사숙고하거나 조회할 수 있는 계기가 있어 자신의 지적능력을 다하여 이를 회피하기 위한 진지한 노력을 다하였더라면 스스로의 행위에 대하여 위법성을 인식할 수 있는 가능성이 있었음에도 이를 다하지 못한 결과 자기 행위의 위법성을 인식하지 못한 것인지 여부에 따라 판단하여야 할 것이고, 이러한 위법성의 인식에 필요한 노력의 정도는 구체적인 행위정황과 행위자 개인의 인식능력 그리고 행위자가 속한 사회집단에 따라 달리 평가되어야 한다.

위 판결 이후 대법원은 동일한 법리를 기준으로 정당한 이유에 해당하는지 여부를 판단하고 있다. 특히 법적인 이견의 존재, 전문가의 의견 조회, 판결의 존재, 혐의없음 처분 전력 등이 있는 경우 그 존재 여부만으로 형식적으로 판단하는 것이 아니라 구체적인 사안에서 어떠한 내용인지를 따진 후 과연 진지한 노력을 다하였다고 볼 수 있는지를 실질적으로 평가하고 있다. 특히 피고인의 행위와 같은 관행이 존재한다는 사정만으로는 정당한 이유로 인정하지 않고 있다.

아래 2015도18253 판결은 원심이 정당한 이유가 있다고 인정한 것을 위 판단 기준을 법리로 설시한 후 구체적인 사정들을 들어 원심판결을 파기하여 환송한 사안이다.

[판례] 대법원 2017. 11. 29. 선고 2015도18253 판결

원심은 공소외 1 회사가 이 사건 관리·운영계약이 종료된 후 이 사건 특별수선충당금을 상계의 대상으로 삼을 수 있는지 등에 관하여는 법적으로 이견이 있을 수 있고, 비법률가가 이를 판단하는 데 한계가 있으므로, 미리 법률전문가와 세무전문가의 의견을 듣고 상계할 수 있다고 생각하고 이 사건 관리단 측에 상계의 의사표시를 하고 이 사건 특별수선충당금을 인출한 피고인으로서는 자기의 행동이 법령에 의하여 허용된 행위로서 죄가 되지 아니한다고 오인하였고, 비법률가로서 그와 같은 오인을 회피하기 위하여 노력을 다하였다고 보아 그와 같은 오인에 정당한 이유가 있는 경우에 해당한다고 판단하였다.

그러나 원심의 판단은 아래와 같은 이유로 수긍하기 어렵다.

(1) 앞에서 본 것과 같이 대법원은 금전의 수수를 수반하는 사무처리를 위임받은 사람이 그 행위에 기하여 위임자를 위하여 제3자로부터 수령한 금전은 목적이나 용도를 한정하여 위탁된 금전과 마찬가지로 위임자의 소유로서 이를 그 위임의 취지대로 사용하지 아니하고 마음대로 피고인의 위임자에 대한 채권에 상계충당하는 것은 그에 관한 특별한 약정이 없는 한 횡령죄를 구성한다고 계속하여 판시하여 왔다.

(2) 피고인은 2011. 7. 14.경 공소외 1 회사의 대표이사로 취임하여 이 사건 상가의 유지관리와 관리비의 부과, 징수, 예치 및 사용 등 업무를 총괄하였으므로, 이 사건 특별수선충당금이 이 사건 상가관리규정에 의하여 그 용도가 제한되어 일반관리비와 구분하여 징수되고 특별수선충당금 적립계좌에 별도로 적립되어 관리되어 왔고 관리를 위한 일반 비용으로는 사용할 수 없는 돈이라는 사정을 잘 알고 있었다.

(3) 또한 특별수선충당금을 제한된 용도 외의 목적으로 사용하였다는 이유로 공소

외 1 회사의 전 대표이사인 공소외 6이 횡령 혐의로 진정을 당하여 2010. 12. 30.경 그 혐의는 인정하면서 입건을 유예하는 처분을 받았고, 또한 그로 인하여 공소외 1 회사가 그 직무를 수행하기에 적합하지 아니한 사정이 있을 때에 해당한다는 이유로 2013. 1. 18. 관리인의 지위에서 해임되어야 한다는 판결을 선고받았으므로, 특별수선충당금 적립계좌에서 이 사건 특별수선충당금을 인출한 2013. 4. 8.경 피고인으로서는 이 사건 특별수선충당금을 임의로 소비하게 되면 횡령죄의 성립이 문제될 가능성이 있다는 것을 충분히 예상할 수 있는 지위에 있었다.

(4) 이러한 피고인이 이 사건 특별수선충당금을 공소외 1 회사의 이 사건 관리단에 대한 미납관리비 등 채권에 상계충당한다는 명목으로 인출·소비하는 행위가 허용된다고 잘못 인식하였고 그러한 인식에 정당한 이유가 있었다고 보려면, 피고인이 위와 같은 횡령죄의 가능성이 배제된다는 점에 관하여 확실한 근거를 갖추고 있어야 하며 이를 위하여 관련 판례나 문헌을 조사하는 등의 진지한 노력을 다하였어야 한다.

(5) 그런데 비록 피고인이 이 사건 특별수선충당금의 인출·소비에 앞서 변호사나 세무사로부터 사전에 의견을 들었다고 하지만, 그들에게 위와 같은 이 사건 특별수선충당금에 관한 특수한 사정을 알리거나 그에 관한 구체적인 자료를 제공하였는지 의문일 뿐 아니라, 구체적인 사실관계에 기초한 검토나 횡령죄 성립의 여부에 관하여 근거가 되는 판례나 문헌에 대한 아무런 언급 없이 단순히 공소외 1 회사가 이 사건 관리단으로부터 받아야 할 채권이 있는 경우에 상계가 가능하고 상계된 금액 내에서 이 사건 특별수선충당금을 지출하는 것이 가능하다는 취지의 간략한 답변을 들은 것에 불과하므로, 그 사정만으로는 피고인이 이 사건 특별수선충당금의 인출·소비에 불구하고 횡령죄가 성립하지 아니한다고 잘못 인식하였다거나, 자신의 지적 능력을 다하여 그 위법한 행위를 회피하기 위한 진지한 노력을 다하였다고 보기에 부족하다.

(6) 오히려 피고인은 사전에 이 사건 관리단의 직무대행자인 공소외 3으로부터 이 사건 특별수선충당금의 반환을 요구받고 있었으므로, 이 사건 관리·운영계약에 정면으로 배치되는 인출·소비를 하려면 더욱 신중을 기하였어야 한다. 그런데 피고인은 2013. 4. 8. 공소외 3에게 관리 업무 종료에 따른 채권·채무의 정산에 관하여 내용증명을 발송한 후, 공소외 3의 수령 및 답변을 기다리지도 아니한 채 바로 이 사건 특별수선충당금을 인출하여 소비하였다. 이러한 피고인의 일방적인 태도에 비추어 보면, 피고인이 위법한 횡령 행위 내지 결과를 회피하기 위하여 노력을 다하였다고 할 수 없으며, 피고인이 자신의 위법성을 인식하지 못한 것에 정당한 이유가 있다고 볼 수 없다.

3. 대법원이 판단한 구체적 사례

가. 정당한 사유를 인정한 사례

[판례] 대법원 2012. 11. 29. 선고 2010도18069 판결

원심은 기록에 의하여 그 판시와 같은 사실을 인정한 다음, ① 구 농약관리법(2009. 5. 8. 법률 제9658호로 개정되기 전의 것, 이하 같다) 시행 당시에는 농약물질을 발생시키는 기구 또는 장치 등에 관한 규정이 마련되어 있지 않았던 점, ② 피고인들이 농촌진흥청에 A가 농약에 해당하는지 여부에 대해 문의했을 당시, 농촌진흥청에서는 농약물질을 발생시키는 장치는 그 판매 당시 농약 자체를 판매하는 것이 아니므로 농약에 해당되지 않는다고 판단하면서도, 그러한 장치를 판매하여 종국적으로 농약물질을 판매하는 것이 구 농약관리법상에 저촉되는지 여부에 대해서는 농촌진흥청 내부에서도 견해가 대립된 점, ③ A에서 발생하는 물질은 1-MCP로 농약물질에 해당하고 A 자체는 농약물질을 발생시키는 장치임에도, 위와 같은 관련 법규의 미비로 구 농약관리법상의 농약으로 등록할 수 없었던 점, ④ 피고인들이 종국적으로 제조·판매하고자 했던 것은 1-MCP이지만 1-MCP는 그 자체로는 화학적으로 불안정하여 국내에서 1-MCP 자체가 농약품목이나 원제로 등록된 바 없으며, 주식회사 B도 1-MCP 자체가 아닌 1-MCP가 함유된 제제를 농약으로 등록한 것(상표명 : C)인데, C와 달리 A는 버튼을 눌러 화학적 작용이 일어나기 전에는 1-MCP를 포함하고 있지 아니하여 차이가 있는 점, ⑤ 농약관리법 개정 과정에서 위와 같은 기구 등을 농약의 범주에 포함시킬 것인지 농약외품으로 분류할 것인지 등이 검토되었고, 그에 따라 2010. 4. 12. 개정된 농약관리법은 위와 같은 기구 등을 농약활용기자재로 따로 정의하고 이를 등록할 수 있도록 하되 그 등록에 2년의 유예기간을 둔 점 등 그 판시와 같은 사정을 종합하여, 피고인들은 농촌진흥청에서도 농약물질을 발생시키는 기구 등을 판매하는 것을 농약을 판매하는 것으로 보지 아니하였기 때문에 구 농약관리법에 의하여 등록하지 아니한 A를 제조·판매하는 것이 죄가 되지 않는 것으로 오인하였던 것으로, 그렇게 오인함에 정당한 이유가 있는 경우에 해당한다 할 것이어서, 피고인들에 대한 주위적 및 예비적 공소사실 모두 죄가 되지 아니한다고 판단하였다.

원심판결의 이유를 앞서 본 법리와 기록에 비추어 살펴보면, 원심의 위와 같은 판단은 정당하고, 거기에 상고이유 주장과 같은 법률의 착오에 관한 법리오해의 위법이 없다.

[판례] 대법원 2009. 10. 29. 선고 2009도5945 판결

선거관리위원회 및 그 소속 직원이 교육감 선거비용과 관련하여 반복하여 표명한

견해를 신뢰하여 선거비용 조달을 위해 이자 없이 금원을 무상으로 빌리는 행위가 정치자금법 위반 행위에 해당하지 않는다고 믿은 것은 정당한 이유가 있는 때에 해당한다고 판단한 원심은 정당하다.

[판례] 대법원 2006. 7. 27. 선고 2006 도 2872 판결
원심이, 피고인이 2004. 12. 8. 대전지방검찰청 서산지청으로부터 "2004. 7. 13. 14:45경 도장기계인 매칭기를 이용하여 승용차의 좌측 뒤 휀다 부분을 부분도색하여 주고 수리비 4만 원을 받는 등 무등록 자동차정비업을 하였다."는 피의사실에 대하여 '자동차관리법에서 말하는 전체적인 도색 및 자동차의 정비와 구조 및 장치를 변경하는 작업이 아니고, 부분도색인 것으로 판단'된다는 이유로 혐의없음 결정을 받았고, 당시 같은 부분도색업자인 A도 위 사건에서 "2004. 7. 13. 14:25경 도장기계를 이용하여 자동차의 조수석 문짝, 슬라이딩 도어 등을 부분도색하여 주고 수리비 53만 원을 받는 등 무등록 자동차정비업을 하였다.'는 피의사실에 대하여 같은 이유로 함께 혐의없음 결정을 받았는데, 피고인의 이 사건 도색작업은 위 혐의없음 결정을 받은 후 불과 3개월 정도 경과된 2005. 3. 10.경 피고인이 같은 장소에서 승용차의 오른쪽 뒷문짝 및 휀다 부분의 도색작업을 하고 수리비 7만 원을 받아 무등록 자동차정비업을 하였다는 것으로서, 위와 같이 혐의없음 결정을 받은 피고인의 종전 도색작업과 대비하여 그 방법이나 범위에 있어 동일한 범주에 속하고, 함께 혐의없음 결정을 받았던 위 A의 종전 도색작업보다는 그 범위가 좁고 수리비도 훨씬 적은 점 등 그 판시와 같은 여러 사정을 감안하여, 피고인이 등록하지 아니하고 이 사건 도색작업을 한 행위가 형법 제16조에서 말하는 '그 오인에 정당한 이유가 있는 때'에 해당한다고 판단한 것은 정당하다.

[판례] 대법원 2006. 1. 27. 선고 2005 도 6074 판결
원심이 적법하게 확정한 사실관계에 의하면, 피고인 A가 그 소유 토지상의 분묘 24기를 이장하기 위하여 묘지이장 전문업체인 B기업(대표 C)을 통하여 2002. 5. 13.경 관할 양주시장으로부터 개장허가를 받고 분묘 개장 공고를 거친 다음 개장작업을 하던 중 그 지번 내에서 분묘 10기가 추가로 발견되자 해당 분묘의 사진을 첨부하여 양주시에 개장신고서를 접수한 사실, 위 추가 발견된 분묘 10기는 외관상 봉분의 형태를 갖추고 있어 별도로 개장허가를 받아 공고절차를 거쳐야 함이 원칙이나, 담당 공무원인 피고인 D는 사무실에 비치된 보건복지부 질의응답서 중 분묘로서의 식별이 곤란한 사례에 관한 '개장허가 신청 및 공고를 거친 후 사업시행 중 새로운 분묘가 발굴된 경우 개장신고로 족하고 재공고는 필요 없다.'는 내용의 질의응답 및 자신의 2002. 5. 13.자 현장 확인 결과를 토대로, 위 질의응답의 사례가 이 경우에도 적용되는 것으로 잘못 판단한 나머지 피고인 A에게 개장신고필증을

교부함으로써 이에 신원기업이 위 분묘들에 대한 발굴, 유골의 화장 및 납골당 안치 등 소정의 절차를 거쳐 개장작업을 완료한 사실이 인정된다. 그렇다면 위 추가 발견된 분묘 10기에 대한 피고인 A의 무허가 발굴행위는 단순히 법률의 부지에서 비롯된 것이 아니라 담당 공무원의 착오에 의한 관련 절차의 유권해석 및 처리방침을 신뢰하고 그에 따른 소정의 신고 등 절차를 거쳐 이루어진 것이므로 이는 허가를 받지 않더라도 죄가 되지 않는 것으로 착오를 일으킨 데 대하여 정당한 이유가 있는 경우에 해당한다고 볼 수 있다.

[판례] 대법원 2002. 5. 24. 선고 2002도629 판결

청소년보호법(2001. 5. 24. 법률 제6479호로 개정되기 전의 것) 제2조 제1호가 청소년의 연령을 종전 18세 미만에서 19세 미만으로 높임과 아울러 비디오물감상실을 청소년출입 · 고용금지업소로 정하여 청소년보호법상으로는 19세 미만자의 비디오물감상실 출입을 금하도록 하였으면서도, 여전히 음반·비디오물및게임에관한법률과 그 시행령 상으로는 비디오물감상실 출입을 금하는 대상을 연소자에 해당하는 18세 미만자로 한정한 관계로 형식적으로는 두 법률 규정 상호간에 모순과 충돌이 있는 것 같은 외관이 초래되어 18세 이상 청소년에 대하여는 출입금지의무가 있는지 여부에 관한 혼선이 빚어지게 된 데다가, 나아가 기록에 의하면 피고인은 이 사건 위반행위 이전에 이미 동종 업종에 종사하던 다른 비디오물감상실업자가 18세 이상 청소년을 당해 업소에 출입시킨 행위에 대하여 법원의 무죄판결이 선고된 사실을 알고 있었던 터이어서, 피고인으로서도 18세 이상 청소년에 대하여 자신의 업소에의 출입을 허용하는 행위는 죄가 되지 않는다고 인식하였다고 보여지는바, 사정이 그러하다면 피고인이 자신의 행위가 법령에 의하여 죄가 되지 않는다고 잘못 믿었고, 그렇게 믿었던 것에 대하여 정당한 이유가 있는 경우에 해당한다고 할 것이므로 피고인을 청소년보호법위반죄로 처벌할 수 없다.

[판례] 대법원 2005. 6. 10. 선고 2005도835 판결

피고인이 비록 제17대 국회의원선거에 영향을 미칠 목적으로 이 사건 의정보고서를 작성하여 선거구민들에게 배부하였다 하더라도, 그 의정보고서의 작성·배부에 앞서 미리 사하구 선거관리위원회 지도계장 A로부터 지지지수 조사결과를 공직선거및선거부정방지법 제108조 제4항이 정하는 바에 따라 의정보고서에 게재하는 것은 무방하다는 취지의 자문을 받았고, 이어서 지지지수 조사결과가 게재된 의정보고서 초안을 작성하여 같은 선거관리위원회 지도담당관 B에게 보여준 후 B로부터 제목 부분과 피고인의 이름 및 지지지수가 기재된 칸의 크기 및 글자의 크기를 다른 2명과 같은 정도로 하면 무방하다는 취지의 직접적인 답변을 듣고 B의 지적대로 수정한 의정보고서를 선거구민들에게 배부한 이상, (중략) 이 사건 의정보고서

를 배부하더라도 죄가 되지 아니한다고 그릇 인식한 피고인에게는 그와 같이 그릇 인식함에 정당한 이유가 있었다고 봄이 상당하다.

[판례] 대법원 1995. 8. 25. 선고 95도717 판결
피고인은 1993.4.30. 서울지방검찰청으로부터 "당국의 면허 없이 1993.일자불상경 녹각, 계피, 당귀등 24종의 한약재를 배합하여 십전대보초라는 약품을 제조하고, 같은 무렵 일간신문의 광고 및 전단을 통하여 위 십전대보초가 피로회복에 특효가 있는 듯한 내용의 허위광고를 한 것이다"라는 피의사실(위 "십전대보초"와 이 사건 "가감삼십전대보초"와는 만드는 한약재의 가지수가 24개냐 30개냐, 명칭이 십전대보초인가 가감삼십전대보초인가의 차이만 있을 뿐이다)에 대하여 이 사건 십전대보초는 24종의 한약재를 아무런 가공없이 변형을 가하지 않은 채 따로 따로 다른 용기에 적당량씩 넣어 포장한 다음 이를 별도의 큰 용기에 포장한 것에 불과하고, 일간신문의 광고내용도 중장년의 '허증'을 회복시키는 효과, 즉 피로회복을 위한 자연식품으로서 우리 농민이 재배한 것이라는 내용을 골자로 하는 것으로서 의약품으로 오인될 과대광고를 한 것이라고 단정할 수 없다는 이유로 혐의없음 결정을 받은 사실을 인정할 수 있는 바, 그렇다면 피고인은 비록 한의사, 약사, 한약업사 면허나 의약품판매업 허가가 없이 의약품인 이 사건 '가감삼십전대보초'를 판매하였다고 하더라도 이 사건 범행 당시 자기의 행위가 법령에 의하여 죄가 되지 않는 것으로 믿을 수밖에 없었고, 또 그렇게 오인함에 있어서 정당한 이유가 있는 경우에 해당한다.

[판례] 대법원 1995. 7. 11. 선고 94도1814 판결
행정청의 허가가 있어야 함에도 불구하고 허가를 받지 아니하여 처벌대상의 행위를 한 경우라도 허가를 담당하는 공무원이 허가를 요하지 않는 것으로 잘못 알려주어 이를 믿었기 때문에 허가를 받지 아니한 것이라면 허가를 받지 않더라도 죄가 되지 않는 것으로 착오를 일으킨데 대하여 정당한 이유가 있는 경우에 해당하여 처벌할 수 없다고 할 것이므로(대법원 1983. 3. 22. 선고 81도2763 판결, 대법원 1993. 9. 14. 선고 92도1560 판결 등 참조), 만일 피고인들이 관할관청에 위 훈령에 규정된 입국절차를 대행하여 주는 허가절차에 관하여 문의하였으나, 담당공무원이 아직 허가 관련 법규가 제정되지 아니하여 허가를 받지 않아도 되는 것으로 잘못 알려 주어 그 허가를 받지 않았다면 죄가 되지 않는 것으로 착오를 일으킨 데 대하여 정당한 이유가 있는 경우라고 할 것이므로, 죄책을 물을 수 없을 것이다.

[판례] 대법원 1982. 1. 19. 선고 81도646 판결
피고인은 발가락 삽입부가 5개로 형성된 양말을 생산하던 중 피해자로부터 의장권

을 침해한다 하여 그 제조의 중지요청을 받고 그 즉시 변리사 A에게 문의하였던 바, 양자의 의장이 색채와 모양에 있어 큰 차이가 있으므로 동일 유사하다고 할 수 없다는 회답을 받고, 또 위 A에게 감정을 의뢰하여 위 양자의 의장은 발가락 삽입부 5개가 형성되어 있는 외에는 형상, 색채 혹은 그 조합이 각기 다르고 위 발가락 5개의 양말은 위 의장등록이 된 후에도 공소외 B명의로 의장등록된 바 있으니 발가락 삽입부가 위 피해자의 등록의장의 지배적 요소라고 할 수 없으므로 양자는 결국 동일 또는 유사하다고 할 수 없다는 전문적인 감정을 받았고, 이에 따라 피고인 스스로 자신이 제조하는 양말에 대하여 의장등록출원을 한 결과 특허국으로부터 등록사정까지 받게 되었으며, 한편 B가 피해자를 상대로 본건 등록의장의 권리범위 확인심판청구를 한 결과, 그 1심과 항소심에서 서로 오인, 혼동될 염려가 없다는 이유로 청구인 승소의 심결이 있었다가 상고심에서 비로소 이 사건 등록의장의 지배적 요소는 발가락 삽입부가 5개로 형성된 점이라는 이유로 원심결을 파기환송하는 판결이 있었다. 특허나 의장권 관계의 법률에 관하여는 전혀 문외한인 피고인으로서는 위 대법원판결이 있을 때까지는 자신이 제조하는 양말이 피해자의 의장권을 침해하는 것이 아니라고 믿을 수밖에 없었다고 할 것이니, 위 양말을 제조 판매하는 행위가 법령에 의하여 죄가 되지 않는다고 오인함에 있어서 정당한 이유가 있는 경우에 해당한다.

[판례] 대법원 1976. 1. 13. 선고 74 도 3680 판결
경제의 안정과 성장에 관한 긴급명령 공포 당시 기업사채의 정의에 대한 해석이 용이하지 않았던 사정하에서 겨우 국문정도 해득할 수 있는 60세의 부녀자가 채무자로부터 사채신고권유를 받았지만 지상에 보도된 내용을 참작하고 관할 공무원과 자기가 소송을 위임하였던 변호사에게 문의 확인한 바 본건 채권이 이미 소멸되었다고 믿고 또는 그렇지 않다고 하더라도 신고하여야 할 기업사채에 해당하지 않는다고 믿고 신고를 하지 아니한 경우에는 이를 벌할 수 없다고 할 것이다.

[판례] 대법원 1972. 3. 31. 선고 72 도 64 판결
국민학교 교장이 도 교육위원회의 지시에 따라 교과내용으로 되어 있는 꽃양귀비를 교과식물로 비치하기 위하여 양귀비 종자를 사서 교무실 앞 화단에 심은 것이라면 이는 죄가 되지 아니하는 것으로 오인한 행위로서 그 오인에 정당한 이유가 있는 경우에 해당한다.

[판례] 대법원 1971. 10. 12. 선고 71 도 1356 판결
사실관계가 그러하다면 피고인은 군부대내에 있어서의 모든 시설의 사용설치는 그 부대장의 권한에 속하는 것이고, 그 허가에 기하여 부대내의 유류를 저장하는 것은

죄가 되지 아니하는 것으로 믿었다할 것이고, 이와같은 오인에는 정당한 사유가 있다고 할 것이며, 이러한 경우에는 누구에게도 위법의 인식을 기대할 수 없다할 것이므로 '이는 형법 제16조에 이른바 자기의 행위가 법령에 의하여 죄가 되지 아니하는 것으로 인식한 행위'로서 그 오인에 정당한 이유가 있을 때에는 벌하지 아니한다라는 규정에 해당된다.

나. 정당한 사유를 부정한 사례

[판례] 대법원 2018. 4. 19. 선고 2017도14322 전원합의체 판결
원심은 다음과 같은 사정을 들어 피고인들이 자신들의 행위가 위법할 수도 있다는 인식을 충분히 할 수 있었다고 보아, 이를 다투는 피고인들의 항소이유 주장을 받아들이지 않았다.
사이버팀 직원들은 국가정보원 직원이라는 신분을 숨기고 일반인으로 행세하면서 익명으로 위와 같은 사이버 활동을 하였는데, 이러한 업무수행 방법에는 상당성이 없다. 이러한 행위로 정당이나 일반 시민들의 정치활동 자유나 정치적 의사형성의 자유 등 기본권을 침해하는 결과가 발생할 수 있다고 충분히 예상할 수 있었다. 이 사건 사이버 활동은 특정 정당이나 정치인을 직접 지지하거나 반대하는 내용이 많아 그 내용 자체만으로도 행위의 정당성을 의심하기에 충분하다. (중략) 위와 같은 원심의 판단에 피고인 3의 상고이유 주장과 같이 위법성의 인식에 관한 법리를 오해하는 등의 잘못이 없다.

[판례] 대법원 2018. 2. 8. 선고 2015도7397 판결
원심은 피고인이 변호사의 의견을 듣고 이사회의 결의를 거쳤다고 하더라도 그러한 사정만으로는 법률의 착오에 정당한 이유가 있는 경우라거나 적법행위에 대한 기대가능성이 없는 경우라고 볼 수 없다고 판단하였다. 원심의 위와 같은 판단에 상고이유 주장과 같이 형법 제16조의 법률의 착오, 적법행위에 대한 기대가능성에 관한 법리를 오해한 위법이 없다.

[판례] 대법원 2017. 12. 13. 선고 2017도16067 판결
피고인들은 영세한 택시업계의 사정상 운송사업자가 아닌 자로 하여금 사업용 자동차의 전부 또는 일부를 사용하여 여객자동차운송사업을 경영하도록 하고, 정상적으로 택시회사를 운영하는 것처럼 유가보조금을 받는 것이 수십 년 동안의 관행이고, 행정처분이나 형사처벌을 받은 적도 없어서 그와 같은 행위가 위법하다는 것을 몰랐다고 주장하였으나, 원심은 피고인들의 위 주장이 단순한 법률의 부지를 다투는 것에 불과하고, 그와 같은 사정만으로는 이 사건 행위가 죄가 되지 않는다고 오인하였다거나 그 오인에 정당한 이유가 있다고 볼 수 없다고 보아, 피고인들의

주장을 배척하였다. 원심의 위와 같은 판단에 상고이유 주장과 같이 법률의 착오에 관한 법리를 오해한 잘못이 없다.

[판례] 대법원 2017. 7. 11. 선고 2017 도 2793 판결
원심은 피고인이 관할관청에 대한 질의 등을 통해서 위법을 회피하려는 진지한 노력을 다하였다고 볼 수 있는 자료를 전혀 제출하지 못하고 있는 점에 비추어 피고인이 위법성을 인식하지 못하였다고 하더라도 그와 같은 그릇된 인식에 정당한 이유가 없다고 판단하였다. 원심의 판단은 정당하다.

[판례] 대법원 2017. 3. 15. 선고 2014 도 12773 판결
○○학교와 △△학교는 각각 설립인가를 받은 별개의 학교이므로, ○○학교의 교비회계에 속하는 수입을 △△학교에 대여하는 것은 구 사립학교법 제29조 제6항에 따라 금지된다. 피고인은 위와 같은 대여행위가 적법한지에 관하여 관할청인 경기도교육청의 담당공무원에게 정확한 정보를 제공하고 회신을 받거나 법률전문가에게 자문을 구하는 등의 조치를 취하지 않았다. 피고인이 외국인으로서 국어에 능숙하지 못하였다거나 ○○학교 설립·운영협약의 당사자에 불과한 경기도, 수원시 소속 공무원들이 참석한 ○○학교 학교운영위원회에서 △△학교에 대한 자금 대여 안건을 보고하였다는 것만으로는 피고인이 자신의 지적 능력을 다하여 행위의 위법 가능성을 회피하기 위한 진지한 노력을 다하였다고 볼 수 없다. 또한 위와 같이 △△학교에 대한 자금 대여가 끝난 후에 회계법인이 그 위법함을 지적하지 않았다거나 서울특별시교육청의 담당공무원이 제3자에게 '구 사립학교법 제29조는 외국인학교에 적용되지 않는다'는 취지로 민원 회신을 하였다는 등의 사정만으로 이를 달리 볼 수도 없다. 그러므로 피고인이 ○○학교의 교비회계에 속하는 수입을 △△학교에 대여한 행위가 법률상 허용되는 것으로서 죄가 되지 않는다고 그릇 인식하고 있었다고 하더라도 그와 같이 그릇된 인식에 정당한 이유가 있다고 볼 수 없다. 그런데도 원심은 이와 달리 이 부분 공소사실을 무죄로 판단하였으므로, 이러한 원심의 판단에는 법률의 착오에 관한 법리를 오해함으로써 판결에 영향을 미친 잘못이 있다(원심은 피고인이 관할청 공무원이 참석한 ○○학교 운영위원회에서 자금 대여 사실을 보고하였는데도 위 공무원들이 특별한 이의를 제기하지 않았고, 회계법인도 ○○학교를 감사한 후 △△학교에 대한 자금 대여가 관계 법령을 위반한 것으로 지적하지 않았으며, 피고인으로서는 일반학교들 사이의 자금 대여가 위법할 수 있지만 외국인학교들 사이의 자금 대여는 법령에 따라 허용된 행위로서 죄가 되지 않는다고 그릇 인식하였고, 자기 행위의 위법 가능성을 회피하기 위한 진지한 노력을 다하였다고 평가할 수 있다고 판단하였다).

[판례] 대법원 2015. 10. 29. 선고 2015도9010 판결

원심은, 국정원 소속 해외정보관으로서 공무를 수행하는 과정에서 영사 명의로 확인서를 작성하는 경우에 그 사실 여부를 직접 확인하는 등으로 공문서에 대한 공공의 신용을 담보하여야 할 의무가 있는 피고인 3이, 위 확인서 등이 관련 사건의 항소심 재판부에 증거로 제출하기 위한 목적임을 잘 알고 있었고, 그 작성 과정에서 공증담당 영사인 공소외 4가 공증 자체에 난색을 표시하는 등 스스로 일련의 절차가 다소 비정상적이라는 생각을 한 적이 있음에도, 피고인 2 등으로부터 '첨부된 확인서 견본을 참조하여 영사 확인서를 작성하여 보고하라'는 취지의 전문 지시를 받자 별다른 사실 여부 확인 절차도 없이 위 2013. 9. 27.자 확인서 등과 2013. 12. 17.자 확인서를 작성하였으므로, 피고인 3이 자신의 행위의 위법의 가능성에 대해 심사숙고하거나 자신의 지적 능력을 다하여 이를 회피하기 위한 진지한 노력을 다하였다고 볼 수 없고, 그 결과 자신의 행위의 위법성을 인식하지 못하여 위 확인서 등 작성 행위가 법령에 의하여 죄가 되지 아니한 것으로 오인하였다고 하더라도 거기에 정당한 이유가 있다고 보기 어렵다고 판단하였다.

원심판결 이유를 위 법리와 원심 및 제1심이 적법하게 채택한 증거에 비추어 살펴보면, 위와 같은 원심의 판단은 정당하다.

[판례] 대법원 2015. 2. 12. 선고 2014도11501, 2014전도197 판결

초등학교 교사인 피고인이 13세 미만인 아동·청소년들로 하여금 성적인 호기심을 갖도록 하고 이를 이용하여 성적 행위를 한 것이 죄가 되지 않는다고 오인한 데에 정당한 이유가 있다고 볼 수 없다.

[판례] 대법원 2014. 11. 27. 선고 2013도15164 판결

구 아청법(2012. 12. 18. 법률 제11572호로 개정되기 전의 것)은 제33조 제1항에서 아동·청소년 대상 성범죄로 유죄판결이 확정된 자는 신상정보 등록대상자(이하 '등록대상자'라 한다)가 되는 것으로 규정하고 있고, 제34조 제1항에서 등록대상자는 유죄판결이 확정된 날부터 40일 이내에 자신의 주소지를 관할하는 경찰관서의 장에게 신상정보를 제출하여야 하는 것으로 규정하고 있으며, 제52조 제5항 제2호에서 등록대상자가 제34조 제1항을 위반하여 정당한 사유 없이 제출정보를 제출하지 아니할 경우 1년 이하의 징역 또는 500만 원 이하의 벌금에 처하도록 규정하고 있다. 위와 같은 법 규정의 문언과 취지에 의하면, 등록대상자가 아동·청소년 대상 성범죄로 유죄판결이 확정될 경우에 부담하는 신상정보 제출의무는 구 아청법 제34조 제1항에 의하여 당연히 발생하는 것이고, 등록대상자인 피고인이 위 법규에서 정한 신상정보 제출의무가 있다는 것을 알지 못하였다는 등의 사정은 단순한 법률의 부

지에 불과하여 범죄의 성립에 아무런 지장이 없다고 할 것이며, 대법원이 보낸 신상정보 등록대상자 고지서가 피고인에게 송달되지 아니하는 등으로 신상정보 제출의무를 인식하지 못하였다는 것이 구 아청법 제52조 제5항 제2호에서의 '정당한 사유'에 해당한다고 볼 수도 없다.
피고인에 대하여 아동·청소년 대상 성범죄로 벌금 250만 원에 처하는 유죄판결(서울동부지방법원 2011. 6. 3. 선고 2011고합43 판결)을 선고한 법원은 그 판결문의 판결 이유 중 '신상정보 등록'란에 '유죄판결이 확정되는 경우, 피고인은 구 아청법 제33조 제1항의 등록대상자에 해당되어 신상정보 제출의무가 있다'는 취지의 기재를 한 사실을 알 수 있는바, 이에 비추어 보면 피고인은 위와 같이 유죄판결을 선고한 법원으로부터의 고지를 통하여 신상정보 제출의무가 있음을 인식하고 있었을 것으로도 보인다.

[판례] 대법원 2014. 7. 24. 선고 2013도16367 판결
원심은, 피고인들이 단지 ○○당 관계자 등으로부터 ○○당에 직접 후원금을 납부하는 행위가 적법하다는 취지의 설명을 들었다는 사정만으로는 자신의 지적 능력을 다하여 착오를 회피하기 위한 진지한 노력을 다하였다고 볼 수 없으므로, 피고인들이 자신들의 행위가 법령에 의하여 죄가 되지 아니하는 것으로 오인한 데에 정당한 이유가 있다고 하기 어렵다고 판단하였다. 원심의 위와 같은 판단은 정당하다.

[판례] 대법원 2014. 4. 10. 선고 2013도9171 판결
기록에 의하면, 피고인 1이 자기의 행위가 죄가 되지 아니한다고 오인한 근거로 주장하는 검사의 2009. 1. 23.자 불기소처분의 내용은, '피의자가 위 오일이 위해식품이거나 수입 등이 금지된 물품에 해당된다는 사실을 인식하였다고 인정할 증거가 없고, 달리 범의를 인정할 증거가 없다(다만, 본건 처분 이후에 계속하여 THC 성분이 든 식품을 판매하는 행위에 대해서는 별론이다)'라는 것임을 알 수 있다. 그렇다면 피고인 1은 오히려 위 불기소처분에 의하여 자신이 판매하는 대마씨기름에 테트라하이드로칸나비놀 성분이 함유된 사실을 인식하였다고 할 것이므로, 이후에는 자기의 행위가 죄가 되지 아니한다고 오인하였다고 하더라도 정당한 이유가 있는 법률의 착오에 해당한다고 볼 수 없다.

[판례] 대법원 2014. 4. 10. 선고 2012도12025 판결
설령 상고이유의 주장과 같이 피고인이 착공 당시 증축신고가 수리된 것을 신뢰하여 증축건물의 대지가 접도구역인 줄 알지 못했다거나 또는 자신의 증축행위가 법령에 위배되지 않은 것으로 오인하였다고 하더라도, 적어도 위와 같은 한국도로공

사의 공사중지요구가 있은 후부터는 증축건물의 대지가 접도구역에 해당하여 자신의 증축행위가 위법하다는 것을 충분히 인식한 상태에서 증축공사를 계속 진행한 것으로 볼 수 있고, 이러한 행위를 함에 있어서 달리 자신의 증축행위가 죄가 되지 아니한 것으로 오인하였고 그 오인에 정당한 이유가 있었다고 볼 만한 사정이 없다.

[판례] 대법원 2013. 1. 10. 선고 2011 도 15497 판결

원심판결 이유 및 기록에 의하면, 이 사건 노동조합의 간부들인 피고인들은 '사용자 측에서 조합원들이 파업을 못하게 할 의도로 특별교육을 시킨다'고 스스로 판단한 후 앞서 본 바와 같은 방법으로 이 사건 설명회 개최를 저지하였음을 알 수 있다. 그러나 원심 판시와 같은 사정만으로는 피고인들이 이 사건 설명회 개최가 부당노동행위에 해당한다는 착오를 하지 않도록 하기 위한 진지한 노력을 다하였다고 볼 수 없으므로, 설사 이 사건 설명회 개최가 부당노동행위에 해당한다고 오인하였다 하더라도 거기에 정당한 이유가 있다고는 할 수 없다.

[판례] 대법원 2012. 11. 29. 선고 2010 도 9007 판결

위 법리와 기록에 비추어 살펴보면, 원심이 그 판시와 같은 사정들을 종합하여 피고인 3이 교육인적자원부와 중앙선거관리위원회 및 그 소속 직원 공소외인으로부터 교육감 선거와 관련하여 소요되는 비용에 관하여는 정치자금법의 적용을 받지 않는다는 안내를 받은 이상 이 사건 교육감 선거와 관련하여 전교조 ○○지부로부터 기부받는 행위가 정치자금법 위반죄에 해당하지 않는다고 믿은 데에는 정당한 이유가 있지만, 이 사건 지방교육자치법 조항에 의하여 교육감 선거에 준용되는 공직선거법 제117조에 의하면 전교조 ○○지부로부터 기부받는 행위가 금지되어 있는 데다가 공직선거법 제117조의 입법 목적이 정치자금법과는 전혀 다르므로, 피고인 3이 공직선거법 제117조를 준용한 이 사건 지방교육자치법 조항이 교육감 선거에 적용되지 않는다고 믿은 데에는 정당한 이유가 없다고 판단한 것은 정당하고, 거기에 상고이유에서 주장하는 바와 같이 형법 제16조의 해석·적용에 관한 법리를 오해한 위법이 없다.

[판례] 대법원 2012. 11. 29. 선고 2011 도 1979 판결

원심은, 피고인들이 1999년경부터 부동산업 또는 건설업에 종사해 온 사람들로서 부동산에 관하여 상당한 지식을 가지고 있었던 것으로 보이는 점, 그럼에도 피고인들이 이 사건 산지전용행위를 하기 이전에 관할 관청에 산지전용허가를 받아야 하는지 문의하지 아니한 점, 양평군청이 분할 전 경기 양평군 ○○면 19,384㎡의 지목이 대지이므로 산지전용허가를 받을 필요가 없다고 회신한 사실이 있다고 하더라

도 이는 양평군청이 피고인들에 대하여 민원을 제기한 인근 주민들에게 회신을 한 것일 뿐인 점 등의 사정에 비추어 보면, 피고인들이 이 사건 행위가 법령에 의하여 죄가 되지 아니한 것으로 오인하였다거나 그와 같은 오인에 정당한 이유가 있다고 보기 어렵다고 판단하였다. 원심의 위와 같은 판단은 정당하다.

[판례] 대법원 2011. 6. 9. 선고 2010 도 16632 판결
원심이, 피고인이 이 사건 초청장을 발송하는 행위가 탈법방법에 의한 문서배부에 해당하는지 여부를 판단함에 있어 고려하여야 할 모든 요소를 설명하면서 선거관리위원회에 정식으로 질의하는 등으로 위법을 회피하기 위한 진지한 노력을 다하였다고 할 수 없으므로, 피고인이 이 사건 초청장을 발송하는 행위가 법령에 의하여 죄가 되지 아니한 것으로 그릇 인식하였고 그와 같이 그릇 인식함에 있어 정당한 이유가 있는 것으로 볼 수 없다고 판단한 것은 정당하다.

[판례] 대법원 2011. 3. 24. 선고 2009 도 7230 판결
동종 업계에서 이 사건과 같은 부적격물량을 예비당첨자에게 공급하지 아니하고 임의분양하는 것이 관행적으로 이루어져 왔다는 등의 사정만으로는 피고인이 이 사건 행위가 죄가 되지 않는다고 오인하였다거나 그 오인에 정당한 이유가 있다고 볼 수 없다.

[판례] 대법원 2011. 2. 24. 선고 2010 도 5595 판결
원심은, 인·허가가 의제되는 건축신고는 수리를 요하지 아니하고 신고로써 바로 효력이 발생한다고 판단한 제주지방법원의 판결이 있었다고 하더라도, 그와 유사한 사안에 대하여 수리행위가 있어야 효력이 발생한다고 판단한 서울행정법원, 대전고등법원, 대구고등법원의 판결들이 있었음에도, 피고인이 자신에게 유리한 전자의 판결만을 신뢰한 것은 형법 제16조 소정의 '정당한 이유'가 있다고 보기 어렵다고 판단하였다. 원심의 위와 같은 판단은 정당하다.

[판례] 대법원 2010. 11. 25. 선고 2009 도 6893 판결
위 피고인들이 이 사건 주권에 대한 명의개서 등을 청구함에 있어 변호사로부터 받았다는 자문의 내용이 구체적이고 상세한 것으로서 신뢰할 만한 것이었다고 볼 자료가 없는 점 등에 비추어 변호사 등에게 문의하여 자문을 받았다는 사정만으로는 위 피고인들이 이 사건 횡령죄가 성립되지 않는다고 믿은 데에 정당한 이유가 있는 것으로 볼 수 없다는 이유로 위 피고인들의 법률의 착오로 인한 책임조각 주장을 배척하여, 제1심판결 중 위 피고인들에 대한 부분을 그대로 유지하였다. 원심의 위와 같은 조치는 정당하다.

[판례] 대법원 2010. 7. 15. 선고 2008 도 11679 판결
원심이, 피고인 1이 이 사건 행위 이전에 그와 유사한 행위에 대하여 '혐의없음' 처분을 받은 전력이 있다거나 일정한 시청차단장치를 설치하였다는 등의 사정만으로는 형법 제16조 소정의 정당한 이유가 있다고 볼 수 없다고 판단한 조치는 정당하다.

[판례] 대법원 2010. 5. 13. 선고 2009 도 13879 판결
원심이 다른 상호저축은행들에서도 이른바 '사업자쪼개기' 방식의 대출이 관행적으로 이루어져 왔고, 금융감독원도 2008년 이전에는 이를 적발하지 못하였다는 등의 사정만으로는 피고인들이 이 사건 각 대출행위가 죄가 되지 않는다고 오인하였다거나 그 오인에 정당한 이유가 있다고 볼 수 없다고 판단하여 피고인들의 이 부분 주장을 배척한 것은 정당하다.

[판례] 대법원 2010. 4. 29. 선고 2010 도 1044 판결
원심은 그 판시와 같은 이유를 들어 피고인이 변호사의 자문을 구한 다음 이 사건 공소사실 기재 행위를 하였다 하더라도, 피고인의 판시 행위가 죄가 되지 않는다고 믿는 데에 정당한 이유가 있다고 할 수 없다는 제1심 판단을 그대로 유지하였다. 원심의 판단은 정당하다.

[판례] 대법원 2010. 3. 25. 선고 2008 도 590 판결
원심은, 피고인이 의사의 지시 하에 마취행위를 하는 것이 무면허 의료행위에 해당하지 않는다고 믿은 데에 정당한 사유가 있다고 주장하면서 근거로 제시한 유권해석 등의 자료의 기재내용에 의하더라도 마취간호사는 의사의 구체적인 지시가 있어야 마취시술에서의 진료 보조행위를 할 수 있다는 것뿐이므로, 피고인이 집도의인 공소외인의 구체적인 지시 없이 독자적으로 마취약제와 양을 결정하여 피해자에게 직접 마취시술을 시행한 이상 피고인이 자신의 행위가 법령에 의하여 허용되는 행위라고 믿은 데에 정당한 사유가 없다고 판단하였는바, 이러한 원심의 판단은 앞서 본 법리에 비추어 정당하다.

[판례] 대법원 2009. 12. 24. 선고 2007 도 1915 판결
원심은, 피고인 또는 충청남도가 이 사건 장례식장의 식당부분을 증축함에 있어, 홍성군과 그 증축에 관한 협의과정을 거쳤고 건설교통부에 관련 질의도 했던 것으로 보이나, 홍성군과의 협의는 증축부분이 장례식장이 아닌 '병원'의 부속건물임을 전제로 한 것이고 그에 관한 건축물대장에의 기재나 사용승인 또한 마찬가지이며, 건설교통부의 질의회신도 종합병원의 경우 일반적으로 장례식장의 설치나 운영이

그 부속시설로서 허용된다는 취지가 아니라 종합병원에 입원한 환자가 사망한 경우 그 장례의식을 위한 시설의 설치는 부속용도로 볼 수 있다는 취지에 불과하므로, 주무관서인 홍성군과 위와 같은 협의를 거쳤다는 등의 사정만으로 이 사건 장례식장의 설치·운영에 관하여 피고인이 자신의 행위가 죄가 되지 아니하는 것으로 오인하였거나 그와 같은 오인에 정당한 이유가 있었다고 할 수 없다고 판단하였는바, 위 법리에 비추어 살펴보면, 이러한 원심의 판단은 정당하다.

[판례] 대법원 2009. 11. 26. 선고 2009도7567 판결
원심은, ○○당이 제18대 국회의원선거를 준비하는 과정에서 중앙선거관리위원회로부터 정당에서 공천헌금을 받고 비례대표 국회의원 후보자로 추천하는 것은 불법으로 금지되어 있다는 취지의 답변을 들은 바 있고, 나아가 이 사건 범행 무렵에 당사랑채권에 대하여 중앙선거관리위원회에 질의를 하여 회신을 받았으나, 그 내용은 단순히 당채를 발행할 수 있느냐에 관한 것이었으며, 비례대표 국회의원 후보자 추천과 관련하여 당채를 판매하는 행위가 위법한지 여부에 관하여는 이를 선거관리위원회에 확인한 사실이 없다는 등의 사정을 들어 피고인 이수원이 비례대표 국회의원 후보자 추천과 관련하여 재산상 이익을 수수한 행위를 법령에 의하여 허용되는 행위로 오인하였다고 하더라도 그러한 오인에 정당한 이유가 있는 것으로 볼 수 없다고 판단하였다. 원심의 위와 같은 판단은 정당하다.

[판례] 대법원 2009. 6. 11. 선고 2008도10373 판결
피고인이 법령의 객관적 해석에 반하여 이 사건 무선설비의 납품처 담당 직원으로부터 위 형식등록이 필요없다는 취지의 답변을 들었다고 하는 등의 사유만으로 형법 제16조에서 정한 그 오인에 정당한 이유가 있는 법률의 착오에 해당한다고 볼 수 없다.

[판례] 대법원 2009. 5. 28. 선고 2008도3598 판결
원심은, 이 사건 스크린 스크래핑 프로그램을 제작한 공소외인이 변호사를 통해 법률적인 검토를 한 부분은, '스크린 스크래핑 프로그램'을 통해 정보제공자에게 접근하여 고객의 정보를 수집하는 것의 적법 여부에 대한 것이고, 변호사 역시 고객의 동의를 얻는 경우 법률적으로 문제될 것이 없다는 내용에 불과한 것이며, 더 나아가 피고인들이 대출신청인의 금융거래정보를 금융기관에 요청하기 위하여 금융거래정보의 제공에 대한 서면동의가 필요한지 여부에 관한 점까지 검토가 된 것으로 보이지 않는 점 등을 종합하여 피고인들에게 법률의 착오가 있었다고 볼 수 없다고 판단하였는바, 원심이 인정한 사정들을 앞서 본 법리에 비추어 보면, 원심의 위와 같은 판단은 정당하고, 거기에 형법 제16조가 정한 '정당한 이유'에 관한 법리를 오해한 위법이 없다.

[판례] 대법원 2009. 5. 14. 선고 2007도5531 판결
피고인 1이 1995. 1. 27. 국민체육진흥법 시행령 제24조의 규정에 의해 활기도 3급의 생활체육지도자자격증을 받았고, 활기도의 업무범위와 제한에 관한 규정이 없으며, 피고인 2, 3이 피고인 1의 지도를 받아 위와 같은 행위에 이르렀고 그 댓가를 별도로 지급받지 아니하여, 피고인들이 위와 같은 행위가 죄가 되지 아니하는 것으로 오인하고 있었다 하더라도, 피고인들이 들고 있는 위와 같은 사정만으로 그 오인에 정당한 이유가 있다고 할 수 없다.

[판례] 대법원 2009. 4. 9. 선고 2008도11883 판결
피고인은 약사자격을 가진 해당 분야의 전문가로서, 이 사건 향정신성의약품을 폐기하기 위하여 ○○시약사회에 이를 양도함에 있어 장부에 그 수수사실을 기재하지 않고 나중에 폐기일자를 기재하여도 되는지에 관하여 의문이 있는 경우에는 스스로 관련 법규를 조사하는 등의 노력을 다하고, 그래도 의문이 남는 경우에는 담당 공무원에게 정확한 정보를 제공하고 의견을 구하였더라면 폐기를 위하여 이 사건 향정신성의약품을 교부한다고 하더라도 그 수수사실을 장부에 기재하지 않는 것은 허용되지 않는다는 것을 충분히 인식할 수 있었다고 판단된다.
따라서 피고인이 ○○시약사회의 직원에게 문의하여 이 사건 향정신성의약품이 일괄 폐기된 후 그 사실을 통보받으면 그때 가서 장부에 폐기일자를 기재하면 된다는 답변을 들은 것만으로는 자신의 지적 능력을 다하여 이를 회피하기 위한 진지한 노력을 다 하였다고 할 수 없고, 그 결과 자신의 행위의 위법성을 인식하지 못한 것으로 볼 수 있으므로 그에 대해 정당한 이유가 있다고 할 수 없다.

[판례] 대법원 2009. 3. 26. 선고 2009도678 판결
원심은, 관련 법령의 내용, 피고인의 경력과 사회적 지위, 선거관리위원회 담당자에게 예비후보자홍보물 봉투를 검토받게 된 경위와 문의내용, 담당자의 답변내용, 당시 정황 등에 비추어, 예비후보자홍보물 봉투에 제3자의 지지 글을 게재하는 것이 허용되지 않는다는 것을 피고인이 충분히 인식할 수 있었고, 선거관리위원회 담당자가 그 봉투 기재사항에 별다른 수정을 가하지 않았다는 것만으로는 자신의 지적 능력을 다하여 이를 회피하기 위한 진지한 노력을 다하였다고 볼 수 없어 피고인이 자신의 행위가 죄가 되지 않는다고 인식하는 데에 정당한 이유가 있다고 할 수 없다고 판단하였는바, 원심이 인정한 사정들을 앞서 본 법리에 비추어 보면, 원심의 위와 같은 판단은 정당하다.

[판례] 대법원 2009. 1. 30. 선고 2008도8607 판결
피고인이 자기의 행위가 죄가 되지 아니한다고 오인한 근거로 주장하는 환경부의

질의회신 내용은, 법 제27조 제1항에 따라, 건설폐기물의 배출자가 건설공사현장에 건설폐기물처리시설을 직접 설치·운영하여 건설폐기물을 재활용하고자 하는 경우, 관할관청이 그 설치승인을 함에 있어서 그 대상이 되는 건설폐기물처리시설의 범위에 관한 것일 뿐, 법 제16조 제1항의 자가처리의 범위를 판단할 수 있는 직접적인 자료가 되는 것은 아니라고 보이므로, 위 피고인이 위 질의회신에 따라 자기의 행위가 죄가 되지 아니한다고 오인하였다고 하더라도, 이는 위 질의회신을 자기에게 유리하게 잘못 해석한 것에 불과하여 정당한 이유가 있는 법률의 착오에 해당한다고 볼 수 없고, 피고인이 관할관청으로부터 건설폐기물처리시설의 설치승인을 받았다는 점 등 상고이유에서 주장하는 그 밖의 사정을 아울러 고려하더라도 달리 볼 수 없다.

[판례] 대법원 2008. 10. 23. 선고 2008도5526 판결
원심은, 피고인이 이 사건 고소장을 제출하기 전에 변호사에게 자문을 구한 경위와 그 답변취지 및 경찰공무원으로서의 피고인의 경력이나 사회적 지위 등을 종합하여 이 사건 고소장 제출 당시 피고인에게 법률의 착오가 있었다고 볼 수 없다고 판단하였는바, 원심의 위와 같은 판단은 정당하다.

[판례] 대법원 2008. 9. 25. 선고 2008도2590 판결
원심이 피고인 1, 피고인 2가 정비사업전문관리업자에 금품을 무이자로 대여하는 과정에서 피고인 A 주식회사의 내부 법무팀과 외부 고문 변호사에게 법적인 자문을 의뢰하여 '정비사업전문관리업자에게 정보제공의 대가로 금품을 무이자로 대여한 것은 일정한 요건을 갖추는 한 법적으로 문제가 없을 수 있다'는 취지의 자문을 받았다는 사정만으로는 피고인 1, 피고인 2가 자신의 행위가 죄가 되지 아니한다고 오인함에 정당한 이유가 있었다고 볼 수 없다고 판단한 것은 정당하다.

[판례] 대법원 2008. 8. 21. 선고 2007도2194 판결
원심은, 피고인 A가 여러 대학에서 자기요법에 대한 강의를 하고 자기조절기로 특허기술대전 등 대회에서 수상하기도 하였으며, 대체의료서비스를 제공하는 기타 유사의료업으로 사업자등록을 마쳤다는 등의 사유만으로는 피고인들이 자신들의 행위가 죄가 되지 아니한 것으로 오인하는데 정당한 이유가 있었다고 볼 수 없다는 이유로, 법률의 착오에 해당되어 책임이 조각된다는 피고인들의 주장을 배척하였다. 원심의 위와 같은 판단은 정당하다.

[판례] 대법원 2008. 2. 28. 선고 2007도5987 판결
원심은, 피고인이 이 사건 기업인수 과정에서 변호사들에게 자문을 구한 내용은 'LBO방식'에 관련된 효력 유무 등 민사상 문제에 관한 일반적이고 추상적인 질의

가 대부분이고, 형사상 배임죄의 성립 여부와 관련해서는 변호사에게 구체적으로 자문을 구하거나 검토받은 것이 아닌 점과 그 밖에 피고인의 경력이나 학력 등을 종합하여 이 사건 담보제공 당시 피고인에게 법률의 착오가 있었다고 볼 수 없다고 판단한 것은 정당하다.

[판례] 대법원 2007. 11. 16. 선고 2007도7205 판결
비록 여러 지방자치단체장들이 관행적으로 그와 같은 간담회 개최 및 음식물 제공을 하여 왔고 행정자치부에서 이를 금지하는 구체적인 지침이 없으며, 그 비용을 행정자치부에서 마련한 업무추진비 집행기준을 준수하여 적법한 절차에 따라 업무추진비에서 지출하여 옴으로써, 피고인이 자신의 그와 같은 행위가 공직선거법 제112조 제2항 제4호 (가)목 또는 (나)목에서 정한 법령 또는 조례에 의한 금품제공행위 내지는 같은 항 제4호 각 목에서 정한 직무상의 행위와 동등하게 평가할 수 있는 행위에 해당하여 법령에 의하여 허용되는 행위라고 오인하였다고 하더라도 그러한 오인에 정당한 이유가 있다고 볼 수 없다.

[판례] 대법원 2007. 9. 21. 선고 2007도4386 판결
피고인은 A를 통하여 전화로 광주 북구 선거관리위원회 지도과장인 B에게 구체적인 행사내용을 밝히지 아니한 채 단순히 피고인이 이 사건 대회를 개최하는 데 지방선거와 관련하여 문제가 없는지를 질의하였고, 이에 B가 '정기적인 동호인 체육대회의 개최는 가능하고 동호인들이 갹출하여 경품을 제공하는 것은 괜찮다'는 취지로 답변하였음을 알 수 있는바, 위와 같은 질의내용 및 이 사건 대회의 진행과정 등에 비추어 보면 피고인의 행위가 죄가 되지 아니한 것으로 오인한 것에 정당한 사유가 있다고 볼 수 없다.

[판례] 대법원 2007. 9. 20. 선고 2006도9157 판결
임대를 업으로 하는 자가 임차인으로 하여금 계약상의 의무이행을 강요하기 위한 수단으로 계약서의 조항을 근거로 임차물에 대하여 일방적으로 단전 · 단수조치를 함에 있어 자신의 행위가 죄가 되지 않는다고 오인하더라도, 특별한 사정이 없는 한 그 오인에는 정당한 이유가 있다고 볼 수는 없다(대법원 2006. 4. 27. 선고 2005도8074 판결 등 참조).

[판례] 대법원 2007. 7. 12. 선고 2006도3831 판결
선거관리위원회 조사관 A가 당시 피고인으로부터 연하장을 보내도 되는지에 대한 문의를 받고 '평소 본인이 알고 있는 지인들에게 선거와 관련 없이 의례적인 내용의 연하장을 발송하는 것은 가능하다'라고 대답하였다는 것이나, 피고인이 통상적인 지인의 범위를 벗어나 멀지 않은 교육감선거에서 선거인이 될 가능성이 큰 사

람들을 포함하여 광범위하게 연하장을 발송한 이상 피고인의 행위가 형법 제16조의 법률의 착오에 해당하여 처벌할 수 없는 행위에 해당한다거나 피고인에게 위법성의 인식이 없었다고 할 수는 없다.

[판례] 대법원 2007. 2. 23. 선고 2007도188 판결
피고인이 당국으로부터 공인중개사가 아닌 자는 명함에 '공인중개사 대표'의 표시를 하지 말라는 교육을 받은 적이 없고, 공인중개사 A가 피고인의 명함에 '공인중개사 대표'를 기재하도록 지시하여 피고인이 그러한 표시가 있는 명함을 사용하는 것이 위법인 것을 몰랐다 하더라도 그 판단에 정당한 이유가 있다고 볼 수 없다.

[판례] 대법원 2006. 11. 24. 선고 2006도6879 판결
피고인은 보령시장 선거에 출마할 의사를 가지고 자신의 선거구 외 보령시장 선거구의 사회단체장 등에게 의정보고서를 배부한 것으로 이는 선거에 영향을 미칠 의사에서 행한 것이라 할 것인데, 관할 선거관리위원회 직원에게 의정보고서의 배부범위에 관하여 문의할 당시에는 자신이 보령시장에 출마할 의사가 있음을 밝히지 아니한 채 단순히 도의회 의원으로서 의정보고서의 배부범위에 관하여 문의하였고, 위 선거관리위원회 직원도 원칙적으로 의정보고서는 선거구민에게만 보내야 하나 제한적으로 선거구가 아닌 사회단체장에게 보내는 것은 가능하다는 취지의 원론적인 답변을 한 것에 불과하므로 피고인이 이 사건 의정보고서 배부행위가 죄가 되지 아니하는 것으로 믿었다 하더라도 그와 같이 믿는 데 정당한 이유가 있었다고 보기 어렵다.

[판례] 대법원 2006. 9. 28. 선고 2006도4666 판결
피고인들은 기자들에 대한 금품의 지급이 공직선거법상 허용되는 것인지 여부에 관하여 관련 판례나 문헌을 조사하는 등의 노력을 한 바 없고, 선거관리위원회에 이에 관한 질의를 하여 회신을 받은 바 없는 사실을 알 수 있는바, 이 사건 금품의 지급이 충주시의 예산으로 편성되어 있는 업무추진비에서 예산집행절차에 따라 지급되었다거나 종전에도 기자들에게 격려금 등의 명목으로 금품을 지급한 적이 있다고 하더라도, 피고인들이 자신의 지적 능력을 다하여 자신들의 행위의 위법의 가능성을 회피하기 위한 진지한 노력을 다 하였다고 볼 수는 없다고 할 것이므로, 가사 피고인들이 이 사건 금품의 지급이 법률상 허용되는 것으로서 죄가 되지 아니한다고 그릇 인식하고 있었다고 하더라도 그와 같이 그릇 인식함에 정당한 이유가 있다고 보기 어렵다.

[판례] 대법원 2006. 8. 24. 선고 2006도3028 판결
원심은, 피고인 A는 종로구선거관리위원회에 피고인 B의 지방선거출마예정사실을

밝히지도 않은 채 태극기를 배부하는 것이 선거법에 위반되는지의 여부에 대해서 질의를 하였을 뿐이고, 한편 종로구선거관리위원회 역시 태극기 교부행위가 바르게살기운동 종로구협의회에서 통상적으로 해오던 사업이라는 것을 전제로 하여 통상적으로 해오던 사업이라면 선거법에 위반되지 않는다는 취지의 답변을 하였을 뿐이어서 피고인들이 자신들의 행위가 법률에 의하여 죄가 되지 아니하는 것으로 인식하였거나 그와 같이 인식하는 데에 정당한 이유가 있다고 볼 수 없다고 판단하였는바, 이러한 원심의 판단은 앞서 본 법리에 따른 것으로서 정당하다.

[판례] 대법원 2006. 6. 16. 선고 2005 도 5923 판결
보건사회부장관이 안마사협회의 질의에 대하여 "안마사에 관한 규칙 제2조 중 '그 밖의 자극요법'에는 안마의 보조료법으로 교육법 제143조의 규정에 의하여 설치된 맹학교(고등부)에서 배운 자극요법을 포함하는 것으로 보아야 할 것이다."라는 회시를 보낸 일이 있었고, 맹학교(고등부) 교육과정에 침시술교육이 포함되어 있다 하더라도, 피고인이 안마의 보조료법으로서가 아니라 질병의 치료를 목적으로 침시술행위를 한 이상, 피고인이 자신의 침시술행위가 범죄를 구성하지 아니한다고 오인하였다 하더라도 그 오인에 정당한 이유가 있다고 할 수 없다(대법원 1992. 9. 8. 선고 92도1221 판결 참조).

[판례] 대법원 2006. 6. 16. 선고 2005 도 2716 판결
피고인을 비롯한 연구원들이 열심히 연구하여 그 연구성과가 예상보다 빨리 나오자 그 연구에 공동으로 참가한 주식회사 A가 자기 회사 소속 파견연구원들에게 지급한 만큼 피고인 등에게도 감사의 표시로 격려금을 지급하고 싶다고 의사를 밝혀와 피고인 등이 부정한 돈이라고 생각하지 못한 채 이를 받게 된 것이라고 하여 위 돈을 받는 것이 위법하다고 인식하지 못한 데 대하여 정당한 이유가 있었다고 할 수는 없다.

[판례] 대법원 2006. 5. 11. 선고 2006 도 631 판결
설령 피고인 1이 환경부 홈페이지에 게시된 전자민원창구의 질의응답자료 중에서 "오염물질을 제거하기 위한 목적이 아닌 수심확보를 위하여 시행한 공사에서 발생되는 자연 상태의 준설토는 폐기물에 해당되지 않습니다"라는 게시물 혹은 "우수로에 퇴적된 자연 상태의 토사는 폐기물에 해당되지 않습니다"라는 게시물 등을 확인하고 이 사건 토사가 폐기물에 해당하지 않는 것으로 오인하게 되었다고 하더라도, 이 사건 토사는 자연 상태의 퇴적된 토사라고 할 수 없으므로 피고인 1이 위와 같이 오인하게 된 데에 정당한 사유가 있다고 보기 어렵고, 나아가 횡배수관 관로준설공사를 수행한 공소외 주식회사도 이 사건 토사가 폐기물인 것을 알지 못하

였다는 사정 역시 위 피고인이 위와 같이 오인을 함에 있어 정당한 사유가 된다고 보기 어렵다.

[판례] 대법원 2006. 4. 28. 선고 2003 도 4128 판결
이 사건에서 한국간행물윤리위원회나 정보통신윤리위원회가 이 사건 만화들 중 '에로 2000'을 제외한 나머지 만화에 대하여 심의하여 음란성 등을 이유로 청소년 유해매체물로 판정하였을 뿐 더 나아가 전기통신사업법 시행령 제16조의4 제1항에 따라 시정요구를 하거나 청소년보호법 제8조 제4항에 따라 관계기관에 형사처벌 또는 행정처분을 요청하지 않았다 하더라도, 위 위원회들이 시정요구나 형사처벌 등을 요청하지 아니하고 청소년유해매체물로만 판정하였다는 점이 곧 그러한 판정을 받은 만화가 음란하지 아니하다는 의미는 결코 아니라고 할 것이므로, 피고인들의 나이, 학력, 경력, 직업, 지능 정도 등 제반 사정에 비추어 보면 피고인들의 행위가 죄가 되지 아니하는 것으로 오인한 데 정당한 이유가 있다고 볼 수 없다.

[판례] 대법원 2005. 12. 9. 선고 2005 도 7120 판결
피고인 1이 2004. 5. 24. 서울중앙지방검찰청에서 이 사건 유사수신행위 중 일부에 대하여 무혐의결정을 받은 사실, 피고인 1이 경영하는 ○○ 주식회사가 관할세무서로부터 이 사건 상가지분의 분양과 관련한 세금을 부과받은 사실은 인정되나, 피고인 1, 2의 이 사건 유사수신행위가 위 무혐의결정이나 세금부과 이전부터 단일한 범의 아래 계속되어 왔고, 또 이에 대하여 위 무혐의결정 이후 얼마 지나지 않아 바로 재수사가 진행되어 이 사건 공소가 제기된 것이 기록상 명백한 이상, 위와 같이 무혐의결정이 있었다거나 이 사건 상가지분의 분양과 관련한 세금이 부과되었다는 것만으로는 피고인 1, 2가 이 사건 유사수신행위가 법령에 의하여 허용된 행위로서 죄가 되지 아니한다고 잘못 인식하였고 또 그와 같이 잘못 인식함에 정당한 사유가 있었다고 볼 수 없으므로, 같은 취지에서 피고인 1, 2에게 위법성의 인식이 있었다고 인정한 원심의 판단은 정당하다.

[판례] 대법원 2004. 2. 12. 선고 2003 도 6282 판결
상고이유에서, 주로 음식류를 조리·판매하는 레스토랑으로 허가받았으면 청소년을 고용해도 괜찮을 줄로 알고 있었다거나, 구미 시내 다른 레스토랑이나 한식당에서도 청소년을 고용하는 업소가 많고 구미시청 위생과 등에 문의해도 레스토랑은 청소년을 고용해도 괜찮다는 대답이 있어 자신의 행위가 법률에 의하여 죄가 되지 아니하는 것으로 인식하였고 그와 같이 인식하는 데 정당한 이유가 있다고 주장하나, 이는 일반음식점을 영위하는 자가 주로 음식류를 조리·판매하는 영업을 하면서 19세 미만의 청소년을 고용하는 경우에는 특별한 사정이 없는 한 청소년보호법

의 규정에 저촉되지 않는다는 것을 피고인이 자기나름대로 확대해석하거나 달리 해석했을 뿐이라고 보여지므로, 피고인이 자신의 행위가 법률에 의하여 죄가 되지 아니하는 것으로 인식하는 데에 정당한 이유가 있다고 할 수도 없다.

[판례] 대법원 2003. 9. 5. 선고 2003도2521 판결
가령 피고인이 대법원 판례에 의하여 자신의 행위가 자동차관리법위반에 해당하지 않는 것으로 오인하였다고 하더라도 이는 사안을 달리하는 사건에 관한 대법원의 판례의 취지를 오해하였던 것에 불과하여 그와 같은 사정만으로는 형법 제16조가 규정하는 '그 오인에 정당한 사유'가 된다고 볼 수 없다.

[판례] 대법원 2003. 7. 11. 선고 2003도1792 판결
피고인은 사전에 비정규학력 기재의 점에 관하여 관할 선거관리위원회 직원에게 문의하였던 바, 그 직원이 잘 모른다고 하면서 '알아서 하라, 별 문제가 안될 것이다'라고 하여 자신의 행위가 허용되는 것으로 오인하였으므로 범죄가 되지 않는다는 취지로 주장하나, 설사 피고인이 그 주장과 같은 경위로 이 사건 범행당시 자신의 행위가 죄가 되지 않는다고 그릇 인식하였다고 하더라도 그와 같이 믿은 데에 정당한 이유가 있다고 보기는 어렵다.

[판례] 대법원 2003. 7. 11. 선고 2003도2150 판결
피고인이 이 사건 작업실을 설치한 후에 '도장을 하기 위한 전용 방 또는 도장을 주목적으로 하는 작업실에 해당하지 않는다면 대기환경보전법시행규칙에서 정하고 있는 도장시설이라 볼 수 없다', 또는 '정비공장 내에서 부분 도장작업을 한다면 정비공장 전체를 도장시설로 볼 수 없다'는 취지의 환경부장관의 해석이 있었던 사실을 인정할 수 있을 뿐 아니라, 가사 피고인이 이 사건 작업실을 설치하기 전에 위와 같은 환경부장관의 해석이 있었다 하여도 그 내용에 비추어 볼 때 그와 같은 해석이나 회신이 있었다는 사유만으로, 도장을 하기 위한 전용 방 또는 적어도 도장작업을 주목적으로 하는 작업실인 도장시설을 설치한 피고인의 범행이 형법 제16조에서 말하는 '그 오인에 정당한 이유가 있는 때'에 해당한다고 할 수도 없다.

[판례] 대법원 2003. 5. 13. 선고 2003도939 판결
자격기본법에 의한 민간자격관리자로부터 대체의학자격증을 수여받은 자가 사업자등록을 한 후 침술원을 개설하였다고 하더라도 국가의 공인을 받지 못한 민간자격을 취득하였다는 사실만으로는 자신의 행위가 무면허 의료행위에 해당되지 아니하여 죄가 되지 않는다고 믿는 데에 정당한 사유가 있었다고 할 수 없다.

[판례] 대법원 2002. 5. 10. 선고 2000 도 2807 판결
대학이나 사회교육기관에서 활법에 관하여 교육을 실시하고 있다거나, 활법이 정부 공인의 체육종목이고 피고인이 활법 종목의 사회체육지도자 자격증을 취득한 후 위 기공원을 운영하고 있다 하더라도, 활법을 교육하고, 체육종목으로 공인하거나 그 지도자 자격을 부여하는 것 등은, 신체활동을 통하여 건전한 신체와 정신을 기르고 여가를 선용하고자 하는 체육활동으로서의 일반적인 활법의 지도를 위한 것이지, 그것이 나아가 그 이외에 법률에서 금지하는 무면허 의료행위까지도 할 수 있도록 허용하는 취지는 아님이 분명하고(대법원 1995. 4. 7. 선고 94도1325 판결 참조), 대체의학이라 할지라도 사람의 생명이나 신체 또는 공중위생에 위해를 발생시킬 우려가 있는 행위는 의료행위로서 의사가 아닌 자가 시행할 수 없다 할 것이므로, 설사 피고인이 자신의 행위가 무면허 의료행위에 해당되지 아니하여 죄가 되지 않는다고 믿었다 하더라도 그와 같이 믿은 데에 정당한 사유가 있었다고는 할 수 없다.

[판례] 대법원 2002. 1. 25. 선고 2000 도 1696 판결
피고인이 선거관리위원회에 질의한 내용은 선거에 즈음하여 선거에 영향을 미치게 하기 위하여 이 사건 유인물을 불특정 다수인에게 배부한 경우 선거법에 저촉되는지 여부를 구체적으로 질의한 것이 아니라, 단순히 피고인이 억울하게 연고도 없는 남양주시로 전출발령을 받은 것에 대하여 동료나 지인에게 구두답변을 대신하여 그 경위를 기재한 유인물을 교부하는 경우에 선거법에 저촉되는지 여부를 질의한 것이고, 선거관리위원회가 회신한 내용도 그러한 행위는 선거법의 적용대상이 아니거나 선거법상 후보자 비방행위에 해당하지 않는다는 것에 불과한 사실이 인정되는바, 이러한 경위에 비추어 보면, 피고인이 선거관리위원회에 질의 내지 자문을 한 후 이 사건 유인물을 배부하였다고 하더라도, 그 사유만으로 피고인의 범행은 형법 제16조에서 말하는 '그 오인에 정당한 이유가 있는 때'에 해당한다고 할 수 없다.

[판례] 대법원 2000. 11. 28. 선고 2000 도 2431 판결
피고인이 전국부동산중개업협회가 주관하는 교육(교재내용에 있는 지침은 중개업자가 '경매대상 부동산에 대한 권리분석 및 취득의 알선'을 할 수 있다는 것일 뿐, 경매대리를 할 수 있다는 것이 아니다)을 통하여 부동산중개업자는 경매절차를 대리할 수 있는 것으로 믿고서 이 사건 경매 대리행위에 이르게 되었다고 하더라도 그러한 사정만으로 자신의 행위가 법령에 저촉되지 않는 것으로 오인함에 정당한 이유가 있는 경우에 해당한다거나 범의가 없었다고 볼 수는 없다.

[판례] 대법원 2000. 8. 18. 선고 2000 도 2943 판결
피고인이 부동산중개업협회의 자문을 통하여 인원수의 제한 없이 중개보조원을 채용하는 것이 허용되는 것으로 믿고서 이 사건 위반행위에 이르게 되었다고 하더라도 그러한 사정만으로 자신의 행위가 법령에 저촉되지 않는 것으로 오인함에 정당한 이유가 있는 경우에 해당한다거나 피고인에게 범의가 없었다고 볼 수는 없다.

[판례] 대법원 1999. 9. 17. 선고 98 도 4597 판결
원심이 이 사건 송금에 한국은행 총재의 허가가 필요 없다는 변호사의 자문에 따라 피고인들이 판시와 같은 행위를 하였다 하더라도, 위와 같은 자문 이전에 이미 그와 상반된 다른 변호사의 의견이 제시된 바 있었으므로, 피고인들이 판시와 같은 행위가 죄가 되지 아니하는 것으로 오인한 데에 정당한 이유가 있다고 볼 수 없다는 이유로 법률의 착오 주장을 배척한 조치는 정당하다.

[판례] 대법원 1998. 10. 13. 선고 97 도 3337 판결
피고인들이 변리사로부터 그들의 행위가 고소인의 상표권을 침해하지 않는다는 취지의 회답과 감정결과를 통보받았고, 피고인들의 행위에 대하여 3회에 걸쳐서 검사의 무혐의처분이 내려졌다가 최종적으로 고소인의 재항고를 받아들인 대검찰청의 재기수사명령에 따라 이 사건 공소가 제기되었으며, 피고인들로서는 이 사건과 유사한 대법원의 판례들을 잘못 이해함으로써 자신들의 행위는 죄가 되지 않는다고 확신을 하였고, 특허청도 피고인들의 상표출원을 받아들여서 이를 등록하여 주기까지 하였다는 등 피고인들이 주장하는 사유들만으로는 위와 같은 기준에서 볼 때 피고인 A가 자신의 행위가 고소인의 상표권을 침해하는 것이 아니라고 믿은 데에 정당한 이유가 있다고 볼 수 없다고 할 것이므로, 이와 같은 취지로 한 원심의 판단은 정당하고, 법률의 착오와 정당한 행위에 관한 법리를 오해한 위법이 없다.

[판례] 대법원 1998. 6. 23. 선고 97 도 1189 판결
관할 환경청이 비록 폐기물 배출업자가 차량을 임차하여 폐기물을 수집·운반하는 경우에도 '스스로 폐기물을 수집·운반하는 경우'에 해당하는 것으로 해석하고, 관련 규정에 따라 그 임차차량에 대하여 특정폐기물 수집·운반차량증을 발급해 주고 있었다 하더라도, 그러한 사정만으로는 관할 환경청이 폐기물 배출업자가 폐기물의 수집·운반만을 위하여 무허가 업자로부터 폐기물 운반차량을 그 운전사와 함께 임차하는 형식을 취하면서 실질적으로는 무허가 업자에게 위탁하여 폐기물을 수집·운반하게 하는 행위까지 적법한 것으로 해석하였다고 볼 수 없으므로, 피고인이 피고인 회사의 폐기물 수집·운반 방법이 죄가 되지 아니하는 것으로 믿었다 하더라도 그와 같이 믿는데 정당한 이유가 있었다고 보기 어렵다.

[판례] 대법원 1996. 5. 10. 선고 96 도 620 판결

피고인은 공직선거법에 관하여 비전문가인 스스로의 사고에 의하여 피고인의 행위들이 의례적인 행위로서 합법적이라고 잘못 판단하였다는 것에 불과한바, 이러한 사정만으로는 피고인의 행위(농업협동조합장으로서 기부행위금지기간 중 노인대학을 개설하고 조합 경비로 관광을 실시하는 등 기부행위를 하였다는 사안)가 죄가 되지 아니하는 것으로 오인한 데 정당한 이유가 있다고 볼 수 없다.

[판례] 대법원 1991. 8. 27. 선고 91 도 1523 판결

피고인이 보건사회부 고시 제87-12호, 제89-4호 공문공중 3112-2111에 의하여 이 사건 미승인오락기구를 당국에 등록하고 그 사용기간을 1990.6.30.까지 연장받았다 하더라도 그 근거규정인 공중위생법 제11조, 공중위생법시행규칙 제2조의 규정만으로는 유기장업자는 법령에 위반하여 제조된 유기기구를 설치하거나 사용하여서는 안된다는 공중위생법(법률 제3822호) 제12조 제2항 제3호 나목의 적용시한을 유예하거나 전기용품안전관리법에 위반하여 제조된 형식승인을 받지 아니한 유기기구를 위 공중위생법시행일 이후에도 계속 사용할 수 있도록 허가할 수 있는 근거가 되는 것이라고는 할 수 없으므로 앞에 든 보건사회부장관고시 등은 그 기간내에 형식승인기구로 교체하지 아니하더라도 허가의 취소 등 행정제재를 하지 않는다는 취지일 뿐, 공중위생법상의 벌칙규정에 대한 면책적 효력이 있다고 할 수 없다 하겠다.

그리고 피고인이 비록 보건사회부장관의 위 고시에 의하여 당국의 형식승인을 받지 아니한 이 사건 전자오락기구를 사용하였다 하더라도 내세우는 사정만으로는 피고인의 행위가 죄가 되지 아니하는 것으로 오인하는데 정당한 이유가 있다고 볼 수 없다. 또 이 사건과 같은 경우에는 처벌의 대상에서 제외된다는 보건사회부장관의 회시는 법원의 판단을 기속하는 것도 아니다(당원 1987.12.22. 선고 86도1125 판결; 1987.4.14. 선고 87도160 판결 등 참조).

[판례] 대법원 1989. 2. 14. 선고 87 도 1860 판결

유선비디오 방송업자들의 질의에 대하여 체신부장관이 1985.7.12. 또는 그 후에 한 회신에서 유선비디오 방송이 전기통신기본법이 정하는 자가전기통신설비로 볼 수 없어 같은법 제15조제1항 소정의 허가대상이 되지 아니한다는 견해를 밝힌 바 있다 하더라도 그 견해가 법령의 해석에 관한 법원의 판단을 기속하는 것은 아니므로 그것만으로 피고인에게 원판시 범행에 범의가 없었다고 할 수 없다.

[판례] 대법원 1987. 12. 22. 선고 86 도 1175 판결

건설업면허가 없는 피고인으로서는 시공할 수 없는 이건 건축공사를 피고인이 타

인의 건설업면허를 대여받아 그 명의로 시공하였다면 비록 위 면허의 대여가 감독관청인 진주시의 주선에 의하여 이루어졌다 하더라도 그와 같은 사정만으로서는 피고인의 소위를 사회상규에 위배되지 않는 적법행위로 볼 수는 없을 뿐만 아니라, 나아가 설사 피고인으로서는 이를 적법행위로 오인하였다 하더라도 위와 같은 사정만으로서는 그 오인에 정당한 이유가 있다고 볼 수도 없다.

[판례] 대법원 1979. 8. 28. 선고 79도1671 판결
사람이 죽으면 으레 당국에 신고한 연후에 그 사체를 이장하여야 함은 일반상식으로 되어 있으므로 그것을 몰랐다고 변소한다 하여 이를 위법행위를 합법행위로 오인하였음에 정당한 이유가 있는 때에 해당한다고 할 수 없다.

Ⅳ. 벌하지 아니한다.

1. 이론적 논의

가. 고의설

고의를 책임요소로 인정하고, 위법성의 인식을 고의의 성립요소로 보는 견해이다.

1) 엄격고의설

현실적으로 위법성을 인식하여야 하고, 위법하지 않다고 잘못 인식한 경우에는 고의가 조각된다. 다만 그러한 착오에 과실이 있으면 과실범 처벌규정이 있는 경우에 과실범이 성립한다고 본다.

2) 제한고의설

현실적인 위법성의 인식까지는 필요하지 않고, 위법성을 인식할 가능성만 있으면 고의를 인정하자는 견해, 행위자에게 법적대적 태도 내지 법무관심적 태도가 있으면 고의를 인정하자는 견해, 위법성을 인식하지 못한 데에 과실이 있으면 고의범으로 처벌해야 한다는 견해 등이 있다.

나. 책임설

고의는 구성요건요소로 인정하고 위법성의 인식은 고의와 무관한 독자적인 책임요소라는 것이다. 형법이 사실의 착오와 법률의 착오를 구별하여 취급을 달리 하고 있으므로 법률의 착오는 사실의 착오와 같이 고의를 조각하는 구조를 전제로 논의될 수 없다. 위법성의 현실적 인식이 있는 경우에는 책임이 인정되고,

위법성의 인식가능성만 있는 경우에는 책임이 감경되며, 그러한 가능성조차 없으면 책임이 조각된다고 본다.

책임설은 위법성조각사유의 전제사실에 대한 착오에 관하여 엄격책임설과 제한적 책임설로 나뉘어진다.

2. 위법성조각사유의 전제사실에 대한 착오

가. 개념

위법성조각사유의 전제사실에 대한 착오란 행위자가 위법성조각사유의 객관적 요건이 충족되지 않았음에도 자신의 행위가 위법성조각사유에 해당한다고 인식하고 행위한 경우를 말한다. 정당방위의 객관적 요건을 갖추지 못한 오상방위가 해당하고, 그 밖에도 오상긴급피난, 오상자구행위 등도 해당될 수 있다. 위법성조각사유의 전제사실에 대하여 착오를 하였다는 점에서 사실의 착오와 유사한 면이 있으나, 객관적 구성요건사실에 대한 인식은 있다는 점에서 차이가 있다. 위법하지 않다고 착오하였다는 점에서 위법성의 착오의 일종으로 볼 수도 있다.

아래에서 보는 학설대립의 본질은 구성요건을 기초지우는 사실(예컨대 사람을 살해한다는 사실)의 인식과 위법성조각사유를 기초지우는 사실(예컨대 현재의 부당한 침해가 존재한다는 사실)의 인식을 동질·대등한 것으로 볼 것인가 이질적인 것으로 볼 것인가에 있다.[25]

나. 취급에 관한 학설

1) 고의설

위법성 인식을 하지 못한 경우이므로 위 1항에서 본 고의설과 다르지 않다.

2) 엄격책임설

위법성조각사유의 전제사실에 관한 착오를 위법성의 착오에 속한다고 본다. 그 착오를 회피할 수 없었으면 책임이 조각되고, 회피할 수 있었으면 고의범이 성립하되 단지 형을 감경할 수 있다고 한다. 범죄구성3단계론에 충실하고, 위법성조각사유는 구성요건해당성이 아니라 위법성만을 배제하는 것이고, 위법성조각사유의 전제사실에 관한 착오는 구성요건요소인 고의가 아니라 위법성의 인식이 결여

25 이용식, "위법성조각사유의 전제사실의 착오에 대한 대법원판례의 이해구조 -오상을 이유로 하는 위법성조각과 정당방위상황의 인정- -판례의 시각에 대한 학계의 이해부족-", 형사판례연구 24호, 박영사(2016), 161.

된다는 것이다.[26]

이와 같은 엄격책임설에 따르면 지금까지 위에서 살펴본 위법성의 착오에 관한 종류는 모두 법률의 착오에 해당하므로 형법 제16조에 따라 정당한 사유가 있는지에 따라 책임의 조각 여부가 문제될 뿐이다. 이 견해에 대하여는, 행위자가 구성요건에 해당하는 사실을 인식하고 있지만 동시에 위법성을 조각시키는 사실을 인식하고 있는 경우에는 행위자가 규범의 문제에 직면하고 있다고는 말할 수 없고, 정당방위의 요건 그 자체를 오해한 경우와 오상방위와 같이 위법성조각사유의 전제사실의 착오의 경우를 동일하게 처리할 수 없다는 비판이 있다. 즉 법에 적대적인 심정을 가지지 않는 행위자의 심리상태를 고의범으로 직접 비난할 수는 없고, 정당화 사정의 존재를 오인한 부주의에 대하여 과실범으로 간접적으로 비난할 수 있음에 지나지 않는다는 것이다.[27]

3) 제한적 책임설

엄격책임설이 위법성조각사유의 전제사실에 관한 회피가능한 착오가 있는 경우 고의범을 인정하는 것에 대하여 일반인의 법감정에 반한다는 비판이 제기되자 엄격책임설의 입장을 완화하여 위법성조각사유의 전제사실에 대한 착오의 경우에는 고의범이 아닌 과실범으로 처벌된다는 견해이다.

고의범으로 처벌하지 않는 이론적 근거에 관하여는 다음과 같은 견해들이 있다.

가) 소극적 구성요건표지이론

위법성조각사유의 요건을 '총체적 불법구성요건'의 소극적 표지로 본다. 행위자는 법적 구성요건의 객관적 요소를 인식해야 할 뿐 아니라 '위법성조각사유의 요건이 존재하지 않는다는 것'도 인식하여야 고의가 성립한다는 것이다. 위법성조각사유의 전제사실에 대한 착오가 있으면 법질서를 수호한다고 생각한 것이므로 불법고의가 성립할 수 없고 형법 제13조가 적용되어 고의 자체가 부정되고 과실범 성립 문제만 남게 된다.

이 견해에 대하여는, 과잉방위를 고의범으로 처벌하는 형법 규정(제21조 제3

26 김성돈, 형법총론(제5판), 성균관대학교출판부(2017), 400; 정성근/박광민, 형법총론(제2판), 성균관대학교출판부(2015), 359; 오영근, 형법총론(제4판), 박영사(2018), 298.

27 이용식, "위법성조각사유의 전제사실의 착오에 대한 대법원판례의 이해구조 -오상을 이유로 하는 위법성조각과 정당방위상황의 인정- -판례의 시각에 대한 학계의 이해부족-", 형사판례연구 24호, 박영사(2016), 167.

항)이 있으므로 과잉방위는 고의범으로 처벌할 수밖에 없는데 그 보다 위법성조각사유의 요건을 덜 충족한 오상방위를 과실범으로 처벌하게 되어 자의적이고, 범죄구성 3단계설을 범죄구성 2단계설로 축소하는 범죄체계론상의 문제가 있으며, 처벌의 공백이 생긴다는 등의 비판이 있다.[28]

나) 유추적용설

위법성조각사유의 전제사실에 대한 착오는 구성요건적 착오는 아니지만 구성요건적 착오와 유사하므로 이를 유추적용하여 과실범 처벌규정이 있는 경우에 과실범으로만 처벌해야 한다고 한다. 위법성조각사유의 전제사실에 대하여 착오한 사람은 고의의 본질이 되는 구성요건적 불법을 실현하려는 결단이 없으므로 행위불법을 부정해야 하고, 그에 따라 구성요건적 착오에 관한 규정을 유추적용하여 고의를 조각시켜야 하고, 그 착오가 회피가능한 경우에 한하여 과실불법을 인정하여 과실범이 성립한다는 것이다.[29]

이는 구성요건해당성 단계에서 존재한다고 긍정된 구성요건고의가, 위법성조각사유의 전제사실의 착오에 의하여 '사후적으로' 부정되고 그에 따라 과실범의 성부가 문제된다고 하는 것이다.

이 견해에 대하여는, 구성요건에 가장 기대되는 기능은 '구성요건해당성이 없으면 범죄 없다.' 죄형법정주의의 기능이고 그러한 기능을 하기 위해서는 고의 과실이 구성요건요소가 아니면 안 되는데 구성요건의 개별화기능을 부정한다는 비판,[30] 고의범의 행위반가치가 의도반가치에만 있는 것은 아니어서 의도반가치가 없다고 해서 구성요건적 고의가 조각될 수 없다는 비판,[31] 구성요건적 고의가 조각되면 착오자의 미수행위와 거기에 가담한 악의의 제3자에 대한 공범성립을 인정할 수 없는 한계가 생긴다는 비판[32] 등이 있다.

다) 법효과제한(전환)책임설

위법성조각사유의 전제사실에 대한 착오를 한 사람도 구성요건 고의를 갖고

28 정성근/박광민, 형법총론(제2판), 성균관대학교출판부(2015), 354; 임웅, 형법총론(제10정판), 법문사(2018), 350.

29 김일수/서보학, 새로쓴 형법총론(제13판), 박영사(2018), 288.

30 이용식, "위법성조각사유의 전제사실의 착오에 대한 대법원판례의 이해구조 -오상을 이유로 하는 위법성조각과 정당방위상황의 인정- -판례의 시각에 대한 학계의 이해부족-", 형사판례연구 24호, 박영사(2016), 162.

31 이재상·장영민·강동범, 형법총론(제9판), 박영사(2012), 347.

32 정성근/박광민, 형법총론(제2판), 성균관대학교출판부(2015), 356.

행위하였으므로 행위반가치가 있는 고의불법은 인정되지만 착오자는 법질서에 합치되는 심정으로 행위한 것이므로 고의범이 전형적으로 갖는 법공동체의 가치관에 대한 배반이 없다. 따라서 책임고의(심정반가치)와 고의형벌이 탈락하고 법효과를 과실형벌로 전환하여 과실범의 형벌을 부과해야 한다는 견해이다. 고의의 이중지위를 인정하고, 고의범의 구성요건해당성과 위법성은 인정하지만 법질서에 충실하려는 심정 때문에 책임단계에 와서 책임고의를 탈락시키고 과실범을 인정한다. 우리나라의 다수설이라고 한다.[33]

이 견해에 대하여는, 고의행위의 불법까지 인정된 사람에 대해서 책임단계에 와서 과실범을 인정하는 것은 체계모순이고, 고의불법을 행한 자에게 과실형벌을 부과하는 것이 죄형법정주의의 취지에 맞지 않고 과실범으로 의제되는 이유를 설명할 수 없으며, 과잉방위에 대하여는 고의범을 인정하는데 오상방위에 대하여 과실범을 인정하는 것이 현저히 형평에 어긋난다는 비판이 있다.[34]

다. 판례의 태도

1) 형법 제310조 위법성조각사유의 전제사실에 대한 착오 사례

대법원은 명예훼손죄에 관한 형법 제310조 위법성조각사유에 관하여 적시된 사실이 진실한 것이라는 증명이 없더라도 행위자가 진실한 것으로 믿었고 또 그렇게 믿을 만한 상당한 이유가 있는 경우에는 위법성이 조각된다는 태도를 취하고 있다.

위법성조각사유의 전제사실에 대한 착오이나 앞에서 본 학설과는 다른 독자적인 태도를 취하고 있다.[35] 이러한 판례에 대하여 범죄체계론적 관점에서 문제가 있다는 비판이 있다. 즉 위법성조각사유의 객관적 요건은 그 요건이 충족되어야만 행위자의 행위의 위법성이 조각되는 것인데, 위법성조각사유의 전제사실의 착오가 있는 경우에는 위법성의 객관적 요건이 충족되지 않았기 때문에 어떤 경우에도 위법성은 조각될 수 없다는 것이다.[36]

그러나 판례는 사후적 객관적으로는 표현내용의 진실성이라는 위법성을 조각하는 사정이 인정되지 않는 경우에도, 진실하다고 믿을 만한 확실한 근거나 자료

33 이재상·장영민·강동범, 형법총론(제9판), 박영사(2012), 347; 박상기, 형법총론(제9판), 박영사(2012), 268; 임웅, 형법총론(제10정판), 법문사(2018), 354; 배종대, 형법총론(제13판), 홍문사(2017), 320.
34 정성근/박광민, 형법총론(제2판), 성균관대학교출판부(2015), 357.
35 정성근/박광민, 형법총론(제2판), 성균관대학교출판부(2015), 360.
36 김성돈, 형법총론(제5판), 성균관대학교출판부(2017), 400.

가 존재하는 때 즉 표현행위가 이루어지는 시점에 진실이라고 평가할 수 있는 때에는 위법성조각을 인정한다는 것이다. 이는 확실한 근거자료에 기초하여 진실이라고 신뢰한 언론이 사후에 처벌될 수 있다는 우려 때문에 위축되지 않도록 보장하려는 것이다.[37]

2) 오상 정당행위 사례

대법원은 군대 당번병의 무단이탈 사건에서 피고인이 그 이탈행위를 당번병으로서 임무범위에 속한다고 오인한 것이고 오인에 정당한 이유가 있다는 이유로 위법성이 없다고 판단한 원심에 대하여 그 판단이 정당하고 위법성에 대한 법리오해의 위법이 없다고 판단하였다. 이에 대하여 위법성조각사유로 보게 되면 위법한 행위를 지시한 명령은 위법하나 그 명령에 기한 행위는 위법하지 않다는 모순에 빠진다는 비판이 있다.[38]

[판례] 대법원 1986. 10. 28. 선고 86도1406 판결

피고인은 소속 중대장의 당번병으로서 근무시간 중은 물론 근무시간 후에도 밤늦게 까지 수시로 영외에 있는 중대장의 관사에 머물면서 집안일을 도와주고 그 자녀들을 보살피며 중대장 또는 그 처의 심부름으로 관사를 떠나서까지 시키는 일을 해오던 중 이 사건 당일밤에도 중대장의 지시에 따라 관사를 지키고 있던중 중대장과 함께 외출나간 그 처 A로부터 같은날 24:00경 비가 오고 밤이 늦어 혼자서는 도저히 여우고개를 넘어 귀가할 수 없으니, 관사로부터 1.5킬로미터 가량 떨어진 여우고개까지 우산을 들고 마중을 나오라는 연락을 받고 당번병으로서 당연히 해야할 일로 생각하고서 여우고개까지 나가 동인을 마중하여 그 다음날 01:00경 귀가한 사실을 인정하고, 이와 같은 피고인의 관사이탈 행위가 중대장의 직접적인 허가를 받지 아니하였다 하더라도 피고인은 당번병으로서의 그 임무범위 내에 속하는 일로 오인한 행위로서 그 오인에 정당한 이유가 있으므로 위법성이 없다고 하여 피고인에게 무죄를 선고하였는바, 원심의 위와 같은 사실인정과 판단에 사실오인이나 무단이탈죄에 있어서의 위법성에 대한 법리오해의 위법이 없다.

3) 오상 정당방위 사례

대법원은 피고인이 불심검문을 하는 경찰관을 퍽치기 강도로 오인하고 저항

37 이용식, "위법성조각사유의 전제사실의 착오에 대한 대법원판례의 이해구조 -오상을 이유로 하는 위법성조각과 정당방위상황의 인정- -판례의 시각에 대한 학계의 이해부족-", 형사판례연구 24호, 박영사(2016), 188.

38 조해근, "형법상의 기대가능성론에 관한 연구", 서울대 박사학위논문(1996), 256 이하.

하며 상해를 가한 사건에서 위법성조각사유의 전제사실에 대한 착오 가능성을 언급하였다. 이 사건에서 피고인은 공무집행방해죄와 상해죄의 상상적경합범으로 기소되었다. 공무집행방해죄에서는 경찰관인 사실 또는 공무집행 사실 자체를 인식하지 못하였다면 사실의 착오로서 구성요건적 고의가 탈락될 수 있고, 상해죄에서는 퍽치기 상황으로 오인하였다면 위법성조각사유의 전제사실에 대한 착오가 문제된다.[39] 대법원은 이를 한꺼번에 설시하면서 상해죄에서 위 착오에 해당할 경우 고의, 위법성, 책임 중 어느 성립요건이 조각되는지에 관하여는 명시적으로 밝히지 않았다. 착오에 정당한 사유가 존재하는지 여부를 심리하라고 명하였으므로 형법 제16조에서 정한 법률의 착오 문제로 보았다고 볼 여지가 있다. 과실범에 대한 언급이 없으나, 법원은 과실범으로 공소가 제기되어야 비로소 과실범에 대하여 언급할 수 있으므로 과실범에 대한 언급이 없다고 하여 엄격책임설을 취한다고 단정할 수는 없다.

[판례] 대법원 2014. 2. 27. 선고 2011 도 13999 판결

피고인은 자신을 추격하는 경찰관들을 피하여 도망하다가 넘어졌는데, 당시는 새벽 02:20경으로 상당히 어두웠던 심야였고 경찰관들도 정복이 아닌 사복을 입고 있었던 사실, 자신을 추격하는 차량(일반 승용차였던 것으로 보인다)을 피하려다 넘어진 피고인은 주변에 고성으로 '경찰을 불러달라'고 요청하여 지나가던 택시기사도 이 소리를 듣고 정차하였던 사실 등을 알 수 있고 여기에 피고인은 원심 법정에 이르기까지 일관하여 이 사건 경찰관들을 소위 '퍽치기'를 하려는 자들로 오인하였던 것이라고 진술하고 있는 사정 등을 종합하면, 피고인은 당시 경찰관들을 치한이나 강도로 오인함으로써 이 사건 공무집행 자체 내지 그 적법성이나 자신의 경찰관들에 대한 유형력 행사의 위법성 등에 관하여 착오를 일으켰을 가능성을 배제하기 어려우므로, 원심으로서는 당시 피고인이 자신이 처한 상황을 어떻게 인식하였는지, 피고인에게 착오가 인정된다면 그러한 착오에 정당한 사유가 존재하는지 여부 등에 관하여 면밀히 심리한 다음 범죄성립이 조각될 수 있는지 여부를 신중히 판단하여야 한다는 점을 덧붙여 지적하여 둔다.

아래와 같이 오상방위 상황에 대하여 피고인이 현재의 급박하고도 부당한 침해가 있는 것으로 오인하는데 대한 정당한 사유가 있는 경우에 정당방위 주장을 배척한 것은 오상방위에 관한 법리를 오해하였다고 판단한 사례가 있다.

39 우인성, "불심검문과 착오에 관한 사례", 고영한 대법관 재임기념 논문집, 사법발전재단(2018), 456.

[판례] 대법원 1968. 5. 7. 선고 68 도 370 판결
피고인과 공소외인과의 사이에 언쟁을 하고, 피고인이 동인을 구타하는 등의 싸움을 하였다하여도, 다른 특별한 사정이 없는 한, 구타를 하였음에 불과한 피고인으로서는 공소외인이 실탄이 장전되어있는(초소 근무인만큼 실탄이 장전되어 있다) 카빙소총을 피고인의 등뒤에 겨누며 발사할 것 같이 위협하는 방위 행위는 위와 같은 싸움에서 피고인이 당연히 예상하였던 상대방의 방위행위라고는 인정할 수 없으므로 이는 부당한 침해라고 아니할 수 없고, 원심이 인정한 바와 같이 피고인이 동인을 먼저 사살하지 않으면 피고인의 생명이 위험하다고 느낀 나머지 뒤로 돌아서면서 소지중인 카빙총을 발사하였다는 행위는 현재의 급박하고도 부당한 침해를 방위하기 위한 행위로서 상당한 이유가 있는 행위라고 아니할 수 없고, 만일 공소외인이 피고인의 등뒤에서 카빙총의 실탄을 발사하였다면, 이미 그 침해행위는 종료되고 따라서 피고인의 정당방위는 있을 수 없을 것임에도 불구하고, 원심이 위와 같은 사실을 인정하면서 피고인이 발사를 할 때까지는 공소외인이 발사를 하지 아니한 점으로 보아, 동인에게 피고인을 살해 할 의사가 있다고는 볼 수 없으므로 피고인의 생명에 대한 현재의 위험이 있다고는 볼 수 없다는 취지로 판시하므로서, 위와 같은 피고인의 행위를 정당방위가 아니라는 취지로 판시하였음은 정당방위에 관한 법의를 오해한 위법이 있다. 가사 피해자인 공소외인에게 피고인을 상해할 의사가 없고 객관적으로 급박하고 부당한 침해가 없었다고 가정하더라도 원심이 인정한 사실자체로 보아도 피고인으로서는 현재의 급박하고도 부당한 침해가 있는 것으로 오인하는데 대한 정당한 사유가 있는 경우(기록에 의하면 공소외인은 술에 취하여 초소를 교대하여야 할 시간보다 한시간반 늦게 왔었고, 피고인의 구타로 동인은 코피를 흘렸다는 것이며, 동인은 코피를 닦으며 흥분하여 “월남에서는 사람하나 죽인 것은 파리를 죽인 것이나 같았다. 너하나 못 죽일 줄 아느냐”라고 하면서 피고인의 등뒤에 카빙총을 겨누었다고 한다)에 해당된다고 아니할 수 없음에도 불구하고, 원심이 위와 같은 이유로서 피고인의 정당방위의 주장을 배척하였음은 역시 오상방위에 관한 법리를 오해한 위법이 있다.

이와 같이 위법성조각사유의 전제사실에 대한 착오 사안에서 위법성조각을 인정한 판례에 대하여 앞서 본 것과 같이 비판하는 견해가 있다. 또한 판례의 결론에 대하여 오상방위에 대하여 위법성조각을 인정하면 오인당한 상대방이 정당방위로 대항할 수 없게 되어 상대방에게 가혹한 결과가 되고, 오상방위가 이미 위법한 행위가 아니라면 정당방위의 요건을 갖추지 못하는 오상방위를 정당방위와

동일하게 취급하여 형법 제21조의 요건을 잠탈하는 것이 된다는 비판이 있다.[40] 그러나 판례의 태도를 형법 제310조 위법성조각사유의 전제사실에 대한 착오에서의 판례의 취지를 그대로 적용하여 평가하는 견해가 있다. 즉 정당방위는 자기의 이익 또는 법질서를 수호하기 위한 권리로서 성질을 갖고 있다. 이러한 권리행사의 요건이 사후적으로 부정될 우려가 있으면, 정당방위의 행사를 과도하게 위축시킬 수 있다. 따라서 사후적 객관적으로는 정당방위상황이 존재하지 않는 경우라고 하더라도 정당한 사유가 있는 경우에 정당방위의 행사를 인정하는 것은 반드시 결론의 타당성이 결여된 것이 아니라는 것이다.[41] 판례의 입장에서는 정당방위상황 자체가 인정되는 사안과 그 오신만이 인정되는 사안의 구별은 미묘하며, 이러한 경우에 정당방위상황이 인정되는 범위가 약간 넓어지는 것은 정당방위의 권리성이나 형법의 보충성이라는 견지에서는 오히려 바람직하며, 판례는 정당방위 상황의 판단을 규범적 종합적인 것으로 보고 있다고 한다.[42]

V. 그 밖의 착오

1. 주관적 정당화사유의 부존재

행위의 위법성을 조각시키는 적법한 상황이 존재하는데도 착오로 이를 알지 못한 경우, 즉 위법성이 조각되는 상황인데도 위법하다고 생각하고 행위를 한 경우이다. 환각범과 마찬가지로 처벌되지 않는 행위를 처벌된다고 착오한 것이지만, 환각범은 구성요건해당성이 없으므로 구별된다. 예컨대, 옆집 창문을 깨기 위하여 돌맹이를 던졌는데 마침 옆집 거주자가 가스중독 상태에서 깨어나게 된 경우 등이다. 이에 대하여 위법한 행위가 되므로 기수책임을 져야 한다는 견해, 불법한 결과가 발생하였다고 볼 수 없으므로 미수범에 불과하다는 견해가 있다.[43]

40 이용식, "위법성조각사유의 전제사실의 착오에 대한 대법원판례의 이해구조 -오상을 이유로 하는 위법성조각과 정당방위상황의 인정- -판례의 시각에 대한 학계의 이해부족-", 형사판례연구 24호, 박영사(2016), 174.

41 이용식, "위법성조각사유의 전제사실의 착오에 대한 대법원판례의 이해구조 -오상을 이유로 하는 위법성조각과 정당방위상황의 인정- -판례의 시각에 대한 학계의 이해부족-", 형사판례연구 24호, 박영사(2016), 188.

42 이용식, "위법성조각사유의 전제사실의 착오에 대한 대법원판례의 이해구조 -오상을 이유로 하는 위법성조각과 정당방위상황의 인정- -판례의 시각에 대한 학계의 이해부족-", 형사판례연구 24호, 박영사(2016), 187.

43 박상기, 형법총론(제9판), 박영사(2012), 264.

2. 이중의 착오

다수의 착오가 동시에 존재하는 경우이다. 위법성조각사유의 전제사실에 대한 착오를 하면서 허용된 상당성의 범위를 초과하는 것을 가능하다고 오인한 경우를 예로 들 수 있다. 행위자가 위법성을 조각시키는 객관적 요건 중의 하나가 충족되어 있지 않다는 사실을 알지 못하고, 또한 위법성조각의 법적 한계를 넘어서는 행위를 하면서도 자신의 행위가 위법성이 조각된다고 오인한 경우이다. 오상과잉방위, 오상과잉긴급피난, 오상과잉자구행위, 오상과잉정당행위 등이 해당된다. 그 취급에 대하여는 위법성조각사유의 전제사실에 대한 착오로 보자는 견해와 위법성의 착오 사례로 보자는 견해[44]가 있다.

3. 과실범의 위법성조각사유의 전제사실에 관한 착오

위법성조각사유의 전제사실에 관한 착오와 과실범이 경합하는 경우의 문제이다. 과실범의 정당방위 사례로서 살인범이 실제로 갑을 공격하려고 총을 꺼내는 것을 보고 갑은 정당방위로서 살인범에게 경고사격을 하였는데 과실로 인하여 살인범에게 탄환이 맞아 사망한 경우 정당방위로 위법성이 조각된다. 그런데 살인범이 갑을 공격하기 위한 것이 아니라 악수를 하기 위하여 손을 내민 것이라고 가정한다면 이는 과실범에 있어서 오상방위 사례가 된다고 한다. 또한 갑이 아내가 의식을 잃고 쓰러진 것을 발견하여 자살을 시도하여 위험한 상태라고 믿고 빨리 병원으로 운전하여 가던 중 자전거를 치어 자전거 운전자에게 상해를 입힌 경우 실제로 아내가 전혀 위급한 상황이 아니었다면 업무상 과실치상죄로 처벌될 것인지 문제된다.

이에 대하여 위법성조각사유의 전제사실에 관한 착오의 견해들을 과실범에 그대로 원용하여 해결하는 방법, 과실범의 일반적인 성립요건으로 해결하는 방법 등이 제시되고 있다.[45]

44 박상기, 형법총론(제9판), 박영사(2012), 271; 김성돈, 형법총론(제5판), 성균관대학교출판부(2017), 403.

45 이용식, "위법성조각사유의 전제사실의 착오에 대한 대법원판례의 이해구조 -오상을 이유로 하는 위법성조각과 정당방위상황의 인정- -판례의 시각에 대한 학계의 이해부족-", 형사판례연구 24호, 박영사(2016), 104.

제 17 조 [인과관계]

어떤 행위라도 죄의 요소되는 위험발생에 연결되지 아니한 때에는 그 결과로 인하여 벌하지 아니한다.

[관련조문] 형법 제15조 제2항, 제19조(독립행위의 경합), 제263조(동시범).

[참고문헌] 권오걸, 형법총론(제2판), 형설출판사(2007); 김성돈, 형법총론(제5판), 성균관대학교출판부(2017); 김성천/김형준, 형법총론(제6판), 도서출판 소진(2014); 김일수/서보학, 새로쓴 형법총론(제13판), 박영사(2018); 김태명, 판례 형법총론(제2판), 피앤씨미디어(2016); 김혜정 외, 형법총론, 피앤씨미디어(2018); 도중진/정대관, 형법총론(제2판), 충남대학교출판문화원(2016); 박상기, 형법총론(제9판), 박영사(2012); 박상기/전지연, 형법학(총론·각론 강의)(제4판), 집현재(2018); 배종대, 형법총론(제13판), 홍문사(2017); 손동권/김재윤, 새로쓴 형법총론(초판), 율곡출판사(2011); 신동운, 형법총론(제11판), 법문사(2019); 신동운, 신판례백선 형법총론(제2판), 경세원(2011); 오영근, 형법총론(제4판), 박영사(2018); 이재상 외 2인, 형법총론(제9판), 박영사(2017); 이형국/김혜경, 형법총론(제5판), 법문사(2019); 임웅, 형법총론(제10전정판), 법문사(2018); 정성근/박광민, 형법총론(제2판), 성균관대학교출판부(2015); 정영일, 형법강의(총론)(제3판), 학림(2017); 최호진, 형법총론강의(2018년판), 준커뮤니케이션즈(2018); 주석 형법 총칙(1)(제2판), 한국사법행정학회(2011); 김성돈, "인과관계판단과 과실판단의 분리", 형사판례연구 제11권, 박영사(2003), 24-46; 김성돈, "범죄유형별 인과관계판단과 직접성", 형사판례연구 제13권, 박영사(2005), 53-75; 김종구, "대법원 판례와 상당인과관계설 및 법적 인과관계", 원광법학 제34권 제4호, 원광대학교 법학연구소(2018. 12.), 95-114; 김준호, "위험의 실현으로서의 상당인과관계", 저스티스 통권 제137호, 한국법학원(2013. 8.), 301-333; 류화진, "부작위범의 인과관계", 비교형사법연구 제7권 제1호, 한국비교형사법학회(2005), 99-124; 박이규, "선행 교통사고와 후행 교통사고 중 어느 쪽이 원인이 되어 피해자가 사망하였는지가 분명하지 않은 경우, 후행 교통사고와 피해자의 사망 사이에 인과관계를 인정하기 위한 요건", 대법원판례해설 제74호, 법원도서관(2008. 7.), 346-365; 원형식, "부진정부작위범의 인과관계와 객관적 귀속", 중앙법학 제12권 제4호, 중앙법학회(2010), 111-136; 윤용규, "인과관계의 판단척도 : 직접성과 예견가능성", 형사판례의 연구(지송 이재상 교수 화갑기념논문집), 박영사(2004), 192-205; 이건호, "형법 제17조의 위험발생의 의미와 상당인과관계설", 형사법연구 제17호(2002), 19-42; 이경재, "상당인과관계설의 상당성 판단기준을 위한 상당성의 구체화 작업 시도 -피해자의 도피행위를 중심으로-", 형사판례연구 제21호, 박영사(3013. 6.), 1-25; 이경재, "일본형법상 인과관계론", 법학연구 제16권 제1호, 충북대학교 법학연구소(2005), 1-14; 이용식, "상당인과관계설의 이론적 의미와 한계 -상당성의 본질-", 법학 제44권 제3호, 서울대학교 법학연구소(2003), 199-238; 임철희, "피해자의 자기위태화, 상당인과관계, 그리고 결과귀속", 안암법학 제49권, 안암법학회(2016), 207-235; 장영민, "인과관계의 확정과 합법칙적 조건설", 형사판례연구 제3호, 박영사(1996), 22-39; 정현미, "인과과정에 개입된 타인의 행위와 객관적 귀속", 형사판례연구 제9호, 박영사(2001), 143-166; 조상제, "현행 인과관계 규정(형법 제17조)의 개정방안에 관한 연구", 고려법학 제49호(2007. 10.), 965-986; 大塚仁 외, (大コンメンタール)형법(제3판), 제2권, 青林書院(2016); 西田典之 외, 주석 형법, 제1권, 有斐閣(2010).

Ⅰ. 의의와 입법례

1. 인과관계의 의의

구성요건상 행위 이외에 결과의 발생을 요하는 범죄(결과범, 침해범)에 있어서는 결과가 발생하여야 범죄가 기수에 이른다. 그러나 이러한 범죄에서도 단순히 결과가 발생하는 것만으로는 충분하지 않고, 발생한 결과가 행위자의 행위에 의한 것이라는 연관관계가 있어야 한다. 이것이 바로 형법상 인과관계의 문제이고, 형법 제17조는 이 점을 소극적인 방식으로 표현하여 "어떤 행위라도 죄의 요소되는 위험발생에 연결되지 아니한 때에는 그 결과로 인하여 벌하지 아니한다"고 규정하고 있다.

형법상 인과관계는 구성요건적 행위와 결과 사이의 연관관계를 의미하므로 인과관계를 논의하기 위해서는 우선 구성요건적 정형성을 갖춘 '행위'와 구성요건적 '결과'가 존재할 것을 전제로 한다. 따라서 '행위적격' 또는 '결과발생' 여부에 대한 판단이 인과관계를 논의하기에 앞서서 확정되어야 한다.[1]

인과관계는 '행위'와 결과의 관련에 관한 문제이다. 따라서 행위자의 내심의 의사는 문제되지 않는다. 의사와 결과간의 관련은 이른바 '주관적 귀속'의 문제로서 '고의'의 성부가 문제될 뿐이다.

또한 인과관계는 행위와 '결과'의 관련에 관한 문제이므로 결과범, 즉 형벌법규가 일정한 법익침해 또는 그 위태화라는 결과를 전제로 하고 있는 범죄의 경우에만 문제된다. 결과범 가운데 침해범이 아닌 위험범의 경우에도 법익침해의 위험이라는 결과가 구성요건표지로 되어 있는 이상 인과관계가 인정되어야 한다. 예컨대, 자기소유물건방화죄(제166조 제2항), 일반물건방화죄(제167조)와 같은 구체

1 임웅, 형법총론(제10전정판), 법문사(2018), 139.

적 위험범의 경우 방화행위와 공공의 위험 사이에 인과관계가 존재하여야 한다. 반면에 결과발생을 필요로 하지 않는 단순거동범이나 추상적 위험범 등에서는 인과관계가 문제되지 않는다. 다만, 추상적 위험범 중에서 구성요건적 결과를 명시하고 있는 경우에는 예외적으로 인과관계가 문제되므로 형법 제17조가 적용된다. 예컨대, 형법 제164조(현주건조물방화죄)의 경우에는 추상적 위험범이면서도 '소훼'라는 구성요건적 결과를 특별히 규정하고 있으므로 방화행위와 소훼라는 결과 사이에도 형법상 인과관계가 인정되어야 한다.[2]

결과범에 있어서 인과관계가 인정되지 않으면 미수범의 성립 여부만이 문제되는데, 형법은 미수범의 처벌을 고의범에 한정하고 있으므로 과실범의 경우에 인과관계가 인정되지 않으면 범죄가 성립하지 않는다. 한편 결과적 가중범에 있어서 기본범죄와 중한 결과 사이에 인과관계가 인정되지 않으면 결과적 가중범은 성립하지 않고, 행위자는 기본범죄에 대해서만 책임을 부담하게 된다.

인과관계는 기술되지 아니한 객관적 구성요건요소에 해당한다.[3] 따라서 구체적인 인과관계는 결국 개개의 구성요건해당성의 문제로 돌아가게 된다. 즉, 당해 구성요건이 어떠한 행위와 어떠한 결과의 발생을 그 내용으로 하고 있는가에 따라 인과관계의 확정대상이 달라진다.[4]

2. 자연과학적 인과관계와 형법적 인과관계

형법상 인과관계의 본질이 무엇인가에 대한 논의가 있다. 형법 이외에 철학이나 자연과학에서도 인과관계가 존재한다. 19세기 자연과학의 압도적 영향은 형법학에도 영향을 미쳐 형법상 인과관계를 논리적 조건관계와 동일시하며 자연과학적 인과관계의 연장선에서 이를 '사실판단'의 문제로 취급하였다.

하지만 철학이나 자연과학의 인과개념이 그대로 규범과학인 형법에 적용될 수는 없다. 형법의 인과관계는 규범과학의 성격에 맞게 법적·사회적 관점에서 적절하게 수정되어야 한다. 이와 같이 단순한 존부확인을 넘어서서 평가의 요소까

2 김성돈, 형법총론(제5판), 성균관대학교출판부(2017), 185; 도중진/정대관, 형법총론(제2판), 충남대학교출판문화원(2016), 270.

3 권오걸, 형법총론(제2판), 형설출판사(2007), 125-126; 김일수/서보학, 새로쓴 형법총론(제13판), 박영사(2018), 101; 손동권/김재윤, 새로쓴 형법총론(초판), 율곡출판사(2011), 116; 임웅, 형법총론(제10전정판), 법문사(2018), 142; 정성근/박광민, 형법총론(제2판), 성균관대학교출판부(2015), 159. 이에 대하여 우리 형법은 결과범에 있어서 인과관계를 범죄성립의 요건으로 명시하고 있으므로 성문의 구성요건요소에 해당한다는 견해가 있다[신동운, 형법총론(제11판), 법문사(2019), 184].

4 임웅, 형법총론(제10전정판), 법문사(2018), 142.

지 포함하는 것이 형법상 인과관계라고 할 것이다.[5]

3. 인과관계의 종류[6]

가. 기본적 인과관계

행위가 다른 개입요소 없이 직접 구성요건적 결과를 야기한 경우를 말한다. 예컨대, 甲이 A를 총으로 쏘아 살해한 경우처럼 결과를 발생하게 하는데 아무런 다른 개입요소가 없는 경우를 말한다.

나. 이중적(택일적) 인과관계

단독으로 동일한 결과를 발생시키기에 충분한 둘 이상의 조건들이 공동으로 작용하여 결과를 발생시킨 경우를 말한다. 조건들이 택일적 관계에 있어 이를 '택일적 인과관계'라고도 한다. 예컨대, A를 살해하고자 치사량이 1g인 독약을 甲과 乙이 서로 모르는 채로 각각 1g씩 A의 음료수 잔에 투입하여 A가 이를 마시고 사망하였을 때 甲과 乙의 독약투입행위는 A의 사망이라는 결과에 이중적 인과관계에 있다.

다. 중첩적(누적적) 인과관계

각기 독자적으로 결과를 발생시킬 수 없는 여러 조건들이 우연하게 공동으로 작용함으로써 결과가 발생한 경우를 말한다. 조건들이 누적적 관계에 있으므로 '누적적 인과관계'라고도 한다. 예컨대, A를 살해하고자 치사량이 1g인 독약을 甲, 乙이 서로 모르는 채로 각각 0.5g씩 A의 음료수 잔에 투입하여 A가 이를 마시고 사망하였을 때, 甲과 乙의 독약투입행위와 A의 사망이라는 결과는 중첩적 인과관계에 있다.

라. 추월적 인과관계

선행조건이 결과발생을 진행시키고 있는 가운데, 후행조건이 기존의 선행조건을 추월하여 결과를 야기한 경우를 말한다. 후행조건에 대해서는 인과관계를 인정하는 데 별다른 어려움이 없으나, 문제는 선행조건과 결과 사이에 인과관계를 인정할 수 있는지 여부이다. 예컨대, 甲이 A를 살해하고자 치사량이 든 독약을 음료수 잔에 투입하여 A가 이를 마셨으나 약효가 발생하기 전에 乙이 A에게

5 배종대, 형법총론(제13판), 홍문사(2017), 146; 도중진/정대관, 형법총론(제2판), 충남대학교출판문화원(2016), 272; 신동운, 형법총론(제11판), 법문사(2019), 167; 이재상 외 2인, 형법총론(제9판), 박영사(2017), 142; 임웅, 형법총론(제10전정판), 법문사(2018), 140-141.

6 김일수/서보학, 새로쓴 형법총론(제13판), 박영사(2018), 102-104; 이형국/김혜경, 형법총론(제5판), 법문사(2019), 149-152; 임웅, 형법총론(제10전정판), 법문사(2018), 142-143.

충격을 가하여 A가 사망한 경우, 甲의 행위와 A의 사망 사이의 인과관계를 인정할 수 있는지 여부이다.

마. 가설적(가정적) 인과관계(또는 가설적 대체원인)

일정한 가설적 원인이 구성요건적 결과에 현실적으로 작용하지는 않았지만 현실적으로 작용한 원인이 없었더라도 그 결과와 같이 가정적 결과를 야기했을 고도의 개연성이 있는 경우를 말한다. 예컨대, 비행기에 탑승하기 전의 A를 살해하고자 甲이 치사량의 독약을 A의 음료수 잔에 투입하여 A가 마시고 탑승한 후 비행 중에 약효가 발생하여 A가 사망하였는데, 얼마 지나지 않아 그 비행기는 乙이 설치한 시한폭탄의 폭발로 추락함으로써 탑승자 전원이 사망한 경우, 乙의 시한폭탄설치행위와 A의 사망이라는 결과는 가설적 인과관계에 있다.

여기서 가설적 인과관계나 앞서 본 추월적 인과관계에서의 추월당한 선행조건은 현실적으로 존재하는 인과관련의 배후에 감추어져 있는 가설적 대체원인이 문제되는 것처럼 보인다. 하지만 추월당한 선행조건은 기존의 선행조건에 의하여 현실적인 인과연쇄가 진행되던 도중에 새로운 조건이 개입하여 무효화된 인과연쇄이지만, 가설적 인과관계는 애당초 현실적으로 진행되지 않았고, 오로지 상상 속에서만 존재하는 인과연쇄이므로 양자는 서로 구별된다.[7]

바. 비유형적 인과관계

일정한 행위가 결과에 대하여 원인이 되지만, 그 결과에 이르는 과정에 다른 원인이 기여한 경우의 인과관계를 말한다. 예컨대, 甲이 A에게 상해를 가하였는데, ①피해자가 특수체질이라든가, ②피해자의 고의 또는 과실행위가 개입하거나, ③제3자의 고의 또는 과실행위가 개입하거나, ④자연현상 내지 천재지변으로 A가 사망하였을 때, 甲의 상해행위와 ① 내지 ④의 사유가 결합하여 사망의 결과를 발생시킨 경우, 이를 비유형적 인과관계라고 한다.

4. 외국의 입법례[8]

우리나라와 같이 형법에 인과관계에 관한 규정을 명시적으로 두고 있는 입법례는 극히 드물다. 우리나라 형법의 제정에 큰 영향을 주었던 구형법과 일본 개정

7 최호진, 형법총론강의(2018년판), 준커뮤니케이션즈(2018), 172.

8 이하 내용은 이건호, "형법 제17조의 위험발생의 의미와 상당인과관계설", 형사법연구 제17호(2002), 19-25 및 조상제, "현행 인과관계 규정(형법 제17조)의 개정방안에 관한 연구", 고려대법학 제49호(2007), 965-967 부분을 요약하여 주로 인용하거나 적절히 수정하였다.

형법가안(假案)이나 독일 형법전에는 인과관계에 관한 규정이 없다. 과거의 이탈리아 형법, 브라질 형법 등에 인과관계 규정을 두거나 미국 모범형법전이 조건설에 따라 인과관계를 규정한 것[9] 등이 있을 뿐이다.[10]

형법 제17조의 규정이 어떻게 형법전에 들어오게 되었는가에 대하여 아직까지 이를 상세하게 언급하고 있는 자료는 없는 것 같다. 인과관계에 관한 규정이 형법 입법과정에서 최초로 등장하는 것은 법전편찬위원회 형법초안이다. 위 초안 제17조는 현행규정과 동일한 내용으로 되어 있었고, 그 후 정부안으로 채택되어 국회를 통과하여 현재에 이르고 있다. 형법 제정 당시 법전편찬위원회 위원장으로서 형법의 제정에 주도적 역할을 담당하였던 김병로 전 대법원장은 국회 본회의에서 형법초안을 설명하면서 인과관계에 관한 조문은 학설 대립을 입법적으로 해결하기 위해 도입된 것이라고만 말하고 있을 뿐, 당시에 주장되고 있었던 인과관계에 관한 학설에 대한 소개나 위험개념을 도입한 취지에 대한 구체적인 설명은 없다. 또한 해당 조문의 심의과정에서도 이에 대한 토론과정이 생략된 채 의결만 되었을 뿐이다.[11]

일본의 경우 형법에 인과관계에 관한 규정을 두고 있지 않지만 학설에서는 당연히 결과범의 경우 인과관계가 필요하다고 보고 있고, 다수설은 상당인과관계설을 지지하고 있다.[12] 일본 판례는 종전에는 일부를 제외하고 조건설에 따른 판례가 주류였으나 '미군 뺑소니사건(米兵ひき逃げ事件)' 최고재판소 판례가 상당인과관계설을 채용한 후 일본 법원도 상당인과관계설을 채택하고 있다고 해석되고 있다.[13]

[판례] '미군 뺑소니사건(米兵ひき逃げ事件)' (日最判 1967. 10. 24. 刑集 21권 8호 1116)[14]

[사안] 피고인 甲(미군 병사)은 승용차에 乙을 동승시켜 시속 60㎞로 진행하던 중

9 American Law Institute, Model Penal Code, Official Draft and Explanatory Notes, 25. Section 2.03의 1항에서 "그러한 선행행위가 없었더라면 문제된 결과가 발생하지 않았을 경우에 그 행위는 결과의 원인이다(Conduct is the cause of a result when: it is an antecedent but for which the result in question would not have occurred)"라고 규정하고 있다.

10 이건호, "형법 제17조의 위험발생의 의미와 상당인과관계설", 형사법연구 제17호(2002), 19-20.

11 신동운 편, 형법제정자료집, 형사정책연구원(1990), 168 이하.

12 일본의 인과관계론에 관해서는 이경재, "일본형법상 인과관계론", 법학연구 제16권 제1호, 충북대학교 법학연구소(2005), 1-14 등 참조.

13 大塚仁 외, (大コンメンタール)형법(제3판), 제2권, 青林書院(2016), 133.

14 보다 자세한 판례의 내용은 大塚仁 외, (大コンメンタール)형법(제3판), 제2권, 青林書院(2016), 118-119 참조.

과실로 자전거를 타고 가던 피해자 A를 차로 충돌하였고, 피해자가 승용차 지붕 위로 튕겨 올라갔는데, 의식을 잃은 피해자를 알아채지 못하고 4km 정도 계속하여 진행하였다. 乙이 이를 알아채고 시속 약 10km로 도주하던 자동차 지붕으로부터 피해자의 신체를 끌어내려 아스팔트 포장도로 위로 떨어뜨려 피해자가 사망하였다. 이 사안에서 피해자의 사인이 되었던 두부(頭部)의 상해가 최초의 충돌에서 발생한 것인지, 아니면 노면에 떨어질 때 발생한 것인지가 확정되지 않았다.

[판시] 동승자가 진행 중인 자동차의 지붕 위에서 피해자를 거꾸로 잡아당겨 끌어내려 아스팔트 포장도로 위에 떨어뜨린 것과 같은 것은 경험상 통상 예상할 수 있는 것이 아니고, (중략) 피고인의 위와 같은 과실행위로 인하여 피해자의 사망의 결과가 발생했다는 것이 우리들의 경험칙상 당연히 예상할 수 있는 것이라고는 도저히 말할 수 없다.[15]

Ⅱ. 인과관계에 관한 학설

1. 인과관계이론

가. 조건설

일정한 행위가 없었더라면 일정한 결과발생도 없었을 것이라는 논리적 조건관계만 있으면 인과관계를 인정하는 견해이다. 조건설은 모든 조건들이 결과에 대하여 동등한 가치를 갖는다고 전제하고 있어 이를 '등가설(等價說)'이라고도 한다. 조건설은 자연과학적, 철학적 인과관계를 형법적 인과관계의 판단의 기초로 채택한 것이다. 조건들 가운데 원인을 찾는 방법으로, "어떤 행위가 없었더라면 문제의 결과는 발생하지 않았을 것인가?"라는 질문(이를 'conditio sine qua non'이라 한다)에 대하여 긍정의 답변이 제시되면 그 행위와 결과는 서로 조건관계에 있는 것이다. A가 없었으면 B도 없었을 것이라고 인정되면 A가 B를 절대적으로 제약한 것이라고 할 수 있기 때문에 이를 '절대적 제약공식'이라고 하고, 절대적 제약공식을 사용할 때 문제의 행위(A)를 사고 속에서 가정적으로 제거해 보는 방법을 동원하기 때문에 '가설적 제거절차'라고 부르기도 한다.[16]

15 참고로 원심인 동경(東京)고등재판소는 "피고인의 자동차 충돌로 인한 위와 같은 충격이 피해자의 사망을 초래할 것이라는 것은 경험칙상 당연히 예상할 수 있는 것이므로 동승자 을의 행위개입으로 사망의 결과가 조장되었다고 하여 피고인은 피해자치사의 책임을 면하지 못한다"고 판시하여 인과관계를 긍정하였다.

16 김성돈, 형법총론(제5판), 성균관대학교출판부(2017), 185.

조건설의 장점은 그 적용상의 편의성에 있다. 아무리 복잡한 사태진행이 있더라도 절대적 제약공식을 적용하면 인과관계를 간단히 검증해 낼 수 있다. 하지만 조건설의 장점은 동시에 단점이기도 하다.[17] 조건설에 의하면 결과발생에 대하여 조건관계에 있는 모든 행위가 결과에 대한 원인이 되어 인과관계의 인정범위가 지나치게 확대되는 문제가 있다.

조건설에 의하면, 추월적 인과관계, 이중적 인과관계, 가설적 인과관계에 있어서 인과관계가 부정되는 불합리가 발생한다. 반면에 비유형적 인과관계에 있어서는 인과관계를 인정하게 된다.

나. 원인설(개별화설)

원인설은 조건설에 의하여 인과관계의 인정범위가 지나치게 넓어지는 것을 시정하기 위하여 결과의 발생에 대하여 중요한 영향을 준 조건과 단순한 조건을 구별하여, 전자를 원인이라고 하고, 원인이 되는 조건에 대해서만 형법상 인과관계를 인정하는 견해이다. 모든 조건을 개별적으로 관찰하여 원인과 조건을 구별한다는 점에서 '개별화설'이라고도 한다.

원인설 내에서도 어떠한 기준에 의하여 원인과 조건을 구별할 것인가에 관하여, 필연조건설, 최종조건설, 최유력조건설, 결정적 조건설, 우월적 조건설 등이 제시되었다.

원인설의 문제점은 이론상 원인과 조건을 명백히 구별할 수 없을 뿐만 아니라 그 구별기준으로 자연과학적 사고를 무비판적으로 도입하였다는 점에 있다. 원인설은 상당인과관계설의 등장과 함께 자취를 감추었고, 현재 이를 지지하는 학자를 찾아 볼 수 없다.[18]

다. 상당인과관계설

1) 의의

원인설과 마찬가지로 조건설의 결함을 극복하기 위하여 제시된 견해로서, 원인설이 여러 조건을 개별화하여 그 중에서 원인을 찾으려는 것과는 달리 일반화적 방법을 통하여 상당성이 있는 원인을 찾으려는 점에 특색이 있다.

상당인과관계설은 인과관계와 결과귀속의 결합 내지는 결과의 귀속을 인과관

17 신동운, 형법총론(제11판), 법문사(2019), 171.
18 이재상 외 2인, 형법총론(제9판), 박영사(2017), 147.

계 속에 흡수시켜 판단하는 일원설의 입장을 취하면서, 사회생활상의 일반적인 지식경험에 비추어 일정한 행위로부터 일정한 결과가 발생하는 것이 상당하다고 평가할 수 있는 경우에 형법상의 인과관계를 인정한다. 이 견해에서 말하는 '상당성'은 확률의 문제로서 일상생활 속에서 누적된 경험을 바탕으로 어떤 행위로부터 어떤 결과가 발생할 확률이 매우 높다고 판단되는 경우 인정된다. 이 견해는 행위가 자연과학적 또는 합법칙적으로 결과를 야기했는지 뿐만 아니라, 그 행위가 지금까지의 일반적 경험법칙에 비추어 결과를 발생시키는 데 상당한지 또는 개연적인지를 인과관계의 판단기준으로 삼는다.[19]

상당인과관계설에 의하면 비유형적 인과과정을 배제하여 인과관계의 무한정한 소급을 차단하고, 결과적 가중범에서 상당한 결과에 따라 형사책임범위를 제한하는 장점을 가지고 있다. 학설로서는 소수설[20]이나, 우리나라 대법원이 기본적으로 채택하고 있는 입장이기도 하다.

2) 상당성 판단의 기초

상당인과관계설은 어떠한 사정을 기초로 해서 상당성을 판단할 것인가에 관하여 다음과 같은 견해로 나뉜다.

가) 주관적 상당인과관계설(주관설)

행위자가 행위 당시에 인식하고 있었던 사정과 인식할 수 있었던 사정을 기초로 하여 상당성을 판단하자는 견해이다.

나) 객관적 상당인과관계설(객관설)

행위 당시에 객관적으로 존재하였던 모든 사정과 행위 후의 사정이라도 행위 당시에 일반적으로 예견할 수 있었던 모든 사정을 기초로 하여 상당성을 판단하자는 견해이다.

행위 후의 사정이라도 행위 당시에 객관적으로 예측할 수 있었던 모든 사정을 고려한다는 점에서 '객관적 사후예측설' 또는 '객관적 사후예후설'이라고도 한다.

다) 절충적 상당인과관계설(절충설)

행위 당시에 일반인이 인식할 수 있었던 사정과 행위자가 특히 인식하고 있

19 이경재, "상당인과관계설의 상당성 판단기준을 위한 상당성의 구체화 작업 시도 - 피해자의 도피행위를 중심으로 -", 형사판례연구 제21호, 박영사(2013. 6.), 9.

20 배종대, 형법총론(제13판), 홍문사(2017), 152; 오영근, 형법총론(제4판), 박영사(2018), 113; 이건호, "형법 제17조의 위험발생의 의미와 상당인과관계설", 형사법연구 제17호(2002), 28-29.

었던 사정을 기초로 하여 상당성을 판단하자는 견해이다.

3) 상당성의 정도

최근 일본에서는 상당인과관계설의 구조가 '상당성의 판단기초'와 '상당성의 판단'이라고 하는 이중의 구조로 구성되어 있다고 하는 견해가 늘어나고 있다. 즉 상당인과관계설은 사람의 사회생활에서의 경험에 비추어 행위와 결과 사이의 상당성을 논하여 인과관계의 유무를 판단하는 학설이므로, 이 판단은 어느 범위의 사정을 상당성 판단의 기준으로 하는가 하는 '상당성 판단기초'의 설정과, 설정된 판단기초를 매개로 한 '상당성의 판단'에 따라 행하여지므로 이중의 구조를 갖는다는 것이다. 종전에는 상당성 판단의 기초를 둘러싼 논의(앞서 본 주관설, 객관설, 절충설과 같은 견해 대립)에 중점을 두었지만, 최근에는 '미군 뺑소니사건(米兵ひき逃げ事件)' 최고재판소 판례[21]를 계기로 상당성의 판단구조에 큰 관심을 두고 논의의 중심이 변해가고 있다고 한다. 그리하여 사회생활의 경험에 비추어 볼 때, 어떠한 경우에 행위와 결과 사이에 상당성이 '있다' 또는 '없다'라고 판단할 수 있는가, 즉 '상당성의 정도'에 관하여 논의가 다양하게 전개되고 있다고 한다.[22] 예컨대, ①원인과 결과 사이에 가장 높은 정도의 개연성이 긍정되어야 하는 것은 아니고, 가장 높은 정도의 개연성은 사회경험으로 보아 정형적인 관련성을 나타낼 필요가 있다는 견해, ②'상당하지 않다'고 하는 것은 매우 우연적인 것을 배제한다는 취지라는 견해, ③'당연'하다든가 '통상'이라고 하는 것과 같은 고도의 개연성까지는 필요하지 않고 어느 정도의 가능성, 즉 '있을 수 있는 것이다' 또는 '이상하지 않다', '희한한 것은 아니다'라고 하는 정도로 족하다는 견해, ④확률로서는 매우 낮다고 하는 정도로는 행위의 상당성이 부정되어야 하는 것은 아니고 그러한 사태가 진정 그러한 종류의 행위의 사정권 외에 있고, 행위자의 입장에 있는 자에게는 그러한 발전이 예상할 수 없는 것이고 또한 그것을 방지할 가능성도 없다고 할 때 비로소 인과관계의 상당성이 부정된다는 견해[23] 등 다양한 견해가 제시되고 있다.

21 원심인 동경고등재판소는 상당인과관계설에 기초하여 판단을 하면서도 피고인의 과실과 피해자의 사망 사이에 상당인과관계가 있다고 판단하였다. 이에 반하여 최고재판소는 원심과 마찬가지로 상당인과관계설에 기초하여 판단을 하면서도 피고인의 과실과 피해자의 사망 사이에 인과관계가 없다고 하여 상반된 결론을 내렸다.

22 보다 자세한 내용은 大塚仁 외, (大コンメンタール)형법(제3판), 제2권, 青林書院(2016), 111-112 참조.

23 大塚仁 외, (大コンメンタール)형법(제3판), 제2권, 青林書院(2016), 112.

4) 상당인과계설에 대한 비판

상당인과관계설에 대하여는 인과성이 인정되는 조건을 찾는 일과 그 중 상당성이 인정되는 조건을 정하는 일, 이 두 가지를 동시에 수행하면서 이를 모두 인과관계라는 개념범주에 포함시키고 있는 문제점이 있다고 비판한다. 그래서 상당인과관계설은 이 두 가지 작업 가운데 첫 번째 작업인 사실상의 인과관계 존부확인에 관해서는 실제로 침묵하고 있다고 주장한다.[24] 즉, 행위와 결과간의 인과관계가 인정되려면 그 행위가 결과발생에 상당성이 있어야 한다는 것은 결국 인과관계의 존부의 문제를 건너뛰어 곧바로 정도의 문제를 의미하는 판단(평가)작업까지 나아가고 있는 방법론상의 문제점이 있다는 것이다.[25]

게다가 상당인과관계설의 '상당성'이라는 단일의 척도는 객관적 귀속이론에서 그 동안 정립되어 온 세부 표지들과 비교하여 볼 때 지나치게 넓고 추상적이어서 그 판단에 자의성이 개입될 여지가 많다는 비판이 있다.

라. 중요설

인과관계의 유무와 인과관계의 중요성을 구별하여, 인과관계의 유무는 조건설에 의하여 확정하지만, 개개의 구성요건의 해석상 중요성이 있는 조건만이 구성요건해당성이 있다고 하는 견해이다. 인과관계 자체는 논리적 판단의 문제로 보지만, 그 형법상의 중요성은 규범적 판단의 문제로 보아 인과관계론에 의해서가 아니라 개개의 구성요건의 의미에 따라 결정하려는 점에서, 인과관계와 객관적 귀속론을 결부시키는 이원적 사고의 단서를 열어준 데 의의가 있다고 한다.[26]

마. 합법칙적 조건설

조건설의 맹목적인 적용과 관련하여 독일에서 발생한 콘터간(Contergan) 사건을 계기로 비판이 제기되었다. 그 사례를 소개하면 다음과 같다.[27] "P 제약회사는 '탈리도미드'라는 신물질을 개발하여 콘터간이라는 제품명으로 수면제를 판매하였

24 조상제, "현행 인과관계 규정(형법 제17조)의 개정방안에 관한 연구", 고려법학 제49호(2007. 10.), 976.

25 김성돈, 형법총론(제5판), 성균관대학교출판부(2017), 189.

26 임웅, 형법총론(제10전정판), 법문사(2018), 150.

27 이하 내용은 신동운, 형법총론(제11판), 법문사(2019), 172-173에서 재인용하였다.

다. P 회사의 수면제 콘터간을 복용한 A 녀는 그 후 기형아를 출산하였다. 비슷한 사례가 여러 차례 보고되자 검사는 P 제약회사의 경영진을 과실치상죄로 기소하였다. 이 사건에서 P 회사 측의 수면제 발매행위와 A 녀의 기형아 출산 사이에 인과관계가 인정되는가 하는 문제가 제기되었다."

이 사건에서 조건설을 단순히 적용하면 P 회사 측의 수면제 발매행위와 A 녀의 기형아출산 사이에 인과관계는 쉽게 긍정된다. 하지만 신물질인 탈리도미드가 기형아 출산이라는 부작용을 낳는가 하는 문제는 아직 관련학계에서 검증되지 않았다. 이러한 경우에도 P 회사 측의 수면제 발매행위와 A 녀의 기형아 출산 사이에 인과관계를 인정할 수 있는가와 관련하여 조건설의 맹목적인 적용을 비판하고, 그 판단의 전제가 되는 인과법칙을 먼저 확정해 두어야 한다는 반성을 불러일으켰다. 그 결과 제기된 이론이 '합법칙적 조건설'이다.

합법칙적 조건설은 절대적 제약공식이 아니라 특정행위가 특정한 결과발생에 실질적으로 효력을 미쳤는가를 기준으로 인과관계의 유무를 판단한다. 결과가 행위에 시간적으로 뒤따르는 외계의 변동에 연결되고 이 변동이 행위와 합법칙적 연관하에 구성요건적 결과로 실현되었을 때 인과관계가 인정된다고 한다. 합법칙적 조건설은 현실세계에서 실제로 전개된 행위와 결과만을 가지고 인과관계를 확인하는 방법을 취한다.

합법칙적 조건설에서의 '조건'은 과거의 조건설에서 말하는 논리적 조건관계를 말하는 것이 아니라 현대 과학으로 확인 가능한 일상적 경험법칙상의 조건관계를 의미하고, 경험법칙도 규범의 세계에서 경험하는 당위법칙이라기보다는 사실상의 경험법칙을 의미한다.

합법칙적 조건설에 의하면, 타인의 고의 또는 과실행위라든가 피해자의 특이체질과 같은 다른 원인이 개입된 비유형적 인과관계의 경우에도 인과성이 인정되고, 부작위범에 있어서 부작위와 결과발생 사이에서도 합법칙적 연관성이 인정된다. 또한 조건설에 의하면 그 인과성이 부정되었던 이중적 인과관계, 추월적 인과관계, 가설적 인과관계에서도 합법칙적 연관성을 인정한다. 여기에서 인과관계를 인정한다고 하더라도 발생한 결과에 대하여 행위자에게 책임을 지우는 것이 타당한가 하는 문제는 뒤에서 살펴 볼 객관적 귀속론에 의하여 다시 결정하게 된다.

이는 독일의 형법학자 엥기쉬(Engisch)가 주장한 견해로서, 현재 우리나라 다

수의 학자가 지지하는 견해이다.[28]

바. 인과관계중단론

인과관계가 진행되는 중에 타인의 고의행위나 예기치 못한 우연한 사정이 개입된 경우에는 이에 선행했던 행위와 결과 사이의 인과관계가 중단된다는 이론을 말한다. 예컨대, 甲이 A에게 경상을 입혔을 뿐인데 치료하는 의사의 잘못으로 A가 사망하거나 A의 잘못으로 사망한 경우 등에 있어서는 甲의 행위와 A의 사망 사이에는 인과관계가 중단된다고 하는 것이다. 이는 조건설에 의한 인과관계의 무한한 확대를 제한하기 위하여 제기된 이론이다.

인과관계중단론에 유사한 것으로 프랑크(Frank)가 주장한 '소급금지론'이 있다. 이 이론에 의하면, 행위가 결과의 발생시까지 계속되지 아니하고, 그 행위와는 무관하게 후에 개입된 다른 사정에 의하여 결과가 발생하였을 경우에 그 결과를 다른 사정이 개입하기 이전의 행위에 소급하여 관련시켜서는 안 된다는 이론이다.

인과관계중단론에 대해서는 인과관계의 문제는 인과관계가 있느냐, 없느냐를 결정하는 문제이며 존재하지 않는 인과관계는 중단될 수 없고, 존재하는 인과관계는 중단되는 것이 아니라는 비판이 있다.

2. 객관적 귀속이론

가. 의의

객관적 귀속이론은 인과관계가 확인된 결과를 행위자의 행위에 객관적으로 귀속시킬 수 있는가를 확정하는 이론을 말한다. 인과관계는 발생된 결과를 행위자에게 귀속시키기 위한 전제로서 행위와 결과 사이에 어떠한 연관이 있어야 하는가라는 존재론적·사실적 문제인데 비하여, 객관적 귀속은 그 결과가 정당한 처벌이라는 관점에서 행위자에게 객관적으로 귀속될 수 있느냐라는 규범적·법적인

28 김성돈, 형법총론(제5판), 성균관대학교출판부(2017), 193; 김성천/김형준, 형법총론(제6판), 도서출판 소진(2014), 101; 김일수/서보학, 새로쓴 형법총론(제13판), 박영사(2018), 114; 김혜정 외, 형법총론, 피앤씨미디어(2018), 95; 도중진/정대관, 형법총론(제2판), 충남대학교출판문화원(2016), 279; 박상기, 형법총론(제9판), 박영사(2012), 106; 손동권/김재윤, 새로쓴 형법총론(초판), 율곡출판사(2011), 125; 신동운, 형법총론(제11판), 법문사(2019), 173; 이재상 외 2인, 형법총론(제9판), 박영사(2017), 156; 이형국/김혜경, 형법총론(제5판), 법문사(2019), 157; 임웅, 형법총론(제10전정판), 법문사(2018), 151; 정성근/박광민, 형법총론(제2판), 성균관대학교출판부(2015), 173; 정영일, 형법강의(총론)(제3판), 학림(2017), 98.

문제에 속한다. 객관적 귀속이론은 원래 독일 민법학자 라렌츠(Larenz)가 민법상의 부작위와 관련하여 주장하였던 이론인데, 호니히(Richard M. Honig)가 1930년대에 형법학에 이를 도입한 이래 오늘날 독일에서 통설적 위치를 차지하고 있고, 우리나라의 대부분의 학자들도 이를 지지하고 있다.[29]

이 이론은 행위자에 의하여 법적으로 허용되지 않은 위험이 창출되고, 그 위험이 구성요건적 결과로 실현되었을 경우에 한하여 그 결과는 행위자에게 객관적으로 귀속되어 객관적 구성요건을 충족한다고 주장한다. 객관적 귀속론은 책임의 범위를 객관적 귀속의 척도를 가지고 구성요건 단계에서 제한하고자 한다. 따라서 결과범에 있어서 객관적 귀속관계는 인과관계와 더불어 기술되지 아니한 구성요건표지로서 객관적 구성요건요소에 해당한다.

객관적 귀속이론은 인과관계를 배제하거나 인과관계를 대체하는 이론이 아니다.[30] 객관적 귀속을 인정하기 위해서는 인과관계의 존재가 인정되어야 한다. 인과관계가 부정됨에도 결과의 객관적 귀속이 인정될 수는 없다. 판례가 주로 취하고 있는 상당인과관계설과 객관적 귀속이론은 전혀 별개의 이론으로 보기는 어렵다. 전자는 형법상 인과관계라는 하나의 개념 속에 사실상의 인과관계의 확인문제와 상당성이라는 평가의 문제를 한꺼번에 '인과관계'라는 용어를 사용하고 있다. 반면에 후자는 인과관계라는 용어는 사실상의 인과관계 확인문제에서만 사용하고 인과관계가 인정되는 것으로 확인된 여러 조건들 중에서 결과에 객관적으로 귀속가능한 조건이 어느 것인가를 평가하는 문제에 대하여 '객관적 귀속'이라는 별개의 용어를 사용하는 차이가 있을 뿐이다.[31]

객관적 귀속이 인정되는 경우 객관적 구성요건은 충족되므로 결과범의 기수가 된다. 하지만 객관적 귀속이 인정되지 않은 경우에는 미수 또는 무죄가 된다. 위험을 창출하지 못한 경우 가벌성이 탈락하여 무죄가 되고, 위험을 창출하였으

29 김성돈, 형법총론(제5판), 성균관대학교출판부(2017), 191-192; 김성천/김형준, 형법총론(제6판), 도서출판 소진(2014), 101; 김일수/서보학, 새로쓴 형법총론(제13판), 박영사(2018), 114; 김혜정 외, 형법총론, 피앤씨미디어(2018), 95; 도중진/정대관, 형법총론(제2판), 충남대학교출판문화원(2016), 288; 박상기, 형법총론(제9판), 박영사(2012), 114; 손동권/김재윤, 새로쓴 형법총론(초판), 율곡출판사(2011), 125; 신동운, 형법총론(제11판), 법문사(2019), 185; 이재상 외 2인, 형법총론(제9판), 박영사(2017), 156-157; 이형국/김혜경, 형법총론(제5판), 법문사(2019), 157; 임웅, 형법총론(제10전정판), 법문사(2018), 156-157; 정성근/박광민, 형법총론(제2판), 성균관대학교출판부(2015), 173; 정영일, 형법강의(총론)(제3판), 학림(2017), 98.

30 이형국/김혜경, 형법총론(제5판), 법문사(2019), 153; 임웅, 형법총론(제10전정판), 법문사(2018), 152.

31 김성돈, 형법총론(제5판), 성균관대학교출판부(2017), 191.

나 실현하지 못한 경우 고의범은 미수범으로 처벌되나, 과실범은 미수범 처벌 규정이 없으므로 무죄가 된다.

나. 객관적 귀속의 기준

객관적 귀속을 인정하기 위한 판단기준에 관해서는 다양한 견해가 있으나, 그 중 거의 공통적으로 들고 있는 내용은 다음과 같다.

1) 위험의 창출 또는 증가

행위의 객체에 대하여 법적으로 허용될 수 없는 위험을 야기하거나 위험을 증가시킨 때에만 그 위험으로 인한 결과를 객관적으로 귀속시킬 수 있고, 법익에 대한 위험을 야기하기 않거나 허용되는 위험만을 야기한 때에는 결과귀속을 인정할 수 없다고 한다. '위험증대이론'은 록신(Roxin)이 주장한 이론으로서 객관적 귀속의 판단기준으로서 주목받고 있는 이론의 하나이다.

행위자가 그 행위에 의하여 이미 시작된 인과의 진행에 구체적으로 영향을 주긴 했지만 그 결과발생을 약화시키거나 위험의 정도를 감소시킨 경우에는 객관적 귀속이 부정된다. 예컨대, 피해자의 머리 위에 치명적이 타격이 가하여지는 순간 그를 밀쳐 어깨에 맞게 한 경우가 이에 해당한다.

행위자가 법익침해의 위험을 감소시키지는 않았지만 그렇다고 하여 법적으로 의미가 있을 만큼의 위험을 증대시키지도 않은 경우에 객관적 귀속이 부정된다. 예컨대, 상속인이 피상속인을 살해하기 위하여 안전도가 낮은 전세기를 타고 여행하도록 권하였는데 마침 비행기 추락사고로 피상속인이 사망한 경우, 집주인이 일꾼을 낙뢰가 치는 날에 밖에 나가 일하게 함으로써 일꾼이 낙뢰에 사망하게 한 행위 등은 법적으로 의미가 있을 만큼의 위험을 증대시켰다고 볼 수 없다.

매우 경미한 상해행위, 교통수칙을 준수한 자동차 운전 중에 부득이 발생한 대인사고, 관련법규의 허용기준에 합치하는 오염물질 배출행위 등 사회적 상당성이 있는 행위는 허용된 위험의 범위 내에 있는 행위로서 결과의 객관적 귀속이 부정된다.[32]

2) 위험의 실현

행위자가 위험을 창출하였다면 그 위험이 결과로 실현되었어야 객관적 귀속을 인정할 수 있다. 따라서 행위자가 위험을 창출한 경우에도 결과가 그 위험의

32 임웅, 형법총론(제10전정판), 법문사(2018), 153.

실현으로 발생한 것이 아니라 우연에 의하여 발생한 때에는 행위자에게 귀속시킬 수 없다. 예컨대, 甲이 A를 살해하기 위하여 총으로 저격하였으나 A에게 부상만 입혔으나 A가 병원으로 후송되는 도중 교통사고로 사망하거나 병원에서 화재로 사망한 경우와 같이 법률상 허용될 수 없는 위험이 아니라 다른 위험이 결과로 실현된 때에는 객관적 귀속이 부정된다. 이러한 비유형적 인과관계 사안에서 단순히 사실적 인과관계가 인정된다고 해서 행위자에게 바로 결과를 귀속시킬 수는 없다.

위험의 실현으로 인한 결과의 발생은 객관적으로 예견가능하고 지배가능한 것이어야 한다.[33] 객관적 예견가능성 내지 지배가능성은 일반인과 행위자가 행위 당시 인식한 사정을 기초로 해서 일반인의 입장에서 판단하여야 한다. 위 낙뢰사건의 사례나 전세기 추락사고의 사례는 객관적 예견가능성이 없거나 지배가능성이 없는 사례로도 볼 수 있다. 객관적 예견가능성 내지 지배가능성은 상당인과관계설에서 말하는 행위와 결과 간의 상당성 내지 개연성이라는 판단척도와 매우 유사하여 위 귀속척도의 적용결과는 상당인과관계설의 결론과 대부분 일치하는 경우가 많다.[34] 객관적 예견가능성 내지 지배가능성은 어떤 행위로 인하여 결과가 발생할 가능성이 일반인의 경험범위 내에 있는 경우를 말한다고 보고 있기 때문이다. 판례에서도 흔히 사용되는 판단의 척도로서, 특히 결과적 가중범의 경우 형법상 인과관계가 인정되는지 여부를 판단하는 데 중요한 판단 척도로 활용되고 있다.

3) 규범의 보호범위

허용되지 않는 위험이 실현되어 결과가 발생한 때에도 구체적인 경우에 구성요건의 범위나 규범의 보호목적에 포함되지 않는 때에는 객관적 귀속이 부정된

33 이를 '위험의 창출'과 관련된 척도로 분류하고 있는 견해[김일수/서보학, 새로쓴 형법총론(제13판), 박영사(2018), 117]가 있으나, 국내의 다수 학자들은 이를 '위험의 실현'과 관련된 척도로 분류하고 있다. 김성돈, 형법총론(제5판), 성균관대학교출판부(2017), 195-196; 이재상 외 2인, 형법총론(제9판), 박영사(2017), 161; 이형국/김혜경, 형법총론(제5판), 법문사(2019), 157; 정성근/박광민, 형법총론(제2판), 성균관대학교출판부(2015), 170.
이와 달리, '객관적 지배가능성'을 '위험의 창출'이나 '위험의 실현'과는 별도의 항목으로 구분하여 설명하고 있는 견해도 있다. 예컨대, 도중진/정대관, 형법총론(제2판), 충남대학교출판문화원(2016), 291-292; 임웅, 형법총론(제10전정판), 법문사(2018), 154; 정영일, 형법강의(총론)(제3판), 학림(2017), 93.

34 김성돈, 형법총론(제5판), 성균관대학교출판부(2017), 195; 김일수/서보학, 새로쓴 형법총론(제13판), 박영사(2018), 118.

다. 즉 당해 위험창출행위가 위반한 규범의 보호목적을 해석을 통하여 구체적으로 규명한 후, 실현된 결과가 그 구체적인 목적범위 내에 속한 것이 아니라면 결과의 객관적 귀속이 부정된다.

예컨대, 자동차 운전자가 차도의 중앙선을 침범하였는데 침범한 차도 쪽의 보도에 있던 보행자가 갑자기 차도로 넘어져서 자동차에 치어 사망한 경우, 중앙선침범행위가 위반한 규범(도로교통법 제13조 제3항)의 보호목적은 '차량 대 차량의 통행방법의 규율'에 있는 것이고, 보행자의 생명·신체의 보호에 있는 것은 아니며, 보행자의 사망이라고 하는 결과는 이 규범의 보호목적의 범위 내에 속하는 것이 아니므로 운전자에 대한 결과의 객관적 귀속이 부정된다.[35]

객관적 귀속론을 지지하는 견해에서 상당인과관계설에 근거하여 판단한 대법원판결 중에서 규범의 보호범위 이론이 적용될 수 있는 사례들로 언급하고 있는 사례들을 몇 가지 예로 들면 다음과 같다.

[판례] 대법원 1989. 9. 12. 선고 89 도 866 판결 (교통사고처리특례법위반)

[사안] 피고인은 승용차를 운전하여 열차건널목을 지나게 되었는데, 건널목에서 일단멈춤의 주의의무를 다하지 않고 그대로 건너려다가 그만 열차 왼쪽 모서리와 충돌하여 20여미터쯤 끌려가다 옆으로 튕겨 나갔다. 마침 자전거를 타고 가던 피해자는 자전거에서 내려 위 승용차 왼쪽에서 열차가 지나가기를 기다리던 중이었다. 피해자의 오른쪽길 한복판으로 달려 온 피고인이 멈추지 않고 그대로 진행하다가 위와 같은 충돌사고를 야기하게 되자 피해자가 놀라 뒤로 넘어져 약 1주간의 치료를 요하는 상처를 입게 되었다.

[판시] 자동차의 운전자가 그 운전상의 주의의무를 게을리 하여 열차건널목을 그대로 건너는 바람에 그 자동차가 열차좌측 모서리와 충돌하여 20여미터쯤 열차 진행방향으로 끌려가면서 튕겨나갔고 피해자는 타고 가던 자전거에서 내려 위 자동차 왼쪽에서 열차가 지나가기를 기다리고 있다가 위 충돌사고로 놀라 넘어져 상처를 입었다면 비록 위 자동차와 피해자가 직접 충돌하지는 아니하였더라도 자동차운전자의 위 과실과 피해자가 입은 상처 사이에는 상당한 인과관계가 있다.

이 사건에서 피해자는 피고인의 충돌사고에 의하여 직접 피해를 입은 것이 아니라 그 옆에 서 있다가 예기치 못한 충돌사고를 목격함으로써 놀라 넘어져 상처를 입었다는 것이다. 이 경우 피고인이 위반한 일단멈춤이라는 주의규범에 위

35 임웅, 형법총론(제10전정판), 법문사(2018), 155.

반한 행위가 심약한 사람을 놀라게 하여 그를 사상케 하는 결과를 초래했더라도 그 결과는 위 주의규범이 일정한 행태를 금지함으로써 예방하려고 한 구체적인 위험의 실현으로 볼 수 없으므로 객관적 귀속이 부정되어야 한다는 견해가 있다.[36]

[판례] 대법원 1991. 2. 12. 선고 90 도 2547 판결 (업무상과실치상)

[사안] 자기집 안방에서 취침하다가 일산화탄소(연탄가스) 중독으로 병원 응급실에 후송되어 온 환자를 진단하여 일산화탄소 중독으로 판명하고 치료한 담당의사에게 회복된 환자가 이튿날 퇴원할 당시 자신의 병명을 문의하였는데도 의사가 아무런 요양방법을 지도하여 주지 아니하여, 환자가 일산화탄소에 중독되었던 사실을 모르고 퇴원 즉시 사고 난 자기 집 안방에서 다시 취침하다 전신피부파열 등 일산화탄소 중독을 입었다.

[판시] 위 의사에게는 그 원인 사실을 모르고 병명을 문의하는 환자에게 그 병명을 알려주고 이에 대한 주의사항인 피해 장소인 방의 수선이나 환자에 대한 요양의 방법 기타 건강관리에 필요한 사항을 지도하여 줄 요양방법의 지도의무가 있는 것이므로 이를 태만한 것으로서 의사로서의 업무상과실이 있고, 이 과실과 재차의 일산화탄소 중독과의 사이에 인과관계가 있다고 보아야 한다.

대법원은 상당인과관계설의 입장에서 피고인의 과실과 제2차 연탄가스사고 발생 사이에 인과관계를 인정하였으나, 재차의 일산화탄소 중독결과 회피는 구 의료법 제22조(2007. 4. 11. 법률 제8366호로 전부개정 되기 전의 것)[37]에 있는 요양방법의 지도의무가 규율하고자 하는 주의규범의 보호목적이 아니라 단지 그 주의의무의 반사적 효과에 불과하므로 비록 지도의무의 위반과 제2차 중독결과 발생 사이에 합법칙적 인과관계는 존재한다고 할지라도 그러한 결과는 법적으로 허용되지 않는 위험의 구체적인 실현이라고 볼 수 없어 객관적 귀속이 부인되어야 한다는 견해가 있다.[38]

36 김일수, "상당인과관계와 객관적 귀속", 법률신문 제1936호, 법률신문사(1990), 15; 이상돈, "규범의 보호목적", 현대형사법의 쟁점과 과제(동암 이형국 교수 화갑기념 논문집), 법문사(1998), 69 이하; 정현미, "인과과정에 개입된 타인의 행위와 객관적 귀속", 형사판례연구 제9호, 박영사(2001), 151.

37 제22조(요양방법의 지도)
의료인은 환자 또는 그 보호자에 대하여 요양의 방법 기타 건강관리에 필요한 사항을 지도하여야 한다.

38 김일수, "업무상 과실치상에서 인과관계와 객관적 귀속", 서울지방변호사회 판례연구 제5집, 서울지방변호사회(1992), 351.

[판례] 대법원 1993. 1. 15. 선고 92도2579 판결 (교통사고처리특례법위반 등)
[사안] 피고인은 ㅏ 자형 삼거리의 교차로를 녹색신호에 따라 직진하고 있던 중 대향차선에서 갑자기 신호를 위반, 도로중앙선을 침범하여 좌회전하는 A의 오토바이를 충돌하여 A가 다치고 오토바이가 부서지는 사고가 발생하였다. 사고 당시 피고인은 제한속도를 위반하여 교차로를 지나고 있었다.
[판시] 신호등에 의하여 교통정리가 행하여지고 있는 ㅏ 자형 삼거리의 교차로를 녹색등화에 따라 직진하는 차량의 운전자는 특별한 사정이 없는 한 다른 차량들도 교통법규를 준수하고 충돌을 피하기 위하여 적절한 조치를 취할 것으로 믿고 운전하면 족하고, 대향차선 위의 다른 차량이 신호를 위반하고 직진하는 자기 차량의 앞을 가로질러 좌회전할 경우까지 예상하여 그에 따른 사고발생을 미리 방지하기 위한 특별한 조치까지 강구하여야 할 업무상의 주의의무는 없고, 위 직진차량 운전자가 사고지점을 통과할 무렵 제한속도를 위반하여 과속운전한 잘못이 있었다 하더라도 그러한 잘못과 교통사고의 발생과의 사이에 상당인과관계가 있다고 볼 수 없다.

위 사례에서 피고인은 도로교통법이 요구하는 제한속도를 초과하여 과속운전을 한 주의의무위반이 인정된다. 그러나 이 경우에 과속운전을 금지한 도로교통법의 관계규정은 일반적으로 도로에서의 위험을 방지하고 교통의 안전과 원활을 확보하기 위하여 마련된 규정이지, 자동차를 특정한 지점에 보다 늦게 도착하도록 함으로써 교통사고를 방지하기 위하여 마련된 것은 아니다. 따라서 이 사건 교통사고의 결과는 도로교통법이 보호하려는 범위 밖에 위치한 것이므로 그 결과를 피고인의 과속운전의 탓으로 돌릴 수는 없다고 보고 있다.[39]

Ⅲ. 형법 제17조의 해석

입법자는 형법 제17조에서 단지 행위와 결과 간의 일정한 연관관계가 있어야 함을 선언했을 뿐 그 구체적인 내용과 판단척도에 관해서는 학설과 판례에 맡긴 것으로 보인다. 그러한 이유로 형법 제17조는 행위와 위험발생 사이에 '연결'이라는 극히 단순하고도 추상적인 표현을 사용하고 있는 까닭에 그 해석에 관하여는 다양한 견해가 제시되고 있다. 형법 제17조가 제시한 법률요건은 '죄의 요소', '위험발생', '연결된다'라는 요소로 구성되어 있다. 여기서 죄의 요소는 범죄의 성립요소를 의미하고, 위험발생은 법익침해의 가능성이 생겼음을 의미한다. 그리고 연결된다는 죄의 요소되는 위험발생과 행위 사이에 연관관계가 존재함을 의미한다.[40]

39 신동운, 신판례백선 형법총론(제2판), 경세원(2011), 215-217.
40 신동운, 형법총론(제11판), 법문사(2019), 185.

상당인과관계설을 지지하는 견해에서는 형법 제17조의 '위험발생'이란 행위 당시에 발생한 개연성이 있다고 예상할 수 있는 모든 형태의 결과를 의미하고, 행위가 위험발행에 '연결된다'는 의미는 발생된 결과가 행위 당시에 예상되었던 위험발생의 범위 안에 속한다는 의미라고 해석한다.[41]

이에 비하여 객관적 귀속론을 지지하는 학자들은 다소간 차이가 있으나 대다수는 형법 제17조의 '죄의 요소되는 위험발생'을 객관적 귀속론의 판단 척도인 허용되지 아니한 '위험창출'과 이를 통한 결과에로의 '위험실현'과 연결지어 해석하고 있는 것으로 보인다.[42] 위와 같은 견해에서는 형법 제17조를 다음과 같이 해석하고 있다. ①'어떤 행위라도 … 그 결과로 인하여'는 행위와 발생된 결과 사이에 있어야 할 인과관계를 지칭하며, 이는 자연과학적 인과성의 존재확정을 전제요건으로 한다. 다음으로 '죄의 요소되는 위험발생에 연결'은 다음의 두 가지 의미로 해석할 수 있다. ②죄의 요소가 되는(즉 허용되지 아니하는) 위험을 창출하여야 하고, ③그 행위가 구성요건적 결과로 실현되어야 한다는 의미로 해석할 수 있다고 한다.

이에 대하여는 '죄의 요소되는 위험발생에 연결'이라는 표현이 ③단계, 즉 '결과로의 실현'도 포함될 수 있는지에 관해서는 입법론상 의문을 제기하는 견해[43]가 있다. 이 견해에서는 통상적인 언어관행에 따르더라도 위험발생이 위험의 결과실현을 포함시킨다고 보기에는 무리가 있다고 지적한다.

한편, 형법 제19조(독립행위의 경합)는 "동시 또는 이시(異時)의 독립행위가 경합한 경우에 그 결과발생의 원인된 행위가 판명되지 아니한 때에는 각 행위를 미수범으로 처벌한다."고 규정하고 있다. 이 때 독립행위란 서로 다른 행위자들 사이에 의사의 연락이 없이 이루어지는 행위를 말한다. 이 규정은 독립행위가 경합하여 결과를 발생시켰으나 그 결과발생의 원인된 행위를 가려내는 인과관계가 확

41 배종대, 형법총론(제13판), 홍문사(2017), 152-155; 오영근, 형법총론(제4판), 박영사(2018), 113.

42 권오걸, 형법총론(제2판), 형설출판사(2007), 136; 김성돈, 형법총론(제5판), 성균관대학교출판부(2017), 192; 김혜정 외, 형법총론, 피앤씨미디어(2018), 98; 박상기, 형법총론(제9판), 박영사(2012), 114; 박상기/전지연, 형법학(총론·각론 강의)(제4판), 집현재(2018), 79; 손동권/김재윤, 새로쓴 형법총론(초판), 율곡출판사(2011), 131; 신동운, 형법총론(제11판), 법문사(2019), 184-186; 이재상 외 2인, 형법총론(제9판), 박영사(2017), 163; 임웅, 형법총론(제10전정판), 법문사(2018), 157; 정성근/박광민, 형법총론(제2판), 성균관대학교출판부(2015), 174; 정영일, 형법강의(총론)(제3판), 학림(2017), 98.

43 이정원, "인과관계와 객관적 귀속", 공범론과 형사법의 제문제(상), 정성근 교수 화갑기념 논문집(1997), 405-406; 조상제, "현행 인과관계 규정(형법 제17조)의 개정방안에 관한 연구", 고려대법학 제49호(2007), 983.

정되지 아니하면, 경합된 각각의 행위를 기수범이 아니라 미수범으로 처벌한다는 의미이다. 이러한 경우 형법 제17조에 의하여 결과책임을 지울 수 없어 미수범이 성립할 뿐인데, 제19조는 이를 재차 확인하여 규정한 것이다.

형법 제19조의 예외로서 제263조(동시범)는 "독립행위가 경합하여 상해의 결과를 발생하게 한 경우에 있어서 원인된 행위가 판명되지 아니한 때에는 공동정범의 예에 의한다."고 규정하고 있고, 이를 '동시범의 특례'라고 한다. 이 규정은 입법자가 집단범죄의 위험성에 대처하기 위하여 상해죄에 대하여 특례를 마련한 것으로서, 상해죄의 독립행위에 관여한 각 행위자를 기수범으로 처벌하기 위하여 특별히 마련된 규정이다. 위 조문은 표제어에 동시범이라는 표현을 사용하고 있으나, 형법 제263조의 독립행위에는 동시의 독립행위와 이시(異時)의 독립행위가 모두 포함된다.[44]

Ⅳ. 관련 문제

1. 과실범의 인과관계

가. 과실범에 있어서 인과관계 필요 여부

우리 형법상 과실범은 결과범으로 구성되어 있다. 과실행위 이외에 결과가 발생하여야 과실범이 성립한다. 과실결과범에 있어서도 과실행위와 발생된 결과 사이에 인과관계가 있어야 범죄가 성립한다.

종래부터 대법원은 과실범의 인과관계는 '주의의무를 다하였다면 결과 발생을 막을 수 있었을 때'에 인정된다고 보고 있다.[45] 바꾸어 말하면 주의의무를 다하였다고 하더라도 결과 발생을 막을 수 없었을 때에는 인과관계가 인정되지 않는다는 것이다. 그리하여 만약에 과실이 없었더라면 결과발생이 방지될 수 있었을 것이라고 대답할 수 있다면 과실과 결과 간에 '직접적 인과관계'가 인정될 수 있다는 결론을 내린다. 위와 같은 판단과정을 거쳐 과실과 결과 간의 인과관계가 인정되는 범위를 좁히는 이론을 '적법한 대체행위의 이론'이라고 한다.[46]

44 대법원 2000. 7. 28. 선고 2000도2466 판결(시간적 차이가 있는 독립된 상해행위나 폭행행위가 경합하여 사망의 결과가 일어나고 그 사망의 원인된 행위가 판명되지 않은 경우에는 공동정범의 예에 의하여 처벌할 것이다).

45 대법원 1990. 12. 11. 선고 90도694 판결 등 참조.

46 신동운, 형법총론(제11판), 법문사(2019), 258.

그런데 실제 사안에서 적법한 대체행위의 이론을 적용할 때 적법한 대체행위를 수행한 결과가 구성요건의 실현으로 나타날 것인지 아닌지 불분명한 경우가 있다. 이러한 상황에서 피고인이 주의의무를 준수하였더라면 결과가 방지될 수 있었을 것인가 하는 점은 결국 결과 방지 가능성의 확률을 가지고 말할 수밖에 없는 한계가 있다. 이에 관하여 다음과 같은 견해가 대립하고 있다.

나. 과실범의 인과관계 판단기준[47]

1) 무죄추정설(가능성설)

주의의무에 합치되는 행위를 하였더라도 마찬가지의 결과가 발생하였을 '가능성' 정도만 인정되면 실제로 발생한 그 결과와 과실 간에 형법상의 인과관계 또는 객관적 귀속을 부정하자는 견해이다. 이는 가상의 방법을 통한 추정적 사실판단에 대해 '의심스러울 때에는 피고인의 이익으로(in dubio pro reo)'라는 원칙을 기반으로 삼고 있다. 독일의 판례[48] 및 다수설이자 우리나라의 다수설[49]이기도 하다. 대법원도 대체로 이 설을 취하는 것으로 이해되고 있다.[50]

피고인의 과실과 결과 발생 사이의 인과관계는 범죄 구성요건이므로 엄격한 증명의 법리에 따라 '사실에 기반을 두어' 합리적 의심이 없는 정도로 입증이 되어야 하는 것이나, 과실범의 경우 인과관계의 문제가 사실에 기반을 두고서 확실하게 입증되기가 어려운 경우가 많다. 이때는 과실과 결과 발생 사이의 인과관계를 확률로 따질 수밖에 없지만, 이 경우에도 확률 인정에는 합리적인 의심이 없는

47 이하 내용은 박이규, "선행 교통사고와 후행 교통사고 중 어느 쪽이 원인이 되어 피해자가 사망하였는지가 분명하지 않은 경우, 후행 교통사고와 피해자의 사망 사이에 인과관계를 인정하기 위한 요건", 대법원 판례해설 제74호, 법원도서관(2008. 7.), 352-356을 주로 참조하였다.

48 독일연방법원은 이른바 자전거운전자 사건(도로교통법에는 추월시 일정한 간격을 유지하도록 규정하였으나, 한 화물트럭 운전사가 법정간격보다 훨씬 좁은 간격을 두고 자전거 운전자의 왼쪽으로 추월하자 이에 놀란 당시 만취한 운전자가 왼쪽으로 핸들을 꺾어 그 결과 트럭 뒷바퀴에 치어 즉사하였고, 조사 결과 트럭운전사가 법정간격을 유지하고 추월하였어도 이 사고로 자전거운전자가 사망할 높은 개연성이 있었음이 밝혀진 사건임)에서, "행위와 결과 간에 조건설적 의미에 있어서 인과관계는 존재하기는 하지만, 과실범은 그보다 더 나아가 주의의무위반 관련성이라는 특별한 인과관계를 전제로 한다. 이 특별한 인과관계가 확실성에 근접한 개연성 정도까지 존재하는 경우에만 유죄판결을 내릴 수 있다. 주의에 합치되는 행위가 있었더라도 그 결과가 발생하였으리라는 충분한 가능성만 존재하면 '의심스러울 때에는 피고인의 이익으로'라는 원리에 따라 무죄판결이 내려져야 한다."고 판시하였다[BGHSt 11, 1. 김성돈, 인과관계판단과 과실판단의 분리, 형사판례연구 제11호, 박영사(2006. 6.), 34.에서 재인용].

49 김성돈, 형법총론(제5판), 성균관대학교출판부(2017), 496; 김일수/서보학, 새로쓴 형법총론(제13판), 박영사(2018), 120; 이형국/김혜경, 형법총론(제5판), 법문사(2019), 467; 정성근/박광민, 형법총론(제2판), 성균관대학교출판부(2015), 171; 정영일, 형법강의(총론)(제3판), 학림(2017), 119.

50 대법원 1990. 12. 11. 선고 90도694 판결 등.

정도의 입증은 요구된다. 따라서 피고인이 주의의무에 합치되는 행위를 하였더라면 결과를 방지할 수 있었을 것임을 검사가 '합리적 의심이 없을 정도로' 입증해야 인과관계를 인정할 수 있고, 검사가 이러한 입증에 이르지 못한 경우에는 법원은 범죄사실에 대해 증명이 없는 경우에 해당하므로 피고인에 대해 무죄를 선고해야 한다고 한다. 피고인으로서는 주의의무에 합치되는 행위를 하였더라도 마찬가지의 결과가 발생하였을 '가능성이 있음'을 입증하기만 하면 결국 인과관계에 대하여 검사가 합리적 의심 없이 입증한다는 데 실패한 것이 되므로 법원은 인과관계를 부정하는 결론을 내려야 한다고 한다.

형사절차의 일반원칙에 충실한 해석이라는 점이 장점이나, 실제 사안에서 행위자의 무죄를 인정하는 범위를 지나치게 넓힌다는 형사정책상의 중대한 결함을 지니며 피해자의 법익 보호를 등한시한다는 단점이 지적되고 있다.

2) 위험증대설(확실성설)

주의의무에 합치되는 행위를 하였더라도 마찬가지의 결과가 발생하였을 가능성 정도만으로는 인과관계를 부정하기에 역부족이고 마찬가지의 결과가 발생하였을 것이 '확실시'되는 경우(혹은 확실성에 근접하는 고도의 개연성이 있을 경우)에만 인과관계 또는 객관적 귀속을 부정하려는 견해이다.[51] 이 견해는 마찬가지의 결과가 발생하였을 가능성 정도만 인정될 때에는 결과를 미연에 방지할 가능성 역시 존재하는 것이라고 한다. 따라서 그러한 경우에 일단 행위자에게 과실이 인정된다는 것은 이 과실이 결과발생의 위험을 증대시킨 것이라고 할 수 있으므로 행위자에게 위험을 감소시킨 사실이 없는 이상 인과관계 또는 객관적 귀속을 부정할 수 없다고 한다.

피해자의 법익 보호에 충실하다는 장점이 있는 반면, 과실범의 인과관계를 제한하기 위해 고안된 적법한 대체행위이론이 사실상 아무런 제한기능을 하지 못하는 결과를 초래하고, 구성요건요소인 인과관계에 대한 입증책임을 검사로부터 피고인에게 전환시킨 것이라는 단점이 지적된다.

3) 절충설(상당위험증대설)

형법상의 법익의 충실한 보호를 도모하려는 취지의 위험증대설의 입장은 형법상의 보호법익의 충실한 보호를 도모하기에는 적절한 견해이지만, 이로 인해 피고인의 방어권보장이 무시되는 결과가 초래되어서는 안 된다는 입장에 서서 위

51 손동권/김재윤, 새로쓴 형법총론(초판), 율곡출판사(2011), 358.

험증대설의 입장을 다소 제한하는 견해이다. 이 견해는 주의의무위반행위가 행위객체에 상당한 정도로 위험을 증대시켰을 때부터 과실과 결과 간에 인과관계를 인정할 수 있다는 태도를 취한다.[52] 이 입장에서는 결과발생의 방지에 확실히 유용한가 아닌가를 묻지 않고 일단 행위자에게 주의의무를 준수할 것을 요구한다. 그리고 주의의무에 위반하는 행위가 과연 상당한 정도로 위험을 증대시켰는가가 의문시될 때 비로소 의심스러운 때에는 피고인에게 유리하게(in dubio pro reo)의 원칙을 적용할 수 있다고 본다.

무죄추정설과 위험증대설의 문제점을 해결하기 위한 견해로 법익보호와 피고인의 방어권을 조화시킬 수 있다는 장점이 있으나, 실제 사안 해결에 있어서는 아무런 구체적인 기준도 제시해 줄 수 없다는 단점이 지적된다.

다. 관련 판례

대법원은 행위자의 과실이 없었고, 주의의무에 합치되는 행위를 하였더라면 결과가 발생하지 않았을 것이 확실시된다고 판단되는 경우에 한하여 문제의 행위와 결과발생 간에 직접적 인과관계가 인정된다고 판단한다.

[판례] 대법원 1990. 5. 22. 선고 90 도 580 판결 (교통사고처리특례법위반)

[사안] 피고인이 야간에 오토바이를 시속 약 50㎞로 2차로상을 진행하다가 무단횡단하던 피해자를 충격하여 1, 2차선 경계선상에 넘어지게 하였는데, 약 40~60초 후에 타이탄트럭이 시속 약 60㎞로 진행하던 중 피해자를 치어 사망하게 하였다. 사고 장소는 차량의 왕래가 빈번한 편도 2차선 도로 중 경보등이 설치되어 있는 횡단보도 부근으로서 양편에 인가가 밀집되어 있고, 사고지점 부근의 도로는 우측으로 약 103도 정도의 곡각을 이루고 있어 야간에는 맞은편에서 오는 차량들의 전조등 불빛에 의하여 시야의 장애를 받는 곳이다.

[판단] 원심은 후속차량 운전사들이 조금만 전방주시를 태만히 하여도 피해자를 충격할 수 있음은 당연히 예상할 수 있을 것이므로 피고인의 과실행위는 피해자의 사망에 대한 직접적 원인을 이루는 것이어서 상당인과관계가 있다고 하였고, 대법원은 이를 수긍하였다.

[판례] 대법원 1990. 12. 11. 선고 90 도 694 판결 (업무상과실치사)[53]

[사안] A는 난소종양절제수술을 받기 위하여 P대학교 의과대학 부속 Q병원에 입원

52 신동운, 형법총론(제11판), 법문사(2019), 259.
53 이 판례에 평석으로는 신동운, 신판례백선 형법총론(제2판), 경세원(2011), 220-224.

하였다. 집도의 갑과 마취담당의사 을은 A환자에 대한 개복수술을 함에 있어서 소변에 의한 간검사만을 시행하고, 그 결과를 토대로 할로테인 마취를 실시 후 수술을 행하였다. A환자는 수술 약 3주 후 극도의 간괴사에 의한 간성혼수로 사망하였다.
[판시] 가. 전신마취에 의한 개복수술은 간부전을 일으키고 간성혼수에 빠지게 하기도 하는데 특히 급만성간염이나 간경변 등 간기능에 이상이 있는 경우에는 90% 이상이 간기능이 중악화하고 심한 경우에는 사망에 이르게 하는 것으로 알려져 있어 개복수술 전에 간의 이상 유무를 검사하는 것은 필수적이고, 피해자의 수술시에 사용된 마취제 할로테인은 드물게는 간에 해독을 끼치고 특히 이미 간장애가 있는 경우에는 간장애를 격화시킬 위험이 있으므로 이러한 환자에 대하여는 그 사용을 주의 또는 회피하여야 한다고 의료계에 주지되어 있으며 이 사건 사고당시 의료계에서는 개복수술 환자의 경우 긴급한 상황이 아닌 때에는 혈청의 생화학적 반응에 의한 간기능검사를 하는 것이 보편적이었다면, 응급환자가 아닌 난소종양환자의 경우에 있어서 수술주관의사 또는 마취담당의사인 피고인들로서는 난소종양절제수술에 앞서 혈청의 생화학적 반응에 의한 검사 등으로 종합적인 간기능검사를 철저히 하여 피해자가 간손상 상태에 있는지의 여부를 확인한 후에 마취 및 수술을 시행하였어야 할 터인데 피고인들은 시진, 문진 등의 검사결과와 정확성이 떨어지는 소변에 의한 간검사 결과만을 믿고 피해자의 간상태를 정확히 파악하지 아니한 채 할로테인으로 전신마취를 실시한 다음 이 사건 개복수술을 감행한 결과 수술 후 22일만에 환자가 급성전격성간염으로 인하여 사망한 경우에는 피고인들에게 업무상과실이 있다 할 것이다.
나. 위 "가"항의 경우에는 혈청에 의한 간기능검사를 시행하지 않거나 이를 확인하지 않은 피고인들의 과실과 피해자의 사망 간에 인과관계가 있다고 하려면 피고인들이 수술 전에 피해자에 대한 간기능검사를 하였더라면 피해자가 사망하지 않았을 것임이 입증되어야 할 것인데도(수술 전에 피해자에 대하여 혈청에 의한 간기능검사를 하였더라면 피해자의 간기능에 이상이 있었다는 검사결과가 나왔으리라는 점이 증명되어야 할 것이다) 원심은 피해자가 수술당시에 이미 간손상이 있었다는 사실을 증거 없이 인정함으로써 채증법칙위반 및 인과관계에 관한 법리오해의 위법을 저지른 것이다.

[판례] 대법원 1991. 2. 26. 선고 90 도 2856 판결 (교통사고처리특례법위반)[54]
피고인이 트럭을 도로의 중앙선 위에 왼쪽 바깥 바퀴가 걸친 상태로 운행하던 중 피해자가 승용차를 운전하여 피고인이 진행하던 차선으로 달려오다가 급히 자기

[54] 이 판례에 대한 평석으로는, 신동운, 신판례백선 형법총론(제2판), 경세원(2011), 218-219.

차선으로 들어가면서 피고인이 운전하던 트럭과 교행할 무렵 다시 피고인의 차선으로 들어와 그 차량의 왼쪽 앞부분으로 트럭의 왼쪽 뒷바퀴 부분을 스치듯이 충돌하고 이어서 트럭을 바짝 뒤따라가던 차량을 들이받았다면, 설사 피고인이 중앙선 위를 달리지 아니하고 정상 차선으로 달렸다 하더라도 사고는 피할 수 없다 할 것이므로 피고인 트럭의 왼쪽 바퀴를 중앙선 위에 올려놓은 상태에서 운전한 것만으로는 위 사고의 직접적인 원인이 되었다고 할 수 없다.

[판례] 대법원 1995. 9. 15. 선고 95 도 906 판결 (업무상과실치사 등)

공사감독관이 위와 같은 직무에 위배하여 당해 건축공사가 불법하도급되어 무자격자에 의하여 시공되고 있는 점을 알고도 이를 묵인하였거나 그와 같은 사정을 쉽게 적발할 수가 있었음에도 직무상의 의무를 태만히 하여 무자격자로 하여금 공사를 계속하게 함으로써 붕괴사고 등의 재해가 발생한 경우에, 만일 자격있는 자가 시공을 하였다면 당해 재해가 발생하지 아니하였거나 재해 발생의 위험이 상당히 줄어들었으리라고 인정된다면, 공사감독관의 그와 같은 직무상의 의무위반과 붕괴사고 등의 재해로 인한 치사상의 결과 사이에 상당인과관계가 있다.

[판례] 대법원 1996. 11. 8. 선고 95 도 2710 판결 (업무상과실치사)[55]

[사안] 피고인은 대학 부속병원 구강악안면외과 과장, 피해자는 1992. 6. 27. 목포시 소재 치과에서 사랑니 1개를 뺀 후 환부에 부종이 있고, 열이 심하여 치료를 받다가 부종 및 발열이 악화되어 7. 1. 위 부속병원에 입원하였다. 피해자는 당시 18세 9개월이고, 태아를 임신한 상태였으며, 입원 당시 고열과 오한이 있었고, 부종으로 입이 약 15㎜밖에 열리지 않았으며 음식물을 씹기 곤란하였고 화농으로 구취가 심한 상태였다. 진료를 담당한 수련의 갑, 을은 외래담당의사 병과 상의하여 피해자에게 항생제를 투여하고, 피해자의 병명을 봉와직염의 일종인 루드비히 안기나(Ludwig's Angina)로 진단하고, 구강 외 절개수술을 시행하고, 7. 4. 피고인의 집도하에 구강 내 절개수술을 시행함으로써 다량의 농을 배출하였으나 농배양은 하지 아니한 채 항생제만 바꾸었다. 하지만 이후에도 피해자의 상태가 계속 악화되었고, 7. 7.에야 비로소 농배양을 하기 시작하였다. 7. 11. 피해자의 상태가 회복되지 못하였고, 농배양검사 결과 알피용혈성연쇄상구균으로 나타났다. 이후 피해자의 상태가 더욱 악화되어 내과로 전과조치하였으나 7. 14. 화농성폐렴 등으로 인한 성인성호흡장애증후군과 패혈증 등으로 사망하였다.

55 이 판결에 대한 평석으로는, 박상기, "의료과실과 과실인정조건", 형사판례연구 제7호, 박영사(1999), 38-59; 이재석, "의료행위에 있어 과실범의 성립요건", 의료법학 제3권 제2호, 한국사법행정학회(2002. 12.), 339-377; 정규원, "의료과실과 분업적 의료행위", 형사재판의 제문제 제4권, 박영사(2003), 6-36.

[판시] 피고인이 농배양을 하지 않은 것이 과실이라고 할 수는 있겠으나, 그것이 피해자의 사망에 기여한 인과관계 있는 과실이 된다고 하려면 원심으로서는 농배양을 하였더라면 피고인이 투약해 온 항생제와 다른 어떤 항생제를 사용하게 되었을 것이라거나 어떤 다른 조치를 취할 수 있었을 것이고, 따라서 피해자가 사망하지 않았을 것이라는 점을 심리·판단하였어야 한다.
그러나 기록상 그러한 점을 밝힐 수 있는 자료는 없고, 오히려 후에 밝혀진 바에 의하면, 피고인이 투약해 온 항생제는 원인균에 적절한 것으로 판명되었다는 것이므로 피고인의 과실이 피해자의 사망과 인과관계가 있다고 보기는 어렵다.

[판례] 대법원 2001. 6. 1. 선고 99도5086 판결 (과실치사 등)56

[사안] 전 임차인이 자신의 비용으로 설치·사용하던 가스설비의 휴즈콕크를 아무런 조치 없이 제거하고 이사를 간 후 가스공급을 개별적으로 차단할 수 있는 주밸브가 열려져 가스가 유입되어 폭발사고가 발생하여 새로운 임차인의 동거인이 사망하였다.
[판시] 이 사건 휴즈콕크가 가스설비의 설치기준에 포함되는 안전장치로서 일정한 자격이 있는 자만이 그 설치 및 제거를 할 수 있도록 규정하고 있는 법규정의 취지와 이 사건 103호에 대한 가스유입을 개별적으로 차단할 수 있는 주밸브가 주택 외부에 다른 가구의 것과 함께 설치되어 있어 누군가에 의하여 개폐될 가능성을 배제할 수 없다는 점 등에 비추어 보면, 위 휴즈콕크를 제거하면서 그 제거부분에 아무런 조치를 하지 않고 방치하게 되면, 혹시나 주밸브가 열리는 경우에는 이 사건 103호로 유입되는 가스를 막을 아무런 안전장치가 없어 가스 유출로 인한 대형사고의 가능성이 있다는 것은 평균인의 관점에서 객관적으로 볼 때 충분히 예견할 수 있는 것이므로, 피고인이 단지 자신의 비용으로 설치한 것이라는 이유만으로 주밸브만을 잠궈놓은 채 아무런 조치 없이 위 휴즈콕크를 제거한 것은 과실이 없다고 할 수 없고, 이러한 위 피고인의 과실은 이 사건 가스폭발사고와 상당인과관계가 있다.

[판례] 대법원 2007. 10. 26. 선고 2005도8822 판결 (교통사고처리특례법위반)57

[사안] (검사는 항소심에서 제1심 공동피고인과 피고인을 과실범의 공동정범으로

56 이 판결에 대한 평석으로는, 정형식, "가. 구 액화석유가스의안전및사업관리법 제15조 제1항 및 제29조 제3항의 규정취지, 나. 임차인이 자신의 비용으로 설치·사용하던 가스설비의 휴즈콕크를 아무런 조치 없이 제거하고 이사를 간 후 가스공급을 개별적으로 차단할 수 있는 주밸브가 열려져 가스가 유입되어 폭발사고가 발생한 경우, 임차인의 과실과 가스폭발 사이의 상당인과관계를 인정한 사례", 대법원판례해설 제37호, 법원도서관(2001), 521 이하 참조.

57 이 판결에 대한 평석으로는, 박이규, "선행 교통사고와 후행 교통사고 중 어느 쪽이 원인이 되어 피해자가 사망하였는지가 분명하지 않은 경우, 후행 교통사고와 피해자의 사망 사이에 인과관계를 인정하기 위한 요건", 대법원판례해설 제74호, 법원도서관(2008. 7.), 346-365.

구성하여 공소장변경함) 피고인은 옵티마리갈 승용차를 운전하여 앞서 편도 2차로 중 1차로를 진행하던 피해자 운전의 포터 화물차 뒤쪽에서 진행하고, 제1심 공동피고인은 반대편 1차로로 그레이스 승합차를 운전하여 진행하던 중 제1심 공동피고인이 중앙선을 침범한 업무상 과실로 반대 방향에서 진행하여 오던 피해자 운전의 포터 화물차 전면부를 위 승합차로 들이받고, 피고인은 비가 내려 노면이 젖었음에도 피해차량과 30~40m의 거리로 근접 운행하면서 전방주시의무를 게을리 한 업무상 과실로 위 두 차량이 충돌한 직후 바로 피해자 화물차 뒷적재함 부분을 들이받아, 제1심 공동피고인과 피고인의 위와 같은 공동의 과실로 인한 연쇄충돌 사고의 충격으로 피해자로 하여금 사망에 이르게 하였다. 원심은 과실의 공동정범을 부인하고, 피고인의 과실로 인한 2차 충돌로 피해자가 사망하였다는 점을 인정하기 부족하다고 보아 피고인에게 무죄를 선고하였다.

[판시] 선행 교통사고와 후행 교통사고 중 어느 쪽이 원인이 되어 피해자가 사망에 이르게 되었는지 밝혀지지 않은 경우 후행 교통사고를 일으킨 사람의 과실과 피해자의 사망 사이에 인과관계가 인정되기 위해서는 후행 교통사고를 일으킨 사람이 주의의무를 게을리 하지 않았다면 피해자가 사망에 이르지 않았을 것이라는 사실이 증명되어야 하고, 그 증명책임은 검사에게 있다.

이 판결은 종래 대법원이 과실범의 인과관계와 관련하여 이른바 적법한 대체행위이론을 받아들인 것으로 이해되나, 그 입증의 정도와 관련하여 무죄추정설, 위험증대설, 절충설 중 어느 견해를 취하였는지가 불분명하였는데, 위 판결에서 대법원이 무죄추정설에 힘을 실어 준 것으로 볼 수 있다고 한다.[58]

2. 결과적 가중범과 인과관계

형법 제15조 제2항은 "결과로 인하여 형이 중한 죄에 있어서 그 결과의 발생을 예견할 수 없었을 때에는 중한 죄로 벌하지 아니한다."고 하여 결과적 가중범에 대하여 예견가능성만을 요건으로 명시하고 있다. 그러나 결과적 가중범의 본질상 기본범죄와 중한 결과 사이에 일정한 관련이 존재하여야 하고, 이와 관련하여 인과관계의 존재 내지 객관적 귀속판단이 필요하다고 보는 것이 일반적인 견해이다.

58 박이규, "선행 교통사고와 후행 교통사고 중 어느 쪽이 원인이 되어 피해자가 사망하였는지가 분명하지 않은 경우, 후행 교통사고와 피해자의 사망 사이에 인과관계를 인정하기 위한 요건", 대법원판례해설 제74호, 법원도서관(2008. 7.), 365.

여기서 인과관계의 의미에 관해서는 앞서 본 바와 같이 종래에는 상당인과관계설이 다수설과 판례의 태도였으나, 최근에는 객관적 귀속판단의 전제로서 기본범죄와 중한 결과 사이에 합법칙적 조건관계가 긍정되어야 한다는 견해가 다수를 차지하고 있다. 최근에는 이에 더 나아가 결과적 가중범의 인과관계를 직접적 인과관계로 제한하려는 견해가 다수의 지지를 받고 있다.

이에 비하여 상당인과관계설을 지지하는 견해에서는 직접성이란 일반인의 생활경험을 판단기준으로 하는 상당성을 구체화한 것으로 보아 직접성이 독자적인 의미를 가지지 않는다고 한다.

판례는 "(기본범죄) 행위가 피해자의 사상이라는 결과를 발생하게 한 유일하거나 직접적인 원인이 된 경우만이 아니라, 그 행위와 결과 사이에 피해자나 제3자의 과실 등 다른 사실이 개재된 때에도 그와 같은 사실이 통상 예견될 수 있는 것이라면 상당인과관계를 인정할 수 있다"고 판시하여 직접적 인과관계를 요구하고 있지 않은 것으로 보인다.[59]

3. 부작위범의 인과관계

가. 부작위범의 인과관계 필요 여부

부작위범 중에서 그 범죄의 성립에 구성요건적 결과를 요하는 결과범의 경우에 행위와 결과 간의 인과관계 내지 객관적 귀속이 필요한지 여부에 관해서는 견해가 일치되어 있지 아니하나, 다수설은 이를 긍정하고 있다. 판례는 부작위범에 있어서 인과관계에 관하여 명시적인 판단을 한 사례가 없다가 최근 세월호 선장의 부작위에 의한 살인죄의 성립 여부가 문제된 사건에서 "작위의무를 이행하였다면 결과가 발생하지 않았을 것이라는 관계가 인정될 경우에는 작위를 하지 않은 부작위와 사망의 결과 사이에 인과관계가 있다(대법원 2015. 11. 12. 선고 2015도6809 전원합의체 판결)"[60]고 하여 명시적으로 이를 긍정하였다.

부작위는 자연과학적 관점에서는 무(無)이기 때문에 '부작위와 결과발생' 간의 인과관계란 존재할 수 없고, 규범적 관점에서 '작위와 결과의 불발생' 간의 가설적

59 대법원 2014. 7. 24. 선고 2014도6206 판결 등 참조.

60 위 판결의 자세한 내용은 김신/김대휘, 주석 형법, 각칙 3(제5판), 한국사법행정학회(2017), 163-167(김승주) 참조. 위 판례에 대한 평석으로는 김태명, "부작위에 의한 살인죄의 공동정범의 성립요건", 형사판례연구 제24호, 박영사(2016), 55-93; 임정호, "부진정 부작위범의 보증인 의무의 한계(대법원 2015. 11. 12. 선고 2015도6809 전원합의체 판결에 있어서 살인죄 적용범위를 중심으로)", 형사법연구 제28권 제1호, 한국형사법학회(2016), 221-246 등이 있다.

인과관계로 고찰하는 점에 특이성이 있다.[61] 즉, "작위의무를 이행하였더라면 구체적 결과는 발생하지 않았을 것인가?"라는 수정된 형태의 조건공식이 적용된다. 이를 '가설적 인과관계'라고 한다. 이러한 가설적 인과관계의 판단은 존재영역에 대한 사실판단이 아니라 발생된 결과가 행위자에게 귀속되는가라는 규범적 가치평가와 관련되는 문제라고 할 것이다.[62]

보증인이 작위의무를 이행하였더라면 결과가 발생하지 않았을 것이 거의 확실시되는 경우에는 인과관계 내지 결과적 귀속이 인정된다는 데에는 별다른 이론이 없다.[63] 그러나 부작위범의 경우에도 과실범의 인과관계 내지 객관적 귀속이론에서 살펴본 바와 같이 보증인이 작위의무를 이행하였더라면 결과가 발생하지 않았을 것이라는 점에 대한 증명이 불명확한 경우에 인과관계 내지 결과적 귀속을 인정할 수 있는지 여부에 관해서는 무죄추정설과 위험증대설이 대립할 수 있다.

나. 부작위범의 인과관계 판단기준

1) 무죄추정설

'의심스러울 때에는 피고인의 이익으로'라는 원칙이 적용되어 보증인이 작위의무를 이행하였더라도 결과가 발생하였을 것인지의 여부가 불명확한 경우에는 인과관계 내지 객관적 귀속이 부정된다는 견해이다. 이에 따르면 요구되는 작위를 하였더라면 결과가 발생하지 않았을 것이 확실성에 근접한 개연성 정도에 이른 경우에는 부작위와 결과 간의 인과관계를 인정할 수 있다.[64] 독일의 판례가 이 견해를 따르고 있다.

2) 위험증대이론

보증인이 작위의무를 이행하였다면 결과가 발생하였을 것인지 여부가 불명확한 경우에도 결과발생의 위험을 감소시켰을 가능성이 있거나, 현실적으로 위험감소가 있었을 것이 명확한 경우에는 객관적 귀속을 인정하는 견해이다. 그 논거로,

61 임웅, 형법총론(제10전정판), 법문사(2018), 151.

62 류화진, "부작위범의 인과관계", 비교형사법연구 제7권 제1호, 한국비교형사법학회(2005), 102; 원형식, "부진정부작위범의 인과관계와 객관적 귀속", 중앙법학 제12권 제4호, 중앙법학회(2010), 114.

63 이와 관련하여, 요구(기대)된 일정한 작위가 행해졌더라면 결과가 발생하지 않으리라는 연관관계가 확실에 가까운 개연성으로 긍정되면, 부진정부작위범에 있어서의 인과관계는 인정된다고 하는 견해는 같은 취지로 볼 수 있다[임웅, 형법총론(제10전정판), 법문사(2018), 151].

64 김성돈, 형법총론(제5판), 성균관대학교출판부(2017), 538.

법익에 대한 결과발생의 위험을 감소시켜야 할 의무, 즉 현실적인 구조가능성이 있으면 이를 실행하여야 할 의무를 보증인에게 부과함으로써 위험에 처한 법익의 보호를 최대화하려는 형사정책적 목적을 달성할 수 있고, 보증인이 위험감소의무를 이행하지 않았다면 이는 곧 결과발생이 허용되지 않은 위험의 실현으로 볼 수 있기 때문이라고 한다.[65]

다. 관련 판례

[판례] 대법원 1967. 10. 31. 선고 67 도 1151 판결 (유기치사)
치사량의 청산가리를 음독했을 경우 미처 인체에 흡수되기 전에 지체없이 병원에서 위 세척을 하는 등 응급 치료를 받으면 혹 소생할 가능은 있을지 모르나 이미 이것이 혈관에 흡수되어 피고인이 피해자를 변소에서 발견했을 때의 피해자의 증상처럼 환자의 안색이 변하고 의식을 잃었을 때는 우리의 의학기술과 의료시설로서는 그 치료가 불가능하여 결국 사망하게 되는 것이고 또 일반적으로 병원에서 음독환자에게 위세척, 호흡촉진제, 강심제주사 등으로 응급가료를 하나 이것이 청산가리 음독인 경우에는 아무런 도움도 되지 못하는 것이므로 피고인의 유기행위와 피해자의 사망 간에는 상당인과관계가 없다 할 것이다.
부작위가 있던 시점을 기준으로 보면 결과발생방지를 위하여 요구되는 행위를 할 수 있었으므로 작위가능성은 인정되지만, 피해자가 사망한 이후의 시점을 기준으로 판단하면 결과발생을 방지할 가능성이 없었기 때문에 인과관계를 부정한 것으로 보인다.

[판례] 대법원 1983. 3. 8. 선고 82 도 2873 판결 (특정범죄가중처벌등에관한법률위반 등)
은행장인 피고인이 은행보증회사채의 상환금을 발행회사로 하여금 자체자금으로 상환하게 하는 조치를 취하지 아니하였다 하여도 위 회사가 그 당시 은행보증회사채의 채무를 자체자금으로 상환할 수 있는 능력이 있었다는 사실이 전제되지 않는 이상 그러한 조치는 불가능하거나 실효성이 없는 것으로 피고인의 이러한 소위가 은행에 대한 업무상배임죄가 된다고 볼 수 없다.
행위 당시에 작위가능성이 부정된다고 보아 별도로 인과관계를 검토하지 않은 것으로 보인다.

참고로 일본 최고재판소는 다음의 판결에 비추어 볼 때 부작위범의 인과관계와 관련하여 무죄추정설을 따르고 있는 것으로 보인다. "피해자 여성이 피고인에

65 이를 지지하는 학자로는, 손동권/김재윤, 새로쓴 형법총론(초판), 율곡출판사(2011), 413 참조.

의해 주사된 각성제에 의해 착란상태에 빠진 오전 0시 30분경 즉시 피고인이 구급의료를 요청하였더라면 피해자가 젊고(당시 13세), 생명력이 왕성하며 특단의 질병이 없었으므로 십중팔구 피해자의 구명이 가능하였을 것이다. 그렇다면 피해자의 구명은 합리적인 의심을 넘을 정도로 확실하다고 인정되므로, 피고인이 이러한 조치를 취하지 않고 피해자를 호텔객실에 방치한 행위와 오전 2시 15분경부터 4시 사이에 피해자가 호텔에서 각성제에 의한 급성심부전으로 사망한 결과 간에는 형법상의 인과관계가 있다고 인정하는 것이 상당하다."(日最判 1989. 12. 15., 刑集 43권 13호 879)

V. 대법원 판결에 나타난 인과관계에 관한 판단

1. 인과관계에 관한 대법원의 입장

대법원이 형법상 인과관계나 객관적 귀속론과 관련하여 구체적으로 어떠한 입장을 취하였는지 명시적으로 설시한 판결은 없는 것으로 보인다. 다만, 주류적인 대법원 판결은 상당인과관계설에 입각하여 판단을 하고 있는 것으로 보인다. 예컨대, 대법원이 "화약류를 취급하는데 있어서 법령소정의 면허를 받지 못한 사람이 화약류를 취급할 때에는 사고로 인하여 사람을 살상할지 모른다는 위험성이 있다는 것은 우리의 상식에 속한다고 할 것이니, 본건 사상과 피고인의 과실과의 사이에 상당인과관계가 있다(대법원 1966. 6. 28. 선고 66도758 판결)"고 판시하여 상당인과관계라는 용어를 명시한 이래 최근에까지 형법상 인과관계가 문제되는 사안에서 상당인과관계가 있다거나 없다고 명시적으로 판시하고 있는 경우가 빈번하게 발견된다.

하지만 일부 판례에서는 상당인과관계를 명시하지 아니한 채 인과관계가 있다거나 없다고만 결론을 내리고 있어 대법원이 인과관계에 관하여 어떠한 견해를 취하였는지 파악하기 곤란한 경우도 적지 않다.[66]

[판례] 대법원 2004. 6. 24. 선고 2002도995 판결[살인(인정된 죄명: 살인방조)][67]

[사안] 갑녀의 남편 A는 술에 취해 쓰러지면서 머리를 다쳐 혼수상태에 빠졌다. 이

66 이와 관련하여 대법원이 상당인과관계설을 적용하여 사실상 단계와 규범적 단계를 구별하지 않고 하나의 단계에서 인과관계를 판단하는 것은 문제가 있으므로 학계에서 주장하고 있는 객관적 귀속의 관점이나 영미법상 법적 인과관계 판단기준을 활용하여 인과관계의 판단기준을 더욱 정치하게 할 필요가 있다는 견해가 있다[김종구, "대법원 판례와 상당인과관계설 및 법적 인과관계", 원광법학 제34권 제4호, 원광대학교 법학연구소(2018. 12.), 95-114].

67 이 판례에 대한 자세한 소개는 신동운, 신판례백선 형법총론(제2판), 경세원(2011), 170-178 참조.

웃사람들의 신고에 의하여 병원으로 이송된 A는 긴급하게 뇌수술을 받았다. 뒤늦게 소식을 받고 온 갑녀는 병원비 부담을 이유로 A의 퇴원을 강력히 요구하였다. 담당 신경외과 과장인 을과 주치의 병은 갑녀를 말렸으나 갑녀의 강력한 요구에 마지못해 퇴원을 허가하였다. A의 퇴원에는 1년차 수련의 정이 동행하였다. A는 아직 의식을 회복하지 못한 상태로 집에 도착하였다. 의사 병이 지시한 데에 따라 수련의 정이 호흡기를 떼어내자 A는 5분 후에 사망하였다.

[판시] 종범은 정범의 실행행위 중에 이를 방조하는 경우뿐만 아니라, 실행 착수 전에 장래의 실행행위를 예상하고 이를 용이하게 하는 행위를 하여 방조한 경우에도 성립하므로(대법원 1996. 9. 6. 선고 95도2551 판결 등 참조), 원심이 피고인들(을, 병)의 행위가 원심공동피고인(갑)의 부작위에 의한 살인행위를 방조한 것으로 본 데에 인과관계에 관한 법리오해 또는 채증법칙 위배로 인한 사실오인으로 판결 결과에 영향을 미친 위법이 없으며, 가사 피해자가 매우 위독한 상태에 있었다 하여도 회복할 가능성이 전혀 없었던 것이 아닌 이상 피고인들의 이 사건 범행과 피해자의 사망 사이에 합법칙적 연관 내지 상당인과관계를 인정할 수 없다고는 보기 어렵다.

[판례] 대법원 1981. 9. 8. 선고 81도53 판결 (업무상과실치사 등)

[사안] P탄광 덕대인 피고인이 무면허자인 을에게 화약고 열쇠를 맡겼고, 을은 경찰서에서 검열 나온다는 이야기를 듣고 뇌관과 폭약 등을 탄광 노무자 숙소 아궁이 속에 감추어 두었다. 그런데 이러한 사정을 모르는 A가 아궁이에 불을 때다가 폭약이 폭발하여 A가 사망하고, 다른 두 사람이 상해를 입는 사고가 발생하였다.

[판시] 피고인의 화약취급 면허 없는 자에게 화약류를 취급하도록 한 행위에서 위에서 본 경위로 이 사건 사고가 발생한다는 것은 우리들의 경험칙상 당연히 예상할 수 있는 것이라고는 도저히 인정되지 않으므로 원심의 위 판단은 정당하다.

2. 유형별 인과관계 판단

실제 사건에서 형법상 인과관계가 주로 문제되는 영역은 행위자의 실행행위가 있는 후 결과가 발생하는 과정에 어떤 외부적 사정이 개입한 경우에 행위자의 행위와 결과 사이에 인과관계를 인정할 수 있는지 여부이다. 이러한 사정 때문에 일본에서는 인과관계가 문제되는 유형을 ①행위시에 피해자의 병적 요인 등 특수사정이 존재하는 경우, ②인과과정의 진행 중에 피해자의 행위가 개입한 경우, ③인과과정의 진행 중에 제3자의 행위가 개입한 경우, ④인과과정의 진행 중에 행위자의 행위가 개입한 경우 등으로 유형을 구분하여 고찰하는 경우가 많다.[68] 이하에서는 위와 같은 유형분류를 토대로 하여 기존 대법원 판결들을 살펴보고자 한다. 다만, ④유형의 경우 국내 학자들은 대부분 이를 인과관계의 착오 부분에서 서술하고 있으므로[69] 이하의 검토에서 제외한다.

가. 행위시에 피해자의 특수사정이 존재하는 경우

판례는 피해자의 지병 등 행위 당시에 피해자에게 존재한 특수한 사정이 결과에 영향을 미쳤다고 볼 수 있더라도 행위자의 폭행의 방법, 정도 및 부위에 따라 결과에 상당한 원인이 되었다고 판단되는 경우에는 인과관계를 인정하고 있다. 반면에 경미한 폭행에 불과하였지만 피해자의 특수한 체질로 건강악화 또는 사망의 결과가 발생한 경우에는 예견가능성이 없다고 하여 인과관계를 부정하는 경향이 있다.

◉ 인과관계가 인정된 사례

[판례] 대법원 1967. 2. 28. 선고 67 도 45 판결 (폭행치사 등)

[사안] 손자 뻘되는 연소자가 촌로인 피고인에게 당신 운운하면서 반항하므로 이를 훈계하기 위하여 피고인이 동인의 뺨을 2회 가볍게 구타하였는데, 평소부터 고혈압 증세가 있던 피해자가 지면에 전도하여 의식을 잃었고, 다음 날에도 몹시 머리가 아프다고 호소하였으며 그 후 병세가 계속 악화하여 8일 후에 우발성 뇌출혈로 사망하였다.

[판시] 감정서의 기재내용 중에도 있는 바와 같이 피해자의 신체와 같이 고혈압증, 심근비대증을 결과하는 순환장애가 있을 경우에는 적은 자극에 의하여도 쉽게 치사할 수 있는 혈관손상을 초래하는 경우도 있으므로 피고인의 폭행에 의하여 피해자가 그 두부에 외적인 타박상을 받지 아니하였다 하더라도 피해자가 피고인의 폭행위로 지면에 전도할 때에 평소부터 고혈압증세에 있는 피해자가 전도시의 자극에 의하여 뇌출혈을 일으켜서 사망하였을 때에는 폭행과 치사 사이에 상당인과관계가 있다.

68 西田典之 외, 주석 형법, 제1권, 有斐閣(2010) 313-325 등. 우리나라에서도 최근 이와 같은 유형으로 대법원 판결을 분석하는 학자들이 늘고 있다. 예컨대, 김태명, 판례 형법총론(제2판), 피앤씨미디어(2016), 163-170; 김준호, "위험의 실현으로서의 상당인과관계", 저스티스 통권 제137호, 한국법학원(2013. 8.), 315-329 등.

69 예컨대, 김성돈, 형법총론(제5판), 성균관대학교출판부(2017), 231-235; 배종대, 형법총론(제13판), 홍문사(2017), 189-193; 신동운, 형법총론(제11판), 법문사(2019), 234-240; 이재상 외 2인, 형법총론(제9판), 박영사(2017), 188-191 등.

[판례] 대법원 1983. 1. 18. 선고 82 도 697 판결 (폭행치사)

[사안] 피고인이 1981. 4. 8. 피해자의 뺨을 2회 때리고 두 손으로 어깨를 잡아 땅바닥에 넘어뜨리고 머리를 시멘트벽에 부딪치게 하여서, 피해자가 그 다음 날부터 머리에 통증이 있었고 같은 달 16. 의사 3인에게 차례로 진료를 받을 때에 혈압이 매우 높았고 몹시 머리가 아프다고 호소하였으며 그 후 병세가 계속 악화되어 결국 같은 해 4. 30. 뇌손상(뇌좌상)으로 사망하였다.

[판시] 피해자가 평소 고혈압과 선천성혈관기형인 좌측전고동맥류의 증세가 있었고 피고인의 폭행으로 피해자가 사망함에 있어 위와 같은 지병이 사망결과에 영향을 주었다고 해서 피고인의 폭행과 피해자의 사망간에 상당인과관계가 없다고 할 수 없으며, 피고인이 피해자를 폭행할 당시에 이미 폭행과 그 결과에 대한 예견가능성이 있었다 할 것이고 그로 인하여 치사의 결과가 발생하였다면 이른바 결과적 가중범의 죄책을 면할 수 없다.

[판례] 대법원 1986. 9. 9. 선고 85 도 2433 판결 (폭행치사)

피해자를 2회에 걸쳐 두 손으로 힘껏 밀어 땅바닥에 넘어뜨리는 폭행을 가함으로써 그 충격으로 인한 쇼크성 심장마비로 사망케 하였다면 비록 위 피해자에게 그 당시 심관성동맥경화 및 심근섬유화 증세 등의 심장질환의 지병이 있었고 음주로 만취된 상태였으며 그것이 피해자가 사망함에 있어 영향을 주었다고 해서 피고인의 폭행과 피해자의 사망 간에 상당인과 관계가 없다고 할 수 없다.

[판례] 대법원 1989. 10. 13. 선고 89 도 556 판결 (폭행치사 등)

피고인이 피해자의 멱살을 잡아 흔들고 주먹으로 가슴과 얼굴을 1회씩 구타하고 멱살을 붙들고 넘어뜨리는 등 신체 여러 부위에 표피박탈, 피하출혈 등의 외상이 생길 정도로 심하게 폭행을 가함으로써 평소에 오른쪽 관상동맥폐쇄 및 심실의 허혈성심근섬유화증세 등의 심장질환을 앓고 있던 피해자의 심장에 더욱 부담을 주어 나쁜 영향을 초래하도록 하였다면, 비록 피해자가 관상동맥부전과 허혈성심근경색 등으로 사망하였더라도, 피고인의 폭행의 방법, 부위나 정도 등에 비추어 피고인의 폭행과 피해자의 사망 간에 상당인과관계가 있었다고 볼 수 있다.

[판례] 대법원 2000. 12. 22. 선고 2000 도 5188 판결 (존속상해치사)

피해자가 간경화와 그 합병증으로 인한 지병이 있어 그 점이 피해자의 사망이라는 결과에 일부 영향을 주었다고 인정되기는 하지만 원심이 적법하게 확정한 바와 같이 피고인이 피해자를 아무런 이유 없이 갑자기 피해자의 왼쪽 뺨 부위를 오른 주먹으로 1회 세게 때려 피해자로 하여금 전두, 측두, 두정부 급성경막하혈종상을 입게 하여 사망에 이르게 한 이상 피고인의 이 사건 폭행과 사망 간에 인과관계가 없다고 할 수 없다.

[판례] 대법원 2007. 6. 14. 선고 2007도2245 판결 (존속상해치사)
피고인이 단소로 피해자의 허벅지, 엉덩이, 등허리 등을 때린 것으로 인하여 그 상해 부위에서 광범위한 피하출혈 및 근육간 출혈이 발생하였고, 그것이 주된 원인이 되어 순환혈액량이 감소하여 외상성 쇼크로 피해자가 사망에 이르렀으며, 피고인의 상해행위와 피해자의 사망 사이에 상당인과관계도 인정할 수 있다고 판단하였는바, 관련 증거들을 기록과 대조하여 살펴보면 위와 같은 원심의 사실인정과 판단은 정당하다. 피해자가 평소 지나친 음주로 인하여 건강상태가 좋지 않았고 고도의 지방간 상태에 있었다 하더라도 피고인의 상해행위로 인하여 피해자가 사망에 이르게 된 이상 상해행위와 사망 간에 인과관계가 없다고 할 수는 없다.

⊙ 인과관계가 부정된 사례

[판례] 대법원 1978. 11. 28. 선고 78도1961 판결 (폭행치사)
[사안] 고등학교 교사인 피고인이 제자의 잘못을 징계하고자 왼쪽 뺨을 한번 살짝 때리는 순간, 평소부터 허약체질이었고 두개골이 비정상적으로 얇은 피해자가 뇌압상승으로 인해 뒤로 넘어지면서 머리를 지면에 부딪쳐 사망함
[판시] 고등학교 교사인 피고인이 피해자의 왼쪽 뺨을 한번 살짝 때린 사실이 있고, 이 순간 피해자가 뒤로 넘어지면서 머리를 지면에 부딪쳐 우측 측두골부위에 선상골절상을 입고 지주막하출혈 및 뇌좌상을 일으켜 사망한 것은 사실이나, 피해자가 위와 같이 뒤로 넘어진 것은 피고인으로부터 뺨을 맞은 탓이 아니라 그 피해자의 원심판시와 같은 평소의 허약상태에서 온 급격한 뇌압상승 때문이었고, 또 위 사망의 원인이 된 측두골 골절이나 뇌좌상은 보통 사람의 두개골은 3 내지 5㎜인데 비하여 피해자는 0.5㎜ 밖에 안 되는 비정상적인 얇은 두개골이었고 또 뇌수종이 있었던데 연유한 것이라는 사실과, 피고인은 이 피해자가 다른 학생에 비하여 체질이 허약함은 알고 있었으나 위와 같은 두뇌의 특별이상이 있음은 미처 알지 못하였던 것이라고 인정하고 있다. (중략) 원심이 확정한 사실관계가 위와 같은 이상 피고인의 소위와 피해자의 사망 간에는 이른바 인과관계가 없는 경우에 해당하거나, 또는 피고인으로서는 본건 사망의 결과발생에 대한 예견가능성이 없었다고 인정한 원심판단은 정당하다.

[판례] 대법원 1982. 1. 12. 선고 81도1811 판결 (폭행치상)
피고인은 자전거를 타고 가다가 피해자가 길가에 쌓아둔 모래더미에 걸려 넘어지자 화가 난 나머지 피해자에게 교통을 방해한다고 소리를 질러 상호 욕설을 하며

시비를 하던 끝에 법으로 해결하자고 하면서 피해자의 왼쪽 어깨쭉지를 잡고 약 7미터 정도 걸어가다가 피해자를 놓아주는 등 폭행을 하자 피해자가 그곳에 있는 평상에 앉아 있다가 쓰러져 약 2주일간의 안정가료를 요하는 뇌실질내 혈종의 상해를 입었는데 피해자는 60세의 노인으로서 외견상 건강해 보이지만 평소 고혈압증세가 있어 약 5년 전부터 술도 조심하여 마시는 등 외부로부터의 정신적, 물리적 충격에 쉽게 흥분되어 급성 뇌출혈에 이르기 쉬운 체질이었다는 것이다. 그렇다면 가사 피해자가 위에서 본 바와 같은 피고인의 욕설과 폭행으로 충격을 받은 나머지 위와 같은 상해를 입게 된 것이라 하더라도 일반 경험칙상 위와 같이 욕설을 하고 피해자의 어깨쭉지를 잡고 조금 걸어가다가 놓아준 데 불과한 정도의 폭행으로 인하여 피해자가 위와 같은 상해를 입을 것이라고 예견할 수는 없다고 할 것이고, 또 기록을 살펴보아도 피해자가 평소 위와 같이 고혈압증세로 뇌출혈에 이르기 쉬운 체질이어서 위에서 본 바와 같은 정도의 욕설과 폭행으로 그와 같은 상해의 결과가 발생한 것임을 피고인이 이 사건 당시 실제로 예견하였거나 또는 예견할 수 있었다고 볼 만한 자료는 없으니 피고인에게 상해의 결과에 대한 책임을 물어 폭행치상죄로 처벌할 수는 없다

[판례] 대법원 1985. 4. 3. 선고 85 도 303 판결 (폭행치사)
폭행치사죄는 결과적 가중범이므로 폭행의 범의 외에 사망의 결과에 대한 예견가능성이 있음을 요하며 이러한 예견가능성이 전혀 없는 경우에는 폭행과 사망의 결과 사이에 조건적인 인과관계가 인정된다고 하여도 폭행치사죄로 의율할 수는 없다.
피고인의 폭행정도가 서로 시비하다가 피해자를 떠밀어 땅에 엉덩방아를 찧고 주저앉게 한 정도에 지나지 않은 것이었고 또 피해자는 외관상 건강하여 전혀 병약한 흔적이 없는 자인데 사실은 관상동맥경화 및 협착증세를 가진 특수체질자이었기 때문에 위와 같은 정도의 폭행에 의한 충격에도 심장마비를 일으켜 사망하게 된 것이라면 피고인에게 사망의 결과에 대한 예견가능성이 있었다고 보기 어려워 결과적 가중범인 폭행치사죄로 의율할 수는 없다.

나. 피해자의 고의 또는 과실 행위가 개입한 경우

1) 일반적 기준

피고인의 행위 후에 피해자의 과실이 개입되어 그것이 결과발생의 직접적인 원인이 되었다고 하더라도, 그와 같은 사실이 통상 예견할 수 있는 것에 지나지 않으면 피고인의 행위와 결과 사이에 인과관계는 부정되지 않는다.

하지만 행위 당시 또는 행위 이후 피해자의 과실이 개입하여 결과가 발생한 경우 그 결과는 피해자 스스로에 의해 야기된 것으로 피고인에게 결과귀속이 부정될 여지가 있다. 특히 과실범에 있어서 피고인이 주의의무를 위반한 사실이 인정된다고 하더라도 그것이 결과발생의 직접적인 원인이 아닌 경우(피해자의 과실이 보다 더 결과발생의 직접적인 원인이 된 경우)에는 상당인과관계가 부정된다.

◉ 인과관계가 인정된 사례

[판례] 대법원 1990. 11. 13. 선고 90 도 2106 판결 (과실치사)

바다에 면한 수직경사가 암반 위로 이끼가 많이 끼어 매우 미끄러운 곳에서 당시 폭풍주의보가 발효 중이어서 평소보다 높은 파도가 치고 있던 상황하에 피해자와 같은 내무반원인 피고인 등 여러 사람이 곧 전역할 병사 갑을 손발을 붙잡아 헹가래를 쳐서 장난삼아 바다에 빠뜨리려고 하다가 그가 발버둥치자 동인의 발을 붙잡고 있던 피해자가 몸의 중심을 잃고 미끄러지면서 바다에 빠져 사망한 경우 갑을 헹가래쳐서 바다에 빠뜨리려고 한 행위와 피해자가 바다에 빠져 사망한 결과와의 사이에는 인과관계가 있다고 할 것이고, 또 위와 같은 경우 결과발생에 관한 예견가능성도 있다고 할 것이므로 갑을 붙들고 헹가래치려고 한 피고인들로서는 비록 피해자가 위와 같이 헹가래치려고 한 일행 중의 한 사람이었다고 하여도 동인의 사망에 대하여 과실책임을 면할 수 없다.

[판례] 대법원 1994. 3. 22. 선고 93 도 3612 판결 (살인 등)[70]

[사안] 갑 등은 각목, 낫 등을 이용하여 여관에서 잠을 자던 A 등을 각목 등으로 머리와 몸을 마구 때리고, 낫으로 팔과 다리 등을 여러 차례 힘껏 찔렀다. A는 자상을 입은 후 10일이 지나도록 의식을 회복하지 못했고, 급성신부전증으로 치료를 받았다. A는 소변량이 심하게 감소된 상태라 음식물의 섭취를 조절해야 했지만, 콜라와 김밥 등을 먹어 체내에 수분저류가 발생하였고, 이후에 폐렴 등 합병증으로 사망하였다.

[판시] 살인의 실행행위가 피해자의 사망이라는 결과를 발생하게 한 유일한 원인이거나 직접적인 원인이어야만 되는 것은 아니므로, 살인의 실행행위와 피해자의 사

70 이 판결에 대한 평석으로는 김성돈, “범죄유형별 인과관계 판단과 직접성”, 형사판례연구 제13호, 박영사(2005), 53-75; 윤용규, “인과관계의 판단척도 : 직접성과 예견가능성”, 형사판례의 연구(지송 이재상 교수 화갑기념논문집), 박영사(2004), 192-205; 임철희, “피해자의 자기위태화, 상당인과관계 그리고 결과귀속”, 안암법학 제49호, 무지개출판사(2016. 1.), 207-235; 장영민, “인과관계의 확정과 합법칙적 조건설”, 형사판례연구 제3호, 박영사(1996), 22-39; 정현미, “인과과정에 개입된 타인의 행위와 객관적 귀속”, 형사판례연구 제9호, 박영사(2001), 143-166 등이 있다.

망과의 사이에 다른 사실이 개재되어 그 사실이 치사의 직접적인 원인이 되었다고 하더라도, 그와 같은 사실이 통상 예견할 수 있는 것에 지나지 않는다면 살인의 실행행위와 피해자의 사망과의 사이에 인과관계가 있는 것으로 보아야 할 것이다. 갑 등의 이 사건 범행이 A를 사망하게 한 직접적인 원인이 된 것은 아니지만, 그 범행으로 인하여 A에게 급성신부전증이 발생하였고 또 그 합병증으로 A의 직접사인이 된 패혈증 등이 유발된 이상, 비록 그 직접사인의 유발에 A 자신의 과실이 개재되었다고 하더라도 이와 같은 사실은 통상 예견할 수 있는 것으로 인정되므로, 갑 등의 이 사건 범행과 A의 사망과의 사이에는 인과관계가 있다고 보지 않을 수 없다.

[평석] 이 판결에 대해서는 판례가 상당인과관계설의 입장에서 개입사정의 예견가능성 여부만을 문제삼을 뿐이지, 개입사정이 결과의 발생에 어떠한 영향을 미쳤고, 그로 인하여 결과를 행위자의 행위에 귀속시킬 수 있겠는가 하는 관점에서 바라보지 않는다거나,[71] 개입사정이 어떠한 영향을 미치고 결과발생에 기여했는가를 떠나 그 예견가능성만으로 상당인과관계를 판단하는 것은 합리적 기준이 될 수 없다[72]는 비판이 제기되고 있다.

[판례] 대법원 2014. 7. 24. 선고 2014 도 6206 판결 (일반교통방해치사 등)

[사안] 피고인이 고속도로 2차로를 따라 자동차를 운전하다가 1차로를 진행하던 甲의 차량 앞에 급하게 끼어든 후 곧바로 정차하여, 甲의 차량 및 이를 뒤따르던 차량 두 대는 연이어 급제동하여 정차하였으나, 그 뒤를 따라오던 乙의 차량이 앞의 차량들을 연쇄적으로 추돌케 하여 乙을 사망에 이르게 하고 나머지 차량 운전자 등 피해자들에게 상해를 입게 하였다.

[판시] 가. 형법 제188조에 규정된 교통방해에 의한 치사상죄는 결과적 가중범이므로, 위 죄가 성립하려면 교통방해 행위와 사상의 결과 사이에 상당인과관계가 있어야 하고 행위 시에 결과의 발생을 예견할 수 있어야 한다. 그리고 교통방해 행위가 피해자의 사상이라는 결과를 발생하게 한 유일하거나 직접적인 원인이 된 경우만이 아니라, 그 행위와 결과 사이에 피해자나 제3자의 과실 등 다른 사실이 개재된 때에도 그와 같은 사실이 통상 예견될 수 있는 것이라면 상당인과관계를 인정할 수 있다.

나. 편도 2차로의 고속도로 1차로 한가운데에 정차한 피고인은 현장의 교통상황이

71 이용식, "상당인과관계설의 이론적 의미와 한계 -상당성의 본질-", 법학 제44권 제3호, 서울대학교 법학연구소(2003), 230-236.

72 정현미, "인과과정에 개입된 타인의 행위와 객관적 귀속", 형사판례연구 제9호, 박영사(2001), 164-165.

나 일반인의 운전 습관·행태 등에 비추어 고속도로를 주행하는 다른 차량 운전자들이 제한속도 준수나 안전거리 확보 등의 주의의무를 완전하게 다하지 않을 수도 있다는 점을 알았거나 충분히 알 수 있었으므로, 피고인의 정차 행위와 사상의 결과 발생 사이에 상당인과관계가 있고, 사상의 결과 발생에 대한 예견가능성도 인정된다.

⦿ 인과관계가 부정된 사례

[판례] 대법원 1985. 1. 22. 선고 84 도 1493 판결 (교통사고처리특례법위반 등)
[사안] 피고인이 택시를 운전하여 자동신호등이 설치된 넓은 광장에서 만연히 직진신호에 따라 시속 약 70㎞로 과속으로 전방주시를 태만히 한 채 직진한 과실로 때마침 피해자 운전의 시내버스가 좌회전하기 위하여 직진신호에 교차로에 진입하여 황색신호등에 좌회전하려고 한 것을 보지 못하고 위 택시의 좌측 옆 차체부분으로 위 버스 앞부분을 충돌하여 택시에 타고 있던 승객으로 하여금 사망에 이르게 하였다.
[판시] 신호등에 의하여 교통정리가 행하여지고 있는 교차로를 녹색등화에 따라 직진하는 차량의 운전자는 특별한 사정이 없는 이상, 다른 차량들도 교통법규를 준수하고 충돌을 피하기 위하여 적절한 조치를 취할 것으로 믿고 운전하면 족하고, 다른 차량이 신호를 위반하고 직진하는 차량의 앞을 가로질러 좌회전할 경우까지를 예상하여 그에 따른 사고발생을 미연에 방지할 특별한 조치까지 강구할 업무상의 주의의무는 없다.

[판례] 대법원 1991. 2. 26. 선고 90 도 2856 판결 (교통사고처리특례법위반)
피고인이 트럭을 도로의 중앙선 위에 왼쪽 바깥 바퀴가 걸친 상태로 운행하던 중 피해자가 승용차를 운전하여 피고인이 진행하던 차선으로 달려오다가 급히 자기 차선으로 들어가면서 피고인이 운전하던 트럭과 교행할 무렵 다시 피고인의 차선으로 들어와 그 차량의 왼쪽 앞부분으로 트럭의 왼쪽 뒷바퀴 부분을 스치듯이 충돌하고 이어서 트럭을 바짝 뒤따라가던 차량을 들이받았다면, 설사 피고인이 중앙선 위를 달리지 아니하고 정상 차선으로 달렸다 하더라도 사고는 피할 수 없다 할 것이므로 피고인 트럭의 왼쪽 바퀴를 중앙선 위에 올려놓은 상태에서 운전한 것만으로는 위 사고의 직접적인 원인이 되었다고 할 수 없다.

2) 피해자가 폭행, 협박 또는 상해를 피하려다 상해 또는 사망에 이른 경우

피해자의 도피행위로 인하여 사망이나 상해의 결과가 초래된 경우 일상 경험에 비추어 보았을 때 행위자의 침해행위로부터 피해자가 두려움이나 공포로 인하여 이를 피하기 위하여 도피하는 것은 자연적인 결과로서 얼마든지 발생할 수 있는 것이고, 이는 위험발생과 연결된 것이라고 할 수 있다. 또한 그 과정에서 피해자에게 사망이나 상해의 결과가 발생하는 것 역시 개연성이 있고, 행위자가 결과발생을 좌우했다고 할 수 있다.[73]

하지만, 피고인의 행위가 있은 후 피해자의 의도적인 별개의 행위에 의하여 결과가 발생하여 행위자가 결과발생을 좌우했다고 할 수 없는 경우에는 행위와 결과 간의 상당인과관계를 부정하고 있는 것으로 보인다.

◉ 인과관계가 인정된 사례

[판례] 대법원 1990. 10. 16. 선고 90 도 1786 판결 (폭행치사 등)
피고인들이 공동하여 피해자를 폭행하여 당구장 3층에 있는 화장실에 숨어 있던 피해자를 다시 폭행하려고 피고인 갑은 화장실을 지키고, 피고인 을은 당구치는 기구로 문을 내려쳐 부수자 위협을 느낀 피해자가 화장실 창문 밖으로 숨으려다가 실족하여 떨어짐으로써 사망한 경우에는 피고인들의 위 폭행행위와 피해자의 사망 사이에는 인과관계가 있다고 할 것이므로 폭행치사죄의 공동정범이 성립된다.

[판례] 대법원 1995. 5. 12. 선고 95 도 425 판결 (강간치사 등)
[사안] 피고인이 자신이 경영하는 속셈학원의 강사로 피해자를 채용하고 학습교재를 설명하겠다는 구실로 유인하여 호텔 객실에 감금한 후 강간하려 하자, 피해자가 완강히 반항하던 중 피고인이 대실시간 연장을 위해 전화하는 사이에 객실 창문을 통해 탈출하려다가 지상에 추락하여 사망하였다.
[판시] 가. 폭행이나 협박을 가하여 간음을 하려는 행위와 이에 극도의 흥분을 느끼고 공포심에 사로잡혀 이를 피하려다 사상에 이르게 된 사실과는 이른바 상당인과관계가 있어 강간치사상죄로 다스릴 수 있다.
나. (중략) 일반 경험칙상 피해자가 강간을 모면하기 위하여 창문을 통하여서라도 탈출하려다가 지상에 추락하여 사망에 이르게 될 수도 있음을 충분히 예견할 수 있었다고 볼 것이므로, 피고인의 이 사건 강간미수행위와 피해자의 사망과의 사이에는 상당인과관계가 있다고 할 것이니, 원심이 피고인을 강간치사죄로 처단하였음은 결국 앞서 본 당원의 견해에 따른 것으로서 정당하다.

[판례] 대법원 1996. 5. 10. 선고 96 도 529 판결 [강간치상(인정된 죄명 상해치사)]
피고인이 계속 교제하기를 원하는 자신의 제의를 피해자가 거절한다는 이유로 계

73 이경재, "상당인과관계설의 상당성 판단기준을 위한 상당성의 구체화 작업 시도 - 피해자의 도피행위를 중심으로 -", 형사판례연구 제21호, 박영사(2013. 6.), 19.

속하여 피해자를 폭행하여 상해를 가하자, 피해자가 위와 같이 계속되는 피고인의 폭행을 피하려고 도로를 건너 도주하다가 차량에 치여 사망한 사안에서, 피고인의 상해행위와 피해자의 사망 사이에 상당인과관계가 있으므로 피고인을 상해치사죄로 처단한 것은 정당하다고 한 원심을 수긍함.

[판례] 대법원 2000. 2. 11. 선고 99도5286 판결 (감금치사 등)
승용차로 피해자를 가로막아 승차하게 한 후 피해자의 하차 요구를 무시한 채 당초 목적지가 아닌 다른 장소를 향하여 시속 약 60km 내지 70km의 속도로 진행하여 피해자를 차량에서 내리지 못하게 한 행위는 감금죄에 해당하고, 피해자가 그와 같은 감금상태를 벗어날 목적으로 차량을 빠져 나오려다가 길바닥에 떨어져 상해를 입고 그 결과 사망에 이르렀다면 감금행위와 피해자의 사망 사이에는 상당인과관계가 있다고 할 것이므로 감금치사죄에 해당한다.

[판례] 대법원 1996. 7. 12. 선고 96도1142 판결 (강도치상 등)
[사안] 피고인은 갑, 을, 피해자 A와 함께 세븐오디 및 바둑이라는 도박을 하다가 피해자에게 소지하고 있던 돈 3,200만 원을 잃었다. 피고인은 후배인 병, 정 등과 공모하여 피해자로부터 위 돈을 강취하기로 공모하고, 식칼을 들고 도박을 하던 안방으로 들어가려던 중 피해자가 이를 발견하고 급히 안방 출입문을 잠그면서 버텼으나 피고인이 큰 소리로 죽여 버리겠다고 위협하면서 잠금장치를 풀려고 하였다. 이에 극도의 공포심을 느낀 피해자가 베란다의 창문을 통해 약 8m 아래로 뛰어 내려 요추방출성 골절 등의 상해를 입었다.
[판시] 가. 폭행 또는 협박으로 타인의 재물을 강취하려는 행위와 이에 극도의 흥분을 느끼고 공포심에 사로잡혀 이를 피하려다 상해에 이르게 된 사실과는 상당인과관계가 있다 할 것이고 이 경우 강취 행위자가 상해의 결과의 발생을 예견할 수 있었다면 이를 강도치상죄로 다스릴 수 있다.
나. 피고인이 피해자와 함께 도박을 하다가 돈 3,200만 원을 잃자 도박을 할 때부터 같이 있었던 일행 2명 외에 후배 3명을 동원한데다가 피고인은 식칼까지 들고 피해자로부터 돈을 빼앗으려고 한 점, 피해자는 이를 피하려고 도박을 하고 있었던 위 집 안방 출입문을 잠그면서 출입문이 열리지 않도록 완강히 버티고 있었던 점, 이에 피고인이 위 피해자에게 "이 새끼 죽여 버리겠다."고 위협하면서 위 출입문 틈 사이로 위 식칼을 집어넣어 잠금장치를 풀려고 하고 발로 위 출입문을 수회 차서 결국 그 문을 열고 위 안방 안으로 들어 왔으며, 칼을 든 피고인 외에도 그 문 밖에 피고인의 일행 5명이 있어 그 문을 통해서는 밖으로 탈출하기가 불가능하였던 점 등을 종합하여 보면 피고인의 위 폭행·협박행위와 위 피해자의 상해 사이에는 상당인과관계가 있고, 피고인으로서는 위 피해자가 위 도박으로 차지한 금원을

강취당하지 않기 위하여 반항하면서 경우에 따라서는 베란다의 외부로 통하는 창문을 통하여 위 주택 아래로 뛰어 내리는 등 탈출을 시도할 가능성이 있고 그러한 경우에는 위 피해자가 상해를 입을 수 있다는 예견도 가능하였다고 봄이 상당하므로, 피고인의 위 범죄사실은 강도치상죄를 구성한다.

◉ 인과관계가 부정된 사례

[판례] 대법원 1982. 11. 23. 선고 82 도 1446 판결 (강간치사)
강간을 당한 피해자가 집에 돌아가 음독자살하기에 이른 원인이 강간을 당함으로 인하여 생긴 수치심과 장래에 대한 절망감 등에 있었다 하더라도 그 자살행위가 바로 강간행위로 인하여 생긴 당연의 결과라고 볼 수는 없으므로 강간행위와 피해자의 자살행위 사이에 인과관계를 인정할 수는 없다.

[판례] 대법원 1985. 10. 8. 선고 85 도 1537 판결 (강간치상)
피고인과 피해자가 여관에 투숙하여 별다른 저항이나 마찰없이 성행위를 한 후, 피고인이 잠시 방밖으로 나간 사이에 피해자가 방문을 안에서 잠그고 구내전화를 통하여 여관종업원에게 구조요청까지 한 후라면, 일반경험칙상 이러한 상황아래에서 피해자가 피고인의 방문 흔드는 소리에 겁을 먹고 강간을 모면하기 위하여 3층에서 창문을 넘어 탈출하다가 상해를 입을 것이라고 예견할 수는 없다고 볼 것이므로 이를 강간치상죄로 처단할 수 없다.

[판례] 대법원 1993. 4. 27. 선고 92 도 3229 판결 (강간치상)
피해자가 피고인과 만나 함께 놀다가 큰 저항 없이 여관방에 함께 들어갔으며, 피고인이 강간을 시도하면서 한 폭행 또는 협박의 정도가 강간의 수단으로는 비교적 경미하였고, 피해자가 여관방 창문을 통하여 아래로 뛰어내릴 당시에는 피고인이 소변을 보기 위하여 화장실에 가 있는 때이어서 피해자가 일단 급박한 위해상태에서 벗어나 있었을 뿐 아니라, 무엇보다도 4층에 위치한 위 방에서 밖으로 뛰어내리는 경우에는 크게 다치거나 심지어는 생명을 잃는 수도 있는 것인 점을 아울러 본다면, 이러한 상황 아래에서 피해자가 강간을 모면하기 위하여 4층에서 창문을 넘어 뛰어내리거나 또는 이로 인하여 상해를 입기까지 되리라고는 예견할 수 없다고 봄이 경험칙에 부합한다. 피해자의 상해를 예견할 수 있었다고 보아 강간치상죄로 처단한 원심을 파기환송.

다. 제3자의 고의 또는 과실 행위가 개입한 경우

피고인과 무관하게 제3자가 행한 과실행위가 개입하여 그것이 공동원인이 되어 결과가 발생한 경우라도 그것이 통상 예견가능하다면 상당인과관계가 부정되지 않는다고 본다.

반면에 제3자의 행위가 개입하여 결과가 발생한 경우 그러한 제3자의 행위가 일상생활경험에 비추어 이례적인 경우에 속한다면 피고인의 행위와 결과 사이의 상당인과관계는 부정된다고 보고 있다.

◉ 인과관계가 인정된 사례

[판례] 대법원 1982. 12. 28. 선고 82 도 2525 판결 [살인미수(변경된 죄명: 살인)]

[사안] 피고인의 범행에 의해 자상을 입은 피해자가 그 자상의 감염과 2차에 걸친 수술, 과다한 수혈 때문에 패혈증을 일으켜서 범행으로부터 1개월이 지난 후에 사망하여 살인죄로 기소된 사안

[판시] 피고인의 자상행위가 피해자를 사망하게 한 직접적 원인은 아니었다 하더라도 이로부터 발생된 다른 간접적 원인이 결합되어 사망의 결과를 발생하게 한 경우라도 그 행위와 사망 간에는 인과관계가 있다고 할 것인바, 이 사건 진단서에는 직접사인 심장마비, 호흡부전, 중간선행사인 패혈증, 급성심부전증, 선행사인 자상, 장골정맥파열로 되어 있으며, 피해자가 부상한 후 1개월이 지난 후에 위 패혈증 등으로 사망하였다 하더라도 그 패혈증이 위 자창으로 인한 과다한 출혈과 상처의 감염 등에 연유한 것인 이상 자상행위와 사망과의 사이에 인과관계의 존재를 부정할 수 없다.

[판례] 대법원 1984. 6. 26. 선고 84 도 831, 84 감도 129 판결 (폭행치사 등)

피고인이 주먹으로 피해자의 복부를 1회 강타하여 장파열로 인한 복막염으로 사망케 하였다면, 비록 의사의 수술지연 등 과실이 피해자의 사망의 공동원인이 되었다 하더라도 피고인의 행위가 사망의 결과에 대한 유력한 원인이 된 이상 그 폭력행위와 치사의 결과 간에는 인과관계가 있다 할 것이어서 피고인은 피해자의 사망의 결과에 대해 폭행치사의 죄책을 면할 수 없다.

[판례] 대법원 1986. 7. 8. 선고 86 도 1048 판결 (업무상과실치사 등)

운전자가 차를 세워 시동을 끄고 1단 기어가 들어가 있는 상태에서 시동열쇠를 끼워놓은 채 11세 남짓한 어린이를 조수석에 남겨두고 차에서 내려온 동안 동인이 시동열쇠를 돌리며 악셀러레이터 페달을 밟아 차량이 진행하여 사고가 발생한 경우, 비록 동인의 행위가 사고의 직접적인 원인이었다 할지라도 그 경우 운전자로서는 위 어린이를 먼저 하차시키든가 운전기기를 만지지 않도록 주의를 주거나 손브레이크를 채운 뒤 시동열쇠를 빼는 등 사고를 미리 막을 수 있는 제반조치를 취할

업무상 주의의무가 있다 할 것이어서 이를 게을리 한 과실은 사고결과와 법률상의 인과관계가 있다고 봄이 상당하다.

[판례] 대법원 1990. 5. 22. 선고 90도580 판결 (교통사고처리특례법위반)
피고인이 야간에 오토바이를 운전하다가 도로를 무단횡단하던 피해자를 충격하여 피해자로 하여금 위 도로상에 전도케 하고, 그로부터 약 40초 내지 60초 후에 다른 사람이 운전하던 타이탄트럭이 도로위에 전도되어 있던 피해자를 역과하여 사망케 한 경우, 피고인이 전방좌우의 주시를 게을리 한 과실로 피해자를 충격하였고 나아가 이 사건 사고지점 부근 도로의 상황에 비추어 야간에 피해자를 충격하여 위 도로에 넘어지게 한 후 40초 내지 60초 동안 그대로 있게 한다면 후속차량의 운전사들이 조금만 전방주시를 태만히 하여도 피해자를 역과할 수 있음이 당연히 예상되었던 경우라면 피고인의 과실행위는 피해자의 사망에 대한 직접적 원인을 이루는 것이어서 양자 간에는 상당인과관계가 있다.

[판례] 대법원 1994. 12. 9. 선고 93도2524 판결 (업무상과실치사)
정신과질환인 조증으로 입원한 환자의 주치의사는 환자의 건강상태를 사전에 면밀히 살펴서 그 상태에 맞도록 조증치료제인 클로르포르마진을 가감하면서 투여하여야 하고, 클로르포르마진의 과다투여로 인하여 환자에게 기립성저혈압이 발생하게 되었고 당시 환자의 건강상태가 갑자기 나빠지기 시작하였다면 좀 더 정확한 진찰과 치료를 위하여 내과전문병원 등으로 전원조치를 하여야 할 것이고, 그러지 못하고 환자의 혈압상승을 위하여 포도당액을 주사하게 되었으면 그 과정에서 환자의 전해질이상 유무를 확인하고 투여하여야 함에도 의사에게 요구되는 이러한 일련의 조치를 취하지 아니한 과실이 있다면, 그러한 과실로 환자가 전해질이상·빈혈·저알부민증 등으로 인한 쇼크로 사망하였음을 인정할 수 있고, 그 치료 과정에서 야간당직의사의 과실이 일부 개입하였다고 하더라도 그의 주치의사 및 환자와의 관계에 비추어 볼 때 환자의 주치의사는 업무상과실치사죄의 책임을 면할 수는 없다고 한 사례.

[판례] 대법원 2010. 4. 29. 선고 2009도7070 판결 (업무상과실치사)
정상혈압환자는 제왕절개수술 후 통상적인 출혈만으로 90/60㎜Hg의 저혈압이 되기도 하지만, 고혈압환자가 제왕절개수술 후 같은 정도의 저혈압이 되는 것은 비정상적인 경우로서 대량출혈을 의심할 수 있는 사실, 피고인은 15:15경 피해자 상태를 확인한 후 전원조치에 앞서 ○○병원 산부인과 당직의사에게 전화하여 "조기태반박리 증상을 보이는 환자가 있는데 현재는 아무 이상이 없으나, 혹시 수혈이 필요할지도 모르니 후송을 해도 되겠느냐"고 물었고, 이어 전원 당시 ○○병원 산부인

과 당직의사에게 '오후 3시경부터 출혈경향이 있고, 90/60mmHg 정도의 저혈압이 있었다'는 취지로 말하였을 뿐 피해자가 고혈압환자이고, 수술 후 대량출혈이 있었던 사정을 설명하지 않은 사실을 알 수 있는바, 사정이 이와 같다면 ○○병원 의료진은 피고인의 위와 같은 설명의무 해태로 인하여 피해자의 저혈압 및 출혈량에 대한 평가를 잘못하고 나아가 수혈의 긴급성 판단을 그르쳤다고 할 것이므로, 피고인에게는 전원과정에서 ○○병원 의료진에게 피해자의 상태 및 응급조치의 긴급성에 관하여 충분히 설명하지 않은 과실이 있다.
앞서와 같은 피고인의 전원지체 등의 과실로 피해자에 대한 신속한 수혈 등의 조치가 지연된 이상 피해자의 사망과 피고인의 과실 사이에는 인과관계를 부정하기 어렵고, ○○병원 의료진의 조치가 다소 미흡하여 피해자가 ○○병원 응급실에 도착한 지 약 1시간 20분이 지나 수혈이 시작되었다는 사정만으로 피고인의 과실과 피해자 사망 사이에 인과관계가 단절된다고 볼 수 없다.

[판례] 대법원 2012. 3. 15. 선고 2011도17648 판결 [상해치사(인정된 죄명; 상해)]
피고인이 갑의 뺨을 1회 때리고 오른손으로 목을 쳐 갑으로 하여금 뒤로 넘어지면서 머리를 땅바닥에 부딪치게 하여 상해를 가하고 그로 인해 사망에 이르게 하였다는 내용으로 기소된 사안에서, 갑이 두부 손상을 입은 후 병원에서 입원치료를 받다가 합병증으로 사망에 이르게 되어 피고인의 범행과 갑의 사망 사이에 인과관계를 부정할 수 없고, 사망 결과에 대한 예견가능성이 있었는데도, 이와 달리 보아 상해치사의 공소사실을 무죄로 판단한 원심판결에 법리오해의 위법이 있다고 한 사례

[판례] 대법원 2016. 6. 10. 선고 2014도2082 판결 (교통사고처리특례법위반)
피해자는 이 사건 교통사고로 인하여 복합골절상을 입었고 이를 치료하기 위하여 1차 수술을 거쳐 2차 수술을 받은 직후에 급성 심근경색이 발생하였다. 그런데 피해자에게 급성 심근경색을 일으킬 수 있는 관상동맥 경화 등 기왕의 병력이 있었음에 관한 자료가 없고, 치료 의사 이순규의 진술과 같이 골절이나 수술로 인하여 골수에 있는 기름기가 혈액 속으로 유입하여 심장 안쪽의 큰 혈관을 막아 급성 심근경색을 일으킬 수 있으며, 또한 위 복합골절상 및 수술로 인한 통증에 의한 스트레스가 심혈관 질환을 악화시킬 수 있음에 비추어 보면, 이 사건 교통사고로 인한 복합골절상과 그 치료 과정에서 발생한 급성 심근경색으로 인한 피해자의 사망 사이에는 인과관계가 인정된다고 봄이 타당하다.

◉ 인과관계가 부정된 사례

[판례] 대법원 1982. 6. 8. 선고 81도2378 판결 (업무상과실치사)
[사안] 피고인(중대장)은 부대사격장에서 사병 A의 소총에 탄알 10발이 들어있는

탄창을 끼워 탄알 1발을 장전하였으나 동 소총이 영점이 잡혀있지 않은 것을 발견하고 탄창만을 분리시켜 B(소위)에게 지급된 소총으로 사격연습을 마친 뒤, 사선 뒷벽에 기대어 놓은 A 지급의 소총을 C(소위)가 매고 사선을 내려와서 피고인에게 인계하고, 피고인은 소속대 병기계원인 D(사병)에게 다시 인계하여 D가 행정반 앞에서 위의 총을 우로 어깨 걸어총 자세에서 풀어, 총구를 행정반 방향으로 향후 채 왼손으로 덮개 아랫부분을 잡고 오른손 검지로 무심코 방아쇠를 당겨 격발됨으로써 행정반 안에 있는 F(사병)가 사망하였다.
[판시] 피고인은 총기에 탄알을 장전하였다가 다른 총기로 바꿀 때에는 장전된 탄알을 제거하고 약실검사를 하여야 함은 물론 연습사격을 마친 후 사선을 떠나기 전에 총기의 안전검사를 하여 이상 유무를 확인하여야 함에도 이를 실시치 않음은 대단한 과실이 있다 할 것이나, 그러한 과실이 있다 하여 병기의 취급관리를 보좌하는 병기계원 D가 총기취급에 있어 미리 안전검사 및 약실검사를 하여야 할 뿐만 아니라 총구를 위험이 없는 전방 또는 공중으로 향하게 하여야 하는 주의의무를 태만히 한다는 것은 군인으로서 이례에 속하는 일로서 피고인에게 그 예측을 기대하기는 어렵다 할 것이므로 피고인의 이 사건 과실행위와 피해자의 사망 사이에 상당인과관계가 있다고 보기 어렵다.

[판례] 대법원 1983. 8. 23. 선고 82 도 3222 판결 (업무상과실치상)
[사안] 피고인 운전의 택시가 이미 정거하였음에도 뒤쫓아 오던 택시가 충돌하는 바람에 앞의 차를 충격하여 이 사건 사고가 발생하였다.
[판시] 설사 피고인에게 안전거리를 준수치 아니한 위법이 있었다 할지라도 그것이 이 사건 피해결과에 대하여 인과관계가 있다고 단정할 수도 없다.

제 18 조 [부작위범]

위험의 발생을 방지할 의무가 있거나 자기의 행위로 인하여 위험발생의 원인을 야기한 자가 그 위험발생을 방지하지 아니한 때에는 그 발생된 결과에 의하여 처벌한다.

[관련조문] 형법 제103조 제2항, 제116조, 제117조 제1항, 제145조 제2항, 제319조 제2항, 민법 제758조, 제759조, 제826조, 제913조, 제974조.

[참고문헌] 문채규, "판례사안을 통하여 본 작위와 부작위의 구별", 한국 형사법학의 이론과 실천, 한국사법행정학회(2010); 이용식, "우연한 비밀청취 및 녹음행위의 죄책", 법조(2016. 10.); 손해목, '의무의 충돌', 월간고시(1988. 8.).

Ⅰ. 부작위범 일반론

1. 부작위범의 의의

범죄는 일반적으로 적극적인 행위인 작위에 의하여 실행되지만 때로는 결과의 발생을 방지하지 않는 소극적인 행위 즉 부작위에 의하여도 실현될 수 있다. 여기서의 부작위는 아무것도 하지 않는 단순한 무위(無爲)가 아니라 법규범이 명령한 행위를 소극적으로 하지 않는 것을 말한다. 따라서 부작위범은 결과발생을 방지할 수 있는 행위의 가능성과 필요성에 관한 규범적 판단이 필연적으로 수반된다.

이러한 부작위범에 관하여 형법은 특정한 행위를 하지 않는 경우를 처벌하는 것 그 자체를 구성요건으로 하는 범죄, 예컨대 다중불해산죄(제116조), 퇴거불응죄(제319조 제2항) 등을 개별적으로 규정하는 한편(진정부작위범), 제18조에서 작위범을 전제로 하는 통상의 구성요건에 대하여 그 구성요건적 결과에 대한 위험발생의 방지의무가 있는 자가 방지를 위한 작위의무를 다하지 아니한 경우에도 부작위범으로 처벌된다는 일반 조항을 두면서 위 방지의무 발생근거의 하나로 '자기의 행위로 인한 위험발생 원인의 야기'를 명시하고 있다(부진정부작위범).

이와 같이 부작위범이 특별한 범죄유형으로서 작위범과 별도로 논의되는 이유는, 주로 작위범 중심으로 규정된 형법 각칙 조항이 부작위범에 대하여도 동일하게 적용됨으로써 형사처벌의 외연이 확대되는 결과를 가져오므로, 부작위범의 특수한 범죄성립요건 등을 정립하여 가벌성의 범위를 합리적으로 제한할 필요가 있기 때문이다.

2. 작위와 부작위의 판별기준

작위와 부작위의 판별문제는 개념적으로 구별되는 작위와 부작위 가운데 어느 것을 선택하여 행위자의 행위를 형법적으로 평가할 지에 관한 선택의 문제이다.[1] 과실범의 경우 일반적으로 주의의무위반 행위가 동시에 부진정부작위범의 보증의무의 불이행 즉 부작위로 평가될 수 있으므로 작위와 부작위의 요소가 항상 혼재되어 있는 반면에, 고의범에 있어서는 양자의 요소가 혼재된 경우가 드물다. 대부분의 경우 외부 현상을 관찰하는 방법으로도 작위와 부작위를 쉽게 판별할 수 있지만, 어떤 행위의 외부 현상 자체에 작위적 요소와 부작위적 요소가 혼합되어 있는 경우에는 그 판별이 쉽지 않다.

가. 학설

작위와 부작위의 판별기준에 관하여 방법론적으로 보면, ①자연적·사실적 표지를 기준으로 삼는 입장과 ②규범적·평가적 표지를 기준으로 삼는 입장으로 대별할 수 있다. 전자의 입장에 해당하는 것으로는, ㉠'신체동작' 유무를 기준으로 삼는 신체동작설, ㉡결과발생에 대한 현실적 '인과성'의 유무를 기준으로 하는 인과관계설, ㉢작위를 먼저 검토하고 부작위를 작위의 보충관계로 이해하는 작위우선 검토설, ㉣주관적인 '동기의 과다·과소' 여부를 기준으로 하는 동기설 등이 있다. 반면 후자의 입장에 해당하는 것으로는, ㉠'형법적으로 의미 있는 행태의 중점' 또는 '행태에 대한 법적 비난의 중점'이 어디에 있느냐에 따라서 판별하려는 견해(중점설), ㉡법익침해로 향한 적극적인 에너지의 투입행위와 결과 사이의 인과관계가 존재하는 경우를 작위로, 그렇지 않은 경우는 부작위로 보는 견해(에너

1 김성돈, 형법총론(제5판), 성균관대학교출판부(2017), 525.

지투입설), ㉢'행위의 사회적인 의미내용'을 판별 기준으로 삼는 견해 등이 있다. 그 중 우리나라에서 지지를 받는 주요 견해는 작위 우선 검토설,[2] 에너지투입설,[3] 중점설[4]이다.[5]

나. 대법원 판례의 태도

대법원은 이른바 '보라매병원' 사건에서 에너지투입설과 작위 우선 검토설을 혼합하는 입장을 취하였고, '통신비밀보호법위반' 사건에서 이를 재확인하고 있는 것으로 보인다.[6]

1) 대법원은 '보라매병원' 사건에서 "어떠한 범죄가 적극적 작위에 의하여 이루어질 수 있음은 물론 결과의 발생을 방지하지 아니하는 소극적 부작위에 의하여도 실현될 수 있는 경우에, 행위자가 자신의 신체적 활동이나 물리적·화학적 작용을 통하여 적극적으로 타인의 법익 상황을 악화시킴으로써 결국 그 타인의 법익을 침해하기에 이르렀다면, 이는 작위에 의한 범죄로 봄이 원칙이고, 작위에 의하여 악화된 법익 상황을 다시 되돌이키지 아니한 점에 주목하여 이를 부작위범으로 볼 것은 아니며, 나아가 악화되기 이전의 법익 상황이, 그 행위자가 과거에 행한 또 다른 작위의 결과에 의하여 유지되고 있었다 하여 이와 달리 볼 이유가 없다."라고 판시하였다(대법원 2004. 6. 24. 선고 2002도995 판결).

위 사건의 사실관계를 요약하면, 피해자가 머리를 다쳐 혼수상태에 빠진 후 이웃의 신고로 병원으로 응급 후송되어 뇌수술을 받았는데, 피해자의 처인 피고인 甲은 병원비 부담을 이유로 퇴원을 강력히 요구하였고, 이에 담당 전문의인 피고인 乙은 퇴원하면 사망한다는 사실을 분명히 주지시키면서 피고인 甲을 말렸으

2 배종대, 형법총론(제13판), 홍문사(2017), 520; 오영근, 형법총론(제4판), 박영사(2018), 163; 이재상 외 2인, 형법총론(제9판), 박영사(2017), 125.

3 김성돈, 형법총론(제5판), 성균관대학교출판부(2017), 527; 박상기/전지연, 형법학(총론·각론 강의)(제4판), 집현재(2018), 56; 박상기, 형법총론(제9판), 박영사(2012), 326.; 손동권/김재윤, 새로운 형법총론(초판), 율곡출판사(2011), 395.

4 김일수/서보학, 새로쓴 형법총론(제13판), 박영사(2018), 348; 정영일, 형법강의(총론)(제3판), 학림(2017), 77; 임웅, 형법총론(제10정판), 법문사(2018), 576; 정성근/박광민, 형법총론(제2판), 성균관대학교출판부(2015), 469.

5 문채규, "판례사안을 통하여 본 작위와 부작위의 구별", 한국 형사법학의 이론과 실천(한국사법행정학회 2010), 94.

6 이에 대하여는 대법원이 기본적으로 '행태의 사회의미 내지 비난의 중점'에 의거한 원심판단의 결론을 수긍하면서 이 기준을 제시한 것으로 볼 때, 원심의 규범적·평가적 기준을 더욱 구체화·실체화시킨 것이라고 평가할 수 있다는 견해가 있다.[문채규, "판례사안을 통하여 본 작위와 부작위의 구별", 한국 형사법학의 이론과 실천, 한국사법행정학회(2010), 97.]

나 피고인 甲의 완강한 요구에 마지못해 레지던트인 피고인 丙에게 퇴원을 지시하자, 1년차 수련의인 피고인 丁은 피고인 丙의 지시에 따라 인공호흡기의 제거 등 피해자의 퇴원에 필요한 조치를 취한 후 피해자와 동행하여 피해자의 집에 도착한 다음, 피고인 甲의 동의를 받아 피해자에게 부착하여 수동 작동 중이던 인공호흡보조장치와 기관에 삽입된 관을 제거함으로써 피해자로 하여금 약 5분 후에 호흡정지로 사망하게 한 사안이다.

검사는 피고인들을 '작위'에 의한 살인죄의 공모 공동정범으로 기소하였는데, 제1심 법원은 "사망원인은 인공호흡보조장치의 제거가 아니라 뇌간압박에 의한 호흡곤란이고, 인공호흡보조장치의 제거라는 행위만이 아니라 이를 포함한 행위 전체를 규범적으로 평가해야 한다."라는 취지의 이유로, 피고인들의 행위를 모두 '부작위'로 판단한 다음, 그 중 피고인 甲, 乙, 丙에 대하여는 '부작위'에 의한 살인죄의 공동정범으로, 피고인 丁에 대하여는 고의가 없다는 이유로 무죄로 판단하였다.

이에 대해 항소심 법원은 '작위와 부작위의 구별은 단순한 자연과학적·인과적인 분류가 아니라 구성요건의 해석과 적용을 고려한 법적 평가의 문제'라고 전제한 다음, ㉠ 피고인 甲에 대하여는 "피해자의 퇴원과 치료행위의 중단은 1개의 행위가 결합된 양면을 이루는 것으로 피고인 甲의 행위의 의미 있는 중점은 피고인 甲이 피해자의 처로서 그에 대한 계속적인 치료를 통하여 피해자의 생명을 보호해야 할 의무가 있음에도 불구하고 피해자를 퇴원시켜 치료를 중단할 경우 피해자가 사망할 위험을 예상하고도 그 위험발생을 방지하기 위한 조치를 취하지 않음으로 인하여 사망이라는 결과를 야기한 점에 있는 것이고, 인공호흡장치 등의 제거는 치료중단이라고 하는 행위수행의 한 내용을 이룰 뿐이며, 피고인 乙, 丙, 丁과의 공모공동정범 관계도 인정되지 않아 피고인 甲의 퇴원을 요구한 행위 자체는 비난의 대상이 되는 치료중단사실의 전제로서의 의미를 갖는다."라는 취지의 이유로 '부작위'에 의한 살인죄를 인정하였고, ㉡ 피고인 乙, 丙에 대하여는 "퇴원결정과 치료행위의 중단은 한 개의 사실관계의 양면으로 상호 결합되어 있는 것인데 피고인 乙, 丙의 의사(意思)의 관점에서 볼 때 피해자가 퇴원하게 되어 치료를 중단하게 된 것이지 치료를 중단할 의사가 있었기 때문에 퇴원결정과 퇴원조치를 취한 것이 아니므로 위 피고인들에 대한 비난은 위 피고인들이 적극적으로 치료행위를 중단한 점에 있다기보다는 피고인 甲의 퇴원요청을 받아들여 퇴원조치를 한 점에 집중되어야 한다."라는 취지의 이유로 '작위의 방조범'으로 인정하는 한편, ⓒ 피고인 丁에 대하여는 고의가 없다고 판단한 제1심 결론을 수긍하고 작위 내지 부작위 여부에 대하여는 판단하지 아니하였다. 결국 항소심 법원은 "작위와 부작위의 구별은 단순한 자연과학적·인과적인 분류가 아니라 구성요건의 해석과 적용을 고려한 법적 평가의 문제로서, 작위적 요소와 부작위적 요소가 결합된 행위의 경우 그 의미의 중점 내지 비난의 중점이 어디에 있는가에 따라서 판단함이 상당하다."라는 취지를 판시함으로써 '행위의 사회적 의미 내지 비난의 중점설'에 가까운 입장을 취한 것으로 보인다.

이에 대해 대법원은 앞서 본 판시의 법리를 전제로 하여, 피고인 乙, 丙은 피고인 丁에게 피해자를 집으로 후송하고 호흡보조장치를 제거할 것을 지시하는 등의 적극적 행위를 통하여 원심 공동피고인 甲의 부작위에 의한 살인행위를 도운 것이므로, 이를 작위에 의한 방조범으로 본 원심의 판단은 정당하다고 판단하였고, 피고인 甲은 상고되지 아니하고, 피고인 丁은 상고되었으나 상고이유로 삼지 아니하여 별도의 판단이 없었다.

2) 그 후 대법원은 '통신비밀보호법위반' 사건에서 "행위자가 자신의 신체적 활동이나 물리적·화학적 작용을 통하여 적극적으로 타인의 법익 상황을 악화시킴으로써 결국 그 타인의 법익을 침해하기에 이르렀다면, 이는 작위에 의한 범죄로 봄이 원칙이다."라고 판시하여 종전의 입장을 재확인하였다(대법원 2016. 5. 12. 선고 2013도15616 판결).

위 사건은, 피고인이 신문기자로서 자신이 재직 중인 신문사 빌딩에서 피고인의 휴대폰을 이용하여 다른 건물에 있던 피해자의 휴대폰으로 전화를 걸어 피해자와 통화하던 중에, 휴대폰 조작이 익숙하지 않던 피해자가 그곳에 손님이 찾아오자 피고인과의 통화를 마친 후 통화종료 버튼을 제대로 누르지 않은 채 그곳 탁자 위에 자신의 휴대폰을 놓아둠으로써 피해자의 휴대폰과 피고인의 휴대폰의 연결상태가 계속 유지되어 있었는데, 피고인이 그 사실을 알고도 피고인의 휴대폰에 있는 통화녹음 기능을 이용하여 피해자와 그의 손님들 사이의 대화내용을 몰래 청취·녹음한 사안이다. 피고인은 통신비밀보호법에 규정된 절차에 의하지 아니하고 공개되지 아니한 타인간의 대화를 청취·녹음하였다는 공소사실로 기소되었다.

제1심 법원은 피고인의 청취행위에 관하여는 '작위'에 의한 통신비밀보호법위반죄를 인정하였으나, 녹음행위는 '부작위'에 의하여 이루어진 것으로서 피고인에게 녹음행위를 중단할 작위의무가 인정되지 아니하므로 범행의 실행행위로 평가할 수 없다고 보아 무죄를 선고하였다. 이에 대해 항소심 법원은 위 청취·녹음행위를 모두 '작위'로 보아 유죄를 인정하였는데, 대법원은 위 보라매병원 사건의 판결의 법리를 인용한 다음 원심판결을 수긍하였다.[7]

다. 정리

형법상 행위개념을 '사회적으로 의미 있는 인간의 행태'로 이해하는 이상, 그 하위 개념인 작위 내지 부작위도 사회적 의미의 관점에서 구별될 필요가 있음은 마땅하나, 작위로서의 사회적 의미와 부작위로서의 사회적 의미를 차별화하는 명확한 판단기준을 제시하는 것은 쉽지 않다. 다만 규범론적 관점에서 작위와 부작위를 정의하면, 작위는 금지규범의 위반행위로서 타인의 법익에 대하여 부정적인 효과를 유발시키는 태도를 취하는 것인 반면에, 부작위는 명령규범의 위반행위로서 타인의 법익에 대하여 긍정적인 효과를 유발시키는 태도를 취하지 않는 것이다. 대법원 판례는 이러한 규범론적 관점에서 일응의 기준을 제시한 것으로 볼 수 있다.

따라서 우선 신체적 활동유무와 그에 의한 결과발생 및 인과관계를 고려하여 작위범의 성립여부를 검토한 후 그것이 부정되면 부작위범의 성립 여부를 검토하는 것이 바람직해 보인다.

Ⅱ. 부작위범의 종류

일반적으로 부작위범을 진정부작위범과 부진정부작위범으로 구분하여 달리 취급하고 있다.

그 구분 기준에 대하여는, ㉠작위범을 거동범과 결과범으로 구분하는 것처럼 부작위범도 법률이 요구하는 행위를 단순히 행하지 않는 것만으로 구성요건이 실현되는 진정부작위범과 이와 달리 부작위 외에도 결과가 실현되어야 범죄가 성립하는 부진정부작위범으로 구분하는 실질설과 ㉡형법에 규정되는 형식에 따라 양자를 구분하는 형식설이 있는데,[8] 우리나라의 통설은 형식설을 취하고 있다.

7 위 대법원 판례에 대하여는 녹음행위의 처벌을 수긍하면서도 신의칙상 피고인에게 녹음행위를 중단할 작위의무가 있음을 전제로 하여 부작위에 의한 녹음으로 평가되어야 한다는 비판이 있다[이용식, "우연한 비밀청취 및 녹음행위의 죄책", 법조(2016. 10.), 670.]

8 김성돈, 형법총론(제5판), 성균관대학교출판부(2017), 532; 배종대, 형법총론(제13판), 홍문사(2017) 522; 손동권/김재윤, 새로운 형법총론(초판), 율곡출판사(2011), 393; 오영근, 형법총론(제4판), 박영사(2018), 165; 이재상 외 2인, 형법총론(제9판), 박영사(2017), 127; 임웅, 형법총론(제10정판), 법문사(2018), 578; 정성근/박광민, 형법총론(제2판), 성균관대학교출판부(2015), 472.

형식설에 따르면, 진정부작위범은 구성요건 자체가 부작위의 형식으로 규정되어 있는 것을 말하는 것으로서, 예컨대 전시군수계약불이행죄(형법 제103조 제1항), 다중불해산죄(제116조), 전시공수계약불이행죄(제117조 제1항), 집합명령위반죄(제145조 제2항), 퇴거불응죄(제319조 제2항) 등이 여기에 해당하고, 부진정부작위범은 구성요건 자체는 작위범의 형태로 되어 있으나 이를 부작위에 의해 실현하는 범죄를 말한다.

대법원은 "신고의무 위반으로 인한 공중위생관리법 위반죄는 구성요건이 부작위에 의하여서만 실현될 수 있는 진정부작위범에 해당한다."(대법원 2008. 3. 27. 선고 2008도89 판결)고 판시하는 한편, "업무방해죄와 같이 작위를 내용으로 하는 범죄를 부작위에 의하여 범하는 부진정 부작위범이 성립하기 위해서는 부작위를 실행행위로서의 작위와 동일시할 수 있어야 한다."(대법원 2017. 12. 22. 선고 2017도13211 판결)고 판시하여 형식설을 따르고 있다.

이러한 진정부작위범과 부진정부작위범의 주요 구별 실익은 부진정부작위범에 대하여는 그 주요 구성요건인 보증인지위에 있었는지 여부가 구성요건적 상황에 따라 개별적으로 검토되어야 한다는 데에 있다.

Ⅲ. 부작위범의 객관적 구성요건

1. 부작위범의 공통 구성요건

부작위범의 종류와 상관없이 모든 부작위범이 성립하기 위하여는 다음의 세 가지 요건을 구비하여야 한다. 이 세가지는 부작위가 단순한 무위가 아니라 형법상 구성요건적 행위로 평가될 수 있게 해 주는 기본요건이기 때문이다.

가. 구성요건적 상황

부작위범은 작위로 나아가라는 규범적 요구 즉, 작위의무의 내용과 작위의무자의 신분을 인식시켜주는 사정이 있어야 성립한다. 진정부작위범의 경우의 구성요건적 상황은 형법각칙의 구성요건에 규정되어 있다. 예컨대 퇴거불응죄의 구성요건적 상황은 형법 제319조 제2항의 '타인의 주거 등에서 퇴거요구를 받는 경우'이다. 반면에 부진정부작위범의 구성요건적 상황은 형법 각칙에 규정된 구성요건적 결과발생 또는 구성요건실현의 위험이다.

나. 구성요건적 부작위

구성요건적 부작위는 행위자가 구체적인 상황에서 구성요건실현을 회피하기 위해 규범적으로 요구되는 적합한 행위를 하지 않는 경우에 성립한다. 명령된 행위는 작위범과 달리 정형성을 가지고 있지 않으므로 구체적 상황에 따라 수개가 될 수 있는데 그 수개 중 어느 것도 하지 아니한 경우에 구성요건적 부작위가 된다. 행위자가 작위의무를 다하였지만 결과적으로 구성요건실현을 저지하지 못한 경우에는 고의에 의한 부작위가 성립하지 아니하고, 다만 행위자에게 과실이 있는 경우에 부작위에 의한 과실범이 성립할 수 있다.

다. 개별적인 작위가능성

개별적인 작위가능성은 행위자가 구체적인 위기상황에서 규범적으로 요구되는 행위를 현실적·물리적으로 행할 수 있었을 때에 인정된다. 따라서 보증인의무가 있는 자라고 하더라도 시간적·공간적 제약이나 구조수단의 결여 등 외부적 조건이나 지능이나 신체적 능력 등 내부적 조건의 결함으로 인해 물리적으로 결과발생의 방지가 불가능한 경우에는 부작위가 성립하지 않는다. 작위의무자의 의무이행에 위험이 따른다고 하더라도 개별적인 작위가능성이 인정되는 이상 부작위범의 객관적 구성요건은 충족되고 구체적 상황에 따라 기대불가능성을 근거로 책임이 조각될 여지가 있을 뿐이다.[9]이러한 개별적인 작위가능성은 통찰력 있는 제3자의 입장에서 객관적이고 구체적인 사전 판단에 따르되 결과방지를 위한 구조장비의 유무, 신체적 조건, 기술적 수단의 유무, 결과방지의 용이성 여부 등 객관적·사실적 상황을 종합적으로 고려하여야 한다.[10] 행위자가 고의 또는 과실로 자신의 행위능력을 상실케 하는 경우에는 행위의 가능성이 인정됨은 물론이다.

2. 부진정부작위범의 특수 구성요건

가. 보증인지위

1) 의의

진정부작위범은 모든 사람에게 구성요건에 정한 작위의무를 부담시킨다는 측면에서 행위 주체에 특별한 제한이 없다고 할 수 있으나, 부진정부작위범은 구성

9 김성돈, 형법총론(제5판), 성균관대학교출판부(2017), 552.

10 김일수/서보학, 새로쓴 형법총론(제13판), 박영사(2018), 357; 김성돈, 형법총론(제5판), 성균관대학교출판부(2017), 534.; 정성근/박광민, 형법총론(제2판), 성균관대학교출판부(2015), 474.

요건적 실현을 방지할 의무가 있는 자만이 행위주체가 될 수 있다. 이와 같이 구성요건실현의 방지를 위한 행위자의 특별한 지위를 보증인지위라고 말하는데, 이는 부진정부작위범의 규범적 구성요건요소로서 진정신분범의 특성을 갖게 한다.

일반적으로 보증인지위에 있다고 하려면, ㉠보호법익의 수혜자가 위협되는 침해에 대하여 스스로 보호할 능력이 없고, ㉡부작위범에게 그 위험으로부터 법익을 보호해야 할 의무, 즉 보증인의무가 있고, ㉢부작위범이 이러한 보호기능에 의하여 법익침해를 야기할 사태를 지배하고 있을 것이 요구된다.

2) 보증인지위와 보증인의무와의 관계

보증인지위는 보증인의무의 기초가 되는 사실적·규범적인 여러 사정을 말하고, 보증인의무는 이로부터 발생하는 구체적인 결과방지의 작위의무를 말한다.[11]

보증인지위를 보증인의무와 구별하여 전자를 부진정부작위범의 행위주체에 관한 요소로서 구성요건 요소로 보는 데에는 대체로 견해가 일치하고 있다. 그러나 보증인의무에 대하여는 보증인지위와 마찬가지로 구성요건 요소로 보는 입장(구성요건요소설)[12]과 위법성 요소로 보는 입장(이분설)[13]으로 견해가 나뉘어 있다. 그 논의의 실익은 보증인의무에 대한 착오에 대한 형법적 평가가 달라져서 전자의 입장에서는 구성요건 착오로 보는 반면에, 후자의 입장에서는 위법성 착오가 된다는 것이다.

작위범에 있어서 법적 의무를 위법성 요소로 보는 것과 같이 부작위범의 법적 의무 역시 위법성 요소로 보는 이분설이 타당하다. 따라서 보증인지위에 대한 착오는 구성요건적 고의를 조각하는 반면에, 보증인의무에 대한 착오는 책임설에 따를 경우 책임배제 내지 책임감경사유가 될 뿐이다.

3) 보증인지위의 발생근거

형법 제18조는 부작위범에 관하여 '위험의 발생을 방지할 의무가 있거나 자기

11 김일수/서보학, 새로쓴 형법총론(제13판), 박영사(2018), 358; 김성돈, 형법총론(제5판), 성균관대학교출판부(2017), 544.

12 김성돈, 형법총론(제5판), 성균관대학교출판부(2017), 545; 정영일, 형법강의(총론)(제3판), 학림(2017), 80.

13 김일수/서보학, 새로쓴 형법총론(제13판), 박영사(2018), 359; 박상기/전지연, 형법학(총론·각론 강의)(제4판), 집현재(2018), 59; 박상기, 형법총론(제9판), 박영사(2012), 330; 배종대, 형법총론(제13판), 홍문사(2017), 533; 손동권/김재윤, 새로운 형법총론(초판), 율곡출판사(2011), 401; 정성근/박광민, 형법총론(제2판), 성균관대학교출판부(2015), 478; 이재상 외 2인, 형법총론(제9판), 박영사(2017), 131; 임웅, 형법총론(제10정판), 법문사(2018), 585.

의 행위로 인하여 위험발생의 원인을 야기한 자'라고만 규정하고 있을 뿐 보증인지위의 발생근거와 보증인의무의 내용에 대한 구체적인 기준을 제시하고 있지 않다.

가) 학설

학설은 이러한 보증인지위와 그 내용을 이루는 작위의무 즉 보증인의무의 발생근거에 관하여, 종래 ㉠법령, 계약, 조리, 선행행위로 보는 견해[형식설 또는 법원설(法源說)]와 ㉡보증인의무의 기능이라는 실질적 기준에 따라 특정한 법익에 대한 보호의무와 특정한 위험원에 대한 안전·통제의무로 구분하는 견해(실질설 또는 기능설)로 대별되었다. 그런데 형식설은 보증인의무의 발생근거가 명확한 반면에 그 실질적인 내용이 불명확하다는 단점이 있고, 실질설은 보증인의무의 내용이 보다 구체적인 반면에 보증인지위의 인정범위가 확대될 위험이 있는 단점이 있다. 따라서 현재의 통설은 형식설에 의하여 그 보증인지위의 근거를 도출하되 그 보증인의무의 내용을 실질설에 의하여 보완하는 입장(결합설 또는 절충설)을 취하고 있다.[14]

나) 대법원 판례의 태도

대법원은, "형법상 부작위범이 인정되기 위해서는 형법이 금지하고 있는 법익침해의 결과발생을 방지할 법적인 작위의무를 지고 있는 자가 그 의무를 이행함으로써 결과발생을 쉽게 방지할 수 있었음에도 불구하고 그 결과의 발생을 용인하고 이를 방관한 채 그 의무를 이행하지 아니한 경우에, 그 부작위가 작위에 의한 법익침해와 동등한 형법적 가치가 있는 것이어서 그 범죄의 실행행위로 평가될 만한 것이라면, 작위에 의한 실행행위와 동일하게 부작위범으로 처벌할 수 있고, 여기서 작위의무는 법적인 의무이어야 하므로 단순한 도덕상 또는 종교상의 의무는 포함되지 않으나 작위의무가 법적인 의무인 한 성문법이건 불문법이건 상관이 없고 또 공법이건 사법이건 불문하므로, 법령, 법률행위, 선행행위로 인한 경우는 물론이고 기타 신의성실의 원칙이나 사회상규 혹은 조리상 작위의무가 기

14 김일수/서보학, 새로쓴 형법총론(제13판), 박영사(2018), 361; 박상기/전지연, 형법학(총론·각론 강의)(제4판), 집현재(2018), 61; 박상기, 형법총론(제9판), 박영사(2012), 336; 손동권/김재윤, 새로운 형법총론(초판), 율곡출판사(2011), 401; 임웅, 형법총론(제10정판), 법문사(2018), 591; 정성근/박광민, 형법총론(제2판), 성균관대학교출판부(2015), 480; 김성돈, 형법총론(제5판), 성균관대학교출판부(2017), 541; 배종대, 형법총론(제13판), 홍문사(2017), 526; 오영근, 형법총론(제4판), 박영사(2018), 167; 이재상 외 2인, 형법총론(제9판), 박영사(2017), 132.

대되는 경우에도 법적인 작위의무는 있다."(대법원 1996. 9. 6. 선고 95도2551 판결)라고 판시함으로써 기본적으로 형식설에 따라 보증인지위의 인정근거를 도출하고 있다.[15]

4) 보증인지위의 발생과 보증인의무의 내용

가) 보증인지위의 발생

보증인지위와 그 내용인 작위의무 즉 보증인의무는 법령, 계약, 조리 및 선행행위에 의하여 발생할 수 있다.

(1) 법령에 의한 작위의무

작위의무의 발생근거가 되는 법령에는 관습법을 포함하고 공사법을 불문하는데, 그 예로는 공작물에 대한 점유자·소유자의 감시의무(민법 제758조), 동물에 대한 점유자의 감시의무(민법 제759조), 부부간의 부양의무(민법 제826조), 친권자의 보호의무(민법 제913조), 친족 간의 부양의무(민법 제974조), 사고발생시 운전자의 구호조치의무(도로교통법 제54조), 차주의 고용운전사에 대한 감독의무(도로교통법 제56조), 의사의 진료 및 응급조치의무(의료법 제15조), 사업주의 안전조치의무(산업안전보건법 제23조), 경찰관의 보호조치의무(경찰관 직무집행법 제4조) 등이 있다.

(2) 계약·사무관리 등 법률행위로 인한 작위의무

계약이나 사무관리에 의하여 타인의 보증의무를 자의로 인수받은 자는 이 의무에 의하여 혜택을 받는 자를 위한 보증인적 지위에 있게 되는데, '자의적 인수에 기한 작위의무' 또는 '사무처리상 인정되는 작위의무'라고도 불린다. 경호원, 보모 등과 같은 고용계약이나 진료, 간호, 간병, 수영강습 등을 위한 계약상의 보호의무, 신호수의 직무상 의무 등이 이에 해당하는데, 약속의 이행책임이 있는 사람은 자신이 원하지 않더라도 위험방지의무를 지게 되는 것이다. 여기서의 계약은 유·무상을 불문하고 상호간에 암묵적으로도 이루어질 수 있으나, 그 작위의무는 계약의 범위 내에 한정됨은 물론이다. 따라서 보모계약을 한 사람은 아기의 생명·신체에 대한 위험발생 외에 재산에 대한 위험발생까지 방지할 의무는 없다고 할 것이다.[16]

15 같은 취지의 대법원 판례로는 대법원 2005. 7. 22. 선고 2005도3034 판결, 대법원 2006. 4. 28. 선고 2003도4128 판결, 대법원 2008. 2. 28. 선고 2007도9354 판결 등이 있다.

16 오영근, 형법총론(제4판), 박영사(2018), 168.

(3) 선행행위로 인한 결과발생방지의무

형법 제18조는 "자기의 행위로 인하여 위험발생의 원인을 야기한 자가 그 위험발생을 방지하지 아니한 때에는 그 발생된 결과에 의하여 처벌한다."고 규정하여 '선행행위'를 작위의무의 발생근거로 명시하고 있다.

대법원 판례가 선행행위로 인한 보증인적 지위를 인정한 경우를 보면, ㉠과실로 불을 낸 사람의 소화조치 의무(대법원 1978. 9. 26. 선고 78도1996 판결, 대법원 2010. 1. 14. 선고 2009도12109, 2009감도38 판결), ㉡미성년자를 유인하여 감금한 자가 탈진상태에 빠져 있는 피해자를 구조할 의무(대법원 1982. 11. 23. 선고 82도2024 판결), ㉢어린 조카를 저수지로 데리고 가서 미끄러지기 쉬운 제방 쪽으로 유인하여 걷게 한 자가 물에 빠진 조카를 구해야 할 의무(대법원 1992. 2. 11. 선고 91도2951 판결) 등이 있다.

여기서의 선행행위는 작위와 부작위를 불문하고 과실행위라도 상관없으나, 선행행위에 의한 작위의무를 넓게 인정할 경우에는 형사책임이 지나치게 확대될 우려가 있으므로, 선행행위로 인해 직접적으로 위험이 발생하여야 하고 선행행위에 포함된 위험을 초과하는 위험이 발생하여야 하며, 유책한 행위일 필요는 없지만 객관적으로 의무위반 또는 위법한 것이어야 한다는 것이 지배적 견해이다.[17] 따라서 강도나 강간치상행위는 그 자체로 신체를 침해할 것을 전제로 하므로 강간치상범에게 실신한 피해자를 구호할 작위의무가 없으므로 포괄적으로 단일의 강간치상죄만 성립할 뿐 별도로 유기죄가 성립하지 아니하고(대법원 1980. 6. 24. 선고 80도726 판결), 위험성이 조각되는 정당방위의 행위로 인하여 생명의 위험에 처하게 된 침해자를 그 정당방위 행위자가 구조하여야 할 작위의무는 없다고 할 것이다.

(4) 신의성실, 사회상규 또는 조리에 의한 작위의무

통설은 신의성실, 사회상규 또는 조리에 의한 작위의무를 인정하고 있는데, 그 예로는 동거하는 피용자에 대한 고용주의 보호의무, 관리자의 위험발생방지의

17 손동권/김재윤, 새로운 형법총론(초판), 율곡출판사(2011), 409; 김성돈, 형법총론(제5판), 성균관대학교출판부(2017), 543; 김일수/서보학, 새로쓴 형법총론(제13판), 박영사(2018), 366; 박상기, 형법총론(제9판), 박영사(2012), 334; 배종대, 형법총론(제13판), 홍문사(2017), 528; 이재상 외 2인, 형법총론(제9판), 박영사(2017), 136; 임웅, 형법총론(제10정판), 법문사(2018), 587; 정성근/박광민, 형법총론(제2판), 성균관대학교출판부(2015), 482; 박상기/전지연, 형법학(총론·각론 강의)(제4판), 집현재(2018), 60; 반대견해로는 오영근, 형법총론(제4판), 박영사(2018), 168; 정영일, 형법강의(총론)(제3판), 학림(2017), 81.

무, 목적물의 하자에 대한 신의칙상의 고지의무 등이 있다.

대법원은 ㉠"토지의 매도인인 피고인은 해당 토지가 도시계획이 입안되어 협의 수용될 것이라는 사정을 매수인에게 고지할 신의칙상의 의무가 있으므로 매수인에게 이러한 사정을 고지하지 않은 것은 부작위에 의한 사기죄에 해당한다."(대법원 1993. 7. 13. 선고 93도14 판결)고 판시하였고, ㉡"입찰사건에 관한 제반 업무를 주된 업무로 하는 공무원인 피고인들이 자신이 맡고 있는 입찰사건의 입찰보증금이 계속적으로 횡령되고 있는 사실을 알았다면, 이를 제지하고 즉시 상관에게 보고하는 등의 조치를 취할 법적 작위의무가 인정된다."라고 판시하여 부작위에 의한 횡령죄의 방조범을 인정하였으며(대법원 1996. 9. 6. 선고 95도2551 판결), ㉢"백화점에서 바이어를 보조하여 특정 매장에 관한 상품관리 및 고객들의 불만사항 확인 등의 의무를 담당하는 백화점 직원인 피고인으로서는 자신이 관리하는 특정 매장의 점포에 가짜 상표가 새겨진 상품이 진열·판매되고 있는 사실을 발견하였다면 고객들이 이를 구매하도록 방치하여서는 아니 되고 점주나 그 종업원에게 즉시 그 시정을 요구하고 바이어 등 상급자에게 보고하여 이를 시정하도록 할 근로계약상 조리상의 의무가 있다."라고 판시하여 부작위에 의한 상표법위반죄의 방조범의 성립을 인정하였고(대법원 1997. 3. 14. 선고 96도1639 판결), ㉣"일반거래의 경험칙상 상대방이 그 사실을 알았다면 당해 법률행위를 하지 않았을 것이 명백한 경우에는 신의칙에 비추어 그 사실을 고지할 법적 의무를 진다."는 전제 아래 "임대인인 피고인이 임차인에게 여관건물의 경매사실을 고지해야 할 법적 의무를 위반하여 임대하면 비록 임차인 스스로 등기부확인이 가능하더라도 임대인에게 사기죄가 성립한다."고 판시하였으며(대법원 1998. 12. 8. 선고 98도3263 판결), ㉤"인터넷 포털 사이트를 운영하는 회사와 그 대표이사인 피고인들은 정보제공업체들이 음란한 정보를 반포·판매하지 않도록 통제하거나 저지하여야 할 조리상의 의무를 부담한다."고 판시하였고(대법원 2006. 4. 28. 선고 2003도80 판결), ㉥"매장을 관리하던 근로자인 피고인은 주로 자신이 청소 등 관리를 맡았던 이 사건 매장 옆 통로에서 甲과 함께 담배를 피우다가, 甲이 불씨가 완전히 제거되지 않은 담배꽁초를 타기 쉬운 의류 포장용 비닐이 있는 쪽으로 던지고 매장 안으로 들어가는 것을 목격한 이상, 위 담배꽁초에 불씨가 남았는지 확인하고 위험을 제거할 근로계약에 따른 신의칙상 의무로서 담배꽁초에 불씨가 남았는지 확인하고 위험을 제거할 작위의무가 있다."고 판시하였다(대법원 2016. 4. 15. 선고 2015도15227 판결).

이러한 긍정설의 입장에 대하여는, 조리 또는 사회상규라는 개념이 너무 추상적이고 단순한 윤리적·도덕적 의무까지 포함되어 보증인지위의 인정범위가 부당하게 넓어질 우려가 있으므로 부정되어야 하거나 제한적인 범위에서 인정해야 한다는 비판이 있으나,[18] 긍정설을 취하더라도 실질설에 따라 위 조리 등의 내용을 제한함으로써 위와 같은 위험성은 충분히 제거될 수 있으므로 긍정설이 타당하다.

이와 관련하여 대법원은, 지역주택조합 방식에 의한 아파트개발사업의 시행대행자인 甲 회사가 乙 등과 조합원가입계약을 체결할 당시 고지의무를 위반하여 乙 등에게 위 방식으로 사업 추진이 불가능할 수 있다는 사정을 제대로 알리지 않았고, 그 후 조합설립인가도 받지 못한 채 사업 추진이 불가능하게 되자, 乙 등이 조합원가입계약서에 시공사로 날인한 丙 회사를 상대로 하여 丙 회사가 甲 회사의 부작위에 의한 기망행위를 방조하였다고 주장하면서 손해배상을 구한 민사사건에서, "신의성실의 원칙이나 사회상규 혹은 조리상의 작위의무는 혈연적인 결합관계나 계약관계 등으로 인한 특별한 신뢰관계가 존재하여 상대방의 법익을 보호하고 그에 대한 침해를 방지할 책임이 있다고 인정되거나 혹은 상대방에게 피해를 입힐 수 있는 위험요인을 지배·관리하고 있거나 타인의 행위를 관리·감독할 지위에 있어 개별적·구체적 사정하에서 그 위험요인이나 타인의 행위로 인한 피해가 생기지 않도록 조치할 책임이 있다고 인정되는 경우 등과 같이 상대방의 법익을 보호하거나 그의 법익에 대한 침해를 방지하여야 할 특별한 지위에 있음이 인정되는 자에 대하여만 인정할 수 있는 것이고, 그러한 지위에 있지 아니한 제3자에 대하여 함부로 작위의무를 확대하여 부과할 것은 아니다."라고 전제한 다음, "장차 시공자 지위를 확보하기 위하여 사업 추진에 관여한 데 지나지 않는 丙 회사는 乙 등의 법익을 보호하거나 그에 대한 침해를 방지하여야 할 특별한 지위에 있다고 할 수 없으므로 丙 회사 스스로 고지의무 대상인 사유가 존재하는지를 조사하여 고지할 작위의무 또는 甲 회사의 고지의무 이행을 조사하고 관리·감독할 의무를 인정할 근거가 없는데도, 丙 회사가 甲 회사의 부작위에 의한 기망행위를 방조하였다고 본 원심판결에 부작위에 의한 불법행위의 성립, 작위의무의 발생요

18 오영근, 형법총론(제4판), 박영사(2018), 170; 박상기, 형법총론(제9판), 박영사(2012), 331; 임웅, 형법총론(제10정판), 법문사(2018), 588.

건 등에 관한 법리오해 등 위법이 있다."고 판시한 바가 있다(대법원 2012. 4. 26. 선고 2010다8709 판결).

나) 보증인의무의 내용

법령, 계약, 선행행위, 신의칙 등에 의한 작위의무의 근거가 인정되더라도 그 작위의무의 내용은 실질설에 따라 보다 구체화된다고 할 수 있다.

(1) 특정한 법익에 대한 보호의무

법익 보호의무와 관련된 보증인지위는 자연적 결합관계, 밀접한 공동체 관계, 사실상 자의적 보호기능의 인수 등에서 발생한다.

(가) 자연적 결합관계의 보증인의무는 가족 등 혈연관계와 같이 자연적인 결합관계의 구성원 사이의 상호 의무를 말한다. 이러한 구성원 사이에는 법률에 의하여 서로 생명, 신체, 자유를 보호하고 일정한 조건하에 재산을 관리해야 할 의무도 부담하게 된다. 법률의 규정이 아니더라도 사실혼관계, 약혼자, 형제, 자매 등과 같이 밀접한 유대관계와 신뢰관계가 존속할 때에도 보증인의무가 발생한다. 구체적인 인정범위는 개별적으로 판단할 수밖에 없다. 즉 부모는 아이들에 대한 생명, 신체, 재산관리에 대한 보호의무를 지지만, 부부 사이의 보호의무는 상대방의 생명, 신체에 대한 중대한 위험으로부터의 보호에 국한되고 상대방의 재산을 보호하거나 상대방의 범죄행위를 저지할 의무는 없고,[19] 사생아에 대한 부의 보증인지위는 사생아에 대한 부의 인지가 없는 한 인정할 수 없으며, 손자에 대한 조부의 보증인지위는 조부가 손자에 대한 사실상 보호의무를 지고 있는 범위 내에서만 인정된다고 본다.[20]

(나) 밀접한 공동체 관계의 보증인의무는 탐험, 등산을 함께 하는 자들처럼 그 목적상 생명·신체 등에 대한 위험을 공동으로 대처하기로 특별한 신뢰관계가 형성되어 있는 위험공동체 내에서의 구성원 상호간의 위험방지 의무를 말한다. 이러한 구성원 사이에는 그 위험공동체의 활동에서 전형적으로 발생할 수 있는 위험을 방지할 의무를 부담하게 된다. 그러나 우연히 길을 같이 걸어간 사이와 같이 공동체 관계가 우연하게 형성되거나 그 구성원 상호간의 긴밀도가 약한 경우(대법원 1977. 1. 11. 선고 76도3419 판결) 또는 교도시설의 재소자나 군내무반의 동료

19 이재상 외 2인, 형법총론(제9판), 박영사(2017), 134.
20 박상기, 형법총론(제9판), 박영사(2012), 332.

군인 상호간 등과 같이 비자의적으로 공동체 관계가 형성된 경우에는 원칙적으로 보증인지위가 인정되지 않는다.[21] 그리고 법질서가 범죄적 목적달성을 조력할 수 없으므로, 공범자들 사이에 상호 범죄 수행시의 위험을 제거할 의무가 있다고 보기 어렵다.[22]

(다) 사실상 자의적 보호기능의 인수는 의사, 보모 등과 같이 자발적으로 피해자에 대한 보호기능을 인수한 경우를 말한다. 이러한 인수관계는 고용계약과 같이 민법상의 계약이나 사무관리에 의하여 생기지만, 반드시 계약상 또는 그 밖의 사법상의 근거를 필요로 하는 것은 아니고, 계약이 만료되었거나 취소된 경우라도 사실상의 보호기능을 담당하고 있다면 보증인지위는 유지된다.[23]

(2) 특정원 위험원에 대한 안전·통제의무

불특정 다수인의 법익을 위협하는 특정한 위험원인에 대한 통제 및 지배관계에 있는 자는 보증인지위를 갖는데, 여기에는 앞서 본 선행행위 외에도, 위험원인의 감독책임, 타인의 위법행위에 대한 보증책임에 따른 보증인지위가 있다. 위험원에 대한 안전의무는 원칙적으로 그 위험원을 통제하는데 그친다.[24]

(가) 위험원인의 감독책임은 위험한 물건, 시설, 동물 등과 같이 위험원을 소유·점유한 자는 그 위험원이 타인의 법익을 침해하지 않도록 감독할 보증인의무를 부담하는 것을 말한다.

(나) 타인의 위법행위에 대한 보증책임은 특별한 신분상의 권위 또는 지위로 인하여 타인을 통솔할 책임이 있는 자가 그 감독을 받는 자의 행위로 인해 타인의 법익을 침해되지 않도록 감독하는 책임을 말한다. 부모가 미성년 자녀로 하여금 범죄행위를 하지 않도록 할 교양의무, 학생에 대한 교사의 감독의무, 재소자에

21 정성근/박광민, 형법총론(제2판), 성균관대학교출판부(2015), 481; 김일수/서보학, 새로쓴 형법총론(제13판), 박영사(2018), 364; 배종대, 형법총론(제13판), 홍문사(2017), 529; 오영근, 형법총론(제4판), 박영사(2018), 171.

22 박상기/전지연, 형법학(총론·각론 강의)(제4판), 집현재(2018), 60; 박상기, 형법총론(제9판), 박영사(2012), 333.

23 김성돈, 형법총론(제5판), 성균관대학교출판부(2017), 542; 김일수/서보학, 새로쓴 형법총론(제13판), 박영사(2018), 364; 이재상 외 2인, 형법총론(제9판), 박영사(2017), 135; 오영근, 형법총론(제4판), 박영사(2018), 172; 박상기/전지연, 형법학(총론·각론 강의)(제4판), 집현재(2018), 60; 박상기, 형법총론(제9판), 박영사(2012), 333.

24 이에 대하여는 위험이 현실화된 경우에는 구조의무 및 그 피해를 최소화할 의무와 같은 사후적 안전의무까지도 부담한다는 견해가 있다(임웅, 형법총론(제10정판), 법문사(2018), 590; 배종대, 형법총론(제13판), 홍문사(2017), 529.)

대한 교도관의 감독의무, 정신병원에 수용된 정신질환자에 대한 정신병원 관리자의 감독의무 등이 여기에 해당한다.

나. 부작위의 작위와의 동가치성

부작위범이 성립하려면 그 부작위에 의한 구성요건실현이 작위에 의한 구성요건실현과 동등하게 평가될 수 있어야 한다. 이러한 부작위의 작위와의 동가치성에 대하여 형법 제18조에는 독일 형법(제13조 제1항)과 달리 아무런 언급이 없으나, 부작위범의 기술되지 아니한 구성요건으로 보고 있는데 대체로 견해가 일치한다.

부작위가 작위와 동일하게 평가되기 위하여는, ㉠부작위가 보증인지위와 보증인의무가 인정되는 상황에서 행하여져야 하고, ㉡부작위에 의한 구성요건 실현이 그 구성요건에서 요구되는 수단과 방법에 의해 행하여진 것과 동일하게 평가될 수 있어야 한다(행위태양의 동가치성).[25]

그 중 행위태양의 동가치성은 살인죄, 상해죄 등과 같이 결과발생을 위하여 특정한 행위방법이 그 구성요건화되어 있지 않는 단순결과범에서는 거의 문제가 되지 않고, 주로 결과발생을 요구하지 않는 거동범이나 혹은, 결과범 중 사기죄의 '기망'이나 강제추행죄의 '추행' 등과 같이 구성요건에 특정된 행위태양을 요구하는 범죄유형의 경우에 특별히 요구되는데, 이를 통해 부진정부작위범의 형사처벌을 제한하는 기능을 하게 된다.

대법원은 이른바 '세월호' 사건에서 "선박침몰 등과 같은 조난사고로 승객이나 다른 승무원들이 스스로 생명에 대한 위협에 대처할 수 없는 급박한 상황이 발생한 경우에는 선박의 운항을 지배하고 있는 선장이나 갑판 또는 선내에서 구체적인 구조행위를 지배하고 있는 선원들은 적극적인 구호활동을 통해 보호능력이 없는 승객이나 다른 승무원의 사망 결과를 방지하여야 할 작위의무가 있다 할 것이므로, 법익침해의 태양과 정도 등에 따라 요구되는 개별적·구체적인 구호의무를 이행함으로써 사망의 결과를 쉽게 방지할 수 있음에도 그에 이르는 사태의 핵심적 경과를 그대로 방관하여 사망의 결과를 초래하였다면, 그 부작위는 작위에 의한 살인행위와 동등한 형법적 가치를 가진다."고 전제한 다음, 선장인 피고인이 선내 대기 중인 승객 등에 대한 퇴선조치 없이 갑판부 선원들과 함께 해경

25 오영근, 형법총론(제4판), 박영사(2018), 174.

경비정으로 퇴선하였을 뿐 아니라 퇴선 이후에도 아무런 조치를 취하지 아니하여 승객 등이 스스로 세월호에서 탈출하는 것이 불가능하게 되는 결과를 초래하였는바, 피고인의 이러한 퇴선조치의 불이행은 승객 등을 적극적으로 물에 빠뜨려 익사시키는 행위와 다름없다고 판단하여 부작위에 의한 살인죄를 인정하였다(대법원 2015. 11. 12. 선고 2015도6809 전원합의체 판결).

대법원은 그밖에 ㉠압류된 골프장시설을 보관하는 회사의 대표이사가 위 압류시설의 사용 및 봉인의 훼손을 방지할 수 있는 적절한 조치 없이 골프장을 개장하게 하여 봉인이 훼손되게 한 경우에 부작위에 의한 공무상표시무효죄의 성립을 인정하였고(대법원 2005. 7. 22. 선고 2005도3034 판결), ㉡법무사가 아닌 사람이 법무사로 소개되거나 호칭되는 데에도 자신이 법무사가 아니라는 사실을 밝히지 않은 채 법무사 행세를 계속하면서 근저당권설정계약서를 작성한 사안에서, 부작위에 의한 무자격 법무사업 행위를 처벌하는 법무사법 제3조 제2항 위반죄를 인정하였다(대법원 2008. 2. 28. 선고 2007도9354 판결).

반면에 ㉠'포털사이트 운영자의 음란물 방치' 사건에서, 전기통신기본법 위반 행위인 음란한 정보를 반포·판매한 것은 정보제공업체이므로, 비록 포털사이트 운영자가 작위의무에 위배하여 그 반포·판매를 방치하였다고 하더라도 그것만으로는 음란한 정보를 반포·판매하였다는 것과 동일시할 수는 없으므로, 정보제공업체들의 전기통신기본법 위반 범행을 방조하였다고 볼 수 있음은 별론으로 하고, 전기통신기본법 위반죄의 정범에 해당한다고 할 수는 없다."라는 취지로 판시하였고(대법원 2006. 4. 28. 선고 2003도80 판결), ㉡"정당에 가입하고 있던 피고인이 군인신분 취득시점에 정당에서 탈퇴하지 아니하여 국가공무원법 및 정당법을 위반하였다는 공소사실에 대하여, 원심이 국가공무원법위반 및 정당법위반의 각 범죄는 가입과 동시에 범죄가 완성되는 즉시범으로서 그 범죄가 성립되려면 공무원의 신분이 있어야 한다는 등의 이유를 들어, 군인 신분 취득시점에 정당에서 탈퇴하지 아니한 피고인의 부작위가 군인 신분을 가진 사람이 정당에 가입한 것과 동등한 형법적 가치가 있다고 평가될 수 없다고 판단한 것은 정당하다."고 판시하였으며(대법원 2016. 2. 18. 선고 2013도3346 판결), ㉢피고인이 甲과 토지 지상에 창고를 신축하는 데 필요한 형틀공사 계약을 체결한 후 그 공사를 완료하였는데, 甲이 공사대금을 주지 않는다는 이유로 위 토지에 쌓아 둔 건축자재를 치우지 않고 공사현장을 막는 방법으로 위력으로써 甲의 창고 신축 공사 업무를 방해하였다는 내용으로 기소된 사안에서, "피고인이 자신의 공사를 위하여 쌓아 두었던 건축자재를 공사 완료 후에 단순히 치우지 않은 행위가 위력으로써 피해자의 추가 공사 업무를 방해하는 업무방해죄의 실행행위로서 피해자의 업무에 대하여 하는 적극적인 방해행위와 동등한 형법적 가치를 가진다고 볼 수는 없다."고 판시하였다(대법원 2017. 12. 22. 선고 2017도13211 판결).

3. 부작위와 인과관계 및 객관적 귀속

부진정부작위범도 작위범과 마찬가지로 부작위와 결과 사이에 인과관계 및 객관적 귀속이 요구된다. 부작위범에서는 규범적으로 요구되는 행위가 없었기 때문에 '요구되는 행위가 있었더라면 결과가 거의 확실하게 발생하지 않았을 것'이라는 반전된 조건공식 관계가 성립할 때 인과관계를 인정할 수 있다. 결과가 발생하지 않았을 가능성의 정도에 대해서는 확실성에 가까운 고도의 개연성이 인정되는 수준이어야 한다.[26] 이 경우에도 객관적 귀속이론에 따른 규범적 평가를 거쳐야하므로, 결과방지의무를 다한 경우에도 동일한 결과가 발생할 것으로 예견되는 경우에는 그 결과책임을 부인된다.

대법원은 '세월호' 사건에서 "선장인 피고인이 승객들에 대한 법익침해의 태양과 정도 등에 따라 요구되는 개별적·구체적인 구호의무를 이행하였다면 승객들에게 사망의 결과가 발생하지 않았을 것이라는 관계가 인정될 경우에는 그 작위를 하지 않은 부작위와 사망의 결과 사이에 인과관계가 있는 것으로 보아야 할 것이다"라고 함으로써 부작위범에 대한 인과관계의 요건을 명시적으로 판시하였다.

Ⅳ. 부작위범의 주관적 구성요건

작위범과 마찬가지로 고의의 부작위범이 성립하기 위해서는 객관적 구성요건 즉, 구성요건적 결과, 행위가능성, 보증인지위의 발생근거인 구성요건상황과 구성요건적 결과발생의 방지가능성 등을 인식하였음에도 요구되는 행위를 하지 않으려는 의사가 있어야 한다. 부작위범의 고의도 미필적 고의로 충분하나, 목적범의 목적이나 일정한 동기 등 초과 주관적 구성요소를 요하는 범죄에서는 초과 주관

26 박상기/전지연, 형법학(총론·각론 강의)(제4판), 집현재(2018), 64; 임웅, 형법총론(제10정판), 법문사(2018), 594; 손동권/김재윤, 새로운 형법총론(초판), 율곡출판사(2011), 412; 박상기, 형법총론(제9판), 박영사(2012), 329.

적 구성요건요소가 필요함은 물론이다.

대법원은 부작위범의 고의와 관련하여 "부진정 부작위범의 고의는 반드시 구성요건적 결과발생에 대한 목적이나 계획적인 범행 의도가 있어야 하는 것은 아니고 법익침해의 결과발생을 방지할 법적 작위의무를 가지고 있는 자가 그 의무를 이행함으로써 그 결과발생을 쉽게 방지할 수 있었음을 예견하고도 결과발생을 용인하고 이를 방관한 채 그 의무를 이행하지 아니한다는 인식을 하면 족하며, 이러한 작위의무자의 예견 또는 인식 등은 확정적인 경우는 물론 불확정적인 경우이더라도 미필적 고의로 인정될 수 있다. 이때 작위의무자에게 고의가 있었는지는 작위의무자의 진술에만 의존할 것이 아니라, 작위의무의 발생근거, 법익침해의 태양과 위험성, 작위의무자의 법익침해에 대한 사태지배의 정도, 요구되는 작위의무의 내용과 그 이행의 용이성, 부작위에 이르게 된 동기와 경위, 부작위의 형태와 결과발생 사이의 상관관계 등을 종합적으로 고려하여 작위의무자의 심리상태를 추인하여야 할 것이다."라고 판시하였다(대법원 2015. 11. 12. 선고 2015도6809 전원합의체 판결).

작위의무자에게 고의가 인정되지 아니할 경우 부작위범의 구성요건이 구비되고 작위의무의 불이행이 주의의무위반에 해당할 경우에 한하여 과실에 의한 부작위범이 성립될 수 있을 뿐이다. 대법원은 피고인이 피해자와 함께 술을 마신 후 만취된 피해자를 촛불이 켜져 있는 방안에 혼자 눕혀 놓고 촛불을 끄지 않고 나오는 바람에 화재가 발생하여 피해자가 사망한 경우 과실치사책임을 인정한 바가 있다(대법원 1994. 8. 26. 선고 94도1291 판결).

V. 부작위범의 위법성(의무의 충돌)

1. 위법성

부작위범의 경우도 구성요건해당성이 위법성을 표상하므로 구성요건해당성이 인정되면 위법성조각사유가 없는 이상 위법성이 인정된다.

다만 부작위범의 위법성과 관련하여서는 '보증인지위에 있는 자의 의무의 충돌'이라는 특수한 문제가 있다. 즉 보증인지위에 있는 자가 둘 이상의 법적 작위의무를 동시에 이행하여야 할 상황에서 그 중 어느 하나의 의무 이행이 다른 작위의무의 위반행위로 연결된 경우 그 위반행위로 인한 구성요건실현을 어떻게 처리할 것인지가 문제된다. 이와 구별되는 유형으로 부작위의무와 작위의무가 충돌하는 경우가 있는데, 이 경우는 긴급피난과 그 본질을 같이 하므로 긴급피난의 유형으로 해결하는 것이 타당하다.

2. 의무의 충돌의 요건과 그 법적 효과

의무의 충돌에 해당하기 위해서는, ㉠충돌되는 의무가 모두 법적 의무이어야 하고, 행위자가 서로 다른 가치의 여러 개의 의무 중에서 높은 가치 또는 동등한 가치의 의무를 이행하여야 하며(객관적 요건), ㉡행위자가 의무의 충돌상황을 인식하고 높은 가치 또는 동등한 가치의 의무를 이행한다는 의사를 가지고 행위하여야 한다(주관적 요건). 여기서의 충돌되는 의무 사이의 우열은 의무의 이행으로 보호되는 법익 사이의 가치관계뿐만 아니라 법익침해의 개연성 정도, 보증인과 피해자와의 법적관계 등을 종합적으로 고려하여 결정하여야 한다.[27]

위 의무의 충돌의 요건을 갖춘 경우에 충돌되는 의무 사이에 우열관계가 있는 때에는 위법성이 조각된다는 데에는 견해가 일치하는데, 그 근거에 대하여 ㉠형법 제20조의 사회상규에 위배되지 않는 정당행위로 보는 견해,[28] ㉡초법규적 위법성조각사유로 보는 견해,[29] ㉢긴급피난의 일종 또는 긴급피난의 특수한 경우로 보는 견해[30] 등으로 나뉜다. 따라서 충돌하는 의무의 우열 등 객관적 요건에 대한 착오는 위법성조각사유에 관한 착오유형으로서 금지착오에 해당하므로 회피가능성의 유무에 따라 면책될 수 있을 뿐이다.

한편, 이와 달리 둘 이상의 생명구조의무의 충돌과 같이 동일한 법익 사이에 의무가 충돌할 경우에 대하여는, ㉠법질서가 불가능한 행위를 요구할 수 없으므로 하나의 의무의행에 따른 다른 의무의 불이행도 법질서에 의하여 적법한 것으로 승인되어야 하므로 위법성이 조각된다는 견해(위법성조각설)[31]와 ㉡법은 동일한 가치의 의무 중 어느 것도 포기할 수 없으므로 책임이 면제될 뿐이라는 견해(책임조각설)[32]의 대립이 있다.

27 임웅, 형법총론(제10정판), 법문사(2018), 595.
28 김성돈, 형법총론(제5판), 성균관대학교출판부(2017), 551.
29 손해목, '의무의 충돌', 월간고시(1988. 8.), 116.
30 임웅, 형법총론(제10정판), 법문사(2018), 595.
31 김성돈, 형법총론(제5판), 성균관대학교출판부(2017), 552; 임웅, 형법총론(제10정판), 법문사(2018), 595; 박상기, 형법총론(제9판), 박영사(2012), 339; 손동권/김재윤, 새로운 형법총론(초판), 율곡출판사(2011), 414.
32 주석 형법, 총칙(1)(제2판), 한국사법행정학회(2011), 519(하태훈).

VI. 부작위범의 책임

부작위범에 대하여도 작위범의 책임이론이 그대로 적용된다. 따라서 책임무능력, 보증인 의무에 대한 착오 및 책임조각사유가 존재하는 경우 책임이 부정된다. 부작위범에서의 기대가능성은 작위의무를 인정하기 위한 전제조건의 한 요소라는 이유로 구성요건해당성 단계에서 파악해야 한다는 견해[33]도 있으나, 부작위범과 작위범의 책임요소로서의 기대가능성의 내용과 체계적 지위를 달리 볼 이유가 없으므로 부작위범에서의 기대불가능성 역시 책임을 조각한다고 본다.

VII. 그 밖의 관련 문제

1. 부작위범의 미수

부작위범의 미수에 대하여도 작위범의 미수의 일반 이론이 적용된다. 다만, 진정부작위범인 퇴거불응죄에 대하여 미수범 처벌규정을 두고 있지만(형법 제322조), 퇴거요구에 응할 수 있음에도 응하지 않으면 즉시 위 죄가 성립하는 거동범이므로 현실적으로 미수범 성립의 여지가 거의 없다.

문제는 부작위범의 미수를 인정하기 위한 실행의 착수시점이다. 부작위범에서는 작위범과 달리 외적 현상으로 나타난 전형적인 구성요건적 행태가 없기 때문이다. 이에 관한 종래 학설로는 ㉠작위의무자가 고의로 최초의 구조가능성을 지나쳤을 때로 보는 견해(최초이행가능설), ㉡최후의 구조시점을 기준으로 하는 견해(최종이행가능설) 등이 있었으나, ㉢작위의무를 지체하여 법익에 대한 위험이 증대되었을 때로 보는 견해(위험설 또는 절충설)가 현재의 다수설이다.[34] 실행의 착수에 관한 개별적 객관설의 판단기준에 따를 경우 행위자가 행위를 하지 않거나 작위를 지체함으로써 법익에 대한 위험이 발생하거나 이미 발생한 위험이 증대되었을 때에 실행의 착수가 있다고 할 것이므로 위험설이 타당하다.

부작위범의 미수에 있어서도 형법 제27조에 따라 불능미수범으로 처벌될 수 있고, 제26조에 따라 중지미수의 경우에는 그 형이 감면된다. 부작위범의 미수 역

33 박상기, 형법총론(제9판), 박영사(2012), 340.

34 김성돈, 형법총론(제5판), 성균관대학교출판부(2017), 555; 박상기, 형법총론(제9판), 박영사(2012), 343; 손동권/김재윤, 새로운 형법총론(초판), 율곡출판사(2011), 417; 임웅, 형법총론(제10정판), 법문사(2018), 597; 정성근/박광민, 형법총론(제2판), 성균관대학교출판부(2015), 489.

시 결과발생의 위험 정도에 따라 개념적으로 착수미수와 실행미수로 구분되는데, 작위의무가 있는 자가 작위의무를 불이행하다가 다시 그 작위의무를 행하는 것만으로도 결과방지가 가능한 경우에는 착수미수가 될 것이고(예를 들어 아기에게 수유를 하지 않다가 요구되는 수유를 함으로써 아기의 생명을 살릴 수 있는 경우), 그것만으로 부족하고 더 나아가 의료행위 등 추가적인 조치를 취하여야만 결과방지를 할 수 있는 경우에는 실행미수가 될 것이다. 중지미수가 되기 위하여는 어느 경우이든 결과방지를 위한 적극적인 행위를 하여야 한다는 점에서 작위범과 구별된다.[35]

2. 부작위범과 공범이론

가. 부작위범의 공동정범

부작위범에도 작위범의 정범과 공범이론이 그대로 적용되므로 보증인지위와 보증인의무가 있는 자들 사이의 공동정범이 가능하다는 것이 일반적 견해이다.[36] 부작위범과 작위범 사이에 공동정범이 성립하는지에 관하여는 이론상 가능하다는 견해와 범행지배설에 따라 부작위범을 방조범으로 보는 견해로 나뉜다.[37]

대법원은 부진정부작위범들 사이 또는 부진정부작위범과 진정부작위범 사이의 공동정범의 성립가능성이나 그 요건에 관하여 명시적으로 판시한 것은 보이지 않으나 공동정범의 일반이론에 따라 그 성립가능성을 인정하고 있는 것으로 보인다. 다만 진정부작위범들 사이의 공동정범에 관하여는 그 성립가능성을 인정하면서도 "다수의 부작위범에게 공통된 의무가 부여되어 있고 그 의무를 공통으로 이행할 수 있을 때에만 성립한다."고 판시하여(대법원 2009. 2. 12. 선고 2008도9476 판결), 작위의무의 공통성을 보다 엄격하게 요구하고 있다. 한편 대법원은 이른바 '보라매병원'사건에서 부작위범과 작위범 사이의 공동정범의 성립가능성을 인정하면서도 "의사인 피고인들에게는 공동정범의 객관적 요건인 이른바 기능적 행위지배가 흠결되어 있으므로, 피해자의 처인 甲의 부작위에 의한 살인행위를 용이하

35 손동권/김재윤, 새로운 형법총론(초판), 율곡출판사(2011), 419; 김성돈, 형법총론(제5판), 성균관대학교출판부(2017), 556.

36 정성근/박광민, 형법총론(제2판), 성균관대학교출판부(2015), 491; 임웅, 형법총론(제10정판), 법문사(2018), 598; 손동권/김재윤, 새로운 형법총론(초판), 율곡출판사(2011), 423; 박상기, 형법총론(제9판), 박영사(2012), 345.

37 손동권/김재윤, 새로운 형법총론(초판), 율곡출판사(2011), 423; 오영근, 형법총론(제4판), 박영사(2018), 33-35; 이재상 외 2인, 형법총론(제9판), 박영사(2017), 140; 임웅, 형법총론(제10정판), 법문사(2018), 598; 정성근/박광민, 형법총론(제2판), 성균관대학교출판부(2015), 491.

게 함으로써 이를 방조하였을 뿐이라고 본 원심의 판단은 정당하다."고 판시하였다(대법원 2004. 6. 24. 선고 2002도995 판결).

나. 부작위범에 대한 작위의 공범

부작위범에 대한 작위의 교사나 방조는 제한 없이 가능하다. 이 경우 교사 또는 방조는 작위에 의한 것이므로 교사범이나 방조범이 보증인지위에 있을 필요는 없다. 처벌되지 않거나 과실범으로 처벌되는 부작위범을 피용자로 이용하는 작위에 의한 간접정범도 가능하다.[38]

다. 부작위에 의한 공범

부작위에 의한 교사는 불가능하다고 본다. 부작위로는 피교사자로 하여금 범행을 하도록 하는데 아무런 물리적·심리적 작용을 할 수 없기 때문이다. 이와 달리 부작위에 의한 방조는 가능하다. 형법상 방조행위는 정범의 실행행위를 용이하게 하는 직접, 간접의 모든 행위를 가리키는 것으로 작위뿐만 아니라 부작위에 의하여도 성립하기 때문이다(대법원 1997. 3. 14. 선고 96도1639 판결).

작위의 범죄자의 행위를 보고도 이를 저지해야 할 작위의무자가 그대로 방치한 경우와 같이 정범인 작위범의 범죄행위에 보증인지위가 있는 자가 부작위로 가담한 경우에 그 부작위범은 정범인지 공범인지에 대하여는, ㉠언제나 방조범만을 인정하는 견해[39]와 ㉡경우에 따라 방조범 또는 (공동)정범을 인정하는 견해[40]가 있다. 부진정부작위범이라고 하더라도 공동가공의 의사를 가지고 있고 그 부작위에 의한 범행기여의 정도가 행위지배의 정도에 이를 경우에는 공동정범의 성립을 부정할 이유는 없으므로 후설이 타당하다.

대법원은 '포털사이트 운영자의 음란물 방치' 사건에서 포털사이트 운영자가 정보제공업체의 음란한 정보의 반포·판매행위를 방치한 부작위에 대하여 정보제공업체들의 전기통신기본법 위반죄에 대한 방조행위로 볼 수 있음은 별론으로 하고 정범의 실행행위로 보기 어렵다는 이유로 전기통신기본법 위반죄의 정범 성립을 부정한 바가 있다(대법원 2006. 4. 28. 선고 2003도80 판결).

38 정성근/박광민, 형법총론(제2판), 성균관대학교출판부(2015), 492; 배종대, 형법총론(제13판), 홍문사(2017), 536; 이재상 외 2인, 형법총론(제9판), 박영사(2017), 140.

39 손동권/김재윤, 새로운 형법총론(초판), 율곡출판사(2011), 422; 이재상 외 2인, 형법총론(제9판), 박영사(2017), 140; 정성근/박광민, 형법총론(제2판), 성균관대학교출판부(2015), 491.

40 박상기/전지연, 형법학(총론·각론 강의)(제4판), 집현재(2018), 67: 박상기, 형법총론(제9판), 박영사(2012), 344.

제 19 조 [독립행위의 경합]

동시 또는 이시의 독립행위가 경합한 경우에 그 결과발생의 원인된 행위가 판명되지 아니한 때에는 각 행위를 미수범으로 처벌한다.

[참고문헌] 신양균, "독립행위의 경합", 한국형사법학의 오늘, 정온 이영란교수화갑기념논문집(2008).

Ⅰ. 의의

독립행위의 경합이란 두 사람 이상이 의사 연락 없이 각자 별개의 행위를 하였는데 그 행위들이 경합하여 범죄를 실현한 경우로서 '동시범'이라고도 한다. 동시범은 2인 이상의 행위가 결합된 범죄라는 점에서 단독범과 구별되고 상호 의사연락이 없다는 점에서 공동정범과 구별된다. 동시범은 단독정범의 우연한 결합에 불과하므로 형법 제263조의 상해죄의 동시범 특례 규정의 적용 외에는 사실상 독자적 의미는 없다.

동시범은 동일한 고의를 가진 고의범 상호간뿐만 아니라 상이한 고의를 가진 고의범 상호간, 고의범과 과실범, 과실범 상호간의 형태로도 인정될 수 있다. 물론 공동정범의 본질에 관하여 행위공동설 즉, 실행행위를 공동으로 한다는 의사만 있으면 되고 반드시 결과를 공동으로 한다는 의사가 없어도 공동정범이 성립한다는 입장을 취할 경우에는 고의범과 과실범, 과실범 상호간에도 공동정범이 성립할 수 있으므로 그 범위 내에서 동시범이 성립할 여지가 없게 된다.

Ⅱ. 형법 제19조의 해석

형법 제19조는 동시범 가운데 원인관계가 판명되지 아니한 경우에 그 처벌 방법을 규정하고 있는데, 개별적인 의미내용은 다음과 같다.

1. 행위의 주체

수개의 행위가 각기 다른 사람에 의해 행하여져야 하므로, 수개의 행위라도 동일한 사람에 의한 경우는 여기에 해당할 여지가 없다. 또한 본래 동시범은 단독정범에 해당하는 수개의 행위의 우연한 경합을 의미하므로, 각 독립행위는 독자적으로 법정구성요건 실현이 가능한 경우를 말한다고 보아야 한다. 따라서 교사 또는 방조와 같은 협의의 공범은 제외된다고 할 것이다.

2. 행위의 객체

독립행위가 동일한 객체에 대해 결과를 야기하여야 한다. 여기서의 동일한 객체라 함은 물리적 의미에서 동일하다는 의미가 아니라 사회적·규범적 의미에서 동일한 것으로 의미하므로, 예컨대 두 사람이 각자 A와 B 중 누가 맞아도 상관없다는 생각으로 총을 쏘아 그중 A에게만 명중한 경우에도 동시범의 문제가 발생하게 된다.[1]

3. 동시 또는 이시의 독립행위의 경합

가. 독립행위

수인의 행위가 각자 따로 이루어져야 한다. 행위자 상호간에 의사 연락이 있을 경우에는 공동정범의 일부실행·전부책임의 귀속원칙에 따라 각자의 행위와 결과 사이의 개별적 인과관계의 성립과 상관없이 그 결과에 대한 기수범의 책임을 지기 때문이다. 대법원은 이른바 '성수대교 붕괴' 사건에서 "2인 이상이 상호의사의 연락이 없이 동시에 범죄구성요건에 해당하는 행위를 하였을 때에는 원칙적으로 각인에 대하여 그 죄를 논하여야 하나, 그 결과발생의 원인이 된 행위가 분명하지 아니한 때에는 각 행위자를 미수범으로 처벌하고(독립행위의 경합), 이 독립행위가 경합하여 특히 상해의 경우에는 공동정범의 예에 따라 처단(동시범)하는 것이므로, 상호의사의 연락이 있어 공동정범이 성립한다면, 독립행위경합 등의 문제는 아예 제기될 여지가 없다."고 판시하였다(대법원 1997. 11. 28. 선고 97도1740 판결).

나. 독립행위의 경합

개개의 독립행위는 시간적·장소적으로 동일하거나 근접할 필요가 없고 각자의 행위가 구성요건적으로 일치할 필요도 없으나, '동일한 객체'에 대해 경합되어야 한다. 대법원도 甲이 술에 취해 있던 피해자의 어깨를 주먹으로 때리고 쇠스랑 자루로 머리를 강타하고 가슴을 밀어 땅에 넘어뜨린 후 2시간가량 지나서 이번에는 乙이 피해자의 멱살을 잡아 평상에 앉혀놓고 얼굴을 때리고 손으로 가슴을 밀어 땅에 넘어뜨린 다음 나일론 슬리퍼로 피해자의 얼굴을 여러 차례 때렸는데 피

1 오영근, 형법총론(제4판), 박영사(2018), 447.

해자가 사망한 사건에서, "2시간 남짓한 시간적 간격을 두고 피고인이 두 번째의 가해행위인 이 사건 범행을 한 후, 피해자가 사망하였고 그 사망의 원인을 알 수 없다고 보아 피고인을 폭행치사죄의 동시범으로 처벌한 원심판단은 옳고, 거기에 동시범의 법리나 상당인과 관계에 관한 법리를 오해한 위법도 없다."고 판시함으로써 이시(異時)의 독립행위의 경합을 인정한 바가 있다(대법원 2000. 7. 28. 선고 2000도2466 판결).

동시범은 결과의 발생을 요하므로 각 독립행위는 구성요건적 실행행위이어야 한다. 따라서 독립행위는 구성요건적 실행행위의 착수로 평가될 수 있는 한 부작위에 의해서도 가능하지만 아직 실행행위의 착수에 이르지 못한 예비나 음모 행위는 제외된다.

4. 결과의 발생 및 원인행위의 불명

가. 결과의 발생

형법 제19조는 결과발생을 전제로 하는 결과범에 대한 동시범을 규정하고 있다. 따라서 결과범에 있어서 아직 결과가 발생하지 않았다면 형법 제19조의 적용 없이 제17조의 미수 조항에 의해 각자 미수범으로 처벌하는 것으로 족하다.

나. 원인행위의 불명

결과발생의 원인된 행위가 판명되지 않아야 한다. 입증책임은 검사에게 있다. 원인이 판명된 경우에는 인과관계에 의한 일반 원칙에 따라 그 인과관계가 인정된 행위를 기수범으로 처벌하고, 부정된 행위를 미수범으로 처벌하면 된다. 대법원은 "동시 또는 이시의 독립행위가 경합한 경우에 각 행위를 미수범으로 논하는 것은 그 결과 발생의 원인행위가 판명되지 아니한 때에 한함은 형법 제19조에 명시하고 있으므로, 위 조항은 동시 또는 이시의 독립행위가 경합하였다 할지라도 본 건과 같이 결과발생의 원인됨이 명백한 경우를 말함이 아니다."고 판시한 바 있다(대법원 1961. 1. 20. 선고 4293형상671 판결).

여기서 '원인행위가 판명되지 않은 경우'라는 것은 독립행위 가운데 어느 행위에 의해서 결과가 발생한 것인지 모르는 경우를 말하는 것이므로, 독립행위의 존재 자체가 불분명하거나 경합 여부가 불분명한 경우는 처음부터 형법 제19조의 적용 여지가 없다.[2] 대법원도 상해죄의 동시범 사안에서 "가해행위를 한 것 자체

2 오영근, 형법총론(제4판), 박영사(2018), 448.

가 분명하지 않은 사람에 대하여 동시범으로 다스릴 수 없음은 더 말할 것도 없다"고 판시한 바 있다(대법원 2010. 9. 9. 선고 2010도5852 판결).

Ⅲ. 처벌

형법 제19조는 결과발생의 원인행위가 판명되지 아니한 경우에는 독립행위를 한 자를 모두 미수범으로 처벌한다고 규정하고 있다. 인과관계가 명확히 부정되는 경우뿐 아니라 인과관계가 밝혀지지 않는 경우에도 '의심스러울 때에는 피고인의 이익으로'라는 원칙에 따라 각 독립행위자를 미수범 처벌 규정이 있는 경우에 그 죄의 미수범으로 처벌함을 명시적으로 밝히고 있는데 그 의의가 있다.

다만, 이러한 동시범의 처벌에 대하여는 형법 제263조에서 "독립행위가 경합하여 상해의 결과를 발생하게 한 경우에 있어서 원인된 행위가 판명되지 아니한 때에는 공동정범의 예에 의한다."고 규정하여 동시범의 특례규정을 두어 처벌상의 흠결을 보완하고 있다.

[전론 2: 위법성론][1]

Ⅰ. 위법성의 의의

범죄란 구성요건에 해당하고 위법하며 유책한 행위이다. 여기에서 위법성은, 범죄구성요건에 해당하는 행위가 "전체 법질서에 비추어 보아 허용되지 아니한다는 부정적 가치판단" 또는 "전체 법질서에 배치(모순)된다고 하는 성질"을 의미한다.[2] 이때 전체 법질서란 형법뿐만 아니라 민법, 행정법 등 성문법, 그리고 관습법, 사회상규, 조리, 보편적 법사상 등 불문법을 포함하는 넓은 뜻이라고 한다.[3]

따라서 어떠한 행위가 범죄 구성요건에 해당하면 그 행위는 일단 위법한 것으로 추정된다. 다만, 그 행위에 정당방위, 긴급피난 등 특별한 사유가 존재하여 '정당화'되는 때에는 그 행위는 적법한 것이 된다. 그러한 특별한 사유를 '위법성조각사유' 또는 '정당화사유'라 하고, 이러한 사유가 존재하지 않는 때에는 종국적으로 위법한 것으로 평가되며, 범죄 성립요건의 다음 단계이자 마지막 단계인 책

1 위법성론의 '총설'은 "주석 형법, 총칙(1)(제2판), 한국사법행정학회(2011), 537-559(장영민)"을 골간으로 하였다.

2 김성돈, 형법총론(제5판), 성균관대학교출판부(2017), 248; 이재상 외 2인, 형법총론(제9판), 박영사(2017), 216; 임웅, 형법총론(제10정판), 법문사(2018), 195.

3 임웅, 형법총론(제10정판), 법문사(2018), 195.

임 판단의 단계로 이행한다.

Ⅱ. 위법성과 구별되는 개념

1. 위법성과 구성요건해당성의 관계

범죄성립 3원론을 취하는 통설은 구성요건해당성이 없는 행위와 구성요건해당성은 있지만 위법하지 않은 행위 사이에 근본적인 차이가 존재한다고 한다.

통설에 의하면, 구성요건에 해당하는 행위는 원칙적으로 위법하고 위법성조각사유가 있는 경우에만 예외적으로 위법하지 않다고 한다. 따라서 구성요건해당성이 있는 행위는 위법성이 있는 것으로 추정되므로, 구성요건해당성은 위법성의 인식근거라고 한다. 이에 따라 구성요건에 해당하는 행위를 한 사람은 자신의 행위가 위법하지 않다는 것에 대해 입증책임까지는 아니지만, 입증의 부담은 지게 된다고 한다.[4]

이에 대하여 소극적 구성요건요소이론은 통설의 구성요건과 위법성을 합친 총체적 불법구성요건이라는 개념을 사용하여 범죄성립조건을 불법과 책임으로 나누는 범죄성립 2원론을 취한다. 총체적 불법구성요건해당성이 있기 위한 적극적 요소로서 통설이 말하는 구성요건해당성의 존재와 소극적 요소로서 위법성조각사유의 부존재가 필요하다고 한다. 소극적 구성요건요소이론에 의하면, 위법성조각사유가 존재하면 위법성만이 조각되는 것이 아니라 총체적 불법구성요건해당성이 조각된다고 한다. 총체적 불법구성요건에 해당하는 행위는 항상 위법하므로, 구성요건해당성은 위법성의 존재근거라고 한다.[5]

2. 위법성과 책임의 관계

'위법성'은 특정 행위에 대해 전체 법질서의 관점에서 내려지는 객관적 판단인 데 대하여, '책임'은 구체적 행위자의 행위 당시의 주관적 사정에 대한 가치판단이다. 즉, 위법성은 행위에 대하여 전체 법질서의 관점에서 내려지는 객관적 판단으로서 일반적 부정적 가치판단의 성격을 갖는 데 대하여, 책임은 구체적인 행위자의 주관적 사정이 판단의 대상이 되므로 행위자에 따라 판단이 다르게 될 수 있다. 물론 위법성 판단의 대상인 '행위'의 의미를 밝히는 데에 행위자의 주관적인 의사 내용이 고려될 수밖에 없으므로, 그러한 점에서 위법성 판단의 대상에 행위

4 오영근, 형법총론(제4판), 박영사(2018), 178.
5 오영근, 형법총론(제4판), 박영사(2018), 178.

자의 주관적인 의사 내용도 포함된다고 한다.

위법성이 조각되는 행위는 적법한 것이 되므로 그에 대한 정당방위는 인정되지 않지만, 책임이 조각될 뿐인 행위는 위법하다고 평가되므로 그에 대한 정당방위가 가능하게 된다고 한다.[6] 또한, 위법성과 책임을 엄격히 구분하는 대표적인 실익이 '위법은 연대, 책임은 개별화'라고 하는 공범의 일반이론에 있음을 지적하면서,[7] 예를 들어 갑(甲)은 위험한 물건을 휴대하였지만 을(乙)은 휴대하지 않고 갑(甲)과 을(乙)이 공동으로 갑(甲)의 아버지 A를 폭행하였다고 할 경우, 흉기로 폭행하였다는 것은 위법성에, 갑(甲)과 A가 직계존비속관계라는 것은 책임과 관련된 것으로서, 이 경우 위법은 연대하므로 흉기를 사용하지 않은 을(乙)도 특수폭행의 죄책을 지지만, 책임은 개별화되므로 A와 직계존비속관계가 없는 을(乙)은 존속상해의 죄책을 지지 않거나 존속상해의 죄책을 지더라도 단순상해죄로 처벌된다고 하며, 위법성과 책임을 구분하여 설명하기도 한다.

3. 위법성과 불법

위법성(Rechtswirdrigkeit)과 불법(Unrecht)은 형법학상 다른 의미로 사용된다고 하는 것이 오늘날 통설이다.[8] 위법성은 행위에 대한 법질서 전체와의 상치·모순 '관계'를 말한다. '불법'은 전체 법질서와 상치·모순 관계에 있는 '실체 그 자체'를 말한다. 불법은 '위법하다'는 판단을 받은 주어인데 비하여, 위법성은 그러한 주어에 대한 술어의 관계에 있다. 위법성이라는 개념은 행위와 법질서와의 단순한 관계만을 포착하기 때문에 위법인가의 여부만을 말하고 그 성격과 양에 관하여는 말하지 못한다. 이에 비하여 불법은 위법하다는 판단을 받는 주어로서의 실체이기 때문에 그 성격과 양을 포착할 수 있다. 예컨대 살인도 상해도 모두 위법하지만, 살인의 불법이 상해의 불법보다 크다고 말할 수 있다.[9]

6 이재상 외 2인, 형법총론(제9판), 박영사(2017), 220; 정영일, 형법강의(총론)(제3판), 학림(2017), 132.
7 오영근, 형법총론(제4판), 박영사(2018), 178; 이재상 외 2인, 형법총론(제9판), 박영사(2017), 220.
8 김일수/서보학, 새로쓴 형법총론(제13판), 박영사(2018), 178; 박상기, 형법총론(제9판), 박영사(2012), 155; 박상기/전지연, 형법학(총론·각론 강의)(제4판), 집현재(2018), 98; 배종대, 형법총론(제13판), 홍문사(2017), 194; 손동권/김재윤, 새로운 형법총론(초판), 율곡출판사(2011), 165; 이재상 외 2인, 형법총론(제9판), 박영사(2017), 217; 임웅, 형법총론(제10정판), 법문사(2018), 195; 정성근/박광민, 형법총론(제2판), 성균관대학교출판부(2015), 207.
9 주석 형법, 총칙(1)(제2판), 한국사법행정학회(2011), 539(장영민); 김성돈, 형법총론(제5판), 성균관대학교출판부(2017), 250; 박상기, 형법총론(제9판), 박영사(2012), 155; 손동권/김재윤, 새로운 형법총론(초판), 율곡출판사(2011), 165; 이재상 외 2인, 형법총론(제9판), 박영사(2017), 217; 정성근/박광민, 형법총론(제2판), 성균관대학교출판부(2015), 207.

구성요건에 해당하고 위법한 행위는 평면적·형식적으로 보면, 범죄성립요건의 일단계인 구성요건을 충족하고 위법성조각사유가 없는 행위이다. 그러나 이를 실질적으로 보면, 구성요건에 해당하고 그리하여 위법하다고 평가되는 행위는 평가규범인 형법규범의 관점에서 볼 때 반가치적인 것으로 평가되는 실질을 지니고 있다.

뒤에서 보는 바와 같이 그 실질은 행위의 측면에서의 반가치성과 결과의 측면에서의 반가치성으로 나누어 볼 수 있다. 구성요건해당행위가 갖는 이러한 반가치성을 우리는 구성요건해당행위의 '행위불법'[반가치적 행위의 의도와 태양(態樣), 예컨대 사람을 살해하겠다는 의도와 살해의 태양]과 '결과불법'(반가치적 결과, 예컨대 사람의 사망)의 두 범주로 파악할 수 있고, 이 양자를 종합하여 형법적 불법이라고 말할 수 있다. 즉, 형법적 불법은 행위불법과 결과불법으로 구조화할 수 있다.

Ⅲ. 위법성의 본질: 형식적 위법성론과 실질적 위법성론

1. 형식적 위법성론과 실질적 위법성론

위법성의 본질 내지 위법성 평가의 근거와 관련하여 형식적 위법성론과 실질적 위법성론이 대립한다.

위법성은 구성요건에 해당하는 행위가 법에 어긋난다는 의미로서, 입법자가 정립해 놓은 규범적 명령(금지 또는 요구)에 위반하였음을 말한다. 예컨대 살인죄의 구성요건은 "사람을 살해하지 말라"는 규범적 명령(금지)을 전제로 하고 있는데, 사람을 살해한 때에는 이 규범적 요구를 위반한 것이 된다. 형식적 위법성론은 이와 같이 위법성을 형식적으로 법의 규범적 요구 위반으로 파악하는 견해를 말한다.

한편, 위법성을 규범 위반이라는 형식적 파악에서 나아가 실질적인 측면에서 파악할 수도 있다. 규범 위반은 실질적으로는 법익의 침해 내지 위태화를 가져 온다고 할 수 있기 때문이다. 위법성을 이렇게 실질적으로 파악하려는 견해를 실질적 위법성론이라고 한다. 실질적 위법성론에서 위법성의 본질은 권리의 침해에 있다거나(Feuerbach), 법익의 침해에 있다거나(Liszt), 나아가 실질적으로 규범에 의하여 보호되는 법익의 침해를 의미하며, 여기서의 침해는 자연적 의미에서의 행위의 객체에 대한 침해가 아니라 법규범에 의하여 보호되어야 할 이념적 가치의 훼손행위를 의미한다고 한다.[10] 위법성의 실질과 관련하여 '법익' 이외에도 실체로

10 이재상 외 2인, 형법총론(제9판), 박영사(2017), 221.

거론된 것으로서, 예컨대 문화규범(M. E. Mayer), 공서양속(牧野), 조리(瀧川), 도덕, 사회질서 등이 있다. 위법성을 실질적으로 파악하는 실익은, 첫째 실질적 위법성은 구성요건을 정립하는 데에 방향을 설정해 줄 수 있고, 둘째 구성요건에 해당하는 행위의 양(量) 또는 정도(程度)를 등급화 할 수 있으며, 셋째 이를 통해서 구성요건의 해석이 가능하게 된다는 장점이 있다고 한다.[11]

이에 대한 비판으로, 형식적 위법성론에 의한다고 하여 위법성조각사유가 반드시 법률에 규정된 위법성조각사유에 제한되지 않고, 또한 실질적 위법성론도 위법성을 법률외적 기준에 의하여 결정할 것을 요구하는 것도 아니라고 한다.[12] 나아가 초법규적 위법성조각사유에 해당하는 행위는 형식적으로는 위법하지만 실질적으로 위법하지 않은 것이 아니라 어떤 의미로도 위법한 것이 될 수 없고, 보다 근본적으로 실질적 위법성의 내용에 관한 학설은 위법성과 불법을 혼동한 데에 기인한 것이라고 한다. 특히 위법성은 순수한 관계이고 불법은 위법성의 실질을 형성하므로 위법성의 내용적 의의는 위법성이 아니라 불법(Unrecht)에 대한 이론이라고 하지 않을 수 없고, 결국 형식적 위법성과 실질적 위법성은 서로 대립되는 개념이 아니고 논쟁의 실익도 없는 문제에 불과하다고 한다.[13]

2. 가벌적(可罰的) 위법성론

가벌적(可罰的) 위법성론은 위법성을 실질적 혹은 정책적으로 평가함에 있어서 처벌할 가치 내지 침해된 법익의 중대성을 고려하는 위법성 이론을 말한다. 이 견해는 위법성의 통일적 개념을 포기하고 형법상의 위법성과 민법 등 다른 법률상의 위법성을 구분한다고 설명된다.[14] 이 견해에 의하면, 다른 법 영역에서의 불법과는 달리 형법상의 불법이 되려면 문제의 행위를 형벌로 대응할 필요가 있을 정도여야 하고, 형벌로 대응할 필요가 없을 정도의 경미한 법익침해가 있는 경우는 실질적으로 위법성이 부인된다고 한다.[15]

가벌적(可罰的) 위법성론은 일본의 학계와 실무에서 전개되어 온 이론으로, 우리나라에서 침해된 법익과 보전되는 법익과의 형량과정에서 침해 정도가 경미

11 주석 형법, 총칙(1)(제2판), 한국사법행정학회(2011), 541(장영민).
12 이재상 외 2인, 형법총론(제9판), 박영사(2017), 222.
13 박상기, 형법총론(제9판), 박영사(2012), 156.
14 오영근, 형법총론(제4판), 박영사(2018), 180.
15 김성돈, 형법총론(제5판), 성균관대학교출판부(2017), 253.

한 것으로 판명되는 경우 구성요건해당성은 인정하되 가벌적(可罰的) 위법성을 조각하자는 견해가 이러한 견해로 분류된다. 대법원이 형법 제20조의 사회상규에 위배되지 않는다는 주장을 배척하면서 가벌적(可罰的) 위법성을 언급한 사례가 발견되기도 한다.[16]

그러나 가벌적(可罰的) 위법성이론을 받아들일 필요가 없다는 것이 통설이다.[17] 즉, 우리나라 형법에는 일본 형법과 달리 위법성의 실질적 내용 파악의 근거가 될 수 있는 '사회상규에 위배되지 않는 행위'라는 개념이 있어서 법익침해가 경미한 경우 위법성조각사유로 인정할 수 있는 실정법적 근거가 마련되어 있고, 실질적으로 처벌할 필요가 없는 경우 선고유예라는 제도를 통해 형법의 겸억주의를 실현할 수 있기 때문이라고 설명된다.[18]

IV. 위법성의 평가방법: 주관적 위법성론과 객관적 위법성론

위법성의 평가방법과 관련한 학설사적인 측면에서의 논의이다.[19]

형법의 구성요건은 일정한 규범적 요구를 전제하고 있다. 예컨대 "사람을 살해한 자"라는 형법 제250조 제1항의 구성요건은 "사람을 살해하지 말라"는 규범을 전제로 하고 있다. 이러한 규범적 요구는 그 규범의 수명자가 그 규범의 의미를 이해하고 그에 따라 행위 할 수 있는 능력을 전제로 한다. 주관적 위법성론은 이와 같이 위법성 판단을 하기 위하여 수범자의 규범에 따른 동기화 능력을 전제로 한다는 이론이다. 주관적 위법성론에 의하면, 책임무능력자의 행위는 위법할 수 없다고 보게 된다. 이와 달리 객관적 위법성론은 행위자의 능력은 위법성 판단과는 무관하다고 보는 이론으로, 책임무능력자의 행위도 '위법'할 수 있으며, 원칙적으로 이에 대해 정당방위도 가능하고, 다만 정당방위의 한계 문제가 논의된다.

위법성은 '행위'를 대상으로 하는 판단이지 '행위자'를 대상으로 한 판단이 아

16 대법원 1983. 2. 8. 선고 82도357 판결(전매서장인 피고인이 홍삼판매할당량을 충실히 이행하여 국고수입을 늘리려고 허위의 공문서를 작성하게 한 데에 대하여, 그 법익침해정도가 경미하여 가벌적 위법성이 없다고 할 수 없다고 한 사례).

17 김성돈, 형법총론(제5판), 성균관대학교출판부(2017), 253; 김일수/서보학, 새로쓴 형법총론(제13판), 박영사(2018), 189; 오영근, 형법총론(제4판), 박영사(2018), 180; 정성근/박광민, 형법총론(제2판), 성균관대학교출판부(2015), 208.

18 김성돈, 형법총론(제5판), 성균관대학교출판부(2017), 253; 김일수/서보학, 새로쓴 형법총론(제13판), 박영사(2018), 189; 임웅, 형법총론(제10정판), 법문사(2018), 209; 정성근/박광민, 형법총론(제2판), 성균관대학교출판부(2015), 208.

19 배종대, 형법총론(제13판), 홍문사(2017), 196; 이재상 외 2인, 형법총론(제9판), 박영사(2017), 222.

니다. 행위자 자체는 위법성 판단의 대상이 아니며, 행위자는 위법성 판단과 무관하다는 것이다. 주관적 위법성론은 법규범의 양면적 성격, 즉 법규범이 의사결정규범일 뿐만 아니라 평가규범으로서의 성격을 갖는다는 점을 충분히 고려하지 못했다고 지적된다. 법명령은 아무런 전제 없이 발하여지는 것이 아니라 그 행위에 대한 가치평가를 전제한다는 것으로, 법규범은 주관적 위법성론에서와 같이 '의사결정규범'일 뿐만 아니라 '평가규범'이기도 하며, 오히려 이 '평가규범성'이 논리적으로 선행한다고 한다. 따라서 위법성을 판단하는 데에 행위자의 책임능력 여부와는 관계없이 행위를 포괄한 전체 사실이 판단의 대상이 되고, 19세기 이후 이러한 인식을 바탕으로 객관적 위법성설이 지지를 얻게 되었으며, 위법성과 책임의 구별이 보편화되었다고 한다.[20]

오늘날 객관적 위법성론이 통설의 지위를 차지하고 있다.[21]

V. 위법성과 법으로부터 자유로운 영역

법으로부터 자유로운 영역이론(Lehre vom rechtsfreien Raum)이란 구성요건에 해당하는 행위라도 법질서가 위법성판단을 유보할 수밖에 없는 영역이 존재한다는 이론이다. 일반적으로 구성요건에 해당하는 행위는 위법하거나 위법성조각사유에 의해서 적법하다는 평가를 받게 된다. 그러나 법규범에 의해 위법하거나 적법하다는 평가를 할 수 없는 충돌상황이 있으며, 이때에는 행위자의 윤리적이고 양심적인 판단에 따라 행동하도록 할 수밖에 없는 영역이 존재한다는 것이 이 이론의 요지라고 한다.[22] 법으로부터 자유로운 영역이론은 법적 규제가 불가능하거나 불필요한 생활영역(예컨대 애정문제, 우정, 오락, 종교 등)이 존재한다는 데에서 출발하였다고 한다.[23]

법으로부터 자유로운 영역이 존재한다는 주장에 대한 전통적인 반론으로, 법이론적 논거와 논리적 논거 두 가지가 있다고 한다.[24] ①법이론적 논거란, 어떤

20 주석 형법, 총칙(1)(제2판), 한국사법행정학회(2011), 543, 544(장영민).

21 오영근, 형법총론(제4판), 박영사(2018), 181; 이재상 외 2인, 형법총론(제9판), 박영사(2017), 224; 임웅, 형법총론(제10정판), 법문사(2018), 211; 정성근/박광민, 형법총론(제2판), 성균관대학교출판부(2015), 211.

22 주석 형법, 총칙(1)(제2판), 한국사법행정학회(2011), 544(장영민); 박상기, 형법총론(제9판), 박영사(2012), 157.

23 박상기, 형법총론(제9판), 박영사(2012), 157.

24 주석 형법, 총칙(1)(제2판), 한국사법행정학회(2011), 544, 545(장영민).

사안에 대한 규율이 없더라도 그것이 곧 법으로부터 자유로운 영역이 되는 것이 아니라, 규율을 두지 않음으로써 반사적으로 규율하는 법적 효과가 발생한다는 것이다. 즉, "금지되지 않은 것은 허용 된다"는 것이다. 이러한 논거는 법이론적으로 법의 완결성을 전제로 하여야만 타당하다고 한다. 이에 대해서는, 오늘날 우리가 채택하고 있는 의회민주주의 체제에서는 개인의 자유가 시원적인 것이고, 국가권력에 의하여 부여되어야만 비로소 인정되는 것은 아니기 때문에, 그러한 전제 자체를 인정할 수 없다는 비판이 있고, 따라서 규율이 존재하지 않는다고 해서 곧 그 반대의 내용이 규율되었다고 해석할 수는 없다고 한다. ②논리적 논거란, 위법과 합법은 모순개념으로서 이들 외의 제3의 선택지는 없다는 형식논리학의 배중률(排中律)에 입각한 것이라고 한다. 그러나 합법과 위법의 모순관계는 일단 규제가 있을 때에만 가능한 것이지 규제가 되지 않은 영역에서는 타당하지 않기 때문에 논리적 논거 또한 타당하지 않다고 한다. 즉, "법질서가 어떤 행동을 규제하는 경우에는 이 행동은 합법이나 위법 둘 중 하나이다. 그렇다고 해서 모든 행동이 법적으로 규제되어 있다고 말할 수는 없다"고 한다.[25]

한편, 법으로부터 자유로운 영역이 인정되지 않을 수 없다는 견지에서 구성요건해당성 이전 단계, 즉 구성요건화 되지 않은 영역에서는 법으로부터 자유로운 영역은 인정된다는 견해가 있다.[26] 예컨대 자살은 허용된 것도 금지된 것도 아니어서, 법으로부터 자유로운 영역에 속하는 것으로 보아야 한다고 한다. 그러나 일단 구성요건화 되어 있는 영역에서는 법으로부터 자유로운 영역을 인정하기 어려운데, 이는 어떤 행위가 구성요건에 해당하는 것으로서 그 행위에 의한 법익침해 내지 위태화가 존재하게 되면, 법질서가 이에 대한 평가를 단념할 수는 없기 때문이고, 이 영역에서는 법이론적 논거와 논리적 논거가 오히려 타당하게 된다고 한다.[27]

25 주석 형법, 총칙(1)(제2판), 한국사법행정학회(2011), 545(장영민).

26 주석 형법, 총칙(1)(제2판), 한국사법행정학회(2011), 545(장영민).

27 이 견해는 정당방위의 예를 통해 구성요건 이전의 단계와 구성요건화된 영역을 비교해서 설명한다. 즉, 법으로부터 자유로운 영역에서의 공격이 있는 경우, 이는 위법하지 않은 공격이기 때문에 피공격자에 대하여 정당방위권을 발생시키지 않는다고 해야 한다. 따라서 공격당하는 입장에서는 이를 감수해야 하는 것이고, 이 공격은 합법적인 것으로 평가되는 것과 같은 결과가 된다. 이에 비하여 피공격자에게 정당방위권을 발생시키는 것으로 본다면, 이는 결국 우회적으로 이 공격을 위법하다고 평가하는 것이 된다. 제3의 방법으로 이때의 공격과 방어를 모두 법으로부터 자유로운 영역에 속하는 것으로 보게 되면, 이것은 결국 무제한의 상호공격과 방어를 인정하는 결과가 되어 '법적 카오스'의 상태에 이르게 될 것이다. 이는 법의 질서기능에 정면으로 반하는 것이 된다.

또한, 법적 규제가 불가능하거나 불필요하다는 애정문제, 우정, 오락, 종교 등 생활영역을 법적 생활관계에까지 확장하는 것은 타당하지 않다는 견해[28]도 이 이론에 부정적인 입장으로 볼 수 있다. 만일 어떤 행위가 법익을 침해하였다면, 이러한 행위는 이미 법적 규제대상으로 진입한 것을 의미하고, 입법자나 사법부가 법으로부터 자유로운 영역이라는 이유로 갈등상황이나 논란이 많은 문제에 대한 법적 판단을 회피한다면 법규범이 수행하여야 할 법익보호기능을 포기하는 것과 다름없기 때문이라고 한다.[29]

VI. 위법성 조각의 원리

형법은 위법성조각사유로 정당방위(제21조), 긴급피난(제22조), 자구행위(제23조), 피해자의 승낙(제24조)을 규정하고 있고, 이른바 정당행위(제20조)로서 법령에 의한 행위, 업무로 인한 행위, 그리고 사회상규에 위배되지 않는 행위와 같은 다양한 위법성조각사유를 규정하고 있다. 또한, 명예훼손죄에 대한 특별한 위법성조각사유(제310조)를 규정하고 있다. 이들 위법성조각사유는 구성요건에 해당하는 행위를 정당화한다. 그렇다면 위법성조각사유들 자체의 정당화원리는 무엇이고, 나아가 위법성조각사유들을 통일적으로 지배하는 원리가 존재하는지 문제된다. 위법성조각사유의 정당화원리를 일원적으로 파악하는 견해와 다원적으로 파악하는 견해가 있다.

1. 일원설

위법성조각사유에 공통되는 정당화원리가 있다는 관점이다. 여기에는 목적설과 이익형량설이 있다.

가. 목적설

구성요건에 해당하는 행위라도 그 행위가 정당한 목적을 실현하기 위한 상당한 수단으로 행하여진 것인 때에는 정당화된다는 것이다. 목적설은 범죄를 의무위반적 의사행위(행위불법)로 보면서, "행위자가 무엇을 의도했는가?"를 묻는다. 즉, 행위자가 정당한 행위를 한다는 인식을 가져야 한다고 본다. 목적설에 대해서는, 정당한 목적이 무엇이고 그 목적 달성의 상당한 수단이 무엇인가에 관하여 그

28 박상기, 형법총론(제9판), 박영사(2012), 157.
29 박상기, 형법총론(제9판), 박영사(2012), 157.

내용을 구체화하기 어려워 형식적 원리에 그치고 있다는 약점을 가지고 있다.

나. 이익형량설

구성요건에 해당하는 행위라도 그 행위가 침해하는 이익보다 그 행위로 인하여 보호되는 이익이 큰 경우에는 정당화된다는 것이다. 이익형량설은 범죄를 법익침해(결과불법)로 보면서, "행위자는 어떤 결과를 가져왔는가?"를 묻는데, 형법의 기능이 법익 보호에 있다는 사상을 배경으로 하여, 우월한 법익의 보호는 적법하다는 법익교량설(Güterabwägungstheorie)에서 발전된 이론이라고 한다. 이익형량설은 이익의 크기를 중심으로 정당화를 인정하는 학설이나, 경합하는 이익 중 우월적 이익을 가려내기가 어려운 경우가 있고, 위법성조각사유는 이익만으로 설명되지 않는 면을 갖고 있어서 통일적 위법성조각사유의 원리라고 보기에는 어렵다는 난점이 있다.

2. 다원설

다양한 위법성조각사유를 관통하는 하나의 정당화 원리를 제시하기 어렵기 때문에 위법성조각의 원리는 각 개별적 위법성조각사유에 따라 다르다는 입장이다. 여기에는 이원설과 개별화설(다원설)이 있다.

가. 이원설

여러 위법성조각사유를 2분하여 각각의 원리를 모색하는 입장으로서, 피해자의 승낙과 추정적 승낙은 피해자가 법익을 포기한 것이기 때문에 보호할 이익이 없다는 '이익 흠결의 원칙'으로, 그 밖의 위법성조각사유들은 '우월적 이익의 원칙'으로 설명한다. 이 견해는 피해자의 승낙과 추정적 승낙의 경우에도 법익의 포기만을 중시하는 것이 아니라 법질서의 관점에서 한계적으로 일정한 법익보호를 인정한다는 점에서, 이익흠결의 원칙이 원칙으로서 정립된 것은 아니라는 점을 문제로 지적할 수 있다.

나. 개별화설(다원설)

개별적인 위법성조각사유 각각의 고유성에 상응하는 정당화 사유를 인정하고 위법성조각사유의 정당화원리로 삼으려는 입장이다.[30]

30 김성돈, 형법총론(제5판), 성균관대학교출판부(2017), 262; 김일수/서보학, 새로쓴 형법총론(제13판), 박영사(2018), 182, 183; 손동권/김재윤, 새로운 형법총론(초판), 율곡출판사(2011), 171; 이재상 외 2인, 형법총론(제9판), 박영사(2017), 227; 임웅, 형법총론(제10정판), 법문사(2018), 214; 정성근/박광민, 형법총론(제2판), 성균관대학교출판부(2015), 217.

3. 위법성조각사유의 정당화 원리 규명의 필요성

위법성조각사유의 존재기반이 되는 원리는 다양하며, 이를 획일적으로 한두 가지 원리로 환원시켜 정당화하는 것은 불가능하며, 또한 타당하지도 않다. 또한, 위법성조각의 근거원리를 규명한다는 것은 각 위법성조각사유의 내용적 원리를 찾음으로써 당해 사유의 해석의 지침을 얻으려는 것인데, 지나치게 형식적 원리인 경우에는 해석의 지침이 되는 내용을 제공할 수 없게 된다는 문제가 있다. 따라서 위법성조각사유는 각각의 사유의 정당화 원리들이 존재하며, 이를 규명함으로써 각 위법성조각사유의 성립범위와 한계를 해석할 수 있다.[31]

4. 형법 제20조의 '사회상규에 위배되지 않는 행위'와 다른 위법성조각사유의 관계

형법 제20조는 "법령에 의한 행위, 업무로 인한 행위 기타 사회상규에 위배되지 아니하는 행위는 벌하지 아니한다."고 규정하고 있다. '사회상규에 위배되지 않는 행위'는 위법성조각사유의 일반적이고 불확정적인 성격을 가지고 있다. 이러한 사회상규 합치행위와 다른 위법성조각사유의 관계에 대하여 견해가 나뉜다.

제1설은 사회상규 합치행위야말로 모든 위법성조각사유를 포괄하는 일반적 위법성조각사유라고 본다. 모든 여타의 위법성조각사유들은 사회상규 적합행위로 인정되기 위한 요건을 갖추어야 정당화된다고 한다.[32] 제2설은 사회상규 합치행위는 다른 위법성조각사유와 병렬적이고 독자적인 위법성조각사유라고 본다. 법령에 의한 행위, 업무로 인한 행위도 역시 각각 독자적인 위법성조각사유라고 본다.[33]

이들에 대한 검토에 갈음하여, 형법 제20조의 '사회상규'는 위법성조각사유의 규제적 원리로서 위법성조각의 최후의 한계선을 설정해 주는 기능을 갖는다고 하는 설명을 살펴본다.[34] 즉, 위법성조각사유는 원칙적 금지에 대한 예외적 허용의 의미를 갖는다. 예외는 좁게 해석해야 한다(singularia sunt non exendenda). 그렇지

31 신동운, 형법총론(제11판), 법문사(2019), 279.

32 김일수/서보학, 새로쓴 형법총론(제13판), 박영사(2018), 180; 신동운, 형법총론(제11판), 법문사(2019), 278, 279; 오영근, 형법총론(제4판), 박영사(2018), 182; 이재상 외 2인, 형법총론(제9판), 박영사(2017), 285; 임웅, 형법총론(제10정판), 법문사(2018), 221; 정성근/박광민, 형법총론(제2판), 성균관대학교출판부(2015), 231.

33 김성돈, 형법총론(제5판), 성균관대학교출판부(2017), 271, 272; 박상기, 형법총론(제9판), 박영사(2012), 174; 배종대, 형법총론(제13판), 홍문사(2017), 206.

34 주석 형법, 총칙(1)(제2판), 한국사법행정학회(2011), 549(장영민).

않으면 예외가 원칙이 되어 버릴 수 있기 때문이다. 형법이 사회상규 적합행위와 같은 일반조항 형식의 위법성조각사유를 두고 있다는 것은 다른 개별적 위법성조각사유의 존재를 무의미하게 만드는 결과가 된다. 따라서 이 위법성조각사유는 다른 위법성조각사유를 포괄하는 '구성' 원리적 규정으로 해석한다든가, 다른 위법성조각사유와 병렬적인 위법성조각사유로서의 의미를 갖는다고 해석하기 보다는, 위법성조각사유의 규제적 원리를 규정한 것으로 보는 것이 타당하다고 한다. 즉, 이 사유는 다른 위법성조각사유의 성립을 규제하고, 다른 위법성조각사유에 의하여 정당화되지 않는 행위에 대한 최후의 보충적 위법성조각사유로 본다고 한다. 따라서 사회상규 적합행위는 그 성질상 정당방위 등의 열거된 위법성조각사유보다 우선해서 적용되는 일반조항으로서의 위법성조각사유로 해석할 수는 없다고 한다. 예컨대, 형법 제20조의 '업무로 인한 행위'에 해당하는 행위가 모두 위법성이 조각되는 것이 아니라, 그 업무가 사회상규에 위배되지 않는 범주에 해당하는 경우에만 위법성이 조각된다는 것이다. 사회상규 적합성을 갖지 않은 행위는 설사 문언상 위법성조각사유에 해당하는 경우에도 위법성이 조각되지 않는다. 피해자의 승낙에 의한 행위도 그 침해의 내용이 사회상규에 위배되는 경우에는 위법성이 조각되지 않는다고 보는데, 대법원이 피해자의 승낙이 윤리적, 도덕적으로 사회상규에 위배되지 않아야 한다고 한 것도 바로 이를 의미한다고 한다.[35]

대법원이 사회상규 적합행위에 해당한다고 본 유형은, 소극적 방어행위,[36] 간단한 의료행위,[37] 권리실현을 위한 행위[38]로 분류해 볼 수 있다. 또한, 사회상규 적합성에 관한 다섯 가지 요건으로,[39] ①행위의 동기와 목적의 정당성, ②행위의 수단이나 방법의 상당성, ③보호이익과 침해이익 사이의 법익균형성, ④긴급성, ⑤다른 수단이나 방법이 없다는 보충성을 제시하고 있다. 이러한 대법원의 입장은 사회상규 적합행위를 위법성조각사유의 공통요소를 망라한 포괄적 위법성조각

35 대법원 1985. 12. 10. 선고 85도1892 판결(형법 제24조의 규정에 의하여 위법성이 조각되는 피해자의 승낙은 개인적 법익을 훼손하는 경우에 법률상 이를 처분할 수 있는 사람의 승낙을 말할 뿐만 아니라, 그 승낙이 윤리적, 도덕적으로 사회상규에 반하는 것이 아니어야 한다).

36 대법원 1992. 3. 10. 선고 92도37 판결.

37 대법원 2000. 4. 25. 선고 98도2389 판결.

38 대법원 1980. 11. 25. 선고 79도2565 판결.

39 대법원 1983. 3. 8. 선고 82도3248 판결, 대법원 1994. 4. 15. 선고 93도2899 판결, 대법원 2000. 2. 25. 선고 99도4305 판결, 대법원 2001. 2. 23. 선고 2000도4415 판결, 대법원 2003. 9. 26. 선고 2003도3000 판결, 대법원 2004. 3. 26. 선고 2003도7878 판결, 대법원 2010. 5. 27. 선고 2010도2680 판결.

사유로 파악하는 것으로 이해된다.[40]

Ⅶ. 위법성조각사유의 성립요건

위법성조각사유가 성립하기 위해서는 구성요건해당성에서와 같이 객관적 요건과 주관적 요건을 충족하여야 한다. 다만, 종래 주관적 요건(주관적 정당화사유)이 필요한가에 관하여는 논란이 있었다.

1. 위법성조각사유의 객관적 요건

위법성조각사유가 성립하기 위해서는 그 사유의 객관적 요건, 즉 위법성조각사유의 전제사실이 충족되어야 한다. 객관적 요건은 위법성조각사유에 따라 다르게 규정되어 있다. 예컨대 정당방위의 경우, 자기 또는 타인의 법익에 대한 현재의 부당한 침해가 존재하여야 정당방위는 성립할 수 있다. 위법성조각사유의 검토에서 우선적 의의를 갖는 것이 바로 객관적 요건의 충족 여부이다. 객관적 요건은 피고인에게 유리하게 유추되지 않고 엄격하게 해석되는데, 그 이유는 위법성조각사유가 원칙적 금지에 대한 예외적 허용이기 때문에, "예외는 엄격하게 해석되어야 한다."는 원칙의 지배를 받기 때문이다.[41]

위법성 조각사유의 객관적 요건이 존재하지 않음에도 존재하는 것으로 오인하여 행위한 경우, 즉 위법성조각사유의 전제사실에 관한 착오의 경우나, 반대로 위법성조각사유의 객관적 요건이 존재함에도 이를 인식하지 못하고 행위를 한 경우의 위법성조각 여부에 관하여 '위법성조각사유의 착오'에서 보는 바와 같이 견해가 나뉜다.

2. 위법성조각의 주관적 요소(주관적 정당화사유)

가. 서설

위법성조각의 객관적 요건의 충족 이외에 주관적 요건이 필요한가에 관하여 논란이 있어왔다. 위법성조각사유의 성립요건으로서는 전통적으로 위법성조각사유의 전제사실, 즉 위법성조각사유의 객관적 요건이 존재하면 위법성조각사유는 성립하는 것으로 인식되어 왔다. 그러나 오늘날은 위법성조각에 주관적 요소가 작용한다는 인식이 통설적인 견해로 정착되어 있다. 이러한 인식에 따를 때 위법

40 이재상 외 2인, 형법총론(제9판), 박영사(2017), 299.
41 주석 형법, 총칙(1)(제2판), 한국사법행정학회(2011), 550(장영민).

성조각사유의 객관적 요건만 충족되고 주관적 요건이 존재하지 않는 경우에는 위법성이 조각되는가에 관하여 논의가 있다. 예컨대 우연방위 또는 우연피난이 그 예이다. 위법성조각사유의 전제사실에 관한 착오(예컨대 오상방위, 오상피난)가 대체로 과실범의 죄책을 부담하는 것으로 결론을 도출하려는 시도가 다수의 지지를 얻고 있는 데 비하여, 이 경우는 학설의 대립이 분분하다.

나. 주관적 정당화요소의 필요성

종래 불법을 결과불법을 중심으로 파악하였던 시대에는 주관적 정당화요소의 존재는 별다른 중요성이 인정되지 않았었다. 따라서 주관적 정당화요소의 필요성을 부정하는 견해도 있었고, 개개의 정당화사유에 국한하여 인정된다고 하는 견해도 있었다. 불요설은, 위법성조각의 객관적 요건이 충족되는 경우 행위자가 그 객관적 요건의 존재를 알지 못하였더라도 위법성이 조각된다고 보았다. 불법을 객관적으로 보는 관점의 귀결이다.

이에 반하여 인적 불법론이 지지를 얻게 되면서 불법의 중점은 행위불법으로 이동하였고, 행위불법은 행위자의 의사(의도반가치)를 중심으로 구성된다고 보게 되었다. 이에 의하면 위법성이 조각되기 위해서는 위법성조각사유의 전제사실이 존재하는 것만으로는 부족하고 이에 대한 행위자의 인식이 있어야 한다고 보았다. 주관적 정당화요소의 존재로 인하여 고의가 형성하는 행위반가치가 상쇄된다는 것이다. 이 입장에서는 형법은 주관적 정당화요소를 명문의 규정으로 요구하고 있다고 해석한다. 예컨대 '방위하기 위한 행위'(제21조 제1항), '피하기 위한 행위'(제22조 제1항) 등은 우리 형법이 주관적 정당화요소를 명문으로 규정한 것이라고 본다. 우리나라의 통설이다.[42]

대법원은, "정당행위가 성립하기 위해서는 건전한 사회통념에 비추어 그 행위의 동기나 목적이 정당하여야 하고, 정당방위·과잉방위나 긴급피난·과잉피난이 성립하기 위해서는 방위의사 또는 피난의사가 있어야 한다."고 판시하여,[43] 필요

42 김성돈, 형법총론(제5판), 성균관대학교출판부(2017), 265; 김일수/서보학, 새로쓴 형법총론(제13판), 박영사(2018), 184; 박상기, 형법총론(제9판), 박영사(2012), 160; 박상기/전지연, 형법학(총론·각론 강의)(제4판), 집현재(2018), 99; 배종대, 형법총론(제13판), 홍문사(2017), 200; 손동권/김재윤, 새로운 형법총론(초판), 율곡출판사(2011), 173; 신동운, 형법총론(제11판), 법문사(2019), 284; 오영근, 형법총론(제4판), 박영사(2018), 186; 이재상 외 2인, 형법총론(제9판), 박영사(2017), 228; 임웅, 형법총론(제10정판), 법문사(2018), 215; 정성근/박광민, 형법총론(제2판), 성균관대학교출판부(2015), 219; 정영일, 형법강의(총론)(제3판), 학림(2017), 138.

43 대법원 1980. 5. 20. 선고 80도306 판결, 대법원 1997. 4. 17. 선고 96도3376 전원합의체 판결.

설을 취하고 있다고 설명된다.

다. 주관적 정당화요소의 내용

주관적 정당화요소는 정당화 상황에 대한 인식으로 족한가, 아니면 의욕(의사)도 필요한가에 관하여 견해의 대립이 있다.

1) 인식설

행위자에게 정당화 상황에 대한 인식만 있으면 주관적 정당화요소가 충족되고, 행위자가 자기행위를 정당화하려는 목적이나 동기와 같은 요소는 필요하지 않다는 견해이다.[44] 이러한 목적이나 동기를 요구한다면, 정당방위나 긴급피난과 같은 긴급행위의 경우 정당화적 목적이나 동기를 결하게 되어 당해 긴급행위가 성립할 여지가 없게 된다고 한다.

2) 의사설

주관적 정당화요소는 정당화 목적 또는 동기일 것을 요한다는 견해이다. 정당화 상황에 대한 인식은 정당화 목적의 독자적인 요소를 구성하지 않는다는 것을 이유로 한다.

3) 인식, 의사 요구설

정당화 상황에 대한 인식과 함께 정당화 목적도 있어야 한다는 견해이다.[45] 정당화 상황의 인식은 주관적 정당화요소의 기본이며, 정당화의사가 존재하지 않아도 정당화된다면 가해목적을 가진 경우에도 정당화된다고 보게 되어 부당한 결과가 된다는 것이다.

4) 개별적 검토의 필요성설

주관적 정당화요소가 갖추어지기 위해서는 우선 위법성조각사유의 객관적 요건에 대한 인식이 필요하다. 이러한 인식이 있어야만 구성요건에 해당하는 행위를 한다는 데에서 나오는 규범적 환기를 돌파하여 나아간 행위를 정당화할 가능성이 생기기 때문이다.

44 박상기, 형법총론(제9판), 박영사(2012), 161; 정성근/박광민, 형법총론(제2판), 성균관대학교출판부(2015), 219.

45 김성돈, 형법총론(제5판), 성균관대학교출판부(2017), 267; 김일수/서보학, 새로쓴 형법총론(제13판), 박영사(2018), 185; 배종대, 형법총론(제13판), 홍문사(2017), 201; 신동운, 형법총론(제11판), 법문사(2019), 284; 오영근, 형법총론(제4판), 박영사(2018), 187; 임웅, 형법총론(제10정판), 법문사(2018), 216; 정성근/박광민, 형법총론(제2판), 성균관대학교출판부(2015), 219.

한편, 이러한 인식 이외에 목적이나 동기가 있어야 하는가의 문제는 획일적으로 답할 수 없고, 위법성조각사유의 종류에 따라 다르다고 보아야 한다는 견해도 유력하다.[46] 예컨대 정당방위나 긴급피난, 자구행위의 경우 상황에 대한 인식 이외에 방위의사, 피난의사, 자구의사가 필요하며, 이 의사는 정당화 목적을 가져야 하고, 이와 달리 상황에 대한 인식은 있으나 정당화의 목적이 없이 법익침해로 나아간 경우는 정당방위 등의 정당화사유는 성립되지 않는다고 한다. 이에 비하여 피해자의 승낙의 경우 '승낙'이 있다는 사정에 대한 인식이 있는 것으로 족하다고 한다. 또한, 추정적 승낙의 경우 피해자의 승낙과 관련한 아무런 객관적 요소가 존재하지 않고 행위자의 판단만으로 행위를 하는 것이므로, 이 행위가 정당화되기 위해서는 행위자의 양심에 따른 심사(gewissenhafte Prüfung) 또는 의무합치적 심사(pflichtmäßige Prüfung)가 필요하며, 형법 제310조의 위법성조각사유도 행위자의 양심에 따른 심사가 필요하다고 한다.[47]

라. 주관적 정당화요소 결여의 효과

주관적 정당화요소 불요설에 의하면, 주관적 정당화요소가 없는 경우에도 위법성이 조각된다. 이에 반하여 주관적 정당화요소 필요설에 의할 때 객관적인 정당화 상황이 존재하는데도 주관적 정당화요소가 없는 경우의 효과에 관하여 견해가 대립한다.

불능미수범설은 결과반가치가 없는 경우이기 때문에 형법 제27조의 불능미수 규정이 유추적용되거나, 불능미수에 해당한다고 해석한다. 불법의 구조상 미수범의 구조와 유사하고, 결과가 실현될 수 없는 상황이 조성되어 있으며, 위법성조각사유의 객관적 요건의 존재로 인하여 법질서는 가해자에 대하여 법의 보호를 철회하고 있는 것으로 해석할 수 있어서 이때의 법익침해는 반가치로 파악되지 않기 때문이라고 한다. 우리나라의 다수설이다.[48]

이에 대하여 기수범설은, 주관적 정당화요소가 없는 때에는 기수가 된다고

46 이재상 외 2인, 형법총론(제9판), 박영사(2017), 229.

47 이재상 외 2인, 형법총론(제9판), 박영사(2017), 229.

48 주석 형법, 총칙(1)(제2판), 한국사법행정학회(2011), 553(장영민); 김성돈, 형법총론(제5판), 성균관대학교출판부(2017), 268; 김일수/서보학, 새로쓴 형법총론(제13판), 박영사(2018), 187, 188; 박상기, 형법총론(제9판), 박영사(2012), 162; 손동권/김재윤, 새로운 형법총론(초판), 율곡출판사(2011), 174, 175.; 오영근, 형법총론(제4판), 박영사(2018), 188.; 임웅, 형법총론(제10정판), 법문사(2018), 220; 정성근/박광민, 형법총론(제2판), 성균관대학교출판부(2015), 221.

한다.[49] 그 근거로, ①구성요건적 결과가 발생하였음에도 불구하고 미수에 불과하다는 것은 부당하고, ②위법성조각사유는 객관적 요건과 주관적 요건이 모두 충족된 때에만 정당화되는 것이므로 객관적 정당화 상황이 존재한다고 하여 결과반가치를 부정할 수 없으며, ③침해행위가 과실행위이거나 미수에 그친 때에는 과실범의 미수 또는 미수범의 미수에 해당하게 되어 해결할 수 없는 결과를 초래하기 때문이라고 한다.

마. 과실범에서 주관적 정당화요소

과실범도 고의범과 마찬가지로 주관적 정당화요소가 구비되어야만 정당화되는지가 문제된다. 필요설은 과실행위에도 주의의무위반이라는 행위반가치가 있는 이상, 과실행위가 정당화되기 위해서는 과실이라는 행위반가치를 상쇄하는 주관적 정당화요소가 필요하다고 한다.[50] 예컨대 ①자신을 살해하려고 공격해 오는 乙을 격퇴하고자 甲이 단순히 경고사격을 하였는데 총알이 빗나가 乙을 치사케 한 경우 주관적 정당화요소(방위의사)를 갖추었으므로 과실범에 있어서의 정당방위가 성립하고, ②乙이 甲을 살해하려는 순간임을 모른 채 甲이 자신의 엽총을 만지작거리다가 오발로 乙을 치사케 한 경우에는 주관적 정당화요소를 결하였으므로 정당화되지 않고 위법한 행위로 평가된다고 한다.[51]

Ⅷ. 위법성조각사유의 착오

1. 서설

위법성조각사유의 착오의 문제는 책임의 영역에서 '위법성의 인식'과 관련하여 살펴볼 것이므로 간단하게 살펴보기로 한다.

형법상의 착오는 사실의 착오(구성요건적 착오)와 법률의 착오(위법성의 착오)로 대별된다. 사실의 착오는 구성요건적 사실의 착오가 있는 경우로, 이 착오에 의한 행위에는 구성요건적 고의가 성립하지 않는다. 위법성의 착오는 구성요건적 사실에 대한 인식이 있음에도 금지(위법성)에 대한 착오를 일으킨 경우이다. 따라서 위법성의 착오는 구성요건해당성이 완전하게 존재할 때 비로소 문제된다.

49 배종대, 형법총론(제13판), 홍문사(2017), 202; 이재상 외 2인, 형법총론(제9판), 박영사(2017), 229, 230.
50 오영근, 형법총론(제4판), 박영사(2018), 188; 임웅, 형법총론(제10정판), 법문사(2018), 220.
51 임웅, 형법총론(제10정판), 법문사(2018), 220.

위법성의 착오는 '직접착오'와 '간접착오'로 나눌 수 있는데, 직접착오에는 법률의 부지, 효력의 착오, 포섭의 착오가 있고, 간접착오에는 존재하지 않는 위법성조각사유를 착오로 인정한 경우, 존재하는 위법성조각사유의 범위와 한계에 관한 착오, 그리고 위법성조각사유의 전제사실에 관한 착오가 있다. 이 가운데 위법성조각사유의 전제사실에 관한 착오를 제외한 유형들은 대체로 위법성의 착오 이론이 적용되어 고의는 조각되지 않고 책임의 영역에서 회피가능성을 문제 삼을 수 있을 뿐이다. 이에 비하여 위법성조각사유의 전제사실에 관한 착오와 관련하여 견해가 나뉜다.

2. 위법성조각사유의 전제사실에 관한 착오

위법성조각사유는 객관적 요건과 주관적 요건의 결합으로 이루어진다. 위법성조각사유의 객관적 요건이 존재하지 않음에도 존재한다고 오신하여 행위를 한 자를 어떻게 처벌할 것인지가 문제된다. 이러한 착오는 객관적 사실에 관하여 착오를 일으켰다는 점에서는 사실의 착오(구성요건적 착오)와 유사하여 고의가 조각되는 효과를 기대하게 하고, 착오를 일으켜 결국 금지된 행위를 했다는 점에서는 금지착오(법률의 착오)와 유사하다.

가. 고의설

고의설은 위법성인식이 구성요건적 고의와 불가분적으로 결합하여 책임의 영역에 자리하고 있다는 기본인식에서 출발한다. 따라서 위법성 인식이 없는 경우에는 고의 자체가 성립하지 않는다고 본다. 이와 같이 고의가 성립하지 않는 경우에는 과실범의 성부가 문제될 뿐이다.

엄격고의설은 위법성 인식이 없는 경우 그 이유를 묻지 않고 고의가 조각되는 것으로 보고 과실범의 처벌 가능성을 검토한다. 이 때문에 이 설에 대해서는 광범위한 처벌의 흠결이 생길 수 있어 형사정책적으로 문제가 있다고 지적된다. 이를 시정하기 위해 제한고의설은 위법성의 인식이 없었던 이유를 물어 그것이 행위자의 '법적대성' 또는 '법배반성'의 발현일 경우에는 위법성의 인식이 있는 것으로 보아 고의가 성립하는 것으로 본다. 제한고의설의 한 유형으로 위법성인식가능성설은 위법성 인식이 현실적으로 없었더라도 그 인식가능성이 있었던 경우에는 고의범의 성립을 인정한다.

아래에서 보는 책임설이 도입된 이후 고의설에 대한 관심이 소멸되었는데, 이는 고의설의 전제인 위법성 인식이 구성요건적 고의와 불가분적으로 결합된 책임의 요소로 기능한다는 기본 인식이 설득력을 상실했고, 구성요건적 고의가 구성요건에서 주관적 요건으로 받아들여진 반면에 위법성 인식은 독자적인 책임 요소로 받아들여졌기 때문이라고 한다.

나. 책임설

책임설은 위법성 인식이 구성요건에 자리 잡은 구성요건적 고의와 무관하게 책임의 요소로 존재한다는 설이다.[52] 따라서 위법성 인식이 없는 경우에 고의는 성립한다고 본다. 이러한 인식을 견지하는 엄격책임설은 위법성조각사유에 대한 착오의 경우에도 고의의 성립을 인정한다. 따라서 이 경우 범죄성립의 검토는 고의범의 틀 위에서 이루어진다. 위법성조각사유의 전제사실에 관한 착오에 빠져 행한 행위는 구성요건에 해당하고 위법하다. 다만, 책임의 단계에서 위법성 인식이 없다는 판단을 받지만, 위법성 인식이 없어서 책임이 조각되는 것이 아니라 위법성을 인식할 수 있었는가를 검토하여 인식할 수 있었다고 인정되는 경우 위법성 인식이 있는 것으로 판단한다. 따라서 일단 고의범의 틀 속에서 온전한 책임을 지거나 감경되거나 조각되게 된다.[53]

제한책임설은 불법의 단계에서 고의 불법이 형성되지 않는다고 보고 과실범의 성립을 인정한다. 위법성조각의 전제사실이 있음을 착오로 인식하지 못했기 때문에 정당화 되는 행위를 한다는 인식 하에 행위를 한 것으로서, 고의 행위의 행위반가치가 탈락되어 과실 행위의 불법과 유사한 상태로 변질되기 때문이라고 한다.[54] 제한책임설은 고의의 불법이 형성되지 않는다고 보기 때문에 이러한 착오에 빠져 행위를 한 자에 대한 공범성립의 가능성을 인정할 수 없다는 문제점이 지적된다.

법효과제한책임설은 불법의 단계에서는 고의의 불법이 형성되지만 책임의 단계에서 과실책임으로 이동한다고 한다. 그 이유는 행위자가 책임 고의를 가지고 있지 않아 책임 고의가 형성되지 않기 때문이라고 한다. 우리나라의 다수설이다.[55] 이 설에 의하면 위법성조각사유의 전제사실에 관한 착오에 빠져 행위를 한 자는 당해 행

52 김성돈, 형법총론(제5판), 성균관대학교출판부(2017), 414; 정성근/박광민, 형법총론(제2판), 성균관대학교출판부(2015), 358.

53 오영근, 형법총론(제4판), 박영사(2018), 298; 정성근/박광민, 형법총론(제2판), 성균관대학교출판부(2015), 359.

54 김일수/서보학, 새로쓴 형법총론(제13판), 박영사(2018), 194, 195.

55 주석 형법, 총칙(1)(제2판), 한국사법행정학회(2011), 558(장영민); 신동운, 형법총론(제11판), 법문사(2019), 453; 박상기, 형법총론(제9판), 박영사(2012), 268; 배종대, 형법총론(제13판), 홍문사(2017), 320.

위의 고의범은 성립하지 않고 과실범이 성립할 뿐이고, 과실범의 처벌규정이 존재하지 않는 경우 형법상 처벌할 수는 없고, 민사상 손해배상의 문제로 전환된다고 한다.

다. 판례

대법원은 행위자가 위법성조각사유의 전제사실에 관한 착오를 일으켰더라도 그 착오에 정당한 이유가 인정된다면 위법성이 없다고 판시하였다.[56]

IX. 위법성조각의 효과, 위법성조각사유의 경합

위법성조각사유가 존재하는 때에는 구성요건 해당행위의 위법성이 조각된다. 따라서 이 행위는 합법적 행위로 평가되므로 이 행위에 대해 정당방위를 할 수 없다.[57] 이 행위가 가하는 침해는 합법적인 것으로서 형법 제21조의 '부당한' 침해가 아니기 때문이다. 또한, 이 행위가 위법하지 않은 경우에는 이 행위에 대한 공범(교사범 또는 종범)도 성립하지 않는다. 정범의 행위는 구성요건에 해당하고 위법해야 하기 때문이다(공범종속성설). 다만, 합법적으로 행위 하는 도구를 이용하는 간접정범은 성립할 수 있다.

모든 위법성조각사유는 동등한 효과를 갖는다.[58] 위법성조각사유가 경합하는 경우 어느 사유가 우위를 차지하는가에 관한 원칙은 존재하지 않는다. 위법성조각사유의 요건에 합치되는 경우 어느 사유로 위법성을 조각하든 합법적인 행위가 되어 처벌되지 않는 것은 동일하기 때문이다.

다만, 위와 같은 원칙에도 불구하고 사회상규에 위배되지 않는 행위는 그 비유형성 때문에 정형성을 구비하고 있는 여타의 위법성조각사유에 대하여 일반법과 특별법의 관계에 서게 된다고 한다.[59] 즉, '기타 사회상규에 위배되지 않는 행위'가 다양한 위법성조각사유들을 연결하는 매개체 역할을 하고, 따라서 형법 제20조의 '기타 사회상규에 위배되지 않는 행위'는 다른 위법성조각사유가 기능하지 않는 경우에 보충적으로 작용하게 된다고 한다.[60]

56 대법원 1986. 10. 28. 선고 86도1406 판결.

57 김일수/서보학, 새로쓴 형법총론(제13판), 박영사(2018), 188.

58 주석 형법, 총칙(1)(제2판), 한국사법행정학회(2011), 559(장영민); 김일수/서보학, 새로쓴 형법총론(제13판), 박영사(2018), 183; 배종대, 형법총론(제13판), 홍문사(2017), 206; 신동운, 형법총론(제11판), 법문사(2019), 372.

59 김일수/서보학, 새로쓴 형법총론(제13판), 박영사(2018), 183; 신동운, 형법총론(제11판), 법문사(2019), 372.

60 김일수/서보학, 새로쓴 형법총론(제13판), 박영사(2018), 183; 신동운, 형법총론(제11판), 법문사(2019), 278.

제 20 조 [정당행위]

법령에 의한 행위 또는 업무로 인한 행위 기타 사회상규에 위배되지 아니하는 행위는 벌하지 아니한다.

[관련조문] 형법 제21조(정당행위), 제22조(긴급피난), 제23조(자구행위), 제24조(피해자의 승낙), 노동조합 및 노동쟁의조정법 제4조(정당행위), 형사소송법 제211조(현행범인과 준현행범인), 제212조(현행범인의 체포), 호스피스·완화의료 및 임종과정에 있는 환자의 연명의료결정에 관한 법률 제19조(연명의료중단등 결정의 이행 등).

[참고문헌] 김성돈, 형법총론(제5판), 성균관대학교출판부(2017); 김일수/서보학, 새로쓴 형법총론(제13판), 박영사(2018); 박상기, 형법총론(제9판), 박영사(2012); 박상기/전지연, 형법학(총론·각론 강의)(제4판), 집현재(2018); 배종대, 형법총론(제13판), 홍문사(2017); 손동권/김재윤, 새로운 형법총론(초판), 율곡출판사(2011); 신동운, 형법총론(제11판), 법문사(2019); 이재상 외 2인, 형법총론(제9판), 박영사(2017); 오영근, 형법총론(제4판), 박영사(2018); 임웅, 형법총론(제10정판), 법문사(2018); 정성근/박광민, 형법총론(제2판), 성균관대학교출판부(2015); 정영일, 형법강의(총론)(제3판), 학림(2017); 주석 형법, 총칙(1)(제2판), 한국사법행정학회(2011); 김영환, '의료행위의 형법해석학적 문제점', 형사판례연구(2권), 박영사(1996); 김영환, '형법 제20조 정당행위에 관한 비판적 고찰', 고시계(제36권 5호), 국가고시학회(1991. 5.); 천진호, '사회상규에 위배되지 아니하는 행위에 대한 비판적 고찰', 비교형사법연구(제3권 제2호), 한국비교형사법학회(2001); 하태훈, '의사의 치료행위', 고시계(제46권 8호), 국가고시학회(2001. 8.).

Ⅰ. 정당행위의 의의[1]

1. 의의

이 조문은 정당행위란 표제 하에 세 가지 행위유형, 즉 ①법령에 의한 행위,

1 이하 서술은 '주석 형법, 총칙(1)(제2판), 한국사법행정학회(2011), 559-594(배종대)'을 골간으로 하였다.

②업무로 인한 행위, ③기타 사회상규에 위배되지 않는 행위는 벌하지 아니한다고 정하고 있다. 이와 같은 행위유형에 해당하면 타인의 법익을 침해하더라도 위법성이 조각되어 범죄행위를 구성하지 않고 따라서 처벌받지도 않는다. 즉, 형법 제20조의 정당행위는 위법성조각사유이다(위법성조각사유설).

다수설은 정당행위를 우리 형법에 규정되어 있는 정당방위·긴급피난·자구행위와 같은 개별적 위법성조각사유에 비하여 일반적·포괄적 성격을 띤 위법성조각사유로 이해한다.[2] 이는 '기타 사회상규에 위배되지 않는 행위'가 정당행위의 구성요소로 규정되어 있기 때문이라고 한다. 다수설에 따르면, 형법 제20조의 정당행위는 가능한 모든 초법규적 정당화사유를 형법전에 실정화해 놓은 것이 된다. 따라서 우리 형법에 명시적으로 규정된 정당화사유 이외에 초법규적 정당화사유를 별도로 인정할 것인가의 문제는 정당행위의 해석문제로 귀착하게 된다. 이에 대하여 소수설은, 정당행위는 정당방위·긴급피난·자구행위 등 다른 정당화사유와 병렬적인 하나의 위법성조각사유라고 한다.[3] 소수설에 따르면, 정당행위는 형법이 규정한 다섯 가지 위법성조각사유의 하나일 뿐이다. 즉, '기타 사회상규에 위배되지 않는 행위'는 위법성조각의 일반원칙이나 초법규적 위법성조각사유의 실정화가 아니라 정당행위의 세 가지 유형 중 하나에 지나지 않는다.

2. 법적 성격

형법 제20조는 정당행위에 해당하는 행위유형은 "벌하지 아니 한다"고 규정하고 있다. 그 의미를 둘러싸고 전개된 논쟁이 정당행위의 법적 성격 논의이다. 벌하지 않는 체계적 이유와 근거를 제시하고자 하는 이론적 관심에서 나온 것이고, 실무적 의미가 있는 논의는 아니다.

간단하게 살펴보면, ①구성요건해당성배제사유설은, 정당행위는 처음부터 적법행위로서 구성요건해당성이 없기 때문에 처벌되지 않는다고 보는 견해이다. ②구성요건배제·위법성조각사유설은 정당행위에는 처음부터 적법인 행위와 구성요건에 해당하면서 위법성이 조각되는 두 가지 경우가 있다는 주장이다. ③위법성

2 김일수/서보학, 새로쓴 형법총론(제13판), 박영사(2018), 232; 박상기, 형법총론(제9판), 박영사(2012), 174; 박상기/전지연, 형법학(총론·각론 강의)(제4판), 집현재(2018), 110; 손동권/김재윤, 새로운 형법총론(초판), 율곡출판사(2011), 253; 신동운, 형법총론(제11판), 법문사(2019), 278; 이재상 외 2인, 형법총론(제9판), 박영사(2017), 285; 임웅, 형법총론(제10정판), 법문사(2018), 221; 정성근/박광민, 형법총론(제2판), 성균관대학교출판부(2015), 222; 정영일, 형법강의(총론)(제3판), 학림(2017), 174.

3 배종대, 형법총론(제13판), 홍문사(2017), 206.

조각사유설은 정당행위를 위법성조각사유로 파악하는 견해로서, 현재 다수설이다.[4]

3. 정당행위의 구조

정당행위의 세 가지 요소인 ①법령에 의한 행위, ②업무로 인한 행위, ③기타 사회상규에 위배되지 아니하는 행위 상호간의 관계에 관하여 우리나라에서는 두 가지 견해가 있다. 첫째 견해는 사회상규가 형법상 모든 위법성조각사유의 근본원리이기 때문에 법령에 의한 행위나 업무로 인한 행위는 예시에 지나지 않는다고 한다. 이는 정당행위를 초법규적 위법성조각사유로 이해하는 다수설과 궤를 같이한다.[5] 둘째 견해는 사회상규가 모든 위법성조각사유에 비해 가장 포괄적이기는 하지만 그렇다고 해서 다른 개별적인 위법성조각사유를 포괄하거나 정당행위 내의 다른 구성 부분까지 포괄하는 것은 아니라고 한다.[6] 즉, 형법 제20조에 담긴 세 가지 구성 부분은 각각 독자적인 의미를 갖는 병존 개념일 뿐이라고 한다.

Ⅱ. 법령에 의한 행위

1. 서설

법령에 의한 행위는 법령에 근거하여 권리의 행사 또는 의무의 이행으로 행하여진 행위를 말한다. 법령에 의한 행위는 이로 인하여 타인의 법익을 침해하여 구성요건에 해당하는 때에도 위법성이 조각된다. 형법의 위법성 판단은 법질서의 통일성을 해치지 않는 범위 안에서 내려야 하므로, 형법 이외의 다른 법, 즉 헌법·민법·노동법 등 분야에서 적법한 평가를 받은 행위가 형법에서 위법한 것으로 평가되어서는 안 된다.[7] 형법의 최후수단 성격은 그 위법성의 범위도 다른 법률의

4 김일수/서보학, 새로쓴 형법총론(제13판), 박영사(2018), 233; 박상기, 형법총론(제9판), 박영사(2012), 163; 배종대, 형법총론(제13판), 홍문사(2017), 207.

5 이재상 외 2인, 형법총론(제9판), 박영사(2017), 286; 임웅, 형법총론(제10정판), 법문사(2018), 221; 정성근/박광민, 형법총론(제2판), 성균관대학교출판부(2015), 231.

6 김일수/서보학, 새로쓴 형법총론(제13판), 박영사(2018), 233; 박상기, 형법총론(제9판), 박영사(2012), 174; 박상기/전지연, 형법학(총론·각론 강의)(제4판), 집현재(2018), 101; 배종대, 형법총론(제13판), 홍문사(2017), 206.

7 박상기, 형법총론(제9판), 박영사(2012), 164; 박상기/전지연, 형법학(총론·각론 강의)(제4판), 집현재(2018), 101; 배종대, 형법총론(제13판), 홍문사(2017), 208; 신동운, 형법총론(제11판), 법문사(2019), 354; 이재상 외 2인, 형법총론(제9판), 박영사(2017), 286.

범위에 비해 현저하게 좁게 잡을 것을 요구한다.

여기에서 법령은 실체법, 절차법을 가리지 않고 모든 실정 법률을 말한다. 형법과 형사소송법도 당연히 포함되고, 정당한 법률을 근거로 제정·공포된 규칙이나 명령도 법령에 속한다. 다만, 여기서 말하는 법령은 우리나라의 법령이나 우리나라 법령에 의해 국내법적 효력을 갖는 것으로 인정된 외국법의 규정만을 의미한다. 조리나 관습법과 같은 법원은 '업무로 인한 행위' 내지 '기타 사회상규에 위배되지 않는 행위'에 속한다.[8] 만약 법령상 충돌이 있을 때에는 헌법의 법률에 대한 우위와 같은 일반적인 법단계 외에도 '일반법에 대한 특별법 우선 원칙'과 '구법에 대한 신법의 우선원칙'에 따라 조정해야 한다.[9] 법령에 의한 행위는 크게 공무원의 직무집행행위, 징계행위, 사인의 현행범 체포행위, 노동쟁의행위 등으로 나뉜다.

2. 공무원의 직무집행행위

공무원의 직무집행행위는 법령에 의해 요구되는 직무를 수행하기 위하여 법익을 침해하는 강제력을 행사하는 경우를 의미한다. 여기에는, ①공무원 스스로 법령이 규정한 직무를 집행하는 행위, ②법령에 근거한 상관의 명령을 집행하는 행위 등이 있다.

가. 법령에 의한 직무집행행위

공무원이 법령에 정해진 직무를 수행하면서 타인의 법익을 침해하더라도 정당행위로 위법성이 조각된다. 예를 들면, ①형법의 사형,[10] 징역형, 벌금형, 노역장유치(제66조-제70조)와 같은 형벌집행행위, ②형사소송법의 구속(제70조, 제201조), 체포(제200조의2), 긴급체포(제200조의3), 현행범인체포(제212조), 압수·수색·검증제106조-제112조, 제139조, 제215조)과 같은 법원이나 검사·사법경찰관의 강제처분행위, 그리고 ③기타 민사집행법의 집행관의 강제집행행위(민사집행법 제43조), 경찰관직무집행법의 불심검문(경찰관직무집행법 제3조), 보호조치(제4조), 장구·최루탄·무기사용행위(제10조의2, 제10조의3, 제10조의4), 세법상의 각종 강제처분, 행정대집행법의 대집행(세법 제2조) 등이 있다.

공무원의 직무집행행위가 정당행위로 위법성이 조각되려면, 공무집행이 사

8 주석 형법, 총칙(1)(제2판), 한국사법행정학회(2011), 563(배종대).
9 주석 형법, 총칙(1)(제2판), 한국사법행정학회(2011), 563(배종대).
10 그러나 사형폐지 입장에서는 사형의 '정당행위성'에 관한 의문이 얼마든지 제기될 수 있다.

무·직무의 관할범위 안에서 이루어져야 하고, 그 행위의 근거 법령이 정한 법치국가적 적정절차를 준수하여야 한다.[11] 예컨대 비례성 원칙은 공무집행행위로 인한 개인의 법익침해를 필요성과 상당성으로 제한한다.[12] 공무집행 시 공무원의 자격으로 직무수행을 한다는 의사만 있으면 충분하고 방위의사나 피난의사와 같은 주관적 정당화요소는 필요로 하지 않는다.[13]

공무원이 자기의 직무권한의 사실적 전제에 관하여 착오를 일으킨 경우에는 그가 권한사항에 대해 의무합치적 심사를 하였다면 위법성은 조각된다. 그러나 공무원이 직무수행의 조건이 되는 법규의 해석을 잘못하였거나 직무권한의 법적 한계에 관하여 착오를 일으킨 경우에는 위법성이 조각되지 않는다.[14]

나. 상관의 명령에 의한 직무집행행위

1) 상관의 적법한 명령에 대한 복종행위

상관의 명령에 의한 직무집행행위가 정당행위로 위법성이 조각되기 위해서는 명령 자체가 법령상 근거를 갖는 적법한 것이어야 한다. 군인의 지위 및 복무에 관한 법률 제25조, 검찰청법 제7조 및 제12조, 국가공무원법 제57조 등의 근거에 의해 발령된 적법한 상관의 명령이 있어야 한다.

상관의 지시 또는 명령이 재량사항일 때 그 지시·명령은 의무합치적인 재량판단에 의해 이루어져야 한다. 객관적으로는 국가공권력을 투입할 수 있는 실제적 요건이 존재하지 않더라도 발령자가 의무합치적인 재량판단을 통해 그 요건이 존재한다고 판단하였으면 그 명령은 적법한 것이 된다. 따라서 이를 이행하는 행위도 정당화된다.[15] 그러나 명령이행자가 상관의 판단이 착오에 의한 것이라는 점과 상관이 착오하지 않았으면 발령하지 않았을 것이라는 점을 인식하였을 경우는 적법한 명령이 아니어서 구속력이 없다.[16]

11 박상기, 형법총론(제9판), 박영사(2012), 164; 박상기/전지연, 형법학(총론·각론 강의)(제4판), 집현재(2018), 101; 배종대, 형법총론(제13판), 홍문사(2017), 208; 신동운, 형법총론(제11판), 법문사(2019), 354; 이재상 외 2인, 형법총론(제9판), 박영사(2017), 287.

12 김성돈, 형법총론(제5판), 성균관대학교출판부(2017), 326; 김일수/서보학, 새로쓴 형법총론(제13판), 박영사(2018), 235; 이재상 외 2인, 형법총론(제9판), 박영사(2017), 287.

13 김일수/서보학, 새로쓴 형법총론(제13판), 박영사(2018), 235; 정영일, 형법강의(총론)(제3판), 학림(2017), 176.

14 주석 형법, 총칙(1)(제2판), 한국사법행정학회(2011), 564(배종대).

15 주석 형법, 총칙(1)(제2판), 한국사법행정학회(2011), 565(배종대).

16 주석 형법, 총칙(1)(제2판), 한국사법행정학회(2011), 565(배종대).

2) 구속력 있는 위법명령에 대한 복종행위

위법명령, 예컨대 직무범위를 벗어난 명령을 집행한 행위는 원칙적으로 법령에 의한 행위가 아니므로 위법성이 조각되지 않는다.[17] 하지만 위법명령이더라도 수령자에게 구속력이 있는 경우 이를 어떻게 취급할 것인지를 두고 견해가 갈린다.

가) 면책된다는 견해

위법한 명령에 대한 부하의 복종행위는 위법성이 조각되지 않고, 거역할 수 없는 명령을 집행한 행위는 책임이 조각될 수 있을 뿐이라는 견해이다. 우리나라의 통설[18]·판례[19]이다. 위법명령은 불법을 법으로 만들 수 없고, 만일 불법한 상관의 명령에 복종하는 행위의 위법성이 조각된다면 상관은 스스로 한 행동이 불법에 해당하는 것을 피하기 위해 부하에게 명령하여 실행하게 하는 방식을 택할 수 있다는 점을 근거로 한다. 책임조각의 근거는 절대적 명령에 구속력이 있는 한 하급자가 명령을 거역할 기대가능성이 희박하다는 점에서 찾는다. 이 견해에 따르면 불법명령을 집행하는 행위는 그 행위가 위법행위이기 때문에 정당방위를 할 수 있고, 상관은 간접정범(형법 제34조 제1항)으로 처벌받는다.

나) 위법성이 조각된다는 견해

이 견해는 명령의 위법성이 경미하면 구속력이 있고, 이러한 명령에 복종하는 행위는 위법성이 조각된다고 한다. 복종의무가 있는 부하가 명령을 이행한 행위를 위법하다고 평가하면 복종의무를 다한 자가 정당방위의 대상이 되므로 불합리하다. 책임조각설이 주장하는 불법이 법이 될 수 없다는 논거에 대해서는, 부하의 명령이행행위가 정당화되더라도 그것을 도구로 이용한 상관의 위법 명령은 불법으로 여전히 남아있다는 점을 지적한다.[20]

17 대법원 1961. 4. 15. 선고 4290형상201 판결(하관인 피고인이 상관의 출장에 동행하여야 할 관행이 있었다 하더라도 그 관행 자체가 범죄행위에 해당된 때에는 역시 그 관행에 따른데 불과하다 하더라도 이는 위법성조각사유가 될 수 없다.), 대법원 1988. 2. 23. 선고 87도2358 판결, 대법원 1997. 4. 17. 선고 96도3376 전원합의체 판결.

18 김성돈, 형법총론(제5판), 성균관대학교출판부(2017), 328; 박상기, 형법총론(제9판), 박영사(2012), 165; 박상기/전지연, 형법학(총론·각론 강의)(제4판), 집현재(2018), 102; 배종대, 형법총론(제13판), 홍문사(2017), 208; 손동권/김재윤, 새로운 형법총론(초판), 율곡출판사(2011), 256; 이재상 외 2인, 형법총론(제9판), 박영사(2017), 287; 임웅, 형법총론(제10정판), 법문사(2018), 222; 정성근/박광민, 형법총론(제2판), 성균관대학교출판부(2015), 223; 정영일, 형법강의(총론)(제3판), 학림(2017), 176.

19 대법원 1997. 4. 17. 선고 96도3376 전원합의체 판결.

20 하태훈, '상관의 명령에 복종한 행위(대법원 1999. 4. 23. 선고 99도636 판결)', 형사판례연구(제9권), 박영사(2001), 177, 178.

이 견해는 명령복종의무와 위법 행위를 하지 않아야 할 의무 사이의 의무충돌이나 긴급피난에서 위법성조각의 근거를 찾는다. 긴급피난을 주장하는 견해는 작위의무와 부작위의무가 충돌하는 것은 의무충돌이 될 수 없음을 근거로 한다. 명령에 복종해야 할 작위의무와 위법행위를 하지 말아야 할 부작위 의무가 충돌하는 상황은 전형적인 긴급피난으로서 충돌하는 양 이익 사이에 본질적인 우월성이 있는 한 정당화적 긴급피난에 해당한다.[21]

다) 명령의 불법정도에 따라 구별하려는 견해

명령의 위법성에 대한 경중을 나누어서 살피자는 견해이다.[22] 이 견해는 구속력이 있는 명령을 위법성이 경미한 경우와 위법성이 중대한 경우로 나누어 고찰한다. 위법성이 경미하면 위법성이 조각되고, 위법성이 중대하면 면책사유로 취급하여 면책적 긴급피난이나 면책적 의무충돌 또는 기대불가능성으로 인한 초법규적 면책의 가능성을 검토해야 한다고 한다.

이 견해에 대해서는, 위법성이 경미하더라도 상대방이 정당방위의 가능성이 배제된 채 불법명령의 집행을 참고 견뎌야 할 이유가 없다는 비판이 있다.[23] 위법성 판단은 행위에 대한 객관적 법질서의 평가이기 때문에 명령이 불법하면 불법의 경중에 상관없이 모두 정당행위가 될 수 없다는 비판도 있다.[24]

3) 상관의 위법한 명령을 적법한 명령으로 오인한 경우

객관적으로 위법한 명령을 부하가 적법한 명령으로 오인하고 명령을 수행하는 경우가 있다. 예컨대 '여우고개사건'에서,[25] 중대장의 당번병이 밤 12시경 중대장의 처를 마중 나가 군형법상의 무단이탈죄에 해당하는 행위를 한 것을 당번병으로서 당연히 해야 할 일로 생각한 경우가 대표적인 사례이다.

먼저 상관의 명령의 위법성에 관한 착오를 위법성조각사유의 객관적 전제사실에 관한 착오의 문제로 파악하여 해결하려는 견해가 있다.[26] 착오 대상이 된 명령의 적법성은 정당행위라는 위법성조각사유의 객관적 요건이 되기 때문이다. 따

21 하태훈, '상관의 명령에 복종한 행위(대법원 1999. 4. 23. 선고 99도636 판결)', 형사판례연구(제9권), 박영사(2001), 178.

22 김일수/서보학, 새로쓴 형법총론(제13판), 박영사(2018), 236.

23 배종대, 형법총론(제13판), 홍문사(2017), 209.

24 김성돈, 형법총론(제5판), 성균관대학교출판부(2017), 328.

25 대법원 1986. 10. 28. 선고 86도1406 판결.

26 김성돈, 형법총론(제5판), 성균관대학교출판부(2017), 329; 배종대, 형법총론(제13판), 홍문사(2017), 210; 신동운, 형법총론(제11판), 법문사(2019), 355; 오영근, 형법총론(제4판), 박영사(2018), 237.

라서 위법성조각사유의 객관적 전제사실에 관한 착오를 해결하기 위한 이론이 그대로 적용된다. 엄격책임설과 제한책임설 그리고 제한책임설 가운데 유추적용제한책임설과 법효과제한책임설 등에 따라 상이한 결론에 도달한다(법률의 착오 부분 참조).

이와 달리 명령의 적법성에 관하여 착오를 일으킨 경우는 명령이 구속력을 갖는다고 착오한 것이기 때문에 그 명령은 위법하지만 구속력을 갖는 명령이라는 견해도 있다.[27] 위법하지만 구속력을 갖는 명령이 위법성조각사유라고 주장하는 입장에서 나온 것이다. 대법원은 위 '여우고개사건'에서, "피고인의 행위는 당번병으로서 그 임무 범위 안에 속하는 것으로 오인한 행위로서 그 오인에 정당한 이유가 있어 위법성이 없다"고 판시하였다. 판례가 정당한 이유라는 제한을 둠으로써 법률의 착오를 적용하고 있는 것처럼 보일 수도 있다. 그러나 책임설에 따라 해결하지 않고 위법성이 조각된다는 입장에 있는 것으로 이해할 수 있다.[28] 하지만 위법성조각사유의 객관적 전제사실에 관한 착오로 해결하려는 견해는 위법성 인식에 관한 판례의 전통적인 입장인 고의설을 특별히 이 사례에만 적용하지 않고 '위법성이 없다'고 판시한 점을 비판하면서 위법명령을 집행한 또는 적법한 명령이 있는 것으로 착오를 일으킨 피고인의 행위를 면책사유로 본다.[29]

4) 구속력 없는 위법명령에 대한 복종행위

구속력이 없는 위법명령을 집행한 행위는 위법성과 책임 모두 조각되지 않고 가벌행위가 된다.[30] 명령의 구속성을 인정할 수 없는 경우는 상관의 명령이 부하에게 형법상의 범죄를 저지르도록 하거나, 명백히 인간의 존엄성을 침해하는 것을 내용으로 할 때이다.[31]

대법원이 구속력이 없는 위법명령이라고 판시한 사례로는, ①상관이 대공수

27 하태훈, '상관의 명령에 복종한 행위(대법원 1999. 4. 23. 선고 99도636 판결)', 형사판례연구(제9권), 박영사(2001), 178.

28 하태훈, '상관의 명령에 복종한 행위(대법원 1999. 4. 23. 선고 99도636 판결)', 형사판례연구(제9권), 박영사(2001), 179.

29 배종대, 형법총론(제13판), 홍문사(2017), 210; 오영근, 형법총론(제4판), 박영사(2018), 237.

30 김일수/서보학, 새로쓴 형법총론(제13판), 박영사(2018), 236; 박상기, 형법총론(제9판), 박영사(2012), 165; 박상기/전지연, 형법학(총론·각론 강의)(제4판), 집현재(2018), 102; 배종대, 형법총론(제13판), 홍문사(2017), 209; 손동권/김재윤, 새로운 형법총론(초판), 율곡출판사(2011), 256; 신동운 형법총론(제11판), 법문사(2019), 355; 이재상 외 2인, 형법총론(제9판), 박영사(2017), 287; 정성근/박광민, 형법총론(제2판), 성균관대학교출판부(2015), 223; 정영일, 형법강의(총론)(제3판), 학림(2017), 177.

31 김일수/서보학, 새로쓴 형법총론(제13판), 박영사(2018), 236.

사단 직원에게 참고인으로 소환한 사람에게 가혹한 행위를 가하도록 명령하거나,[32] ②대통령선거를 앞두고 특정후보에게 반대하는 여론을 조성하기 위하여 허위사실을 담은 책자를 발간·배포하라는 명령을 한 경우[33] 등이 있다. 비록 부하가 상관의 명령이 위법함을 알았더라도 그 정황이 형법 제12조의 강요된 행위에 해당할 정도에 이르렀다면 책임이 조각될 가능성은 있다.

3. 징계행위

가. 법령에 의한 징계행위

친권자의 자녀에 대한 징계행위(민법 제915조), 학교장의 학생에 대한 징계행위(초·중등교육법 제18조 제1항, 고등교육법 제13조 제1항), 그리고 소년원장이나 소년분류심사원장의 보호소년에 대한 징계행위(보호소년 등의 처우에 관한 법률 제15조)는 법령에 의한 행위이기 때문에 정당행위로 위법성이 조각된다. 그러기 위해서는 객관적·주관적 요건을 충족해야 한다. 객관적 요건으로는 충분한 징계사유가 있어야 하고 징계행위 자체가 교육목적을 달성하기 위해 필요하고도 적절한 정도에 머물러야 한다. 주관적 요건으로는 징계권자가 교육 내지 훈육의사로 행위 해야 한다. 따라서 징계권 행사라 하더라도 그 방법이 지나치게 가혹하거나 학대성향을 표출하여 상해를 입히는 정도에 이르면 위법성이 조각되지 않는다.

나. 체벌

징계행위에 문제가 되는 것은 징계권의 한계이고, 그 초점은 체벌의 허용 여부에 있다.

1) 친권자의 체벌

친권자의 징계행위로서 체벌이 허용된다는 점에 대해서는 학설·판례 모두 이견이 없다. 부모의 체벌권이 자녀학대에 이르러 형법 문제가 되는 경우는 극히 예외적이고, 형법의 보충성원칙에 의하더라도 친권자의 훈육에 형법이 개입하는 것은 바람직하지 않다.[34] 그러나 가혹·잔인한 체벌은 정당화될 수 없으며, 객관적으로 징계목적을 위해 필요한 범위 안에서 상당한 방법으로 징계권이 행사되어야

32 대법원 1988. 2. 23. 선고 87도2358 판결.
33 대법원 1999. 4. 23. 선고 99도636 판결.
34 배종대, 형법총론(제13판), 홍문사(2017), 210.

한다.[35] 만일 체벌이 가정폭력이나 아동학대의 수준에 이르게 되면 가정폭력범죄의 처벌 등에 관한 특례법과 가정폭력방지 및 피해자보호 등에 관한 법률, 아동복지법과 아동학대범죄의 처벌에 관한 특례법 등의 적용을 받는다.

2) 학교장, 소년분류심사원장, 소년원장 등의 체벌

학교장의 체벌 허용 여부에 대해서는 견해가 갈린다. 학교장의 체벌을 전면적으로 부정하는 견해에 따르면, 초·중등교육법상 학교장의 징계내용은 '학교 내의 봉사, 사회봉사, 특별교육이수, 출석정지, 퇴학처분'(제18조, 동법 시행령 제31조)으로 명시하였고, 동법 시행령 제31조 제8항에서 도구·신체 등을 이용하여 학생의 신체에 고통을 가하는 방법의 사용을 명시적으로 금지하고 있기 때문이라고 한다.[36] 인간의 존엄과 가치질서를 존중하는 헌법정신과 교육의 목적에 비추어 볼 때 체벌을 허용하는 방향으로 초·중등교육법의 규정을 해석할 수는 없다. 소년원장이나 소년분류심사원장의 징계권에도 체벌은 포함되지 않는다. 보호소년 등의 처우에 관한 법률 제15조는 훈계와 원내 봉사활동, 서면 사과, 텔레비전 시청 제한, 단체 체육활동 정지, 공동행사 참가 정지, 근신과 같은 징계를 규정하고 있을 뿐이다.

이와 달리 학교장의 체벌은 초·중등교육법 시행령 제31조 제8항에 대한 반대해석상 명시적으로 인정된다는 견해도 있다.[37] 또한, 초·중등교육법 제18조의 "학교의 장은 교육상 필요한 경우에는 법령 및 학칙이 정하는 바에 따라 학생을 징계하거나 그 밖의 방법으로 지도할 수 있다."는 규정 중 '그 밖의 방법'과 관련하여, 체벌을 규정한 법령은 없지만 학칙에 의해 체벌을 정한 경우에 그 체벌이 법령에 의한 행위로서 위법성을 조각할 수 있다는 견해도 있다.[38]

한편, "학교장이 훈계 목적으로 교칙위반 학생에게 뺨을 몇 차례 때린 정도는 징계 방법으로써 사회통념상 비난의 대상이 될 만큼 사회상규를 벗어난 것이라고 할 수 없다"고 판시한 판례는,[39] 형법 제20조의 정당행위에서 법령에 의한 행위 해당 여부가 아닌 '사회상규에 위반되지 않는 행위' 해당 여부에 대한 판단이고,

35 대법원 2000. 2. 8. 선고 2001도6468 판결.
36 김일수/서보학, 새로쓴 형법총론(제13판), 박영사(2018), 238; 배종대, 형법총론(제13판), 홍문사(2017), 210; 이재상 외 2인, 형법총론(제9판), 박영사(2017), 289.
37 김성돈, 형법총론(제5판), 성균관대학교출판부(2017), 331.
38 오영근, 형법총론(제4판), 박영사(2018), 239.
39 대법원 1976. 4. 27. 선고 75도115 판결.

더욱이 2011. 3. 18. 개정된 초·중등교육법 시행령 제31조 제8항[40]의 시행에 따라 그 의미를 상실한 것으로 보인다.[41]

3) 교사의 체벌

학교장의 징계권에 체벌이 포함되지 않으면 교사의 체벌 행위는 더욱 인정될 여지가 없다.[42] 제한적으로 교사의 체벌이 허용될 수 있다는 견해는 엄격한 요건을 갖춘 경우에 법령에 의한 행위의 일종으로서 허용될 수 있다고 하거나,[43] 법령에 의한 정당행위는 아니지만 기타 사회상규에 위배되지 않는 행위로 정당화될 수 있다고 한다.[44] 체벌을 제한적으로 인정하는 견해도 교육목적상 체벌이 필요한 경우가 있음을 부인하지 않지만 체벌이 갖는 부작용도 크기 때문에 제한된 범위에서만 위법성이 조각되어야 한다고 한다.

대법원은, "초·중등교육법령에 따르면 교사는 학교장의 위임을 받아 교육상 필요하다고 인정할 때에는 징계를 할 수 있고 징계를 하지 않는 경우에는 그 밖의 방법으로 지도를 할 수 있는데 그 지도에 있어서는 교육상 불가피한 경우에만 신체적 고통을 가하는 방법인 이른바 체벌로 할 수 있고 … 다른 교육적 수단으로는 교정이 불가능하였던 경우로서 그 방법과 정도에서 사회통념상 용인될 수 있을 만한 객관적 타당성을 갖춘 경우에만 법령에 의한 정당행위로 볼 수 있을 것"이라고 판시한 바가 있다.[45] 그러나 체벌을 전면 금지한 초·중등교육법 시행령 제31조 제8항이 2011. 3. 18. 개정·시행된 이상 위 판례의 의미는 상실되었다고 한다.[46]

40 초·중등교육법 시행령(2011. 3. 18. 대통령령 제22712호로 개정된 것) 제31조(학생의 징계 등)
⑧ 학교의 장은 법 제18조제1항 본문에 따라 지도를 할 때에는 학칙으로 정하는 바에 따라 훈육·훈계 등의 방법으로 하되, 도구, 신체 등을 이용하여 학생의 신체에 고통을 가하는 방법을 사용해서는 아니 된다.

41 신동운, 형법총론(제11판), 법문사(2019), 356.

42 김일수/서보학, 새로쓴 형법총론(제13판), 박영사(2018), 242; 이재상 외 2인, 형법총론(제9판), 박영사(2017), 289.

43 임웅, 형법총론(제10정판), 법문사(2018), 223; 정성근/박광민, 형법총론(제2판), 성균관대학교출판부(2015), 224.

44 김성돈, 형법총론(제5판), 성균관대학교출판부(2017), 331; 박상기, 형법총론(제9판), 박영사(2012), 167; 박상기/전지연, 형법학(총론·각론 강의)(제4판), 집현재(2018), 104; 손동권/김재윤, 새로운 형법총론(초판), 율곡출판사(2011), 270; 오영근, 형법총론(제4판), 박영사(2018), 239; 정영일, 형법강의(총론)(제3판), 학림(2017), 183.

45 대법원 2004. 6. 10. 선고 2001도5380 판결, 헌법재판소 2000. 1. 27. 선고 99헌마481 결정.

46 신동운, 형법총론(제11판), 법문사(2019), 356.

4) 군인의 체벌

군대에서 상관의 하관에 대한 체벌이 허용되는가도 문제된다. 군인의 지위 및 복무에 관한 기본법(약칭: 군인복무기본법, 2015. 12. 29. 법률 제13631호로 제정) 제26조는 "군인은 어떠한 경우에도 구타, 폭언, 가혹행위 및 집단 따돌림 등 사적 제재를 하거나 직원을 남용하여서는 아니 된다"고 규정하고 있다. 이로써 법령에 의해 체벌이 금지되므로 상관의 체벌은 법령에 의한 행위로서 위법성이 조각되지 않는다.[47]

대법원은, 상사 계급의 피고인이 부대원들에게 얼차려를 지시할 당시 얼차려의 결정권자도 아니었고 소속 부대의 얼차려 지침상 허용되는 얼차려도 아닌 경우,[48] 부하를 훈계하기 위한 것이라 하여도 폭행행위가 훈계권의 범위를 넘었다고 보이고 그로 인하여 상해를 입은 경우,[49] 상관인 피고인이 군내부에서 부하인 방위병들의 훈련 중에 그들에게 군인정신 환기를 위해 감금하고 구타한 행위[50] 등은 정당화될 수 없다고 판단하였는데, 군인복무기본법의 규정에 비추어 군대에서 체벌로 구타, 상해, 얼차려를 시키는 행위 등은 위법성이 조각되지 않는다는 입장으로 볼 것이다. 다만, 경미한 폭행은 위법성이 조각된다고 한 판례가 있으나,[51] 이는 법령에 의한 행위가 아니라 폭행이 경미하여 사회상규에 위배되지 않는다는 의미이다.

4. 사인(私人)의 현행범 체포행위

사인(私人)이 현행범인을 체포하는 행위도 법령에 의한 행위로 위법성이 조각된다. 형사소송법은 현행범인은 누구든지 영장 없이 체포할 수 있다고 규정한다(제212조). 따라서 현행범인 체포에 수반되는 자유구속은 범죄가 되지 않는다. 여기서 현행범인은 범죄 실행 중이거나 실행 직후인 자를 말한다(제211조 제1항).

그러나 현행범인의 체포로 위법성이 조각되는 것은 체포에 필요한 최소한의 범위에 국한되며 체포를 위한 모든 수단이 정당화되는 것은 아니다. 따라서 다수

47 오영근, 형법총론(제4판), 박영사(2018), 240.
48 대법원 2006. 4. 27. 선고 2003도4151 판결.
49 대법원 1984. 6. 26. 선고 84도603 판결.
50 대법원 1984. 6. 12. 선고 84도799 판결.
51 대법원 1978. 4. 11. 선고 77도3149 판결.

설은 현행범 체포를 위해 타인의 주거에 침입하거나, 무기를 사용하거나, 상해를 입히는 것은 위법성이 조각되지 않는다고 본다.[52] 이와 달리 현행범 체포에 직접 수반된 경우라면 범인에게 상해를 입히는 행위나 추격 중에 타인의 주거에 침입하는 행위 등 공격적 성격을 띤 행위도 정당행위의 일반적 요건을 갖추면 법령에 의한 행위로서 위법성이 조각되는 것으로 보는 견해도 있다.[53]

대법원은 현행범을 추적하는 과정에서 범인의 아버지 집에 들어가 그 아버지와 시비 끝에 상해를 입힌 경우 상해죄와 주거침입죄 모두 위법성이 조각되지 않는다고 하는 한편,[54] 차를 손괴하고 도망하려는 자가 도망하지 못하도록 멱살을 잡고 흔들어 전치 2주의 찰과상을 입힌 경우는 현행범 체포행위로서 정당행위에 해당한다고 하였다.[55] 후자의 경우 대법원은 "현행범 체포행위가 적정한 한계를 벗어나는 행위인지 여부는 결국 정당행위의 일반적 요건을 갖추었는지 여부에 따라 결정되어야 할 것이고, 그 행위가 소극적인 방어행위인가 적극적인 공격행위인가에 따라 결정할 것은 아니다."라고 판시하였다.

5. 노동쟁의행위

가. 목적의 정당성과 수단의 상당성

헌법이 보장하는 노동3권(단결권, 단체교섭권, 단체행동권)을 행사하기 위한 행위와 그로 인하여 발생하는 결과는 법률이 허용하는 것으로서 위법성이 조각된다(헌법 제33조 제1항). 노동3권을 구체화하고 있는 노동조합 및 노동관계조정법 제2조 제6호는 '쟁의행위라 함은 파업, 태업, 직장폐쇄 기타 노동관계당사자가 그 주장을 관철할 목적으로 행하는 행위와 이에 대항하는 행위로서 업무의 정상적인 운영을 저해하는 행위'라고 규정하고 있고, 같은 법 제4조에서 형법 제20조의 정당행위 규정이 쟁의행위에 적용됨을 명시적으로 밝히고 있다.[56]

52 배종대, 형법총론(제13판), 홍문사(2017), 212; 이재상 외 2인, 형법총론(제9판), 박영사(2017), 290; 임웅, 형법총론(제10정판), 법문사(2018), 225; 정성근/박광민, 형법총론(제2판), 성균관대학교출판부(2015), 226; 정영일, 형법강의(총론)(제3판), 학림(2017), 177.

53 김성돈, 형법총론(제5판), 성균관대학교출판부(2017), 334.

54 대법원 1965. 12. 21. 선고 65도899 판결.

55 대법원 1999. 1. 26. 선고 98도3029 판결.

56 노동조합 및 노동관계조정법 제4조(정당행위)
형법 제20조의 규정은 노동조합이 단체교섭·쟁의행위 기타의 행위로서 제1조의 목적을 달성하기 위하여 한 정당한 행위에 대하여 적용된다. 다만, 어떠한 경우에도 폭력이나 파괴행위는 정당한 행위로 해석되어서는 아니 된다.

노동쟁의행위가 정당성을 갖기 위해서는 다음과 같은 한계가 지켜져야 한다. ①목적의 정당성이 인정되어야 한다. 노동쟁의행위의 목적은 근로조건의 개선, 근로자의 경제적 지위 향상이다(노동조합 및 노동관계조정법 제1조). 노동쟁의행위가 이와 직접 관계가 없는 제3의 목적(예컨대 정치적 목적)을 위한 쟁의행위는 정당행위가 될 수 없다.[57] ②수단의 상당성이 인정되어야 한다. 폭력적·파괴적 쟁의행위는 인정되지 않는다. 공장 등의 안전시설을 훼손, 방해하는 행위도 할 수 없다(노동조합 및 노동관계조정법 제42조).

나. 파업과 업무방해죄의 관계

노동쟁의에서 수단의 상당성과 관련하여 파업이 문제된다. 파업이란 근로자가 그 주장을 관철할 목적으로 근로의 제공을 거부하여 업무의 정상적인 운영을 저해하는 쟁의행위이다. 쟁의행위로서의 파업은 근로자의 집단적 행위이기 때문에 위력에 의한 업무방해죄의 성립 여부가 문제된다. 형법 제314조의 업무방해죄에서 '위력'이란 사람의 자유의사를 제압·혼란하게 할 만한 일체의 세력을 말한다.

종래 대법원은 근로자들이 집단적으로 근로 제공을 거부하여 사용자의 정상적인 업무 운영을 저해하고 손해를 발생하게 하는 경우 그 파업행위가 당연히 위력에 해당한다고 보았다. 따라서 파업행위는 위력에 의한 업무방해죄의 구성요건에 해당함을 전제로, 노동관계법령에 따른 정당한 쟁의행위로서 위법성이 조각되는 경우가 아닌 한 업무방해죄를 구성한다는 입장이었다.

그러다가 대법원은, 근로자가 원칙적으로 헌법상 보장된 기본권인 근로자의 근로조건 향상을 위한 자주적 단결권·단체교섭권 및 단체행동권(헌법 제33조 제1항)을 강조하여 기존의 견해를 변경하였다.[58] 즉, 근로자가 그 주장을 관철할 목적으로 근로의 제공을 거부하여 업무의 정상적인 운영을 저해하는 쟁의행위로서의 파업도 단순히 근로계약에 따른 노무의 제공을 거부하는 부작위에 그치는 경우에는 위력에 의한 업무방해죄가 성립하지 않고, 다만 파업이 전후 사정과 경위 등에 비추어 사용자가 예측할 수 없는 시기에 전격적으로 이루어져 사용자의 사업운영에 심대한 혼란 내지 막대한 손해를 초래하는 등으로 사용자의 사업계속에 관한 자유의사가 제압·혼란될 수 있다고 평가할 수 있는 정도에 이르게 되면 비로소 그 집단적 노무제공의 거부가 위력에 해당하여 업무방해죄가 성립한다고 한다.

57 대법원 2011. 1. 27. 선고 2010도11030 판결.
58 대법원 2011. 3. 17. 선고 2007도482 전원합의체 판결.

이러한 판례에 따르면, 쟁의행의로서의 파업이 언제나 '위력'으로서 업무방해죄에 해당한다고 볼 것은 아니다. 근로자가 그 주장을 관철할 목적으로 근로의 제공을 거부하여 업무의 정상적인 운영을 저해하는 쟁의행위로서의 파업도 단순히 근로계약에 따른 노무 제공을 거부하는 부작위에 그치는 경우에는 위력에 의한 업무방해죄가 성립하지 않는다.[59] [60]

다. 관련 판례

1) 쟁의행위가 정당행위가 되기 위한 요건

판례가 상세히 판시하고 있는 쟁의행위가 정당행위가 되기 위한 요건은 다음과 같다.[61] ①주체가 단체교섭의 주체로 될 수 있는 자이어야 하고, ②목적이 근로조건의 향상을 위한 노사 간의 자치적 교섭을 조성하는 데 있어야 하며, ③사용자가 근로자의 근로조건 개선에 관한 구체적인 요구에 대하여 단체교섭을 거부하였을 때 개시하되 특별한 사정이 없는 한 조합원의 찬성결정 및 노동쟁의 발생신고 등 법령이 규정한 절차를 거쳐야 하고, ④수단과 방법이 사용자의 재산권과 조화를 이루어야 함은 물론 폭력 행사에 해당하지 않아야 한다.

2) 정당한 쟁의행위로 인정한 경우

대법원이 정당한 쟁의행위로 인정한 경우는 다음과 같다. ①쟁의행위가 전체적으로 협력업체 노동조합의 지침에 따라 이루어졌고, 그 기간이 매우 짧고 시간도 오전 또는 오후의 반나절만 이용한 경우,[62] ②노동조합이 노동위원회에 노동쟁의조정신청을 하여 조정절차를 마치거나 조정이 종료되지 아니한 채 조정기간이 끝난 경우,[63] ③부당한 요구사항을 뺐더라면 쟁의행위를 하지 않았을 경우가 아닌 한 쟁의행위에서 추구되는 목적 가운데 일부가 정당하지 못한 경우,[64] ④쟁의행위에 대한 찬반투표를 위하여 근무시간 중에 노동조합 임시총회를 개최하고 3시간에 걸쳐 투표를 한 경우,[65] ⑤냉각기간과 사전신고절차에 대해서만 절차위반이 있었던 경

59 손동권/김재윤, 새로운 형법총론(초판), 율곡출판사(2011), 261; 신동운, 형법총론(제11판), 법문사(2019), 357.
60 대법원 2014. 8. 20. 선고 2011도468 판결, 대법원 2014. 11. 13. 선고 2011도393 판결.
61 대법원 2000. 5. 12. 선고 98도3299 판결, 대법원 2001. 6. 12. 선고 2001도1012 판결, 대법원 2001. 10. 25. 선고 99도4837 전원합의체 판결.
62 대법원 2004. 9. 24. 선고 2004도4641 판결.
63 대법원 2003. 12. 26. 선고 2001도1863 판결.
64 대법원 2001. 6. 26. 선고 2000도2871 판결.
65 대법원 1994. 2. 22. 선고 93도613 판결.

우,[66] ⑥쟁의목적이 위법하지 않고 시위행위가 병원의 업무개시 전이거나 점심시간을 이용하였고, 쟁의행위 방법이 폭력행위를 수반하지 않은 경우,[67] ⑦직장 또는 사업장시설을 점거하였으나 부분적·병존적 점거에 불과하고, 쟁의행위의 일시·장소·참가인원 및 그 방법에 관한 서면신고절차를 지키지 않은 경우[68] 등이다.

3) 부당한 쟁의행위라고 인정한 경우

다음은 대법원이 부당한 쟁의행위로서 위법성이 조각되지 않는다고 판시한 경우이다. ①쟁의행위를 함에 있어서 조합원의 비밀·무기명투표에 의한 찬성결정이라는 절차를 거치지 않은 경우,[69] ②사용자의 경영상의 조치인 정리해고를 금지하라는 요구내용과 같이 단체교섭사항이 될 수 없는 사항을 달성하려는 쟁의행위,[70] ③부당노동행위에 해당하지 않는 사용자 측의 단체교섭 회피에 대항하여 쟁의행위를 한 경우,[71] ④일부 조합원의 집단이 노동조합의 승인 없이 또는 지시에 반하여 쟁의행위를 한 경우,[72] ⑤9시 이전에 출근하여 업무준비를 한 후 9시부터 근무하도록 되어 있는 직원들에 대해 집단으로 9시 정각에 출근하도록 시킨 경우,[73] ⑥근로자들을 선동하여 통상적인 연장근로를 집단적으로 거부한 경우,[74] ⑦회사가 단체협약에 따라 관행적으로 시켜오던 휴일근로를 집단적으로 거부한 경우,[75] ⑧사업장 시설을 전면적으로 지배하여 조합원 이외의 자의 출입을 저지하고 사용자 측의 관리지배를 배제한 경우,[76] ⑨쟁의행위의 목적이 경영권의 본질에 속하는 공장이전 자체의 반대를 위한 것이고, 폭력을 행사한 경우,[77] ⑩노동조합이 파업을 시작한지 불과 4시간 만에 사용자가 바로 직장폐쇄조치를 취한 경우,[78] ⑪직장폐쇄의 개시 자체는 정당하지만 이후 근로자가 쟁의행위를 중단하고

66 대법원 1992. 9. 22. 선고 92도1855 판결.
67 대법원 1992. 12. 8. 선고 92도1645 판결.
68 대법원 2007. 12. 28. 선고 2007도5204 판결.
69 대법원 2001. 10. 25. 선고 99도4837 전원합의체 판결.
70 대법원 2001. 4. 24. 선고 99도4893 판결, 대법원 2011. 1. 27. 선고 2010도11030 판결, 대법원 2012. 5. 24. 선고 2010도9963 판결.
71 대법원 1998. 1. 20. 선고 97도588 판결.
72 대법원 1997. 4. 22. 선고 95도748 판결.
73 대법원 1996. 5. 10. 선고 96도419 판결.
74 대법원 1996. 2. 27. 선고 95도2570 판결.
75 대법원 1991. 7. 9. 선고 91도1051 판결.
76 대법원 1991. 6. 11. 선고 91도383 판결.
77 대법원 2003. 11. 13. 선고 2003도687 판결, 대법원 2005. 4. 15. 선고 2004도8701 판결.
78 대법원 2007. 3. 29. 선고 2006도9307 판결.

진정으로 업무에 복귀할 의사를 표시하였음에도 사용자가 직장폐쇄를 계속 유지하면서 적극적으로 노동조합의 조직력을 약화시키기 위한 목적 등을 갖는 공격적 직장폐쇄의 성격으로 변질된 경우[79] 등이다.

6. 의사의 연명의료 중단행위

가. 서설

임종과정에 있는 환자에 대한 무의미한 연명치료장치 제거 등을 예외적으로 허용하는 '대법원 2009. 5. 21. 선고 2009다17417 전원합의체 판결'을 계기로 '호스피스·완화의료 및 임종과정에 있는 환자의 연명의료결정에 관한 법률'(약칭: 연명의료결정법, 세칭: 존엄사법 또는 Well Dying 법)이 2016. 2. 3. 법률 제14013호로 제정되었고, 2018. 3. 27.과 12. 11. 일부 개정되어 시행 중이다. 종래 이론상 논의되어 오던 이른바 '소극적 안락사'가 법제화되었다고 평가된다.[80] 연명의료결정법은 호스피스·완화의료와 임종과정에 있는 환자의 연명의료와 연명의료중단 등 결정 및 그 이행에 필요한 사항을 규정함으로써 환자의 최선의 이익을 보장하고 자기결정을 존중하여 인간으로서의 존엄과 가치를 보호하는 것을 목적으로 한다(연명의료결정법 제1조).

생명은 개인적 법익이면서 처분할 수 없는 법익이다. 형법은 촉탁·승낙에 의한 살인죄(형법 제252조 제1항)를 규정하여 피해자의 승낙이 있더라도 생명의 인위적인 단축행위를 처벌하고 있다. 이제 연명의료결정법에 따라 행해진 의사의 연명의료 중단행위는 형법상 촉탁·승낙살인죄의 구성요건에 해당하더라도 '법령에 의한 행위'로서 위법성이 조각된다.[81]

나. 연명의료결정법의 적용대상

연명의료결정법의 적용대상자는 임종과정에 있는 환자와 말기환자(末期患者)이다. '임종과정'이란 회생의 가능성이 없고, 치료에도 불구하고 회복되지 아니하며, 급속도로 증상이 악화되어 사망에 임박한 상태를 말한다(연명의료결정법 제2조 제1호). '임종과정에 있는 환자'란 연명의료결정법 제16조에 따라 담당의사와 해당 분야의 전문의 1명으로부터 임종과정에 있다는 의학적 판단을 받은 자를 말한다

79 대법원 2017. 7. 11. 선고 2013도7896 판결.
80 이재상 외 2인, 형법총론(제9판), 박영사(2017), 291; 임웅, 형법총론(제10정판), 법문사(2018), 227.
81 신동운, 형법총론(제11판), 법문사(2019), 358; 이재상 외 2인, 형법총론(제9판), 박영사(2017), 292; 임웅, 형법총론(제10정판), 법문사(2018), 227.

(연명의료결정법 제2조 제2호). 한편, 말기환자는 호스피스·완화의료의 대상이 되지만 연명의료결정의 대상은 아니다.

연명의료결정법이 적용되는 의료행위는 연명의료와 그 중단결정이다. '연명의료'란 임종과정에 있는 환자에게 하는 심폐소생술, 혈액 투석, 항암제 투여, 인공호흡기 착용 및 그 밖에 대통령령으로 정하는 의학적 시술로서 치료효과 없이 임종과정의 기간만을 연장하는 것을 말한다(연명의료결정법 제2조 제4호). '연명의료 중단결정'이란 임종과정에 있는 환자에 대한 연명의료를 시행하지 아니하거나 중단하기로 하는 결정을 말한다(제2조 제5호). 연명의료 중단결정에는, 시행하고 있던 연명의료를 도중에 중단하기로 하는 결정뿐만 아니라, 처음부터 환자에 대한 연명의료를 시행하지 않기로 하는 결정을 모두 포함한다고 한다.[82]

다. 연명의료 중단결정과 환자의 의사확인

연명의료결정법은 연명의료 중단결정이 환자의 의사에 기초하여 이루어지도록 정하고 있다. 환자의 의사는 사전연명의료의향서, 연명의료계획서, 환자가족의 진술, 환자의사의 의제 등 형태로 확인된다.

'사전연명의료의향서'는 19세 이상인 사람이 자신의 연명의료 중단결정에 관한 의사를 직접 문서(전자문서를 포함한다)로 작성한 것을 말하고(연명의료결정법 제2조 제9호), 소정의 절차에 따라 등록기관에 등록·보관한다(제11조, 제12조). '연명의료계획서'는 말기환자 및 임종과정에 있는 환자가 요청하여 담당의사가 작성한 것으로서 환자에 대한 연명의료 중단결정에 관한 사항이 포함된 것을 말한다(제2조 제8호, 제10조).

사전연명의료의향서와 연명의료계획서로 연명의료 중단결정을 원하는 환자의 의사를 확인한다(연명의료결정법 제17조 제1항 제1호, 제2호). 또한, 배우자, 직계존비속 등 환자가족 2인의 일치하는 진술이 있으면, 담당의사와 전문의 1명의 확인을 거쳐 그러한 진술은 연명의료 중단결정에 관한 환자의 의사로 본다(제17조 제1항 제3호, 다만 그 진술과 배치되는 다른 환자가족의 진술 등이 있는 경우는 제외). 그 밖에 환자의 의사를 확인할 수 없고 환자가 의사표현을 할 수 없는 의학적 상태인 경우 미성년자인 환자의 법정대리인이나 배우자 등 환자가족 전원의 합의로 연명

82 신동운, 형법총론(제11판), 법문사(2019), 359.

의료 중단결정에 관한 의사표시를 하고 담당의사와 해당 분야 전문의 1명이 확인한 경우 연명의료 중단결정이 있는 것으로 본다(제18조 제1항, 다만 담당의사 등이 환자가 연명의료 중단결정을 원하지 않았다는 사실이 확인된 경우는 제외).

라. 연명의료 중단결정의 이행 및 법적 효과

담당의사는 위와 같은 방법으로 의사가 확인되는 환자에 대하여 즉시 연명의료 중단결정을 이행하여야 하고(연명의료결정법 제19조 제1항), 그 이행 시에도 통증완화를 위한 의료행위와 영양분 공급, 물 공급, 산소의 공급은 중단되어서는 안 된다(제19조 제2항).

연명의료 중단결정의 이행은 환자의 사망시점을 앞당기는 결과를 초래한다. 이 때문에 형법적 관점에서 연명의료 이행행위는 살인죄(형법 제250조) 또는 촉탁·승낙에 의한 살인죄(제252조 제1항)의 구성요건에 해당할 여지가 있다. 그러나 이는 연명의료결정법에 따른 행위이므로 형법 제20조에 따라 법령에 의한 행위로서 위법성이 조각된다.[83]

7. 그 밖의 법령에 의한 행위

모자보건법에 따른 인공임신중절수술(모자보건법 제14조)은 형법상 낙태죄(제269조)를 구성하지 않는다. 의사·한의사의 전염병신고의무(전염병예방법 제4조 제1항), 승마투표권발매(한국마사회법 제38조) 등도 형법상 업무상비밀누설죄(제317조), 복표에 관한 죄(제248조)의 구성요건에 해당하지만 법령에 의한 행위로 위법성이 조각된다. 정신질환자를 정신의료기관에 강제로 입원(수용)시키는 행위는 정신건강증진 및 정신질환자 복지서비스 지원에 관한 법률 제43조, 제44조에 의한 것으로 형법상 감금죄(제276조)에 해당하더라도 법령에 의한 행위로서 위법성이 조각된다. 뇌사자, 살아있는 자, 사망한 자 등으로부터의 장기적출행위는 형법상 살인죄(제250조), 동의살인죄(제252조 제1항), 상해죄(제257조) 내지 중상해죄(제258조), 사체영득죄(제161조) 등의 구성요건에 해당하나, 장기 등 이식에 관한 법률 제22조에 의하여 위법성이 조각된다. 헌법 제21조 제1항에 의하여 보장되고 집회 및 시위에 관한 법률에 의하여 행해지는 집회 및 시위 행위는 형법상 소요죄(제115조)와 교통방해죄(제185조) 등의 구성요건에 해당하더라도 위법성이 조각된다.

83 신동운, 형법총론(제11판), 법문사(2019), 361; 임웅, 형법총론(제10정판), 법문사(2018), 227.

한편, 대법원은 감정평가업자가 아닌 공인회계사가 타인의 의뢰에 의하여 일정한 보수를 받고 부동산 가격공시 및 감정평가에 관한 법률이 정한 토지에 대한 감정평가를 업으로 행한 행위는 특별한 사정이 없는 한 형법 제20조의 '법령에 의한 행위'로서 정당행위에 해당하지 않는다고 판시하였다.[84]

Ⅲ. 업무로 인한 행위

1. 의의

업무로 인한 행위도 정당행위로서 위법성이 조각된다. 업무로 인한 행위는 직업의무 내지 직업윤리의 정당한 수행을 위해 합목적적으로 요구되는 행위를 말한다. 업무는 사람이 사회생활상의 지위에 따라서 계속·반복의 의사로 행하는 사무를 말한다. 업무행위가 법령에 직접 근거가 있을 때에는 법령에 의한 행위로 정당화되지만, 법령에 규정이 없는 경우에도 정당한 업무내용으로 인정되는 행위는 위법성이 조각된다.

업무로 인한 행위에 적법성이 부여되는 것은 그것이 업무자의 행위이기 때문이 아니라 그 업무로 인한 행위에 정당·적법성이 부여되기 때문이다.[85] [86]

2. 변호사·성직자의 업무행위

가. 변호사의 업무행위

변호사의 업무는 피고인을 위하여 변호활동을 하는 의무를 포함한다. 따라서 변호사가 법정에서 변론하는 가운데 다른 사람의 명예를 훼손하는 사실을 말하거나, 변호업무를 처리하면서 알게 된 다른 사람의 비밀을 누설하더라도 형법상 명예훼손죄(제307조), 업무상비밀누설죄(제317조)의 위법성이 없다. 업무로 인한 정당행위로서 위법성이 조각된다.

그러나 변호사의 업무행위가 변론행위와 무관하거나 불필요한 경우에는 위법성이 조각되지 않는다. ①변호사가 피고인을 위하여 법정 외에서 신문기자에게 진범은 갑(甲)이라고 발언한 경우,[87] ②변호사가 적극적으로 위증을 교사하거나

84 대법원 2015. 11. 27. 선고 2014도191 판결.
85 신동운, 형법총론(제11판), 법문사(2019), 362.
86 대법원 1983. 3. 8. 선고 82도3248 판결.
87 이재상 외 2인, 형법총론(제9판), 박영사(2017), 296.

증거를 은닉·날조한 경우[88] 등이 그 예이다.

판례 또한 "형사변호인의 기본적인 임무가 피고인 또는 피의자를 보호하고 그의 이익을 대변하는 것이라고 하더라도, 그러한 이익은 법적으로 보호받을 가치가 있는 정당한 이익으로 제한되고, 변호인이 의뢰인의 요청에 따른 변론행위라는 명목으로 수사기관이나 법원에 대하여 적극적으로 허위의 진술을 하거나 피고인 또는 피의자로 하여금 허위진술을 하도록 하는 것은 허용되지 않는다."고 한다.[89]

나. 성직자의 업무행위

성직자가 고해성사 등 직무상으로 알게 된 타인의 범죄사실을 고발하지 않거나 묵비하는 경우에도 위법성이 조각된다. 따라서 국가보안법 제10조의 불고지나 형법상 범인은닉(제151조)의 방조에 대한 위법성이 인정되지 않는다.[90] 그러나 이 정도를 넘어서 적극적으로 범인을 은닉하거나 도피하게 하는 것은 업무행위의 범위를 넘는 것이므로 위법하다.

판례도 "성직자라 하여 초법규적인 존재일 수는 없으며 성직자의 직무상의 행위가 사회상규에 반하지 아니한다 하여 그에 적법성이 부여되는 것은 그것이 성직자의 행위이기 때문이 아니라 그 직무로 인한 행위에 정당·적법성을 인정하기 때문인바, 사제가 죄지은 자를 능동적으로 고발하지 않는 것에 그치지 아니하고 은신처 마련, 도피자금 제공 등 범인을 적극적으로 은닉·도피케 한 행위는 사제의 정당한 직무에 속하는 것이라고 할 수 없다"고 판시하여,[91] 성직자의 적극적인 비호행위의 위법성을 인정하였다.

3. 운동선수의 운동경기행위

씨름·권투·레슬링 등 사회통념상 스포츠로 용인되는 행위를 통해 타인의 법익을 침해한 경우를 말한다.

88 김성돈, 형법총론(제5판), 성균관대학교출판부(2017), 336; 박상기, 형법총론(제9판), 박영사(2012), 168; 오영근, 형법총론(제4판), 박영사(2018), 245; 정영일, 형법강의(총론)(제3판), 학림(2017), 181.

89 대법원 2012. 8. 30. 선고 2012도6027 판결.

90 김일수/서보학, 새로쓴 형법총론(제13판), 박영사(2018), 242; 손동권/김재윤, 새로운 형법총론(초판), 율곡출판사(2011), 266; 박상기, 형법총론(제9판), 박영사(2012), 168; 배종대, 형법총론(제13판), 홍문사(2017), 217; 오영근, 형법총론(제4판), 박영사(2018), 244; 임웅, 형법총론(제10정판), 법문사(2018), 229; 정성근/박광민, 형법총론(제2판), 성균관대학교출판부(2015), 231; 정영일, 형법강의(총론)(제3판), 학림(2017), 181.

91 대법원 1983. 3. 8. 선고 82도3248 판결.

가. 구성요건해당성배제사유설

운동경기행위는 허용된 위험으로서 사회적 상당성을 벗어나지 아니하므로 구성요건해당성을 배제한다는 견해이다.

나. 위법성조각사유설

운동경기행위를 위법성조각사유로 파악하는 견해는, ①허용된 위험에서는 위험을 최소화하기 위하여 필요한 주의의무를 다해야 하는데, 위험한 운동경기에서 이러한 주의의무가 있다고 하기는 어려우므로 운동경기 중의 상해행위 또는 폭행치상행위는 업무로 인한 행위로서 위법성이 조각된다거나,[92] ②일정한 경기규칙에 따르지 않으면 처벌받을 수 있다는 경고적 효과를 위해서는 위법성조각사유라고 보아야 한다고 설명한다.[93]

4. 의사의 치료행위

가. 치료행위의 개념

의사의 치료행위는 의사가 환자의 건강을 회복·개선시키기 위해(주관적 치료목적) 의술 법칙(객관적 의술법칙)에 따라 행하는 의료행위를 말한다. 이러한 의사의 치료행위의 법적 성격과 관련하여 다음과 같은 견해가 있다.

나. 치료행위의 법적 성격

1) 구성요건해당성배제사유설

가) 제1설: 경미한 법익침해를 야기하는 통상적인 의사의 치료행위는 환자의 건강을 침해하는 것이 아니라 개선·회복시키는 행위이므로 상해의 고의가 없다고 한다.[94] 또한, 치료행위가 만족스럽지 못한 결과에 이르렀을 때에도 객관적 의술법칙에 맞는 의료행위를 하였을 경우에는 과실도 성립하지 않는다. 다만, 중한 법익침해를 야기하는 비통상적인 치료행위는 피해자의 승낙에 의해 구성요건해당성이 배제되거나 추정적 승낙에 의해 위법성이 조각될 수 있다고 한다.

나) 제2설: 성공한 치료행위는 건강을 침해하거나 악화시킨 것이 아니라 이를

92 임웅, 형법총론(제10정판), 법문사(2018), 229.
93 오영근, 형법총론(제4판), 박영사(2018), 245.
94 김일수/서보학, 새로쓴 형법총론(제13판), 박영사(2018), 243; 임웅, 형법총론(제10정판), 법문사(2018), 231.

개선하고 회복시킨 것이므로 상해라고 할 수 없지만, 실패한 치료행위는 결과불법이 인정될 수 있다고 한다.[95] 그러나 실패한 치료행위라도 의사에게 치료 의사가 있고 의술 법칙에 적합한 때에는 행위불법이 없다. 의사에 의한 치료행위는 고의가 없고, 의술 법칙에 적합한 치료행위는 주의의무에 위반하였다고 볼 수 없기 때문이다. 그러나 의술에 반하고 실패한 치료행위는 상해죄 또는 과실상해죄의 구성요건에 해당하고 위법성도 인정된다.

다) 비판: 이 견해에 따르면, 모든 의사의 치료목적행위는 환자의 의사와 무관한 전단적 의료시술행위나 과실행위까지도 인정하는 결과가 된다.[96] 환자의 동의에 하자가 있거나 사회상규에 반하는 동의(양해)도 유효한 것으로 볼 뿐 아니라, 심지어 환자의 동의가 없거나 의술 법칙에 따른 치료가 아니더라도 결과적으로 환자의 상태가 개선·회복되기만 하면 의사는 형사책임을 지지 않는다.[97] 또한, 치료 의사를 건강을 회복시키겠다는 의사로 보아 상해 고의와 항상 상호 배척관계에 있는 것으로 보는 것은 타당하지 않다. 치료의 부작용으로 환자의 건강훼손을 수반하는 경우가 적지 않으며, 이러한 부수적 결과발생을 인용·감수하면서 치료하는 이상 치료의 의사에 상해의 미필적 고의가 내포될 수 있다.[98] [99]

환자의 의사가 전혀 고려되지 않는 점에서도 구성요건해당배제사유설은 문제가 있다. 의사의 치료행위에 환자가 자신의 신체에 대해 자기결정권을 행사할 수 있는 이론을 구성할 필요가 있다.[100] 구성요건 자체가 배제되면 구성요건의 경고적 기능, 즉 의사로 하여금 상해죄의 구성요건에 해당하는 행위를 하고 있으니 신중하라는 경고적 기능을 수행할 수 없다.[101]

2) 위법성조각사유설

치료행위를 형식적으로 파악하여 의사의 치료행위도 '신체침해', 즉 생리적 기능훼손을 수반하므로 일단 상해죄의 구성요건해당성을 인정한 후 위법성조각의 문제로 접근하는 견해이다.[102] 위법성조각의 근거로는 업무로 인한 행위와 피해자

95 이재상 외 2인, 형법총론(제9판), 박영사(2017), 294.
96 김성돈, 형법총론(제5판), 성균관대학교출판부(2017), 337; 박상기, 형법총론(제9판), 박영사(2012), 169.
97 김영환, '의료행위의 형법해석학적 문제점', 형사판례연구(2권), 박영사(1996), 62.
98 오영근, 형법총론(제4판), 박영사(2018), 244; 임웅, 형법총론(제10정판), 법문사(2018), 230.
99 대법원 1994. 8. 23. 선고 94도1484 판결.
100 임웅, 형법총론(제10정판), 법문사(2018), 231.
101 오영근, 형법총론(제4판), 박영사(2018), 243.
102 김성돈, 형법총론(제5판), 성균관대학교출판부(2017), 338.

의 승낙이 제시된다. 어느 견해를 취하든 위법성조각의 결론은 같기 때문에 구별의 특별한 실익이 있는 것은 아니고 양자를 중복된 정당화사유로 보면 된다.

가) 업무로 인한 행위로 보는 견해

구성요건해당성배제사유설은 범죄체계론의 관심을 표현한 것일 뿐 가벌성이 배제되는 결론에는 차이가 없기 때문에 어떻게 파악하더라도 상관없는 것으로 볼 수도 있다. 그러나 적법한 침해라도 자기가 하는 행위가 사람의 생명·신체와 관련된다는 점을 상기시키는 데에(불가침한계의 일반성) 위법성조각사유제도의 의미가 있으므로 위법성조각사유로 보는 것이 타당하다고 한다.[103]

이 견해에 대해서는, 환자의 의사가 무시되고 의사의 권리만 인정하여 부당하다는 비판이 있다.[104] 즉, 환자의 신체를 의사의 업무행위의 객체로 취급하고 환자의 의사는 문제 삼지 않으므로 신체에 대한 자기결정권을 침해하는 결과가 된다는 것이다.[105] 업무로 인한 행위라고 하면 의술 법칙에 따라 치료행위를 하였으면 의사는 책임을 지지 않는데, 의술 법칙에 따랐느냐 여부는 일반인은 알 수 없고 결국 의사가 판정하게 된다는 점에 대해 비판하는 견해도 있다. 즉, 이 경우 문제된 의사와 동일한 처지가 될 수도 있는 감정의사는 팔이 안으로 굽는 감정을 행할 가능성이 높다는 것이다.[106]

나) 피해자의 승낙 또는 추정적 승낙으로 보는 견해

이 견해의 중심에는 환자의 의사결정권이 있다. 의사의 치료행위는 환자의 승낙에 의해 위법성이 조각된다고 보는 견해이다.[107] 독일의 판례·통설의 태도라고 한다. 환자의 승낙을 받기 위한 의사의 설명의무가 필수적으로 요구된다. 의사의 치료행위에서는 환자가 자신의 신체에 대해 자기결정권을 행사할 수 있도록 이론을 구성해야 한다. 환자의 신체를 의사의 치료행위의 객체로 취급해서는 안 되고, 수술에 앞서 의사는 환자에게 충분한 설명의무를 다하여 환자가 주체적으로 결정을 내릴 수 있도록 해야 한다. 즉, 의사의 수술은 환자의 진정한 동의에

103 배종대, 형법총론(제13판), 홍문사(2017), 216.
104 박상기, 형법총론(제9판), 박영사(2012), 169.
105 이재상 외 2인, 형법총론(제9판), 박영사(2017), 293.
106 오영근, 형법총론(제4판), 박영사(2018), 244.
107 김성돈, 형법총론(제5판), 성균관대학교출판부(2017), 338; 손동권/김재윤, 새로운 형법총론(초판), 율곡출판사(2011), 262; 박상기, 형법총론(제9판), 박영사(2012), 169; 오영근, 형법총론(제4판), 박영사(2018), 244; 임웅, 형법총론(제10정판), 법문사(2018), 231; 정성근/박광민, 형법총론(제2판), 성균관대학교출판부(2015), 230.

의해서만 허용될 수 있다.[108]

의사의 설명의무는 치료, 진단, 치료과정, 위험성을 그 대상으로 한다.[109] 치료 관련 설명은 건강상태에 대한 설명이나 환자수칙, 복용할 약의 효과 등에 대한 것이다. 진단 관련 설명은 의사의 진단결과에 대한 일반적 설명을 의미한다. 치료과정 관련 설명은 치료의 종류와 범위, 정도와 통증 등에 관한 설명이다. 치료 효과에 대한 설명을 포함한다. 의학적·법률적 중점은 위험 관련 설명에 있다. 치료행위가 야기할 수 있는 부작용에 대한 설명을 그 내용으로 한다. 만일 이에 대한 설명이 불충분하면 의사에게 민·형사상 책임이 뒤따를 수 있다.

환자의 승낙이 없는 치료행위가 문제될 수 있는데, 이 경우는 환자의 자기결정권의 보호를 위해 상해죄 등의 구성요건해당성이 인정된다. 환자의 명시적 반대의사에도 불구하고 치료행위를 하였다면 위법성이 조각되지 않는다. 환자에게 승낙능력이 없었다면 추정적 승낙 또는 긴급피난 여부를 검토해야 한다.[110]

그러나 어느 견해를 취하더라도 위법성조각의 결론은 같기 때문에 구별의 특별한 실익이 있는 것은 아니다.[111]

3) 이분설

의사의 치료 및 수술행위는 원칙적으로 상해죄의 구성요건에 해당하지 않는다. 그러나 치료 및 수술의 종류에 따라 이전 상태와 비교하여 신체의 생리적 기능이 훼손된 경우에는 구성요건에는 해당하지만 위법성이 조각된다고 보는 견해이다.[112] 이 견해는 구성요건해당성이 인정되는 의사의 치료 및 수술행위의 예로 자궁적출, 다리절단, 성형수술, 채혈이나 장기적출수술, 불임수술, 거세수술, 성전환수술 등을 들고 있다. 이러한 경우에는 피해자의 승낙에 의해 위법성이 조각된다고 한다.

이분설에 대해서는 분쟁해결방식이 의사 중심적이어서 환자 보호를 소홀히 한다는 문제점이 지적된다.[113]

108 임웅, 형법총론(제10정판), 법문사(2018), 231.
109 박상기, 형법총론(제9판), 박영사(2012), 170.
110 박상기, 형법총론(제9판), 박영사(2012), 170.
111 배종대, 형법총론(제13판), 홍문사(2017), 216; 손동권/김재윤, 새로운 형법총론(초판), 율곡출판사(2011), 263.
112 하태훈, '의사의 치료행위', 고시계(제46권 제8호), 국가고시학회(2001. 8.), 37.
113 김성돈, 형법총론(제5판), 성균관대학교출판부(2017), 337.

4) 판례

종전에 대법원은 의사의 부주의로 인한 상해를 업무로 인한 행위로 보고 위법성을 조각시킨 사례가 있다. 이후 의사가 환자에게 수술 경과 등에 대한 충분한 설명을 하고 환자가 승낙한 경우에는 피해자의 승낙에 의한 행위로 위법성이 조각되는 것으로 판시한 사례가 발견된다.

가) 업무로 인한 행위로 본 사례

대법원은, "의사가 인공분만기인 샥손을 사용하면 통상 약간의 상해 정도가 있을 수 있으므로 그 상해가 있다 하여 샥손을 거칠고 심하게 사용한 결과라고 보기 어려워 의사의 정상업무의 범위를 넘는 위법행위라고 할 수 없다"고 판시하였다.[114] 의사의 치료행위는 그 수단과 방법이 현대의술에 적합하면 정당행위로서 위법성이 조각된다는 것이다.

또한, 대법원은, 의사인 피고인이 최초 소파수술을 받고 8일 후 다시 복통을 호소하며 찾아온 피해자에 대해 사실은 자궁외임신임에도 최초 소파수술의 후유증으로 잘못 판단한 다음 두 번째의 소파수술을 시행한 사안에서, 그러한 판단이 최초 소파수술 시에 태아조직으로 볼 수 있는 내용물이 나왔던 점에 근거한 판단으로 현재의 의학이론에 크게 벗어나지 않는 점, 피해자를 자궁외임신으로 의심하는 경우에도 진단목적으로 소파수술을 시행할 수도 있다는 점, 2차 소파수술로 인한 상처가 지극히 경미한 정도의 것이라는 점에 비추어 보면, 비록 위 제2차 소파수술이 피해자의 자궁외임신을 오진한 피고인의 과실에 기인된 것이더라도, 이는 사회적 상당성이 인정되는 의사의 통상적인 진료행위로서 업무상과실치상죄로 볼 수 없다고 한 원심 판단을 인용하기도 하였다.[115]

나) 피해자의 승낙에 의한 행위로 본 사례

대법원은, "피해자의 병명을 자궁근종으로 오진하고 이에 근거하여 의학에 대한 전문지식이 없는 피해자에게 자궁적출술의 불가피성만을 강조하였을 뿐 이와 같은 진단상의 과오가 없었으면 당연히 설명 받았을 자궁외임신에 관한 내용을 설명 받지 못한 피해자로부터 수술 승낙을 받았다면 위 승낙은 부정확 또는

114 대법원 1978. 11. 14. 선고 78도2388 판결.
115 대법원 1986. 6. 10. 선고 85도2133 판결.

불충분한 설명을 근거로 이루어진 것으로서 수술의 위법성을 조각할 유효한 승낙이라고 볼 수 없다"고 판시하였다.[116] 부정확하거나 불충분한 설명 혹은 오진에 근거한 승낙이 있는 경우에는 위법성을 조각할 유효한 승낙으로 볼 수 없어서 위법성이 조각되지 않는다는 입장이다.

임종과정에 있는 환자에 대한 무의미한 연명치료장치 제거 등을 예외적으로 허용한 '대법원 2009. 5. 21. 선고 2009다17417 전원합의체 판결'에서 수술과 같은 신체 침해 진료행위 과정에서 의사가 환자에 대한 신체 침해 진료행위의 필요성 및 위험성을 충분히 설명하고, 이를 바탕으로 한 환자의 동의(승낙)가 있어야 한다는 점이 강조된 것도 주목할 만하다.

5. 언론인의 취재행위

신문이나 인터넷신문은 헌법상 보장되는 언론자유의 하나로 정보원에 대하여 자유롭게 접근할 수 있는 권리와 그 취재한 정보를 자유로이 공표할 자유를 가진다(신문 등의 진흥에 관한 법률 제3조 제2항 참조). 따라서 그 종사자인 신문기자가 기사 작성을 위한 자료를 수집하기 위해 취재 활동을 하면서 취재원에게 취재에 응해줄 것을 요청하고 취재한 내용을 관계 법령에 저촉되지 않는 범위 내에서 보도하는 것은 신문기자로서 일상적인 업무 범위 내에 속하는 것으로서, 특별한 사정이 없는 한 사회통념상 용인되는 행위라고 보아야 한다.[117] 동일한 법리는 방송 등 다른 형태의 언론에도 적용된다고 한다.[118]

IV. 기타 사회상규에 위배되지 않는 행위

1. 사회상규의 의의

형법 제20조는 '기타 사회상규에 위배되지 아니하는 행위'라는 일반조항을 두고 있다. 이러한 입법형식은 계수사적으로 우리나라에 영향을 미치고 있는 독일 형법이나 일본 형법에서는 찾아볼 수 없는 것으로서 우리 형법의 특징 가운데 하나라고 한다.[119] 사회상규는 내포와 외연이 분명하지 않은 전형적인 불확정개념이

116 대법원 1993. 7. 27. 선고 92도2345 판결.
117 대법원 2011. 7. 14. 선고 2011도639 판결.
118 신동운, 형법총론(제11판), 법문사(2019), 364.
119 신동운, 형법총론(제11판), 법문사(2019), 364.

어서 그 구체적 내용이 문제 된다. 불확정개념이기 때문에 법개념으로 적합하지 않다는 주장까지도 있다.[120] 그러나 사회상규는 실질적 위법성의 개념을 실정법에 연결시키는 고리로서, 개념적으로 사회적으로 유해한 것으로서 위법하다고 판단되는 행위와 그렇지 않은 행위의 경계를 제시한다고 한다.[121]

2. 사회상규의 의미내용

가. 사회상규의 개념 및 연혁

사회상규의 개념은, "법질서 전체의 정신이나 그 배후의 지배적인 사회윤리에 비추어 일반적으로 용인될 수 있는 행위",[122] "국가질서의 존엄성을 기초로 한 국민일반의 건전한 도의감 또는 공정하게 사유하는 일반인의 건전한 윤리감정",[123] "사회생활에 있어서 일반적으로 인정되는 일상적 규칙" 등으로 정의된다.

사회상규 개념을 최초로 사용하였고, 형법전 제정 당시 형법 제20조의 정당행위에 그 개념을 도입한 것으로 평가받는 가인 김병로 선생은 정당행위가 위법성이 조각되는 이유에 대해, "무릇 위법성의 관념은 공서양속(公序良俗)에 위반하는 비상규성(非常規性)이 되는 까닭에 일정한 행위가 위법조각의 사유되는 이유는 공공질서와 선량한 풍속에 위반하지 아니하는 상규적(常規的) 행위 되는 소이라 말하지 아니할 수 없다."고 설파하여, 사회상규란 공서양속을 의미하는 것으로 설명하였다고 한다.[124]

대법원의 형법 제20조 사회상규의 개념에 대한 판시는 두 가지 측면에서 접근한 것으로 평가되는데,[125] 하나는 사회상규에 대해 "그 입법정신에 비추어 국가질서 존중성의 인식을 기초로 한 국민일반의 건전한 도의감",[126] 또는 "법질서 전체의 정신이나 그 배후에 놓여 있는 사회윤리 내지 사회통념"이라고 판시한 것으로,[127] 이는 사회윤리적 관점에서 접근한 것이라고 한다. 다른 하나는, "(일정한) 구성요건에 해당하는 행위라 하더라도 그것이 지극히 정상적인 생활형태의 하나

120 김영환, '형법 제20조 정당행위에 관한 비판적 고찰', 고시계(제36권 제5호), 국가고시학회(1991. 5.), 60, 61.
121 신동운, 형법총론(제11판), 법문사(2019), 364.
122 김일수/서보학, 새로쓴 형법총론(제13판), 박영사(2018), 245.
123 이재상 외 2인, 형법총론(제9판), 박영사(2017), 296.
124 신동운, 형법총론(제11판), 법문사(2019), 278, 365, 366.
125 신동운, 형법총론(제11판), 법문사(2019), 366.
126 대법원 1956. 4. 6. 선고 4289형상42 판결.
127 대법원 2004. 8. 20. 선고 2003도4732 판결, 대법원 1997. 11. 14. 선고 97도2118 판결.

로서 역사적으로 생성된 사회질서의 범위 안에 있는 것이라고 볼 수 있는 경우에는 일종의 의례적 행위나 직무상의 행위로서 사회상규에 위배되지 아니하여 위법성이 조각되는 경우가 있을 수 있다."고 판시한 것으로,[128] 이는 객관적 사회질서라는 관점에서 접근한 것이라고 한다.

이렇듯 사회상규의 개념은 사회윤리적 관점과 객관적 사회질서의 양 측면에서 접근할 수 있지만, 그 전형적인 불확정개념의 성질로 인하여 학설·판례를 통하여 지속적으로 유형화되고 구체화되어야 한다.[129]

나. 사회적 상당성과의 구별

사회상규와 유사한 개념으로 사회적 상당성이라는 용어도 사용된다. 사회적 상당성(soziale Adäquanź)의 이론은 역사적으로 형성된 공동생활의 사회질서의 테두리 내에 속하는 행위, 즉 우리의 사회생활에 결부되어 전적으로 정상적이라고 인정될 수 있는 행동은 불법의 영역에서 제외되어야 한다는 이론을 말한다고 한다.[130]

사회상규와 사회적 상당성의 개념과 관련하여, 사회적 상당성을 사회상규와 구별하여 구성요건해당성 배제원리로 이해하는 견해,[131] 구성요건 해석의 기본원리 중의 하나로 이해하는 견해,[132] 독자적인 구성요건해당성 배제사유로 인정할 수 없고 일반적 해석원리로 이해할 필요도 없다는 견해[133]가 있다. 사회적 상당성을 구성요건해당성 배제원리로 이해하는 견해는, 사회적 상당성이 구성요건조각사유임에 반하여 사회상규는 위법성조각사유의 일반원리에 해당하기 때문이라고 한다. 따라서 사회적 상당성이 사회생활상의 정상적인 행위의 형태를 의미함에 반하여, 사회상규란 일반적 행위규준과 일치하지 않아서 구성요건에 해당하지만

128 대법원 2011. 2. 24. 선고 2010도14720 판결.

129 주석 형법, 총칙(1)(제2판), 한국사법행정학회(2011), 585(배종대); 배종대, 형법총론(제13판), 홍문사(2017), 224; 신동운, 형법총론(제11판), 법문사(2019), 366; 임웅, 형법총론(제10정판), 법문사(2018), 232; 정성근/박광민, 형법총론(제2판), 성균관대학교출판부(2015), 232; 천진호, '사회상규에 위배되지 아니하는 행위에 대한 비판적 고찰', 비교형사법연구(제3권 제2호), 한국비교형사법학회(2001), 152 이하.

130 이재상 외 2인, 형법총론(제9판), 박영사(2017), 296.

131 김일수/서보학, 새로쓴 형법총론(제13판), 박영사(2018), 245; 이재상 외 2인, 형법총론(제9판), 박영사(2017), 297.

132 박상기, 형법총론(제9판), 박영사(2012), 176.

133 주석 형법, 총칙(1)(제2판), 한국사법행정학회(2011), 586(배종대); 김성돈, 형법총론(제5판), 성균관대학교출판부(2017), 341; 배종대, 형법총론(제13판), 홍문사(2017), 341.

사회윤리적 질서에 위배되지 않는 것을 말한다고 한다.[134] 구성요건 해석의 기본원리 중의 하나로 이해하는 견해는, 불법유형을 내용으로 하는 구성요건은 가치중립적이 아니라 행위에 대한 사회 내의 부정적 판단(불법판단)이라는 과정을 통해 성립하기 때문이라고 한다.[135] 사회적 상당성이 필요하지 않다는 견해는, 사회적 상당성이론이 구성요건해당성과 위법성 단계의 구별이나 그 구별의 형법적 의미를 부인하고, 그 개념이 애매하고 불확실한 척도를 사용하고 있기 때문이라고 한다.[136]

한편, 사회적 상당성과 관련하여, 우리 형법이 제20조에서 "사회상규에 위배되지 않는 행위"라는 개념을 제시하고, 제21조 내지 제23조에서 "상당한 이유"라는 위법성조각요건을 두고 있음을 들어 사회적 상당성이론은 위법성조각사유, 특히 사회상규 불위배행위의 일환으로 해석함이 타당하다는 견해도 있다.[137]

3. 사회상규의 법률적 기능

사회상규가 위법성조각사유의 성격을 갖는다는 점에서는 이론이 없지만, 그 기능의 폭에 관해서는 견해가 대립한다. 우리나라 다수설은 '사회상규에 위배되지 않는 행위'를 일반적이고 포괄적 성격을 지니는 위법성조각사유로서 초법규적 위법성조각사유를 입법화한 것으로 파악한다.[138] 사회적·문화적 여건의 변화에 따라 법윤리와 위법성조각에 대한 판단도 달라질 수밖에 없다. 그러한 가변성을 반영하는 초법규적인 일반원리로 사회상규를 활용한다.[139] 사회상규가 일반적 위법성조각사유가 되면 정당방위, 긴급피난과 같은 개별 위법성조각사유나 정당행위의 다른 구성요소인 법령에 의한 행위, 업무로 인한 행위는 사회상규에 위배되지 않는 행위의 예시에 지나지 않는다. 따라서 법령에 의한 행위, 업무로 인한 행위라도 사회상규에 위배되면 위법행위가 된다. 판례도 다수의 견해와 마찬가지로 사

134 이재상 외 2인, 형법총론(제9판), 박영사(2017), 297.

135 박상기, 형법총론(제9판), 박영사(2012), 176.

136 주석 형법, 총칙(1)(제2판), 한국사법행정학회(2011), 586(배종대); 배종대, 형법총론(제13판), 홍문사(2017), 222.

137 임웅, 형법총론(제10정판), 법문사(2018), 206.

138 김일수/서보학, 새로쓴 형법총론(제13판), 박영사(2018), 245; 박상기, 형법총론(제9판), 박영사(2012), 174; 신동운, 형법총론(제11판), 법문사(2019), 278, 279; 이재상 외 2인, 형법총론(제9판), 박영사(2017), 286; 임웅, 형법총론(제10정판), 법문사(2018), 221; 정성근/박광민, 형법총론(제2판), 성균관대학교출판부(2015), 231.

139 김성돈, 형법총론(제5판), 성균관대학교출판부(2017), 271, 339.

회상규가 일반적 성격을 지니는 위법성조각사유이면서 동시에 다른 정당행위의 구성요소는 사회상규에 위배되지 아니하는 행위의 예시 개념으로 판단한다.[140]

소수설은 사회상규를 정당행위의 독립된 요건일 뿐이라고 한다. 즉, 입법자는 사회상규를 통해 정당행위가 될 수 있는 행위 범위를 일정한 만큼 확대하고자 하는 것일 뿐, 사회상규에 대해 그 이상의 기능을 인정하거나 과대평가할 필요는 없다고 한다.[141] 또한, 형법 제20조의 법문 내용에 비추어 사회상규는 앞의 두 가지 요건에 해당하지 않지만 정당행위로 위법성이 조각되어야 할 필요가 있는 사례들을 규율하는 것으로 보아야 한다고 한다. 특히 사회상규를 초법규적으로 이해하면 사회상규의 이중적 지위, 즉 위법성조각사유의 통일적 원리로서 사회상규와 형법 제20조의 좁은 의미의 사회상규를 인정해야 하는데, 이것은 가능한 해석 한계를 넘어서는 것으로서 법치국가원칙에 어긋나기 때문이라고 한다.

4. 사회상규의 판단기준

가. 이론적 판단기준

학설은 사회상규를 판단하는 이론적 기준으로, ①가해자의 이익(위법성 판단 여부)과 피해자의 이익(법익 침해)을 저울질하여 판단한다는 이익형량의 원칙(Güterabwägungsprinzip), ②행위 목적과 수단의 정당성·비례성에서 구하며, 비례성에는 긴급성·보충성 등이 포함된다는 비례성의 원칙(Verhältnismäßigkeitsprinzip), ③사회적 상당성, 그리고 ④위법성조각의 일반원리 등을 제시한다.[142] 이러한 기준을 토대로 구체적 사안과 관련하여 "합목적적·합리적으로 판단"하거나, "종합적 관점에서 총체적 판단"을 내려야 한다고 한다. 그리고 덧붙여 "법질서 전체의 정신이나 사회윤리"가 거론되기도 한다.[143]

나. 판례에서 제시된 판단기준

대법원은 사회상규에 의한 위법성조각의 판단에 있어서 "어떠한 행위가 사회상규에 위배되지 않는 정당한 행위로서 위법성이 조각되는 것인지는 구체적인 사

140 대법원 1983. 3. 8. 선고 82도3248 판결, 대법원 1989. 12. 12. 선고 89도875 판결, 대법원 1990. 4. 27. 선고 89도1467 판결, 대법원 1992. 10. 13. 선고 92도1064 판결, 대법원 1993. 6. 8. 선고 93도766 판결, 대법원 1994. 6. 14. 선고 94도778 판결.

141 배종대, 형법총론(제13판), 홍문사(2017), 220; 천진호, '사회상규에 위배되지 아니하는 행위에 대한 비판적 고찰', 비교형사법연구(제3권 제2호), 한국비교형사법학회(2001), 168 이하.

142 주석 형법, 총칙(1)(제2판), 한국사법행정학회(2011), 589(배종대).

143 이재상 외 2인, 형법총론(제9판), 박영사(2017), 298.

정 아래서 합목적적, 합리적으로 고찰하여 개별적으로 판단되어야 할 것"이라고 판시하고 있다.[144] 이것은 사회상규의 개념이 구체적·개별적으로 판단되어야 함을 밝힌 것으로서, 동시에 사회상규의 개념을 통하여 법관이 일종의 입법 활동을 전개하게 되는 상황을 방지하기 위한 고려의 표현이라고 평가되고 있다.[145] 나아가 판례는 사회상규에 위배되지 않는 정당행위가 되기 위해서는, ①해당 행위의 동기나 목적의 정당성, ②행위의 수단이나 방법의 상당성, ③보호이익과 침해이익의 법익균형성, ④긴급성, ⑤그 행위 외에 다른 수단이나 방법이 없다는 보충성 등의 요건을 갖추어야 한다.[146]

이러한 기준에 비추어 볼 때 사람을 살해하는 행위는 어떠한 수단이나 목적을 위해서도 결코 정당화될 수 없다.[147] 군대·경찰 내의 얼차려도 엄격한 절차와 지침에 따라 실시되어야 한다. 결정권자나 집행자는 얼차려를 받는 사람의 육체적·정신적 능력을 고려하여야 하며, 무리한 반복동작의 실시나 폭언·폭설 등 인격모독행위는 금지된다.[148] 절차를 준수하지 않거나 한계를 넘어선 얼차려는 사회상규에 위배되지 않는 행위로 정당화되지 않는다.[149] 또한, 간통현장을 잡기 위해 상간자의 주거에 침입한 행위는 수단의 상당성·긴급성·불가피성을 인정할 수 없어 정당화되지 않는다.[150] 피해자를 정신병원에 강제로 입원시킨 경우,[151] 기도원 운영자가 정신분열증 환자의 치료 목적으로 안수기도를 하면서 과도한 유형력을 행사하여 상해를 입힌 경우,[152] 불법선거운동 적발 목적으로 도청기를 설치하기 위해 타인의 주거에 침입한 행위,[153] 채권을 변제받을 목적으로 채무자에게 사회통념상 용인되기 어려울 정도의 협박을 수단으로 재물을 교부받은 경우,[154] 당초 잘못된 기재를 정정하려는 의도로 사서증서 인증서를 변조한 경우,[155] 시민단체의

144 대법원 1971. 6. 22. 선고 71도827 판결, 대법원 2001. 2. 23. 선고 2000도4415 판결, 대법원 2001. 9. 7. 선고 2001도2917 판결.

145 신동운, 형법총론(제11판), 법문사(2019), 367.

146 대법원 1986. 9. 23. 선고 86도1547 판결, 대법원 2000. 4. 25. 선고 98도2389 판결, 대법원 2003. 9. 26. 선고 2003도3000 판결.

147 대법원 1997. 11. 14. 선고 97도2118 판결.

148 신동운, 형법총론(제11판), 법문사(2019), 368.

149 대법원 2006. 4. 27. 선고 2003도4151 판결.

150 대법원 2003. 9. 26. 선고 2003도3000판결.

151 대법원 2001. 2. 23. 선고 2000도4415 판결.

152 대법원 2008. 8. 21. 선고 2008도2695 판결.

153 대법원 1997. 3. 28. 선고 95도2674 판결.

154 대법원 2000. 2. 25. 선고 99도4305 판결.

155 대법원 1992. 10. 13. 선고 92도1064 판결.

시민불복종운동으로서의 특정 후보자에 대한 낙선운동,[156] 신고한 옥외집회에서 고성능 확성기 등을 사용하여 소음을 발생시킨 행위,[157] 주택재건축조합 조합장인 피고인이 자신에 대한 감사활동을 방해하기 위하여 조합 사무실에 있던 컴퓨터에 비밀번호를 설정하고 하드디스크를 분리·보관한 경우,[158] 아파트 입주자대표회의 회장이 다수 입주민들의 민원에 따라 위성방송 수신을 방해하는 케이블TV 방송의 시험방송 송출을 중단시키기 위하여 위 케이블TV 방송의 방송안테나를 절단하도록 지시한 행위[159] 모두 수단이나 방법의 상당성 등이 인정되지 아니하여 정당화될 수 없다.

또한, 불법 감청·녹음 등에 관여하지 않은 언론기관이 그 통신 또는 대화의 내용이 불법 감청·녹음 등에 의하여 수집된 것이라는 사정을 알면서도 그것이 공적인 관심사항에 해당한다고 판단하여 이를 보도하여 공개하는 행위는 정당행위에 해당하지 않는다.[160] 이는 그 공개의 주체가 언론기관이나 그 종사자 아닌 사람인 경우에도 마찬가지로 적용된다.[161]

5. 사회상규에 위배되지 아니하는 행위의 사례

가. 소극적 방어행위의 이론

소극적 방어행위란 상대방의 부당한 행패를 저지하거나 벗어나기 위해 본능적으로 하는 소극적 방어행위에 지나지 아니하여 사회통념상 용인될 수 있는 것으로서 사회상규에 위배되지 않는 행위라고 한다. 대법원이 판례의 집적을 통해 사회상규 개념의 유형화에 성공한 예로 '소극적 방어행위의 이론'을 들기도 한다.[162]

예컨대 ①강제연행을 모면하기 위해 소극적으로 상대방을 밀어붙이거나,[163] ②목이 졸린 상태에서 벗어나기 위해 소극적 저항행위를 하는 가운데 상대방을 밀고 당긴 경우,[164] ③택시운전사가 상의단추가 떨어질 정도로 멱살을 잡고 흔드

156 대법원 2004. 11. 12. 선고 2003도52227 판결.
157 대법원 2004. 10. 15. 선고 2004도4467 판결.
158 대법원 2012. 5. 24. 선고 2011도7943 판결.
159 대법원 2006. 4. 13. 선고 2005도9396 판결.
160 대법원 2011. 3. 17. 선고 2006도8839 전원합의체 판결.
161 대법원 2011. 5. 13. 선고 2009도14442 판결.
162 신동운, 형법총론(제11판), 법문사(2019), 368.
163 대법원 1982. 2. 23. 선고 81도2958 판결.
164 대법원 1996. 5. 28. 선고 96도979 판결.

는 피해자의 손을 뿌리치고 택시를 출발시킨 경우(원심은 정당방위로 보았으나 대법원은 사회상규에 위배되지 않는 행위로 정당행위에 해당한다고 보았음),[165] ④외관상 서로 격투를 한 당사자 중 일방의 유형력 행사가 타방의 일방적 불법 폭행에 대해 자신을 보호하고 이를 벗어나기 위한 저항수단으로서 소극적 방어의 한도를 벗어나지 않은 경우,[166] ⑤피고인이 실내 어린이 놀이터에서 자신의 딸(4세)에게 행패를 부리다가 갑자기 딸의 눈을 향해 오른손을 뻗는 피해자를 왼손으로 제지하는 과정에서 엉덩방아 찧게 한 경우,[167] ⑥피고인이 피해자로부터 주먹으로 얼굴을 수회 맞고 멱살을 잡혀 넘어지는 등 일방적 폭력을 당하는 와중에 피고인의 멱살을 잡고 있는 피해자의 손을 떼어내기 위하여 그 손을 잡아 비틀어 피해자가 약 42일간의 치료를 요하는 우측 제5수지 신전건손상 등의 상해를 입게 한 경우[168] 등을 들 수 있다.

이에 대하여 정당방위나 긴급피난에 해당할 수 있는 행위에 대해서 이를 검토하지 않고 정당행위로 파악하는 것은 정당행위 이외의 위법성조각사유를 무의미하게 할 가능성이 있다는 비판이 있다.[169]

나. 모욕죄와 사회상규

형법 제33장에는 명예에 관한 죄가 설정되어 있고, 명예훼손죄와 모욕죄가 규정되어 있다. 명예훼손죄와 관련하여 특별한 위법성조각사유가 제310조에 규정되어 있는 것과 달리 모욕죄에 대해서는 별도의 위법성조각사유가 규정되어 있지 않다. 형법 제310조의 특칙은 '진실한 사실'이 적시될 것을 요건으로 하고 있어 모욕죄에는 적용될 수 없기 때문이다.

판례 중에는, 피고인이 방송국 시사프로그램을 시청한 후 방송국 홈페이지의 시청자 의견란에 작성·게시한 글 중 일부 표현에 대해, 이미 방송된 프로그램에 나타난 기본적인 사실을 전제로 하여, 그 사실관계나 이를 둘러싼 문제에 관한 자신의 판단과 나아가 이러한 경우에 피해자가 취한 태도와 주장한 내용이 합당한가 하는 점에 대해 자신의 의견을 개진하고, 피해자에게 자신의 의견에 대한 반박

165 대법원 1989. 11. 14. 선고 89도1426 판결.
166 대법원 1999. 10. 12. 선고 99도3377 판결.
167 대법원 2014. 3. 27. 선고 2012도11204 판결.
168 대법원 2007. 8. 23. 선고 2007도5023 판결.
169 손동권/김재윤, 새로운 형법총론(초판), 율곡출판사(2011), 269; 박상기, 형법총론(제9판), 박영사(2012), 175.

이나 반론을 구하면서, 자신의 판단과 의견의 타당함을 강조하는 과정에서 부분적으로 모욕적 언사를 사용한 것이 사회상규에 위배되지 않는다고 판단한 경우가 있다.[170]

다. 음란물과 사회상규

형법에는 음란물판매죄(제243조), 음란물제조죄(제244조), 공연음란죄(제245조)가 규정되어 있다. 정보통신망 이용촉진 및 정보보호 등에 관한 법률 등 각종 특별법도 음란물 유통 등과 관련한 처벌규정을 두고 있다. 표현의 자유와 관련하여 그 적용범위가 문제되는데, 대법원은 이에 관련 사안에서 '사회상규에 위배되지 않는 행위'에 해당하기 위한 기준을 제시하였다. 그 내용은 아래와 같다.

즉, "음란물이 그 자체로는 하등의 문학적·예술적·사상적·과학적·의학적·교육적 가치를 지니지 아니하더라도, 음란성에 관한 논의의 특수한 성격 때문에, 그에 관한 논의의 형성·발전을 위해 문학적·예술적·사상적·과학적·의학적·교육적 표현 등과 결합되는 경우가 있다. 이러한 경우 음란 표현의 해악이 이와 결합된 위와 같은 표현 등을 통해 상당한 방법으로 해소되거나 다양한 의견과 사상의 경쟁메커니즘에 의해 해소될 수 있는 정도라는 등의 특별한 사정이 있다면, 이러한 결합 표현물에 의한 표현행위는 공중도덕이나 사회윤리를 훼손하는 것이 아니어서, 법질서 전체의 정신이나 그 배후에 놓여 있는 사회윤리 내지 사회통념에 비추어 용인될 수 있는 행위로서 형법 제20조에 정하여진 '사회상규에 위배되지 아니하는 행위'에 해당된다."는 것이다.[171]

라. 불법 감청·녹음의 보도행위와 정당행위 요건

불법 감청·녹음 등에 관여하지 않은 언론기관이 불법 감청·녹음 등으로 취득한 통신이나 대화의 내용을 보도하는 것이 사회상규에 위배되지 않는 행위로서 위법성이 조각되는지가 문제되었다. 대법원은 그 내용의 보도로 얻어지는 이익 및 가치가 통신비밀의 보호에 의하여 달성되는 이익 및 가치를 초과한다고 평가할 수 있는 경우 형법 제20조 소정의 정당행위에 해당할 수 있다고 한다.[172] 구체

170 대법원 2003. 11. 28. 선고 2003도3972 판결.

171 대법원 2017. 10. 26. 선고 2012도13352 판결[방송통신심의위원회 심의위원인 피고인이 자신의 인터넷 블로그에 위원회에서 음란정보로 의결한 '남성의 발기된 성기 사진'을 게시함으로써 정보통신망을 통해 음란한 화상 또는 영상인 사진을 공공연하게 전시하였다고 정보통신망 이용촉진 및 정보보호 등에 관한 법률 위반(음란물유포)으로 기소된 사안].

172 대법원 2011. 3. 17. 선고 2006도8839 전원합의체 판결.

적으로 다음의 요건이 충족되어야 위법성이 조각된다고 하나, 그 기준이 너무 엄격하다는 지적이 있다.[173]

즉, ①보도의 목적이 불법 감청·녹음 등의 범죄가 저질러졌다는 사실 자체를 고발하기 위한 것으로 그 과정에서 불가피하게 통신 또는 대화의 내용을 공개할 수밖에 없는 경우이거나, 불법 감청·녹음 등에 의하여 수집된 통신 또는 대화의 내용이 이를 공개하지 아니하면 공중의 생명·신체·재산 기타 공익에 대한 중대한 침해가 발생할 가능성이 현저한 경우 등과 같이 비상한 공적 관심의 대상이 되는 경우에 해당하여야 한다. ②언론기관이 불법 감청·녹음 등의 결과물을 취득할 때 위법한 방법을 사용하거나 적극적·주도적으로 관여하여서는 안 된다. ③보도가 불법 감청·녹음 등의 사실을 고발하거나 비상한 공적 관심사항을 알리기 위한 목적을 달성하는 데 필요한 부분에 한정되는 등 통신비밀의 침해를 최소화하는 방법으로 이루어져야 한다. ④언론이 그 내용을 보도함으로써 얻어지는 이익 및 가치가 통신비밀의 보호에 의하여 달성되는 이익 및 가치를 초과하여야 한다.

마. 무면허 의료행위의 문제

무면허 의료행위, 즉 보건복지부장관으로부터 의료인으로서의 면허를 받지 않은 자가 의료행위를 한 경우 '사회상규에 위배되지 않는 행위'로서 용인될 수 있는지가 문제된다. 무면허 의료행위는 의료법 제27조가 금지하고 있고, 그 위반 행위자는 5년 이하의 징역이나 5,000만 원 이하의 벌금에 처한다(의료법 제87조). 또한, 영리를 목적으로 한 무면허 의료행위는 보건범죄단속에 관한 특별조치법 제5조에 의하여 가중 처벌된다.

대법원은 무면허 의료행위가 사회상규에 위배되지 않는 행위로서 위법성이 조각된다고 본 사례가 있고, 그렇지 않다고 본 사례가 있다. 대법원이 사회상규에 위배되지 않는 것으로 본 사례로는 '수지침 시술행위'에 대한 것이 있다.[174] 그밖에 침구(鍼灸) 등을 이용한 무면허 한방의료행위의 경우 대부분 사회상규에 위반되는 행위로서 위법성이 조각되지 않는다고 판단하였다.[175] 즉, 대법원은, "의료행

173 신동운, 형법총론(제11판), 법문사(2019), 370.

174 대법원 2000. 4. 25. 선고 98도2389 판결.

175 대법원 2012. 7. 5. 선고 2007도8924 판결(일명 장병두옹 사건), 대법원 2017. 8. 18. 선고 2012도9992 판결(일명 김남수옹 사건), 대법원 2004. 10. 28. 선고 2004도3405 판결, 대법원 2002. 12. 26. 선고 2002도5077 판결.

위에 해당하는 어떠한 시술행위가 무면허로 행하여졌을 때, 개별적인 경우에 그 시술행위의 위험성의 정도, 일반인들의 시각, 시술자의 시술의 동기, 목적, 방법, 횟수, 시술에 대한 지식수준, 시술경력, 피시술자의 나이, 체질, 건강상태, 시술행위로 인한 부작용 내지 위험발생 가능성 등을 종합적으로 고려하여 법질서 전체의 정신이나 그 배후에 놓여 있는 사회윤리 내지 사회통념에 비추어 용인될 수 있는 행위에 해당한다고 인정되는 경우" 비로소 사회상규에 위배되지 아니하는 행위로서 위법성이 조각된다고 하면서, 소위 통합의학에 기한 한약사의 무면허 의료행위도 정당화되지 않는다고 판단하였다.[176]

이와 같은 판례에 대하여, 대법원이 무면허 의료행위가 사회상규에 위배되지 않는 행위에 해당하는가를 판단하는 결정적 표지를 '영리성 내지 영리의 목적' 유무에 두고 있는 것이 법원의 입장인 것으로 보고, 보다 더 구체적이고 체계적인 법리적 판단기준은 행위반가치론과 결과반가치론이라고 하는 근본적 논의에서 찾아야 한다거나,[177] 환자의 건강회복을 위한 행위일 때는 상해의 고의를 인정할 수 없다[178]는 견해가 있다.

바. 안락사 문제

1) 개념

안락사(Euthanasie,[179] Sterbehilfe)는 회복할 수 없는 죽음의 단계에 들어선 중환자의 고통을 덜어주기 위해 치료를 중단하거나 약물을 투여하는 등의 방법으로 생명의 종기를 인위적으로 앞당기는 의사의 행위를 말한다. 생명의 단축을 가져오는 안락사는 살인죄의 성립 여부가 문제되고, 생명의 단축을 가져오지 않는 안락사는 살해행위의 개념에 해당하지 않으므로 형법상 처음부터 아무런 문제가 되지 않는다고 한다.[180]

2) 안락사의 유형

일반적으로 안락사의 유형을 소극적 안락사와 적극적 안락사로 구별하고,[181]

176 대법원 2009. 10. 15. 선고 2006도6870 판결.
177 임웅, 형법총론(제10정판), 법문사(2018), 239.
178 김일수/서보학, 새로쓴 형법총론(제13판), 박영사(2018), 243.
179 'Euthanasie'라는 말의 어원은 '아름다운 죽음(schöne Tod)을 뜻한다고 한다. 배종대, 형법총론(제13판), 홍문사(2017), 218.
180 임웅, 형법총론(제10정판), 법문사(2018), 235.
181 임웅, 형법총론(제10정판), 법문사(2018), 235.

그 허용 여부는 업무로 인한 행위, 피해자의 승낙에 의한 행위, 기타 사회상규에 반하지 않는 행위 등으로 나뉘어 논의되고 있다. 첫째 유형은 "사기(死期)가 임박하고 현대의학의 견지에서 불치의 환자, 특히 식물인간의 상태에 있는 환자에 대하여 의사가 생명유지에 필요한 의료적인 조처를 취하지 않거나 이미 부착된 인공생명유지장치를 제거하는 경우"에 의사가 치료 의무를 이행하지 않는다는 의미에서 '소극적 안락사' 또는 '부작위에 의한 안락사'라고 부른다.[182] 소극적 안락사는 2016. 3. 11. 제정되어 현재 시행 중인 '호스피스·완화의료 및 임종과정에 있는 환자의 연명의료결정에 관한 법률'(일명 존엄사법 또는 Well Dying 법) 소정의 절차에 따를 경우 형법 제20조의 법령에 의한 행위로서 촉탁·승낙살인죄(형법 제252조 제1항)의 위법성이 조각된다.[183]

둘째 유형은 고통완화를 목적으로 하지만 그 시술방식이 '적극적인 처치'(작위)에 의하여 행해지는 안락사이다. 이 유형을 '적극적 안락사'라고 하며, 적극적 안락사까지도 위법성이 조각될 수 있는지의 문제 된다. 적극적 안락사의 경우 일정한 요건이 충족되면 사회상규에 위배되지 않는 행위로서 위법성이 조각될 수 있다는 긍정설[184]과 절대 허용되어서는 안 된다는 부정설[185]로 나뉜다.

사. 낙태행위의 문제

모자보건법 제14조에 규정된 낙태의 허용사유에 해당하지 않는 경우라 하더라도, 임신의 지속이 본인 또는 그 가족의 사회적·경제적 사정을 현저히 위태롭게 할 염려가 있는 경우 낙태행위가 사회상규에 위배되지 않는 행위로서 위법성이 조각되어야 한다는 견해가 있고,[186] 반대의 견해도 있다.[187]

대법원은 종래 의사가 부녀의 촉탁 또는 승낙을 받아 낙태행위를 한 것은 형법 제20조의 사회상규에 위배된다고 판단하여 왔다.[188] 한편, 헌법재판소는 2019. 4. 1. 그동안의 합헌의견을 변경하여, "임신한 여성의 자기낙태 및 의사 등

182 임웅, 형법총론(제10정판), 법문사(2018), 235.
183 이재상 외 2인, 형법총론(제9판), 박영사(2017), 295.
184 김성돈, 형법총론(제5판), 성균관대학교출판부(2017), 347; 김일수/서보학, 새로쓴 형법총론(제13판), 박영사(2018), 244; 오영근, 형법총론(제4판), 박영사(2018), 247.
185 손동권/김재윤, 새로운 형법총론(초판), 율곡출판사(2011), 264; 박상기, 형법총론(제9판), 박영사(2012), 173; 박상기/전지연, 형법학(총론·각론 강의)(제4판), 집현재(2018), 106; 배종대, 형법총론(제13판), 홍문사(2017), 219; 이재상 외 2인, 형법총론(제9판), 박영사(2017), 295.
186 임웅, 형법총론(제10정판), 법문사(2018), 239.
187 오영근, 형법총론(제4판), 박영사(2018), 248.
188 대법원 1985. 6. 11. 선고 84도1958 판결.

의 업무상촉탁낙태를 처벌하는 형법 제269조 제1항, 제270조 제1항 중 '의사'에 관한 부분은 모두 헌법에 합치되지 아니하고, 위 조항들은 2020. 12. 31.을 시한으로 입법자가 개정할 때까지 계속 적용된다."고 선고하였다.[189] 그 이유의 요지는, 모자보건법이 정한 예외를 제외하고는 임신기간 전체를 통틀어 모든 낙태를 전면적·일률적으로 금지하고, 이를 위반할 경우 형벌을 부과함으로써 임신의 유지·출산을 강제하는 것은 헌법상 보장되는 임신한 여성의 자기결정권을 제한한다는 것이다.

헌법재판소의 결정에 따라 형법 제269조 등 낙태 관련 조항에 대하여 낙태 가능 시기 및 방법 등을 구체화하는 입법이 이루어질 것으로 보이는바, 형법 제269조 등과 관련한 낙태행위의 정당행위 해당 여부에 관한 논의는 사회상규 위반 여부와 관련하여 보다 구체적이고 심층적으로 검토될 것으로 전망된다.

아. 공직선거법상 기부행위와 사회상규

공직선거법은 후보자 등의 기부행위를 엄격히 금지하면서 이에 위반하는 행위를 형사처벌하고 있다(제113조, 제257조). 공직선거법은 금지되는 기부행위를 규정하면서(제112조 제1항), 허용되는 경우를 한정적으로 열거하고 있다(제112조 제2항). 대법원은 공직선거법의 예외규정에 열거되지 않은 경우 원칙적으로 사회상규에 위배되지 않는다는 이유로 위법성이 조각될 수 없으나 예외적으로 위법성이 조각될 수 있음을 인정한다. 즉, 대법원은 "공직선거법 제112조 제1항에 해당하는 금품 등 제공행위가 같은 법 제112조 제2항 등에 규정된 의례적 행위나 직무상 행위에 해당하지 않더라도, 그것이 지극히 정상적인 생활형태의 하나로서 역사적으로 생성된 사회질서의 범위 안에 있는 것이라면 의례적 행위나 직무상의 행위로서 사회상규에 위배되지 아니하여 위법성이 조각된다."고 한다.[190]

자. 기타 사회상규에 위배되지 않는 행위

그밖에 판례에 나타난 사회상규에 위배되지 않는 행위는 다음과 같다. 즉, ① 피해자에게 치료비를 요구하고 의무를 이행하지 않으면 고소하겠다고 하거나,[191] 구속시키겠다고 하는 경우,[192] ②손해배상을 요구하면서 욕설을 하거나 응접탁자

189 헌법재판소 2019. 4. 11. 선고 2017헌바127 전원재판부 결정.
190 대법원 2017. 4. 28. 선고 2015도6008 판결.
191 대법원 1971. 11. 9. 선고 71도1629 판결.
192 대법원 1977. 6. 7. 선고 77도1107 판결.

등을 들었다 놓았다 하거나 시위를 할 듯한 태도를 보인 경우[193] 등은 위법성이 없다. ③법령상 징계권 없는 사람의 이웃 아동의 비행(非行)에 적절히 대처하기 위하여 징계행위를 한 경우,[194] ④시위의 방법으로 행한 '삼보일배(三步一拜) 행진',[195] ⑤풍속영업자가 자신이 운영하는 여관에서 친구들과 일시 오락 정도에 불과한 도박을 한 경우,[196] ⑥회사의 이익을 빼돌린다는 소문을 확인할 목적으로 피해자가 사용하면서 비밀번호를 설정하여 비밀장치를 한 전자기록인 개인용 컴퓨터의 하드디스크를 검색한 행위,[197] 시장관리규정에 따라 시장기능을 확립하기 위해 단전조치를 한 경우,[198] 갑(甲) 회사를 사실상 관리하는 을(乙)이 갑(甲) 회사가 사업용 부지로 매수한 토지에 관하여 처분금지가처분등기를 마쳐둔 상태에서, 토지를 매수하려는 병(丙)이 가처분을 취하해 달라고 청탁하면서 을(乙)에게 돈을 교부한 경우,[199] 검사가 참고인 조사를 받는 줄 알고 검찰청에 자진출석한 변호사사무실 사무장을 합리적 근거 없이 긴급체포 하자 그 변호사가 이를 제지하는 과정에서 검사에게 상해를 가한 경우[200] 등도 사회상규에 위배되지 않는다고 한다.

193 대법원 1980. 11. 25. 선고 79도2565 판결.
194 대법원 1978. 12. 13. 선고 78도2617 판결.
195 대법원 2009. 7. 23. 선고 2009도840 판결.
196 대법원 2004. 4. 9. 선고 2003도6351 판결.
197 대법원 2009. 12. 24. 선고 2007도6243 판결.
198 대법원 1994. 4. 15. 선고 93도2899 판결.
199 대법원 2011. 10. 27. 선고 2010도7624 판결.
200 대법원 2006. 9. 8. 선고 2006도148 판결.

제 21 조 [정당방위]

① 자기 또는 타인의 법익에 대한 현재의 부당한 침해를 방위하기 위한 행위는 상당한 이유가 있는 때에는 벌하지 아니한다.

② 방위행위가 그 정도를 초과한 때에는 정황에 의하여 그 형을 감경 또는 면제할 수 있다.

③ 전항의 경우에 그 행위가 야간 기타 불안스러운 상태하에서 공포, 경악, 흥분 또는 당황으로 인한 때에는 벌하지 아니한다.

[관련조문] 폭력행위 등 처벌에 관한 법률 제8조, 민법 제761조 제1항.

[참고문헌] 독일형법, 법무부(2008); 신동운, 형법 제·개정 자료집, 한국형사정책연구원(2009); 배종대, “정당방위의 이론과 현실”, 고려법학 제49호, 고려대학교 법학연구원(2007); 임웅, “정당방위의 상당성 요건과 정당방위의 제한”, 형사법연구 제10호, 한국형사법학회(1997); 김성천, “정당방위와 법문화”, 형사법연구 제6호, 한국형사법학회(1993); 김성천, “독일·한국·일본의 정당방위 판례의 차이점과 그의 법문화적 배경”, 중앙법학 제15집 제4호, 중앙법학회(2013); 박찬걸, “형법 제20조에 규정된 ‘사회상규에 위배되지 아니하는 행위’의 의미 및 다른 위법성조각사유와의 관계, 형사법연구 제28권 제1호, 한국형사법학회(2016); 김병수, “싸움에 있어서 정당방위의 확대”, 형사법연구 제24권 제4호, 한국형사법학회(2012); 김병수, “정당방위의 확대와 대처방안”, 형사정책연구 제25권 제4호, 한국형사정책연구원(2014); 조규홍, “정당방위의 상당성의 의미 및 구체적 판단기준”, 법조 제657호, 법조협회(2011); 김태명, “우리나라에서의 정당방위에 대한 역사적 고찰”, 동북아법연구 제2권 제1호, 전북대학교 동북아법연구소(2008); 김태명, “가정폭력사건에 있어서 정당방위 성립요건의 판단절차와 기준”, 형사법연구 제25호, 한국형사법학회(2006); 하민경, “각국의 정당방위 판단기준과 국민의 법의식”, 사법정책연구원(2019); 정도희, “가정폭력피해자의 반격과 정당방위에 대한 소고”, 비교형사법연구 제17권 제4호, 한국비교형사법학회(2015); 이용식, “피학대여성과 정당방위”, 교정연구 제70호, 한국교정학회(2016); 박정난, “가정폭력 피해자의 정당방위 성부에 관한 비판적 고찰”, 법학연구 제57집, 전북대학교 출판부(2018); 박정난, “이른바 ‘절도범 뇌사 사건’ 판결에 비추어 본 정당방위·과잉방위에 관한 비판적 고찰”, 일감법학 제41호, 건국대학교 법학연구소(2018); 배상균, “가정폭력 사건에서의 정당방위의 ‘침해 현재성’ 판단에 대한 검토”, 형사법연구 제30권 제4호, 한국형사법학회(2019); 김슬기, “가정폭력피해자의 정당방위에 관한 미국과의 비교법적 검토”, 이화젠더법학 제9권 제3호, 이화여자대학교 젠더법학연구소(2017); 허일태, “오상과잉방위와 형법 제21조 제3항”, 형사법연구 제26호, 한국형사법학회(2006).

Ⅰ. 본조의 의의

1. 개념

정당방위는 자기 또는 타인의 법익에 대한 현재의 부당한 침해를 방위하기 위한 행위를 말한다. 방위행위가 상당한 이유가 있는 때에는 위법성이 조각되어 범죄가 성립하지 않는다.

정당방위 성립 여부를 판단하는 데에는 그 사회의 법문화, 국민의 법의식, 사회의 통념, 윤리관 등이 많은 영향을 미친다.[1] 개인주의·자유주의적 전통이 강한 서구는 정당방위를 폭넓게 허용하는 '적극적 정당방위 문화권'으로, 유교적·단체주의적 전통의 영향을 받은 동양은 정당방위 인정이 협소한 '소극적 정당방위 문화권'으로 구분해서 보기도 한다.[2]

2. 정당방위의 정당화근거

가. 자기보호원칙

정당방위는 긴급상황에서 타인의 위법한 침해에 대항하여 개인 스스로 법익을 보호·방위하는 것을 허용하는 제도이다. 형법의 법익보호가 시간적·공간적 특수사정으로 침해받는 사람 스스로에 의해 달성되어야 하는 상황일 때 그의 행위는 형법상 정당하다는 의미로 이해할 수 있다.[3] 즉 정당방위는 형사사법의 법익보호 사각지대에서 형법의 법익보호기능을 연장시키는 제도라고 할 수 있다.[4]

나. 법질서수호원칙(법확증의 원리)

이를 '법은 불법에 양보할 필요가 없다'는 명제로 설명하는 것이 통설적 견해이다. 범죄를 상시적으로 방어할 수 있는 만능적인 국가권력은 존재하지 않으므로 국가권력이 해결할 수 없고 시민만이 법을 관철할 수 있는 특별히 위급한 상황이 발생할 때는 국가가 개인에게 독점적 형벌권을 이양함으로써 법질서를 수호한다는 의미이다.[5] 따라서 정당방위는 '국가형벌권의 연장수단'의 기능을 수행한다.[6]

1 김성천, "정당방위와 법문화", 형사법연구 제6호, 한국형사법학회(1993), 119; 하민경, "각국의 정당방위 판단기준과 국민의 법의식", 사법정책연구원(2019), 3.

2 임웅, "정당방위의 상당성 요건과 정당방위의 제한", 형사법연구 제10호, 한국형사법학회(1997), 5; 하민경, "각국의 정당방위 판단기준과 국민의 법의식", 사법정책연구원(2019), 4.

3 배종대, 형법총론(제13판), 홍문사(2017), 232.

4 배종대, 형법총론(제13판), 홍문사(2017), 232.

5 배종대, 형법총론(제13판), 홍문사(2017), 232; 박상기, 형법총론(제9판), 박영사(2012), 178.

6 배종대, 형법총론(제13판), 홍문사(2017), 232.

3. 다른 위법성조각사유와의 관계

가. 긴급피난

정당방위와 긴급피난은 현재의 침해 또는 위난에 대한 긴급행위라는 점에서 공통점이 있다. 정당방위는 침해행위자와 방위행위자가 부정 대 정의 관계이지만 긴급피난은 정 대 정의 관계인 점에서 차이가 있다고 설명하는 것이 일반적이다. 따라서 우월이익원칙을 토대로 하는 긴급피난과 달리 정당방위에서는 엄격한 법익균형성이 요구되지 않는다.[7]

나. 자구행위

정당방위와 자구행위는 위법한 침해에 대한 자력보호행위인 점에서 공통점이 있다. 정당방위는 타인의 법익을 보호하기 위한 경우에도 가능하고 현재의 침해에 대한 사전적 긴급행위라는 점에서, 자기의 청구권 보호를 위한 사후적 긴급행위인 자구행위와는 구별된다(통설).

다. 정당행위

형법 제20조의 정당행위 중 '기타 사회상규에 위배되지 않는 행위'는 일반적·포괄적 위법성조각사유 형태로 규정되어 있으므로 다른 위법성조각사유에 대하여 보충적으로 기능한다.[8] 일반적·포괄적 위법성조각사유인 '사회상규에 위배되지 않는 행위'보다 구체적 위법성 조각사유인 정당방위 규정이 먼저 적용되는 것이 위법성조각사유의 체계에 부합한다.[9]

그런데 대법원은 '소극적 방어(저항)행위'는 '사회통념상 허용될 만한 정도의 상당성이 있는 것으로서 위법성이 없다'고 함으로써 그 근거를 본조의 정당방위가 아니라 형법 제20조의 '사회상규에 위배되지 아니하는 행위'에서 찾고 있는 것으로 보인다.[10] '소극적 방어(저항)행위'에 대하여 '정당행위' 또는 '사회상규에 위배

7 배종대, 형법총론(제13판), 홍문사(2017), 252; 오영근, 형법총론(제4판), 박영사(2018), 189-190.

8 배종대, "정당방위의 이론과 현실", 고려법학 제49호, 고려대학교 법학연구원(2007), 51; 김일수/서보학, 새로쓴 형법총론(제13판), 박영사(2018), 233; 배종대, 형법총론(제13판), 홍문사(2017), 206; 임웅, 형법총론(제10정판), 법문사(2018), 233; 신동운, 형법총론(제11판), 법문사(2019), 278-279, 372.

9 배종대, 형법총론(제13판), 홍문사(2017), 206; 임웅, 형법총론(제10정판), 법문사(2018), 293.

10 대법원 2010. 10. 28. 선고 2010도11732 판결, 대법원 2010. 2. 11. 선고 2009도12958 판결, 대법원 2010. 1. 28. 선고 2009도13674 판결, 대법원 2007. 8. 23. 선고 2007도3443 판결, 대법원 2005. 10. 14. 선고 2005도5703 판결, 대법원 2005. 2. 17. 선고 2004도8308 판결, 대법원 2003. 4. 11. 선고 2003도797 판결, 대법원 1999. 10. 12. 선고 99도3377 판결, 대법원 1995. 8. 22. 선고 95도936 판결, 대법원 1992. 3. 27. 선고 91도2831 판결, 대법원 1985. 10. 22. 선고 85도1455 판결, 대법원 1984. 9. 11. 선고 84도1440 판결.

되지 않는 행위' 해당 여부를 명시적으로 판단한 판결도 있고,[11] 정당방위와 정당행위를 함께 고려한 것으로 볼 수 있는 판결도 있다.[12] 이를 정당방위의 문제로 본 판결도 없지는 않으나,[13] '소극적 방어(저항)행위'에 해당하는 사안에서 정당행위가 아닌 정당방위를 인정한 것은 잘못이라고 본 판결까지 있다.[14] 이와 같이 대법원의 주류적 태도는 '소극적 방어(저항)행위'를 정당행위 중 '사회상규에 위배되지 않는 행위'의 문제로 다루는 것으로 보인다.

이에 대하여 정당방위가 가능한 사안에서 구체적 논증을 생략하고 일반적·포괄적·추상적 개념인 '사회상규'로 해결하는 것은 판단기준을 객관화하기 어렵고 자의적 법적용을 배제하기 어렵게 된다는 비판이 제기된다.[15] 위법성조각사유를 적용함에 있어 '사회상규'에 지나치게 의존하는 것은 위법성조각사유를 유형화하고 있는 형법의 태도에 부합하지 않는다는 것이다.[16] '사회상규에 위배되지 않는 행위'는 다른 위법성조각사유가 기능하지 않는 경우 보충적으로 작용하므로, 어느 하나의 행위가 정당방위와 소극적 방어행위의 요건을 모두 갖춘 경우에는 본조에 따라 정당방위를 인정하는 것이 바람직할 것이다.[17] 정당방위에 해당할 수 있는 행위를 정당행위로 파악하는 것은 정당행위 외의 위법성조각사유를 무의미하게 만들 가능성이 있고,[18] '사회상규에 위배되지 않는 행위'에 해당하는지 여부보다

11 대법원 2014. 3. 27. 선고 2012도11204 판결, 대법원 2013. 9. 12. 선고 2013도6114 판결, 대법원 2010. 10. 28. 선고 2010도11732 판결, 대법원 2008. 6. 26. 선고 2007도6843 판결, 대법원 2007. 5. 10. 선고 2007도1273 판결, 대법원 2005. 2. 17. 선고 2004도8308 판결, 대법원 2003. 6. 13. 선고 2003도1294 판결, 대법원 2002. 9. 24. 선고 2002도4099 판결, 대법원 2002. 4. 12. 선고 2001도5112 판결, 대법원 1996. 5. 28. 선고 96도979 판결, 대법원 1996. 2. 23. 선고 95도1642 판결, 대법원 1992. 3. 10. 선고 92도37 판결, 대법원 1991. 1. 15. 선고 89도2239 판결, 대법원 1990. 3. 27. 선고 90도292 판결, 대법원 1990. 1. 23. 선고 89도1328 판결, 대법원 1987. 10. 26. 선고 87도464 판결, 대법원 1986. 7. 22. 선고 86도751 판결, 대법원 1985. 3. 12. 선고 84도2929 판결, 대법원 1984. 9. 11. 선고 84도1440 판결.

12 대법원 2011. 5. 13. 선고 2010도16970 판결, 대법원 2010. 5. 27. 선고 2010도3305 판결, 대법원 2009. 6. 11. 선고 2009도2114 판결, 대법원 2008. 11. 13. 선고 2007도8839 판결, 대법원 2007. 8. 23. 선고 2007도5023 판결, 대법원 2007. 7. 27. 선고 2007도4378 판결, 대법원 2004. 1. 15. 선고 2003도5606 판결.

13 대법원 2004. 6. 25. 선고 2003도4934 판결, 대법원 2002. 11. 8. 선고 2002도3837 판결. 다만 피고인의 정당방위 주장을 배척하면서 정당방위가 언급된 사례이므로, '소극적 방어(저항)행위'가 정당방위에 해당하는 것으로 인정한 사례로 보기는 어렵다.

14 대법원 2003. 5. 30. 선고 2003도1256 판결, 대법원 1989. 11. 14. 선고 89도1426 판결.

15 배종대, "정당방위의 이론과 현실", 고려법학 제49호, 고려대학교 법학연구원(2007), 43-55; 배종대, 형법총론(제13판), 홍문사(2017), 206.

16 박찬걸, "형법 제20조에 규정된 '사회상규에 위배되지 아니하는 행위'의 의미 및 다른 위법성조각사유와의 관계, 형사법연구 제28권 제1호, 한국형사법학회(2016), 19.

17 신동운, 형법총론(제11판), 법문사(2019), 372-373.

18 박상기, 형법총론(제9판), 박영사(2012), 175.

'자기 또는 타인의 법익에 대한 현재의 부당한 침해를 방위하기 위한 상당한 이유가 있는 행위'에 해당하는지 여부가 더 구체적이고 치밀한 논증이 가능하므로, 정당행위에 앞서 정당방위 성립 여부를 먼저 검토하는 것이 바람직하다고 본다. 최근 대법원 판결 중에는 "피고인의 행위는 피해자들의 부당한 공격으로부터 자신을 방어하기 위한 소극적인 저항으로서 정당방위에 해당하거나 사회통념상 허용될 만한 상당성이 있는 행위에 해당하여 위법성이 조각된다"고 판시하여 소극적 방어(저항)행위를 '정당방위'의 범주에 포함시킨 것처럼 보이는 판결이 있다.[19]

4. 소송법적 의미

정당방위는 위법성조각사유에 해당하므로, 피고인이 정당방위를 주장하는 경우 법원은 그에 대한 판단을 명시하여야 하고(형사소송법 제323조 제2항), 그에 대한 판단을 누락하는 것은 위법하다.[20]

다만 대법원은, 법원이 정당방위 주장에 대한 판단을 누락하였더라도 소송기록에 나타난 사정에 비추어 정당방위나 과잉방위를 인정할 수 없다면 그러한 판단누락은 판결결과에 영향을 미친 위법이라고 할 수 없다고 한다.[21] 반면 사실관계에 비추어 정당방위가 인정될 수 있는 사안에서는, 정당방위라는 취지의 주장에 대한 판단을 하지 않은 채 유죄를 선고한 경우 판결에 영향을 미친 위법이 있다고 본다.[22]

또한 대법원은, 법원이 형법에 의한 정당방위 및 과잉방위 주장을 배척하는 판단을 하였고, 제반 사정에 비추어 폭력행위 등 처벌에 관한 법률 제8조의 정당방위도 성립할 수 없는 경우라면, 법원이 별도로 폭력행위 등 처벌에 관한 법률 제8조의 정당방위에 관한 직권판단을 하지 아니하더라도 판결에 영향을 미친 위법이 없다는 입장을 취하고 있다.[23]

19 대법원 2016. 11. 24. 선고 2016도8470 판결.

20 대법원 1970. 9. 17. 선고 70도1431 판결, 대법원 1969. 12. 9. 선고 69도1828 판결, 대법원 1967. 12. 29. 선고 67도1458 판결.

21 대법원 2015. 2. 26. 선고 2015도404 판결, 대법원 2007. 2. 22. 선고 2006도8750 판결.

22 대법원 2004. 1. 15. 선고 2003도5606 판결.

23 대법원 2016. 8. 24. 선고 2016도6641 판결.

Ⅱ. 정당방위의 성립요건

1. 자기 또는 타인의 법익에 대한 현재의 부당한 침해 : 정당방위상황

가. 자기 또는 타인의 법익

1) 법익의 범위

법이 보호하는 모든 이익은 정당방위로 보호될 수 있다. 형법상의 보호법익에 한정되지 않고 민법상의 권리나 일반적 인격권도 정당방위의 보호대상이 된다. 대법원은, ㉠송전탑 설치공사 강행으로 인한 비산먼지, 소음, 산사태, 낙석에 대한 위험방지 조치를 취하지 않아 주민들의 생명, 신체, 재산에 직접적, 간접적 피해가 발생할 수 있는 위험성이 명백히 존재하고, 사법절차에 따라 그러한 위험을 효과적으로 방지, 제거하기 위한 조치를 취하기 어려운 상황에서, 공사를 저지하기 위하여 공사현장 진입로에 천막을 설치한 행위를 정당방위로 인정한 바 있고,[24] ㉡타인이 보는 자리에서 인륜상 용납할 수 없는 폭언과 함께 폭행을 하려는 아들을 1회 폭행하여 사망에 이르게 한 행위를 아버지로서의 신분에 대한 법익에 대한 정당방위로 인정하였다.[25] 동물에 대한 애정도 본조의 법익에 포함되는 것으로 보아 동물학대를 저지하는 정당방위도 가능하다는 견해도 있다.[26]

2) 타인을 위한 정당방위(긴급구조)

"자기의 법익뿐 아니라 타인의 법익에 대한 현재의 부당한 침해를 방위하기 위한 행위도 상당한 이유가 있으면 형법 제21조의 정당방위에 해당하여 위법성이 조각된다."[27] 이러한 정당방위를 '긴급구조'라고 한다. 대법원은, ㉠참고인 조사를 받는 것으로 알고 검찰청에 자진출석한 변호사 사무장을 검사가 합리적 근거 없이 긴급체포하자 변호사가 이를 제지하는 과정에서 검사에게 상해를 가한 사안,[28] ㉡공장을 점거하고 농성하다가 경찰과 부식 반입 문제를 협의하거나 기자회견 촬영을 위해 공장 밖으로 나온 노동조합원들을 전투경찰대원이 불법으로 체

24 대법원 2008. 9. 11. 선고 2008도5793 판결.
25 대법원 1974. 5. 14. 선고 73도2401 판결.
26 손동권/김재윤, 새로운 형법총론(초판), 율곡출판사(2011), 186.
27 대법원 2017. 3. 15. 선고 2013도2168 판결.
28 대법원 2006. 9. 8. 선고 2006도148 판결.

포하자, 이를 목격한 피고인이 불법체포행위를 제지하는 과정에서 전투경찰대원에게 상해를 가한 사안,[29] ㉢자동차 앞을 가로막고 항의하던 자기 아버지 쪽으로 운전자가 자동차를 계속 진행하자, 운전석 부근 옆에 서 있던 아들이 차를 정지시키기 위하여 운전석 창문을 통하여 운전자의 머리털을 잡아당겨 흉부가 그 차 창문틀에 부딪치게 하여 상해를 가한 사안[30]에서 타인을 위한 정당방위를 인정하였다.

3) 국가를 위한 정당방위

법익의 주체가 국가라 하더라도 그 법익이 재산권 등의 개인적 법익인 경우에는 정당방위의 보호대상이 된다(통설). 한편 음란물 유통을 저지하기 위한 폭행, 국가기밀문서 반출자로부터 기밀문서 탈취 등 사회적·국가적 법익에 대한 방위의 경우, 국가의 책무이므로 개인의 정당방위는 부정된다는 견해와[31] 국가의 존립에 관한 명백하고 중대한 위험에 직면하여 국가 스스로 방위를 할 수 없는 극히 예외적인 경우에는 정당방위를 할 수 있다는 견해[32]가 대립한다. 위와 같은 사례는 본조의 정당방위가 성립하지 않더라도 형법 제20조의 정당행위에 해당하여 위법성이 조각될 수 있을 것이다. 대법원은 '김재규 내란목적살인 사건'에서 대통령 살해가 국가의 법익에 대한 정당방위라는 피고인의 주장을 배척한 바 있고,[33] '보안사 민간인사찰 폭로사건'에서 현역 군인이 국군보안사령부의 민간인에 대한 정치사찰을 폭로하는 양심선언을 위하여 부대를 이탈한 행위는 본조의 정당방위나 형법 제20조의 정당행위에 해당하지 않는다고 판시한 바 있다.[34]

나. 현재의 부당한 침해

1) 침해

침해는 법익에 대한 공격이나 위태화를 의미한다. 고의나 과실이 없는 행위

29 대법원 2017. 3. 15. 선고 2013도2168 판결.

30 대법원 1986. 10. 14. 선고 86도1091 판결.

31 배종대, 형법총론(제13판), 홍문사(2017), 233; 김일수/서보학, 새로쓴 형법총론(제13판), 박영사(2018), 206; 오영근, 형법총론(제4판), 박영사(2018), 195; 박상기, 형법총론(제9판), 박영사(2012), 184; 손동권/김재윤, 새로쓴 형법총론(초판), 율곡출판사(2011), 187; 김성돈, 형법총론(제5판), 성균관대학교출판부(2017), 274.

32 이재상 외 2인, 형법총론(제9판), 박영사(2017), 236; 정영일, 형법강의(총론)(제3판), 학림(2017), 131; 정성근/박광민, 형법총론(제2판), 성균관대학교출판부(2015), 242; 임웅, 형법총론(제10정판), 법문사(2018), 256; 신동운, 형법총론(제11판), 법문사(2019), 292.

33 대법원 1980. 5. 20. 선고 80도306 판결.

34 대법원 1993. 6. 8. 선고 93도766 판결.

도 침해가 될 수 있으므로 책임 없는 자의 공격도 침해에 해당한다.[35] 보증인지위 있는 사람의 부작위에 의한 침해도 가능하다. 침해는 사람의 행위에 의한 것만을 의미한다. 동물의 공격에 대하여는 원칙적으로 긴급피난만 가능하다. 다만 동물의 공격이 사람에 의하여 사주된 경우에는 그에 대한 정당방위가 가능하다(통설). 만약 주인의 과실로 동물이 사람을 공격한 경우에는 과실 있는 주인의 침해행위로 볼 수 있으므로 그에 대한 정당방위가 가능하다.[36]

2) 침해의 현재성

정당방위는 자기 또는 타인의 법익에 대한 침해가 '현재적'인 경우에 인정된다. 현재성의 판단은 '법익에 대한 침해가 급박한 상태에 있거나 바로 발생하였거나 아직 계속되고 있는 것(엄격한 현재성)'을 기준으로 한다.[37] 과거의 침해나 장래에 발생할 침해에 대한 정당방위는 인정되지 않는다. 대법원은 침해행위에서 벗어난 후 분을 풀려는 목적에서 한 공격행위는 정당방위에 해당한다고 할 수 없다고 하면서,[38] ㉠세입자가 방을 비워줄 수 없다며 폭언을 하자 화가 난 집주인의 며느리가 창문을 부수었고, 이에 격분한 세입자가 방에서 나와 마당에서 이 장면을 구경하다 미처 피하지 못한 마을주민에게 상해를 가한 사안,[39] ㉡상대방이 들고 있던 과도를 쳐서 떨어뜨린 후 이를 주워 상대방의 가슴을 찌른 사안[40]에서 침해의 현재성을 부정하였다. 대법원은 피해자가 겨눈 총을 뺏거나 제쳐놓고 그를 구타하였다면 "총 때문에 생긴 현재의 급박한 위험상태가 제거된 후에 그를 구타한 것"이 되어 정당방위가 될 수 없다고 판시하기도 하였다.[41]

실행의 착수 이전의 행위에 대하여도 정당방위가 가능하다(통설). 공격행위가 막 개시되고 있어 방어를 지체하면 방어가 현저히 곤란해질 경우에는 실행의 착수 이전이라도 현재의 침해로 볼 수 있다.[42] 대법원은, 초소에서 서로 다투던 병

35 배종대, 형법총론(제13판), 홍문사(2017), 241; 이재상 외 2인, 형법총론(제9판), 박영사(2017), 240; 오영근, 형법총론(제4판), 박영사(2018), 198; 임웅, 형법총론(제10정판), 법문사(2018), 252; 정성근/박광민, 형법총론(제2판), 성균관대학교출판부(2015), 245; 손동권/김재윤, 새로운 형법총론(초판), 율곡출판사(2011), 193.

36 오영근, 형법총론(제4판), 박영사(2018), 191; 정성근/박광민, 형법총론(제2판), 성균관대학교출판부(2015), 238; 임웅, 형법총론(제10정판), 법문사(2018), 242.

37 배종대, 형법총론(제13판), 홍문사(2017), 233; 김일수/서보학, 새로쓴 형법총론(제13판), 박영사(2018), 198; 이재상 외 2인, 형법총론(제9판), 박영사(2017), 233; 정성근/박광민, 형법총론(제2판), 성균관대학교출판부(2015), 237.; 손동권/김재윤, 새로운 형법총론(초판), 율곡출판사(2011), 179.

38 대법원 1986. 2. 11. 선고 85도2642 판결.

39 대법원 1996. 4. 9. 선고 96도241 판결.

40 대법원 1989. 3. 14. 선고 89도94 판결.

41 대법원 1970. 12. 22. 선고 69도43 판결.

42 김성돈, 형법총론(제5판), 성균관대학교출판부(2017), 275.

사들 중 1명이 실탄이 장전된 소총을 등 뒤에 겨누면서 발사할 것 같이 위협하자 먼저 사살하지 않으면 생명이 위험하다고 느낀 병사가 돌아서며 소총을 발사한 사안에서 정당방위의 성립을 인정함으로써(상대방이 등 뒤에서 실탄을 발사하면 침해행위가 곧바로 종료되어 정당방위가 불가능하다는 것이다),[43] 공격행위가 목전에 임박한 경우 침해의 현재성을 인정한 바 있다. 반면 대법원은, 국가안전기획부장이 대통령선거를 앞두고 강제로 연행한 조사대상자를 선거가 끝날 때까지 불법으로 감금한 사안에서는, 그가 허위사실을 공표할 것이라는 점에 관한 확증이 있었던 것이 아니라 단지 야당과 연계하여 양심선언을 할 것이라는 첩보가 입수된 것에 불과하다면 침해의 현재성이 인정될 수 없다고 판단한 바 있다.[44]

범죄가 기수로 된 이후에도 법익침해가 현장에서 계속되고 있으면 현재성이 인정된다. 따라서 절도의 현행범을 추격하여 격투로 도품을 회수하는 행위는 정당방위에 해당한다(통설). 반면 수일 후에 그 절도범으로부터 도품을 탈환하는 행위는 과거의 침해에 대한 것이므로 자구행위의 문제가 된다.[45] 재물을 절취하지 못하고 도주하는 절도범과 같이 실패한 침해행위에 대하여는 침해의 현재성을 부정하는 견해[46]와 긍정하는 견해[47]가 있다.

현재성을 판단하는 기준시점은 '방위행위를 한 때'가 아니라 '침해가 발생한 때'이다.[48] 따라서 절도범의 침입에 대비하여 미리 담장에 고압선을 설치하는 경우 절도범이 침입한 때를 기준으로 침해의 현재성이 인정된다.

장래에 반복될 위험이 있는 침해를 예방하기 위한 '예방적 정당방위'는 인정될 수 없다는 것이 다수설이나,[49] 단순히 이전까지 없던 침해행위가 새로 예상되

43 대법원 1968. 5. 7. 선고 68도370 판결.

44 대법원 1999. 4. 23. 선고 99도636 판결.

45 정성근/박광민, 형법총론(제2판), 성균관대학교출판부(2015), 237; 김성돈, 형법총론(제5판), 성균관대학교출판부(2017), 275.

46 김성돈, 형법총론(제5판), 성균관대학교출판부(2017), 275.

47 정영일, 형법강의(총론)(제3판), 학림(2017), 142.

48 김일수/서보학, 새로쓴 형법총론(제13판), 박영사(2018), 199; 이재상 외 2인, 형법총론(제9판), 박영사(2017), 234; 오영근, 형법총론(제4판), 박영사(2018), 194; 정영일, 형법강의(총론)(제3판), 학림(2017), 142; 정성근/박광민, 형법총론(제2판), 성균관대학교출판부(2015), 237; 임웅, 형법총론(제10정판), 법문사(2018), 243; 손동권/김재윤, 새로운 형법총론(초판), 율곡출판사(2011), 180.

49 배종대, 형법총론(제13판), 홍문사(2017), 234; 김일수/서보학, 새로쓴 형법총론(제13판), 박영사(2018), 199; 이재상 외 2인, 형법총론(제9판), 박영사(2017), 233; 오영근, 형법총론(제4판), 박영사(2018), 194; 정성근/박광민, 형법총론(제2판), 성균관대학교출판부(2015), 237; 김성돈, 형법총론(제5판), 성균관대학교출판부(2017), 276.

는 것이 아니라 과거부터 계속된 침해가 언제든 반복될 현실적인 가능성이 있는 경우(지속적 위험) 침해의 현재성을 인정할 수 있다고 보는 견해도 있다.[50] 대법원은 의붓아버지로부터 계속적인 성폭행을 당해 온 여성과 그 남자친구가 잠자고 있는 의붓아버지를 살해한 사건에서 "피고인 D가 약 12살 때부터 계속적인 의붓아버지인 피해자의 강간행위에 의하여 정조를 유린당한 후 계속적으로 이 사건 범행 무렵까지 피해자와의 성관계를 강요받아 왔고, 그 밖에 피해자로부터 행동의 자유를 간섭받아 왔으며, 또한 그러한 침해행위가 그 후에도 반복하여 계속될 염려가 있었다면, 피고인들의 이 사건 범행 당시 피고인 D의 신체나 자유 등에 대한 현재의 부당한 침해상태가 있었다고 볼 여지가 없는 것은 아니"라고 판시함으로써,[51] 과거부터 지속적인 침해가 있었고 그 침해가 장래에도 반복하여 계속될 위험이 있는 경우에는 침해의 현재성이 인정될 수 있는 가능성을 열어놓고 있다. 다만 위 판결에서는 방위행위의 상당성이 인정될 수 없다고 하여 정당방위와 과잉방위가 모두 부정된 바 있다. 이 판결에 대하여는 침해의 현재성을 긍정하여 '정당방위상황'의 존재를 인정하면서도 과잉방위조차 인정하지 않는 것은 이론적 모순이고, 과잉방위를 부정하려면 정당방위상황 자체를 부정해야 한다는 지적이 있다.[52]

폭력행위 등 처벌에 관한 법률 제8조 제1항은 "이 법에 규정된 죄를 범한 사람이 흉기나 그 밖의 위험한 물건 등으로 사람에게 위해를 가하거나 가하려 할 때 이를 예방하거나 방위하기 위하여 한 행위는 벌하지 아니한다."고 규정함으로써 '위해를 가할 때 이를 방위하기 위하여 한 행위'와 '위해를 가하려 할 때 이를 예방하기 위하여 한 행위'를 구분하고 있다. 후자는 '예방적 방위행위'를 정당화하는 것으로 본조 제1항의 정당방위에 비하여 현재성의 요건이 크게 완화된 것으로 볼 수 있다.[53]

한편 가정폭력 사건의 경우 침해행위가 반복될 염려가 크고 가해자와 피해자가 국가권력이 미치기 어려운 가정 내에서 함께 생활한다는 특징이 있다. 그러한 특성 때문에 가정폭력 사건에서 침해의 현재성을 좀 더 넓게 인정할 필요가 있다

50 박상기, 형법총론(제9판), 박영사(2012), 181.
51 대법원 1992. 12. 22. 선고 92도2540 판결.
52 손동권/김재윤, 새로운 형법총론(초판), 율곡출판사(2011), 181.
53 김일수/서보학, 새로쓴 형법총론(제13판), 박영사(2018), 199; 신동운, 형법총론(제11판), 법문사(2019), 295.

는 견해들이 주장되고 있다.[54] 침해의 현재성이 긍정되어 '정당방위상황의 존재'가 인정되는 경우에는, 방위행위의 상당성을 심사하는 과정을 거쳐 '상당한 이유'가 있는 경우는 정당방위로, '상당한 이유'가 없는 경우는 과잉방위로 평가하게 될 것이다.

이에 관하여 대법원은, 피고인이 지속적인 가정폭력에 시달려 왔고, 사건발생 수일 전에는 피해자가 피고인의 목에 칼을 들이대고 살해 위협을 하거나 노끈으로 피고인의 목을 조르기도 하였으며, 사건 당일 오전에도 큰 망치를 책상 위에 놓아두고 망치로 피고인의 머리를 부수어버리겠다고 말하고 책상 위에 있는 스탠드를 엎어버리기도 한 사안에서, "생명, 신체 등에 대한 부당한 침해상태가 있었다고 볼 여지가 없는 것은 아니라"는 원심의 판단을 수긍한 바 있으나,[55] 정당방위나 본조 제3항의 과잉방위를 인정하지는 않았다.

또한 대법원은 가정폭력의 가해자를 처와 딸이 살해한 사안에서, "피해자는 피고인 1이 어렸을 때부터 술을 마시기만 하면 자신의 처와 딸인 피고인들에게 심한 욕설과 폭력을 행사해 왔고, 심지어는 피고인 1을 추행하기도 하여 피고인 1은 평소 피해자에 대한 두려움과 분노를 갖고 있었고, 이 사건 범행 당시에도 피해자가 술에 취해 집에 들어와 망치를 들고 다니면서 욕설을 하거나 위협을 하기도 하여 잠시 망치를 내려놓았다고 하더라도 피고인 1의 신체에 대한 부당한 침해행위가 다시 계속될 염려가 있었다고 볼 수도 있으나"라고 침해의 현재성이 인정될 수도 있다는 취지로 판시한 바 있다.[56] 다만 이 판결도 결론적으로는 본조 및 폭력행위 등 처벌에 관한 법률 제8조의 정당방위나 과잉방위를 인정하지 아니하였다.

3) 침해의 부당성

통설은 '부당한 침해'를 '위법한 침해'로 해석한다. 여기서 '위법'은 형벌법규의 구성요건에 해당하는 것만을 의미하는 것이 아니라 법질서 전체에 반하는 일반적

54 정도희, "가정폭력피해자의 반격과 정당방위에 대한 소고", 비교형사법연구 제17권 제4호, 한국비교형사법학회(2015), 208-211; 이용식, "피학대여성과 정당방위", 교정연구 제70호, 한국교정학회(2016), 156-157; 박정난, "가정폭력 피해자의 정당방위 성부에 관한 비판적 고찰", 법학연구 제57집, 전북대학교 출판부(2018), 128-129; 배상균, "가정폭력 사건에서의 정당방위의 '침해 현재성' 판단에 대한 검토", 형사법연구 제30권 제4호, 한국형사법학회(2019), 269-270.

55 대법원 2015. 2. 12. 선고 2014도15131 판결.

56 대법원 2005. 9. 29. 선고 2005도5154 판결.

인 위법행위를 말한다. 반면 부당을 위법으로 해석하는 것은 피고인에게 유리한 규정을 축소해석하는 것으로 허용되지 않는다는 견해도 주장된다.[57] 이 견해는 부당한 행정행위에 대하여도 정당방위가 허용된다고 본다. 그러나 당연무효가 아니고 취소사유만 있는 행정행위의 경우 공정력, 불가쟁력 때문에 그에 대한 정당방위가 불가능하다고 보아야 하고,[58] 부당성이라는 불확실한 기준으로 방위행위자의 가벌성을 결정하는 것은 법치국가형법에 어긋난다는 점[59]에서 통설의 견해가 타당하다. 대법원도 '위법하지 않은 정당한 침해에 대한 정당방위는 인정되지 않는다.'고 판시하고 있다.[60]

이와 관련하여 대법원은 공권력, 특히 경찰의 위법한 직무집행에 저항하는 행위는 정당방위에 해당한다고 본다. 주로 경찰의 체포 또는 현행범체포가 위법한 사안에서 문제된다. 즉 "경찰관의 체포행위가 적법한 공무집행을 벗어나 불법하게 체포한 것으로 볼 수밖에 없다면, 피의자가 그 체포를 면하려고 반항하는 과정에서 경찰관에게 상해를 가한 것은 불법체포로 인한 신체에 대한 현재의 부당한 침해에서 벗어나기 위한 행위로서 정당방위에 해당하여 위법성이 조각된다."는 것이다.[61] 검사의 위법한 긴급체포에 저항하는 행위도 정당방위가 될 수 있다.[62] 다만 위법한 체포를 당한 경우에도 방위행위의 상당성이 인정될 수 없다면 정당방위에 해당하지 않는다.[63]

[판례] 대법원 2012. 12. 13. 선고 2012도11162 판결
비록 피고인이 위법하게 체포된 상태에 있었고 공소외 2가 음주측정을 요구한 행위가 위법하다고 하더라도, 공소외 2가 피고인에게 음주측정을 요구하였을 뿐 공소외 2를 비롯한 경찰관들이 피고인에게 실력을 행사하는 등의 침해행위를 하지 않았고, 피고인이 위법한 체포상태를 벗어나려는 데에 대하여 공소외 2가 이를 저

57 오영근, 형법총론(제4판), 박영사(2018), 191.
58 김일수/서보학, 새로쓴 형법총론(제13판), 박영사(2018), 200.
59 배종대, 형법총론(제13판), 홍문사(2017), 234.
60 대법원 2017. 3. 15. 선고 2013도2168 판결, 대법원 2007. 2. 22. 선고 2006도8750 판결, 대법원 2006. 4. 27. 선고 2003도4735 판결.
61 대법원 2017. 9. 21. 선고 2017도10866 판결, 대법원 2016. 1. 28. 선고 2015도3928 판결, 대법원 2011. 5. 26. 선고 2011도3682 판결, 대법원 2010. 10. 14. 선고 2010도9134 판결, 대법원 2008. 11. 13. 선고 2007도8839 판결, 대법원 2006. 11. 23. 선고 2006도2732 판결, 대법원 2002. 5. 10. 선고 2001도300 판결, 대법원 2000. 7. 4. 선고 99도4341 판결, 대법원 1999. 12. 28. 선고 98도138 판결.
62 대법원 2006. 9. 8. 선고 2006도148 판결.
63 대법원 2012. 12. 13. 선고 2012도11162 판결.

지하는 상황도 아니었는데, 피고인이 공소외 2의 배를 때려서 공소외 2에게 상해를 가한 이상 피고인의 행위를 사회적으로 상당한 방위행위에 해당한다고 보기는 어려우므로, 피고인의 위 상해행위가 정당방위에 해당한다고 볼 수 없고...

한편 경찰관의 현행범 체포,[64] 형집행장 집행,[65] 불심검문,[66] 사복경찰관의 경호업무,[67] 교도관의 수갑사용[68] 등 공무집행이 적법한 경우에는 그에 대한 정당방위가 성립하지 않는다. 대법원은, 피고인의 소란행위가 사후적으로 무죄로 판단된다고 하더라도 피고인이 현행범이라고 인정할 만한 충분한 이유가 있었다면 그를 현행범 체포한 것은 적법한 공무집행이므로, 피고인이 체포에 저항한 행위는 공무집행방해죄 등을 구성한다고 보았고,[69] 경찰관이 피고인의 행패 행위(역무원 업무 방해) 전체를 범죄행위로 평가하여 체포의 사유로 삼은 이상 현행범 체포 사유로 삼은 범죄사실 중 다른 일부(폭행)가 범죄로 인정되지 않는다 하여도 그것만으로 불법체포로 볼 수는 없다고 판시한 바 있다.[70]

2. 방위하기 위한 행위 : 방위행위

가. 방위의사

방위행위가 되기 위해서는 주관적 정당화요소인 방위의사가 필요하다. 대법원도 방위의사가 정당방위의 성립요건임을 분명히 하고 있다.[71] 방위의사는 정당방위상황에 대한 인식을 넘어 방위행위를 실현한다는 것에 대한 인식을 필요로 한다.[72] 방위의사가 있는 이상 분노, 증오, 복수심 등의 다른 동기나 목적이 수반되어 있더라도 정당방위 성립에 지장이 없다(통설).

[판례] 대법원 2006. 8. 24. 선고 2006 도 2991 판결

피고인들이 이○○에게 보복할 생각으로 현장에 간 이상 이○○가 피고인 한△△을 칼로 찌른 것이 먼저라고 하더라도 이○○를 야구방망이로 가격한 것이 정당방

64 대법원 2011. 12. 13. 선고 2010도385 판결, 대법원 2009. 9. 24. 선고 2009도4489 판결.
65 대법원 2013. 9. 12. 선고 2012도2349 판결.
66 대법원 2012. 9. 13. 선고 2010도6203 판결.
67 대법원 2012. 5. 24. 선고 2010도11381 판결.
68 대법원 2012. 6. 28. 선고 2011도15990 판결.
69 대법원 2013. 8. 23. 선고 2011도4763 판결.
70 대법원 2006. 9. 28. 선고 2005도6461 판결.
71 대법원 1997. 4. 17. 선고 96도3376 전원합의체 판결, 대법원 1981. 8. 25. 선고 80도800 판결.
72 배종대, 형법총론(제13판), 홍문사(2017), 236.

위 또는 과잉방위가 될 수 없다고 할 것이므로...

나. 보호방위와 공격방위

방위행위는 침해행위에 대하여 소극적 방어를 하는 보호방위(수비방위)와 적극적 공세를 취하여 반격의 형태로 행해지는 공격방위(반격방위)의 양자를 포함한다(통설). 대법원도 "정당방위의 성립요건으로서의 방어행위에는 순수한 수비적 방어뿐 아니라 적극적 반격을 포함하는 반격방어의 형태도 포함되나, 그 방어행위는 자기 또는 타인의 법익침해를 방위하기 위한 행위로서 상당한 이유가 있어야 한다."고 판시함으로써 공격방위(반격방위)도 정당방위에 해당할 수 있음을 분명히 밝히고 있다.[73]

한편 방위행위는 침해행위자에 대해서만 할 수 있다. 공격과 무관한 제3자의 법익을 침해하는 행위는 정당방위가 될 수는 없고, 긴급피난 등의 다른 위법성조각사유에 해당하는지가 문제될 뿐이다(통설).

이와 관련하여 싸움(격투)의 당사자 중 일방의 행위가 정당방위에 해당하는지가 문제된다. 대법원의 전통적인 입장은 "싸움의 경우 가해행위는 방어행위인 동시에 공격행위의 성격을 가지므로 정당방위 또는 과잉방위행위라고 볼 수 없다."[74]는 것이거나 "싸움과 같은 일련의 상호투쟁 중에 이루어진 구타행위는 서로 상대방의 폭력행위를 유발한 것이므로 정당방위가 성립되지 않는다."는 것이다.[75] 예외적으로 격투를 하는 사람 중 1인이 그 격투에서 당연히 예상할 수 있는 정도를 초과하여 소총 등의 살인 흉기를 사용한 경우에는 위법한 공격행위로 보아 정당방위를 인정하기도 하였다.[76]

이러한 판례에 대하여는, 동시에 시비가 붙어 싸움이 발생하는 경우도 있지만 많은 경우 일방의 중대한 도발에 의하여 싸움이 발생하므로, 당사자 쌍방 모두를 비난하는 양비론적 태도를 취하는 것은 사실관계의 정확한 분석과 평가를 회

73 대법원 1992. 12. 22. 선고 92도2540 판결, 대법원 2007. 9. 21. 선고 2007도3000 판결, 대법원 2007. 6. 14. 선고 2007도2534 판결, 대법원 2006. 10. 26. 선고 2006도3222 판결, 대법원 2004. 6. 11. 선고 2004도2080 판결.

74 대법원 2006. 8. 24. 선고 2006도2991 판결, 대법원 2001. 12. 24. 선고 2001도5665 판결, 대법원 1993. 8. 24. 선고 92도1329 판결, 대법원 1984. 5. 22. 선고 83도3020 판결, 대법원 1971. 4. 30. 선고 71도527 판결.

75 대법원 2007. 7. 26. 선고 2007도4444 판결, 대법원 1996. 9. 6. 선고 95도2945 판결, 대법원 1986. 12. 23. 선고 86도1491 판결.

76 대법원 1968. 5. 7. 선고 68도370 판결.

피하는 태도이고,[77] 수사실무와 국민들의 일상생활에도 영향을 미쳐 '싸움이 나면 무조건 맞아라.'는 말처럼 정당방위가 인정될 여지가 있는 사안에서조차 정당방위 주장을 주저하게 만들었다는 비판이 있다.[78] 실제로 쌍방 폭행사건에서는 정당방위에 대한 수사가 잘 이루어지지 않고, 피해자도 함께 처벌되거나 정상에 참작할 점이 있다는 이유를 들어 기소유예 처분을 받는 경우가 많다.[79] 이에 불복하여 기소유예 처분의 취소를 구하는 헌법소원을 제기함으로써 비로소 정당방위를 인정받게 되는 경우도 있으나,[80] 실무상 기소유예 처분이나 약식명령이 그대로 확정되는 경우가 대부분인 것으로 보인다.

그러나 근래 대법원은, 겉으로는 서로 맞붙어 싸움을 하는 것처럼 보이더라도 실제로는 상대방의 일방적인 위법한 공격에 대하여 소극적 방어행위를 한 경우라면 정당방위로 위법성이 조각된다는 법리를 확립하였다. 즉 "맞붙어 싸움을 하는 사람 사이에서는 공격행위와 방어행위가 연달아 행하여지고 방어행위가 동시에 공격행위인 양면적 성격을 띠어서 어느 한쪽 당사자의 행위만을 가려내어 방어를 위한 정당행위라거나 정당방위에 해당한다고 보기 어려운 것이 보통이다. 그러나 겉으로는 서로 싸움을 하는 것처럼 보이더라도 실제로는 한쪽 당사자가 일방적으로 위법한 공격을 가하고 상대방은 이러한 공격으로부터 자신을 보호하고 이를 벗어나기 위한 저항수단으로서 유형력을 행사한 경우에는,[81] 그 행위가 새로운 적극적 공격이라고 평가되지 아니하는 한, 이는 사회관념상 허용될 수 있는 상당성이 있는 것으로서 위법성이 조각된다."는 것이다.[82] 이 법리는 대법원

77 박상기, 형법총론(제9판), 박영사(2012), 197; 김병수, "싸움에 있어서 정당방위의 확대", 형사법연구 제24권 제4호, 한국형사법학회(2012), 53.

78 김병수, "싸움에 있어서 정당방위의 확대", 형사법연구 제24권 제4호, 한국형사법학회(2012), 54.

79 조규홍, "정당방위의 상당성의 의미 및 구체적 판단기준", 법조 제657호, 법조협회(2011), 79-80.

80 헌법재판소 2015. 4. 30. 선고 2014헌마120 결정, 헌법재판소 2013. 8. 29. 선고 2011헌마743 결정, 헌법재판소 2013. 8. 29. 선고 2013헌마208 결정, 헌법재판소 2001. 5. 31. 선고 2000헌마314 결정, 헌법재판소 2001. 4. 26. 선고 2001헌마15 결정 등.

81 한편 대법원 2011. 12. 8. 선고 2011도13927 판결은 이러한 경우를 '특별한 사정'에 해당하는 것처럼 설시하고 있는데, 이는 싸움 중의 행위는 원칙적으로 정당방위가 될 수 없다는 대법원의 전통적 입장에 기반하고 있는 판결로 이해된다.

82 대법원 2016. 11. 24. 선고 2016도8470 판결, 대법원 2013. 4. 26. 선고 2012도14293 판결, 대법원 2010. 10. 28. 선고 2010도11732 판결, 대법원 2010. 2. 11. 선고 2009도12958 판결, 대법원 2010. 1. 28. 선고 2009도13674 판결, 대법원 2008. 6. 26. 선고 2007도6843 판결, 대법원 2007. 8. 23. 선고 2007도5023 판결, 대법원 2007. 8. 23. 선고 2007도3443 판결, 대법원 2005. 2. 17. 선고 2004도8308 판결, 대법원 2003. 5. 30. 선고 2003도1256 판결, 대법원 2003. 4. 11. 선고 2003도797 판결, 대법원 2002. 11. 8. 선고 2002도3837 판결, 대법원 1999. 10. 12. 선고 99도3377 판결, 대법원 1985. 10. 22. 선고 85도1455 판결, 대법원 1984. 9. 11. 선고 84도1440 판결.

1984. 9. 11. 선고 84도1440 판결에서 처음 판시된 후 2000년대를 지나면서 대법원의 주류적 입장이 된 것으로 보인다.

즉 대법원은, 싸움 중에 벌어진 행위라는 이유만으로 정당방위를 부정하는 것이 아니라, 싸움의 경위와 실제 상황을 심리하여 저항행위가 "적극적인 반격이 아니라 소극적인 방어의 한도를 벗어나지 않는 한" 위법성이 조각된다고 보았고,[83] 그와 달리 "가해자의 행위가 피해자의 부당한 공격을 방위하기 위한 것이라기보다는 서로 공격할 의사로 싸우다가 먼저 공격을 받고 이에 대항하여 가해하게 된 것이라고 봄이 상당한 경우, 그 가해행위는 방어행위인 동시에 공격행위의 성격을 가지므로 정당방위라고 볼 수 없다."는 태도를 취하고 있다.[84] 목격자의 진술 외에는 별다른 증거를 확보하기 어려웠던 과거와는 달리, CCTV 또는 휴대전화 촬영영상 등으로 싸움의 경위를 확인하기가 쉬워진 이상, 이러한 판례의 변화는 자연스러운 것으로 보인다. 특히 "폭행을 당하여 곤경에 처한 사람을 도와주기 위하여 폭행의 제지에 나서는 시민의 용기는 법질서를 수호하고 건전한 사회기풍을 진작하기 위하여 법이 보호하여야 할 가치의 하나라고 할 것"[85]이므로, 심야에 집단폭행을 당하는 사람을 외면할 수 없어서 가해자들의 폭행을 제지하는 과정에서 그들에게 상해를 가하게 되는 경우 등과 같이 법질서수호를 위하여 필요한 경우에는 정당방위 성립 여부를 신중하게 심리, 검토할 필요가 있다고 본다.

[판례] 헌법재판소 2001. 5. 31. 선고 2000헌마314 결정

폭력행위가 불법 부당한 폭력을 저지하기 위한 정의감 또는 의협심에 기인하였다고 평가될만한 뚜렷한 정상이 있거나, 쌍방 폭력범죄 사건의 경우 어느 일방의 폭력행위가 상대방의 도발에 대항하거나 부당한 행위를 저지하기 위한 경우와 같이 범행동기와 경위 등에 현저히 참작할 만한 정상이 있을 때에는 그러한 폭력행위를 형법 제20조 소정의 '사회상규'에 위배되지 아니하거나, 형법 제21조 소정의 '정당방위'에 해당된다고 판단하여 범죄행위로 인정하지 아니함으로써 법질서를 수호하고 건전한 사회기풍을 진작하려는 시민의 용기를 법이 보호하여야 할 것이다. 위법

83 대법원 1999. 10. 12. 선고 99도3377 판결, 대법원 2004. 1. 15. 선고 2003도5606 판결, 대법원 2003. 5. 30. 선고 2003도1256 판결, 대법원 2003. 4. 11. 선고 2003도797 판결.

84 대법원 2011. 5. 13. 선고 2010도16970 판결, 대법원 2010. 6. 10. 선고 2010도4040 판결, 대법원 2010. 1. 28. 선고 2009도13307 판결, 대법원 2008. 3. 27. 선고 2008도911 판결, 대법원 2005. 9. 15. 선고 2005도4134 판결, 대법원 2004. 6. 25. 선고 2003도4934 판결, 대법원 2002. 9. 24. 선고 2002도3845 판결, 대법원 2001. 12. 24. 선고 2001도5665 판결, 대법원 2000. 3. 28. 선고 2000도228 판결.

85 헌법재판소 2001. 4. 26. 선고 2001헌마15 결정.

부당한 폭력 앞에 이를 저지하는 시민의 용기와 의협심이 웅크린 사회는 더 이상 건강한 사회를 기대할 수 없기 때문이다.

따라서 서로 욕설을 하던 중 싸움이 일어났다는 이유만을 들어 피고인의 정당방위 주장을 배척하여서는 아니 되고,[86] "저항수단으로서 유형력의 행사가 소극적인 방어의 한도를 벗어난 것으로서 별도의 폭력의 범의에 기한 것인지 여부를 판정함에 있어서는, 선제공격을 가한 자나 그와 이해관계를 같이 하는 측의 일방적 진술 또는 그 진술에 주로 의존한 상해진단서의 기재만으로 쉽게 단정 지어서는 곤란하고, 다른 객관적인 증거가 존재하거나 그렇지 않다 해도 위 일방의 진술 혹은 상해진단서의 증빙력을 합리적으로 인정하기에 족한 정황의 존재에 대한 소명이 필요하다"[87]고 보아야 할 것이다.

3. 상당한 이유 : 상당성

가. 의의

방위행위는 '상당한 이유'가 있어야 한다. 방위행위의 상당성은 법치국가원칙의 핵심내용인 '비례성 원칙'에서 파생된다.[88] 다만 법치국가원칙을 엄격하게 적용하면 애당초 정당방위가 인정되기 어려우므로, 여기서 비례성은 통상의 경우보다 '약화된 비례성'을 의미한다고 볼 수 있다.[89] 그럼에도 방위행위의 행사가 법치국가적 구속으로부터 완전히 자유로울 수는 없다는 것이 상당성의 본질이다.[90]

대법원은 "방위행위가 사회적으로 상당한 것인지 여부는 침해행위에 의해 침해되는 법익의 종류와 정도, 침해의 방법, 침해행위의 완급, 방위행위에 의해 침해될 법익의 종류와 정도 등 일체의 구체적 사정들을 참작하여 판단하여야 한다."는 기준을 제시하고 있다.[91]

86 대법원 1996. 12. 23. 선고 96도2745 판결.
87 대법원 2008. 6. 26. 선고 2007도6843 판결.
88 배종대, 형법총론(제13판), 홍문사(2017), 236.
89 배종대, 형법총론(제13판), 홍문사(2017), 236.
90 배종대, 형법총론(제13판), 홍문사(2017), 236.
91 대법원 2017. 3. 15. 선고 2013도2168 판결, 대법원 2007. 4. 26. 선고 2005도7929 판결, 대법원 2007. 4. 26. 선고 2007도1794 판결, 대법원 2007. 3. 29. 선고 2006도9307 판결, 대법원 2007. 2. 22. 선고 2006도8750 판결, 대법원 2006. 4. 27. 선고 2003도4735 판결, 대법원 2005. 12. 23. 선고 2002도1173 판결, 대법원 2005. 6. 9. 선고 2004도7218 판결, 대법원 2004. 6. 25. 선고 2003도4934 판결, 대법원 2003. 11. 13. 선고 2003도3606 판결, 대법원 2002. 5. 10. 선고 2001도300 판결, 대법원 1999. 1. 26. 선고 98도3506 판결, 대법원 1992. 12. 22. 선고 92도2540 판결, 대법원 1985. 9. 10. 선고 85도1370 판결.

한편 헌법재판소는, 위법성조각사유에 대하여도 죄형법정주의의 명확성 원칙이 적용되지만, 모든 정당방위 상황을 미리 예상하여 일일이 법문에서 규정하는 것은 입법기술상 불가능에 가깝고, 변화하는 사회에 대한 법규범의 적응력을 확보하기 위하여 어느 정도 망라적인 의미를 가지는 내용으로 입법하는 것은 불가피하다는 등의 이유로 본조의 '상당한 이유'는 명확성 원칙에 반하지 않는다고 판시하였다.[92]

폭력행위 등 처벌에 관한 법률 제8조 제1항의 경우 '상당한 이유'를 요건으로 명시하고 있지 않으나, 그에 따른 방위행위도 정당방위의 일종이므로 '상당한 이유' 요건이 배제된다고 볼 수는 없다.[93] '상당성'이 비례성 원칙에서 파생되는 것인 점, 폭력행위 등 처벌에 관한 법률 제8조 제2항과 제3항이 상당성의 정도를 초과하는 경우인 과잉방위를 명시한 점에서 보더라도 그러하다.[94] 다만 본조와 달리 '상당성' 요건이 명시적으로 규정되어 있지 않은 이상 상당성에 관하여 약화된 심사를 요한다고 보는 견해도 있다.[95]

나. 입법과정

일제강점기에 조선형사령에 따라 우리나라에 의용된 일본 형법 제36조 제1항은 "급박부당한 침해에 대하여 자기 또는 타인의 권리를 방위하기 위하여 부득이 한 데서 나온 행위는 이를 벌하지 아니한다."고 규정하고 있었다.[96] 반면 형법 제정 당시의 정부초안 제21조는 "자기 또는 타인의 법익에 대한 현재의 부당한 침해를 방위하기 위한 필요행위는 벌하지 아니한다. 방위행위가 필요한 정도를 초과한 때에는 정황에 의하여 그 형을 감경 또는 면제할 수 있다"고 규정함으로써 일본 형법의 '부득이성'을 '필요성'으로 대체하였으나, 실제 입법과정에서는 '필요성'이 아닌 '상당성'을 요건으로 하는 것으로 다시 수정되었다.[97] 한편 민법 제761조 제1항은 본조와 달리 '부득이성'을 정당방위의 요건으로 하고 있다.

92 헌법재판소 2001. 6. 28. 선고 99헌바31 결정.
93 신동운, 형법총론(제11판), 법문사(2019), 300.
94 박상기, 형법총론(제9판), 박영사(2012), 185; 하민경, "각국의 정당방위 판단기준과 국민의 법의식", 사법정책연구원(2019), 21.
95 하민경, "각국의 정당방위 판단기준과 국민의 법의식", 사법정책연구원(2019), 21.
96 김태명, "우리나라에서의 정당방위에 대한 역사적 고찰", 동북아법연구 제2권 제1호, 전북대학교 동북아법연구소(2008), 347.
97 김태명, "우리나라에서의 정당방위에 대한 역사적 고찰", 동북아법연구 제2권 제1호, 전북대학교 동북아법연구소(2008), 348.; 신동운, 형법 제·개정 자료집, 한국형사정책연구원(2009), 45, 144-145.

본조의 입법과정에서 정부 초안의 '필요성'이 '상당성'으로 대체된 이유는, 자기 권리를 방어하는 데 '필요한' 어떠한 행위라도 할 수 있다면 시계 하나를 절취당해도 그 방지에 '필요한 이상' 절도범을 사살하는 것까지 정당방위가 되므로 상식에 반하고, 반면 다른 방법이 없었거나 강도가 성행하였다는 등 당시의 모든 객관적 상황에 비추어 총을 쏜 행위가 '상식적으로 있을 법한 일인 경우'에는 정당방위의 범위를 넓혀서 볼 필요가 있다는 지적이 있었기 때문이다.[98] 형법의 입법자는 '상당성'을 '필요성'보다 폭넓고 융통성 있는 개념으로 이해하면서,[99] 정당방위를 신축적으로 적용할 수 있게 하기 위하여 '상당한 이유' 요건을 규정한 것이다.[100]

다. '상당한 이유'의 구체적 내용

'상당한 이유'의 의미는 '사회윤리적 관점'으로 정당방위 성립을 제한하려는 '정당방위의 사회윤리적 제한' 개념(후술하는 ☞ 제21조 'Ⅳ. 정당방위의 사회윤리적 제한' 주석 참조)과 관련하여 논의되고 있다. 즉 ①'상당성'을 '필요성'과 '정당방위의 사회윤리적 제한'을 포괄하는 개념으로 보는 견해,[101] ②'필요성'이 곧 '상당성'이라고 보면서 '상당성'과 '사회윤리적 제한'을 별개의 요건이라고 보는 견해,[102] ③'상당성' 요건에는 '사회윤리적 제한'이 당연히 포함되므로 '상당성' 요건만으로 정당방위 성립과 제한 여부를 판단할 수 있으며, 정당방위 제한을 위하여 별도로 '사회윤리적 제한' 개념까지 사용할 필요는 없다는 견해[103]로 나뉜다.

1) 요구성

①의 견해 중에는 '사회윤리적 제한'을 '요구성'의 문제로 보는 견해들이 있고(따라서 이 견해들은 '상당성'의 내용을 '필요성'과 '요구성'으로 보고 있다),[104] ②의 견해

98 신동운, 형법 제·개정 자료집, 한국형사정책연구원(2009), 144; 김태명, "우리나라에서의 정당방위에 대한 역사적 고찰", 동북아법연구 제2권 제1호, 전북대학교 동북아법연구소(2008), 348-349.

99 신동운, 형법 제·개정 자료집, 한국형사정책연구원(2009), 144-145.

100 신동운, 형법총론(제11판), 법문사(2019), 297-298.

101 정성근/박광민, 형법총론(제2판), 성균관대학교출판부(2015), 244; 김성돈, 형법총론(제5판), 성균관대학교출판부(2017), 281-283; 박상기, 형법총론(제9판), 박영사(2012), 184-191; 손동권/김재윤, 새로운 형법총론(초판), 율곡출판사(2011), 189-191; 신동운, 형법총론(제11판), 법문사(2019), 296.

102 김일수/서보학, 새로쓴 형법총론(제13판), 박영사(2018), 201-203; 이재상 외 2인, 형법총론(제9판), 박영사(2017), 237-240.

103 배종대, "정당방위의 이론과 현실", 고려법학 제49호, 고려대학교 법학연구원(2007), 38-42; 배종대, 형법총론(제13판), 홍문사(2017), 240-241; 임웅, 형법총론(제10정판), 법문사(2018), 248; 오영근, 형법총론(제4판), 박영사(2018), 199; 정영일, 형법강의(총론)(제3판), 학림(2017), 148.

104 박상기, 형법총론(제9판), 박영사(2012), 185-191; 손동권/김재윤, 새로운 형법총론(초판), 율곡출판사(2011), 190-191; 김성돈, 형법총론(제5판), 성균관대학교출판부(2017), 281-283.

중에서도 '사회윤리적 제한'을 '요구성'으로 이해하는 견해가 있다.[105] 이는 독일 형법 제32조 제1항이 "정당방위로 '요구되는' 행위를 한 자는 위법하게 행위한 것이 아니다."라고 규정하고 있음을 토대로 하는 것으로 보인다. 그러나 '상당성'이 비례성 원칙에서 파생되는 것인 이상 독일 형법의 '요구성' 개념까지 끌어들이지 않더라도 '상당성'의 내용을 파악하는 데 무리가 없다고 본다. 법무부도 독일 형법 제32조 제1항을 "정당방위에 의한 범행을 실행한 자는 위법하게 행위한 것이 아니다."라고만 번역하고 있다.[106]

2) 필요성

①, ②의 견해는 '사회윤리적 제한'이 '상당성'에 포함되는지 여부에 관해서만 차이가 있을 뿐, '필요성'을 최소 침해의 원칙, 적합성 원칙 등의 상위개념으로 이해하는 점에서는 동일하다. 이는 "정당방위는 자기 또는 타인에 대한 현재의 위법한 공격을 회피하기 위하여 '필요한' 방위행위이다."라는 독일 형법 제32조 제2항에서 영향을 받은 것으로 보인다.[107] 다만 본조의 입법경위에서 알 수 있듯이 '상당성'은 '필요성'을 대체하여 입법된 보다 폭넓고 융통성 있는 개념이므로 '필요성'을 ①, ②견해와 같이 이해하는 것은 본조의 입법취지에 부합하지 않고, 우리말에서 '필요성'의 일반적 어의에도 부합하지 않는다. 따라서 '필요성'은 '최소 침해의 원칙'을 의미하는 정도로 이해하는 것이 타당하고,[108] 굳이 독일 형법의 '필요성' 개념을 사용할 필요는 없을 것이다.[109]

3) 보충성

보충성(최후수단성)은 방위행위 외에는 달리 법익을 보호할 방법이 없어야 함을 말한다. 정당방위는 부정 대 정의 관계이므로 원칙적으로 보충성이 요구되지 않는다.[110] 위법한 공격을 받은 자는 도망하거나 회피할 의무가 없다.[111] 대법원도

105 김일수/서보학, 새로쓴 형법총론(제13판), 박영사(2018), 201-203.

106 독일 형법, 법무부(2008), 24.

107 오영근, 형법총론(제4판), 박영사(2018), 196.

108 배종대, 형법총론(제13판), 홍문사(2017), 237.

109 임웅, 형법총론(제10정판), 법문사(2018), 247; 오영근, 형법총론(제4판), 박영사(2018), 196.

110 김일수/서보학, 새로쓴 형법총론(제13판), 박영사(2018), 201; 이재상 외 2인, 형법총론(제9판), 박영사(2017), 237; 임웅, 형법총론(제10정판), 법문사(2018), 248; 오영근, 형법총론(제4판), 박영사(2018). 196; 김성돈, 형법총론(제5판), 성균관대학교출판부(2017), 282; 정영일, 형법강의(총론)(제3판), 학림(2017), 147; 정성근/박광민, 형법총론(제2판), 성균관대학교출판부(2015), 244.

111 배종대, 형법총론(제13판), 홍문사(2017), 237; 김일수/서보학, 새로쓴 형법총론(제13판), 박영사(2018), 201; 손동권/김재윤, 새로운 형법총론(초판), 율곡출판사(2011), 189.

"정당방위에 있어서는 긴급피난의 경우와 같이 불법한 침해에 대해서 달리 피난방법이 없었다는 것을 반드시 필요로 하는 것이 아니"라고 하여 보충성을 요구하지 않음을 명백히 하고 있다.[112] 다만 "술에 취하여 있던 피해자가 먼저 병을 들고 피고인을 공격하려 하였다 하더라도 피고인이 발로 병을 든 손을 차서 동인이 그 병을 떨어뜨렸으므로 피고인으로서는 이러한 위난을 능히 피할 수 있었다"는 이유로 정당방위 성립을 부정한 판결도 존재한다.[113]

이와 관련하여 미국에서는 위기상황을 벗어날 수 있는 이상 후퇴하여야 하고 치명적인 유형력에 의한 방위행위(self-defense by deadly force)를 할 수 없다는 후퇴의무(duty to retreat)가 인정되어 왔다.[114] 반면 방위행위자의 주거 내에서는 주거방위 법리(Castle Doctrine)에 따라 위기상황으로부터 후퇴하거나 회피할 필요 없이 치명적 유형력에 의한 방위가 가능하다고 본다.[115] 주거방위 법리는 총기소지가 자유로울 뿐 아니라 넓은 국토로 경찰력이 신속하게 미치기 어려운 지역이 많고 적극적 정당방위 문화권에 속하는 미국의 특징이 반영된 법리로 생각된다. 주거방위 법리가 인정되는 이유로는, 주거라는 개인적 공간에서는 공개된 장소와 달리 가족 외의 다른 사람들의 도움을 받을 수 없어 방어나 회피에 어려움이 있고, 주거침입은 주거공간의 폐쇄성으로 인하여 강간, 감금과 같은 범죄로 확대될 수 있다는 점 등이 있다.[116] 그러한 사정은 1인 가구가 급증하고 개인주의 경향이 심화되고 있는 우리나라에서도 마찬가지일 것이므로, 주거에 침입한 사람의 공격을 방위하기 위한 행위에 대하여는 정당방위의 상당성 요건이 어느 정도 완화될 필요가 있다고 본다. 한편 미국에서는 주거방위 법리를 확대하여 위협이 있음을 합리적으로 믿은 경우라면 후퇴하거나 회피할 필요 없이 방위행위를 할 수 있다는 후퇴의무배제법(Stand Your Ground Law)을 입법한 주가 많아지고 있

112 대법원 1966. 3. 5. 선고 66도63 판결.

113 대법원 1977. 4. 12. 선고 77도611 판결.

114 김슬기, "가정폭력피해자의 정당방위에 관한 미국과의 비교법적 검토", 이화젠더법학 제9권 제3호, 이화여자대학교 젠더법학연구소(2017), 4.

115 김슬기, "가정폭력피해자의 정당방위에 관한 미국과의 비교법적 검토", 이화젠더법학 제9권 제3호, 이화여자대학교 젠더법학연구소(2017), 9; 박정난, "가정폭력 피해자의 정당방위 성부에 관한 비판적 고찰", 법학연구 제57집, 전북대학교 출판부(2018), 120; 하민경, "각국의 정당방위 판단기준과 국민의 법의식", 사법정책연구원(2019), 106.

116 박정난, "이른바 '절도범 뇌사 사건' 판결에 비추어 본 정당방위·과잉방위에 관한 비판적 고찰", 일감법학 제41호, 건국대학교 법학연구소(2018), 298.

다.[117] 다만 무장한 백인 자경단원이 비무장 상태의 10대 흑인 청소년을 총으로 살해하고도 무죄평결을 받은 Zimmerman 사건으로 인하여 미국 내에서도 이 법에 관한 많은 논란이 이어지고 있다.

4) 적합성

방위행위는 자기 또는 타인의 법익에 대한 현재의 위법한 침해를 방위하는 데 적합한 수단이어야 한다. 즉 방위행위자는 공격을 즉시, 확실하게, 종국적으로 마감시킬 수 있는 효과적 수단을 선택해야 한다.[118]

5) 최소 침해의 원칙

이를 필요성 원칙으로 설명하기도 한다.[119] 방위수단이 여러 가지인 경우에는 침해행위자에게 상대적으로 최소의 피해를 주는 방위행위를 선택해야 한다.[120] 보호방위로 충분한 경우에는 공격방위가 허용될 수 없다.[121] 다만 그러한 선택의 여지가 없을 경우에는 더 큰 피해를 준 방위행위도 상당성이 인정될 수 있다.[122] 방위수단이 여럿 있더라도 방위성공가능성이 각각 다른 경우에는 보다 확실한 방위수단을 선택하는 것이 인간의 자기보호본능에 부합하므로 반드시 최소 침해 수단을 택해야만 한다고 볼 수는 없을 것이다.[123] 자신의 주거 내에서 주거에 침입한 자로부터 공격을 받은 경우[124] 또는 자신이 보호해야 할 어린 자녀에 대한 공격이 있는 경우 등에는 방위행위자로서도 침해행위자의 공격을 회피할 수 있는 방

117 김슬기, "가정폭력피해자의 정당방위에 관한 미국과의 비교법적 검토", 이화젠더법학 제9권 제3호, 이화여자대학교 젠더법학연구소(2017), 9; 하민경, "각국의 정당방위 판단기준과 국민의 법의식", 사법정책연구원(2019), 107; 박정난, "이른바 '절도범 뇌사 사건' 판결에 비추어 본 정당방위·과잉방위에 관한 비판적 고찰", 일감법학 제41호, 건국대학교 법학연구소(2018), 298.

118 배종대, 형법총론(제13판), 홍문사(2017), 237; 김성돈, 형법총론(제5판), 성균관대학교출판부(2017), 281; 정성근/박광민, 형법총론(제2판), 성균관대학교출판부(2015), 249; 신동운, 형법총론(제11판), 법문사(2019), 296.

119 배종대, 형법총론(제13판), 홍문사(2017), 237.

120 배종대, 형법총론(제13판), 홍문사(2017), 237; 김일수/서보학, 새로쓴 형법총론(제13판), 박영사(2018), 202; 이재상 외 2인, 형법총론(제9판), 박영사(2017), 238; 임웅, 형법총론(제10정판), 법문사(2018), 248; 박상기, 형법총론(제9판), 박영사(2012), 185; 정성근/박광민, 형법총론(제2판), 성균관대학교출판부(2015), 244; 김성돈, 형법총론(제5판), 성균관대학교출판부(2017), 281; 손동권/김재윤, 새로운 형법총론(초판), 율곡출판사(2011), 189; 박상기/전지연, 형법학(총론·각론 강의)(제4판), 집현재(2018), 115; 신동운, 형법총론(제11판), 법문사(2019), 297.

121 배종대, 형법총론(제13판), 홍문사(2017), 237; 김일수/서보학, 새로쓴 형법총론(제13판), 박영사(2018), 202.

122 이재상 외 2인, 형법총론(제9판), 박영사(2017), 238.

123 임웅, 형법총론(제10정판), 법문사(2018), 249.

124 미국에서는 주거방위 법리(Castle Doctrine)로 다루어지는 문제이다.

법이 마땅치 않으므로, 최소 침해의 원칙이 어느 정도 완화되어 적용될 필요가 있다.

긴급피난과 달리 침해법익과 보호법익 사이의 균형성은 요구되지 않는다.[125] 다만 침해법익이 보호법익보다 극단적으로 큰 경우는 상당성이 인정되기 어려울 것이다.[126] 침해행위와 방위행위의 균형도 고려되어야 하므로 방위행위가 침해행위에 비하여 현저히 공격적이거나 위험한 방법인 경우에는 상당성이 부정된다.[127] 방위행위의 수단과 방법이 적정해야 한다는 수단의 적정성도 이 원칙의 범주에 속한다고 볼 수 있다.[128] 정당방위의 상당성에는 보충성과 균형성이 포함되지 않으므로, 결국 최소 침해의 원칙이 상당성 판단의 핵심내용이 된다.

대법원은 정당방위의 상당성 요건을 비교적 엄격히 판단하고 있는데, 이에 대하여는 정당방위의 인정범위가 지나치게 좁아지면 처벌되지 않아야 할 국민들이 부당하게 처벌되어 가벌성이 확장되는 문제가 있으며, 국민들을 불법에 눈을 감는 방관자로 만들어 사회 일반의 법의식에 악영향을 끼치게 된다는 지적이 있다.[129]

[판례] 대법원 1989. 8. 8. 선고 89 도 358 판결

원심은 원심공동피고인이 피고인 2(원심공동피고인과 피고인 2는 이건 강제추행치상 사건의 피고인들임)와 공동으로 인적이 드문 심야에 혼자 귀가중인 피고인 1이 골목길로 들어가는 것을 보고 뒤에서 느닷없이 달려들어 그녀의 양팔을 붙잡고 어두운 골목길로 약 10m 정도 더 끌고 들어가서 그녀를 담 벽에 쓰러뜨린 후 원심공동피고인이 음부를 만지며 반항하는 그녀의 옆구리를 무릎으로 차고 억지로 키스를 함으로 피고인 1이 정조와 신체의 안전을 지키려는 일념에서 엉겁결에 원심공동피고인의 혀를 깨물어 그에게 설절단상을 입히게 된 사실을 인정한 다음 피고인 1의 위와 같은 행위는 그 자신의 성적 순결 및 신체에 대한 현재의 부당한 침해를 방

125 배종대, 형법총론(제13판), 홍문사(2017), 239; 김일수/서보학, 새로쓴 형법총론(제13판), 박영사(2018), 202; 이재상 외 2인, 형법총론(제9판), 박영사(2017), 237; 정성근/박광민, 형법총론(제2판), 성균관대학교출판부(2015), 244; 임웅, 형법총론(제10정판), 법문사(2018), 249-250; 오영근, 형법총론(제4판), 박영사(2018), 197; 정영일, 형법강의(총론)(제3판), 학림(2017), 147.

126 김일수/서보학, 새로쓴 형법총론(제13판), 박영사(2018), 203; 오영근, 형법총론(제4판), 박영사(2018), 197; 김성돈, 형법총론(제5판), 성균관대학교출판부(2017), 283.

127 오영근, 형법총론(제4판), 박영사(2018), 197.

128 박상기/전지연, 형법학(총론·각론 강의)(제4판), 집현재(2018), 115.

129 김병수, "정당방위의 확대와 대처방안", 형사정책연구 제25권 제4호, 한국형사정책연구원(2014), 53-56.

어하기 위한 행위로서 상당한 이유가 있다고 하여 무죄를 선고 …(중략)…
사실관계가 위와 같다면 피고인 1의 이 사건 범행은 같은 피고인의 신체에 대한 현재의 부당한 침해에서 벗어나려고 한 행위로서 그 행위에 이르게 된 경위와 그 목적 및 수단, 행위자의 의사 등 제반사정에 비추어 위법성이 결여된 행위라고 볼 수 있으므로...

[판례] 대법원 1992. 12. 22. 선고 92 도 2540 판결
피고인 D가 약 12살 때부터 의붓아버지인 피해자의 강간행위에 의하여 정조를 유린당한 후 계속적으로 이 사건 범행 무렵까지 피해자와의 성관계를 강요받아 왔고, 그 밖에 피해자로부터 행동의 자유를 간섭받아 왔으며, 또한 그러한 침해행위가 그 후에도 반복하여 계속될 염려가 있었다면, 피고인들의 이 사건 범행 당시 피고인 D의 신체나 자유 등에 대한 현재의 부당한 침해상태가 있었다고 볼 여지가 없는 것은 아니나, …(중략)… 피고인들이 사전에 판시와 같은 경위로 공모하여 범행을 준비하고, 술에 취하여 잠들어 있는 피해자의 양팔을 눌러 꼼짝 못하게 한 후 피해자를 깨워 피해자가 제대로 반항할 수 없는 상태에서 식칼로 피해자의 심장을 찔러 살해한다는 것은, 당시의 상황에 비추어도 사회통념상 상당성을 인정하기가 어렵다.

[판례] 대법원 1989. 12. 12. 선고 89 도 2049 판결
피해자가 먼저 피고인을 구타한 것이 원인이 되었다 하더라도 원판시와 같이 길이 26센티미터의 과도로 복부와 같은 인체의 중요한 부분을 3, 4회나 찔러 피해자에게 상해를 입힌 행위를 정당방위나 과잉방위에 해당한다고 볼 수 없으므로...

[판례] 대법원 1991. 5. 28. 선고 91 도 80 판결
피고인이 원심판시와 같이 깨어진 병으로 피해자를 찌를 듯이 겨누어 협박한 사실이 넉넉히 인정되는 바, 피고인이 위와 같은 행위를 하게 된 것은 위 피해자로부터 갑작스럽게 뺨을 맞는 등 폭행을 당하여 서로 멱살을 잡고 다투다가 수세에 몰리자 이에 대항하기 위한 것이었음이 위 각 증거에 비추어 명백하므로 피고인의 위 행위는 자기의 법익에 대한 현재의 부당한 침해를 방위하기 위한 것이라고 볼 수 있으나, 맨손으로 공격하는 상대방에 대하여 위험한 물건인 깨어진 병을 가지고 대항한다는 것은 당시의 상황에 비추어도 사회통념상 그 정도를 초과한 방위행위로서 상당성이 결여된 것이라고 보지 않을 수 없고...

[판례] 대법원 2004. 3. 25. 선고 2003 도 3842 판결
상대파출소 근무자인 김재○으로부터 '공소외 1이 술집에서 맥주병을 깨 다른 사람의 목을 찌르고 현재 자기 집으로 도주하여 칼로 아들을 위협하고 있다.'는 상황을 고지받고 현장에 도착한 피고인으로서는, 공소외 1이 칼을 소지하고 있는 것으로

믿었고 또 그렇게 믿은 데에 정당한 이유가 있었다고 할 것이므로, 피고인과 김종○가 공소외 1과의 몸싸움에 밀려 함께 넘어진 상태에서 칼을 소지한 것으로 믿고 있었던 공소외 1과 다시 몸싸움을 벌인다는 것은 피고인 자신의 생명 또는 신체에 위해를 가져올 수도 있는 위험한 행동이라고 판단할 수밖에 없을 것이고, 따라서 피고인이 공포탄 1발을 발사하여 경고를 하였음에도 불구하고 공소외 1이 김종○의 몸 위에 올라탄 채 계속하여 김종○를 폭행하고 있었고, 또 그가 언제 소지하고 있었을 칼을 꺼내어 김종○나 피고인을 공격할지 알 수 없다고 피고인이 생각하고 있던 급박한 상황에서 김종○를 구출하기 위하여 공소외 1을 향하여 권총을 발사한 것이므로, 이러한 피고인의 권총 사용이, 경찰관직무집행법 제10조의4 제1항의 허용범위를 벗어난 위법한 행위라거나 피고인에게 업무상과실치사의 죄책을 지울 만한 행위라고 선뜻 단정할 수는 없다.

[판례] 대법원 2004. 12. 23. 선고 2004 도 6184 판결
경찰관들이 임의동행 요구를 거부한 피고인에 대하여 물리력을 행사하여 연행하려고 한 시도가 부적법한 것으로서 이에 저항하기 위하여 피고인이 경찰관들을 밀치고 몸싸움을 한 행위가 부당한 법익침해를 방위하기 위하여 상당한 이유가 있는 행위라고 하더라도, 여기에서 더 나아가 피고인이 경찰관들의 모자를 벗겨 모자로 머리를 툭툭 치고 빰을 때린 행위는 저항의 상당한 정도를 벗어나는 것이어서 부당한 법익침해를 방위하기 위하여 상당한 이유가 있는 행위라고 볼 수 없고...

[판례] 대법원 2009. 6. 11. 선고 2009 도 2114 판결
비록 경찰관들의 위법한 상경 제지 행위에 대항하기 위하여 한 것이라 하더라도, 피고인들이 다른 시위참가자들과 공동하여 위와 같이 경찰관들을 때리고 진압방패와 채증장비를 빼앗는 등의 폭행행위를 한 것은 소극적인 방어행위를 넘어서 공격의 의사를 포함하여 이루어진 것으로서 그 수단과 방법에 있어서 상당성이 인정된다고 보기 어려우며...

[판례] 대법원 2009. 8. 20. 선고 2009 도 3624 판결
경찰관의 시위 참가 원천봉쇄 조치가 직무집행의 범위를 벗어난 것이기는 하나, 피고인들의 행위는 경찰관의 위법한 직무집행으로부터 벗어나기 위한 행위가 아니고 이에 항의하면서 경찰관에게 적극적으로 상해를 가하고 공용물건을 손상한 것으로서 방위행위라고 할 수 없으므로 정당방위, 과잉방위 또는 정당행위에 해당하지 않는다고 판단하였는바, …(중략)… 원심의 위와 같은 판단은 정당...

[판례] 대법원 2010. 1. 14. 선고 2009 도 11041 판결
비록 경찰관 조○○이 피고인의 주머니에서 차량 열쇠를 꺼내려고 한 행위가 부적

법한 것으로서 피고인이 부당한 법익침해를 방위하기 위하여 이에 저항할 수 있다고 하더라도 이 사건에서 피고인이 조○○의 계급장을 손으로 뜯고, 자신의 이마로 조○○의 오른쪽 눈 부위를 들이받는 등으로 조○○에게 상해를 가한 행위는 조○○이 피고인의 주머니에서 차량 열쇠를 꺼내려고 한 행위로 인한 부당한 법익침해를 방위하기 위하여 상당한 이유가 있는 행위라고 볼 수 없으므로 피고인의 위와 같은 행위는 상해죄를 구성한다.

[판례] 대법원 2012. 12. 13. 선고 2012도11162 판결

비록 피고인이 위법하게 체포된 상태에 있었고 공소외 2가 음주측정을 요구한 행위가 위법하다고 하더라도, 공소외 2가 피고인에게 음주측정을 요구하였을 뿐 공소외 2를 비롯한 경찰관들이 피고인에게 실력을 행사하는 등의 침해행위를 하지 않았고, 피고인이 위법한 체포상태를 벗어나려는 데에 대하여 공소외 2가 이를 저지하는 상황도 아니었는데, 피고인이 공소외 2의 배를 때려서 공소외 2에게 상해를 가한 이상 피고인의 행위를 사회적으로 상당한 방위행위에 해당한다고 보기는 어려우므로...

[판례] 대법원 2010. 5. 27. 선고 2010도3305 판결

원심판결 이유 및 기록에 의하면, 피해자가 피고인 김○○에 대한 범행에 사용한 위험한 물건을 빼앗기고 난 후, 피해자를 타이르던 위 피고인의 얼굴을 주먹으로 때리자, 위 피고인도 이에 맞서 피해자의 멱살을 잡아 흔들어 피해자를 컨테이너 유리창에 부딪히게 하여 유리가 깨지도록 하는 등 피해자에게 약 2주간의 치료를 요하는 경·요추부염좌의 상해를 가한 사실을 인정할 수 있는바, 이를 앞서 본 법리에 비추어 보면, 위 피고인의 행위는 소극적인 방어행위를 넘어서 공격의 의사를 포함하여 이루어진 것으로서 그 수단과 방법에 있어서 상당성이 인정된다고 보기 어렵고 긴급하고 불가피한 수단이었다고 볼 수도 없으므로, 이를 사회상규에 위배되지 아니하는 정당행위나 현재의 부당한 침해를 방어하기 위한 정당방위에 해당한다고 볼 수 없다.

[판례] 대법원 2008. 6. 26. 선고 2007도6843 판결

설령 피고인이 위 골목길에서 자신의 뺨을 때리는 피해자의 폭력행사에 맞서 피해자와 서로 머리채를 잡아 흔드는 과정에서 피해자가 넘어져 다친 사실이 있다 하더라도, 이 사건은 심야에 인적이 드문 골목길에서 피해자가 자신의 남편 양○○과 피고인 사이의 불륜관계를 일방적으로 추궁하는 과정에서 발생한 점, 당시 피해자 측 일행은 친족관계인 성인 3인이었음에 반해 대학입시를 앞둔 18세의 고등학생이던 피고인은 일행이 없었던 점, 피고인의 입장에서는 위와 같은 상황에서 피해자의

피고인에 대한 구타행위가 일회성으로 끝나리라고 예상하기 쉽지 아니한데다가 실제로도 그 직후 자리를 옮겨 위 모텔에서 재차 피고인에 대한 피해자의 폭력행사가 이어졌고, 그 과정에서 피해자측이 요구하는 대로 피고인이 양○○과의 불륜관계를 시인하고 그것이 양○○의 성폭행에 의한 것이 아니라는 취지의 각서까지 작성하여 준 점, 피해자가 입었다고 하는 상해의 내용에 비해 피고인이 피해자의 폭력행사로 인해 입은 상해의 정도가 훨씬 무거운 점 등 기록상 인정되는 여러 사정을 종합하여 보면, 위와 같은 피고인의 행위에 이르게 된 경위와 그 과정·목적·수단, 행위자의 객관적 의사 및 앞서 본 법리 등에 비추어 볼 때, 피고인의 행위는 피해자의 불법적이고 갑작스런 선제공격에 대한 적극적 반격이 아닌 소극적 저항의 수단으로 이루어진 것으로 볼 여지가 많다 할 것이고, 그렇다면 이는 사회통념상 허용될 만한 상당성이 있는 것으로서 위법성이 조각된다고 봄이 상당하다 할 것이다.

[판례] 대법원 2001. 12. 11. 선고 2001도2029 판결
먼저 약 40분간 질책과 폭행을 당하였다고 하더라도 피해자의 질책과 폭행의 정도에 비추어 피해자의 목을 감고 피해자의 손을 잡으면서 피해자의 폭행을 저지하는 정도에 그치지 않고 그 상태에서 다시 피해자의 다리를 걸어 넘어뜨린 행위는 피해자의 폭력으로부터 자신을 보호하기 위한 방위행위로서의 한도를 넘어선 것...

[판례] 대법원 1999. 6. 11. 선고 99도943 판결
피해자가 야간에 술에 취하여, 피고인 운전의 차량 앞에 뛰어 들어 함부로 타려고 하였고, 이에 항의하는 피고인의 바지춤을 잡아 끌어당겨 바지가 찢어지기까지 하였고, 이에 반하여 피고인이 피고인을 잡아끌고 가려다가 넘어진 위 피해자의 양 손목을 잡아 누르고 있었던 것에 불과한 것이라면, …(중략)… 피고인의 행위는 위 피해자에 대항하여 폭행을 가한 것이라기 보다는 그의 계속되는 부당한 공격으로부터 벗어나거나 이를 방어하기 위하여 한 것으로 보는 것이 상당하고, 그 행위에 이르게 된 경위, 목적, 수단, 의사 등과 피고인의 방어행위로 인하여 입은 위 피해자의 피해가 극히 미미하다는 점 등의 제반 사정에 비추어 볼 때, 피고인의 행위는 사회통념상 허용될 만한 정도의 상당성이 있는 것으로서 위법성이 결여된 행위라고 보아야 할 것이다.
그럼에도 불구하고 원심이 피고인의 행위를 정당방위가 아닌 과잉방위로 인정한 조치에는 정당방위에 관한 법리를 오해하였거나 채증법칙을 위배하여 사실을 잘못 인정한 위법이 있다.

Ⅲ. 정당방위의 효과

정당방위의 요건을 구비한 행위는 위법성이 조각되어 처벌되지 않는다. 정당방위로 평가되는 행위는 위법하지 않은 행위가 되기 때문에 그 행위에 대한 정당방위는 허용되지 않고 경우에 따라서 긴급피난만 가능하다. 정당방위의 효과는 침해행위자 본인에 대하여만 미치고 그와 무관한 제3자에 대하여는 미치지 않는다.

Ⅳ. 정당방위의 사회윤리적 제한

1. 의의

정당방위가 폭넓게 인정되어 온 서구에서는 정당방위의 제한 문제가 정당방위의 핵심 문제로 논의되어 왔다.[130] 독일에서는 정당방위를 개인에게 보장되는 권리로 이해하여 '정당방위권'이라는 표현을 사용하고 있다.[131] 정당방위를 인정하는 것이 부적절한 사안에서 '사회윤리적 관점'에 의하여 정당방위 성립을 제한하려는 독일의 논의가 도입된 것이 '정당방위의 사회윤리적 제한' 문제이다.[132] 독일은 정당방위의 요건으로 '상당성'을 규정하지 않고 '필요성'만 규정하고 있어 광범위하게 인정되는 정당방위에 대하여 '사회윤리적 제한' 이론에 의하여 제약을 가하고 있다.[133] 그와 달리 형법의 입법자는 당시 독일과 일본에서 사용된 '필요성'이나 '부득이성' 대신 '상당성' 요건을 규정함으로써 정당방위에 대하여 사회윤리적 관점에서 포괄적이고 일반적인 제한을 가할 수 있는 가능성을 이미 부여해 두었으므로,[134] '사회윤리적 제한' 이론이 본조의 해석과 관련하여 어떠한 의미를 가지는지가 문제된다.

정당방위의 사회윤리적 제한을 정당방위의 '상당성' 요건과 별개의 요건으로

130 이재상 외 2인, 형법총론(제9판), 박영사(2017), 239; 임웅, 형법총론(제10정판), 법문사(2018), 250; 정성근/박광민, 형법총론(제2판), 성균관대학교출판부(2015), 245.

131 김성천, "독일·한국·일본의 정당방위 판례의 차이점과 그의 법문화적 배경", 중앙법학 제15집 제4호, 중앙법학회(2013), 244-246.

132 오영근, 형법총론(제4판), 박영사(2018), 198.

133 정영일, 형법강의(총론)(제3판), 학림(2017), 147.

134 김태명, "우리나라에서의 정당방위에 대한 역사적 고찰", 동북아법연구 제2권 제1호, 전북대학교 동북아법연구소(2008), 349-351.

설명하는 견해들이 있다.[135] 사회윤리적 제한이 문제되는 사례들을 정당방위의 내재적 한계에 해당한다거나 방위행위의 '요구성'이 결여된 경우라고 설명하기도 한다.[136] 반면 다수설은 이에 관하여 논의되는 사례들을 사회윤리적 제한으로 설명하지 않고 '상당한 이유'가 없어 정당방위가 허용되지 않는 경우라고 설명한다.[137] 사회윤리를 근거로 정당방위를 제한하여 가벌성을 확대하는 것은 형법의 탈도덕화 원칙에 저촉되고,[138] 사회적 가치나 윤리에 대한 판단기준도 자의적이 될 수 있으며,[139] 방위행위의 '필요성'을 요건으로 하는 독일 형법과 달리 '상당성'을 요건으로 하는 우리 형법에서는 정당방위의 사회윤리적 제한 논의가 큰 실익이 없고,[140] 우리 형법의 '상당성'은 정당방위의 성립요건이자 정당방위에 대한 제한원리로서의 양면적 기능을 수행할 수 있으므로,[141] 정당방위의 '사회윤리적 제한'에 관한 논의는 방위행위의 상당성이 문제되는 사례들을 유형화한 것 정도로 이해함이 적절하다고 본다.

2. 문제되는 유형

가. 책임무능력자의 침해에 대한 방위

침해는 위법한 것으로 족하고 책임 있는 자의 침해일 것을 요하지 않는다.[142] 따라서 책임 없는 자의 위법한 침해에 대하여도 원칙적으로 정당방위가 허용된다. 다만 유아, 정신병자, 만취자의 공격에 대하여는 정당방위가 제한된다고 보는

135 이재상 외 2인, 형법총론(제9판), 박영사(2017), 239; 김일수/서보학, 새로쓴 형법총론(제13판), 박영사(2018), 203.

136 김일수/서보학, 새로쓴 형법총론(제13판), 박영사(2018), 203.

137 배종대, 형법총론(제13판), 홍문사(2017), 240-244; 정성근/박광민, 형법총론(제2판), 성균관대학교출판부(2015), 245; 정영일, 형법강의(총론)(제3판), 학림(2017), 148; 오영근, 형법총론(제4판), 박영사(2018), 199; 임웅, 형법총론(제10정판), 법문사(2018), 250; 김성돈, 형법총론(제5판), 성균관대학교출판부(2017), 283; 박상기/전지연, 형법학(총론·각론 강의)(제4판), 집현재(2018), 117; 사회윤리적 제한이 문제되는 사례들을 '요구성'이 결여된 경우로 보면서 '요구성'은 '상당한 이유'의 내용이라고 보는 견해도 이 범주에 포함될 수 있다고 본다[박상기, 형법총론(제9판), 박영사(2012), 191; 손동권/김재윤, 새로운 형법총론(초판), 율곡출판사(2011), 191.].

138 배종대, "정당방위의 이론과 현실", 고려법학 제49호, 고려대학교 법학연구원(2007), 41; 정영일, 형법강의(총론)(제3판), 학림(2017), 148.

139 배종대, 형법총론(제13판), 홍문사(2017), 241; 정영일, 형법강의(총론)(제3판), 학림(2017), 148.

140 오영근, 형법총론(제4판), 박영사(2018), 199.

141 임웅, 형법총론(제10정판), 법문사(2018), 248.

142 배종대, 형법총론(제13판), 홍문사(2017), 241; 이재상 외 2인, 형법총론(제9판), 박영사(2017), 240; 오영근, 형법총론(제4판), 박영사(2018), 198; 임웅, 형법총론(제10정판), 법문사(2018), 252; 정성근/박광민, 형법총론(제2판), 성균관대학교출판부(2015), 245; 손동권/김재윤, 새로운 형법총론(초판), 율곡출판사(2011), 193.

것이 통설이다.[143] 긴급피난행위자,[144] 과실행위자,[145] 금지의 착오에 빠져 공격행위를 한 자[146] 등의 경우도 여기에 포함된다고 보기도 한다. 그러한 자들의 공격에 대한 정당방위가 완전히 금지되는 것은 아니다. 다만 다른 방법으로 법익을 보호할 수 있는 경우는 일단 공격을 회피하거나[147] 제3자의 도움을 요청해야 하며,[148] 부득이한 상황에서 방위행위를 하게 되더라도 반격방위는 제한되고 보호방위나[149] 방어적 긴급피난에 가까운 형태[150]로 방위행위가 이루어져야 한다.

나. 보호관계(보증관계, 긴밀한 인적 관계)에 있는 사람의 침해에 대한 방위

부부관계, 부자관계 및 친족관계가 있는 사람들 사이에서는 정당방위가 제한된다고 보는 것이 통설이다.[151] 이 경우에도 우선 공격을 회피하여야 하고 부득이

143 배종대, 형법총론(제13판), 홍문사(2017), 241; 이재상 외 2인, 형법총론(제9판), 박영사(2017), 240; 김일수/서보학, 새로쓴 형법총론(제13판), 박영사(2018), 204; 오영근, 형법총론(제4판), 박영사(2018), 198; 임웅, 형법총론(제10정판), 법문사(2018), 252; 정성근/박광민, 형법총론(제2판), 성균관대학교출판부(2015), 245; 박상기, 형법총론(제9판), 박영사(2012), 192; 김성돈, 형법총론(제5판), 성균관대학교출판부(2017), 284; 정영일, 형법강의(총론)(제3판), 학림(2017), 148; 손동권/김재윤, 새로운 형법총론(초판), 율곡출판사(2011), 193; 박상기/전지연, 형법학(총론·각론 강의)(제4판), 집현재(2018), 117; 신동운, 형법총론(제11판), 법문사(2019), 299.

144 배종대, 형법총론(제13판), 홍문사(2017), 241; 임웅, 형법총론(제10정판), 법문사(2018), 252; 김성돈, 형법총론(제5판), 성균관대학교출판부(2017), 284.

145 임웅, 형법총론(제10정판), 법문사(2018), 252; 정성근/박광민, 형법총론(제2판), 성균관대학교출판부(2015), 245.

146 배종대, 형법총론(제13판), 홍문사(2017), 241; 이재상 외 2인, 형법총론(제9판), 박영사(2017), 240; 임웅, 형법총론(제10정판), 법문사(2018), 252; 정성근/박광민, 형법총론(제2판), 성균관대학교출판부(2015), 245; 김성돈, 형법총론(제5판), 성균관대학교출판부(2017), 284; 손동권/김재윤, 새로운 형법총론(초판), 율곡출판사(2011), 193.

147 이재상 외 2인, 형법총론(제9판), 박영사(2017), 240; 김일수/서보학, 새로쓴 형법총론(제13판), 박영사(2018), 204; 오영근, 형법총론(제4판), 박영사(2018), 198; 임웅, 형법총론(제10정판), 법문사(2018), 252; 정성근/박광민, 형법총론(제2판), 성균관대학교출판부(2015), 245; 박상기, 형법총론(제9판), 박영사(2012), 192; 손동권/김재윤, 새로운 형법총론(초판), 율곡출판사(2011), 193; 신동운, 형법총론(제11판), 법문사(2019), 299.

148 손동권/김재윤, 새로운 형법총론(초판), 율곡출판사(2011), 193.

149 오영근, 형법총론(제4판), 박영사(2018), 198; 임웅, 형법총론(제10정판), 법문사(2018), 252; 정성근/박광민, 형법총론(제2판), 성균관대학교출판부(2015), 245; 김성돈, 형법총론(제5판), 성균관대학교출판부(2017), 284; 박상기, 형법총론(제9판), 박영사(2012), 192.

150 배종대, 형법총론(제13판), 홍문사(2017), 242.

151 배종대, 형법총론(제13판), 홍문사(2017), 242; 이재상 외 2인, 형법총론(제9판), 박영사(2017), 241; 김일수/서보학, 새로쓴 형법총론(제13판), 박영사(2018), 205; 오영근, 형법총론(제4판), 박영사(2018), 198; 임웅, 형법총론(제10정판), 법문사(2018), 253; 정성근/박광민, 형법총론(제2판), 성균관대학교출판부(2015), 246; 박상기, 형법총론(제9판), 박영사(2012), 193; 김성돈, 형법총론(제5판), 성균관대학교출판부(2017), 284; 정영일, 형법강의(총론)(제3판), 학림(2017), 148; 손동권/김재윤, 새로운 형법총론(초판), 율곡출판사(2011), 197; 신동운, 형법총론(제11판), 법문사(2019), 299.

하게 방위행위를 하는 경우에도 보호방위에 그쳐야 한다.[152] 이러한 사람들은 서로 보증관계에 있고[153] 가정에 대한 불필요한 형법개입은 자제되어야 하기 때문에[154] 정당방위가 제한된다는 것이다. 다만 혼인관계가 파탄에 이르렀거나[155] 지속적인 가정폭력이나 학대의 경우에는 보증관계가 파괴되거나 소멸되었다고 할 것이므로 정당방위가 제한되지 않는다고 볼 수 있다.[156] 다만 대법원은 가정폭력 피해자들이 가해자를 살해한 사안에서 정당방위 성립을 부정하는 경향을 보이고 있다.[157] 이에 대하여는 가부장 중심의 전통적 가족윤리의 영향으로 극단적인 가정폭력 피해자의 경우까지 방위행위의 상당성을 지나치게 엄격하게 판단하고 있는 것이라는 지적이 있다.[158]

다. 극단적으로 불균형한 방위

침해가 극히 경미한 경우에는 정당방위가 제한된다고 본다(통설). 그 예로는 혼잡한 통로에서 밀치기, 만원 지하철에 억지 승차, 야간에 손전등 비추기, 사소한 욕설,[159] 방문객의 소음 때문에 이웃 주민의 수면이 방해받는 경우,[160] 단순절도범을 흉기로 찌르고 물품을 회수하는 경우[161] 등이 있다. 극히 경미한 법익침해는 ㉠위법성이 인정될 수 없으므로 정당방위가 부정된다는 견해도 있고,[162] ㉡경미한 법익침해에 대하여도 정당방위가 가능한 것이 원칙이고, 긴급피난과는 달리

152 김일수/서보학, 새로쓴 형법총론(제13판), 박영사(2018), 205; 임웅, 형법총론(제10정판), 법문사(2018), 253; 정성근/박광민, 형법총론(제2판), 성균관대학교출판부(2015), 246; 오영근, 형법총론(제4판), 박영사(2018), 198.

153 김일수/서보학, 새로쓴 형법총론(제13판), 박영사(2018), 205; 이재상 외 2인, 형법총론(제9판), 박영사(2017), 241; 박상기, 형법총론(제9판), 박영사(2012), 193.

154 배종대, 형법총론(제13판), 홍문사(2017), 242.

155 이재상 외 2인, 형법총론(제9판), 박영사(2017), 241; 김성돈, 형법총론(제5판), 성균관대학교출판부(2017), 284.

156 김일수/서보학, 새로쓴 형법총론(제13판), 박영사(2018), 205-206; 박상기, 형법총론(제9판), 박영사(2012), 193; 손동권/김재윤, 새로운 형법총론(초판), 율곡출판사(2011), 197.

157 대법원 2016. 8. 24. 선고 2016도6641 판결, 대법원 2015. 2. 12. 선고 2014도15131 판결, 대법원 2005. 9. 29. 선고 2005도5154 판결, 대법원 2001. 5. 15. 선고 2001도1089 판결, 대법원 1992. 12. 22. 선고 92도2540 판결.

158 김태명, "가정폭력사건에 있어서 정당방위 성립요건의 판단절차와 기준", 형사법연구 제25호, 한국형사법학회(2006), 103-104.

159 임웅, 형법총론(제10정판), 법문사(2018), 253.

160 김성돈, 형법총론(제5판), 성균관대학교출판부(2017), 283.

161 박상기, 형법총론(제9판), 박영사(2012), 192-193.

162 배종대, 형법총론(제13판), 홍문사(2017), 242-243; 임웅, 형법총론(제10정판), 법문사(2018), 253; 오영근, 형법총론(제4판), 박영사(2018), 198.

법익의 엄격한 균형은 필요하지 않으나, 이러한 경우까지 정당방위가 허용되지는 않는다는 견해[163]가 있다. 이러한 사안은 '상당성'의 해석에 관한 문제일 뿐이고 사회윤리적 제한이라는 별도의 기준은 필요하지 않다고 본다.[164]

대법원은, 전투경찰대원이 상관의 다소 심한 기합에 격분하여 총을 발사하여 상관을 살해한 경우,[165] 자신의 밤나무 단지에서 밤을 포대에 주워 담는 피해자로부터 포대를 빼앗으려다가 반항하는 피해자의 뺨과 팔목을 때려 상처를 입힌 경우[166]에 정당방위 성립을 부정한 바 있는데, 이 판결들을 이러한 유형의 정당방위 제한 사례로 설명하기도 한다.[167]

라. 도발한 침해에 대한 방위

1) 의도적 도발

행위자가 자신의 방위행위를 이용하여 상대방을 공격하려는 의도로 고의로 침해행위를 유발하는 경우에는 정당방위가 인정되지 않는다(통설). 다만 그 근거에 대하여는 견해가 갈린다. 방위행위자의 권리남용으로 보는 견해,[168] 부당한 침해가 없는 경우로 보는 견해,[169] 법질서수호원칙에 근거하여 의도적 도발을 한 행위자에 대하여는 보호의 필요성이 없기 때문이라는 견해,[170] 방위의사가 결여되어 있다고 보는 견해,[171] '원인에 있어 위법한 행위'라고 설명하는 견해 등이 있다.

다만 도발에 의하여 공격을 개시한 자가 예상을 벗어난 과도한 침해행위를 하는 경우에는 제한된 범위에서 정당방위가 허용될 수 있다고 보기도 한다.[172]

163 김일수/서보학, 새로쓴 형법총론(제13판), 박영사(2018), 203; 이재상 외 2인, 형법총론(제9판), 박영사(2017), 241; 정성근/박광민, 형법총론(제2판), 성균관대학교출판부(2015), 246; 박상기, 형법총론(제9판), 박영사(2012), 193; 손동권/김재윤, 새로운 형법총론(초판), 율곡출판사(2011), 198; 박상기/전지연, 형법학(총론·각론 강의)(제4판), 집현재(2018), 117.

164 배종대, 형법총론(제13판), 홍문사(2017), 243; 김성돈, 형법총론(제5판), 성균관대학교출판부(2017), 283; 임웅, 형법총론(제10정판), 법문사(2018), 254.

165 대법원 1984. 6. 12. 선고 84도683 판결.

166 대법원 1984. 9. 25. 선고 84도1611 판결.

167 김성돈, 형법총론(제5판), 성균관대학교출판부(2017), 283.

168 김일수/서보학, 새로쓴 형법총론(제13판), 박영사(2018), 204; 정성근/박광민, 형법총론(제2판), 성균관대학교출판부(2015), 246; 손동권/김재윤, 새로운 형법총론(초판), 율곡출판사(2011), 195.

169 김성돈, 형법총론(제5판), 성균관대학교출판부(2017), 285.

170 배종대, 형법총론(제13판), 홍문사(2017), 243; 이재상 외 2인, 형법총론(제9판), 박영사(2017), 243; 오영근, 형법총론(제4판), 박영사(2018), 193; 임웅, 형법총론(제10정판), 법문사(2018), 254; 박상기, 형법총론(제9판), 박영사(2012), 194.

171 임웅, 형법총론(제10정판), 법문사(2018), 254; 신동운, 형법총론(제11판), 법문사(2019), 300.

172 정성근/박광민, 형법총론(제2판), 성균관대학교출판부(2015), 246-247; 임웅, 형법총론(제10정판), 법문사(2018), 254.

이에 관하여 대법원은 "피고인이 위 피해자를 살해하려고 먼저 가격한 이상 피해자의 반격이 있었다하여 피해자를 살해한 피고인의 소위가 정당방위에 해당한다고 볼 수는 없는 것"이라고 판시한 바 있다.[173]

2) 과실에 의한 도발

도발행위가 위법한 이상 정당방위가 허용되지 않는다는 견해도 주장되나,[174] 통설은 과실로 정당방위상황이 초래된 경우에는 정당방위에 의한 보호의 필요성이 인정된다고 본다. 다만 이러한 경우에는 일단 그 상황을 회피하여야 하고 회피할 수 없는 상황에만 정당방위가 허용된다.[175] 가능한 보호방위로 방위행위를 하여야 하고,[176] 경미한 침해행위는 감수하여야 한다.[177]

V. 과잉방위, 오상방위, 오상과잉방위

1. 과잉방위

가. 의의

과잉방위란 "자기 또는 타인의 법익에 대한 현재의 부당한 침해라는 정당방위의 객관적 전제조건하에서 그 침해를 방위하기 위한 행위가 있었으나 그 행위가 지나쳐 상당한 이유가 없는 경우"를 의미한다.[178] 본조 제2항, 제3항이 과잉방위의 근거규정이다. 정당방위상황은 존재하지만 방위행위가 상당성의 정도를 초과하는 경우를 말하므로, 정당방위상황 자체가 존재하지 않는다면 과잉방위의 문제는 생길 수 없다. 과잉방위를 질적 과잉방위와 양적 과잉방위로 구분하거나[179] 외연적 과잉방위와 내포적 과잉방위로 구분하는 견해[180]도 주장되나, 실무상 큰

173 대법원 1983. 9. 13. 선고 83도1467 판결.

174 오영근, 형법총론(제4판), 박영사(2018), 193.

175 배종대, 형법총론(제13판), 홍문사(2017), 243; 김일수/서보학, 새로쓴 형법총론(제13판), 박영사(2018), 205; 이재상 외 2인, 형법총론(제9판), 박영사(2017), 243; 정성근/박광민, 형법총론(제2판), 성균관대학교출판부(2015), 247; 임웅, 형법총론(제10정판), 법문사(2018), 255; 김성돈, 형법총론(제5판), 성균관대학교출판부(2017), 285; 손동권/김재윤, 새로운 형법총론(초판), 율곡출판사(2011), 196.

176 임웅, 형법총론(제10정판), 법문사(2018), 255; 정성근/박광민, 형법총론(제2판), 성균관대학교출판부(2015), 247; 박상기, 형법총론(제9판), 박영사(2012), 194; 김성돈, 형법총론(제5판), 성균관대학교출판부(2017), 285; 손동권/김재윤, 새로운 형법총론(초판), 율곡출판사(2011), 196.

177 박상기, 형법총론(제9판), 박영사(2012), 194.

178 대법원 2008. 2. 14. 선고 2007도10006 판결, 대법원 2009. 8. 20. 선고 2009도3624 판결.

179 정성근/박광민, 형법총론(제2판), 성균관대학교출판부(2015), 248-249.

180 김일수/서보학, 새로쓴 형법총론(제13판), 박영사(2018), 297; 손동권/김재윤, 새로운 형법총론(초판), 율곡출판사(2011), 199.

의미는 없다고 본다. 가정폭력의 피해자가 가해자를 살해하는 사건에서 과잉방위 여부가 문제되는 경우가 많다.

[판례] 대법원 2016. 8. 24. 선고 2016도6641 판결

원심은, 피해자가 사건 당일 피고인의 목에 식칼을 들이대며 '죽이겠다'고 위협하였으나, 그 후 피고인의 아들이 싸움을 말리면서 부엌에 있던 칼을 2층으로 올라가는 계단 쪽에 숨겨두어 더 이상 피해자가 식칼로 피고인의 생명이나 신체에 위해를 가할 수 있는 상황이 아니었던 점, 피해자가 만취한 채 바닥에 미끄러져 넘어졌고, 피고인이 피해자의 몸 위에 올라타 피해자의 머리와 얼굴을 절굿공이로 여러 차례 내리쳐 피해자가 피를 흘리며 의식을 잃었으며, 피고인이 피해자가 숨을 쉬고 있는 것을 확인한 뒤 방안으로 들어가서 넥타이를 가져와 그 넥타이로 피해자의 목을 강하게 졸라서 질식시켜 살해함으로써 그 어떤 가치보다도 고귀하고 존엄한 인간의 생명을 앗아간 점, 피고인의 딸이 말렸음에도 피고인이 "어차피 이렇게 때렸는데 너희 아빠가 일어나면 우리가 보복만 당하고 위험해진다."라고 말하며 절굿공이로 피해자의 얼굴과 머리를 때리고 넥타이로 목을 조른 점 등을 종합하여, 피고인이 피해자를 살해한 행위는 피해자의 가정폭력으로부터 자신과 자녀들을 보호하기 위한 행위의 한도를 넘어선 것으로서 사회통념상 상당성이 있는 행위라고 보기 어려우므로 정당방위에 해당한다고 볼 수 없고, 야간 기타 불안스러운 상태 하에서 공포·경악·흥분 또는 당황으로 인한 과잉방위행위에 해당한다고 볼 수도 없다고 판단하였다.

관련 법리와 기록에 비추어 살펴보면, 원심의 위와 같은 판단에 상고이유의 주장과 같이 형법상 정당방위 또는 과잉방위에 관한 법리를 오해한 잘못이 없다.

나. 성격

본조 제2항 과잉방위의 법적 성질을 책임의 감소·소멸로 보는 견해가 다수설이다.[181] 그 밖에도 불법의 감소·소멸로 보는 견해,[182] 불법의 감소와 책임의 감소·소멸로 보는 견해,[183] 형 감경은 불법과 책임의 감소로, 형 면제는 불법과 책임의 감소 및 형사정책적 이유로 보는 견해[184] 등이 있다. 다수설에 따르면 본조

181 배종대, 형법총론(제13판), 홍문사(2017), 245; 이재상 외 2인, 형법총론(제9판), 박영사(2017), 244; 임웅, 형법총론(제10정판), 법문사(2018), 257; 박상기/전지연, 형법학(총론·각론 강의)(제4판), 집현재(2018), 122.

182 김일수/서보학, 새로쓴 형법총론(제13판), 박영사(2018), 204; 김성돈, 형법총론(제5판), 성균관대학교출판부(2017), 289; 손동권/김재윤, 새로운 형법총론(초판), 율곡출판사(2011), 198.

183 정성근/박광민, 형법총론(제2판), 성균관대학교출판부(2015), 250.

184 오영근, 형법총론(제4판), 박영사(2018), 200; 손동권/김재윤, 새로운 형법총론(초판), 율곡출판사(2011), 200.

제2항의 과잉방위를 위법성조각사유가 아닌 책임감경 또는 조각사유로 보게 된다. 본조 제2항 과잉방위는 형의 '임의적 감경 또는 면제사유'인데 형의 면제도 유죄판결의 일종이라는 점에서 다수설이 타당하다. 따라서 본조 제2항의 과잉방위는 위법한 행위가 되므로 그에 대한 정당방위도 허용된다.

본조 제3항의 과잉방위는 제1항의 정당방위와 같이 '벌하지 아니한다.'고 규정되어 있다. 그러나 이는 정당방위와는 달리 특별한 상황(야간 기타 불안스러운 상태하에서 공포, 경악, 흥분 또는 당황으로 인한 때)에서는 방위행위자에게 적법행위의 기대가능성이 없기 때문에 책임이 조각되는 것으로 볼 수 있다.[185] 따라서 본조 제3항의 과잉방위도 위법한 행위가 되어 그에 대한 정당방위가 허용된다.

한편 폭력행위 등 처벌에 관한 법률 제8조 제2항의 과잉방위는 본조 제2항과 달리 형의 '필수적 감경사유'로 규정되어 있다.

다. 소송법적 의미

본조 제2항의 과잉방위는 형의 감면사유이고, 본조 제3항의 과잉방위는 제2항의 과잉방위 성립을 전제로 하므로, 피고인이 과잉방위를 주장할 경우 법원은 그에 대한 판단을 명시하여야 한다(형사소송법 제323조 제2항). 다만 대법원은, 법원이 피고인의 과잉방위(형의 감면) 주장에 대하여 판단하지 않은 잘못이 있더라도, 자기 또는 타인의 법익에 대한 현재의 부당한 침해라는 정당방위 요건에 해당하지 않아 형을 감경하거나 면제하지 않은 결과에서 정당하다면 판결결과에 영향이 없다고 판시한 바 있다.[186]

라. 과잉방위의 요건

정당방위의 다른 요건은 모두 갖추었으나 방위행위가 정도를 넘어 상당성이 없는 경우여야 한다. 방위행위자가 상당성 초과를 인식할 것이 필요하다는 견해도 있으나, 상당성은 객관적 기준에 의하여 판단되므로 그러한 인식은 불필요하다.[187] 사전의 선제공격, 사후의 보복공격은 정당방위의 요건인 침해의 현재성 또는 방위의사가 없는 경우이므로 과잉방위가 문제될 여지가 없다.[188] 책임무능력자

185 이재상 외 2인, 형법총론(제9판), 박영사(2017), 245; 임웅, 형법총론(제10정판), 법문사(2018), 257; 오영근, 형법총론(제4판), 박영사(2018), 200; 김성돈, 형법총론(제5판), 성균관대학교출판부(2017), 289.

186 대법원 1999. 4. 23. 선고 99도636 판결.

187 배종대, 형법총론(제13판), 홍문사(2017), 244; 이재상 외 2인, 형법총론(제9판), 박영사(2017), 244; 박상기, 형법총론(제9판), 박영사(2012), 285; 정성근/박광민, 형법총론(제2판), 성균관대학교출판부(2015), 248.

188 정성근/박광민, 형법총론(제2판), 성균관대학교출판부(2015), 248.

의 침해, 보호관계 있는 자의 침해, 극히 경미한 침해, 극단적으로 불균형한 방위 등은 정당방위가 허용되는 최대한의 범위 밖에 있고 단지 '정도를 초과한 경우'가 아니므로 과잉방위가 성립할 여지가 없다고 보는 견해가 있다.[189]

[판례] 대법원 2007. 9. 6. 선고 2007 도 5319 판결

원심은, 피고인이 피해자로부터 이○○을 빼앗아 안고 있어서 실제 이○○의 생명이나 신체에 위험을 초래할 만큼 위급한 상황에 이르렀다고 인정되지 않는데도 피해자의 목을 눌렀던 것인데다가, 피고인은 자신보다 체구가 훨씬 작은 피해자의 목을 잡거나 조르는 방법 말고도 피해자의 신체 중 팔과 몸통 등 급소가 아닌 부위를 붙잡고 제지하거나 안고 있던 이○○을 데리고 다른 곳으로 피하는 등의 방법으로도 얼마든지 피해자의 행위로부터 이○○을 보호할 수 있었음에도 굳이 피해자의 목을 쥐고 조르는 등의 방법을 사용하여 피해자를 사망하게 하였으므로, 피고인의 행위는 피해자가 이○○에게 한 가해의 수단 및 정도, 그에 비교되는 피고인의 행위의 수단, 방법과 행위의 결과에 비추어 볼 때, 그것이 피해자의 이○○에 대한 현재의 부당한 침해를 방위하기 위한 방위행위가 그 정도를 초과한 때에 해당한다고 볼 수 없다고 판단하였는바, 기록에 의하여 살펴보면, 이러한 원심의 사실인정과 판단은 옳은 것으로 수긍이 가고...

[판례] 대법원 1986. 11. 11. 선고 86 도 1862 판결

원심은 …(중략)… 평소 흉포한 성격인데다가 술까지 몹시 취한 피해자가 심하게 행패를 부리던 끝에 피고인들을 모두 죽여 버리겠다면서 식칼을 들고 공소외 1에게 달려들어 찌를 듯이 면전에 칼을 들이대다가 공소외 2로부터 제지를 받자, 다시 공소외 2의 목을 손으로 졸라 숨쉬기를 어렵게 한 위급한 상황에서 피고인이 순간적으로 공소외 2를 구하기 위하여 피해자에게 달려들어 그의 목을 조르면서 뒤로 넘어뜨린 행위는 공소외 1, 2의 생명, 신체에 대한 현재의 부당한 침해를 방위하기 위한 상당한 행위라 할 것이고, 나아가 위 사건당시 피해자가 피고인의 위와 같은 방위행위로 말미암아 뒤로 넘어져 피고인의 몸 아래 깔려 더 이상 침해행위를 계속하는 것이 불가능하거나 또는 적어도 현저히 곤란한 상태에 빠졌음에도 피고인이 피해자의 몸 위에 타고앉아 그의 목을 계속하여 졸라 누름으로써 결국 피해자로 하여금 질식하여 사망에 이르게 한 행위는 정당방위의 요건인 상당성을 결여한 행위라고 보아야 할 것이나, 극히 짧은 시간 내에 계속하여 행하여진 피고인의 위와 같은 일련의 행위는 이를 전체로서 하나의 행위로 보아야 할 것이므로, 방위의사에

189 김성돈, 형법총론(제5판), 성균관대학교출판부(2017), 287-288; 신동운, 형법총론(제11판), 법문사(2019), 301.

서 비롯된 피고인의 위와 같이 연속된 전후행위는 하나로서 형법 제21조 제2항 소정의 과잉방위에 해당한다 할 것이고, 당시 야간에 흉포한 성격에 술까지 취한 피해자가 식칼을 들고 피고인을 포함한 가족들의 생명, 신체를 위협하는 불의의 행패와 폭행을 하여 온 불안스러운 상태 하에서 공포, 경악, 흥분 또는 당황 등으로 말미암아 저질러진 것이라고 보아야 할 것이라고 판단하고 있다. …(중략)… 원심의 위와 같은 사실인정과 판단은 수긍이 가고 거기에 소론이 주장하는 바와 같이 정당방위의 법리를 오해한 위법이 없다.

[판례] 대법원 2005. 7. 8. 선고 2005도2807 판결

원심은 …(중략)… 피고인이 피해자 일행들로부터 폭행을 당하던 중에 피해자 일행에게 반격을 하겠다기보다는 그들의 공격으로부터 벗어나기 위하여 맥주병을 들고 나와서 위협을 하던 중 피고인을 뒤에서 끌어안은 피해자와 함께 넘어져 뒹굴며 옥신각신 하는 과정에서 맥주병이 깨지게 되고 그 깨진 맥주병에 피해자가 이개절상 등의 상해를 입게 된 것으로서 피고인이 피해자 일행에 대항하여 상호 폭행을 가한 것이라기보다는 피해자 일행이 자신들을 때리는 등 위해를 가하자 그에 대항하여 싸우기에는 수적으로 절대적 열세에 있는데다 피고인 혼자서 보호하여야 할 여자 2명까지 딸려 있던 관계로 피해자 일행으로부터 계속되는 부당한 폭행에서 벗어나거나 이를 방어하기 위하여 한 행위라고 봄이 상당하고, 또한 야간에 남자가 6명이나 되는 피해자 일행으로부터 별다른 이유 없이 갑자기 주먹으로 맞는 등 폭행을 당하고 특히 자신뿐만 아니라 자신의 처까지 위협을 당하던 중에 피해자 일행으로 하여금 더 이상 가해행위를 하지 못하도록 겁을 주려는 목적에서 근처에 있던 빈 맥주병을 들었음에도 피해자 일행이 물러서지 않고 피고인에게 달려들어 붙잡고 쓰러뜨린 후 폭행을 계속하는 상황 하에서 순간적으로 공포, 흥분 또는 당황 등으로 말미암아 위와 같은 행위에 이르게 되었다고 인정된다는 이유로 피고인의 행위는 형법 제21조 제3항에 의하여 벌할 수 없는 경우에 해당한다고 판단하였다.

기록에 비추어 살펴보면, 원심의 위와 같은 사실 인정과 판단은 모두 정당하여 수긍할 수 있고...

[판례] 대법원 2004. 2. 27. 선고 2003도6608 판결

피고인의 이 사건 범행이 부하장교인 피해자가 욕설을 하고 주먹으로 피고인의 얼굴을 때려 안경이 파손되면서 찰과상을 입게 하는 등 폭행을 가한 것이 원인이 되었다고 하더라도 피고인이 권총을 발사하여 피해자를 살해한 것이 자기의 법익에 대한 현재의 부당한 침해를 방어하기 위한 정당방위이거나 방위행위가 그 정도를 초과한 과잉방위에 해당한다고 볼 수 없으므로, 같은 취지의 원심 판단은 정당하고...

[판례] 대법원 1996. 11. 8. 선고 96 도 1995 판결
피고인이 판시와 같이 위험한 물건으로서 상황에 따라서는 인명에 치명적인 상해를 가할 수 있는 구명신호총으로 백색신호탄 1발을 공중을 향하여 발사하여 피해자인 공소외인을 협박한 사실을 인정할 수 있는바, 피고인이 위와 같은 행위를 하게 된 것은 공소외인 등으로부터 판시와 같은 폭행을 당하여 수세에 몰리자 이에 대항하기 위한 것이었음이 위 각 증거에 비추어 명백하므로 피고인의 위 행위는 자기의 법익에 대한 현재의 부당한 침해를 방위하기 위한 것이라고 볼 수 있으나, 맨손으로 공격하는 상대방에 대하여 위험한 물건인 이 사건 구명신호총을 가지고 대항하는 것은 당시의 상황에 비추어 사회통념상 그 정도를 초과한 방위행위로서 상당성이 결여된 것이라고 보지 아니할 수 없고, 또한 위 원심 채택 증거에 의하면 피고인과 공소외인이 서로 언쟁을 하던 장소가 피고인 집 근처이고 여러 상점들이 밀집해 있는 삼거리 대로변으로 어둡지 아니하였던 것으로 보이며, 당시 그 주변에는 주민의 다수가 위와 같은 상황을 구경하고 있었다는 것이어서 이러한 상황에 비추어 당시 피고인의 위와 같은 대항행위가 야간의 공포나 당황으로 인한 것이었다고 보기도 어렵다.
원심이 위와 같은 취지에서 피고인의 정당방위 또는 야간의 공포나 당황으로 인한 과잉방위 주장을 배척하고 다만 그 정황을 참작하여 형을 감경한 조치는 옳다.

마. 과잉방위의 효과

본조 제2항의 과잉방위는 형의 임의적 감면사유이다. '야간 기타 불안스러운 상태하에서 공포, 경악, 흥분 또는 당황으로 인한' 과잉방위는 본조 제3항에 따라 처벌되지 않는다.

대법원은, 본조 제1항의 정당방위가 인정되어 위법성이 조각될 수 있는 사안에서, 방위행위가 상당한 이유가 있는지 여부를 판단하지 않고 곧바로 방위행위의 정도를 초과하였음을 전제로 본조 제3항을 적용한 것은 잘못이지만, 무죄를 선고한 판결결과에는 영향이 없으므로 파기사유는 될 수 없다고 판시한 바 있다.[190]

2. 오상방위

오상방위란 객관적으로는 정당방위상황이 존재하지 않음에도 불구하고 정당

190 대법원 1986. 10. 14. 선고 86도1091 판결.

방위상황이 존재하는 것으로 잘못 알고 방위행위를 한 경우를 말한다. 형법에 오상방위에 관한 규정은 없다. 오상방위는 위법성조각사유의 전제사실에 관한 착오 문제가 된다. 법원은 피고인이 정당방위상황의 존재에 관한 착오를 하였다고 볼 가능성이 있는 경우에는 그에 관하여 면밀히 심리하여야 한다.

[판례] 대법원 2014. 2. 27. 선고 2011도13999 판결
(경찰관들이 불심검문에 응하지 않으려는 태도를 분명히 한 피고인을 차량으로 추적하여 앞을 가로막으면서 검문을 요구한 사안에서) 피고인은 자신을 추격하는 경찰관들을 피하여 도망하다가 넘어졌는데, 당시는 새벽 02:20경으로 상당히 어두웠던 심야였고 경찰관들도 정복이 아닌 사복을 입고 있었던 사실, 자신을 추격하는 차량(일반 승용차였던 것으로 보인다)을 피하려다 넘어진 피고인은 주변에 고성으로 '경찰을 불러 달라'고 요청하여 지나가던 택시기사도 이 소리를 듣고 정차하였던 사실 등을 알 수 있고 여기에 피고인은 원심 법정에 이르기까지 일관하여 이 사건 경찰관들을 소위 '퍽치기'를 하려는 자들로 오인하였던 것이라고 진술하고 있는 사정 등을 종합하면, 피고인은 당시 경찰관들을 치한이나 강도로 오인함으로써 이 사건 공무집행 자체 내지 그 적법성이나 자신의 경찰관들에 대한 유형력 행사의 위법성 등에 관하여 착오를 일으켰을 가능성을 배제하기 어려우므로, 원심으로서는 당시 피고인이 자신이 처한 상황을 어떻게 인식하였는지, 피고인에게 착오가 인정된다면 그러한 착오에 정당한 사유가 존재하는지 여부 등에 관하여 면밀히 심리한 다음 범죄성립이 조각될 수 있는지 여부를 신중히 판단하여야 한다.

[판례] 대법원 2002. 1. 25. 선고 2001도3933 판결
원심은, 피고인이 피해자를 절도범 등으로 오인할 만한 충분한 소지가 있었고 그를 추격하여 잡은 장소가 한밤중에 인적이 없는 곳이었다고 하더라도 피고인이 피해자를 추격한 거리가 300m에 이르는 점, 피해자는 피고인의 추격을 피하기 위하여 도망하였을 뿐 피고인에게 어떠한 공격적 행동도 취하지 아니한 점, 그럼에도 피고인은 피해자를 잡자마자 그를 폭행한 점, 그 외에 피해자가 양복정장의 차림이었던 점 등에 비추어 볼 때, 이 사건 당시 피고인에 대한 현재의 급박하고 부당한 침해가 있었다고 오신할 만한 객관적 상황이 있었다거나 피고인이 그러한 상황이 있다고 믿고서 이를 방위하기 위하여 피해자를 폭행하였다고 보기는 어렵고, 한편 절도범 등 범죄인들이 미리 흉기를 숨겨가지고 있다가 범행이 발각되거나 체포될 상황에 이르게 되면 상대방을 해치는 경우가 다반사이고 피고인 역시 피해자를 잡는 순간 피해자로부터 흉기로 공격당할 위험성이 있다고 생각하였다고 하더라도 판시와 같은 사실관계하에서는 피고인이 그와 같이 오인하는 데에 정당한 사유가 있다

고 할 수 없으며, 피고인의 행위가 사회통념상 상당성이 있는 정도의 것이라고 할 수도 없다는 이유로 피고인의 행위는 오상방위에 해당하지 않는다고 판단하였다. 기록에 비추어 보면, 원심의 위와 같은 인정 및 판단은 정당하고...

3. 오상과잉방위

오상과잉방위는 오상방위와 과잉방위가 결합한 형태이다. 정당방위상황이 있는 것으로 착오하고 방위행위를 하였는데 그 행위도 상당성의 정도를 초과한 경우를 말한다. 오상과잉방위의 성격에 대하여 ㉠상당성을 초과하고 있음을 인식한 경우에는 과잉방위에 해당하고, 이를 인식하지 못한 경우에는 오상방위에 해당한다는 견해, ㉡고의적·공격적 오상과잉방위는 과잉방위는 물론 오상방위도 될 수 없고, 과실적·심약적 오상과잉방위는 오상방위로 취급해야 한다는 견해,[191] ㉢오상방위 또는 과잉방위와 구별되는 고유한 별개의 형태라고 보아 본조 제3항에 의한 면책이 가능하다고 보는 견해[192] 등이 있으나, ㉣오상과잉방위는 정당방위상황이 부존재하는 경우이므로 이를 오상방위의 일종이라고 보는 다수설이 타당하다.[193] 따라서 오상과잉방위에 대하여는 본조 제2항, 제3항의 과잉방위 규정이 적용되지 않는다. 반면 오상과잉방위의 경우에 본조 제3항이 적용될 수 있다고 보는 것이 입법자의 의사에 부합한다는 견해도 주장된다.[194]

191 김일수/서보학, 새로쓴 형법총론(제13판), 박영사(2018), 299.

192 손동권/김재윤, 새로운 형법총론(초판), 율곡출판사(2011), 205.

193 배종대, 형법총론(제13판), 홍문사(2017), 251; 이재상 외 2인, 형법총론(제9판), 박영사(2017), 246; 박상기, 형법총론(제9판), 박영사(2012), 200; 정성근/박광민, 형법총론(제2판), 성균관대학교출판부(2015), 253; 정영일, 형법강의(총론)(제3판), 학림(2017), 150.

194 허일태, "오상과잉방위와 형법 제21조 제3항", 형사법연구 제26호, 한국형사법학회(2006), 589-591.

제 22 조 [긴급피난]

① 자기 또는 타인의 법익에 대한 현재의 위난을 피하기 위한 행위는 상당한 이유가 있는 때에는 벌하지 아니한다.
② 위난을 피하지 못할 책임이 있는 자에 대하여는 전항의 규정을 적용하지 아니한다.
③ 전조 제2항과 제3항의 규정은 본조에 준용한다.

[관련조문] 민법 제761조.

[참고문헌] 신동운, 형법 제·개정 자료집, 한국형사정책연구원(2009); 김재윤, "여호와의 증인의 자기결정권에 따른 수혈거부와 의사의 형사책임", 법학논집 제33집 제3호, 전남대학교 법학연구소(2013); 원형식, "환자의 수혈거부와 자기결정권의 한계", 형사법연구 제28권 제1호, 한국형사법학회(2016); 허일태, "무수혈과 관련된 의료과실치사죄", 형사판례연구 제21호, 박영사(2013).

Ⅰ. 본조의 의의

1. 개념

본조의 긴급피난이란 "자기 또는 타인의 법익에 대한 현재의 위난을 피하기 위한 상당한 이유 있는 행위"를 말한다.[1] 자기 또는 타인의 법익이 현재의 위난에 직면한 경우 다른 정당한 법익을 희생시킴으로써 그 위난을 피하는 행위로 설명되기도 한다.[2] 긴급피난은 국가권력(경찰)이 법익보호임무를 달성할 수 없는 상황(법익보호의 사각지대)에서 그 기능을 시민을 통해 연장하는 제도, 즉 시민이 경찰

1 대법원 2016. 1. 28. 선고 2014도2477 판결, 대법원 2015. 11. 12. 선고 2015도6809 전원합의체 판결, 대법원 2013. 6. 13. 선고 2010도13609 판결, 대법원 2008. 9. 25. 선고 2007도4851 판결, 대법원 2006. 4. 13. 선고 2005도9396 판결.
2 임웅, 형법총론(제10정판), 법문사(2018), 259.

의 역할을 대행하는 제도이다.[3] 자기를 위한 긴급피난은 자기보호원칙에서, 타인을 위한 긴급피난은 사회적 연대성의 원리에서 이론적 근거를 찾을 수 있다.[4]

정당방위와 긴급피난은 법익보호를 위한 긴급행위로 처벌되지 않는다는 점에서 공통점이 있다. 다만 정당방위는 부당한 침해를 요건으로 하지만(부정 대 정), 긴급피난은 위난의 부당성을 요건으로 하지 않으므로 정당한 이익 사이에서도 충돌이 발생하는 점에서 차이가 있다(정 대 정). 즉 긴급피난행위의 피해자는 아무런 까닭 없이 손해를 보는 사람이다.[5] 따라서 정당방위와 긴급피난은 '상당한 이유'가 있는 경우 처벌되지 않는다는 점에서는 같지만, '상당한 이유'의 구체적 내용에서 차이가 있으며, 긴급피난의 '상당한 이유'를 더 엄격하게 판단할 수밖에 없다.[6]

2. 법적성질

긴급피난의 법적 성질을 어떻게 보느냐에 따라 '상당한 이유'의 해석이 달라질 수 있다.[7] 긴급피난은 적법행위에 대한 기대가능성이 없기 때문에 책임이 조각된다고 보는 견해도 있었으나, 본조가 규정하는 '타인을 위한 긴급피난'을 책임조각사유로 보기는 어려우므로, 현재 이 견해를 주장하는 학자는 없다.

가. 위법성조각설

본조 제1항의 긴급피난을 위법성조각사유로만 새기는 견해이다.[8] 피난행위로 보호되는 법익이 위난으로 침해되는 법익보다 우월적 가치가 있으면 정당화된다는 것이다. 본조 제1항의 '상당한 이유'는 정당방위와 자구행위의 요건으로도 규정되어 있으므로 이를 위법성조각의 원리로 보아야 하고,[9] 독일 형법이 정당화적 긴급피난과 면책적 긴급피난을 별도로 규정하고 있는 것과 달리 형법은 위법성조

3 배종대, 형법총론(제13판), 홍문사(2017), 251.

4 배종대, 형법총론(제13판), 홍문사(2017), 256.

5 배종대, 형법총론(제13판), 홍문사(2017), 252.

6 배종대, 형법총론(제13판), 홍문사(2017), 260; 김일수/서보학, 새로쓴 형법총론(제13판), 박영사(2018), 209; 이재상 외 2인, 형법총론(제9판), 박영사(2017), 253; 김성돈, 형법총론(제5판), 성균관대학교출판부(2017), 296; 정성근/박광민, 형법총론(제2판), 성균관대학교출판부(2015), 254; 임웅, 형법총론(제10정판), 법문사(2018), 259; 정영일, 형법강의(총론)(제3판), 학림(2017), 156; 손동권/김재윤, 새로운 형법총론(초판), 율곡출판사(2011), 214; 신동운, 형법총론(제11판), 법문사(2019), 318.

7 배종대, 형법총론(제13판), 홍문사(2017), 253.

8 이재상 외 2인, 형법총론(제9판), 박영사(2017), 250-251; 박상기, 형법총론(제9판), 박영사(2012), 202-203; 오영근, 형법총론(제4판), 박영사(2018), 204; 정성근/박광민, 형법총론(제2판), 성균관대학교출판부(2015), 258-259; 손동권/김재윤, 새로운 형법총론(초판), 율곡출판사(2011), 211; 정영일, 형법강의(총론)(제3판), 학림(2017), 153.

9 이재상 외 2인, 형법총론(제9판), 박영사(2017), 250; 정영일, 형법강의(총론)(제3판), 학림(2017), 153.

각적 긴급피난과 책임조각적 긴급피난을 구별하지 않고 있으며,[10] 본조는 제1항에서 우월적 법익에 대한 긴급피난을 규정하고 있고, 제3항에서는 법익 균형이 무너진 과잉피난의 경우 책임을 조각하는 것으로 규정하고 있다는 점[11]을 근거로 한다.

위법성조각설은 우월적 이익 원칙이 적용될 수 없는 경우를 긴급피난 문제가 아닌 초법규적 책임조각사유 문제로 보는 것이 보통이다. 다만 본조 제3항의 과잉피난 중 '야간 기타 불안스러운 상태하에서 공포, 경악, 흥분 또는 당황으로 인한 때'를 면책적 긴급피난으로 평가해야 한다는 견해도 주장된다.[12]

나. 이분설

긴급피난을 위법성을 조각하는 정당화적 긴급피난과 책임을 조각하는 면책적 긴급피난으로 분류하는 견해이다. 전자는 우월적 법익을 보호하기 위한 긴급피난을, 후자는 동가치의 법익을 보호하거나 생명·신체와 같이 이익형량이 곤란한 경우의 긴급피난을 의미한다고 보는 것이다.

이 견해는 다시 본조가 정당화적 긴급피난과 면책적 긴급피난을 함께 규정한 것으로 보는 입장과[13] 본조는 정당화적 긴급피난만을 규정하고 있는 것으로 보고 형법에 근거규정이 없는 면책적 긴급피난은 초법규적 책임조각사유로 보는 입장[14]으로 나누어진다. 전자의 견해는 본조 제1항을 독일 형법의 정당화적 긴급피난에 관한 조항과 면책적 긴급피난에 관한 조항을 사실상 하나로 합쳐놓은 규정이라고 새긴다.[15] 명문의 법률규정이 없는 초법규적 책임조각사유를 폭넓게 인정하면 책임조각의 한계가 불분명해지고 법적 안정성이 손상되는 문제가 있으므로, 침해되는 법익과 보호되는 법익이 동등한 가치이거나 생명·신체와 같이 이익형량이 곤란한 경우를 면책적 긴급피난으로 보면서 본조로 해결하는 것이 바람직하다고 본다.[16] 이 견해에 따르면 본조 제1항의 '상당한 이유'는 정당화적 긴급피난과

10 이재상 외 2인, 형법총론(제9판), 박영사(2017), 250; 정성근/박광민, 형법총론(제2판), 성균관대학교출판부(2015), 258-259; 박상기/전지연, 형법학(총론·각론 강의)(제4판), 집현재(2018), 124.

11 박상기, 형법총론(제9판), 박영사(2012), 202-203; 손동권/김재윤, 새로운 형법총론(초판), 율곡출판사(2011), 211.

12 손동권/김재윤, 새로운 형법총론(초판), 율곡출판사(2011), 218.

13 배종대, 형법총론(제13판), 홍문사(2017), 256; 김일수/서보학, 새로쓴 형법총론(제13판), 박영사(2018), 210; 김성돈, 형법총론(제5판), 성균관대학교출판부(2017), 292, 415; 신동운, 형법총론(제11판), 법문사(2019), 314.

14 임웅, 형법총론(제10정판), 법문사(2018), 261.

15 신동운, 형법총론(제11판), 법문사(2019), 313-314.

16 배종대, 형법총론(제13판), 홍문사(2017), 255; 김일수/서보학, 새로쓴 형법총론(제13판), 박영사(2018), 210.

면책적 긴급피난에서 내용을 달리하게 된다.[17] 즉 정당화적 긴급피난에서는 우월이익 보호가 주된 내용이 되고, 면책적 긴급피난에서는 적법행위의 기대가능성이 주된 내용이 된다.[18] 면책적 긴급피난은 형법 제12조의 강요된 행위와 유사한 측면이 있으나, 강요된 행위는 폭력, 협박 등 불법한 원인에 의하여 강요된 상태를 요건으로 하고, 충돌하는 이익 사이의 균형을 고려할 필요가 없다는 점에서 면책적 긴급피난과는 차이가 있다.[19]

Ⅱ. 긴급피난의 성립요건

1. 자기 또는 타인의 법익에 대한 현재의 위난 : 긴급피난상황

가. 자기 또는 타인의 법익

1) 법익의 범위

정당방위의 경우와 마찬가지로 법이 보호하는 모든 이익을 의미하고, 형법상의 보호법익에 한정되지 않는다(통설). 타인을 위한 긴급피난도 가능하다.

2) 국가적·사회적 법익

다수설은 국가적·사회적 법익 보호를 위한 긴급피난을 긍정한다.[20] 긴급피난은 보호되는 법익이 침해되는 법익에 비하여 우월해야 하고, 보충적인 수단으로만 인정될 수 있다는 엄격한 요건에 따라 정당화되므로, 그러한 요건을 갖추고 있는 한 개인적 법익의 보호를 위한 경우로 국한할 필요는 없다는 것이다.[21]

반면 소수설은 국가적·사회적 법익에 대한 위난이 동시에 개인적 법익에 대한 위난이 되는 경우에는 긴급피난이 인정될 수 있지만, 국가적·사회적 법익 자

17 배종대, 형법총론(제13판), 홍문사(2017), 255; 김일수/서보학, 새로쓴 형법총론(제13판), 박영사(2018), 210.

18 배종대, 형법총론(제13판), 홍문사(2017), 255.

19 김성돈, 형법총론(제5판), 성균관대학교출판부(2017), 410; 손동권/김재윤, 새로운 형법총론(초판), 율곡출판사(2011), 336-337.

20 김일수/서보학, 새로쓴 형법총론(제13판), 박영사(2018), 212; 이재상 외 2인, 형법총론(제9판), 박영사(2017), 252; 임웅, 형법총론(제10정판), 법문사(2018), 263; 박상기, 형법총론(제9판), 박영사(2012), 204; 김성돈, 형법총론(제5판), 성균관대학교출판부(2017), 293; 손동권/김재윤, 새로운 형법총론(초판), 율곡출판사(2011), 211; 정영일, 형법강의(총론)(제3판), 학림(2017), 154; 박상기/전지연, 형법학(총론·각론 강의)(제4판), 집현재(2018), 125; 신동운, 형법총론(제11판), 법문사(2019), 316.

21 김성돈, 형법총론(제5판), 성균관대학교출판부(2017), 293.

체를 보호하기 위한 긴급피난은 인정될 수 없다고 한다.[22] 국가를 위한 긴급피난을 인정할 수 없다는 견해도 같은 취지이다.[23] 국가적·사회적 법익의 보호는 국가기관의 임무인데 국가기관이 본연의 임무를 수행하지 못할 때 개인이 긴급피난으로 대신해 줄 필요성은 없다는 것이다.[24]

나. 현재의 위난

1) 위난

위난은 일정한 상황진전을 그대로 방치하면 법익침해가 발생할 개연성이 높은 상태(법익침해가 예측되는 상태)를 뜻한다.[25] 위난은 이미 발생한 법익침해가 아니라 장래에 발생하게 될 법익침해를 현재시점에서 예측한 것이므로 위난이 곧 법익침해를 의미하는 것은 아니다.[26] 긴급피난에서의 위난은 구조조치가 허용될 수 있는가를 결정해주는 개념이므로 위험범의 위험 개념과는 같지 않다.[27] 대법원은 피고인의 모가 갑자기 기절하였다는 사정은 군무이탈의 범행 동기에 불과하고,[28] 전투경찰이 시위진압임무를 수행하면서 정신적·육체적으로 고통을 겪었다 하더라도 그가 근무지를 이탈한 행위를 긴급피난으로 볼 수는 없다고 판시한 바 있다.[29]

2) 위난의 원인

위난의 원인에는 제한이 없다(통설). 정당방위와 달리 사람의 행위뿐 아니라 동물의 공격, 전쟁, 사고, 폭동, 자연현상, 천재지변도 위난이 될 수 있다(통설). 정당방위가 위법한 침해를 요건으로 하는 것과 달리 긴급피난의 위난은 위법한 것일 필요가 없다. 따라서 사람의 행위로 초래된 위법한 위난에 대하여는 정당방위를 할 수도 있고 긴급피난을 할 수도 있다.[30]

22 오영근, 형법총론(제4판), 박영사(2018), 205; 정성근/박광민, 형법총론(제2판), 성균관대학교출판부(2015), 262.
23 배종대, 형법총론(제13판), 홍문사(2017), 257.
24 배종대, 형법총론(제13판), 홍문사(2017), 257-258; 정성근/박광민, 형법총론(제2판), 성균관대학교출판부(2015), 262.
25 배종대, 형법총론(제13판), 홍문사(2017), 258; 김성돈, 형법총론(제5판), 성균관대학교출판부(2017), 293.
26 배종대, 형법총론(제13판), 홍문사(2017), 258; 김성돈, 형법총론(제5판), 성균관대학교출판부(2017), 293; 정영일, 형법강의(총론)(제3판), 학림(2017), 154.
27 김일수/서보학, 새로쓴 형법총론(제13판), 박영사(2018), 212.
28 대법원 1969. 6. 10. 선고 69도690 판결.
29 대법원 1994. 6. 14. 선고 94도778 판결.
30 임웅, 형법총론(제10정판), 법문사(2018), 262; 김일수/서보학, 새로쓴 형법총론(제13판), 박영사(2018), 212; 이재상 외 2인, 형법총론(제9판), 박영사(2017), 252; 김성돈, 형법총론(제5판), 성균관대학교출판부(2017), 293; 오영근, 형법총론(제4판), 박영사(2018), 206; 정성근/박광민, 형법총론(제2판), 성균관대학교출판부(2015), 260; 정영일, 형법강의(총론)(제3판), 학림(2017), 155.

위난이 피난행위자에 의하여 야기된 '자초위난'에 관하여, ①과실로 위난이 초래된 경우(실수로 화재를 낸 경우 등)에는 긴급피난이 가능하지만, ②피난행위를 이용하여 타인의 법익을 침해할 목적으로 의도적으로 자초한 위난(피난행위자의 선행 범죄행위가 원인이 된 위난, 긴급피난을 빌미로 상대방을 범죄도구로 이용하는 경우 등)에 대하여는 원칙적으로 긴급피난이 허용되지 않는다고 보는 것이 일반적이다.[31]

대법원은, ㉠피고인이 피해자의 집에 침입하여 잠자고 있는 피해자를 강간할 목적으로 손으로 피해자의 입을 막고 음부를 만지다가, 피해자가 피고인의 손가락을 깨물며 반항하자, 물린 손가락을 비틀며 잡아 뽑아 피해자에게 치아결손의 상해를 입게 한 사안에서 "피고인이 스스로 야기한 범행의 와중에서 피해자에게 위와 같은 상해를 입힌 소위를 가리켜 법에 의하여 용인되는 피난행위라 할 수 없다"는 이유로 강간치상죄 성립을 인정하였다.[32] 그와 달리 ㉡정박한 선박이 태풍에 밀려 양식장을 침범하여 재산피해가 발생한 사안에서는, 선장이 태풍에 대비하여 선박을 다른 해상으로 미리 이동·정박해야 할 책임이 있었음에도 공유수면허가 절차와 비용 문제 때문에 "미리 선박을 이동시켜 놓아야 할 책임을 다하지 아니함으로써 위와 같은 긴급한 위난을 당하였다는 점만으로는 긴급피난을 인정하는데 아무런 방해가 되지 아니한다."고 판시하였다.[33] ㉡의 판결은 대법원이 자초위난의 경우에도 긴급피난을 인정할 여지를 두고 있는 사례로 평가되기도 한다.[34]

다만 대법원은 "민법 제761조 제2항에서 규정하고 있는 긴급피난의 요건 중 급박한 위난이라 함은 가해자의 고의나 과실에 의하여 조성된 것은 포함되지 아니한다."고 하여 자초위난에 대하여 민법상 긴급피난이 성립할 수 없음은 명백히 하고 있다.[35]

31 배종대, 형법총론(제13판), 홍문사(2017), 258; 이재상 외 2인, 형법총론(제9판), 박영사(2017), 252-253; 오영근, 형법총론(제4판), 박영사(2018), 206; 정성근/박광민, 형법총론(제2판), 성균관대학교출판부(2015), 261; 정영일, 형법강의(총론)(제3판), 학림(2017), 155; 김성돈, 형법총론(제5판), 성균관대학교출판부(2017), 294; 손동권/김재윤, 새로운 형법총론(초판), 율곡출판사(2011), 213. 피난행위의 상당성 또는 법익교량의 관점에서 개별적·구체적으로 긴급피난 인정 여부를 판단해야 한다는 견해도 주장된다[박상기, 형법총론(제9판), 박영사(2012), 206.].

32 대법원 1995. 1. 12. 선고 94도2781 판결.

33 대법원 1987. 1. 20. 선고 85도221 판결.

34 김성돈, 형법총론(제5판), 성균관대학교출판부(2017), 295.

35 대법원 1981. 3. 24. 선고 80다1592 판결, 대법원 1982. 6. 22. 선고 81다8 판결, 대법원 1975. 8. 19. 선고 74다1487 판결, 대법원 1968. 10. 22. 선고 68다1643 판결.

한편 대법원은 '세월호' 사건에서, '조난사고의 원인을 제공한 선박의 선장 및 승무원은 요청이 없더라도 조난된 사람을 신속히 구조하는 데 필요한 조치를 하여야 한다.'는 수난구호법 제18조 제1항 단서의 적용에 관하여, "수난구호법 제18조 제1항 단서의 '조난사고의 원인을 제공한 선박의 선장 및 승무원'에는 조난사고의 원인을 스스로 제공하여 '조난된 선박의 선장 및 승무원'도 포함된다."고 판시한 바 있다.[36]

3) 위난의 현재성

위난은 현재적이어야 한다. 현재의 위난은 '법익침해의 발생이 근접한 상태'를 말한다.[37] 통설은 긴급피난에서 현재성의 범위가 정당방위의 경우보다 넓다고 보고 있다.[38] 긴급피난은 정당방위보다 상당성의 요건이 엄격하므로 현재성의 요건을 넓게 해석해도 무리가 없다.[39] 위난의 현재성은 피난행위자의 주관을 기준으로 하는 것이 아니라 객관적인 관점에서 판단되어야 한다.[40] 판단의 기준시점은 피난행위보다 바로 앞선 시점이다.[41]

위난으로 인한 손해발생이 목전에 임박하지는 않았다 하더라도 피난행위가 늦어지면 위난 회피가 불가능하거나 더 큰 위난이 발생할 염려가 있는 경우(예방적 긴급피난), 이미 손해가 발생했더라도 그대로 방치하면 손해가 훨씬 증폭될 것으로 예상되는 경우, 위험상태가 일정기간 계속·반복되어 앞으로도 같은 손해가

36 대법원 2015. 11. 12. 선고 2015도6809 전원합의체 판결.

37 대법원 2011. 3. 17. 선고 2006도8839 전원합의체 판결(이른바 '안기부 엑스파일' 사건) 중 대법관 박시환, 대법관 김지형, 대법관 이홍훈, 대법관 전수안, 대법관 이인복의 반대의견은, 테러계획이나 범죄모의 등 통신 또는 대화의 내용이 직접적이고도 임박한 위험을 내용으로 하는 비상적 상황에서는 통신비밀의 공개행위가 본조의 긴급피난에 해당할 수 있다고 본다.

38 배종대, 형법총론(제13판), 홍문사(2017), 259; 김일수/서보학, 새로쓴 형법총론(제13판), 박영사(2018) 212; 박상기, 형법총론(제9판), 박영사(2012), 206; 정성근/박광민, 형법총론(제2판), 성균관대학교출판부(2015), 259; 김성돈, 형법총론(제5판), 성균관대학교출판부(2017), 293; 정영일, 형법강의(총론)(제3판), 학림(2017), 154; 손동권/김재윤, 새로운 형법총론(초판), 율곡출판사(2011), 212. 반면 긴급피난에서 위난의 현재성이 정당방위에서 침해의 현재성보다 넓은 개념이라고 볼 수 없다는 견해도 있다[오영근, 형법총론(제4판), 박영사(2018), 206.].

39 배종대, 형법총론(제13판), 홍문사(2017), 259; 김성돈, 형법총론(제5판), 성균관대학교출판부(2017), 294.

40 배종대, 형법총론(제13판), 홍문사(2017), 259; 김일수/서보학, 새로쓴 형법총론(제13판), 박영사(2018), 212; 이재상 외 2인, 형법총론(제9판), 박영사(2017), 252; 정영일, 형법강의(총론)(제3판), 학림(2017), 154; 정성근/박광민, 형법총론(제2판), 성균관대학교출판부(2015), 260; 김성돈, 형법총론(제5판), 성균관대학교출판부(2017), 294.

41 배종대, 형법총론(제13판), 홍문사(2017), 259; 김일수/서보학, 새로쓴 형법총론(제13판), 박영사(2018), 213; 김성돈, 형법총론(제5판), 성균관대학교출판부(2017), 294.

예상되는 경우(계속적 위난)에도 위난의 현재성이 인정된다.

따라서 대법원 1992. 12. 22. 선고 92도2540 판결과 같이 계속적인 성폭력이나 가정폭력을 당해 온 피해자가 가해자를 살해한 사안에서도 '침해의 현재성'과 달리 '위난의 현재성'은 인정될 수 있을 것이다.[42] 반면 이 경우 생명이라는 절대적 가치의 법익을 침해하는 살인행위는 책임조각은 가능하더라도 위법성은 조각될 수 없다는 반론도 있다.[43] 물론 '위난의 현재성'이 인정되더라도 '상당한 이유'가 인정되지 않는다면 긴급피난으로 위법성이 조각될 수는 없고, 과잉피난에 해당하는지의 문제만 남게 될 것이다.

'위난의 현재성'에 관하여 대법원은, ㉠"피고인이 상관인 피해자로부터 뺨을 한대 얻어맞고 홧김에 그 뒤통수를 대검 뒷자루로 한번 치자 그도 야전삽으로 대항하던 중 위 대검으로 다시 쇄골부분을 찔러 사망케 하였다면, 위 피해자의 행위는 급박한 경우에 해당한다 할 수 없어 긴급피난이 성립되지 아니한다."고 판시한 바 있고,[44] ㉡국가안전기획부장이 대통령선거가 임박한 시점에 강제로 연행한 조사대상자를 선거가 끝날 때까지 불법으로 감금한 사안에서는, 그가 허위사실을 공표할 것이라는 점에 관한 확증이 있었던 것이 아니라 단지 야당과 연계하여 양심선언을 할 것이라는 첩보가 입수된 것에 불과하다면 위난의 현재성을 인정할 수 없다고 판시한 바 있으며,[45] ㉢"경찰관들이 ○○대학교 출입문에서 집회참가자의 출입을 저지한 것은 집회장소사용 승낙을 하지 않은 ○○대학교 측의 집회저지협조요청에 따른 것임을 알 수 있어서 이는 경찰관직무집행법 제6조의 주거침입행위에 대한 사전 제지조치로 보지 못할 바 아니고 비록 그 때문에 소정의 신고 없이 □□대학교로 장소를 옮겨서 집회를 하였다 하여 그 신고 없이 한 집회를 급박한 현재의 위난을 피하기 위한 부득이한 것이었다고 볼 수는 없는 것"이라고 판단함으로써 집회 및 시위에 관한 법률 위반죄를 유죄로 인정하였고,[46]

42 배종대, 형법총론(제13판), 홍문사(2017), 259; 김성돈, 형법총론(제5판), 성균관대학교출판부(2017), 294; 정성근/박광민, 형법총론(제2판), 성균관대학교출판부(2015), 260; 손동권/김재윤, 새로운 형법총론(초판), 율곡출판사(2011), 212. 다만 긴급피난에서 위난의 현재성이 정당방위에서 침해의 현재성보다 넓은 개념이라고 볼 수는 없다는 입장에서는, 이 경우에도 위난의 현재성이 부정된다고 본다[오영근, 형법총론(제4판), 박영사(2018), 206.].

43 손동권/김재윤, 새로운 형법총론(초판), 율곡출판사(2011), 216.

44 대법원 1970. 8. 18. 선고 70도1364 판결.

45 대법원 1999. 4. 23. 선고 99도636 판결.

46 대법원 1990. 8. 14. 선고 90도870 판결.

㉣분묘가 위치한 토지에 대한 개발계획에 따른 분묘 이장기한을 넘기고 있었다는 사정만으로는 분묘발굴이 긴급피난에 해당한다고 볼 수 없다고 판시한 바 있다.[47]

2. 위난을 피하기 위한 행위 : 피난행위

가. 피난의사

피난행위가 되기 위해서는 주관적 정당화요소인 피난의사가 필요하다(통설). 대법원도 피난의사가 긴급피난의 성립요건임을 명시하고 있다.[48] 피난의사는 위난상황의 인식을 근거로 피난의 목표를 추구하고 실현한다는 의식을 뜻한다.[49] 피난의사가 피난행위의 유일한 동기일 필요는 없다.[50] 피난행위자가 법익간의 비교형량절차를 거쳐야 하는 것도 아니다.[51] 피난의사가 결여된 경우는 발생한 결과에 대한 불능미수범이 될 수 있다.[52]

대법원은, ㉠산부인과 전문의가 "임신의 지속이 모체의 건강을 해칠 우려가 현저할 뿐더러 기형아 내지는 불구아를 출산할 가능성마저도 없지 않다고 판단한 아래 부득이" 낙태 수술행위를 한 것은 긴급피난 또는 정당행위에 해당한다고 판시하였고,[53] 반면 ㉡법원경매업무 주무계장들이 자신들이 담당하는 입찰사건의 입찰보증금이 사무원에 의하여 계속적으로 횡령되고 있는 사실을 알고도 방조한 사안에서는 "배당불능이라는 혼란 사태를 방지하기 위하여 위 원심 공동피고인의 범행을 방조하였다고 하더라도" 긴급피난에 해당할 수 없다고 판시한 바 있다.[54]

나. 방어적 긴급피난과 공격적 긴급피난

피난행위가 위난과 무관한 제3자의 법익을 침해하는 경우를 공격적 긴급피난

47 대법원 2007. 7. 26. 선고 2007도1707 판결.

48 대법원 1997. 4. 17. 선고 96도3376 전원합의체 판결, 대법원 1980. 5. 20. 선고 80도306 판결.

49 김일수/서보학, 새로쓴 형법총론(제13판), 박영사(2018), 220; 김성돈, 형법총론(제5판), 성균관대학교출판부(2017), 296; 정영일, 형법강의(총론)(제3판), 학림(2017), 155.

50 김일수/서보학, 새로쓴 형법총론(제13판), 박영사(2018), 220; 이재상 외 2인, 형법총론(제9판), 박영사(2017), 253; 박상기, 형법총론(제9판), 박영사(2012), 211; 임웅, 형법총론(제10정판), 법문사(2018), 263.

51 박상기/전지연, 형법학(총론·각론 강의)(제4판), 집현재(2018), 129; 신동운, 형법총론(제11판), 법문사(2019), 317.

52 김성돈, 형법총론(제5판), 성균관대학교출판부(2017), 296; 박상기, 형법총론(제9판), 박영사(2012), 211; 임웅, 형법총론(제10정판), 법문사(2018), 263; 정성근/박광민, 형법총론(제2판), 성균관대학교출판부(2015), 263; 박상기/전지연, 형법학(총론·각론 강의)(제4판), 집현재(2018), 129.

53 대법원 1976. 7. 13. 선고 75도1205 판결.

54 대법원 1996. 9. 6. 선고 95도2551 판결.

이라 하고, 피난행위가 위난을 유발한 당사자 본인의 법익을 침해하는 경우를 방어적 긴급피난이라 한다.[55] 공격적 긴급피난이 전형적인 긴급피난이고, 방어적 긴급피난은 정당방위의 구조와 유사한 측면이 있다.[56]

이와 관련하여 대법원은, 택시운전사가 1차선에서 2차선으로 급하게 차선을 변경하여 2차선을 진행하던 피고인 차량의 진로를 방해하자, 피고인이 40~50미터를 추격하여 승용차를 1차선으로 들이밀어 택시를 충격한 경우 "상대방에게 대량적이고 치명적인 해를 가할 수 있는 공격행위로서 자기 또는 타인의 생명·신체에 대한 침해를 방어하거나 위난을 피하기 위한 사회적으로 상당한 방어행위 또는 피난행위라고 보여지지 않을 뿐만 아니라, 야간 기타 불안스러운 상태하에서 공포·흥분 또는 당황으로 인한 것으로 보여지지도 않는다."고 본 원심을 수긍한 바 있다.[57]

3. 상당한 이유 : 상당성

긴급피난의 상당성은 비례성 원칙으로부터 유래한다.[58] 형법 제정 당시 정부 초안 제22조는 "자기 또는 타인의 법익에 대한 현재의 위난을 피하기 위한 필요 행위는 벌하지 않는다. 피난행위가 필요한 정도를 초과한 때에는 정황에 의하여 그 형을 감경 또는 면제할 수 있다. 위난을 피하지 못할 책임이 있는 자에 대하여는 전2항의 규정을 적용하지 않는다."고 규정하였으나, 입법과정에서 정당방위에서와 같이 '필요성' 대신 '상당성'을 요건으로 하는 것으로 수정되었다.[59] 긴급피난의 '상당한 이유'는 정당방위의 '상당한 이유'보다 더 엄격한 요건이 요구된다.[60]

대법원은 긴급피난에서의 "상당한 이유 있는 행위에 해당하려면, 첫째 피난행위는 위난에 처한 법익을 보호하기 위한 유일한 수단이어야 하고(보충성), 둘째

55 배종대, 형법총론(제13판), 홍문사(2017), 263; 김일수/서보학, 새로쓴 형법총론(제13판), 박영사(2018), 218; 김성돈, 형법총론(제5판), 성균관대학교출판부(2017) 295.

56 김성돈, 형법총론(제5판), 성균관대학교출판부(2017), 296.

57 대법원 1999. 1. 26. 선고 98도3506 판결.

58 배종대, 형법총론(제13판), 홍문사(2017), 260.

59 신동운, 형법 제·개정 자료집, 한국형사정책연구원(2009), 46, 148.

60 배종대, 형법총론(제13판), 홍문사(2017), 260; 김일수/서보학, 새로쓴 형법총론(제13판), 박영사(2018), 209; 이재상 외 2인, 형법총론(제9판), 박영사(2017), 253; 김성돈, 형법총론(제5판), 성균관대학교출판부(2017), 296; 정성근/박광민, 형법총론(제2판), 성균관대학교출판부(2015), 254; 오영근, 형법총론(제4판), 박영사(2018), 207; 임웅, 형법총론(제10정판), 법문사(2018), 259; 정영일, 형법강의(총론)(제3판), 학림(2017), 156; 손동권/김재윤, 새로운 형법총론(초판), 율곡출판사(2011), 214; 신동운, 형법총론(제11판), 법문사(2019), 318.

피해자에게 가장 경미한 손해를 주는 방법을 택하여야 하며(최소침해의 원칙), 셋째 피난행위에 의하여 보전되는 이익은 이로 인하여 침해되는 이익보다 우월해야 하고(우월적 이익의 원칙), 넷째 피난행위는 그 자체가 사회윤리나 법질서 전체의 정신에 비추어 적합한 수단일 것(수단의 상당성)을 요하는 등의 요건을 갖추어야 한다."고 판시하고 있다.[61]

가. 보충성

피난행위는 위난에 처한 법익을 보호하기 위한 유일한 수단이어야 한다.[62] 피난행위에 의하지 않고는 달리 위난을 피할 수 없어야 한다(회피의 원칙).[63] 위난을 방지하기 위한 법적 절차가 마련되어 있다면 그 절차에 따르지 않은 피난행위는 허용되지 않는다.[64]

[판례] 대법원 2016. 1. 28. 선고 2014 도 2477 판결
원심은 …(중략)… 피고인으로서는 자신의 진돗개를 보호하기 위하여 몽둥이나 기계톱 등을 휘둘러 피해자의 개들을 쫓아버리는 방법으로 자신의 재물을 보호할 수 있었을 것이므로 피해견을 기계톱으로 내리쳐 등 부분을 절개한 것은 피난행위의 상당성을 넘은 행위로서 형법 제22조 제1항에서 정한 긴급피난의 요건을 갖춘 행위로 보기 어려울 뿐 아니라, 그 당시 피해견이 피고인을 공격하지도 않았고 피해견이 평소 공격적인 성향을 가지고 있었다고 볼 자료도 없는 이상 형법 제22조 제3항에서 정한 책임조각적 과잉피난에도 해당하지 아니한다고 보아 이 사건 공소사실 중 재물손괴의 점을 무죄로 판단한 제1심판결을 파기하고 이 부분 공소사실을 유죄로 인정하였다. …(중략)… 원심의 위와 같은 판단은 정당하고...

[판례] 대법원 2004. 5. 28. 선고 2004 도 434 판결
(2002. 12. 30. 법률 제6852호로 폐지되기 전의 구 도시재개발법에 의한 관리처분계획

61 대법원 2016. 1. 28. 선고 2014도2477 판결, 대법원 2015. 11. 12. 선고 2015도6809 전원합의체 판결, 대법원 2013. 6. 13. 선고 2010도13609 판결, 대법원 2006. 4. 13. 선고 2005도9396 판결.

62 이재상 외 2인, 형법총론(제9판), 박영사(2017), 253; 정성근/박광민, 형법총론(제2판), 성균관대학교출판부(2015), 263; 임웅, 형법총론(제10정판), 법문사(2018), 264; 박상기, 형법총론(제9판), 박영사(2012), 210; 김성돈, 형법총론(제5판), 성균관대학교출판부(2017), 297; 정영일, 형법강의(총론)(제3판), 학림(2017), 157; 손동권/김재윤, 새로운 형법총론(초판), 율곡출판사(2011), 214.

63 김일수/서보학, 새로쓴 형법총론(제13판), 박영사(2018), 213; 이재상 외 2인, 형법총론(제9판), 박영사(2017), 253; 정성근/박광민, 형법총론(제2판), 성균관대학교출판부(2015), 263; 임웅, 형법총론(제10정판), 법문사(2018), 264; 박상기, 형법총론(제9판), 박영사(2012), 210; 김성돈, 형법총론(제5판), 성균관대학교출판부(2017), 297; 정영일, 형법강의(총론)(제3판), 학림(2017), 157; 손동권/김재윤, 새로운 형법총론(초판), 율곡출판사(2011), 214.

64 이재상 외 2인, 형법총론(제9판), 박영사(2017), 256; 정영일, 형법강의(총론)(제3판), 학림(2017), 157.

의 인가·고시 후 분양처분의 고시 이전에 재개발구역 안의 무허가 건물을 임의로 손괴한 사안에서) 피해자들이 명시적 내지는 묵시적으로 이 사건 각 무허가 주택의 철거에 동의하지 아니한 상태에서 피고인들이 구 법 제31조, 제32조가 정한 바에 따라 공익사업을 위한 토지 등의 취득 및 보상에 관한 법률이 정한 절차에 의하지 아니하고 피해자들의 이 사건 각 무허가 주택을 임의로 철거한 행위는 비록 그것이 재개발사업추진이라는 조합원 전체의 이익을 위한 것이었다 하더라도 형법 제22조의 긴급피난이나 형법 제20조의 정당행위에 해당된다고 볼 수는 없다.

[판례] 대법원 2007. 9. 20. 선고 2007도5207 판결
(재건축조합 조합장이 입주자들이 모두 이사하여 아무도 거주하지 않는 아파트를 철거한 사안에서) 원심은, 피해자들이 위 각 아파트의 철거에 동의하지 않고 있는 상태에서 이 사건 철거를 감행한 피고인의 행위는 비록 이 사건 조합의 조합장으로서 조합원 전체의 이익을 도모하기 위한 것이었다 하더라도, 이 사건 조합이 피해자들을 상대로 제기한 명도단행가처분신청이 제1심에서 기각되었고 위 사건이 항고심 법원에 계속중이었음에도 피고인이 그 재판결과에 정면으로 배치되는 이 사건 범행을 감행한 점 등에 비추어 피고인의 이 사건 철거행위가 긴급피난 또는 정당행위에 해당할 정도로 상당성을 갖춘 행위라고 볼 수 없다는 이유로, 피고인의 긴급피난 및 정당행위에 의한 위법성 조각 주장을 배척하였는바, 기록에 의하여 살펴보면, 원심의 이러한 판단은 옳은 것으로 수긍이 가고...

나. 필요성

피난행위는 피해자에게 가장 경미한 손해를 주는 방법을 택해야 한다. 즉 위난을 피하기 위한 여러 수단 중 피해자에게 가장 경미한 손실을 입히는 수단을 선택해야 한다.[65] '최소 침해의 원칙'[66] 또는 '상대적 최소피난(침해)의 원칙'이라고도 한다.[67]

65 배종대, 형법총론(제13판), 홍문사(2017), 261; 김일수/서보학, 새로쓴 형법총론(제13판), 박영사(2018), 213; 이재상 외 2인, 형법총론(제9판), 박영사(2017), 254; 박상기, 형법총론(제9판), 박영사(2012), 210; 임웅, 형법총론(제10정판), 법문사(2018), 264; 정성근/박광민, 형법총론(제2판), 성균관대학교출판부(2015), 266; 김성돈, 형법총론(제5판), 성균관대학교출판부(2017), 297; 정영일, 형법강의(총론)(제3판), 학림(2017), 157; 손동권/김재윤, 새로운 형법총론(초판), 율곡출판사(2011), 214; 신동운, 형법총론(제11판), 법문사(2019), 318-319.

66 배종대, 형법총론(제13판), 홍문사(2017), 261.

67 김일수/서보학, 새로쓴 형법총론(제13판), 박영사(2018), 213; 이재상 외 2인, 형법총론(제9판), 박영사(2017), 254; 박상기, 형법총론(제9판), 박영사(2012), 210; 임웅, 형법총론(제10정판), 법문사(2018), 264; 정성근/박광민, 형법총론(제2판), 성균관대학교출판부(2015), 266; 김성돈, 형법총론(제5판), 성균관대학교출판부(2017), 297; 손동권/김재윤, 새로운 형법총론(초판), 율곡출판사(2011), 214.

이는 보충성 원칙의 한 내용으로 설명되기도 한다.[68]

대법원은, 재개발조합의 조합장이 사업비 대출에 관하여 종전 약정에는 존재하지 않았던 약 5억 6,260만 원의 만기연장수수료를 은행에 지급하고 만기를 연장하는 약정을 조합원총회 의결 없이 체결한 사안에서, "서면으로 조합원의 의사를 확인하는 방법을 선택하였을 수도 있고, 지급한 연장수수료의 액수가 적지 아니하여 조합에 가장 적은 손해를 주는 방법이라고 단정하기 어렵다는 등의 이유로 피고인의 이 사건 행위가 긴급피난에 해당한다고 볼 수 없고"라고 판단한 원심을 수긍한 바 있다.[69]

다. 균형성

피난행위에 의하여 보전되는 이익은 이로 인하여 침해되는 이익보다 우월해야 한다. 보호법익이 침해이익보다 본질적으로 우월할 것을 요한다(우월적 이익의 원칙), 이익형량 원칙).[70] 보호법익과 침해이익이 동등한 가치인 경우에는 위법성이 조각될 수 없고[71] 면책적 긴급피난 등 책임조각 문제가 될 수 있을 뿐이다.[72] 본조가 정당화적 긴급피난과 면책적 긴급피난을 함께 규정하고 있다고 보는 입장에서는, 정당화적 긴급피난과 면책적 긴급피난은 성립요건이 공통되지만 균형성 요건에서 차이가 발생하는 것으로 본다.[73] 정당화적 긴급피난에서는 균형성이 상당성의 주된 내용이고, 면책적 긴급피난에서는 적법행위의 기대가능성이 상당성의 주된 내용이 된다.

68 김일수/서보학, 새로쓴 형법총론(제13판), 박영사(2018), 213; 이재상 외 2인, 형법총론(제9판), 박영사(2017), 254; 김성돈, 형법총론(제5판), 성균관대학교출판부(2017), 297; 정영일, 형법강의(총론)(제3판), 학림(2017), 157; 손동권/김재윤, 새로운 형법총론(초판), 율곡출판사(2011), 214.

69 대법원 2012. 3. 29. 선고 2010도13848 판결.

70 배종대, 형법총론(제13판), 홍문사(2017), 261; 김일수/서보학, 새로쓴 형법총론(제13판), 박영사(2018), 214; 이재상 외 2인, 형법총론(제9판), 박영사(2017), 254; 임웅, 형법총론(제10정판), 법문사(2018), 264; 정성근/박광민, 형법총론(제2판), 성균관대학교출판부(2015), 264; 정영일, 형법강의(총론)(제3판), 학림(2017), 156; 김성돈, 형법총론(제5판), 성균관대학교출판부(2017), 297; 손동권/김재윤, 새로운 형법총론(초판), 율곡출판사(2011), 215.

71 배종대, 형법총론(제13판), 홍문사(2017), 261; 이재상 외 2인, 형법총론(제9판), 박영사(2017), 254; 정성근/박광민, 형법총론(제2판), 성균관대학교출판부(2015), 264; 정영일, 형법강의(총론)(제3판), 학림(2017), 156; 오영근, 형법총론(제4판), 박영사(2018), 207; 김성돈, 형법총론(제5판), 성균관대학교출판부(2017), 297.

72 배종대, 형법총론(제13판), 홍문사(2017), 261; 임웅, 형법총론(제10정판), 법문사(2018), 264.

73 배종대, 형법총론(제13판), 홍문사(2017), 267; 김일수/서보학, 새로쓴 형법총론(제13판), 박영사(2018), 295; 김성돈, 형법총론(제5판), 성균관대학교출판부(2017), 417; 신동운, 형법총론(제11판), 법문사(2019), 319.

대법원은 태풍으로 인한 선박의 조난, 전복을 피하기 위하여 닻줄을 늘여놓았다가 선박이 태풍에 밀려 양식장을 침범한 사안에서 긴급피난을 인정한 바 있다. 이 판결은 대법원이 긴급피난을 명시적으로 인정한 거의 유일한 사례로 보인다.[74]

> [판례] 대법원 1987. 1. 20. 선고 85 도 221 판결
>
> 피고인들이 태풍에 대비한 선박의 안전을 위하여 ○○호의 닻줄을 7샤클로 늘여놓은 것은 피조개양식장의 물적 피해를 인용한 것이라 할 것이어서 재물손괴의 점에 대한 미필적 고의를 인정할 수 있다고 할 것이다. …(중략)…
>
> 그러나 위와 같이 선박이동에도 새로운 공유수면점용허가가 있어야 하고 휴지선을 이동하는 데는 예인선이 따로 필요한 관계로 비용이 많이 들어 다른 해상으로 이동을 하지 못하고 있는 사이에 태풍을 만나게 되었다면 피고인들로서는 그와 같은 위급한 상황에서 선박과 선원들의 안전을 위하여 사회통념상 가장 적절하고 필요불가결하다고 인정되는 조치를 취하였다면 형법상 긴급피난으로서 위법성이 없어서 범죄가 성립되지 아니한다고 보아야 하고 미리 선박을 이동시켜 놓아야 할 책임을 다하지 아니함으로써 위와 같은 긴급한 위난을 당하였다는 점만으로는 긴급피난을 인정하는데 아무런 방해가 되지 아니한다.
>
> 이 사건에서 원심이 태풍내습시 ○○호에는 태풍에 대비하여 7, 8명의 선원이 타고 있었고, 피고인들이 태풍으로 인한 선박의 조난이나 전복을 피하기 위하여 선박의 양쪽에 두개의 닻을 내리고, 한쪽의 닻줄의 길이를 175미터(7샤클)로 늘여 놓은 것이 사고지점에서 태풍의 내습에 대비한 가장 적절하고 필요한 조치로 인정된다는 취지에서 피고인들의 소위를 긴급피난행위로 보아 재물손괴의 점에 대하여 무죄를 선고한 원심의 판단은 정당하고, 거기에 긴급피난의 법리를 오해하였거나 심리미진의 위법을 찾아 볼 수 없다.

한편 대법원은, 피고인이 피해자에게 건물 2층을 공장으로, 건물 3층을 연구실로 임대할 당시 승객용 승강기로 원료인 쌀을 운반하는 데 동의해준 것으로 보이는 사안에서, 승강기의 안전성에 문제점이 발생되었거나 발생될 우려가 있다는 구체적 사정이 발견되지 않았음에도 피고인이 승강기를 2, 3층에 정지하지 않게 조작하여 피해자로 하여금 7개월 이상 승강기를 이용하지 못하게 한 것은, "동기

74 산부인과 전문의의 낙태행위에 관한 대법원 1976. 7. 13. 선고 75도1205 판결은 긴급피난 또는 정당행위에 해당한다고 판시한 바 있다.

와 목적이 정당하다거나 수단이나 방법이 상당하다고 할 수 없고, 또한 그에 관한 피고인의 이익과 피해자가 침해받은 이익 사실에 균형이 있는 것으로도 보이지 않을 뿐만 아니라 현재의 부당한 침해를 방어하기 위한 것으로서 상당성이 있다거나 현재의 위난을 피하기 위한 상당한 이유 있는 행위라고도 볼 수 없으므로 이는 정당행위, 정당방위 또는 긴급피난에 해당한다고 볼 수 없다."고 판시한 바 있다.[75]

라. 적합성

피난행위는 그 자체가 사회윤리나 법질서 전체의 정신에 비추어 적합한 수단일 것을 요한다. 예를 들어 수혈이 긴급히 필요한 환자의 생명을 구하기 위한 최후수단으로 타인의 의사에 반하여 강제채혈을 하는 행위는 인간의 존엄이나 자기결정권을 침해하는 것으로 '사회윤리적 적합성'이나 '수단의 상당성(적절성)'이 결여되어 피난행위의 상당성이 인정될 수 없다.[76] 이와 달리 인간의 존엄성과 환자의 생명의 조화를 해치지 않는 범위에서는 강제채혈이 긴급피난으로 인정될 수 있다거나[77] 위급한 중환자와 강제채혈을 당한 사람 사이에 연대성을 요하는 특별관계가 있는 경우에는 예외적으로 정당화될 수 있다고 보는 견해도 있다.[78] 방어적 긴급피난의 경우 공격적 긴급피난보다 수단의 상당성이 더 넓게 인정될 수 있다.[79]

대법원은, ㉠아파트 입주자대표회의 회장이 케이블 TV 방송의 시험방송 송출로 위성방송 수신이 불가능하게 되었다는 다수 입주민들의 민원을 접수한 후 케이블 TV 방송에 시험방송 송출을 중단해달라는 요청을 하지도 않은 채 케이블 TV 방송의 방송안테나를 절단하도록 지시한 사안에서 긴급피난을 부정한 바 있고,[80] ㉡정당 당직자인 피고인들이 국회 상임위원회 회의장 앞 복도에서 출입이 봉쇄된 회의장 출입구를 뚫을 목적으로 회의장 출입문과 그 안쪽에 쌓여있던 책상, 탁자 등 집기를 손상하거나 국회의 심의를 방해할 목적으로 소방호스를 이용

75 대법원 2008. 9. 25. 선고 2007도4851 판결.

76 이재상 외 2인, 형법총론(제9판), 박영사(2017), 256; 임웅, 형법총론(제10정판), 법문사(2018), 265; 정성근/박광민, 형법총론(제2판), 성균관대학교출판부(2015), 266; 정영일, 형법강의(총론)(제3판), 학림(2017), 157; 손동권/김재윤, 새로운 형법총론(초판), 율곡출판사(2011), 216.

77 김성돈, 형법총론(제5판), 성균관대학교출판부(2017), 300.

78 정성근/박광민, 형법총론(제2판), 성균관대학교출판부(2015), 266.

79 오영근, 형법총론(제4판), 박영사(2018), 208.

80 대법원 2006. 4. 13. 선고 2005도9396 판결.

하여 회의장 내에 물을 분사한 사안에서, "국민의 대의기관인 국회에서 서로의 의견을 경청하고 진지한 토론과 양보를 통하여 더욱 바람직한 결론을 도출하는 합법적 절차를 외면한 채 곧바로 폭력적 행동으로 나아간 피고인들의 행위는 그 방법이나 수단에 있어서도 상당성의 요건을 갖추지 못하였다"고 판시하여 긴급피난 성립을 부정하였으며,[81] ⓒ확성장치 사용, 불법행렬, 선거운동기간 전 집회 개최 등 공직선거법의 선거운동제한 규정을 위반하는 방법으로 특정 후보자 낙선운동을 한 사안에서도 긴급피난을 부정하였다.[82]

Ⅲ. 긴급피난의 제한

'위난을 피하지 못할 책임이 있는 자'에 대하여는 본조 제1항의 긴급피난 규정이 적용되지 않는다(본조 제2항). '위난을 피하지 못할 책임이 있는 자'는 위난에 대비하는 것이 직업이나 고유의 업무인 군인, 경찰관, 의사, 간호사, 소방관, 구조대원, 선장 등을 의미한다. 이들의 피난행위는 원칙적으로 긴급피난에 의하여 위법성이 조각될 수 없다.

이들은 직무의 특수성 때문에 일반인과 같은 정도의 긴급피난이 허용되지 않을 뿐이고 절대적 희생의무가 있는 것은 아니므로,[83] 자신의 위험감수의무를 초과하는 위난에 대한 긴급피난이나, 경미한 법익의 희생으로 자신의 생명과 신체의 중대한 위험을 피하는 긴급피난은 허용된다는 것이 일반적 견해이다.[84] 다만 이들의 긴급피난 인정 여부를 검토할 경우에는 상당성 요건을 일반인에 비하여 더 엄격히 적용해야 할 것이다.[85] 대법원은 '세월호' 사건에서, 침몰하는 선박에서 승객들에 대한 구호조치를 전혀 취하지 않고 탈출한 선장에 대하여 살인죄 성립을 인정하였고,[86] '태안반도 유조선 기름누출사고'에서, 상사의 지시에 따라 악천후에 무리한 운항을 하던 예인선단 선원이 예인선단의 안전과 또 다른 사고방지

81 대법원 2013. 6. 13. 선고 2010도13609 판결.

82 대법원 2004. 4. 27. 선고 2002도315 판결.

83 배종대, 형법총론(제13판), 홍문사(2017), 263.

84 배종대, 형법총론(제13판), 홍문사(2017), 263; 김일수/서보학, 새로쓴 형법총론(제13판), 박영사(2018), 217-218; 이재상 외 2인, 형법총론(제9판), 박영사(2017), 256-257; 김성돈, 형법총론(제5판), 성균관대학교출판부(2017), 300; 정성근/박광민, 형법총론(제2판), 성균관대학교출판부(2015), 267; 박상기, 형법총론(제9판), 박영사(2012), 212; 정영일, 형법강의(총론)(제3판), 학림(2017), 158; 박상기/전지연, 형법학(총론·각론 강의)(제4판), 집현재(2018), 131.

85 김성돈, 형법총론(제5판), 성균관대학교출판부(2017), 301.

86 대법원 2015. 11. 12. 선고 2015도6809 전원합의체 판결.

를 위한 조치를 하다가 유조선에 충돌한 것이어서 긴급피난에 해당한다는 피고인의 주장을 배척하였다.[87]

위와 같이 특별한 보호의무가 있는 사람들 외의 일반인도 위난을 감수해야 하는 경우가 있다. 지진, 홍수, 산불 등 자연재난이나 전쟁, 경제공황 등 공동체 구성원이 함께 겪는 고통에 대하여는 구성원들이 고통을 분담해야 하는 상황이므로 긴급피난행위가 제한될 수 있다.[88]

형법 제18조의 '위험발생을 방지할 의무가 있는 자', 즉 부진정부작위범의 보증인지위에 있는 자가 본조의 '위난을 피하지 못할 책임이 있는 자'에 포함된다고 볼 수 있는지에 관한 논의도 있으나,[89] 부진정부작위범의 경우 의무의 충돌 문제가 발생할 수도 있으므로, 보증인지위에 있는 자를 일률적으로 본조의 '위난을 피하지 못할 책임이 있는 자'로 보아 긴급피난을 제한하는 것은 부당하다.

Ⅳ. 긴급피난의 효과

긴급피난을 위법성조각사유로 보는 견해는, 피난행위로 우월적 이익이 보호되는 경우 본조 제1항에 의하여 위법성이 조각된다고 본다.[90] 이 견해는 동등한 가치의 법익이 침해·보호된 경우를 책임조각의 문제로 취급한다.

긴급피난을 정당화적 긴급피난과 면책적 긴급피난으로 분류하는 견해는, 우월적 법익을 위한 긴급피난은 정당화적 긴급피난에 해당하여 위법성이 조각되고, 동등한 가치의 법익을 위한 긴급피난은 면책적 긴급피난으로 책임이 조각된다고 본다.[91] 면책적 긴급피난을 인정하되 형법에 근거규정이 없다는 이유로 이를 초법규적 책임조각사유로 설명하는 견해도 있으나[92] 결론에서는 차이가 없다.

87 대법원 2009. 4. 23. 선고 2008도11921 판결.

88 배종대, 형법총론(제13판), 홍문사(2017), 263; 신동운, 형법총론(제11판), 법문사(2019), 471.

89 박상기/전지연, 형법학(총론·각론 강의)(제4판), 집현재(2018) 131.

90 이재상 외 2인, 형법총론(제9판), 박영사(2017), 250-251. 박상기, 형법총론(제9판), 박영사(2012), 202-203; 오영근, 형법총론(제4판), 박영사(2018), 208; 정성근/박광민, 형법총론(제2판), 성균관대학교출판부(2015), 266; 손동권/김재윤, 새로운 형법총론(초판), 율곡출판사(2011), 217; 정영일, 형법강의(총론)(제3판), 학림(2017), 158.

91 배종대, 형법총론(제13판), 홍문사(2017), 264-267; 김일수/서보학, 새로쓴 형법총론(제13판), 박영사(2018), 220; 김성돈, 형법총론(제5판), 성균관대학교출판부(2017), 292; 임웅, 형법총론(제10정판), 법문사(2018), 266; 신동운, 형법총론(제11판), 법문사(2019), 468.

92 임웅, 형법총론(제10정판), 법문사(2018), 261.

V. 과잉피난과 오상피난

1. 과잉피난

과잉피난은 긴급피난행위가 그 정도를 초과하여 상당성이 없는 경우를 의미한다. 과잉피난의 법적 성질에 관하여는 책임의 감소·소멸로 보는 견해,[93] 불법의 감소와 책임의 감소·소멸로 보는 견해[94] 등이 있다. 본조 제3항은 과잉방위에 관한 형법 제21조 제2항, 제3항을 준용한다. 따라서 과잉피난행위는 정황에 의하여 형을 감경 또는 면제할 수 있고(본조 제3항, 형법 제21조 제2항), 야간 기타 불안스러운 상태 하에서 공포, 경악, 흥분 또는 당황으로 인한 때에는 벌하지 아니한다(본조 제3항, 형법 제21조 제3항). 과잉방위와 마찬가지로 전자의 과잉피난은 책임의 감경 또는 조각사유에 해당하고, 후자의 '벌하지 아니한다.'는 본조 제1항의 '벌하지 아니한다.'와 달리 책임이 조각되는 것으로 해석된다. 과잉피난의 경우에도 피난의사는 필요하다.[95]

대법원은, 피고인이 자신의 진돗개를 보호하기 위하여 피해견(로트와일러)을 기계톱으로 내리쳐 등 부분을 절개한 것은 피난행위의 상당성을 넘은 것이고, 그 당시 피해견이 피고인을 공격하지도 않았고 피해견이 평소 공격적인 성향을 가지고 있었다고 볼 자료가 없다면 본조 제3항의 책임조각적 과잉피난에 해당하지도 않는다고 판시한 바 있다.[96]

2. 오상피난

오상피난은 객관적으로 긴급피난상황이 존재하지 아니함에도 불구하고 행위자가 그러한 상황이 존재하는 것으로 오인하여 피난행위를 한 경우를 말한다. 이에 대한 법률규정은 없다. 오상피난은 긴급피난이 아니므로 위법성을 조각하지 않는다. 이는 오상방위와 마찬가지로 위법성조각사유의 전제사실에 관한 착오 문제가 된다.

93 임웅, 형법총론(제10정판), 법문사(2018), 266; 신동운, 형법총론(제11판), 법문사(2019), 471.
94 정성근/박광민, 형법총론(제2판), 성균관대학교출판부(2015), 267.
95 대법원 1997. 4. 17. 선고 96도3376 전원합의체 판결.
96 대법원 2016. 1. 28. 선고 2014도2477 판결.

VI. 의무의 충돌

1. 의의

둘 이상의 작위의무가 행위자에게 동시에 부과되어 행위자가 그 중 어느 하나의 의무만을 이행할 수밖에 없는 긴급 상태에서, 하나의 의무를 이행하기 위하여 다른 의무를 방치한 결과가 범죄구성요건에 해당하는 경우를 말한다.

여기서 의무는 법적 의무이고, 부작위의무와 부작위의무 사이에는 의무의 충돌이 발생하지 않는다고 보는 것이 통설이다. 행위자는 둘 이상의 부작위의무를 동시에 이행할 수 있기 때문이다. 작위의무와 부작위의무 사이에서도 의무의 충돌을 인정하는 견해도 있으나,[97] 그러한 경우에는 긴급피난으로 해결할 수 있으므로 의무의 충돌에 포함할 필요가 없다는 견해가 다수설이다.[98] 명시적 규정이 있는 긴급피난으로 해결할 수 있는 경우까지 명시적 규정이 없는 의무의 충돌로 볼 필요는 없을 것이므로, 의무의 충돌은 작위의무 사이에서만 문제된다는 견해가 타당하다고 본다. 따라서 의무의 충돌은 특히 부작위범의 위법성과 관련하여 문제가 된다.[99]

2. 법적 성격

의무의 충돌을 긴급피난의 특수한 경우로 보는 견해,[100] 정당행위 중 '기타 사회상규에 위배되지 아니하는 행위'로 보는 견해,[101] 초법규적 위법성조각사유에

97 오영근, 형법총론(제4판), 박영사(2018), 210; 손동권/김재윤, 새로운 형법총론(초판), 율곡출판사(2011), 222; 정영일, 형법강의(총론)(제3판), 학림(2017), 159.

98 배종대, 형법총론(제13판), 홍문사(2017), 269; 김일수/서보학, 새로쓴 형법총론(제13판), 박영사(2018), 247; 이재상 외 2인, 형법총론(제9판), 박영사(2017), 258; 박상기, 형법총론(제9판), 박영사(2012), 214; 임웅, 형법총론(제10정판), 법문사(2018), 268; 정성근/박광민, 형법총론(제2판), 성균관대학교출판부(2015), 270; 박상기/전지연, 형법학(총론·각론 강의)(제4판), 집현재(2018), 133.

99 박상기, 형법총론(제9판), 박영사(2012), 339; 임웅, 형법총론(제10정판), 법문사(2018), 595; 김성돈, 형법총론(제5판), 성균관대학교출판부(2017), 549; 손동권/김재윤, 새로운 형법총론(초판), 율곡출판사(2011), 414.

100 배종대, 형법총론(제13판), 홍문사(2017), 324; 이재상 외 2인, 형법총론(제9판), 박영사(2017), 261; 정성근/박광민, 형법총론(제2판), 성균관대학교출판부(2015), 268; 정영일, 형법강의(총론)(제3판), 학림(2017), 160; 신동운, 형법총론(제11판), 법문사(2019) 324.

101 김일수/서보학, 새로쓴 형법총론(제13판), 박영사(2018), 248; 김성돈, 형법총론(제5판), 성균관대학교출판부(2017), 551; 임웅, 형법총론(제10정판), 법문사(2018), 268; 오영근, 형법총론(제4판), 박영사(2018), 211; 손동권/김재윤, 새로운 형법총론(초판), 율곡출판사(2011), 224.

해당한다고 보는 견해, 법으로부터 자유로운 영역에 해당한다는 견해, 부진정부작위범의 위법성과 관련된 문제로 파악하면서 작위의무의 제한이라는 구성요건의 차원에서 위법성 여부를 판단하여야 한다는 견해[102]가 있다.

3. 의무의 충돌의 유형

가. 논리적 충돌과 실질적 충돌

다수설은 의무의 충돌 유형으로 논리적 충돌과 실질적 충돌을 구분하여 설명한다.[103] 논리적 충돌은 의무를 발생시키는 법규들 사이에 모순이 있어 발생하는 충돌이다. 그 예로 감염병의 예방 및 관리에 관한 법률에 의한 의사의 신고의무와 형법에 의한 의사의 비밀유지의무가 있다.[104] 이 경우 하나의 의무가 다른 의무를 배제하고 있으므로 하나의 의무만 이행하는 것으로 족하고 사실상 충돌이 발생하지 않으며[105] 긴급피난의 문제가 될 수 있다.[106] 실질적 충돌은 법규와 관계없이 행위의무자가 처한 개인적인 사정에 따라 둘 이상의 의무가 충돌하는 경우를 말한다. 응급실 의사가 생명이 위험한 여러 명의 긴급환자 중 1명만 치료할 수 있는 상황과 같은 경우가 실질적 충돌에 해당한다.

나. 해결할 수 있는 충돌과 해결할 수 없는 충돌

의무의 충돌 유형으로 해결할 수 있는 충돌과 해결할 수 없는 충돌을 나누어 설명하기도 한다.[107] 해결할 수 있는 충돌은 행위자가 적법행위와 위법행위 중에서 하나를 선택할 수 있는 경우(법익형량이 가능한 경우)이고, 해결할 수 없는 충돌은 그러한 선택의 여지가 없는 경우(법익형량이 불가능한 경우, 동등한 가치의 의무의

102 박상기, 형법총론(제9판), 박영사(2012), 215; 박상기/전지연, 형법학(총론·각론 강의)(제4판), 집현재(2018), 133.

103 배종대, 형법총론(제13판), 홍문사(2017), 270; 이재상 외 2인, 형법총론(제9판), 박영사(2017), 258; 정성근/박광민, 형법총론(제2판), 성균관대학교출판부(2015), 269; 임웅, 형법총론(제10정판), 법문사(2018), 269; 손동권/김재윤, 새로운 형법총론(초판), 율곡출판사(2011), 221.

104 이러한 경우를 '의무의 경합'으로 보면서, 두 의무가 충돌되는 것처럼 보이지만 실제로는 전염병신고의무의 이행이 우선시되기 때문에 업무상비밀유지의무를 이행하지 않아도 무방하다고 설명하는 견해도 있다[오영근, 형법총론(제4판), 박영사(2018), 209.].

105 정성근/박광민, 형법총론(제2판), 성균관대학교출판부(2015), 270.

106 김일수/서보학, 새로쓴 형법총론(제13판), 박영사(2018), 248.

107 배종대, 형법총론(제13판), 홍문사(2017), 270; 이재상 외 2인, 형법총론(제9판), 박영사(2017), 259; 정성근/박광민, 형법총론(제2판), 성균관대학교출판부(2015), 270; 손동권/김재윤, 새로운 형법총론(초판), 율곡출판사(2011), 222.

충돌)이다.[108] [109] 해결할 수 없는 충돌(생명 대 생명과 같이 동등한 가치의 의무의 충돌)은 정당화적 의무의 충돌이 아니라 면책적 의무의 충돌이므로 책임이 조각된다고 보는 견해가 있으나,[110] 동등한 가치의 의무충돌의 경우에도 위법성이 조각된다고 보는 견해가 다수이다.[111]

4. 의무의 충돌의 요건

가. 둘 이상의 법적 의무의 실질적 충돌

둘 이상의 작위의무가 충돌해야 한다. 충돌하는 의무는 모두 법적 의무여야 한다. 충돌이란 하나의 의무를 이행함으로써 다른 의무의 이행이 불가능하게 되어 범죄구성요건을 충족하는 경우를 말한다. 법규의 모순에 의한 논리적 충돌은 포함되지 않는다. 하나의 의무를 이행한 후 다른 의무를 이행할 수 있거나, 두 의무를 동시에 이행할 수 있는 경우에는 의무의 충돌이 있다고 볼 수 없다.[112]

행위자의 고의나 과실로 의무의 충돌이 발생한 경우에는 위법성이 조각될 수 없다고 보는 견해,[113] 원칙적으로 위법성이 조각될 수 없으나 경미한 과실에 의한 충돌은 제외된다는 견해, 자초위난의 긴급피난 인정 여부와 같이 해결해야 한다는 견해,[114] 의무의 충돌상황이 있는 이상 그 원인은 묻지 않는다는 견해[115]가 있다.

나. 상위 가치 또는 동등한 가치의 의무 이행

동등한 가치의 의무 중 하나를 선택하고 하나를 포기하는 것을 '정당'하다고

108 다만 행위자의 선택가능성에 관하여, 해결할 수 있는 충돌은 법적 해결책이 마련되어 있어 오히려 행위자가 스스로 선택할 여지가 없고, 해결할 수 없는 충돌은 법적 해결책이 마련되어 있지 않아 오히려 개인의 양심적 선택에 맡기게 된다는 설명도 있다[손동권/김재윤, 새로운 형법총론(초판), 율곡출판사(2011), 222.].

109 충돌하는 의무 중 어느 것을 우선시할 것인가는 동등한 가치의 법익 사이에서도 언제나 결정되어야 하므로 해결할 수 없는 의무의 충돌이란 없다고 보는 견해도 주장된다[박상기, 형법총론(제9판), 박영사(2012), 215.].

110 배종대, 형법총론(제13판), 홍문사(2017), 270.

111 김일수/서보학, 새로쓴 형법총론(제13판), 박영사(2018), 249; 이재상 외 2인, 형법총론(제9판), 박영사(2017), 264; 박상기, 형법총론(제9판), 박영사(2012), 216; 임웅, 형법총론(제10정판), 법문사(2018), 270; 손동권/김재윤, 새로운 형법총론(초판), 율곡출판사(2011), 224.

112 배종대, 형법총론(제13판), 홍문사(2017), 270; 정성근/박광민, 형법총론(제2판), 성균관대학교출판부(2015), 271; 임웅, 형법총론(제10정판), 법문사(2018), 268; 신동운, 형법총론(제11판), 법문사(2019), 324.

113 임웅, 형법총론(제10정판), 법문사(2018), 268.

114 오영근, 형법총론(제4판), 박영사(2018), 212.

115 배종대, 형법총론(제13판), 홍문사(2017), 271; 이재상 외 2인, 형법총론(제9판), 박영사(2017), 262; 정성근/박광민, 형법총론(제2판), 성균관대학교출판부(2015), 271.

평가할 수는 없으므로 동등한 가치의 의무를 이행한 경우를 책임조각사유로 보는 견해가 있다.[116] 반면 동등한 가치의 의무 중 하나를 이행한 경우도 위법성이 조각된다고 보는 것이 다수설이다.[117] 위난의 감수가 가능한 긴급피난과는 달리 의무의 충돌 상황에서는 의무 중 어느 하나는 이행이 불가능하므로 위법성이 조각된다고 보는 견해가 타당하다. 따라서 상위 가치의 의무나 최소한 동등한 가치의 의무를 이행하는 것이 의무의 충돌의 요건이 된다. 이는 의무의 충돌에서 '상당한 이유'의 내용으로 볼 수 있다.[118]

한편 행위자가 충돌하는 의무의 서열을 착각하고 높은 가치의 의무 대신 낮은 가치의 의무를 이행한 경우는 금지의 착오에 해당하여 책임이 조각될 수 있다.[119] 행위자의 개인적 종교 또는 윤리관으로 인하여 높은 가치의 의무 대신 낮은 가치의 의무를 이행한 때는 확신범의 문제가 된다.[120]

다. 주관적 정당화요소

행위자는 의무의 충돌 상황을 인식하고 있어야 하고, 충돌하는 의무 중 상위 가치 또는 동등한 가치의 의무를 이행한다는 의사로 행위하여야 한다.[121] 이러한 의사로 충돌하는 의무 중 하나를 선택하여 이행한 이상 선택의 동기가 무엇인지는 문제되지 않는다.[122]

5. 의무의 충돌의 효과

법이 불가능을 요구할 수는 없고 어느 의무를 이행할 것인지는 행위자의 선

116 배종대, 형법총론(제13판), 홍문사(2017), 271.

117 이재상 외 2인, 형법총론(제9판), 박영사(2017), 264; 오영근, 형법총론(제4판), 박영사(2018), 212; 김성돈, 형법총론(제5판), 성균관대학교출판부(2017), 551-552; 임웅, 형법총론(제10정판), 법문사(2018), 269-270; 정성근/박광민, 형법총론(제2판), 성균관대학교출판부(2015), 271; 박상기, 형법총론(제9판), 박영사(2012), 216; 정영일, 형법강의(총론)(제3판), 학림(2017), 160; 손동권/김재윤, 새로운 형법총론(초판), 율곡출판사(2011), 226; 신동운, 형법총론(제11판), 법문사(2019), 324.

118 배종대, 형법총론(제13판), 홍문사(2017), 271; 이재상 외 2인, 형법총론(제9판), 박영사(2017), 262.

119 이재상 외 2인, 형법총론(제9판), 박영사(2017), 356. 김일수/서보학, 새로쓴 형법총론(제13판), 박영사(2018), 305. 임웅, 형법총론(제10정판), 법문사(2018), 596.

120 이재상 외 2인, 형법총론(제9판), 박영사(2017), 356. 김일수/서보학, 새로쓴 형법총론(제13판), 박영사(2018), 305.

121 배종대, 형법총론(제13판), 홍문사(2017), 271; 이재상 외 2인, 형법총론(제9판), 박영사(2017), 264; 김성돈, 형법총론(제5판), 성균관대학교출판부(2017), 551; 임웅, 형법총론(제10정판), 법문사(2018), 269. 박상기, 형법총론(제9판), 박영사(2012), 216; 정성근/박광민, 형법총론(제2판), 성균관대학교출판부(2015), 271.

122 배종대, 형법총론(제13판), 홍문사(2017), 271; 이재상 외 2인, 형법총론(제9판), 박영사(2017), 264.

택일 뿐이며 그 판단을 존중할 수밖에 없으므로 의무의 충돌의 경우에는 위법성이 조각된다고 보는 견해와,[123] 위법성이 조각되는 경우와 책임이 조각되는 경우가 있다고 보는 견해[124]가 있다.

후자의 견해는 ㉠정당화적 긴급피난과 면책적 긴급피난을 구별하는 것과 같은 기준으로, 상위가치의 의무를 이행하고 하위가치의 의무를 이행하지 않은 경우에는 위법성이 조각되고(정당화적 의무충돌) 동등한 가치의 의무의 충돌은 책임이 조각된다는(면책적 의무충돌) 견해,[125] ㉡정당화적 의무충돌은 법적 의무와 법적 의무 사이의 충돌이고, 면책적 의무충돌은 법적 의무와 비법적 의무의 충돌이 문제되는 초법규적 면책사유의 일종이라는 견해,[126] ㉢동등한 가치의 이익 사이에서 피난행위를 하는 대신 위난의 감수를 선택할 수도 있는 긴급피난과는 달리, 의무의 충돌에서는 충돌하는 의무 모두를 이행하지 않을 수는 없고 최소한 하나의 의무이행은 강제된다는 특징이 있으므로, 상위가치의 의무를 이행한 경우뿐만 아니라 동등한 가치의 의무를 이행한 경우에도 위법성이 조각된다고 보아야 하고, 다만 상위가치 의무를 방치하고 하위가치의 의무를 이행한 경우에도 행위 당시의 행위자의 구체적 사정을 고려하여 책임이 조각될 수는 있다는 견해,[127] ㉣생명 대 생명의 관계에서 발생하는 의무의 충돌은 비교불가능한 상황이므로 책임이 조각되지만 그 밖의 경우에는 위법성을 조각한다고 보는 견해[128]로 구분된다.

의무의 충돌을 명시적으로 다룬 대법원 판결은 없다. 다만 대법원 2014. 6. 26. 선고 2009도14407 판결은, 여호와의 증인 신도인 환자의 강력한 요구에 따라 다른 사람의 혈액을 수혈(타가수혈)하지 않는 방식(무수혈 방식)으로 수술하다가 환자가 과다 출혈로 사망하여 담당의사가 업무상과실치사로 기소된 사건에서, 의무의 충돌 상황에 관하여 판단한 바 있다.

위 판결의 사안은 다음과 같다. 정형외과의사인 피고인은 무수혈 방식의 고

123 이재상 외 2인, 형법총론(제9판), 박영사(2017), 264; 박상기, 형법총론(제9판), 박영사(2012), 216; 손동권/김재윤, 새로운 형법총론(초판), 율곡출판사(2011), 223-226.

124 배종대, 형법총론(제13판), 홍문사(2017), 269; 정영일, 형법강의(총론)(제3판), 학림(2017), 160; 정성근/박광민, 형법총론(제2판), 성균관대학교출판부(2015), 269; 오영근, 형법총론(제4판), 박영사(2018), 212; 임웅, 형법총론(제10정판), 법문사(2018), 270; 신동운, 형법총론(제11판), 법문사(2019), 324-325.

125 배종대, 형법총론(제13판), 홍문사(2017), 269; 정영일, 형법강의(총론)(제3판), 학림(2017), 160.

126 김일수/서보학, 새로쓴 형법총론(제13판), 박영사(2018), 247-248.

127 임웅, 형법총론(제10정판), 법문사(2018), 270, 595; 정성근/박광민, 형법총론(제2판), 성균관대학교출판부(2015), 272; 오영근, 형법총론(제4판), 박영사(2018), 212.

128 신동운, 형법총론(제11판), 법문사(2019), 325.

관절 수술을 원하는 환자의 문의를 받고, 전반적 검사와 혈액종양내과의 의견을 확인한 후 무수혈 방식에 의한 수술이 가능하다고 판단하였다. 피고인은 환자에게 무수혈 방식 수술이 가능하지만 수술상황에 따라 과다출혈로 사망에 이를 위험성이 있음을 설명하였으나, 환자는 타가수혈을 강력히 거부하는 의사를 명확히 표시하였다. 마취통증의학과 의사도 수술 전날 환자와 환자의 딸에게 무수혈 방식 수술의 위험성을 설명하고, 수술 시작 직전에 다시 환자의 의사를 확인하였으나, 환자는 타가수혈을 여전히 강력하게 거부하였다. 피고인은 무수혈 방식으로 수술을 하던 중 과다출혈로 인하여 타가수혈이 필요한 상황이 발생하자, 정형외과 전문의로 하여금 수술실 밖에 있는 가족들의 의사를 묻게 하였는데, 환자의 남편은 여호와의 증인 신도였으므로 타가수혈을 거부한 반면 환자의 자녀들은 타가수혈을 강력히 원하는 등 가족들의 의견이 나뉘어 확실한 대답을 얻지 못하였다. 이에 피고인은 타가수혈 여부를 결정하지 못하고 의료진을 통해 여호와의 증인 교섭위원회에 긴급자문을 요청하였으나 별다른 답신을 받지 못하였다. 그러던 중에도 출혈이 계속되어 피고인은 수술을 중단하고 환자를 중환자실로 옮겼다. 그 후 환자의 남편도 타가수혈에 동의하여 가족들 전부가 타가수혈을 원하게 되었으나, 그 당시에는 이미 폐울혈 및 범발성 응고장애가 발생하고 있는 상태라 타가수혈이 증상을 악화시킬 가능성이 있어 병원 측에서는 타가수혈을 실시하지 않았고, 결국 환자는 다량 실혈로 인한 폐부종으로 사망하였다. 위 사안에서 대법원은 아래와 같은 이유로 업무상과실치사죄를 무죄로 판단하였다.

[판례] 대법원 2014. 6. 26. 선고 2009도14407 판결

환자의 명시적인 수혈거부 의사가 존재하여 수혈하지 아니함을 전제로 환자의 승낙(동의)을 받아 수술하였는데 수술 과정에서 수혈을 하지 않으면 생명에 위험이 발생할 수 있는 응급상태에 이른 경우에, 환자의 생명을 보존하기 위해 불가피한 수혈 방법의 선택을 고려함이 원칙이라 할 수 있지만, 한편으로 환자의 생명 보호에 못지않게 환자의 자기결정권을 존중하여야 할 의무가 대등한 가치를 가지는 것으로 평가되는 때에는 이를 고려하여 진료행위를 하여야 한다.

어느 경우에 수혈을 거부하는 환자의 자기결정권이 생명과 대등한 가치가 있다고 평가될 것인지는 환자의 나이, 지적 능력, 가족관계, 수혈 거부라는 자기결정권을 행사하게 된 배경과 경위 및 목적, 수혈 거부 의사가 일시적인 것인지 아니면 상당한 기간 동안 지속되어 온 확고한 종교적 또는 양심적 신념에 기초한 것인지, 환자가 수혈을 거부하는 것이 실질적으로 자살을 목적으로 하는 것으로 평가될 수 있

는지 및 수혈을 거부하는 것이 다른 제3자의 이익을 침해할 여지는 없는 것인지 등 제반 사정을 종합적으로 고려하여 판단하여야 할 것이다. 다만 환자의 생명과 자기결정권을 비교형량하기 어려운 특별한 사정이 있다고 인정되는 경우에 의사가 자신의 직업적 양심에 따라 환자의 양립할 수 없는 두 개의 가치 중 어느 하나를 존중하는 방향으로 행위하였다면, 이러한 행위는 처벌할 수 없다고 할 것이다.

위 판결의 사안에 대하여는, 환자의 자기결정권이 환자의 생명과 대등한 가치를 가질 수 있다고 보는 대법원의 입장은 생명보호의 관점에서 문제가 있고, 생명 대 생명의 관계에서 발생하는 의무의 충돌 상황에 해당하므로 책임이 조각된다고 보는 견해,[129] 피해자의 승낙으로 위법성이 조각된다고 보는 견해,[130] 피해자의 승낙에 관한 문제이지만 피해자의 승낙이 있었다고 볼 수는 없으므로 위법성이 조각되지 않는다는 견해[131] 등이 주장된다.

129 신동운, 형법총론(제11판), 법문사(2019), 323-325.

130 김재윤, "여호와의 증인의 자기결정권에 따른 수혈거부와 의사의 형사책임", 법학논집 제33집 제3호, 전남대학교 법학연구소(2013), 210-211; 원형식, "환자의 수혈거부와 자기결정권의 한계", 형사법연구 제28권 제1호, 한국형사법학회(2016), 206-217.

131 허일태, "무수혈과 관련된 의료과실치사죄", 형사판례연구 제21호, 박영사(2013), 130-132.

제 23 조 [자구행위]

① 법정절차에 의하여 청구권을 보전하기 불능한 경우에 그 청구권의 실행불능 또는 현저한 실행곤란을 피하기 위한 행위는 상당한 이유가 있는 때에는 벌하지 아니한다.

② 전항의 행위가 그 정도를 초과한 때에는 정황에 의하여 형을 감경 또는 면제할 수 있다.

[관련조문] 민법 제209조.

[참고문헌] 신동운, 형법 제·개정 자료집, 한국형사정책연구원(2009); 신동운, "형법 제23조 자구행위 규정의 성립경위", 한국 형법학의 새로운 지평(심온 김일수 교수 화갑기념 논문집), 박영사(2006).

Ⅰ. 본조의 의의

1. 개념

자구행위는 "법정절차에 의하여 청구권을 보전하기 불능한 경우에 그 청구권의 실행불능 또는 현저한 실행곤란을 피하기 위한 상당한 행위"를 말한다.[1] 근대 법치국가에서는 민사상의 청구권을 자력에 의하여 실행하는 것이 원칙적으로 금지되었으나, 국가의 신속하고 효과적인 구제를 기대할 수 없는 긴급 상황에서 예외적으로 개인의 자력구제를 허용하는 것이다.[2] 자구행위를 형법총칙에서 위법성

[1] 대법원 2013. 6. 13. 선고 2012도7279 판결, 대법원 2013. 3. 14. 선고 2010도16827 판결, 대법원 2012. 6. 28. 선고 2010도13846 판결, 대법원 2011. 12. 22. 선고 2011도6788 판결, 대법원 2011. 11. 24. 선고 2009도8110 판결, 대법원 2011. 4. 14. 선고 2010도13979 판결, 대법원 2010. 1. 14. 선고 2009도12170 판결, 대법원 2008. 7. 10. 선고 2008도652 판결, 대법원 2007. 12. 28. 선고 2007도7717 판결, 대법원 2007. 4. 27. 선고 2006도8967 판결, 대법원 2007. 3. 15. 선고 2006도9418 판결, 대법원 2007. 5. 11. 선고 2006도4328 판결, 대법원 2007. 1. 11. 선고 2006도4400 판결, 대법원 2006. 3. 24. 선고 2005도8081 판결, 대법원 1984. 12. 26. 선고 84도2582, 84감도397 판결.

[2] 배종대, 형법총론(제13판), 홍문사(2017), 272; 이재상 외 2인, 형법총론(제9판), 박영사(2017), 265; 임웅, 형법총론(제10정판), 법문사(2018), 271; 정성근/박광민, 형법총론(제2판), 성균관대학교출판부(2015), 274.

조각사유 및 형의 감면사유로 규정하는 것은 매우 드문 입법례이고, 독일 형법과 일본 형법도 총칙에 자구행위에 관한 규정을 두고 있지 않다.[3] 일제강점기에 조선형사령에 따라 우리나라에 의용된 일본 형법에는 본조와 같은 규정이 없어 정당방위 제도를 넓게 해석하여 입법상의 결함을 피해보려 하였으나 충분하지 않다는 판단으로 형법 제정 과정에서 본조가 신설된 것이다.[4] 다만 본조의 자구행위를 인정한 대법원 판결은 발견되지 않는다.

2. 법적 성질

자구행위를 위법성조각사유로 보는 것이 일치된 견해이다. 이를 일종의 권리로 보는 견해도 있으나,[5] 예외적 긴급 상황에서 '사인이 국가권력을 대행'하는 것으로 이해하는 견해가 일반적이다.[6]

자구행위는 '위법한 침해'에 대한 자력보호행위라는 점에서 정당방위와 공통점이 있고, 반면 '자기의 청구권' 보호를 위한 '사후적 긴급행위'라는 점에서는, 현재의 침해에 대한 사전적 긴급행위이고 타인의 법익을 보호하기 위한 경우에도 가능한 정당방위와 구별된다고 보는 것이 통설이다.[7]

이에 반하여 본조는 "법정절차에 의하여 청구권을 보전하기 불능한 경우"라고만 규정하고 있는데, 이를 "청구권에 대한 '부당한 침해'로 인하여 법정절차에 의하여 청구권을 보전하기 불능한 경우"로 해석하는 것은 피고인에게 유리한 규정을 축소 해석하는 것이어서 허용될 수 없고, '청구권 보전이 불가능한 경우'도 청구권이라는 법익에 대한 현재의 침해나 위난으로 볼 수 있으므로 자구행위도 사전적 긴급행위라는 반론이 있다.[8]

3 이재상 외 2인, 형법총론(제9판), 박영사(2017), 265; 임웅, 형법총론(제10정판), 법문사(2018), 272; 김성돈, 형법총론(제5판), 성균관대학교출판부(2017), 302; 신동운, "형법 제23조 자구행위 규정의 성립 경위", 한국 형법학의 새로운 지평(심온 김일수 교수 화갑기념 논문집), 박영사(2006), 41-42.

4 신동운, 형법총론(제11판), 법문사(2019), 326; 신동운, 형법 제·개정 자료집, 한국형사정책연구원(2009), 36.

5 이재상 외 2인, 형법총론(제9판), 박영사(2017), 267.

6 배종대, 형법총론(제13판), 홍문사(2017), 272; 정영일, 형법강의(총론)(제3판), 학림(2017), 161; 임웅, 형법총론(제10정판), 법문사(2018), 271; 손동권/김재윤, 새로운 형법총론(초판), 율곡출판사(2011), 228; 오영근, 형법총론(제4판), 박영사(2018), 213.

7 배종대, 형법총론(제13판), 홍문사(2017), 272; 김일수/서보학, 새로쓴 형법총론(제13판), 박영사(2018), 221; 이재상 외 2인, 형법총론(제9판), 박영사(2017), 266-267; 정성근/박광민, 형법총론(제2판), 성균관대학교출판부(2015), 275; 박상기, 형법총론(제9판), 박영사(2012), 217-218; 임웅, 형법총론(제10정판), 법문사(2018), 272-274; 김성돈, 형법총론(제5판), 성균관대학교출판부(2017), 302; 손동권/김재윤, 새로운 형법총론(초판), 율곡출판사(2011), 227-229; 정영일, 형법강의(총론)(제3판), 학림(2017), 161.

8 오영근, 형법총론(제4판), 박영사(2018), 215.

3. 소송법적 의미

자구행위는 위법성조각사유에 해당하므로, 피고인이 자구행위를 주장하는 경우 법원은 그에 대한 판단을 명시하여야 하고(형사소송법 제323조 제2항), 그에 대한 판단을 누락하는 것은 위법하다.[9]

Ⅱ. 자구행위의 성립요건

1. 법정절차에 의하여 청구권을 보전하기 불능한 경우 : 자구행위상황

가. 청구권

청구권이 존재하지 않는 경우에는 자구행위가 인정될 여지가 없다. 대법원은 "청구권자가 자구행위로 나아가기 위해서는 '법정절차에 의한 청구권의 보전불능'의 상황이 존재하여야 하는 것이고 이는 자구행위에 의한 보전의 대상으로서 청구권의 존재를 전제로 하는 것이다"라고 판시한 바 있다.[10]

1) 청구권의 범위

통설은 자구행위에서의 청구권은 채권과 물권을 불문하고, 재산권에 한하지 않으며, 무체재산권, 친족권, 상속권 등의 청구권에 대하여도 자구행위가 성립할 수 있다고 본다.[11] 반면 인지청구권, 동거청구권 등과 같은 가족법상의 청구권은 직접 강제할 수 없는 것이므로 그에 대하여는 자구행위가 인정될 수 없다고 보는 견해도 있다.[12]

자구행위는 침해상태를 회복하기 위한 제도이므로 한번 침해됨으로써 원상회복이 불가능한 생명·신체·자유·정조·명예 등의 권리는 여기서의 청구권에 포함되지 않는다(통설). 다만 위와 같은 권리의 침해로 발생하는 손해배상청구권은 자구행위에서의 청구권에 포함된다고 본다.[13]

9 대법원 1961. 4. 21. 선고 4294형상41 판결.

10 대법원 2011. 12. 22. 선고 2011도6788 판결.

11 배종대, 형법총론(제13판), 홍문사(2017), 273; 김일수/서보학, 새로쓴 형법총론(제13판), 박영사(2018), 222; 이재상 외 2인, 형법총론(제9판), 박영사(2017), 267; 정성근/박광민, 형법총론(제2판), 성균관대학교출판부(2015), 276; 박상기, 형법총론(제9판), 박영사(2012), 218; 김성돈, 형법총론(제5판), 성균관대학교출판부(2017), 303; 손동권/김재윤, 새로운 형법총론(초판), 율곡출판사(2011), 228; 정영일, 형법강의(총론)(제3판), 학림(2017), 162; 신동운, 형법총론(제11판), 법문사(2019), 327.

12 오영근, 형법총론(제4판), 박영사(2018), 216; 임웅, 형법총론(제10정판), 법문사(2018), 273.

13 오영근, 형법총론(제4판), 박영사(2018), 216; 임웅, 형법총론(제10정판), 법문사(2018), 273; 정영일, 형법강의(총론)(제3판), 학림(2017), 162.

2) 자기의 청구권

형법 제21조, 제22조가 정당방위와 긴급피난에서 '타인의 법익'을 명시하고 있는 것과 달리 본조는 '타인의 청구권'을 규정하고 있지 않다.[14] 따라서 청구권은 자기의 청구권을 말하고 타인의 청구권에 대한 자구행위는 허용되지 않는다고 보는 데 견해가 일치한다. 다만 청구권자로부터 자구행위의 실행을 위임받은 자는 자구행위를 할 수 있다(통설).[15]

나. 청구권에 대한 위법한 침해

1) 위법한 침해

통설은 자구행위는 청구권에 대한 '위법한 침해'를 전제로 한다고 본다. 반면 본조가 "법정절차에 의하여 청구권을 보전하기 불능한 경우"라고만 규정하고 있음을 들어 위법한 침해를 요하지 않는다는 견해도 주장된다.[16] 그러나 위법한 침해를 받지 않은 청구권은 법정절차에 의한 구제가 가능하므로 자구행위를 인정할 필요가 없다.[17] 따라서 통설의 태도가 타당하다. 대법원도 통설과 같은 태도로 보인다.

> [판례] 대법원 1986. 12. 23. 선고 86 도 1372 판결
> 양○○ 등이 임대인인 피고인의 승낙 없이 윤○이나 윤○림으로부터 이 사건 지하실을 전차하였기 때문에 그 전대차로써 임대인인 피고인에게 대항할 수 없다고 하더라도 위 양○○ 등이 불법침탈 등의 방법에 의하여 위 지하실의 점유를 개시한 것이 아니고 그동안 평온하게 음식점영업을 하면서 점유를 계속하여온 이상 동인들의 업무를 업무방해죄에 의하여 보호받지 못하는 권리라고 단정할 수 없고 피고인으로서는 마땅히 정당한 소송절차에 의하여 점유를 회복하여야 하고 위력으로 그 권리를 행사할 수 없다고 할 것이므로 피고인이 그 지하층의 열쇠를 새로 만들

14 다만 본조가 타인의 청구권을 명확하게 배제하기 위하여 입법된 것은 아니라고 한다[신동운, "형법 제23조 자구행위 규정의 성립경위", 한국 형법학의 새로운 지평(심온 김일수 교수 화갑기념 논문집), 박영사(2006), 50-51.].

15 배종대, 형법총론(제13판), 홍문사(2017), 273; 김일수/서보학, 새로쓴 형법총론(제13판), 박영사(2018), 223; 이재상 외 2인, 형법총론(제9판), 박영사(2017), 268; 오영근, 형법총론(제4판), 박영사(2018), 217; 정성근/박광민, 형법총론(제2판), 성균관대학교출판부(2015), 277; 박상기, 형법총론(제9판), 박영사(2012), 218; 임웅, 형법총론(제10정판), 법문사(2018), 274; 김성돈, 형법총론(제5판), 성균관대학교출판부(2017), 303; 정영일, 형법강의(총론)(제3판), 학림(2017), 162; 손동권/김재윤, 새로운 형법총론(초판), 율곡출판사(2011), 229; 박상기/전지연, 형법학(총론·각론 강의)(제4판), 집현재(2018), 136.

16 오영근, 형법총론(제4판), 박영사(2018), 215.

17 배종대, 형법총론(제13판), 홍문사(2017), 273.

어 잠그고 박○○으로 하여금 그곳에 설치되어 있는 피해자 양○○ 등 소유의 의자, 탁자 등을 들어내게 한 행위는 결코 사회상규에 위배되지 않는 정당한 행위이거나 자구행위에 해당한다고 볼 수 없다고 한 원심판단은 정당하고...

2) 과거의 침해

청구권에 대한 침해는 과거에 발생한 것이어야 한다고 보는 것이 통설이다. 따라서 자구행위의 침해는 위법한 침해행위가 아니라 위법한 침해상태를 뜻한다.[18] 침해가 현재적인 경우는 정당방위상황이 된다. 따라서 절도범을 현장에서 추적하여 도품을 탈환하는 것은 정당방위가 될 수 있고, 나중에 우연히 만난 절도범으로부터 도품을 탈환하는 것은 자구행위가 될 수 있다.[19]

3) 부작위에 의한 침해

퇴거불응자를 강제로 퇴거시키는 행위의 경우 자구행위만 가능하다는 견해도 주장된 바 있으나, 통설은 이 경우에는 침해의 현재성이 인정되어 정당방위가 가능하므로 자구행위의 문제는 생기지 않는다고 본다.[20]

다. 법정절차에 의한 청구권 보전의 불능

1) 법정절차

법정절차는 국가기관에 의한 권리구제절차를 의미한다.[21] 주로 민사소송법의 가압류·가처분 등의 청구권보전절차가 여기에 해당한다.[22] 가압류에 대한 이의신청도 여기에 포함된다.[23] 청구권의 '보전'을 위한 절차를 의미하고 청구권의 '실행'

18 김일수/서보학, 새로쓴 형법총론(제13판), 박영사(2018), 223.

19 배종대, 형법총론(제13판), 홍문사(2017), 273; 김일수/서보학, 새로쓴 형법총론(제13판), 박영사(2018), 223; 이재상 외 2인, 형법총론(제9판), 박영사(2017), 268; 김성돈, 형법총론(제5판), 성균관대학교출판부(2017), 303-304; 정성근/박광민, 형법총론(제2판), 성균관대학교출판부(2015), 277-278; 정영일, 형법강의(총론)(제3판), 학림(2017), 162; 손동권/김재윤, 새로운 형법총론(초판), 율곡출판사(2011), 229.

20 배종대, 형법총론(제13판), 홍문사(2017), 273; 김일수/서보학, 새로쓴 형법총론(제13판), 박영사(2018), 224; 이재상 외 2인, 형법총론(제9판), 박영사(2017), 268-269; 정성근/박광민, 형법총론(제2판), 성균관대학교출판부(2015), 278; 김성돈, 형법총론(제5판), 성균관대학교출판부(2017), 304; 손동권/김재윤, 새로운 형법총론(초판), 율곡출판사(2011), 229-230; 임웅, 형법총론(제10정판), 법문사(2018), 274-275.

21 박상기, 형법총론(제9판), 박영사(2012), 218; 정영일, 형법강의(총론)(제3판), 학림(2017), 163.

22 배종대, 형법총론(제13판), 홍문사(2017), 274; 김일수/서보학, 새로쓴 형법총론(제13판), 박영사(2018), 224; 이재상 외 2인, 형법총론(제9판), 박영사(2017), 269. 김성돈, 형법총론(제5판), 성균관대학교출판부(2017), 304; 오영근, 형법총론(제4판), 박영사(2018), 217; 정성근/박광민, 형법총론(제2판), 성균관대학교출판부(2015), 276; 임웅, 형법총론(제10정판), 법문사(2018), 275; 박상기, 형법총론(제9판), 박영사(2012), 218; 정영일, 형법강의(총론)(제3판), 학림(2017), 163; 손동권/김재윤, 새로운 형법총론(초판), 율곡출판사(2011), 230.

23 대법원 2007. 1. 11. 선고 2006도4400 판결.

을 위한 본안소송절차를 의미하는 것은 아니다.[24] 재판절차에 한하지는 않고 행정기관이나 경찰에 의한 청구권보전절차도 포함된다는 것이 통설이다.[25] 대법원은 암장된 분묘라 하더라도 행정기관의 허가 없이 자구행위로 발굴하여 개장할 수는 없다고 판시한 바 있다.[26]

2) 청구권 보전의 불능

법정절차에 의하여 청구권을 보전할 수 있는 상황에서는 중대한 침해가 있더라도 자구행위가 인정될 수 없다.[27] 청구권의 보전불능은 시간적·장소적 제약으로 사법절차와 같은 법정구제절차를 밟다가는 청구권이 실행불능에 빠지거나 현저한 실행곤란이 초래될 가능성이 있는 경우(채무자가 해외로 도피하는 것처럼 후일에 법정구제절차를 취하더라도 실효를 거두지 못할 긴급한 사정이 있는 경우)를 의미한다.[28] 즉 자구행위에는 '보충성의 원칙'이 적용된다.[29] 따라서 단순히 권리행사를 위하여 폭행·협박·편취·갈취·강취하는 행위는 본조의 자구행위가 될 수 없고, 사안에 따라 형법 제20조의 '기타 사회상규에 반하지 않는 행위'가 될 수 있을 뿐이다.[30]

24 임웅, 형법총론(제10정판), 법문사(2018), 275.

25 배종대, 형법총론(제13판), 홍문사(2017), 274; 김일수/서보학, 새로쓴 형법총론(제13판), 박영사(2018), 224; 이재상 외 2인, 형법총론(제9판), 박영사(2017), 269; 박상기, 형법총론(제9판), 박영사(2012), 218; 오영근, 형법총론(제4판), 박영사(2018), 217; 임웅, 형법총론(제10정판), 법문사(2018), 275; 정영일, 형법강의(총론)(제3판), 학림(2017), 163; 손동권/김재윤, 새로운 형법총론(초판), 율곡출판사(2011), 230; 김성돈, 형법총론(제5판), 성균관대학교출판부(2017), 204; 정성근/박광민, 형법총론(제2판), 성균관대학교출판부(2015), 276; 박상기/전지연, 형법학(총론·각론 강의)(제4판), 집현재(2018), 136.

26 대법원 1976. 10. 29. 선고 76도2828 판결.

27 이재상 외 2인, 형법총론(제9판), 박영사(2017), 269; 정성근/박광민, 형법총론(제2판), 성균관대학교출판부(2015), 278.

28 배종대, 형법총론(제13판), 홍문사(2017), 274; 이재상 외 2인, 형법총론(제9판), 박영사(2017), 269; 임웅, 형법총론(제10정판), 법문사(2018), 275; 김성돈, 형법총론(제5판), 성균관대학교출판부(2017), 304; 손동권/김재윤, 새로운 형법총론(초판), 율곡출판사(2011), 230; 정영일, 형법강의(총론)(제3판), 학림(2017), 163.

29 배종대, 형법총론(제13판), 홍문사(2017), 274; 김일수/서보학, 새로쓴 형법총론(제13판), 박영사(2018), 224; 임웅, 형법총론(제10정판), 법문사(2018), 275; 정성근/박광민, 형법총론(제2판), 성균관대학교출판부(2015), 278; 김성돈, 형법총론(제5판), 성균관대학교출판부(2017), 304; 손동권/김재윤, 새로운 형법총론(초판), 율곡출판사(2011), 230; 정영일, 형법강의(총론)(제3판), 학림(2017), 163; 박상기, 형법총론(제9판), 박영사(2012), 219.

30 배종대, 형법총론(제13판), 홍문사(2017), 274; 이재상 외 2인, 형법총론(제9판), 박영사(2017), 270; 손동권/김재윤, 새로운 형법총론(초판), 율곡출판사(2011), 230; 김성돈, 형법총론(제5판), 성균관대학교출판부(2017), 305; 정성근/박광민, 형법총론(제2판), 성균관대학교출판부(2015), 280; 정영일, 형법강의(총론)(제3판), 학림(2017), 165.

[판례] 대법원 2011. 2. 24. 선고 2010도11596 판결
피해자들의 이 사건 유치권 행사가 불법이라고 하더라도, 피고인이 철거단행 가처분 내지 본안 소송을 통하여 소유권에 기한 방해배제 청구권 등을 행사할 수 있는 이상, 형법 제23조에서 말하는 '법정 절차에 의하여 청구권을 보전하기 불능한 경우'라고 할 수 없어 피고인이 오○○으로 하여금 이 사건 펜스를 철거하도록 한 행위가 자구행위에 해당한다고 보기 어렵고...

[판례] 대법원 2011. 11. 24. 선고 2009도8110 판결
(○○종합건설이 부동산을 점유하면서 유치권을 행사하고 있었음에도, 상대방이 황○○으로 되어 있는 인도명령을 집행권원으로 하는 위법한 강제집행이 이루어진 경우, 강제집행 종료 후 2시간 이내에 피고인이 자력으로 부동산의 점유를 탈환한 사안에서) 유치물에 대한 점유가 제3자에 의하여 침탈된 경우 유치권자는 점유물반환청구권을 행사하여 점유를 회수할 수 있고 그렇게 되면 점유를 상실하지 않은 것으로 되어 유치권도 소멸되지 않은 점(민법 제192조 제2항)에 비추어 보면, 이 사건에 있어서 ○○종합건설이 법정절차에 의하여 점유보호청구권을 보전하는 것이 불가능하거나 현저하게 곤란하였다고 볼 수 없어 피고인 노○○의 위 행위가 형법상 자구행위라고 인정되지 않음에도 이와 달리 원심이 형법상 자구행위에 해당하여 위법성이 조각된다는 취지로 설시한 것은 잘못...

[판례] 대법원 2006. 3. 24. 선고 2005도8081 판결
(채권자들이 채무자인 피해자에 대한 채권을 우선적으로 확보할 목적으로 피해자의 물건을 무단으로 취거한 사안에서) 피고인들에 대한 채무자인 피해자가 부도를 낸 후 도피하였고 다른 채권자들이 채권확보를 위하여 피해자의 물건들을 취거해 갈 수도 있다는 사정만으로는 피고인들이 법정절차에 의하여 자신들의 피해자에 대한 청구권을 보전하는 것이 불가능한 경우에 해당한다고 볼 수 없을 뿐만 아니라...

[판례] 대법원 2003. 1. 24. 선고 2001도991 판결
백○○의 이 사건 기계 반출행위가 있은 때로부터 상당한 시일이 경과한 후에 이 사건 기계의 소재를 찾아낸 공소 외 1이, 정상적인 법 절차에 따라 이를 회수할 수 있었음에도 불구하고 시일과 비용이 너무 많이 들게 된다는 이유로 이를 다시 반출하기로 하고 이 사건 취거행위를 위한 사전 준비를 마친 다음, 이 사건 기계의 소재를 우연히 알게 된 날로부터 3일 후에 피고인이 보내준 차량으로 이 사건 기계를 함부로 싣고 간 것임을 알 수 있는바, 이러한 사정하에서라면 이 사건 취거행위 당시의 상황이 법정절차에 의한 권리의 보전이 불가능한 긴급한 상황이라고 보기는 어려우므로...

[판례] 대법원 2007. 12. 28. 선고 2007도7717 판결
(인근 상가의 통행로로 이용되고 있는 토지의 사실상 지배권자인 피고인이 그 토지에 철주와 철망을 설치하고 포장된 아스팔트를 걷어냄으로써 통행로로 이용하지 못하게 한 사안에서) 피고인의 주장대로 이 사건 토지에 인접하여 있는 공소외 2 소유의 광주 ○구 ○○동 1051 소재 건물에 건축법상 위법요소가 존재하고 공소외 2가 그와 같은 위법요소를 방치 내지 조장하고 있다거나, 위 건물의 건축허가 또는 이 사건 토지상의 가설건축물 허가 여부에 관한 관할관청의 행정행위에 하자가 존재한다고 가정하더라도, 그러한 사정만으로 이 사건에 있어서 피고인이 이 사건 토지의 소유자를 대위 또는 대리하여 법정절차에 의하여 이 사건 토지의 소유권을 방해하는 사람들에 대한 방해배제 등 청구권을 보전하는 것이 불가능하였거나 현저하게 곤란하였다고 볼 수 없을 뿐만 아니라...

[판례] 대법원 2007. 3. 15. 선고 2006도9418 판결
(주민들이 농경지나 임야에 통행하기 위해 이용하는 피고인 소유의 도로에 깊이 1m 정도의 구덩이를 파서 통행을 저지한 사안에서) 이 사건 도로는 피고인 소유 토지상에 무단으로 확장 개설되어 그대로 방치할 경우 불특정 다수인이 통행할 우려가 있다는 사정만으로는 피고인이 법정절차에 의하여 자신의 청구권을 보전하는 것이 불가능한 경우에 해당한다고 볼 수 없을 뿐 아니라...

[판례] 대법원 1970. 7. 21. 선고 70도996 판결
(10년 전부터 사찰의 출입구와 마당으로 사용되어 그곳을 통해서만 사찰에 출입할 수 있는 대지를 전 주지의 가족으로부터 매수하여 등기를 마친 사람이, 사찰에 불법 침입하여 그 대지에 담장을 쌓기 위한 기초공사로 호를 파 놓자, 그 사찰의 주지가 신도들과 더불어 그 호를 메워버린 사안에서) 형법 제23조의 자구행위라고 하려면 법정절차에 의하여 청구권을 보존할 수 없는 경우라야 할 것인바, 원심판결 설시의 모든 사정을 검토하여 보아도 본건의 경우 피고인의 점유배제 청구권을 보존할 수 있는 법정절차가 없다거나 그와 같은 방법이 있다고 하더라도 그 방법에 의하여 그 청구권을 보존할 수 없는 경우에 해당한다고는 볼 수 없으니 피고인의 본건 소위를 자구행위라고는 할 수 없을 뿐만 아니라...

[판례] 대법원 1975. 5. 27. 선고 74도3559 판결
(피고인이 이○○에게 약속어음을 발행 교부하고 이○○은 이를 정○○에게 배서 양도하였는데, 피고인이 재발행을 이유로 이○○으로부터 약속어음을 탈취하여 찢어버린 사안에서) 이 사건 약속어음은 피고인이 위 이○○에게 아무런 채무 없이 단순히 그의 요청으로 이를 잠시 빌려준 것에 불과한 데도 위 이○○이가 이를 위 정○○

에게 배서 양도하여 피고인이 이 어음으로부터 오는 재산상의 손실을 방지하고자 한 행위였다 하더라도, 피고인은 이러한 경우 적법한 절차에 의하여 이를 다툴 성질의 것이라 할 것이므로, 이에 의하지 아니한 피고인의 소위를 재산상의 손실을 방지하기 위한 긴급피난 또는 자구행위로 볼 수는 없다 할 것이다.

[판례] 대법원 2013. 6. 13. 선고 2012도7279 판결
조○○ 소유의 주택으로부터 공로에 이르는 주위토지통행권의 확인을 구하는 종전 민사소송에서 이 사건 통행로와 다른 위치를 지정하여 통행권의 존재를 인정하는 판결이 확정된 사실을 알 수 있기는 하다. 그러나 조○○ 등이 현실적으로 피고인의 협조 없이도 충분히 위 판결에서 인정된 통행로를 개설할 수 있었거나 피고인이 필요한 협조를 하였는데도 불구하고 이를 지연하며 기존의 통행로만을 고수하여 왔고, 이로 인하여 피고인에게 회복하기 어려운 손해가 발생할 우려가 있다는 등의 사정이 엿보이지 않는 이 사건에서(오히려 기록에 의하면, 위 주택의 종전 소유자인 백○○ 및 그 이후의 소유자인 조○○가 각 2005년과 2010년에 위 판결에서 확정된 통행로 위치에 통로개설을 위한 토지형질변경허가를 신청하였으나 그 토지 소유자인 피고인의 동의를 얻지 못하여 위 각 신청이 반려된 것으로 보인다), 피고인의 이 사건 공소사실과 같은 행위가 정당행위에 해당한다고 보기는 어렵다고 할 것이다. 또한 이 사건에서 피고인이 법정절차에 의하여 이 사건 통행로 부분의 점유를 회복하는 것이 불가능하였거나 현저하게 곤란하였다고 보기 어려울 뿐만 아니라...

2. 청구권의 실행불능 또는 현저한 실행곤란을 피하기 위한 행위 : 자구행위

가. 청구권의 실행불능 또는 현저한 실행곤란

즉시 자구행위를 하지 않으면 청구권의 실행이 불가능하거나 현저히 곤란한 사정이 있어야 한다.[31] 청구권의 '보전'은 '불능'이어야 하지만 청구권의 '실행'에 관하여는 '불능 또는 현저한 곤란'이 요구된다.[32] 법정절차에 의한 청구권 '보전'이 불가능하더라도 그 '실행'이 불가능하거나 현저히 곤란한 사정이 없다면 자구행위를 할 수 없다.[33] 즉 자구행위가 성립하려면 청구권의 '보전'과 '실행'에 대한 '이

31 배종대, 형법총론(제13판), 홍문사(2017), 274; 정성근/박광민, 형법총론(제2판), 성균관대학교출판부(2015), 278.

32 정영일, 형법강의(총론)(제3판), 학림(2017), 164.

33 배종대, 형법총론(제13판), 홍문사(2017), 274; 이재상 외 2인, 형법총론(제9판), 박영사(2017), 270; 정성근/박광민, 형법총론(제2판), 성균관대학교출판부(2015), 278; 김성돈, 형법총론(제5판), 성균관대학교출판부(2017), 304; 정영일, 형법강의(총론)(제3판), 학림(2017), 164.

중의 긴급성'이 요구된다.[34] 따라서 청구권에 대하여 충분한 인적·물적 담보가 확보되어 있는 경우에는 청구권의 실행이 가능하므로 자구행위를 할 수 없다.[35]

나. 자구의사 : 주관적 정당화요소

자구행위자는 청구권의 실행불능 또는 현저한 실행곤란을 피하기 위한 의사로 행동할 것을 요한다.[36] 따라서 단순히 입증의 곤란을 피하기 위한 자구행위는 인정되지 않는다.[37] 불법행위의 증거확보를 위한 목적으로 한 절취행위도 자구행위로 인정될 수 없다.[38]

다. 피하기 위한 행위

자구행위는 청구권의 보전수단일 뿐 청구권의 충족수단은 아니므로, 청구권을 스스로 실행하여 권리의 실현 또는 이행의 강제에까지 나아간 행위는 자구행위가 될 수 없다.[39] 따라서 도망하는 채무자를 체포한 행위는 자구행위가 될 수 있으나, 그로부터 돈을 빼앗는 행위는 자구행위로 인정될 수 없다.[40]

[판례] 대법원 1996. 12. 20. 선고 95 도 1497 판결

공소외 공○○ 등에 의하여 이 사건 토지상에 적치되어 있던 토석이 피고인 양○○의 이 사건 토지의 이용을 방해하고 있어 위 피고인이 위 공○○ 등에 대하여 방해배제청구권이 있었음은 인정되지만, 이 사건 범행 당시 법정절차에 의한 청구

34 김성돈, 형법총론(제5판), 성균관대학교출판부(2017), 305; 임웅, 형법총론(제10정판), 법문사(2018), 275; 정영일, 형법강의(총론)(제3판), 학림(2017), 164-165; 정성근/박광민, 형법총론(제2판), 성균관대학교출판부(2015), 278.

35 배종대, 형법총론(제13판), 홍문사(2017), 274; 김일수/서보학, 새로쓴 형법총론(제13판), 박영사(2018), 224; 이재상 외 2인, 형법총론(제9판), 박영사(2017), 270; 김성돈, 형법총론(제5판), 성균관대학교출판부(2017), 304; 임웅, 형법총론(제10정판), 법문사(2018), 275; 손동권/김재윤, 새로운 형법총론(초판), 율곡출판사(2011), 231; 정영일, 형법강의(총론)(제3판), 학림(2017), 164-165; 정성근/박광민, 형법총론(제2판), 성균관대학교출판부(2015), 278.

36 김일수/서보학, 새로쓴 형법총론(제13판), 박영사(2018), 224. 이재상 외 2인, 형법총론(제9판), 박영사(2017), 271; 정영일, 형법강의(총론)(제3판), 학림(2017), 165; 정성근/박광민, 형법총론(제2판), 성균관대학교출판부(2015), 280; 손동권/김재윤, 새로운 형법총론(초판), 율곡출판사(2011), 231; 임웅, 형법총론(제10정판), 법문사(2018), 276; 김성돈, 형법총론(제5판), 성균관대학교출판부(2017), 305.

37 김일수/서보학, 새로쓴 형법총론(제13판), 박영사(2018), 225; 이재상 외 2인, 형법총론(제9판), 박영사(2017), 271; 김성돈, 형법총론(제5판), 성균관대학교출판부(2017), 305.

38 대법원 2010. 1. 14. 선고 2009도12170 판결.

39 배종대, 형법총론(제13판), 홍문사(2017), 275; 김일수/서보학, 새로쓴 형법총론(제13판), 박영사(2018), 225; 이재상 외 2인, 형법총론(제9판), 박영사(2017), 271; 임웅, 형법총론(제10정판), 법문사(2018), 276; 정영일, 형법강의(총론)(제3판), 학림(2017), 165; 박상기, 형법총론(제9판), 박영사(2012), 219; 손동권/김재윤, 새로운 형법총론(초판), 율곡출판사(2011), 231; 신동운, 형법총론(제11판), 법문사(2019), 327.

40 정영일, 형법강의(총론)(제3판), 학림(2017), 165.

권을 보전하기 불가능하였다고 보여지지 아니할 뿐만 아니라, 위에서 인정한 바와 같이 피고인들은 위 공○○ 등이 적치한 토사만을 채취한 것이 아니라 이 사건 토지로부터 상당량의 토석을 파내어 채취하기까지 한 사실이 인정되므로 피고인들의 행위가 자구행위로서 위법성이 조각된다고 볼 수 없다.

[판례] 대법원 1984. 12. 26. 선고 84 도 2582, 84 감도 397 판결
피고인은 피해자에게 금 16만원 상당의 석고를 납품하였으나 그 대금의 지급을 지체하여 오다가 판시 화랑을 폐쇄하고 도주한 사실이 엿보이고 피고인은 판시와 같은 야간에 폐쇄된 화랑의 베니아판 문을 미리 준비한 드라이버로 뜯어내고 판시와 같은 물건을 몰래 가지고 나왔다는 것인바 위와 같은 피고인의 강제적 채권추심 내지 이를 목적으로 하는 물품의 취거행위는 형법 제23조 소정의 자구행위의 요건에 해당하는 경우라고 볼 수 없으며...

3. 상당한 이유 : 상당성

자구행위의 상당성은 비례성 원칙으로부터 유래한다.[41] 자구행위에서의 상당성은 정당방위, 긴급피난에서의 상당성과 반드시 같은 의미는 아니다.[42] 형법 제정 당시 정부초안 제23조는 "법정절차에 의하여 청구권을 보전하기 불능한 경우에 그 청구권의 실행불능 또는 현저한 실행곤란을 피하기 위한 필요행위는 벌하지 않는다. 전항의 행위가 필요한 정도를 초과한 때에는 정황에 의하여 그 형을 감경 또는 면제할 수 있다"고 규정되어 있었으나, 입법과정에서 정당방위의 경우와 같이 '필요성' 대신 '상당성'을 요건으로 하는 것으로 수정되었다.[43]

가. 적합성

자구행위는 청구권을 보전하는 데 적절하고 적합한 수단일 것을 요한다.[44] '즉시 확실하게 종국적으로' 청구권을 보전할 수 있는 수단이어야 한다.[45]

41 배종대, 형법총론(제13판), 홍문사(2017), 274.
42 이재상 외 2인, 형법총론(제9판), 박영사(2017), 271; 정성근/박광민, 형법총론(제2판), 성균관대학교출판부(2015), 280.
43 신동운, 형법 제·개정 자료집, 한국형사정책연구원(2009), 46, 148-149.
44 배종대, 형법총론(제13판), 홍문사(2017), 274; 김성돈, 형법총론(제5판), 성균관대학교출판부(2017), 306; 임웅, 형법총론(제10정판), 법문사(2018), 277; 오영근, 형법총론(제4판), 박영사(2018), 219.
45 배종대, 형법총론(제13판), 홍문사(2017), 274.

[판례] 대법원 1962. 8. 23. 선고 62 도 93 판결
채권자가 가옥명도강제집행에 의하여 적법하게 점유를 이전받아 점유하고 있는 방실에 채무자가 무단히 침입한 때에는 주거침입죄가 성립하고 적법한 강제집행에 대한 정당방위나 자구행위는 인정될 수 없다.

[판례] 대법원 2013. 3. 14. 선고 2010 도 16827 판결
원심이 피해자는 아무런 물리력을 행사하지 않은 채 단순히 캠코더 등으로 집회현장을 촬영하고 있었을 뿐인데도 피고인을 포함한 일부 시위대가 피해자를 강제로 끌고 가 일방적으로 폭행하여 상해를 가한 행위는 피고인 등이 캠코더 등을 빼앗은 행위의 동기나 경위를 고려하더라도 피해자의 촬영행위를 저지하기 위하여 긴급하고도 불가피한 수단이었다고는 보기 어렵고, 따라서 이를 정당방위, 자구행위 또는 정당행위라고 볼 수 없다고 판단한 것은 정당하다.

나. 필요성

자구행위는 상대방에게 가장 경미한 피해를 주는 방법으로 이루어져야 한다(최소 침해의 원칙).[46] 자구행위는 상대방의 불법한 침해로부터 청구권을 보전하기 위한 제도이므로 보호법익과 침해법익의 엄격한 균형성은 요건이 아니다.[47] 그러나 양자의 극심한 불균형이 초래되는 자구행위는 상당성이 인정될 수 없다.[48]

[판례] 대법원 2007. 5. 11. 선고 2006 도 4328 판결
피고인이 이 사건 토지의 소유권자로서 공소외 주식회사에 대하여 사용대차계약을 해지하고 이 사건 토지의 인도 등을 구할 권리가 있다는 이유만으로 공소외 주식회사로 들어가는 진입로를 폐쇄한 것은 …(중략)… 피고인이 법정절차에 의하여 자신의 공소외 주식회사 및 피해자에 대한 토지인도 등 청구권을 보전하는 것이 불가능하였거나 현저하게 곤란하였다고 볼 수 없을 뿐만 아니라, 피고인의 행위가 그

46 김일수/서보학, 새로쓴 형법총론(제13판), 박영사(2018), 226; 손동권/김재윤, 새로운 형법총론(초판), 율곡출판사(2011), 231; 김성돈, 형법총론(제5판), 성균관대학교출판부(2017), 306; 정성근/박광민, 형법총론(제2판), 성균관대학교출판부(2015), 281.

47 배종대, 형법총론(제13판), 홍문사(2017), 275; 이재상 외 2인, 형법총론(제9판), 박영사(2017), 271; 김성돈, 형법총론(제5판), 성균관대학교출판부(2017), 306; 임웅, 형법총론(제10정판), 법문사(2018), 277; 정성근/박광민, 형법총론(제2판), 성균관대학교출판부(2015), 281; 정영일, 형법강의(총론)(제3판), 학림(2017), 166; 손동권/김재윤, 새로운 형법총론(초판), 율곡출판사(2011), 231.

48 배종대, 형법총론(제13판), 홍문사(2017), 275; 김일수/서보학, 새로쓴 형법총론(제13판), 박영사(2018), 226; 김성돈, 형법총론(제5판), 성균관대학교출판부(2017), 306; 손동권/김재윤, 새로운 형법총론(초판), 율곡출판사(2011), 231.

청구권의 보전불능 등을 피하기 위한 상당한 행위라고 할 수도 없다.

[판례] 대법원 2006. 3. 24. 선고 2005 도 8081 판결
피해자 소유의 가구점에 관리종업원이 있음에도 불구하고 위 가구점의 시정장치를 쇠톱으로 절단하고 들어가 가구들을 무단으로 취거한 행위가 피고인들의 피해자에 대한 청구권의 실행불능이나 현저한 실행곤란을 피하기 위한 상당한 이유가 있는 행위라고도 할 수 없다.

[판례] 대법원 1985. 7. 9. 선고 85 도 707 판결
소유권의 귀속에 관한 분쟁이 있어 민사소송이 계속중인 건조물에 관하여 현실적으로 관리인이 있음에도 위 건조물의 자물쇠를 쇠톱으로 절단하고 침입한 소위는 법정절차에 의하여 그 권리를 보전하기가 곤란하고 그 권리의 실행불능이나 현저한 실행곤란을 피하기 위해 상당한 이유가 있는 행위라고 할 수 없다.

[판례] 대법원 2007. 3. 15. 선고 2006 도 9418 판결
이 사건 도로는 피고인 소유 토지상에 무단으로 확장 개설되어 그대로 방치할 경우 불특정 다수인이 통행할 우려가 있다는 사정만으로는 피고인이 법정절차에 의하여 자신의 청구권을 보전하는 것이 불가능한 경우에 해당한다고 볼 수 없을 뿐 아니라, 이미 불특정 다수인이 통행하고 있는 육상의 통로에 구덩이를 판 행위가 피고인의 청구권의 실행불능이나 현저한 실행곤란을 피하기 위한 상당한 이유가 있는 행위라고도 할 수 없으므로...

다. 보충성

자구행위는 법정절차에 의하여 청구권을 보전하기 불가능한 경우와 청구권의 실행불능이나 현저한 실행곤란을 피하기 위한 경우에만 허용된다(이중의 보충성). 자구행위의 보충성을 상당성의 내용으로 보는 것이 다수설이다.[49] 반면 자구행위의 보충성은 이미 객관적 자구행위상황에서 요구된 것이기 때문에 별도로 상당성에서 고려할 필요가 없다는 견해도 주장된다.[50]

49 이재상 외 2인, 형법총론(제9판), 박영사(2017), 271; 정성근/박광민, 형법총론(제2판), 성균관대학교출판부(2015), 280; 임웅, 형법총론(제10정판), 법문사(2018), 276; 오영근, 형법총론(제4판), 박영사(2018), 219; 손동권/김재윤, 새로운 형법총론(초판), 율곡출판사(2011), 231; 정영일, 형법강의(총론)(제3판), 학림(2017), 166.

50 김성돈, 형법총론(제5판), 성균관대학교출판부(2017), 306; 배종대, 형법총론(제13판), 홍문사(2017), 274-275.

[판례] 대법원 2011. 4. 14. 선고 2010도13979 판결
원심은, 피고인들이 2차례에 걸쳐 수십 명의 용역원들을 동원하여 폭력을 행사하였는바, 피고인들의 그러한 행위는 동원된 인력의 규모, 구체적인 행위태양, 피해자 수, 피해정도 등에 비추어 자력구제에 있어 통상 수반되는 유형력의 행사 범위를 넘어선 과도한 폭력을 사용한 것으로서 상당성을 갖추었다고 보기 어려우므로, 피고인들의 이 부분 범행이 민법 제209조에서 정한 자력구제에 해당하여 위법성이 조각된다고 할 수 없고, 피고인들이 법정절차에 의하여 이 사건 토지에 대한 점유회복청구권을 보전하는 것이 불가능하였다거나 현저하게 곤란하였다고 볼 수 없을 뿐만 아니라, 피고인들의 행위가 그 청구권의 보전불능 등을 피하기 위한 상당한 행위라고 할 수도 없으므로 형법상 자구행위에 해당하지 아니하며, 피고인들이 그 권리를 확보하기 위하여 다른 적법한 절차를 취하는 것이 곤란하였던 것으로 보이지 않아 그 동기와 목적이 정당하다고 할 수 없고, 앞서 본 바와 같이 행위의 수단이나 방법이 상당하다고 할 수 없으므로 정당한 행위라고 볼 수도 없다고 판단하였다. 관련 법리 및 기록에 비추어 살펴보면 원심의 판단은 정당하고...

Ⅲ. 자구행위의 효과

자구행위의 요건이 충족되면 구성요건에 해당하더라도 위법성이 조각되어 범죄가 성립하지 않는다. 본조의 자구행위를 명시적으로 인정한 대법원 판결은 발견되지 않는다. 다만 본조의 자구행위에 해당한다고 볼 수 없더라도 점유자의 자력구제권(민법 제209조)의 행사에 해당한다고 볼 수 있는 경우 형법 제20조의 정당행위로 위법성이 조각된다고 본 사례가 있다.[51]

Ⅳ. 과잉자구행위와 오상자구행위

1. 과잉자구행위

과잉자구행위는 자구행위가 상당성의 정도를 초과한 경우를 말한다. 본조 제2항은 과잉자구행위를 형의 임의적 감경 또는 면제사유로 규정하고 있다. 과잉방위에 관한 형법 제21조 제2항과 규정체계가 동일하다. 따라서 과잉방위는 책임감

51 대법원 2011. 11. 24. 선고 2009도8110 판결. 한편 대법원 2017. 9. 7. 선고 2017도9999 판결도 점유자의 부동산 자력탈환이 민법 제209조 제2항의 자력구제에 해당하는 경우 위법성이 조각될 수 있음을 전제로 하고 있다.

경 또는 책임조각사유로 볼 수 있다. 긴급피난의 경우와는 달리 야간 기타 불안스러운 상태에서의 행위에 관한 형법 제21조 제3항은 준용되지 아니한다. 자구행위상황은 존재하지만 그 자구행위가 상당성의 정도를 초과하는 경우를 말하므로, 자구행위상황 자체가 존재하지 않을 경우 과잉자구행위의 문제는 생길 수 없다.

[판례] 대법원 2006. 3. 24. 선고 2005도8081 판결
채무자인 피해자가 부도를 낸 후 도피하였고 다른 채권자들이 채권확보를 위하여 피해자의 물건들을 취거해 갈 수도 있다는 사정만으로는 피고인들이 법정절차에 의하여 자신들의 피해자에 대한 청구권을 보전하는 것이 불가능한 경우에 해당한다고 볼 수 없을 뿐만 아니라, 또한 피해자 소유의 가구점에 관리종업원이 있음에도 불구하고 위 가구점의 시정장치를 쇠톱으로 절단하고 들어가 가구들을 무단으로 취거한 행위가 피고인들의 피해자에 대한 청구권의 실행불능이나 현저한 실행곤란을 피하기 위한 상당한 이유가 있는 행위라고도 할 수 없다.
원심이 같은 취지에서 피고인들의 자구행위 내지 과잉자구행위 주장을 배척한 조치는 정당한 것으로 수긍이 가고...

2. 오상자구행위

오상자구행위는 객관적으로 자구행위상황이 아닌데도 불구하고 잘못 자구행위를 한 경우를 말한다. 이에 대한 법률적 근거는 없다. 자구행위상황에 대하여 착오를 한 경우이므로 위법성조각사유의 전제사실에 관한 착오의 문제가 된다.

제 24 조 [피해자의 승낙]

처분할 수 있는 자의 승낙에 의하여 그 법익을 훼손한 행위는 법률에 특별한 규정이 없는 한 벌하지 아니한다.

[참고문헌] 신동운, 형법 제·개정 자료집, 한국형사정책연구원(2009); 주석 형사소송법(3)(제5판), 한국사법행정학회(2017); 이용식, "형사판례 법리로서 가정적 승낙의 논리구조 비판", 형사판례연구 제25호, 박영사(2017); 김성돈, "의사의 설명의무위반의 효과와 가정적 승낙의 법리", 형사판례연구 제21호, 박영사(2013); 원형식, "피해자의 승낙의 사회윤리적 한계", 형사법연구 제26권 제3호, 한국형사법학회(2014).

Ⅰ. 본조의 의의

1. 개념

피해자의 승낙이란 피해자가 가해자에게 자신의 법익에 대한 침해를 허락하거나 동의하는 경우 그 가해행위의 불법을 배제하는 제도를 말한다.[1] 형법 제정 당시의 정부초안 제24조는 "유효히 처분할 수 있는 자의 승낙에 의하여 그 법익을 훼손한 행위는 법률에 특별한 규정이 없는 한 벌하지 아니한다."고 규정하였으나, 입법과정에서 '유효히' 부분은 '처분할 수 있는 자'의 의미에 포함되어 무의미하다는 이유로 삭제되고 현재와 같은 내용으로 입법되었다.[2]

2. 피해자의 승낙의 정당화근거

이에 대하여는 법률정책설(입법정책설),[3] 이익포기설(이익흠결설),[4] 법률행위설,

1 배종대, 형법총론(제13판), 홍문사(2017), 277.
2 신동운, 형법 제·개정 자료집, 한국형사정책연구원(2009), 46, 149.
3 배종대, 형법총론(제13판), 홍문사(2017). 279; 이재상 외 2인, 형법총론(제9판), 박영사(2017), 277; 정성근/박광민, 형법총론(제2판), 성균관대학교출판부(2015), 289; 임웅, 형법총론(제10정판), 법문사(2018), 282; 신동운, 형법총론(제11판), 법문사(2019), 336.
4 오영근, 형법총론(제4판), 박영사(2018), 222.

처분권설,[5] 상당성설(사회적 상당설),[6] 법률정책설과 이익포기설의 절충설[7] 등의 견해가 주장된다. 법률정책설이 다수의 견해이다.

피해자지향(피해자의 형사절차에 대한 개입가능성), 형법의 보충성(법익주체인 피해자가 자기 법익에 대한 보호를 포기하면 그 법익에 대한 형법의 보호필요성이 소멸), 형법의 민사화 현상(형법의 집행에 관한 처분권한이 시민 개인에게 이양)을 정당화의 근거로 설명하기도 한다.[8]

3. 피해자의 승낙과 양해

구성요건이 피해자의 의사에 반하는 경우에만 실현될 수 있도록 규정되어 있는 범죄(절도, 주거침입, 문서위조, 감금, 횡령, 배임, 강간, 강제추행 등)에서 법익침해에 대한 피해자의 동의를 '양해'라고 하여 피해자의 승낙과 구별하는 견해가 다수설이다.[9] 이 견해에 따르면 '양해'는 구성요건해당성을 배제하고 '승낙'은 위법성을 조각한다.

그와 달리 양해와 승낙을 구별하지 않는 견해도 있다.[10] 양자를 엄격히 구분할 수 있는 기준이 없고 각 구성요건의 구조 및 특성에 따라 개별적으로 판단해야 할 해석상의 문제에 불과하며[11] 본조에 명시된 '승낙' 외에 별도로 '양해' 개념을 도입할 실익도 없음을 근거로 한다.[12] 이는 다시 피해자의 승낙을 구성요건배제사유로 보는 견해[13]와 위법성조각사유로 보는 견해[14]로 나뉜다. 전자는 피해자의 승낙이 다른 위법성조각사유와 이질성이 크다는 점 등을 근거로 한다. 이는 형법 총칙에 피해자의 승낙에 관한 규정이 없는 독일에서 주장되고 있는 견해인데,

5 박상기, 형법총론(제9판), 박영사(2012), 223.

6 정영일, 형법강의(총론)(제3판), 학림(2017), 169.

7 손동권/김재윤, 새로운 형법총론(초판), 율곡출판사(2011), 240.

8 배종대, 형법총론(제13판), 홍문사(2017), 278.

9 이재상 외 2인, 형법총론(제9판), 박영사(2017), 273-274; 김성돈, 형법총론(제5판), 성균관대학교출판부(2017), 309-310; 오영근, 형법총론(제4판), 박영사(2018), 223-224; 정성근/박광민, 형법총론(제2판), 성균관대학교출판부(2015), 284; 정영일, 형법강의(총론)(제3판), 학림(2017), 168; 손동권/김재윤, 새로운 형법총론(초판), 율곡출판사(2011), 234; 임웅, 형법총론(제10정판), 법문사(2018), 279-280; 신동운, 형법총론(제11판), 법문사(2019), 333.

10 배종대, 형법총론(제13판), 홍문사(2017), 279-280. 김일수/서보학, 새로쓴 형법총론(제13판), 박영사(2018), 168; 박상기/전지연, 형법학(총론·각론 강의)(제4판), 집현재(2018), 141.

11 김일수/서보학, 새로쓴 형법총론(제13판), 박영사(2018), 168; 박상기/전지연, 형법학(총론·각론 강의)(제4판), 집현재(2018), 141.

12 배종대, 형법총론(제13판), 홍문사(2017), 280.

13 김일수/서보학, 새로쓴 형법총론(제13판), 박영사(2018), 169.

14 배종대, 형법총론(제13판), 홍문사(2017), 280; 박상기, 형법총론(제9판), 박영사(2012), 222.

그와 달리 형법은 제20조부터 본조에 걸쳐 위법성조각사유를 체계적으로 배열하고 있으므로, 본조의 피해자의 승낙을 위법성조각사유의 하나로 파악하는 것이 입법자의 의사에 부합한다고 본다.[15]

다만 개별 범죄구성요건의 문언, 속성, 구조, 보호법익에 따라 법익침해에 대한 피해자의 동의가 구성요건해당성 자체를 배제한다고 보는 것이 자연스러운 경우가 있는 이상, 편의상 '양해'라는 개념에 어느 정도의 유용성은 있다고 본다. 카메라 등 이용 촬영죄(성폭력범죄의 처벌 등에 관한 특례법 제14조 제1항), 자동차 등 불법사용죄(형법 제331조의2)는 '촬영대상자의 의사에 반하여', '권리자의 동의 없이'를 구성요건에 명시하고 있으므로, 피해자의 허락이나 동의가 구성요건을 배제한다고 볼 수 있다.

'(피해자의) 의사에 반하여'를 구성요건에 명시하고 있는 범죄로는, 지속적 괴롭힘(스토킹, 경범죄처벌법 제3조 제1항 제41호), 결혼중개업자의 개인정보 누설(결혼중개업의 관리에 관한 법률 제26조 제2항 제10호, 제13조), 판매원 합숙 강요(방문판매 등에 관한 법률 제58조 제1항 제4호, 제24조 제1항 제7호), 기부금품 강제모집(사회복지공동모금회법 제35조 제1항 제1호, 제3조 제1항) 등이 있다.

대법원은, 구 아동·청소년의 성보호에 관한 법률(2012. 12. 18. 법률 제11572호로 전부 개정되기 전의 것)이 '아동·청소년이용음란물'의 의미에 관한 별도의 규정을 두면서도, 처벌규정에서는 음란물이 '아동·청소년의 의사에 반하여 촬영된 것인지 여부'를 범죄성립의 요건으로 부가하고 있지 않다는 이유를 들어, 객관적으로 아동·청소년이 등장하여 성적 행위를 하는 내용을 표현한 영상물에 해당하는 한, 대상이 된 아동·청소년의 동의하에 촬영한 것이더라도 '아동·청소년이용음란물'에 해당하지 않는다고 할 수 없다고 판시한 바 있다.[16]

피해자의 승낙이 있는 경우 구성요건해당성을 부정한 대법원 판결도 있고 위법성이 조각된다고 본 대법원 판결도 있지만 '양해'라는 개념은 사용되고 있지 않다.[17] 피해자의 승낙이 있으면 구성요건에 해당하지 않는다고 본 대법원 판결로는 아래와 같은 것들이 있다.

15 신동운, 형법총론(제11판), 법문사(2019), 334.
16 대법원 2015. 2. 12. 선고 2014도11501, 2014전도197 판결.
17 김성돈, 형법총론(제5판), 성균관대학교출판부(2017), 309.

[판례] 대법원 2010. 10. 28. 선고 2010도6668 판결
카메라 등 이용 촬영죄를 정한 구 성폭력범죄의 처벌 및 피해자보호 등에 관한 법률 제14조의2 제1항 규정의 문언과 그 입법 취지 및 연혁, 보호법익 등에 비추어, 위 규정에서 말하는 '그 촬영물'이란 성적 욕망 또는 수치심을 유발할 수 있는 타인의 신체를 그 의사에 반하여 촬영한 영상물을 의미하고, 타인의 승낙을 받아 촬영한 영상물은 포함되지 않는다고 해석된다.[18]

[판례] 대법원 1983. 5. 24. 선고 82도1426 판결
공문서의 위조라 함은 행사할 목적으로 공무원 또는 공무소의 문서를 정당한 작성권한 없는 자가 작성권한 있는 자의 명의로 작성하는 것을 말하는 바 위 판시 사실과 관계증거를 종합하여 보면 위 공문서의 작성권한 있는 지단장 김○○은 감사원의 서울특별시에 대한 감사에서 문제가 된 위 진지 이전 공사금에 대하여 동인 및 피고인이 유용한 범행 등을 합리화시키기 위하여 피고인에게 이 사건 문서를 작성케 하고 그의 서명을 대신하게 하여 비치하도록 지시 내지 승낙한 사실을 인정하기에 충분하므로 피고인의 위 소위는 공문서위조죄 등의 구성요건해당성이 조각됨.

[판례] 대법원 2008. 4. 10. 선고 2007도9987 판결
사문서의 위·변조죄는 작성권한 없는 자가 타인 명의를 모용하여 문서를 작성하는 것을 말하는 것이므로 사문서를 작성·수정함에 있어 그 명의자의 명시적이거나 묵시적인 승낙이 있었다면 사문서의 위·변조죄에 해당하지 않고...[19]

[판례] 대법원 2008. 2. 29. 선고 2007도11239 판결
건조물침입죄는 사실상의 주거의 평온을 그 보호법익으로 하는 것이므로 건조물 관리자의 의사에 반하여 건조물에 침입함으로써 성립하는 것이고, 일반적으로 개방되어 있는 장소라고 하더라도 관리자가 필요에 따라 그 출입을 제한할 수 있는 것이므로 관리자의 명시적 또는 추정적 의사에 반하여 그 곳에 들어간 것이라면 건조물침입죄가 성립한다.

[판례] 대법원 2001. 10. 26. 선고 2001도4546 판결
형법상 절취란 타인이 점유하고 있는 자기 이외의 자의 소유물을 점유자의 의사에 반하여 그 점유를 배제하고 자기 또는 제3자의 점유로 옮기는 것을 말하는 것

18 대법원 2009. 10. 29. 선고 2009도7973 판결도 같은 내용이다.
19 같은 내용으로는 대법원 2011. 9. 29. 선고 2010도14587 판결, 대법원 2017. 1. 25. 선고 2016도16797 판결 등 다수의 판결이 있다.

으로, 비록 약정에 기한 인도 등의 청구권이 인정된다고 하더라도, 취거 당시에 점유 이전에 관한 점유자의 명시적·묵시적인 동의가 있었던 것으로 인정되지 않는 한, 점유자의 의사에 반하여 점유를 배제하는 행위를 함으로써 절도죄는 성립하는 것.

대법원은 주거침입죄에서 거주자의 의사를 명확히 확인할 수 없는 경우 범죄가 성립하지 않는다고 판시하였는데, 이는 주거침입죄에서 거주자의 의사에 관한 증명책임을 검사에게 부담시키는 취지로 이해할 수 있다.

[판례] 대법원 1993. 3. 23. 선고 92도455 판결
타인의 주거에 거주자의 의사에 반하여 들어가는 경우에는 주거침입죄가 성립하며, 이때 거주자의 의사라 함은 명시적인 경우뿐만 아니라 묵시적인 경우도 포함되고, 나아가 주변사정에 따라서는 거주자의 반대의사가 추정될 수도 있는 것이기는 하나, 이 사건에서 피고인 등과 피해자 등이 위 아파트의 매매계약 당사자로서 법률관계를 맺어 온 점을 고려한다면, 가령 피해자와의 매매계약의 해제 문제를 해결하기 위하여 피고인 등이 위 주거에 들어간 이후 문제 해결이 여의치 아니하여 소란을 피우는 등의 사태가 발생하였다 하더라도, 피고인 등이 당초부터 피해자 등의 반대를 무릅쓰고 주거에 들어갔다거나 또는 주거에 들어갈 당초부터 내심으로 그와 같이 재물을 손괴하는 등 소란을 피울 목적이 있었다는 등 피고인 등이 위 주거에 들어가는 행위가 피해자 등의 명시적, 묵시적 의사에 반함을 객관적으로 인정할 만한 사정이 인정되지 아니한다면 이를 주거침입죄로 의율할 수는 없다.

4. 소송법적 의미

형사소송법 제323조 제2항은 "법률상 범죄의 성립을 조각하는 이유 또는 형의 가중, 감면의 이유되는 사실의 진술이 있은 때에는 이에 대한 판단을 명시하여야 한다."고 규정하고 있으므로, 위법성조각사유 또는 책임감경·조각사유에 관한 주장이 있는 경우 법원은 반드시 그에 대한 판단을 하여야 하고, 이를 누락한 경우는 형사소송법 제361조의5 제11호의 '판결에 이유를 붙이지 아니한 때'에 해당한다.

여기에서 '형의 가중, 감면의 이유되는 사실'이란 형의 필요적 가중, 감면의 이유되는 사실을 말하고 임의적 감면사유는 이에 해당하지 않는다.[20] 단순한 범행부인 및 고의·과실이 없다는 주장에 대하여는 판단을 하지 않더라도 판단유탈

20 대법원 2017. 11. 9. 선고 2017도14769 판결, 대법원 1985. 3. 12. 선고 84도3042 판결, 대법원 1989. 5. 9. 89도420 판결.

이라 할 수 없다.[21]

대법원은 "주거침입죄에 있어서 '침입'이란 '피해자의 의사에 반하여 들어가는 것'을 의미하는 것이므로, 단체협약에 따라 피해자의 승낙이 있었다는 피고인들의 주장은 구성요건해당성의 단순한 부인에 불과할 뿐 '법률상 범죄의 성립을 조각하는 이유'에 포함된다고 볼 수 없다"고 판단한 원심을 수긍함으로써[22] 주거침입죄에서 피해자의 승낙이 구성요건배제사유에 해당한다는 입장을 취하고 있다.

대법원은 사문서위조죄에 관하여도 "공소외 C가 피고인에게 원심이 인용한 1심 판시의 폐업신고서를 작성할 권한을 부여하였다거나 그와 같이 추정되어야 한다는 피고인의 주장은 범죄를 부인하는 취지에 불과하고 법률상 범죄의 성립을 조각하는 사유에 관한 진술이 아니므로 원심이 위 주장에 관하여 판단을 하지 않았다고 하여 판단유탈의 위법을 저지른 것이라고 볼 수 없다"고 판시함으로써[23] 피해자의 승낙을 구성요건배제사유로 취급하고 있다.

반면 대법원은 "타인의 재물을 손괴함에 있어 소유자의 승낙을 받았다는 점은 피고인에게 적어도 입증의 부담이 있다"고 판시함으로써[24] 재물손괴죄에서 피해자의 승낙을 위법성조각사유로 취급하고 있다.

Ⅱ. 피해자의 승낙의 요건

1. 처분할 수 있는 자의 승낙

가. 법익주체의 승낙

법익의 처분권한을 가진 사람이 자기의 법익침해에 동의할 것을 요한다(통설). 타인의 법익에 대한 처분권이 있는 사람은 법익주체를 대리하여 승낙할 수 있다.[25] 따라서 미성년자의 법정대리인도 승낙을 할 수 있다.[26] 장기이식수술을

21 대법원 1987. 12. 8. 선고 87도2068 판결, 대법원 1983. 10. 11. 선고 83도594 판결. 주석 형사소송법(3)(제5판), 한국사법행정학회(2017), 623(임동규).

22 대법원 2009. 9. 10. 선고 2009도293 판결.

23 대법원 1992. 12. 22. 선고 92도2047 판결.

24 대법원 1997. 6. 24. 선고 97도87 판결.

25 배종대, 형법총론(제13판), 홍문사(2017), 281; 이재상 외 2인, 형법총론(제9판), 박영사(2017), 278; 김일수/서보학, 새로쓴 형법총론(제13판), 박영사(2018), 173; 김성돈, 형법총론(제5판), 성균관대학교출판부(2017), 317; 정영일, 형법강의(총론)(제3판), 학림(2017), 169.

26 박상기/전지연, 형법학(총론·각론 강의)(제4판), 집현재(2018), 143; 정성근/박광민, 형법총론(제2판), 성균관대학교출판부(2015), 289.

위한 신체 일부의 기증과 같은 고도로 일신전속적인 행위는 대리승낙이 허용되지 않는다.[27] 성년후견인은 피성년후견인의 신체를 침해하는 의료행위에 대하여 피성년후견인이 동의할 수 없는 경우에는 그를 대신하여 동의할 수 있다(민법 제947조의2 제3항). 다만 피성년후견인이 의료행위의 직접적인 결과로 사망하거나 상당한 장애를 입을 위험이 있을 때에는 가정법원의 허가를 받아야 한다(민법 제947조의2 제4항 본문). 지입차주가 지입회사의 승낙 없이 차량을 처분하거나, 지입차주로부터 차량 보관을 위임받은 자가 지입차주의 승낙 없이 차량을 처분하는 경우 횡령죄가 성립한다.[28] 법익주체가 복수인 경우 법익주체 전원의 승낙이 필요하다. 이에 관하여 대법원은 아래와 같이 판시한 바 있다.

> [판례] 대법원 2007. 4. 27. 선고 2006 도 8967 판결
> (간통의 목적으로 배우자 있는 자의 주거에 들어간 사안에서) 주거침입죄의 보호법익은 당해 주거에 거주하는 각각의 사람이 누리는 주거에 대한 사실상의 평온상태로 복수의 주거권자가 있는 경우 한 사람의 승낙이 다른 거주자의 의사에 직접·간접으로 반하는 경우에는 그에 의한 주거에의 출입은 그 의사에 반한 사람의 주거의 평온 즉 주거의 지배·관리의 평온을 해치는 결과가 되므로 주거침입죄가 성립[29]

> [판례] 대법원 2010. 3. 11. 선고 2009 도 5008 판결
> 2인 이상이 하나의 공간에서 공동생활을 하고 있는 경우에는 각자 주거의 평온을 누릴 권리가 있으므로, 사용자가 제3자와 공동으로 관리·사용하는 공간을 사용자에 대한 쟁의행위를 이유로 관리자의 의사에 반하여 침입·점거한 경우 비록 그 공간의 점거가 사용자에 대한 관계에서 정당한 쟁의행위로 평가될 여지가 있다 하여도 이를 공동으로 관리·사용하는 제3자의 명시적 또는 추정적인 승낙이 없는 이상 위 제3자에 대하여서까지 이를 정당행위라고 하여 주거침입의 위법성이 조각된다고 볼 수는 없다 할 것이다.[30]

> [판례] 대법원 2005. 5. 12. 선고 2005 도 331 판결
> 원심은 피고인이 이 사건 오피스텔의 관리인에 불과한 오○○의 승낙을 얻은 사실

27 김일수/서보학, 새로쓴 형법총론(제13판), 박영사(2018), 173; 박상기, 형법총론(제9판), 박영사(2012), 226.
28 대법원 2015. 6. 25. 선고 2015도1944 전원합의체 판결.
29 대법원 1984. 6. 26. 선고 83도685 판결도 같은 취지이다.
30 대법원 2010. 3. 11. 선고 2009도7865 판결도 같은 취지이다.

만으로는 피해자의 주거인 위 오피스텔에 들어가는 것에 관하여 피해자의 승낙이 있었던 것으로 볼 수 없고, 또한 피해자의 의사에 반하여 위 오피스텔에 들어간 이상 위 오피스텔의 공동 주거자라고도 볼 수 있는 황○○의 승낙이 있었더라도 피해자에 대한 관계에서는 주거침입죄가 성립한다고 판단하였는바, 관계 법리와 기록에 비추어 살펴보면, 원심의 위와 같은 판단은 정당

[판례] 대법원 2007. 11. 15. 선고 2007도6955 판결
타인과 공동소유관계에 있는 물건도 공유자 상호간에 있어서는 서로 재물은닉죄의 객체가 되는 타인의 재물 …(중략)… 사실혼관계에 있던 피해자와의 공유물이라고 하더라도 재물은닉죄의 객체가 되는 타인의 재물에 속하므로 피고인이 이 사건 승용차를 피해자의 승낙 없이 피해자가 주차해 둔 위치에서 약 100m 떨어진 교회 주차장에 옮겨 놓아 은닉한 행위를 재물은닉죄로 의율한 원심의 조치는 정당

법익의 주체가 아닌 이상 해당 법익에 대한 실질적 지배력을 가지고 있더라도 본조의 승낙을 할 수는 없다. 대법원은, 주식회사와 주주는 별개의 법인격을 가지고 있으므로, 주식회사의 임원이 회사에 손해를 가하는 임무위배행위에 대하여 사실상 대주주의 양해를 얻었다고 하더라도 배임죄가 성립한다고 보았다.[31] 유한회사와 그 사원에 대하여도 같은 취지의 판결이 있다.[32]

나. 처분할 수 있는 법익

승낙으로 처분할 수 있는 법익은 개인적 법익에 한하고, 국가적·사회적 법익은 개인이 처분할 수 없는 법익이므로 승낙의 대상이 되지 않는다.[33] 사람의 생명과 신체는 개인적 법익이지만 처분에 일정한 제한이 따른다.[34] 개인적 법익과 사회적·국가적 법익이 중첩된 범죄의 경우는, 두 법익이 동시에 침해될 때에만 구

31 대법원 2011. 9. 29. 선고 2011도1764 판결, 대법원 2000. 5. 26. 선고 99도2781 판결.
32 대법원 2011. 3. 10. 선고 2008도6335 판결, 대법원 2012. 7. 26. 선고 2009도5935 판결.
33 배종대, 형법총론(제13판), 홍문사(2017), 281; 김일수/서보학, 새로쓴 형법총론(제13판), 박영사(2018), 170; 이재상 외 2인, 형법총론(제9판), 박영사(2017), 278; 오영근, 형법총론(제4판), 박영사(2018), 227; 정성근/박광민, 형법총론(제2판), 성균관대학교출판부(2015), 291; 김성돈, 형법총론(제5판), 성균관대학교출판부(2017), 316; 정영일, 형법강의(총론)(제3판), 학림(2017), 169; 임웅, 형법총론(제10정판), 법문사(2018), 285; 신동운, 형법총론(제11판), 법문사(2019), 338.
34 배종대, 형법총론(제13판), 홍문사(2017), 281; 이재상 외 2인, 형법총론(제9판), 박영사(2017), 278-279; 박상기, 형법총론(제9판), 박영사(2012), 224; 오영근, 형법총론(제4판), 박영사(2018), 227; 김성돈, 형법총론(제5판), 성균관대학교출판부(2017), 316; 손동권/김재윤, 새로운 형법총론(초판), 율곡출판사(2011), 241-242; 정영일, 형법강의(총론)(제3판), 학림(2017), 169; 박상기/전지연, 형법학(총론·각론 강의)(제4판), 집현재(2018), 144.

성요건을 충족하므로 승낙은 구성요건을 배제한다는 견해와[35] 승낙이 있어도 개인이 처분할 수 없는 법익의 훼손이 있으므로 범죄성립에 영향이 없다는 견해가 있다.[36] 대법원은 사회적 법익과 개인적 법익이 중첩된 범죄인 사문서위조·변조죄와 공문서위조죄에서 명의자나 작성권자의 승낙이 있는 경우에는 범죄가 성립하지 않는다고 보고 있다.[37] 명의인이 작성에 동의한 문서는 '진정하게 성립'한 문서가 되므로 구성요건해당성이 배제된다고 보기 때문이다.[38] 한편 대법원은 피무고자의 승낙이 있더라도 무고죄가 성립한다고 보았고,[39] 실제 저작자의 동의가 있는 경우에도 저작권법위반죄가 성립할 수 있다는 입장이다.[40] 반면 법원을 기망하여 판결을 받으려 했더라도 소송상대방의 사전승낙이 있었다면 소송사기죄는 성립하지 않는다고 한다.[41]

[판례] 대법원 2005. 9. 30. 선고 2005도2712 판결
무고죄는 국가의 형사사법권 또는 징계권의 적정한 행사를 주된 보호법익으로 하고 다만, 개인의 부당하게 처벌 또는 징계받지 아니할 이익을 부수적으로 보호하는 죄이므로, 설사 무고에 있어서 피무고자의 승낙이 있었다고 하더라도 무고죄의 성립에는 영향을 미치지 못한다.

[판례] 대법원 2017. 10. 26. 선고 2016도16031 판결
저작권법 제137조 제1항 제1호는 저작자 아닌 자를 저작자로 하여 실명·이명을 표시하여 저작물을 공표한 자를 형사처벌한다고 규정하고 있다. 위 규정은 자신의 의사에 반하여 타인의 저작물에 저작자로 표시된 저작자 아닌 자와 자신의 의사에 반하여 자신의 저작물에 저작자 아닌 자가 저작자로 표시된 실제 저작자의 인격적 권리뿐만 아니라 저작자 명의에 관한 사회 일반의 신뢰도 보호하려는 데 그 목적이 있다. 이와 같은 입법 취지 등을 고려하면, 저작자 아닌 자를 저작자로 표시하여 저작물을 공표한 이상 위 규정에 따른 범죄는 성립하고, 사회 통념에 비추어 사회 일반의 신뢰가 손상되지 않는다고 인정되는 특별한 사정이 있는 경우가 아닌 한 그러한 공표에 저작자 아닌 자와 실제 저작자의 동의가 있었다 하더라도 달리

35 김일수/서보학, 새로쓴 형법총론(제13판), 박영사(2018), 170.
36 김성돈, 형법총론(제5판), 성균관대학교출판부(2017), 317.
37 대법원 2008. 4. 10. 선고 2007도9987 판결, 대법원 1983. 5. 24. 선고 82도1426 판결.
38 김성돈, 형법총론(제5판), 성균관대학교출판부(2017), 312-313.
39 대법원 2005. 9. 30. 선고 2005도2712 판결.
40 대법원 2017. 10. 26. 선고 2016도16031 판결.
41 대법원 1996. 8. 23. 선고 96도1265 판결.

볼 것은 아니다.

다. 승낙

1) 승낙능력

승낙주체는 승낙의 의미, 내용, 효과와 법익침해의 의미와 결과를 이해할 수 있는 자연적 통찰능력과 판단력을 갖추고 있어야 한다.[42] 일반적 판단능력을 의미하므로 민법에서의 행위능력과 반드시 일치하는 것은 아니다.[43] 이러한 승낙능력은 사안에 따라 개별적·구체적으로 판단할 수밖에 없다.[44] 전문지식이 필요하여 자연적 통찰능력과 판단능력만으로 승낙 여부를 결정할 수 없는 의료행위의 경우에는 의사에게 설명의무가 부과된다.[45] 대법원은 의사의 불충분한 설명을 근거로 한 환자의 수술동의로는 위법성이 조각되지 않는다고 판단하였다.

[판례] 대법원 1993. 7. 27. 선고 92 도 2345 판결
피고인은 자신의 시진, 촉진결과 등을 과신한 나머지 초음파검사 등 피해자의 병증이 자궁외 임신인지, 자궁근종인지를 판별하기 위한 정밀한 진단방법을 실시하지 아니한 채 위 피해자의 병명을 자궁근종으로 오진하고 이에 근거하여 의학에 대한 전문지식이 없는 위 피해자에게 자궁적출술의 불가피성만을 강조하였을 뿐 위와 같은 진단상의 과오가 없었다면 당연히 설명받았을 자궁외 임신에 관한 내용을 설명받지 못한 피해자로부터 수술승낙을 받은 사실을 인정할 수 있으므로 위 승낙은 피고인의 부정확 또는 불충분한 설명을 근거로 이루어진 것으로서 이 사건 수술의 위법성을 조각할 유효한 승낙이라고 볼 수 없다.

형법은 일정 연령 이하의 사람에 대하여 승낙능력을 부정하는 규정을 두고

42 배종대, 형법총론(제13판), 홍문사(2017), 282; 김일수/서보학, 새로쓴 형법총론(제13판), 박영사(2018), 172; 이재상 외 2인, 형법총론(제9판), 박영사(2017), 280; 오영근, 형법총론(제4판), 박영사(2018), 225; 임웅, 형법총론(제10정판), 법문사(2018), 283; 정성근/박광민, 형법총론(제2판), 성균관대학교출판부(2015), 289; 손동권/김재윤, 새로운 형법총론(초판), 율곡출판사(2011), 244.

43 배종대, 형법총론(제13판), 홍문사(2017), 282; 김일수/서보학, 새로쓴 형법총론(제13판), 박영사(2018), 172; 이재상 외 2인, 형법총론(제9판), 박영사(2017), 280; 오영근, 형법총론(제4판), 박영사(2018), 225; 임웅, 형법총론(제10정판), 법문사(2018), 283; 정성근/박광민, 형법총론(제2판), 성균관대학교출판부(2015), 289; 박상기/전지연, 형법학(총론·각론 강의)(제4판), 집현재(2018), 145.

44 오영근, 형법총론(제4판), 박영사(2018), 225; 신동운, 형법총론(제11판), 법문사(2019), 342.

45 배종대, 형법총론(제13판), 홍문사(2017), 282; 이재상 외 2인, 형법총론(제9판), 박영사(2017), 280; 임웅, 형법총론(제10정판), 법문사(2018), 283; 정성근/박광민, 형법총론(제2판), 성균관대학교출판부(2015), 289.

있다. 그 예로 미성년자간음·추행죄(제305조)에서 13세 미만, 아동혹사죄(제274조)에서 16세 미만, 미성년자 약취·유인죄(제287조)에서 미성년자 등이 있다. 대법원은 아래 사안에서 아동이나 노인성 치매 환자의 승낙능력을 부정한 바 있다.

[판례] 대법원 2015. 8. 27. 선고 2015 도 6480 판결
아동은 아직 가치관과 판단능력이 충분히 형성되지 아니하여 자기결정권을 자발적이고 진지하게 행사할 것을 기대하기가 어렵고, 자신을 보호할 신체적·정신적 능력이 부족할 뿐 아니라, 보호자 없이는 사회적·경제적으로 매우 취약한 상태에 있으므로, 이러한 처지에 있는 아동을 마치 물건처럼 대가를 받고 신체를 인계·인수함으로써 아동매매죄가 성립하고, 설령 위와 같은 행위에 대하여 아동이 명시적인 반대 의사를 표시하지 아니하거나 더 나아가 동의·승낙의 의사를 표시하였다 하더라도 이러한 사정은 아동매매죄의 성립에 아무런 영향을 미치지 아니한다.

[판례] 대법원 2004. 12. 10. 선고 2004 도 4850 판결
피해자 2가 자신과 피해자 1이 입원하여 빈집에 도둑이 들 것을 염려한 나머지, '아파트 창문으로 도둑이 날아들어 와서 다 갖고 간다.'라는, 누가 들어도 제 정신에서 비롯된 것이 아닌 이야기를 하면서 피고인들에게 '빨리 집에 가 봐라.'고 말하였다는 사정만으로, 피해자 2가 피해자들 소유의 예금통장들 및 도장들을 피고인들이 취거하는 데 사전 동의하였다거나 피고인들이 그러한 동의가 있는 것으로 잘못 믿었다고는 볼 수 없고(피고인들은 그 후 예금통장들과 도장들을 빼내오기까지 달리 피해자들을 면회한 적도 없다), 원심이 들고 있는 기타의 사정들도 피해자 2의 노인성 치매 증상에서 비롯된 것임이 명백하므로, 어느 모로 보나 피해자 2가 자연적 의사능력이 있는 상태에서 피해자들 소유의 예금통장들 및 도장들을 피고인들이 취거하는 데 동의하였다고는 보기 어렵다. …(중략)…
문서명의인의 포괄 위임 내지 묵시적 승낙이 있어 사문서위조죄가 성립하지 아니한다고 보려면, 그러한 위임 내지 승낙을 한 문서명의인에게 적어도 문서 작성이나 그 목적이 된 법률행위의 의미와 결과를 이해할 수 있는 자연적 판단능력이 있어야 하는 것인데, 기록에 나타난 사정들, 특히 원심이 인정한 사실관계만 놓고 보더라도 노인성 치매 증상을 보이고 있던 피해자 2가 그러한 능력을 갖추고 있다고는 보기 어려우며, 피고인들도 이러한 사정을 잘 알고 있었다는 데 합리적 의심의 여지가 없다.

[판례] 대법원 1980. 9. 24. 선고 79 도 1387 판결
의사가 권하는 최선의 치료방법인 수혈이라도 하지 않으면 그 환자가 사망할 것이

라는 위험이 예견가능한 경우에 아무리 생모라고 할지라도 자신의 종교적 신념이나 후유증 발생의 염려만을 이유로 환자에 대하여 의사가 하고자 하는 위의 수혈을 거부하여 결과적으로 그 환자로 하여금 의학상 필요한 치료도 제대로 받지 못한 채 사망에 이르게 할 수 있는 정당한 권리가 있다고는 할 수 없는 것이며 그때에 사리를 변식할 지능이 없다고 보아야 마땅할 11세 남짓의 환자 본인이 가사 그 생모와 마찬가지로 위의 수혈을 거부한 일이 있다고 하여도 이것이 피고인의 위와 같은 수혈거부 행위가 위법한 것이라고 판단하는데 어떠한 영향을 미칠만한 사유가 된다고 볼 수는 없으므로...

[판례] 대법원 2015. 2. 12. 선고 2014도11501, 2014전도197 판결
다만 아동·청소년인 행위자 본인이 사적인 소지를 위하여 자신을 대상으로 '아동·청소년이용음란물'에 해당하는 영상 등을 제작하거나 그 밖에 이에 준하는 경우로서, 영상의 제작행위가 헌법상 보장되는 인격권, 행복추구권 또는 사생활의 자유 등을 이루는 사적인 생활 영역에서 사리분별력 있는 사람의 자기결정권의 정당한 행사에 해당한다고 볼 수 있는 예외적인 경우에는 위법성이 없다고 볼 수 있을 것이다. 아동·청소년은 성적 가치관과 판단능력이 충분히 형성되지 아니하여 성적 자기결정권을 행사하고 자신을 보호할 능력이 부족한 경우가 대부분이므로 영상의 제작행위가 이에 해당하는지 여부는 아동·청소년의 나이와 지적·사회적 능력, 제작의 목적과 그 동기 및 경위, 촬영 과정에서 강제력이나 위계 혹은 대가가 결부되었는지 여부, 아동·청소년의 동의나 관여가 자발적이고 진지하게 이루어졌는지 여부, 아동·청소년과 영상 등에 등장하는 다른 인물과의 관계, 영상 등에 표현된 성적 행위의 내용과 태양 등을 종합적으로 고려하여 신중하게 판단하여야 한다.
…(중략)… 피고인 겸 피부착명령청구자(이하 '피고인'이라 한다)는 30대의 기혼인 초등학교 교사로서 피해자들과는 처음부터 그들이 아동·청소년임을 알고도 단지 성적 행위를 목적으로 접근하여 스마트폰 채팅 애플리케이션을 통하여 몇 차례 연락하고 만난 사이에 불과한 사실, 피고인은 단기간 내에 만 12세에 불과한 아동들을 비롯한 여러 피해자를 만나 성적 행위를 하고 그 중 일부를 동영상으로 촬영하여 보관해 온 사실, 원심판시 별지 범죄일람표 기재 행위 중에는 피해자의 항문에 손가락을 집어넣는 등의 변태적인 성적 행위가 포함되어 있는 사실, 피고인은 수사기관에서 동영상 촬영 당시 피해자들의 동의 여부에 관한 질문에 대하여 '동의를 구한 애들도 있고 그냥 촬영한 것도 있습니다'라고 진술하는 등 진지하게 피해자들의 동의를 구한 것으로 보이지 아니하는 사실, 피해자 이○○(여, 12세)의 경우에는 위 피해자가 사진을 찍지 말라고 몇 번이나 만류하였음에도 이를 무시하고 계속 촬영하기도 한 사실 등을 알 수 있다.

이러한 사실관계를 앞서 본 법리에 비추어 살펴보면, 피고인이 원심판시와 같은 동영상을 각 촬영한 행위는 구 아청법 제8조 제1항에서 규정하는 아동·청소년이용음란물의 제작에 해당하고, 설령 피고인이 이에 대하여 일부 피해자들의 동의를 받았다고 하더라도 사리분별력이 충분한 아동·청소년이 성적 행위에 관한 자기결정권을 자발적이고 진지하게 행사한 것으로 보기 어려우므로 예외적으로 위법성이 조각되는 사유에 해당하지 아니한다.

2) 자유의사에 의한 승낙

피해자의 승낙은 의사의 흠결 없이 자유로운 의사에 의하여 이루어질 것을 요한다.[46] 착오, 기망, 강박에 의한 승낙의 의사표시는 효력이 없다(통설). 민법의 의사표시 취소에 관한 규정은 적용될 수 없다.[47] 피해자의 승낙으로 일단 위법성이 조각된 행위가 승낙취소의 소급효로 인하여 사후적으로 위법해지는 문제가 생기기 때문이다.[48] 승낙은 진지한 의사에 기한 것이어야 하므로[49] 농담이나 장난으로 한 승낙은 효력이 없다. 반면 단순한 동기의 착오는 승낙의 유효성에 영향을 미치지 않는다.[50] 승낙이 중요부분의 착오가 아닌 사소한 착오에 기초하여 이루어진 경우에도 위법성이 조각된다고 볼 수 있다.[51] 의사가 충분한 설명을 하지 않은 채 수술승낙을 받은 경우는 수술의 위법성을 조각할 유효한 승낙으로 볼 수 없다.[52] 대법원은 아래와 같은 사례에서 승낙의 의사표시에 하자가 있다는 이유로 승낙의 효력을 부인하였다.

[판례] 대법원 1998. 3. 27. 선고 98 도 310 판결

미성년자유인죄라 함은 기망, 유혹 같은 달콤한 말을 수단으로 하여 미성년자를 꾀

46 배종대, 형법총론(제13판), 홍문사(2017), 283; 이재상 외 2인, 형법총론(제9판), 박영사(2017), 280; 박상기, 형법총론(제9판), 박영사(2012), 226.

47 김일수/서보학, 새로쓴 형법총론(제13판), 박영사(2018), 174; 신동운, 형법총론(제11판), 법문사(2019), 344.

48 신동운, 형법총론(제11판), 법문사(2019), 344.

49 김일수/서보학, 새로쓴 형법총론(제13판), 박영사(2018), 174; 정영일, 형법강의(총론)(제3판), 학림(2017), 170; 임웅, 형법총론(제10정판), 법문사(2018), 284; 김성돈, 형법총론(제5판), 성균관대학교출판부(2017), 317; 정성근/박광민, 형법총론(제2판), 성균관대학교출판부(2015), 289.

50 이재상 외 2인, 형법총론(제9판), 박영사(2017), 280; 박상기, 형법총론(제9판), 박영사(2012), 226; 김성돈, 형법총론(제5판), 성균관대학교출판부(2017), 318; 임웅, 형법총론(제10정판), 법문사(2018), 284; 박상기/전지연, 형법학(총론·각론 강의)(제4판), 집현재(2018), 146.

51 신동운, 형법총론(제11판), 법문사(2019), 344.

52 대법원 1993. 7. 27. 선고 92도2345 판결.

어 사려 없고 나이 어린 피해자의 하자 있는 의사를 이용하여 현재의 보호상태로부터 이탈케 하여 자기 또는 제3자의 사실적 지배하에 옮기는 것을 말하며, 본죄의 범의는 피해자가 미성년자라는 것을 알면서 유인의 행위에 대한 인식이 있으면 족하고 유인하는 행위가 피해자의 의사에 반하는 것까지 인식하여야 하는 것은 아니며 또 유인으로 인하여 피해자가 하자 있는 의사로 승낙하였다 하더라도 본죄의 성립에 영향이 있는 것은 아니고...[53]

[판례] 대법원 1998. 4. 24. 선고 98 도 672 판결
인질강도죄에 있어 유인이라 함은 기망 또는 유혹을 수단으로 피해자를 꾀어 그 하자 있는 의사를 이용하여 피해자를 현재의 자유로운 생활관계 또는 보호상태로부터 이탈케 하고 자기 또는 제3자의 실력적 지배하에 옮기는 것을 말하며, 본죄의 범의는 유인의 행위에 대한 인식이 있으면 족하고 유인하는 행위가 피해자의 의사에 반하는 것까지 인식하여야 하는 것은 아니며 또한 유인으로 인하여 피해자가 하자 있는 의사로 승낙하였다 하더라도 본죄의 성립에 영향이 있는 것은 아니고...

[판례] 대법원 2003. 5. 30. 선고 2003 도 1256 판결
피해자는 피고인의 노크 소리를 듣고 피해자의 남편으로 오인하고 용변칸 문을 연 것이고, 피고인은 피해자를 강간할 의도로 용변칸에 들어간 것으로 봄이 상당한바, 그렇다면 피고인이 용변칸으로 들어오는 것을 피해자가 명시적 또는 묵시적으로 승낙하였다고는 볼 수 없다.

[판례] 대법원 2007. 1. 25. 선고 2006 도 5979 판결
피고인이 피해자의 옛 애인 및 '사진 찍은 자'로 1인 2역을 수행하면서 설령 그 정을 알지 못하는 피해자로부터 승낙을 얻고 피해자의 주거에 들어갔다고 하더라도, 그 승낙의 의사표시는 기망 및 협박에 의한 것으로서 무효 …(중략)… 원심의 이와 같은 사실인정과 판단은 정당하고...

[판례] 대법원 2008. 3. 13. 선고 2007 도 10050 판결
피고인이 이 사건 당일 (상호 생략) 컨트리클럽 회장 공소외인 등과 골프를 친 후 위 컨트리클럽 내 식당에서 식사를 하면서 그곳에서 근무 중인 여종업원인 피해자들에게 함께 술을 마실 것을 요구하였다가 피해자들로부터 거절당하였음에도 불구하고, 위 컨트리클럽의 회장인 위 공소외인과의 친분관계를 내세워 피해자들에게 어떠한 신분상의 불이익을 가할 것처럼 협박하여 피해자들로 하여금 목 뒤로 팔을 감아 돌림으로써 얼굴이나 상체가 밀착되어 서로 포옹하는 것과 같은 신체접촉이

53 대법원 1976. 9. 14. 선고 76도2072 판결도 같은 내용이다.

있게 되는 이른바 러브샷의 방법으로 술을 마시게 한 사실을 인정한 다음, 피고인과 피해자들의 관계, 성별, 연령 및 위 러브샷에 이르게 된 경위나 그 과정에서 나타난 피해자들의 의사 등에 비추어 볼 때 강제추행죄의 구성요건인 '강제추행'에 해당하고, 이 때 피해자들의 유효한 승낙이 있었다고 볼 수 없다고 판단하였다. 원심의 그와 같은 사실인정 및 판단은 위에 본 법리와 사실심 법관의 합리적인 자유심증에 따른 것으로서 기록에 비추어 정당하고...

[판례] 대법원 2015. 9. 10. 선고 2015도8447 판결
피고인이 만들어 낸 가상의 인물인 협박범이 딸 안○○의 성행위 동영상을 유포하거나 안○○을 협박할 것이 두려워 어쩔 수 없이 피고인의 촬영 요구에 응하였다고 보이고, 피고인 또한 피해자 황○○의 이러한 심적 상태를 유발하고 이를 적극적으로 이용하였다고 할 것이므로, 피해자 황○○이 피고인에 대하여 자신의 신체 촬영을 승낙한 것은 피해자 황○○의 자유로운 의사에 기초한 것이라고 보기 어렵고, 따라서 피고인의 위 행위는 피해자 황○○의 의사에 반한다고 볼 여지가 충분하다. 그런데도 원심은 피해자 황○○이 피고인의 말에 속아 신체를 촬영하였고 그와 같은 착오가 신체촬영행위 자체에 대한 것이 아니라는 이유만으로 피고인의 위 행위가 피해자의 의사에 반하여 신체를 촬영하는 행위에 해당하지 않는다고 하여 이 사건 공소사실 중 피해자 황○○에 대한 성폭력범죄의처벌등에관한특례법위반(카메라등이용촬영)의 점을 무죄로 판단하였는바, 이러한 원심의 판단에는 …(중략)… 판결에 영향을 미친 잘못이 있다.

[판례] 대법원 2003. 6. 13. 선고 2003도105 판결
원심은, …(중략)… 피해자가 피고인 1로부터 집무실에서의 퇴거와 업무인수인계를 요구받은 후 아무런 저항이나 반발 없이 위 피고인에게 "알았다, 너희들 마음대로 해라."라고 말을 한 후 자리를 떠남으로써 피고인들로 하여금 집무실에 들어가는 것을 승낙하였고, 가사 위 말이 승낙의 취지가 아니었다고 하더라도 피고인들은 피해자의 위와 같은 언동을 승낙으로 믿고 집무실에 들어간 것이므로 피고인들에게는 주거침입 및 업무방해의 고의가 있었다고 할 수 없다는 이유로 이 부분 공소사실에 대하여 범죄의 증명이 없는 경우에 해당한다고 판단하였다. …(중략)… 전후사정을 종합하여 보면, 피해자는 반대파인 윤○○의 지시를 받은 피고인 1이 윤○○ 명의의 인사발령 통보서 등을 만들어 자신을 강제로 집무실에서 퇴거시키고 서류 등을 반출하려고 한다는 것을 알고, 이에 반발하여 자신은 피고인들의 요구에 응할 수 없으니 마음대로 해보라는 취지로 위와 같은 말을 한 것이고, 피고인들도 그러한 취지로 이해하였다고 봄이 상당하다 할 것이다.
그럼에도 불구하고, 원심이 피해자의 위 말을 피고인들의 요구를 승낙한 것으로 보

고, 가사 그렇지 않다 하더라도 피해자가 승낙한 것으로 피고인들이 믿었다는 이유로 이 부분 공소사실에 대하여 피고인들을 무죄라고 판단한 것은 채증법칙을 위배하여 사실을 오인한 위법을 저지른 것.

한편 "예금주인 현금카드 소유자를 협박하여 그 카드를 갈취하였고, 하자 있는 의사표시이기는 하지만 피해자의 승낙에 의하여 현금카드를 사용할 권한을 부여받아 이를 이용하여 현금을 인출한 이상, 피해자가 그 승낙의 의사표시를 취소하기까지는 현금카드를 적법, 유효하게 사용할 수 있고"라는 대법원 1996. 9. 20. 선고 95도1728 판결을 들어 대법원이 협박에 의한 승낙의 유효성을 인정하였다고 보는 견해가 있으나,[54] 위 판결은 "피해자로부터 이 사건 현금카드를 사용한 예금인출의 승낙을 받고 현금카드를 교부받은 행위와 이를 사용하여 현금자동지급기에서 위 피해자의 예금을 여러 번 인출한 행위들은 모두 피해자의 예금을 갈취하고자 하는 피고인의 단일하고 계속된 범의 아래에서 이루어진 일련의 행위로서 포괄하여 하나의 공갈죄를 구성"한다는 내용으로, 공갈죄와 별도의 절도죄가 성립하는지 여부에 관한 것일 뿐 공갈죄의 위법성이 조각된다는 취지가 아니므로, 대법원이 협박에 의하여 이루어진 피해자의 승낙의 유효성을 인정하였다고 볼 수는 없다.

3) 승낙의 대상

피해자의 승낙은 법익침해를 받아들이겠다는 법익주체의 의사표시이므로[55] 승낙의 대상은 행위자의 행위뿐 아니라 그 행위결과까지 포함된다.[56]

4) 승낙의 표시방법

피해자의 내심의 동의만 있으면 충분하다는 주관설(의사방향설), 승낙의사가 명시적으로 외부에 표시되어야 한다는 객관설(의사표시설), 명시적일 필요는 없으나 어떤 방식으로든 외부적으로 승낙을 인식할 수 있는 표시가 있어야 한다는 절충설(의사확인설)이 있다. 절충설이 통설이다.[57]

54 박상기, 형법총론(제9판), 박영사(2012), 227; 박상기/전지연, 형법학(총론·각론 강의)(제4판), 집현재(2018), 147.
55 신동운, 형법총론(제11판), 법문사(2019), 341.
56 김일수/서보학, 새로쓴 형법총론(제13판), 박영사(2018), 172.
57 배종대, 형법총론(제13판), 홍문사(2017), 283; 김일수/서보학, 새로쓴 형법총론(제13판), 박영사(2018), 171; 이재상 외 2인, 형법총론(제9판), 박영사(2017), 281; 박상기, 형법총론(제9판), 박영사(2012), 228; 김성돈, 형법총론(제5판), 성균관대학교출판부(2017), 319; 정성근/박광민, 형법총론(제2판), 성균관대학교출판부(2015), 290; 손동권/김재윤, 새로운 형법총론(초판), 율곡출판사(2011), 244; 박상기/전지연, 형법학(총론·각론 강의)(제4판), 집현재(2018), 148; 신동운, 형법총론(제11판), 법문사(2019), 340.

묵시적 승낙은 승낙이 될 수 없다고 보는 견해도 있으나,[58] 외부에서 인식할 수 있는 한 승낙이 된다고 보는 견해가 타당하다.[59] 대법원도 묵시적 승낙을 승낙으로 인정하고 있다. 한편 대법원은 사문서위조죄에서 포괄적 승낙도 가능하다는 입장을 취하고 있다.

[판례] 대법원 2003. 5. 30. 선고 2003도1256 판결
타인의 주거에 거주자의 의사에 반하여 들어가는 경우는 주거침입죄가 성립하며 이 때 거주자의 의사라 함은 명시적인 경우뿐만 아니라 묵시적인 경우도 포함되고 주변사정에 따라서는 거주자의 반대의사가 추정될 수도 있는 것

[판례] 대법원 2015. 6. 11. 선고 2012도1352 판결
문서의 위조는 작성권한 없는 자가 타인 명의를 모용하여 문서를 작성하는 행위를 말하는 것이므로, 사문서를 작성함에 있어 그 명의자의 명시적이거나 묵시적인 승낙 또는 위임이 있었다면 사문서위조에 해당한다고 할 수 없다. 특히 문서명의인이 문서작성자에게 사전에 문서 작성과 관련한 사무처리의 권한을 포괄적으로 위임함으로써 문서작성자가 위임된 권한의 범위 내에서 그 사무처리를 위하여 문서명의인 명의의 문서를 작성·행사한 것이라면, 비록 문서작성자가 개개의 문서 작성에 관하여 문서명의인으로부터 승낙을 받지 않았다고 하더라도 특별한 사정이 없는 한 사문서위조 및 위조사문서행사죄는 성립하지 않는다고 할 것이다.

[판례] 대법원 2011. 4. 28. 선고 2010도15817 판결
정○○는 피고인에게 이 사건 회사의 주주 명의에 자신의 이름을 사용할 것을 승낙하고 인감도장 등을 교부함으로써 이 사건 회사의 주주로서의 지위 등에 수반되는 업무처리의 권한을 포괄적으로 위임한 것으로 봄이 상당하고, 그와 같은 경우 특단의 사정이 없는 한 정○○ 명의의 주식의 처분 등과 관련된 사무처리 과정에서 작성되는 문서에서의 명의사용을 포괄적으로 허용하였다고 보아야 하므로(기록을 살펴보아도 정○○가 그와 같은 포괄적인 명의사용을 철회하였다는 사정은 보이지 않는다), 피고인이 이 사건 주식의 명의이전에 따라 소득세법이 부과하는 양도소득세 확정신고의무의 이행으로서 이 사건 문서를 정○○ 명의로 작성·행사함에 있어 정○○로부터 별도의 승낙을 받지 아니하였다 하더라도 사문서위조·동행사죄가

58 배종대, 형법총론(제13판), 홍문사(2017), 284.
59 김성돈, 형법총론(제5판), 성균관대학교출판부(2017), 319; 오영근, 형법총론(제4판), 박영사(2018), 226; 정영일, 형법강의(총론)(제3판), 학림(2017), 170; 정성근/박광민, 형법총론(제2판), 성균관대학교출판부(2015), 290; 임웅, 형법총론(제10정판), 법문사(2018), 284; 손동권/김재윤, 새로운 형법총론(초판), 율곡출판사(2011), 244; 신동운, 형법총론(제11판), 법문사(2019), 339.

성립한다고 볼 수 없다.

5) 승낙의 시기

승낙은 법익침해 이전에 표시되어야 한다.[60] 표시된 승낙은 법익침해행위가 있을 때까지 존속되어야 한다.[61] 사후적인 승낙은 위법성을 조각하지 않는다(통설). 행위시점까지도 승낙이 가능하다는 견해도 있다.[62] 그러나 본조가 '승낙에 의하여 법익을 훼손한 행위'를 요건으로 하는 이상 침해행위자는 사전에 승낙을 인식하고 있어야 할 것이다(승낙의 인식).[63] 따라서 승낙은 최소한 침해행위보다는 먼저 표시되어야 한다고 본다.

[판례] 대법원 2012. 1. 27. 선고 2010 도 11884 판결
공문서변조죄는 권한 없는 자가 공무소 또는 공무원이 이미 작성한 문서 내용에 대하여 동일성을 해하지 않을 정도로 변경을 가하여 새로운 증명력을 작출케 함으로써 공공적 신용을 해할 위험성이 있을 때 성립하고, 사후에 권한 있는 자의 동의나 추인 등이 있었다고 하더라도 이미 성립한 범죄에는 아무런 영향이 없다.

[판례] 대법원 2007. 6. 28. 선고 2007 도 2714 판결
사문서위조나 공정증서원본불실기재가 성립한 후, 사후에 피해자의 동의 또는 추인 등의 사정으로 문서에 기재된 대로 효과의 승인을 받거나 등기가 실체적 권리관계에 부합하게 되었다 하더라도 이미 성립한 범죄에는 아무런 영향이 없다.[64]

[판례] 대법원 1991. 3. 27. 선고 91 도 139 판결
피해자의 사후승낙이 있는 경우에 판시 행위가 범죄를 구성하지 않게 되거나 벌할 수 없게 된다는 것은 독자적인 견해에 불과하다.

60 배종대, 형법총론(제13판), 홍문사(2017), 284; 이재상 외 2인, 형법총론(제9판), 박영사(2017), 281; 박상기, 형법총론(제9판), 박영사(2012), 225; 오영근, 형법총론(제4판), 박영사(2018), 227; 김성돈, 형법총론(제5판), 성균관대학교출판부(2017), 319; 손동권/김재윤, 새로운 형법총론(초판), 율곡출판사(2011), 245; 박상기/전지연, 형법학(총론·각론 강의)(제4판), 집현재(2018), 145.

61 이재상 외 2인, 형법총론(제9판), 박영사(2017), 281; 오영근, 형법총론(제4판), 박영사(2018), 227; 김성돈, 형법총론(제5판), 성균관대학교출판부(2017), 319; 손동권/김재윤, 새로운 형법총론(초판), 율곡출판사(2011), 245.

62 김일수/서보학, 새로쓴 형법총론(제13판), 박영사(2018), 172; 정영일, 형법강의(총론)(제3판), 학림(2017), 170; 정성근/박광민, 형법총론(제2판), 성균관대학교출판부(2015), 290; 신동운, 형법총론(제11판), 법문사(2019), 339.

63 정영일, 형법강의(총론)(제3판), 학림(2017), 171; 오영근, 형법총론(제4판), 박영사(2018), 227; 박상기/전지연, 형법학(총론·각론 강의)(제4판), 집현재(2018), 148.

64 대법원 1998. 4. 14. 선고 98도16 판결, 대법원 1999. 5. 14. 선고 99도202 판결, 대법원 2001. 11. 9. 선고 2001도3959 판결도 같은 취지이다.

6) 승낙의 철회

승낙은 언제든지 자유롭게 철회할 수 있다(통설). 그러나 철회 이전의 행위에 대하여는 승낙의 효력이 그대로 인정된다.[65] 승낙철회의 방법에는 아무런 제한이 없다.[66]

> [판례] 대법원 2001. 2. 23. 선고 2000 도 4415 판결
> 피해자와 피고인은 이혼하기로 합의하고 피고인이 피해자에게 금 1억 원을 지급하는 대신 피해자는 이 사건 부동산 등을 피고인에게 이전해주기로 하는 합의서를 작성한 바 있으나 그 후 피해자가 이를 번의하여 피해자의 인감을 소지하고 있는 피고인에 의한 일방적인 이전을 막기 위하여 인감개인신고까지 해 두었는데, 피고인이 피해자를 위 정신병원에 입원시킨 후 피해자의 승낙 없이 다시 종전의 인감으로 인감개인신고서를 작성하여 이를 관할 동사무소에 제출한 사실이 충분히 인정되므로, 피고인에 대한 사문서위조 및 동행사의 점을 유죄로 인정한 원심의 판단은 정당하고...

> [판례] 대법원 1987. 4. 11. 선고 87 도 399 판결
> 피고인이 1985. 2.경부터 피해자와 사귀다가 같은 해 9. 16. 전처와 이혼하고 그달 말경부터 같은 해 11. 중순경까지의 사이에 피고인이 얻어 주어 위 피해자가 기거하는 셋집에서 한 달에 보름정도 찾아가 동인과 동침하는 등의 관계를 유지하여 왔으나 그 후 위 피해자가 위 셋집을 떠나 그 언니 집에 기거하기 시작하면서 차츰 피고인과의 관계가 멀어져서 피고인이 전화를 하면 자신이 집에 있으면서도 없다고 하고, 피고인을 만나주지 아니하는 등으로 피고인을 피하여 왔는데, 이에 피고인은 위 피해자와 상의를 하거나 승낙을 얻음이 없이 혼인신고를 하겠다고 일방적으로 통지만 한 후 1986. 3. 11. 이 사건 혼인신고서를 작성하여 혼인신고를 마쳐버린 사실이 인정되는 바, 사실관계가 위와 같다면 적어도 위 혼인신고 당시에는 위 피해자에게 혼인의 의사가 있었다 할 수 없고, 설사 소론과 같이 당초에는 피해자와 사실혼관계에 있었고 또 피해자에게 혼인의 의사가 있었다 하더라도 위 혼인신고 당시에는 그 혼인의사가 철회되었다고 보아야 할 것이므로 피고인이 위와 같이 일방적으로 혼인신고서를 작성하여 혼인신고를 한 소위는(설사 혼인신고서 용지

65 김일수/서보학, 새로쓴 형법총론(제13판), 박영사(2018), 172; 박상기, 형법총론(제9판), 박영사(2012), 225; 김성돈, 형법총론(제5판), 성균관대학교출판부(2017), 319; 정영일, 형법강의(총론)(제3판), 학림(2017), 170-171; 정성근/박광민, 형법총론(제2판), 성균관대학교출판부(2015), 290; 박상기/전지연, 형법학(총론·각론 강의)(제4판), 집현재(2018), 145.

66 대법원 2006. 4. 27. 선고 2005도8074 판결, 대법원 2011. 5. 13. 선고 2010도9962 판결.

에 피해자 도장만이 미리 찍혀 있었다 하더라도) 사문서위조 기타 관계법조의 범죄에 해당한다 할 것이다.

대법원은, 임차인이 임대차계약 종료 후 갱신계약 여부에 관한 의사표시나 명도의무를 지체하고 있다는 이유로 임대인이 단전조치를 하여 업무방해로 기소된 사안에서, 임대차계약서에 '임대인이 임차인에게 단전조치 등을 요구할 수 있다'는 취지의 규정이 있기는 하지만, "가사 계약상의 근거가 있다 하여도 피해자의 승낙은 언제든지 철회할 수 있는 것이므로 이 사건에 있어서와 같이 피해자 측이 단전조치에 대해 즉각 항의하였다면 그 승낙은 이미 철회된 것으로 보아야 할 것"이라고 판시하였다.[67]

또한 대법원은, 피고인이 피해자의 상가건물에 대한 임대차계약 당시 피해자의 모친인 공소외 2로부터 인테리어 공사 승낙을 받았고, 이후 공소외 2가 임대차보증금 잔금 미지급을 이유로 공사 중단과 퇴거를 요구하자, 피고인이 도끼를 집어 던져 상가건물 유리창을 손괴한 사안에서, "공소외 2가 피고인의 유리창 손괴행위 전에 피고인에게 임대차보증금 잔금 미지급을 이유로 하여 이 사건 상가에서의 공사 중단 및 퇴거를 요구하는 취지의 의사표시를 하였다면, 이로써 공소외 2는 위 임대차계약을 체결하면서 피고인에게 한 이 사건 상가 지층 및 1층의 시설물 철거에 대한 동의를 철회하였다고 봄이 상당"하다고 판시한 바 있다.[68]

한편 대법원은 재건축사업구역 내 건물철거의 재물손괴 성립 여부가 문제된 사안에서, 조합원이 조합에 가입할 당시 '재건축사업에 수반되는 조합의 제 규정 및 시행절차를 성실히 준수'하겠다는 동의서를 제출하였고, 조합규약이 '조합은 재건축사업을 시행할 경우 그 구역 안에 있는 건축물을 철거할 수 있다.'고 규정하고 있더라도, 조합원이 조합과의 분쟁이 생겨 조합탈퇴 의사표시를 하였다면 철거에 대한 승낙이 철회된 것이라는 취지로 판시한 바 있다. 이 판결은 승낙철회의 의사표시에 민사상 효력이 있을 것을 요하지는 않는다는 취지로 이해된다.

[판례] 대법원 1998. 2. 13. 선고 97도2877 판결

주택건설촉진법에 의하여 설립된 재건축조합의 조합원은 부득이한 사유가 없는 한 조합에서 임의로 탈퇴할 수 없는 것이나, 원심이 인정한 바와 같이 이 사건 재건축

67 대법원 2006. 4. 27. 선고 2005도8074 판결.
68 대법원 2011. 5. 13. 선고 2010도9962 판결.

조합의 조합원인 위 고○○가 위 조합과 사이에 분쟁이 생기면서 위 조합에 탈퇴서를 제출하여 이 사건 건물의 명도 및 철거를 거부하는 취지의 의사표시를 하였다면 이로써 위 고○○는 이 사건 재건축조합에 가입하면서 한 이 사건 건물의 철거에 대한 동의를 철회하였다고 봄이 상당하고, 원심 판단과 같이 위 고○○의 조합탈퇴의 의사표시가 효력이 없다 하여 위 철거에 대한 동의를 철회하는 의사표시까지 효력이 없다고 볼 것은 아니라 할 것이다.

2. 승낙에 의하여 법익을 훼손한 행위

가. 승낙의 인식

침해행위자는 승낙이 있다는 사실을 인식하여야 한다(주관적 정당화요소).[69] '승낙에 의하여 법익을 훼손'한 행위를 요건으로 하므로 침해행위자는 승낙사실을 사전에 인식하고 있어야 한다.[70] 승낙이 있었으나 행위자가 이를 인식하지 못하고 행위한 경우에는 위법성이 조각되지 않고 발생한 결과에 대한 불능미수범이 될 수 있다.[71] 존재하지 않는 승낙을 존재한다고 오신한 경우에는 위법성조각사유의 전제사실에 관한 착오의 문제가 된다. 이에 관하여는 아래와 같은 판결이 있다.

[판례] 대법원 2009. 10. 29. 선고 2009도5704 판결

찜질방 수면실에서 옆에 누워 있던 피해자의 가슴 등을 손으로 만진 피고인의 행위가 성폭력법 제13조에서 정한 공중밀집장소에서의 추행행위에 해당한다고 본 원심의 판단은 정당하다.

…(중략)… 피해자의 신체를 만진 피고인의 행위는 피해자가 잠결에 비몽사몽의 상태에 놓인 것을 이용한 것에 불과할 뿐 그에 대한 피해자의 승낙이 있다고 오인하여 한 것으로는 볼 수 없다고 한 원심의 판단 역시 정당하다.

69 배종대, 형법총론(제13판), 홍문사(2017), 284; 이재상 외 2인, 형법총론(제9판), 박영사(2017), 281; 오영근, 형법총론(제4판), 박영사(2018), 227; 임웅, 형법총론(제10정판), 법문사(2018), 284; 박상기, 형법총론(제9판), 박영사(2012), 228; 정영일, 형법강의(총론)(제3판), 학림(2017), 171; 김성돈, 형법총론(제5판), 성균관대학교출판부(2017), 321; 손동권/김재윤, 새로운 형법총론(초판), 율곡출판사(2011), 246; 박상기/전지연, 형법학(총론·각론 강의)(제4판), 집현재(2018), 148; 신동운, 형법총론(제11판), 법문사(2019), 346. 반면 행위자가 피해자의 승낙을 인식해야 할 필요는 없다는 견해도 있다[김일수/서보학, 새로쓴 형법총론(제13판), 박영사(2018), 171.].

70 정영일, 형법강의(총론)(제3판), 학림(2017), 171; 오영근, 형법총론(제4판), 박영사(2018), 227; 박상기/전지연, 형법학(총론·각론 강의)(제4판), 집현재(2018), 148.

71 김일수/서보학, 새로쓴 형법총론(제13판), 박영사(2018), 175; 임웅, 형법총론(제10정판), 법문사(2018), 284-285; 오영근, 형법총론(제4판), 박영사(2018). 227-228; 김성돈, 형법총론(제5판), 성균관대학교출판부(2017), 321; 손동권/김재윤, 새로운 형법총론(초판), 율곡출판사(2011), 246.

나. 승낙과 침해행위의 인과관계

행위자가 승낙으로 인하여 행위할 것을 요하는 것은 아니라고 보는 견해와[72] 행위자의 침해행위는 피해자의 승낙에 기초한 것이어야 한다면서 인과관계를 요건으로 보는 견해가 있다.[73] 본조의 문언이 '승낙에 의하여 그 법익을 훼손한 행위'인 점에 비추어 보면 인과관계가 필요하다는 견해가 타당하다고 본다.

다. 승낙의 내용에 부합하는 침해행위

승낙의 내용과 다른 침해행위 또는 승낙의 범위를 초과하는 행위는 위법성이 조각되지 않는다.[74] 피해자가 처분하거나 포기하지 않은 법익에 대해서까지 형법적 보호가 배제되어서는 아니 될 것이므로, 행위자는 승낙의 구체적 내용과 피해자의 진정한 의사를 확인하고 행위에 나아가야 한다.

[판례] 대법원 1992. 3. 31. 선고 91도2815 판결
다른 곳의 토지에 분묘를 소유하고 있는 이 사건 피해자들에게 피고인이 신청한 골재채취장과는 멀리 떨어져 있어 토석채취를 한다고 하여도 피해가 없으니 동의해 달라고 말하여 백지의 동의서 양식에 인감도장을 날인하게 한 다음, 행사할 목적으로 그 동의서에 피해자들의 의사에 반하여 분묘소재지를 위 골재채취장 주변의 토지로 기재하였다는 것인바, 사실이 그와 같다면 피고인과 제1심 및 원심 공동피고인이 공모하여 작성한 피해자들 작성 명의의 각 동의서는 피해자들이 동의서의 양식에 인감도장을 날인하면서 그 공란을 기재하도록 승낙한 내용과 다른 것이고, 위 동의서의 공란을 기재하여 완성하도록 승낙한 취지에도 어긋나는 것이어서 피고인들은 피해자들이 승낙한 문서 아닌 문서를 작성한 셈이 되고, 피해자들의 의사에 반하여 판시와 같은 내용의 동의서를 작성한 것이 되어 사문서를 위조한 경우에 해당한다고 보아야 할 것이고, 그 동의서에 미리 날인받은 피해자들의 인영이 진정한 것이었다고 하여 이것만 가지고 사문서를 위조한 것이 아니라고 할 수 없다.

[판례] 대법원 2007. 9. 20. 선고 2007도5207 판결
재건축조합의 규약이나 정관에 '조합은 사업의 시행으로서 그 구역 내의 건축물을 철거할 수 있다'는 취지와 '조합원은 그 철거에 응할 의무가 있다'는 취지의 규정이 있고, 조합원이 재건축조합에 가입하면서 '조합원의 권리, 의무 등 조합 정관에 규정된 모든 내용에 동의한다'는 취지의 동의서를 제출하였다고 하더라도, 조합원은

72 이재상 외 2인, 형법총론(제9판), 박영사(2017), 281.
73 신동운, 형법총론(제11판), 법문사(2019), 345.
74 정성근/박광민, 형법총론(제2판), 성균관대학교출판부(2015), 291.

이로써 조합의 건축물 철거를 위한 명도의 의무를 부담하겠다는 의사를 표시한 것일 뿐이므로, 조합원이 그 의무이행을 거절할 경우에는 재건축조합은 명도청구소송 등의 법적 절차를 통하여 그 의무이행을 구하여야 함이 당연한 것이고, 조합원이 위와 같은 동의서를 제출한 것을 '조합원이 스스로 건축물을 명도하지 아니하는 경우에도 재건축조합이 법적 절차에 의하지 아니한 채 자력으로 건축물을 철거하는 것'에 대해서까지 사전 승낙한 것이라고 볼 수는 없다.

[판례] 대법원 2018. 11. 9. 선고 2018도13122 판결
원심은 이 사건 공소사실을 유죄로 인정한 제1심판결을 그대로 유지하였다. 그 이유는 피해자가 피고인에게 피해자의 스마트폰으로만 신체촬영을 할 것을 승낙하였음에도 불구하고, 피고인이 이러한 사정을 잘 알면서도 피고인의 스마트폰으로 피해자의 나체를 촬영한 행위는 피해자의 의사에 반하는 촬영에 해당한다는 것이다. …(중략)… 원심의 위와 같은 판단에 …(중략)… 법리를 오해하거나 죄형법정주의를 위반하는 등의 잘못이 없다.

[판례] 대법원 1983. 7. 12. 선고 83도1394 판결
피고인이 피해자와 이웃 사이어서 평소 그 주거에 무상출입하던 관계에 있었다 하더라도 범죄의 목적으로 피해자의 승낙 없이 그 주거에 들어간 경우에는 주거침입죄가 성립되는 것이며...

라. 과실로 인한 침해행위

피해자의 승낙은 과실범에서도 인정된다.[75] 행위자가 주의의무를 위반하려는 사실을 피해자가 인식하고서도 자신에 대한 위험행위를 승낙한 경우에 성립한다.[76] 음주운전 사실을 알고 동승하였다가 교통사고로 부상을 당한 동승자가 음주운전의 위험성을 인식하고 용인한 경우에는 운전과실에 의한 상해를 승낙한 것으로 볼 수 있다.[77] 다만 음주운전차량에 동승한 모든 경우를 일률적으로 피해자의 승낙으로 볼 수는 없고, 주취정도, 운전 당시 상황, 운전자와 동승자의 관계 등을 종합적으로 고려하여야 할 것이다.[78]

75 정성근/박광민, 형법총론(제2판), 성균관대학교출판부(2015), 292; 오영근, 형법총론(제4판), 박영사(2018), 229; 임웅, 형법총론(제10정판), 법문사(2018), 286; 정영일, 형법강의(총론)(제3판), 학림(2017), 171.

76 임웅, 형법총론(제10정판), 법문사(2018), 286.

77 정영일, 형법강의(총론)(제3판), 학림(2017), 171; 정성근/박광민, 형법총론(제2판), 성균관대학교출판부(2015), 292; 임웅, 형법총론(제10정판), 법문사(2018), 286.

78 정영일, 형법강의(총론)(제3판), 학림(2017), 171; 박상기/전지연, 형법학(총론·각론 강의)(제4판), 집현재(2018), 145.

1) 의료과실

환자의 승낙에 기초한 의료적 침습행위가 사망이나 상해의 결과를 발생시킨 경우이다. 환자가 의사의 불충분한 설명에 근거하여 수술에 동의하였다면 위법성이 조각되지 않는다.[79] 다만 대법원은 의사의 설명의무 위반이 있더라도 결과발생과 상당인과관계가 없다면 범죄가 성립하지 않는다는 입장을 취하고 있다.[80]

[판례] 대법원 2015. 6. 24. 선고 2014도11315 판결

의사가 설명의무를 위반한 채 의료행위를 하였다가 환자에게 상해 또는 사망의 결과가 발생한 경우 의사에게 업무상 과실로 인한 형사책임을 지우기 위해서는 의사의 설명의무 위반과 환자의 상해 또는 사망 사이에 상당인과관계가 존재하여야 한다. …(중략)…

피해자의 남편 공소외 2는 피해자가 화상을 입기 전 다른 의사로부터 피해자가 간경변증을 앓고 있기 때문에 어떠한 수술이라도 받으면 사망할 수 있다는 말을 들었고, 이러한 이유로 피해자와 공소외 2는 피고인의 거듭된 수술 권유에도 불구하고 계속 수술을 받기를 거부하였던 사실을 알 수 있다. 이로 보건대, 피해자와 공소외 2는 피고인이 수술의 위험성에 관하여 설명하였는지 여부에 관계없이 간경변증을 앓고 있는 피해자에게 이 사건 수술이 위험할 수 있다는 점을 이미 충분히 인식하고 있었던 것으로 보인다. 그렇다면 피고인이 피해자나 공소외 2에게 공소사실 기재와 같은 내용으로 수술의 위험성에 관하여 설명하였다고 하더라도 피해자나 공소외 2가 수술을 거부하였을 것이라고 단정하기 어렵다. 원심이 유지한 제1심이 적법하게 채택한 증거를 종합하여 보더라도 피고인의 설명의무 위반과 피해자의 사망 사이에 상당인과관계가 있다는 사실이 합리적 의심의 여지가 없이 증명되었다고 보기 어렵다.

[판례] 대법원 2011. 4. 14. 선고 2010도10104 판결

의사가 설명의무를 위반한 채 의료행위를 하였고 피해자에게 상해가 발생하였다고 하더라도, 의사가 업무상 과실로 인한 형사책임을 지기 위해서는 피해자의 상해와 의사의 설명의무 위반 내지 승낙취득 과정에서의 잘못 사이에 상당인과관계가 존재하여야 하고, 이는 한의사의 경우에도 마찬가지이다.

원심판결 이유에 의하면, 피해자는 이전에도 여러 차례 봉침시술을 받아왔었고 봉침시술로 인하여 아나필락시 쇼크 및 면역치료가 필요한 상태에 이르는 발생빈도

79 대법원 1993. 7. 27. 선고 92도2345 판결.

80 대법원 2015. 6. 24. 선고 2014도11315 판결. 같은 취지의 판결로는 대법원 2011. 4. 14. 선고 2010도10104 판결이 있다.

가 낮은 점 등에 비추어 피고인 1이 봉침시술에 앞서 피해자에게 설명의무를 다하였다 하더라도 피해자가 반드시 봉침시술을 거부하였을 것이라고 볼 수 없으므로, 피고인 1의 설명의무 위반과 피해자의 상해 사이에 상당인과관계를 인정하기는 어렵다.

위 판결들은 민사상 '가정적 승낙에 의한 면책'[81] 법리가 형사사건에 도입된 것으로 볼 수 있다. 이에 대하여는, 위 사례들의 실질은 '침습행위가 환자의 현실적 승낙의 범위 내에 있는지'에 관한 문제이고,[82] '가정적 승낙' 법리를 취하면 환자의 자기결정권이 형해화될 우려가 있으며, 현실적 승낙이 불가능해야 한다는 추정적 승낙의 보충성이 무시되거나, 위법성조각사유인 피해자의 승낙이 객관적 구성요건요소인 인과관계(객관적 귀속)의 문제로 치환되는 문제가 있다는 지적이 있다.[83]

한편 대법원은, 환자(여호와의 증인 신도)의 강력한 요구에 따라 다른 사람의 혈액을 수혈(타가수혈)하지 않는 방식(무수혈 방식)으로 수술을 하다가 환자가 과다출혈로 사망하여 담당의사가 업무상과실치사로 기소된 사건에서, 환자의 생명보호의무와 환자의 자기결정권을 존중할 의무가 대등한 가치를 가지는 경우에는 의사를 처벌할 수 없다는 취지로 판단한 바 있다.

[판례] 대법원 2014. 6. 26. 선고 2009도14407 판결

환자의 명시적인 수혈 거부 의사가 존재하여 수혈하지 아니함을 전제로 환자의 승낙(동의)을 받아 수술하였는데 수술 과정에서 수혈을 하지 않으면 생명에 위험이 발생할 수 있는 응급상태에 이른 경우에, 환자의 생명을 보존하기 위해 불가피한 수혈 방법의 선택을 고려함이 원칙이라 할 수 있지만, 한편으로 환자의 생명 보호에 못지않게 환자의 자기결정권을 존중하여야 할 의무가 대등한 가치를 가지는 것으로 평가되는 때에는 이를 고려하여 진료행위를 하여야 한다.

어느 경우에 수혈을 거부하는 환자의 자기결정권이 생명과 대등한 가치가 있다고 평가될 것인지는 환자의 나이, 지적 능력, 가족관계, 수혈 거부라는 자기결정권을

81 대법원 1994. 4. 15. 선고 92다25885 판결, 대법원 1995. 1. 20. 선고 94다3421 판결, 대법원 2002. 1. 11. 선고 2001다27449 판결 등.

82 이용식, "형사판례 법리로서 가정적 승낙의 논리구조 비판", 형사판례연구 제25호, 박영사(2017), 187-188.

83 김성돈, "의사의 설명의무위반의 효과와 가정적 승낙의 법리", 형사판례연구 제21호, 박영사(2013), 48-58.

행사하게 된 배경과 경위 및 목적, 수혈 거부 의사가 일시적인 것인지 아니면 상당한 기간 동안 지속되어 온 확고한 종교적 또는 양심적 신념에 기초한 것인지, 환자가 수혈을 거부하는 것이 실질적으로 자살을 목적으로 하는 것으로 평가될 수 있는지 및 수혈을 거부하는 것이 다른 제3자의 이익을 침해할 여지는 없는 것인지 등 제반 사정을 종합적으로 고려하여 판단하여야 할 것이다.

2) 스포츠

권투 등 생명·신체에 위험을 초래할 수 있는 운동경기에 참여한 사람은 다른 참여자의 과실에 의하여 발생하는 상해를 미리 승낙한 것으로 볼 수 있다.[84] 다만 경기 참여자들이 쉽게 예상할 수 없는 방식으로 발생한 상해까지 승낙하였다고 볼 수는 없다. 따라서 의도적인 반칙으로 인한 상해는 위법성이 조각되지 않는다.[85]

[판례] 대법원 2008. 10. 23. 선고 2008도6940 판결
운동경기에 참가하는 자가 경기규칙을 준수하는 중에 또는 그 경기의 성격상 당연히 예상되는 정도의 경미한 규칙위반 속에 상해의 결과를 발생시킨 것으로서 사회적 상당성의 범위를 벗어나지 아니하는 행위라면 과실치상죄가 성립하지 않는다고 할 것이지만, 골프경기를 하던 중 골프공을 쳐서 아무도 예상하지 못한 자신의 등 뒤편으로 보내어 등 뒤에 있던 경기보조원(캐디)에게 상해를 입힌 경우에는 주의의무를 현저히 위반한 사회적 상당성의 범위를 벗어난 행위로서 과실치상죄가 성립한다.
같은 취지에서 원심이 채용 증거를 종합하여 피고인이 골프장에서 골프경기를 하던 중 피고인의 등 뒤 8m 정도 떨어져 있던 경기보조원을 골프공으로 맞혀 상해를 입힌 사실을 인정하여 과실치상죄를 인정하고, 피해자가 경기보조원으로서 통상 공이 날아가는 방향이 아닌 피고인 뒤쪽에서 경기를 보조하는 등 경기보조원으로서의 기본적인 주의의무를 마친 상태였고, 자신이 골프경기 도중 상해를 입으리라고 쉽게 예견하였을 것으로 보이지 않으므로, 피해자의 명시적 혹은 묵시적 승낙이 있었다고 보기 어렵다는 이유로 위법성이 조각된다는 피고인의 주장을 배척한 것은 사실심 법관의 합리적인 자유심증에 따른 것으로서 정당하고...

3. 법률에 특별한 규정이 없을 것

피해자의 승낙에 의한 행위라도 이를 처벌하는 특별한 법률규정이 있는 경우

84 오영근, 형법총론(제4판), 박영사(2018), 229.
85 박상기/전지연, 형법학(총론·각론 강의)(제4판), 집현재(2018), 145.

에는 위법성이 조각되지 않는다. 이러한 예로는 촉탁·승낙에 의한 살인죄(형법 제252조 제1항), 피구금자 간음죄(제303조 제2항), 자기 소유 일반건조물 방화죄(제166조 제2항), 병역의무 기피 목적 신체 손상(병역법 제86조), 근무 기피 목적 신체 상해(군형법 제41조 제1항), 자신의 장기 매매행위(장기 등 이식에 관한 법률 제7조 제1항 제2호) 등이 있다. 다만 촉탁·승낙에 의한 살인죄의 경우 '호스피스 · 완화의료 및 임종과정에 있는 환자의 연명의료결정에 관한 법률'이 특별한 위법성조각사유로 기능한다.[86]

4. 상당한 이유 : 상당성

본조는 정당방위, 긴급피난, 자구행위와 달리 '상당한 이유'를 요건으로 명시하고 있지 않다. 이와 관련하여 '승낙이 사회상규에 위배되지 아니할 것'이라는 추가적인 요건이 요구되는지에 대한 견해대립이 있다. 이를 승낙의 사회윤리적 한계 문제로 논하기도 한다.[87]

먼저 피해자의 승낙이 '사회상규에 위배되지 아니할 것'을 요건으로 한다고 보는 것은 위법성조각사유로서 피해자의 승낙의 독자적 지위를 부정하고 사회상규라는 추상적 기준으로 대체하는 것이고, 승낙에 기한 행위에 대하여 윤리적 판단을 함으로써 형법의 도덕화를 부추기고 죄형법정주의에 반하는 유추해석을 하는 것이 되어 허용될 수 없다고 보는 견해가 있다.[88]

반면 다수설은 피해자의 승낙이 사회상규에 의하여 제한된다고 본다. 이는 다시 ㉠사회상규에 의한 제한을 피해자의 승낙의 일반적인 요건으로 보는 견해,[89] ㉡독일 형법 제228조가 "피해자의 승낙과 함께 상해를 가한 자는 승낙에도 불구하고 선량한 풍속에 반하는 행위인 경우에는 위법하게 행위한 것"이라고 규정하고 있는 점을 들어 신체침해에 대한 승낙이 사회상규에 의하여 제한된다고 보는 견해,[90] ㉢사회상규에 의한 제한을 신체침해에 대한 승낙으로만 한정하지는

86 이재상 외 2인, 형법총론(제9판), 박영사(2017), 278.
87 원형식, "피해자의 승낙의 사회윤리적 한계", 형사법연구 제26권 제3호, 한국형사법학회(2014), 322.
88 김성돈, 형법총론(제5판), 성균관대학교출판부(2017), 320.
89 임웅, 형법총론(제10정판), 법문사(2018), 285; 오영근, 형법총론(제4판), 박영사(2018), 228; 정성근/박광민, 형법총론(제2판), 성균관대학교출판부(2015), 291; 정영일, 형법강의(총론)(제3판), 학림(2017), 172; 박상기/전지연, 형법학(총론·각론 강의)(제4판), 집현재(2018), 147; 신동운, 형법총론(제11판), 법문사(2019), 347.
90 이재상 외 2인, 형법총론(제9판), 박영사(2017), 279; 김일수/서보학, 새로쓴 형법총론(제13판), 박영사(2018), 170; 박상기, 형법총론(제9판), 박영사(2012), 224; 손동권/김재윤, 새로운 형법총론(초판), 율곡출판사(2011), 242.

않으면서도 주로 신체침해에 관하여만 설명하는 견해[91]로 나뉜다. 구체적으로 사회상규에 위배되지 아니하여야 하는 것이 무엇인지에 관하여는, 승낙 자체 또는 승낙의 목적이 아닌 승낙에 의한 '행위'라는 견해와[92] '승낙 자체'도 사회상규에 위배되지 아니하여야 한다는 견해가 있다.[93]

대법원은 피해자의 승낙은 윤리적·도덕적으로 사회상규에 반하지 않는 것이어야 한다는 입장을 명백히 하고 있는데,[94] 대부분의 사례는 신체 상해에 관한 것이다.

[판례] 대법원 2008. 12. 11. 선고 2008도9606 판결
형법 제24조의 규정에 의하여 위법성이 조각되는 피해자의 승낙은 개인적 법익을 훼손하는 경우에 법률상 이를 처분할 수 있는 사람의 승낙이어야 할 뿐만 아니라 그 승낙이 윤리적·도덕적으로 사회상규에 반하는 것이 아니어야 한다.
원심은 그 판시와 같은 사실을 인정한 다음, 피고인이 피해자와 공모하여 교통사고를 가장하여 보험금을 편취할 목적으로 피해자에게 상해를 가하였다면 피해자의 승낙이 있었다고 하더라도 이는 위법한 목적에 이용하기 위한 것이므로 피고인의 행위가 피해자의 승낙에 의하여 위법성이 조각된다고 할 수 없다고 판단하였다. 앞서 본 법리 및 기록에 비추어 살펴보면, 원심의 위와 같은 판단은 정당하고...[95]

[판례] 대법원 1994. 8. 23. 선고 94도1484 판결
기도행위에 수반하는 신체적 행위가 단순히 손을 얹거나 약간 누르는 정도가 아니고, 그것이 지나쳐서 원심이 적법하게 판시한 것과 같은 정도의 것이라면 이는 사람의 신체에 대한 유형력의 행사로서 폭행의 개념에 속하는 행위라고 할 것이고, …(중략)… 피해자의 가슴과 배를 주먹과 손바닥으로 세게 내리치는 등의 행위는 신체에 대한 강력한 가해행위로서 그것이 필요불가결한 치료행위의 일종이라고 인정될만한 자료도 전혀 발견되지 않는 이 사건에서 이를 치료행위라고 취급하여 피해자 측의 승락이 있었다거나 사회상규상 용인되는 정당행위라고 취급할 수는 없다.

[판례] 대법원 2008. 8. 21. 선고 2008도2695 판결
종교적 기도행위의 일환으로서 기도자의 기도에 의한 염원 내지 의사가 상대방에

91 배종대, 형법총론(제13판), 홍문사(2017), 281.
92 임웅, 형법총론(제10정판), 법문사(2018), 286; 박상기, 형법총론(제9판), 박영사(2012), 225.
93 정영일, 형법강의(총론)(제3판), 학림(2017), 172.
94 대법원 1985. 12. 10. 선고 85도1892 판결.
95 이 판결에 대하여는 입법자가 불가벌이라고 판단한 보험사기 예비행위를 승낙의 효력범위를 축소해석하여 상해죄로 처벌한 것이어서 부당하다는 비판이 있다[원형식, "피해자의 승낙의 사회윤리적 한계", 형사법연구 제26권 제3호, 한국형사법학회(2014), 323.].

게 심리적 또는 영적으로 전달되는 데 도움이 된다고 인정될 수 있는 한도 내에서 상대방의 신체의 일부에 가볍게 손을 얹거나 약간 누르면서 병의 치유를 간절히 기도하는 행위는 그 목적과 수단 면에 있어서 정당성이 인정된다고 볼 수 있을 것이지만, 그러한 종교적 기도행위를 마치 의료적으로 효과가 있는 치료행위인 양 내세워 환자를 끌어들인 다음, 통상의 일반적인 안수기도의 방식과 정도를 벗어나 환자의 신체에 비정상적이거나 과도한 유형력을 행사하고 신체의 자유를 과도하게 제압하여 그 결과 환자의 신체에 상해까지 입힌 경우라면, 그러한 유형력의 행사가 비록 안수기도의 명목과 방법으로 이루어졌다 해도 사회상규상 용인되는 정당행위라고 볼 수 없음은 물론이고, 이를 치료행위로 오인한 피해자 측의 승낙이 있었다 하여 달리 볼 수도 없다.[96]

[판례] 대법원 2010. 4. 29. 선고 2010 도 2745 판결

피고인이 때려 주면 돈을 주겠다는 요청을 하여 공소외 1 등이 피고인을 폭행하였고, 그 과정에서 피고인이 다발성 좌상 등의 상해를 입게 된 사실을 알 수 있는바, 이와 같은 사정 아래에서라면 비록 피고인이 먼저 공소외 1 등에게 때려 달라고 요청하였다 하더라도 그러한 피고인의 요청은 윤리적·도덕적으로 사회상규에 어긋나는 것이어서 위법성 조각사유로서의 피해자의 승낙에 해당한다고 할 수는 없을 것이다.

[판례] 대법원 1989. 11. 28. 선고 89 도 201 판결

인체의 흉부는 각종의 장기와 신경이 밀집되어 있어 인체의 가장 중요한 부위를 점하고 있어 이에 대한 강도의 타격은 생리적으로 흉부에 중대한 영향을 줄 뿐만 아니라 신경에 강한 자극을 줌으로써 이에 따른 쇼크로 인해 피해자를 사망에 이르게 할 수 있고, 더우기 그 가격으로 급소를 맞을 때에는 더욱 그러할 것인데 피할만한 여유도 없는 좁은 장소와 상급자인 피고인이 하급자인 피해자로부터 아프게 반격을 받을 정도의 상황에서 보다 신체가 건강한 피고인이 피해자에게 약 1분 이상 가슴과 배를 때렸다면 위 사망의 결과에 대한 예견가능성을 부정할 수도 없을 것이며 위와 같은 상황에서 이루어진 폭행이 장난권투로 피해자의 승낙에 의한 사회상규에 어긋나지 않는 것이라고도 볼 수 없을 것이다.

Ⅲ. 피해자의 승낙의 효과

'양해'와 '피해자의 승낙'을 구별하는 다수설에 의하면, 양해에 해당하는 경우

96 대법원 2009. 4. 23. 선고 2009도1554 판결도 같은 내용이다.

에는 구성요건해당성이 배제되고 피해자의 승낙이 있는 경우에는 위법성이 조각된다.

피해자의 승낙을 구성요건배제사유로 보는 견해에 의하면, 피해자의 승낙이 있는 경우 구성요건해당성이 배제된다고 본다.[97]

'양해'라는 개념을 부정하면서 피해자의 승낙을 위법성조각사유로 보는 견해는, 피해자의 승낙이 있으면 원칙적으로 위법성이 조각되지만, 구성요건의 특성에 따라 주거침입죄에서 거주자의 동의와 같이 구성요건배제요소로 해석되는 경우가 있다고 본다.[98] 이 견해는 결론에서 다수설과 차이가 없다.

Ⅳ. 추정적 승낙

1. 의의

추정적 승낙은 "피해자의 현실적인 승낙이 없었다고 하더라도 행위 당시의 모든 객관적 사정에 비추어 볼 때 만일 피해자가 행위의 내용을 알았더라면 당연히 승낙하였을 것으로 예견되는 경우"를 말한다.[99] 현실적인 승낙이 없는 경우라는 점에서 현실적 승낙의 한 태양인 묵시적 승낙과 구별된다.[100] 양해와 승낙을 구별하는 입장에서는 피해자의 추정적 동의가 구성요건해당성을 배제하는 경우를 '추정적 양해'로 분류하기도 한다.[101] 양해와 승낙을 구별하지만 양해는 현실적인 것이어야 하므로 현실적 양해가 없으면 추정적 승낙이 될 수 있을 뿐이라고 보는 견해도 있다.[102] 피해자의 승낙을 위법성조각사유로만 파악하는 입장에서는 추정적 승낙에서 양해와 같은 상황은 발생할 수 없다고 본다.[103] 명시적인 법적 근거가 없는 추정적 승낙과 양해 개념을 결합하여 추정적 양해 개념까지 인정할 필요는 없고, 문제되는 경우는 추정적 승낙의 이론만으로도 충분히 해결할 수 있다고

97 김일수/서보학, 새로쓴 형법총론(제13판), 박영사(2018), 169.

98 배종대, 형법총론(제13판), 홍문사(2017), 277-280.

99 대법원 2009. 6. 11. 선고 2007도6462 판결, 대법원 2006. 3. 24. 선고 2005도8081 판결, 대법원 2006. 5. 11. 선고 2005도7577 판결.

100 김일수/서보학, 새로쓴 형법총론(제13판), 박영사(2018), 229; 김성돈, 형법총론(제5판), 성균관대학교출판부(2017), 322; 정영일, 형법강의(총론)(제3판), 학림(2017), 173.

101 오영근, 형법총론(제4판), 박영사(2018), 234; 손동권/김재윤, 새로운 형법총론(초판), 율곡출판사(2011), 247.

102 정성근/박광민, 형법총론(제2판), 성균관대학교출판부(2015), 287.

103 배종대, 형법총론(제13판), 홍문사(2017), 287.

생각된다.

2. 법적 성질

추정적 승낙이 위법성을 조각할 수 있다는 점에 대하여는 견해가 일치한다. 다만 그 법적 성질에 대하여는 ㉠긴급피난의 일종으로 보는 견해, ㉡피해자의 승낙의 일종으로 보는 견해,[104] ㉢독자적 위법성조각사유로 보는 견해,[105] ㉣정당행위 중 '사회상규에 위배되지 아니하는 행위'로 보는 견해,[106] ㉤민법상의 사무관리로 보는 견해 등이 있다. 추정적 승낙이 "피해자가 행위의 내용을 알았더라면 당연히 승낙하였을 것으로 예견되는 경우"를 의미하는 점에 비추어 보면 그 기본적 구조는 피해자의 승낙과 동일하다. 따라서 추정적 승낙은 피해자의 승낙의 연장선에 있는 것으로 파악함이 타당하다.[107]

3. 추정적 승낙의 유형

가. 피해자의 이익을 보호하기 위한 경우

행위자가 피해자의 높은 가치의 이익을 구조하기 위하여 낮은 가치의 법익을 침해하는 경우로 우월적 이익 원칙이 적용된다.[108] 타인을 위한 긴급피난 중 법익주체와 피해자가 동일한 경우와 같은 구조이다.[109] 이 경우 피해자 본인의 승낙을 대체하는 추정적 승낙이 피해자 본인의 의사와 무관하게 인정되는 긴급피난보다 우선적으로 적용되어야 한다고 본다.[110]

나. 행위자나 제3자의 이익을 위한 피해자의 이익포기가 추정되는 경우

시급한 사정이 있어서 친구의 자전거를 무단으로 사용하는 경우와 같이, 훼손되는 이익이 경미하거나 행위자와의 신뢰관계 때문에 피해자가 자기 이익을 포

104 배종대, 형법총론(제13판), 홍문사(2017), 285; 박상기, 형법총론(제9판), 박영사(2012), 229-230; 신동운, 형법총론(제11판), 법문사(2019), 351.

105 이재상 외 2인, 형법총론(제9판), 박영사(2017), 282; 임웅, 형법총론(제10정판), 법문사(2018), 288.

106 김일수/서보학, 새로쓴 형법총론(제13판), 박영사(2018), 227; 정영일, 형법강의(총론)(제3판), 학림(2017), 173; 오영근, 형법총론(제4판), 박영사(2018), 231-232; 정성근/박광민, 형법총론(제2판), 성균관대학교출판부(2015), 294; 김성돈, 형법총론(제5판), 성균관대학교출판부(2017), 322; 손동권/김재윤, 새로운 형법총론(초판), 율곡출판사(2011), 249.

107 배종대, 형법총론(제13판), 홍문사(2017), 285.

108 배종대, 형법총론(제13판), 홍문사(2017), 286; 이재상 외 2인, 형법총론(제9판), 박영사(2017), 283-284; 박상기, 형법총론(제9판), 박영사(2012), 230; 임웅, 형법총론(제10정판), 법문사(2018), 287; 정성근/박광민, 형법총론(제2판), 성균관대학교출판부(2015), 294.

109 배종대, 형법총론(제13판), 홍문사(2017), 286.

110 배종대, 형법총론(제13판), 홍문사(2017), 286; 박상기, 형법총론(제9판), 박영사(2012), 230.

기할 것으로 추정되는 경우이다.[111] 피해자의 가상적 진의에 합치되는 점에 중점이 있는 경우이므로 긴급피난과는 근거를 달리한다.[112] 이 경우 침해되는 법익이 중대하지 않은 한 위법성이 조각된다(이익흠결 원칙).[113] 피해자에게 이익이 되는 것은 아니지만 피해자가 표할 것으로 예상되는 의사표시를 충실히 구현하는 경우로 피해자의 자율적 처분권을 현실화하는 것이어서 법익의 우열은 문제되지 않는다.[114]

4. 추정적 승낙의 요건

가. 피해자의 승낙과 공통되는 요건

1) 법익을 처분할 수 있는 자의 추정적 승낙

침해행위 당시를 기준으로, 처분할 수 있는 법익에 관한 승낙능력 있는 법익주체의 의사가 추정되어야 한다. 대법원은 사문서인 토지매매계약서에 추가 기재된 문구에 대한 작성명의인의 승낙이 추정될 수 있는 사안에서 "사문서변조죄가 성립하지 않는다고 하기 위해서는 매도인과 매수인의 승낙이 인정되면 족할 뿐, 검인을 날인한 ○○시장의 승낙 여부는 문제 될 여지가 없다"고 하면서 ○○시장으로부터 명시적·묵시적 승낙이나 추정적 승낙이 없었다는 이유로 공소사실을 유죄로 인정한 원심을 파기한 바 있다.[115]

법익주체가 복수인 경우 전원의 현실적 또는 추정적 승낙이 필요하다. 이에 관하여 대법원은 "어떠한 물건을 점유자의 의사에 반하여 취거하는 행위가 결과적으로 소유자의 이익으로 된다는 사정 또는 소유자의 추정적 승낙이 있다고 볼 만한 사정이 있다고 하더라도, 다른 특별한 사정이 없는 한 그러한 사유만으로 불법영득의 의사가 없다고 할 수는 없다"고 하면서, ㉠렌터카회사와 차량운용 및 업무수행 계약을 체결하고 차량의 임대 업무를 수행하던 A가 계약이 해지된 후에도 차량을 반환하지 않고 B에게 차량을 임대하자, 렌터카회사 직원인 피고인이 채권추심회사 직원을 통하여 B 몰래 차량을 견인하여 회수한 사안에서, 차량 점

111 이재상 외 2인, 형법총론(제9판), 박영사(2017), 283; 임웅, 형법총론(제10정판), 법문사(2018), 287; 정성근/박광민, 형법총론(제2판), 성균관대학교출판부(2015), 294.

112 이재상 외 2인, 형법총론(제9판), 박영사(2017), 283; 정성근/박광민, 형법총론(제2판), 성균관대학교출판부(2015), 294.

113 배종대, 형법총론(제13판), 홍문사(2017), 286; 박상기, 형법총론(제9판), 박영사(2012), 230.

114 신동운, 형법총론(제11판), 법문사(2019), 351.

115 대법원 2015. 11. 26. 선고 2014도781 판결.

유자인 B에 대한 절도죄 성립을 인정하고,[116] ㉡피고인이 리스한 차량을 사채업자에게 담보로 제공하였다가 사채업자가 차량을 매도하자, 그 차량을 최종적으로 매수하여 점유하고 있는 C로부터 차량을 취거하여 리스업체에 반환한 사안에서, 차량 점유자인 C에 대한 절도죄 성립을 인정하였다.[117] 아래와 같은 판결들도 같은 취지로 이해할 수 있다.

[판례] 대법원 2003. 1. 24. 선고 2001도991 판결
이 사건 기계에 대한 백○○의 선의취득이 인정되지 아니하고 백○○의 이 사건 기계 반출행위가 권한 없이 행하여진 것이라고 하더라도, 그 반출행위가 종료되어 백○○에 의한 보관 및 지배 상태가 개시된 이상 이 사건 취거행위 당시에 이 사건 기계는 백○○의 점유 아래 있었던 것으로 보아야 할 것이고, 이러한 상태에서 소유자가 아닌 공소외 1이 점유 이전에 관한 백○○의 명시적·묵시적 동의 없이 그 의사에 반하여 그 점유를 배제하는 행위를 하였다면 이로써 절도죄가 성립하는 것이고, 그와 같은 취거행위가 결과적으로 양도담보권자이자 소유자인 ○○은행의 이익으로 된다는 사정만으로 그 절취의 범의와 불법영득의 의사가 없었다고 할 수는 없으며, 이러한 정황에서 이루어진 이 사건 취거행위에 대하여는 소유자인 ○○은행의 추정적 승낙이 있었음을 인정할 여지가 있다고 할 것이나, 형법상 점유자인 백○○의 승낙이 인정되지 아니하는 이상 소유자인 ○○은행의 추정적 승낙이 인정되는 것만으로 이 사건 취거행위가 절도에 해당하지 아니한다고 볼 수는 없다.

[판례] 대법원 2010. 3. 11. 선고 2009도5008 판결
2인 이상이 하나의 공간에서 공동생활을 하고 있는 경우에는 각자 주거의 평온을 누릴 권리가 있으므로, 사용자가 제3자와 공동으로 관리·사용하는 공간을 사용자에 대한 쟁의행위를 이유로 관리자의 의사에 반하여 침입·점거한 경우 비록 그 공간의 점거가 사용자에 대한 관계에서 정당한 쟁의행위로 평가될 여지가 있다 하여도 이를 공동으로 관리·사용하는 제3자의 명시적 또는 추정적인 승낙이 없는 이상 위 제3자에 대하여서까지 이를 정당행위라고 하여 주거침입의 위법성이 조각된다고 볼 수는 없다 할 것이다.

추정적 승낙의 경우에도 법익주체가 법익침해와 그 결과에 대한 통찰능력과

116 대법원 2018. 8. 30. 선고 2017도13329 판결.
117 대법원 2014. 2. 21. 선고 2013도14139 판결.

판단력을 가지고 있을 것을 요한다.[118] 의식이 없는 환자에 대한 수술은 당사자가 설명을 듣고 동의할 것으로 예견되는 경우에 추정적 승낙이 인정된다.[119] 사망자의 경우 승낙의 의사표시를 기대할 수 없으므로 추정적 승낙이 인정될 수 없다.[120]

[판례] 대법원 2011. 9. 29. 선고 2011도6223 판결
사망한 사람 명의의 사문서에 대하여도 그 문서에 대한 공공의 신용을 보호할 필요가 있다는 점을 고려하면, 문서명의인이 이미 사망하였는데도 문서명의인이 생존하고 있다는 점이 문서의 중요한 내용을 이루거나 그 점을 전제로 문서가 작성되었다면 이미 그 문서에 관한 공공의 신용을 해할 위험이 발생하였다 할 것이므로, 그러한 내용의 문서에 관하여 사망한 명의자의 승낙이 추정된다는 이유로 사문서위조죄의 성립을 부정할 수는 없다고 할 것이다.
…(중략)… 인감증명 위임장은 본래 생존한 사람이 타인에게 인감증명서 발급을 위임한다는 취지의 문서라는 점을 고려하면, 이미 사망한 공소외 1이 '병안 중'이라는 사유로 피고인에게 인감증명서 발급을 위임한다는 취지의 인감증명 위임장이 작성됨으로써 그 문서에 관한 공공의 신용을 해할 위험성이 발생하였다 할 것이고, 피고인이 명의자인 공소외 1이 승낙하였을 것이라고 기대하거나 예측한 것만으로는 그러한 내용의 문서에 관하여 사망한 공소외 1의 승낙이 추정된다고 단정할 수 없다.

2) 추정적 승낙에 의하여 법익을 훼손한 행위

침해행위자가 추정적 승낙에 대한 인식을 가지고 행동한 것이어야 한다.[121] 행위 당시를 기준으로 승낙이 추정되어야 하고 추후의 승낙을 기대하면서 행동한 것만으로는 추정적 승낙이 인정되지 않는다.[122] 승낙이 추정되는 내용과 다른 침

118 배종대, 형법총론(제13판), 홍문사(2017), 286; 이재상 외 2인, 형법총론(제9판), 박영사(2017), 283; 김성돈, 형법총론(제5판), 성균관대학교출판부(2017), 323; 정성근/박광민, 형법총론(제2판), 성균관대학교출판부(2015), 295; 임웅, 형법총론(제10정판), 법문사(2018), 289; 정영일, 형법강의(총론)(제3판), 학림(2017), 173; 신동운, 형법총론(제11판), 법문사(2019), 352.

119 배종대, 형법총론(제13판), 홍문사(2017), 286; 이재상 외 2인, 형법총론(제9판), 박영사(2017), 284; 김성돈, 형법총론(제5판), 성균관대학교출판부(2017), 323; 정성근/박광민, 형법총론(제2판), 성균관대학교출판부(2015), 295.

120 김일수/서보학, 새로쓴 형법총론(제13판), 박영사(2018), 229.

121 이재상 외 2인, 형법총론(제9판), 박영사(2017), 284; 오영근, 형법총론(제4판), 박영사(2018), 233; 정성근/박광민, 형법총론(제2판), 성균관대학교출판부(2015), 295; 정영일, 형법강의(총론)(제3판), 학림(2017), 174.

122 배종대, 형법총론(제13판), 홍문사(2017), 286; 김일수/서보학, 새로쓴 형법총론(제13판), 박영사(2018), 228; 이재상 외 2인, 형법총론(제9판), 박영사(2017), 284; 김성돈, 형법총론(제5판), 성균관대학교출판부(2017), 323; 정성근/박광민, 형법총론(제2판), 성균관대학교출판부(2015), 295; 임웅, 형법총론(제10정판), 법문사(2018), 290; 정영일, 형법강의(총론)(제3판), 학림(2017), 173.

해행위는 위법성이 조각될 수 없다.

[판례] 대법원 1978. 10. 10. 선고 75도2665 판결

(경찰관이 정당의 회의장소인 음식점에 도청기를 설치한 사안에서) 피고인이 위 장소에 들어간 것은 지배인의 승낙이 있었을 뿐 아니라 그 장소는 음식점인 까닭에 승낙이 필요 없으니 주거침입죄를 구성하지 아니한다고 하지만 위 설시와 같이 본건에 있어서 구체적 사정이 도청기를 매놓고 수사할만한 여건이 없다는 취지에서 그 행위가 직권을 남용한 것이라고 판단하였음이 옳다고 하겠으니, 이런 일을 하려고 들어갔다면 영업주가 승낙할 리 없다고 봄이 우리의 경험이요, 음식점 출입에 추정 승낙이 있다고 봄은 음식 먹는 데 관한 것이니, 독직하기 위하여 들어가는 데까지 그와 같이 볼 수는 없다 하리니 원판결이 주거침입의 죄책을 입힌 판단에는 위법이 없고...

3) 법률에 특별한 규정이 없을 것

피해자의 승낙에 의한 행위를 처벌하는 특별한 법률규정이 있는 경우에는 추정적 승낙이 인정될 여지가 없다.[123]

4) 상당한 이유 : 상당성

현실적 승낙과 같이 추정되는 승낙도 사회상규에 위배되지 않는 것이어야 한다.[124] 침해행위 자체가 상당성을 결여한 경우에는 승낙이 추정되지 않는다.

[판례] 대법원 2007. 8. 23. 선고 2007도2595 판결[125]

거주자나 관리자와의 관계 등으로 평소 그 건조물에 출입이 허용된 사람이라 하더라도 주거에 들어간 행위가 거주자나 관리자의 명시적 또는 추정적 의사에 반함에도 불구하고 감행된 것이라면 주거침입죄는 성립하며, 출입문을 통한 정상적인 출입이 아닌 경우 특별한 사정이 없는 한 그 침입 방법 자체에 의하여 위와 같은 의사에 반하는 것으로 보아야 한다.

123 김일수/서보학, 새로쓴 형법총론(제13판), 박영사(2018), 228; 임웅, 형법총론(제10정판), 법문사(2018), 290; 오영근, 형법총론(제4판), 박영사(2018), 232; 김성돈, 형법총론(제5판), 성균관대학교출판부(2017), 323; 정영일, 형법강의(총론)(제3판), 학림(2017), 173.

124 배종대, 형법총론(제13판), 홍문사(2017), 286; 김일수/서보학, 새로쓴 형법총론(제13판), 박영사(2018), 228; 임웅, 형법총론(제10정판), 법문사(2018), 290; 오영근, 형법총론(제4판), 박영사(2018), 232; 김성돈, 형법총론(제5판), 성균관대학교출판부(2017), 323; 신동운, 형법총론(제11판), 법문사(2019), 352.

125 대법원 1995. 9. 15. 선고 94도3336 판결도 같은 취지이다.

나. 추정적 승낙의 특유한 요건

1) 현실적 승낙의 불가능

피해자의 현실적 승낙을 얻는 것이 불가능하여야 한다(통설). 이를 추정적 승낙의 보충성이라 한다.[126] 피해자가 승낙을 거부한 경우를 의미하는 것이 아니라 극복할 수 없는 장애로 피해자의 승낙을 적시에 받지 못하는 경우를 의미한다.[127] 법익주체의 의사를 확인할 수 있어 현실적 승낙이 가능한 경우에는 추정적 승낙이 인정되지 않는다.[128] 대법원은 성수대교 붕괴사건에서 안전점검결과통보서의 위조에 관하여, "원심은, 공소외 정○○이나 성○○은 위 피고인들과 종전부터 친분관계가 있었다거나 위 피고인들로부터 수시로 안전점검 부탁을 받은 일이 없고 위 피고인들의 부탁을 받고 간단한 점검을 하여 준 점, 정○○이 수당지급을 위해 필요하다면 도장을 달라는 요구를 받고 불쾌하게 생각하였던 점, 제1심 법정에서 자신들이 점검하지 않은 교량에 대한 점검보고서에 날인할 의사가 없었다고 진술하고 있는 점, 위 피고인들이 위 정○○과 성○○의 승낙을 받지 못한 불가피한 사정도 없었던 점 등에 비추어 보면, 위 정○○이나 성○○의 추정적 승낙이 있었다고 볼 수 없다고 판단하였다. 기록에 비추어 살펴보면, 원심의 위와 같은 사실인정 및 판단은 정당"하다고 판시하였다.[129]

2) 피해자의 명시적 반대의사가 없을 것

피해자가 어떠한 경우에도 승낙이 있을 수 없다는 반대의사를 명시적으로 표시한 경우에도 피해자의 이익을 고려하여 추정적 승낙을 인정할 여지가 있다는 견해도 있으나, 그러한 경우에는 추정적 승낙이 성립할 수 없다고 보아야 한다.[130] 추정적 승낙은 행위자가 피해자의 결정권을 대행하는 제도일 뿐이고 법익

126 배종대, 형법총론(제13판), 홍문사(2017), 286; 김일수/서보학, 새로쓴 형법총론(제13판), 박영사(2018), 229; 오영근, 형법총론(제4판), 박영사(2018), 232; 정영일, 형법강의(총론)(제3판), 학림(2017), 173; 손동권/김재윤, 새로운 형법총론(초판), 율곡출판사(2011), 250.

127 배종대, 형법총론(제13판), 홍문사(2017), 286; 김일수/서보학, 새로쓴 형법총론(제13판), 박영사(2018), 229; 김성돈, 형법총론(제5판), 성균관대학교출판부(2017), 323; 임웅, 형법총론(제10정판), 법문사(2018), 289; 오영근, 형법총론(제4판), 박영사(2018), 232.

128 임웅, 형법총론(제10정판), 법문사(2018), 289; 손동권/김재윤, 새로운 형법총론(초판), 율곡출판사(2011), 250; 신동운, 형법총론(제11판), 법문사(2019), 352.

129 대법원 1997. 11. 28. 선고 97도1741 판결.

130 배종대, 형법총론(제13판), 홍문사(2017), 287; 이재상 외 2인, 형법총론(제9판), 박영사(2017), 284; 오영근, 형법총론(제4판), 박영사(2018), 232; 임웅, 형법총론(제10정판), 법문사(2018), 289; 김성돈, 형법총론(제5판), 성균관대학교출판부(2017), 323.

주체의 의사는 비합리적인 경우에도 존중되어야 하기 때문이다.[131] 의식불명 상태의 환자가 의식이 있을 때 연명의료중단에 대한 거부의사를 명확히 밝혔다면 추정적 승낙에 의하여 연명의료를 중단하는 결정을 할 수 없다(호스피스 · 완화의료 및 임종과정에 있는 환자의 연명의료결정에 관한 법률 제15조 제1호, 제18조 제1항 단서).

3) 승낙의 객관적 추정

행위 당시의 객관적 정황에 비추어 피해자가 침해행위의 내용을 알았거나 승낙이 가능했다면 승낙했을 것으로 기대되는 경우여야 한다.[132]

[판례] 대법원 2011. 9. 29. 선고 2010 도 14587 판결[133]
행위 당시 명의자의 현실적인 승낙은 없었지만 행위 당시의 모든 객관적 사정을 종합하여 명의자가 행위 당시 그 사실을 알았다면 당연히 승낙했을 것이라고 추정되는 경우 역시 사문서의 위·변조죄가 성립하지 않는다.

[판례] 대법원 1994. 2. 8. 선고 93 도 120 판결
회사에서 해고근로자들의 출입을 위와 같은 방법으로 허락해 왔음이 원심 설시와 같다 하더라도, 이는 어디까지나 회사의 업무가 정상적으로 수행되고 있는 경우에 복직협의 등에 관련하여 필요한 범위내의 출입에 한정된 것이라고 봄이 상당할 것인바, 기록에 의하면, 위 사무실은 당시 노조간부들이 무단으로 점거하여 노조 임시사무실로 사용하고 있던 중이었을 뿐 아니라, 피고인이 위 사무실에 들어간 시점도 위 회사 노조원들에 의해 회사가 점거되어 회사의 업무가 정상적으로 수행되지 아니할 때인 것으로 엿보이는바, 그렇다면 오히려 특별한 사정이 없는 한 피고인의 위와 같은 출입행위는 관리자인 회사 측의 의사 내지 추정적 의사에 반하는 것이라 아니할 수 없고...

[판례] 대법원 2006. 7. 27. 선고 2005 도 2726 판결
피고인이 피해자들로부터 일정한 금액을 동창회비로 특정하여 받아 보관하였고 그 금액은 동창회가 구성될 때까지 잘 보관하다가 동창회가 구성되었을 때 동창회에 이를 전달하여야 하는데도, 아직 동창회가 구성되지도 않은 상황에서 임의로 동창

131 배종대, 형법총론(제13판), 홍문사(2017), 287; 이재상 외 2인, 형법총론(제9판), 박영사(2017), 284; 김성돈, 형법총론(제5판), 성균관대학교출판부(2017), 323.

132 배종대, 형법총론(제13판), 홍문사(2017), 286; 김일수/서보학, 새로쓴 형법총론(제13판), 박영사(2018), 229.

133 대법원 2003. 5. 30. 선고 2002도235 판결, 대법원 2008. 4. 10. 선고 2007도9987 판결, 대법원 2011. 7. 28. 선고 2009도5852 판결, 대법원 2015. 11. 26. 선고 2014도781 판결, 대법원 2017. 1. 25. 선고 2016도16797 판결도 같은 취지이다.

회를 대신한다는 명목으로 동창회비를 소비하였다면, 이는 그 보관취지에 반하는 것이 되어 불법영득의 의사가 있었다고 하지 않을 수 없고, 또한, 아직 동창회가 구성되지도 아니하였고 장래 언제 구성될지도 모르는 상태에서 피고인의 이 사건 지출행위에 대하여 동창회나 피해자들의 승낙이 확실히 기대될 수 있다고 보이지는 아니하므로...

[판례] 대법원 1993. 7. 27. 선고 92도2160 판결
각 실제수령액과 다른 내용의 2중 봉급명세서 작성행위는 피고인이 공소외 학교법인의 누적된 사채 등의 원리금을 상환하기 위하여 편법으로 재정을 확보하려 한 것으로서 그 명의자들의 이익을 위한 것이 아니었던 점, 당시 그 명의자들은 위 봉급명세서의 작성에 대하여 승낙 여부의 의사결정을 할 수 없는 사정에 놓여 있었던 것이 아니고 피고인도 이러한 사정을 잘 알고 있으면서 의도적으로 그들의 승낙을 받지 않고 이 사건 행위를 감행하였던 점 등이 엿보이는바, 이러한 여러 정황에 비추어 볼 때 이 사건은 피고인이 위 각 2중 봉급명세서의 작성 당시 비록 명의자들의 승낙을 얻지 못하였으나 명의자들이 행위의 내용을 알았더라면 그들 명의로 위 봉급명세서를 작성하는 것을 승낙하였으리라는 사정이 객관적으로 보아 분명하다고 할 수는 없고, 이러한 경우라면 이 사건 범행에 대하여 위 봉급명세서 명의자들의 추정적 승낙이 있었던 때에 해당한다고는 할 수 없으므로...

[판례] 대법원 1989. 9. 12. 선고 89도889 판결
이 사건 범행 당시 피고인과 피해자 사이에는 이 사건 가옥의 소유권에 대한 분쟁이 있어 현재까지도 그 분쟁이 계속되고 있는 사실에 비추어 볼 때, 피고인이 이 사건 가옥에 침입하는 것에 대한 피해자의 추정적 승낙이 있었다거나, 피고인의 이 사건 범행이 사회상규에 위배되지 아니한다고 볼 수 없다.

[판례] 대법원 2017. 6. 15. 선고 2014도754 판결
출장수령확인증 등의 명의인인 박○○, 김○○, 남○○ 등이 국고보조금 횡령 사실을 은폐하기 위하여 자신이 실제로 수령하지도 않은 출장수령확인증 등을 허위로 작성한다는 사실을 알았다면 이를 당연히 승낙하였을 것이라고 기대하기 어렵다는 점 등 그 판시 사정을 종합하여, 피고인 천○○가 신용카드매출전표를 위조하고 행사하였으며, 피고인 천○○, 이○○이 공모하여 각 출장수령확인증 및 출장신청서를 위조하고 행사하였다고 보아 이를 각 유죄로 인정하였다.
관련 법리와 기록에 비추어 살펴보면, 원심의 위와 같은 판단은 정당하고...

4) 양심적 심사의무(성실한 검토의무)

양심적 심사의무는 행위자가 행위 당시의 모든 상황에 대하여 면밀히 심사할

의무를 의미한다.[134] 양심적 심사의무를 추정적 승낙의 주관적 정당화요소로 보는 견해[135]와 책임 단계가 아닌 위법성 단계에서는 양심적 심사의무를 요건으로 하지 않는다는 견해[136]가 주장된다. 법률에 명시적 근거가 없는 추정적 승낙과 현실적 승낙 사이의 괴리를 메울 수 있다는 점에서 양심적 심사의무를 요건으로 하는 견해가 타당하다.[137] 대법원도 행위자에 대하여 추정적 승낙에 관한 성실한 검토의무를 부여하고 있는 것으로 보인다.

[판례] 대법원 2011. 9. 29. 선고 2010 도 14587 판결[138]

명의자의 명시적인 승낙이나 동의가 없다는 것을 알고 있으면서도 명의자가 문서작성 사실을 알았다면 승낙하였을 것이라고 기대하거나 예측한 것만으로는 그 승낙이 추정된다고 단정할 수 없다.

[판례] 대법원 2008. 4. 10. 선고 2007 도 9987 판결

명의자의 명시적인 승낙이나 동의가 없다는 것을 알고 있으면서도 명의자 이외의 자의 의뢰로 문서를 작성하는 경우 명의자가 문서작성 사실을 알았다면 승낙하였을 것이라고 기대하거나 예측한 것만으로는 그 승낙이 추정된다고 단정할 수 없다. 특히, 법무사법 제25조에 의하면 법무사가 사건의 위임을 받은 경우에는 주민등록증·인감증명서 등 법령에 의하여 작성된 증명서의 제출이나 제시 기타 이에 준하는 확실한 방법으로 위임인이 본인 또는 그 대리인임을 확인하여야 하는바, 법무사가 타인의 권리의무에 중대한 영향을 미칠 수 있는 문서를 작성함에 있어 이 규정에 위반하여 문서명의자 본인의 동의나 승낙이 있었는지에 대한 아무런 확인절차를 거치지 아니하고 오히려 명의자 본인의 동의나 승낙이 없음을 알면서도 권한 없이 문서를 작성한 경우에는 사문서위조 및 동행사죄의 고의를 인정할 수 있다.

5. 추정적 승낙의 효과

추정적 승낙에 의한 행위는 위법성이 조각된다.

134 배종대, 형법총론(제13판), 홍문사(2017), 287.

135 배종대, 형법총론(제13판), 홍문사(2017), 287; 이재상 외 2인, 형법총론(제9판), 박영사(2017), 284; 임웅, 형법총론(제10정판), 법문사(2018), 289; 정성근/박광민, 형법총론(제2판), 성균관대학교출판부(2015), 295; 박상기, 형법총론(제9판), 박영사(2012), 231; 신동운, 형법총론(제11판), 법문사(2019), 352.

136 김일수/서보학, 새로쓴 형법총론(제13판), 박영사(2018), 231; 정영일, 형법강의(총론)(제3판), 학림(2017), 174; 오영근, 형법총론(제4판), 박영사(2018), 234; 김성돈, 형법총론(제5판), 성균관대학교출판부(2017), 324; 손동권/김재윤, 새로운 형법총론(초판), 율곡출판사(2011), 250.

137 배종대, 형법총론(제13판), 홍문사(2017), 287.

138 대법원 2017. 1. 25. 선고 2016도16797 판결, 대법원 2009. 12. 10. 선고 2009도6708 판결도 같은 취지이다.

그 근거규정에 관하여, 추정적 승낙을 '사회상규에 위배되지 아니하는 행위'라고 보는 견해와 독자적 위법성조각사유라고 보는 견해는 형법 제20조를 준용한다는 입장이다.[139] 추정적 승낙은 기본적인 구조가 피해자의 승낙과 유사하고 그 요건도 상당 부분 중첩되므로, 위법성조각사유의 일반조항인 형법 제20조를 적용할 것이 아니라 보다 구체화된 규정인 본조를 준용하는 것이 타당하다.[140]

139 임웅, 형법총론(제10정판), 법문사(2018), 288-290.
140 배종대, 형법총론(제13판), 홍문사(2017), 287; 박상기, 형법총론(제9판), 박영사(2012), 230; 신동운, 형법총론(제11판), 법문사(2019), 351.

찾아보기

▷ 사항색인

▷ 판례색인

사항색인

(ㄴ)

(ㄷ)

(ㅁ)

(ㅂ)

(ㅇ)

(ㅈ)

판례색인

(日)

주석 형법 [총칙 1]

1988 년 7 월 20 일 제 1 판 1 쇄 발행
2011 년 11 월 30 일 제 2 판 1 쇄 발행
2020 년 3 월 1 일 제 3 판 1 쇄 인쇄
2020 년 3 월 15 일 제 3 판 1 쇄 발행

편집대표 박 상 옥, 김 대 휘
발 행 인 이 종 균
발 행 처 韓國司法行政學會

서울특별시 서대문구 경기대로 57 석당빌딩 5 층
전 화 (02) 362-2045~8
팩 스 (02) 312-2070
등 록 1965 년 8 월 27 일 9-94

정가 76,000 원

ISBN 978-89-8109-807-0
세 트 978-89-8109-806-3

www.law.or.kr(홈페이지) www.lexcom.co.kr (도서쇼핑몰)